Patent Attorney Series 02

변리사

상표법

2차 한권으로 끝내기

SD에듀
(주)시대고시기획

머리말

변리사 2차 시험 필수과목 중 상표법을 준비하시는 수험생분들의 합격을 돕기 위하여 '상표법 한권으로 끝내기'를 출간합니다.

변리사 2차 시험은 1차 시험과 달리 논술형 문제로 구성되어 있으며 상대평가가 적용되기 때문에 다른 수험생들과의 치열한 경쟁이 예상됩니다. 특히 상표법은 필수과목으로 특허법, 민사소송법과 함께 필수적으로 공부해야 하는 과목입니다. 상표법의 과락률은 2022~2023년 일시적으로 낮아지긴 했지만 꼼꼼하고 정확한 학습이 필요합니다.

과 목	연 도	응시자(명)	평균점수(점)	과락자(명)	과락률(%)
특허법	2023(제60회)	1,116	44.39	265	23.74
	2022(제59회)	1,093	44.40	242	22.14
상표법	2023(제60회)	1,045	45.15	219	20.95
	2022(제59회)	1,023	40.91	310	30.30
민사소송법	2023(제60회)	1,056	45.36	240	22.79
	2022(제59회)	1,035	57.12	290	27.91

※ 필수과목은 40점 미만이 과락임

변리사 2차 시험장에서 특정 논점이 출제되었을 때, 그에 대하여 준비된 답안을 목차로 정리하시는 것이 중요합니다. 본서는 이를 돕기 위하여 각 논점별로 관계 법령과 함께 목차로 구성된 서술 방식을 취하고 있습니다.

[제1편 이론편] 상표법 전반의 내용을 핵심 내용을 위주로 목차화하여 기술하고 있습니다. 이론편의 내용은 상표법의 법리 등을 이해하기 위한 것이 아닌, 답안에 작성하기 위한 목적으로 서술되었습니다. 따라서 이론편을 공부하실 때에는 해당 논점을 어떻게 답안에 현출해낼 것인가를 염두에 두시길 바랍니다. 본서를 이해하시기에 어려움이 있다면 보다 자세히 상표법 내용을 서술하고 있는 1차 교재를 참고하시길 바랍니다. 같은 취지

로, 본서는 상표법 전반의 내용을 압축적으로 기술한 것이므로, 학습 시 과도한 단권화를 통해 답안에 적지 못할 내용을 본서에 추가하는 것은 신중하게 고민해주시길 바랍니다.

이론편의 내용을 공부할 때는 단순 암기에 그치지 마시고 대응되는 판례의 사실 관계를 파악하는 학습을 병행해 주시길 바랍니다. 해당 논점과 관련된 사실 관계를 잘 숙지한다면 문제에서 출제자가 의도하는 논점이 무엇인지 즉각 파악하실 수 있습니다. 또한, 암기된 목차 및 내용을 답안에 일률적으로 작성하는 것이 아닌 배점에 따라 유동적으로 늘리거나 줄이는 연습도 필요합니다.

항상 답안 작성이라는 최종 목표를 전제로 본서의 이론편을 활용해 주십시오.

[제2편 판례편] 상표법의 출제 가능성이 높은 주요 판례들을 수록하였습니다. 이 외에도 수없이 많은 사실 관계에 기초한 판례가 존재하나 그 중심 법리는 대부분 본서에 수록되어 있으니, 그 밖의 판례를 공부할 때는 이미 알고 있는 판례를 해당 사실 관계에 어떻게 적용하였는지 검토하는 관점에서 접근해주시면 좋습니다. 또한, 판례를 반복해서 읽으시고 판례 문구에 익숙해지시다 보면 자연스레 작성하시는 답안도 판례의 느낌을 띄게 될 것입니다. 출제자에게 익숙한 판례의 서술 방식을 따라가는 것이 변리사 2차 시험에서 좋은 득점 전략이 될 것이라 생각합니다.

[제3편 문제편] 최근 7개년(2017~2023) 기출문제를 수록하였습니다. 함께 기술된 해설에 너무 얽매이지 마시고, 공부한 내용을 바탕으로 배점에 따라 유연한 목차 및 답안 작성을 연습해주시길 바랍니다. 해설을 보시며 누락된 논점을 체크하고 전체 목차의 전개 방식을 검토해 주시되, 여러분의 답안은 여러분의 언어로 작성되어야 가장 좋은 인상을 줄 수 있습니다. 억지로 누군가의 답안을 그대로 옮기려는 강박은 오히려 출제자와의 대화에 소홀해지는 결과를 가져올 수 있습니다. 반드시 기출에 대해서는 여러분의 답안을 작성해보시길 바랍니다.

본서의 내용을 단순 암기하는 것은 변리사 2차를 공부하는 수험생분들의 능력과 의지만 있다면 모두에게 가능한 일입니다. 그러나 실제 시험장에서 문제에 주어진 사실 관계와 여기에 녹아져 있는 출제자의 의도를 파악하고 판례의 판시 사항을 적용하여 출제자의 질문에 답하는 것은 변리사를 준비하는 수험생분들이 해야 할 일이고, 이를 할 수 있는지 여부가 합격과 불합격을 가르는 결정적 차이가 될 것입니다.

부디 단순히 공부할 재료들을 나열한 교재로 본서에 접근하지 마시고, 앞서 말씀드린 바와 같이 유기적으로 활용하시어 최종 합격에 본서가 큰 도움이 되었으면 합니다.

감사합니다.

편저자 드림

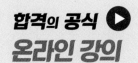

시험안내

변리사란?

변리사는 산업재산권에 관한 상담 및 권리 취득이나 분쟁해결에 관련된 제반업무를 수행하는 산업재산권에 관한 전문자격사로서, 산업재산권의 출원에서 등록까지의 모든 절차를 대리하는 역할을 하는 사람

수행직무

- 산업재산권 분쟁사건 대리[무효심판 · 취소심판 · 권리범위확인심판 · 정정심판 · 통상실시권허여심판 · 거절(취소)결정불복심판 등]
- 심판의 심결에 대해 특허법원 및 대법원에 소제기하는 경우 그 대리
- 권리의 이전 · 명의변경 · 실시권 · 사용권 설정 대리
- 기업 등에 대한 산업재산권 자문 또는 관리업무 등 담당

시행처

한국산업인력공단

소관부처

특허청

시험일정

구 분	접수시간	시험일정	최종정답 발표기간	합격자 발표기간
2024년 제61회 1차	24.01.15~24.01.19	24.02.24	24.03.27~24.05.25	24.03.27
2024년 제61회 2차	24.04.22~24.04.26	24.07.26~24.07.27	–	24.10.30

시험과목

구 분	교 시		시험과목	시험시간	문항수
2차 (논술형)	1일차	1교시 필수	특허법(조약 포함)	120분(09:30~11:30)	과목당 4문항
		2교시 필수	상표법(조약 포함)	120분(13:30~15:30)	
	2일차	1교시 필수	민사소송법	120분(09:30~11:30)	
		2교시 선 택	※ 19과목 중 택1 • 디자인보호법(조약 포함) • 저작권법(조약 포함) • 산업디자인　• 기계설계 • 열역학　• 금속재료 • 유기화학　• 화학반응공학 • 전기자기학　• 회로이론 • 반도체공학　• 제어공학 • 데이터구조론　• 발효공학 • 분자생물학　• 약제학 • 약품제조화학　• 섬유재료학 • 콘크리트 및 철근 콘크리트공학	120분(13:30~15:30)	

※ 시험시간은 변동될 수 있으니 자세한 사항은 큐넷 홈페이지에서 확인하시길 바랍니다(www.q-net.or.kr).

합격기준

구 분	합격자 결정
1차 시험	영어능력검정시험의 해당 기준점수 이상 취득자로서, 영어과목을 제외한 나머지 과목에 대하여 매 과목 100점을 만점으로 하여 매 과목 40점 이상, 전 과목 평균 60점 이상을 득점한 자 중에서 전 과목 총득점에 의한 고득점자 순으로 결정
2차 시험	• 일반응시자 : 과목당 100점을 만점으로 하여 선택과목에서 50점 이상을 받고, 필수과목의 각 과목 40점 이상, 필수과목 평균 60점 이상을 받은 사람을 합격자로 결정 • 특허청경력자 　– 특허법을 포함하여 필수과목 2과목 응시 : 과목당 100점을 만점으로 하여 각 과목 40점 이상을 받은 사람으로서 응시과목 평균점수가 일반응시자 중 최종순위 합격자의 합격점수 이상인 사람을 합격자로 결정 　– 특허법과 선택과목 1과목 응시 : 과목당 100점을 만점으로 하여 선택과목에서 50점 이상을 받은 사람으로서 특허법 점수가 40점 이상을 받은 사람 중 필수과목 점수가 일반응시자 중 최종순위 합격자의 합격점수 이상인 사람을 합격자로 결정

이 책의 구성과 특징

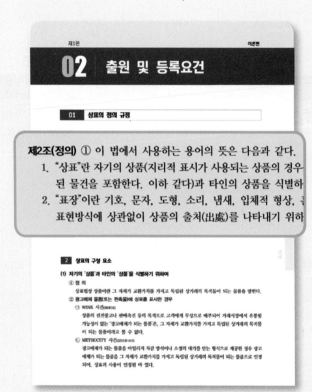

최신 개정법령 반영

상표법의 최신 개정법령을 반영하여 필수이론을 구성하였습니다. 가장 새로운 내용을 바탕으로 시험에 대비하실 수 있습니다. 또한 법조항도 함께 명시하여 보다 정확한 내용을 쉽게 찾아볼 수 있습니다.

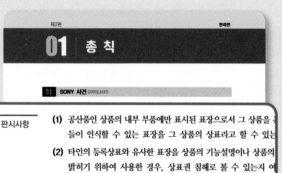

상세한 실제 판례 제시

상표법에서 출제되었거나 출제될만한 판례를 선정하여 판결의 요지 및 논점의 정리를 덧붙여 정리하였습니다. 또한 사건번호도 함께 기재하여 재판 일자와 사건의 내용, 판례 등을 검색할 수 있습니다.

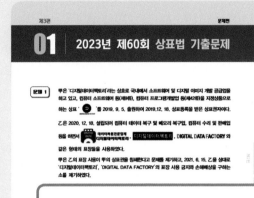

최신 기출문제로 실전감각 UP

2017~2023년 상표법 7개년 기출문제를 모두 수록하였습니다. 실제 출제된 문제를 풀어봄으로써 실전감각을 기를 수 있고, 전문가가 알려주는 모범답안을 통해 고득점을 향한 답안작성법을 익힐 수 있습니다.

동영상 강의 교재

본 교재는 (유료)동영상 강의가 진행되는 교재입니다. 독학이 충분히 가능하도록 기획·제작되었으나, 혹여 내용 이해가 어려운 수험생 여러분은 동영상 강의를 수강하실 수 있습니다.

이 책의 목차

제1편
이론편

아이들이 답이 있는 질문을 하기 시작하면 그들이 성장하고 있음을 알 수 있다.

-존 J. 플롬프-

01 | 총 칙

01   상표법의 목적

> **제1조(목적)** 이 법은 상표를 보호함으로써 상표 사용자의 업무상 신용 유지를 도모하여 산업발전에 이바지하고 수요자의 이익을 보호함을 목적으로 한다.

1   상표의 보호

(1) 상표를 보호한다는 것은 표장 자체를 보호하겠다는 것이 아니라, 거래사회에서 발휘되는 상표의 기능을 보호하겠다는 것이다.

(2) 상표의 기능

① 자타상품 식별 기능

개성화된 일군의 상표를 다른 상품군과 식별할 수 있는 기능

② 출처표시 기능

동일한 상표의 상품은 동일한 출처에서 나온다는 것을 나타내는 기능

③ 품질보증 기능

동일한 상표의 상품은 동일한 품질을 가지고 있다고 기대하게 하는 기능

④ 광고선전 기능

상표가 상품 자체 또는 상표사용자를 일반 수요자에게 강하게 인식시키는 작용을 함으로써 구매의욕을 자극하고 사람들에게 상품과 상표사용자의 명성을 전파하는 동적인 기능

2   상표사용자의 업무상 신용유지를 도모

(1) 상표법은 등록주의를 취하고 있으므로 상표사용자란 원칙적으로 상표권자 및 사용권자를 의미하는 것이나, 미등록 사용자 등도 여기에 포함될 수 있다.

(2) 등록주의를 취하고 있는 우리 상표법은 이미 형성된 신용만을 보호하는 것이 아니라 특정 상표에 있어 형성될 수 있는 향후 신용의 가능성까지 보호하며, 제3자의 침해를 배제함으로써 상표에 화체된 상표사용자의 업무상 신용을 보호하고 유지하게 된다.

3 산업발전에 이바지

상표사용자는 상표에 화체된 업무상의 신용을 바탕으로 활발한 영업활동을 전개하고 수요자는 상표를 바탕으로 상품 출처 및 품질의 오인 없이 원하는 상품을 구매함으로써 상표제도는 궁극적으로 산업발전에 기여한다.

4 수요자의 이익을 보호

상표법의 공익적 측면으로써 상표의 출처표시 기능 및 품질보증 기능을 보호하여 수요자로 하여금 원하는 상품을 오류 없이 선택할 수 있게 한다.

02 상표의 사용

> 제2조(정의) ① 이 법에서 사용하는 용어의 뜻은 다음과 같다.
>   11. "상표의 사용"이란 다음 각 목의 어느 하나에 해당하는 행위를 말한다.
>   가. 상품 또는 상품의 포장에 상표를 표시하는 행위
>   나. 상품 또는 상품의 포장에 상표를 표시한 것을 양도·인도하거나 전기통신회선을 통하여 제공하는 행위 또는 이를 목적으로 전시하거나 수출·수입하는 행위
>   다. 상품에 관한 광고·정가표(定價表)·거래서류, 그 밖의 수단에 상표를 표시하고 전시하거나 널리 알리는 행위
>   ② 제1항 제11호 각 목에 따른 상표를 표시하는 행위에는 다음 각 호의 어느 하나의 방법으로 표시하는 행위가 포함된다.
>   1. 표장의 형상이나 소리 또는 냄새로 상표를 표시하는 행위
>   2. 전기통신회선을 통하여 제공되는 정보에 전자적 방법으로 표시하는 행위

1 서 설

상표적 사용이란 형식적으로는 제2조 제1항 제11호 각 목 또는 제2조 제2항에 해당함과 동시에 실질적으로는 상표의 기능을 발휘하도록 하는 행위를 말한다.

2 형식적 의미의 상표의 사용

(1) 표시행위
  ① 상품 또는 상품의 포장에 상표를 표시하는 행위를 말한다.
  ② 수요자의 인식 필요(2005도1637)
    ㉠ 해당 상품에 대한 통상의 거래관행에 비추어 수요자가 인식할 수 있어야 한다.
    ㉡ 공산품 내부에 조립되어 기능하는 부품에 표시된 표장으로서 상품의 유통이나 통상적인 사용 혹은 유지 행위에 있어서는 그 존재조차 알 수 없고, 오로지 그 상품을 분해하여야만 거래자나 일반

수요자들이 인식할 수 있는 표장은 그 상품에 있어서 상표로서의 기능을 다할 수 없을 것이므로 이를 가리켜 상표법에서 말하는 상표라고 할 수 없다.

(2) 유통행위

① 상품 또는 상품의 포장에 상표를 표시한 것을 양도·인도하거나 전기통신회선을 통하여 제공하는 행위 또는 이를 목적으로 전시하거나 수출·수입하는 행위

② 전전유통행위의 법적 효과의 귀속 주체(2002후2020)

상표권자가 외국에서 등록상표를 상품에 표시했을 뿐 우리나라에서 지점 또는 대리인을 통하여 등록상표를 표시한 상품을 양도하거나 상품에 관한 광고에 상표를 표시하는 등의 행위를 한 바 없다고 하더라도, 그 상품이 제3자에 의하여 우리나라로 수입되어 상표권자가 등록상표를 표시한 그대로 국내의 정상적인 거래에서 양도·전시되는 등의 방법으로 유통됨에 따라 사회통념상 국내의 거래자나 수요자에게 그 상표가 그 상표를 표시한 상표권자의 업무에 관련된 상품을 표시하는 것으로 인식되는 경우에는 특단의 사정이 없는 한 그 상표를 표시한 상표권자가 국내에서 사용한 것으로 보아야 한다.

③ 2022. 8. 4. 시행 개정법

최근 다양한 디지털 상품이 온라인에서 유통되는 거래실정을 반영하고자, '상품 또는 상품의 포장에 상표를 표시한 것을 전기통신회선을 통하여 제공하는 행위'를 상표의 유통행위로 추가하였다.

(3) 광고행위

① 상품에 관한 광고·정가표·거래서류, 그 밖의 수단에 상표를 표시하고 전시하거나 널리 알리는 행위

② 광고행위의 의미

㉠ '광고'에는 신문잡지, 팸플릿, 카탈로그, 전단지, 달력, 간판, 가두네온사인, TV 등에 의한 시각으로 인식할 수 있는 것이 포함된다.

㉡ 광고의 내용이나 형식에 관하여 상표법에서 특별히 규정하는 바가 없으므로, 상품에 관한 정보를 일반소비자에게 시각적으로 알리는 정도의 그림이나 글이면 광고로서의 요건을 충족하고, 반드시 상품명이나 제조원이 표시되어야만 하는 것은 아니다.

㉢ 카탈로그에 여러 상표 중 하나로 단순 나열된 경우(2012후3718)

상표권자가 발행한 카탈로그에 등록상표가 상표권자가 사용하고 있는 여러 상표 중 하나로서 단순히 나열된 것으로 표시된 경우, 거래사회의 통념상 등록상표의 지정상품과 관련하여 표시된 것이라고 볼 수 없다.

㉣ 인터넷 검색결과 화면(2010후3073)

• 인터넷 포털사이트 운영자로부터 키워드의 이용권을 구입하여 일반 인터넷 사용자가 단어나 문구를 검색창에 입력하면 검색결과 화면에 키워드 구입자의 홈페이지로 이동할 수 있는 스폰서링크나 홈페이지 주소 등이 나타나는 경우에, 검색결과 화면에 나타난 표장이 자타상품의 출처표시를 위하여 사용된 것으로 볼 수 있다면 이는 '상표로서의 사용'에 해당한다.

• '광고'에는 신문, 잡지, 카탈로그, 간판, TV뿐만 아니라 인터넷 검색결과 화면을 통하여 일반소비자에게 상품에 관한 정보를 시각적으로 알리는 것도 포함된다.

③ 거래서류의 의미

　　㉠ 거래서류는 거래에 제공되는 서류로서 주문서, 납품서, 송장, 출하안내서, 물품영수증, 카탈로그 등이 이에 포함된다. 즉, 구체적인 서류명에 구애받지 않으며, 실제 거래에서 거래당사자 간에 교부되는 서류인지 여부를 기준으로 판단한다.

　　㉡ 상품을 판매하면서 명함의 이면에 상표를 수기로 써서 교부한 경우, 거래서류에 해당한다.

　　㉢ 물품을 수입하면서 세관에 제출한 수입신고서는 거래당사자 간 교부되는 거래서류라 보기 어렵다.

④ 2016. 9. 1. 시행 개정법

　　최근 등장하는 다양하고 새로운 형태의 광고수단을 포섭하고자, 본 호 소정의 광고수단에 '그 밖의 수단'이라는 포괄적 방법을 포함함으로써 광고행위를 보다 개방적으로 규정하였다.

(4) 제2조 제2항에 해당되는 행위

① 제2조 제1항 제11호 각 목에 따른 상표를 표시하는 행위

　　㉠ 표장의 형상이나 소리 또는 냄새로 상표를 표시하는 행위(제1호)

　　㉡ 전기 통신회선을 통하여 제공되는 정보에 전자적 방법으로 표시하는 행위(제2호)

② 전자적 방법으로 표시하는 행위

　　㉠ 인터넷 사이트 등을 통해 인터넷 사용자에게 상표가 표시된 화면을 전송하는 경우와 같은 광고적 사용

　　㉡ 인터넷 등을 통해 상품의 일종인 전자정보재를 제공하는 과정에서 출처를 나타내기 위한 상표가 전자적으로 표시되는 경우와 같은 출처표시적 사용

③ 2016. 9. 1. 시행 개정법

　　㉠ 시대에 따라 변화하는 상표의 사용행위를 인정하였다.

　　㉡ 규정의 확대해석만으로는 죄형법정주의에 의해 형사벌의 대상이 될 수 없는 종래의 문제를 해결하기 위해 제2조 제2항을 입법하였다.

3　실질적 의미의 상표의 사용

(1) 침해사건, 권리범위확인심판 등

① 의 의

　　타인의 등록상표와 유사한 표장을 이용한 경우라고 하더라도, 그것이 상표의 본질적인 기능이라고 할 수 있는 출처표시를 위한 것이 아니어서 상표의 사용으로 인식될 수 없는 경우에는 등록상표의 상표권을 침해한 행위로 볼 수 없다.

② 판단 방법

　　상표로서 기능이 발휘되었는지 여부는 상품과의 관계, 사용 태양, 등록상표의 주지·저명성, 사용자의 의도 등을 종합하여 실제 거래계에서 그 표시된 표장이 상품의 식별 표지로 사용되고 있는지 여부로 판단한다.

③ 관련 문제

　　㉠ 순수한 설명적 사용(2012후3718)

　　　타인의 등록상표와 동일·유사한 상표를 이용한 경우라고 하더라도 그것이 상표의 본질적인 기능이라고 할 수 있는 출처표시를 위한 것이 아니라 상품의 기능을 설명하거나 상품의 기능이 적용되

는 기종을 밝히기 위한 것으로서 상표의 사용으로 인식될 수 없는 경우에는 상표권을 침해한 행위로 볼 수 없다.

 ⓛ 순 디자인적 사용
  • 상표의 기능이 발휘되지 않은 경우(2011다18802)
   타인의 등록상표와 동일 또는 유사한 표장을 이용한 경우라고 하더라도 그것이 상표의 본질적인 기능이라고 할 수 있는 출처표시를 위한 것이 아니라 순전히 디자인적으로만 사용되는 등으로 상표의 사용으로 인식될 수 없는 경우에는 등록상표의 상표권을 침해한 행위로 볼 수 없다.
  • 상표의 기능이 발휘된 경우(2011도13441)
   디자인과 상표는 배타적·선택적 관계에 있지 아니하므로, 디자인이 될 수 있는 형상이나 모양이라고 하더라도 그것이 상표의 본질적 기능인 자타상품의 출처표시로서 기능하는 경우에는 상표로서 사용된 것으로 보아야 한다.

 ⓒ 순 제호로서의 사용
  • 상표의 기능이 발휘되지 않은 경우(2000후3395)
   책의 제목은 책의 내용을 표시할 뿐 출판사 등 그 출처를 표시하는 것은 아니어서 원칙적으로 그 상품을 다른 사람의 상품과 식별되도록 하기 위하여 사용하는 표장이 아니다.
  • 상표의 기능이 발휘되는 경우(2005다67223)
   음반의 제명은 상품의 출처를 표시하는 기능을 하기 어려운 경우가 대부분이나, 음반의 종류 및 성격, 음반의 제명이 저작물의 내용 등을 직접적으로 표시하는지 여부 및 실제 사용 태양, 동일 제명이 사용된 후속 시리즈 음반의 출시 여부, 광고·판매 실적 및 기간 등 구체적·개별적 사정 여하에 따라 음반의 제명이 일반 수요자에게 상품의 출처를 표시하고 자타상품 식별표지로 인식되는 때에는, 단순히 창작물의 내용을 표시하는 명칭에 머무르지 않고 자타상품의 식별표지로서 기능한다.

(2) 불사용취소심판에서 등록상표의 사용
형식적으로 제2조 제1항 제11호 각 목에 따른 행위 및 상표 사용의 진실한 의사에 기한 적법·정당한 사용이 있어야 한다.

4 관련 논점

(1) 비교광고로서의 광고문구에 타인의 상표가 표시된 경우
자기의 상품에 관한 광고의 내용에 타인의 상표를 비교광고의 형식으로 표시하는 경우, 타인의 상표는 출처표시를 위한 사용으로 볼 수 없다.

(2) 상품이 특정되지 않은 기업이미지 광고
① 상품이 특정되지 않은 단순한 기업이미지 광고 등에 상표가 표시된 경우, 지정상품과 무관하게 사전이나 신문잡지 등의 문헌에 상표가 게재된 경우에는 상표의 사용이 있다고 할 수 없다.
② 비록 상품의 판매업자가 거래명세표 또는 간판 등에 상표 또는 이와 동일하게 볼 수 있는 표시를 하였다 하더라도 그것이 상표사용에 해당하려면 지정상품과의 구체적인 관계에 있어서는 그 표시로서 자기의 상품을 다른 업자의 상품과 식별시키기 위하여 특정하는 방법으로 사용되어야 한다.

(3) 제품의 포장용 상자 등에 표시된 상표의 경우

① '포장용 재료 자체'에 대한 상표의 사용인지, '포장의 목적이 되는 내용물'에 대한 상표의 사용인지 문제가 되는데, 포장용 재료 전면 등에 두드러지게 표시되는 상표는 대부분의 경우 포장의 목적이 되는 내용물에 관한 상표의 사용에 해당한다고 봄이 타당하다.

② 다만, '포장용 재료 자체'도 독립적 거래의 대상이 되는 한도에서는 내용물과는 독립된 상품임이 명백하므로, 포장용 재료의 측면이나 바닥면 등 쉽게 눈에 띄지 않은 위치에 표시된 상표는 '포장용 재료 자체'에 관한 상표의 사용에 해당한다고 볼 수 있다.

5 완성품과 부품과의 관계에서 문제되는 경우(2009도310)

(1) 완성품의 표면에 표시된 표장이 완성품에 대한 상표의 사용인지, 부품에 대한 상표의 사용인지 문제가 되는데, 이는 완성품의 표면에 표시된 상표의 사용 태양, 다른 식별표지의 유무, 상표의 주지·저명성 등을 고려하여 개별적으로 판단할 수밖에 없다.

(2) 별도의 상표가 뚜렷이 표시된 작업복에 표장이 인쇄된 종이 태그를 부착하여 판매한 것은 작업복의 출처 표시로 사용한 것이 아니라 작업복의 재료가 되는 직물의 출처표시로서 사용되었다고 보는 것이 경험칙에 부합한다.

6 서비스에 대한 사용

(1) 서비스 자체에 대한 상표의 사용

서비스에 관한 광고·정가표·거래서류, 그 밖의 수단에 상표를 표시하고 전시하거나 널리 알리는 행위

(2) 서비스의 제공에 관련된 물건에 대한 상표의 사용

① 서비스의 제공 시 수요자의 이용에 공여되는 물건 또는 서비스의 제공에 관한 수요자의 물건에 상표를 표시하는 행위

② 서비스의 제공 시 수요자의 이용에 공여되는 물건에 상표를 표시한 것을 이용하여 서비스를 제공하는 행위

③ 서비스의 제공에 이용하는 물건에 상표를 표시한 것을 서비스의 제공을 위하여 전시하는 행위

03 상표의 동일·유사

1 서설

(1) 상표법은 분쟁의 신속한 해결, 권리범위의 명확화를 위해 출처 혼동의 실재를 따지지 않고 혼동가능성이 있다고 판단되면 금지권의 효력이 미치는 것으로 하며, 혼동가능성은 동일·유사 상표를 동일·유사 상품에 사용할 경우 발생한다고 하는 형식적 기준에 입각하여 등록상표를 정형적으로 보호하고 있다.

(2) 상표의 동일·유사는 상표법의 목적과 각 규정의 취지에 따라 달리 해석되는 상대적 개념이다.

2 상표의 동일

(1) **의의**

상표의 동일이라 함은 구성요소가 문자 그대로 동일한 경우를 말하는 물리적 동일뿐만 아니라 거래사회 통념상 동일한 상표라고 인식할 수 있는 실질적 동일까지 포함하는 개념으로 본다.

(2) **동일 여부 판단**

상표의 동일 여부에 대한 판단은 상표법 각 조문의 입법취지에 따라 탄력적으로 해석해야 한다. 사용에 의한 식별력 인정(제33조 제2항), 우선권 주장(제46조), 요지변경 여부(제40조 제2항), 출원 시의 특례(제47조) 등의 판단 시에는 비교적 엄격하게 동일할 것을 요구하지만, 물리적 동일보다는 실질적으로 동일성이 인정되면 동일한 상표로 본다.

(3) **관련 논점**

① 제33조 제2항의 실사용상표와 출원상표의 동일성

② 제119조 제1항 제3호의 등록상표와 실사용상표의 동일성

③ 제111조의 등록상표와 침해상표의 동일성

④ 권리범위확인심판의 실사용상표와 등록상표인 확인대상표장의 동일성

3 상표의 유사

(1) **유사 판단 원칙**

상표의 유사 여부는 양 상표의 외관, 칭호, 관념 등을 해당 상품에 관한 수요자의 직관적 인식을 기준으로 객관적, 전체적, 이격적으로 관찰하여 거래상 상품의 출처에 관하여 오인·혼동을 초래할 우려가 있는지의 여부에 의하여 판단한다.

(2) **유사 여부 판단 요소**

① 판단 방법

㉠ 외관, 칭호, 관념 중 어느 하나가 유사하여 일반 수요자나 거래자가 오인·혼동하기 쉬운 경우 유사한 것으로 본다.

㉡ 단, 외관, 칭호, 관념 중 어느 하나가 유사하다 하더라도 다른 점도 고려할 때 전체로서는 명확히 출처의 혼동을 피할 수 있는 경우에는 유사상표라고 할 수 없다.

② '칭호'의 비교
　㉠ 일반론
　　칭호의 유사 여부는 거래사회의 경험칙에 비추어 구체적으로 판단해야 한다. 특히 조어상표인 경우 관념에 의한 판단이 제한되기 때문에 칭호의 유사 여부가 가장 중요한 판단 요소가 될 수 있다.
　㉡ 문자상표
　　• 문자상표의 유사 여부는 칭호가 가장 중요하다. 짧은 음절의 단어의 경우 첫 음절이 강하게 발음되고 인식되는 것이 일반적이므로 첫 음절을 중점적으로 비교하여 유사 여부를 판단한다.
　　• 외국어로 이루어진 상표의 호칭은 우리나라의 거래자와 수요자의 대부분이 그 외국어를 보고 특별한 어려움 없이 자연스럽게 하는 발음에 의하여 정하여짐이 원칙이고, 우리나라의 거래자나 수요자가 그 외국어 상표를 특정한 한국어로 표기하고 있는 등의 구체적인 사용실태가 인정되는 경우에는 구체적인 사용실태를 고려하여 외국어 상표의 호칭을 정하여야 한다(2019후11121).

③ 관념의 비교
　㉠ 관념이라 함은 상표가 가지는 의미를 말하는데, 상표의 요부로부터 나오며 어떤 의미를 가진 단어로 된 상표에 있어서는 칭호가 유사하면 관념도 유사한 경우가 보통이다.
　㉡ 표의 문자인 한자상표의 경우, 유사 여부 판단 시 관념이 높은 비중을 차지한다.
　㉢ 문자에 대하여 형성되는 관념의 강도가 강렬할수록 호칭의 비중은 상대적으로 낮아진다(2017허1908).

④ '외관'의 비교
　㉠ 도형상표들에 있어서는 그 외관이 주는 지배적 인상이 동일·유사하여 두 상표를 동일·유사 상품에 사용하는 경우, 수요자들이 출처를 오인·혼동할 염려가 있다면 두 상표는 유사하다.
　㉡ 수많은 종류의 유사 또는 상이한 형상을 통칭하는 용어에 의하여 호칭되고 관념되는 도형상표의 경우에 그 외관의 유사에 관계없이 호칭과 관념이 유사하다는 이유만으로 대비되는 양 상표가 전체적으로 유사한 상표라고 한다면 상표의 유사 범위가 지나치게 확대되어 제3자의 상표선택의 자유를 부당하게 제한하는 불합리한 결과를 가져오는 점 등에 비추어 볼 때, 통칭적인 호칭 및 관념이 유사하다는 점만으로 서로 유사하다고 단정할 수는 없다(2011다18802).

⑤ 결합상표의 경우
　㉠ 도형과 문자 등이 일체 불가분적으로 결합하여 구성된 상표의 경우 전체로부터 발생하는 칭호를 통해 유사 여부를 판단하는 것을 원칙으로 한다. 다만, 결합상표라 하더라도 주요부가 따로 있는 경우 그 부분의 칭호를 중점적으로 비교하여 유사 여부를 판단한다.
　㉡ 하나의 상표에 두 개 이상의 식별력 있는 칭호가 발생하는 경우에는 각각의 칭호를 대비하여 유사 여부를 판단하도록 한다.
　㉢ 기호, 문자, 도형 및 입체적 형상으로 각기 구성된 상표와 이들을 결합한 상표 간의 대비 또는 이들을 결합한 상표들 간에 대비를 할 때 유사 판단은 기호, 도형 및 입체적 형상은 외관, 칭호, 관념에, 문자는 칭호와 관념에 중점을 두되 이들 표장 간의 전체적 결합상태, 표장의 구성, 형태 등 전체적 외관도 부수적으로 고려하여야 한다. 다만, 도형화된 문자상표는 외관, 칭호 및 관념을 함께 고려하여 판단하나, 식별력이 없는 문자상표가 문자인식력을 압도할 정도로 도안화하여 등록받은 경우에는 해당 표장의 외관과 동일·유사한지의 여부를 중심으로 판단한다.

(3) 유사 판단의 기준

① 주체적 기준

해당 상품에 관한 일반수요자의 보통으로 기울이는 주의력 기준으로 판단한다.

② 시기적 기준

㉠ 등록무효심판 : 원칙적으로 등록 여부 결정 시, 예외적으로 상표등록출원 시(제34조 제1항 제11, 13, 14, 20, 21호)

㉡ 권리범위확인심판 : 심결 시

㉢ 침해금지청구소송 : 사실심 변론 종결 시

㉣ 손해배상청구소송 : 침해행위 시

(4) 관찰 방법

① 원 칙

상표의 유사 여부 관찰 방법은 대비되는 양 상표의 외관·칭호·관념을 전체적·객관적·이격적으로 관찰하여 지정상품의 거래에서 일반 수요자들이 상표에 대하여 느끼는 직관적 인식을 기준으로 출처의 오인혼동을 일으킬 우려가 있는지 여부로 판단한다.

② 전체 관찰

㉠ 상표는 그 구성 전체가 하나의 상표로 인식되는 것이므로 구성요소 일부만을 따로 떼어 그 부분만을 가지고 다른 상표와 비교하여서는 아니 되며, 상표를 전체로서 관찰하여 비교함이 원칙이다.

㉡ 전체적 관찰을 통해 외관, 칭호, 관념 중 어느 하나가 유사하여 출처의 오인·혼동이 일어나면 원칙적으로 유사한 상표라고 판단하여야 한다. 다만, 전체로서 명확하게 출처의 오인·혼동을 피할 수 있는 경우에는 예외적으로 유사하지 않다고 판단하여야 한다.

③ 요부 관찰

㉠ 의 미

상표의 요부를 중심으로 유사 여부를 판단하는 방법을 말한다. 상표의 유사판단은 전체 관찰이 원칙이나, 상표 중에서 일반 수요자에게 그 상표에 관한 인상을 심어주거나 기억·연상을 하게 함으로써 그 부분만으로 독립하여 상품의 출처표시기능을 수행하는 부분, 즉 요부가 있는 경우 적절한 전체 관찰의 결론을 유도하기 위해서는 요부를 가지고 상표의 유사 여부를 판단하는 것이 필요하다.

㉡ 판단 방법

• 상표의 구성부분 중 식별력이 없거나 미약한 부분은 요부가 될 수 없다.

• 상표의 구성부분이 요부인지는 그 부분이 주지·저명하거나 일반수요자에게 강한 인상을 주는 부분인지, 전체 상표에서 높은 비중을 차지하는 부분인지 등의 요소를 따져 보되, 여기에 다른 구성부분과 비교한 상대적인 식별력 수준이나 그와의 결합상태와 정도, 지정상품과의 관계, 거래실정 등까지 종합적으로 고려하여 판단하여야 한다(2015후1690).

• 결합상표 중 일부 구성부분이 요부로 기능할 수 있는지 여부를 판단할 때는 해당 구성부분이 그 지정상품과 동일·유사한 상품에 관하여 다수 등록되어 있거나 출원공고되어 있는 사정도 고려할 수 있으므로, 등록 또는 출원공고된 상표의 수나 출원인 또는 상표권자의 수, 해당 구성부분의 본질적인 식별력의 정도 및 지정상품과의 관계, 공익상 특정인에게 독점시키는 것이 적당하지 않다고 보이는 사정의 유무 등을 종합적으로 고려하여 판단하여야 한다(2015후932).

ⓒ 요부 관찰과 분리 관찰의 관계

- 상표에서 요부는 다른 구성부분과 상관없이 그 부분만으로 일반수요자에게 두드러지게 인식되는 독자적인 식별력 때문에 다른 상표와 유사 여부를 판단할 때 대비의 대상이 되는 것이므로, 상표에서 요부가 존재하는 경우에는 그 부분이 분리 관찰이 되는지를 따질 필요 없이 요부만으로 대비함으로써 상표의 유사 여부를 판단할 수 있다(2015후1690).
- 다만, 분리 관찰은 상표의 구성 중 독립한 식별력을 가지는 요부만을 분리하여 관찰하는 것이므로 요부 관찰을 전제로 하며, 요부가 없으면 분리 관찰이 불가능하다(관련 판례 – 2016후1109).

ⓔ 의약품의 경우(2017후2208)

- 의약품은 오용, 남용될 우려가 적고 의사의 처방 없이 사용하더라도 안전성 및 유효성을 기대할 수 있는 것으로, '일반의약품'과 일반의약품이 아닌 '전문의약품'으로 구분된다. 전문의약품의 경우는 의사가 환자의 증상에 따라 의약품을 처방하면 약사가 처방에 따른 조제를 하므로 사실상 일반소비자가 의약품의 선택에 개입할 여지가 없다. 일반의약품의 경우는 일반소비자가 약국에서 직접 필요한 의약품을 구매하지만, 이 경우에도 대부분 환자가 증상을 설명하면 약사가 그에 맞는 의약품을 골라주는 것이 거래실정이다.
- '신경교(neuroglia)' 또는 '신경교세포(glia cell)'를 뜻하는 'GLIA(글리아)'의 의미 및 사용실태, 의사, 약사 등이 실제 판매 및 거래관계에 개입하고 있는 의약품에 관한 거래실정을 고려하면, 등록상표와 선등록상표들 중 'GLIA(글리아)' 부분은 지정상품인 의약품과의 관계에서 뇌신경질환 관련 치료제로 수요자에게 인식되어 식별력이 없거나 미약할 뿐만 아니라, 공익상으로 보아 특정인에게 독점시키는 것이 적당하지 않으므로 요부가 될 수 없다.

ⓜ 관련 문제

- 상표의 일부분이 식별력 없는 표장으로 이루어진 경우
  - 식별력 없는 구성부분을 포함하는 상표의 유사 판단 시, 이를 제외한 나머지를 기준으로 유사 판단할 수 있는지 문제된다.
  - 판례는 크게 식별력 없는 부분은 요부가 될 수 없다는 취지로만 판시한 경우, 식별력 없는 부분을 제외하고 대비해야 한다는 취지로 판시한 경우, 식별력이 없는 부분도 비교대상에서 제외하여서는 안 된다는 취지로 판시한 경우로 나누어진다.
  - 식별력이 없는 부분에 독점적 권리가 부여되는 폐해가 발생할 수 있다는 점에서 식별력 없는 부분은 요부가 될 수 없다고 보는 것이 타당하다. 다만, 식별력 없는 부분이 다른 구성과 결합하여 일체성을 가지는 등의 경우에는 식별력 없는 부분도 그 구성의 한 요소로서 역할을 할 수 있으므로, 식별력 없는 부분이라고 하여 무조건 비교대상에서 제외하는 것은 바람직하지 않다고 봄이 타당하다.
- 상표의 구성부분 전부가 식별력이 없는 경우

  상표의 구성부분 전부가 식별력이 없거나 미약한 경우에는 그 중 일부만이 요부가 된다고 할 수 없으므로 상표 전체를 기준으로 유사 여부를 판단해야 한다.
- 상표 중에서 요부라고 할 만한 것이 없는 경우

  상표 중에서 요부라고 할 만한 것이 없다면 전체 관찰의 원칙에 따라 상표를 전체로서 대비하여 유사 여부를 판단하여야 한다.

- 상표 전체가 식별력 없는 표장으로 이루어진 경우

  대비 대상이 되는 두 상표 중 하나가 자타상품 식별력이 없다면 대비되는 상표와 외관·칭호·관념 중 일부에 동일·유사한 점이 있다 하더라도 상표 전체로서 수요자들로 하여금 출처 오인·혼동을 피할 수 있게 하는 가능성이 클 것이고, 이때도 상표의 식별력 유무는 고려대상이 되어야 한다.

④ 분리 관찰

  ㉠ 의 의

  2 이상의 구성을 결합한 결합상표에서 각 구성부분을 분리하여 관찰하면 자연스럽지 못할 정도로 불가분적으로 결합되어 있지 아니하는 한, 그 구성부분 중 일부만으로 간략하게 호칭·관념될 수 있으므로, 그 구성부분은 분리·추출하여 각각 대비의 대상으로 삼을 수 있다.

  ㉡ 분리 관찰이 적절하지 못한 경우

  - 문자와 문자가 결합된 상표는 그 구성부분 중 요부에 의하여 간략하게 호칭·관념될 수도 있으나, 그것은 어디까지나 각 구성부분을 분리하여 관찰하는 것이 사회통념상 자연스러운 경우에 한하고 이를 분리하여 관찰하는 것이 거래상 자연스럽지 못하거나 부자연스럽거나, 문자와 문자의 결합으로 독자적인 의미를 가지는 경우에는 원칙으로 돌아가 전체로서 관찰하여 그 유사 여부를 판단하여야 할 것이다(2008후5182).
  - 그 지정상품과 관련하여 실제 사회에서 전체로서만 사용되고 인식되어져 왔을 뿐 일부로 분리 약칭되어 사용된 예를 찾아보기 어려운 경우, 일부 구성만으로 약칭하여 호칭한다고 보는 것은 매우 부자연스럽다(2001후2986).
  - 특정 상품의 거래상황에서 분리되지 않고 전체로서 인식되고 있음을 근거로 그와 관련 없는 지정상품의 거래상황에서도 항상 전체로서 인식된다고 볼 수는 없다(2006후4086).
  - 대비되는 상표 사이에 유사한 부분이 있다고 하더라도 그 부분만으로 분리 인식될 가능성이 희박하거나 전체적으로 관찰할 때 명확히 출처의 혼동을 피할 수 있는 경우에는 유사상표라고 할 수 없다(2014후2399).

  ㉢ 분리 관찰 남용 및 비판

  분리 관찰 남용 시 ⅰ) 전체 관찰의 원칙이 파괴되고, ⅱ) 유사범위가 지나치게 넓어지며, ⅲ) 그 결과 상표선택의 기회가 부당하게 제한되어, ⅳ) 실제 거래현실 및 일반 수요자 인식과 괴리된 결론에 도달한다.

  ㉣ 관련 문제

  - 도형 결합상표의 분리 관찰

    2개 이상의 도형으로 이루어진 결합상표는 각 구성부분이 분리 관찰되면 거래상 자연스럽지 못하다고 여겨질 정도로 불가분적으로 결합되어 있는 것인 한, 그 구성부분 중 하나의 도형이 가지는 외관, 호칭 및 관념에 의하여 상표의 유사 여부를 판단할 수 있다.
  - 성명상표의 유사 여부 판단(심사기준)

    ⅰ) 거래사회에서 성명 전체로 사용되는 경우, ⅱ) 국내 수요자에게 성명 전체로 어느 정도 인식된 경우, ⅲ) 외국에서 흔한 이름에 성이 결합되어 전체로 인식될 수 있는 경우, ⅳ) 상표의 구성 형태로 보아 전체로 인식될 수 있는 경우에는 전체 관찰에 의하여 판단한다.

⑤ 객관적 관찰

  주관적 사정을 고려함이 없이 상표 자체의 구성을 기초로 객관적으로 판단해야 한다.

⑥ 이격적 관찰

이격적 관찰이란 때와 장소를 달리하여 상표를 접하는 수요자의 불확실한 기억을 토대로 유사 여부를 판단하는 방법을 말한다. 두 개의 상표를 직접 놓고 대비할 때에는 구성요소가 다른 점이 있다고 하더라도, 때와 장소를 달리하여 관찰하였을 때 경험칙상 서로 출처의 오인·혼동이 일어나는 경우에는 유사한 상표로 보아야 한다. 이격적 관찰은 특히 외관의 유사 여부를 판단할 때 중요하게 적용된다(2015후1348).

(5) 유사 판단 시 혼동의 고려

① 혼동의 의미

일반적 출처혼동은 경험칙상 판단하고, 구체적 출처혼동은 상품이 유통되는 실제 현실에서의 구체적 거래실정을 고려하는 것이다.

② 유사 판단 시 거래실정을 고려한 판례

㉠ 일반적 거래실정상 구체적 출처혼동 염려가 없는 경우(95후1821)

2개의 상표가 상표 자체의 외관·칭호·관념에서 서로 유사하여 양 상표가 서로 유사해 보인다 하더라도 당해 상품을 둘러싼 일반적인 거래실정, 즉, 시장의 성질, 고객층의 재력이나 지식 정도, 전문가인지 여부, 연령, 성별, 당해 상품의 속성과 거래방법, 거래장소, 고장수리 등 사후관리 여부, 상표의 현존 및 사용상황, 상표의 주지 정도 및 당해 상품과의 관계, 수요자의 일상 언어생활 등을 종합적·전체적으로 고려하여, 거래사회에서 수요자들이 구체적·개별적으로는 출처에 관하여 오인·혼동할 염려가 없을 경우에는 양 상표가 공존할 수 있다.

㉡ 일반적 거래실정상, 분리 관찰 가능성이 희박한 경우(2010다20778)

상표의 유사 여부는 외관·호칭 및 관념을 객관적·전체적·이격적으로 관찰하여 지정상품 거래에서 일반수요자나 거래자가 상표에 대하여 느끼는 직관적 인식을 기준으로 하여 상품 출처에 관하여 오인·혼동을 일으키게 할 우려가 있는지에 따라 판단하여야 하므로, 대비되는 상표 사이에 유사한 부분이 있다고 하더라도 당해 상품을 둘러싼 일반적인 거래실정, 즉 시장의 성질, 수요자의 재력이나 지식, 주의 정도, 전문가인지 여부, 연령, 성별, 당해 상품의 속성과 거래방법, 거래장소, 사후관리 여부, 상표의 현존 및 사용상황, 상표의 주지 정도 및 당해 상품과의 관계, 수요자의 일상 언어생활 등을 종합적·전체적으로 고려하여 그 부분만으로 분리 인식될 가능성이 희박하거나 전체적으로 관찰할 때 명확히 출처의 혼동을 피할 수 있는 경우에는 유사상표라고 할 수 없다.

㉢ 침해금지청구소송 사건에서 해당 상품에 대한 거래실정의 고려(2014다216522)

유사상표의 사용행위에 해당하는지에 대한 판단은 두 상표가 해당 상품에 관한 거래실정을 바탕으로 외관, 호칭, 관념 등에 의하여 거래자나 일반수요자에게 주는 인상, 기억, 연상 등을 전체적으로 종합할 때, 두 상표를 때와 장소를 달리하여 대하는 거래자나 일반수요자가 상품 출처에 관하여 오인·혼동할 우려가 있는지의 관점에서 이루어져야 한다.

㉣ 권리범위확인심판 사건에서 해당 상품에 대한 거래실정의 고려(2018후10848)

• 원 칙

권리범위확인심판에서 등록상표와 확인대상표장의 유사 여부 판단에 있어서 당해 상품에 대한 표장의 사용사실이 인정되는 경우 표장의 주지 정도 및 당해 상품과의 관계, 표장에 대한 수요자들의 호칭 및 인식 등 당해 상품을 둘러싼 거래실정을 종합적, 전체적으로 고려하여야 한다.

- 특수하고 한정적인 거래실정을 비중 있게 고려할 수 있는지 여부

  대법원에서는 상품의 구체적인 형상과 모양 및 포장의 구체적인 형태 등과 같이 상품에서 쉽게 변경이 가능한 특수하고 한정적인 거래실정을 비중 있게 고려한 원심판단에 법리오해의 잘못이 있다고 판시한 바 있다.

04 상품의 동일 · 유사

1 서 설

상표법상 상품의 개념은 상품학상의 상품 정의와는 달리 사회통념상의 개념이다. 상표법의 목적에 따라 결정되어야 할 상대적인 개념이다.

2 상품의 동일

상품학상의 동일이 아닌 상표법상의 동일을 의미하며, 물리적 · 화학적 동일이 아닌 사회통념상 일반수요자들의 평균적 인식에 비추어 동일한 상품으로 인식되는 것을 의미한다.

3 상품의 유사

(1) '상품류구분' 및 '유사군 코드'의 개념

① 상품류구분

니스 분류에 따른 분류로서, 상품이나 서비스를 그 성질 등에 따라 제1류~제34류(상품) 및 제35류~제45류(서비스)로 구분해 놓은 숫자를 의미한다.

② 유사군 및 유사군 코드

'유사군'이란 상품 자체의 속성 및 거래실정 또는 서비스의 성질이나 내용, 서비스의 거래실정이 동일 또는 유사한 상품군을 말하며, '유사군 코드'란 각각의 유사군에 부여한 특정 기호를 말한다.

③ 상표법 제38조 제3항에 따르면 상품류의 구분은 상품의 유사범위를 정한 것이 아니다.

(2) 판단 방법

① 원 칙

지정상품의 동일 유사 여부는 유사군 코드를 참고하되, 상품의 속성인 품질 · 형상 · 용도와 생산부문, 판매부문, 수요자의 범위 등 거래의 실정 등을 고려하여 일반거래의 통념에 따라 판단한다.

② 상품 상호 간 유사 판단

상품의 형상, 용도, 품질, 생산, 판매부분, 수요자의 범위, 거래실정 등을 종합적으로 고려하여 상품의 유사 여부를 판단한다.

③ 서비스 상호 간 유사 판단

제공되는 서비스의 성질, 내용, 제공수단, 제공장소, 서비스의 제공자 및 수요자의 범위 등 거래의 실정 등을 고려하여 일반 거래의 통념에 따라 판단해야 한다.

④ 상품과 서비스 간 유사 판단

㉠ 상품과 서비스의 관계

상품에 관한 상표와 서비스에 관한 상표가 거래실정에 비추어 일반수요자가 출처혼동을 일으킬 우려가 있는 경우 상호 간에 소극적 효력이 미친다.

㉡ 동종성 판단

상품과 서비스는 기능이 상이하므로 동종・유사성을 지나치게 광범위하게 인정하여서는 아니되고, 상품과 서비스 사이의 동종・유사성은 다음의 사항들을 따져 보아 거래사회의 통념에 따라 이를 인정하여야 할 것이다.

• 서비스와 상품 간의 밀접한 관계 유무, 상품의 제조・판매와 서비스의 제공이 동일 사업자에 의하여 이루어지는 것이 일반적인가
• 일반인이 그와 같이 생각하는 것이 당연하다고 인정되는가
• 상품과 서비스의 용도가 일치하는가
• 상품의 판매장소와 서비스의 제공장소가 일치하는가
• 수요자의 범위가 일치하는가
• 유사한 표장을 사용할 경우 출처의 혼동을 초래할 우려가 있는가

㉢ 구체적 사안

그 상품이 없으면 당해 서비스가 존재할 수 없을 만큼 밀접한 관련성이 있거나 상품의 제조판매업자가 상품의 수리업 등의 서비스에 진출하는 것이 일반적인 거래실정인 경우

02 | 출원 및 등록요건

01   상표의 정의 규정

> **제2조(정의)** ① 이 법에서 사용하는 용어의 뜻은 다음과 같다.
> 1. "상표"란 자기의 상품(지리적 표시가 사용되는 상품의 경우를 제외하고는 서비스 또는 서비스의 제공에 관련된 물건을 포함한다. 이하 같다)과 타인의 상품을 식별하기 위하여 사용하는 표장(標章)을 말한다.
> 2. "표장"이란 기호, 문자, 도형, 소리, 냄새, 입체적 형상, 홀로그램·동작 또는 색채 등으로서 그 구성이나 표현방식에 상관없이 상품의 출처(出處)를 나타내기 위하여 사용하는 모든 표시를 말한다.

1   서 설

(1) "상표"란 자기의 상품과 타인의 상품을 식별하기 위하여 사용하는 표장을 말한다(제2조 제1항 제1호).

(2) "표장"은 기호, 문자, 도형, 소리, 냄새, 입체적 형상, 홀로그램·동작 또는 색채 등으로서 그 구성이나 표현방식에 상관없이 상품의 출처를 나타내기 위하여 사용하는 모든 표시를 말한다(제2조 제1항 제2호). 2016년 개정법은 상표가 될 수 있는 표장의 유형 및 표현 방식에 제한이 없음을 명문화하여 분명히 하고 있다.

2   상표의 구성 요소

(1) 자기의 '상품'과 타인의 '상품'을 식별하기 위하여

① 정 의

상표법상 상품이란 그 자체가 교환가치를 가지고 독립된 상거래의 목적물이 되는 물품을 말한다.

② 광고매체 물품(또는 판촉물)에 상표를 표시한 경우

㉠ WINK 사건(98후58)

상품의 선전광고나 판매촉진 등의 목적으로 고객에게 무상으로 배부되어 거래시장에서 유통될 가능성이 없는 '광고매체가 되는 물품'은, 그 자체가 교환가치를 가지고 독립된 상거래의 목적물이 되는 물품이라고 볼 수 없다.

㉡ METROCITY 사건(2012후1415)

광고매체가 되는 물품을 마일리지 차감 방식이나 소정의 대가를 받는 형식으로 제공한 경우 광고매체가 되는 물품을 그 자체가 교환가치를 가지고 독립된 상거래의 목적물이 되는 물품으로 인정되어, 상표의 사용이 인정된 바 있다.

(2) '사용'하는

① 상표는 상품에 관하여 사용되는 것이다. 상표법은 제2조 제1항 제11호 및 제2조 제2항에서 일정한 표시행위, 유통행위, 광고행위 등을 상표 사용의 한 유형으로 열거하고 있다.

② 우리 상표법은 등록주의를 취하고 있으나, 제3조 제1항 본문에서 상표등록을 받기 위해서는 최소한 사용의사가 있어야 하는 것으로 규정하고 있다.

(3) 표 장

'표장'이란 기호, 문자, 도형, 소리, 냄새, 입체적 형상, 홀로그램·동작 또는 색채 등으로서 그 구성이나 표현방식에 상관없이 상품의 출처(出處)를 나타내기 위하여 사용하는 모든 표시를 말한다(제2조 제1항 제2호).

3 상표의 정의 규정 위반 시 상표법상 취급

제54조 제1호 및 제117조 제1항 제1호에서 제2조 제1항에 따른 상표의 정의에 맞지 아니하는 경우를 거절이유 및 무효사유로 규정하고 있다.

02 서비스의 상표법상 취급

> 제2조(정의) ① 이 법에서 사용하는 용어의 뜻은 다음과 같다.
> 1. "상표"란 자기의 상품(지리적 표시가 사용되는 상품의 경우를 제외하고는 서비스 또는 서비스의 제공에 관련된 물건을 포함한다. 이하 같다)과 타인의 상품을 식별하기 위하여 사용하는 표장(標章)을 말한다.

1 서 설

(1) 서비스에 관한 상표란, 자기의 서비스 또는 서비스의 제공에 관련된 물건과 타인의 것을 식별하기 위하여 사용하는 표장을 말한다(제2조 제1항 제1호).

(2) 2016. 9. 1. 시행 개정법에서 서비스업을 '서비스'로 표현을 변경하면서, 서비스표 및 상표를 상표로 일원화하였다.

2 서비스의 정의

(1) 심사기준

서비스의 제공이 독립하여 상거래의 대상이 되어야 하고, 타인의 이익을 위해 제공되어야 하며, 상품 판매에 부수하는 서비스의 제공이 아니어야 한다.

(2) 판례의 태도(2012후3077)

'서비스'의 영위란, 독립하여 상거래의 대상이 되는 서비스를 타인의 이익을 위하여 제공하는 것을 업으로 영위한다는 의미이므로, 아무런 대가를 받지 아니하는 자원봉사나 단순한 호의에 의한 노무 또는 편익의 제공 등과 같이 상거래의 대상이 되지 아니하는 용역을 일정한 목적 아래 계속적·반복적으로 제공하였다고 하더라도 상표법상 서비스의 영위로 볼 수 없다.

3 서비스에 대한 상표의 사용

(1) 서비스 자체에 대한 상표의 사용

서비스에 관한 광고·정가표·거래서류, 그 밖의 수단에 상표를 표시하고 전시하거나 널리 알리는 행위

(2) 서비스의 제공에 관련된 물건에 대한 상표의 사용

① 서비스의 제공 시 수요자의 이용에 공여되는 물건 또는 서비스의 제공에 관한 수요자의 물건에 상표를 표시하는 행위

② 서비스의 제공 시 수요자의 이용에 공여되는 물건에 상표를 표시한 것을 이용하여 서비스를 제공하는 행위

③ 서비스의 제공에 이용하는 물건에 상표를 표시한 것을 서비스의 제공을 위하여 전시하는 행위

(3) 관련 판례

① 음식점을 운영하며 음식을 포장하여 판매하는 자가 등록상표를 간판이나 포장용기에 사용한 경우에 대해, 특허법원 판례는 "음식을 포장하여 판매하는 것도 음식점업을 경영하기 위한 하나의 수단으로서 음식점업을 영위하는 행위를 구성하는 일부"라고 하며, 음식에 대한 상표의 사용이 아닌 음식점업에 대한 상표의 사용에 해당한다고 판시하였다.

② 등록상표가 표시된 나무상자 등에 즉석으로 구운 빵을 담아 판매한 경우, 대법원 판례는 "나무상자들은 제과점업이라는 서비스 제공 시 수요자의 이용에 제공되는 물건에 해당한다."고 하여, 제과점업에 대한 상표의 사용이라고 판시하였다.

4 서비스에 대한 상표권의 효력

(1) 적극적 효력

서비스에 관한 상표의 효력은 지정서비스에만 미치므로, 상품에 관한 상표의 사용은 정당권원 범위 밖의 사용이다.

(2) 소극적 효력

① 상품과 서비스 간에 동종성이 존재하면 상호 간에 소극적 효력을 미친다.

② 상품과 서비스의 동종성 판단

상품과 서비스는 기능이 상이하므로 동종·유사성을 지나치게 광범위하게 인정하여서는 아니되고, 상품과 서비스 사이의 동종·유사성은 다음의 사항을 따져 보아 거래사회의 통념에 따라 이를 인정해야 할 것이다.

⊙ 서비스와 상품 간의 밀접한 관계 유무, 상품의 제조·판매와 서비스의 제공이 동일 사업자에 의하여 이루어지는 것이 일반적인가

⊙ 그리고 일반인이 그와 같이 생각하는 것이 당연하다고 인정되는가

⊙ 상품과 서비스의 용도가 일치하는가

⊙ 상품의 판매장소와 서비스의 제공장소가 일치하는가

⊙ 수요자의 범위가 일치하는가

⊙ 유사한 표장을 사용할 경우 출처의 혼동을 초래할 우려가 있는가

③ 백화점업 등과 '의류, 신발 등에 관한 판매대행업, 소매업' 등 간의 유사 여부

⊙ 심사기준

백화점업, 대형할인마트업, 슈퍼마켓업, 편의점업, 인터넷종합쇼핑몰업, 전기통신에 의한 통신판매 중개업은 각각 서로 유사한 서비스업으로 추정하고, 이들 서비스업과 개별상품에 대한 소매 관련 서비스업과는 비유사한 것으로 추정한다.

⊙ 판례의 태도(2016후1376)

- 의류 및 패션잡화 등에 대한 판매대행, 알선업 및 소매업은 의류 및 패션잡화 등을 수요자들을 상대로 직접 판매하는 서비스를 제공한다는 점에서 서비스의 성질, 내용, 제공방법이 유사하고, 서비스 제공에 관련된 물품과 수요자도 공통된다.

- ⅰ) 의류를 비롯하여 신발, 모자 등의 패션잡화 등을 하나의 점포나 건물 또는 인접한 장소에서 진열하여 판매하는 경향이 있었던 점, ⅱ) 백화점에서 의류와 패션잡화 등이 차지하는 비중이 높다는 거래의 실정, ⅲ) 백화점이나 대형할인마트 내부의 점포들은 일반적인 의류, 잡화 소매점들과 운영방식이 유사하다는 점에 비추어 보면, 거래 통념상 동일한 영업주체에 의하여 제공되는 서비스로 오인될 우려도 있다.

- 따라서, 백화점업, 편의점업, 대형할인마트업, 슈퍼마켓업은 '의류, 신발 등에 관한 판매대행업, 알선업, 소매업'과 유사하다.

5 도소매업의 상표법상 취급

(1) 2007. 1. 1. 시행규칙

특정 상품에 대한 도(소)매업, 동종의 상품군으로 분류 가능한 상품집단에 대한 도(소)매업 등과 같이 서비스의 대상을 구체적으로 기재한 것에 한하여 인정한다.

(2) 2012. 1. 1. 시행 NICE 분류

최근 거래실정을 반영하여, 백화점업, 편의점업, 대형할인마트업, 슈퍼마켓업을 광의의 포괄명칭으로서 등록 가능한 서비스로 인정한다.

03 사용의사 확인 제도

> **제3조(상표등록을 받을 수 있는 자)** ① 국내에서 상표를 사용하는 자 또는 사용하려는 자는 자기의 상표를 등록받을
> 수 있다. 다만, 특허청 직원과 특허심판원 직원은 상속 또는 유증(遺贈)의 경우를 제외하고는 재직 중에 상표를
> 등록받을 수 없다.

1 서 설

상표법은 선출원주의의 보완책으로서 사용의사 없이 상표선점 목적의 출원을 방지하기 위해 12년 개정법에
서 사용의사를 등록요건으로 규정하였다. 영업발전 조성 기능 및 법 목적에 부합한다.

2 거절이유의 통지

심사관은 출원인이 상표를 사용한 사실이나, 사용할 의사가 없거나 법령 등에 의하여 객관적으로 사용할
수 없다고 합리적인 의심이 드는 경우 제3조 위반을 이유로 거절이유통지를 하여 이를 확인할 수 있다.

3 판단 방법

상표를 사용하려는 의사의 유무는 출원인의 주관적, 내면적인 의사를 중심으로 하되, 출원인의 경력, 지정상
품의 특성, 출원인이 다수의 상표를 출원·등록한 경우에는 그 지정상품과의 관계 등과 같이 외형적으로
드러나는 사정까지 종합적으로 고려하여 판단하여야 한다.

4 합리적 의심이 드는 경우(심사기준)

(1) 개인이 법령상 일정자격 등이 필요한 상품과 관련하여 견련관계가 없는 상품을 2 이상 지정한 경우

견련관계가 없는 경우	견련관계가 있는 경우
병원업, 법무서비스업, 건축설계업	변호사업, 변리사업, 공인노무사업

(2) 출원인이 상표를 사용할 의사없이 상표 선점 등의 목적으로 출원한 것이라고 의심이 드는 경우

    ① 과거나 현재의 출원·등록 이력이나 사업범위 등을 참고하여 선점 등 주관적 의사 추정 가능

    ② 연예인, 방송프로그램, 유명캐릭터 등의 명칭을 2개 이상의 비유사 상품을 지정하여 출원하는 경우

    ③ 가맹본부(법인)의 프랜차이즈 상표를 법인의 대표자 등 개인이 출원하는 경우

       프랜차이즈 상표가 가맹본부에 의해 소유되게 함에 따라, 가맹사업자의 피해를 예방함과 아울러,
가맹본부의 상표권 관리의 효율성을 재고하고자 함이다.

    ④ 타인이 이미 제조판매·수입 품목 허가·신고를 한 의약품 명칭과 동일한 의약품 명칭을 상표로
출원하는 경우

⑤ 미성년자가 단독으로 출원하거나, 미성년자만으로 공동 출원한 경우(다만, 출원된 상표를 사용하고 있는 사실이 있고 상표 사용분야와 견련관계가 있는 상품에 출원한 경우는 제외)

(3) 개인이 대규모 자본 및 시설 등이 필요한 상품을 지정한 경우

예 인공위성, 선박, 철도차량, 자동차, 백화점업, 대형할인마트업, 은행업, 증권업, 보험업, 항공업, 프로스포츠단 경영업 등

(4) 견련관계가 없는 비유사 상품의 종류를 다수 지정한 경우

비유사 상품은 원칙적으로 유사군 코드가 다른 상품군을 의미하며, 다수 지정 여부는 견련관계가 없는 유사상품군을 3개 이상 지정한 경우를 원칙으로 하되 개인인지 여부, 실제 사업범위, 거래실정, 기업의 사업확장성 등을 고려하여 합리적으로 판단할 수 있다.

견련관계가 없는 경우	견련관계가 있는 경우
비료, 소주, 휠체어, 컴퓨터, 숙박업, 문구	구두, 의류, 화장품, 장신구, 시계, 보석
광고업, 은행업, 건설업, 수선업, 식당업	인쇄업, 광고업, 방송업, 통신업, 공연업

5 사용의사 거절이유에 대한 대응 방안

(1) 사용사실 또는 사용의사 증명

사용사실 또는 사용의사를 증명할 수 있는 서면을 참고하여 판단한다. 그러나 출원인이 상표 사용사실을 제출한 경우라도 본 규정을 회피하기 위한 목적으로 판단되는 등 합리적 의심이 해소되지 않는 경우 심사관은 상표등록을 거절할 수 있다.

(2) 사용의사 확인 방법

① 지정상품이 포괄명칭인 경우 포괄명칭에 포함된 1개 이상의 상품에 대하여 사용사실이나 사용의사가 있는 경우에는 포괄명칭 전부에 대하여 사용의사가 있는 것으로 본다.
② 견련관계가 있는 유사상품군에 포함된 1개 이상의 상품에 대하여 사용사실이나 사용의사가 있는 경우에는 견련관계가 있는 유사상품군 전부에 대하여 사용의사가 있는 것으로 본다.

6 상표법상 취급

사용의사 요건은 상표등록 거절이유(제54조 제3호) 및 상표등록 무효심판 청구이유(제117조 제1항 제1호)에 해당한다.

> **제33조(상표등록의 요건)** ① 다음 각 호의 어느 하나에 해당하는 상표를 제외하고는 상표등록을 받을 수 있다.
> 1. 그 상품의 보통명칭을 보통으로 사용하는 방법으로 표시한 표장만으로 된 상표

1 의의 및 취지

등록여부결정 시에 일반 수요자 기준으로 실제 거래계에서 지정상품에 관하여 보통명칭으로 사용되는 표장은 자타상품 식별력, 독점적응성이 없어 등록을 불허한다.

2 요 건

(1) 그 상품의 '보통명칭'

① 보통명칭이란 당해 상품을 취급하는 거래계에서 그 상품을 지칭하는 것으로 실제 사용되고 인식되어 있는 명칭을 말한다.

② 일반 소비자들이 지정상품의 보통명칭으로 인식할 우려가 있다는 것만으로는 부족하고 실제 거래에 있어서 일반 소비자들이 지정상품의 보통명칭으로서 그와 같은 명칭을 보통으로 사용하고 있는 사실이 인정되어야 한다.

(2) '보통으로 사용하는 방법'으로 표시되어 있을 것

외관, 칭호, 관념 등을 통해 상품의 보통명칭으로 직감할 수 있도록 표시된 경우를 말한다.

(3) '만'으로 된 상표

보통명칭에 단순히 부기적, 보조적 표장이 결합된 경우도 '만'으로 된 상표로 본다.

3 해당 여부의 판단

(1) 판단 기준

본 호에의 해당 여부는 '지정상품에 관한 일반 수요자 및 거래자'를 기준으로 판단하며, '상표등록여부결정을 할 때'를 기준으로 '국내' 상품거래실정에 따라 판단한다.

(2) 판단 시 유의 사항

본 호에의 해당 여부는 상표권자의 이익 및 상표에 화체되어 있는 영업상의 신용에 의한 일반 수요자의 이익을 희생하면서까지 이를 인정해야 할 만한 예외적인 경우에 해당하는가를 고려하여 신중하게 판단하여야 한다.

4 상표법상 취급

(1) 상표등록 전 상표등록 거절사유(제54조 제1호), 정보제공이유(제49조), 이의신청이유(제60조 제1항)에 해당하고, 상표등록 후 제척기간 없는 상표등록 무효사유(제117조 제1항)에 해당한다.

(2) 제33조 제2항의 적용 여부

제33조 제2항은 동항 제1호 및 제2호가 제33조 제2항의 적용을 받을 수 없는 것으로 규정하고 있으나 본 호에 해당하는 상표가 사후적으로 다시 식별력을 회복하였다면 이는 더 이상 보통명칭에 해당하지 않으므로 등록이 가능하다고 봄이 타당하다.

5 관련 문제 - 보통명칭과 품종명칭의 관계(2017나2615)

판례는 식물신품종보호법상의 품종명칭으로 등록됨과 동시에 품종을 대상으로 하는 상품에 대하여 제33조 제1항 제1호의 보통명칭으로 되었다고 보나, 2010년 개정법에 의하여 제34조 제1항 제17호(2010. 7. 28. 시행, 법률 제9987호 기준 당시 제7조 제1항 제15호)가 신설되었으므로 개정 취지에 따라 제34조 제1항 제17호로 거절함이 바람직하다.

6 보통명칭화

(1) 의 의

원래는 식별력 있는 상표가 일반 수요자 및 동종업자들의 반복 사용에 의하여 식별력을 상실하여 보통명칭이 되는 현상을 말한다.

(2) 유 형

① 특정 상품이 저명해져 그 상품의 상표가 동종 상품의 대명사가 된 경우
② 상표가 신상품과 함께 유명해져 보통명칭으로 잘못 인식된 경우
③ 상표관리 소홀로 동종업자가 무단 사용한 결과 보통명칭화된 경우
④ 상품명이 길고 불편하여 수요자가 상표를 상품명으로 사용하는 경우

(3) 판단 기준

① 판단의 전제

유명해진 상표에 구체화된 신용을 무로 돌리는 것으로 상표사용자의 이익을 희생하면서까지 이를 인정해야 하는지 신중하게 판단해야 한다.

② 판단 시점

㉠ 등록요건판단 : 등록여부결정 시 또는 심결 시
㉡ 권리범위확인심판 : 심결 시
㉢ 침해금지청구소송 : 사실심 변론 종결 시
㉣ 손해배상청구 시 : 침해 시

(4) 보통명칭화 방지책

① 상표 선정상의 방지책

식별력이 강한 상표를 선택한다.

② 상표 관리상의 방지책

내부관리상 방지책	외부관리상 방지책
• 등록상표 표기 • 동사나 소유격화 사용 방지 • 상품명과 병기하여 형용사적 사용 • 다른 종류 상품에도 병행하여 사용	• 사용권자의 부적절한 사용 관리 · 감독 • 간행물 등 상품 보통명칭으로 사용 시 삭제 요구 • 경쟁업자의 편승사용에 권리행사

(5) 등록 후 보통명칭화된 경우의 취급

유사 판단 시 요부가 될 수 없고, 효력 제한사유(제90조 제1항 제2호)에 해당하며, 우발적 무효사유에 해당한다. 다만, 갱신등록은 가능하다.

---

05 제33조 제1항 제2호

> 제33조(상표등록의 요건) ① 다음 각 호의 어느 하나에 해당하는 상표를 제외하고는 상표등록을 받을 수 있다.
> 2. 그 상품에 대하여 관용(慣用)하는 상표

1 의의 및 취지

등록여부결정 시에 동종업자를 기준으로 지정상품에 관하여 관용하는 표장은 자타상품 식별력, 독점적응성이 없어 등록을 불허한다.

2 요 건

(1) 그 상품에 대하여 관용하는 상표(99후24)

관용상표라고 함은 그 상품에 대하여 동업자들 사이에 자유롭고 관용적으로 사용되고 있는 결과 자타상품 식별력을 상실한 표장을 말한다. 그렇다고 하여 당초부터 자타상품의 식별력을 갖춘 상표만이 후에 관용상표가 되는 것은 아니다.

(2) '보통으로 사용하는 방법'으로 표시되어 있을 것

본 호의 규정에는 보통으로 사용하는 방법으로 표시한 표장만으로 된 상표라는 한정이 없으나, 관용이라는 뜻 자체가 보통의 방법으로 쓰인다는 것을 의미하므로 그러한 한정이 필요 없다.

3 해당 여부의 판단

(1) 판단 기준

본 호에의 해당 여부는 '관련 거래 업계의 동종업자'를 기준으로 판단하며, '상표등록여부결정을 할 때'를 기준으로 '국내' 상품거래실정에 따라 판단한다.

(2) 판단 시 유의 사항(2008허6710)

관용상표인지 여부는 지정상품과의 관계를 고려하여야 하며, 관용상표와 유사한 상표는 관용상표로 보지 아니한다. 한편, 반드시 전국적으로 관용화되어 있을 필요는 없다.

4 상표법상 취급

(1) 상표등록 전 상표등록 거절사유(제54조 제1호), 정보제공이유(제49조), 이의신청이유(제60조 제1항)에 해당하고, 상표등록 후 제척기간 없는 상표등록 무효사유(제117조 제1항)에 해당한다.

(2) 제33조 제2항의 적용 여부

제33조 제2항은 동항 제1호 및 제2호를 제33조 제2항의 적용을 받을 수 없는 것으로 규정하고 있으나 본 호에 해당하는 상표가 사후적으로 다시 식별력을 회복하였다면 이는 더 이상 보통명칭 또는 관용표장에 해당하지 않으므로 등록이 가능하다고 봄이 타당하다.

5 관용표장과 보통명칭의 차이

(1) 관용표장은 처음에는 특정인의 상표였던 것이 주지·저명한 상표로 되었다가 상표권자가 상표관리를 허술히 함으로써 동업자들이 자유롭게 사용하게 된 상표를 말하는 것이고, 보통명칭은 동업자들만이 아니라 일반 수요자들까지도 지정상품의 보통명칭으로 사용하고 있는 것을 말한다.

(2) 관용표장은 문자 이외에 기호, 도형, 입체적 형상 등 실제 거래사회에서 사용하고 있는 모든 형태의 표장을 포함하지만, 보통명칭은 문자만을 의미하는 명칭만 포함한다.

(3) 관용표장은 표장의 사용태양을 의미하는 것이지만, 보통명칭은 표장의 구성태양을 의미하는 것이다.

06   제33조 제1항 제3호

1 의의 및 취지

등록여부결정 시에 일반 수요자 기준으로 지정상품과의 관계에서 기술적 표장으로 직감되는 표장은 자타상품 식별력, 독점적응성이 없어 등록을 불허한다.

2 요건

(1) 그 상품의 '기술적 표장'

기술적 표장이란 상품의 성질, 특성 등을 직감시키는 표장을 말하며, 상품의 성질을 암시, 강조하는 것을 넘어 직감할 수 있어야 한다.

(2) '보통으로 사용하는 방법으로 표시한' 표장(2000후2569, 98후1679)

기술적 문자상표가 도안화되어 있어 전체적으로 보아 그 도형화된 정도가 일반인의 특별한 주의를 끌 정도에 이르러 문자인식력을 압도할 경우에는 특별한 식별력을 가진 것으로 보아야 하므로 이러한 경우에는 '보통으로 사용하는 방법으로 표시하는' 표장이라고 볼 수 없다.

(3) '만'으로 된 상표

성질표시 표장에서 다른 식별력 있는 표장이 결합되어 있다고 하더라도 결합된 부분들이 상표 전체 구성에 있어서 부수적 또는 보조적인 것에 불과하다거나, 전체적으로 볼 때 성질표시 상표로 인식되는 경우에는 본 호가 적용된다. 이 경우 부수적, 보조적이라 함은 상표 전체에서 차지하는 크기가 아니라, 수요자에게 핵심적 요소로 인식되는지 여부로 판단한다.

3 해당 여부의 판단

(1) 판단 기준

① 주체적 기준

㉠ 본 호에의 해당 여부는 '해당 상품에 관한 일반 수요자의 직관적 인식'을 기준으로 판단하되, 지정상품이 특수한 계층의 전문가에 의하여 취급된다든지의 특별한 사정이 있는 경우에는 그 전문가를 기준으로 판단한다.

㉡ PNEUMOSHIELD 사건(2000후2170)

영한사전에 'PNEUMO'는 '폐, 호흡, 폐렴'의 뜻을 가진 결합사로, 'SHIELD'는 '방패, 보호물' 등의 뜻을 가진 단어로 해설되고 있고, 출원상표의 지정상품들은 전문의약품에 속한다고 볼 수 있어서 그 주 거래자는 의사, 약사 등 전문가라고 할 수 있으므로, 그들의 영어교육수준에 비추어 보면 출원상표는 지정상품과 관련하여 '폐렴예방백신' 등의 의미로 직감된다.

ⓒ PARADENT HEALTH 사건(97후396)

지정상품이 의약품인 경우, 모든 의약품이 반드시 의사나 약사 등 전문가에 의하여서만 수요되거나 거래된다고 할 수 없고 일반인들에 의하여도 직접 수요되거나 거래되고 있는 실정이므로 특수한 의약품이 아닌 한 일반 수요자를 기준으로 판단하여야 할 것이다.

② '상표등록여부결정을 할 때'를 기준으로 '국내' 상품거래실정에 따라 판단한다.

(2) 판단 시 유의 사항

① 판단 방법

ⓐ 어떤 상표가 본 호에 해당하는지 여부는 그 상표가 가지는 관념, 당해 지정상품이 일반적으로 갖는 품질·효능·용도, 거래사회의 실정 등을 감안하여 객관적으로 판단한다.

ⓑ 상표가 지정상품의 품질·효능·용도를 암시 또는 강조하는 것으로 보인다고 하더라도 전체적인 상표의 구성으로 볼 때 일반 수요자가 지정상품의 단순한 품질·효능·용도 등을 표시하는 것으로 인식할 수 없는 것은 이에 해당하지 아니한다(2015후1911).

② 외국어 또는 한자의 경우

ⓐ 상표의 의미 내용은 일반 수요자가 그 상표를 보고 직관적으로 깨달을 수 있는 것이어야 하고 심사숙고하거나 사전을 찾아보고서 비로소 그 뜻을 알 수 있는 것은 고려의 대상이 되지 않는다 할 것이다(99후154).

ⓑ 그 단어가 갖고 있는 객관적인 의미가 상품의 품질·효능·용도 등을 나타내는 것이고, 실제 그와 같은 의미대로 상품의 품질·효능·용도 등에 사용되고 있다면, 비록 그 단어 자체는 일반 수요자들이 쉽게 접할 수 없어 사전 등을 찾아보고서야 알 수 있는 것으로 보이더라도 이러한 표장은 성질표시 표장에 해당한다(2011허10474).

③ 절대적 품질 표시

본 호에의 해당 여부는 지정상품과의 관계에서 상대적으로 결정되나, 'BEST', 'No.1', 'SUPER' 등은 지정상품과 무관하게 본 호에 해당하는 것으로 본다.

④ 결합상표의 경우

두 개 이상의 구성부분이 결합하여 이루어진 결합상표는 구성부분 전체를 하나로 보아서 식별력이 있는지를 판단하여야 한다.

⑤ 원재료

어떤 상표가 당해 지정상품의 원재료로서 현실로 사용되고 있는 경우라든가 또는 그 상품의 원재료로서 사용되는 것으로 일반 수요자나 거래자가 인식하고 있는 경우 그 상표가 상품의 원재료를 표시한다고 할 수 있다.

⑥ 창작물 수록상품에 대한 상표의 경우

서적 등과 같이 창작물이 수록되는 상품을 지정상품으로 하는 상표는 그 상표가 지정상품에 수록된 내용을 단순히 암시하거나 강조하는 정도를 넘어 일반 수요자로 하여금 그 상표가 지정상품에 수록된 내용을 보통으로 사용하는 방법으로 표시한 것으로 인식하게 할 정도에 이르러야만 지정상품의 품질·용도 등을 보통으로 사용하는 방법으로 표시한 표장만으로 된 상표에 해당한다.

4 상표법상 취급

상표등록 전 상표등록 거절사유(제54조 제1호), 정보제공이유(제49조), 이의신청이유(제60조 제1항)에 해당하고, 상표등록 후 제척기간 없는 상표등록 무효사유(제117조 제1항)에 해당한다.

---

07 제33조 제1항 제4호

> **제33조(상표등록의 요건)** ① 다음 각 호의 어느 하나에 해당하는 상표를 제외하고는 상표등록을 받을 수 있다.
> 4. 현저한 지리적 명칭이나 그 약어(略語) 또는 지도만으로 된 상표

1 의의 및 취지

등록여부결정 시에 일반 수요자 기준으로 현저한 지리적 명칭으로 인식되는 표장은 자타상품 식별력, 독점적 응성이 없어 등록을 불허한다. 지정상품은 무관하다.

2 요 건

(1) 현저한 지리적 명칭이나 그 약어 또는 지도에 해당할 것

① 즉각적인 지리적 감각

현저한 지리적 명칭이란, 용어 자체가 일반 수요자들에게 즉각적인 지리적 감각을 전달할 수 있는 표장을 말한다.

㉠ 다만, 법령으로 정해진 행정구역의 명칭으로 된 상표가 아니더라도 현저하게 알려진 관용적인 지명 또는 그 약어만으로 된 상표도 본 호에 의하여 등록될 수 없다.

㉡ 한편, 외국의 지역명도 포함되나, 현저한지 여부는 국내 수요자를 기준으로 한다.

② 옛 이름

본 호는 원칙적으로 현존하는 것에 한하나, 특정 지역의 옛 이름 등도 일반 수요자들이 통상적으로 사용하여 특정 지역의 지리적 명칭으로 현저하게 인식하게 되는 경우 본 호에 해당하는 것으로 본다.

③ 역사적 문화재

역사적 문화재의 경우 그 문화재가 저명한 결과 그 문화재가 소재하는 지역을 이르는 지리적 명칭으로서도 현저하게 이르렀다면 본 호에 해당한다.

(2) '만'으로 된 상표(2011후958)

현저한 지리적 명칭 등이 식별력 없는 기술적 표장 등과 결합되어 있는 경우라고 하더라도 그 결합에 의하여 새로운 관념을 낳는다거나 새로운 식별력을 형성하는 것이 아니라면 결합된 표장이라는 사정만으로 본 호의 적용이 배제된다고 할 수 없다.

3 해당 여부의 판단

(1) 판단 기준

본 호에의 해당 여부는 '지정상품과 무관'하게 '통상적인 일반인의 인식'을 기준으로 판단하며, '상표등록 여부결정을 할 때'를 기준으로 '국내' 상품거래실정에 따라 판단한다.

(2) 관련 문제

① 사리원면옥 사건(2017후1342 / 2017후1328)

㉠ 현저한 지리적 명칭이란 일반 수요자에게 널리 알려져 있는 것을 뜻하고, 그 판단의 기준 시점은 원칙적으로 출원상표에 대하여 등록 여부를 결정하는 결정 시이다.

㉡ 지리적 명칭이 현저한 것으로 볼 수 있는지는 위와 같은 시점을 기준으로 교과서, 언론 보도, 설문조사 등을 비롯하여 일반 수요자의 인식에 영향을 미칠 수 있는 여러 사정을 종합적으로 고려하여 합리적으로 판단하여야 한다.

② 서울대학교 사건(2014후2283) / AMERICAN UNIVERSITY 사건(2015후1454)

본 호는 현저한 지리적 명칭 등이 다른 식별력 없는 표장과 결합되어 있는 경우에도 적용될 수 있으나, 그러한 결합에 의하여 새로운 관념을 낳거나 새로운 식별력을 형성하는 경우에는 본 호의 적용이 배제된다.

③ 지정상품과 특수한 관계에 있을 것이 요구되는지 여부(2011후958)

현저한 지리적 명칭이란 단순히 지리적, 지역적 명칭을 말하는 것일 뿐 특정 상품과 지리적 명칭을 연관하여 그 지방의 특산물의 산지표시로서의 지리적 명칭임을 요하는 것은 아니라 할 것이다. 따라서 그 지리적 명칭이 현저하기만 하면 여기에 해당하고, 지정상품과 사이에 특수한 관계가 있음을 인식할 수 있어야만 하는 것은 아니다.

④ 현저한 지리적 명칭 이외에 다른 의미를 가지는 경우(2005허2502)

현저한 지리적 명칭에도 해당되고 다른 의미도 함께 담겨져 있는 문자가 한글로만 표기되어 상표의 일부를 구성한다고 하여 언제나 그 부분이 식별력이 없다고 단정할 수는 없고, 그것이 쓰이고 있는 상표의 전체 구성 및 문맥 등에 따라 그 구체적인 의미나 관념을 개별적으로 파악하여 그 식별력 유무를 판단하여야 한다.

4 상표법상 취급

상표등록 전 상표등록 거절사유(제54조 제1호), 정보제공이유(제49조), 이의신청이유(제60조 제1항)에 해당하고, 상표등록 후 제척기간 없는 상표등록 무효사유(제117조 제1항)에 해당한다.

제33조(상표등록의 요건) ① 다음 각 호의 어느 하나에 해당하는 상표를 제외하고는 상표등록을 받을 수 있다.
　5. 흔히 있는 성(姓) 또는 명칭을 보통으로 사용하는 방법으로 표시한 표장만으로 된 상표

1 의의 및 취지

등록여부결정 시에 일반 수요자 기준으로 흔한 성 또는 명칭은 자타상품 식별력, 독점적응성이 없어 등록을 불허한다.

2 요 건

(1) '흔히 있는 성 또는 명칭'에 해당할 것

현실적으로 다수가 존재하거나 관념상으로 다수가 존재하는 것으로 인식되고 있는 자연인의 성 또는 법인, 단체, 상호임을 표시하는 명칭 등을 말한다.

(2) 흔히 있는 성 또는 명칭을 '보통으로 사용하는 방법으로 표시'하였을 것

외관, 칭호, 관념 등을 통해 흔히 있는 성 또는 명칭으로 직감할 수 있도록 표시된 경우를 말한다.

(3) 흔히 있는 성 또는 명칭'만'으로 된 상표일 것

① 흔한 성이 상호 결합된 경우 원칙적으로 본 호에 해당하는 것으로 본다. 예 김&박
② 흔한 성과 흔하지 않은 성이 결합된 경우 원칙적으로 본 호에 해당하지 않는 것으로 본다. 예 김&설

3 해당 여부의 판단

(1) 판단 기준

본 호에의 해당 여부는 '지정상품과 무관'하게 '통상적인 일반인의 인식'을 기준으로 판단하며, '상표등록 여부결정을 할 때'를 기준으로 '국내' 상품거래실정에 따라 판단한다.

(2) 판단 시 유의 사항

흔히 있는 성 또는 명칭인지 여부 판단은 전화번호부나 인명록을 참고하여 특정인에게 독점시킬 경우 거래상의 혼란 및 같은 성과 명칭을 가진 자에게 불측의 피해를 줄 우려가 있다고 인정되는지 여부를 기준으로 판단한다.

(3) 구체적 판단

① 본 호의 명칭은 법인명, 단체명, 상호, 아호, 예명, 필명 또는 그 약칭 등을 포함하며, 회장, 총장, 사장 등 직위를 나타내는 명칭도 이에 해당하는 것으로 본다.
② 외국인의 성은 비록 당해 국가에서 흔히 있는 성이라고 하더라도 국내에서 흔히 볼 수 있는 외국인의 성이 아닌 한 여기에 포함되지 않는다.

4 상표법상 취급

상표등록 전 상표등록 거절사유(제54조 제1호), 정보제공이유(제49조), 이의신청이유(제60조 제1항)에 해당하고, 상표등록 후 제척기간 없는 상표등록 무효사유(제117조 제1항)에 해당한다.

09 제33조 제1항 제6호

> **제33조(상표등록의 요건)** ① 다음 각 호의 어느 하나에 해당하는 상표를 제외하고는 상표등록을 받을 수 있다.
>   6. 간단하고 흔히 있는 표장만으로 된 상표

1 의의 및 취지

등록여부결정 시에 일반 수요자에게 간단하고 흔한 표장만으로 된 상표는 자타상품 식별력, 독점적응성이 없어 등록을 불허한다.

2 요건

(1) '간단하고 흔히 있는 표장'에 해당할 것

간단하고 흔히 있는 표장만으로 된 상표는 상표등록을 받을 수 없다는 것이므로 간단하거나 또는 흔히 있는 표장만으로 된 상표일 때에는 다른 거절이유가 없는 한 등록이 가능하다.

(2) 간단하고 흔히 있는 표장'만'으로 된 상표일 것

① 간단하고 흔한 표장에 단순히 부기적·보조적 표장이 결합된 경우도 '만'으로 된 상표로 본다.
② 간단하고 흔한 표장'만'으로 된 상표가 아닌 경우(2003후2942)

"(R-M)"으로 구성된 이 사건 출원상표는 정육각형의 도형 안에 'R'과 'M'을 하이픈(-)으로 연결한 'R-M'을 위치시켜 새로운 이미지를 느낄 수 있도록 구성된 것으로서, 전체로서 관찰할 때 간단하고 흔히 있는 표장만으로 된 상표라고 보기 어렵다.

3 해당 여부의 판단

(1) 판단 기준

본 호에의 해당 여부는 '지정상품과 무관'하게 '통상적인 일반인의 인식'을 기준으로 판단하며, '상표등록여부결정을 할 때'를 기준으로 '국내' 상품거래실정에 따라 판단한다.

(2) 판단 시 유의 사항

① 상표의 구성이 간단하고 흔한 것이어야 하므로, 간단하지만 흔하지 않거나 흔하지만 간단하지 않은 것은 본 호에 해당하지 않는다.

② 간단하고 흔한 표장에 해당하는지 여부는 거래실정, 그 표장에 대한 독점적인 사용이 허용되어도 좋은지 등의 사정을 참작하여 구체적으로 판단하여야 한다.

(3) 구체적 판단

① 문자상표인 경우에는 1자의 한글로 구성된 표장이거나 2자 이내의 알파벳으로 구성된 표장은 원칙적으로 이에 해당하는 것으로 본다. 다만, 구체적인 관념으로 직감될 수 있거나, 특정인의 출처표시로 직감되는 경우에는 이에 해당하지 않는 것으로 본다.

② 한글 1자와 영문자 1자가 결합된 경우에는 식별력이 있는 것으로 본다.

③ 1자의 한글 또는 2자 이내의 외국문자가 기타 식별력 없는 문자와 결합한 때에는 식별력이 없는 것으로 본다. 다만 외국문자 2자를 '&'으로 연결한 때에는 그러하지 아니하다.

④ 숫자상표인 경우 두 자리 이하의 숫자로 표시된 것은 이에 해당하는 것으로 본다. 다만, '&'으로 결합된 경우에는 그러하지 아니하다.

⑤ 도형상표인 경우, 흔히 사용되는 도형 또는 무늬를 동일하게 중복하여 표시한 것은 식별력이 없는 것으로 본다.

⑥ 간단하고 흔한 표장들이 특별히 도안화되었거나 색채와 결합하여 새로운 식별력이 생겼다고 인정되는 경우 본 호에 해당하지 않는다고 볼 수 있다.

4 상표법상 취급

상표등록 전 상표등록 거절사유(제54조 제1호), 정보제공이유(제49조), 이의신청이유(제60조 제1항)에 해당하고, 상표등록 후 제척기간 없는 상표등록 무효사유(제117조 제1항)에 해당한다.

5 간단하고 흔한 표장이 유사 판단 시 요부가 될 수 있는지 - LG 트윈스 사건(94후2070)

(1) 간단하고 흔한 표장은 통상적으로 유사 판단 시 요부로 볼 수 없을 것이나 판례는 간단하고 흔한 표장이라 할지라도 그 하나만으로는 식별력이 부족하여 등록받을 수 없다는 것에 그칠 뿐 다른 것과 결합하여 전체상표 중 일부로 되어 있는 경우에도 전혀 식별력을 가지지 못하는 것은 아니므로 상표의 유사 여부를 판단함에 있어서 이 부분은 무조건 식별력이 없다고 하여 비교대상에서 제외할 수는 없다고 판시한 바 있어 해석상 논란이 있다.

(2) 생각건대, 동 판례는 간단하고 흔한 표장이 유사 판단의 요부가 된다는 의미는 아니며, 이를 유사 판단의 대상으로 하면 식별력 없는 부분에 대하여 독점권을 인정하는 결과가 되어 본 호의 취지에 어긋나므로 주류 판례의 태도처럼 요부가 될 수 없다고 봄이 타당하다.

10   제33조 제1항 제7호

> **제33조(상표등록의 요건)** ① 다음 각 호의 어느 하나에 해당하는 상표를 제외하고는 상표등록을 받을 수 있다.
> 7. 제1호부터 제6호까지에 해당하는 상표 외에 수요자가 누구의 업무에 관련된 상품을 표시하는 것인가를 식별할 수 없는 상표

1   의의 및 취지

등록여부결정 시에 제33조 제1항 제1호 내지 제6호에 해당하지 않는 표장이더라도 자타상품 식별력, 독점적응성이 없는 상표는 등록을 불허한다. 모든 식별력 없는 표장을 유형화하여 나열하는 것은 불가능하기 때문이다.

2   성 격

(1) 판례는 제33조 제1항 각 호에는 해당하지 않으나 각 호의 취지로 보아 거절하는 것이 적당한 것으로 인정되는 상표에 등록을 불허하는 취지의 보충적 규정이라고 하여 동시적용을 부정한다.

(2) 실무상으로 제33조 제1항 제1호 내지 제6호와 제7호를 동시에 거절이유로 통지하는 경우가 많다.

3   해당 여부의 판단

(1) 판단 기준

본 호에의 해당 여부는 '지정상품에 관한 일반 수요자'를 기준으로 판단하며, '상표등록여부결정을 할 때'를 기준으로 '국내' 상품거래실정에 따라 판단한다.

(2) 판단 시 유의 사항

① 식별력 없는 상표에 해당하는지 여부는 그 상표가 지니고 있는 관념, 지정상품과의 관계, 거래실정 등을 감안하여 객관적으로 결정한다.

② 사회통념상 자타상품의 식별력을 인정하기 곤란하거나 공익상 특정인에게 그 상표를 독점시키는 것이 적당하지 않다고 인정되는 경우에 그 상표는 식별력이 없다.

(3) 적용 범위

① 수요자가 '누구의 업무에 관련된 상품을 표시하는 것인가를 식별할 수 없는' 것

    ㉠ 출처표시로 인식되지 않거나 자유사용이 필요한 구호, 광고문안, 표어, 인사말, 인칭대명사 또는 유행어로 표시한 표장

지정상품	상 표	지정상품	상 표
라벤더유, 스킨밀크	우린 소중하잖아요 (2004후912)	박물관경영업	Believe IT or Not (94후173)
호텔업	GOODMORNING (2004허6293)	교과서출판업	Be Smart (2007허975)

ⓛ 정보통신매체 등을 통하여 출처표시로 인식되지 않을 정도로 널리 알려져 일반인들이 유행어처럼 사용하게 된 방송프로그램 명칭이나 영화, 노래의 제목 등

ⓒ 단기 또는 서기로 연도를 나타내거나 연도 표시로 인식될 수 있는 표장

ⓔ 사람, 동식물, 자연물 또는 문화재를 사진, 인쇄 또는 복사하는 등의 형태로 구성된 표장

ⓜ 상품의 집합, 판매, 제조장소나 서비스 제공장소의 의미로 흔히 사용되는 표장 - 너트랜드 사건(2000후1696) 예 LAND, MART, PLAZA, WORLD, 마을, 마당, 나라

ⓗ 외관상으로 보아 사회통념상 식별력을 인정하기 곤란한 경우
예 http://, www. @, .com, co.kr, go.kr 등 / 메뉴표, 설명문이나 서적의 한 면을 그대로 복사한 경우 / 단순한 색채상표

ⓢ 표장이 특정한 의미로서의 인식이 매우 강해 수요자들이 상표로서 인식하기보다는 특정한 고유 의미를 먼저 떠올릴 가능성이 높은 경우 예 blockchain

ⓞ 다수인이 사용하고 있어 식별력이 인정되지 않는 경우 - 눈사랑 사건(2013후372), 몬테소리 사건(2012후2951)

ⓩ 공익상 특정인에게 독점시키는 것이 적합하지 않다고 인정되는 것 - SPEED 011 사건(2005후339), 우리은행 사건(2007후3301)

4　상표법상 취급

(1) 상표등록 전 상표등록 거절사유(제54조 제1호), 정보제공이유(제49조), 이의신청이유(제60조 제1항)에 해당하고, 상표등록 후 제척기간 없는 상표등록 무효사유(제117조 제1항)에 해당한다.

(2) 제33조 제2항과의 관계

2024. 5. 1. 시행 개정법상 본 호에 해당하는 상표이더라도, 출원인이 그 표장을 사용한 결과 수요자나 거래자 사이에 그 표장이 누구의 업무에 관련된 상품을 표시하는 것으로 인식되기에 이른 경우에는 상표 등록을 받을 수 있다.

11　제33조 제2항

제33조(상표등록의 요건) ② 제1항 제3호부터 제7호까지에 해당하는 상표라도 상표등록출원 전부터 그 상표를 사용한 결과 수요자 간에 특정인의 상품에 관한 출처를 표시하는 것으로 식별할 수 있게 된 경우에는 그 상표를 사용한 상품에 한정하여 상표등록을 받을 수 있다.

1　의의 및 취지

등록여부결정 시에 제33조 제1항 각 호에 해당하는 표장이더라도 사용에 의해 식별력을 취득한 경우 자타상품 식별력과 독점적응성이 인정되므로 등록을 허여한다.

2 요 건

(1) 제33조 제1항 제3호부터 제7호에까지 해당하는 상표

법문상 제33조 제1항 제3호 내지 제7호 표장에 적용된다.

(2) 상표등록출원 전부터 상표를 사용하였을 것

출원 전부터 상표를 사용할 것을 요구하나, 식별력 취득 시점은 '등록여부결정 시'로 본다.

(3) 수요자 간에 그 상표가 특정인의 상품에 관한 출처를 표시하는 것으로 식별할 수 있게 되어 있을 것

① 특정인의 상품에 관한 출처

구체적인 특정인의 성명이나 명칭까지 인식하여야 하는 것은 아니고, 추상적인 출처 정도로 수요자가 인식할 수 있을 정도면 충분하다.

② 식별할 수 있게 된 정도

㉠ 제34조 제1항 제13호의 인식도보다는 높되, 주지상표의 인식도보다는 낮은 단계를 의미하며, 일반 수요자들에게 특정인의 상품에 관한 출처를 표시하는 것으로 식별할 수 있게 된 경우에 포함한다.

㉡ 사용에 의한 식별력은 원래 '현저하게 인식'된 경우로 높은 인식도를 요구하였으나, 외국의 입법례에 비해 요건이 너무 높고 제3자의 부정경쟁 목적의 사용으로 상거래 질서를 어지럽히는 폐해가 커 2014. 6. 11. 시행 개정법에서 인식도 요건을 완화하였다.

(4) 실제로 사용한 상표를 사용한 상품에 출원한 것일 것

① 동일성의 의미

사용에 의한 식별력은 원칙적으로 실제로 사용한 상표와 동일한 상표를 사용한 상품과 동일한 상품에 출원한 경우에 한하여 인정할 수 있으나 이 경우 동일한지 여부는 물리적 동일성을 의미하는 것이 아니라 실질적 동일성을 의미하는 것으로 사회 통념상 일반 수요자나 거래자가 동일하다고 인식할 수 있는 상표 및 상품을 말한다.

② 실사용상표에 다른 구성을 결합하여 출원한 경우(2011후1982)

등록상표의 구성 중 식별력이 없거나 미약한 부분과 동일한 표장이 거래사회에서 오랜 기간 사용된 결과 상표의 등록 전부터 수요자 간에 누구의 업무에 관련된 상품을 표시하는 것인가 인식되어 있는 경우에는 그 부분은 사용된 상품에 관하여 식별력을 가지게 되므로, 위와 같이 식별력을 취득한 부분을 그대로 포함함으로써 그 이외의 구성부분과의 결합으로 인하여 이미 취득한 식별력이 감쇄되지 않는 경우에는 그 등록상표는 전체적으로 볼 때에도 그 사용된 상품에 관하여는 자타상품의 식별력이 없다고 할 수 없다.

③ 동일성 범위 내 상표를 장기간 사용한 경우(2006후2288)

사용에 의한 식별력을 취득하는 상표는 실제로 사용한 상표 그 자체에 한하고 그와 유사한 상표에 대하여까지 식별력 취득을 인정할 수는 없지만, 그와 동일성이 인정되는 상표의 장기간의 사용은 위 식별력 취득에 도움이 되는 요소이다.

④ 식별력 미약한 부분 등을 결합하여 사용한 경우

㉠ 몬테소리 사건(2012후2685)

'등록상표의 사용'에는 등록된 상표와 동일한 상표를 사용하는 경우는 물론 거래사회 통념상 식별표지로서 상표의 동일성을 해치지 않을 정도로 변형하여 사용하는 경우도 포함된다 할 것이고,

이 경우 등록상표가 반드시 독자적으로만 사용되어야 할 이유는 없으므로 상표권자 등이 등록상표에 다른 문자나 도형 부분 등을 결합하여 상표로 사용한 경우라 하더라도 등록상표가 상표로서의 동일성과 독립성을 유지하고 있는 한 이를 들어 등록상표의 사용이 아니라고 할 수 없다.

ⓛ 단박대출 사건(2015후2174)

실사용 표장들에는 출원상표가 단독으로 표시되어 있지는 않으나, ⅰ) 출원상표와 동일성이 인정되는 부분과 함께 사용된 문자 부분은 甲 회사를 나타내는 것으로 인식되거나 대부업에서 흔히 쓰이는 표지에 불과한 반면, ⅱ) 출원상표와 동일성이 인정되는 부분은 나머지 부분과 글자체나 글자 크기, 글자의 색상, 글자 부분의 배경 색상 등을 달리하여 독립성을 유지하면서 분리 인식될 수 있도록 구성되어 있고, ⅲ) 실사용 표장들에서 공통적으로 반복됨으로써 수요자들에게 강조되어 인식되도록 사용되고 있는 점, 출원상표와 관련된 직접대출방식의 대출 규모, 신문·방송 등을 통한 광고 횟수와 기간, 甲 회사가 대부업체로서 알려진 정도 등을 종합하면, 출원상표가 상표법 제33조 제2항이 규정하는 사용에 의한 식별력을 취득하였다고 할 수 있다.

(5) 사용에 의한 식별력을 주장하는 자는 입증자료를 제출할 것

사용에 의한 식별력을 인정받기 위해서는 그 상표가 어느 정도 광고선전된 사실이 있다거나 유사한 상표가 등록된 사실이 있다는 것만으로는 추정할 수 없고, 구체적으로 그 상표를 사용한 결과 수요자 간에 특정인의 상품에 관한 출처를 표시하는 것으로 식별할 수 있게 되었다는 입증자료가 있어야 한다.

3 해당 여부의 판단

(1) 판단의 기본 원칙

제33조 제2항은 원래 특정인에게 독점 사용케 할 수 없는 표장에 대세적인 권리를 부여하는 것이므로 그 기준은 엄격하게 해석, 적용되어야 한다.

(2) 판단 기준

'특정인의 상품에 관한 출처를 표시'하는 것으로 인식되어 있는지는 '지정상품에 관한 일반 수요자'를 기준으로 판단하고 '상표등록여부결정을 할 때'를 기준으로 판단하며, '원칙적으로 전국적으로 알려져 있는 경우를 말하지만 지정상품의 특성상 일정지역'에서 알려져 있는 경우도 인정 가능하다.

(3) 판단 방법

사용에 의한 식별력은 상표사용자만이 독점배타적으로 상표를 사용한 결과 상표등록을 허용하는 것이므로 일반인 내지 경업자의 자유사용의 필요성, 상표의 사용기간, 사용방법, 매출액, 광고선전 실적 등을 종합적으로 고려하여 판단하되, 상품 자체의 특성도 고려하여 판단하도록 한다.

(4) 사용에 의한 식별력 취득의 귀속 주체와 그에 따른 사용실적의 판단(2012후2951)

상표가 사용에 의한 식별력을 구비하였는지는 원칙적으로 출원인의 상표사용실적을 기준으로 판단하여야 하는데, 출원이나 실제 사용자로부터 그 상표에 관한 권리를 양수한 경우에는 출원인 이외에 실제 사용자의 상표사용실적도 고려하여 출원상표가 사용에 의한 식별력을 구비하였는지 판단할 수 있다.

4 사용에 의한 식별력 취득의 효과

(1) 일반적 등록요건의 충족

제33조의 등록요건을 갖추어 다른 거절이유가 없는 한 등록 가능하다.

(2) 제33조 제2항에 의하여 등록된 상표권의 효력

① 일반적 효력(제89조, 제108조 제1항 제1호)

상표권자는 지정상품에 관하여 그 등록상표를 사용할 권리를 독점하고, 제3자의 등록상표에 대한 정당한 권원 없는 사용은 침해를 구성한다.

② 사용에 의한 식별력 취득과 유사 판단

식별력이 없거나 미약한 표장이 거래사회에서 오랜 기간 사용된 결과 특정인의 상품에 관한 출처를 표시하는 것으로 식별할 수 있게 된 경우에는 그 부분은 식별력 있는 요부로 보아 상표의 유사 여부를 판단할 수 있다.

③ 상표 유사 판단 시 요부로 볼 수 있는 상품의 범위

㉠ 과거의 태도

제108조가 제33조 제2항에 따라 등록된 상표를 구별하고 있지 않으므로 유사상품에까지 유사 판단 시 요부로 작용한다고 하였다.

㉡ 최근 판례의 태도 - 알파 사건(2005후2977)

사용상품 또는 그와 동일성 있는 상품에 한하여 제33조 제2항 식별력 취득의 효과를 인정할 뿐, 유사한 상품에 대해서는 인정하지 않는다.

㉢ 검 토

상표의 사용은 상품과의 관계에서 특정되는 바, 사용상품을 떠나서 식별력 취득 자체를 인정할 수 없고, 제3자 상표사용상태 보호를 위해 최근 판례가 타당하다.

④ 제90조와의 관계

경쟁업자 자유사용보장을 위해 효력을 제한해야 한다는 견해가 있으나, 판례는 제33조 제2항에 의해 등록되었다면 식별력을 갖추게 된 것이어서 제90조 소정의 상표에도 효력이 미친다고 본다.

⑤ 구성 중 일부가 식별력을 취득한 경우(2011후774)

등록상표의 구성 중 일부가 사용에 의한 식별력을 취득한 경우 그 부분은 유사 판단 시 요부로 보며, 제90조의 효력제한을 받지 않는다.

5 착오 등록 후 사용에 의한 식별력을 취득한 경우의 취급

(1) 무효사유의 하자가 치유되는지 여부

등록여부결정 시를 기준으로 판단하므로 법리상 무효사유가 치유되지 않는다.

(2) 상표법상 취급

① 과거 판례의 태도

㉠ 유사 판단 시 요부(2005후728)

상표법은 등록주의를 취하고 있고, 등록상표의 보호범위는 출원서에 기재된 상표 및 기재사항에 의해 정해지므로(제91조) 보호범위를 정함에 있어 실제 사용태양은 고려대상이 아니다.

ⓛ 효력제한(96마217)

기술적 표장이 등록이 된 후 사용에 의해 식별력을 취득한 경우에도 제90조에 의해 효력이 제한되지 않는다. 식별력은 시간의 흐름에 따라 변하는 상대적 개념이기 때문이다.

② **전원합의체 판례의 태도**(2011후3698)

등록상표의 전부 또는 일부 구성이 등록결정 당시에는 식별력이 없거나 미약하였다고 하더라도 권리범위확인심판의 심결 시점에 이르러서는 수요자 사이에 현저하게 인식될 정도가 되어 중심적 식별력을 가지게 된 경우에는, 이를 기초로 상표의 유사 여부를 판단하여야 한다.

③ **검 토**

특정인의 출처표시로서 널리 인식된 상표와 유사한 상표를 제3자가 사용할 경우 수요자의 출처혼동을 초래하게 됨에도 불구하고, 등록주의 명분 하에 보호를 부정한다면 상표법의 목적에 반하므로, 전원합의체 판결이 타당하다.

12 　제34조 제1항 제1호

제34조(상표등록을 받을 수 없는 상표) ① 제33조에도 불구하고 다음 각 호의 어느 하나에 해당하는 상표에 대해서는 상표등록을 받을 수 없다.
1. 국가의 국기(國旗) 및 국제기구의 기장(記章) 등으로서 다음 각 목의 어느 하나에 해당하는 상표
    가. 대한민국의 국기, 국장(國章), 군기(軍旗), 훈장, 포장(褒章), 기장, 대한민국이나 공공기관의 감독용 또는 증명용 인장(印章)·기호와 동일·유사한 상표
    나. 「공업소유권의 보호를 위한 파리 협약」(이하 "파리협약"이라 한다) 동맹국, 세계무역기구 회원국 또는 「상표법조약」 체약국(이하 이 항에서 "동맹국 등"이라 한다)의 국기와 동일·유사한 상표
    다. 국제적십자, 국제올림픽위원회 또는 저명(著名)한 국제기관의 명칭, 약칭, 표장과 동일·유사한 상표. 다만, 그 기관이 자기의 명칭, 약칭 또는 표장을 상표등록출원한 경우에는 상표등록을 받을 수 있다.
    라. 파리협약 제6조의3에 따라 세계지식재산기구로부터 통지받아 특허청장이 지정한 동맹국 등의 문장(紋章), 기(旗), 훈장, 포장 또는 기장이나 동맹국 등이 가입한 정부 간 국제기구의 명칭, 약칭, 문장, 기, 훈장, 포장 또는 기장과 동일·유사한 상표. 다만, 그 동맹국 등이 가입한 정부 간 국제기구가 자기의 명칭·약칭, 표장을 상표등록출원한 경우에는 상표등록을 받을 수 있다.
    마. 파리협약 제6조의3에 따라 세계지식재산기구로부터 통지받아 특허청장이 지정한 동맹국 등이나 그 공공기관의 감독용 또는 증명용 인장·기호와 동일·유사한 상표로서 그 인장 또는 기호가 사용되고 있는 상품과 동일·유사한 상품에 대하여 사용하는 상표

1 　의의 및 취지

파리협약 규정을 입법화한 것으로 국기 및 국제기구의 기장 등으로서 본 호의 각 목에 해당하는 상표는 등록을 불허한다. 국기 및 기장 등의 존엄성과 권위를 유지하고 품질오인으로부터 수요자를 보호하기 위함이다.

2 적용 요건

(1) 제34조 제1항 제1호 가목 적용 요건

① 대한민국의 국기, 국장, 군기, 훈장, 포장, 기장과 동일·유사한 상표

　㉠ 대한민국의 국기, 기장 등은 시행령 등이 정하는 것을 말하며, 기장은 공적을 기념하거나 신분, 직위 등을 표상하는 휘장 또는 표장을 의미한다.

국 기	국 장	군 기	보국훈장	건국포장

　㉡ 해군사관학교 견장 사건(2008후4721)

　　기장이란 공적을 기념하거나 신분, 직위 등을 표상하는 휘장 또는 표장을 의미하고, 이는 대한민국의 기장을 말하는 것으로 해석함이 상당하다. 해군사관학교 사관생도의 견장은 해군사관학교 사관생도로서의 신분과 그 학년을 표상하므로 대한민국의 기장에 해당한다.

해군사관생도의 견장	대한민국 군인유족기장	6.25 참전용사 호국영웅기장

② 대한민국이나 공공기관의 감독용 또는 증명용 인장·기호와 동일·유사한 상표

　㉠ 공공기관이라 함은 대한민국의 중앙 또는 지방행정기관, 지방자치단체, 공공조합, 공법상의 영조물법인과 그 대표기관 및 산하기관을 말한다.

　㉡ 감독용 또는 증명용 인장·기호라 함은 상품의 규격, 품질 등을 관리, 통제, 증명하기 위하여 대한민국 자체가 채택한 표장을 말한다. 단, 이를 증명표장으로 출원하는 경우에는 등록이 가능하다.

(2) 제34조 제1항 제1호 나목 적용 요건

① 동맹국 등의 국기와 동일·유사한 상표

　국기는 모든 외국의 국기가 아닌 동맹국 등의 국기에 한한다. 다만, 동맹국 등이면 족하고 우리나라의 국가승인 여부는 불문한다.

② 동맹국 등의 국기는 WIPO로부터의 통지 여부와는 상관없이 보호대상이 된다.

(3) 제34조 제1항 제1호 다목 적용 요건

① 국제적십자, 국제올림픽위원회 또는 저명한 국제기관의 명칭, 약칭, 표장과 동일·유사한 상표

　저명한 국제기관이라 함은 국제사회에서 일반적으로 인식되고 있는 국가 간의 단체를 말하며, 정부 간 국제기구, 비정부 간 국제기구를 포함한다.

② 국제적십자, 국제올림픽위원회 또는 저명한 국제기관이 자기의 명칭, 약칭 또는 표장을 상표등록출원한 경우에는 상표등록을 받을 수 있다.

(4) 제34조 제1항 제1호 라목 적용 요건

① 파리협약에 따라 세계지식재산기구로부터 통지받아 특허청장이 지정한 동맹국 등의 문장, 기, 훈장, 포장 또는 기장이나 동맹국 등이 가입한 정부 간 국제기구의 명칭, 약칭, 문장, 기, 훈장, 포장 또는 기장과 동일·유사한 상표

특허청장이 직권으로 인정하는 것 이외에는 파리협약에 따라 동맹국이 국제사무국을 통하여 우리나라에 통지된 것만을 보호대상으로 한다.

② 동맹국 등이 가입한 정부 간 국제기구가 자기의 명칭·약칭, 표장을 상표등록출원한 경우에는 상표등록을 받을 수 있다.

③ 라목의 국제기구는 동맹국 등이 가입한 정부 간 국제기구에 한하며 저명한지 여부는 불문한다.

(5) 제34조 제1항 제1호 마목 적용 요건

① 파리협약에 따라 세계지식재산기구로부터 통지받아 특허청장이 지정한 동맹국 등이나 그 공공기관의 감독용 또는 증명용 인장·기호와 동일·유사한 상표로서 그 인장 또는 기호가 사용되고 있는 상품과 동일·유사한 상품에 대하여 사용하는 상표

㉠ 공공기관이라 함은 파리협약 동맹국, 세계무역기구 회원국 또는 상표법조약 체약국의 중앙 또는 지방행정기관, 지방자치단체, 공공조합, 공법상의 영조물법인과 그 대표기관 및 산하기관, 주정부 및 그 산하기관이 이에 해당하는 것으로 본다.

㉡ 감독용 또는 증명용 인장(印章)·기호라 함은 상품의 규격, 품질 등을 관리, 통제, 증명하기 위하여 동맹국 국가 자체가 채택한 표장을 말한다.

㉢ 감독용 또는 증명용 인장·기호가 사용되고 있는 상품과 동일하거나 유사한 상품에 관하여 사용하는 것에만 적용이 된다.

② 동맹국 등 또는 그 공공기관이 감독용 또는 증명용 인장·기호를 증명표장으로 출원하는 경우에는 등록이 가능한 것으로 본다.

3 판단 방법

(1) 판단 시점

본 호에의 해당 여부는 '상표등록여부결정을 할 때'를 기준으로 판단한다(제34조 제2항).

(2) 상표출원주체의 문제

다목 및 라목의 단서 규정을 통해 정당한 권리자가 본 호의 상표 출원 시 상표등록을 받을 수 있다.

4 상표법상 취급

(1) 상표등록 전 상표등록 거절사유(제54조 제1호), 정보제공이유(제49조), 이의신청이유(제60조 제1항)에 해당하고, 상표등록 후 제척기간 없는 상표등록 무효사유(제117조 제1항)에 해당한다.

(2) 본 호 다목 및 라목 단서 규정에 의한 상표출원 및 상표권에 대한 특별 취급

① 상표등록 출원의 이전 제한

② 상표권의 이전 및 질권 제한

> **제34조(상표등록을 받을 수 없는 상표)** ① 제33조에도 불구하고 다음 각 호의 어느 하나에 해당하는 상표에 대해서는 상표등록을 받을 수 없다.
> 2. 국가·인종·민족·공공단체·종교 또는 저명한 고인(故人)과의 관계를 거짓으로 표시하거나 이들을 비방 또는 모욕하거나 이들에 대한 평판을 나쁘게 할 우려가 있는 상표

1 의의 및 취지

국제적 신의 보호 및 저명한 고인과 그 유족의 명예와 인격을 보호하기 위해 본 호에 해당하는 상표는 등록을 불허한다.

2 적용 요건

(1) 국가·인종·민족·공공단체·종교 또는 저명한 고인과 관계가 있을 것

① 국가라 함은 대한민국은 물론 외국을 포함하며, 공공단체라 함은 지방자치단체, 공공조합, 공법상 영조물법인과 그 대표기관 및 산하기관을 포함하며, 외국의 주정부 및 산하기관도 이에 해당하는 것으로 본다.

② 저명한 고인이라 함은 일반수요자에게 대체로 인식되고 있는 고인은 물론 지정상품과 관련하여 거래사회에서 일반적으로 인식되고 있는 고인을 말하며, 외국인도 포함한다.

(2) 국가 등과의 관계를 거짓으로 표시하거나 비방 또는 모욕하거나, 평판을 나쁘게 할 우려가 있을 것

① 단순히 고인의 성명 그 자체를 상표로 사용한 것에 지나지 아니할 뿐 동인과의 관련성에 관한 아무런 표시가 없다면, 고인과의 관계를 거짓으로 표시한 것으로 볼 수 없어 본 호에 해당하지 않는다(96후 2173, 2011허7560).

② 거짓표시나 비방, 모욕, 평판을 나쁘게 할 우려는 상표의 구성 자체 또는 지정상품과의 관계를 고려하여 현저히 부정적인 영향을 주거나 줄 우려가 있는 경우에 이에 해당하는 것으로 본다.

③ 출원인의 목적 또는 의사의 유무를 불문하고 사회통념상 이러한 결과를 유발할 우려가 있다고 인정되는 때에 이에 해당하는 것으로 본다.

3 판단 방법

(1) 판단 시점

본 호에의 해당 여부는 '상표등록여부결정을 할 때'를 기준으로 판단한다(제34조 제2항).

(2) 판단 시 유의 사항

본 호에의 해당 여부를 판단할 때에는 국가, 인종, 민족, 공공단체, 고인의 유족의 입장과 감정을 충분히 고려하여야 한다.

4 상표법상 취급

상표등록 전 상표등록 거절사유(제54조 제1호), 정보제공이유(제49조), 이의신청이유(제60조 제1항)에 해당하고, 상표등록 후 제척기간 없는 상표등록 무효사유(제117조 제1항)에 해당한다.

5 다른 조문과의 관계

(1) 현존하는 저명한 타인의 성명을 포함하는 상표에 대해서는 제34조 제1항 제6호를 적용한다.

(2) 저명한 고인과의 관계를 거짓으로 표시하는 것이 아니라도 지정상품과의 관계를 고려할 때 저명한 고인과 관련 있는 것으로 오인·혼동을 일으킬 염려가 있는 경우에는 제34조 제1항 제12호를 적용한다.

상표(지정상품)	판시사항(2007허579)
헤밍웨이 (서적출판업 등)	소설가 헤밍웨이와 관련된 문학작품을 출판하는 서적출판업 등으로 오인·혼동을 일으킬 염려가 있음

(3) 제34조 제1항 제2호, 제4호, 제6호 비교

적용조문	대상	요건
제34조 제1항 제2호	저명한 고인	고인과의 관계를 거짓으로 표시하거나 비방, 모욕하거나 평판을 나쁘게 할 우려가 있는 경우
제34조 제1항 제4호	저명한 고인	저명한 고인의 성명을 정당한 권리자의 동의 없이 출원하여 그 명성에 편승하려는 경우
제34조 제1항 제6호	현존하는 저명한 타인	저명한 타인의 성명이나 그 약칭을 포함하는 경우

---

14 제34조 제1항 제3호

> **제34조(상표등록을 받을 수 없는 상표)** ① 제33조에도 불구하고 다음 각 호의 어느 하나에 해당하는 상표에 대해서는 상표등록을 받을 수 없다.
> 3. 국가·공공단체 또는 이들의 기관과 공익법인의 비영리 업무나 공익사업을 표시하는 표장으로서 저명한 것과 동일·유사한 상표. 다만, 그 국가 등이 자기의 표장을 상표등록출원한 경우에는 상표등록을 받을 수 있다.

1 의의 및 취지

등록여부결정 시에 공익단체의 업무상 신용 보호 및 수요자의 출처혼동을 방지하기 위해 비영리 업무를 표시하는 표장으로서 저명한 것과 동일 또는 유사한 상표는 등록받을 수 없다.

2 적용 요건

(1) '국가, 공공단체 또는 이들의 기관과 공익법인'일 것

① 국가에는 외국도 포함되며, 공공단체에는 지방자치단체, 공공조합, 공법상의 영조물법인과 그 대표기관 및 산하기관, 외국의 주정부 및 그 산하기관도 이에 해당하는 것으로 본다.

② 공익법인이라 함은 공익을 주목적으로 하는 비영리법인을 말하며, 여기에는 외국의 공익법인도 포함된다.

(2) 비영리업무나 공익사업을 표시하는 표장으로서 저명한 것일 것

① 부수적으로 영리업무를 하더라도 주목적이 비영리업무 또는 공익사업인 경우 본 호에 해당한다(2004허7470).

② 저명한 표장이라 함은 국내 사회통념상 또는 거래사회에서 일반적으로 널리 인식되고 있는 표장을 말한다.

(3) 동일·유사한 상표

저명한 표장과 출원상표가 동일·유사한지 판단한다.

(4) 적용의 예외

국가, 공공단체 또는 이들의 기관과 공익법인 또는 공익사업체에서 자기의 표장을 상표등록출원한 때에는 본 호를 적용하지 아니한다. 업무상의 신용훼손이나 출처혼동의 염려가 없기 때문이다.

3 판단 방법

(1) 판단 시점

본 호에의 해당 여부는 '상표등록여부결정을 할 때'를 기준으로 판단한다(제34조 제2항).

(2) 공익단체 등의 업무와 지정상품과의 관계(97후1320)

본원상표의 지정상품과 인용업무 표장에 의하여 표시되는 업무가 유사하지 아니하거나 견련관계가 없다고 하더라도 그러한 사정만으로 위 규정의 적용이 배제된다고 볼 것은 아니다.

4 상표법상 취급

상표등록 전 상표등록 거절사유(제54조 제1호), 정보제공이유(제49조), 이의신청이유(제60조 제1항)에 해당하고, 상표등록 후 제척기간 없는 상표등록 무효사유(제117조 제1항)에 해당한다.

15 　 제34조 제1항 제4호

1 　 의의 및 취지

등록여부결정 시 기준으로 공서양속에 반하는 상표의 등록은 법의 자기부정이 되므로 등록을 불허한다.

2 　 경과 규정(07년 개정법)

개정 이전 본 호는 추상적이고 불명확하여 적용 범위에 논란이 많았다. 따라서 재량행위 투명화 취지에서 적용범위를 명확히 하여 모방상표의 경우 본 호를 적용하지 않도록 하였다(2010후456).

3 　 적용 요건

(1) 상표 그 자체가 공서양속을 해칠 우려가 있는 경우

① 상표의 구성 자체가 과격한 슬로건으로 이루어진 상표, 문자나 도형을 읽는 방법 또는 보는 방법에 따라서 일반인에게 외설한 인상을 주거나, 성적흥분 또는 수치심을 유발할 수 있는 상표

② 사회주의 또는 공산주의혁명, 인민민주주의 또는 민중민주주의혁명, 노동자 계급독재, 김일성주체사상 등 자유민주주의 기본질서를 부정하는 내용의 상표

③ 사기꾼, 소매치기, 새치기, 뇌물, 가로채기 등 형사상 범죄에 해당하는 용어나 공중도덕 감정을 저해하는 상표

④ 사이비종교, 부적 등 미신을 조장하거나 국민간의 불신과 지역감정을 조장하는 문자나 도형

(2) 상표가 상품에 사용되는 경우 공서양속을 해칠 우려가 있는 경우

예 부적(91후1878), 척주동해비(2004후1441), 성적조작단

(3) 구체적 사안

① 다른 법률에 의하여 사용이 금지되거나 당해 상표사용행위가 명백히 다른 법률에 위반되는 상표, 증명등록출원이 실정법의 인증요건을 회피하는 수단 등으로 이용되는 경우에도 본 호에 해당한다.

② 저명한 고인의 성명 등을 도용하여 출원한 상표(2010후456)

저명한 타인의 명성에 편승하기 위하여 무단으로 이 사건 등록상표를 출원·등록하여 사용하는 행위는 저명한 타인의 명성을 떨어뜨려 그의 명예를 훼손시킬 우려가 있어 사회 일반인의 도덕관념인 선량한 풍속에 반할 뿐만 아니라, 저명한 타인의 명성에 편승하여 수요자의 구매를 불공정하게 흡인하고자 하는 것으로서 공정한 상품유통질서나 상도덕 등 선량한 풍속을 문란하게 할 염려가 있으므로, 본 호에 해당한다.

③ 상표를 등록하여 사용하는 행위가 사회 공공의 이익을 침해하는 경우(2007후3325)

그 상표의 사용이 사회 공공의 이익을 침해하는 것이라면 공공의 질서에 위반되는 것으로서 허용될 수 없다.

④ 상표의 출원·등록 과정에 사회적 타당성이 현저히 결여되는 경우(2011후1722)

  ㉠ 상표의 구성 자체가 선량한 풍속 또는 공공의 질서에 반하는 경우가 아닌 상표의 출원·등록이 위 규정에 해당하기 위해서는 상표의 출원·등록과정에 사회적 타당성이 현저히 결여되어 그 등록을 인정하는 것이 상표법의 질서에 반하는 것으로서 도저히 용인할 수 없다고 보이는 경우에 한한다.

  ㉡ 타인의 상표나 상호 등의 신용이나 명성에 편승하기 위하여 무단으로 타인의 표장을 모방한 상표를 출원하여 등록받았다거나, 또는 상표를 등록하여 사용하는 행위가 특정 당사자 사이에 이루어진 계약을 위반하거나 특정인에 대한 관계에서 신의성실의 원칙에 위배된 것으로 보인다는 등의 사정만을 들어 곧바로 위 규정에 해당한다고 할 수 없다.

⑤ 법령상 자격을 갖추지 못한 자가 법령상 자격을 요하는 서비스를 지정한 경우

상표권자가 법령상 자격을 취득하는 것이 금지되어 있는 것도 아니고, 제3자에게 전용사용권이나 통상사용권을 설정하는 방식으로만 사용하기 위해서 등록상표를 출원·등록받았다고 볼 만한 자료도 없는 점을 종합하면, 본 호에 해당한다고 할 수는 없다.

4 판단 방법

(1) 판단 시점

본 호에의 해당 여부는 '상표등록여부결정을 할 때'를 기준으로 판단한다(제34조 제2항).

(2) 판단 시 유의 사항

① 공서양속은 시대의 변화에 따라 달라지는 상대적인 개념이므로 출원상표가 본 호에 해당하는지 여부는 거래실정 및 시대상황에 맞게 일반 수요자의 평균적인 인식수준을 기준으로 판단한다.

② 외국문자상표의 경우 실제 의미가 공서양속에 반하는 상표라 하더라도 우리나라 국민의 외국어 지식수준으로 보아 그러한 의미로 이해할 수 없는 때에는 본 호를 적용하지 아니한다.

③ 상표의 부기적인 부분이 공서양속에 반하는 경우에도 본 호에 해당하는 것으로 본다.

④ 보충적 규정인지 여부

제34조 제1항 제4호는 제6호와 보호 법익, 요건이 상이하고, 적용순위 관련 규정이 없어 동시 적용이 가능하다.

5 상표법상 취급

상표등록 전 상표등록 거절사유(제54조 제1호), 정보제공이유(제49조), 이의신청이유(제60조 제1항)에 해당하고, 상표등록 후 제척기간 없는 상표등록 무효사유(제117조 제1항)에 해당한다.

제1편

6 구체적 판단

(1) 주지·저명상표나, 국내·외에서 특정인의 상품을 표시하는 것이라고 인식되어 있는 상표를 모방하여 출원한 경우에는 본 호가 아닌 제34조 제1항 제9호, 제11호 내지 제13호의 조문을 적용한다.

(2) 개인이 법인명의 상표를 출원한 경우

구 분	제34조 제1항 제4호 적용 여부	제34조 제1항 제12호 적용 여부
자연인 – 법인명의 상표 출원	X	O (심사기준)
법인 – 타법인명의 상표 출원		X (심사기준 / 판례)
법인 – 일반수요자에게 상표로 알려진 타법인명의 명칭으로 오인될 우려가 있는 상표출원		O (심사기준)
자연인 또는 법인 – 일반 수요자에게 공법상 특수법인 등으로 오인을 유발할 우려가 있는 명칭의 상표 출원		O (심사기준)

(3) 사인 간 신의칙 위반의 경우(2004후1267)

① 동업, 고용 등 계약관계나 업무상 거래관계 등을 통해 타인이 사용하거나 사용을 준비 중인 상표임을 알면서 출원하는 등 신의칙에 위반하여 출원한 상표에 대하여는 제34조 제1항 제20호를 적용한다.

② 피고의 이 사건 등록상표의 출원·등록과 그 상표권의 행사가 원고나 소외인에 대한 관계에서는 상도덕이나 신의칙에 위반되었다고 할 수는 있지만, 피고가 이 사건 등록상표를 출원·등록한 행위가 위 특정 당사자 이외의 자에 대한 관계에서도 일반적으로 상도덕이나 신의칙에 위반되었다고 할 수는 없으므로, 이 사건 등록상표는 상표법 제34조 제1항 제4호 소정의 '선량한 풍속에 어긋나는 등 공공의 질서를 해칠 우려가 있는' 상표에 해당한다고 할 수 없다.

16 제34조 제1항 제5호

제34조(상표등록을 받을 수 없는 상표) ① 제33조에도 불구하고 다음 각 호의 어느 하나에 해당하는 상표에 대해서는 상표등록을 받을 수 없다.
5. 정부가 개최하거나 정부의 승인을 받아 개최하는 박람회 또는 외국정부가 개최하거나 외국정부의 승인을 받아 개최하는 박람회의 상패·상장 또는 포장과 동일·유사한 표장이 있는 상표. 다만, 그 박람회에서 수상한 자가 그 수상한 상품에 관하여 상표의 일부로서 그 표장을 사용하는 경우에는 상표등록을 받을 수 있다.

1 의의 및 취지

상패, 상장 등의 권위 보호 및 품질오인으로부터 일반 수요자의 신뢰이익을 보호하기 위해 본 호에 해당하는 상표는 등록을 불허한다.

(1) 정부가 개최하거나 정부의 승인을 받아 개최하는 박람회 또는 외국정부가 개최하거나 외국정부의 승인을 받아 개최하는 박람회일 것

① 정부 또는 외국 정부의 승인이라 함은 정부 또는 외국정부의 인가, 허가, 면허, 인정, 공인, 허락 등 그 용어를 불문하고 정부가 권위를 부여하거나 이를 허용하는 일체의 행위를 말한다.

② 박람회라 함은 전시회, 전람회, 품평회, 경진대회 등 그 용어를 불문하고 넓게 해석한다.

(2) 그 박람회의 상패 · 상장 또는 포장과 동일 · 유사한 표장이 있는 상표일 것

박람회의 상패, 상장, 포장이 부기적인 부분에 포함되어 있는 경우에도 적용된다.

(3) 적용의 예외

① 본 호는 그 상패, 상장 또는 포장을 받은 자가 당해 박람회에서 수상한 상품에 관하여 상표의 일부로서 그 표장을 사용할 때에는 적용하지 아니한다.

② 상표의 일부로서 그 표장을 사용할 때라 함은 상표의 부기적인 부분으로 사용하는 경우를 말하며, 상표의 전부 또는 지배적인 표장으로 사용할 때에는 이에 해당하지 아니한다.

3　판단 방법

본 호에의 해당 여부는 '상표등록여부결정을 할 때'를 기준으로 '지정상품과의 관계를 불문'한다. 다만, 본 호의 단서는 박람회에서 수상한 해당 상품에 한하여 적용된다.

4　상표법상 취급

상표등록 전 상표등록 거절사유(제54조 제1호), 정보제공이유(제49조), 이의신청이유(제60조 제1항)에 해당하고, 상표등록 후 제척기간 없는 상표등록 무효사유(제117조 제1항)에 해당한다.

5　관련 문제

박람회에 출품한 상품의 상표를 출원 시 '출원 시 특례(제47조)'의 적용이 고려될 수 있다.

17 · 제34조 제1항 제6호

> **제34조(상표등록을 받을 수 없는 상표)** ① 제33조에도 불구하고 다음 각 호의 어느 하나에 해당하는 상표에 대해서는 상표등록을 받을 수 없다.
> 6. 저명한 타인의 성명·명칭 또는 상호·초상·서명·인장·아호(雅號)·예명(藝名)·필명(筆名) 또는 이들의 약칭을 포함하는 상표. 다만, 그 타인의 승낙을 받은 경우에는 상표등록을 받을 수 있다.

1 의의 및 취지

인격권 훼손 방지를 위해 등록여부결정 시에 저명한 타인의 성명 등을 포함하는 상표는 등록을 불허한다. 지정상품은 무관하며 타인의 승낙을 받은 경우 등록받을 수 있다.

2 적용 요건

(1) 저명할 것

① 타인이 저명할 것을 요하는 것이 아니라, 타인의 성명 등이 저명할 것을 요한다.

② 상호의 저명성

본 호 소정의 상호의 저명성은 제9호의 주지성보다도 주지도가 높을 뿐 아니라 나아가 오랜 전통 내지 명성을 지닌 경우를 가리킨다.

③ 저명성 판단 기준(2012후1033)

㉠ 타인의 명칭 등이 저명한지는 그 사용기간, 방법, 태양, 사용량 및 거래의 범위와 상품거래의 실정을 고려하여 사회통념상 또는 지정상품과 관련한 거래 사회에서 타인의 명칭 등이 널리 인식될 수 있는 정도에 이르렀는지 여부에 따라 판단해야 한다.

㉡ 본 호에 해당하는지 여부의 판단 기준 시점이 상표등록출원 시라는 의미이지 상표등록출원 시에 본 호에 해당함을 인정하기 위한 증거가 상표등록출원 전에 작성된 것을 의미하는 것은 아니므로, 법원은 상표등록출원 후에 작성된 문건들에 기초하여 본 호에 해당하는지를 판단할 수 있다.

(2) 타인의 성명·명칭 또는 상호·초상·서명·인장·아호(雅號)·예명(藝名)·필명(筆名) 또는 이들의 약칭을 포함하는 상표일 것

① 타인이라 함은 현존하는 자연인은 물론 법인, 외국인도 포함한다. 저명한 연예인 이름, 연예인 그룹, 스포츠 선수 이름 등의 이름이나 이들의 약칭 등을 포함하는 상표는 본 호에 해당한다.

② 타인의 성명이라 함은 특정인과의 동일성을 인식할 수 있는 정도의 성과 명을 말하고, 이러한 성명 등을 '포함'하면 족하고 반드시 전체적으로 유사할 필요는 없다(2015허7292).

(3) 예외(제34조 제1항 제6호 단서)

본 호의 단서 규정을 통해, 제정한 타인의 승낙을 받은 경우, 상표등록을 받을 수 있다.

3 판단 방법

(1) 판단 시점

본 호 및 출원인이 타인에 해당하는지는 '상표등록여부결정을 할 때'를 기준으로 판단한다(제34조 제2항).

(2) 타인이 다수인 경우

타인이 다수인으로 구성된 경우 원칙상 구성원 전원의 승낙을 요하지만, 그 명칭 등의 사용 및 관리 등에 특별한 사정이 있는 경우까지 구성원 전원의 승낙을 요하는 것은 아니다.

4 상표법상 취급

상표등록 전 상표등록 거절사유(제54조 제1호), 정보제공이유(제49조), 이의신청이유(제60조 제1항)에 해당하고, 상표 등록 후 5년의 제척기간 있는 상표등록 무효사유(제117조 제1항, 제122조 제1항)에 해당한다.

---

18 상호와 상표의 관계

1 서설

상호는 인적 표시로서 출처표시인 상표와는 그 기능이 상이하나, 상호가 사용됨으로써 특정인의 상품출처 및 영업출처표시로 인식될 수 있는 경우에는 특별한 취급을 요한다.

2 상표법상 조정 규정

(1) 상표등록 관련

상호를 상표등록출원하는 경우, 제34조 제1항 제6호, 제9호, 제11호 내지 제13호의 거절 이유가 문제 된다.

(2) 상표권의 효력 관련

자신의 상호 등을 부정경쟁목적 없이 상거래 관행에 따라 사용하는 경우, 제90조 제1항 제1호에 따라 상표권의 효력이 제한된다.

(3) 선사용권

타인의 상표등록출원 전부터 자신의 상호 등을 부정경쟁목적 없이 상거래 관행에 따라 사용한 자는 제99 조 제2항에 따라, 해당 상표를 그 사용하는 상품에 대하여 계속하여 사용할 권리를 가진다.

3 부정경쟁방지법에서의 조정

부정경쟁방지법의 적용을 위해서는 해당 상호가 국내에서 널리 인식될 것을 요건으로 하는데, 반드시 상품의 식별표지로서 널리 알려질 필요는 없고, '상호'로서 널리 알려지면 족하다(부경법 제2조 제1호 가목 내지 다목).

> **제34조(상표등록을 받을 수 없는 상표)** ① 제33조에도 불구하고 다음 각 호의 어느 하나에 해당하는 상표에 대해서는 상표등록을 받을 수 없다.
> 7. 선출원(先出願)에 의한 타인의 등록상표(등록된 지리적 표시 단체표장은 제외한다)와 동일·유사한 상표로서 그 지정상품과 동일·유사한 상품에 사용하는 상표. 다만, 그 타인으로부터 상표등록에 대한 동의를 받은 경우(동일한 상표로서 그 지정상품과 동일한 상품에 사용하는 상표에 대하여 동의를 받은 경우는 제외한다)에는 상표등록을 받을 수 있다.

1 의의 및 취지

등록여부결정 시를 기준으로 선등록상표권자의 보호 및 출처의 오인·혼동 방지를 위하여 선출원에 의한 타인의 등록상표와 상표, 상품이 동일·유사한 출원은 등록받을 수 없다.

2 적용 요건

(1) 선출원에 의한 타인의 등록상표와 동일·유사한 상표일 것

① 후출원에 의한 선등록상표와 동일·유사한 경우에는 적용하지 않는다.
② 타인이라 함은 법인격이 다른 주체를 의미한다. 따라서 동일한 기업그룹 내 권리주체가 다른 계열회사, 권리자가 2인 이상인 경우 그 구성원 전부가 일치하지 않는 한 타인에 해당한다.

(2) 지정상품이 동일·유사할 것

본 호의 적용을 위하여 상표뿐만 아니라, 지정상품도 동일·유사해야 한다.

(3) 예외(제34조 제1항 제7호 단서)

선출원 등록상표가 존재하더라도, 그 상표권자로부터 동의를 받은 경우 상표등록을 받을 수 있다. 2024. 5. 1. 시행 개정법으로서, 불필요한 분쟁과 불편을 방지하기 위해 선출원 등록상표의 상표권자의 동의하에 동일·유사 상표가 공존될 수 있도록 하였다. 다만, 선출원 등록상표와 후출원상표가 동일하고 그 지정상품도 동일한 경우는 제외한다.

3 판단 방법

(1) 판단 시점

본 호 및 출원인이 타인에 해당하는지는 '상표등록여부결정을 할 때'를 기준으로 판단한다(제34조 제2항).

(2) 판단 시 유의 사항

제35조 제1항에 해당하여 거절이유가 통지되었으나, 심사과정에서 선출원상표가 등록되어 거절이유가 본 호에 해당하게 된 경우에는 본 호를 거절이유로 거절결정을 한다.

(3) 인용상표에 불사용 취소사유가 있는 경우

인용상표에 불사용으로 인한 취소사유가 있다 하더라도 심판 또는 판결에 의해 취소되지 아니하는 한 이와 동일 또는 유사한 상표로서 동일 또는 유사한 상품에 사용하는 상표는 등록받을 수 없다.

4 상표법상 취급

상표등록 전 상표등록 거절사유(제54조 제1호), 정보제공이유(제49조), 이의신청이유(제60조 제1항)에 해당하고, 상표등록 후 5년의 제척기간 있는 상표등록 무효사유(제117조 제1항, 제122조 제1항)에 해당한다.

5 제34조 제1항 제7호 극복 방안

다음의 조치들을 통해 제34조 제1항 제7호의 거절이유를 극복할 수 있다.

(1) 의견서 제출 / 거절결정불복심판 - 상표, 상품 비유사 주장 / 재심사 청구 - 보정

(2) 부분거절제도 - 조속한 등록을 위해 삭제보정, 분할출원

(3) 한정보정(상품세분화)

(4) 인용상표 소멸 시 지위(제34조 제2항)

　① 인용상표에 취소사유가 있는 경우

　　인용상표에 불사용으로 인한 취소사유 있음이 명백한 경우라도 심결에 의하여 그 등록이 취소되지 않는 한 후출원 거절의 근거로 사용할 수 있다.

　② 인용상표가 무효로 소멸한 경우

　　판단시점이 결정 시이므로, 본 호는 적용되지 않는다.

　③ 인용상표가 장래를 향해 소멸한 경우

　　판단시점이 결정 시이므로, 본 호는 적용되지 않는다.

(5) (즉시출원 후) 무효심판 및 취소심판 청구

(6) (즉시출원 후) 포기권유

(7) 양 수

(8) 선출원 등록상표권자의 동의

제34조(상표등록을 받을 수 없는 상표) ① 제33조에도 불구하고 다음 각 호의 어느 하나에 해당하는 상표에 대해서는 상표등록을 받을 수 없다.
9. 타인의 상품을 표시하는 것이라고 수요자들에게 널리 인식되어 있는 상표(지리적 표시는 제외한다)와 동일·유사한 상표로서 그 타인의 상품과 동일·유사한 상품에 사용하는 상표

1 의의 및 취지

등록여부결정 시 기준으로 타인의 주지상표와 상표, 상품이 동일·유사한 경우 출처혼동방지 및 주지상표 사용자 보호를 위해 등록을 불허한다.

2 적용 요건

(1) 타인의 상품을 표시하는 상표일 것

본 호의 주지상표라 함은 반드시 수요자 또는 거래자가 그 상표사용인이 누구인가를 구체적으로 인식할 필요는 없다 하더라도 적어도 그 상표가 특정인의 상품에 사용되는 것임을 수요자 또는 거래자 간에 널리 인식되어 있음을 필요로 한다.

(2) 그 타인의 상표가 '수요자들에게 널리 인식'되어 있을 것

① 널리 인식되어 있는 상표라 함은 당해 상품의 거래자에게 누구의 상품을 표시하는 상표라고 널리 인식되어 있는 상표를 말한다.
② 주지상표는 원칙적으로 국내에 주지되어야 한다. 다만, 국내에 시판되고 있지 않다고 하더라도 외국의 유명상표 등과 같이 국내 관련 거래업계에 주지되어 있는 경우에는 주지상표로 본다.

(3) 상표 및 상품이 동일 또는 유사할 것

본 호의 적용을 위하여 상표뿐만 아니라, 지정상품도 동일·유사해야 한다.

3 판단 방법

(1) 판단 기준

① 주지 여부는 '해당 상품의 거래자 및 수요자의 인식'을 기준으로 판단하며, '상표등록여부결정을 할 때'를 기준으로 '국내' 상품거래실정에 따라 판단한다.
② 지역적 범위는 전국이든 일정 지역이든 불문하며, 상품의 특성상 일정한 지역에서만 거래되는 경우에는 그 특성을 충분히 고려하여 주지성을 판단해야 한다.

(2) 주지상표인지 여부 판단 방법

주지상표인지 여부는 상표의 사용방법, 사용기간, 사용지역, 매출 및 시장점유율, 광고선전 실적, 라이선스, 이전에 유명상표임을 인정한 사례, 소비자의 인지도 등을 종합적으로 고려하여 판단하도록 한다.

(3) 두 개의 주지상표가 병존할 때 어느 한 상표를 출원한 경우

　2개의 주지상표가 병존하는 경우에는 선의로 주지상표가 된 것이든, 악의로 주지상표가 된 것이든 불문하고 어느 것도 등록을 인정하지 아니한다.

4　상표법상 취급

상표등록 전 상표등록 거절사유(제54조 제1호), 정보제공이유(제49조), 이의신청이유(제60조 제1항)에 해당하고, 상표등록 후 5년의 제척기간 있는 상표등록 무효사유(제117조 제1항, 제122조 제1항)에 해당한다.

5　악의의 사용인 경우

(1) 제34조 제1항 제9호의 경우

　① 심사기준의 태도

　　상표를 사용하는 자가 그 사용을 시작하기 전에 타인이 먼저 사용하는 상표라는 것을 알고서도 계속 사용하여 널리 인식된 상표로 만들어 놓은 경우 이는 주지상표로 보지 않는다.

　② 검토 및 비판

　　㉠ 본 호는 정당한 선사용자가 획득한 신용상태를 보호하려는데 그 취지가 있으므로 주지상표는 선의의 사용에 의해 형성되어야 하며 악의 또는 부정경쟁 목적이 있으면 본 호의 주지상표로서 보호받지 못한다.

　　㉡ 본 호는 공익적 성격도 가지며 2 이상 주지상표 병존 시 모두 거절하는 것에 비추어 부당하다는 비판도 존재한다.

(2) 제34조 제1항 제12호의 경우(2001후3187)

　상표사용자가 그 상표와 동일·유사한 제3자 상표의 존재를 알면서 사용하였다 하더라도 본 호 적용이 배제되지 않는다고 본다. 기존의 상표를 보호하기 위한 것이 아니라 수요자를 보호하기 위한 규정이므로 타당하다.

제34조(상표등록을 받을 수 없는 상표) ① 제33조에도 불구하고 다음 각 호의 어느 하나에 해당하는 상표에 대해서는 상표등록을 받을 수 없다.
  11. 수요자들에게 현저하게 인식되어 있는 타인의 상품이나 영업과 혼동을 일으키게 하거나 그 식별력 또는 명성을 손상시킬 염려가 있는 상표

1 의의 및 취지

출원 시 기준으로 부정경쟁 방지 및 일반 수요자의 이익을 보호하기 위해 타인의 저명한 상품 또는 영업과 혼동을 일으킬 우려가 있는 경우 등록을 불허한다.

2 적용 요건

(1) 인용상표가 수요자들에게 현저하게 인식되어 있는 타인의 상품이나 영업을 나타내는 것일 것
  ① 저명성
    ㉠ 현저하게 인식되어 있다고 함은 당해 상품이나 영업에 관한 거래자 및 수요자뿐만 아니라 이종상품이나 이종영업에 걸친 일반 수요자 대부분에까지 알려져 있는 것을 말한다.
    ㉡ 본 호는 국내에서 저명한 경우에 적용하며, 외국의 저명상표가 국내에서 널리 사용된 적이 없더라도 외국에서의 저명성이 국내에 알려져 일반 수요자들에게 저명상표로 인식되었다면 본 호를 적용할 수 있다.
  ② 기업 그룹이 본 호에 타인에 해당할 수 있는지 여부(2012후3657)
    ㉠ 선사용표장의 권리자는 개인이나 개별 기업뿐만 아니라 그들의 집합체인 사회적 실체도 될 수 있다.
    ㉡ 경제적·조직적으로 밀접한 관계가 있는 계열사들로 이루어진 기업그룹이 분리된 경우에는, 기업그룹의 선사용표장을 채택하여 등록·사용하는데 중심적인 역할을 담당함으로써 일반 수요자들 사이에 선사용표장에 화체된 신용의 주체로 인식됨과 아울러 선사용표장을 승계하였다고 인정되는 계열사들을 선사용표장의 권리자로 보아야 한다.

(2) 저명상표와 '혼동을 일으키게 할 염려'가 있을 것
  ① 의 미
    혼동을 일으키게 할 염려가 있는 경우라 함은 그 타인의 상품 또는 영업으로 오인하거나, 그 상품이나 서비스의 수요자가 그 상품이나 서비스의 출처에 대하여 혼동할 우려가 있는 경우는 물론, 그 타인과 계열관계 또는 경제적, 법적 상관관계가 있는 자의 상품 또는 영업으로 오인하거나 출처를 혼동할 염려가 있는 경우를 포함한다.
  ② 상품의 범위
    혼동의 범위는 동일 또는 유사한 상품뿐만 아니라 상표의 저명도로 인하여 다른 계통의 상품 또는 영업과 관련성이 있는 것으로 오해를 유발할 우려가 있는 경우를 포함한다.

③ 상표의 범위

상표 자체로서는 저명상표와 유사하지 않더라도 양 상표의 구성의 모티브, 아이디어 등을 비교하여 그 상표에서 타인의 저명상표가 용이하게 연상되거나, 타인의 상품이나 영업과 밀접한 관련성이 있는 것으로 인정되어 출처에 오인·혼동을 일으키게 할 염려가 있는 경우에도 본 호에 해당한다.

3 판단 방법

(1) 판단 시점

저명상표인지 여부는 '상표등록출원을 한 때'를 기준으로 판단하나 출원인이 타인에 해당하는지는 '상표등록여부결정을 할 때'를 기준으로 판단한다(제34조 제2항).

(2) 저명상표인지 여부 판단 방법

본 호의 저명성 여부를 판단함에 있어서는 그 상표의 매출액, 광고선전 실적, 시장점유율, 보급도, 창작성 등을 종합적으로 고려하여야 한다.

(3) 혼동 가능성 판단(2006후664)

타인의 선사용상표의 저명 정도, 당해 상표와 타인의 선사용상표의 각 구성, 상품 혹은 영업의 유사 내지 밀접성 정도, 선사용상표 권리자의 사업다각화 정도, 이들 수요자 층의 중복 정도 등을 종합하여 혼동의 염려를 판단한다.

4 상표법상 취급

상표등록 전 상표등록 거절사유(제54조 제1호), 정보제공이유(제49조), 이의신청이유(제60조 제1항)에 해당하고, 상표등록 후 제척기간 없는 상표등록 무효사유(제117조 제1항)에 해당한다.

5 유명한 방송 프로그램 등

유명한 방송프로그램 명칭, 영화나 노래 제목 등과 동일 또는 유사하거나, 유사하지는 않더라도 이들을 용이하게 연상시키는 상표를 출원하여 해당 방송프로그램 등과의 관계에서 영업상 혼동을 일으키게 하거나, 식별력이나 명성을 손상시킬 염려가 있는 경우에는 본 호에 해당하는 것으로 본다.

22 제34조 제1항 제11호 후단

제34조(상표등록을 받을 수 없는 상표) ① 제33조에도 불구하고 다음 각 호의 어느 하나에 해당하는 상표에 대해서는 상표등록을 받을 수 없다.

11. 수요자들에게 현저하게 인식되어 있는 타인의 상품이나 영업과 혼동을 일으키게 하거나 그 식별력 또는 명성을 손상시킬 염려가 있는 상표

1 의의 및 취지

출원 시 기준으로 상표에 화체된 재산적 가치를 보호하기 위해 일반 수요자의 혼동이 없는 경우에도 저명상표의 식별력이나 명성을 손상케 하는 상표는 등록을 불허한다. 희석화 이론을 입법화한 것이다.

2 적용 요건

(1) 인용상표가 수요자들에게 현저하게 인식되어 있는 타인의 상품이나 영업을 나타내는 것일 것

저명상표권자가 구체적으로 누구인지까지 알려질 필요는 없고 익명의 존재로서 추상적인 출처로 알려져 있으면 족하다.

(2) 저명상표의 식별력이나 명성을 손상시킬 염려가 있을 것

① 식별력 손상

식별력 손상이란 타인의 저명상표를 혼동 가능성이 없는 비유사한 상품에 사용함으로써 저명상표의 상품표지나 영업표지로서의 출처표시 기능을 손상시키는 것을 말하며, 여기에는 식별력을 약화시키는 경우도 포함한다.

② 명성 손상

명성의 손상이란 어떤 좋은 이미지나 가치를 가진 저명상표를 부정적인 이미지를 가진 상품이나 영업에 사용함으로써 그 상표의 좋은 이미지나 가치를 훼손하는 것을 말한다.

3 판단 방법

(1) 판단 시점

저명상표인지 여부는 '상표등록출원을 한 때'를 기준으로 판단하나 출원인이 타인에 해당하는지는 '상표등록여부결정을 할 때'를 기준으로 판단한다(제34조 제2항).

(2) 저명상표인지 여부 판단 방법

본 호의 저명성 여부를 판단함에 있어서는 그 상표의 매출액, 광고선전 실적, 시장점유율, 보급도, 창작성 등을 종합적으로 고려하여야 한다.

(3) 희석화 판단 방법(2016나1691)

① 식별력의 손상은 특정한 표지가 상품표지나 영업표지로서의 출처표시 기능이 손상되는 것을 말한다.

② 명성의 손상이란 저명한 정도에 이른 특정한 표지를 부정적인 이미지를 가진 서비스에 사용함으로써 그 표지가 가지는 좋은 이미지 및 가치를 손상시키는 것을 말하며, 이러한 저명한 정도에 이른 표지의 식별력 손상이나 명성 손상을 위해서 그 영업표지가 반드시 동종, 유사 관계 또는 경쟁 관계에 있는 서비스에 사용되어야 하는 것은 아니다.

4 　상표법상 취급

상표등록 전 상표등록 거절사유(제54조 제1호), 정보제공이유(제49조), 이의신청이유(제60조 제1항)에 해당하고, 상표 등록 후 제척기간 없는 상표등록 무효사유(제117조 제1항)에 해당한다.

5 　희석화 관련 문제

(1) 상표법

① 제34조 제1항 제11호 후단

　저명상표의 출처표시 기능을 희석화시키기 위한 목적의 출원에는 본 호의 거절이유가 적용된다.

② 제34조 제1항 제13호

　저명상표와 혼동의 염려는 없다 하더라도 저명상표의 출처표시 기능을 희석화시키기 위한 목적의 출원으로 인정될 때에는 제34조 제1항 제11호와 함께 본 호를 적용한다.

③ 사용금지효의 범위

　판례는 '타인의 상표사용을 금지시킬 수 있는 효력은 등록상표의 지정상품과 동일·유사한 상품에 사용되는 상표에 대하여만 인정되는 것이고 이종상품에 사용되는 상표에 대하여까지 그러한 효력이 미치는 것은 아니라고 할 것이며, 이는 저명상표의 경우에도 마찬가지이다'라고 하여 저명상표의 희석화와 별다른 소극적 효력은 미치지 않는다.

(2) 부정경쟁방지법 제2조 제1호 다목

저명상표의 희석화 염려가 있는 상표의 사용은 부정경쟁방지법 제2조 제1호 다목에 따라 부경법상 부정 경쟁행위에 해당한다.

6 　유명한 방송 프로그램 등

유명한 방송프로그램 명칭, 영화나 노래 제목 등과 동일 또는 유사하거나, 유사하지는 않더라도 이들을 용이 하게 연상시키는 상표를 출원하여 해당 방송프로그램 등과의 관계에서 영업상 혼동을 일으키게 하거나, 식별 력이나 명성을 손상시킬 염려가 있는 경우에는 본 호에 해당하는 것으로 본다.

> **제34조(상표등록을 받을 수 없는 상표)** ① 제33조에도 불구하고 다음 각 호의 어느 하나에 해당하는 상표에 대해서는 상표등록을 받을 수 없다.
> 12. 상품의 품질을 오인하게 하거나 수요자를 기만할 염려가 있는 상표

1 의의 및 취지

등록여부결정 시 기준으로 품질오인으로부터 일반 수요자 보호를 위해 품질오인의 염려가 있는 상표는 등록을 불허한다.

2 태양

(1) 상품 자체의 오인

상표를 당해 지정상품에 사용할 경우 다른 상품으로 오인하게 할 가능성이 있는 경우를 말한다.

(2) 상품 품질의 오인

① 상표의 구성 자체가 그 지정상품이 본래 가지고 있는 성질과 다른 성질을 가지는 것으로 수요자를 오인하게 할 가능성이 있는 경우를 말한다.

② 특정의 상표가 품질오인을 일으킬 염려가 있다고 하기 위해서는, 당해 상표에 의하여 일반인이 인식하는 상품과, 현실적으로 그 상표가 사용되는 상품과의 사이에 일정한 경제적인 견련관계 등 그 상품의 특성에 관하여 오인을 일으킬 정도의 관계가 인정되어야 한다.

3 판단 방법

(1) 판단 시점

본 호에 해당하는지 여부는 '상표등록여부결정을 할 때'를 기준으로 판단한다(제34조 제2항).

(2) 품질 오인의 판단

① 판단 기준(94후623)

특정의 상표가 품질오인을 일으킬 염려가 있다고 하기 위해서는, 당해 상표에 의하여 일반인이 인식하는 상품과 현실적으로 그 상표가 사용되는 상품과의 사이에 일정한 경제적인 견련관계 등 그 상품의 특성에 관하여 오인을 일으킬 정도의 관계가 인정되어야 한다.

② 경제적 견련관계 판단 방법

동일 계통에 속하는 상품이라거나 재료, 용도, 외관, 판매계통 등이 공통되는 경우 경제적 견련관계가 존재한다.

(3) 판단 시 유의 사항

① 품질의 오인을 일으키는지 여부는 상표 자체의 구성에 의하여 판단하되 상표를 전체적으로 관찰하여 결정하여야 한다.

② 다만, 품질의 오인을 유발하는 부분이 당해 상표의 요부이든 아니든 여부를 불문한다.

③ 절대적 품질을 나타내는 상표의 경우 본 호는 적용하지 않는다.

4 상표법상 취급

상표등록 전 상표등록 거절사유(제54조 제1호), 정보제공이유(제49조), 이의신청이유(제60조 제1항)에 해당하고, 상표등록 후 제척기간 없는 상표등록 무효사유(제117조 제1항)에 해당한다.

5 제33조 제1항 제3호와의 관계

(1) 상품의 품질, 용도 등을 직감시키지 않으면 수요자들에게 상품의 품질을 오인하게 할 염려가 없다고 본다. 그러나 사안에 따라 구체적으로 판단해야 한다.

(2) **황금당 사건**(92후2274)

상표 : 황금당		
지정상품	제33조 제1항 제3호	제34조 제1항 제12호
금, 금도금 관련 제품	O	금 : X / 금도금 : X
은, 백금	X	O (경제적 견련관계)
진주, 다이아몬드	X	X

(3) **COLOR CON 사건**(2007후555)

상표 : COLOR CON		
지정상품	제33조 제1항 제3호	제34조 제1항 제12호
유채색 투수콘크리트	O	X
무채색 투수콘크리트	X	O (상품의 성질)
아스팔트	X	X (성질 및 경제적 견련관계)

24　제34조 제1항 제12호 후단

1　의의 및 취지

등록여부결정 시 기준으로 출처혼동으로부터 일반 수요자의 보호를 위해 수요자를 기만할 염려가 있는 경우 등록을 불허한다.

2　태 양

(1) 순수한 수요자 기만

　① 의 미

　　자연인이 공법상 특수법인의 명칭을 출원하거나 상품의 지리적 출처를 오인하게 하는 경우와 같이, 상표의 구성이나 지정상품과의 관계에서 일반 수요자에게 착오를 일으키게 하는 경우를 말한다.

　② 심사 기준

　　㉠ 자연인이 법인 명의의 상표를 출원하거나, 일반 수요자에게 공법상 특수법인 등과 같은 단체로 오인을 유발할 우려가 있는 명칭의 상표를 출원한 경우에는 본 호에 해당하는 것으로 본다.

　　㉡ 법인이 출원한 상표가 일반 수요자에게 특정인의 상표로 알려진 타법인의 명칭으로 오인될 우려가 있는 경우나, 공법상 특수법인이 아닌 법인이 공법상 특수법인의 명칭을 사용하여 출원한 경우에도 본 호에 해당하는 것으로 본다.

　　㉢ 널리 알려진 방송프로그램 명칭, 영화나 노래 제목, 저명한 캐릭터나 캐릭터 명칭 등과 동일 또는 유사한 상표를 출원하여 수요자를 기만할 염려가 있는 경우 본 호에 해당하는 것으로 본다. 이 경우 지정상품은 방송, 영화, 음악 등과 직·간접적으로 경제적 견련관계가 있다고 인정되는 상품뿐만 아니라, 후원관계나 거래실정상 상품화 가능성이 높은 상품까지 포함하여 수요자 기만이 일어날 염려가 있는지를 판단하도록 한다.

　　　예 방송업, 연예오락업, 광고업, 영화 관련업, 통신 관련업 등 / 의류, 신발, 모자 등 패션용품 및 관련 서비스 등

　　㉣ 출원인이 본인의 저명한 의약품 명칭과 동일·유사한 상표를 다른 의약품 명칭에 출원하거나 타인의 의약품 명칭과 동일·유사한 상표를 출원한 경우

(2) 출처의 혼동으로 인한 수요자 기만

　① 의 미

　　국내 수요자에게 특정인의 상품표지로 인식되어 있는 상표와 상품출처의 오인·혼동을 일으키게 하는 경우를 말한다. 판례는 본 호를 출처혼동 방지 규정으로 보고 있다.

② 국내 수요자에게 특정인의 상품표지로 인식되어 있을 것

　㉠ 함박웃음 사건(2013후2675)

　　본 호에 해당하기 위해 인용상표는 국내의 일반 수요자에게 특정인의 상표라고 인식될 수 있을 정도로는 알려져 있어야 하고, 이는 선사용상표에 관한 권리자의 명칭이 구체적으로 알려져야 하는 것은 아니며, 동일하고 일관된 출처로 인식될 수 있으면 충분하다.

　㉡ SODA 사건(2011후1159)

　　선사용상표의 권리자가 누구인지는 선사용상표의 선택과 사용을 둘러싼 관련 당사자 사이의 구체적인 내부관계 등을 종합적으로 살펴 판단하여야 하고, 선사용상표 사용자의 사용을 통제하거나 상품의 성질이나 품질을 관리하여 온 자가 따로 있는 경우에는 그를 선사용상표의 권리자로 보아야 한다.

　㉢ 무코타 사건(2012후3619)

　　선사용상표의 권리자가 직접 그 상표를 사용하거나 그 권리자로부터 직접 그 상표의 사용에 관한 허락을 받은 사용권자의 사용 등으로 알려진 경우는 물론 상표 자체의 사용권과는 직접 관계가 없는 제3자의 사용에 의하여 알려진 경우라도 상관이 없다.

③ 상표의 동일·유사

　본 호는 선사용상표와 출원상표가 동일·유사할 것을 요건으로 한다.

④ 상품의 범위

　㉠ ASK 사건(2009후3275)

　　본 호에 해당하려면, 선사용상표와 동일·유사한 상표가 그 사용상품과 동일·유사한 상품에 사용되고 있거나, 또는 선사용상표의 구체적인 사용실태나 양 상표가 사용되는 상품 사이의 경제적인 견련의 정도 기타 일반적인 거래실정 등에 비추어 선사용상표의 권리자에 의하여 사용되고 있다고 오인될 만한 특별한 사정이 있어야 한다.

　㉡ 소녀시대 사건(2013후1207)

　　선사용상표가 그 사용상품에 대한 저명성을 획득하게 되면, 그 상표를 주지시킨 상품 또는 그와 유사한 상품뿐만 아니라 이와 다른 종류의 상품이라고 할지라도 그 상품의 용도 및 판매거래의 상황 등에 따라 저명상표권자나 그와 특수한 관계에 있는 자에 의하여 생산 또는 판매되는 것으로 인식될 수 있고 그 경우에는 수요자를 기만할 염려가 있다고 보아야 한다.

3 　판단 방법

(1) 판단 시점

본 호에 해당하는지 여부는 '상표등록여부결정을 할 때'를 기준으로 판단한다(제34조 제2항).

(2) 특정인의 상표로 인식되었는지 여부의 판단 방법

특정인의 상표로 인식되었는지 여부는 그 상표의 사용기간, 방법, 태양 및 이용범위 등과 거래실정 등에 비추어 볼 때 사회통념상 객관적으로 상당한 정도로 알려졌는지를 기준으로 판단하여야 한다.

(3) 선사용상표가 국내 전역에 알려져야 하는지 여부(2019후11688)

'특정인의 상표나 상품이라고 인식'되었다고 하기 위하여는 선사용상표가 반드시 국내 전역에 수요자나 거래자에게 알려져야만 하는 것은 아니다.

(4) 선사용상표의 사용 상품이 특정 재료 또는 용도에 한정되는 경우(2011후1722)

선사용상표가 어느 정도로 알려져 있는지에 관한 사항은 거래의 실정에 따라 인정하여야 하는 객관적인 상태를 말하는 것이고, 선사용상표가 사용된 상품이 등록상표의 지정상품 중 특정의 재료 또는 용도 등의 것에 한정되는 경우라면 그와 같은 한정이 없는 지정상품과의 관계를 충분히 고려하여 선사용상표 가 그러한 한정이 없는 지정상품 전체의 상표등록을 배제할 수 있을 정도로 수요자나 거래자에게 특정인 의 상표나 상품으로 인식되어 있는지 판단하여야 한다.

4 상표법상 취급

상표등록 전 상표등록 거절사유(제54조 제1호), 정보제공이유(제49조), 이의신청이유(제60조 제1항)에 해당하고, 상표 등록 후 제척기간 없는 상표등록 무효사유(제117조 제1항)에 해당한다.

5 관련 문제

(1) 인용상표의 사용자가 악의로 특정인의 출처로 인식시킨 경우

상표사용자가 그 상표와 동일·유사한 제3자 상표의 존재를 알면서 사용하였다 하더라도 본 호 적용이 배제되지 않는다고 본다.

(2) 증명표장에 있어서 본 호의 특칙

증명표장의 구성 중 '품질 보증', 'approved', 'guaranteed' 등의 품질을 보증하는 문자들이 결합되어 있다고 하더라도 본 호를 적용하지 아니한다.

25 제34조 제1항 제13호

제34조(상표등록을 받을 수 없는 상표) ① 제33조에도 불구하고 다음 각 호의 어느 하나에 해당하는 상표에 대해서는 상표등록을 받을 수 없다.
  13. 국내 또는 외국의 수요자들에게 특정인의 상품을 표시하는 것이라고 인식되어 있는 상표(지리적 표시는 제외 한다)와 동일·유사한 상표로서 부당한 이익을 얻으려 하거나 그 특정인에게 손해를 입히려고 하는 등 부정한 목적으로 사용하는 상표

1 의의 및 취지

출원 시 기준으로 진정한 상표사용자 보호 및 공정한 거래질서 확립을 위해 국내·외 특정인의 출처로 인식 된 상표와 표장이 유사하고 부정한 목적이 있는 경우 등록을 불허한다. 속지주의 예외 규정으로서 상품을 불문한다.

2 적용 요건

(1) 국내 또는 외국의 수요자들에게 특정인의 상품을 표시하는 것이라고 인식되어 있는 상표와 동일·유사한 상표일 것

국내·외 불문 특정인의 출처로 알려져 있고, 상표가 동일·유사한 경우, 본 호가 적용될 수 있다.

(2) 부정한 목적으로 사용하는 상표

다음 심사기준에 해당하는 경우, 본 호 소정의 부정한 목적이 있는 것으로 본다.
① 외국의 정당한 상표권자의 국내시장 진입 저지 또는 대리점 계약 체결을 강제할 목적으로 출원한 경우
② 저명상표의 출처표시 기능을 희석화시키기 위한 목적으로 출원한 경우
③ 창작성이 인정되는 타인의 상표를 동일 또는 극히 유사하게 모방하여 출원한 경우
④ 그 밖에 타인의 선사용상표의 영업상 신용이나 고객흡인력 등에 편승하여 부당한 이득을 얻을 목적으로 출원한 경우

3 판단 방법

(1) 판단 기준

① 특정인의 상품 표지로서 인식되었는지 여부는 '해당 상품에 관한 거래자 및 수요자의 인식'을 기준으로 판단한다. 다만, 본 호는 국내는 물론 외국에서만 특정인의 상품출처로 인식된 경우도 포함한다.
② 본 호에의 해당 여부는 '상표등록출원을 한 때'를 기준으로 판단하나 출원인이 타인에 해당하는지는 '상표등록여부결정을 할 때'를 기준으로 판단한다(제34조 제2항).

(2) 인식도의 판단

① 판단 방법
상표가 국내 또는 외국의 수요자 사이에 특정인의 상표로 인식되어 있는지는 상표의 사용기간, 방법, 태양 및 이용범위 등과 거래실정 또는 사회통념상 객관적으로 상당한 정도로 알려졌는지 등을 기준으로 판단하여야 한다.
② 선사용상표 제품의 매출액이 정확히 특정되지 않은 경우(2013후2460)
연간매출액 중 선사용상표들이 사용된 제품의 매출액이 정확히 얼마인지 특정되지 않았고, 외국에서 선사용상표들이 사용된 상품의 시장점유율이나 광고비 등을 정확히 확인할 수 있는 자료가 없다고 하더라도, 선사용상표들의 사용 경위와 기간, 선사용상표들과 그 상표를 사용한 상품의 연관관계, 선사용상표들을 사용한 상품의 판매·공급처 및 주위의 평가 등을 종합하여 외국의 수요자 사이에 특정인의 상표로 인식되어 있었는지 판단할 수 있다.
③ 선사용상표에 관한 권리 귀속 주체가 변경된 경우(2020후11431)
선사용상표의 사용기간 중에 상표에 관한 권리의 귀속 주체가 변경되었다고 하여 곧바로 위 규정의 적용이 배제되어야 한다거나 변경 전의 사용실적이 고려될 수 없는 것은 아니다. 이와 같은 변경에도 불구하고 선사용상표가 수요자들에게 여전히 동일되고 일관된 출처로서 인식되어 있거나 변경 전의 사용만으로도 특정인의 상품을 표시하는 것으로 인식되어 있는 등의 경우에는 그 변경 전의 사용실적을 고려하여 위 규정이 적용될 수 있다.

(3) 부정한 목적의 판단

① 판단 방법

부정한 목적이 있는지를 판단할 때는 모방대상상표의 인지도 또는 창작의 정도, 등록상표와 모방대상상표의 동일·유사 정도, 출원인과 권리자 사이에 교섭 유무, 기타 양 당사자의 관계, 지정상품 간의 동일·유사 내지 경제적 견련성의 유무, 거래실정 등을 종합적으로 고려하여야 한다.

② 모방대상상표의 실제 사용 여부 고려(2011후3896)

모방대상상표가 상표로 사용되고 있는지 여부, 권리자가 이를 상표로 계속 사용하려고 하는 의사가 있는지 여부는 모방대상상표가 특정인의 상표로 인식되어 있는지 여부와 등록상표 출원인의 부정한 목적 여부 등 본 호 요건의 충족 여부를 판단하기 위한 고려요소 중 하나가 되는 것에 불과하다.

③ 지정상품 일부에 부정한 목적이 있는 경우

지정상품의 일부에 대하여 부정한 목적이 있다고 판단하여 거절이유를 통지한 경우 출원인이 선사용상품과의 경제적 견련관계가 있는 상품을 삭제 보정하더라도 부정한 목적은 치유되지 않는 것으로 본다.

④ 다른 민사소송 및 행정소송과의 관계(2020후11622)

상표법 등 지식재산권 관련 법령은 전체 법질서 안에서 조화롭게 해석·적용되어야 하는 바, 제34조 제1항 제13호 적용요건인 '부정한 목적'의 해석·적용 역시 전체 법질서와 조화를 이루어야 한다. 따라서, 출원인과 선사용상표를 사용해온 특정인 사이에 그 상표 및 그 상표를 기반으로 한 사업체, 관련 행정상의 인·허가 또는 등록 등을 둘러싸고 여러 차례 민사소송이나 행정소송 등이 확정되었다면 이러한 일련의 경위와 결과는 '부정한 목적'의 해석에서 모순되지 않도록 고려되어야 하며, 위 확정된 민사소송 등의 판결에서 인정된 사실은 특별한 사정이 없는 한 유력한 증거가 된다.

4 상표법상 취급

상표등록 전 상표등록 거절사유(제54조 제1호), 정보제공이유(제49조), 이의신청이유(제60조 제1항)에 해당하고, 상표등록 후 제척기간 없는 상표등록 무효사유(제117조 제1항)에 해당한다.

26   제34조 제1항 제15호

> **제34조(상표등록을 받을 수 없는 상표)** ① 제33조에도 불구하고 다음 각 호의 어느 하나에 해당하는 상표에 대해서는 상표등록을 받을 수 없다.
>
> 15. 상표등록을 받으려는 상품 또는 그 상품의 포장의 기능을 확보하는 데 꼭 필요한(서비스의 경우에는 그 이용과 목적에 꼭 필요한 경우를 말한다) 입체적 형상, 색채, 색채의 조합, 소리 또는 냄새만으로 된 상표

1   의의 및 취지

지정상품 또는 포장의 기능을 확보하는 데 불가결한 입체적 형상, 색채, 소리 또는 냄새만으로 된 상표라면 상표등록을 받을 수 없다. 자유롭고 효과적인 경쟁 보장을 위하여 기능적이거나 유용한 특성에 대해서는 특허권으로 보호받아야 함이 타당하다.

2   판단 방법

(1) 특허나 실용신안의 존재 여부, 유통과정의 편이성 및 사용의 효율성에 관한 광고 선전, 대체성, 제조비용의 저렴성을 고려하여 가능성이 있는지를 판단한다.

(2) 출원상표를 전체적으로 보았을 때 기능성이 있는 것으로 판단되면 일부 비기능적인 요소가 포함되어 있어도 기능성이 있는 것으로 판단하여 심사한다. 개별적인 형태를 분리하여 기능성 여부를 판단해서는 안 되고 전체적인 형성이 기능적인지 여부를 기준으로 판단한다.

(3) 식별력이 인정되더라도 본 호에 해당하면 등록을 받을 수 없다.

27   제34조 제1항 제16호

> **제34조(상표등록을 받을 수 없는 상표)** ① 제33조에도 불구하고 다음 각 호의 어느 하나에 해당하는 상표에 대해서는 상표등록을 받을 수 없다.
>
> 16. 세계무역기구 회원국 내의 포도주 또는 증류주의 산지에 관한 지리적 표시로서 구성되거나 그 지리적 표시를 포함하는 상표로서 포도주 또는 증류주에 사용하려는 상표. 다만, 지리적 표시의 정당한 사용자가 해당 상품을 지정상품으로 하여 제36조 제5항에 따른 지리적 표시 단체표장등록출원을 한 경우에는 상표등록을 받을 수 있다.

1   의의 및 취지

WTO/TRIPS 규정 반영을 위해 본 호에 해당하는 상표는 등록을 불허한다.

2 　적용 요건

(1) 세계 무역기구 회원국 내의 포도주 또는 증류주의 산지에 관한 지리적 표시로 구성되거나 그 지리적 표시를 포함하는 상표일 것

① 포도주 또는 증류주의 산지를 그 지역 문자로 표시한 것뿐만 아니라 한글 기타 번역 및 음역을 모두 포함한다.

② 출처의 오인·혼동 가능성이 없다고 하더라도 해당 지리적 표시가 표시되어 있다면 본 호를 적용한다.

　　예 ~풍, ~종류와 같은 표현으로 수반된 경우

(2) 포도주 또는 증류주에 사용하려는 상표일 것(유사한 상품은 해당 ×)

지정상품이 포도주 또는 증류주인 경우를 의미하며, 포도주 또는 증류주와 유사한 상품을 지정상품으로 하는 경우 본 호가 적용되지 않는다.

(3) 적용의 예외(단서 규정)

지리적 표시의 정당한 사용자가 포도주 또는 증류주에 지리적 표시 단체표장등록출원을 한 경우에는 상표등록을 받을 수 있다.

3 　판단 방법

(1) 판단 시점

본 호에의 해당 여부는 '상표등록여부결정을 할 때'를 기준으로 판단한다(제34조 제2항).

(2) 판단 시 유의 사항

① 본 호에서 규정하는 포도주 또는 증류주의 산지에 관한 지리적 표시가 상표의 부기적인 부분으로 포함되어 있는 경우에도 본 호를 적용한다.

② 당해 지리적 표시가 속한 국가에서 보호되지 않거나 보호가 중단된 지리적 표시인 경우 또는 그 나라에서 사용하지 아니하게 된 지리적 표시에 대하여는 본 호를 적용하지 않는다.

4 　상표법상 취급

상표등록 전 상표등록 거절사유(제54조 제1호), 정보제공이유(제49조), 이의신청이유(제60조 제1항)에 해당하고, 상표등록 후 5년의 제척기간이 있는 상표등록 무효사유(제117조 제1항, 제122조 제1항)에 해당한다.

28 제34조 제1항 제17호

제34조(상표등록을 받을 수 없는 상표) ① 제33조에도 불구하고 다음 각 호의 어느 하나에 해당하는 상표에 대해서는 상표등록을 받을 수 없다.

17. 「식물신품종 보호법」 제109조에 따라 등록된 품종명칭과 동일·유사한 상표로서 그 품종명칭과 동일·유사한 상품에 대하여 사용하는 상표

1 의의 및 취지

품종명칭과의 오인·혼동 방지 및 식물신품종 보호법과의 저촉을 회피하기 위하여 본 호에 해당하는 상표는 등록을 불허한다.

2 적용 요건

(1) 품종보호를 받기 위하여 출원하는 품종은 1개의 고유한 품종명칭을 가져야 하며, 대한민국이나 외국에 품종명칭이 등록되어 있거나 품종명칭 등록출원이 되어 있는 경우에는 그 품종명칭을 사용하여야 한다.

(2) 그 품종명칭과 동일·유사한 상품

품종명칭의 등록출원일보다 먼저 상표법에 따른 등록출원 중에 있거나 등록된 상표와 같거나 유사하여 오인하거나 혼동할 염려가 있는 품종명칭을 포함한다.

3 판단 방법

(1) 판단 시점

본 호에의 해당 여부는 '상표등록여부결정을 할 때'를 기준으로 판단한다(제34조 제2항).

(2) 판단 시 유의 사항

상표 출원주체를 불문하고 본 호가 적용된다.

4 상표법상 취급

상표등록 전 상표등록 거절사유(제54조 제1호), 정보제공이유(제49조), 이의신청이유(제60조 제1항)에 해당하고, 상표등록 후 제척기간이 없는 상표등록 무효사유(제117조 제1항)에 해당한다.

> **제34조(상표등록을 받을 수 없는 상표)** ① 제33조에도 불구하고 다음 각 호의 어느 하나에 해당하는 상표에 대해서는 상표등록을 받을 수 없다.
>
> 18. 「농수산물 품질관리법」 제32조에 따라 등록된 타인의 지리적 표시와 동일·유사한 상표로서 그 지리적 표시를 사용하는 상품과 동일하다고 인정되는 상품에 사용하는 상표

1 의의 및 취지

한·EU FTA에 미반영된 지리적 표시를 보호하고 양 법의 저촉을 방지하기 위해 본 호에 해당하는 상표는 등록을 불허한다.

2 적용 요건

(1) 농수산물 품질관리법 제32조에 따라 등록된 타인의 지리적 표시와 동일·유사한 상표

등록된 타인의 지리적 표시에 적용되므로 본인의 지리적 표시에는 적용되지 아니한다. 따라서 농수산물 품질관리법에 따라 등록된 지리적 표시권자가 해당 표장을 상표법상의 지리적 표시 단체표장으로 출원하는 경우에는 본 호를 적용하지 아니한다.

(2) 그 지리적 표시를 사용하는 상품과 동일하다고 인정되는 상품

동일하다고 인정되는 상품이라 함은 주요 원재료에서 가공방법 등의 차이가 있는 상품이나, 소비자가 상품의 출처를 같은 생산자에게서 생산된 것이라고 인정되는 상품을 말한다. 다만, 같은 상품이라도 지리적 특성에 따라 서로 다른 품종을 생산하는 경우 동일하다고 인정되는 상품으로 보지 아니한다.

3 판단 방법

(1) 판단 시점

본 호에의 해당 여부는 '상표등록여부결정을 할 때'를 기준으로 판단한다(제34조 제2항).

(2) 판단 시 유의 사항

그 상품의 원산지가 표시되어 지리적 출처에 대한 오인 가능성이 없다 하여도 본 호가 적용될 수 있다.

4 상표법상 취급

상표등록 전 상표등록 거절사유(제54조 제1호), 정보제공이유(제49조), 이의신청이유(제60조 제1항)에 해당하고, 상표등록 후 제척기간이 없는 상표등록 무효사유(제117조 제1항)에 해당한다.

> **제34조(상표등록을 받을 수 없는 상표)** ① 제33조에도 불구하고 다음 각 호의 어느 하나에 해당하는 상표에 대해서는 상표등록을 받을 수 없다.
>
> 19. 대한민국이 외국과 양자간(兩者間) 또는 다자간(多者間)으로 체결하여 발효된 자유무역협정에 따라 보호하는 타인의 지리적 표시와 동일·유사한 상표 또는 그 지리적 표시로 구성되거나 그 지리적 표시를 포함하는 상표로서 지리적 표시를 사용하는 상품과 동일하다고 인정되는 상품에 사용하는 상표

1 의의 및 취지

FTA에 따라 보호의무가 발생하는 지리적 표시를 보호하기 위해 본 호에 해당하는 상표는 등록을 불허한다.

2 적용 요건

(1) 대한민국이 외국과 양자 간 또는 다자간으로 체결하여 발효된 자유무역협정에 따라 보호하는 타인의 지리적 표시

① 본 호의 지리적 표시는 국내 등록 여부와 상관없이 보호된다. 다만, 당해 지리적 표시가 속한 국가에서 보호되지 아니하거나 보호가 중단된 지리적 표시 또는 그 나라에서 사용하지 아니하게 된 지리적 표시에 대하여는 본 호를 적용하지 아니한다.

② 본 호는 타인의 지리적 표시에 한하여 적용되므로 본인의 지리적 표시에는 적용되지 아니한다. 따라서 지리적 표시의 정당한 사용자가 해당 표장을 직접 상표 또는 지리적 표시 단체표장으로 출원하는 경우에는 본 호를 적용하지 아니한다.

(2) 타인의 지리적 표시와 동일·유사한 상표 또는 그 지리적 표시로 구성되거나 그 지리적 표시를 포함하는 상표

① 본 호는 해당 지리적 표시를 그 지역 문자로 표시한 것뿐만 아니라 한글 기타 번역 및 음역을 모두 포함한다.

② 상표의 구성에 지리적 표시가 ~풍, ~종류와 같은 표현으로 수반된 경우도 이를 적용한다.

(3) 지리적 표시를 사용하는 상품과 동일하다고 인정되는 상품

동일하다고 인정되는 상품이라 함은 주요 원재료에서 가공방법 등의 차이가 있는 상품이나 소비자가 상품의 출처를 같은 생산자에게서 생산된 것이라고 인정되는 상품을 말한다. 다만, 같은 상품이라도 지리적 특성에 따라 서로 다른 품종을 생산하는 경우 동일하다고 인정되는 상품으로 보지 아니한다.

3 판단 방법

(1) 판단 시점

본 호에 해당하는지 여부는 '상표등록여부결정을 할 때'를 기준으로 판단한다(제34조 제2항).

(2) 판단 시 유의 사항

① 자유무역협정에 따라 보호되는 지리적 표시와 상품 종류를 나타내는 명칭이 결합되어 있는 경우 상품의 종류는 지리적 표시 보호대상이 아니다.

까망베르 드 노르망디(Camembert de Normandie)	'까망베르'는 치즈의 종류
브리 드 모(Brie de Meaux)	'브리'는 치즈의 종류
에멘탈 드 사부아(Emmental de Savoie)	'에멘탈'은 치즈의 종류
모차렐라 디 부팔라 캄파나(Mozzarella di Bufala Campana)	'모차렐라'는 치즈의 종류

② 그 상품의 원산지가 표시되어 지리적 출처에 대한 오인 가능성이 없다 하여도 본 호가 적용될 수 있다.

4 상표법상 취급

상표등록 전 상표등록 거절사유(제54조 제1호), 정보제공이유(제49조), 이의신청이유(제60조 제1항)에 해당하고, 상표등록 후 제척기간이 없는 상표등록 무효사유(제117조 제1항)에 해당한다.

---

31 제34조 제1항 제20호

제34조(상표등록을 받을 수 없는 상표) ① 제33조에도 불구하고 다음 각 호의 어느 하나에 해당하는 상표에 대해서는 상표등록을 받을 수 없다.
20. 동업·고용 등 계약관계나 업무상 거래관계 또는 그 밖의 관계를 통하여 타인이 사용하거나 사용을 준비 중인 상표임을 알면서 그 상표와 동일·유사한 상표를 동일·유사한 상품에 등록출원한 상표

1 의의 및 취지

출원 시 기준으로 계약 관계 등을 통하여 알게 된 타인의 사용 또는 사용 준비 중인 상표와 동일·유사한 상표, 상품을 출원하는 경우 등록을 불허한다. 신의칙에 반하는 상표를 거절하여 건전한 상거래질서를 확립하기 위함이다.

2 적용 요건

(1) 동업 · 고용 등 계약관계나 업무상 거래관계 또는 그 밖의 관계를 통한 것일 것

그 밖의 관계라 함은 동업, 고용 등 계약관계나 업무상 거래관계에 준하는 일정한 신의성실관계를 말한다.
예 동업자가 다른 동업자의 사용을 배제하기 위하여 단독으로 출원하는 경우, 종업원이 회사의 제품출시 계획을 알고 해당 상표를 미리 출원하여 선정하고자 하는 경우, 대리점 등 업무상 거래관계에 있는 자가 거래대상이 되는 제품의 상표를 선점 목적으로 출원하는 경우

(2) 타인이 사용하거나 사용을 준비 중인 상표임을 알고 있을 것

① 타인이라 함은 출원인과의 관계에서 특정한 신의관계가 형성되어 있는 자로 국내외 자연인, 법인은 물론 법인격 없는 단체나 외국인도 포함한다.

② 사용하거나 사용 준비 중인 상표라 함은 속지주의 원칙상 국내에서 사용 또는 사용 준비 중인 경우에 적용하며, 상표로 기능하지 않는 경우에는 적용되지 않는다.

③ 선사용상표에 관한 권리자가 외국에서 선사용상표를 상품에 표시하였을 뿐 국내에서 직접 또는 대리인을 통하여 상표법 제2조 제1항 제11호에서 정한 상표의 사용행위를 한 바 없다고 하더라도, 국내에 유통될 것을 전제로 상품을 수출하여 그 상품을 선사용상표를 표시한 그대로 국내의 정상적인 거래에서 양도, 전시되는 등의 방법으로 유통되게 하였다면 이를 수입하여 유통시킨 제3자와의 관계에서 선사용상표는 상표법 제34조 제1항 제20호의 '타인이 사용한 상표'에 해당한다.

④ 본 호는 타인이 사용하거나 사용을 준비 중인 상표임을 알면서 출원한 경우에 적용되나, 계약관계나 업무상 거래관계 또는 그 밖의 관계가 있었다면 대부분 그러한 인식이 가능한 것으로 본다.

(3) 그 상표와 동일 · 유사한 상표를 동일 · 유사한 상품에 출원한 것일 것

본 호는 상표뿐만 아니라 상품도 동일 · 유사할 것을 요건으로 한다.

3 판단 방법

(1) 판단 시점

본 호에 해당하는지 여부는 '상표등록출원을 한 때'를 기준으로 판단하나 출원인이 타인에 해당하는지는 '상표등록여부결정을 할 때'를 기준으로 판단한다(제34조 제2항).

(2) 선사용상표에 관하여 상표등록을 받을 수 있는 권리자 판단 방법(2020후10827)

타인과 출원인 중 누가 선사용상표에 관하여 상표등록을 받을 수 있는지는 타인과 출원인의 내부 관계, 계약이 체결된 경우 해당 계약의 구체적 내용, 선사용상표의 개발 · 선정 · 사용 경위, 선사용상표가 사용 중인 경우 그 사용을 통제하거나 선사용상표를 사용하는 상품의 성질 또는 품질을 관리하여 온 사람이 누구인지 등을 종합적으로 고려하여 판단해야 한다.

(3) 판단 시 유의 사항

① 본 호는 타인에게 손해를 끼칠 부정한 목적이나 타인의 신용에 편승하여 이익을 얻을 목적이 없어도 적용이 가능하다.

② 구체적인 사안에서 신의칙을 위반한 것인지 판단하며, 선출원주의를 몰각시키지 않는 범위 내에서 인정한다.

4 상표법상 취급

상표등록 전 상표등록 거절사유(제54조 제1호), 정보제공이유(제49조), 이의신청이유(제60조 제1항)에 해당하고, 상표 등록 후 제척기간이 없는 상표등록 무효사유(제117조 제1항)에 해당한다.

5 다른 조문과의 관계

(1) 제34조 제1항 제4호

단순히 당사자 간의 신의칙 위반이 있었다는 이유만으로는 본 호를 적용한다. 제4호는 상표 그 자체 또는 상표가 상품에 사용되는 경우 공서양속에 위반되는지 여부를 판단하도록 하고 있으나, 본 호는 그 상표를 출원하기까지의 과정을 기준으로 판단한다.

제34조 제1항 제20호	제34조 제1항 제4호
당사자 간 신의칙 위반이 있는 경우 적용	상표 그 자체 또는 상품과의 관계에서 공서양속에 위반되거나, 출원, 등록 과정에서 사회적 타당성이 현저히 결여된 경우 적용
출원하기까지의 과정에서 신의칙 위반이 있는 경우 적용	단순한 신의칙 위반이 있었다는 이유만으로는 적용이 어렵고, 출원, 등록과정에서 사회적 타당성이 현저히 결여된 경우 적용

(2) 제34조 제1항 제13호

제13호는 모방대상상표가 특정인의 상품을 표시하는 것이라고 인식되어 있는 상표이어야 하나, 본 호는 그러한 인식을 요하지 않는다.

제34조 제1항 제20호	제34조 제1항 제13호
모방대상상표의 인식도가 필요 없음	모방대상상표가 특정인의 상표로 인식되어야 함
모방대상상표 사용자와 출원인 간 신의 관계 필요	모방대상상표 사용자와 출원인 간 신의 관계 불요
타인의 사용, 사용 준비 중인 사실만 알고 있으면 적용	부정한 목적이 있는 경우 적용
동일·유사한 상품에 적용	상품 제한 없음(다만, 부정목적 유무 판단을 위해 견련성 검토 필요)

(3) 기타 관련 문제

상표를 상품에 사용할 의사 없이 본 호의 타인 등에 있어서 선점 목적으로 출원하는 경우 제3조(사용의사)가 문제될 수 있으며, 제34조 제1항 제20호에 해당하는 상표를 등록 받고 본 호의 타인에 상표권에 기초한 권리를 행사하는 경우 권리남용이 문제될 수 있다.

6 경과 규정

2014년 6월 11일 이후 출원된 상표에 대하여 본 호가 적용될 수 있다.

> **제34조(상표등록을 받을 수 없는 상표)** ① 제33조에도 불구하고 다음 각 호의 어느 하나에 해당하는 상표에 대해서는 상표등록을 받을 수 없다.
> 21. 조약당사국에 등록된 상표와 동일·유사한 상표로서 그 등록된 상표에 관한 권리를 가진 자와의 동업·고용 등 계약관계나 업무상 거래관계 또는 그 밖의 관계에 있거나 있었던 자가 그 상표에 관한 권리를 가진 자의 동의를 받지 아니하고 그 상표의 지정상품과 동일·유사한 상품을 지정상품으로 하여 등록출원한 상표

1 의의 및 취지

출원 시를 기준으로 조약당사국 권리자와 계약 관계 등에 있던 자가 동의 없이 동일·유사한 상표, 상품을 출원한 경우 등록을 불허한다. 속지주의 예외로서 조약당사국의 진정한 권리자 보호를 위한 것이다.

2 적용 요건

(1) 조약당사국에 등록된 상표와 동일·유사한 상표를 그 상표의 지정상품과 동일·유사한 상품에 출원할 것

① 조약당사국이란 파리협약 당사국뿐만 아니라 WTO 회원국, 상표법조약 체약국을 포함하며, 그 밖에 다자간 또는 양자 조약의 당사국도 포함된다.

② 본 호는 사용주의 국가에서 사용에 의해 발생된 상표도 포함한다.

(2) 등록된 상표에 관한 권리를 가진 자와의 동업, 고용 등 계약관계나 업무상 거래관계 또는 그 밖의 관계에 있었던 자

① 본 호의 판단 시점인 상표등록출원을 한 때를 기준으로 계약관계 등이 반드시 유지되고 있을 필요는 없고, 과거에 계약관계 등이 있었던 자도 적용된다.

② 2016년 개정법을 통해 시기적 요건과 인적 요건이 완화되었다. 구법에서는 출원일 당시 또는 출원일로부터 1년 이내(시기적 요건), 대리인이나 대표자(인적 요건)의 출원이어야 하고, 정당권리자의 정보제공, 이의신청을 요건으로 하였다.

(3) 그 상표에 관한 권리를 가진 자의 동의를 받지 아니할 것

본 호에서 정당한 권리자의 동의는 명시, 묵시를 불문한다.

(4) 동일·유사한 상표, 상품일 것

본 호는 상표뿐만 아니라 상품도 동일·유사할 것을 요건으로 한다.

3 판단 방법

(1) 판단 시점

본 호에 해당하는지 여부는 '상표등록출원을 한 때'를 기준으로 판단하나 출원인이 타인에 해당하는지는 '상표등록여부결정을 할 때'를 기준으로 판단한다(제34조 제2항). 또한 상표에 관한 권리자의 동의를 받았는지 여부는 '상표등록여부결정을 할 때'를 기준으로 판단한다.

(2) 판단 시 유의 사항

본 호는 타인에게 손해를 끼칠 부정한 목적이나 타인의 신용에 편승하여 이익을 얻을 목적이 없어도 적용이 가능하다.

(3) 계약 관계에 있던 자가 타인 명의로 상표등록출원한 경우(2011후1289)

계약에 의하여 대리점 등으로 된 자와 상표등록을 한 자가 서로 다른 경우에도 양자의 관계 및 영업형태, 대리점 등 계약의 체결 경위 및 이후의 경과, 등록상표의 등록 경위 등 제반 사정에 비추어 상표등록 명의자를 대리점 등 계약의 명의자와 달리한 것이 본 호의 적용을 회피하기 위한 편의적, 형식적인 것에 불과하다고 인정되는 때에는 양자는 실질적으로 동일인으로 보아야 한다.

4 상표법상 취급

상표등록 전 상표등록 거절사유(제54조 제1호), 정보제공이유(제49조), 이의신청이유(제60조 제1항)에 해당하고, 상표등록 후 제척기간이 없는 상표등록 무효사유(제117조 제1항)에 해당한다.

5 다른 조문과의 관계

(1) 제34조 제1항 제4호

제34조 제1항 제21호	제34조 제1항 제4호
상표에 관한 권리를 가진 자의 동의를 받지 않은 경우 적용	상표 그 자체 또는 상품과의 관계에서 공서양속에 위반되거나, 출원, 등록 과정에서 사회적 타당성이 현저히 결여된 경우 적용
출원하기까지의 과정에서 상표에 관한 권리를 가진 자의 동의를 받지 않은 경우 적용	단순한 신의칙 위반이 있었다는 이유만으로는 적용이 어렵고, 출원, 등록과정에서 사회적 타당성이 현저히 결여된 경우 적용

(2) 제34조 제1항 제13호

제34조 제1항 제21호	제34조 제1항 제13호
모방대상상표의 인식도가 필요 없음	모방대상상표가 특정인의 상표로 인식되어야 함
모방대상상표 사용자와 출원인 간 신의 관계 필요	모방대상상표 사용자와 출원인 간 신의 관계 불요
상표에 관한 권리를 가진 자의 동의를 받지 아니한 경우에 적용	부정한 목적이 있는 경우 적용
동일·유사한 상품에 적용	상품 제한 없음(다만, 부정목적 유무 판단을 위해 견련성 검토 필요)

(3) 조약당사국에 등록된 상표가 국내에서 주지·저명해진 경우에는 그 상표에 관한 권리자의 동의를 받은 경우에도, 제3자가 상표로 사용할 경우 일반수요자로 하여금 출처의 오인·혼동을 일으키게 할 염려가 있으므로 제34조 제1항 제9호, 제11호 및 제12호를 적용한다.

(4) 기타 관련 문제

상표를 상품에 사용할 의사 없이 본 호의 그 상표에 관한 권리를 가진 자 등에 있어서 선점 목적으로 출원하는 경우 제3조(사용의사)가 문제될 수 있으며, 제34조 제1항 제20호에 해당하는 상표를 등록 받고 본 호의 그 상표에 관한 권리를 가진 자에 상표권에 기초한 권리를 행사하는 경우 권리남용이 문제될 수 있다.

6 경과 규정

본 호는 2016년 개정법을 통하여 상표등록출원의 부등록사유로 편입되었다.

---

33 제34조 제3항

제34조(상표등록을 받을 수 없는 상표) ③ 상표권자 또는 그 상표권자의 상표를 사용하는 자는 제119조 제1항 제1호부터 제3호까지, 제5호, 제5호의2 및 제6호부터 제9호까지의 규정에 해당한다는 이후로 상표등록의 취소심판이 청구되고 그 청구일 이후에 다음 각 호의 어느 하나에 해당하게 된 경우 그 상표와 동일·유사한 상표[동일·유사한 상품(지리적 표시 단체표장의 경우에는 동일하다고 인정되는 상품을 말한다)을 지정상품으로 하여 다시 등록 받으려는 경우로 한정한다]에 대해서는 그 청구일로부터 다음 각 호의 어느 하나에 해당하게 된 날 이후 3년이 지나기 전에 출원하면 상표등록을 받을 수 없다.
1. 존속기간이 만료되어 상표권이 소멸한 경우
2. 상표권자가 상표권 또는 지정상품의 일부를 포기한 경우
3. 상표등록 취소의 심결(審決)이 확정된 경우

1 의의 및 취지

상표권자의 의무를 위반하여 상표등록이 취소된 경우에 대한 제재적 규정으로 일정기간 재출원을 금지한다.

2 적용 요건

(1) 소멸된 상표의 상표권자 또는 그 상표권자의 상표를 사용하는 자

소멸된 상표의 상표권자뿐만 아니라, 그 상표의 전용사용권자, 통상사용권자 등의 출원에도 본 호가 적용될 수 있다.

(2) 제119조 제1항 제4호를 제외한 취소심판이 청구되었을 것

① 본 항에서 말하는 취소심판의 청구란 반드시 모든 소송요건을 갖춘 적법한 청구일 것을 요하는 것은 아니고, 취소심판청구가 계류 중이면 족하며 그 이후 그 취소심판청구의 처리결과에 영향을 받는 것은 아니다.

② 제4호는 이전된 권리의 원상회복을 목적으로 하는 것이므로 본 항에서 제외된다.

(3) 심판 청구일 이후에 제34조 제3항 각 호의 어느 하나에 해당하게 된 경우일 것

① 등록 무효되어 소가 각하된 경우

본 항은 각 호의 사유에 의한 취소심결의 확정에 따라 그 상표권이 소멸하는 경우에만 적용되는 것이고, 별도의 원인으로 등록상표 자체가 소멸하고 이에 따라 취소심결의 효력을 다툴 이익이 없어져 소가 각하됨으로써 형식적으로 확정된 데 불과한 경우에는 본 항이 적용될 수 없다.

② 일부 지정상품에 대하여 취소심판이 청구된 경우

제119조 제1항 제3호에서는 일부 지정상품에 관하여 취소심판을 청구할 수 있다고 규정하고 있고, 제34조 제3항에서 지정상품 전부가 등록취소될 것을 별도로 요구하고 있는 것은 아니므로 지정상품 중 일부에 대하여 불사용으로 인한 등록취소심결이 확정된 경우에도 본 항이 적용된다.

(4) 소멸된 상표와 동일 · 유사한 상표를 동일 · 유사한 상품에 사용한 것일 것

본 호는 상표뿐만 아니라 상표도 동일 · 유사할 것을 요건으로 한다.

(5) 제34조 제3항 각 호의 어느 하나에 해당하게 된 날로부터 3년 이내 출원일 것

① 심판 청구 후 심결 확정 전 출원하는 경우

취소심판의 실효성을 보장하기 위해 3년 이내에 출원한 경우에 해당하는 것은 제34조 제3항 각 호에 해당하게 된 날 후에 출원한 경우뿐만 아니라 취소심판청구 후 제34조 제3항 각 호에 해당하게 된 날 전에 출원한 경우도 포함된다.

② 심판 청구 전 출원한 경우

출원인이 등록상표에 대한 취소심판이 있을 것을 예상하고 본 항의 적용을 회피할 목적으로 출원한 경우 등 특별한 사정이 없는 한 취소심판의 실효성을 상실시키는 탈법적 출원이라고 할 수 없으므로, 본 항이 적용되지 않는다.

3 판단 시점

본 항에 해당하는지 여부는 '상표등록여부결정을 할 때'를 기준으로 판단하나, 3년 이내의 출원인지 여부는 '상표등록출원을 한 때'를 기준으로 판단한다(제34조 제2항).

4 상표법상 취급

상표등록 전 상표등록 거절사유(제54조 제1호), 정보제공이유(제49조), 이의신청이유(제60조 제1항)에 해당하고, 상표등록 후 제척기간이 없는 상표등록 무효사유(제117조 제1항)에 해당한다.

제35조(선출원) ① 동일·유사한 상품에 사용할 동일·유사한 상표에 대하여 다른 날에 둘 이상의 상표등록출원이 있는 경우에는 먼저 출원한 자만이 그 상표를 등록받을 수 있다.

② 동일·유사한 상품에 사용할 동일·유사한 상표에 대하여 같은 날에 둘 이상의 상표등록출원이 있는 경우에는 출원인의 협의에 의하여 정하여진 하나의 출원인만이 그 상표에 관하여 상표등록을 받을 수 있다. 협의가 성립하지 아니하거나 협의를 할 수 없는 때에는 특허청장이 행하는 추첨에 의하여 결정된 하나의 출원인만이 상표등록을 받을 수 있다.

③ 상표등록출원이 다음 각 호의 어느 하나에 해당되는 경우에는 그 상표등록출원은 제1항 및 제2항을 적용할 때에 처음부터 없었던 것으로 본다.

1. 포기 또는 취하된 경우
2. 무효로 된 경우
3. 제54조에 따른 상표등록거절결정 또는 거절한다는 취지의 심결이 확정된 경우

④ 특허청장은 제2항의 경우에는 출원인에게 기간을 정하여 협의의 결과를 신고할 것을 명하고, 그 기간 내에 신고가 없는 경우에는 제2항에 따른 협의는 성립되지 아니한 것으로 본다.

⑤ 제1항 및 제2항은 다음 각 호의 어느 하나에 해당하는 경우에는 적용하지 아니한다.

1. 동일(동일하다고 인정되는 경우를 포함한다)하지 아니한 상품에 대하여 동일·유사한 표장으로 둘 이상의 지리적 표시 단체표장등록출원 또는 지리적 표시 단체표장등록출원과 상표등록출원이 있는 경우
2. 서로 동음이의어 지리적 표시에 해당하는 표장으로 둘 이상의 지리적 표시 단체표장등록출원이 있는 경우

⑥ 제1항 및 제2항에도 불구하고 먼저 출원한 자 또는 협의·추첨에 의하여 정하여지거나 결정된 출원인으로부터 상표등록에 대한 동의를 받은 경우(동일한 상표로서 그 지정상품과 동일한 상품에 사용하는 상표에 대하여 동의를 받은 경우는 제외한다)에는 나중에 출원한 자 또는 협의·추첨에 의하여 정하여지거나 결정된 출원인이 아닌 출원인도 상표를 등록받을 수 있다.

1 의의 및 취지

등록여부결정 시를 기준으로 중복등록 및 상품출처의 오인·혼동을 방지하기 위하여 타인의 선출원된 상표와 동일·유사한 상표, 상품을 출원하는 경우 등록을 불허한다.

2 내용

(1) 타인 간 둘 이상 출원이 경합하는 경우

① 상표법상 선출원주의는 타인 간의 출원에만 적용되고 동일인 간에는 적용되지 않는다.

② 따라서 동일인이 같은 날 또는 다른 날에 유사한 상표를 출원한 경우에는 다른 거절이유가 없는 한 상표등록을 받을 수 있다.

③ 동일인이 동일 상표를 동일 상품에 출원하는 경우 제38조 제1항 위반으로 거절한다.

(2) 선출원의 지위

① 제35조 제3항

상표등록출원이 포기 또는 취하된 경우, 무효로 된 경우, 제54조에 따른 상표등록거절결정 또는 거절한다는 취지의 심결이 확정된 경우에는 그 상표등록출원은 제1항 및 제2항을 적용할 때에 처음부터 없었던 것으로 본다.

② 인용상표가 무효심판에 의해 소급 소멸한 경우(99후925)

판례는 '선출원의 상표가 등록된 후 그 상표에 대한 등록무효 심결이 상표권은 확정된 때에는 처음부터 존재하지 아니하였던 것이므로 선출원이 처음부터 등록에 이르지 못하고 소멸된 경우와 마찬가지로 선원의 지위는 소급적으로 상실된다.'라고 판시하고 있는 바, 선출원의 지위를 상실하는 것으로 봄이 타당하다.

③ 인용상표가 취소심판에 의해 소급 소멸한 경우

판례는 '제54조 해당 여부는 상표등록여부결정을 할 때를 기준으로 하므로, 선출원상표가 등록 후 후출원상표의 결정 시 전에 상표권 포기로 말소등록 되었다면, 양 상표가 서로 유사하다고 할 수 없고, 따라서 후출원상표는 등록이 될 수 있다.'는 취지로 판시하였는 바, 결과적으로 후출원상표의 등록이 가능하다.

(3) 예외(제35조 제6항)

2024. 5. 1. 시행법에 의하면, 먼저 출원한 자 또는 협의·추첨에 의하여 정하여지거나 결정된 출원인의 동의를 받은 경우 상표를 등록받을 수 있다.

3 판단 방법

(1) 판단 시점

상표등록출원에 대한 선후원의 판단은 '상표등록출원일'을 기준으로 판단하나 제35조에 해당하는지 여부는 '상표등록여부결정을 할 때'를 기준으로 판단한다(제34조 제2항).

(2) 선출원상표 등록 시 전부개정으로 인한 심사실무의 태도

선출원상표가 등록이 되면, 제35조 제1항의 거절이유가 제34조 제1항 제7호로 바뀌므로, 후출원상표는 제34조 제1항 제7호를 이유로 거절결정된다.

(3) 같은 날 둘 이상의 출원이 있는 경우(제35조 제2항)

같은 날에 둘 이상의 상표등록출원이 있는 경우에는 출원인의 협의에 의하여 정하여진 하나의 출원인만이 그 상표에 관하여 상표등록을 받을 수 있다. 협의가 성립하지 아니하거나 협의를 할 수 없는 때에는 특허청장이 행하는 추첨에 의하여 결정된 하나의 출원인만이 상표등록을 받을 수 있다.

4 상표법상 취급

상표등록 전 상표등록 거절사유(제54조 제1호), 정보제공이유(제49조), 이의신청이유(제60조 제1항)에 해당하고, 상표등록 후 5년의 제척기간이 있는 상표등록 무효사유(제117조 제1항, 제122조 제1항)에 해당한다.

5 제35조 극복 방안

다음의 조치들을 통해 제35조의 거절이유를 극복할 수 있다.

인용상표 등록 전	인용상표 등록 후

• 인용상표 출원이 거절 등이 된 경우(제35조 제3항)
• 거절이유 검토
• 정보제공, 이의신청
• 출원의 포기, 취하 권유 또는 출원의 승계
• 심사보류 요청
• 선출원 출원인의 동의
	• 인용상표 소멸 시 지위
	  – 취소심판, 포기 등에 의하여 장래를 향하여 소멸한 경우
	  – 인용상표가 무효심판에 의하여 소급 소멸한 경우
	• 무효, 취소심판 청구
	• 포기 권유
	• 상표권 양수
	• 심사보류 요청

03 | 심 사

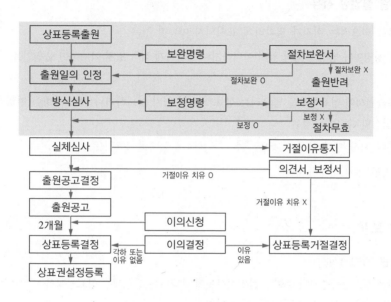

01   출원일의 인정과 절차보완

제37조(상표등록출원일의 인정 등) ① 상표등록출원일은 상표등록출원에 관한 출원서가 특허청장에게 도달한 날로 한다. 다만, 상표등록출원이 다음 각 호의 어느 하나에 해당하는 경우에는 그러하지 아니하다.
1. 상표등록을 받으려는 취지가 명확하게 표시되지 아니한 경우
2. 출원인의 성명이나 명칭이 적혀 있지 아니하거나 명확하게 적혀 있지 아니하여 출원인을 특정할 수 없는 경우
3. 상표등록출원서에 상표등록을 받으려는 상표가 적혀 있지 아니하거나 적힌 사항이 선명하지 아니하여 상표로 인식할 수 없는 경우
4. 지정상품이 적혀 있지 아니한 경우
5. 한글로 적혀 있지 아니한 경우
② 특허청장은 상표등록출원이 제1항 각 호의 어느 하나에 해당하는 경우에는 상표등록을 받으려는 자에게 적절한 기간을 정하여 보완할 것을 명하여야 한다.
③ 제2항에 따른 보완명령을 받은 자가 상표등록출원을 보완하는 경우에는 절차보완에 관한 서면(이하 이 조에서 "절차보완서"라 한다)을 제출하여야 한다.
④ 특허청장은 제2항에 따른 보완명령을 받은 자가 지정된 기간 내에 상표등록출원을 보완한 경우에는 그 절차보완서가 특허청에 도달한 날을 상표등록출원일로 본다.
⑤ 특허청장은 제2항에 따른 보완명령을 받은 자가 지정된 기간 내에 보완을 하지 아니한 경우에는 그 상표등록출원을 부적합한 출원으로 보아 반려할 수 있다.

1 의의 및 취지

출원일 불인정 사유에 해당하는 중대한 하자를 명확히 하되, 반려 전 절차의 보완 기회를 부여하여 하자를 치유할 수 있도록 하고자, 출원일 인정에 필요한 요건을 규정한 것이다.

2 출원일 불인정 사유(제1항)

(1) 상표등록을 받으려는 취지가 명확하게 표시되지 아니한 경우

(2) 출원인의 성명이나 명칭이 적혀 있지 아니하거나 명확하게 적혀 있지 아니하여 출원인을 특정할 수 없는 경우

(3) 상표등록출원서에 상표등록을 받으려는 상표가 적혀 있지 아니하거나 적힌 사항이 선명하지 아니하여 상표로 인식할 수 없는 경우

(4) 지정상품이 적혀 있지 아니한 경우

(5) 한글로 적혀 있지 아니한 경우

3 절차 보완

(1) 절차 보완 명령(제2항)

특허청장은 상표등록출원이 출원일 불인정사유에 해당하는 경우에는 상표등록을 받으려는 자에게 적절한 기간을 정하여 보완할 것을 명하여야 한다.

(2) 절차 보완서 제출(제3항)

보완 명령을 받은 자가 상표등록출원을 보완하는 경우에는 "절차보완서"를 제출하여야 한다.

(3) 적법한 절차 보완의 효과(제4항)

보완 명령을 받은 자가 지정된 기간 내에 상표등록출원을 보완한 경우에는 그 절차보완서가 특허청에 도달한 날을 상표등록출원일로 본다.

(4) 절차 보완이 없는 경우(제5항)

보완 명령을 받은 자가 지정된 기간 내에 보완을 하지 아니한 경우에는 그 상표등록출원을 부적합한 출원으로 보아 반려할 수 있다.

02   1상표 1출원

제38조(1상표 1출원) ① 상표등록출원을 하려는 자는 상품류의 구분에 따라 1류 이상의 상품을 지정하여 1상표마다 1출원을 하여야 한다.
② 제1항에 따른 상품류에 속하는 구체적인 상품은 특허청장이 정하여 고시한다.
③ 제1항에 따른 상품류의 구분은 상품의 유사범위를 정하는 것은 아니다.

1 의의 및 개정 시행규칙

(1) 상표출원은 상표마다 별개의 출원으로 하여야 하며, 상표법은 1상표당 1출원주의를 채택하고 있다.

(2) 개정 시행규칙

① 2007년 개정 시행규칙에서는 여러 상품을 포함하는 협의의 포괄명칭을 허용하고, 도·소매업을 서비스로 출원하는 것을 허용하는 한편, 상품의 구체적인 명칭을 특허청장이 정하여 고시하도록 하였다. 또한, 2008년 9월부터는 광의의 포괄명칭을 허용하고 있다.

② 2012년 개정 시행규칙에서는 최근의 거래실정을 반영하여 '백화점업, 대형할인마트업, 슈퍼마켓업, 편의점업'을 광의의 포괄명칭으로서 등록 가능한 서비스로 인정하였다.

2 내 용

(1) 각 상표별 별개의 출원

상표등록출원을 하려는 자는 상표마다 별개의 출원으로 하여야 한다.

(2) 1류 이상의 상품 지정

정식상품명칭이 아니라 하더라도 새로운 상품명칭도 자유로이 기재할 수 있으나 실거래사회에서 독립적인 상거래 대상이 되고 있어야 하고, 그 명칭은 구체적으로 특정할 수 있을 정도로 명확해야 한다.

(3) 지정상품의 광협에 따른 허용 범위

① 포괄명칭에 따른 상표등록의 허용

상표등록출원서에는 개별적, 구체적 상품 명칭을 기재하여야 하지만, 예외적으로 포괄명칭을 기재하여 등록받을 수 있다.

ㄱ '협의의 포괄명칭'이라 함은 '동일 상품류 내 동일한 유사상품군에 속하는 여러 상품을 포함하는 명칭'을 말한다.

ㄴ '광의의 포괄명칭'은 '동일 또는 복수의 상품류 내 복수 유사군에 속하는 상품을 포함하는 명칭'을 말한다.

② 서비스의 경우

'도매업, 소매업, 판매대행업 등' 서비스의 대상이 되는 상품이 중요한 경우, '특정 상품에 대한 도매업' 등과 같이 서비스의 대상을 구체적으로 기재한 것에 한하여 인정한다.

(4) 1상표 1출원에 위반되는 경우

① 지정상품이 불명확하거나, 실무상 인정되지 않는 포괄명칭인 경우, 지정상품과 상품류 구분이 일치하지 않는 경우, 1류 지정의 경우 지정상품이 2 이상의 상품류에 속하는 경우, 하나의 출원에 둘 이상의 상표견본이 기재된 경우, 소리상표 또는 냄새상표임에도 불구하고 문자도형 등으로 구성된 상표견본과 함께 제출한 경우 등은 1상표 1출원주의를 위반한 것으로 보아 거절이유를 통지한다.

② 동일인이 동일 상품에 대하여 동일 상표를 중복 출원하거나, 등록상표권자가 자신의 등록상표와 동일한 상품에 대하여 동일한 상표를 출원하는 경우에는 제38조로 거절이유를 통지한다. 또한, 동일인이 동일 출원서 내에서 동일 상품을 중복하여 기재한 경우에도 제38조 위반에 해당한다.

제2편

3 판단 시점

본 규정에 해당하는지 여부는 '상표등록여부결정을 할 때'를 기준으로 판단한다(제34조 제2항).

4 상표법상 취급

상표등록 전 상표등록 거절사유(제54조 제1호)에 해당한다. 상표등록 후 상표등록 무효사유(제117조 제1항)에 해당하지 않는다.

03 출원의 보정

1 보정의 태양

보정은 그 내용에 따라 절차보정과 실체보정으로 구분할 수 있고, 그 형식에 따라 보정명령에 의한 보정과 자진보정으로 구분할 수 있다. 또한, 2010년 개정법상 심사관의 직권보정의 경우도 있다.

2 절차보정

> 제39조(절차의 보정) 특허청장 또는 특허심판원장은 상표에 관한 절차가 다음 각 호의 어느 하나에 해당하는 경우에는 산업통상자원부령으로 정하는 바에 따라 기간을 정하여 상표에 관한 절차를 밟는 자에게 보정을 명하여야 한다.
> 1. 제4조 제1항 또는 제7조에 위반된 경우
> 2. 제78조에 따라 내야 할 수수료를 내지 아니한 경우
> 3. 이 법 또는 이 법에 따른 명령으로 정한 방식에 위반된 경우

(1) 의 의

출원일이 인정된 경우라도 상표등록출원의 절차에 관한 형식상 흠결이 있는 경우 절차보정의 대상이 된다.

(2) 절차보정의 대상

① 행위능력 없는 자가 밟은 경우 또는 대리권의 범위를 위반한 경우(제1호)

② 방식에 위반된 경우(제3호)

③ 수수료를 납부하지 아니한 경우(제2호)

(3) 절차보정이 필요한 경우

특허청장 또는 특허심판원장은 절차보정이 필요한 경우 상표에 관한 절차를 밟는 자에게 보정을 명하여야 한다.

(4) 절차보정의 효과

지정기간 내에 보정서를 제출하여 절차상의 하자가 치유된 경우에는 최초에 출원서류를 제출한 날에 출원한 것으로 본다.

(5) 절차보정을 하지 아니한 경우

① 절차의 무효(제18조 제1항)

특허청장 또는 특허심판원장은 보정 명령을 받은 자가 지정된 기간 내에 그 보정을 하지 아니하면 상표에 관한 절차를 무효로 할 수 있다.

② 무효처분의 취소(제18조 제2항)

특허청장 또는 특허심판원장은 상표에 관한 절차를 무효로 하였더라도 지정된 기간을 지키지 못한 것이 정당한 사유에 의한 것으로 인정될 때에는 그 사유가 소멸한 날부터 2개월 이내에 보정 명령을 받은 자의 청구에 의하여 그 무효처분을 취소할 수 있다. 다만, 지정된 기간의 만료일부터 1년이 지났을 경우에는 그러하지 아니하다.

3 실체보정

제40조(출원공고결정 전의 보정) ① 출원인은 다음 각 호의 구분에 따른 때까지는 최초의 상표등록출원의 요지를 변경하지 아니하는 범위에서 상표등록출원서의 기재사항, 상표등록출원에 관한 지정상품 및 상표를 보정할 수 있다.
1. 제55조의2에 따른 재심사를 청구하는 경우 : 재심사의 청구기간
1의2. 제57조에 따른 출원공고의 결정이 있는 경우 : 출원공고의 때까지
2. 제57조에 따른 출원공고의 결정이 없는 경우 : 제54조에 따른 상표등록거절결정의 때까지
3. 제116조에 따른 거절결정에 대한 심판을 청구하는 경우 : 그 청구일부터 30일 이내
4. 제123조에 따라 거절결정에 대한 심판에서 심사규정이 준용되는 경우 : 제55조 제1항·제3항 또는 제87조 제2항·제3항에 따른 의견서 제출기간
② 제1항에 따른 보정이 다음 각 호의 어느 하나에 해당하는 경우에는 상표등록출원의 요지를 변경하지 아니하는 것으로 본다.
1. 지정상품의 범위의 감축(減縮)
2. 오기(誤記)의 정정
3. 불명료한 기재의 석명(釋明)
4. 상표의 부기적(附記的)인 부분의 삭제
5. 그 밖에 제36조 제2항에 따른 표장에 관한 설명 등 산업통상자원부령으로 정하는 사항
③ 상표권 설정등록이 있은 후에 제1항에 따른 보정이 제2항 각 호의 어느 하나에 해당하지 아니하는 것으로 인정된 경우에는 그 상표등록출원은 그 보정서를 제출한 때에 상표등록출원을 한 것으로 본다.

제41조(출원공고결정 후의 보정) ① 출원인은 제57조 제2항에 따른 출원공고결정 등본의 송달 후에 다음 각 호의 어느 하나에 해당하게 된 경우에는 해당 호에서 정하는 기간 내에 최초의 상표등록출원의 요지를 변경하지 아니하는 범위에서 지정상품 및 상표를 보정할 수 있다.
1. 제54조에 따른 상표등록거절결정 또는 제87조 제1항에 따른 지정상품의 추가등록거절결정의 거절이유에 나타난 사항에 대하여 제116조에 따른 심판을 청구한 경우 : 심판청구일부터 30일
2. 제55조 제1항 및 제87조 제2항에 따른 거절이유의 통지를 받고 그 거절이유에 나타난 사항에 대하여 보정하려는 경우 : 해당 거절이유에 대한 의견서 제출기간
2의2. 제55조의2에 따른 재심사를 청구하는 경우 : 재심사의 청구기간

(1) 의 의

상표등록출원의 실체적인 내용과 관련이 있는 사항을 보충 또는 정정하는 것을 말한다. 실체보정은 자진
보정 또는 직권보정에 의하여만 가능하다.

(2) 출원공고결정 등본 송달 전의 보정(제40조)

① 보정의 시기 및 대상(제40조 제1항)

㉠ 대 상

출원인은 최초의 상표등록출원의 요지를 변경하지 아니하는 범위에서 상표등록출원서의 기재사
항, 상표등록출원에 관한 지정상품 및 상표를 보정할 수 있다.

㉡ 시 기
- 재심사를 청구하는 경우, 재심사의 청구기간
- 출원공고의 결정이 있는 경우, 출원공고의 때까지
- 출원공고의 결정이 없는 경우, 상표등록거절결정의 때까지
- 거절결정에 대한 심판을 청구하는 경우, 그 심판청구일부터 30일 이내
- 거절결정에 대한 심판에서 심사 규정이 준용되는 경우, 의견서 제출기간

② 보정의 범위(제40조 제2항)

㉠ 출원인은 최초의 상표등록출원의 요지를 변경하지 아니하는 범위에서 보정할 수 있다.

㉡ 단, ⅰ) 지정상품의 범위의 감축(減縮), ⅱ) 오기(誤記)의 정정, ⅲ) 불명료한 기재의 석명(釋明),
ⅳ) 상표의 부기적(附記的)인 부분의 삭제, ⅴ) 그 밖에 제36조 제2항에 따른 표장에 관한 설명
등 산업통상자원부령으로 정하는 사항에 대한 변경은 요지변경으로 보지 않는다.

③ 보정의 효과

㉠ 보정이 적법한 경우

소급효가 인정되어 최초부터 보정된 내용으로 출원한 것으로 본다.

ⓛ 보정이 부적법한 경우(요지변경)

　　　• 보정 각하 및 보정 각하 불복심판청구(제42조 제1항, 제4항, 제115조)

　　　• 보정 각하결정을 한 경우, 보정 각하결정에 대한 심판 청구기간이 지나기 전까지는 그 상표등록 출원에 대한 상표등록여부결정을 해서는 안 되며, 출원공고결정도 해서는 안 된다(제42조 제2항).

　　　• 출원인이 보정 각하 불복심판을 청구한 경우, 심결 확정 때까지 심사를 중지해야 한다(제42조 제3항).

　③ 설정등록 후 요지변경으로 인정된 경우(제40조 제3항)

　　그 보정서를 제출한 때에 상표등록출원을 한 것으로 본다.

(3) 출원공고결정 등본 송달 후의 보정(제41조)

　① 보정의 시기 및 대상(제41조 제1항)

　　ㄱ 대 상

　　　출원인은 최초의 상표등록출원의 요지를 변경하지 아니하는 범위에서 지정상품 및 상표를 보정할 수 있다.

　　ㄴ 시 기

　　　• 거절결정불복심판을 청구하는 경우, 심판청구일부터 30일

　　　• 거절이유의 통지를 받고 그 거절이유에 나타난 사항에 대하여 보정하려는 경우, 해당 거절이유 에 대한 의견서 제출기간

　　　• 재심사를 청구하는 경우, 재심사의 청구기간

　　　• 이의신청이 있는 경우에 그 이의신청의 이유에 나타난 사항에 대하여 보정하려는 경우, 제66조 제1항에 따른 답변서 제출기간

　② 보정의 범위(제41조 제2항)

　　• 출원인은 최초의 상표등록출원의 요지를 변경하지 아니하는 범위에서 보정할 수 있다.

　　• 단, ⅰ) 지정상품의 범위의 감축(減縮), ⅱ) 오기(誤記)의 정정, ⅲ) 불명료한 기재의 석명(釋明), ⅳ) 상표의 부기적(附記的)인 부분의 삭제, ⅴ) 그 밖에 제36조 제2항에 따른 표장에 관한 설명 등 산업통상자원부령으로 정하는 사항에 대한 변경은 요지변경으로 보지 않는다.

　③ 보정의 효과

　　ㄱ 보정이 적법한 경우

　　　소급효가 인정되어 최초부터 보정된 내용으로 출원한 것으로 본다.

　　ⓛ 보정이 부적법한 경우(요지변경)

　　　• 보정 각하(제42조 제1항, 제4항)

　　　• 보정 각하 불복심판청구 불가(제42조 제5항)

　　　• 보정 각하결정을 한 경우, 심사를 중지함이 없이 계속한다.

　④ 설정등록 후 요지변경으로 인정된 경우(제41조 제3항)

　　보정을 하지 아니하였던 상표등록출원에 관해 설정등록된 것으로 본다.

4　**직권보정**

제59조(직권보정 등) ① 심사관은 제57조에 따른 출원공고결정을 할 때에 상표등록출원서에 적힌 사항이 명백히 잘못된 경우에는 직권으로 보정(이하 이 조에서 "직권보정"이라 한다)을 할 수 있다. 이 경우 직권보정은 제40조 제2항에 따른 범위에서 하여야 한다.
② 제1항에 따라 심사관이 직권보정을 하려면 제57조 제2항에 따른 출원공고결정 등본의 송달과 함께 그 직권보정 사항을 출원인에게 알려야 한다.
③ 출원인은 직권보정 사항의 전부 또는 일부를 받아들일 수 없는 경우에는 제57조 제3항에 따른 기간 내에 그 직권보정 사항에 대한 의견서를 특허청장에게 제출하여야 한다.
④ 출원인이 제3항에 따라 의견서를 제출한 경우 해당 직권보정 사항의 전부 또는 일부는 처음부터 없었던 것으로 본다. 이 경우 그 출원공고결정도 함께 취소된 것으로 본다.
⑤ 직권보정이 제40조 제2항에 따른 범위를 벗어나거나 명백히 잘못되지 아니한 사항을 직권보정한 경우 그 직권보정은 처음부터 없었던 것으로 본다.

(1) 의의 및 취지

직권보정이란 실체 보정에 있어서 출원인의 자발적 의사가 아닌 심사관의 직권에 의한 보정을 말하며, 2010년 개정법에서 출원인의 편의를 재고하기 위한 측면에서 도입된 제도이다.

(2) 범 위

① 시기적 범위(제59조 제1항)

심사관이 제57조에 따른 출원공고결정을 할 때에 '직권보정'을 할 수 있다.

② 내용적 범위

㉠ 상표등록출원서에 적힌 사항이 명백히 잘못된 경우, 제40조 제2항의 범위 내에서

㉡ 2016. 9. 1. 시행 개정법에서, 출원인 편의를 제고하고 절차지연을 방지하기 위해 '지정상품 또는 그 류구분'에서 '상표등록출원서에 적힌 사항'으로 직권보정의 대상을 확대하였다.

㉢ 2024. 5. 1. 시행 개정법에서 '제40조 제2항의 범위 내'로 직권보정의 범위를 한정하였다.

(3) 절 차

① 심사관은 출원공고결정 등본 송달과 함께 직권보정 사항을 출원인에게 알려야 한다(제2항).

② 출원인은 받아들일 수 없는 경우 출원공고가 있는 날부터 2개월 내에 직권보정 사항에 대한 의견서를 제출해야 하며(제3항), 그 경우 직권보정 사항 전부 또는 일부는 처음부터 없었던 것으로 보고, 출원공고 결정도 함께 취소된 것으로 본다(제1항).

③ 직권보정이 있는 경우 출원공고 시 상표공보에 직권보정에 관한 사항을 게재한다.

④ 직권보정이 제40조 제2항에 따른 범위를 벗어나거나 명백히 잘못되지 아니한 사항을 직권보정한 경우 그 직권보정은 처음부터 없었던 것으로 본다.

04 요지변경

1 의의

요지변경이란 최초출원의 내용과 비교한 결과 동일성을 인정할 수 없을 정도로 현저하게 변경된 경우를 말한다. 요지변경을 허용하는 경우 제3자에게 불측의 손해를 미칠 수 있고 심사절차의 지연을 초래할 수 있기 때문이다.

2 요지변경이 아닌 경우

(1) 지정상품의 범위 감축(제40조 제2항 제1호)
　① 최초출원의 지정상품 일부를 삭제하거나 한정하는 경우를 말하며, 지정상품을 그 범위 내에서 세분화하는 것도 요지변경으로 보지 아니한다.
　② 최초출원서 지정상품의 범위를 확대하거나 변경하지 아니하고 그 범위 내에서 지정상품을 추가하는 보정은 요지변경으로 보지 아니하며, 지정상품 일부를 삭제하는 보정을 한 후 다시 최초출원서에 포함된 지정상품을 추가하는 보정은 요지변경으로 보지 아니한다.

출원상품	보정상품
의 류	의류, 속옷, 바지
김 치	김치, 총각김치, 파김치

(2) 오기의 정정(제40조 제2항 제2호)
　오기의 정정이란 표장이나 지정상품의 기재가 출원인의 실수로 잘못 표시된 경우에 이를 정정하는 것을 말한다.

(3) 불명료한 기재의 석명(제40조 제2항 제3호)
　불명료한 기재의 석명이란 지정상품의 의미나 내용을 명확히 하기 위하여 지정상품의 명칭에 한자 또는 영문 등을 부기하는 것을 말한다.

(4) 상표의 부기적인 부분의 삭제(제40조 제2항 제4호)
　상표의 부기적인 부분이란 상표의 구성 중 이를 삭제하더라도 상표의 외관, 칭호, 관념 등에 중요한 영향이 없는 부분을 말한다. 이를 삭제하는 것은 원칙적으로 요지변경으로 보지 아니한다.

3 요지변경에 해당하는 경우

(1) 국내 출원 예시

최초출원상표	국기, 국가 삭제	㈜ 삭제	성질표시 삭제	한글 병기
㈜ pshop KIDS & GIFT	㈜ pshop KIDS & GIFT	pshop KIDS & GIFT	pshop	pshop 피 샵
	요지변경 아님	요지변경 아님	요지변경 아님	요지변경

(2) 국제상표등록출원

마드리드 의정서에 의한 국제출원은 기초출원이나 기초등록된 상표견본을 기초로 출원을 해야 하므로 지정국에서 상표견본의 보정이 허용되지 않고 따라서 상표견본의 변경이 있는 경우 모두 요지변경으로 본다.

4 요지변경 시 취급

(1) 보정 각하결정(제42조 제1항)

심사관은 제40조 및 제41조에 따른 보정이 요지변경인 경우에는 결정으로 그 보정을 각하(却下)하여야 한다.

(2) 설정등록 후 요지변경이 인정된 경우의 취급(제40조 제3항, 제41조 제3항)

① 상표권 설정등록이 있은 후에 제40조 제1항에 따른 보정이 요지변경임이 인정된 경우에는 그 상표등록출원은 그 보정서를 제출한 때에 상표등록출원을 한 것으로 본다.

② 상표권 설정등록이 있은 후에 제41조 제1항에 따른 보정이 요지변경임이 인정된 경우에는 그 상표등록출원은 그 보정을 하지 아니하였던 상표등록출원에 관하여 상표권이 설정등록된 것으로 본다.

05 출원의 변경

제44조(출원의 변경) ① 다음 각 호의 어느 하나에 해당하는 출원을 한 출원인은 그 출원을 다음 각 호의 어느 하나에 해당하는 다른 출원으로 변경할 수 있다.
1. 상표등록출원
2. 단체표장등록출원(지리적 표시 단체표장등록출원은 제외한다)
3. 증명표장등록출원(지리적 표시 증명표장등록출원은 제외한다)
② 지정상품추가등록출원을 한 출원인은 상표등록출원으로 변경할 수 있다. 다만, 지정상품추가등록출원의 기초가 된 등록상표에 대하여 무효심판 또는 취소심판이 청구되거나 그 등록상표가 무효심판 또는 취소심판 등으로 소멸된 경우에는 그러하지 아니하다.
③ 제1항 및 제2항에 따라 변경된 출원(이하 "변경출원"이라 한다)은 최초의 출원을 한 때에 출원한 것으로 본다. 다만, 제46조 제3항·제4항 또는 제47조 제2항을 적용할 때에는 변경출원한 때를 기준으로 한다.
④ 제1항 및 제2항에 따른 출원의 변경은 최초의 출원에 대한 등록여부결정 또는 심결이 확정된 후에는 할 수 없다.
⑤ 변경출원의 기초가 된 출원이 제46조에 따라 우선권을 주장한 출원인 경우에는 제1항 및 제2항에 따라 변경출원을 한 때에 그 변경출원에 우선권 주장을 한 것으로 보며, 변경출원의 기초가 된 출원에 대하여 제46조에 따라 제출된 서류 또는 서면이 있는 경우에는 그 변경출원에 해당 서류 또는 서면이 제출된 것으로 본다.
⑥ 제5항에 따라 제46조에 따른 우선권 주장을 한 것으로 보는 변경출원에 대해서는 변경출원을 한 날부터 30일 이내에 그 우선권 주장의 전부 또는 일부를 취하할 수 있다.
⑦ 제47조에 따른 출원 시의 특례에 관하여는 제5항 및 제6항을 준용한다.
⑧ 변경출원의 경우 최초의 출원은 취하된 것으로 본다.

1　의 의

출원의 주체 및 내용의 동일성을 유지하면서 출원의 형식만을 변경하는 것을 의미한다. 선출원의 지위를 계속 유지하도록 하여 출원인의 이익을 보호하고, 재출원으로 인한 불편을 방지하기 위함이다.

2　요 건

(1) 주체적 요건

최초출원인 또는 그의 정당한 승계인이 그 출원을 다른 출원으로 변경할 수 있다.

(2) 시기적 요건(제44조 제2항 단서 및 제4항)

① 출원의 변경은 최초의 출원에 대한 등록여부결정 또는 심결이 확정된 후에는 할 수 없다.

② 지정상품추가등록출원의 기초가 된 등록상표에 대하여 무효심판 또는 취소심판이 청구되거나 그 등록상표가 무효심판 또는 취소심판 등으로 소멸된 경우, 지정상품추가등록출원을 상표등록출원으로 변경할 수 없다.

(3) 객관적 요건

최초출원이 계속 중이고, 변경출원은 최초출원과 동일할 것이 요구된다.

3　절 차

최초출원인 또는 그의 정당한 승계인은 취지를 기재한 변경 출원서를 제출해야 한다.

4　효 과

(1) 적법한 경우(제44조 제3항 및 제5항 내지 제7항)

① 변경출원은 최초의 출원을 한 때에 출원한 것으로 본다. 다만, 우선권 주장이 있거나 출원 시의 특례를 적용하는 경우에는 그러하지 아니하다.

② 변경출원의 경우 최초의 출원은 취하된 것으로 본다.

③ 최초출원에 우선권 주장 또는 출원 시 특례를 주장한 경우, 변경출원에도 우선권 주장 또는 출원 시 특례를 주장한 것으로 본다. 또한, 최초출원에 우선권 또는 출원 시 특례에 따라 제출된 서류 또는 서면이 있을 경우, 변경출원에도 해당 서류 또는 서면이 제출된 것으로 본다.

(2) 부적법한 경우

① 변경출원이 시기적 제한을 위반한 경우, 반려처분된다.

② 변경출원이 내용적 제한을 위반한 경우, 변경출원불인정예고통지한다.

06 출원의 분할

제45조(출원의 분할) ① 출원인은 둘 이상의 상품을 지정상품으로 하여 상표등록출원을 한 경우에는 제40조 제1항 각 호 및 제41조 제1항 각 호에서 정한 기간 내에 둘 이상의 상표등록출원으로 분할할 수 있다.
② 제1항에 따라 분할하는 상표등록출원(이하 "분할출원"이라 한다)이 있는 경우 그 분할출원은 최초에 상표등록출원을 한 때에 출원한 것으로 본다. 다만, 제46조 제3항·제4항 또는 제47조 제2항을 적용할 때에는 분할출원한 때를 기준으로 한다.
③ 분할의 기초가 된 상표등록출원이 제46조에 따라 우선권을 주장한 상표등록출원인 경우에는 제1항에 따라 분할출원을 한 때에 그 분할출원에 대해서도 우선권 주장을 한 것으로 보며, 분할의 기초가 된 상표등록출원에 대하여 제46조에 따라 제출된 서류 또는 서면이 있는 경우에는 그 분할출원에 대해서도 해당 서류 또는 서면이 제출된 것으로 본다.
④ 제3항에 따라 제46조에 따른 우선권 주장을 한 것으로 보는 분할출원에 대해서는 분할출원을 한 날부터 30일 이내에 그 우선권 주장의 전부 또는 일부를 취하할 수 있다.
⑤ 제47조에 따른 출원 시의 특례에 관하여는 제3항 및 제4항을 준용한다.

1 의의 및 취지

2 이상의 상품을 지정상품으로 하여 출원한 경우 2 이상의 출원으로 분할하는 것을 말한다. 분할을 통해 거절이유가 없는 상품은 먼저 등록을 받도록 하고, 거절이유가 있는 상품에 대해서는 선출원의 지위를 유지하면서 심사를 진행함으로써 출원인의 편의를 도모하고 새출원으로 인한 불편을 방지하기 위함이다.

2 요 건

(1) 주체적 요건

최초출원인 또는 그의 정당한 승계인이 그 출원을 둘 이상의 출원으로 분할할 수 있다.

(2) 시기적 요건(제45조 제1항)

출원인은 제40조 제1항 각 호 및 제41조 제1항 각 호에서 정한 기간 내에 분할출원할 수 있다.

(3) 객관적 요건

① 원상표등록출원의 계속 중, 원상표등록출원의 범위 내에서 분할출원이 가능하다.
② 원상표등록출원의 지정상품이 포괄명칭인 경우, 포괄명칭 내에 속하는 상품으로 분할출원이 가능하다.

3 절 차

취지를 기재한 분할 출원서를 제출하고, 원출원에서 분할하고자 하는 상품을 삭제한다.

4 효 과

(1) 적법한 경우(제45조 제2항)

분할출원이 있는 경우 그 분할출원은 최초에 상표등록출원을 한 때에 출원한 것으로 본다. 다만, 우선권 주장이 있거나 출원 시의 특례를 적용하는 경우에는 그러하지 아니하다.

(2) 부적법한 경우

① 분할출원이 시기적 제한을 위반한 경우, 반려처분된다.

② 분할출원이 내용적 제한을 위반한 경우, 분할출원불인정예고통지한다.

③ 분할출원 불인정 시 실제 분할출원일을 출원일로 보아 심사한다.

07 조약에 따른 우선권 주장 제도

제46조(조약에 따른 우선권 주장) ① 조약에 따라 대한민국 국민에게 상표등록출원에 대한 우선권을 인정하는 당사국의 국민이 그 당사국 또는 다른 당사국에 상표등록출원을 한 후 같은 상표를 대한민국에 상표등록출원하여 우선권을 주장하는 경우에는 제35조를 적용할 때 그 당사국에 출원한 날을 대한민국에 상표등록출원한 날로 본다. 대한민국 국민이 조약에 따라 대한민국 국민에게 상표등록출원에 대한 우선권을 인정하는 당사국에 상표등록출원한 후 같은 상표를 대한민국에 상표등록출원한 경우에도 또한 같다.
② 제1항에 따라 우선권을 주장하려는 자는 우선권 주장의 기초가 되는 최초의 출원일부터 6개월 이내에 출원하지 아니하면 우선권을 주장할 수 없다.
③ 제1항에 따라 우선권을 주장하려는 자는 상표등록출원 시 상표등록출원서에 그 취지, 최초로 출원한 국가명 및 출원 연월일을 적어야 한다.
④ 제3항에 따라 우선권을 주장한 자는 최초로 출원한 국가의 정부가 인정하는 상표등록출원의 연월일을 적은 서면, 상표 및 지정상품의 등본을 상표등록출원일부터 3개월 이내에 특허청장에게 제출하여야 한다.
⑤ 제3항에 따라 우선권을 주장한 자가 제4항의 기간 내에 같은 항에 따른 서류를 제출하지 아니한 경우에는 그 우선권 주장은 효력을 상실한다.

1 의의 및 취지

조약 당사국에 출원한 상표와 동일한 것을 우리나라에 출원하여 우선권을 주장하는 경우, 출원순위의 판단기준(제35조)을 적용함에 있어서 그 당사국에 출원한 날을 우리나라에 출원한 날로 보는 것을 말한다. 파리협약을 반영하고 상표의 국제적인 보호를 도모하기 위함이다.

2 요 건

(1) 제1국 출원의 요건

① 최선성 및 정규성

㉠ 동맹국에서 정식으로 수리되어 출원일이 부여된 출원 중에서 출원일이 가장 빠른 제1국 출원에 한한다.

ⓒ 출원 후에 그 출원이 무효·취하·포기 또는 거절결정이 된 경우에도 이를 기초로 하여 우선권을 주장할 수 있다.

② 파리협약상의 권리능력을 가진 자의 출원일 것

(2) 제2국 출원의 요건

① **주체적 요건**

제1국 출원인과 동일인 또는 그의 승계인

② **객체적 요건**

동일성 있는 상표를 동일성 있는 상품에 출원할 것(단, 각국의 제도상 차이로 인한 불가피한 부기적인 부분의 삭제 또는 변경은 허용한다)

③ **시기적 요건**(제46조 제2항)

제1국 출원일로부터 6개월 이내

3 절 차

(1) 출원서 기재(제46조 제3항)

우선권을 주장하려는 자는 상표등록출원 시 상표등록출원서에 그 취지, 최초로 출원한 국가명 및 출원 연월일을 적어야 한다.

(2) 제출 서류(제46조 제4항)

우선권을 주장한 자는 최초로 출원한 국가의 정부가 인정하는 상표등록출원의 연월일을 적은 서면, 상표 및 지정상품의 등본을 상표등록출원일부터 3개월 이내에 특허청장에게 제출하여야 한다.

4 효 과

(1) 적법한 경우(제46조 제1항)

제35조(선출원)를 적용할 때 제1국 출원일을 우리나라에서의 출원일로 본다. 단, 파리협약에 비추어 제34조의 적용에 있어서도 특별한 사정이 없는 한 제1국 출원일 기준으로 판단하는 것이 타당하다.

(2) 부적법한 경우

실제 출원일을 기준으로 심사한다.

08 출원 시의 특례

> **제47조(출원 시의 특례)** ① 상표등록을 받을 수 있는 자가 다음 각 호의 어느 하나에 해당하는 박람회에 출품한 상품에 사용한 상표를 그 출품일부터 6개월 이내에 그 상품을 지정상품으로 하여 상표등록출원을 한 경우에는 그 상표등록출원은 그 출품을 한 때에 출원한 것으로 본다.
> 1. 정부 또는 지방자치단체가 개최하는 박람회
> 2. 정부 또는 지방자치단체의 승인을 받은 자가 개최하는 박람회
> 3. 정부의 승인을 받아 국외에서 개최하는 박람회
> 4. 조약당사국의 영역(領域)에서 그 정부나 그 정부로부터 승인을 받은 자가 개최하는 국제박람회
> ② 제1항을 적용받으려는 자는 그 취지를 적은 상표등록출원서를 특허청장에게 제출하고, 이를 증명할 수 있는 서류를 상표등록출원일부터 30일 이내에 특허청장에게 제출하여야 한다.

1 의의 및 취지

박람회의 권위 및 박람회 출품자를 보호하기 위한 규정으로서, 박람회에 출품한 상품에 사용한 상표를 그 출품일로부터 6개월 이내에 그 상품을 지정상품으로 출원한 경우 그 출품을 한 때에 출원한 것으로 본다.

2 요 건

(1) 주체적 요건

박람회 출품자 본인이나 그 정당한 승계자

(2) 시기적 요건

박람회 출품일로부터 6개월 이내

(3) 객관적 요건

박람회에 출품한 상품을 지정상품으로 하여 박람회에 출품한 상품에 사용한 상표

3 절 차

취지를 적은 상표등록출원서를 특허청장에게 제출하고, 이를 증명할 수 있는 서류를 상표등록출원일부터 30일 이내에 특허청장에게 제출하여야 한다.

4 효 과

(1) 적법한 경우(제47조 제1항)

출원 시 특례 적용된 상표등록출원은 출품을 한 때에 출원한 것으로 본다.

(2) 부적법한 경우

출원 시 특례 불인정예고통지 및 불인정 시 출원일에 출원한 것으로 보고 심사한다.

(3) 우선권 주장을 수반하는 경우

우선권 주장을 수반하는 경우, 제2국 출원일이 박람회 출품일로부터 6월 이내여야 한다.

---

09 우선심사제도

제53조(심사의 순위 및 우선심사) ① 상표등록출원에 대한 심사의 순위는 출원의 순위에 따른다.
② 특허청장은 다음 각 호의 어느 하나에 해당하는 상표등록출원에 대해서는 제1항에도 불구하고 심사관으로 하여금 다른 상표등록출원보다 우선하여 심사하게 할 수 있다.
  1. 상표등록출원 후 출원인이 아닌 자가 상표등록출원된 상표와 동일·유사한 상표를 동일·유사한 지정상품에 정당한 사유 없이 업으로서 사용하고 있다고 인정되는 경우
  2. 출원인이 상표등록출원한 상표를 지정상품의 전부에 사용하고 있는 등 대통령령으로 정하는 상표등록출원으로서 긴급한 처리가 필요하다고 인정되는 경우

---

1 우선심사의 대상

(1) 제53조 제2항 제1호

상표등록출원 후 출원인이 아닌 자가 상표등록출원된 상표와 동일·유사한 상표를 동일·유사한 지정상품에 정당한 사유 없이 업으로서 사용하고 있다고 인정되는 경우

(2) 제53조 제2항 제2호

① 상표등록출원인이 상표등록출원한 상표를 지정상품 전부에 대하여 사용하고 있거나 사용할 준비를 하고 있음이 명백한 경우

② 상표등록출원인이 그 상표등록출원과 관련하여 다른 상표등록출원인으로부터 제58조 제1항에 따른 서면 경고를 받은 경우

③ 상표등록출원인이 그 상표등록출원과 관련하여 제58조 제1항에 따른 서면 경고를 한 경우

④ 제167조에 따른 마드리드 의정서에 따른 국제출원의 기초가 되는 상표등록출원을 한 경우로서 마드리드 의정서에 따른 국제등록일 또는 사후지정일이 국제등록부에 등록된 경우

⑤ 조달사업에 관한 법률에 따른 중소기업자가 공동으로 설립한 법인이 출원한 단체표장인 경우

⑥ 조약에 따른 우선권 주장의 기초가 되는 상표등록출원을 한 경우로서 외국 특허기관에서 우선권 주장을 수반한 출원에 관한 절차가 진행 중인 경우

⑦ 존속기간 만료로 소멸한 등록상표의 상표권자가 상표등록출원을 한 경우로서 그 표장과 지정상품이 존속기간 만료로 소멸한 등록상표의 표장 및 지정상품과 전부 동일한 경우

⑧ 우선심사를 신청하려는 자가 상표등록출원된 상표에 관하여 특허청장이 정하여 고시하는 전문기관에 선행상표의 조사를 의뢰한 경우로서 그 조사 결과를 특허청장에게 통지하도록 해당 전문기관에 요청한 경우

2 절 차

출원인 또는 이해관계인이 증빙서류 등이 포함된 우선심사신청설명서를 제출해야 한다.

10 절차계속심사제도

제55조(거절이유통지) ① 심사관은 다음 각 호의 어느 하나에 해당하는 경우에는 출원인에게 미리 거절이유(제54조 각 호의 어느 하나에 해당하는 이유를 말하며, 이하 "거절이유"라 한다)를 통지하여야 한다. 이 경우 출원인은 산업통상자원부령으로 정하는 기간 내에 거절이유에 대한 의견서를 제출할 수 있다.
1. 제54조에 따라 상표등록거절결정을 하려는 경우
2. 제68조의2 제1항에 따른 직권 재심사를 하여 취소된 상표등록결정 전에 이미 통지한 거절이유로 상표등록거절결정을 하려는 경우
② 심사관은 제1항에 따라 거절이유를 통지하는 경우에 지정상품별로 거절이유와 근거를 구체적으로 적어야 한다.
③ 제1항 후단에 따른 기간 내에 의견서를 제출하지 못한 출원인은 그 기간의 만료일부터 2개월 내에 상표에 관한 절차를 계속 진행할 것을 신청하고, 거절이유에 대한 의견서를 제출할 수 있다.

제87조(지정상품의 추가등록거절결정 및 거절이유통지) ① 심사관은 지정상품추가등록출원이 다음 각 호의 어느 하나에 해당하는 경우에는 그 지정상품의 추가등록거절결정을 하여야 한다. 이 경우 지정상품추가등록출원의 지정상품 일부가 다음 각 호의 어느 하나에 해당하는 경우에는 그 지정상품에 대하여만 지정상품의 추가등록거절결정을 하여야 한다.
1. 제54조 각 호의 어느 하나에 해당할 경우
2. 지정상품의 추가등록출원인이 해당 상표권자 또는 출원인이 아닌 경우
3. 등록상표의 상표권 또는 상표등록출원이 다음 각 목의 어느 하나에 해당하게 된 경우
   가. 상표권의 소멸
   나. 상표등록출원의 포기, 취하 또는 무효
   다. 상표등록출원에 대한 제54조에 따른 상표등록거절결정의 확정
② 심사관은 다음 각 호의 어느 하나에 해당하는 경우에는 출원인에게 거절이유를 통지하여야 한다. 이 경우 출원인은 산업통상자원부령으로 정하는 기간 내에 거절이유에 대한 의견서를 제출할 수 있다.
1. 제1항에 따라 지정상품의 추가등록거절결정을 하려는 경우
2. 제88조 제2항에 따라 준용되는 제68조의2 제1항에 따른 직권 재심사를 하여 취소된 지정상품의 추가등록결정 전에 이미 통지한 거절이유로 지정상품의 추가등록거절결정을 하려는 경우
③ 제2항 후단에 따른 기간 내에 의견서를 제출하지 아니한 출원인은 그 기간의 만료일부터 2개월 이내에 지정상품의 추가등록에 관한 절차를 계속 진행할 것을 신청하고, 그 기간 내에 거절이유에 대한 의견서를 제출할 수 있다.
④ 심사관은 제2항에 따라 거절이유를 통지하는 경우 지정상품별로 거절이유와 근거를 구체적으로 적어야 한다.

제210조(상품분류전환등록의 거절결정 및 거절이유의 통지) ① 심사관은 상품분류전환등록신청이 다음 각 호의 어느 하나에 해당하는 경우에는 그 신청에 대하여 상품분류전환등록거절결정을 하여야 한다.
1. 상품분류전환등록신청의 지정상품을 해당 등록상표의 지정상품이 아닌 상품으로 하거나 지정상품의 범위를 실질적으로 확장한 경우
2. 상품분류전환등록신청의 지정상품이 상품류 구분과 일치하지 아니하는 경우
3. 상품분류전환등록을 신청한 자가 해당 등록상표의 상표권자가 아닌 경우
4. 제209조에 따른 상품분류전환등록신청의 요건을 갖추지 못한 경우
5. 상표권이 소멸하거나 존속기간갱신등록신청을 포기·취하하거나 존속기간갱신등록신청이 무효로 된 경우

② 심사관은 다음 각 호의 어느 하나에 해당하는 경우에는 신청인에게 거절이유를 통지하여야 한다. 이 경우 신청인은 산업통상자원부령으로 정하는 기간 내에 거절이유에 대한 의견서를 제출할 수 있다.
  1. 제1항에 따라 상품분류전환등록거절결정을 하려는 경우
  2. 제212조에 따라 준용되는 제68조의2 제1항에 따른 직권 재심사를 하여 취소된 상품분류전환등록결정 전에 이미 통지한 거절이유로 상품분류전환등록거절결정을 하려는 경우
③ 제2항 후단에 따른 기간 내에 의견서를 제출하지 아니한 신청인은 그 기간이 만료된 후 2개월 이내에 상품분류전환등록에 관한 절차를 계속 진행할 것을 신청하고, 그 기간 내에 거절이유에 대한 의견서를 제출할 수 있다.
④ 심사관은 제2항에 따라 거절이유를 통지하는 경우 지정상품별로 거절이유와 근거를 구체적으로 적어야 한다.

1 의의 및 취지

기간경과로 출원이 거절되는 것을 방지함으로써 출원인에게 권리취득기회를 확대 제공하기 위한 제도로서, 출원인이 의견서 제출기간 이내에 의견서를 제출하지 못한 경우 그 기간의 만료일부터 2개월 이내에 절차계속신청서를 제출하고, 절차계속신청기간 의견서를 제출할 수 있도록 한 제도이다.

2 요건 및 절차

(1) 대 상

거절이유에 대한 의견서 제출기간(제55조), 지정상품추가등록출원의 거절이유에 대한 의견서 제출기간(제87조), 상품분류전환등록신청의 거절이유에 대한 의견서 제출기간(제210조) 등 의견서 제출기간을 대상으로 한다.

(2) 절 차

출원인이 그 기간의 만료일로부터 2개월 이내 절차계속신청서를 제출해야 한다.

11 재심사 청구제도

제55조의2(재심사의 청구) ① 제54조에 따른 상표등록거절결정을 받은 자는 그 결정 등본을 송달받은 날부터 3개월(제17조 제1항에 따라 제116조에 따른 기간이 연장된 경우에는 그 연장된 기간을 말한다) 이내에 지정상품 또는 상표를 보정하여 해당 상표등록출원에 관한 재심사를 청구할 수 있다. 다만, 재심사를 청구할 때 이미 재심사에 따른 거절결정이 있거나 제116조에 따른 심판청구가 있는 경우에는 그러하지 아니하다.
② 출원인은 제1항에 따른 재심사의 청구와 함께 의견서를 제출할 수 있다.
③ 제1항에 따라 재심사가 청구된 경우 그 상표등록출원에 대하여 종전에 이루어진 상표등록거절결정은 취소된 것으로 본다. 다만, 재심사의 청구절차가 제18조 제1항에 따라 무효로 된 경우에는 그러하지 아니하다.
④ 제1항에 따른 재심사의 청구는 취하할 수 없다.

1 의의 및 취지

거절결정 된 출원에 대하여 지정상품 또는 상표를 보정하면 심사관이 보정된 출원을 다시 심사하게 하는 제도이다. 거절결정불복심판을 청구하는 방법 이외에도 비용과 시간을 줄이기 위한 방안으로서 2023. 2. 4. 시행 개정법에서 도입된 제도이다.

2 요 건

(1) 주체적 요건(제55조의2 제1항)

상표등록출원인 등 상표등록거절결정 등을 받은 자가 재심사 청구를 할 수 있다.

(2) 시기적 요건(제55조의2 제1항)

거절결정 등본을 송달받은 날부터 3개월 이내에 재심사 청구를 할 수 있으며, 거절결정불복심판청구의 기간이 연장된 경우에는 그 연장된 기간 이내에 재심사 청구를 할 수 있다.

(3) 객체적 요건(제55조의2 제1항)

① 상표등록거절결정, 지정상품추가거절결정, 상품분류전환등록거절결정이 내려진 상표등록출원 등에 재심사 청구를 할 수 있다.

② 단, 이미 재심사에 따른 거절결정이 있거나 거절결정불복심판청구가 있는 경우에는 재심사 청구를 할 수 없다.

3 절 차

(1) 재심사 청구(제55조의2 제1항 및 제2항, 제40조 제1항 제1호, 제41조 제1항 제2호의2)

상표등록출원인 등은 지정상품 또는 상표를 보정하여 재심사를 청구할 수 있다. 이때, 출원의 요지를 변경하지 아니하는 범위에서 지정상품 또는 상표를 보정하여야 한다. 또한 의견서를 함께 제출할 수 있다.

(2) 심사관의 재심사

① 보정이 적법한 경우

보정이 적법한 경우, 심사관은 보정된 내용을 반영하여 상표등록출원의 등록가능성을 판단한다. 거절이유가 해소되었다면 출원공고 후 등록결정을 하고, 거절이유가 해소되지 않았다면 거절결정을 한다. 보정으로 인하여 기존에 통지하지 않았던 새로운 거절이유를 발견하였다면 거절이유를 통지한다.

② 보정이 부적법한 경우

보정이 부적법한 경우, 심사관은 보정을 각하한 후 보정이 없었던 기존의 출원을 기준으로 심사를 진행한다. 재심사한 결과 거절이유가 해소되었다면 출원공고 후 등록결정을 하고, 거절이유가 해소되지 않았다면 거절결정을 한다.

4 효 과

(1) 거절결정의 취소(제55조의2 제3항)

재심사가 청구된 경우 그 상표등록출원에 대하여 종전에 이루어진 상표등록거절결정은 취소된 것으로 본다. 다만, 재심사의 청구절차가 제18조 제1항에 따라 무효로 된 경우에는 그러하지 아니하다.

(2) 취하 불가(제55조의2 제4항)

재심사의 청구는 취하할 수 없다.

02 출원공고제도

제57조(출원공고) ① 심사관은 상표등록출원에 대하여 거절이유를 발견할 수 없는 경우에는 출원공고결정을 하여야 한다. 다만, 다음 각 호의 어느 하나에 해당하는 경우(일부 지정상품에 대하여 거절이유가 있는 경우에는 그 지정상품에 대한 거절결정이 확정된 경우를 말한다)에는 출원공고결정을 생략할 수 있다.
1. 제2항에 따른 출원공고결정의 등본이 출원인에게 송달된 후 그 출원인이 출원공고된 상표등록출원을 제45조에 따라 둘 이상의 상표등록출원으로 분할한 경우로서 그 분할출원에 대하여 거절이유를 발견할 수 없는 경우
2. 제54조에 따른 상표등록거절결정에 대하여 취소의 심결이 있는 경우로서 해당 상표등록출원의 지정상품에 대하여 이미 출원공고된 사실이 있고 다른 거절이유를 발견할 수 없는 경우
② 특허청장은 제1항 각 호 외의 부분 본문에 따른 결정이 있을 경우에는 그 결정의 등본을 출원인에게 송달하고 그 상표등록출원에 관하여 상표공보에 게재하여 출원공고를 하여야 한다.
③ 특허청장은 제2항에 따라 출원공고를 한 날부터 2개월간 상표등록출원 서류 및 그 부속 서류를 특허청에서 일반인이 열람할 수 있게 하여야 한다.

1 의의 및 취지

상표등록출원에 대하여 심사관이 거절이유를 발견할 수 없거나, 거절이유가 해소된 경우에 그 출원내용을 공중에 공고함으로써 심사의 협력을 구하는 제도를 말하는 바, 심사의 공정성과 완전성을 담보하고 부실권리의 발생을 예방하며, 등록 후 발생할 수 있는 분쟁을 미연에 방지하고자 함이다.

2 출원공고의 절차

(1) 출원공고결정

① **국내상표등록출원의 경우**(제57조 제1항)

심사관은 상표등록출원에 대하여 거절이유를 발견할 수 없는 경우에는 출원공고결정을 하여야 한다. 또는, 상표등록출원의 일부 지정상품에 대하여 거절결정을 한 뒤 거절결정이 확정된 경우, 심사관은 출원공고결정을 하여야 한다.

② **국제상표등록출원의 경우**(제191조)

　　심사관은 국제상표등록출원에 대하여 산업통상자원부령으로 정하는 기간 내(예 14개월)에 거절이유를 발견할 수 없는 경우에는 출원공고결정을 하여야 한다.

(2) 출원공고결정의 예외(제57조 제1항 단서)

① 출원공고결정의 등본이 출원인에게 송달된 후 그 출원인이 출원공고된 상표등록출원을 둘 이상의 출원으로 분할출원한 경우로서 그 분할출원에 대하여 거절이유를 발견할 수 없는 경우

② 상표등록거절결정에 대하여 취소의 심결이 있는 경우로서 해당 상표등록출원의 지정상품에 대하여 이미 출원공고된 사실이 있고 다른 거절이유를 발견할 수 없는 경우

(3) 결정 등본 송달 및 출원공고(제57조 제2항)

　　특허청장은 출원공고결정이 있을 경우에는 그 결정의 등본을 출원인에게 송달하고 그 상표등록출원에 관하여 상표공보에 게재하여 출원공고를 하여야 한다.

(4) 열람에의 제공(제57조 제3항)

　　특허청장은 출원공고를 한 날부터 2개월간 상표등록출원 서류 및 그 부속서류를 특허청에서 일반인이 열람할 수 있게 하여야 한다.

3 출원공고의 법적 효과

(1) 출원공고결정 등본 송달의 효과(제41조 및 제42조)

　　출원인이 출원공고결정 등본이 송달된 이후 제41조에 따른 보정을 할 수 있다.

(2) 출원공고의 효과

① **이의신청의 대상**(제60조 제1항)

　　출원공고가 있는 경우에는 누구든지 출원공고일부터 2개월 내에 특허청장에게 이의신청을 할 수 있다.

② **손실보상청구를 위한 서면경고 가능**(제58조 제1항)

　　출원인은 출원공고가 있은 후 해당 상표등록출원에 관한 지정상품과 동일·유사한 상품에 대하여 해당 상표등록출원에 관한 상표와 동일·유사한 상표를 사용하는 자에게 서면으로 경고할 수 있다. 다만, 출원인이 해당 상표등록출원의 사본을 제시하는 경우에는 출원공고 전이라도 서면으로 경고할 수 있다.

4 관련 문제 - 등록공고제도의 신설(제82조 제3항)

2016년 개정법은 제82조 제3항을 신설하여 출원공고와는 별개로 등록공고제도를 신설하였다. 등록상표권의 존재 및 그 내용에 대한 공시의 의미로서 최종적으로 확정된 상표권의 내용을 일반에 공표하여 침해를 방지함으로써 분쟁을 미연에 방지하는 역할을 수행할 수 있다.

13 손실보상청구권

제58조(손실보상청구권) ① 출원인은 제57조 제2항(제88조 제2항 및 제123조 제1항에 따라 준용되는 경우를 포함한다)에 따른 출원공고가 있은 후 해당 상표등록출원에 관한 지정상품과 동일·유사한 상품에 대하여 해당 상표등록출원에 관한 상표와 동일·유사한 상표를 사용하는 자에게 서면으로 경고할 수 있다. 다만, 출원인이 해당 상표등록출원의 사본을 제시하는 경우에는 출원공고 전이라도 서면으로 경고할 수 있다.
② 제1항에 따라 경고를 한 출원인은 경고 후 상표권을 설정등록할 때까지의 기간에 발생한 해당 상표의 사용에 관한 업무상 손실에 상당하는 보상금의 지급을 청구할 수 있다.
③ 제2항에 따른 청구권은 해당 상표등록출원에 대한 상표권의 설정등록 전까지는 행사할 수 없다.
④ 제2항에 따른 청구권의 행사는 상표권의 행사에 영향을 미치지 아니한다.
⑤ 제2항에 따른 청구권을 행사하는 경우의 등록상표 보호범위 등에 관하여는 제91조, 제108조, 제113조 및 제114조와 「민법」 제760조 및 제766조를 준용한다. 이 경우 「민법」 제766조 제1항 중 "피해자나 그 법정대리인이 그 손해 및 가해자를 안 날"은 "해당 상표권의 설정등록일"로 본다.
⑥ 상표등록출원이 다음 각 호의 어느 하나에 해당하는 경우에는 제2항에 따른 청구권은 처음부터 발생하지 아니한 것으로 본다.
  1. 상표등록출원이 포기·취하 또는 무효가 된 경우
  2. 상표등록출원에 대한 제54조에 따른 상표등록거절결정이 확정된 경우
  3. 제117조에 따라 상표등록을 무효로 한다는 심결(같은 조 제1항 제5호부터 제7호까지의 규정에 따른 경우는 제외한다)이 확정된 경우

1 의의 및 취지

상표등록 전 발생한 출원인의 업무상 손실을 보전하기 위한 금전적 청구권을 말한다. 출원상표의 조기 보호 및 국제출원과의 조화를 위함이다.

2 법적 성질

상표법이 출원인에게 인정하는 특수한 권리로서 채권적 권리인 금전적 청구권이며, 상표출원에 대한 거절결정 또는 등록 후 무효심결이 확정된 경우에는 처음부터 발생하지 않는 것으로 보는 해제조건부 권리이다.

3 발생 요건

(1) 제3자가 출원상표와 유사한 범위 내의 상표를 사용할 것

손실보상청구권이 인정되기 위하여 제3자의 동일·유사한 상품에 대한 동일·유사한 상표의 사용이 요구된다.

(2) 출원인의 서면에 의한 경고(제58조 제1항)

출원인은 출원공고가 있은 후 해당 상표등록출원에 관한 지정상품과 동일·유사한 상품에 대하여 해당 상표등록출원에 관한 상표와 동일·유사한 상표를 사용하는 자에게 서면으로 경고할 수 있다. 다만, 출원인이 해당 상표등록출원의 사본을 제시하는 경우에는 출원공고 전이라도 서면으로 경고할 수 있다.

(3) 경고 후 제3자의 계속적 사용

경고 후 상표권을 설정등록할 때까지의 기간에 발생한 업무상 손실에 상당하는 보상금

(4) 출원인의 업무상 손실 발생

제3자의 사용에 의하여 출원인에게 업무상 손실이 발생하여야 하며, 제3자에게 이익이 발생하였는지는 묻지 않는다. 출원인이 해당 상표를 사용하고 있는 경우에만 업무상 손실이 발생하는 것으로 볼 수 있으므로 출원인은 해당 출원에 출원상표를 지정상품에 대하여 실제 사용하고 있어야 한다.

4 구체적 내용, 행사 및 소멸

(1) 내용 및 행사(제58조 제3항 및 제4항, 제5항)

① 손실보상청구권은 해당 상표등록출원에 대한 상표권의 설정등록 전까지는 행사할 수 없으며, 손실보상청구권의 행사는 상표권의 행사에 영향을 미치지 아니한다.

② 손실보상청구권을 행사하는 경우의 등록상표 보호범위 등에 관하여는 제91조, 제108조, 제113조 및 제114조와 민법 제760조 및 제766조를 준용한다. 이 경우 민법 제766조 제1항 중 "피해자나 그 법정대리인이 그 손해 및 가해자를 안 날"은 "해당 상표권의 설정등록일"로 본다.

(2) 소멸(제58조 제5항 및 제6항)

① 상표등록출원이 포기·취하 또는 무효가 된 경우, 상표등록출원에 대한 상표등록거절결정이 확정된 경우, 상표등록을 무효로 한다는 심결이 확정된 경우(후발적 무효 제외)에는 손실보상청구권은 처음부터 발생하지 아니한 것으로 본다.

② 민법 제766조 제1항 준용 시, "피해자나 그 법정대리인이 그 손해 및 가해자를 안 날"은 "해당 상표권의 설정등록일"로 본다.

5 준용 규정

(1) 준용 규정(제58조 제5항)

① 등록상표 등의 보호범위(제91조)

② 침해로 보는 행위(직접침해 및 간접침해)(제108조)

③ 상표권자 등의 신용회복(제113조)

④ 서류의 제출(제114조)

⑤ 공동불법행위자의 책임(민법 제760조)

⑥ 손해배상청구권의 소멸시효(민법 제766조)

(2) 제90조 준용 여부

상표법에서 준용하고 있지 않으나 출원상표에 대한 보호가 등록상표에 대한 보호보다 클 수 없으므로 제3자의 사용이 제90조의 규정에 해당하는 경우에는 손실보상청구권의 대상이 되지 않는다.

제60조(이의신청) ① 출원공고가 있는 경우에는 누구든지 출원공고일부터 2개월 내에 다음 각 호의 어느 하나에 해당한다는 것을 이유로 특허청장에게 이의신청을 할 수 있다.
　1. 제54조에 따른 상표등록거절결정의 거절이유에 해당한다는 것
　2. 제87조 제1항에 따른 추가등록거절결정의 거절이유에 해당한다는 것
② 제1항에 따라 이의신청을 하려는 자는 다음 각 호의 사항을 적은 이의신청서에 필요한 증거를 첨부하여 특허청장에게 제출하여야 한다.
　1. 신청인의 성명 및 주소(법인인 경우에는 그 명칭 및 영업소의 소재지를 말한다)
　2. 신청인의 대리인이 있는 경우에는 그 대리인의 성명 및 주소나 영업소의 소재지[대리인이 특허법인·특허법인(유한)인 경우에는 그 명칭, 사무소의 소재지 및 지정된 변리사의 성명을 말한다]
　3. 이의신청의 대상
　4. 이의신청사항
　5. 이의신청의 이유 및 필요한 증거의 표시

제61조(이의신청 이유 등의 보정) 제60조 제1항에 따른 상표등록의 이의신청인(이하 "이의신청인"이라 한다)은 이의신청기간이 지난 후 30일 이내에 그 이의신청서에 적은 이유와 증거를 보정할 수 있다.

제62조(이의신청에 대한 심사 등) ① 이의신청은 심사관 3명으로 구성되는 심사관합의체(이하 "심사관합의체"라 한다)에서 심사·결정한다.
② 특허청장은 각각의 이의신청에 대하여 심사관합의체를 구성할 심사관을 지정하여야 한다.
③ 특허청장은 제2항에 따라 지정된 심사관 중 1명을 심사장으로 지정하여야 한다.
④ 심사관합의체 및 심사장에 관하여는 제130조 제2항, 제131조 제2항 및 제132조 제2항·제3항을 준용한다. 이 경우 제130조 제2항 중 "특허심판원장"은 "특허청장"으로, "심판관"은 "심사관"으로, "심판"은 "심사"로 보고, 제131조 제2항 중 "심판장"은 "심사장"으로, "심판사건"은 "이의신청사건"으로 보며, 제132조 제2항 중 "심판관합의체"는 "심사관합의체"로 보고, 같은 조 제3항 중 "심판"은 "심사"로 본다.

제63조(이의신청에 대한 심사의 범위) 심사관합의체는 이의신청에 관하여 출원인이나 이의신청인이 주장하지 아니한 이유에 관하여도 심사할 수 있다. 이 경우 출원인이나 이의신청인에게 기간을 정하여 그 이유에 관하여 의견을 진술할 수 있는 기회를 주어야 한다.

제64조(이의신청의 병합 또는 분리) 심사관합의체는 둘 이상의 이의신청을 병합하거나 분리하여 심사·결정할 수 있다.

제65조(이의신청의 경합) ① 심사관합의체는 둘 이상의 이의신청이 있는 경우에 그 중 어느 하나의 이의신청에 대하여 심사한 결과 그 이의신청이 이유가 있다고 인정할 때에는 다른 이의신청에 대해서는 결정을 하지 아니할 수 있다.
② 특허청장은 심사관합의체가 제1항에 따라 이의신청에 대하여 결정을 하지 아니한 경우에는 해당 이의신청인에게도 상표등록거절결정 등본을 송달하여야 한다.

제66조(이의신청에 대한 결정) ① 심사장은 이의신청이 있는 경우에는 이의신청서 부본(副本)을 출원인에게 송달하고 기간을 정하여 답변서 제출의 기회를 주어야 한다.
② 심사관합의체는 제1항 및 제60조 제1항에 따른 이의신청기간이 지난 후에 이의신청에 대한 결정을 하여야 한다.
③ 이의신청에 대한 결정은 서면으로 하여야 하며, 그 이유를 붙여야 한다. 이 경우 둘 이상의 지정상품에 대한 결정이유가 다른 경우에는 지정상품마다 그 이유를 붙여야 한다.

④ 심사관합의체는 이의신청인이 제60조 제1항에 따른 이의신청기간 내에 그 이유나 증거를 제출하지 아니한 경우에는 제1항에도 불구하고 제61조에 따른 기간이 지난 후 결정으로 이의신청을 각하할 수 있다. 이 경우 그 결정의 등본을 이의신청인에게 송달하여야 한다.
⑤ 특허청장은 제2항에 따른 결정이 있는 경우에는 그 결정의 등본을 출원인 및 이의신청인에게 송달하여야 한다.
⑥ 출원인 및 이의신청인은 제2항 및 제4항에 따른 결정에 대하여 다음 각 호의 구분에 따른 방법으로 불복할 수 있다.
  1. 출원인 : 제116조에 따른 심판의 청구
  2. 이의신청인 : 제117조에 따른 상표등록 무효심판의 청구

1 의의 및 취지

출원공고된 상표등록출원에 거절이유가 있음을 이유로 특허청장에게 그 등록을 거절할 것을 요구하는 신청을 말한다. 심사에 대한 공정성과 완전성을 담보하고 부실권리의 발생을 예방하기 위함이다.

2 요 건

(1) 이의신청인

이의신청은 누구든지 할 수 있다.

(2) 이의신청이유

이의신청은 상표등록거절결정 및 지정상품 추가등록거절결정의 거절이유가 존재하는 출원에 대하여 할 수 있다.

(3) 이의신청기간

이의신청은 출원공고일로부터 2개월 이내에 할 수 있다.

3 절 차

(1) 이의신청서의 제출(제60조 제2항)

이의신청인은 제60조 제2항 각 호의 사항을 적은 이의신청서에 필요한 증거를 첨부하여 특허청장에게 제출하여야 한다.

(2) 이의신청이유와 증거의 보정(제61조)

이의신청인은 이의신청기간이 지난 후 30일 이내에 그 이의신청서에 적은 이유와 증거를 보정할 수 있다.

(3) 부본송달 및 답변서 제출기회의 부여(제66조 제1항)

심사장은 이의신청이 있는 경우에는 이의신청서 부본(副本)을 출원인에게 송달하고 기간을 정하여 답변서 제출의 기회를 주어야 한다.

4 심사 및 결정

(1) 이의신청에 대한 심사

① 심사관합의체에 의한 심사(제62조)

이의신청은 심사관합의체에서 심사·결정한다. 특허청장은 각각의 이의신청에 대하여 심사관합의체를 구성할 심사관을 지정하여야 한다. 특허청장은 지정된 심사관 중 1명을 심사장으로 지정하여야 한다.

② 이의신청에 대한 심사의 범위(제63조)

심사관합의체는 이의신청에 관하여 출원인이나 이의신청인이 주장하지 아니한 이유에 관하여도 심사할 수 있다. 이 경우 출원인이나 이의신청인에게 기간을 정하여 그 이유에 관하여 의견을 진술할 수 있는 기회를 주어야 한다.

③ 둘 이상의 이의신청에 대한 병합 또는 분리 심사(제64조)

심사관합의체는 둘 이상의 이의신청을 병합하거나 분리하여 심사·결정할 수 있다.

(2) 이의신청에 대한 결정

① 이의결정(제66조 제2항)

심사관합의체는 이의신청기간이 지난 후에 이의신청에 대한 결정을 하여야 한다.

② 각하결정(제66조 제4항)

심사관합의체는 이의신청인이 이의신청기간 내에 그 이유나 증거를 제출하지 아니한 경우, 제61조에 따른 기간이 지난 후 결정으로 이의신청을 각하할 수 있다.

(3) 이의결정의 예외(제65조 및 제67조)

① 심사관합의체는 제65조에 따라 둘 이상의 이의신청이 있는 경우, 어느 하나의 이의신청에 대하여 심사한 결과 그 이의신청이 이유가 있다고 인정할 때에는 다른 이의신청에 대해서는 결정을 하지 아니할 수 있다.

② 심사관이 제67조에 따라 출원공고 후 직권으로 상표등록거절결정을 할 경우에는 이의신청이 있더라도 그 이의신청에 대해서는 결정을 하지 아니한다.

5 출원인 또는 이의신청인의 불복

'이의신청에 대한 결정 그 자체'에 대한 별도의 불복수단은 없으며, 다음의 절차를 통해 불복할 수 있다.

(1) 이의신청 성립 시, 거절결정(제66조 제6항 제1호)

출원인은 거절결정불복심판으로 불복 가능하다.

(2) 이의신청 불성립 시, 등록결정(제66조 제6항 제2호)

이의신청인은 상표등록무효심판으로 다툰다.

> **제49조(정보의 제공)** 누구든지 상표등록출원된 상표가 제54조 각 호의 어느 하나에 해당되어 상표등록될 수 없다는 취지의 정보를 증거와 함께 특허청장 또는 특허심판원장에게 제공할 수 있다.

1   의의 및 취지

누구든지 상표등록출원된 상표가 제54조 각 호에 해당되어 상표등록될 수 없다는 취지의 정보를 증거와 함께 특허청장 또는 특허심판원장에게 제공할 수 있다. 심사의 공정성과 정확성을 확보하기 위함이다.

2   요 건

(1) 주체적 요건

누구든지 상표등록출원이 상표등록될 수 없다는 취지의 정보를 증거와 함께 특허청장 또는 특허심판원장에게 제공할 수 있다.

(2) 시기적 요건

정보제공은 상표등록출원의 등록 여부 결정 전까지 가능하다. 따라서 누구든지 출원공고 이후, 등록여부 결정 전에도 정보를 제공할 수 있다.

(3) 객체적 요건

제54조 각 호의 거절이유가 있는 상표등록출원에 대하여 정보를 제공할 수 있다.

3   제공된 정보의 활용 여부 통보

심사관은 정보를 제공받은 경우 출원공고를 할 때에 정보제공자에게 심사 결과와 정보의 활용 여부를 통지하여야 한다.

04 | 상표권

01 상표권의 등록

1 상표권의 발생

제72조(상표등록료) ① 다음 각 호의 어느 하나에 해당하는 상표권의 설정등록 등을 받으려는 자는 상표등록료를 내야 한다. 이 경우 제1호 또는 제2호에 해당할 때에는 상표등록료를 2회로 분할하여 낼 수 있다.
1. 제82조에 따른 상표권의 설정등록
2. 존속기간갱신등록
3. 제86조에 따른 지정상품의 추가등록
② 이해관계인은 제1항에 따른 상표등록료를 내야 할 자의 의사와 관계없이 상표등록료를 낼 수 있다.
③ 제1항에 따른 상표등록료, 그 납부방법, 납부기간 및 분할납부 등에 필요한 사항은 산업통상자원부령으로 정한다.

제74조(상표등록료의 납부기간 연장) 특허청장은 제72조 제3항에 따른 상표등록료의 납부기간을 청구에 의하여 30일을 넘지 아니하는 범위에서 연장할 수 있다.

제76조(상표등록료의 보전 등) ① 특허청장은 상표권의 설정등록, 지정상품의 추가등록, 존속기간갱신등록을 받으려는 자 또는 상표권자가 제72조 제3항 또는 제74조에 따른 납부기간 내에 상표등록료의 일부를 내지 아니한 경우에는 상표등록료의 보전(補塡)을 명하여야 한다.
② 제1항에 따라 보전명령을 받은 자는 그 보전명령을 받은 날부터 1개월 이내(이하 "보전기간"이라 한다)에 상표등록료를 보전할 수 있다.
③ 제2항에 따라 상표등록료를 보전하는 자는 내지 아니한 금액의 2배의 범위에서 산업통상자원부령으로 정하는 금액을 내야 한다.

제77조(상표등록료 납부 또는 보전에 의한 상표등록출원의 회복 등) ① 다음 각 호의 어느 하나에 해당하는 자가 정당한 사유로 제72조 제3항 또는 제74조에 따른 납부기간 내에 상표등록료를 내지 아니하였거나 제76조 제2항에 따른 보전기간 내에 보전하지 아니한 경우에는 그 사유가 소멸한 날부터 2개월 이내에 그 상표등록료를 내거나 보전할 수 있다. 다만, 납부기간의 만료일 또는 보전기간의 만료일 중 늦은 날부터 1년이 지났을 경우에는 상표등록료를 내거나 보전할 수 없다.
1. 상표등록출원의 출원인
2. 지정상품추가등록출원의 출원인
3. 존속기간갱신등록신청의 신청인 또는 상표권자
② 제1항에 따라 상표등록료를 내거나 보전한 자(제72조 제1항 각 호 외의 부분 후단에 따라 분할하여 낸 경우에는 1회차 상표등록료를 내거나 보전한 자를 말한다)는 제75조에도 불구하고 그 상표등록출원, 지정상품추가등록출원 또는 존속기간갱신등록신청을 포기하지 아니한 것으로 본다.

③ 제2항에 따라 상표등록출원, 지정상품추가등록출원 또는 상표권(이하 이 조에서 "상표등록출원 등"이라 한다)이 회복된 경우에는 그 상표등록출원 등의 효력은 제72조 제3항 또는 제74조에 따른 납부기간이 지난 후 상표등록출원 등이 회복되기 전에 그 상표와 동일·유사한 상표를 그 지정상품과 동일·유사한 상품에 사용한 행위에는 미치지 아니한다.

제82조(상표권의 설정등록) ② 특허청장은 다음 각 호의 어느 하나에 해당하는 경우에는 상표권을 설정하기 위한 등록을 하여야 한다.
  1. 제72조 제3항 또는 제74조에 따라 상표등록료(제72조 제1항 각 호 외의 부분 후단에 따라 분할납부하는 경우에는 1회차 상표등록료를 말하며, 이하 이 항에서 같다)를 낸 경우
  2. 제76조 제2항에 따라 상표등록료를 보전하였을 경우
  3. 제77조 제1항에 따라 상표등록료를 내거나 보전하였을 경우

제83조(상표권의 존속기간) ① 상표권의 존속기간은 제82조 제1항에 따라 설정등록이 있는 날부터 10년으로 한다.
② 상표권의 존속기간은 존속기간갱신등록신청에 의하여 10년씩 갱신할 수 있다.
③ 제1항 및 제2항에도 불구하고 다음 각 호의 어느 하나에 해당하는 경우에는 상표권의 설정등록일 또는 존속기간 갱신등록일부터 5년이 지나면 상표권이 소멸한다.
  1. 제72조 제3항 또는 제74조에 따른 납부기간 내에 상표등록료(제72조 제1항 각 호 외의 부분 후단에 따라 상표등록료를 분할납부하는 경우로서 2회차 상표등록료를 말한다. 이하 이 항에서 같다)를 내지 아니한 경우
  2. 제76조 제1항에 따라 상표등록료의 보전을 명한 경우로서 그 보전기간 내에 보전하지 아니한 경우
  3. 제77조 제1항에 해당하는 경우로서 그 해당 기간 내에 상표등록료를 내지 아니하거나 보전하지 아니한 경우

제91조(등록상표 등의 보호범위) ① 등록상표의 보호범위는 상표등록출원서에 적은 상표 및 기재사항에 따라 정해진다.
② 지정상품의 보호범위는 상표등록출원서 또는 상품분류전환등록신청서에 기재된 상품에 따라 정해진다.

제108조(침해로 보는 행위) ① 다음 각 호의 어느 하나에 해당하는 행위는 상표권(지리적 표시 단체표장권은 제외한다) 또는 전용사용권을 침해한 것으로 본다.
  1. 타인의 등록상표와 동일한 상표를 그 지정상품과 유사한 상품에 사용하거나 타인의 등록상표와 유사한 상표를 그 지정상품과 동일·유사한 상품에 사용하는 행위
  2. 타인의 등록상표와 동일·유사한 상표를 그 지정상품과 동일·유사한 상품에 사용하거나 사용하게 할 목적으로 교부·판매·위조·모조 또는 소지하는 행위
  3. 타인의 등록상표를 위조 또는 모조하거나 위조 또는 모조하게 할 목적으로 그 용구를 제작·교부·판매 또는 소지하는 행위
  4. 타인의 등록상표 또는 이와 유사한 상표가 표시된 지정상품과 동일·유사한 상품을 양도 또는 인도하기 위하여 소지하는 행위
② 다음 각 호의 어느 하나에 해당하는 행위는 지리적 표시 단체표장권을 침해한 것으로 본다.
  1. 타인의 지리적 표시 등록단체표장과 유사한 상표(동음이의어 지리적 표시는 제외한다. 이하 이 항에서 같다)를 그 지정상품과 동일하다고 인정되는 상품에 사용하는 행위
  2. 타인의 지리적 표시 등록단체표장과 동일·유사한 상표를 그 지정상품과 동일하다고 인정되는 상품에 사용하거나 사용하게 할 목적으로 교부·판매·위조·모조 또는 소지하는 행위
  3. 타인의 지리적 표시 등록단체표장을 위조 또는 모조하거나 위조 또는 모조하게 할 목적으로 그 용구를 제작·교부·판매 또는 소지하는 행위
  4. 타인의 지리적 표시 등록단체표장과 동일·유사한 상표가 표시된 지정상품과 동일하다고 인정되는 상품을 양도 또는 인도하기 위하여 소지하는 행위

(1) 납부 주체(제72조)

상표권의 설정등록 등을 받으려는 자 및 이해관계인이 상표등록료를 납부할 수 있다. 이해관계인은 상표등록료를 내야 할 자의 의사와 관계없이 상표등록료를 낼 수 있다.

(2) 등록료 납부기간 연장(제74조)

특허청장은 상표등록료의 납부기간을 청구에 의하여 30일을 넘지 아니하는 범위에서 연장할 수 있다.

(3) 상표등록료의 보전(제76조)

특허청장은 납부기간 내에 상표등록료의 일부를 내지 아니한 경우에는 상표등록료의 보전(補塡)을 명하여야 한다. 보전명령을 받은 자는 그 보전명령을 받은 날부터 1개월 이내에 상표등록료를 보전할 수 있다. 상표등록료를 보전하는 자는 내지 아니한 금액의 2배의 범위에서 산업통상자원부령으로 정하는 금액을 내야 한다.

(4) 상표등록출원의 회복(제77조)

① 요 건

상표등록출원의 출원인, 지정상품추가등록출원의 출원인, 존속기간갱신등록신청의 신청인 또는 상표권자 중 어느 하나에 해당하는 자가 정당한 사유로 납부기간 내에 상표등록료를 내지 아니하였거나 보전기간 내에 보전하지 아니한 경우에는 그 사유가 소멸한 날부터 2개월 이내에 그 상표등록료를 내거나 보전할 수 있다. 다만, 납부기간의 만료일 또는 보전기간의 만료일 중 늦은 날부터 1년이 지났을 경우에는 상표등록료를 내거나 보전할 수 없다.

② 효 과

상표등록료를 내거나 보전한 자는 제75조에도 불구하고 그 상표등록출원, 지정상품추가등록출원 또는 존속기간갱신등록신청을 포기하지 아니한 것으로 본다.

③ 효력 제한

상표등록출원 등이 회복된 경우, 그 상표등록출원 등의 효력은 납부기간이 지난 후 상표등록출원 등이 회복되기 전에 그 상표와 동일·유사한 상표를 그 지정상품과 동일·유사한 상품에 사용한 행위에는 미치지 아니한다.

(5) 등록료의 분할 납부

① 제72조 제1항 후단(2010년 개정법)

상표권자의 부담을 완화하기 위하여 상표권의 설정등록 또는 존속기간갱신등록의 등록료는 2회 분할 납부가 가능하다(단, 추가등록은 분할 납부 불가).

② 분할 납부 시 상표권의 존속기간 및 2회차 등록료 미납 시 효과(제83조)

상표권의 존속기간은 설정등록이 있는 날부터 10년으로 한다. 단, 납부기간 내에 2회차 상표등록료를 내지 아니한 경우, 상표권의 설정등록일 또는 존속기간 갱신등록일부터 5년이 지나면 상표권이 소멸한다.

2 상표권의 효력

(1) 효력의 미치는 범위

① 시간적 범위

상표권의 존속기간은 설정등록이 있는 날부터 10년이다. 다만, 상표권의 존속기간은 갱신등록에 의하여 10년씩 연장할 수 있어 반영구성을 가진다.

② 지역적 범위

속지주의 원칙상 대한민국 영토에만 효력이 미치나 진정상품 병행수입 등 속지주의의 수정 내지 예외가 존재한다.

③ 내용적 범위(제91조)

등록상표의 보호범위는 상표등록출원서에 적은 상표 및 기재사항에 따라 정해진다. 지정상품의 보호범위는 상표등록출원서 또는 상품분류전환등록신청서에 기재된 상품에 따라 정해진다.

(2) 적극적 효력

① 등록상표의 독점적 사용권(전용권)(제89조)

상표권자는 지정상품에 관하여 그 등록상표를 사용할 권리를 독점한다. 다만, 그 상표권에 관하여 전용사용권을 설정한 때에는 전용사용권자가 등록상표를 사용할 권리를 독점하는 범위에서는 그러하지 아니하다.

② 수익, 처분권

상표권은 물권이므로, 상표권자는 상표권을 수익, 처분할 수 있는 권리를 가진다.

③ 개별 도형 각각에 대한 상표권의 효력(2010도15512)

개별 도형들을 일정한 간격을 두고 규칙적, 반복적으로 배열한 사용표장은 별도의 식별력을 갖게 되므로, 개별 도형 각각의 상표권에 기초한 상표사용권은 전체 형태의 사용표장에 미치지 않는다.

(3) 소극적 효력

① 사용금지권(제108조)

상표권자는 제108조에 따라 상표권을 침해하는 자의 사용을 금지할 수 있다.

② 등록배제효

제34조 제1항 제7호 등에 따라 선출원에 의해 등록된 상표와 상표와 상품이 동일·유사한 상표등록출원은 등록받을 수 없다.

3 효력의 제한

(1) 적극적 효력의 제한

① 전용권에 대한 제한

전용사용권 설정(제89조 단서), 타 권리와 저촉(제92조 제1항), 부정경쟁행위에 해당하는 경우(제92조 제2항)

② 수익, 처분권의 제한

상표권이 공유인 경우(제93조 제2항 및 제3항), 유사한 지정상품 이전(제93조 제1항), 상표권 포기 시 사용권자 또는 질권자 동의 필요(제102조 제1항), 질권·사용권 설정 불가 및 이전의 제한(제93조 제4항 내지 제8항)

③ 상표권 사이의 저촉이 있는 경우, 적극적 효력의 제한

　㉠ 문제점

　　타인의 선출원 또는 선등록상표와 동일·유사한 상표를 등록받은 뒤 그 후출원 등록상표를 사용하는 경우, 후출원 등록상표의 무효심결 확정 여부 등과 무관하게 선등록상표와의 관계에서 상표권의 적극적 효력이 제한되어 선등록상표권과의 관계에서 침해를 구성하는지 문제된다.

　㉡ 종래 판례의 태도

　　침해죄 관련 사건에서 '후출원 등록상표를 무효로 하는 심결이 확정될 때까지는' 후출원 등록상표권자가 자신의 상표권 실시행위로서 선출원 등록상표와 동일·유사 상표를 지정상품과 동일·유사 상품에 사용하는 것은 선출원 등록상표권에 대한 침해가 되지 않는다고 판시하였다.

　㉢ 최근 대법원 전원합의체 판례의 태도(2018다253444)

　　판례는 i) 상표권의 효력과 선출원주의, 타인의 권리와의 관계 등에 관한 상표법의 규정 내용과 취지에 비추어 보면, 상표법은 저촉되는 지식재산권 상호 간에 선출원 또는 선발생 권리가 우선함을 기본원리로 하고 있음을 알 수 있고, ii) 이는 상표권 사이의 저촉관계에도 그대로 적용된다고 봄이 타당하므로, iii) 상표권자가 타인의 선출원 등록상표와 동일·유사한 후출원 등록상표를 선출원 등록상표권자의 동의 없이 사용하였다면 적극적 효력이 제한되어 후출원 등록상표에 대한 등록무효 심결의 확정 여부와 상관없이 선출원 등록상표권에 대한 침해가 성립한다고 판시하였다.

(2) 소극적 효력의 제한

① 제90조 효력제한

　자유사용의 필요성을 보장하기 위하여 제90조 제1항 각 호에 해당하는 상표에 대한 사용에는 상표권의 효력이 미치지 아니한다.

② 기 타

　특허권 등의 존속기간 경과 후에 상표를 사용하는 자(제98조), 선사용권(제99조), 등록료의 추납에 의해 회복된 상표권의 효력 제한(제77조 제3항), 재심에 의해 회복된 상표권의 효력 제한(제160조), 진정상품 병행수입, 권리소진, 권리남용 등

4 　효력의 확장

(1) 시간적 범위의 확장

존속기간갱신등록제도를 통해 상표권을 영구적으로 유지할 수 있다.

(2) 지역적 범위의 확장

외국 개별출원, 조약우선권 주장출원, 마드리드 의정서 등을 이용하여 동일한 상표를 국외에서 보호받을 수 있다.

(3) 내용적 범위

지정상품 추가등록(제86조)을 통해 상품 범위를 확대할 수 있으며, 상표권의 소극적 효력이 침해로 보는 행위(제108조 각 항 제2호 내지 제4호)에까지 미칠 수 있다.

> **제89조(상표권의 효력)** 상표권자는 지정상품에 관하여 그 등록상표를 사용할 권리를 독점한다. 다만, 그 상표권에 관하여 전용사용권을 설정한 때에는 제95조 제3항에 따라 전용사용권자가 등록상표를 사용할 권리를 독점하는 범위에서는 그러하지 아니하다.
>
> **제92조(타인의 디자인권 등과의 관계)** ① 상표권자·전용사용권자 또는 통상사용권자는 그 등록상표를 사용할 경우에 그 사용상태에 따라 그 상표등록출원일 전에 출원된 타인의 특허권·실용신안권·디자인권 또는 그 상표등록 출원일 전에 발생한 타인의 저작권과 저촉되는 경우에는 지정상품 중 저촉되는 지정상품에 대한 상표의 사용은 특허권자·실용신안권자·디자인권자 또는 저작권자의 동의를 받지 아니하고는 그 등록상표를 사용할 수 없다. ② 상표권자·전용사용권자 또는 통상사용권자는 그 등록상표의 사용이 「부정경쟁방지 및 영업비밀보호에 관한 법률」 제2조 제1호 파목에 따른 부정경쟁행위에 해당하는 경우에는 같은 목에 따른 타인의 동의를 받지 아니하고는 그 등록상표를 사용할 수 없다.

1 　전용사용권자가 존재하는 경우의 적극적 효력의 제한(제89조 단서)

상표권자는 지정상품에 관하여 그 등록상표를 사용할 권리를 독점한다. 다만, 그 상표권에 관하여 전용사용권을 설정한 때에는 전용사용권자가 등록상표를 사용할 권리를 독점하는 범위에서는 그러하지 아니하다.

2 　타인의 디자인권 등과의 관계에서 적극적 효력의 제한(제92조 제1항)

(1) 의의 및 취지

타 법률의 저촉되는 권리 간 사후적 조정을 위해, 등록상표의 사용이 먼저 출원된 타인의 특허권 등 또는 먼저 발생된 타인의 저작권과 저촉되는 경우, 그 자의 동의를 받지 아니하고는 사용할 수 없다.

(2) 요 건

① 상표권자 등이 등록상표를 사용하여야 한다.
② 상표등록 출원일 전에 출원된 또는 발생한 타인의 권리가 존재하여야 한다.
③ 그 사용 상태에 따라 선행권리와 저촉이 있어야 한다.

(3) 효 과

① 전용권의 제한

　상표권자 등은 동의를 받지 아니하고는 그 등록상표를 사용할 수 없다.

② 금지권이 제한되는지 여부(2006마232)

　제92조 제1항은 저작권자에 대한 관계에서 등록상표의 사용이 제한됨을 의미하는 것이고, 저작권자와 관계없는 제3자가 등록상표를 무단으로 사용하는 경우에 그 금지를 구할 수 없다는 의미는 아니다.

3   신의성실의 원칙에 반하는 상표의 적극적 효력의 제한(제92조 제2항)

(1) 의의 및 취지

공정한 상거래 관행 및 경쟁질서를 확립하기 위해, 등록상표의 사용이 부정경쟁방지법 제2조 제1호 파목에 따른 부정경쟁행위에 해당할 경우에는 타인의 동의를 받지 아니하고는 그 등록상표를 사용할 수 없다.

(2) 요 건

① 상표권자 등이 등록상표를 사용하고, 그 사용이 부정경쟁방지법 제2조 제1호 파목에 따른 부정경쟁행위에 해당하여야 한다.

② 부정경쟁방지법 제2조 제1호 파목에 따른 부정경쟁행위에 해당할 것(2010다20044)

    ㉠ 타인의 상당한 노력과 투자에 의하여 구축한 성과를 공정한 상거래 관행이나 경쟁질서에 반하여 자신의 영업을 위하여 무단으로 이용함으로써 타인의 경제적 이익을 침해하는 행위

    ㉡ 사안의 포섭

        법률상 보호할 가치가 있는지 여부, 타인과 경쟁관계에 있는지 여부 등을 고려하여 판단한다.

(3) 효 과

① 동의를 받은 경우에만 사용 가능(전용권의 제한)

    상표권자 등은 동의를 받지 아니하고는 그 등록상표를 사용할 수 없다.

② 금지권의 제한 여부

    상표권의 적극적 효력은 제한되나, 상표권자는 권원 없는 제3자의 사용을 금지시킬 수 있다(소극적 효력).

(4) 관련 문제

상표권의 사용이 본 호에 해당하는 경우, 제119조 제1항 제6호의 취소사유가 문제될 수 있다.

제93조(상표권 등의 이전 및 공유) ① 상표권은 그 지정상품마다 분할하여 이전할 수 있다. 이 경우 유사한 지정상품은 함께 이전하여야 한다.

② 상표권이 공유인 경우에는 각 공유자는 다른 공유자 모두의 동의를 받지 아니하면 그 지분을 양도하거나 그 지분을 목적으로 하는 질권을 설정할 수 없다.

③ 상표권이 공유인 경우에는 각 공유자는 다른 공유자 모두의 동의를 받지 아니하면 그 상표권에 대하여 전용사용권 또는 통상사용권을 설정할 수 없다.

④ 업무표장권은 양도할 수 없다. 다만, 그 업무와 함께 양도하는 경우에는 그러하지 아니하다.

⑤ 제34조 제1항 제1호 다목 단서, 같은 호 라목 단서 또는 같은 항 제3호 단서에 따라 등록된 상표권은 이전할 수 없다. 다만, 제34조 제1항 제1호 다목·라목 또는 같은 항 제3호의 명칭, 약칭 또는 표장과 관련된 업무와 함께 양도하는 경우에는 그러하지 아니하다.

⑥ 단체표장권은 이전할 수 없다. 다만, 법인의 합병의 경우에는 특허청장의 허가를 받아 이전할 수 있다.

⑦ 증명표장권은 이전할 수 없다. 다만, 해당 증명표장에 대하여 제3조 제3항에 따라 등록받을 수 있는 자에게 그 업무와 함께 이전할 경우에는 특허청장의 허가를 받아 이전할 수 있다.

⑧ 업무표장권, 제34조 제1항 제1호 다목 단서, 같은 호 라목 단서 또는 같은 항 제3호 단서에 따른 상표권, 단체표장권 또는 증명표장권을 목적으로 하는 질권은 설정할 수 없다.

제96조(상표권 등의 등록의 효력) ① 다음 각 호에 해당하는 사항은 등록하지 아니하면 그 효력이 발생하지 아니한다.

1. 상표권의 이전(상속이나 그 밖의 일반승계에 의한 경우는 제외한다)·변경·포기에 의한 소멸, 존속기간의 갱신, 상품분류전환, 지정상품의 추가 또는 처분의 제한

2. 상표권을 목적으로 하는 질권의 설정·이전(상속이나 그 밖의 일반승계에 의한 경우는 제외한다)·변경·소멸(권리의 혼동에 의한 경우는 제외한다) 또는 처분의 제한

② 제1항 각 호에 따른 상표권 및 질권의 상속이나 그 밖의 일반승계의 경우에는 지체 없이 그 취지를 특허청장에게 신고하여야 한다.

제106조(상표권의 소멸) ① 상표권자가 사망한 날부터 3년 이내에 상속인이 그 상표권의 이전등록을 하지 아니한 경우에는 상표권자가 사망한 날부터 3년이 되는 날의 다음 날에 상표권이 소멸된다.

② 상표권의 상속이 개시된 때 상속인이 없는 경우에는 그 상표권은 소멸된다.

③ 청산절차가 진행 중인 법인의 상표권은 법인의 청산종결등기일(청산종결등기가 되었더라도 청산사무가 사실상 끝나지 아니한 경우에는 청산사무가 사실상 끝난 날과 청산종결등기일부터 6개월이 지난 날 중 빠른 날로 한다. 이하 이 항에서 같다)까지 그 상표권의 이전등록을 하지 아니한 경우에는 청산종결등기일의 다음 날에 소멸된다.

1 　상표권의 이전

(1) 의 의

상표권의 이전이란 상표권의 내용과 동일성을 유지하며 상표권자만이 변경되는 것을 말한다. 상표권은 재산권의 일종이므로 자유로운 이전이 허용되나 출처의 오인·혼동을 방지하기 위하여 이전에 일정한 제한이 따른다.

(2) 이전의 태양 및 절차

① 이전의 태양

㉠ 발생 원인에 따라 : 특정승계와 일반승계

㉡ 이전 범위에 따라 : 전부승계와 일부승계

② 이전의 절차

㉠ 특정승계

등록원인을 증명하는 서류를 첨부한 권리이전등록신청서를 제출한다.

㉡ 일반승계

승계원인의 발생으로 당연히 이전되므로 별도의 절차를 요하지 않는다. 다만 상속이나 그 밖의 일반승계의 경우에는 지체 없이 그 취지를 특허청장에게 신고하여야 한다(제96조 제2항).

(3) 이전의 효력 발생과 효과

① 이전의 효력 발생

제96조 제1항 각 호에 따른 상표권 또는 질권의 설정, 변경 등은 등록을 하여야 그 효력이 발생하나, 일반승계에 의한 경우는 그러하지 아니하다. 단, 상표권 및 질권의 일반승계가 있는 경우에는 지체 없이 그 취지를 특허청장에게 신고하여야 한다.

② 이전의 효과

상표권의 이전은 '물의 처분'이므로 상표권 이전 시 내용 및 하자 등의 동일성을 유지하면서 그대로 이전된다.

(4) 이전의 제한

① 이전제한 사유(제93조 제1항 후단, 제2항, 제4항 내지 제7항)

㉠ 상표권 이전 시, 유사한 지정상품은 함께 이전하여야 한다.

㉡ 공유 상표권, 업무표장권, 제34조 제1항 제1호 다목 단서, 같은 호 라목 단서 또는 같은 항 제3호 단서에 따라 등록된 상표권의 이전 시, 본 규정에 따른 제한이 있다.

② 이전제한 위반의 효과

제93조의 이전 제한 위반 시, 제119조 제1항 제4호의 취소사유가 문제될 수 있다.

2 상표권의 공유

(1) 의 의

하나의 상표권을 2인 이상이 공동으로 소유하는 것을 말한다.

(2) 법적 성질

① 판례의 태도

상표권이 공유인 경우에 일정한 제약을 받아 그 범위에서 합유와 유사한 성질을 가지지만, 이러한 제약은 상표권이 무체재산권이라는 특수성에서 유래한 것으로 보일 뿐이고, 상표권의 공유자들이 반드시 공동목적이나 동업관계를 기초로 조합체를 형성하여 상표권을 소유하다고 볼 수 없을 뿐만 아니라 상표법에 합유관계로 본다는 명문의 규정도 없는 이상, 상표권의 공유에도 민법상의 공유의 규정이 적용될 수 있다.

② 검 토

무체재산권의 성격에 따라 상표권의 수익·처분 등의 일정한 제한이 따른다는 점에서 합유와 유사한 성질을 일부 가지나, 법에 달리 정함이 없는 한 민법의 공유의 규정이 적용되는 민법상 준공유에 해당한다고 봄이 타당하다.

(3) 공유상표권의 효력

① 적극적 효력

명문의 규정을 두지 않지만, 상표권의 본질적 속성상 공유자는 다른 공유자의 동의 없이 자유로이 사용할 수 있다고 보아야 하며, 지분비율에 따른 제한도 없다.

② 소극적 효력

㉠ 침해금지청구

민법상 공유물의 보존행위는 각자가 할 수 있으므로 1인이 단독으로 권리 전체에 행사할 수 있다.

㉡ 손해배상청구

손해배상청구는 처분행위이므로, 자기의 지분에 대해서만 가능하고, 1인이 단독으로 공유자 전체에 대한 손해배상청구는 할 수 없다.

(4) 공유상표권의 제한

① **지분 양도 및 질권 설정의 제한**(제93조 제2항)

상표권이 공유인 경우에는 각 공유자는 다른 공유자 모두의 동의를 받지 아니하면 그 지분을 양도하거나 그 지분을 목적으로 하는 질권을 설정할 수 없다.

② **사용권 설정의 제한**(제93조 제3항)

상표권이 공유인 경우에는 각 공유자는 다른 공유자 모두의 동의를 받지 아니하면 그 상표권에 대하여 전용사용권 또는 통상사용권을 설정할 수 없다.

③ **상품분류전환등록신청 등의 제한**(제209조 제4항)

상표권이 공유인 경우에는 공유자 전원이 공동으로 상품분류전환등록을 신청하여야 한다.

④ **심판청구 등의 제한**(제124조 제2, 3항)

㉠ 공유인 상표권의 상표권자에 대하여 심판을 청구할 경우에는 공유자 모두를 피청구인으로 청구하여야 한다.

㉡ 상표권 또는 상표등록을 받을 수 있는 권리의 공유자가 그 공유인 권리에 관하여 심판을 청구할 경우에는 공유자 모두가 공동으로 청구하여야 한다.

(5) 관련 문제

① 심결취소소송의 당사자 적격

㉠ 공유상표권자의 피고적격

공유자 전원이 피고적격을 갖는다고 보아도 부당한 결과가 발생하지 않기 때문에 공유상표권자를 상대로 심결취소소송을 제기할 때에는 공유자 전원 피고로 하여야 하는 고유필수적 공동소송에 해당한다.

㉡ 공유자의 원고적격

판례는 "심결취소소송은 공유자 전원이 공동으로 제기하여야만 하는 고유필수적 공동소송이라고 할 수 없고, 공유자의 1인이라도 당해 상표등록을 무효로 하거나 권리행사를 제한, 방해하는 심결이 있는 때에는 그 권리의 소멸을 방지하거나 그 권리행사방해배제를 위하여 단독으로 그 심결의 취소를 구할 수 있다"고 판시하여 공유자 일부의 원고적격을 인정한다.

ⓒ 공유자 중 1인의 단독심판청구 각하 심결에 대한 심결취소소송의 원고적격

　공유자 중 1인의 단독심판청구로 각하 심결을 받은 경우, 심결취소소송의 원고는 심결을 받은 1인에 한정되는지, 심판청구를 하지 않았던 다른 공유자도 원고가 될 수 있는지 문제되는데, 특허법원 판례는 "'심판청구를 하지 않은 공유자 중 1인'은 심결취소소송을 제기할 수 있는 자인 '당사자, 참가인, 참가의 신청이 거부된 자'에 해당하지 않으므로 원고적격이 인정되지 않는다"고 판시한 바 있다.

② 공유상표권의 일부 지분에 대한 무효심판 청구 가부

　특허처분은 하나의 특허출원에 대하여 하나의 특허권을 부여하는 단일한 행정행위이므로, 설령 그러한 특허처분에 의하여 수인을 공유자로 하는 특허등록이 이루어졌다고 하더라도, 그 특허처분 자체에 대한 무효를 청구하는 특허무효심판에서 일부 지분만의 무효심판을 청구하는 것은 허용할 수 없다.

③ 결정계 심판에서 심판청구인으로 공유자를 추가하는 보정 가부(2012. 3. 15. 개정법)

　제126조 제2항 제1호는 "청구인의 기재사항을 바로잡기 위하여 보정(추가하는 것을 포함한다)하는 경우"에는 요지변경이라도 허용하고 있으므로, 공유자를 심판청구인으로 추가하는 보정이 허용된다.

④ 공유자 중 일부의 존속기간갱신등록신청(2019. 10. 24. 개정법)

　공유자들의 시간적, 경제적 비용이 소요되는 문제점을 해소하기 위하여 구법 제84조 제3항을 삭제하였다.

04　사용권 제도

1　전용사용권

> **제95조(전용사용권)** ① 상표권자는 그 상표권에 관하여 타인에게 전용사용권을 설정할 수 있다.
> ② 업무표장권, 단체표장권 또는 증명표장권에 관하여는 전용사용권을 설정할 수 없다.
> ③ 제1항에 따른 전용사용권의 설정을 받은 전용사용권자는 그 설정행위로 정한 범위에서 지정상품에 관하여 등록상표를 사용할 권리를 독점한다.
> ④ 전용사용권자는 그 상품에 자기의 성명 또는 명칭을 표시하여야 한다.
> ⑤ 전용사용권자는 상속이나 그 밖의 일반승계의 경우를 제외하고는 상표권자의 동의를 받지 아니하면 그 전용사용권을 이전할 수 없다.
> ⑥ 전용사용권자는 상표권자의 동의를 받지 아니하면 그 전용사용권을 목적으로 하는 질권을 설정하거나 통상사용권을 설정할 수 없다.
> ⑦ 전용사용권의 이전 및 공유에 관하여는 제93조 제2항 및 제3항을 준용한다.

(1) 의의 및 법적 성질

　설정행위로 정한 범위 내에서 등록상표를 독점적으로 사용할 수 있는 권리를 말한다. 전용사용권은 준물권적 권리이다.

(2) 권리의 발생

2012년 개정법은 전용사용권을 등록하지 않아도 그 효력이 발생하도록 하였고, 등록을 제3자 대항요건으로 변경하여 사용권자의 보호를 강화하였다.

(3) 권리의 내용

전용사용권자는 설정행위로 정한 범위 내에서 사용을 독점하고, 상표권자의 사용도 배제된다(제95조 제3항). 전용사용권자는 전용사용권 침해에 대하여 침해금지청구, 손해배상 및 신용회복청구가 가능하고, 형사상 침해죄도 가능하다.

(4) 권리의 변동 및 소멸

① 변동 및 제한(제95조 제6항 및 제7항)

　㉠ 전용사용권자는 상표권자의 동의를 받지 아니하면 그 전용사용권을 목적으로 하는 질권을 설정하거나 통상사용권을 설정할 수 없다.

　㉡ 전용사용권의 이전 및 공유에 관하여는 제93조 제2항 및 제3항을 준용한다.

② 소 멸

상표권이 소멸하면 전용사용권도 소멸하며(부수성), 설정기간만료, 계약의 해제 및 해지, 전용사용권의 포기, 사용권등록취소심판 등으로 소멸될 수 있다.

(5) 전용사용권이 설정된 경우 상표권자의 민사상 조치 가부

① 침해금지청구

전용사용권이 설정된 경우 상표권자도 등록상표를 사용할 수 없지만 제3자가 정당한 권원 없이 등록상표를 사용하는 경우에는 상표권자가 이에 대하여 침해금지청구를 할 수 있다.

② 손해배상청구

손해배상청구를 하기 위해서는 손해가 발생하였어야 하므로 전용사용권이 상표권의 전 범위에 걸쳐 설정된 경우 상표권자에게는 손해가 발생하지 않은 것이므로 권원 없는 제3자의 사용에 대하여 상표권자가 손해배상청구를 할 수는 없다.

(6) 등록의 효력 − 제3자 대항요건(제100조 제1항)

제3자란 '해당 전용사용권의 설정 또는 이전에 관하여 당사자의 법률상 지위와 양립할 수 없는 법률상 지위를 취득한 자와 같이 등록의 흠결을 주장하는 데 정당한 이익을 가지는 자'에 한하고, 침해자는 포함되지 않는다.

---

2 통상사용권

제97조(통상사용권) ① 상표권자는 그 상표권에 관하여 타인에게 통상사용권을 설정할 수 있다.
② 제1항에 따른 통상사용권의 설정을 받은 통상사용권자는 그 설정행위로 정한 범위에서 지정상품에 관하여 등록상표를 사용할 권리를 가진다.
③ 통상사용권은 상속이나 그 밖의 일반승계의 경우를 제외하고는 상표권자(전용사용권에 관한 통상사용권의 경우에는 상표권자 및 전용사용권자를 말한다)의 동의를 받지 아니하면 이전할 수 없다.
④ 통상사용권은 상표권자(전용사용권에 관한 통상사용권의 경우에는 상표권자 및 전용사용권자를 말한다)의 동의를 받지 아니하면 그 통상사용권을 목적으로 하는 질권을 설정할 수 없다.
⑤ 통상사용권의 공유 및 설정의 제한 등에 관하여는 제93조 제2항 및 제95조 제2항·제4항을 준용한다.

(1) 의의 및 법적 성질

설정행위로 정한 범위 내에서 등록상표를 비독점적으로 사용할 수 있는 권리를 말한다. 채권적 권리이다.

(2) 권리의 발생

상표권자 또는 동의를 얻은 전용사용권자와의 계약에 의해 성립되며, 등록은 제3자 대항요건이다.

(3) 권리의 내용

설정범위 내에서 등록상표를 사용할 권리를 가지지만, 채권적 권리이므로 침해금지청구, 손해배상청구 등은 인정되지 않는다.

(4) 권리의 변동 및 소멸

① 변동 및 제한(제97조 제3항 내지 제5항)

  ㉠ 통상사용권은 상속이나 그 밖의 일반승계의 경우를 제외하고는 상표권자(전용사용권에 관한 통상사용권의 경우에는 상표권자 및 전용사용권자를 말한다)의 동의를 받지 아니하면 이전할 수 없다.

  ㉡ 통상사용권은 상표권자(전용사용권에 관한 통상사용권의 경우에는 상표권자 및 전용사용권자를 말한다)의 동의를 받지 아니하면 그 통상사용권을 목적으로 하는 질권을 설정할 수 없다.

  ㉢ 통상사용권의 공유 및 설정의 제한 등에 관하여는 제93조 제2항 및 제95조 제2항·제4항을 준용한다.

② 소 멸

상표권이 소멸하면 통상사용권도 소멸하며(부수성), 설정기간만료, 계약의 해제 및 해지, 통상사용권의 포기, 사용권등록취소심판 등으로 소멸될 수 있다.

(5) 등록의 효력 - 제3자 대항요건(제100조 제1항)

제3자란 '해당 전용사용권의 설정 또는 이전에 관하여 당사자의 법률상 지위와 양립할 수 없는 법률상 지위를 취득한 자와 같이 등록의 흠결을 주장하는 데 정당한 이익을 가지는 자'에 한하고, 침해자는 포함되지 않는다.

제84조(존속기간갱신등록신청) ① 제83조 제2항에 따라 존속기간갱신등록신청을 하고자 하는 상표권자(상표권이 공유인 경우 각 공유자도 상표권자로 본다. 이하 이 조에서 같다)는 다음 각 호의 사항을 적은 존속기간갱신등록신청서를 특허청장에게 제출하여야 한다.
1. 상표권자의 성명 및 주소(법인인 경우에는 그 명칭 및 영업소의 소재지를 말한다)
2. 대리인이 있는 경우에는 그 대리인의 성명 및 주소나 영업소의 소재지[대리인이 특허법인·특허법인(유한)인 경우에는 그 명칭, 사무소의 소재지 및 지정된 변리사의 성명을 말한다]
3. 등록상표의 등록번호
4. 지정상품 및 상품류
② 존속기간갱신등록신청서는 상표권의 존속기간 만료 전 1년 이내에 제출하여야 한다. 다만, 이 기간에 존속기간갱신등록신청을 하지 아니한 상표권자는 상표권의 존속기간이 끝난 후 6개월 이내에 할 수 있다.
③ 삭제
④ 제1항 및 제2항에서 규정한 사항 외에 존속기간갱신등록신청에 필요한 사항은 산업통상자원부령으로 정한다.

제85조(존속기간갱신등록신청 등의 효력) ① 제84조 제2항에 따른 기간에 존속기간갱신등록신청을 하면 상표권의 존속기간이 갱신된 것으로 본다.
② 존속기간갱신등록은 원등록(原登錄)의 효력이 끝나는 날의 다음 날부터 효력이 발생한다.

제118조(존속기간갱신등록의 무효심판) ① 이해관계인 또는 심사관은 존속기간갱신등록이 다음 각 호의 어느 하나에 해당하는 경우에는 무효심판을 청구할 수 있다. 이 경우 갱신등록된 등록상표의 지정상품이 둘 이상인 경우에는 지정상품마다 청구할 수 있다.
1. 존속기간갱신등록이 제84조 제2항에 위반된 경우
2. 해당 상표권자(상표권이 공유인 경우 각 공유자도 상표권자로 본다)가 아닌 자가 존속기간갱신등록신청을 한 경우
② 제1항에 따른 무효심판은 상표권이 소멸된 후에도 청구할 수 있다.
③ 존속기간갱신등록을 무효로 한다는 심결이 확정된 경우에는 그 존속기간갱신등록은 처음부터 없었던 것으로 본다.
④ 심판장은 제1항의 심판이 청구된 경우에는 그 취지를 해당 상표권의 전용사용권자와 그 밖에 상표에 관한 권리를 등록한 자에게 통지하여야 한다.

1 　의의 및 취지

상표법이 보호하고자 하는 상표의 기능은 계속적인 사용에 의해 축적되는 것이므로 존속기간 연장을 통해 영속적 권리로 유지할 수 있도록 하고 있다. 2010년 개정법은 신청제도로 변경하여 실체심사를 하지 않도록 하였다.

2 　법적 성질

(1) 갱신등록에 의하여 새로운 상표권이 설정된다고 하는 신권리발생설과 갱신등록은 원상표권의 존속기간을 연장하는 것에 불과하다는 권리연장설 간 대립이 있었다.

(2) 그러나 판례는 상표권의 존속기간갱신등록은 그 등록에 의하여 새로운 상표권이 발생하는 것이 아니라 존속기간이 만료하게 된 상표권이 상표권자와 지정상품의 동일성을 유지하면서 그 존속기간만을 연장하는 것이라 하여 권리연장설의 입장이다.

3 요건 및 절차

(1) 요 건

① 주체적 요건

㉠ 상표권자

㉡ 구법 제84조 제3항 삭제 및 제84조 제1항 괄호 신설

종전에는 상표권이 공유인 경우에는 공유자 모두가 공동으로 존속기간갱신등록신청을 하도록 하였으나, 2019. 10. 24. 시행 개정법 및 2024. 5. 1. 시행 개정법에서는 각 공유자가 단독으로 신청할 수 있도록 하여 주체적 요건을 완화하였다.

② 시기적 요건(제84조 제2항)

존속기간갱신등록신청은 상표권의 존속기간 만료 전 1년 이내 또는, 상표권의 존속기간이 끝난 후 6개월 이내에 할 수 있다.

(2) 절 차

존속기간갱신등록신청을 하려는 자는 존속기간갱신등록신청서를 제출해야 하며, 이에 대한 별도의 실체심사는 하지 않는다. 이 때, 제72조 제1항에 따라 상표등록료의 분할 납부가 가능하다.

4 효 과

(1) 존속기간갱신등록신청의 효과(제85조 제1항)

권리의 공백을 방지하기 위하여 제84조 제2항에 따른 기간에 존속기간갱신등록신청을 하면 상표권의 존속기간이 갱신된 것으로 본다.

(2) 존속기간갱신등록의 효과(제85조 제2항)

존속기간갱신등록은 원등록(原登錄)의 효력이 끝나는 날의 다음 날부터 효력이 발생한다.

5 존속기간갱신등록의 무효심판(제118조)

(1) 존속기간갱신등록 무효사유(제118조 제1항 제1호, 제2호)

① 시기적 요건 위반(제1호)

제84조 제2항에 따른 시기적 요건 위반(5년의 제척기간)

② 주체적 요건 위반(제2호)

상표권자가 아닌 자의 신청에 의해 갱신등록된 경우

(2) 청구권자 및 효과(제118조 제1항 내지 제3항)

① 이해관계인 또는 심사관이 존속기간갱신등록의 무효심판을 청구할 수 있으며, 상표권이 소멸된 후에도 청구할 수 있다.

② 존속기간갱신등록을 무효로 한다는 심결이 확정된 경우에는 그 존속기간갱신등록은 처음부터 없었던 것으로 본다.

(3) 복수의 갱신등록이 있는 경우 전 회 갱신등록에 대한 무효심판 가부(2002후505)

① 1차 갱신등록에 관한 무효심판청구가 적법한지 여부

갱신등록제도의 법적 성질에 비추어 2회의 갱신등록이 이루어진 후에 1차 갱신등록에 관하여 제기된 무효심판청구는 신의칙에 저촉되지 않으며 적법하다.

② 갱신등록 무효심결 확정된 경우 2차 갱신등록의 효력

존속기간갱신등록의 법적 성질을 권리연장설로 보는 이상 2차 갱신등록은 1차 갱신등록이 유효함을 전제로 유지되는 것이다. 따라서 상표권은 1차 갱신등록 전의 상표권의 존속기간이 종료하는 때에 소멸한다.

---

6 부적법 소멸등록 후 회복등록된 상표권의 존속기간갱신등록신청 기간(2016두36000)

(1) 부적법한 소멸등록 및 회복등록이 존속기간에 영향을 미치는지 여부

상표권 등록은 상표권 발생의 요건이지만 존속요건은 아니다. 따라서 상표권이 부적법하게 소멸등록되었다 하더라도 상표권의 효력에는 아무런 영향이 없고, 상표권의 존속기간도 그대로 진행한다. 상표권이 부적법하게 소멸등록된 때에는 상표권자는 등록령에 따라 그 회복을 신청할 수 있다. 이러한 회복등록은 부적법하게 말소된 등록을 회복하여 처음부터 그러한 말소가 없었던 것과 같은 효력을 보유하게 하는 등록에 불과하므로, 회복등록이 되었다고 해도 상표권의 존속기간에 영향이 있다고 볼 수 없다.

(2) 특허심판원 주심 심판관의 부적절한 제안이 있었던 경우, 특허청장의 존속기간갱신등록신청 반려처분이 신의칙에 반하는지 여부

상표권에는 다수의 이해관계가 복잡하게 얽힐 수 있으므로 상표권의 존속기간 만료 및 그 갱신 여부는 상표법의 규정에 따라 획일적으로 정해져야 한다는 점, 주심 심판관의 부적절한 제안은 특허청장의 공적인 견해표명으로 보기 어려운 점, 당사자는 법률전문가의 조언을 얻어 존속기간갱신등록을 신청할 수 있었는데 스스로 주심 심판관의 제안을 받아들여 이 방법을 취하지 않은 것이라는 점을 근거로, 손해배상을 청구할 수 있는지 여부는 별론으로 하고 상표권의 존속기간 및 갱신등록 신청기간이 달라진다고 할 수 없으며 특허청장의 반려처분이 신의칙에 반한다고 볼 수 없다.

제86조(지정상품추가등록출원) ① 상표권자 또는 출원인은 등록상표 또는 상표등록출원의 지정상품을 추가하여 상표등록을 받을 수 있다. 이 경우 추가등록된 지정상품에 대한 상표권의 존속기간 만료일은 그 등록상표권의 존속기간 만료일로 한다.
② 제1항에 따라 지정상품의 추가등록을 받으려는 자는 다음 각 호의 사항을 적은 지정상품의 추가등록출원서를 특허청장에게 제출하여야 한다.
1. 제36조 제1항 제1호·제2호·제5호 및 제6호의 사항
2. 상표등록번호 또는 상표등록출원번호
3. 추가로 지정할 상품 및 그 상품류

제87조(지정상품의 추가등록거절결정 및 거절이유통지) ① 심사관은 지정상품추가등록출원이 다음 각 호의 어느 하나에 해당하는 경우에는 그 지정상품의 추가등록거절결정을 하여야 한다. 이 경우 지정상품추가등록출원의 지정상품 일부가 다음 각 호의 어느 하나에 해당하는 경우에는 그 지정상품에 대하여만 지정상품의 추가등록거절결정을 하여야 한다.
1. 제54조 각 호의 어느 하나에 해당할 경우
2. 지정상품의 추가등록출원인이 해당 상표권자 또는 출원인이 아닌 경우
3. 등록상표의 상표권 또는 상표등록출원이 다음 각 목의 어느 하나에 해당하게 된 경우
   가. 상표권의 소멸
   나. 상표등록출원의 포기, 취하 또는 무효
   다. 상표등록출원에 대한 제54조에 따른 상표등록거절결정의 확정
② 심사관은 다음 각 호의 어느 하나에 해당하는 경우에는 출원인에게 거절이유를 통지하여야 한다. 이 경우 출원인은 산업통상자원부령으로 정하는 기간 내에 거절이유에 대한 의견서를 제출할 수 있다.
1. 제1항에 따라 지정상품의 추가등록거절결정을 하려는 경우
2. 제88조 제2항에 따라 준용되는 제68조의2 제1항에 따른 직권 재심사를 하여 취소된 지정상품의 추가등록결정 전에 이미 통지한 거절이유로 지정상품의 추가등록거절결정을 하려는 경우
③ 제2항 후단에 따른 기간 내에 의견서를 제출하지 아니한 출원인은 그 기간의 만료일부터 2개월 이내에 지정상품의 추가등록에 관한 절차를 계속 진행할 것을 신청하고, 그 기간 내에 거절이유에 대한 의견서를 제출할 수 있다.
④ 심사관은 제2항에 따라 거절이유를 통지하는 경우 지정상품별로 거절이유와 근거를 구체적으로 적어야 한다.

제88조(존속기간갱신등록신청 절차 등에 관한 준용) ① 존속기간갱신등록신청 절차의 보정에 관하여는 제39조를 준용한다.
② 지정상품추가등록출원에 관하여는 제37조, 제38조 제1항, 제39조부터 제43조까지, 제46조, 제47조, 제50조, 제53조, 제55조의2, 제57조부터 제68조까지, 제68조의2, 제69조, 제70조, 제128조, 제134조 제1호부터 제5호까지 및 제7호, 제144조, 「민사소송법」 제143조, 제299조 및 제367조를 준용한다.

1 의의 및 취지

지정상품의 범위를 확대할 필요가 생긴 경우 지정상품을 추가할 수 있도록 하고, 이를 원상표권에 합체시켜 상표권을 효율적으로 관리할 수 있도록 하기 위한 제도이다.

2 요 건

(1) 주체적 요건(제87조 제1항 제2호)

상표권자 또는 출원인이 지정상품의 추가등록출원인이 될 수 있다.

(2) 객체적 요건(제87조 제1항 제1호)

지정상품추가등록출원이 제54조 각 호의 어느 하나에 해당할 경우 지정상품의 추가등록거절결정될 수 있다.

(3) 시기적 요건(제87조 제1항 제3호)

① 상표권이 소멸되거나, ② 상표등록출원이 포기, 취하 또는 무효되거나, ③ 상표등록출원에 대한 제54조에 따른 상표등록거절결정이 확정되지 아니하여야 한다.

3 대 상

원출원 또는 원등록과 상관없이 지정상품을 모두 추가할 수 있다. 지정상품의 범위는 제한이 없다.

4 절차 및 심사

(1) 지정상품추가등록출원서의 제출(제86조 제2항)

지정상품의 추가등록을 받으려는 자는 제86조 제2항 각 호의 사항을 적은 지정상품의 추가등록출원서를 특허청장에게 제출하여야 한다.

(2) 지정상품추가등록출원의 심사(제88조 제2항, 제87조 제1항, 제2항, 제4항)

① 지정상품추가등록출원은 동일 상표에 새로운 지정상품만 추가하는 것이므로 통상의 상표등록출원에 대한 규정이 준용된다. 다만, 출원의 분할 및 변경은 준용되지 않는다.

② 추가등록거절결정을 하려는 경우에는 출원인에게 거절이유를 통지하여야 하며 이 경우 출원인은 거절이유에 대한 의견서를 제출할 수 있다.

③ 거절이유를 통지하는 경우 지정상품별로 거절이유와 근거를 구체적으로 적어야 한다.

(3) 상표등록출원으로의 변경(제44조 제2항)

지정상품추가등록출원을 한 출원인은 상표등록출원으로 변경할 수 있다. 다만, 지정상품추가등록출원의 기초가 된 등록상표에 대하여 무효심판 또는 취소심판이 청구되거나 그 등록상표가 무효심판 또는 취소심판 등으로 소멸된 경우에는 그러하지 아니하다.

5 효 과

(1) 지정상품추가등록의 효과(제86조 제1항 단서)

추가등록된 지정상품에 대한 상표권의 존속기간 만료일은 그 등록상표권의 존속기간 만료일로 한다.

(2) 지정상품추가등록출원 거절의 효과(독자성)

원권리에 아무런 영향이 없으며 출원인은 거절결정불복심판을 청구할 수 있다.

---

6 지정상품추가등록 무효심판(제117조)

(1) 지정상품추가등록 무효사유

다음의 사유에 해당하는 경우에는 지정상품추가등록이 무효가 될 수 있다.

① 지정상품추가등록에 일반적인 무효사유가 존재하는 경우

② 지정상품추가등록이 제117조 제1항 제2호에 따른 주체적 요건 및 제117조 제1항 제3호에 따른 시기적 요건을 위반하는 경우

(2) 청구권자 및 효과

① **청구권자** : 이해관계인 또는 심사관(제117조 제1항)

② 지정상품추가등록 무효심판은 상표권이 소멸된 후에도 청구할 수 있다(제117조 제2항).

③ **효과**(제117조 제3항)

상표등록을 무효로 한다는 심결이 확정된 경우에는 그 상표권은 처음부터 없었던 것으로 본다. 다만, 제1항 제5호부터 제7호까지의 규정에 따라 상표등록을 무효로 한다는 심결이 확정된 경우에는 상표권은 그 등록상표가 같은 호에 해당하게 된 때부터 없었던 것으로 본다.

---

07 상품분류전환등록

제209조(상품분류전환등록의 신청) ① 종전의 법(법률 제5355호 상표법 중 개정법률로 개정되기 전의 것을 말한다) 제10조 제1항에 따른 통상산업부령으로 정하는 상품류의 구분에 따라 상품을 지정하여 상표권의 설정등록, 지정 상품의 추가등록 또는 존속기간갱신등록을 받은 상표권자는 해당 지정상품을 상품류의 구분에 따라 전환하여 등록을 받아야 한다. 다만, 법률 제5355호 상표법 중 개정법률 제10조 제1항에 따른 통상산업부령으로 정하는 상품류의 구분에 따라 상품을 지정하여 존속기간갱신등록을 받은 자는 그러하지 아니하다.

② 제1항에 따른 상품분류전환등록을 받으려는 자는 다음 각 호의 사항을 적은 상품분류전환등록신청서를 특허청장에게 제출하여야 한다.

1. 신청인의 성명 및 주소(법인인 경우에는 그 명칭 및 영업소의 소재지를 말한다)
2. 신청인의 대리인이 있는 경우에는 그 대리인의 성명 및 주소나 영업소의 소재지[대리인이 특허법인·특허법인(유한)인 경우에는 그 명칭, 사무소의 소재지 및 지정된 변리사의 성명을 말한다]
3. 등록상표의 등록번호
4. 전환하여 등록받으려는 지정상품 및 그 상품류

③ 상품분류전환등록신청은 상표권의 존속기간이 만료되기 1년 전부터 존속기간이 만료된 후 6개월 이내의 기간에 하여야 한다.

④ 상표권이 공유인 경우에는 공유자 전원이 공동으로 상품분류전환등록을 신청하여야 한다.

제210조(상품분류전환등록의 거절결정 및 거절이유의 통지) ① 심사관은 상품분류전환등록신청이 다음 각 호의 어느 하나에 해당하는 경우에는 그 신청에 대하여 상품분류전환등록거절결정을 하여야 한다.

1. 상품분류전환등록신청의 지정상품을 해당 등록상표의 지정상품이 아닌 상품으로 하거나 지정상품의 범위를 실질적으로 확장한 경우
2. 상품분류전환등록신청의 지정상품이 상품류 구분과 일치하지 아니하는 경우
3. 상품분류전환등록을 신청한 자가 해당 등록상표의 상표권자가 아닌 경우
4. 제209조에 따른 상품분류전환등록신청의 요건을 갖추지 못한 경우
5. 상표권이 소멸하거나 존속기간갱신등록신청을 포기·취하하거나 존속기간갱신등록신청이 무효로 된 경우

② 심사관은 다음 각 호의 어느 하나에 해당하는 경우에는 신청인에게 거절이유를 통지하여야 한다. 이 경우 신청인은 산업통상자원부령으로 정하는 기간 내에 거절이유에 대한 의견서를 제출할 수 있다.
1. 제1항에 따라 상품분류전환등록거절결정을 하려는 경우
2. 제212조에 따라 준용되는 제68조의2 제1항에 따른 직권 재심사를 하여 취소된 상품분류전환등록결정 전에 이미 통지한 거절이유로 상품분류전환등록거절결정을 하려는 경우

③ 제2항 후단에 따른 기간 내에 의견서를 제출하지 아니한 신청인은 그 기간이 만료된 후 2개월 이내에 상품분류전환등록에 관한 절차를 계속 진행할 것을 신청하고, 그 기간 내에 거절이유에 대한 의견서를 제출할 수 있다.

④ 심사관은 제2항에 따라 거절이유를 통지하는 경우 지정상품별로 거절이유와 근거를 구체적으로 적어야 한다.

제211조(상품분류전환등록) 특허청장은 제212조에 따라 준용되는 제68조에 따른 상표등록결정이 있는 경우에는 지정상품의 분류를 전환하여 등록하여야 한다.

제212조(상품분류전환등록신청에 관한 준용) 상품분류전환등록신청에 관하여는 제38조 제1항, 제39조, 제40조, 제41조 제3항, 제42조, 제50조, 제55조의2, 제68조, 제68조의2, 제69조, 제70조, 제134조 제1호부터 제5호까지 및 제7호를 준용한다.

제213조(상품분류전환등록이 없는 경우 등의 상표권의 소멸) ① 다음 각 호의 어느 하나에 해당하는 경우 상품분류전환등록의 대상이 되는 지정상품에 관한 상표권은 제209조 제3항에 따른 상품분류전환등록신청기간의 만료일이 속하는 존속기간의 만료일 다음 날에 소멸한다.
1. 상품분류전환등록을 받아야 하는 자가 제209조 제3항에 따른 기간 내에 상품분류전환등록을 신청하지 아니하는 경우
2. 상품분류전환등록신청이 취하된 경우
3. 제18조 제1항에 따라 상품분류전환에 관한 절차가 무효로 된 경우
4. 상품분류전환등록거절결정이 확정된 경우
5. 제214조에 따라 상품분류전환등록을 무효로 한다는 심결이 확정된 경우

② 상품분류전환등록의 대상이 되는 지정상품으로서 제209조 제2항에 따른 상품분류전환등록신청서에 적지 아니한 지정상품에 관한 상표권은 상품분류전환등록신청서에 적은 지정상품이 제211조에 따라 전환등록되는 날에 소멸한다. 다만, 상품분류전환등록이 상표권의 존속기간 만료일 이전에 이루어지는 경우에는 상표권의 존속기간 만료일의 다음 날에 소멸한다.

제214조(상품분류전환등록의 무효심판) ① 이해관계인 또는 심사관은 상품분류전환등록이 다음 각 호의 어느 하나에 해당하는 경우에는 무효심판을 청구할 수 있다. 이 경우 상품분류전환등록에 관한 지정상품이 둘 이상 있는 경우에는 지정상품마다 청구할 수 있다.
1. 상품분류전환등록이 해당 등록상표의 지정상품이 아닌 상품으로 되거나 지정상품의 범위가 실질적으로 확장된 경우
2. 상품분류전환등록이 해당 등록상표의 상표권자가 아닌 자의 신청에 의하여 이루어진 경우
3. 상품분류전환등록이 제209조 제3항에 위반되는 경우

② 상품분류전환등록의 무효심판에 관하여는 제117조 제2항 및 제5항을 준용한다.

③ 상품분류전환등록을 무효로 한다는 심결이 확정된 경우에는 해당 상품분류전환등록은 처음부터 없었던 것으로 본다.

1 의의 및 취지

분류구분 불일치로 인한 권리범위의 불명확, 심사 지연을 해소하기 위해 구 한국상품류 구분에 따라 상품을 지정한 상표권자가 해당 등록상표의 지정상품을 현행 상품류 구분에 따라 전환하여 등록받도록 한 제도를 말한다.

2 요 건

(1) 주체적 요건(제210조 제1항 제3호, 제209조 제4항)

등록상표의 상표권자가 상품분류전환등록을 신청할 수 있다. 상표권이 공유인 경우에는 공유자 전원이 공동으로 상품분류전환등록을 신청하여야 한다.

(2) 객체적 요건

① 상품분류전등록신청의 대상이 될 것(제210조 제1항 제4호)

해당 등록상표가 제209조에 따른 상품분류전환등록신청의 요건을 갖추어야 한다.

② 원상표권의 존재(제210조 제1항 제5호)

상표권이 소멸하거나 존속기간갱신등록신청을 포기·취하하거나 존속기간갱신등록신청이 무효로 된 경우, 상품분류전환등록거절결정된다.

③ 거절이유(제210조 제1항 제1호, 제2호)

다음의 사유에 해당하는 경우 상품분류전환등록거절결정된다.

㉠ 상품분류전환등록신청의 지정상품을 해당 등록상표의 지정상품이 아닌 상품으로 하거나 지정상품의 범위를 실질적으로 확장한 경우

㉡ 상품분류전환등록신청의 지정상품이 상품류 구분과 일치하지 아니하는 경우

(3) 시기적 요건(제209조 제3항)

상품분류전환등록신청은 상표권의 존속기간이 만료되기 1년 전부터 존속기간이 만료된 후 6개월 이내의 기간에 하여야 한다.

3 절차 및 심사

(1) 상품분류전환등록신청서의 제출(제209조 제2항)

상품분류전환등록을 받으려는 자는 제209조 제2항 각 호의 사항을 적은 상품분류전환등록신청서를 특허청장에게 제출하여야 한다.

(2) 지정상품추가등록출원의 심사 및 결정(제210조)

심사관은 상품분류전환등록신청이 제210조 제1항 각 호에 해당하는 경우, 그 신청에 대하여 상품분류전환등록거절결정을 하여야 한다. 심사관은 상품분류전환등록거절결정을 하려는 경우에는 신청인에게 거절이유를 통지하여야 하며, 지정상품별로 거절이유와 근거를 구체적으로 적어야 한다. 이 경우, 신청인은 거절이유에 대한 의견서를 제출할 수 있다.

4　효과(제211조, 제213조)

(1) 특허청장은 상품분류전환등록신청에 거절이유를 발견할 수 없는 경우, 지정상품의 분류를 전환하여 등록하여야 한다.

(2) 제211조 제1항 각 호의 어느 하나에 해당하는 경우 상품분류전환등록의 대상이 되는 지정상품에 관한 상표권은 상품분류전환등록신청기간의 만료일이 속하는 존속기간의 만료일 다음 날에 소멸한다.

(3) 상품분류전환등록의 대상이 되는 지정상품으로서 상품분류전환등록신청서에 적지 아니한 지정상품에 관한 상표권은 상품분류전환등록신청서에 적은 지정상품이 전환등록되는 날에 소멸한다. 다만, 상품분류전환등록이 상표권의 존속기간 만료일 이전에 이루어지는 경우에는 상표권의 존속기간 만료일의 다음 날에 소멸한다.

5　상품분류전환등록 무효심판(제214조)

(1) 상품분류전환등록 무효사유(제1항)

① **지정상품범위의 확장**
상품분류전환등록이 해당 등록상표의 지정상품이 아닌 상품으로 되거나 지정상품의 범위가 실질적으로 확장된 경우

② **주체적 요건 위반**
상품분류전환등록이 해당 등록상표의 상표권자가 아닌 자의 신청에 의하여 이루어진 경우

③ **시기적 요건 위반**
상품분류전환등록이 제209조 제3항에 위반되는 경우, 이 경우 5년의 제척기간 내 무효심판을 청구하여야 한다.

(2) 청구권자 및 효과

① 상품분류전환등록 무효심판은 이해관계인 또는 심사관이 청구할 수 있으며, 상표권이 소멸된 후에도 청구할 수 있다.

② 상품분류전환등록을 무효로 한다는 심결이 확정된 경우에는 해당 상품분류전환등록은 처음부터 없었던 것으로 본다.

1 서 설

(1) 상표권은 설정등록(제82조 제1항)에 의해 발생하며, 상표권자는 등록상표의 사용을 독점하므로(제89조 본문), 정당한 권원 없는 자의 상표권 보호범위 내 사용은 상표권 침해가 된다(제108조 제1항 제1호).

(2) 상표권은 무체재산권으로 침해가 용이한 반면, 침해 여부 판단이 쉽지 않고 침해 시 일반 수요자에 미치는 영향이 크다. 따라서 상표권 금지권의 범위를 유사범위로 확대하고(제108조 제1항 제1호), 간접침해 규정을 두고 있으며(제108조 제1항 제2호), 손해액의 추정(제110조), 법정손해배상제도(제111조), 고의의 추정(제112조), 신용회복청구(제113조), 서류제출명령(제114조) 등을 규정하여 상표권자를 실효적으로 보호하고 있고, 나아가 상표권 침해죄를 비친고죄로 규정하고 있다(제230조).

2 상표권 침해의 요건

(1) 침 해

> **제108조(침해로 보는 행위)** ① 다음 각 호의 어느 하나에 해당하는 행위는 상표권(지리적 표시 단체표장권은 제외한다) 또는 전용사용권을 침해한 것으로 본다.
> 1. 타인의 등록상표와 동일한 상표를 그 지정상품과 유사한 상품에 사용하거나 타인의 등록상표와 유사한 상표를 그 지정상품과 동일·유사한 상품에 사용하는 행위
> 2. 타인의 등록상표와 동일·유사한 상표를 그 지정상품과 동일·유사한 상품에 사용하거나 사용하게 할 목적으로 교부·판매·위조·모조 또는 소지하는 행위
> 3. 타인의 등록상표를 위조 또는 모조하거나 위조 또는 모조하게 할 목적으로 그 용구를 제작·교부·판매 또는 소지하는 행위
> 4. 타인의 등록상표 또는 이와 유사한 상표가 표시된 지정상품과 동일·유사한 상품을 양도 또는 인도하기 위하여 소지하는 행위
> ② 다음 각 호의 어느 하나에 해당하는 행위는 지리적 표시 단체표장권을 침해한 것으로 본다.
> 1. 타인의 지리적 표시 등록단체표장과 유사한 상표(동음이의어 지리적 표시는 제외한다. 이하 이 항에서 같다)를 그 지정상품과 동일하다고 인정되는 상품에 사용하는 행위
> 2. 타인의 지리적 표시 등록단체표장과 동일·유사한 상표를 그 지정상품과 동일하다고 인정되는 상품에 사용하거나 사용하게 할 목적으로 교부·판매·위조·모조 또는 소지하는 행위
> 3. 타인의 지리적 표시 등록단체표장을 위조 또는 모조하거나 위조 또는 모조하게 할 목적으로 그 용구를 제작·교부·판매 또는 소지하는 행위
> 4. 타인의 지리적 표시 등록단체표장과 동일·유사한 상표가 표시된 지정상품과 동일하다고 인정되는 상품을 양도 또는 인도하기 위하여 소지하는 행위

(2) 침해의 요건

유효한 상표권에 대하여 정당한 권원 없이 상표권의 보호범위 내에서 상표적으로 사용하는 경우로 상표권의 효력에 제한되는 경우가 아니어야 하며, 상표권의 행사 등이 권리남용에 해당하지 않아야 한다.

(3) 관련 문제

① 정당 권원의 항변

㉠ 침해의 주장을 받은 등록권리자의 정당한 권원은 전용권의 범위에 한하므로, 그 등록상표와 유사한 범위에서 사용한 경우에는 정당한 권원이 있다는 항변이 받아들여질 수 없다.

㉡ 삼부자 사건(2011다73793)

사용권자가 등록상표를 직접 사용하지 않고 사용권이 없는 제3자가 사용하는 때에는, 제3자가 사용권자와 주종관계를 맺고 사용권자의 영업이익을 위하여 사용자의 실질적인 통제 아래 등록상표를 사용하는 것과 같이 거래 사회의 통념상 제3자가 아닌 사용권자가 등록상표를 사용하고 있다고 볼 수 있는 경우에 한하여, 사용권자는 물론 제3자도 상표권 침해의 책임을 지지 않는다.

㉢ 루이비통 사건(2010도15512)

개별 도형들을 일정한 간격을 두고 규칙적, 반복적으로 배열한 사용표장은 별도의 식별력을 갖게 되므로, 개별 도형 각각의 상표권에 기초한 상표사용권은 전체 형태의 사용표장에 미치지 않는다.

② 저명한 상표권의 소극적 효력

상표권의 금지권은 등록상표의 지정상품과 동일·유사한 상품에 사용되는 상표에 대하여만 인정되는 것이고 이종상품에 사용되는 상표에 대하여까지 그러한 효력이 미치는 것은 아니며, 이는 저명상표의 경우에도 마찬가지이다.

---

3 침해가 문제되는 경우의 조치

(1) 제3자의 사용

제3자의 사용에 대하여 상표법상 사용금지 및 부정경쟁방지법상 사용금지 청구를 검토할 수 있다.

(2) 권리자의 조치

① 상표권

㉠ 경고장 송부

㉡ 민사상 조치

㉢ 형사상 조치

㉣ 적극적 권리범위확인심판

㉤ 증거보전신청

㉥ 가처분 신청

㉦ 비밀유지명령신청

② 출 원

㉠ 서면 경고

㉡ 우선심사신청

(3) 경고 받은 자의 조치

① 침해 경고의 타당성 검토

② 권리 하자 유무 검토

③ 침해 경고가 부당하거나 권리 하자가 있는 경우

　　㉠ 답변서 송부 및 항변

　　㉡ 무효심판 또는 취소심판 청구

　　㉢ 소극적 권리범위확인심판

　　㉣ 소송절차중지신청

　　㉤ 부경법상 사용금지 청구

④ 침해 경고가 타당하고 권리 하자가 없는 경우

　　㉠ 사용중지　　　　　　　　　㉡ 상표권 양수

　　㉢ 사용권 설정계약　　　　　　㉣ 화 해

　　㉤ 중 재　　　　　　　　　　㉥ 조 정

09　특허권 등의 존속기간 만료 후 사용권(제98조)

> **제98조(특허권 등의 존속기간 만료 후 상표를 사용하는 권리)** ① 상표등록출원일 전 또는 상표등록출원일과 동일한 날에 출원되어 등록된 특허권이 그 상표권과 저촉되는 경우 그 특허권의 존속기간이 만료되는 때에는 그 원특허권자는 원특허권의 범위에서 그 등록상표의 지정상품과 동일·유사한 상품에 대하여 그 등록상표와 동일·유사한 상표를 사용할 권리를 가진다. 다만, 부정경쟁의 목적으로 그 상표를 사용하는 경우에는 그러하지 아니하다.
> ② 상표등록출원일 전 또는 상표등록출원일과 동일한 날에 출원되어 등록된 특허권이 그 상표권과 저촉되는 경우 그 특허권의 존속기간이 만료되는 때에는 그 만료되는 당시에 존재하는 특허권에 대한 전용실시권 또는 그 특허권이나 전용실시권에 대한 「특허법」 제118조 제1항의 효력을 가지는 통상실시권을 가진 자는 원권리의 범위에서 그 등록상표의 지정상품과 동일·유사한 상품에 대하여 그 등록상표와 동일·유사한 상표를 사용할 권리를 가진다. 다만, 부정경쟁의 목적으로 그 상표를 사용하는 경우에는 그러하지 아니하다.
> ③ 제2항에 따라 상표를 사용할 권리를 가진 자는 상표권자 또는 전용사용권자에게 상당한 대가를 지급하여야 한다.
> ④ 해당 상표권자 또는 전용사용권자는 제1항 또는 제2항에 따라 상표를 사용할 권리를 가진 자에게 그 자의 업무에 관한 상품과 자기의 업무에 관한 상품 간에 혼동을 방지하는 데 필요한 표시를 하도록 청구할 수 있다.
> ⑤ 제1항 및 제2항에 따른 상표를 사용할 권리를 이전(상속이나 그 밖의 일반승계에 의한 경우는 제외한다)하려는 경우에는 상표권자 또는 전용사용권자의 동의를 받아야 한다.
> ⑥ 상표등록출원일 전 또는 상표등록출원일과 동일한 날에 출원되어 등록된 실용신안권 또는 디자인권이 그 상표권과 저촉되는 경우로서 그 실용신안권 또는 디자인권의 존속기간이 만료되는 경우에는 제1항부터 제5항까지의 규정을 준용한다.

1　의의 및 취지

존속기간이 만료된 특허권 등의 계속적 실시를 보장하여 기존 설비의 보호를 통해 산업발전 저해를 방지하기 위함이다.

2 적용 요건

상표등록출원일 전 또는 동일한 날에 출원되어 등록된 특허권 등이 존속기간 만료로 소멸하고, 그 특허권 등이 상표권과 저촉되고, 부정경쟁 목적에 의한 상표 사용이 아닐 것이 요구된다.

3 권리의 내용

(1) 사용권을 가지는 자(제1, 2항)

원특허권자 등 또는 그 특허권 등의 존속기간이 만료되는 당시에 존재하는 특허권 등에 대한 전용실시권 또는 그 특허권 등이나 전용실시권에 대한 통상실시권을 가진 자가 사용권을 가질 수 있다.

(2) 사용권의 범위

본 규정의 사용권은 원실시권 범위 내에서 인정된다.

(3) 대가(제3항)

본 규정에 따라 상표를 사용할 권리를 가진 자는 상표권자 또는 전용사용권자에게 상당한 대가를 지급하여야 한다.

(4) 혼동방지 청구권(제4항)

해당 상표권자 또는 전용사용권자는 본 규정에 따라 상표를 사용할 권리를 가진 자에게 그 자의 업무에 관한 상품과 자기의 업무에 관한 상품 간에 혼동을 방지하는 데 필요한 표시를 하도록 청구할 수 있다.

4 관련 문제

(1) 사용권 이전의 제한(제5항)

본 규정에 따른 상표를 사용할 권리를 이전(상속이나 그 밖의 일반승계에 의한 경우는 제외한다)하려는 경우에는 상표권자 또는 전용사용권자의 동의를 받아야 한다.

(2) 본 규정의 사용권자가 제119조 제1항 제3호의 통상사용권자에 포함되는지 여부

원특허권자 등은 상표권자의 통제 하에 있는 자가 아니며, 상표등록 취소로 인한 불이익이 없으므로 본 호의 통상사용권자에 포함되지 않는다.

10   선사용권(제99조)

> **제99조(선사용에 따른 상표를 계속 사용할 권리)** ① 타인의 등록상표와 동일·유사한 상표를 그 지정상품과 동일·유사한 상품에 사용하는 자로서 다음 각 호의 요건을 모두 갖춘 자(그 지위를 승계한 자를 포함한다)는 해당 상표를 그 사용하는 상품에 대하여 계속하여 사용할 권리를 가진다.
> 1. 부정경쟁의 목적이 없이 타인의 상표등록출원 전부터 국내에서 계속하여 사용하고 있을 것
> 2. 제1호에 따라 상표를 사용한 결과 타인의 상표등록출원 시에 국내 수요자 간에 그 상표가 특정인의 상품을 표시하는 것이라고 인식되어 있을 것
> ② 자기의 성명·상호 등 인격의 동일성을 표시하는 수단을 상거래 관행에 따라 상표로 사용하는 자로서 제1항 제1호의 요건을 갖춘 자는 해당 상표를 그 사용하는 상품에 대하여 계속 사용할 권리를 가진다.
> ③ 상표권자나 전용사용권자는 제1항에 따라 상표를 사용할 권리를 가지는 자에게 그 자의 상품과 자기의 상품 간에 출처의 오인이나 혼동을 방지하는 데 필요한 표시를 할 것을 청구할 수 있다.

1   의의 및 취지

제1항의 선사용권은 모방상표의 등록으로 인한 기대이익을 차단하고 선사용자를 보호하여 선출원주의를 보완하기 위함이다. 제2항의 선사용권은 인격권 보호를 통해 영세상인 등을 보호하기 위함이다.

2   적용 요건

(1) 제99조 제1항

① 타인의 등록상표와 동일·유사한 상표를 그 지정상품과 동일·유사한 상품에 사용하는 자

② 부정경쟁의 목적이 없을 것(입증책임 : 선사용자)

③ 상표를 사용한 결과 타인의 상표등록출원 시에 국내 수요자 간에 그 상표가 특정인의 상품을 표시하는 것이라고 인식되어 있을 것

④ 해당 상표를 그 사용하는 상품에 대하여 계속하여 사용할 것

(2) 제99조 제2항

① 자기의 성명·상호 등 인격의 동일성을 표시하는 수단을 상거래 관행에 따라 상표로 사용하는 자

② 부정경쟁의 목적이 없을 것(입증책임 : 선사용자)

③ 인식도 불필요

④ 해당 상표를 그 사용하는 상품에 대하여 계속하여 사용할 것

(3) '계속하여' 사용의 의미

타인의 상표등록출원 전 상표를 사용하였더라도 그 후 사용을 중단했다면 선사용권을 인정할 필요가 없기 때문이다. 여기서 '계속성'은 절대적 의미의 계속성이라 볼 수는 없고, 부득이한 사정으로 사용하지 못한 경우에는 예외를 인정할 수 있다.

3 **선사용권의 내용**

(1) 사용권의 범위

선사용권을 가지는 자는 자기의 상표를 그 사용하는 상품에 대하여 계속하여 사용할 수 있다.

(2) 선사용권을 가지는 자

① 제99조 제1항 : 요건을 충족한 자 + 지위를 승계한 자(영업의 승계인)

② 제99조 제2항 : 요건을 충족한 자(지위를 승계한 자는 포함되지 않는다)

(3) 대 가

선사용권을 가지는 자는 무상으로 자기의 상표를 사용할 수 있다.

(4) 혼동방지 표시 청구권(제3항) **– 제1항의 선사용권에만 인정됨**

상표권자나 전용사용권자는 제99조 제1항에 따른 선사용권을 가지는 자에게 그 자의 상품과 자기의 상품 간에 출처의 오인이나 혼동을 방지하는 데 필요한 표시를 할 것을 청구할 수 있다.

4 **관련 문제**

(1) 사용권 이전의 제한

① 제99조 제1항의 선사용권은 영업과 함께 이전이 가능하다.

② 제99조 제2항의 선사용권의 이전 허용 여부와 관련하여, 제99조 제2항의 선사용권은 인격권적인 요소가 있으나 기본적으로 재산권에 해당하고, 영세상인의 처분도 적극적으로 지원함이 본 규정의 취지에 부합한다는 점에서 영업과 함께 이전이 가능하다고 봄이 타당하다.

(2) 본 호의 사용권자가 제119조 제1항 제3호의 통상사용권자에 포함되는지 여부

선사용권자는 상표권자의 통제 하에 있는 자가 아니며, 상표등록 취소로 인한 불이익이 없으므로 본 호의 통상사용권자에 포함되지 않는다.

5 **경과 규정**

제1항의 선사용권은 타인의 상표등록출원이 2007. 7. 1. 이후 출원된 경우 적용되며, 제2항의 선사용권은 2013. 10. 6. 시행 개정법으로 도입된 이후부터 주장할 수 있다.

제90조(상표권의 효력이 미치지 아니하는 범위) ① 상표권(지리적 표시 단체표장권은 제외한다)은 다음 각 호의 어느 하나에 해당하는 경우에는 그 효력이 미치지 아니한다.

1. 자기의 성명·명칭 또는 상호·초상·서명·인장 또는 저명한 아호·예명·필명과 이들의 저명한 약칭을 상거래 관행에 따라 사용하는 상표

2. 등록상표의 지정상품과 동일·유사한 상품의 보통명칭·산지·품질·원재료·효능·용도·수량·형상·가격 또는 생산방법·가공방법·사용방법 및 시기를 보통으로 사용하는 방법으로 표시하는 상표

3. 입체적 형상으로 된 등록상표의 경우에는 그 입체적 형상이 누구의 업무에 관련된 상품을 표시하는 것인지 식별할 수 없는 경우에 등록상표의 지정상품과 동일·유사한 상품에 사용하는 등록상표의 입체적 형상과 동일·유사한 형상으로 된 상표

4. 등록상표의 지정상품과 동일·유사한 상품에 대하여 관용하는 상표와 현저한 지리적 명칭 및 그 약어 또는 지도로 된 상표

5. 등록상표의 저정상품 또는 그 지정상품 포장의 기능을 확보하는 데 불가결한 형상, 색채, 색채의 조합, 소리 또는 냄새로 된 상표

② 지리적 표시 단체표장권은 다음 각 호의 어느 하나에 해당하는 경우에는 그 효력이 미치지 아니한다.

1. 제1항 제1호·제2호(산지에 해당하는 경우는 제외한다) 또는 제5호에 해당하는 상표

2. 지리적 표시 등록단체표장의 지정상품과 동일하다고 인정되어 있는 상품에 대하여 관용하는 상표

3. 지리적 표시 등록단체표장의 지정상품과 동일하다고 인정되어 있는 상품에 사용하는 지리적 표시로서 해당 지역에서 그 상품을 생산·제조 또는 가공하는 것을 업으로 영위하는 자가 사용하는 지리적 표시 또는 동음이의어 지리적 표시

4. 선출원에 의한 등록상표가 지리적 표시 등록단체표장과 동일·유사한 지리적 표시를 포함하고 있는 경우에 상표권자, 전용사용권자 또는 통상사용권자가 지정상품에 사용하는 등록상표

③ 제1항 제1호는 상표권의 설정등록이 있은 후에 부정경쟁의 목적으로 자기의 성명·명칭 또는 상호·초상·서명·인장 또는 저명한 아호·예명·필명과 이들의 저명한 약칭을 사용하는 경우에는 적용하지 아니한다.

1 제90조 제1항 제1호

(1) 의의 및 취지

사용자의 인격권(상호권) 보호를 위해 부정경쟁의 목적 없이 자기의 성명, 명칭 또는 상호 등을 상거래 관행에 따라 사용하는 상표에 대해서는 상표권의 효력이 미치지 않는다.

(2) 적용 요건

① 자기의 성명·명칭 또는 상호·초상·서명·인장 또는 저명한 아호·예명·필명과 이들의 저명한 약칭

㉠ 회사표시를 생략한 경우의 취급

구법상 효력이 미친다고 하였으나 개정법에서 표현태양을 완화시켰고, 거래사회에서 상품에 상호를 표시함에 있어 회사종류부분을 생략하는 경우도 흔히 있다는 점, 인격의 동일성이 유지된다는 점을 고려할 때 상호의 약칭이 아닌 그 자체로 봄이 타당하다.

ⓛ 구법상 판례의 태도(2000후3708)

법인인 회사가 그 상호를 표시하면서 회사의 종류를 표시하는 부분을 생략한 경우에는 그것이 널리 알려져 있지 않은 이상 일반 수요자가 반드시 상호로 인식한다고 할 수 없어 이를 회사의 상호를 보통으로 사용하는 방법으로 표시한 것으로 볼 수 없고, 단지 상호의 약칭에 불과하다고 할 것이고, 이러한 약칭의 표시는 그것이 저명하지 않는 한 상표권의 효력이 미친다고 할 것이다.

② 상거래 관행에 따라 사용하는 상표

㉠ 2016년 개정법은 '보통으로 사용하는 방법으로 표시하는 상표'에 한하여 적용하던 것을 '상거래 관행에 따라 사용하는 상표'로 표현태양을 완화하여 탄력적인 해석이 가능하도록 하였다.

㉡ 옥류관 사건(2000후3807)

• 본 호는 순수한 상호로서의 사용에 한하여 적용된다고 볼 수 없고, 일부 출처표시 기능이 발휘되는 상표적 사용에 해당하여도 자기의 상호를 상거래 관행에 따라 사용하는 경우라면 본 호의 적용이 있다고 할 것이다. 다만, 구성태양 및 사용태양에 비추어 '오로지 상표적 사용으로만 인식'되는 경우에는 본 호의 적용이 있다고 보기 어렵다.

• 상거래 관행에 따른 사용인지 판단 방법

구법상 판례는 사용된 표장의 위치, 배열, 크기, 다른 문구와의 연결관계, 도형과 결합되어 사용되었는지 여부 등 실제 사용태양을 종합하여 거래통념상 자기의 상호 등을 보통으로 사용하는 방법으로 표시한 경우에 해당하는지 여부를 판단하여야 한다고 하였다.

③ 부정경쟁의 목적이 없을 것

㉠ 의미 및 입증책임

부정경쟁의 목적이란 등록된 상표권자의 신용을 이용하여 부당한 이익을 얻을 목적을 말하고 단지 등록된 상표라는 것을 알고 있었다는 사실만으로 그와 같은 목적이 있다고 보기에는 부족하다. 부정경쟁 목적에 대한 입증책임은 상표권자에게 있다.

㉡ 부정경쟁 목적의 판단 방법(99도3997)

상표권 침해자 측의 상표선정의 동기, 피침해상표를 알고 있었는지 여부 등 주관적 사정과 상표의 유사성과 피침해상표의 신용상태, 영업목적의 유사성 및 영업활동의 지역적 인접성, 상표권 침해자 측의 현실의 사용상태 등의 객관적 사정을 고려하여 판단하여야 한다.

㉢ 메디팜 사건(2011후538)

상표법 제90조 제3항은 어떤 명칭이나 상호 등의 신용 내지 명성에 편승하려는 등 목적으로 이를 모방한 명칭이나 상호 등을 표장으로 사용하는 것을 금지시키는 데 그 취지가 있으므로, 등록된 상표가 신용을 얻게 된 경위는 문제되지 않으며 지정상품에 대하여 주지성을 얻어야만 부정경쟁의 목적이 인정되는 것도 아니다.

㉣ 거북이약품 사건(92후1844)

부정경쟁의 목적이란 등록된 상표권자의 신용을 이용하여 부당한 이익을 얻을 목적을 말하는 것이며, 여기서의 "등록된 상표권자의 신용"은 반드시 등록된 상표가 동일성을 유지하면서 그대로 사용되어 국내에 널리 인식되었을 때에만 형성되는 것으로 보아야 할 것은 아니고, 등록상표의 구성부분 중 일부의 사용으로써도 부정경쟁자와의 관계에 있어서는 등록상표 자체의 주지성이 획득되어 부정경쟁방지의 보호대상이 되는 것이다.

2 제90조 제1항 제2호

(1) 의의 및 취지

보통명칭 또는 기술적 표장에 대한 사용을 개방하여 자유롭고 공정한 경쟁을 보장하기 위함이다.

(2) 적용 요건

① 등록상표의 지정상품과 동일·유사한 상품의 보통명칭·산지·품질·원재료·효능·용도·수량·형상·가격 또는 생산방법·가공방법·사용방법 및 시기

본 호의 표장에 해당하는지 여부는 그 표장이 지니고 있는 관념, 지정상품과의 관계, 거래사회의 실정 등을 감안하여 객관적으로 판단하여야 한다(94후1008).

② 보통으로 사용하는 방법으로 표시하는 상표

㉠ 본 호의 표장이 다른 구성과 결합된 경우(2013후3289)

상표가 도안화되어 있더라도 전체적으로 볼 때 그 도안화의 정도가 일반 수요자의 특별한 주의를 끌어 문자의 관념을 상쇄, 흡수하는 등으로 새로운 식별력을 가질 정도에는 이르지 못한다면 여전히 상표법 제90조 제1항 제2호에 규정된 위 각 상표에 해당한다고 보아야 한다.

㉡ 상표가 도안화된 경우(2009후3572)

상표가 도안화되어 있더라도 전체적으로 볼 때 그 도안화의 정도가 일반인의 특별한 주의를 끌어 문자의 기술적 또는 설명적인 의미를 직감할 수 없는 등 새로운 식별력을 가질 정도에는 이르지 못하여 일반 수요자나 거래자들이 사용상품을 고려하였을 때 품질·효능·용도 등을 표시하고 있는 것으로 직감할 수 있으면 본 호의 상표에 해당한다.

㉢ 제33조 제1항 제3호의 판단과의 관계(2009후3572)

제33조에서는 상표의 구성태양을 기초로 하여 상표 자체의 표현을 중심으로 판단하는 것임에 반하여, 본 호에 있어서는 상표권의 효력에 관한 문제로서 상표의 구성태양뿐 아니라 구체적인 사용태양을 중심으로 판단하여야 한다.

㉣ 표장의 구체적 의미를 직감하기 어려운 경우(2006후1131)

확인대상표장의 'INTARSIA' 부분을 보고 수요자가 'INTARSIA' 부분의 구체적인 의미를 직감하지는 못한다고 하더라도 그 사용태양에 비추어 이 부분이 양말의 품질 등을 가리키는 것으로 사용되었음을 직감할 수는 있다.

3 제90조 제1항 제3호

(1) 의의 및 취지

입체상표의 권리보호 범위를 명확히 하기 위하여 본 호에 해당하는 입체적 형상에는 상표권의 효력이 미치지 않는다.

(2) 적용 요건

본 호는 입체적 형상으로 된 등록상표에 있어서 그 입체적 형상이 누구의 업무에 관련된 상품을 표시하는 것인지 식별할 수 없는 경우, 등록상표의 지정상품과 동일·유사한 상품에 사용하는 등록상표의 입체적 형상과 동일·유사한 형상으로 된 상표를 사용할 것을 요건으로 한다.

4 **제90조 제1항 제4호**

(1) 의의 및 취지

관용표장 또는 현저한 지리적 명칭에 대한 사용을 개방하여 자유롭고 공정한 경쟁을 보장하기 위함이다.

(2) 적용 요건

① 등록상표의 지정상품과 동일·유사한 상품에 대하여 관용하는 상표와 현저한 지리적 명칭 및 그 약어 또는 지도로 된 상표

본 호의 표장에 해당하는지 여부는 그 표장이 지니고 있는 관념, 지정상품과의 관계, 거래사회의 실정 등을 감안하여 객관적으로 판단하여야 한다.

② 보통으로 사용하는 방법으로 표시하는 상표일 것 불요(98후1518)

관용표장이나 현저한 지리적 명칭 등이 보통으로 사용하는 방법으로 표시된 표장으로 한정하지 아니하고 있으므로, 보통으로 사용하는 방법과 달리 도안되거나 다른 문자 또는 도형과 결합된 것이라 하더라도, 그 도안된 부분이나 추가적으로 결합된 문자나 도형 부분이 특히 일반의 주의를 끌만한 것이 아니어서 전체적으로 보아 지리적 명칭이나 관용표장 또는 그 결합표장에 흡수되어 불가분의 일체를 구성하고 있다면, 본 호에서 정한 상표에 해당한다.

5 **제90조 제1항 제5호**

등록상표의 지정상품 또는 그 지정상품 포장의 기능을 확보하는데 불가결한 형상, 색채, 색채의 조합, 소리 또는 냄새에 대한 자유롭고 효율적인 경쟁을 보장하기 위함이다.

6 **관련 문제**

(1) 판단 시점

제90조의 각 항 각 호에 해당하는지 여부는 권리범위확인심판에서는 심결 시, 침해금지청구소송에서는 사실심 변론 종결 시를 기준으로 판단한다.

(2) 각 항 각 호의 관계

제90조 각 항 각 호는 독립한 사유로서, 하나의 사유에 해당하면 상표권의 효력이 제한되며, 둘 이상 규정이 문제된다고 하여 모든 규정의 요건을 만족하여야 하는 것은 아니다.

(3) 등록상표 일부분에 적용 가부(2013후2446)

상표권의 권리범위확인심판 청구에서 확인대상표장이 결합표장인 경우, 그 전체뿐만 아니라 그중 분리 인식될 수 있는 일부만이 상표법 제90조 제1항 각 호에 해당하더라도 거기에 상표권의 효력은 미치지 아니하는 것이고, 그 부분을 제외한 나머지 부분에 의하여 확인대상표장이 등록상표의 권리범위에 속하는지 여부를 판단해야 한다.

12　권리남용

1　의 의

권리의 사회적 기능을 존중하여 사권의 행사와 다른 법익과의 충돌을 조정하고 제한하는 것이다. 상표법은 권리의 사회성으로 인한 권리남용의 문제가 많다.

2　판단 기준 및 주관적 요건의 면제(2005다67223)

원칙적으로 객관적으로 권리행사가 사회질서에 반하고, 주관적으로 권리행사에 이익이 없으면서 오직 상대방에게 고통, 손해를 주는 것을 목적으로 해야 하나, 판례는 이러한 주관적 요건이 반드시 필요한 것은 아니라고 하였다.

3　소극적 효력 제한

(1) 신의칙에 반하는 경우

　① 진한 커피 사건(2005다67223)

　　상표권자가 당해 상표를 출원·등록하게 된 목적과 경위, 상표권을 행사하기에 이른 구체적·개별적 사정 등에 비추어, 상대방에 대한 상표권의 행사가 상표사용자의 업무상의 신용유지와 수요자의 이익보호를 목적으로 하는 상표제도의 목적이나 기능을 일탈하여 공정한 경쟁질서와 상거래 질서를 어지럽히고 수요자 사이에 혼동을 초래하거나 상대방에 대한 관계에서 신의성실의 원칙에 위배되는 등 법적으로 보호받을 만한 가치가 없다고 인정되는 경우에는, 그 상표권의 행사는 비록 권리행사의 외형을 갖추었다 하더라도 등록상표에 관한 권리를 남용하는 것으로서 허용될 수 없고, 상표권의 행사를 제한하는 위와 같은 근거에 비추어 볼 때 상표권 행사의 목적이 오직 상대방에게 고통을 주고 손해를 입히려는 데 있을 뿐 이를 행사하는 사람에게는 아무런 이익이 없어야 한다는 주관적 요건을 반드시 필요로 하는 것은 아니다.

　② KGB 사건(2004마101)

　　미등록 외국상표에 관한 수입판매권을 양도한 자가 스스로 그와 유사한 모방상표를 먼저 등록한 다음, 양수인 측을 상대로 상표사용금지가처분을 구한 사안에서, 판례는 "그 출원이 자타상품식별을 위한 것이 아니라, 외국 제품의 독점적 수입판매권을 부여받는 내용의 계약을 강제하거나 그러한 계약을 맺는 과정에서 유리한 입지를 확보하여 부당한 이익을 얻기 위한 부정한 의도 하에 출원된 것으로 보이고, 독점수입판매권과 함께 영업을 양도하였으므로 적어도 계약기간 동안에는 제품에 대한 수입판매권이 유지, 보장될 수 있도록 협력하고 이를 방해해서는 안 되며, 양도인으로서 일정 기간 동안 동종업에 관한 경업금지의무를 부담한다고 할 것인데, 이러한 동일·유사한 상표를 출원, 등록하는 것은 신의칙 내지 사회질서에 반하는 것으로서 상표권을 남용한 권리의 행사이다"고 판시하였다.

③ ACM 사건(2005다39099)

외국 회사와 국내 총판대리점 관계에 있던 자가 총판대리점 관계에 있던 기간 중 상표를 출원, 등록하고, 총판대리점계약이 종료된 후 외국 회사가 국내에 설립한 법인이 제품을 제조·판매하자 상표권 침해금지를 구한 사안에서, 판례는 "상표제도의 목적이나 기능을 일탈하여 공정한 경쟁질서와 상거래 질서를 어지럽히고 상대방에 대한 관계에서 신의성실의 원칙에 위배되는 행위여서 법적으로 보호받을 만한 가치가 없다고 인정되므로, 상표권을 남용하는 것으로서 허용될 수 없다"고 판시하였다.

(2) 무효사유가 명백한 경우(2010다103000)

① 공정력

상표법은 등록상표가 일정한 사유에 해당하는 경우 별도로 마련한 상표등록의 무효심판절차를 거쳐 등록을 무효로 할 수 있도록 규정하고 있으므로, 상표는 일단 등록된 이상 비록 등록무효사유가 있다고 하더라도 이와 같은 심판에 의하여 무효로 한다는 심결이 확정되지 않는 한 대세적(對世的)으로 무효로 되는 것은 아니다.

② 무효사유가 명백한 경우 권리행사

㉠ 무효사유가 명백한 상표등록은 형식적으로 유지되고 있을 뿐임에도 그에 관한 상표권을 별다른 제한 없이 독점·배타적으로 행사할 수 있도록 하는 것은 상표의 사용과 관련된 공공의 이익을 부당하게 훼손할 뿐만 아니라, 상표를 보호함으로써 상표사용자의 업무상 신용유지를 도모하여 산업발전에 이바지함과 아울러 수요자의 이익을 보호하고자 하는 상표법의 목적에도 배치되는 것이다.

㉡ 또한 상표권도 사적 재산권의 하나인 이상 그 실질적 가치에 부응하여 정의와 공평의 이념에 맞게 행사되어야 할 것인데, 상표등록이 무효로 될 것임이 명백하여 법적으로 보호받을 만한 가치가 없음에도 형식적으로 상표등록이 되어 있음을 기화로 그 상표를 사용하는 자를 상대로 침해금지 또는 손해배상 등을 청구할 수 있도록 용인하는 것은 상표권자에게 부당한 이익을 주고 그 상표를 사용하는 자에게는 불합리한 고통이나 손해를 줄 뿐이므로 실질적 정의와 당사자들 사이의 형평에도 어긋난다.

㉢ 이러한 점들에 비추어 보면, 등록상표에 대한 등록무효 심결이 확정되기 전이라고 하더라도 상표등록이 무효심판에 의하여 무효로 될 것임이 명백한 경우에는 상표권에 기초한 침해금지 또는 손해배상 등의 청구는 특별한 사정이 없는 한 권리남용에 해당하여 허용되지 아니한다고 보아야 한다.

③ 민사 법원의 무효사유 판단 가부

상표권침해소송을 담당하는 법원으로서도 상표권자의 그러한 청구가 권리남용에 해당한다는 항변이 있는 경우 그 당부를 살피기 위한 전제로서 상표등록의 무효 여부에 대하여 심리, 판단할 수 있다.

(3) 악의 주지·저명한 후행등록상표의 권리행사(2012다6059, 2012다6035)

① 악의의 주지상표에 대한 권리행사가 권리남용인지 여부

어떤 상표가 정당하게 출원·등록된 이후에 등록상표와 동일·유사한 상표를 그 지정상품과 동일·유사한 상품에 정당한 이유 없이 사용한 결과 그 사용상표가 국내의 일반 수요자들에게 알려지게 되었다고 하더라도, 사용상표와 관련하여 얻은 신용과 고객흡인력은 등록상표의 상표권을 침해하는 행위에 의한 것으로서 보호받을 만한 가치가 없고 그러한 상표의 사용을 용인한다면 우리 상표법이 취하고 있는 등록주의 원칙의 근간을 훼손하게 되므로, 위와 같은 상표 사용으로 시장에서 형성된 일반 수요자들의 인식만을 근거로 하여 상표 사용자를 상대로 한 등록상표의 상표권에 기초한 침해금지 또는 손해배상 등의 청구가 권리남용에 해당한다고 볼 수는 없다.

② 제34조 제1항 제12호와 악의의 주지상표

　㉠ 선행 등록상표의 등록 이후에 등록결정이 된 후행 등록상표가 선행 등록상표와 표장 및 지정상품이 동일·유사하고, 또한 후행 등록상표의 등록결정 당시 특정인의 상표라고 인식된 타인의 상표가 선행 등록상표의 등록 이후부터 사용되어 온 것이라고 하더라도, 이러한 타인의 사용상표(이하 '후발 선사용상표'라고 한다)와의 관계에서 후행 등록상표가 상표법 제34조 제1항 제12호 후단에서 규정하고 있는 '수요자를 기만할 염려가 있는 상표'에 해당하여 등록이 무효로 될 수 있고, 그 결과 후발 선사용상표가 사실상 보호받는 것처럼 보일 수는 있다.

　㉡ 그러나 위 규정의 취지가 후발 선사용상표를 보호하려는 데 있는 것이 아니라 이미 특정인의 상표라고 인식된 상표를 사용하는 상품의 출처 등에 관한 일반 수요자들의 오인·혼동을 방지하여 이에 대한 신뢰를 보호하려는 데 있음을 고려할 때, 그러한 결과는 일반 수요자들의 이익을 보호함에 따른 간접적·반사적인 효과에 지나지 아니하므로, 그러한 사정을 들어 후발 선사용상표의 사용이 선행 등록상표에 대한 관계에서 정당하게 된다거나 선행 등록상표의 상표권에 대한 침해를 면하게 된다고 볼 수는 없다.

(4) 등록상표권에 취소사유가 명백한 경우(97다36262)

　적법하게 출원·등록된 상표인 이상 비록 등록취소사유가 있다 하더라도 그 등록취소 심결 등에 의하여 취소가 확정될 때까지는 여전히 유효한 권리로서 보호받을 수 있으므로, 그 상표권에 기한 금지청구가 권리남용 또는 신의칙 위반에 해당된다고 볼 수 없다.

4　적극적 효력 제한

(1) 상표법 제89조 및 부정경쟁방지법 제15조

> **제89조(상표권의 효력)** 상표권자는 지정상품에 관하여 그 등록상표를 사용할 권리를 독점한다. 다만, 그 상표권에 관하여 전용사용권을 설정한 때에는 제95조 제3항에 따라 전용사용권자가 등록상표를 사용할 권리를 독점하는 범위에서는 그러하지 아니하다.
>
> **부정경쟁방지법 제15조(다른 법률과의 관계)** ① 「특허법」, 「실용신안법」, 「디자인보호법」, 「상표법」, 「농수산물품질관리법」 또는 「개인정보 보호법」에 제2조부터 제6조까지 및 제18조 제3항과 다른 규정이 있으면 그 법에 따른다.
> ② 「독점규제 및 공정거래에 관한 법률」, 「표시·광고의 공정화에 관한 법률」, 「하도급거래 공정화에 관한 법률」 또는 「형법」 중 국기·국장에 관한 규정에 제2조 제1호 라목부터 바목까지, 차목부터 파목까지, 제3조부터 제6조까지 및 제18조 제3항과 다른 규정이 있으면 그 법에 따른다.

(2) 판례의 태도(92도2054)

　부정경쟁방지법 제15조는 상표법 등 다른 법률에 부정경쟁방지법과 다른 규정이 있는 경우에는 부정경쟁방지법의 규정을 적용하지 아니하고 다른 법률의 규정을 적용하도록 규정하고 있으나, 상표권의 등록이 자기의 상품을 타인의 상품과 식별시킬 목적으로 한 것이 아니고 국내에서 널리 인식되어 사용되고 있는 타인의 상표와 동일·유사한 상표를 사용하여 일반 수요자로 하여금 타인의 상품과 혼동을 일으키게 하여 이익을 얻을 목적으로 형식상 상표권을 취득하는 것이라면 그 상표의 등록출원 자체가 부정경쟁행위를 목적으로 하는 것으로서, 가사 권리행사의 외형을 갖추었다 하더라도 이는 상표법을 악용하거나 남용한 것이 되어 상표법에 의한 적법한 권리의 행사라고 인정할 수 없으므로 이러한 경우에는 부정경쟁 방지법 제15조의 적용이 배제된다.

---

13 권리소진 이론

1 의 의

상표권자 등이 국내에서 상표, 상품을 양도한 경우에는 상표권은 그 목적을 달성한 것으로서 소진되고 이후 당해 상품의 양도, 사용행위에는 더 이상 효력이 미치지 않는다.

2 권리소진 이론이 적용되지 않는 경우

(1) 판례의 태도

원래의 상품과의 동일성을 해할 정도의 가공이나 수선을 하는 때에는 실질적으로 생산행위를 하는 것과 마찬가지이므로 이러한 경우에는 상표권자의 권리를 침해하는 것으로 본다.

(2) 동일성을 해할 정도의 가공이나 수선인지 여부의 판단 방법

동일성을 해할 정도의 가공이나 수선으로서 생산행위에 해당하는가의 여부는 당해 상품의 객관적인 성질, 이용형태 및 상표법의 규정취지와 상표의 기능 등을 종합하여 판단하여야 한다.

3 구체적 사안

(1) 후지카메라 사건(2002도3445)

적법 유통된 1회용 카메라의 몸체를 이용하여 카메라의 성능이나 품질 면에서 중요하고도 본질적인 부분 인 필름을 갈아 끼우고 새로 포장한 경우, 이는 상품의 동일성을 해할 정도로 본래의 품질이나 형상에 변경을 가한 경우에 해당하고, 이는 실질적 재생산에 해당하므로, 상표권자는 상표권을 행사할 수 있다.

(2) 사기도박카드 사건(2009도3929)

타인의 등록상표가 인쇄된 트럼프카드를 구입한 후 뒷면에 특수 렌즈 또는 적외선 필터를 사용해야만 식별 가능한 특수염료로 무늬와 숫자를 인쇄한 경우, 이는 육안으로 식별이 불가능하여 특수한 방법으로 사용하지 않는 이상 여전히 그 본래의 용도대로 사용될 수 있고, 이를 알고 취득하는 수요자로서는 출처 를 혼동할 염려가 없으며 이를 모르고 취득하는 수요자로서는 본래의 기능에 따라 사용하게 될 것이므 로, 상품의 동일성을 해할 정도의 가공, 수선이라 보기 어렵다.

(3) 통상사용권자가 계약조건을 위반하여 상품을 양도한 경우

① **사용권자가 통상사용권의 범위를 넘어서 사용하는 경우의 취급**

지정상품, 존속기간, 지역 등 통상사용권의 범위는 통상사용권계약에 따라 부여되는 것이므로 이를 넘는 통상사용권자의 사용행위는 상표권자의 동의를 받지 않은 것으로 볼 수 있다.

② **계약상 부수적인 조건을 위반한 경우**(2018도14446)

통상사용권자가 계약상 부수적인 조건을 위반하여 상품을 양도한 경우까지 일률적으로 상표권자의 동의를 받지 않은 양도행위로서 권리소진의 원칙이 배제된다고 볼 수는 없고, 계약의 구체적인 내용, 상표의 주된 기능인 상표의 상품 출처표시 및 품질보증 기능의 훼손 여부, 상표권자가 상품 판매로 보상을 받았음에도 추가적인 유통을 금지할 이익과 상품을 구입한 수요자 보호의 필요성 등을 종합하여 상표권의 소진 여부 및 상표권이 침해되었는지 여부를 판단하여야 한다.

14 | 진정상품 병행수입

1 | 의 의

국내외 동일한 상표권을 소유하고 있는 상표권자에 의해 일국에서 적법하게 유통된 진정상품을 권원 없는 제3자가 허락 없이 수입, 판매하는 행위를 말한다.

2 | 허용 여부

속지주의 원칙과 정당권리자 신용훼손 우려를 근거로 금지해야 한다는 견해와 국제적 소진이론, 상표기능론에 근거하여 허용해야 한다는 견해가 있다. 생각건대, 소비자들의 상품선택범위 확대, 경쟁 촉진을 위하여 허용함이 타당하다.

3 | 허용 요건

(1) 판례의 태도(2006다40423)

상표기능론에 입각하여 진정상품이어야 하며, 광의의 출처원이 동일하고, 품질이 동일하면 진정상품 병행수입을 허용하는 입장이다.

(2) '광의의 출처원이 동일할 것'

① **판례의 태도**

외국의 상표권자 내지 정당한 사용권자가 그 수입된 상품에 상표를 부착하였어야 하고, 그 외국 상표권자와 우리나라의 등록상표권자가 법적 또는 경제적으로 밀접한 관계에 있거나 그 밖의 사정에 의하여 위와 같은 수입상품에 부착된 상표가 우리나라의 등록상표와 동일한 출처를 표시하는 것으로 볼 수 있는 경우

② 법적 또는 경제적으로 밀접한 관계에 있는 경우

국내상표권자가 외국상표권자의 총대리점, 독점적 판매업자, 계열회사 관계에 있는 경우

③ 국내에 전용사용자가 있는 경우

    ㉠ 전용사용권자가 수입만 하는 경우

      광의의 출처원 및 품질이 동일하므로 병행수입이 허용된다.

    ㉡ 전용사용권자가 독자적인 영업상 신용을 획득한 경우(2010도790)

      전용사용권자와 상표권자 사이에 전용사용권 설정에 따른 계약관계 이외에 달리 동일인이라거나 같은 계열사라는 등의 특별한 관계가 없는 경우로서, 전용사용권자가 독립한 영업적 신용을 형성한 경우나 품질에 있어 실질적인 차이가 있는 경우라면 진정상품 병행수입은 허용될 수 없다.

(3) '품질이 동일할 것' 판단 방법(2006다40423)

품질의 차이란 제품 자체의 성능, 내구성 등의 차이를 의미하는 것이지 그에 부수되는 서비스로서의 고객지원, 무상수리, 부품교체 등의 유무에 따른 차이를 말하는 것이 아니다.

(4) 판매지 제한 약정 위반

판례는 외국의 상표권자 또는 사용권자가 상표 부착한 이후, 거래 당사자 사이의 판매지 제한 약정을 위반하여 다른 지역에 상품이 판매 내지 수출되더라도, 그 사정만으로 상품의 출처가 변하는 것은 아니라고 하였다.

4 | 상품 소분 행위

(1) 견해 대립

상표권자만 소분 판매 행위를 독점하게 하는 것은 수요자 이익에 반한다는 긍정하는 견해와 소분 행위에 의하여 상표의 기능이 훼손될 우려가 있으므로 부정하는 견해가 있다.

(2) 판례의 태도(2011도17524)

상표권자 내지 정당한 사용권자에 의해 등록상표가 표시된 상품을 양수 또는 수입한 자가 임의로 상품을 소량으로 나누어 새로운 용기에 담는 방식으로 포장한 후 등록상표를 표시하거나 위와 같이 등록상표를 표시한 것을 양도하였다면, 비록 그 내용물이 상표권자 등의 제품이라 하더라도 상품의 출처표시 기능이나 품질보증 기능을 해칠 염려가 있으므로, 이러한 행위는 특별한 사정이 없는 한 상표권을 침해하는 행위에 해당한다.

(3) 검 토

상품의 소분 행위는 상품의 품질과 신용 유지에 힘쓰는 상표권자의 이익을 해하는 것으로서 상표권의 침해에 해당한다.

5 광고 선전 행위 허용 여부[소극적 광고 선전 - 내부 간판, 쇼핑백 / 적극적 광고 선전 - 명함의 이면, 외부 간판](99다42322)

(1) 적극적 광고 선전 행위가 상표권 침해인지 여부

상표는 기본적으로 당해 상표가 부착된 상품의 출처가 특정한 영업주체임을 나타내는 상품 출처표시 기능과 이에 수반되는 품질보증 기능이 주된 기능이라는 점 등에 비추어 볼 때 병행수입업자가 적극적으로 상표권자의 상표를 사용하여 광고·선전행위를 하더라도 그로 인하여 위와 같은 상표의 기능을 훼손할 우려가 없고 국내 일반 수요자들에게 상품의 출처나 품질에 관하여 오인·혼동을 불러일으킬 가능성도 없다면 이러한 행위는 상표권 침해라 볼 수 없다.

(2) 적극적 광고 선전 행위에 대한 부정경쟁방지법상 조치 가부

병행수입업자가 적극적으로 상표권자의 상표를 사용하여 광고·선전 행위를 한 것이 상표권 침해가 성립하지 아니한다고 하더라도, 그 사용태양 등에 비추어 영업표지로서의 기능을 갖는 경우에는 일반 수요자들로 하여금 병행수입업자가 외국 본사의 국내 공인 대리점 등으로 오인하게 할 우려가 있으므로, 이러한 사용행위는 부정경쟁방지 및 영업비밀보호에 관한 법률 제2조 제1호 나목 소정의 영업주체혼동 행위에 해당되어 허용될 수 없다.

(3) 소극적 수입, 판매 행위

사용에 따른 신용이 국내 상표권자에게 귀속하므로 상표권 침해의 문제는 없고, 출처혼동이 없으므로 부정경쟁방지법상 문제없다.

15 상표권자의 민사상 조치

1 경고

침해 중지를 촉구하고 계속 시 법적 조치를 강구하겠다는 경고장을 내용증명 우편으로 발송한다. 고의 입증과 합의 도출에 유리하다.

2 민사상 조치

(1) 침해금지청구

> **제107조(권리침해에 대한 금지청구권 등)** ① 상표권자 또는 전용사용권자는 자기의 권리를 침해한 자 또는 침해할 우려가 있는 자에 대하여 그 침해의 금지 또는 예방을 청구할 수 있다.
> ② 상표권자 또는 전용사용권자가 제1항에 따른 청구를 할 경우에는 침해행위를 조성한 물건의 폐기, 침해행위에 제공된 설비의 제거나 그 밖에 필요한 조치를 청구할 수 있다.
> ③ 제1항에 따른 침해의 금지 또는 예방을 청구하는 소가 제기된 경우 법원은 원고 또는 고소인(이 법에 따른 공소가 제기된 경우만 해당한다)의 신청에 의하여 임시로 침해행위의 금지, 침해행위에 사용된 물건 등의 압류나 그 밖에 필요한 조치를 명할 수 있다. 이 경우 법원은 원고 또는 고소인에게 담보를 제공하게 할 수 있다.

① 발생 요건

현실적인 침해 또는 침해할 우려가 객관적으로 존재하고, 주관적 요건(침해자의 고의, 과실)은 불요한다.

② 청구권자 : 상표권자 또는 전용사용권자

③ 권리의 내용

침해 행위를 중단시키고, 침해 행위를 조성한 물건의 폐기, 침해 행위에 제공된 설비의 제거, 기타 침해의 예방에 필요한 행위를 청구할 수 있다.

④ 임시조치(제3항)

침해의 금지 또는 예방을 청구하는 소가 제기된 경우 법원은 원고 또는 고소인(이 법에 따른 공소가 제기된 경우만 해당한다)의 신청에 의하여 임시로 침해행위의 금지, 침해행위에 사용된 물건 등의 압류나 그 밖에 필요한 조치를 명할 수 있다. 이 경우 법원은 원고 또는 고소인에게 담보를 제공하게 할 수 있다.

(2) 침해금지가처분신청

① 의 의

본안소송의 확정 판결을 기다릴 수 없는 긴급한 경우, 침해금지청구권을 피보전 권리로 하여 침해의 정지를 명하는 가처분을 신청할 수 있다.

② 요 건

㉠ 피보전 권리가 존재하고, 보전의 필요성이 인정되어야 한다.

㉡ 피보전 권리의 존재 여부는 상표권 침해 여부 판단 문제로 귀착된다.

③ 보전의 필요성 판단(2006다29983)

㉠ 보전의 필요성은 당해 가처분신청의 인용 여부에 따른 당사자 쌍방의 이해득실관계, 본안소송에 있어서의 장래의 승패의 예상, 기타의 제반 사정을 고려하여 법원의 재량에 따라 합목적적으로 결정하여야 할 것인 바, 조만간 실효(무효 또는 취소 심결 확정)될 상표권에 기한 가처분 신청이나, 국내에 영업활동이 없어 침해될 영업상의 이익이 없는 경우에는 보전의 필요성이 부인된다.

㉡ 침해의 금지 또는 예방을 청구하는 소가 제기된 경우 법원은 원고 또는 고소인(이 법에 따른 공소가 제기된 경우만 해당한다)의 신청에 의하여 임시로 침해행위의 금지, 침해행위에 사용된 물건 등의 압류나 그 밖에 필요한 조치를 명할 수 있다. 이 경우 법원은 원고 또는 고소인에게 담보를 제공하게 할 수 있다.

(3) 손해배상청구(제109조)

상표권자 또는 전용사용권자는 자기의 상표권 또는 전용사용권을 고의 또는 과실로 침해한 자에 대하여 그 침해에 의하여 자기가 받은 손해의 배상을 청구할 수 있다.

(4) 신용회복청구(제113조)

법원은 고의나 과실로 상표권 또는 전용사용권을 침해함으로써 상표권자 또는 전용사용권자의 업무상 신용을 떨어뜨린 자에 대해서는 상표권자 또는 전용사용권자의 청구에 의하여 손해배상을 갈음하거나 손해배상과 함께 상표권자 또는 전용사용권자의 업무상 신용회복을 위하여 필요한 조치를 명할 수 있다.

(5) 서류의 제출(제114조)

법원은 상표권 또는 전용사용권의 침해에 관한 소송에서 당사자의 신청에 의하여 다른 당사자에 대하여 해당 침해행위로 인한 손해를 계산하는 데에 필요한 서류의 제출을 명할 수 있다. 다만, 그 서류의 소지자가 그 서류의 제출을 거절할 정당한 이유가 있는 경우에는 그러하지 아니하다.

(6) 부당이득반환청구(민법 제741조)

침해자의 고의, 과실 불문하며, 3년의 단기소멸 시효가 적용되지 않는다.

16 **손해배상청구권**

제109조(손해배상의 청구) 상표권자 또는 전용사용권자는 자기의 상표권 또는 전용사용권을 고의 또는 과실로 침해한 자에 대하여 그 침해에 의하여 자기가 받은 손해의 배상을 청구할 수 있다.

제110조(손해액의 추정 등) ① 제109조에 따른 손해배상을 청구하는 경우 그 권리를 침해한 자가 그 침해행위를 하게 한 상품을 양도하였을 때에는 다음 각 호에 해당하는 금액의 합계액을 상표권자 또는 전용사용권자가 입은 손해액으로 할 수 있다.

1. 그 상품의 양도수량(상표권자 또는 전용사용권자가 그 침해행위 외의 사유로 판매할 수 없었던 사정이 있는 경우에는 그 침해행위 외의 사유로 판매할 수 없었던 수량을 뺀 수량) 중 상표권자 또는 전용사용권자가 생산할 수 있었던 상품의 수량에서 실제 판매한 상품의 수량을 뺀 수량을 넘지 아니하는 수량에 상표권자 또는 전용사용권자가 그 침해행위가 없었다면 판매할 수 있었던 상품의 단위수량당 이익액을 곱한 금액

2. 그 상품의 양도수량 중 상표권자 또는 전용사용권자가 생산할 수 있었던 상품의 수량에서 실제 판매한 상품의 수량을 뺀 수량을 넘는 수량 또는 그 침해행위 외의 사유로 판매할 수 없었던 수량이 있는 경우 이들 수량(상표권자 또는 전용사용권자가 그 상표권자의 상표권에 대한 전용사용권의 설정, 통상사용권의 허락 또는 그 전용사용권자의 전용사용권에 대한 통상사용권의 허락을 할 수 있었다고 인정되지 아니하는 경우에는 해당 수량을 뺀 수량)에 대해서는 상표등록을 받은 상표의 사용에 대하여 합리적으로 받을 수 있는 금액

② 삭제

③ 제109조에 따른 손해배상을 청구하는 경우 권리를 침해한 자가 그 침해행위에 의하여 이익을 받은 경우에는 그 이익액을 상표권자 또는 전용사용권자가 받은 손해액으로 추정한다.

④ 제109조에 따른 손해배상을 청구하는 경우 그 등록상표의 사용에 대하여 합리적으로 받을 수 있는 금액에 상당하는 금액을 상표권자 또는 전용사용권자가 받은 손해액으로 하여 그 손해배상을 청구할 수 있다.

⑤ 제4항에도 불구하고 손해액이 같은 항에 규정된 금액을 초과하는 경우에는 그 초과액에 대해서도 손해배상을 청구할 수 있다. 이 경우 상표권 또는 전용사용권을 침해한 자에게 고의 또는 중대한 과실이 없을 때에는 법원은 손해배상액을 산정할 때 그 사실을 고려할 수 있다.

⑥ 법원은 상표권 또는 전용사용권의 침해행위에 관한 소송에서 손해가 발생한 것은 인정되나 그 손해액을 증명하기 위하여 필요한 사실을 밝히는 것이 사실의 성질상 극히 곤란한 경우에는 제1항부터 제5항까지의 규정에도 불구하고 변론전체의 취지와 증거조사의 결과에 기초하여 상당한 손해액을 인정할 수 있다.

⑦ 법원은 고의적으로 상표권자 또는 전용사용권자의 등록상표와 동일·유사한 상표를 그 지정상품과 동일·유사한 상품에 사용하여 상표권 또는 전용사용권을 침해한 자에 대하여 제109조에도 불구하고 제1항부터 제6항까지의 규정에 따라 손해로 인정된 금액의 3배를 넘지 아니하는 범위에서 배상액을 정할 수 있다.

⑧ 제7항에 따른 배상액을 판단할 때에는 다음 각 호의 사항을 고려하여야 한다.
1. 침해행위로 인하여 해당 상표의 식별력 또는 명성이 손상된 정도
2. 고의 또는 손해 발생의 우려를 인식한 정도
3. 침해행위로 인하여 상표권자 또는 전용사용권자가 입은 피해규모
4. 침해행위로 인하여 침해한 자가 얻은 경제적 이익
5. 침해행위의 기간·횟수 등
6. 침해행위에 따른 벌금
7. 침해행위를 한 자의 재산상태
8. 침해행위를 한 자의 피해구제 노력의 정도

제111조(법정손해배상의 청구) ① 상표권자 또는 전용사용권자는 자기가 사용하고 있는 등록상표와 같거나 동일성이 있는 상표를 그 지정상품과 같거나 동일성이 있는 상품에 사용하여 자기의 상표권 또는 전용사용권을 고의나 과실로 침해한 자에 대하여 제109조에 따른 손해배상을 청구하는 대신 1억 원(고의적으로 침해한 경우에는 3억 원) 이하의 범위에서 상당한 금액을 손해액으로 하여 배상을 청구할 수 있다. 이 경우 법원은 변론전체의 취지와 증거조사의 결과를 고려하여 상당한 손해액을 인정할 수 있다.
② 제1항 전단에 해당하는 침해행위에 대하여 제109조에 따라 손해배상을 청구한 상표권자 또는 전용사용권자는 법원이 변론을 종결할 때까지 그 청구를 제1항에 따른 청구로 변경할 수 있다.

제112조(고의의 추정) 제222조에 따라 등록상표임을 표시한 타인의 상표권 또는 전용사용권을 침해한 자는 그 침해행위에 대하여 그 상표가 이미 등록된 사실을 알았던 것으로 추정한다.

제113조(상표권자 등의 신용회복) 법원은 고의나 과실로 상표권 또는 전용사용권을 침해함으로써 상표권자 또는 전용사용권자의 업무상 신용을 떨어뜨린 자에 대해서는 상표권자 또는 전용사용권자의 청구에 의하여 손해배상을 갈음하거나 손해배상과 함께 상표권자 또는 전용사용권자의 업무상 신용회복을 위하여 필요한 조치를 명할 수 있다.

제114조(서류의 제출) 법원은 상표권 또는 전용사용권의 침해에 관한 소송에서 당사자의 신청에 의하여 다른 당사자에 대하여 해당 침해행위로 인한 손해를 계산하는 데에 필요한 서류의 제출을 명할 수 있다. 다만, 그 서류의 소지자가 그 서류의 제출을 거절할 정당한 이유가 있는 경우에는 그러하지 아니하다.

제1편

제2편

제3편

1 손해배상청구(제109조)

(1) 손해액 추정의 필요성

불법행위에 기한 손해배상에 있어 그 손해액은 청구인이 이를 입증하여야 함이 원칙이다. 다만, 상표권 침해의 경우 그 입증이 매우 곤란하므로 상표법은 손해에 관한 피해자의 주장, 입증 책임을 경감하는 취지의 규정을 두고 있다.

(2) 손해배상청구권의 요건

침해자의 고의 또는 과실로 제3자의 위법한 침해행위가 있고, 침해로 인하여 손해가 발생하고, 권리침해 행위와 손해발생 사이에 상당한 인과관계가 있어야 한다. 침해 시를 기준으로 판단한다.

(3) 상표권자 입증 편의를 위한 규정

침해의 간주(제108조), 손해액의 추정(제110조), 고의의 추정(제112조), 서류의 제출(제114조)

(4) 과실의 추정 여부(2013다21666)

① 상표권의 존재 및 그 내용은 상표공보 또는 상표등록원부 등에 의하여 공시되어 일반 공중도 통상의 주의를 기울이면 이를 알 수 있다.

② 업으로서 상표를 사용하는 사업자에게 해당 사업 분야에서 상표권의 침해에 대한 주의의무를 부과하는 것이 부당하다고 할 수 없다.

③ 또한 상표권을 침해한 자에 대하여만 특허권 등과 달리 보아야 할 합리적인 이유가 없으므로, 타인의 상표권을 침해한 자는 그 침해행위에 대하여 과실이 있는 것으로 추정되고, 그럼에도 타인의 상표권을 침해한 자에게 과실이 없다고 하기 위하여는 상표권의 존재를 알지 못하였다는 점을 정당화할 수 있는 사정이 있다거나 자신이 사용하는 상표가 등록상표의 권리범위에 속하지 아니한다고 믿은 점을 정당화할 수 있는 사정이 있다는 것을 주장, 증명하여야 한다.

---

2 손해액의 추정(제110조)

(1) 손해액의 산정(제1항)

① 제110조 제1항 본문

권리를 침해한 자가 그 침해행위를 하게 한 상품을 양도하였을 때에는 다음 각 호(제1, 2호)에 해당하는 금액의 합계액을 손해액으로 할 수 있다.

② 제110조 제1항 제1호

㉠ 내 용

그 상품의 양도수량(상표권자 또는 전용사용권자가 그 침해행위 외의 사유로 판매할 수 없었던 사정이 있는 경우에는 그 침해행위 외의 사유로 판매할 수 없었던 수량을 뺀 수량) 중 상표권자 또는 전용사용권자가 생산할 수 있었던 상품의 수량에서 실제 판매한 상품의 수량을 뺀 수량을 넘지 아니하는 수량에 상표권자 또는 전용사용권자가 그 침해행위가 없었다면 판매할 수 있었던 상품의 단위수량당 이익액을 곱한 금액

㉡ 입증 책임

침해행위 외의 사유로 침해자의 판매수량 전부 또는 일부를 판매할 수 없었던 사정에는 침해품의 기술적 우수성, 침해자의 영업노력 등으로 침해품이 많이 팔렸다는 사정, 시장에서의 대체품의 존재, 저렴한 가격, 광고, 선전, 지명도 등이 해당할 수 있으며, 이러한 사정 및 사정에 의해 판매할 수 없었던 수량에 대해서는 침해자가 입증해야 한다.

㉢ 의 미

ⅰ) 침해자의 판매수량을 상표권자의 판매 감소량으로 간주하되, ⅱ) 상표권자의 생산능력 범위 내로 이를 한정하며, ⅲ) 상표권자 등에게 침해행위 외의 사유로 침해자의 판매수량 전·일부를 판매할 수 없었던 사정이 있는 경우 해당 수량을 제외한다.

③ 제110조 제1항 제2호

㉠ 내 용

상품의 양도수량 중 상표권자 또는 전용사용권자가 생산할 수 있었던 상품의 수량에서 실제 판매한 상품의 수량을 뺀 수량을 넘는 수량 또는 그 침해행위 외의 사유로 판매할 수 없었던 수량이 있는 경우 이들 수량(상표권자 또는 전용사용권자가 그 상표권자의 상표권에 대한 전용사용권의

설정, 통상사용권의 허락 또는 그 전용사용권자의 전용사용권에 대한 통상사용권의 허락을 할 수 있었다고 인정되지 아니하는 경우에는 해당 수량을 뺀 수량)에 대해서는 상표등록을 받은 상표의 사용에 대하여 합리적으로 받을 수 있는 금액

ⓛ 의 미

침해자 판매수량이 상표권자가 판매할 수 있었으나 실제 판매하지 못한 수량보다 더 큰 경우의 수량 및 상표권자 등에게 침해행위 외의 사유로 침해자의 판매수량 전·일부를 판매할 수 없었던 사정이 있는 경우 해당 수량에 대해서는 그 사용에 대하여 합리적으로 받을 수 있는 금액을 손해액에 가산한다(단, 사용권 허락을 할 수 있었다고 인정되지 아니하는 경우에는 그 수량을 제외한다).

ⓒ 취 지

2021. 6. 23. 시행 개정법은 침해자의 양도수량이 상표권자의 생산능력을 초과하는 경우 침해자가 그 초과 수량만큼의 이익을 부당하게 취하게 되는 문제점을 해결하고, 특허법 개정안과 동일성을 갖출 수 있도록 하기 위하여 관련 규정을 정비하였다.

(2) 손해액의 추정(제3항)

① 법적 성질

ⓐ 상표법 제110조 제3항의 규정은 상표권자 등이 상표권 등의 침해로 인하여 입은 손해의 배상을 청구하는 경우에 그 손해의 액을 입증하는 것이 곤란한 점을 감안하여 권리를 침해한 자가 그 침해행위에 의하여 이익을 받은 때에는 그 이익의 액을 상표권자 등이 입은 손해의 액으로 추정하는 것일 뿐이고, 상표권 등의 침해가 있는 경우에 그로 인한 손해의 발생까지를 추정하는 취지라고 볼 것은 아니다(손해의 발생이 없는 것이 분명한 경우까지 침해자에게 손해배상의무를 인정하는 취지는 아니라 할 것이므로).

ⓑ 따라서 상표권자는 등록상표를 지정상품 또는 사회통념상 동일한 상품에 사용하고 있음을 입증하여야 하며, 지정상품과 유사한 상품에 사용한 것만으로는 등록상표를 사용한 것으로 볼 수 없다.

② 입증 책임 및 정도

상표권자가 위 규정의 적용을 받기 위하여는 스스로 업으로 등록상표를 사용하고 있고 또한 그 상표권에 대한 침해행위에 의하여 실제로 영업상의 손해를 입은 것을 주장·입증할 필요가 있다고 할 것이나, 위 규정의 취지에 비추어 보면, 위와 같은 손해의 발생에 관한 주장·입증의 정도에 있어서는 손해 발생의 염려 내지 개연성의 존재를 주장·입증하는 것으로 족하다고 보아야 할 것이고, 따라서 상표권자가 침해자와 동종의 영업을 하고 있는 것을 증명한 경우라면 특별한 사정이 없는 한 상표권 침해에 의하여 영업상의 손해를 입었음이 사실상 추정된다.

③ 인과관계의 추정

상표권자는 상표권을 침해한 자가 취득한 이익을 입증하면 되고, 그 밖에 침해행위와 손해의 발생 간의 인과관계에 대하여는 이를 입증할 필요가 없다.

④ 손해액 추정의 복멸

ⓐ 침해자가 얻은 이익이 상표권자의 실손해액을 초과하는 것을 침해자가 입증한 경우 또는 침해자가 자기가 얻은 이익과 침해행위 사이에 인과관계가 없다는 것을 입증한 경우

ⓑ 상표권자가 실제로 입은 손해가 침해자가 받은 이익을 초과하였음을 입증한 경우

⑤ 한계이익의 기준(2016나1370)

순이익은 한계이익에서 고정비용을 공제한 금액인 바, 고정비용은 생산량의 변동 여하에 관계없이 불변적으로 지출되는 비용이어서 침해행위와의 견련성을 인정하기 어렵고, 침해자가 상표권 침해행위로 인해 얻은 수익에서 상표권 침해로 인하여 추가로 들어간 비용을 공제한 금액을 손해액으로 삼아야 하므로, 침해자의 이익액은 순이익이 아닌 한계이익을 기준으로 산정해야 한다.

(3) 합리적으로 받을 수 있는 금액 상당액 청구(제4항 및 제5항)

① 법적 성질 및 내용(2014다59712, 2013다21666)

㉠ 제110조 제4항의 성질

상표법 제110조 제4항에 의하면, 상표권자는 자기의 상표권을 고의 또는 과실로 침해한 자에 대하여 통상 받을 수 있는 상표권 사용료 상당액을 손해액으로 주장하여 배상을 청구할 수 있다. 이 규정은 손해에 관한 피해자의 주장·증명책임을 경감해 주고자 하는 것이므로, 상표권자는 권리 침해 사실과 통상 받을 수 있는 사용료를 주장·증명하면 되고 손해의 발생 사실을 구체적으로 주장·증명할 필요는 없다.

㉡ 손해 발생의 주장·증명

그러나 위 규정이 상표권의 침해 사실만으로 손해의 발생에 대한 법률상의 추정을 하거나 손해의 발생이 없는 것이 분명한 경우까지 손해배상의무를 인정하려는 취지는 아니므로, 침해자는 상표권자에게 손해의 발생이 있을 수 없다는 점을 주장·증명하여 손해배상책임을 면할 수 있다.

㉢ 상표권자 등이 사용하지 않은 경우

한편, 상표권은 특허권 등과 달리 등록되어 있는 상표를 타인이 사용하였다는 것만으로 당연히 통상 받을 수 있는 상표권 사용료 상당액이 손해로 인정되는 것은 아니고, 상표권자가 상표를 영업 등에 실제 사용하고 있었음에도 상표권 침해행위가 있었다는 등 구체적 피해 발생이 전제되어야 인정될 수 있다. 따라서 상표권자가 상표를 등록만 해 두고 실제 사용하지는 않았다는 등 손해 발생을 부정할 수 있는 사정을 침해자가 증명한 경우에는 손해배상책임을 인정할 수 없다.

㉣ 손해의 발생에 관한 주장·증명의 정도

상표법 제110조 제4항은 상표권자 등이 상표권 등의 침해로 인하여 입은 손해의 배상을 청구하는 경우에 손해에 관한 상표권자 등의 주장·증명책임을 경감하는 취지의 규정이고, 손해의 발생이 없는 것이 분명한 경우까지 침해자에게 손해배상의무를 인정하는 취지는 아니라고 할 것이나, 그 규정 취지에 비추어 보면, 손해의 발생에 관한 주장·증명의 정도는 손해 발생의 염려 내지 개연성의 존재를 주장·증명하는 것으로 족하다고 보아야 하고, 따라서 상표권자가 침해자와 동종의 영업을 하고 있는 것을 증명한 경우라면 특별한 사정이 없는 한 상표권 침해에 의하여 영업상의 손해를 입었음이 사실상 추정된다.

② 과실 상계 가부(2013다21666)

불법행위로 인한 손해의 발생 또는 확대에 관하여 피해자에게도 과실이 있는 때에는 가해자의 손해배상의 범위를 정하면서 당연히 이를 참작하여야 하고, 이러한 법리는 상표법 제110조 제4항에 따라 상표권 침해로 인한 손해액을 산정하는 경우에도 마찬가지로 적용된다.

(4) 법원의 재량에 의한 손해액 산정(제6항)

① 내 용

법원은 상표권 또는 전용사용권의 침해행위에 관한 소송에서 손해가 발생한 것은 인정되나 그 손해액을 증명하기 위하여 필요한 사실을 밝히는 것이 사실의 성질상 극히 곤란한 경우에는 제1항부터 제5장까지의 규정에도 불구하고 변론 전체의 취지와 증거조사의 결과에 기초하여 상당한 손해액을 인정할 수 있다.

② 상표권자 등의 손해 발생을 입증해야 하는지 여부(2013다45037)

㉠ 위 규정은 그 손해액을 증명하는 것이 곤란한 점을 감안하여 상표권자 등이 입은 손해에 관한 피해자의 주장·증명 책임을 경감하는 취지의 규정일 뿐이고, 상표권 등의 침해가 있는 경우에 그로 인한 손해의 발생까지를 추정하는 취지라고 볼 수 없으므로, 상표권자가 위 규정의 적용을 받기 위하여는 스스로 업으로 등록상표를 사용하고 있고 또한 그 상표권에 대한 침해행위에 의하여 실제로 영업상의 손해를 입은 것을 주장·입증할 필요가 있다.

㉡ 그러나 위 규정의 취지에 비추어 보면, 손해의 발생에 관한 주장·입증의 정도에 있어서는 손해 발생의 염려 내지 개연성의 존재를 주장·입증하는 것으로 족하다고 보아야 한다.

㉢ 따라서 상표권자가 침해자의 동종의 영업을 하고 있는 것을 증명한 경우라면 특별한 사정이 없는 한 상표권 침해에 의하여 영업상의 손해를 입었음이 사실상 추정된다고 볼 수 있다.

(5) 징벌적 손해배상(제7항 및 제8항)

① 징벌적 손해배상액 판단 시 고려사항(제110조 제8항 각 호)

㉠ 침해행위로 인하여 해당 상표의 식별력 또는 명성이 손상된 정도

㉡ 고의 또는 손해 발생의 우려를 인식한 정도

㉢ 침해행위로 인하여 상표권자 또는 전용사용권자가 입은 피해규모

㉣ 침해행위로 인하여 침해한 자가 얻은 경제적 이익

㉤ 침해행위의 기간·횟수 등

㉥ 침해행위에 따른 벌금

㉦ 침해행위를 한 자의 재산상태

㉧ 침해행위를 한 자의 피해구제 노력의 정도

② 도입 취지

2020. 10. 20. 개정법은 수요자의 제품선택권 등의 이익을 보호하고 소비자를 혼란시키는 행위를 근절하기 위하여 징벌적 손해배상 규정을 도입하였다.

3 법정손해배상청구(제111조)

(1) 의의, 취지 및 개정법

실제 손해가 입증되지 않은 경우에도 법령에서 정한 일정 금액을 청구할 수 있는 제도를 말하며, 상표권자의 권리보호를 강화하기 위함이다. 한·미 FTA 협정을 반영하여 2012년 개정법에서 도입하였다.

(2) 요 건

① 침해자의 고의나 과실이 존재한다.

② 동일성이 인정되는 범위의 상표, 상품을 사용한다.

③ 상표권자 등이 등록상표를 사용하고 있어야 한다.

④ 제109조의 손해배상을 청구하는 대신 1억원(고의로 침해한 경우에는 3억원) 이하의 금액 범위에서 청구 가능하다.

(3) 판단 기준(2014다59712,59729)

이는 위조상표의 사용 등으로 인한 상표권 침해행위가 있을 경우에 손해 액수의 증명이 곤란하더라도 일정한 한도의 법정금액을 배상받을 수 있도록 함으로써 피해자가 쉽게 권리구제를 받을 수 있도록 하는 예외적 규정이므로, 그 적용 요건은 법문에 규정된 대로 엄격하게 해석하여야 한다. 따라서 상표권자가 이 규정에 따른 손해배상을 청구하려면, ⅰ) 상표권 침해 당시 등록상표를 상표권자가 실제 사용하고 있었어야 하고, ⅱ) 침해자가 사용한 상표가 상표권자의 등록상표와 같거나 동일성이 있어야 하며, ⅲ) 동일성 요건을 갖추지 못한 경우에는 통상의 방법으로 손해를 증명하여 배상을 청구하여야지 위 규정에서 정한 법정손해배상을 청구할 수는 없다.

(4) 절 차

제109조에 따른 손해배상을 청구하는 대신 1억원(고의로 침해한 경우에는 3억원) 이하의 범위에서 상당한 금액을 손해액으로 하여 배상을 청구하고, 제109조에 따라 손해배상을 청구한 상표권자 또는 전용사용권자는 법원이 변론을 종결할 때까지 그 청구를 제1항에 따른 청구로 변경 가능하다.

(5) 효 과

1억원 이하의 범위에서 변론 전체의 취지와 증거조사 결과를 고려하여 상당한 손해액을 인정한다.

---

17 상표권자의 형사상 조치

1 침해죄(제230조)

(1) 의 의

상표권 등의 침해행위를 한 자는 7년 이하의 징역 또는 1억 원 이하의 벌금에 처한다.

(2) 요 건

상표법상 침해죄가 성립하기 위해서는 ⅰ) 침해자의 고의가 인정되어야 하며, ⅱ) 비친고죄이므로 피해자의 고소가 없이도 죄가 성립한다.

(3) 고의에 대한 판단(2010도11053)

침해자를 상표권 침해죄로 처벌하기 위해서는 범죄 구성 요건의 주관적 요소로서 적어도 미필적 고의가 필요하므로, 그 행위가 상표법상 상품에 관한 광고행위에 해당한다는 사실에 대한 인식이 있음은 물론 나아가 이를 용인하려는 내심의 의사가 있어야 한다. 그리고 행위자가 이와 같은 광고행위를 용인하고 있었는지는 외부에 나타난 행위 상황 등 구체적인 사정을 기초로 하여 일반인이라면 이를 어떻게 평가할 것인지를 고려하면서 행위자 입장에서 그 심리상태를 추인하여야 한다.

(4) 관련 문제

① 고의 추정 규정이 적용 가능한지 여부

고의의 추정에 관한 상표법 제112조는 민사상의 손해배상청구와 달리 형사 침해죄에는 적용되지 않는다.

② 상표권에 대한 취소 심결이 확정된 경우

등록된 상표인 이상 상표법 제119조 제1항 제3호에서 정한 취소사유가 있더라도 심판에 의해 등록취소가 확정되기까지는 상표권자가 등록상표로서의 권리를 보유하는 것이고, 무효 심결이 확정된 때와는 달리 그 상표권은 장래를 향하여서만 소멸하는 것이므로, 등록상표에 관하여 취소 심결이 확정되었다고 하더라도 그 상표권 소멸 전에 이루어진 침해행위에 관한 상표권 침해죄의 성립 여부에는 영향을 미치지 못한다.

③ 상표권에 대한 무효심결이 확정된 경우

비록 타인의 등록상표권을 침해하였다는 행위가 그 등록을 무효로 한다는 심결이 확정되기 이전에 이루어졌다고 하더라도, 그 후 상표등록을 무효로 한다는 심결이 확정되었다면 침해되었다는 상표권은 처음부터 존재하지 아니하였던 것이 되므로, 그와 같은 행위를 상표권 침해행위에 해당한다고 볼 수 없다.

④ 침해죄의 수에 관한 판례

ⓐ 침해죄는 각 등록상표 1개마다 포괄하여 1개의 범죄가 성립하므로, 특별한 사정이 없는 한 상표권자 및 표장이 동일하다는 이유로 등록상표를 달리하는 수 개의 상표권 침해행위를 포괄하여 하나의 죄가 성립하는 것으로 볼 수 없다.

ⓑ 수 개의 등록상표에 대하여 상표법 제230조의 상표권 침해행위가 계속하여 이루어진 경우에는 등록상표마다 포괄하여 1개의 범죄가 성립한다. 그러나 하나의 유사상표 사용행위로 수개의 등록상표를 동시에 침해하였다면 각각의 상표법 위반죄는 상상적 경합의 관계에 있다.

2 양벌 규정(제235조)

법인의 대표자 등이 그 법인 또는 개인의 업무에 관하여 제230조, 제233조 또는 제234조의 위반행위를 하면 그 행위자를 벌하는 외에 그 법인에는 제235조 각 호에 따른 벌금형을 과(科)하고, 그 개인에게는 해당 조문의 벌금형을 과한다. 다만, 법인 또는 개인이 그 위반행위를 방지하기 위하여 해당 업무에 관하여 상당한 주의와 감독을 게을리하지 아니한 경우에는 그러하지 아니하다.

3 몰수(제236조)

침해죄에 따른 침해행위에 제공되거나 그 침해행위로 인하여 생긴 침해물과 그 침해물 제작에 주로 사용하기 위하여 제공된 제작 용구 또는 재료는 몰수한다. 단, 상품이 그 기능 및 외관을 해치지 아니하고 상표 또는 포장과 쉽게 분리될 수 있는 경우에는 그 상품은 몰수하지 아니할 수 있다.

05 │ 심판 및 소송

01   심판 총론

제124조(공동심판의 청구 등) ① 같은 상표권에 대하여 다음 각 호의 어느 하나에 해당하는 심판을 청구하는 자가 2인 이상이면 각자 또는 그 모두가 공동으로 심판을 청구할 수 있다.
  1. 제117조 제1항 또는 제118조 제1항에 따른 상표등록 또는 존속기간갱신등록의 무효심판
  2. 제119조 제1항에 따른 상표등록의 취소심판
  3. 제120조 제1항에 따른 전용사용권 또는 통상사용권 등록의 취소심판
  4. 제121조에 따른 권리범위확인심판
  5. 제214조 제1항에 따른 상품분류전환등록의 무효심판
② 공유인 상표권의 상표권자에 대하여 심판을 청구할 경우에는 공유자 모두를 피청구인으로 청구하여야 한다.
③ 제1항에도 불구하고 상표권 또는 상표등록을 받을 수 있는 권리의 공유자가 그 공유인 권리에 관하여 심판을 청구할 경우에는 공유자 모두가 공동으로 청구하여야 한다.
④ 제1항 또는 제3항에 따른 청구인이나 제2항에 따른 피청구인 중 1인에게 심판절차의 중단 또는 중지의 원인이 있을 경우에는 모두에 대하여 그 효력이 발생한다.

제125조(상표등록의 무효심판 등에 대한 심판청구방식) ① 제117조부터 제121조까지의 규정에 따른 심판을 청구하려는 자는 다음 각 호의 사항을 적은 심판청구서를 특허심판원장에게 제출하여야 한다.
  1. 당사자의 성명 및 주소(법인인 경우에는 그 명칭 및 영업소의 소재지를 말한다)
  2. 당사자의 대리인이 있는 경우에는 그 대리인의 성명 및 주소나 영업소의 소재지[대리인이 특허법인·특허법인(유한)인 경우에는 그 명칭, 사무소의 소재지 및 지정된 변리사의 성명을 말한다]
  3. 심판사건의 표시
  4. 청구의 취지 및 그 이유
② 제1항에 따라 제출된 심판청구서를 보정하는 경우에는 요지를 변경할 수 없다. 다만, 다음 각 호의 어느 하나에 해당하는 경우에는 그러하지 아니하다.
  1. 제1항 제1호에 따른 당사자 중 상표권자의 기재사항을 바로 잡기 위하여 보정(추가하는 것을 포함한다)하는 경우
  2. 제1항 제4호에 따른 청구의 이유를 보정하는 경우
  3. 상표권자 또는 전용사용권자가 제121조에 따라 청구한 권리범위확인심판에서 심판청구서의 확인대상 상표 및 상표가 사용되고 있는 상품(청구인이 주장하는 피청구인의 상표와 그 사용상품을 말한다)에 대하여 피청구인이 자신이 실제로 사용하고 있는 상표 및 그 사용상품과 비교하여 다르다고 주장하는 경우에 청구인이 피청구인의 사용 상표 및 그 상품과 같게 하기 위하여 심판청구서의 확인대상 상표 및 사용상품을 보정하는 경우
③ 제121조에 따른 권리범위확인심판을 청구할 경우에는 등록상표와 대비할 수 있는 상표견본 및 그 사용상품목록을 첨부하여야 한다.

제126조(보정각하결정 등에 대한 심판청구방식) ① 제115조에 따른 보정각하결정에 대한 심판 또는 제116조에 따른 거절결정에 대한 심판을 청구하려는 자는 다음 각 호의 사항을 적은 심판청구서를 특허심판원장에게 제출하여야 한다.

1. 청구인의 성명 및 주소(법인인 경우에는 그 명칭 및 영업소의 소재지를 말한다)
2. 청구인의 대리인이 있는 경우에는 그 대리인의 성명 및 주소나 영업소의 소재지[대리인이 특허법인·특허법인(유한)인 경우에는 그 명칭, 사무소의 소재지 및 지정된 변리사의 성명을 말한다]
3. 출원일 및 출원번호
4. 지정상품 및 그 상품류
5. 심사관의 거절결정일 또는 보정각하결정일
6. 심판사건의 표시
7. 청구의 취지 및 그 이유
② 제1항에 따라 제출된 심판청구서를 보정하는 경우 그 요지를 변경할 수 없다. 다만, 다음 각 호의 어느 하나에 해당하는 경우에는 그러하지 아니하다.
  1. 제1항 제1호에 따른 청구인의 기재사항을 바로잡기 위하여 보정(추가하는 것을 포함한다)하는 경우
  2. 제1항 제7호에 따른 청구의 이유를 보정하는 경우
③ 특허심판원장은 제116조에 따른 거절결정에 대한 심판이 청구된 경우 그 거절결정이 이의신청에 의한 것일 경우에는 그 취지를 이의신청인에게 알려야 한다.

제127조(심판청구서 등의 각하) ① 심판장은 다음 각 호의 어느 하나에 해당하는 경우에는 기간을 정하여 그 보정을 명하여야 한다. 다만, 보정할 사항이 경미하고 명확한 경우에는 직권으로 보정할 수 있다.
  1. 심판청구서가 제125조 제1항·제3항 또는 제126조 제1항에 위반된 경우
  2. 심판에 관한 절차가 다음 각 목의 어느 하나에 해당되는 경우
    가. 제4조 제1항 또는 제7조에 위반된 경우
    나. 제78조에 따라 내야 할 수수료를 내지 아니한 경우
    다. 이 법 또는 이 법에 따른 명령으로 정하는 방식에 위반된 경우
② 심판장은 제1항 본문에 따른 보정명령을 받은 자가 지정된 기간 내에 보정을 하지 아니하거나 보정한 사항이 제125조 제2항 또는 제126조 제2항을 위반한 경우에는 심판청구서 또는 해당 절차와 관련된 청구 등을 결정으로 각하하여야 한다.
③ 제2항에 따른 결정은 서면으로 하여야 하며, 그 이유를 붙여야 한다.
④ 심판장은 제1항 단서에 따라 직권보정을 하려면 그 직권보정 사항을 청구인에게 통지하여야 한다.
⑤ 청구인은 제1항 단서에 따른 직권보정 사항을 받아들일 수 없으면 직권보정 사항의 통지를 받은 날부터 7일 이내에 그 직권보정 사항에 대한 의견서를 심판장에게 제출하여야 한다.
⑥ 청구인이 제5항에 따라 의견서를 제출한 경우에는 해당 직권보정 사항은 처음부터 없었던 것으로 본다.
⑦ 제1항 단서에 따른 직권보정이 명백히 잘못된 경우 그 직권보정은 처음부터 없었던 것으로 본다.

제128조(보정할 수 없는 심판청구의 심결 각하) 부적법한 심판청구로서 그 흠을 보정할 수 없는 경우에는 제133조 제1항에도 불구하고 피청구인에게 답변서 제출의 기회를 주지 아니하고 심결로써 그 청구를 각하할 수 있다.

제129조(심판관) ① 특허심판원장은 심판청구가 있으면 심판관에게 심판하게 한다.
② 심판관의 자격은 대통령령으로 정한다.
③ 심판관은 직무상 독립하여 심판한다.

제130조(심판관의 지정) ① 특허심판원장은 각 심판사건에 대하여 제132조에 따른 합의체(이하 "심판관합의체"라 한다)를 구성할 심판관을 지정하여야 한다.
② 특허심판원장은 제1항의 심판관 중 심판에 관여하는 데에 지장이 있는 사람이 있으면 다른 심판관에게 심판을 하게 할 수 있다.

제131조(심판장) ① 특허심판원장은 제130조 제1항에 따라 지정된 심판관 중에서 1명을 심판장으로 지정하여야 한다.
② 심판장은 그 심판사건에 관한 사무를 총괄한다.

제132조(심판의 합의체) ① 심판은 3명 또는 5명의 심판관으로 구성되는 심판관합의체가 한다.

② 제1항에 따른 심판관합의체의 합의는 과반수로 결정한다.

③ 심판의 합의는 공개하지 아니한다.

제133조(답변서 제출 등) ① 심판장은 심판이 청구되면 청구서 부본을 피청구인에게 송달하고 기간을 정하여 답변서를 제출할 수 있는 기회를 주어야 한다.

② 심판장은 제1항의 답변서를 수리(受理)하였을 경우에는 그 부본을 청구인에게 송달하여야 한다.

③ 심판장은 심판에 관하여 당사자를 심문할 수 있다.

제139조(심판절차의 중지) 제척 또는 기피의 신청이 있으면 그 신청에 대한 결정이 있을 때까지 심판절차를 중지하여야 한다. 다만, 대통령령으로 정하는 긴급한 사유가 있는 경우에는 그러하지 아니하다.

제141조(심리 등) ① 심판은 구술심리 또는 서면심리로 한다. 다만, 당사자가 구술심리를 신청한 경우에는 서면심리만으로 결정할 수 있다고 인정되는 경우 외에는 구술심리를 하여야 한다.

② 구술심리는 공개하여야 한다. 다만, 공공의 질서 또는 선량한 풍속을 어지럽힐 우려가 있는 경우에는 그러하지 아니하다.

③ 심판장은 제1항에 따라 구술심리에 의한 심판을 할 경우에는 그 기일 및 장소를 정하고 그 취지를 적은 서면을 당사자와 참가인에게 송달하여야 한다. 다만, 해당 사건에 출석한 당사자 및 참가인에게 알린 경우에는 그러하지 아니하다.

④ 심판장은 제1항에 따라 구술심리에 의한 심판을 할 경우에는 특허심판원장이 지정한 직원에게 기일마다 심리의 요지와 그 밖에 필요한 사항을 적은 조서를 작성하게 하여야 한다.

⑤ 제4항에 따른 조서에는 심판의 심판장 및 조서를 작성한 직원이 기명날인하여야 한다.

⑥ 제4항에 따른 조서에 관하여는 「민사소송법」 제153조, 제154조 및 제156조부터 제160조까지의 규정을 준용한다.

⑦ 심판에 관하여는 「민사소송법」 제143조, 제259조, 제299조 및 제367조를 준용한다.

⑧ 심판장은 구술심리 중 심판정 내의 질서를 유지한다.

제141조의2(참고인 의견서의 제출) ① 심판장은 산업에 미치는 영향 등을 고려하여 사건 심리에 필요하다고 인정되는 경우 공공단체, 그 밖의 참고인에게 심판사건에 관한 의견서를 제출하게 할 수 있다.

② 국가기관과 지방자치단체는 공익과 관련된 사항에 관하여 특허심판원에 심판사건에 관한 의견서를 제출할 수 있다.

③ 심판장은 제1항 또는 제2항에 따라 참고인이 제출한 의견서에 대하여 당사자에게 구술 또는 서면에 의한 의견진술의 기회를 주어야 한다.

④ 제1항 또는 제2항에 따른 참고인의 선정 및 비용, 준수사항 등 참고인 의견서 제출에 필요한 사항은 산업통상자원부령으로 정한다.

제142조(참가) ① 제124조 제1항에 따라 심판을 청구할 수 있는 자는 심리가 종결될 때까지 그 심판에 참가할 수 있다.

② 제1항에 따른 참가인은 피참가인이 그 심판의 청구를 취하한 후에도 심판절차를 속행할 수 있다.

③ 심판의 결과에 대하여 이해관계를 가진 자는 심리가 종결될 때까지 당사자의 어느 한쪽을 보조하기 위하여 그 심판에 참가할 수 있다.

④ 제3항에 따른 참가인은 모든 심판절차를 밟을 수 있다.

⑤ 제1항 또는 제3항에 따른 참가인에게 심판절차의 중단 또는 중지의 원인이 있으면 그 중단 또는 중지는 피참가인에 대해서도 그 효력이 발생한다.

제143조(참가의 신청 및 결정) ① 심판에 참가하려는 자는 참가신청서를 심판장에게 제출하여야 한다.

② 심판장은 참가신청을 받은 경우에는 참가신청서 부본을 당사자와 다른 참가인에게 송달하고 기간을 정하여 의견서를 제출할 수 있는 기회를 주어야 한다.

③ 참가신청이 있는 경우에는 심판에 의하여 그 참가 여부를 결정하여야 한다.

④ 제3항에 따른 결정은 서면으로 하여야 하며, 그 이유를 붙여야 한다.

⑤ 제3항에 따른 결정에 대해서는 불복할 수 없다.

제146조(직권심리) ① 심판관은 당사자 또는 참가인이 신청하지 아니한 이유에 대해서도 심리할 수 있다. 이 경우 기간을 정하여 당사자와 참가인에게 그 이유에 대하여 의견을 진술할 수 있는 기회를 주어야 한다.

② 심판관은 청구인이 신청하지 아니한 청구의 취지에 대해서는 심리할 수 없다.

제149조(심결) ① 심판은 특별한 규정이 있는 경우를 제외하고는 심결로써 종결한다.

② 제1항에 따른 심결은 다음 각 호의 사항을 적은 서면으로 하여야 하며, 심결을 한 심판관은 그 서면에 기명날인하여야 한다.

  1. 심판의 번호
  2. 당사자와 참가인의 성명 및 주소(법인인 경우에는 그 명칭 및 영업소의 소재지를 말한다)
  3. 당사자와 참가인의 대리인이 있는 경우에는 그 대리인의 성명 및 주소나 영업소의 소재지[대리인이 특허법인·특허법인(유한)인 경우에는 그 명칭, 사무소의 소재지 및 지정된 변리사의 성명을 말한다]
  4. 심판사건의 표시
  5. 심결의 주문(主文)
  6. 심결의 이유(청구의 취지와 그 이유의 요지를 포함한다)
  7. 심결 연월일

③ 심판장은 사건이 심결을 할 정도로 성숙하였을 때에는 심리의 종결을 당사자와 참가인에게 알려야 한다.

④ 심판장은 필요하다고 인정하면 제3항에 따라 심리 종결을 통지한 후에도 당사자 또는 참가인의 신청에 의하여 또는 직권으로 심리를 재개할 수 있다.

⑤ 심결은 제3항에 따른 심리 종결 통지를 한 날부터 20일 이내에 한다.

⑥ 심판장은 심결 또는 결정이 있으면 그 등본을 당사자, 참가인 및 심판에 참가신청을 하였으나 그 신청이 거부된 자에게 송달하여야 한다.

02　거절결정불복심판

제116조(거절결정에 대한 심판) 제54조에 따른 상표등록거절결정, 지정상품추가등록 거절결정 또는 상품분류전환등록 거절결정(이하 "거절결정"이라 한다)을 받은 자가 불복하는 경우에는 그 거절결정의 등본을 송달받은 날부터 3개월 이내에 거절결정된 지정상품의 전부 또는 일부에 관하여 심판을 청구할 수 있다.

1　의의 및 취지

상표등록거절결정 등을 받은 자는 그 결정에 불복하는 심판을 청구할 수 있는데, 당사자의 권리구제에 충실을 기할 수 있게 하는 한편, 심사관이 하는 처분의 적정성을 확보하고자 함이다.

2 심판의 청구 및 방식

(1) 심판의 청구

① 청구권자

  ㉠ 거절결정 받은 상표등록출원인, 공동출원의 경우 전원(제124조 제1항 제5호)

  ㉡ 청구인의 기재사항을 바로잡기 위한 보정(추가하는 것을 포함한다)은 요지변경이라고 하더라도 허용된다(제126조 제2항 제1호).

② 청구기간(제116조, 제17조, 제19조)

  거절결정을 받은 자는 그 거절결정의 등본을 송달받은 날부터 3개월 이내에 심판을 청구할 수 있다. 심판의 청구 기간은 제17조에 따라 연장될 수 있으며, 제19조에 따라 추후 보완될 수 있다.

③ 청구대상

  부분거절제도의 도입 하에서, 거절결정된 지정상품의 전부 또는 일부에 대하여 불복할 수 있다.

(2) 심판청구의 방식

① 심판청구서의 제출(제126조 제1항)

  심판청구인은 제126조 제1항 각호의 사항을 적은 심판청구서를 특허심판원장에게 제출하여야 한다.

② 심판장의 방식심사(제127조)

  심판장은 제127조 제1항 각 호의 어느 하나에 해당하는 경우에는 기간을 정하여 그 보정을 명하여야 한다. 심판장은 보정명령을 받은 자가 지정된 기간 내에 보정을 하지 아니하거나 보정이 부적법한 경우에는 심판청구서 또는 해당 절차와 관련된 청구 등을 결정으로 각하하여야 한다.

3 심판의 심리 및 심결

(1) 심리 방식

① 심판은 제132조에 따라 3명 또는 5명의 심판관으로 구성되는 심판관합의체가 하며, 심판관합의체의 합의는 과반수로 결정한다.

② 심판은 제141조에 따라 구술심리 또는 서면심리로 한다.

③ 심판관은 제146조에 따라 당사자 또는 참가인이 신청하지 아니한 이유에 대해서도 심리할 수 있다. 이 경우 기간을 정하여 당사자와 참가인에게 그 이유에 대하여 의견을 진술할 수 있는 기회를 주어야 한다. 다만, 심판관은 청구인이 신청하지 아니한 청구의 취지에 대해서는 심리할 수 없다.

④ 제155조에 따라 심사 또는 이의신청에서 밟은 상표에 관한 절차는 거절결정불복심판에서도 그 효력이 있다.

(2) 심리 절차(제123조 제1, 3항)

① 거절이유 통지의 성격(98후300)

  심판의 적정을 기하고 심판제도의 신용을 유지하기 위하여 확보하지 아니하면 안 된다는 공익상의 요구에 기인하는 이른바 강행규정이다.

② 심사 단계에서 통지된 거절이유지만 거절결정의 이유가 되지 않은 사유의 취급(2017후1779)

  심사 단계에서 미리 거절이유를 통지한 사유라고 하더라도 그 사유를 거절결정에서 거절이유로 삼지 않았다면 이와 같은 사유는 거절결정에 대한 심판절차에서는 '거절결정의 이유와 다른 거절이유'에 해당하므로, 심판 단계에서 심판청구인이 위 사유에 대해 실질적으로 의견서 제출 및 보정의 기회를 부여받았다고 볼만한 특별한 사정이 없는 한 이를 심결의 이유로 하기 위해서는 다시 그 사유에 대해 거절이유를 통지하여야 한다.

③ 거절결정불복심판 절차에서 이해관계인의 참가가 허용되는지 여부

참가(제142조)는 제116조에 따른 거절결정에 대한 심판에는 적용하지 아니하므로, 거절결정불복심판은 당사자계 심판과는 달리 심판참가가 허용되지 않는다.

④ 거절결정불복심판의 심결에 대한 취소소송 절차에서 이해관계인의 참가가 허용되는지 여부(2012후1033)

심판은 특허심판원에서의 행정절차이고 심결은 행정처분에 해당하며, 그에 대한 불복소송인 심결취소소송은 행정소송에 해당한다. 행정소송법 제8조에 의하여 준용되는 민사소송법 제71조는 보조참가에 관하여 소송결과에 이해관계가 있는 자는 한쪽 당사자를 돕기 위하여 법원에 계속 중인 소송에 참가할 수 있다고 규정하고 있으므로, 거절결정에 대한 심판의 심결취소소송에도 민사소송법상의 보조참가에 관한 규정이 준용된다.

(3) 심리 대상

① 거절결정불복심판의 심리대상은 원결정의 당부 그 자체가 아니라 상표출원 등에 관하여 등록을 허락할 것인가 여부이다.

② 따라서, 심판부는 심판을 인용하여 거절결정을 취소하고 환송하는 심결을 하거나, 자판에 의해 인용심결과 함께 상표등록결정을 할 수 있다.

(4) 심결 및 심결에 대한 불복

① 심리결과 심판청구의 이유가 없는 경우 기각심결, 심판청구의 이유가 있는 경우 인용심결을 내린다(제149조).

② **심결 각하**(제128조)

부적법한 심판청구로서 그 흠을 보정할 수 없는 경우에는 피청구인에게 답변서 제출의 기회를 주지 아니하고 심결로써 그 청구를 각하할 수 있다.

③ **불복**(제162조)

심결에 불복하려는 자는 제162조에 따라 심결의 취소를 구하는 소송을 제기할 수 있다.

4 심결확정의 효과

(1) 심결확정에 따른 효과

① 심결 확정 시, 제156조 제3항에 따른 기속력이 발생한다.

② 인용심결 확정 시, 상표등록출원은 등록이 가능하다.

③ 기각심결 확정 시, 상표등록출원의 거절 결정이 확정된다.

(2) 일사부재리 적용 여부

거절결정불복심판의 심결에는 일사부재리가 적용되지 않는다.

03 　상표등록무효심판

제117조(상표등록의 무효심판) ① 이해관계인 또는 심사관은 상표등록 또는 지정상품의 추가등록이 다음 각 호의 어느 하나에 해당하는 경우에는 무효심판을 청구할 수 있다. 이 경우 등록상표의 지정상품이 둘 이상인 경우에는 지정상품마다 청구할 수 있다.
1. 상표등록 또는 지정상품의 추가등록이 제3조, 제27조, 제33조부터 제35조까지, 제48조 제2항 후단, 같은 조 제4항 및 제6항부터 제8항까지, 제54조 제1호·제2호 및 제4호부터 제7호까지의 규정에 위반된 경우
2. 상표등록 또는 지정상품의 추가등록이 그 상표등록출원에 의하여 발생한 권리를 승계하지 아니한 자가 한 것인 경우
3. 지정상품의 추가등록이 제87조 제1항 제3호에 위반된 경우
4. 상표등록 또는 지정상품의 추가등록이 조약에 위반된 경우
5. 상표등록된 후 그 상표권자가 제27조에 따라 상표권을 누릴 수 없는 자로 되거나 그 등록상표가 조약에 위반된 경우
6. 상표등록된 후 그 등록상표가 제33조 제1항 각 호의 어느 하나에 해당하게 된 경우(같은 조 제2항에 해당하게 된 경우는 제외한다)
7. 제82조에 따라 지리적 표시 단체표장등록이 된 후 그 등록단체표장을 구성하는 지리적 표시가 원산지 국가에서 보호가 중단되거나 사용되지 아니하게 된 경우
② 제1항에 따른 무효심판은 상표권이 소멸된 후에도 청구할 수 있다.
③ 상표등록을 무효로 한다는 심결이 확정된 경우에는 그 상표권은 처음부터 없었던 것으로 본다. 다만, 제1항 제5호부터 제7호까지의 규정에 따라 상표등록을 무효로 한다는 심결이 확정된 경우에는 상표권은 그 등록상표가 같은 호에 해당하게 된 때부터 없었던 것으로 본다.
④ 제3항 단서를 적용하는 경우에 등록상표가 제1항 제5호부터 제7호까지의 규정에 해당하게 된 때를 특정할 수 없는 경우에는 해당 상표권은 제1항에 따른 무효심판이 청구되어 그 청구내용이 등록원부에 공시(公示)된 때부터 없었던 것으로 본다.
⑤ 심판장은 제1항의 무효심판이 청구된 경우에는 그 취지를 해당 상표권의 전용사용권자와 그 밖에 상표에 관한 권리를 등록한 자에게 통지하여야 한다.

1 　의의 및 취지

상표등록의 완전성·공정성을 사후적으로 보장하기 위한 것으로, 착오로 등록된 부실권리를 정리하고 제3자에 대한 부당한 이익침해를 방지하기 위함이다.

2 　심판의 청구 및 방식

(1) 심판의 청구
　① 청구권자
　　㉠ 이해관계인 또는 심사관, 2인 이상이면 각자 또는 공동으로 청구 가능(제124조 제1항)
　　㉡ 이해관계인
　　　이해관계인이라 함은 그 등록상표와 동일 또는 유사한 상표를 사용한 바 있거나 현재 사용하고 있음으로써 등록상표 소멸에 직접적인 이해관계를 갖는 자를 말한다.

② **피청구인**(제124조 제2항)

무효심판은 상표권자에 대하여 청구할 수 있다. 공유인 상표권의 상표권자에 대하여 심판을 청구할 경우에는 공유자 모두를 피청구인으로 청구하여야 한다.

③ **청구기간**

　㉠ 무효심판은 상표권이 소멸한 후에도 청구할 수 있다(제117조 제2항).

　㉡ 제척기간(제122조 제1항)

　　상표등록일부터 5년이 지난 후에는 청구할 수 없다.

　　• 제척기간 경과 후 제척기간을 적용 받는 무효사유를 새로 주장하는 경우(2008후4691)

　　제척기간이 경과한 후에는 무효심판을 청구할 수 없음은 물론 제척기간의 적용을 받지 않는 무효사유에 의하여 무효심판을 청구한 후 그 심판 및 심결취소소송 절차에서 제척기간의 적용을 받는 무효사유를 새로 주장하는 것은 허용되지 않는다.

　　• 제척기간 경과 전 무효심판 청구 후, 제척기간 경과 후 새로운 선등록상표를 특정한 경우(2011후2275)

　　제척기간 경과 전에 특정한 선등록상표에 근거하여 등록무효심판을 청구한 경우라도 제척기간 경과 후에 그 심판 및 심결취소소송 절차에서 새로운 선등록상표에 근거하여 등록무효 주장을 하는 것은, 비록 새로운 선등록상표가 새로운 무효사유가 아닌 동일한 무효사유에 대한 새로운 증거에 해당한다고 하더라도 실질적으로는 제척기간 경과 후에 새로운 등록무효심판 청구를 하는 것과 마찬가지이므로 허용되지 아니한다.

④ **청구범위**(제117조 제1항 후단)

등록상표의 지정상품이 둘 이상인 경우에는 지정상품마다 청구할 수 있다.

(2) 심판청구의 방식

① **심판청구서의 제출**(제125조 제1항)

심판청구인은 제125조 제1항 각호의 사항을 적은 심판청구서를 특허심판원장에게 제출하여야 한다.

② **심판장의 방식심사**(제127조)

심판장은 제127조 제1항 각 호의 어느 하나에 해당하는 경우에는 기간을 정하여 그 보정을 명하여야 한다. 심판장은 보정명령을 받은 자가 지정된 기간 내에 보정을 하지 아니하거나 보정이 부적법한 경우에는 심판청구서 또는 해당 절차와 관련된 청구 등을 결정으로 각하하여야 한다.

3 　심판의 심리 및 심결

(1) 심리 방식

① 심판은 제132조에 따라 3명 또는 5명의 심판관으로 구성되는 심판관합의체가 하며, 심판관합의체의 합의는 과반수로 결정한다.

② 심판장은 심판이 청구되면 청구서 부본을 피청구인에게 송달하고 기간을 정하여 답변서를 제출할 수 있는 기회를 주어야 한다. 심판장은 답변서를 수리(受理)하였을 경우에는 그 부본을 청구인에게 송달하여야 한다.

③ 심판은 제141조에 따라 구술심리 또는 서면심리로 한다.

④ 심판관은 제146조에 따라 당사자 또는 참가인이 신청하지 아니한 이유에 대해서도 심리할 수 있다. 이 경우 기간을 정하여 당사자와 참가인에게 그 이유에 대하여 의견을 진술할 수 있는 기회를 주어야 한다. 다만, 심판관은 청구인이 신청하지 아니한 청구의 취지에 대해서는 심리할 수 없다.

(2) 심결 및 심결에 대한 불복

① 심리결과 심판청구의 이유가 없는 경우 기각심결, 심판청구의 이유가 있는 경우 인용심결을 내린다(제149조).

② **심결 각하**(제128조)

부적법한 심판청구로서 그 흠을 보정할 수 없는 경우에는 피청구인에게 답변서 제출의 기회를 주지 아니하고 심결로써 그 청구를 각하할 수 있다.

③ **불복**(제162조)

심결에 불복하려는 자는 제162조에 따라 심결의 취소를 구하는 소송을 제기할 수 있다.

4 심결확정의 효과

(1) 원시적 무효사유(제117조 제3항)

상표등록을 무효로 한다는 심결이 확정된 경우에는 그 상표권은 처음부터 없었던 것으로 본다.

(2) 후발적 무효사유(제117조 제3, 4항)

후발적 무효사유(제117조 제1항 제5호 내지 제7호)에 따라 상표등록을 무효로 한다는 심결이 확정된 경우에는 상표권은 그 등록상표가 후발적 무효사유에 해당하게 된 때부터 없었던 것으로 본다. 등록상표가 후발적 무효사유에 해당하게 된 때를 특정할 수 없는 경우에는 해당 상표권은 무효심판이 청구되어 그 청구내용이 등록원부에 공시(公示)된 때부터 없었던 것으로 본다.

(3) 일사부재리(제150조)

무효심판의 심결이 확정되었을 경우에는 그 사건에 대해서는 누구든지 같은 사실 및 같은 증거에 의하여 다시 심판을 청구할 수 없다. 다만, 확정된 심결이 각하심결인 경우에는 그러하지 아니하다.

(4) 지정상품 중 일부에만 무효사유가 있는 경우(98후1693)

어느 상표가 2 이상의 상품을 지정상품으로 하여 등록이 되어 있는 경우에 심판청구인이 상표등록 전부의 무효심판을 청구하는 경우라도 지정상품 중 일부에만 무효원인이 있고 다른 지정상품에는 무효사유가 없음이 명백한 때에는 무효원인이 있는 지정상품에 한하여 말소한다.

> **제119조(상표등록의 취소심판)** ① 등록상표가 다음 각 호의 어느 하나에 해당하는 경우에는 그 상표등록의 취소
> 심판을 청구할 수 있다.
> 1. 상표권자가 고의로 지정상품에 등록상표와 유사한 상표를 사용하거나 지정상품과 유사한 상품에 등록상표
>   또는 이와 유사한 상표를 사용함으로써 수요자에게 상품의 품질을 오인하게 하거나 타인의 업무와 관련된
>   상품과 혼동을 불러일으키게 한 경우

1 의의 및 취지

상표권자가 고의로 등록상표와 유사범위의 상표를 사용하여 수요자에게 오인·혼동을 유발한 경우, 상표등
록 취소사유에 해당한다. 상표권자에게 정당사용의무를 부과하여 수요자를 보호하기 위함이다.

2 요 건

(1) 상표권자에 의한 사용일 것

① 상표권의 이전이 있는 경우

상표권의 이전이 있는 경우 양도인의 부정사용의 취소사유는 이전 후 양수인에게 그대로 승계되므로
양수인 스스로 부정사용을 하지 않았다고 하더라도 상표권이 취소될 수 있다.

② 상표권자가 등록상표의 변형방법을 주지시킨 경우(98후423)

상표권자가 자신의 등록상표가 타인의 상표와 동일·유사하게 변형 사용되는 것을 적극적으로 희망
하며 의도적으로 그 변형이 용이하도록 상표를 제작·부착하고, 그 상표가 부착된 상품의 판매자나
수요자에게 그 상표의 변형방법을 주지시키고, 이로 말미암아 실제로 등록상표가 상표권자의 의도대
로 상품의 판매자나 수요자들에 의하여 인용상표들과 동일·유사하게 변형되어 유통·사용되었다
면, 이는 상표권자가 직접 등록상표에 변형을 가한 경우와 마찬가지로 봄이 상당하다.

(2) 고의에 의한 사용일 것(2012후2227)

상표권자가 오인·혼동을 일으킬 만한 대상상표의 존재를 알면서 그 대상상표와 동일·유사한 실사용상
표를 사용하면 상표 부정사용의 고의가 있다 할 것이고, 특히 그 대상상표가 주지·저명상표인 경우에는
특별한 사정이 없는 한 고의의 존재를 추정할 수 있다.

(3) 등록상표의 유사범위 내 사용일 것

① 복수의 유사상표를 사용하다가 일부만 등록받은 후 미등록상표를 계속 사용하는 경우(2016후663)

복수의 유사상표를 사용하다가 그 중 일부만 등록한 상표권자가 미등록의 사용상표를 계속 사용하는
경우에도, 그로 인하여 타인의 상표와의 관계에서 등록상표만 사용한 경우에 비하여 수요자가 상품
출처를 오인·혼동할 우려가 더 커지게 되었다면, 본 호에 따른 유사한 상표의 사용으로 볼 수 있다.

② 제119조 제1항 제3호 동일성 판단 기준의 관계(2012후1521)

　　㉠ 제119조 제1항 제1호 취소심판에서 상표권자가 등록상표를 사용한 것인지 아니면 그와 유사한 상표를 사용한 것인지는 제119조 제1항 제3호 취소심판에서의 상표 동일성 판단 기준과 관계없이 상표법 제119조 제1항 제1호의 입법 취지에 따라 독자적으로 판단하여야 한다.

　　㉡ 즉, 실제 사용된 상표가 등록상표를 대상상표와 동일 또는 유사하게 보이도록 변형한 것이어서 그 사용으로 인하여 대상상표와의 관계에서 등록상표를 그대로 사용한 경우보다 수요자가 상품 출처를 오인·혼동할 우려가 더 커지게 되었다면 본 호에 따른 유사한 상표의 사용으로 볼 수 있다.

(4) 수요자로 하여금 품질오인 또는 타인의 상품과의 혼동을 초래하였을 것

① 혼동의 의미

본 호에 있어서 혼동의 의미는 광의의 혼동을 의미한다. 품질오인 또는 출처혼동이 현실적으로 생긴 경우는 물론 오인·혼동이 생길 염려가 객관적으로 존재하면 족하다.

② 혼동 유무의 판단 방법(2013후1214)

실제로 사용된 상표가 등록상표로부터 변형된 정도 및 타인의 상표와 근사한 정도, 실제로 사용된 상표와 타인의 상표가 상품에 사용되는 형태 및 사용 상품 간의 관련성, 각 상표의 사용기간과 실적 및 일반 수요자에게 알려진 정도 등에 비추어, 타인과 사이에 상품출처의 오인·혼동이 야기될 우려가 객관적으로 존재하는가에 따라 혼동 유무를 판단해야 할 것이다.

③ 대상상표의 존재 및 적격성

　　㉠ 본 호의 대상상표는 오인·혼동의 염려가 있는 한 등록 여부 또는 등록상표보다 선등록되었는지를 묻지 않고 주지·저명할 것을 요구하지 않는다.

　　㉡ 대상상표가 등록상표의 권리범위에 속하거나 상표법상 미등록상표인 경우(2002후1225)

　　　본 규정은 공익적 규정이며, 법문상 상표권자가 실제로 사용하는 상표와의 혼동의 대상이 되는 타인의 상표를 특별히 한정하고 있지도 아니한 점에 비추어 볼 때, 그 타인의 상표가 당해 등록상표의 권리범위에 속하거나 상표법상의 등록상표가 아니라고 하더라도 그 혼동의 대상이 되는 상표로 삼을 수 있다.

　　㉢ 대상상표가 등록상표와 유사하지 않은 경우(2016후663)

　　　본 호의 취소사유에 해당하기 위하여 등록상표가 혼동의 대상이 되는 타인의 상표와 반드시 유사할 필요는 없다.

④ 대상상표가 기술적 표장인 경우(88후1328)

대상상표가 기술적 표장에 불과한 경우, 실사용상표와 대상상표가 유사하더라도 상품의 출처의 혼동이나 품질의 오인을 일으키게 할 염려가 있다고 할 수 없다.

3 **취소심판의 적법성**

(1) 취소심판의 청구

① **청구인**(제119조 제5항)

본 호에 따른 취소심판은 누구든지 청구할 수 있다.

② **청구기간**(제122조 제2항)

본 호의 취소사유에 해당하는 사실이 없어진 날로부터 3년이 지난 후에는 본 호를 이유로 하는 취소심판 청구가 불가하다. 단, 본 호의 취소심판을 청구한 후 그 심판청구사유에 해당하는 사실이 없어진 경우에도 취소사유에 영향이 미치지 아니한다.

③ **청구범위**

본 호에 따른 취소심판은 지정상품 전부에 대하여 청구하여야 한다.

(2) 심판청구의 방식

심판청구인은 제125조 제1항 각 호의 사항을 적은 심판청구서를 특허심판원장에게 제출하여야 한다.

4 **취소심판의 심리 및 심결**

(1) 심리 방식

① 심판은 제132조에 따라 3명 또는 5명의 심판관으로 구성되는 심판관합의체가 하며, 심판관합의체의 합의는 과반수로 결정한다.

② 심판장은 심판이 청구되면 청구서 부본을 피청구인에게 송달하고 기간을 정하여 답변서를 제출할 수 있는 기회를 주어야 한다. 심판장은 답변서를 수리(受理)하였을 경우에는 그 부본을 청구인에게 송달하여야 한다.

③ 심판은 제141조에 따라 구술심리 또는 서면심리로 한다.

④ 심판관은 제146조에 따라 당사자 또는 참가인이 신청하지 아니한 이유에 대해서도 심리할 수 있다. 이 경우 기간을 정하여 당사자와 참가인에게 그 이유에 대하여 의견을 진술할 수 있는 기회를 주어야 한다. 다만, 심판관은 청구인이 신청하지 아니한 청구의 취지에 대해서는 심리할 수 없다.

(2) 심결 및 불복

① 심리결과 심판청구의 이유가 없는 경우 기각심결, 심판청구의 이유가 있는 경우 인용심결을 내린다(제149조).

② **심결 각하**(제128조)

부적법한 심판청구로서 그 흠을 보정할 수 없는 경우에는 피청구인에게 답변서 제출의 기회를 주지 아니하고 심결로써 그 청구를 각하할 수 있다.

③ **불복**(제162조)

심결에 불복하려는 자는 제162조에 따라 심결의 취소를 구하는 소송을 제기할 수 있다.

5 취소 심결 확정의 효과

(1) 상표권의 장래를 향한 소멸

상표등록을 취소한다는 심결이 확정되었을 경우에는 그 상표권은 그때부터 소멸된다.

(2) 제34조 제3항

상표권자 또는 그 상표권자의 상표를 사용하는 자는 본 호에 해당한다는 이유로 상표등록의 취소심판이 청구되고 그 청구일 이후에 다음 각 호의 어느 하나에 해당하게 된 경우 그 상표와 동일·유사한 상표(동일·유사한 상품)에 대해서는 그 해당하게 된 날부터 3년이 지난 후에 출원해야만 상표등록을 받을 수 있다.

(3) 일사부재리 적용(제150조)

본 호에 따른 취소심판의 심결이 확정되었을 경우에는 그 사건에 대해서는 누구든지 같은 사실 및 같은 증거에 의하여 다시 심판을 청구할 수 없다. 다만, 확정된 심결이 각하심결인 경우에는 그러하지 아니하다.

05 제119조 제1항 제2호

> **제119조(상표등록의 취소심판)** ① 등록상표가 다음 각 호의 어느 하나에 해당하는 경우에는 그 상표등록의 취소심판을 청구할 수 있다.
> 2. 전용사용권자 또는 통상사용권자가 지정상품 또는 이와 유사한 상품에 등록상표 또는 이와 유사한 상표를 사용함으로써 수요자에게 상품의 품질을 오인하게 하거나 타인의 업무와 관련된 상품과의 혼동을 불러일으키게 한 경우. 다만, 상표권자가 상당한 주의를 한 경우는 제외한다.

1 의의 및 취지

사용권자가 등록상표와 동일·유사범위의 상표를 사용하여 수요자에게 오인·혼동을 유발한 경우, 상표권자가 상당한 주의를 한 경우를 제외하고 상표등록 취소사유에 해당한다. 상표권자에게 감독의무를 부과하고 사용권자에게 정당사용의무를 부과하여 수요자를 보호하기 위함이다.

2 요 건

(1) 전용사용권자 또는 통상사용권자에 의한 사용일 것

본 호와 관련하여 사용권자 등의 사용이 문제된다.

(2) 등록상표의 동일·유사범위 내 사용일 것

본 호의 사용은 등록상표와 유사범위 내 사용뿐만 아니라 동일범위 내 사용도 포함된다.

(3) 수요자로 하여금 품질오인 또는 타인의 상품과의 혼동을 초래하였을 것

① 혼동의 의미

본 호에 있어서 혼동의 의미는 광의의 혼동을 의미한다. 품질오인 또는 출처혼동이 현실적으로 생긴 경우는 물론 오인·혼동이 생길 염려가 객관적으로 존재하면 족하다.

② 삼부자 사건(2017후2178)

㉠ 혼동 여부 판단 방법

각 상표의 외관, 호칭, 관념 등을 객관적·전체적으로 관찰하되, 실사용상표가 등록상표로부터 변형된 정도 및 대상상표와 유사한 정도, 실사용상표와 대상상표가 상품에 사용되는 구체적인 형태, 사용상품 간의 관련성, 각 상표의 사용기간과 실적, 일반 수요자에게 알려진 정도 등에 비추어, 당해 상표의 사용으로 대상상표의 상품과 사이에 상품출처의 오인·혼동이 야기될 우려가 객관적으로 존재하는가를 중점적으로 살펴야 한다.

㉡ 상표권 이전이 있는 경우

상표권이 이전된 후 상표권자로부터 사용허락을 받은 사용권자가 등록상표와 동일하거나 유사한 상표를 사용하는 경우에는 종전 상표권자의 업무와 관련된 상품과의 혼동이 생길 가능성이 크다. 이때에는 상표권자가 금지청구권을 행사할 수 있는 범위와 상표를 독점적으로 사용할 수 있는 범위는 구분되어야 한다는 원칙 등에 비추어, 등록상표, 실사용상표, 대상상표 상호 간에 앞서 본 사정들을 세심히 살펴 사회통념상 등록상표의 부정한 사용으로 평가할 수 있을 정도에 이르는지 여부를 판단하여야 한다.

㉢ '타인'의 범위

등록상표의 권리범위에 속하는 경우 또는 상표권이 이전된 경우 위 규정이 '대상상표'나 '타인'의 범위를 특별히 한정하지 않고 있으므로, 대상상표가 당해 등록상표의 권리범위에 속하거나 상표법상의 등록상표가 아니더라도 혼동의 대상이 되는 상표로 삼을 수 있고, 상표권이 이전된 경우 종전 상표권자나 그로부터 상표사용을 허락받은 전용사용권자 또는 통상사용권자도 '타인'에 포함된다.

(4) 상표권자가 상당한 주의를 하지 아니하였을 것

① 상표권자가 상당한 주의를 한 경우, 제120조의 사용권등록취소심판이 문제된다.

② '상당한 주의'의 의미(2010후3462)

상표권자가 상당한 주의를 하였다고 하기 위해서는 전용사용권자 또는 통상사용권자에게 오인·혼동행위를 하지 말라는 주의나 경고를 한 정도로는 부족하고, 사용실태를 정기적으로 감독하는 등의 방법으로 상표 사용에 관하여 전용사용권자 또는 통상사용권자를 실질적으로 그 지배 하에 두고 있다고 평가할 수 있을 정도가 되어야 하며, 그에 대한 증명책임은 상표권자에게 있다.

3 취소심판의 적법성

(1) 취소심판의 청구

① 청구인(제119조 제5항)

본 호에 따른 취소심판은 누구든지 청구할 수 있다.

② 청구기간(제122조 제2항)

본 호의 취소사유에 해당하는 사실이 없어진 날로부터 3년이 지난 후에는 본 호를 이유로 하는 취소 심판 청구가 불가하다. 단, 본 호의 취소심판을 청구한 후 그 심판청구사유에 해당하는 사실이 없어진 경우에도 취소사유에 영향이 미치지 아니한다.

③ 청구범위

본 호에 따른 취소심판은 지정상품 전부에 대하여 청구하여야 한다.

(2) 심판청구의 방식

심판청구인은 제125조 제1항 각 호의 사항을 적은 심판청구서를 특허심판원장에게 제출하여야 한다.

4 취소심판의 심리 및 심결

(1) 심리 방식

① 심판은 제132조에 따라 3명 또는 5명의 심판관으로 구성되는 심판관합의체가 하며, 심판관합의체의 합의는 과반수로 결정한다.

② 심판장은 심판이 청구되면 청구서 부본을 피청구인에게 송달하고 기간을 정하여 답변서를 제출할 수 있는 기회를 주어야 한다. 심판장은 답변서를 수리(受理)하였을 경우에는 그 부본을 청구인에게 송달하여야 한다.

③ 심판은 제141조에 따라 구술심리 또는 서면심리로 한다.

④ 심판관은 제146조에 따라 당사자 또는 참가인이 신청하지 아니한 이유에 대해서도 심리할 수 있다. 이 경우 기간을 정하여 당사자와 참가인에게 그 이유에 대하여 의견을 진술할 수 있는 기회를 주어야 한다. 다만, 심판관은 청구인이 신청하지 아니한 청구의 취지에 대해서는 심리할 수 없다.

(2) 심결 및 불복

① 심리결과 심판청구의 이유가 없는 경우 기각심결, 심판청구의 이유가 있는 경우 인용심결을 내린다(제149조).

② 심결 각하(제128조)

부적법한 심판청구로서 그 흠을 보정할 수 없는 경우에는 피청구인에게 답변서 제출의 기회를 주지 아니하고 심결로써 그 청구를 각하할 수 있다.

③ 불복(제162조)

심결에 불복하려는 자는 제162조에 따라 심결의 취소를 구하는 소송을 제기할 수 있다.

5 취소 심결 확정의 효과

(1) 상표권의 장래를 향한 소멸

상표등록을 취소한다는 심결이 확정되었을 경우에는 그 상표권은 그때부터 소멸된다.

(2) 제34조 제3항

상표권자 또는 그 상표권자의 상표를 사용하는 자는 본 호에 해당한다는 이유로 상표등록의 취소심판이 청구되고 그 청구일 이후에 다음 각 호의 어느 하나에 해당하게 된 경우 그 상표와 동일·유사한 상표(동일·유사한 상품)에 대해서는 그 해당하게 된 날부터 3년이 지난 후에 출원해야만 상표등록을 받을 수 있다.

(3) 일사부재리 적용(제150조)

본 호에 따른 취소심판의 심결이 확정되었을 경우에는 그 사건에 대해서는 누구든지 같은 사실 및 같은 증거에 의하여 다시 심판을 청구할 수 없다. 다만, 확정된 심결이 각하심결인 경우에는 그러하지 아니하다.

(4) 사용권등록취소심판(제120조)

전용사용권자 또는 통상사용권자가 제119조 제1항 제2호에 해당하는 행위를 한 경우에는 그 전용사용권 또는 통상사용권 등록의 취소심판을 청구할 수 있다.

---

06 | 제119조 제1항 제3호

> **제119조(상표등록의 취소심판)** ① 등록상표가 다음 각 호의 어느 하나에 해당하는 경우에는 그 상표등록의 취소심판을 청구할 수 있다.
> 3. 상표권자·전용사용권자 또는 통상사용권자 중 어느 누구도 정당한 이유 없이 등록상표를 그 지정상품에 대하여 취소심판청구일 전 계속하여 3년 이상 국내에서 사용하고 있지 아니한 경우

1 의의 및 취지

등록상표의 사용을 촉진하고 불사용에 대하여 제재를 가하기 위하여 상표권자 등이 정당한 이유 없이 등록상표를 그 지정상품에 대하여 취소심판청구일 전 계속하여 3년 이상 국내에서 사용하고 있지 아니한 경우 취소사유에 해당한다.

2 요건

(1) 상표권자와 사용권자 중 어느 누구도 등록상표를 사용하지 않았을 것

① 상표권자 등의 의미
  ㉠ 통상사용권의 설정등록은 제3자에 대한 대항 요건일 뿐이므로, 통상사용권자는 반드시 등록된 통상사용권자일 필요는 없다.
  ㉡ 상표권자와 통상사용권자 사이의 합의는 반드시 문서에 의하여 이루어져야 한다거나 어떠한 형식을 갖추어야 할 필요는 없다.
  ㉢ 등록상표의 양수인이 미등록 사용권자에 대해서 등록상표의 사용 중지를 촉구한 이후의 사용은 사용권자로서의 정당한 사용이라 볼 수 없다.
  ㉣ 사용권설정행위 자체는 본 호에 따른 사용으로 볼 수 없다.

② 제3자에 의하여 유통 또는 광고되는 경우(2012후177)

상표권자가 외국에서 등록상표를 표시했을 뿐 국내에서 직접 또는 대리인을 통하여 등록상표를 사용한 적이 없다고 하더라도, 그 상품이 제3자에 의해 우리나라로 수입되어 상표권자가 등록상표를 표시한 그대로 국내의 정상적인 거래에서 양도, 전시되는 등의 방법으로 유통되고, 그에 따라 국내 수요자에게 그 상표가 상표권자의 업무에 관련된 상품을 표시하는 것으로 사회통념상 인식되는 경우에는 특단의 사정이 없는 한 상표권자가 국내에서 상표를 사용한 것으로 보아야 한다.

③ OEM 방식에 의한 수출의 경우(2012후740)

주문자가 요구하는 상표로 상품을 생산하여 주는 주문자상표부착생산 방식(이른바, OEM 방식)에 의한 수출의 경우, 상품제조에 대한 품질관리 등 실질적인 통제가 주문자에 의해 유지되고 수출업자의 생산은 오직 주문자의 주문에만 의존하며, 생산된 제품 전량이 주문자에게 인도되는 것이 보통이므로, 특별한 사정이 없는 한 주문자가 상표를 사용한 것으로 보아야 한다.

(2) 상표의 불사용에 정당한 이유가 없을 것

① 정당한 이유의 의미

'정당한 이유'라 함은 질병 기타 천재 등의 불가항력에 의하여 영업을 할 수 없는 경우뿐만 아니라 법률에 의한 규제, 판매금지, 또는 국가의 수입제한조치 등에 의하여 부득이 등록상표의 지정상품이 국내에서 일반적, 정상적으로 거래할 수 없는 경우와 같이 상표권자의 귀책사유로 인하지 아니한 상표 불사용의 경우도 포함된다고 할 것이다.

② 불사용 상태가 상당 기간 계속된 등록상표가 이전된 경우 '정당한 이유'의 판단(97후3920)

불사용 상태가 상당 기간 계속된 등록상표의 이전이 있는 경우, 양수인은 그 등록이 장차 취소될 가능성이 있다는 점을 예상하고 양수하는 것으로 볼 수 있으므로, 불사용에 대한 정당한 이유를 판단함에 있어서 이전등록 이후의 사정만 참작할 것이 아니고 그 이전등록 이전의 계속된 불사용의 사정도 함께 고려함이 상당하다.

(3) '등록상표'를 그 지정상품에 대하여 사용하지 않았을 것

① 상표의 동일성

등록된 상표와 유사한 상표의 사용만으로는 등록상표의 사용으로 볼 수 없으나, 등록상표의 사용에는 동일한 상표를 사용하는 경우는 물론 사회통념상 동일한 상표의 사용도 포함된다. 상표권자의 법적 안정성을 위하여 제119조 제1항 제1호보다 동일성의 개념을 넓게 볼 필요가 있다.

② 결합상표 등록 후, 그 일부를 사용한 경우

㉠ 구성부분들이 각기 상표의 요부를 구성하고 있는 경우(2004후1588)

등록상표가 결합상표이고 결합상자를 이루는 기호나 문자 또는 도형들이 각기 상표의 요부를 구성하고 있는 경우에는 그 중 어느 부분만을 상표로 사용하였다 하더라도 이를 들어 등록상표를 정당하게 사용한 것이라고는 할 수 없다.

㉡ 영문 음역이 결합된 등록상표 중 일부의 사용(2012후2463)

영문자와 이를 단순히 음역한 한글이 결합된 등록상표에서, 그 영문 단어 자체의 의미로부터 인식되는 관념 외에 그 결합으로 말미암아 새로운 관념이 생겨나지 않고, 영문자 부분과 한글 음역 부분 중 어느 한 부분이 생략된 채 사용된다 하더라도 일반 수요자나 거래자에게 통상적으로 등록상표 그 자체와 동일하게 호칭될 것으로 보이는 한, 그 등록상표 중에서 영문자 부분 또는 한글 음역 부분만으로 구성된 상표를 사용하는 것은 거래통념상 등록상표와 동일하게 볼 수 있는 형태의 상표를 사용하는 것에 해당한다.

③ 등록상표가 다른 구성과 함께 사용되는 경우

　　㉠ 등록상표가 동일성·독립성을 유지하고 있는 경우(2012후2685)

　　　등록상표가 반드시 독자적으로만 사용되어야 할 이유는 없으므로, 등록상표에 다른 문자, 도형 등을 결합하여 상표로 사용한 경우라 하더라도 등록상표가 상표로서의 동일성과 독립성을 유지하고 있어 다른 표장과 구별되는 식별력이 있는 한 이를 들어 등록상표의 사용이 아니라고 할 수 없다.

　　㉡ 결합으로 인해 새로운 외관, 칭호, 관념이 생겨난 경우 – 포카칩 사건(2005후2939)

　　　본 호의 '동일한 상표'는 등록상표 그 자체뿐만 아니라 거래사회의 통념상 등록상표와 동일하게 볼 수 있는 형태의 상표를 포함하는 것인 바, 상표권자 등이 등록상표에 식별력이 없거나 미약한 부분을 결합하여 상표로 사용한 경우, 그 결합된 부분이 실제 사용된 상표에서 차지하는 비중, 등록상표와 결합되어 있는 정도, 위치 및 형태와 실사용상표의 전체적인 구성, 형태, 음절수, 문법적 결합 및 그에 따른 일반 수요자나 거래자의 인식이나 언어 습관 등 여러 사정에 의하여 거래사회의 통념상 그 결합 전의 등록상표와 동일하다고 볼 수 없는 외관, 호칭, 관념이 실사용상표에 형성될 수 있으므로, 그 결합된 부분이 단순히 식별력이 없거나 미약하다고 하여 실사용상표가 거래사회의 통념상 등록상표와 동일하게 볼 수 있는 형태의 표장이라고 단정할 수 없다.

④ 기호 등에 색채가 결합된 색채상표의 경우 특칙(제225조 제1항)

　　본 호에 따른 "등록상표"에는 그 등록상표와 유사한 상표로서 색채를 등록상표와 동일하게 하면 등록상표와 같은 상표라고 인정되는 상표가 포함되는 것으로 한다.

⑤ 등록상표가 애당초 식별력 없는 상표인 경우(2012후2685)

　　등록상표가 애당초 식별력 없는 상표인지 여부는 본 호에서 규정하는 등록상표의 사용 여부 판단을 좌우할 사유가 되지 못한다.

(4) 등록상표를 '그 지정상품'에 대하여 사용하지 않았을 것

① 상품의 동일성

　　등록상표를 지정상품에 사용하고 있지 않은 경우라 함은 등록상표를 지정상품 그 자체 또는 거래사회의 통념상 이와 동일하게 볼 수 있는 상품에 현실로 사용하지 않은 때를 말하고, 지정상품과 유사한 상품에 사용한 것만으로는 등록상표를 지정상품에 사용하였다고 볼 수 없다.

② 타인의 상품의 출처를 나타내기 위해 사용하는 경우(2012후1071)

　　불사용취소심판에서 서비스에 대한 등록상표의 사용이 인정되려면, 상표권자가 상표를 자기 서비스의 출처를 표시하기 위해 사용해야 하고, 타인의 상품이나 서비스의 출처를 표시하기 위해 사용한 경우는 불사용을 이유로 한 서비스에 대한 상표등록의 취소를 면하기 위한 서비스에 대한 상표의 사용에 해당한다고 할 수 없다.

(5) 심판청구일 전 계속하여 3년 이상 국내에서 사용하고 있지 아니한 경우

① 심판청구일 전 계속하여 3년 이상 불사용하였을 것

　　심판청구일 당시 계속하여 3년 이상 불사용 상태가 진행 중이어야 하며, 상표권 이전이 있는 경우 전 권리자인 양도인의 불사용기간을 산입하여야 한다.

② 국내에서 사용하지 아니하였을 것

　　㉠ 외국 간행물의 국내 반포(91후356)

　　　상표광고가 게재된 외국의 간행물이 국내에 수입·반포되었다면 이를 광고를 통한 상표의 사용으로 볼 수 있다.

ⓛ 주문자상표부착 방식(OEM)으로 수출할 목적으로만 상품을 제조한 경우(2000후143)

주문자상표부착 방식에 의한 상표의 사용도 상표법 제2조 제1항 제11호 소정의 상표의 사용행위에 해당하고, 수출자유지역 내에서 수출 목적으로만 이 사건 등록상표가 부착된 상품을 제조한 것이라 하더라도 국내에서의 상표 사용행위라고 볼 수 있다.

ⓒ 등록상표의 사용 여부 판단 시 일반 수요자 등의 출처표시 인식(2012후3206)

본 호의 등록상표의 사용 여부 판단에 있어서, 불사용취소심판제도는 등록상표 사용을 촉진하는 한편 불사용에 대한 제재를 가하려는 데에 그 목적이 있으므로, 상표권자 또는 사용권자가 자타상품의 식별표지로서 사용하려는 의사에 터 잡아 등록상표를 사용한 것으로 볼 수 있는지가 문제될 뿐 일반 수요자나 거래자가 이를 상품의 출처표시로서 인식할 수 있는지는 등록상표의 사용 여부 판단을 좌우할 사유가 되지 못한다.

ⓔ 치외법권 지역에만 공급된 경우(91후684)

등록상표를 부착한 상품을 국내시장이 아닌 치외법권 지역인 주한 일본대사관, 영사관에 공급하였다하여 이를 들어 상표를 국내에서 사용하였다고 볼 수 없는 것이다.

③ 정당하게 사용하지 않았을 것

㉠ '정당한 사용'의 판단 방법(2007허1510)

어느 지정상품과의 관계에서 등록상표가 정당하게 사용되었는지 여부를 결정함에 있어서는 그 지정상품이 교환가치를 가지고 독립된 상거래의 목적물이 될 수 있는 물품으로서의 요건을 구비하고 있는지 여부 및 국내에서 정상적으로 유통되고 있거나 유통될 것을 예정하고 있는지 여부를 기준으로 판단하여야 한다.

ⓛ 행정법규를 위반하여 특정 상품을 제조·판매하는 경우(2005후3406)

행정법규에 위반하여 특정 상품을 제조·판매하였다고 하여 그 상품이 독립된 상거래의 목적물이 될 수 있는 물품으로서의 요건을 구비하고 있지 않다거나 국내에서 정상적으로 유통되지 아니한 경우에 해당한다고 일률적으로 결정할 수는 없고, 그 상품의 제조·판매를 규율하는 행정법규의 목적, 특성, 그 상품의 용도, 성질 및 판매형태, 거래실정상 거래자나 일반 수요자가 그 상품에 대하여 느끼는 인식 등 여러 사정을 참작하여 상표제도의 목적에 비추어 그 해당 여부를 개별적으로 판단하여야 한다.

ⓒ 타인의 저작권을 침해하는 등록상표의 사용(98후2962)

저작권자의 동의를 받지 아니하고 등록상표와 동일성 범주 내의 실사용상표를 사용하면 저작권 침해가 되어 민사상 손해배상책임을 부담하게 되는 것은 별론으로 하고, 등록상표와 동일성 범주 내에 있는 실사용상표를 사용한 이상은 그 사용 자체가 정당한 사용이 아니라고 할 수 없다.

3 취소심판의 적법성

(1) 취소심판의 청구(제119조 제5항)

① 청구인

본 호에 따른 취소심판은 누구든지 청구할 수 있다.

② 청구기간

제척기간 없이 본 호를 이유로 취소심판을 청구할 수 있다.

③ 청구범위(제119조 제2항)

본 호에 해당하는 것을 사유로 취소심판을 청구하는 경우 등록상표의 지정상품이 둘 이상 있는 경우에는 일부 지정상품에 관하여 취소심판을 청구할 수 있다.

(2) 심판청구의 방식

심판청구인은 제125조 제1항 각 호의 사항을 적은 심판청구서를 특허심판원장에게 제출하여야 한다.

4 취소심판의 심리 및 심결

(1) 심리 방식

① 심판은 제132조에 따라 3명 또는 5명의 심판관으로 구성되는 심판관합의체가 하며, 심판관합의체의 합의는 과반수로 결정한다.

② 심판장은 심판이 청구되면 청구서 부본을 피청구인에게 송달하고 기간을 정하여 답변서를 제출할 수 있는 기회를 주어야 한다. 심판장은 답변서를 수리(受理)하였을 경우에는 그 부본을 청구인에게 송달하여야 한다.

③ 심판은 제141조에 따라 구술심리 또는 서면심리로 한다.

④ 심판관은 제146조에 따라 당사자 또는 참가인이 신청하지 아니한 이유에 대해서도 심리할 수 있다. 이 경우 기간을 정하여 당사자와 참가인에게 그 이유에 대하여 의견을 진술할 수 있는 기회를 주어야 한다. 다만, 심판관은 청구인이 신청하지 아니한 청구의 취지에 대해서는 심리할 수 없다.

(2) 입증책임(입증책임의 전환 및 그 형평상 입증책임의 완화)

① 취소사유에 대한 입증책임은 취소를 주장하는 청구인이 부담하는 것이 원칙이나, 상표의 사용사실은 피청구인이 가장 잘 알고 있으므로 상표사용에 대한 입증책임은 피청구인에게 전환된다.

② 다만, 입증책임의 전환에 따른 형평상 피청구인은 취소심판의 대상이 되는 지정상품 중 어느 하나에라도 등록상표를 정당하게 사용한 사실을 증명하면 심판청구와 관련된 지정상품 처분에 대한 취소를 면할 수 있다.

③ 불사용에 대한 정당한 이유도 피청구인이 증명해야 한다.

(3) 심결 및 불복

① 심리결과 심판청구의 이유가 없는 경우 기각심결, 심판청구의 이유가 있는 경우 인용심결을 내린다(제149조). 이 경우, 전부인용심결 또는 전부기각심결하여야 하고, 일부인용심결 또는 일부기각심결은 불가하다.

② 심결 각하(제128조)

부적법한 심판청구로서 그 흠을 보정할 수 없는 경우에는 피청구인에게 답변서 제출의 기회를 주지 아니하고 심결로써 그 청구를 각하할 수 있다.

③ 불복(제162조)

심결에 불복하려는 자는 제162조에 따라 심결의 취소를 구하는 소송을 제기할 수 있다.

5 취소 심결 확정의 효과

(1) 상표권의 장래를 향한 소멸

상표등록을 취소한다는 심결이 확정되었을 경우에는 그 상표권은 그때부터 소멸된다.

(2) 제34조 제3항

상표권자 또는 그 상표권자의 상표를 사용하는 자는 본 호에 해당한다는 이유로 상표등록의 취소심판이 청구되고 그 청구일 이후에 다음 각 호의 어느 하나에 해당하게 된 경우 그 상표와 동일·유사한 상표(동일·유사한 상품)에 대해서는 그 해당하게 된 날부터 3년이 지난 후에 출원해야만 상표등록을 받을 수 있다.

(3) 일사부재리 적용 여부

본 호의 취소심판은 청구 시점에 따라 불사용의 기산점을 달리하므로 일사부재리가 적용되지 않는다.

6 관련 문제

(1) 일부인용, 취하의 문제(93후718)

동시에 수 개의 지정상품에 대하여 상표등록취소심판청구를 한 경우에는 심판청구의 대상인 지정상품을 불가분 일체로 취급하여 전체를 하나의 청구로 간주하여 지정상품 중의 하나에 대하여 사용이 증명되면 그 심판청구는 전체로서 인용될 수 없을 뿐 사용이 증명된 지정상품에 대한 심판청구만 기각하고 나머지에 관한 청구를 인용할 것은 아니며, 사용이 증명된 지정상품에 대한 심판청구의 일부 취하가 허용되는 것도 아니다.

(2) 취소심판 계류 중 지정상품의 범위를 달리하여 취소심판을 청구한 경우(2012후3220)

① 불사용취소심판 지정상품 중 하나에라도 사용이 증명되면 그 청구는 전체로서 인용될 수 없을 뿐 아니라 일부 취하가 허용되는 것도 아니다.

② 등록취소 요건의 일부를 이루는 상표를 사용 기간의 역산 기산점이 되는 심판청구일이나 지정상품 범위를 달리하여 다시 취소심판을 청구할 이익이 있다.

③ 상표권자의 추가적인 증명책임의 부담만으로 청구된 취소심판이 부적법하다고 볼 수 없다.

(3) 상표등록취소사유의 추가적 주장 문제

① 지정상품 전부에 대하여 불사용취소심판을 청구한 후 제119조 제1항 제1호 취소사유를 추가하는 경우
등록상표 및 지정상품이 동일한 이상 심판 단계에서는 '청구이유의 보정'을 허용하는 바 취소사유의 추가가 가능하고, 심결취소소송에서는 무제한설에 따라 새롭게 주장 가능하다.

② 지정상품 일부에 대하여 불사용취소심판을 청구한 후 제119조 제1항 제1호 취소사유를 추가하는 경우
상표법 제119조 제1항 제1호의 상표등록취소심판청구는 등록상표의 지정상품 전체에 대하여만 할 수 있고 그 일부에 대한 청구는 허용되지 않으므로, 심판 절차에서 등록상표 중 일부 지정상품에 대하여 상표법 제119조 제1항 제3호의 상표등록 취소사유를 주장하였다가 그 후의 심결취소소송 절차에서 상표법 제119조 제1항 제1호의 상표등록 취소사유를 추가로 주장할 수는 없다(2010후1213).

(4) 사해행위취소판결이 확정된 경우

① 사해행위취소판결 확정 전 수익자의 사용을 상표권자 등의 사용으로 볼 수 있는지 여부^(2010후2407)

제119조 제1항 제3호의 규정 취지 및 사해행위취소의 효력 등에 비추어 볼 때, 취소심판이 청구된 이후 상표권 양수인 또는 전용사용권자를 수익자로 하여 그 상표권 양도계약 또는 전용사용권 설정 계약이 사해행위임을 이유로 이를 취소하는 판결이 확정되었다고 하더라도 그 사해행위취소판결의 확정 전 상표권 양수인 또는 전용사용권자의 등록상표의 사용을 상표권자 또는 전용사용권자로서의 등록상표의 사용이 아니라고 할 수는 없다.

② 사해행위취소판결이 확정된 경우, 제3자가 청구한 심판에서 수익자가 피청구인 적격을 갖는지 여부 ^(2010후1435)

사해행위취소판결의 효과는 채권자와 수익자(또는 전득자)에 대한 관계에 있어서만 그 효력이 발생할 뿐이므로, 그 효력은 제3자인 취소심판 청구인에게 미치지 아니하여 청구인에 대한 관계에서 수익자 또는 전득자는 피청구인 적격을 갖는다.

---

07 제119조 제1항 제4호

> **제119조(상표등록의 취소심판)** ① 등록상표가 다음 각 호의 어느 하나에 해당하는 경우에는 그 상표등록의 취소심판을 청구할 수 있다.
> 4. 제93조 제1항 후단, 같은 조 제2항 및 같은 조 제4항부터 제7항까지의 규정에 위반된 경우

1 의의 및 취지

이전제한 규정에 위반된 경우 취소사유에 해당한다.

2 요 건

상표권 등의 수익, 처분 행위가 제93조 제1항 후단, 같은 조 제2항 및 같은 조 제4항부터 제7항까지의 규정에 위반될 것이 요구된다.

3 취소심판의 적법성

(1) 취소심판의 청구

① 청구인(제119조 제5항)

본 호에 따른 취소심판은 이해관계인만이 청구할 수 있다.

② 청구기간(제119조 제4항)

심판청구 후 취소사유가 해소된 경우 목적을 달성한 것으로 취소를 면할 수 있다.

③ 청구범위

본 호에 따른 취소심판은 지정상품 전부에 대하여 청구하여야 한다.

(2) 심판청구의 방식

심판청구인은 제125조 제1항 각 호의 사항을 적은 심판청구서를 특허심판원장에게 제출하여야 한다.

---

08   제119조 제1항 제5호

> 제119조(상표등록의 취소심판) ① 등록상표가 다음 각 호의 어느 하나에 해당하는 경우에는 그 상표등록의 취소심판을 청구할 수 있다.
> 5. 상표권의 이전으로 유사한 등록상표가 각각 다른 상표권자에게 속하게 되고 그 중 1인이 자기의 등록상표의 지정상품과 동일·유사한 상품에 부정경쟁을 목적으로 자기의 등록상표를 사용함으로써 수요자에게 상품의 품질을 오인하게 하거나 타인의 업무와 관련된 상품과 혼동을 불러일으키게 한 경우

1 의의 및 취지

유사상표의 분리 이전에 따른 폐해를 사후적으로 방지하기 위하여, 유사상표 분리 후 1인이 등록상표를 동일·유사상품에 부정경쟁 목적으로 사용함으로써 수요자에게 혼동을 일으킨 경우 취소사유에 해당한다.

2 요 건

(1) 상표권의 이전으로 인해 유사한 등록상표가 각각 다른 상표권자에게 속하게 되었을 것

(2) 이전 후 1인이 등록상표를 지정상품과 동일·유사한 상품에 사용하였을 것

(3) 부정경쟁의 목적으로 사용하였을 것

(4) 수요자에게 상품의 품질을 오인케 하거나 타인의 업무와 관련된 상품과 혼동을 일으킬 것

3 취소심판의 적법성

(1) 취소심판의 청구

① 청구인(제119조 제5항)

본 호에 따른 취소심판은 누구든지 청구할 수 있다.

② 청구기간(제122조 제2항)

본 호의 취소사유에 해당하는 사실이 없어진 날로부터 3년이 지난 후에는 본 호를 이유로 하는 취소 심판 청구가 불가하다. 단, 본 호의 취소심판을 청구한 후 그 심판청구사유에 해당하는 사실이 없어진 경우에도 취소사유에 영향이 미치지 아니한다.

③ 청구범위

본 호에 따른 취소심판은 지정상품 전부에 대하여 청구하여야 한다.

(2) 심판청구의 방식

심판청구인은 제125조 제1항 각 호의 사항을 적은 심판청구서를 특허심판원장에게 제출하여야 한다.

---

09 제119조 제1항 제5의2호

제119조(상표등록의 취소심판) ① 등록상표가 다음 각 호의 어느 하나에 해당하는 경우에는 그 상표등록의 취소심판을 청구할 수 있다.

5의2. 제34조 제1항 제7호 단서 또는 제35조 제6항에 따라 등록된 상표의 권리자 또는 그 상표등록에 대한 동의를 한 자 중 1인이 자기의 등록상표의 지정상품과 동일·유사한 상품에 부정경쟁을 목적으로 자기의 등록상표를 사용함으로써 수요자에게 상품의 품질을 오인하게 하거나 타인의 업무와 관련된 상품과 혼동을 불러일으키게 한 경우

---

1 의의 및 취지

상표공존동의에 의해 등록된 상표가 부정경쟁 목적으로 사용되어 수요자의 오인·혼동을 야기할 경우 취소 사유에 해당한다.

2 요 건

(1) 제34조 제1항 제7호 단서 또는 제35조 제6항에 따라 상표가 등록된 경우

(2) 상표등록의 동의를 받은 자 또는 상표등록의 동의를 한 자 중 1인이 등록상표를 지정상품과 동일·유사한 상품에 사용하였을 것

(3) 부정경쟁의 목적으로 사용하였을 것

(4) 수요자에게 상품의 품질을 오인케 하거나 타인의 업무와 관련된 상품과 혼동을 일으킬 것

3 취소심판의 적법성

(1) 취소심판의 청구

① 청구인(제119조 제5항)

본 호에 따른 취소심판은 누구든지 청구할 수 있다.

② 청구기간(제122조 제2항)

본 호의 취소사유에 해당하는 사실이 없어진 날로부터 3년이 지난 후에는 본 호를 이유로 하는 취소심판 청구가 불가하다. 단, 본 호의 취소심판을 청구한 후 그 심판청구사유에 해당하는 사실이 없어진 경우에도 취소사유에 영향이 미치지 아니한다.

③ 청구범위

본 호에 따른 취소심판은 지정상품 전부에 대하여 청구하여야 한다.

(2) 심판청구의 방식

심판청구인은 제125조 제1항 각 호의 사항을 적은 심판청구서를 특허심판원장에게 제출하여야 한다.

10　제119조 제1항 제6호

> **제119조(상표등록의 취소심판)** ① 등록상표가 다음 각 호의 어느 하나에 해당하는 경우에는 그 상표등록의 취소심판을 청구할 수 있다.
> 6. 제92조 제2항에 해당하는 상표가 등록된 경우에 그 상표에 관한 권리를 가진 자가 해당 상표등록일부터 5년 이내에 취소심판을 청구한 경우

1 의의 및 취지

제92조 제2항의 실효성을 확보하고 공정한 상거래 질서 확립 위하여 제92조 제2항에 해당하는 상표가 등록된 경우 취소사유에 해당한다.

2 요 건

(1) 제92조 제2항에 해당하는 상표가 등록된 경우

(2) 그 상표에 관한 권리를 가진 자가 해당 상표등록일로부터 5년 이내에 취소심판을 청구하였을 것

3 취소심판의 적법성

(1) 취소심판의 청구

① 청구인(제119조 제5항)

본 호에 따른 취소심판은 이해관계인만이 청구할 수 있다.

② 청구기간(제122조 제2항, 제119조 제4항)

본 호의 취소사유에 해당하는 사실이 없어진 날로부터 3년이 지난 후에는 본 호를 이유로 하는 취소심판 청구가 불가하다. 단, 심판청구 후 취소사유가 해소된 경우 목적을 달성한 것으로 취소를 면할 수 있다.

③ 청구범위

본 호에 따른 취소심판은 지정상품 전부에 대하여 청구하여야 한다.

(2) 심판청구의 방식

심판청구인은 제125조 제1항 각 호의 사항을 적은 심판청구서를 특허심판원장에게 제출하여야 한다.

---

11 권리범위확인심판

> **제121조(권리범위확인심판)** 상표권자, 전용사용권자 또는 이해관계인은 등록상표의 권리범위를 확인하기 위하여 상표권의 권리범위확인심판을 청구할 수 있다. 이 경우 등록상표의 지정상품이 둘 이상 있는 경우에는 지정상품마다 청구할 수 있다.

1 의의 및 취지

(1) 의 의

분쟁을 예방하고 침해 시 신속한 구제를 도모하기 위하여 상표권의 효력이 미치는 범위를 공적으로 확인하도록 하는 심판이다.

(2) 적극적 권리범위확인심판

상표권자가 제3자의 확인대상표장이 자신의 등록상표권 권리범위에 속한다는 확인을 구하는 심판이다.

(3) 소극적 권리범위확인심판

제3자가 자신의 사용 중(또는 예정)인 확인대상표장이 상표권자의 등록상표의 권리범위에 속하지 않는다는 확인을 구하는 심판이다.

2 성질 및 침해소송과의 관계

(1) 성질(84후49)

권리범위확인심판은 단순히 그 상표 자체의 기술적 범위를 확인하는 사실확정을 목적으로 한 것이 아니라 그 구체적으로 문제가 된 상대방의 사용상표와의 관계에서 등록상표권의 효력이 미치는지 여부를 확인하는 권리확정을 목적으로 하는 것이다.

(2) 심리 범위

① 권리범위확인심판의 판단 대상

상표적 사용인지 여부, 상표 및 상품의 유사 여부, 제90조에 해당하는지 여부를 판단한다.

② 대인적 사유의 심리, 판단 가부(2011후3872)

권리범위확인심판은 심결이 확정된 경우 심판의 당사자뿐만 아니라 제3자에게도 일사부재리의 효력이 미치는 반면, 적극적인 권리범위확인심판 청구의 상대방이 확인대상표장에 관하여 상표법 제99조의 선사용권을 가지고 있다는 것은 대인적인 상표권 행사의 제한사유일 뿐이어서 상표권의 효력이 미치는 범위에 관한 권리확정과는 무관하므로, 상표권 침해소송이 아닌 적극적 권리범위확인심판에서 선사용권의 존부에 대해서까지 심리, 판단하는 것은 허용되지 않는다.

③ 소극적 권리범위확인심판을 청구하며 대인적 사유만을 주장한 경우 취급(2012후1101)

권리범위확인심판은 심결이 확정된 경우 심판의 당사자뿐만 아니라 제3자에게도 일사부재리의 효력이 미친다. 따라서 소극적 권리범위확인심판의 청구인이 확인대상표장과 등록상표가 표장 및 상품이 동일하거나 유사하다는 점은 다투지 않은 채, 자신은 상표법 제99조의 선사용권을 가지고 있다거나, 피심판청구인의 상표등록출원 행위가 심판청구인에 대한 관계에서 사회질서에 위반된 것이라는 등의 대인적인 상표권 행사의 제한사유를 주장하면서 확인대상표장이 등록상표의 권리범위에 속하지 않는다는 확인을 구하는 것은 상표권의 효력이 미치는 범위에 관한 권리확정과는 무관하므로 확인의 이익이 없어 부적법하다.

(3) 침해소송과의 관계

① 민·형사법원은 권리범위확인심판의 심결에 기속되지 않는다. 따라서 그 침해 여부는 최종적으로 침해금지청구 등과 같은 일반 민사소송에 의한 확정판결에 따라 결정된다.

② 민사재판에 있어서 이와 관련된 다른 권리범위확인심판 사건 등의 확정 심결에서 인정된 사실은 특별한 사정이 없는 한 유력한 증거자료가 되는 것이나, 당해 민사재판에서 제출된 다른 증거 내용에 비추어 관련 권리범위확인심판 사건 등의 확정 심결에서의 사실판단을 그대로 채용하기 어렵다고 인정될 경우에는 이를 배척할 수 있다(99다59320).

3 권리범위확인심판의 청구 및 방식

(1) 심판의 청구

① 청구인

㉠ 적극적 권리범위확인심판 : 상표권자 또는 전용사용권자

㉡ 소극적 권리범위확인심판 : 이해관계인(단, 확인대상표장 사용사실 내지 사용예정사실이 없다면 확인의 이익이 없어 부적법 각하됨)

② 피청구인

　　㉠ 적극적 권리범위확인심판 : 확인대상표장을 사용하는 자

　　㉡ 소극적 권리범위확인심판 : 상표권자(전용사용권자 ×)

③ 청구기간

　　㉠ 권리범위확인심판 청구는 현존하는 상표권의 범위를 확정하는 데 그 목적이 있으므로 상표등록이 무효로 되었다면 그에 대한 권리범위확인심판을 청구할 이익은 물론 그 심결의 취소를 구할 소의 이익도 소멸된다.

　　㉡ 상표권 취소심결 확정의 경우, 권리범위확인심판의 확인의 이익 및 심결취소소송 소의 이익

　　　　• 권리범위확인심판의 청구는 현존하는 상표권의 범위를 확정하는 데에 그 목적이 있으므로, 상표권이 소멸된 이후에는 그에 대한 권리범위 확인을 구할 이익 및 소의 이익이 없다.

　　　　• 단, 상표등록취소심판 및 판결은 소급효가 인정되지 않으므로 등록취소심판이 확정되기 이전에 상표권이 존속되는 기간 동안의 권리범위에 대한 확인심판을 구할 소의 이익까지 없다고 할 수는 없다.

④ 청구범위(제121조 후단)

　　등록상표의 지정상품이 둘 이상인 경우 지정상품마다 청구할 수 있다

(2) 심판청구의 방식

① 심판청구서의 제출(제125조 제1항)

　　심판청구인은 제125조 제1항 각 호의 사항을 적은 심판청구서를 특허심판원장에게 제출하여야 한다. 권리범위확인심판을 청구할 경우에는 등록상표와 대비할 수 있는 상표견본 및 그 사용상품목록을 첨부하여야 한다.

② 확인대상표장의 특정

　　㉠ 확인대상표장 첨부(제125조 제3항)

　　㉡ 확인대상표장의 보정(제125조 제2항 제3호)

　　㉢ 확인대상표장은 그 표장의 구성과 그 표장이 사용된 상품을 등록상표와 대비할 수 있을 정도로 특정하면 충분하고, 확인대상표장의 구체적 사용실태나 확인대상표장을 부착하여 사용하는 상품의 형태까지 특정해야 하는 것은 아니다.

▣ 4 　권리범위확인심판의 심리 및 심결

(1) 심리 방식

① 심판은 제132조에 따라 3명 또는 5명의 심판관으로 구성되는 심판관합의체가 하며, 심판관합의체의 합의는 과반수로 결정한다.

② 심판장은 심판이 청구되면 청구서 부본을 피청구인에게 송달하고 기간을 정하여 답변서를 제출할 수 있는 기회를 주어야 한다. 심판장은 답변서를 수리(受理)하였을 경우에는 그 부본을 청구인에게 송달하여야 한다.

③ 심판은 제141조에 따라 구술심리 또는 서면심리로 한다.

④ 심판관은 제146조에 따라 당사자 또는 참가인이 신청하지 아니한 이유에 대해서도 심리할 수 있다. 이 경우 기간을 정하여 당사자와 참가인에게 그 이유에 대하여 의견을 진술할 수 있는 기회를 주어야 한다. 다만, 심판관은 청구인이 신청하지 아니한 청구의 취지에 대해서는 심리할 수 없다.

(2) 심결 및 불복

① 심리결과 심판청구의 이유가 없는 경우 기각심결, 심판청구의 이유가 있는 경우 인용심결을 내린다(제149조).

② 심결 각하(제128조)

부적법한 심판청구로서 그 흠을 보정할 수 없는 경우에는 피청구인에게 답변서 제출의 기회를 주지 아니하고 심결로써 그 청구를 각하할 수 있다.

③ 불복(제162조)

심결에 불복하려는 자는 제162조에 따라 심결의 취소를 구하는 소송을 제기할 수 있다.

(3) 확인의 이익 유무에 대한 심리

권리범위확인심판에서 확인의 이익의 유무는 직권조사사항이므로 당사자의 주장 여부에 관계없이 특허·심판원이나 법원이 직권으로 판단하여야 한다.

5 심결 확정의 효과

(1) 권리범위의 공적 확인

권리범위확인심판의 심결을 통해 상대방의 사용상표와의 관계에서 등록상표권의 효력이 미치는지 여부를 공적으로 확인받을 수 있다.

(2) 일사부재리의 적용(제150조)

본 호에 따른 취소심판의 심결이 확정되었을 경우에는 그 사건에 대해서는 누구든지 같은 사실 및 같은 증거에 의하여 다시 심판을 청구할 수 없다. 다만, 확정된 심결이 각하심결인 경우에는 그러하지 아니하다.

6 권리 대 권리 간 권리범위확인심판

(1) 적극적 권리범위확인심판의 경우

① 등록상표인 확인대상표장에 관한 적극적 권리범위확인심판

등록상표인 확인대상표장에 관한 적극적 권리범위확인심판은 확인대상표장이 심판청구인의 등록상표와 동일·유사하다고 하더라도 등록무효 절차 이외에서 등록된 권리의 효력을 부인하는 결과가 되어 부적법하다.

② '등록상표인 확인대상표장'의 범위

㉠ '등록상표인 확인대상표장'에는 등록상표와 동일한 상표는 물론 거래의 통념상 식별표지로서 상표의 동일성을 해치지 않을 정도로 변형된 경우도 포함된다.

ⓛ 확인대상표장을 등록상표에 다른 구성을 부가하여 특정한 경우(2013후2316)

확인대상표장이 등록상표에 다른 문자나 도형 등을 부가한 형태로 되어 있다고 하더라도 등록상표가 상표로서의 동일성과 독립성을 유지하고 있는 한 이는 등록상표와 동일성이 인정되는 상표이다.

ⓒ 확인대상표장을 영문자와 음역이 결합된 등록상표에서 어느 한 부분을 생략하여 특정한 경우(2018후11698)

확인대상표장이 영문자와 이를 단순히 음역한 한글이 결합된 등록상표에서 영문자 부분과 한글 음역 부분 중 어느 한 부분을 생략한 형태로 되어 있더라도, 영문 단어 자체의 의미로부터 인식되는 관념 외에 한글의 결합으로 새로운 관념이 생겨나지 않고, 일반 수요자나 거래자에게 통상적으로 등록상표 자체와 동일하게 호칭되는 한 이는 등록상표와 동일성이 인정되는 상표이다.

(2) 소극적 권리범위확인심판

인용되더라도 청구인의 등록상표가 피청구인의 등록상표의 권리범위에 속하지 않음을 확정할 뿐이어서 등록상표의 효력이 부인되는 결과가 아니므로 부적법하다고 할 수 없다.

(3) 적극적 권리범위확인심판 심결취소소송 중 확인대상표장이 등록된 경우 취급

① 기각심결의 경우

기각심결을 받은 자가 각하심결이 되어야 한다고 주장하는 것은 허용되지 않으므로 확인의 이익이 없어 소 각하 판결을 받게 된다.

② 인용심결의 경우

ⓒ 문제점

적극적 권리범위확인심판 인용심결에 대한 소송 중 확인대상표장이 등록된 경우, 권리 대 권리 간 적극적 권리범위확인심판이 되었다는 이유로 소의 이익이 부정되는지가 문제 된다.

ⓒ 견해대립

자신에게 불리한 인용심결을 받고 불복하는 것이므로 소의 이익을 인정해야 한다는 견해와, 사실심 변론 종결 시를 기준으로 판단하면 소의 이익이 없다는 견해가 대립한다.

ⓒ 특허법원 판례

'소송요건의 존부는 원칙적으로 사실심의 변론 종결 시를 기준으로 하여 판단하되 사실심 변론 종결 시 이후 소의 이익 등 소송 요건이 흠결되는 경우 그러한 사정도 고려하여 판단할 수 있다'고 하여 소의 이익을 부정한 판례와 확인대상발명이 등록된 경우에도 소의 이익이 없어지지 않음을 전제로 본안판단을 한 판례가 있다.

ⓔ 검 토

생각건대, 심결의 위법성은 심결 당시의 법령과 사실상태를 기준으로 판단하고, 심결이 있은 후에 비로소 발생한 사실은 고려대상이 아니며, 인용심결에 대한 소송은 확인대상표장이 등록상표의 권리범위에 속하지 않는다는 확인을 구하기 위한 것이라는 점을 고려할 때 소의 이익을 인정하는 것이 타당하다.

7

상표권에 무효사유가 명백한 경우 심판청구의 이익이 부정되는지 여부(2011후3698)

(1) 문제점

상표권에 무효사유가 명백한 경우, 권리범위확인심판의 심판청구의 이익이 인정되는지가 문제 된다.

(2) 부정설

무효사유가 명백한 경우 상표법에 의해 보호 받을 자격이 없고 권리범위를 상정할 수 없는 점, 상표등록이 형식적으로 유지되고 있다는 사정만으로 실체 없는 상표권을 마치 온전한 상표권인 양 권리범위를 확인해 주는 것이 되어 부당한 점, 침해금지 또는 손해배상청구에서 권리남용으로 보아 허용하지 않는 판결의 법리가 배제될 합리적인 이유가 없다는 점에서 상표권에 무효사유가 명백한 경우 권리범위확인심판을 청구할 이익이 없다.

(3) 긍정설

권리범위확인심판제도는 등록상표의 권리범위를 확인하는 것에 불과하여 등록상표의 무효 여부는 무효심판 절차에서 다루어져야 한다는 점, 침해소송의 당사자 사이의 상대적 효력에 비해 권리범위확인심판의 심결은 대세적 효력이 있으므로 이를 인정하게 되면 상표법의 근본 구도를 깨트리는 것이 되어 부당하다는 점, 권리범위확인심판의 청구의 이익은 직권조사사항으로서 등록상표에 무효사유가 존재하는지 여부를 당사자 주장 없이도 심리를 할 수밖에 없어 심리에 과도한 부담을 준다는 점에서 상표권에 무효사유가 명백한 경우도 부적법하다고 볼 수 없다.

(4) 검 토

권리범위확인심판은 등록상표의 권리범위를 확인하는 심판절차로서, 그 제도의 본래 목적에 맞게 심리 범위를 제한하는 것이 타당하고, 권리범위확인심판에서 무효사유의 존부를 심리하는 것은 무효심판제도와 권리범위확인심판제도를 목적과 기능을 달리하는 별개의 절차로 둔 상표법의 기본 구조에 배치되므로 긍정설이 타당하다.

8

민사 본안판결 존재 시 소극적 권리범위확인심판의 심결에 대한 심결취소소송의 소의 이익

(1) 소의 이익

권리보호의 이익이 있다고 하기 위하여는 사실상 이익만으로 부족하고, 심결 확정에 따른 법률상의 효과로 인해 원고가 법률상 불이익을 받거나 받을 우려가 있고 심결 취소에 의해 회복될 법률상의 이익이 있어야 한다.

(2) 문제점

권리범위확인심판은 분쟁을 예방하고자 하는 성격을 가지는 바, 민사 본안판결이 확정된 경우 권리범위확인심판의 심결에 대한 소송의 소의 이익을 인정할 것인지가 문제 된다.

(3) 특허법원 판례(2008허6406)

'당사자 사이에 현실적인 다툼이 없거나, 그 다툼을 해결하기 위한 가장 유효하고 적절한 분쟁해결수단인 민사 본안소송이 먼저 제기되어 이미 판결까지 선고되었으므로 권리범위확인심판의 심결의 취소소송을 통하여 위 분쟁해결의 중간적 수단에 불과한 심결의 당부를 확정할 실익은 없다'고 판시한 바 있다.

(4) 대법원 판례(2008후4486)

'상표에 관한 권리범위확인심판 절차에서 불리한 심결을 받은 당사자가 유효하게 존속하고 있는 심결에 불복하여 심결의 취소를 구하는 것은 상표법의 규정에 근거한 것으로서, 확정된 민사판결은 심결취소소송에 법적 기속력도 없으므로, 상표권이 소멸되거나 당사자 사이의 합의로 이해관계가 소멸하는 등 심결 이후의 사정에 의하여 심결을 취소할 법률상 이익이 소멸되는 특별한 사정이 없는 한 심결의 취소를 구한 소의 이익이 있다'고 판시한 바 있다.

(5) 검 토

원고에게 여전히 불리한 심결이 존속하고, 민사 본안판결에 법적 기속력이 없는 바, 심결을 취소할 법률상 이익이 있다고 봄이 타당하다.

9 민사 본안소송 계속 중 청구된 권리범위확인심판의 심판청구의 이익

(1) 문제점

권리범위확인심판은 분쟁을 예방하고자 하는 성격을 가지는 바, 최종적인 판단을 구하는 민사 본안소송이 법원에 계류 중인 경우에도 권리범위확인심판의 확인의 이익을 긍정할 것인지가 문제 된다.

(2) 특허법원 판례(2015허6824)

민사 본안소송에서 권리의 효력이 미치는 범위를 확정할 수 있음에도 중간 확인적 판단을 별도의 심판절차를 통해 구하는 것은 분쟁의 종국적 해결을 추구할 수 없고, 소송경제에 비추어 유효적절한 수단으로 볼 수 없는 점, 권리범위확인심판을 통해 추가적으로 제거할 법적 지위의 불안·위험이 남아있지 않은 점, 소송과 심판의 모순·저촉의 위험이 있는 점을 들어 민사 본안소송 계속 중 제기된 권리범위확인심판의 확인의 이익을 부정하였다.

(3) 대법원 판례(2016후328)

권리범위확인심판은 당사자 사이의 분쟁을 사전에 예방하거나 조속히 종결시키는 데에 이바지한다는 점에서 고유한 기능을 가진다는 점, 특허법에서 권리범위확인심판과 소송절차를 각 절차의 개시 선후나 진행경과 등과 무관하게 별개의 독립된 절차로 인정함을 전제로 규정하고 있는 점에 비추어, 권리범위확인심판 제도의 기능을 존중하여 침해소송과 별개로 청구된 권리범위확인심판의 심판청구의 이익이 부정된다고 볼 수 없다.

(4) 검 토

권리범위확인심판은 심결 확정 시 제3자에게도 일사부재리효를 미치는 등 별도의 의의를 가지고, 상표법은 심판과 소송에 관한 절차를 별개의 독립된 절차로 인정함을 전제로 규정하므로 침해소송과 별도로 청구된 권리범위확인심판의 심판청구이익을 인정함이 타당하다.

12 일사부재리

> **제150조(일사부재리)** 이 법에 따른 심판의 심결이 확정되었을 경우에는 그 사건에 대해서는 누구든지 같은 사실 및 같은 증거에 의하여 다시 심판을 청구할 수 없다. 다만, 확정된 심결이 각하 심결인 경우에는 그러하지 아니하다.

1 의의 및 취지

심결의 모순·저촉을 방지하기 위하여 심결이 확정된 경우 그 사건에 대해 누구든지 같은 사실 및 같은 증거에 의해 다시 심판을 청구할 수 없도록 한다.

2 요건

(1) 심판의 심결이 확정(제150조 단서)

본안 심결이 확정된 경우에만 적용되며, 각하 심결이 확정된 경우에는 적용되지 않는다.

(2) 누구든지

일사부재라는 제3자에게도 효력이 미치는 대세효를 가진다.

(3) 같은 사실

'동일 사실'이라 함은 원칙적으로 당해 상표권과의 관계에서 확정이 요구되는 구체적 사실이 동일함을 말한다.

(4) 같은 증거

① '동일 증거'란 그 사실과 관련성을 가진 증거로서 확정된 심결의 증거와 동일한 증거뿐 아니라, 확정된 심결을 번복할 수 있을 정도로 유력하지 아니한 증거까지 포함한다.

② 단, 전에 확정된 심결의 증거와 전혀 다른 새로운 증거만을 제출하는 경우에는 그 새로운 증거가 전에 확정된 심결과 다른 결론을 내릴 수 있을 것인지의 여부와 관계없이 '동일 증거'라고 할 수 없다.

(5) 동일 심판

① '동일 심판'이란 청구취지의 대상이 되어 있는 권리가 같고 종류가 동일한 심판을 말한다.

② 판례는 권리범위확인심판에서 확정이 요구되는 구체적인 사실은 적극적 권리범위확인심판에서의 그것과 소극적 권리범위확인심판에서의 그것을 달리 볼 것이 아니므로 적극적 권리범위확인심판의 심결이 확정된 때에는 그 일사부재리의 효력이 소극적 권리범위확인심판 청구에 대해서도 그대로 미치는 것으로 보아, 적극적 권리범위확인심판과 소극적 권리범위확인심판을 동일 심판으로 본다.

3 판단 시점

(1) 문제점

일사부재리 해당 여부 판단 시, '선행 심결의 확정 여부 및 동일 사실 및 동일 증거에 해당하는지 여부' 등에 대한 판단 시점이 문제 된다.

(2) 과거 대법원 판례(97후3661)

종래 판례는 일사부재리의 원칙에 해당하는지 여부는 심판의 청구 시가 아니라 그 심결 시를 기준으로 판단되어야 하는 것이며, 심판의 청구시기가 확정된 심결의 확정등록이나 판결의 확정 전이었는지 여부를 묻지 않는다고 판시하였다.

(3) 대법원 전원합의체 판례(2009후2234)

복수의 심판청구가 있은 경우 어느 심판의 심결에 대한 심결취소소송 계속 중 다른 심판의 심결이 확정되는 경우, 심결을 취소하는 판결이 있었더라도 재심결 때 그 심판청구를 각하할 수밖에 없어 국민의 재판청구권을 과도하게 침해할 우려가 있고, 심결을 취소한 법원 판결을 무의미하게 하는 불합리가 발생한다는 점 등을 근거로 판단 기준시점을 심판청구 시로 보아야 한다고 판시하였다.

(4) 전원합의체 판례에 대한 해석방법을 판시한 최근 대법원 판례(2018후11360)

전원합의체 판례는 '선행 심결의 확정'과 관련해서만 기준시점을 심판청구 시로 변경한 것이며, 심판청구 후 심결 시까지 보정된 사실과 증거를 모두 고려하여 심결 시를 기준으로 일사부재리 원칙에 위반되는지 여부를 판단하여야 한다.

(5) 검 토

대세효로 인해 제3자의 권리가 제한되는 것을 최소화하기 위해 '선행 심결의 확정 여부'는 심판청구 시를 기준으로 판단하되, 심판청구서 제출 이후 청구이유 보정이 허용되는 점을 고려할 때 '동일 사실 및 동일 증거 해당 여부'는 심결 시를 기준으로 판단함이 타당하다.

4 위반 시 효과(제128조)

일사부재리에 위반된 경우 부적법한 심판청구로서 심결 각하의 대상이 된다.

제162조(심결 등에 대한 소) ① 심결에 대한 소와 제123조 제1항(제161조에서 준용하는 경우를 포함한다)에 따라 준용되는 제42조 제1항에 따른 보정 각하결정 및 심판청구서나 재심청구서의 각하결정에 대한 소는 특허법원의 전속관할로 한다.
② 제1항에 따른 소는 당사자, 참가인 또는 해당 심판이나 재심에 참가신청을 하였으나 그 신청이 거부된 자만 제기할 수 있다.
③ 제1항에 따른 소는 심결 또는 결정의 등본을 송달받은 날부터 30일 이내에 제기하여야 한다.
④ 제3항의 기간은 불변기간(不變期間)으로 한다. 다만, 심판장은 도서·벽지 등 교통이 불편한 지역에 있는 자를 위하여 산업통상자원부령으로 정하는 바에 따라 직권으로 불변기간에 대하여 부가기간(附加期間)을 정할 수 있다.
⑤ 심판을 청구할 수 있는 사항에 관한 소는 심결에 대한 것이 아니면 제기할 수 없다.
⑥ 제152조 제1항에 따른 심판비용의 심결 또는 결정에 대해서는 독립하여 제1항에 따른 소를 제기할 수 없다.
⑦ 제1항에 따른 특허법원의 판결에 대해서는 대법원에 상고할 수 있다.

제163조(피고적격) 제162조 제1항에 따른 소는 특허청장을 피고로 하여 제기하여야 한다. 다만, 제117조 제1항, 제118조 제1항, 제119조 제1항·제2항, 제120조 제1항, 제121조 및 제214조 제1항에 따른 심판 또는 그 재심의 심결에 대한 소는 그 청구인 또는 피청구인을 피고로 하여 제기하여야 한다.

제164조(소 제기 통지 및 재판서 정본 송부) ① 법원은 제162조 제1항에 따른 소 제기 또는 같은 조 제7항에 따른 상고가 있는 경우에는 지체 없이 그 취지를 특허심판원장에게 통지하여야 한다.
② 법원은 제163조 단서에 따른 소에 관하여 소송절차가 완결되었을 경우에는 지체 없이 그 사건에 대한 각 심급(審級)의 재판서 정본을 특허심판원장에게 송부하여야 한다.

제165조(심결 또는 결정의 취소) ① 법원은 제162조 제1항에 따라 소가 제기된 경우에 그 청구가 이유 있다고 인정할 경우에는 판결로써 해당 심결 또는 결정을 취소하여야 한다.
② 심판관은 제1항에 따라 심결 또는 결정의 취소판결이 확정되었을 경우에는 다시 심리를 하여 심결 또는 결정을 하여야 한다.
③ 제1항에 따른 판결에서 취소의 기본이 된 이유는 그 사건에 대하여 특허심판원을 기속한다.

1 당사자적격

(1) 원고적격(제162조 제2항)

① 공유상표권에 관한 심판에서 공유자가 패소한 경우 원고적격

심결취소소송은 공유자 전원이 공동으로 제기하여야만 하는 고유필수적 공동소송이라고 할 수 없고, 공유자의 1인이라도 당해 상표등록을 무효로 하거나 권리행사를 제한, 방해하는 심결이 있는 때에는 그 권리의 소멸을 방지하거나 그 권리행사 방해배제를 위하여 단독으로 그 심결의 취소를 구할 수 있다.

② 공유자 1인의 단독심판청구 각하심결에 대한 심결취소소송 원고적격

심판청구를 하지 않은 공유자 중 1인은 당사자, 참가인, 참가의 신청이 거부된 자에 해당하지 않으므로 원고적격이 인정되지 않는다.

③ 제3자를 상대로 내려진 취소심결에 대해 상표권자가 원고적격을 갖는지 여부

제162조 제2항에 따라, 심결에 대한 소는 당사자, 참가인 또는 참가신청을 하였으나 그 신청이 거부된 자만이 제기할 수 있으므로, 상표등록취소심판의 대상이 된 등록상표의 상표권자라 하더라도 심결 당사자 등이 아니라면 그 심결에 대한 소를 제기할 수 없다.

④ 심판절차 계속 중 권리의 승계가 있는 경우 심결취소소송의 원고적격

ㄱ 문제점

심판계속 중 특정 승계가 있었음에도 불구하고 구 권리자를 당사자로 한 심결이 내려진 경우, 심결취소소송의 원고적격을 갖는 자가 누구인지 문제 된다.

ㄴ 판례

심결에 당사자로 표시된 구 권리자는 여전히 심결의 당사자로 심결취소소송에 대한 원고적격을 가지나, 다만 권리의 승계인은 심판장이 직권으로 속행명령을 할 것이라는 기대를 가질 수 있는 지위에 있어 당사자로서 심결취소소송을 제기할 수 있다 할 것이므로 권리의 승계인이 직접 소를 제기하거나 승계참가를 신청한 때에 한하여 권리의 이전이 유효한 이상 구 권리자는 원고적격을 상실한다.

(2) 피고적격

① 심판에서 승소한 자로서, 결정계 사건에서 특허청장, 당사자계 사건에서 심판청구인 또는 피청구인이 피고적격을 갖는다.

② 공유상표권에 관한 심판에서 공유자가 승소한 경우 피고적격

공유자 전원이 공동으로 피고적격을 가지더라도 부당한 점이 발생하지 않으므로 공유자 전원이 피고적격을 갖는다.

(3) 공동심판청구인(제124조 제1항)의 당사자적격

① 문제점

공동심판에 의하여 내려진 심결에 대한 소송은 고유필수적 공동소송이 아닌 바, 이를 유사필수적 공동소송으로 볼 것인지 아니면 통상 공동소송으로 볼 것인지 문제 된다.

② 판례의 태도(2007후1510)

공동심판청구인에 의해 청구된 심판은 심판청구인들 사이에 합일확정을 필요로 하는 이른바 유사필수적 공동심판에 해당한다. 따라서 비록 위 심판사건에서 패소한 특허권자가 공동심판청구인 중 일부만을 상대로 심결취소소송을 제기하였다 하더라도 그 심결은 청구인 전부에 대하여 모두 확정이 차단되며, 이 경우 심결취소소송이 제기되지 않은 나머지 청구인에 대한 제소기간의 도과로 심결 중 그 나머지 청구인의 심판청구에 대한 부분만이 그대로 분리·확정되었다고 할 수 없다.

③ 검토

제124조 제1항에 의한 공동심판은 '유사필수적 공동심판'의 성격을 가지므로, 패소한 공동심판청구인 중 1인이 단독으로 심결취소소송의 당사자적격을 가지며, 공동심판청구인 전원에 대해 불복기간이 경과해야 심결이 확정되므로 1인이라도 심결취소소송을 제기하면 심결은 확정되지 않는다고 봄이 타당하다.

2 심결의 위법성에 대한 판단 시점

심결취소소송에서 심결의 위법 여부는 심결 당시의 법령과 사실상태를 기준으로 판단하여야 하고, 원칙적으로 심결이 있은 이후 비로소 발생한 사실을 고려하여 판단의 근거로 삼을 수는 없다.

3 심결취소소송의 심리범위

(1) 문제점

심결취소소송의 소송물은 '심결의 위법성'으로서 심결 당시의 법령과 사실상태를 기준으로 판단하는데, 심결에서 심리·판단되지 않았던 사유를 심결취소소송에서 주장·채용할 수 있는지가 문제된다.

(2) 견해대립

변론주의 원칙, 소송경제를 이유로 일체의 위법사유를 주장·입증하는 것이 가능하다는 무제한설과, 실질적으로 심판의 속심적 절차이므로 새로운 주장과 증거의 제출은 허용되지 않는다는 제한설이 대립한다.

(3) 판례의 태도

① 당사자계 사건

판례는 '심결취소소송의 소송물은 심결의 실제적·절차적 위법성 여부라 할 것이므로 당사자는 심결에서 판단되지 않은 처분의 위법사유도 심결취소소송에서 주장·입증할 수 있고 심결취소소송의 법원은 특별한 사정이 없는 한 제한 없이 이를 심리·판단하여 판결의 기초로 삼을 수 있다'고 판시하여, '무제한설'을 취한다.

② 결정계 사건

기본적으로 무제한설을 취하면서, 특허청장이 심결에서 판단되지 않은 것으로서 거절결정의 이유와 다른 새로운 거절이유를 심결취소소송에서 주장, 입증하는 것은 허용되지 않는다는 제한을 두고 있다.

(4) 검 토

당사자의 정당하고 신속하게 재판받을 권리를 보장하기 위해 원칙적으로 무제한설을 따르되, 출원인이 새로운 거절이유에 대해 의견서를 제출할 수 있는 기회가 박탈당하는 것을 방지하기 위하여 결정계 심판에 대한 심결취소소송에서 특허청장이 새로운 거절이유를 주장·입증하는 것을 불허함이 타당하다.

4 관련 문제

(1) 결정계 사건에서 당사자의 절차 보장이 이루어진 경우(2015후1997)

① 다만, 특허청장은 거절결정이유 외에도 심사나 심판 단계에서 의견서 제출 기회를 부여한 사유 및 이와 주요한 취지가 부합하는 사유를 주장할 수 있고, 법원도 이를 심리·판단하여 심결의 당부를 판단하는 근거로 삼을 수 있다.

② 또한, 상표등록이의신청서에 기재되어 출원인에게 송달됨으로써 답변서 제출의 기회가 주어진 자는 이미 의견서 제출의 기회가 부여된 사유로 볼 수 있다.

(2) 심결취소소송에서 자백 또는 의제자백이 인정되는지 여부(2005후1882)

심결취소소송에서도 원칙적으로 변론주의가 적용되므로 주요사실에 대한 당사자의 불리한 진술인 자백이 성립할 수 있지만, 자백의 대상은 사실에 한하는 것이어서, 사실에 대한 법적 판단 내지 평가는 자백의 대상이 되지 않는다.

(3) 출원 취하 시 거절심결에 대한 취소소송 소의 이익 존부(2015후789)

출원이 취하된 경우에는 출원이 처음부터 없었던 것으로 보게 되므로, 출원에 대한 거절결정 유지 심결이 있더라도 심결의 취소를 구할 이익이 없고 심결취소의 소는 부적법하게 된다.

5 심결취소판결의 기속력(제165조 제3항)

(1) 의의 및 취지

취소판결의 효과를 보장하기 위해, 취소판결에 있어 취소의 기본이 된 이유는 그 사건에 대하여 특허심판원을 기속한다.

(2) 기속력의 범위

① 주관적 범위

특허심판원 및 심판관은 심결취소판결에 기속된다.

② 객관적 범위

㉠ '취소의 기본이 된 이유'의 의미

취소 후의 심리과정에서 새로운 증거가 제출되어 기속적 판단의 기초가 되는 증거관계에 변동이 생기는 등의 특단의 사정이 없는 한, 특허심판원은 확정된 취소판결에서 위법이라고 판단된 이유와 동일한 이유로 종전의 심결과 동일한 결론의 심결을 할 수 없다.

㉡ '새로운 증거'의 의미

'새로운 증거'라 함은 적어도 취소된 심결이 행하여진 심판절차 내지는 그 심결의 취소소송에서 채택, 조사되지 않은 것으로서 심결취소판결의 결론을 번복하기에 족한 증명력을 가지는 증거라고 보아야 한다.

(3) 기속력에 위반된 심결의 효력

재심결이 판결의 기속력에 반하는 판단을 한 경우에는 재심결은 위법하게 되고 취소사유에 해당된다.

(4) 심결취소소송의 기속력에 따른 심결에 대한 불복 가부

취소판결에 있어 취소의 기본이 된 이유에 따라 한 심결은 기속력에 따른 것으로 적법하고 당사자는 다른 새로운 위법사유를 주장하지 않는 한 이를 다툴 수 없다.

06 | 마드리드 의정서

01 마드리드 의정서 개관

1 의정서의 개요

(1) 본국 관청의 상표출원 또는 상표등록을 기초로 하여 국가를 지정한 국제출원서를 본국 관청을 경유하여 WIPO에 제출하면 국제사무국은 국제출원에 대하여 방식심사를 한 후 이를 국제상표등록부에 등재하고 국제공보에 공고한 이후에 지정국 관청에 통지한다.

(2) 지정국 관청에서는 국제출원을 심사하고 심사결과 거절이유를 발견한 경우에는 국제사무국이 영역확정 통지를 한 날로부터 12개월(또는 18개월) 이내에 국제사무국에 거절통지를 하여야 하고, 국제사무국에 대한 거절통지가 없을 때에는 지정국은 그 지정국에 등록된 것과 동일한 효력을 부여하여야 한다.

2 국제 등록 이후의 단계

(1) **권리 취득 여부의 명확화**

지정국 관청은 거절이유를 발견한 경우, 국제사무국이 영역확정통지를 한 날로부터 12개월(또는 18개월) 이내에 국제사무국에 거절통지를 하여야 하므로 출원인은 일정 기간 이후에 해당 지정국에서의 상표권 취득 여부를 알 수 있다.

(2) **지정국의 추가 가능**

출원인이 추가적으로 상표를 보호받고자 하는 경우 사후지정이 가능하므로, 상표등록을 받고자 하는 국가를 간편하게 확장시킬 수 있다.

(3) **상표권 관리의 일원화**

WIPO 국제사무국에 비치되어 있는 국제상표등록원부상 권리자의 명의변경 또는 존속기간 갱신 등에 의하여 다수의 국가에서 명의변경 또는 존속기간 갱신 등을 할 수 있으므로 상표권을 일원적으로 관리할 수 있다.

제167조(국제출원) 「표장의 국제등록에 관한 마드리드협정에 대한 의정서」(이하 "마드리드 의정서"라 한다) 제2조 (1)에 따른 국제등록(이하 "국제등록"이라 한다)을 받으려는 자는 다음 각 호의 어느 하나에 해당하는 상표등록출원 또는 상표등록을 기초로 하여 특허청장에게 국제출원을 하여야 한다.
1. 본인의 상표등록출원
2. 본인의 상표등록
3. 본인의 상표등록출원 및 본인의 상표등록

제168조(국제출원인의 자격) ① 특허청장에게 국제출원을 할 수 있는 자는 다음 각 호의 어느 하나에 해당하는 자로 한다.
1. 대한민국 국민
2. 대한민국에 주소(법인인 경우에는 영업소의 소재지를 말한다)를 가진 자
② 2인 이상이 공동으로 국제출원을 하려는 경우 출원인은 다음 각 호의 요건을 모두 충족하여야 한다.
1. 공동으로 국제출원을 하려는 자가 각각 제1항 각 호의 어느 하나에 해당할 것
2. 제169조 제2항 제4호에 따른 기초출원을 공동으로 하였거나 기초등록에 관한 상표권을 공유하고 있을 것

제169조(국제출원의 절차) ① 국제출원을 하려는 자는 산업통상자원부령으로 정하는 언어로 작성한 국제출원서(이하 "국제출원서"라 한다) 및 국제출원에 필요한 서류를 특허청장에게 제출하여야 한다.
② 국제출원서에는 다음 각 호의 사항을 적어야 한다.
1. 출원인의 성명 및 주소(법인인 경우에는 그 명칭 및 영업소의 소재지를 말한다)
2. 제168조에 따른 국제출원인 자격에 관한 사항
3. 상표를 보호받으려는 국가(정부 간 기구를 포함하며, 이하 "지정국"이라 한다)
4. 마드리드 의정서 제2조 (1)에 따른 기초출원(이하 "기초출원"이라 한다)의 출원일 및 출원번호 또는 마드리드 의정서 제2조 (1)에 따른 기초등록(이하 "기초등록"이라 한다)의 등록일 및 등록번호
5. 국제등록을 받으려는 상표
6. 국제등록을 받으려는 상품과 그 상품류
7. 그 밖에 산업통상자원부령으로 정하는 사항

제170조(국제출원서 등 서류제출의 효력발생 시기) 국제출원서와 그 출원에 필요한 서류는 특허청장에게 도달한 날부터 그 효력이 발생한다. 우편으로 제출된 경우에도 또한 같다.

제171조(기재사항의 심사 등) ① 특허청장은 국제출원서의 기재사항이 기초출원 또는 기초등록의 기재사항과 합치하는 경우에는 그 사실을 인정한다는 뜻과 국제출원서가 특허청에 도달한 날을 국제출원서에 적어야 한다.
② 특허청장은 제1항에 따라 도달일 등을 적은 후에는 즉시 국제출원서 및 국제출원에 필요한 서류를 마드리드 의정서 제2조 (1)에 따른 국제사무국(이하 "국제사무국"이라 한다)에 보내고, 그 국제출원서의 사본을 해당 출원인에게 보내야 한다.

제172조(사후지정) ① 국제등록의 명의인(이하 "국제등록명의인"이라 한다)은 국제등록된 지정국을 추가로 지정(이하 "사후지정"이라 한다)하려는 경우에는 산업통상자원부령으로 정하는 바에 따라 특허청장에게 사후지정을 신청할 수 있다.
② 제1항을 적용하는 경우 국제등록명의인은 국제등록된 지정상품의 전부 또는 일부에 대하여 사후지정을 할 수 있다.

제173조(존속기간의 갱신) ① 국제등록명의인은 국제등록의 존속기간을 10년씩 갱신할 수 있다.

② 제1항에 따라 국제등록의 존속기간을 갱신하려는 자는 산업통상자원부령으로 정하는 바에 따라 특허청장에게 국제등록 존속기간의 갱신을 신청할 수 있다.

제174조(국제등록의 명의변경) ① 국제등록명의인이나 그 승계인은 지정상품 또는 지정국의 전부 또는 일부에 대하여 국제등록의 명의를 변경할 수 있다.
② 제1항에 따라 국제등록의 명의를 변경하려는 자는 산업통상자원부령으로 정하는 바에 따라 특허청장에게 국제등록 명의변경등록을 신청할 수 있다.

제175조(수수료의 납부) ① 다음 각 호의 어느 하나에 해당하는 자는 수수료를 특허청장에게 내야 한다.
  1. 국제출원을 하려는 자
  2. 사후지정을 신청하려는 자
  3. 제173조에 따라 국제등록 존속기간의 갱신을 신청하려는 자
  4. 제174조에 따라 국제등록 명의변경등록을 신청하려는 자
② 제1항에 따른 수수료, 그 납부방법 및 납부기간 등에 관하여 필요한 사항은 산업통상자원부령으로 정한다.

제176조(수수료 미납에 대한 보정) 특허청장은 제175조 제1항 각 호의 어느 하나에 해당하는 자가 수수료를 내지 아니하는 경우에는 산업통상자원부령으로 정하는 바에 따라 기간을 정하여 보정을 명할 수 있다.

제177조(절차의 무효) 특허청장은 제176조에 따라 보정명령을 받은 자가 지정된 기간 내에 그 수수료를 내지 아니하는 경우에는 해당 절차를 무효로 할 수 있다.

제178조(국제등록 사항의 변경등록 등) 국제등록 사항의 변경등록 신청과 그 밖에 국제출원에 관하여 필요한 사항은 산업통상자원부령으로 정한다.

제179조(업무표장에 대한 적용 제외) 업무표장에 관하여는 제167조부터 제178조까지의 규정을 적용하지 아니한다.

1 서 설

대한민국을 본국 관청으로 하는 경우, 출원인은 대한민국 특허청에 국제출원서를 제출하고, 대한민국 특허청이 국제사무국에 출원서를 송부한다.

2 요 건

(1) 기초출원 또는 기초등록(제167조)

기초출원(등록)과 국제출원의 표장은 엄격히 동일하여야 하고, 기초출원(등록)의 상품범위에 국제출원의 상품이 포함되면 족하다.

(2) 본국 관청을 통한 출원

① 출원인이 국제사무국에 직접 제출할 수 없으며, 본국 관청에 제출해야 한다.
② 심사(제171조 제1, 2항)
특허청장은 국제출원서의 기재사항이 기초출원 또는 기초등록의 기재사항과 합치하는 경우에는 그 사실을 인정한다는 뜻과 국제출원서가 특허청에 도달한 날을 국제출원서에 적어야 한다. 특허청장은 도달일 등을 적은 후에는 즉시 국제출원서 및 국제출원에 필요한 서류를 국제사무국에 보내고, 그 국제출원서의 사본을 해당 출원인에게 보내야 한다.

(3) 출원인 적격(제168조)

① 대한민국 국민, 대한민국에 주소(법인인 경우에는 영업소의 소재지를 말한다)를 가진 자 중 어느 하나에 해당하는 자는 국제출원을 할 수 있다.

② 공동으로 국제출원을 하려는 자가 각각 제1항 각 호의 어느 하나에 해당하고, 기초출원을 공동으로 하였거나 기초등록에 관한 상표권을 공유하고 있는 경우, 2인 이상이 공동으로 국제출원을 할 수 있다.

(4) 사용 언어 및 수수료

영어, 불어, 스페인어 중 본국 관청(대한민국 특허청의 경우, 영어)이 선택한 언어로 된 국제출원서를 제출하여야 하며, 수수료를 WIPO에 제출하여야 한다.

(5) 지정국의 지정

상표를 보호받으려는 국가를 지정하여야 하며, 이 경우 본국 관청에 자기지정은 불가하다.

3 국제등록일 및 국제등록의 효과

(1) 국제등록일

원칙적으로 본국 관청의 국제출원서 접수일을 국제등록일로 보나, 국제사무국이 본국 관청의 국제출원서 접수일로부터 2월 이후에 접수하는 경우 국제사무국의 실제 접수일을 국제등록일로 본다.

(2) 국제등록의 효과

① 국제사무국에서 국제출원에 대한 방식심사 등의 결과에 하자가 없다고 인정한 경우에는 국제상표등록부에 등록하고 국제공고한다.

② 국제공고된 경우

    ㉠ 국제등록일부터 지정국 관청에 해당 표장이 출원된 것과 같은 동일한 보호가 주어진다(즉, 지정국에서의 출원일은 국제등록일).

    ㉡ 지정국 관청에서 국제출원을 심사한 결과 일정한 기간 내에 거절통지를 하지 않거나 거절통지를 하고 이를 철회한 경우에는 지정국은 국제등록일부터 해당 표장이 자국에 등록된 것과 동일하게 보호를 하여야 한다.

(3) 국제등록의 감축, 포기 및 취소

구 분	감축(Limitation)	포기(Renunciation)	취소(Cancellation)
개 념	지정국 전부 또는 일부에 대하여 지정상품의 전부 또는 일부를 감축	지정국 일부에 대하여 지정상품 전부의 보호를 포기	지정국 전부에 대하여 지정상품의 전부 또는 일부에 대하여 국제등록을 취소
지정국	전부 또는 일부	일 부	전 부
지정상품	전부 또는 일부	전 부	전부 또는 일부
사후지정	가 능	가 능	불가능
비 고	• 감축, 포기, 취소 신청서는 국제사무국에 직접 제출하여야 함 • 국제등록명의인의 신청에 의하여 이루어지는 감축, 포기, 취소의 경우 재출원(제205조) 불가		

(4) 지정국 관청의 거절 통보

① 개 요
영역확장의 통지를 받은 날부터 12개월 또는 18월 이내에 거절 통보를 하여야 한다(대한민국 : 18월).

② 거절 통보가 있는 경우
거절 통보를 행한 관청에 표장을 직접 출원했다면 받을 수 있었던 것과 동일한 구제수단을 부여받는다.

③ 거절 통보가 없는 경우
국제등록일부터 지정국에 등록된 것과 동일한 보호를 부여받는다.

4 사후지정(제172조)

(1) 의 의
국제출원된 상표가 국제등록부에 등록된 이후 지정국을 추가하는 것으로, 국제출원 시 지정하지 않은 국가, 국제출원 당시 의정서 가입국이 아니었으나 그 후 의정서에 가입한 국가로 보호영역을 확대하고자 할 때 사후지정이 이용된다.

(2) 요 건
국제등록이 존재하여야 하고, 의정서 가입국에 대한 것으로 국제등록을 받을 자격이 있는 권리자가 국제 등록된 지정상품 범위 내에서 할 수 있다.

(3) 제출방법
국제등록명의인은 사후지정신청서를 국제사무국 또는 특허청에 제출할 수 있다.

(4) 사후지정일

① 국제사무국에 제출하는 경우, 국제사무국이 사후지정신청서를 접수한 날

② 본국 관청에 제출하는 경우, 원칙적으로 본국 관청의 사후지정신청서 접수일을 사후지정일로 보나, 국제사무국이 본국 관청의 사후지정신청서 접수일로부터 2월 이후에 접수하는 경우 국제사무국의 실제 접수일을 사후지정일로 본다.

(5) 사후지정의 효과

① 국제사무국의 절차
사후지정을 국제등록부에 등재하고 공보를 게재하여 공고하며, 사후지정 대상국 및 권리자에게도 통보한다.

② 사후지정의 효력 및 존속기간
국제등록의 지정국과 모든 점에서 동일한 권리와 의무를 지되, 다른 체약국에서의 보호기간과 동일한 날에 효력이 만료된다(국제등록일로부터 10년).

5 **국제등록 후의 절차**

(1) 국제등록의 보호 기간

국제등록일로부터 10년 간 모든 지정국에서 보호받을 수 있다.

(2) 존속기간의 갱신

① 국제등록 존속기간갱신신청서 제출(본국 관청 또는 국제사무국)

② 신청 시 자동으로 10년씩 연장, 갱신 신청 시 지정국 중 일부 갱신 포기 가능

(3) 국제등록의 종속성과 집중 공격

① 의 의

국제등록의 효력이 기초출원(등록)에 의존하는 것을 종속성이라 하고, 그 기간은 5년이다. 본국 관청
은 국제등록일로부터 5년 이전에 기초출원(등록)이 실효되거나 5년 이전에 실효의 원인이 되는 사실
이 발생하여 5년 이후에 실효되면, 이 사실을 국제사무국에 통보하고, 국제사무국은 국제등록을 취소
한다.

② 집중공격 및 전환(제205조)

제3자가 국제등록일로부터 5년이 경과하기 전까지 본국의 기초출원 또는 기초등록을 공격하여 거절
또는 취소 등을 시켜 모든 지정국에서의 등록의 효력을 소멸시키는 것을 집중공격이라고 한다. 이
경우, 권리자는 소멸된 표장을 지정국에서의 국내출원으로 전환하여 출원할 수 있다.

③ 독 립

국제등록일로부터 5년이 경과하면 본국 관청에서 기초출원(등록)의 효력과 상관없이 국제등록은 독
자적인 효력을 유지하고 기초출원(등록)으로부터 독립한다.

(4) 국제등록의 명의변경(제174조)

국제등록명의인이나 그 승계인도 지정상품 또는 지정국의 전부 또는 일부에 대하여 국제등록의 명의를
변경할 수 있다.

---

03 **마드리드 의정서상의 국제상표등록출원**

1 **지정국 관청으로의 절차**

(1) 지정국 관청으로의 절차라 함은 우리나라가 국제출원의 지정국으로 지정되어 특허청이 국제출원의 지정
국으로서의 역할을 하는 경우, 특허청과 출원인 또는 국제사무국 간에 발생되는 국제출원에 관한 절차를
의미한다.

(2) 국제등록 또는 사후지정 통지를 받은 관청은 자국의 법령에 의거하여 심사한다. 대한민국의 경우, 가거
절 통지기간은 18월이며, 이의신청으로 인한 보호의 거절은 18월 기간의 만료 후에도 통지할 수 있다.

제180조(국제상표등록출원) ① 마드리드 의정서에 따라 국제등록된 국제출원으로서 대한민국을 지정국으로 지정(사후지정을 포함한다)한 국제출원은 이 법에 따른 상표등록출원으로 본다.

② 제1항을 적용하는 경우 마드리드 의정서 제3조 (4)에 따른 국제등록일(이하 "국제등록일"이라 한다)은 이 법에 따른 상표등록출원일로 본다. 다만, 대한민국을 사후지정한 국제출원의 경우에는 그 사후지정이 국제등록부[마드리드 의정서 제2조 (1)에 따른 국제등록부를 말하며, 이하 "국제상표등록부"라 한다]에 등록된 날(이하 "사후지정일"이라 한다)을 이 법에 따른 상표등록출원일로 본다.

③ 제1항에 따라 이 법에 따른 상표등록출원으로 보는 국제출원(이하 "국제상표등록출원"이라 한다)에 대해서는 국제상표등록부에 등록된 국제등록명의인의 성명 및 주소(법인인 경우에는 그 명칭 및 영업소의 소재지를 말한다), 상표, 지정상품 및 그 상품류는 이 법에 따른 출원인의 성명 및 주소(법인인 경우에는 그 명칭 및 영업소의 소재지를 말한다), 상표, 지정상품 및 그 상품류로 본다.

제181조(업무표장의 특례) 국제상표등록출원에 대해서는 업무표장에 관한 규정을 적용하지 아니한다.

제182조(국제상표등록출원의 특례) ① 국제상표등록출원에 대하여 이 법을 적용할 경우에는 국제상표등록부에 등록된 우선권 주장의 취지, 최초로 출원한 국가명 및 출원 연월일은 상표등록출원서에 적힌 우선권 주장의 취지, 최초로 출원한 국가명 및 출원의 연월일로 본다.

② 국제상표등록출원에 대하여 이 법을 적용할 경우에는 국제상표등록부에 등록된 상표의 취지는 상표등록출원서에 기재된 해당 상표의 취지로 본다.

③ 단체표장등록을 받으려는 자는 제36조 제1항·제3항에 따른 서류 및 정관을, 증명표장의 등록을 받으려는 자는 같은 조 제1항·제4항에 따른 서류를 산업통상자원부령으로 정하는 기간 내에 특허청장에게 제출하여야 한다. 이 경우 지리적 표시 단체표장을 등록받으려는 자는 그 취지를 적은 서류와 제2조 제1항 제4호에 따른 지리적 표시의 정의에 합치함을 입증할 수 있는 대통령령으로 정하는 서류를 함께 제출하여야 한다.

제183조(국내등록상표가 있는 경우의 국제상표등록출원의 효과) ① 대한민국에 설정등록된 상표(국제상표등록출원에 따른 등록상표는 제외하며, 이하 이 조에서 "국내등록상표"라 한다)의 상표권자가 국제상표등록출원을 하는 경우에 다음 각 호의 요건을 모두 갖추었을 때에는 그 국제상표등록출원은 지정상품이 중복되는 범위에서 해당 국내등록상표에 관한 상표등록출원의 출원일에 출원된 것으로 본다.

1. 국제상표등록출원에 따라 국제상표등록부에 등록된 상표(이하 이 항에서 "국제등록상표"라 한다)와 국내등록상표가 동일할 것
2. 국제등록상표에 관한 국제등록명의인과 국내등록상표의 상표권자가 동일할 것
3. 삭제
4. 마드리드 의정서 제3조의3에 따른 영역확장의 효력이 국내등록상표의 상표등록일 후에 발생할 것

② 제1항에 따른 국내등록상표에 관한 상표등록출원에 대하여 조약에 따른 우선권이 인정되는 경우에는 그 우선권이 같은 항에 따른 국제상표등록출원에도 인정된다.

③ 국내등록상표의 상표권이 다음 각 호의 어느 하나에 해당하는 사유로 취소되거나 소멸되는 경우에는 그 취소되거나 소멸된 상표권의 지정상품과 동일한 범위에서 제1항 및 제2항에 따른 해당 국제상표등록출원에 대한 효과는 인정되지 아니한다.

1. 제119조 제1항 각 호(제4호는 제외한다)에 해당한다는 사유로 상표등록을 취소한다는 심결이 확정된 경우
2. 제119조 제1항 각 호(제4호는 제외한다)에 해당한다는 사유로 상표등록의 취소심판이 청구되고, 그 청구일 이후에 존속기간의 만료로 상표권이 소멸하거나 상표권 또는 지정상품의 일부를 포기한 경우

④ 마드리드 의정서 제4조의2 (2)에 따른 신청을 하려는 자는 다음 각 호의 사항을 적은 신청서를 특허청장에게 제출하여야 한다.

1. 국제등록명의인의 성명 및 주소(법인인 경우에는 그 명칭 및 영업소의 소재지를 말한다)
2. 국제등록번호
3. 관련 국내등록상표 번호

4. 중복되는 지정상품

5. 그 밖에 산업통상자원부령으로 정하는 사항

⑤ 심사관은 제4항에 따른 신청이 있는 경우에는 해당 국제상표등록출원에 대하여 제1항부터 제3항까지의 규정에 따른 효과의 인정 여부를 신청인에게 알려야 한다.

제184조(출원의 승계 및 분할이전 등의 특례) ① 국제상표등록출원에 대하여 제48조 제1항을 적용할 경우 "상속이나 그 밖의 일반승계의 경우를 제외하고는 출원인 변경신고를"은 "출원인이 국제사무국에 명의변경 신고를"로 본다.

② 국제등록 명의의 변경에 따라 국제등록 지정상품의 전부 또는 일부가 분할되어 이전된 경우에는 국제상표등록출원은 변경된 국제등록명의인에 의하여 각각 출원된 것으로 본다.

③ 국제상표등록출원에 대해서는 제48조 제3항을 적용하지 아니한다.

제185조(보정의 특례) ① 국제상표등록출원에 대하여 제40조 제1항 각 호 외의 부분을 적용할 경우 "상표등록출원서의 기재사항, 상표등록출원에 관한 지정상품 및 상표를"은 "제55조 제1항에 따른 거절이유의 통지를 받은 경우에 한정하여 그 상표등록출원에 관한 지정상품을"로 본다.

② 국제상표등록출원에 대해서는 제40조 제1항 제1호, 같은 조 제2항 제4호 및 제41조 제1항 제2호의2를 적용하지 아니한다.

③ 국제상표등록출원에 대하여 제40조 제3항을 적용할 경우 "제1항에 따른 보정이 제2항 각 호"는 "지정상품의 보정이 제2항 각 호(같은 항 제4호는 제외한다)"로 보고, 제41조 제3항을 적용할 경우 "제1항에 따른 보정이 제40조 제2항 각 호"는 "지정상품의 보정이 제40조 제2항 각 호(같은 항 제4호는 제외한다)"로 본다.

④ 국제상표등록출원에 대하여 제41조 제1항을 적용할 경우 "지정상품 및 상표를"은 "지정상품을"로 본다.

제186조(출원 변경의 특례) 국제상표등록출원에 대해서는 제44조 제1항부터 제7항까지의 규정을 적용하지 아니한다.

제187조(출원 분할의 특례) 국제상표등록출원에 대해서는 제45조 제4항을 적용하지 아니한다.

제188조(파리협약에 따른 우선권 주장의 특례) 국제상표등록출원을 하려는 자가 파리협약에 따른 우선권 주장을 하는 경우에는 제46조 제4항 및 제5항을 적용하지 아니한다.

제189조(출원 시 및 우선심사의 특례) ① 국제상표등록출원에 대하여 제47조 제2항을 적용할 경우 "그 취지를 적은 상표등록출원서를 특허청장에게 제출하고, 이를 증명할 수 있는 서류를 상표등록출원일부터 30일 이내에"는 "그 취지를 적은 서면 및 이를 증명할 수 있는 서류를 산업통상자원부령으로 정하는 기간 내에"로 본다.

② 국제상표등록출원에 대해서는 제53조 제2항을 적용하지 아니한다.

제190조(거절이유 통지의 특례) ① 국제상표등록출원에 대하여 제55조 제1항 전단을 적용할 경우 "출원인에게"는 "국제사무국을 통하여 출원인에게"로 본다.

② 국제상표등록출원에 대해서는 제55조 제3항을 적용하지 아니한다.

제191조(출원공고의 특례) 국제상표등록출원에 대하여 제57조 제1항 각 호 외의 부분 본문을 적용할 경우 "거절이유를 발견할 수 없는 경우(일부 지정상품에 대하여 거절이유가 있는 경우에는 그 지정상품에 대한 거절결정이 확정된 경우를 말한다)에는"은 "산업통상자원부령으로 정하는 기간 내에 거절이유를 발견할 수 없는 경우(일부 지정상품에 대하여 거절이유가 있는 경우에는 그 지정상품에 대한 거절결정이 확정된 경우를 말한다)에는"으로 본다.

제192조(손실보상청구권의 특례) 국제상표등록출원에 대하여 제58조 제1항 단서를 적용할 경우 "해당 상표등록출원의 사본"은 "해당 국제출원의 사본"으로 본다.

제193조(상표등록결정 및 직권에 의한 보정 등의 특례) ① 국제상표등록출원에 대하여 제68조를 적용할 경우 "거절이유를 발견할 수 없는 경우(일부 지정상품에 대하여 거절이유가 있는 경우에는 그 지정상품에 대한 거절결정이 확정된 경우를 말한다)에는"은 "산업통상자원부령으로 정하는 기간 내에 거절이유를 발견할 수 없는 경우(일부 지정상품에 대하여 거절이유가 있는 경우에는 그 지정상품에 대한 거절결정이 확정된 경우를 말한다)에는"으로 본다.

② 국제상표등록출원에 대해서는 제59조를 적용하지 아니한다.

③ 국제상표등록출원에 대해서는 제68조의2를 적용하지 아니한다.

제193조의2(재심사 청구의 특례) 국제상표등록출원에 대해서는 제55조의2를 적용하지 아니한다.

제193조의3(상표등록여부결정의 방식에 관한 특례) 국제상표등록출원에 대하여 제69조 제2항을 적용할 경우 "상표등록여부결정"은 "상표등록여부결정(제54조 각 호 외의 부분 후단에 해당하는 경우에는 제외한다)"으로, "출원인에게는"은 "국제사무국을 통하여 출원인에게"로 본다.

제194조(상표등록료 등의 특례) ① 국제상표등록출원을 하려는 자 또는 제197조에 따라 실정등록을 받은 상표권(이하 "국제등록기초상표권"이라 한다)의 존속기간을 갱신하려는 자는 마드리드 의정서 제8조 (7) (a)에 따른 개별수수료를 국제사무국에 내야 한다.

② 제1항에 따른 개별수수료에 관하여 필요한 사항은 산업통상자원부령으로 정한다.

③ 국제상표등록출원 또는 국제등록기초상표권에 대해서는 제72조부터 제77조까지의 규정을 적용하지 아니한다.

제195조(상표등록료 등의 반환의 특례) 국제상표등록출원에 대하여 제79조 제1항 각 호 외의 부분을 적용할 경우 "납부된 상표등록료와 수수료"는 "이미 낸 수수료"로, "상표등록료 및 수수료"를 "수수료"로 보고, 같은 항 제1호 및 같은 조 제2항·제3항을 적용할 경우 "상표등록료 및 수수료"는 각각 "수수료"로 본다.

제196조(상표원부에의 등록의 특례) ① 국제등록기초상표권에 대하여 제80조 제1항 제1호를 적용할 경우 "상표권의 설정·이전·변경·소멸·회복, 존속기간의 갱신, 상품분류 전환, 지정상품의 추가 또는 처분의 제한"은 "상표권의 설정 또는 처분의 제한"으로 본다.

② 국제등록기초상표권의 이전, 변경, 소멸 또는 존속기간의 갱신은 국제상표등록부에 등록된 바에 따른다.

제197조(상표권 설정등록의 특례) 국제상표등록출원에 대하여 제82조 제2항 각 호 외의 부분을 적용할 경우 "다음 각 호의 어느 하나에 해당하는 경우에는"은 "상표등록결정이 있는 경우"로 본다.

제198조(상표권 존속기간 등의 특례) ① 국제등록기초상표권의 존속기간은 제197조에 따른 상표권의 설정등록이 있은 날부터 국제등록일 후 10년이 되는 날까지로 한다.

② 국제등록기초상표권의 존속기간은 국제등록의 존속기간의 갱신에 의하여 10년씩 갱신할 수 있다.

③ 제2항에 따라 국제등록기초상표권의 존속기간이 갱신된 경우에는 그 국제등록기초상표권의 존속기간은 그 존속기간의 만료 시에 갱신된 것으로 본다.

④ 국제등록기초상표권에 대해서는 제83조부터 제85조까지, 제88조 제1항 및 제209조부터 제213조까지의 규정을 적용하지 아니한다.

제199조(지정상품추가등록출원의 특례) 국제상표등록출원 또는 국제등록기초상표권에 대해서는 제86조, 제87조 및 제88조 제2항을 적용하지 아니한다.

제201조(상표권등록 효력의 특례) ① 국제등록기초상표권의 이전·변경·포기에 의한 소멸 또는 존속기간의 갱신은 국제상표등록부에 등록하지 아니하면 그 효력이 발생하지 아니한다.

② 국제등록기초상표권에 대해서는 제96조 제1항 제1호(처분의 제한에 관한 부분은 제외한다)를 적용하지 아니한다.

③ 국제등록기초상표권에 대하여 제96조 제2항을 적용할 경우 "상표권 및 질권"은 "질권"으로 본다.

제202조(국제등록 소멸의 효과) ① 국제상표등록출원의 기초가 되는 국제등록의 전부 또는 일부가 소멸된 경우에는 그 소멸된 범위에서 해당 국제상표등록출원은 지정상품의 전부 또는 일부에 대하여 취하된 것으로 본다.
② 국제등록기초상표권의 기초가 되는 국제등록의 전부 또는 일부가 소멸된 경우에는 그 소멸된 범위에서 해당 상표권은 지정상품의 전부 또는 일부에 대하여 소멸된 것으로 본다.
③ 제1항 및 제2항에 따른 취하 또는 소멸의 효과는 국제상표등록부상 해당 국제등록이 소멸된 날부터 발생한다.

제203조(상표권 포기의 특례) ① 국제등록기초상표권에 대해서는 제102조 제1항을 적용하지 아니한다.
② 국제등록기초상표권에 대하여 제103조를 적용할 경우 "상표권·전용사용권"은 "전용사용권"으로 본다.

제204조(존속기간갱신등록의 무효심판 등의 특례) 국제등록기초상표권에 대해서는 제118조 또는 제214조를 적용하지 아니한다.

(1) 국제상표등록출원에 대한 특례 규정들

① 업무표장에 관한 규정(제181조)

국제상표등록출원에 대해서는 업무표장에 관한 규정을 적용하지 아니한다.

② 변경출원에 관한 규정(제186조)

국제상표등록출원에 대해서는 변경출원에 관한 규정을 적용하지 아니한다.

③ 분할이전 및 분할출원에 관한 규정(제184조 제3항, 제187조)

국제상표등록출원에 대해서는 분할이전 및 분할출원에 관한 규정을 적용하지 아니한다.

④ 조약우선권주장 증명서류에 관한 규정(제188조)

국제상표등록출원을 하려는 자가 파리협약에 따른 우선권 주장을 하는 경우에는 조약우선권주장 증명서류의 제출 기간 및 효력에 관한 규정을 적용하지 아니한다.

⑤ 우선심사청구에 관한 규정(제189조 제2항)

국제상표등록출원에 대해서는 제53조 제2항을 적용하지 아니한다.

⑥ 절차계속신청제도에 관한 규정(제190조 제2항)

국제상표등록출원에 대해서는 제55조 제3항을 적용하지 아니한다.

⑦ 직권보정에 관한 규정(제193조 제2항)

국제상표등록출원에 대해서는 직권보정에 관한 규정을 적용하지 아니한다.

⑧ 지정상품추가등록출원에 관한 규정(제199조)

국제상표등록출원 또는 국제등록기초상표권에 대해서는 지정상품추가등록출원에 관한 규정을 적용하지 아니한다.

(2) 출원의 승계에 관한 특례(제184조 제1항)

국제상표등록출원에 대하여 제48조 제1항을 적용할 경우 "상속이나 그 밖의 일반승계의 경우를 제외하고는 출원인 변경신고를"은 "출원인이 국제사무국에 명의변경 신고를"로 본다.

(3) 보정의 특례(제185조 제1항)

국제상표등록출원에 대하여 제40조 제1항 각 호 외의 부분을 적용할 경우 "상표등록출원서의 기재사항, 상표등록출원에 관한 지정상품 및 상표를"은 "제55조 제1항에 따른 거절이유의 통지를 받은 경우에 한정하여 그 상표등록출원에 관한 지정상품을"로 본다.

(4) '출원 시 특례 증명서류 제출'의 특례(제189조 제1항)

국제상표등록출원에 대하여 제47조 제2항을 적용할 경우 "그 취지를 적은 상표등록출원서를 특허청장에게 제출하고, 이를 증명할 수 있는 서류를 상표등록출원일부터 30일 이내에"는 "그 취지를 적은 서면 및 이를 증명할 수 있는 서류를 산업통상자원부령으로 정하는 기간(3개월) 내에"로 본다.

(5) 거절이유 통지의 특례(제190조 제1항)

국제상표등록출원에 대하여 제55조 제1항 전단을 적용할 경우 "출원인에게"는 "국제사무국을 통하여 출원인에게"로 본다.

(6) 출원공고의 특례(제191조)

국제상표등록출원에 대하여 제57조 제1항 본문을 적용할 경우 "거절이유를 발견할 수 없는 경우(일부 지정상품에 대하여 거절이유가 있는 경우에는 그 지정상품에 대한 거절결정이 확정된 경우를 말한다)에는"은 "산업통상자원부령으로 정하는 기간(영역확장 통지를 한 날부터 14개월) 내에 거절이유를 발견할 수 없는 경우(일부 지정상품에 대하여 거절이유가 있는 경우에는 그 지정상품에 대한 거절결정이 확정된 경우를 말한다)에는"으로 본다.

(7) 손실보상청구권의 특례(제192조)

국제상표등록출원에 대하여 제58조 제1항 단서를 적용할 경우 "해당 상표등록출원의 사본"은 "해당 국제출원의 사본"으로 본다.

(8) 상표등록결정의 특례(제193조 제1항)

국제상표등록출원에 대하여 제68조를 적용할 경우 "거절이유를 발견할 수 없는 경우(일부 지정상품에 대하여 거절이유가 있는 경우에는 그 지정상품에 대한 거절결정이 확정된 경우를 말한다)에는"은 "산업통상자원부령으로 정하는 기간(영역확장 통지를 한 날부터 18개월) 내에 거절이유를 발견할 수 없는 경우(일부 지정상품에 대하여 거절이유가 있는 경우에는 그 지정상품에 대한 거절결정이 확정된 경우를 말한다)에는"으로 본다.

(9) 재심사청구의 특례(제193조의 2)

국제상표등록출원에 대한 거절결정에 대해서는 재심사 청구가 불가능하다.

(10) 존속기간갱신등록 수수료 납부의 특례(제194조 제1항)

국제상표등록출원을 하려는 자 또는 제197조에 따라 설정등록을 받은 상표권(이하 '국제등록기초상표권'이라 한다)의 존속기간을 갱신하려는 자는 개별수수료를 국제사무국에 내야 한다.

(11) 상표권 설정등록의 특례(제197조)

국제상표등록출원에 대하여 제82조 제2항 각 호 외의 부분을 적용할 경우 "다음 각 호의 어느 하나에 해당하는 경우에는"은 "상표등록결정이 있는 경우에는"으로 본다.

(12) 상표권 존속기간의 특례(제198조)

① 국제등록기초상표권의 존속기간은 제197조에 따른 상표권의 설정등록이 있은 날부터 국제등록일 후 10년이 되는 날까지로 한다(제1항).

② 국제등록기초상표권의 존속기간은 국제등록의 존속기간의 갱신에 의하여 10년씩 갱신할 수 있다 (제2항).

(13) 상표권 등록의 효력의 특례(제201조)

국제등록기초상표권의 이전·변경·포기에 의한 소멸 또는 존속기간의 갱신은 국제상표등록부에 등록하지 아니하면 그 효력이 발생하지 아니한다.

(14) 국제등록 소멸의 효과(제202조)

① 국제상표등록출원의 기초가 되는 국제등록의 전부 또는 일부가 소멸된 경우에는 그 소멸된 범위에서 해당 국제상표등록출원은 지정상품의 전부 또는 일부에 대하여 취하된 것으로 본다.

② 국제등록기초상표권의 기초가 되는 국제등록의 전부 또는 일부가 소멸된 경우에는 그 소멸된 범위에서 해당 상표권은 지정상품의 전부 또는 일부에 대하여 소멸된 것으로 본다.

③ 취하 또는 소멸의 효과는 국제상표등록부상 해당 국제등록이 소멸된 날부터 발생한다.

3 국내등록상표가 있는 경우 국제상표등록출원의 효과(제183조)

(1) 대체의 취지

국내등록상표와 동일한 표장의 중복등록을 방지하고, 출원인의 상표관리상 편의를 위함이다.

(2) 요 건

다음의 요건에 해당하는 경우 지정상품이 중복되는 범위에서 당해 국내등록상표의 출원일에 출원된 것으로 본다(국내등록상표가 우선권을 주장하는 경우 우선권 효과도 인정).

① 표장의 엄격하게 동일한 경우

② 국제등록명의인과 상표권자가 동일한 경우

③ 영역확장의 효력이 국내등록상표의 등록일 후에 발생한 경우

(3) 절 차

① 제183조 제1항 각 호에 해당하는 경우, 심사관은 국제상표등록출원이 국내등록상표를 대체하도록 심사하여야 한다.

② 심사관은 대체 신청이 있는 경우에는 해당 국제상표등록출원에 대하여 대체 효과의 인정 여부를 신청인에게 알려야 한다.

(4) 효 과

지정상품이 중복되는 범위 내 출원일 소급하고, 심사기준에 따라 대체의 요건 충족 시 1상표 1출원 원칙에 반하지 않는다.

(5) 유의점

국내등록이 국제상표등록출원에 의한 국내등록인 경우 출원일은 소급하지 아니하고, 제38조(1상표 1출원) 위반으로 거절이유를 통지한다.

4 **상표등록출원의 특례**

> **제205조(국제등록 소멸 후의 상표등록출원의 특례)** ① 대한민국을 지정국으로 지정(사후지정을 포함한다)한 국제등록의 대상인 상표가 지정상품의 전부 또는 일부에 관하여 마드리드 의정서 제6조 (4)에 따라 그 국제등록이 소멸된 경우에는 그 국제등록의 명의인은 그 상품의 전부 또는 일부에 관하여 특허청장에게 상표등록출원을 할 수 있다.
> ② 제1항에 따른 상표등록출원이 다음 각 호의 요건을 모두 갖춘 경우에는 국제등록일(사후지정의 경우에는 사후지정일을 말한다)에 출원된 것으로 본다.
>   1. 제1항에 따른 상표등록출원이 같은 항에 따른 국제등록 소멸일부터 3개월 이내에 출원될 것
>   2. 제1항에 따른 상표등록출원의 지정상품이 같은 항에 따른 국제등록의 지정상품에 모두 포함될 것
>   3. 상표등록을 받으려는 상표가 소멸된 국제등록의 대상인 상표와 동일할 것
> ③ 제1항에 따른 국제등록에 관한 국제상표등록출원에 대하여 조약에 따른 우선권이 인정되는 경우에는 그 우선권이 같은 항에 따른 상표등록출원에도 인정된다.
>
> **제206조(마드리드 의정서 폐기 후의 상표등록출원의 특례)** ① 대한민국을 지정국으로 지정(사후지정을 포함한다)한 국제등록의 명의인이 마드리드 의정서 제15조 (5) (b)에 따라 출원인 자격을 잃게 되었을 경우에는 해당 국제등록의 명의인은 국제등록된 지정상품의 전부 또는 일부에 관하여 특허청장에게 상표등록출원을 할 수 있다.
> ② 제1항에 따른 상표등록출원에 관하여는 제205조 제2항 및 제3항을 준용한다. 이 경우 제205조 제2항 제1호 중 "같은 항에 따른 국제등록 소멸일부터 3개월 이내"는 "마드리드 의정서 제15조 (3)에 따라 폐기의 효력이 발생한 날부터 2년 이내"로 본다.
>
> **제207조(심사의 특례)** 다음 각 호의 어느 하나에 해당하는 상표등록출원(이하 "재출원"이라 한다)이 제197조에 따라 설정등록되었던 등록상표에 관한 것인 경우 해당 본인의 상표등록출원에 대해서는 제54조, 제55조, 제57조 및 제60조부터 제67조까지의 규정을 적용하지 아니한다. 다만, 제54조 제2호에 해당하는 경우에는 그러하지 아니하다.
>   1. 제205조 제2항 각 호의 요건을 모두 갖추어 같은 조 제1항에 따라 하는 상표등록출원
>   2. 제206조 제2항에 따라 준용되는 제205조 제2항 각 호의 요건을 모두 갖추어 제206조 제1항에 따라 하는 상표등록출원
>
> **제208조(제척기간의 특례)** 재출원에 따라 해당 상표가 설정등록된 경우로서 종전의 국제등록기초상표권에 대한 제122조 제1항의 제척기간이 지났을 경우에는 재출원에 따라 설정등록된 상표에 대하여 무효심판을 청구할 수 없다.

(1) 의의 및 취지

집중공격으로 인한 국제등록 효력의 불안정성을 완화하기 위하여, 기초출원(등록)이 본국에서 실효됨에 따라 의정서 제6조 (4)에 의해 국제등록이 소멸된 경우, 이로부터 3개월 이내에 지정국에 동일 표장을 출원한 경우에는 원래의 국제등록일출원된 것으로 출원일이 소급하여 인정된다.

(2) 요건(제205조 제2항 각 호)

① 국제등록 소멸일부터 3개월 이내에 출원될 것(제1호)
② 지정상품이 국제등록의 지정상품에 모두 포함될 것(제2호)
③ 상표가 소멸된 국제등록의 상표와 동일할 것(제3호)

(3) 효과(제205조 제2항 본문)

국제등록일(사후지정의 경우, 사후지정일)에 출원된 것으로 본다.

(4) 심사의 특례(제207조)

설정등록되었던 국제등록기초상표권의 경우 재출원에 대해 실체심사 없이 상표등록을 결정한다.

(5) 제척기간의 특례(제208조)

국제등록기초상표권에 대한 제122조 제1항의 제척기간이 지났을 경우에는 재출원에 따라 설정등록된 상표에 대하여 무효심판을 청구할 수 없다.

07 | 부정경쟁방지법

제2조(정의) 이 법에서 사용하는 용어의 뜻은 다음과 같다.

1. "부정경쟁행위"란 다음 각 목의 어느 하나에 해당하는 행위를 말한다.

가. 다음의 어느 하나에 해당하는 정당한 사유 없이 국내에 널리 인식된 타인의 성명, 상호, 상표, 상품의 용기·포장, 그 밖에 타인의 상품임을 표시한 표지(標識)(이하 이 목에서 "타인의 상품표지"라 한다)와 동일하거나 유사한 것을 사용하거나 이러한 것을 사용한 상품을 판매·반포(頒布) 또는 수입·수출하여 타인의 상품과 혼동하게 하는 행위

1) 타인의 상품표지가 국내에 널리 인식되기 전부터 그 타인의 상품표지와 동일하거나 유사한 표지를 부정한 목적 없이 계속 사용하는 경우

2) 1)에 해당하는 자의 승계인으로서 부정한 목적 없이 계속 사용하는 경우

나. 다음의 어느 하나에 해당하는 정당한 사유 없이 국내에 널리 인식된 타인의 성명, 상호, 표장(標章), 그 밖에 타인의 영업임을 표시하는 표지(상품 판매·서비스 제공방법 또는 간판·외관·실내장식 등 영업제공 장소의 전체적인 외관을 포함하며, 이하 이 목에서 "타인의 영업표지"라 한다)와 동일하거나 유사한 것을 사용하여 타인의 영업상의 시설 또는 활동과 혼동하게 하는 행위

1) 타인의 영업표지가 국내에 널리 인식되기 전부터 그 타인의 영업표지와 동일하거나 유사한 표지를 부정한 목적 없이 계속 사용하는 경우

2) 1)에 해당하는 자의 승계인으로서 부정한 목적 없이 계속 사용하는 경우

다. 가목 또는 나목의 혼동하게 하는 행위 외에 다음의 어느 하나에 해당하는 정당한 사유 없이 국내에 널리 인식된 타인의 성명, 상호, 상표, 상품의 용기·포장, 그 밖에 타인의 상품 또는 영업임을 표시한 표지(타인의 영업임을 표시하는 표지에 관하여는 상품 판매·서비스 제공방법 또는 간판·외관·실내장식 등 영업제공 장소의 전체적인 외관을 포함한다. 이하 이 목에서 같다)와 동일하거나 유사한 것을 사용하거나 이러한 것을 사용한 상품을 판매·반포 또는 수입·수출하여 타인의 표지의 식별력이나 명성을 손상하는 행위

1) 타인의 성명, 상호, 상표, 상품의 용기·포장, 그 밖에 타인의 상품 또는 영업임을 표시한 표지가 국내에 널리 인식되기 전부터 그 타인의 표지와 동일하거나 유사한 표지를 부정한 목적 없이 계속 사용하는 경우

2) 1)에 해당하는 자의 승계인으로서 부정한 목적 없이 계속 사용하는 경우

3) 그 밖에 비상업적 사용 등 대통령령으로 정하는 정당한 사유에 해당하는 경우

라. 상품이나 그 광고에 의하여 또는 공중이 알 수 있는 방법으로 거래상의 서류 또는 통신에 거짓의 원산지의 표지를 하거나 이러한 표지를 한 상품을 판매·반포 또는 수입·수출하여 원산지를 오인(誤認)하게 하는 행위

마. 상품이나 그 광고에 의하여 또는 공중이 알 수 있는 방법으로 거래상의 서류 또는 통신에 그 상품이 생산·제조 또는 가공된 지역 외의 곳에서 생산 또는 가공된 듯이 오인하게 하는 표지를 하거나 이러한 표지를 한 상품을 판매·반포 또는 수입·수출하는 행위

바. 타인의 상품을 사칭(詐稱)하거나 상품 또는 그 광고에 상품의 품질, 내용, 제조방법, 용도 또는 수량을 오인하게 하는 선전 또는 표지를 하거나 이러한 방법이나 표지로써 상품을 판매·반포 또는 수입·수출하는 행위

사. 다음의 어느 하나의 나라에 등록된 상표 또는 이와 유사한 상표에 관한 권리를 가진 자의 대리인이나 대표자 또는 그 행위일 전 1년 이내에 대리인이나 대표자이었던 자가 정당한 사유 없이 해당 상표를 그 상표의 지정 상품과 동일하거나 유사한 상품에 사용하거나 그 상표를 사용한 상품을 판매·반포 또는 수입·수출하는 행위

(1) 「공업소유권의 보호를 위한 파리협약」(이하 "파리협약"이라 한다) 당사국

(2) 세계무역기구 회원국

(3) 「상표법 조약」의 체약국(締約國)

아. 정당한 권원이 없는 자가 다음의 어느 하나의 목적으로 국내에 널리 인식된 타인의 성명, 상호, 상표, 그 밖의 표지와 동일하거나 유사한 도메인이름을 등록·보유·이전 또는 사용하는 행위

(1) 상표 등 표지에 대하여 정당한 권원이 있는 자 또는 제3자에게 판매하거나 대여할 목적

(2) 정당한 권원이 있는 자의 도메인이름의 등록 및 사용을 방해할 목적

(3) 그 밖에 상업적 이익을 얻을 목적

자. 타인이 제작한 상품의 형태(형상·모양·색채·광택 또는 이들을 결합한 것을 말하며, 시제품 또는 상품소개 서상의 형태를 포함한다. 이하 같다)를 모방한 상품을 양도·대여 또는 이를 위한 전시를 하거나 수입·수출 하는 행위. 다만, 다음의 어느 하나에 해당하는 행위는 제외한다.

(1) 상품의 시제품 제작 등 상품의 형태가 갖추어진 날부터 3년이 지난 상품의 형태를 모방한 상품을 양도· 대여 또는 이를 위한 전시를 하거나 수입·수출하는 행위

(2) 타인이 제작한 상품과 동종의 상품(동종의 상품이 없는 경우에는 그 상품과 기능 및 효용이 동일하거나 유사한 상품을 말한다)이 통상적으로 가지는 형태를 모방한 상품을 양도·대여 또는 이를 위한 전시를 하거나 수입·수출하는 행위

차. 사업제안, 입찰, 공모 등 거래교섭 또는 거래과정에서 경제적 가치를 가지는 타인의 기술적 또는 영업상의 아이디어가 포함된 정보를 그 제공목적에 위반하여 자신 또는 제3자의 영업상 이익을 위하여 부정하게 사용 하거나 타인에게 제공하여 사용하게 하는 행위. 다만, 아이디어를 제공받은 자가 제공받을 당시 이미 그 아이디어를 알고 있었거나 그 아이디어가 동종 업계에서 널리 알려진 경우에는 그러하지 아니하다.

카. 데이터(「데이터 산업진흥 및 이용촉진에 관한 기본법」 제2조 제1호에 따른 데이터 중 업(業)으로서 특정인 또는 특정 다수에게 제공되는 것으로, 전자적 방법으로 상당량 축적·관리되고 있으며, 비밀로서 관리되고 있지 아니한 기술상 또는 영업상의 정보를 말한다. 이하 같다)를 부정하게 사용하는 행위로서 다음의 어느 하나에 해당하는 행위

1) 접근권한이 없는 자가 절취·기망·부정접속 또는 그 밖의 부정한 수단으로 데이터를 취득하거나 그 취득 한 데이터를 사용·공개하는 행위

2) 데이터 보유자와의 계약관계 등에 따라 데이터에 접근권한이 있는 자가 부정한 이익을 얻거나 데이터 보유자에게 손해를 입힐 목적으로 그 데이터를 사용·공개하거나 제3자에게 제공하는 행위

3) 1) 또는 2)가 개입된 사실을 알고 데이터를 취득하거나 그 취득한 데이터를 사용·공개하는 행위

4) 정당한 권한 없이 데이터의 보호를 위하여 적용한 기술적 보호조치를 회피·제거 또는 변경(이하 "무력화" 라 한다)하는 것을 주된 목적으로 하는 기술·서비스·장치 또는 그 장치의 부품을 제공·수입·수출· 제조·양도·대여 또는 전송하거나 이를 양도·대여하기 위하여 전시하는 행위. 다만, 기술적 보호조치 의 연구·개발을 위하여 기술적 보호조치를 무력화하는 장치 또는 그 부품을 제조하는 경우에는 그러하지 아니하다.

타. 국내에 널리 인식되고 경제적 가치를 가지는 타인의 성명, 초상, 음성, 서명 등 그 타인을 식별할 수 있는 표지를 공정한 상거래 관행이나 경쟁질서에 반하는 방법으로 자신의 영업을 위하여 무단으로 사용함으로써 타인의 경제적 이익을 침해하는 행위

파. 그 밖에 타인의 상당한 투자나 노력으로 만들어진 성과 등을 공정한 상거래 관행이나 경쟁질서에 반하는 방법으로 자신의 영업을 위하여 무단으로 사용함으로써 타인의 경제적 이익을 침해하는 행위

1 서 설

부정경쟁방지법은 등록상표권을 전제로 권리행사를 허용하는 상표법과 달리 구체적 혼동을 일으키는 행위를 동적인 측면에서 제재하므로 상표법상 사용금지가 불가능한 경우에도 적용될 수 있다.

2   부정경쟁행위의 유형(제2조 제1호 각 목)

(1) 상품주체 혼동행위(가목)

① 국내에서 널리 인식된 상품표지

일반적으로 상품의 용기나 포장이 상품 출처를 표시하는 것은 아니나, 그것이 장기간 계속적, 독점적, 배타적으로 사용되거나 지속적인 선전광고 등에 의하여 그 형상과 구조 또는 색상 등이 갖는 차별적 특징이 수요자에게 특정한 품질을 가지는 특정 출처의 상품임을 연상시킬 정도로 현저하게 개별화되기에 이른 경우에는 '타인의 상품임을 표시한 표지'에 해당한다(2010도6187).

② 동일·유사한 표지의 사용

㉠ 부정경쟁방지법상의 유사판단은 원칙적으로 구체적 출처혼동의 판단이다.

㉡ 상품표지의 유사 여부는, 외관·칭호, 관념 등의 점에서 전체적·객관적·이격적으로 관찰하되 '구체적인 거래실정상' 일반 수요자나 거래자가 상품 출처 오인·혼동의 우려가 있는지 살펴 판단한다.

③ 타인의 상품과 혼동하게 하는 행위

㉠ 혼동의 의미

본 호의 혼동은 협의의 혼동 외에 양자 사이에 거래상, 경제상, 조직상 밀접한 관계가 있는 것은 아닐까 하는 생각이 들게끔 하는 광의의 혼동 또는 후원관계의 혼동도 포함한다.

㉡ 판매 후 혼동의 경우(2011도6797)

상품의 품질과 가격, 판매장소, 판매방법이나 광고 등 판매 당시의 구체적 사정 때문에 그 당시 구매자는 상품의 출처를 혼동하지 아니하였더라도, 구매자로부터 상품을 양수하거나 구매자가 지니고 있는 상품을 본 제3자가 상품에 부착된 상품표지 때문에 상품의 출처를 혼동할 우려가 있는 등 일반 수요자의 관점에서 상품의 출처에 관한 혼동의 우려가 있다면, 그러한 상품표지를 사용하거나 상품표지를 사용한 상품을 판매하는 등의 행위는 본 호의 혼동행위에 해당한다.

④ 적용의 예외

타인의 상품표지가 국내에 널리 인식되기 전부터 그 타인의 상품표지와 동일하거나 유사한 표지를 부정한 목적 없이 계속 사용하거나, 이를 승계받은 자로서 부정한 목적 없이 계속 사용하는 경우 '정당한 사유'로 인정된다.

(2) 영업주체 혼동행위(나목)

① 의 의

국내에 널리 인식된 타인의 성명, 상호, 표장(標章), 그 밖에 타인의 영업임을 표시하는 표지(상품 판매·서비스 제공방법 또는 간판·외관·실내장식 등 영업제공 장소의 전체적인 외관을 포함한다)와 동일하거나 유사한 것을 사용하여 타인의 영업상의 시설 또는 활동과 혼동하게 하는 행위

② 적용의 예외

타인의 영업표지가 국내에 널리 인식되기 전부터 그 타인의 영업표지와 동일하거나 유사한 표지를 부정한 목적 없이 계속 사용하거나, 이를 승계받은 자로서 부정한 목적 없이 계속 사용하는 경우 '정당한 사유'로 인정된다.

(3) 저명상표 희석화행위(다목)

① 의 의

가목 또는 나목의 혼동하게 하는 행위 외에 국내에 널리 인식된 타인의 성명, 상호, 상표, 상품의 용기·포장, 그 밖에 타인의 상품 또는 영업임을 표시한 표지(타인의 영업임을 표시하는 표지에 관하여는 상품 판매·서비스 제공방법 또는 간판·외관·실내장식 등 영업제공 장소의 전체적인 외관을 포함한다)와 동일하거나 유사한 것을 사용하거나 이러한 것을 사용한 상품을 판매·반포 또는 수입·수출하여 타인의 표지의 식별력이나 명성을 손상하는 행위

② 적용의 예외

타인의 성명, 상호, 상표, 상품의 용기·포장, 그 밖에 타인의 상품 또는 영업임을 표시한 표지가 국내에 널리 인식되기 전부터 그 타인의 표지와 동일하거나 유사한 표지를 부정한 목적 없이 계속 사용하거나, 이를 승계받은 자로서 부정한 목적 없이 계속 사용하거나, 그 밖에 비상업적 사용 등 대통령령으로 정하는 정당한 사유에 해당하는 경우 '정당한 사유'로 인정된다.

(4) 원산지 허위표시행위(라목)

상품이나 그 광고에 의하여 또는 공중이 알 수 있는 방법으로 거래상의 서류 또는 통신에 거짓의 원산지의 표지를 하거나 이러한 표지를 한 상품을 판매·반포 또는 수입·수출하여 원산지를 오인(誤認)하게 하는 행위

(5) 출처지 오인야기행위(마목)

상품이나 그 광고에 의하여 또는 공중이 알 수 있는 방법으로 거래상의 서류 또는 통신에 그 상품이 생산·제조 또는 가공된 지역 외의 곳에서 생산 또는 가공된 듯이 오인하게 하는 표지를 하거나 이러한 표지를 한 상품을 판매·반포 또는 수입·수출하는 행위

(6) 상품질량 오인야기행위(바목)

타인의 상품을 사칭(詐稱)하거나 상품 또는 그 광고에 상품의 품질, 내용, 제조방법, 용도 또는 수량을 오인하게 하는 선전 또는 표지를 하거나 이러한 방법이나 표지로써 상품을 판매·반포 또는 수입·수출하는 행위

(7) 대리인 등의 부당한 상표사용행위(사목)

사목의 어느 하나의 나라에 등록된 상표 또는 이와 유사한 상표에 관한 권리를 가진 자의 대리인이나 대표자 또는 그 행위일 전 1년 이내에 대리인이나 대표자이었던 자가 정당한 사유 없이 해당 상표를 그 상표의 지정상품과 동일하거나 유사한 상품에 사용하거나 그 상표를 사용한 상품을 판매·반포 또는 수입·수출하는 행위

(8) 도메인이름 무단점유행위(아목)

정당한 권원이 없는 자가 아목의 어느 하나의 목적으로 국내에 널리 인식된 타인의 성명, 상호, 상표, 그 밖의 표지와 동일하거나 유사한 도메인이름을 등록·보유·이전 또는 사용하는 행위

(9) 상품형태 모방행위(자목)

① 의 의

타인이 제작한 상품의 형태를 모방한 상품을 양도·대여 또는 이를 위한 전시를 하거나 수입·수출하는 행위

② 적용의 예외

ⓐ 상품의 시제품 제작 등 상품의 형태가 갖추어진 날부터 3년이 지난 상품의 형태를 모방한 상품을 양도·대여 또는 이를 위한 전시를 하거나 수입·수출하는 행위

ⓑ 타인이 제작한 상품과 동종의 상품(동종의 상품이 없는 경우에는 그 상품과 기능 및 효용이 동일하거나 유사한 상품을 말한다)이 통상적으로 가지는 형태를 모방한 상품을 양도·대여 또는 이를 위한 전시를 하거나 수입·수출하는 행위

③ 상품의 형태의 의미(2015다240454)

상품 자체의 형상·모양·색채·광택 또는 이들을 결합한 전체적 외관을 말하며, 수요자가 외관 자체로 특정 상품임을 인식할 수 있는 형태적 특이성이 있을 뿐 아니라 정형화된 것이어야 한다. 사회통념으로 볼 때 상품들 사이에 일관된 정형성이 없다면 비록 상품의 형태를 구성하는 아이디어나 착상 또는 특징적 모양이나 기능 등의 동일성이 있더라도 이를 '상품의 형태'를 모방한 부정경쟁행위의 보호대상에 해당한다고 할 수 없다.

④ '모방'의 의미(2010다20044)

모방이란 타인의 상품형태에 의거하여 이와 실질적으로 동일한 형태의 상품을 만들어 내는 것을 말하며, 형태에 변경이 있는 경우 실질적으로 동일한 형태의 상품에 해당하는지는 당해 변경의 내용·정도, 착상의 난이도, 변경에 의한 형태적 효과 등을 종합적으로 고려하여 판단하여야 한다.

(10) 아이디어 도용행위(차목)

사업제안, 입찰, 공모 등 거래교섭 또는 거래과정에서 경제적 가치를 가지는 타인의 기술적 또는 영업상의 아이디어가 포함된 정보를 그 제공목적에 위반하여 자신 또는 제3자의 영업상 이익을 위하여 부정하게 사용하거나 타인에게 제공하여 사용하게 하는 행위. 다만, 아이디어를 제공받은 자가 제공받을 당시 이미 그 아이디어를 알고 있었거나 그 아이디어가 동종 업계에서 널리 알려진 경우에는 그러하지 아니하다.

(11) 데이터 부정사용행위(카목)

데이터를 부정하게 사용하는 행위

(12) 타인의 성명, 초상 등의 무단사용행위(타목)

국내에 널리 인식되고 경제적 가치를 가지는 타인의 성명, 초상, 음성, 서명 등 그 타인을 식별할 수 있는 표지를 공정한 상거래 관행이나 경쟁질서에 반하는 방법으로 자신의 영업을 위하여 무단으로 사용함으로써 타인의 경제적 이익을 침해하는 행위

(13) 보충적 일반조항(파목)

① 의의 및 취지

ⓐ 타인의 상당한 투자나 노력으로 만들어진 성과 등을 공정한 상거래 관행이나 경쟁질서에 반하는 방법으로 자신의 영업을 위하여 무단으로 사용함으로써 타인의 경제적 이익을 침해하는 행위

ⓑ 파목은 새로이 등장하는 경제적 가치를 지닌 무형의 성과를 보호하고, 법원이 새로운 유형의 부정경쟁행위를 좀 더 명확하게 판단할 수 있도록 함으로써, 변화하는 거래관념을 적시에 반영하여 부정경쟁행위를 규율하기 위한 보충적 일반조항이다.

② '성과 등'에 해당하는지 여부에 관한 판단 방법

　　㉠ 판단 방법 일반(2019마6525)

　　　파목은 그 보호대상인 성과 등의 유형에 제한을 두고 있지 않으므로, 유형물뿐만 아니라 무형물도 이에 포함되고, 종래 지식재산권법에 의해 보호받기 어려웠던 새로운 형태의 결과물도 포함될 수 있다. '성과 등'을 판단할 때에는 위와 같은 결과물이 갖게 된 명성이나 경제적 가치, 결과물에 화제된 고객흡인력, 해당 사업 분야에서 결과물이 차지하는 비중과 경쟁력 등을 종합적으로 고려해야 한다.

　　㉡ '영업의 종합적 이미지'가 '성과 등'에 해당할 수 있는지 여부(2015나2044777)

　　　타인의 상당한 투자나 노력으로 만들어진 성과에는 새로운 기술과 같은 기술적인 성과 이외에도 특정 영업을 구성하는 영업소 건물의 형태와 외관, 내부 디자인, 장식, 표지판 등 영업의 종합적 이미지의 경우 그 개별 요소들로서는 부정경쟁방지법 제2조 제1호 각 호를 비롯하여 디자인보호법, 상표법 등 지식재산권 관련 법률의 개별 규정에 의해서는 보호받지 못한다고 하더라도, 그 개별 요소들의 전체 혹은 결합된 이미지는 특별한 사정이 없는 한 본 호의 '상당한 노력과 투자에 의하여 구축된 성과물'에 해당한다.

③ '상당한 투자나 노력으로 만들어진 것인지' 여부의 판단 방법

　성과 등이 상당한 투자나 노력으로 만들어진 것인지 여부는 권리자가 투입한 투자나 노력의 내용과 정도를 그 성과 등이 속한 산업 분야의 관행이나 실태에 비추어 구체적, 개별적으로 판단하되, 성과 등을 무단으로 사용함으로써 침해된 경제적 이익이 누구나 자유롭게 이용할 수 있는 공공영역(public domain)에 속하지 않는다고 평가할 수 있어야 한다.

④ '공정한 상거래 관행이나 경쟁질서에 반하는 방법으로 자신의 영업을 위하여 무단으로 사용한 것인지' 여부의 판단 방법

　파목이 규정하는 공정한 상거래 관행이나 경쟁질서에 반하는 방법으로 자신의 영업을 위하여 무단으로 사용한 경우에 해당하기 위해서는 권리자와 침해자가 경쟁관계에 있거나 가까운 장래에 경쟁관계에 놓일 가능성이 있는지, 권리자가 주장하는 성과 등이 포함된 산업분야의 상거래 관행이나 경쟁질서의 내용과 그 내용이 공정한지 여부, 위와 같은 성과 등이 침해자의 상품이나 서비스에 의해 시장에서 대체될 가능성, 수요자나 거래자들에게 성과 등이 어느 정도 알려졌는지, 수요자나 거래자들의 혼동 가능성 등을 종합적으로 고려해야 한다.

3　국기, 국장 등의 사용금지 등(제3조, 제3조의2)

(1) 국기·국장 등의 사용 금지(제3조)

① 파리협약 당사국, 세계무역기구 회원국 또는 「상표법 조약」 체약국의 국기·국장(國章), 그 밖의 휘장이나 국제기구의 표지와 동일하거나 유사한 것은 상표로 사용할 수 없다. 다만, 해당 국가 또는 국제기구의 허락을 받은 경우에는 그러하지 아니하다.

② 파리협약 당사국, 세계무역기구 회원국 또는 「상표법 조약」 체약국 정부의 감독용 또는 증명용 표지와 동일하거나 유사한 것은 상표로 사용할 수 없다. 다만, 해당 정부의 허락을 받은 경우에는 그러하지 아니하다.

(2) 자유무역협정에 따라 보호하는 지리적 표시의 사용금지 등(제3조의2)

① 정당한 권원이 없는 자는 대한민국이 외국과 양자간(兩者間) 또는 다자간(多者間)으로 체결하여 발효된 자유무역협정에 따라 보호하는 지리적 표시(이하 "지리적 표시"라 한다)에 대하여는 제2조 제1호 라목 및 마목의 부정경쟁행위 이외에도 지리적 표시에 나타난 장소를 원산지로 하지 아니하는 상품(지리적 표시를 사용하는 상품과 동일하거나 동일하다고 인식되는 상품으로 한정한다)에 관하여 다음의 행위를 할 수 없다.

ㄱ 진정한 원산지 표시 이외에 별도로 지리적 표시를 사용하는 행위

ㄴ 지리적 표시를 번역 또는 음역하여 사용하는 행위

ㄷ "종류", "유형", "양식" 또는 "모조품" 등의 표현을 수반하여 지리적 표시를 사용하는 행위

② 정당한 권원이 없는 자는 다음의 행위를 할 수 없다.

ㄱ 제1항 각 호에 해당하는 방식으로 지리적 표시를 사용한 상품을 양도·인도 또는 이를 위하여 전시하거나 수입·수출하는 행위

ㄴ 제2조 제1호 라목 또는 마목에 해당하는 방식으로 지리적 표시를 사용한 상품을 인도하거나 이를 위하여 전시하는 행위

③ 제1항 각 호에 해당하는 방식으로 상표를 사용하는 자로서 다음의 요건을 모두 갖춘 자는 제1항에도 불구하고 해당 상표를 그 사용하는 상품에 계속 사용할 수 있다.

ㄱ 국내에서 지리적 표시의 보호개시일 이전부터 해당 상표를 사용하고 있을 것

ㄴ 제1호에 따라 상표를 사용한 결과 해당 지리적 표시의 보호개시일에 국내 수요자 간에 그 상표가 특정인의 상품을 표시하는 것이라고 인식되어 있을 것

4 부정경쟁행위에 대한 민사적 구제책

(1) 사용금지청구권

부정경쟁행위나 제3조의2 제1항 또는 제2항을 위반하는 행위로 자신의 영업상의 이익이 침해되거나 침해될 우려가 있는 자는 부정경쟁행위나 제3조의2 제1항 또는 제2항을 위반하는 행위를 하거나 하려는 자에 대하여 법원에 그 행위의 금지 또는 예방을 청구할 수 있다.

(2) 손해배상청구권

고의 또는 과실에 의한 부정경쟁행위나 제3조의2 제1항 또는 제2항을 위반한 행위(제2조 제1호 다목의 경우에는 고의에 의한 부정경쟁행위만을 말한다)로 타인의 영업상 이익을 침해하여 손해를 입힌 자는 그 손해를 배상할 책임을 진다.

(3) 신용회복청구권

법원은 고의 또는 과실에 의한 부정경쟁행위나 제3조의2 제1항 또는 제2항을 위반한 행위(제2조 제1호 다목의 경우에는 고의에 의한 부정경쟁행위만을 말한다)로 타인의 영업상의 신용을 실추시킨 자에게는 부정경쟁행위나 제3조의2 제1항 또는 제2항을 위반한 행위로 인하여 자신의 영업상의 이익이 침해된 자의 청구에 의하여 제5조에 따른 손해배상을 갈음하거나 손해배상과 함께 영업상의 신용을 회복하는 데에 필요한 조치를 명할 수 있다.

(1) 보호의 목적

상표법은 등록권리자를 보호하여 권리자의 업무상 신용을 유지하고 수요자를 보호하는데 그 목적이 있으나, 부정경쟁방지법은 부정경쟁을 방지하여 공정한 거래질서를 확립하는데 그 목적이 있다.

(2) 보호 대상

상표법은 원칙적으로 등록받은 상표를 보호하는데 비해, 부정경쟁방지법은 등록 여부를 불문하고 거래자나 일반 수요자들에게 상품 또는 영업을 표시하는 것으로 널리 인식된 것을 보호한다.

(3) 금지의 대상

상표법은 상표권의 침해행위를 금지하는 것이나, 부정경쟁방지법은 부정경쟁행위를 금지하는 것이다.

(4) 침해 여부의 판단

상표법은 상표의 동일·유사, 상품의 동일·유사를 기준으로 판단하고 구체적인 혼동 여부를 묻지 아니하고 형식적, 획일적 보호를 꾀한다. 반면, 부정경쟁방지법은 구체적 출처혼동을 판단함으로써 동적인 측면의 부정경쟁행위를 방지한다.

08 | 다양한 유형의 표장

01 입체상표

1 서 설

3차원적 형상이 상품의 출처를 표시하는 기능을 수행하게 됨에 따라 1998년 개정법에서 입체상표 제도를 도입하였다.

2 등록 요건

(1) 상표의 정의 규정(제2조 제1항) **위반**

① 상표 견본으로 제출된 입체적 형상이 입체상표로서의 구성 및 태양을 갖춘 것으로 인정되지 아니하는 경우

② 상표 견본이 2D로 제출된 경우

③ 제출된 견본 및 설명에 의하여 입체적 형상을 명확하게 파악할 수 없는 경우

(2) 식별력의 존부(제33조 제1항 각 호)

① 식별력 판단

㉠ 심사기준

- 입체적 형상이 상품 자체의 형상으로 인식되거나 일부 변형, 장식되었지만 지정상품의 형상을 표시하는 것이라고 인식되는 정도에 불과한 경우에는 식별력이 없는 것으로 본다.
- 다만, 식별력이 없는 입체적 형상에 식별력 있는 기호, 문자, 도형 등이 결합되어 전체적으로 식별력을 인정할 수 있는 경우에는 식별력이 있다고 본다.
- 또한, 식별력이 없는 입체적 형상이 사용에 의한 식별력을 획득한 경우에도 식별력을 인정할 수 있다.

㉡ 판례의 태도(2012후3800)

입체적 형상이 흔히 있는 공, 정육면체, 직육면체, 원기둥, 삼각기둥 등으로만 구성된 경우 제33조 제1항 제6호에 해당하는 것으로 본다.

② 입체적 형상에 식별력 있는 구성이 결합된 경우(2014후2306)

입체적 형상에 식별력이 있는 기호·문자 등이 결합된 상표가 등록받을 수 없다고 규정하지 않는 점, 결합된 기호·문자 등을 무시하고 입체적 형상만을 기준으로 식별력을 판단한다는 규정도 없는 점, 전체로서 식별력이 인정되어 등록되어도 제90조 제1항에 따라 식별력이 없는 입체적 형상 부분에는 상표권의 효력이 미치지 않아 제3자의 사용을 제한하는 부당한 결과가 발생할 우려가 없는 점을

고려할 때, 입체적 형상에 기호·문자 등이 결합된 경우라 하여 일반적인 결합상표와 달리 보아서는 안 되고, 기호·문자 등과 결합하여 전체로서 식별력이 있는 경우 거절할 수 없다.

③ 입체적 형상에 다른 구성이 결합되어 사용된 경우 사용에 의한 식별력 취득 판단(2013다84568)

상품 등에 기호·문자·도형 등이 부착되는 경우가 흔히 있는데 그러한 사정만으로 곧바로 입체적 형상 자체에 관한 사용에 의한 식별력 취득을 부정할 수는 없고, 부착된 표장의 외관·크기, 부착 위치, 인지도 등을 고려할 때 부착된 표장과 별도로 입체적 형상이 출처표시 기능을 독립적으로 수행하기에 이르렀다면 사용에 의한 식별력 취득을 긍정할 수 있다.

(3) 기능성의 부존재(제34조 제1항 제15호)

① 심사기준

㉠ 그 기능을 확보할 수 있는 대체적인 형상이 따로 존재하는지 여부

㉡ 대체형상이 동등 또는 그 이하의 비용으로 생산될 수 있는지 여부

㉢ 광고 등에 의하여 해당 상품 또는 포장의 실용적 이점이 선전되고 있는지 여부

㉣ 상품 또는 그 상품의 포장의 형상 등으로부터 발휘되는 기능적 특성이 상품 자체의 본래 기능을 넘어서 월등한 경쟁상의 우위를 가지거나 그러한 기능성의 독점으로 인하여 거래업계의 경쟁을 부당하게 저해하는지 여부

② 비아그라 사건(2013다84568)

상품 등의 입체적 형상으로 된 상표가 위 규정에 해당하는지는 그 상품 등이 거래되는 시장에서 유통되고 있거나 이용 가능한 대체적인 형상이 존재하는지, 대체적인 형상으로 상품을 생산하더라도 동등한 정도 또는 그 이하의 비용이 소요되는지, 입체적 형상으로부터 상품 등의 본래적인 기능을 넘어서는 기술적 우위가 발휘되지는 아니하는 것인지 등을 종합적으로 고려하여 판단하여야 한다.

(4) 1상표 1출원주의(제38조 제1항) 위반

상표 견본이 2장 이상의 도면이나 사진으로 구성되었으나, 전체적으로 하나의 입체상표로 인식되지 않는 경우

3 출원 및 심사

(1) 입체상표의 출원

① 상표 유형 표시 : 출원서의 '상표 유형'란에 입체상표임을 표시

② 상표 견본의 제출 : 상표의 일면 또는 여러 측면으로 구성하는 등 상표의 특징을 충분히 나타내는 5장 이하의 도면 또는 사진으로 작성

③ 상표 설명서 제출 : 임의적 제출사항

(2) 입체상표의 유사 판단

① 판례의 태도(2013다84568)

입체적 형상으로 된 상표들에서는 외관이 주는 지배적 인상이 동일·유사하여 두 상표를 동일·유사한 상품에 다 같이 사용하는 경우 수요자에게 상품의 출처에 관하여 오인·혼동을 일으킬 우려가 있다면 두 상표는 유사하다고 보아야 하나, 그러한 우려가 인정되지 않는 경우에는 유사하다고 볼 수 없다.

② 심사기준

　　㉠ 원칙적으로 입체상표 간에만 유사 판단을 한다.

　　㉡ 특정 방향에서 인식되는 외관이 다른 평면상표 또는 다른 입체적 형상의 그것과 유사한 경우, 양 표장은 유사한 것으로 본다.

　　㉢ 입체적 형상의 칭호 관념은, 전체적인 외관만이 아니라 특정 방향에서 인식되는 외관에 의해서도 발생하는 것으로 본다.

　　㉣ 입체적 형상과 문자가 결합된 경우 원칙적으로 당해 문자부분만으로도 칭호, 관념이 발생하는 것으로 본다.

4 　입체상표권의 효력

(1) 적극적 효력 및 소극적 효력

① 제89조에 따라 동일성 범위에서 전용권이 존재하며, 제2조 제2항 제1호에 따라 표장의 형상으로 상표를 표시할 수 있다.

② 제108조 제1항 제1호에 따라 등록된 입체적 형상과 동일·유사한 범위까지 소극적 효력이 미칠 수 있다.

(2) 효력 제한

제3자가 사용하는 표장이 제90조 제1항 제2호, 제3호, 제5호에 해당하는 경우, 상표권의 효력이 제한된다.

(3) 타 권리와의 관계

등록된 입체적 형상과 관련하여 제92조 제1항 및 제98조가 문제될 수 있다.

02 　색채상표

1 　서 설

(1) 1996년 개정법에서 색채가 상표의 구성요소에 추가되었고, 2007. 7. 1. 시행 개정법에서 독자적 구성요소로 인정되어 단일 색채 또는 색채의 조합만으로 등록이 가능하게 되었다.

(2) 기술 발전에 따라 색채만으로 된 상표도 상표로서의 기능을 수행하게 되었고 색채를 정확하게 표현하는 것이 가능해졌음을 고려하였다.

(3) '광의의 색채상표'는 기호, 문자, 도형, 입체적 형상 등 다른 구성요소에 색채가 결합된 일반 상표를 의미하고, '협의의 색채상표'는 다른 표장과 결합하지 않은 색채 또는 색채의 조합만으로 된 상표를 의미한다.

2 등록 요건(협의의 색채상표)

(1) 상표의 정의 규정(제2조 제1항) 위반

① 상표 유형을 잘못 지정한 경우

② 상표의 설명이 없는 경우

③ 상표 견본이 색채만으로 된 상표로서의 구성 및 태양을 갖춘 것으로 인정되지 아니하는 경우

(2) 식별력의 존부(제33조 제1항 각 호)

색채상표라 하여 제33조 제2항으로 출원할 것을 강제하는 것은 아니나, 색채 그 자체는 출처표시보다는 디자인적 요소로 인식되는 것이 일반적이므로 심사기준은 사용에 의한 식별력을 취득한 경우에 한하여 그 등록을 허용하고 있다.

(3) 기능성의 부존재(제34조 제1항 제15호)

색채상표가 법률상의 기능성을 가지는지 여부는 상품의 특성으로부터 작용하는 특정 색채가 그 상품의 이용과 목적에 필수 불가결하거나, 상품의 가격 또는 크기, 성능, 강도 등 품질에 영향을 주어 특정인의 독점을 허용하는 경우 자유로운 경쟁을 저해할 우려가 있는지 여부에 따라 판단하여야 한다.

3 출원 및 심사

(1) 광의의 색채상표

출원서 취지의 기재가 불요하고, 상표의 유사 판단 시 색채는 고려대상이 되지만 다른 구성요소가 동일하고 색채만이 다른 경우에는 유사상표로 본다.

(2) 협의의 색채상표

① 색채만으로 된 상표의 출원

㉠ 상표 유형 표시 : 출원서의 '상표 유형'란에 색채만으로 된 상표임을 표시

㉡ 상표 견본의 제출 : 상표 견본란에 빈 공간이 없도록 색채를 꽉 채워서 도면 또는 사진으로 출원

㉢ 상표 설명서 제출 : 필수적 제출사항

② 색채상표만으로 된 상표의 유사 판단

㉠ 칭호가 있을 수 없으므로 지정상품과 관련하여 외관, 관념이 유사한지 여부를 중점적으로 비교해 판단한다.

㉡ '외관의 유사'는 시각을 통해 색채를 관찰할 때 양 상표를 서로 혼동하기 쉬운 경우를 말한다.

㉢ '관념의 유사'는 색채로부터 일정한 의미(암시나 인상을 포함)를 이끌어 낼 수 있는 경우에 양 상표가 그 의미로 인해 서로 혼동되는 경우를 말한다.

4 색채상표 등록 후 효력

(1) 적극적 효력 및 소극적 효력

① 제89조에 따라 동일성 범위에서 전용권이 존재한다.

② 제108조 제1항 제1호에 따라 등록된 색채와 동일·유사한 범위까지 소극적 효력이 미칠 수 있다.

(2) 효력 제한

제3자가 사용하는 표장이 제90조 제1항 제2호, 제5호에 해당하는 경우, 상표권의 효력이 제한된다.

(3) 색채상표의 특칙

> **제225조(등록상표와 유사한 상표 등에 대한 특칙)** ① 제89조, 제92조, 제95조 제3항, 제97조 제2항, 제104조, 제110조 제4항, 제119조 제1항 제3호 및 같은 조 제3항, 제160조, 제222조 및 제224조에 따른 "등록상표"에는 그 등록상표와 유사한 상표로서 색채를 등록상표와 동일하게 하면 등록상표와 같은 상표라고 인정되는 상표가 포함되는 것으로 한다.
> ② 제108조 제1항 제1호 및 제119조 제1항 제1호에 따른 "등록상표와 유사한 상표"에는 그 등록상표와 유사한 상표로서 색채를 등록상표와 동일하게 하면 등록상표와 같은 상표라고 인정되는 상표가 포함되지 아니하는 것으로 한다.
> ③ 제108조 제2항 제1호에 따른 "타인의 지리적 표시 등록단체표장과 유사한 상표"에는 그 등록단체표장과 유사한 상표로서 색채를 등록단체표장과 동일하게 하면 등록단체표장과 같은 상표라고 인정되는 상표가 포함되지 아니하는 것으로 한다.
> ④ 제1항부터 제3항까지의 규정은 색채나 색채의 조합만으로 된 등록상표의 경우에는 적용하지 아니한다.

① 취 지

실제 거래상 색채변경 사용의 필요성이 있고, 기술상으로도 색채를 완벽히 동일하게 사용하기 어려울 수 있다는 점, 색채가 열위적 구성요소로서 식별력에 미치는 영향이 상대적으로 작다는 점을 고려한 것이다.

② 제1항의 규정들에서 색채를 등록상표와 동일하게 하면 등록상표와 같은 상표라고 인정되는 상표를 등록상표와 동일한 것으로 보며, 제2항의 규정들에서 색채를 등록상표와 동일하게 하면 등록상표와 같은 상표라고 인정되는 상표를 등록상표와 유사한 것으로 보지 않는다.

③ 제4항에 따라 협의의 색채상표의 경우는 본 규정의 예외로 한다.

03 소리, 냄새 상표

1 서 설

한·미 FTA 및 기술의 발전에 따른 시각적으로 인식할 수 없는 상표도 시장에서 사용되고 있는 변화를 반영하기 위하여 2012년 개정법에서 상표의 보호대상으로 인정하였다.

2 **등록 요건**

(1) 시각적 표현을 통한 표장의 특정

① 시각적 표현의 기재 방법

㉠ 의 의

심사를 용이하게 하고 등록 후 권리범위의 기준을 삼고자 함이므로, 시각적 표현은 소리, 냄새상표를 시각적으로 인식하고 특정할 수 있도록 문자, 숫자 등의 방법을 통하여 구체적으로 표현하여야 한다.

㉡ 심사기준

시각적 표현이 사실적으로 표현되어 있는지 여부는 시각적 표현만을 보고 소리, 냄새 등을 인식하거나 동일하게 재현할 수 있는지 여부를 고려하여 판단한다.

② 시각적 표현의 기재 불비에 대한 처리

시각적 표현을 적지 아니한 경우에는 반려사유로 보며, 시각적 표현을 적었으나 구체적으로 표현하지 아니한 경우에는 제2조 제1항의 정의 규정에 합치하지 않는 것으로 보아 거절이유를 통지한다.

(2) 상표의 정의 규정(제2조 제1항) 위반

① 상표의 설명이 없는 경우

② 소리파일 또는 냄새 견본이 제출되지 않은 경우

③ 시각적 표현이 구체적으로 표현되지 않은 경우

④ 시각적 표현과 제출된 소리파일 또는 냄새 견본이 일치하지 않는 경우

(3) 식별력의 존부(제33조)

① 제33조 제1항 제3호 : 지정상품의 성질을 직접적으로 나타낸다고 인정되는 경우

② 제33조 제1항 제6호 : 소리가 1음 또는 2음으로 구성된 소리상표

③ 제33조 제1항 제7호

㉠ 소리, 냄새 상표는 수요자에게 일반적으로 상품 출처표시로 인식되지 않으므로 식별력이 없다.

㉡ 공익적인 소리, 국가에 나오는 소리 등 일반인들에게 널리 알려지고 흔히 사용되고 특정인에 독점권을 부여하는 것이 타당하지 않다고 인정되는 소리이다.

④ 제33조 제2항 : 사용에 의한 식별력 취득 요구

(4) 기능성 부존재(제34조 제1항 제15호)

심사기준은 상품의 특성으로부터 발생하는 특정한 소리 또는 냄새인지 여부, 상품의 사용에 꼭 필요하거나 그 상품에 일반적으로 사용되는 소리 또는 냄새인지 여부, 상품의 판매 증가와 밀접한 원인이 되는 소리 또는 냄새인지 여부를 고려한다.

(5) 1상표 1출원 주의(제38조 제1항)

소리, 냄새 상표를 출원하면서 문자, 도형 등의 상표 견본을 함께 제출하는 경우

3 출원 및 심사

(1) 소리, 냄새 상표의 출원

① 상표 유형 표시 : 출원서의 '상표 유형'란에 소리상표 / 냄새상표임을 표시

② 상표 견본의 제출 : 소리, 냄새 상표는 상표 견본이 존재할 수 없으므로 상표 견본을 첨부하지 않음

③ 상표 설명서 제출 : 필수적 제출사항

④ 추가 자료 제출 : 시각적 표현을 반영한 소리파일 또는 냄새 견본

    ㉠ 소리상표 : MP3, WAV 등 범용 오디오 파일 형식으로 3MB 이내

    ㉡ 냄새상표 : 액체형태의 물질 포함하는 밀폐용기 3통, 향패치 30장 이상

(2) 유사 판단

① 원칙적으로 같은 유형의 상표 상호 간에 시각적 표현을 기준으로 비교하여 판단한다. 다만, 시각적 표현만으로는 상표를 정확히 파악할 수 없으므로 제출된 소리파일, 냄새 견본을 참고한다.

② 시각적 표현으로부터 인식되는 소리, 냄새의 유사성뿐만 아니라 소리, 냄새의 관념을 고려하여 수요자에게 출처 오인·혼동이 있으면 유사로 볼 수 있다.

③ 소리상표에 특정 단어의 발음이 포함된 경우, 다른 유형의 상표와 칭호를 비교하여 출처 오인·혼동이 있으면 유사한 것으로 볼 수 있다.

④ 냄새상표의 냄새로부터 일정한 의미를 파악하게 될 경우, 냄새 자체나 냄새의 시각적 표현에서 얻어지는 관념을 통해 유사 여부를 판단할 수 있다.

4 소리, 냄새 상표권의 효력

(1) 적극적 효력 및 소극적 효력

① 제89조에 따라 동일성 범위에서 전용권이 존재하며, 제2조 제2항 제1호에 따라 표장의 소리 또는 냄새로 상표를 표시할 수 있다.

② 제108조 제1항 제1호에 따라 등록된 소리 또는 냄새와 동일·유사한 범위까지 소극적 효력이 미칠 수 있다.

(2) 소리, 냄새 상표의 보호범위(제91조 제1항)

제91조 제1항의 출원서상의 기재사항은 시각적 표현으로 해석한다.

(3) 효력 제한

제3자가 사용하는 표장이 제90조 제1항 제2호, 제5호에 해당하는 경우, 상표권의 효력이 제한된다.

(4) 등록 후 공고

특허청장은 소리, 냄새 상표의 취지, 설명, 시각적 표현 등을 상표 공보에 게재하여야 한다.

1 서 설

위치상표란 일정한 형상이나 모양이 상품의 특정 위치에 부착되는 것에 의하여 자타상품을 식별하게 하는 표장을 말한다.

2 위치상표의 인정 여부(2010후2339)

(1) 인정 여부

상표의 정의 규정에 따르면 (기호, 문자, 도형 또는 그 결합을 사용하여 시각적으로 인식할 수 있도록 구성하는) 모든 형태의 표장을 상표의 범위로 포섭하고 있으므로, 기호, 문자, 도형, 각각 또는 그 결합이 일정한 형상이나 모양을 이루고, 이러한 일정한 형상이나 모양이 지정상품의 특정 위치에 부착되는 것에 의하여 자타상품을 식별하게 되는 표장도 상표의 한 가지로서 인정될 수 있다.

(2) 권리 불요구 절차의 필요성

위치상표라는 취지를 별도로 밝히는 설명서 제출 절차 또는 지정상품의 형상 표시에 대하여는 권리를 주장하지 않겠다는 권리 불요구 절차에 관한 규정이 없다는 사유는 위치상표의 인정에 방해되지 않는다.

3 등록 요건

(1) 상표의 정의 규정(제2조 제1항) 위반

① 상표의 설명이 기재되지 않은 경우
② 위치상표 취지가 기재된 경우라도 상표 견본이 위치상표로서의 구성 및 태양을 갖춘 것으로 인정되지 아니하는 경우
③ 위치상표를 정확하게 파악할 수 없는 경우

(2) 식별력 존부(제33조)

① 판단 기준
위치상표의 식별력 존부는 표장 자체의 식별력 및 특정 위치에 부착된 점을 고려하여 판단하여야 한다.
② 사용에 의한 식별력 획득(제33조 제2항)
㉠ 위치 자체가 상표로 기능하기 어려우므로, 일반적으로 사용에 의한 식별력 취득을 요한다. 심사기준도 위치상표는 사용에 의한 식별력을 취득한 경우에 한하여 그 등록을 허용하고 있다.
㉡ 일정한 형상이나 모양이 그 자체로는 식별력을 가지지 아니하더라도 지정상품의 특정 위치에 부착되어 사용됨으로써 특정인의 상품을 표시하는 것으로 인식되는 경우, 사용에 의한 식별력을 인정받을 수 있다.

(3) 기능성 부존재(제34조 제1항 제15호)

위치상표로 보호하고자 하는 부분이 입체적 형상 또는 색채이고 그 입체적 형상 또는 색채가 지정상품의 기능을 확보하는데 불가결한 요소인 경우 제33조 제2항에 의한 사용에 의한 식별력을 입증하였다 하여 도 제34조 제1항 제15호를 적용하여 거절결정을 하여야 한다.

(4) 1상표 1출원 주의(제38조 제1항) 위반

2장 이상의 도면이 전체적으로 하나의 위치상표로 인식되지 않는 경우

4 출원 및 심사

(1) 위치상표의 출원

① 상표 유형 표시 : 출원서의 '상표 유형'란에 그 밖에 시각적으로 인식할 수 있는 상표로 표시
② 상표 견본의 제출 : 상표의 특징을 충분히 나타내는 5장 이하의 도면 또는 사진으로 작성
③ 상표 설명서 제출 : 필수적 제출사항
④ 추가 자료 제출 : 위치상표를 정확하게 파악하기 위해 필요한 경우 위치상표의 특징을 충분히 나타내 는 영상을 수록한 비디오테이프, CD-ROM, 광디스크 등 전자적 기록매체의 제출 요구 가능

(2) 위치상표로 출원된 것인지 판단

심사기준은 상표 견본에서 점선으로 상품 전체의 형상을 나타낸 뒤 특정 위치의 형상이나 모양만이 실선 등으로 표시되어 있고, 상표 유형이 그 밖에 시각적으로 인식할 수 있는 것으로 된 상표로 표시되어 있으며, 상표 설명란에 위치상표에 대한 설명이 기재되어 있는 경우 위치상표로 출원된 것으로 본다.

(3) 위치상표의 유사 판단

① 위치상표는 특정 위치에 고정적으로 사용되어 식별력을 취득하게 된 것이고, 위치에 의하여 상표로 서 기능하므로, 유사 판단 시 위치의 유사성이 가장 중요한 고려요소가 된다.
② 판단 방법
원칙적으로 위치상표 간에만 유사 여부를 판단하며, 등록받고자 하는 표장을 표시한 위치, 표장의 모양, 각도의 유사성 등을 고려하여 출처의 오인·혼동의 염려가 있는지 판단한다.

5 위치상표권의 효력

(1) 적극적 효력 및 소극적 효력

① 제89조에 따라 동일성 범위에서 전용권이 존재한다.
② 제108조 제1항 제1호에 따라 등록된 위치 상표와 동일·유사한 범위까지 소극적 효력이 미칠 수 있다.

(2) 효력 제한

제3자가 사용하는 표장이 제90조 제1항 제2호, 제5호에 해당하는 경우, 상표권의 효력이 제한된다.

05 　기능성의 이론

제34조(상표등록을 받을 수 없는 상표) ① 제33조에도 불구하고 다음 각 호의 어느 하나에 해당하는 상표에 대해서는 상표등록을 받을 수 없다.
　15. 상표등록을 받으려는 상품 또는 그 상품의 포장의 기능을 확보하는 데 꼭 필요한(서비스의 경우에는 그 이용과 목적에 꼭 필요한 경우를 말한다) 입체적 형상, 색채, 색채의 조합, 소리 또는 냄새만으로 된 상표

1　의의 및 취지

지정상품 또는 포장의 기능을 확보하는 데 불가결한 입체적 형상, 색채, 소리 또는 냄새만으로 된 상표라면 상표등록을 받을 수 없다. 자유롭고 효과적인 경쟁 보장을 위하여 기능적이거나 유용한 특성에 대해서는 특허권으로 보호받아야 함이 타당하다.

2　기능성의 종류

(1) 실용적 기능성

　① 사실상의 기능성
　　상품 또는 상품의 포장의 특징이 기능의 수행으로 이어지는 것이지만 경쟁에서 매우 효과적인 수단이라고는 할 수 없는 정도의 것을 의미한다.
　② 법률상의 기능성
　　디자인의 특성이 우월하여 경쟁상 월등한 우위를 제공하는 것을 의미한다. 상표법상 기능성은 법률상의 기능성을 의미한다.

(2) 심미적 기능성

제품의 성능과 관련하여 실용적인 이점을 제공하지는 않지만 제품의 외관을 개선하여 판매 증진에 기여하는 장식적 요소를 포함하는 것을 의미한다.

3　기능성의 판단

(1) 판단 방법(심사기준)

　① 특허나 실용신안의 존재 여부, 유통과정의 편이성 및 사용의 효율성에 관한 광고 선전, 대체성, 제조비용의 저렴성을 고려하여 기능성이 있는지를 판단한다.
　② 출원상표를 전체적으로 보았을 때 기능성이 있는 것으로 판단되면 일부 비기능적인 요소가 포함되어 있어도 기능성이 있는 것으로 판단하여 심사한다. 개별적인 형태를 분리하여 기능성 여부를 판단해서는 안 되고 전체적인 형성이 기능적인지 여부를 기준으로 판단한다.
　③ 식별력이 인정되더라도 본 호에 해당하면 등록을 받을 수 없다.

(2) 구체적 판단 방법

① 입체상표

㉠ 심사기준

입체적 형상이 기능성이 있는 경우	입체적 형상의 기능성 판단 시 고려사항
• 기능 수행에 있어 본질적인 경우 • 이용 과정에서 본질적인 역할을 수행하는 경우 • 품질·가격에 영향을 주어 경쟁에서 이점을 주는 경우	• 입체적 형상 등과 관련된 특허실용신안 출원, 특허, 실용신안권의 존재 여부 • 입체적 형상 등이 제공하는 실용적인 이점에 대한 광고, 홍보, 설명의 존재 여부 • 동일한 기능을 가진 대체가능한 입체적 형상 등의 존재 여부 • 대체 가능한 입체적 형상 등의 생산 용이성 및 경제성 등

㉡ 판례의 태도(2013다84568)

상품 등의 입체적 형상으로 된 상표가 위 규정에 해당하는지는 그 상품 등이 거래되는 시장에서 유통되고 있거나 이용 가능한 대체적인 형상이 존재하는지, 대체적인 형상으로 상품을 생산하더라도 동등한 정도 또는 그 이하의 비용이 소요되는지, 입체적 형상으로부터 상품 등의 본래적인 기능을 넘어서 기술적 우위가 발휘되지는 아니하는 것인지 등을 종합적으로 고려하여 판단하여야 한다.

② 색채만으로 된 상표(심사기준)

해당 색채가 상품을 구성하는 소재·재료 본연의 색채인 경우, 그 소재·재료가 지정상품을 생산함에 있어서 다른 소재·재료에 비해 실용적인 이점을 가지는 경우, 특허, 실용신안 공보, 논문 등 문헌에도 해당 색채가 통상적으로 가지는 의미를 감안할 때, 그러한 의미가 상품의 기능 수행에 있어 본질적인 경우 해당 색채는 기능성이 있다고 판단할 수 있다.

③ 소리, 냄새 상표(심사기준)

㉠ 그 소리가 지정상품의 기능을 수행하는 데에 필수불가결하게 발생하는 소리인지를 파악해야 한다.
㉡ 냄새상표의 경우 시각적 표현을 통해 제시된 구성물질과 관련된 특허 문헌 등을 검색하여 기능성 입증에 활용할 수 있다.

4 관련 문제

(1) 부등록 사유(제34조 제1항 제15호)

상표등록을 받으려는 상품 또는 그 상품의 포장의 기능을 확보하는 데 꼭 필요한(서비스의 경우에는 그 이용과 목적에 꼭 필요한 경우를 말한다) 입체적 형상, 색채, 색채의 조합, 소리 또는 냄새만으로 된 상표는 등록을 불허한다.

(2) 상표권 효력 제한(제90조 제1항 제5호)

등록상표의 지정상품 또는 그 지정상품 포장의 기능을 확보하는 데 불가결한 형상, 색채, 색채의 조합, 소리 또는 냄새로 된 상표에는 상표권의 효력이 제한된다.

06 단체표장

제2조(정의) ① 이 법에서 사용하는 용어의 뜻은 다음과 같다.
 3. "단체표장"이란 상품을 생산·제조·가공·판매하거나 서비스를 제공하는 자가 공동으로 설립한 법인이 직접 사용하거나 그 소속 단체원에게 사용하게 하기 위한 표장을 말한다.
③ 단체표장·증명표장 또는 업무표장에 관하여는 이 법에서 특별히 규정한 것을 제외하고는 상표에 관한 규정을 적용한다.

제3조(상표등록을 받을 수 있는 자) ② 상품을 생산·제조·가공·판매하거나 서비스를 제공하는 자가 공동으로 설립한 법인(지리적 표시 단체표장의 경우에는 그 지리적 표시를 사용할 수 있는 상품을 생산·제조 또는 가공하는 자로 구성된 법인으로 한정한다)은 자기의 단체표장을 등록받을 수 있다.
⑤ 증명표장을 출원하거나 등록을 받은 자는 그 증명표장과 동일·유사한 표장을 상표·단체표장 또는 업무표장으로 등록을 받을 수 없다.

제36조(상표등록출원) ③ 단체표장등록을 받으려는 자는 제1항 각 호의 사항 외에 대통령령으로 정하는 단체표장의 사용에 관한 사항을 정한 정관을 단체표장등록출원서에 첨부하여야 한다.

제119조(상표등록의 취소심판) ① 등록상표가 다음 각 호의 어느 하나에 해당하는 경우에는 그 상표등록의 취소심판을 청구할 수 있다.
 7. 단체표장과 관련하여 다음 각 목의 어느 하나에 해당하는 경우
   가. 소속 단체원이 그 단체의 정관을 위반하여 단체표장을 타인에게 사용하게 한 경우나 소속 단체원이 그 단체의 정관을 위반하여 단체표장을 사용함으로써 수요자에게 상품의 품질 또는 지리적 출처를 오인하게 하거나 타인의 업무와 관련된 상품과 혼동을 불러일으키게 한 경우. 다만, 단체표장권자가 소속 단체원의 감독에 상당한 주의를 한 경우는 제외한다.
   나. 단체표장의 설정등록 후 제36조 제3항에 따른 정관을 변경함으로써 수요자에게 상품의 품질을 오인하게 하거나 타인의 업무와 관련된 상품과 혼동을 불러일으키게 할 염려가 있는 경우
   다. 제3자가 단체표장을 사용하여 수요자에게 상품의 품질이나 지리적 출처를 오인하게 하거나 타인의 업무와 관련된 상품과 혼동을 불러일으키게 하였음에도 단체표장권자가 고의로 적절한 조치를 하지 아니한 경우

1 인정 취지

자본력과 영업적 신용도가 낮은 단체원이 단체의 신용을 이용할 수 있도록 하고 수요자도 단체의 신용을 믿고 소속 단체원과 거래할 수 있도록 한 것이다.

2 특징 - 권리주체와 사용주체의 분리

단체표장의 경우 권리주체는 단체인 법인인 반면, 사용주체는 단체인 법인 및 단체의 구성원이 된다.

3 성립요건 및 거절이유

(1) 정의 규정(제2조 제1항 제3호 및 제3항) 위반[거절이유 : 제54조 제1호]

"단체표장"이란 상품을 생산·제조·가공·판매하거나 서비스를 제공하는 자가 공동으로 설립한 법인이 직접 사용하거나 그 소속 단체원에게 사용하게 하기 위한 표장을 말한다. 단체표장에 관하여는 이 법에서 특별히 규정한 것을 제외하고는 상표에 관한 규정을 적용한다.

(2) 주체적 요건(제3조 제2항 및 제5항) 위반[거절이유 : 제54조 제4호]

① 상품을 생산·제조·가공·판매하거나 서비스를 제공하는 자가 공동으로 설립한 법인은 자기의 단체표장을 등록받을 수 있다.

② 증명표장을 출원하거나 등록을 받은 자는 그 증명표장과 동일·유사한 표장을 상표·단체표장 또는 업무표장으로 등록을 받을 수 없다.

(3) 특유 출원 절차(제36조 제3항) 위반[거절이유 : 제54조 제6호]

① 단체표장의 사용에 관한 사항을 정한 정관을 첨부해야 한다(제36조 제3항).

② 정관에는 소속 단체원의 가입자격, 가입조건 및 탈퇴 등에 관한 사항, 단체표장의 사용조건에 관한 사항, 사용조건에 위반한 자에 대한 제재에 관한 사항, 그 밖에 단체표장의 사용에 관한 사항이 포함되어야 한다.

③ 변경출원의 인정 : 상표, 단체표장, 증명표장 상호 간

4 효력

(1) 적극적 효력

단체표장은 법인이 직접 사용할 수 있으며, 소속 단체원도 별도의 사용 허락 없이 사용할 수 있다.

(2) 소극적 효력

제3자가 단체표장을 침해하는 경우, 법인만이 제3자에 대하여 권리를 행사할 수 있다.

(3) 수익, 처분의 제한

단체표장의 수익, 처분과 관련하여 ⅰ) 제48조 제7항, 제93조 제6항에 따른 이전 제한, ⅱ) 제93조 제8항에 따른 질권 설정 제한, ⅲ) 제95조 제2항, 제97조 제5항에 따른 사용권 설정 제한이 문제된다.

5 특유의 취소사유(제119조 제1항 제4호, 제7호 가목 내지 다목)

등록상표가 다음 각 호의 어느 하나에 해당하는 경우에는 그 상표등록의 취소심판을 청구할 수 있다.

(1) 제93조 제1항 후단, 같은 조 제2항 및 같은 조 제4항부터 제7항까지의 규정에 위반된 경우

(2) 단체표장과 관련하여 다음의 어느 하나에 해당하는 경우

① 소속 단체원이 그 단체의 정관을 위반하여 단체표장을 타인에게 사용하게 한 경우나 소속 단체원이 그 단체의 정관을 위반하여 단체표장을 사용함으로써 수요자에게 상품의 품질 또는 지리적 출처를 오인하게 하거나 타인의 업무와 관련된 상품과 혼동을 불러일으키게 한 경우. 다만, 단체표장권자가 소속 단체원의 감독에 상당한 주의를 한 경우는 제외한다.

② 단체표장의 설정등록 후 제36조 제3항에 따른 정관을 변경함으로써 수요자에게 상품의 품질을 오인하게 하거나 타인의 업무와 관련된 상품과 혼동을 불러일으키게 할 염려가 있는 경우

③ 제3자가 단체표장을 사용하여 수요자에게 상품의 품질이나 지리적 출처를 오인하게 하거나 타인의 업무와 관련된 상품과 혼동을 불러일으키게 하였음에도 단체표장권자가 고의로 적절한 조치를 하지 아니한 경우

07 증명표장

제2조(정의) ① 이 법에서 사용하는 용어의 뜻은 다음과 같다.

7. "증명표장"이란 상품의 품질, 원산지, 생산방법 또는 그 밖의 특성을 증명하고 관리하는 것을 업(業)으로 하는 자가 타인의 상품에 대하여 그 상품이 품질, 원산지, 생산방법 또는 그 밖의 특성을 충족한다는 것을 증명하는 데 사용하는 표장을 말한다.

③ 단체표장·증명표장 또는 업무표장에 관하여는 이 법에서 특별히 규정한 것을 제외하고는 상표에 관한 규정을 적용한다.

제3조(상표등록을 받을 수 있는 자) ③ 상품의 품질, 원산지, 생산방법 또는 그 밖의 특성을 증명하고 관리하는 것을 업으로 할 수 있는 자는 타인의 상품에 대하여 그 상품이 정해진 품질, 원산지, 생산방법 또는 그 밖의 특성을 충족하는 것을 증명하는 데 사용하기 위해서만 증명표장을 등록받을 수 있다. 다만, 자기의 영업에 관한 상품에 사용하려는 경우에는 증명표장의 등록을 받을 수 없다.

④ 제3항에도 불구하고 상표·단체표장 또는 업무표장을 출원(出願)하거나 등록을 받은 자는 그 상표 등과 동일·유사한 표장을 증명표장으로 등록받을 수 없다.

⑤ 증명표장을 출원하거나 등록을 받은 자는 그 증명표장과 동일·유사한 표장을 상표·단체표장 또는 업무표장으로 등록을 받을 수 없다.

제36조(상표등록출원) ④ 증명표장등록을 받으려는 자는 제1항 각 호의 사항 외에 대통령령으로 정하는 증명표장의 사용에 관한 사항을 정한 서류(법인인 경우에는 정관을 말하고, 법인이 아닌 경우에는 규약을 말하며, 이하 "정관 또는 규약"이라 한다)와 증명하려는 상품의 품질, 원산지, 생산방법이나 그 밖의 특성을 증명하고 관리할 수 있음을 증명하는 서류를 증명표장등록출원서에 첨부하여야 한다.

제119조(상표등록의 취소심판) ① 등록상표가 다음 각 호의 어느 하나에 해당하는 경우에는 그 상표등록의 취소심판을 청구할 수 있다.

9. 증명표장과 관련하여 다음 각 목의 어느 하나에 해당하는 경우

가. 증명표장권자가 제36조 제4항에 따라 제출된 정관 또는 규약을 위반하여 증명표장의 사용을 허락한 경우

나. 증명표장권자가 제3조 제3항 단서를 위반하여 증명표장을 자기의 상품에 대하여 사용하는 경우

다. 증명표장의 사용허락을 받은 자가 정관 또는 규약을 위반하여 타인에게 사용하게 한 경우 또는 사용을 허락받은 자가 정관 또는 규약을 위반하여 증명표장을 사용함으로써 수요자에게 상품의 품질, 원산지, 생산방법이나 그 밖의 특성에 관하여 혼동을 불러일으키게 한 경우. 다만, 증명표장권자가 사용을 허락받은 자에 대한 감독에 상당한 주의를 한 경우는 제외한다.

1 인정 취지

상표의 품질보증 기능을 강화하고, 한·미 FTA 규정을 반영하여 12년 개정법에서 도입하였다.

2 종류 및 특징

(1) 증명표장의 종류

① 원산지 증명표장 : 특징이 지리적 출처에서 기원하였음을 증명하는 표장

② 규격 증명표장 : 품질 등에 관한 소정의 기준을 충족하였음을 증명하는 표장

③ 작업수행기구 증명표장 : 생산품 또는 서비스의 작업 또는 노동이 특정 노동조합 등의 소속원에 의해 수행되었음을 증명하는 표장

(2) 특 징

증명표장의 경우 권리주체는 권리자인 반면, 사용주체는 사용자가 된다.

3 성립요건 및 거절이유

(1) 정의 규정(제2조 제1항 제7호 및 제3항) 위반[거절이유 : 제54조 제1호]

"증명표장"이란 상품의 품질, 원산지, 생산방법 또는 그 밖의 특성을 증명하고 관리하는 것을 업(業)으로 하는 자가 타인의 상품에 대하여 그 상품이 품질, 원산지, 생산방법 또는 그 밖의 특성을 충족한다는 것을 증명하는 데 사용하는 표장을 말한다. 증명표장에 관하여는 이 법에서 특별히 규정한 것을 제외하고는 상표에 관한 규정을 적용한다.

(2) 주체적 요건(제3조 제3항 및 제4항) 위반[거절이유 : 제54조 제4호]

① 상품의 품질, 원산지, 생산방법 또는 그 밖의 특성을 증명하고 관리하는 것을 업으로 할 수 있는 자는 타인의 상품에 대하여 그 상품이 정해진 품질, 원산지, 생산방법 또는 그 밖의 특성을 충족하는 것을 증명하는 데 사용하기 위해서만 증명표장을 등록받을 수 있다. 다만, 자기의 영업에 관한 상품에 사용하려는 경우에는 증명표장의 등록을 받을 수 없다.

② 상표·단체표장 또는 업무표장을 출원(出願)하거나 등록을 받은 자는 그 상표 등과 동일·유사한 표장을 증명표장으로 등록받을 수 없다.

(3) **특유 출원 절차**(제36조 제4항) **위반[거절이유 : 제54조 제6호]**

① 증명표장의 사용에 관한 사항을 정한 서류(정관 또는 규약)와 증명하려는 품질, 원산지, 생산방법이나 그 밖의 특성을 증명하고 관리할 수 있음을 증명하려는 서류를 첨부하여야 한다(제36조 제4항).

② 정관 또는 규약

증명하려는 상품의 품질, 원산지, 생산방법이나 그 밖의 특성에 관한 사항, 증명표장의 사용조건에 관한 사항, 사용조건을 위반한 자에 대한 제재에 관한 사항, 그 밖에 증명표장의 사용에 관한 사항이 포함되어야 한다.

③ 증명능력 입증서류

증명하려는 상품의 품질 등에 대한 시험, 검사의 기준, 절차 및 방법에 관한 사항, 증명하려는 상품의 품질 등을 증명하고 관리하기 위하여 필요한 전문설비, 전문인력에 관한 사항, 증명표장 사용자에 대한 관리, 감독에 관한 사항, 그 밖에 증명하려는 상품의 품질 등을 증명하고 관리할 수 있음을 객관적으로 증명할 수 있는 사항이 포함되어야 한다.

(4) **변경출원**

출원인은 상표출원, 단체표장출원, 증명표장출원 상호 간 변경출원할 수 있다.

4 1상표 1출원주의(제38조 제1항) **위반**

증명의 대상 또는 증명의 내용 중 하나 미기재 또는 기재가 불명확한 경우

5 실질적 사용 불허(제54조 제7호)

증명표장등록출원의 경우에 그 증명표장을 사용할 수 있는 자에 대하여 정당한 사유 없이 정관 또는 규약으로 사용을 허락하지 아니하거나 정관 또는 규약에 충족하기 어려운 사용조건을 규정하는 등 실질적으로 사용을 허락하지 아니한 경우 거절 결정한다.

6 기타 문제

(1) **제33조 제1항 제3호, 제4호 및 제34조 제1항 제12호**

증명, 보증, 인증 등의 품질을 나타내는 문자가 있어도 본 호를 적용하지 않는다.

(2) **제34조 제1항 제1호 가목 또는 마목**

대한민국(동맹국 등) 또는 공공기관이 자신의 감독용이나 증명용 인장 등을 증명표장출원하는 경우 본 호를 적용하지 않는다.

(3) **제34조 제1항 제4호**

증명표장을 실정법의 인증요건 회피수단으로 이용하는 폐해를 방지하기 위해 사용에 관한 사항이 실정법에서 요구하는 인증요건에 미달하는 경우 본 호를 적용한다.

7 효력

(1) 적극적 효력

증명표장은 권리자가 직접 사용할 수 없으며, 정관 또는 규약의 사용조건을 충족한 자가 사용할 수 있다.

(2) 소극적 효력

제3자가 증명표장을 침해하는 경우, 권리자만이 제3자에 대하여 권리를 행사할 수 있다.

(3) 수익, 처분의 제한

증명표장의 수익, 처분과 관련하여 ⅰ) 제48조 제8항, 제93조 제7항에 따른 이전 제한, ⅱ) 제93조 제8항에 따른 질권 설정 제한, ⅲ) 제95조 제2항, 제97조 제5항에 따른 사용권 설정 제한이 문제된다.

8 증명표장 특유의 취소사유(제119조 제1항 제4호, 제9호)

등록상표가 다음의 어느 하나에 해당하는 경우에는 그 상표등록의 취소심판을 청구할 수 있다.

(1) 제93조 제1항 후단, 같은 조 제2항 및 같은 조 제4항부터 제7항까지의 규정에 위반된 경우

(2) 증명표장과 관련하여 다음의 어느 하나에 해당하는 경우

① 증명표장권자가 제36조 제4항에 따라 제출된 정관 또는 규약을 위반하여 증명표장의 사용을 허락한 경우

② 증명표장권자가 제3조 제3항 단서를 위반하여 증명표장을 자기의 상품에 대하여 사용하는 경우

③ 증명표장의 사용허락을 받은 자가 정관 또는 규약을 위반하여 타인에게 사용하게 한 경우 또는 사용을 허락받은 자가 정관 또는 규약을 위반하여 증명표장을 사용함으로써 수요자에게 상품의 품질, 원산지, 생산방법이나 그 밖의 특성에 관하여 혼동을 불러일으키게 한 경우. 다만, 증명표장권자가 사용을 허락받은 자에 대한 감독에 상당한 주의를 한 경우는 제외한다.

④ 증명표장권자가 증명표장의 사용허락을 받지 아니한 제3자가 증명표장을 사용하여 수요자에게 상품의 품질, 원산지, 생산방법이나 그 밖의 상품의 특성에 관한 혼동을 불러일으키게 하였음을 알면서도 적절한 조치를 하지 아니한 경우

⑤ 증명표장권자가 그 증명표장을 사용할 수 있는 자에 대하여 정당한 사유 없이 정관 또는 규약으로 사용을 허락하지 아니하거나 정관 또는 규약에 충족하기 어려운 사용조건을 규정하는 등 실질적으로 사용을 허락하지 아니한 경우

08 업무표장

1 인정 취지

비영리업무를 영위하는 자가 그 업무를 나타내기 위하여 사용하는 표장으로서 비영리업무도 식별의 필요성이 있고 표지에 사회적 신용을 축적, 유지시킬 필요가 있으므로 보호하고 있다.

2 성립요건 및 거절이유

(1) 정의 규정(제2조 제1항 제9호 및 제3항) **위반[거절이유 : 제54조 제1호]**

"업무표장"이란 영리를 목적으로 하지 아니하는 업무를 하는 자가 그 업무를 나타내기 위하여 사용하는 표장을 말한다. 업무표장에 관하여는 이 법에서 특별히 규정한 것을 제외하고는 상표에 관한 규정을 적용한다.

(2) 주체적 요건(제3조 제6항 및 제5항) **위반[거절이유 : 제54조 제4호]**

① 국내에서 영리를 목적으로 하지 아니하는 업무를 하는 자는 자기의 업무표장을 등록받을 수 있다.

② 증명표장을 출원하거나 등록을 받은 자는 그 증명표장과 동일·유사한 표장을 상표·단체표장 또는 업무표장으로 등록을 받을 수 없다.

(3) 특유 출원 절차(제36조 제6항) **위반[거절이유 : 제54조 제6호]**

① 그 업무의 경영사실을 증명하는 서류를 첨부하여야 한다(제36조 제6항).

② 지정업무의 기재

　㉠ 제36조 제6항에 따른 서면에 기재된 사업목적 또는 업무범위 내에서 개별적이고 구체적으로 지정되어야 한다.

　㉡ 부대업무로서 수익사업의 일환인 상품의 제공은 비영리업무의 범위에 포함되지 않는 것으로 본다. 업무표장의 등록을 받을 수 있는 자는 그 부대업무에 대하여 별도로 상표등록을 받아야 한다.

③ 업무표장은 상표 또는 단체표장 등으로 변경 출원할 수 없다.

(4) 상표 부등록사유(제34조 제1항 제3호, 제7호 등) 관련 문제

① 업무표장 상호 간 경우뿐만 아니라, 상표와 업무표장 상호 간에도 출원배제효가 적용된다.

② 유사 여부 판단 방법(2010후3578)

지정업무와 지정서비스의 유사 여부는, 제공되는 업무와 서비스의 성질이나 내용, 제공 수단, 제공 장소, 그 제공자 및 상대방의 범위 등 제반 사정을 종합적으로 고려하여 당해 업무와 서비스에 동일·유사 표장을 사용할 경우, 그 업무와 서비스가 동일인에 의해 제공되는 것처럼 출처 오인·혼동을 일으킬 우려가 있는지 여부를 기준으로 판단해야 한다.

3 출원 절차

(1) 제36조 제6항

업무표장등록을 받으려는 자는 그 업무의 경영 사실을 증명하는 서류를 업무표장등록출원서에 첨부하여 야 한다.

(2) 업무의 지정

출원서에는 업무표장을 사용하고자 하는 업무를 지정하여야 하는데, 별도의 류구분이 마련되어 있지 아니하므로 지정업무는 그 업무의 경영사실을 증명하는 서면에서 정한 목적 범위 내에서 개별적이고 구체적으로 지정하면 된다. 다만, 부대업무로서의 물품의 제공이나 용역의 제공은 지정업무에 포함되지 않는 것으로 본다.

(3) 변경출원

업무표장은 상표 또는 단체표장 등으로 변경출원할 수 없다.

4 효 력

(1) 적극적 효력

업무표장권자는 지정업무에 대하여 등록업무표장을 독점적으로 사용할 권리를 가진다.

(2) 사용금지효

① 타인의 업무표장권의 침해로 되기 위하여는 권한 없이 타인의 업무표장과 동일 또는 유사한 표장을 그 지정업무와 동일 또는 유사한 업무에 사용하여야 한다.

② '업무표장으로서의 사용' 판단 방법(2010후1275, 94도1793)

㉠ 업무표장으로서 사용되고 있는지의 여부는 사용업무와의 관계, 당해 표장의 사용 태양(표시된 위치, 크기 등), 사용자의 의도와 사용 경위 등을 종합하여 실제 거래계에서 그 표시된 표장이 사용업무의 식별표지로서 사용되고 있는지 여부를 종합하여 판단한다.

㉡ 대가로 약간의 수수료를 받았다고 하더라도 그 업무의 성질을 달리 볼 수 없다.

(3) 수익, 처분의 제한

업무표장의 수익, 처분과 관련하여 ⅰ) 제48조 제6항, 제93조 제4항에 따른 이전 제한, ⅱ) 제93조 제8항에 따른 질권 설정 제한, ⅲ) 제95조 제2항, 제97조 제5항에 따른 사용권 설정 제한이 문제된다.

5　**특유의 취소사유**(제119조 제1항 제4호)

등록상표가 제93조 제1항 후단, 같은 조 제2항 및 같은 조 제4항부터 제7항까지의 규정에 위반된 경우에는 그 상표등록의 취소심판을 청구할 수 있다.

09　지리적 표시

> **제2조(정의)** ① 이 법에서 사용하는 용어의 뜻은 다음과 같다.
> 4. "지리적 표시"란 상품의 특정 품질·명성 또는 그 밖의 특성이 본질적으로 특정 지역에서 비롯된 경우에 그 지역에서 생산·제조 또는 가공된 상품임을 나타내는 표시를 말한다.

1　인정 취지

특정 지역의 상품의 생산자가 그 지역에서 생산된 상품이라는 것을 나타내기 위한 표현에 대하여 권리를 주장할 수 있게 해주는 상품, 지역 간의 연결성을 나타내는 표시를 말한다.

2　특 징

지리적 출처를 식별함으로써 상품을 구별케 하고 품질보증 기능이 발휘되므로, 상표와 유사한 기능을 수행한다.

3　내 용

(1) 상 품

협의의 상품을 의미하며, 서비스에 대하여는 인정되지 않는다.

(2) 특정 품질, 명성 또는 그 밖의 특성

특정 지역에서 생산, 제조 또는 가공된 상품이 타 지역의 상품과 구별되는 품질, 명성, 생산방법 또는 그 밖의 특성이 있어야 한다. 기후, 토양, 지형 등의 자연적 조건 외에 전통적인 생산방법 등 인적 조건에 의하여 획득되는 경우도 해당된다.

(3) 본질적으로 특정 지역에서 비롯된 경우

그 지역의 기후, 토양, 지형 등의 자연적 조건이나 독특한 기법 등의 인적 조건을 포함하는 지리적 환경에 본질적으로 기초하여야 한다. 통상 자연적, 인적 요소를 포함한 당해 지역의 지리적 환경이 없다면 당해 상품의 품질, 명성 또는 그 밖의 특성이 나타나기 어려운 경우 본질적 연관성이 있다.

(4) 그 지역에서 생산, 제조 또는 가공된 상품임을 나타내는 표시

상품과의 관계에서 '그 지역'의 지리적 출처를 나타내는 표시를 의미한다.

4 지리적 표시에 대한 상표법의 보호

(1) 독점배타권

지리적 표시 단체표장, 지리적 표시 증명표장을 통해 지리적 표시에 대한 독점배타권을 취득할 수 있다.

(2) 등록 배제효

지리적 표시와 관련하여 제33조 제1항 제3호 내지 제4호, 제34조 제1항 제8호, 제10호, 제14호, 제16호, 제18호 내지 제19호가 문제된다.

---

10 지리적 표시 단체표장

제2조(정의) ① 이 법에서 사용하는 용어의 뜻은 다음과 같다.
5. "동음이의어 지리적 표시"란 같은 상품에 대한 지리적 표시가 타인의 지리적 표시와 발음은 같지만 해당 지역이 다른 지리적 표시를 말한다.
6. "지리적 표시 단체표장"이란 지리적 표시를 사용할 수 있는 상품을 생산·제조 또는 가공하는 자가 공동으로 설립한 법인이 직접 사용하거나 그 소속 단체원에게 사용하게 하기 위한 표장을 말한다.

제3조(상표등록을 받을 수 있는 자) ② 상품을 생산·제조·가공·판매하거나 서비스를 제공하는 자가 공동으로 설립한 법인(지리적 표시 단체표장의 경우에는 그 지리적 표시를 사용할 수 있는 상품을 생산·제조 또는 가공하는 자로 구성된 법인으로 한정한다)은 자기의 단체표장을 등록받을 수 있다.

제36조(상표등록출원) ③ 단체표장등록을 받으려는 자는 제1항 각 호의 사항 외에 대통령령으로 정하는 단체표장의 사용에 관한 사항을 정한 정관을 단체표장등록출원서에 첨부하여야 한다.
⑤ 지리적 표시 단체표장등록이나 지리적 표시 증명표장등록을 받으려는 자는 제3항 또는 제4항의 서류 외에 대통령령으로 정하는 바에 따라 지리적 표시의 정의에 일치함을 증명할 수 있는 서류를 지리적 표시 단체표장등록출원서 또는 지리적 표시 증명표장등록출원서에 첨부하여야 한다.

제119조(상표등록의 취소심판) ① 등록상표가 다음 각 호의 어느 하나에 해당하는 경우에는 그 상표등록의 취소심판을 청구할 수 있다.
8. 지리적 표시 단체표장과 관련하여 다음 각 목의 어느 하나에 해당하는 경우
   가. 지리적 표시 단체표장등록출원의 경우에 그 소속 단체원의 가입에 관하여 정관에 의하여 단체의 가입을 금지하거나 정관에 충족하기 어려운 가입조건을 규정하는 등 단체의 가입을 실질적으로 허용하지 아니하거나 그 지리적 표시를 사용할 수 없는 자에게 단체의 가입을 허용한 경우
   나. 지리적 표시 단체표장권자나 그 소속 단체원이 제223조를 위반하여 단체표장을 사용함으로써 수요자에게 상품의 품질을 오인하게 하거나 지리적 출처에 대한 혼동을 불러일으키게 한 경우

제223조(동음이의어 지리적 표시 등록단체표장의 표시) 둘 이상의 지리적 표시 등록단체표장이 서로 동음이의어 지리적 표시에 해당하는 경우 각 단체표장권자와 그 소속 단체원은 지리적 출처에 대하여 수요자가 혼동하지 아니하도록 하는 표시를 등록단체표장과 함께 사용하여야 한다.

1　인정 취지

지리적 표시는 그 지역의 정당한 업자들 모두에게 사용이 개방되어야 하므로 단체표장으로 보호하도록 하였다.

2　특 징

단체표장의 경우 권리주체는 단체인 법인인 반면, 사용주체는 단체인 법인 및 단체의 구성원이 된다.

3　성립요건 및 거절이유

(1) 정의 규정(제2조 제1항 제4호 및 제6호) **위반[거절이유 : 제54조 제1호]**

　① 지리적 표시를 사용할 수 있는 상품을 생산·제조 또는 가공하는 자가 공동으로 설립한 법인이 직접 사용하거나 그 소속 단체원에게 사용하게 하기 위한 표장(제2조 제1항 제6호)

　② 정의 규정에 합치하는 경우

　　㉠ 그 지리적 표시의 사용에 일반적으로 수반될 수 있는 공통의 문양 등이나 출원인의 명칭을 표장의 구성부분으로 포함하는 경우

　　㉡ 비지리적 명칭이나 엠블럼 등이 지리적 명칭을 즉각적으로 연상시키는 경우

　　㉢ 지리적 표시와 상품명을 결합한 표장의 경우

　③ 정의 규정에 불합치하는 경우

　　㉠ 지리적 표시에 해당하는 표장이 없는 경우

　　㉡ 지리적 표시에 별도의 식별력을 가진 문자가 결합한 경우

　　㉢ 지리적 표시의 사용에 일반적으로 수반될 수 있는 로고 등을 결합하였으나 이로 인하여 지리적 표시 부분이 과도하게 약화되거나 희석되는 경우

　　㉣ 2개 이상의 지명을 결합한 경우

　④ 지정상품은 '협의의 상품'에 한한다.

(2) 주체적 요건(제3조 제2항 괄호 및 제5항) **위반[거절이유 : 제54조 제4호]**

'기존의 생산, 제조 또는 가공하는 자만으로 구성된 법인'에서 '생산, 제조 또는 가공하는 자로 구성된 법인'으로 개정하여, 유통·판매를 하는 법인도 출원인이 될 수 있도록 출원인 적격을 완화하였다(2018. 7. 18. 개정법).

(3) 특유 출원 절차(제36조 제3항 및 제5항) **위반[거절이유 : 제54조 제6호]**

　① 단체표장의 사용에 관한 사항을 정한 정관을 첨부해야 한다(제36조 제3, 5항).

　② 지리적 표시의 정의에 일치함을 증명할 수 있는 서류를 첨부해야 한다(제36조 제5항).

　　㉠ 상품의 특정 품질, 명성 또는 그 밖의 특성에 관한 사항

　　㉡ 지리적 환경과 상품의 특정 품질 등의 본질적 연관성에 관한 사항

　　㉢ 지리적 표시의 대상지역에 관한 사항

　　㉣ 상품의 특정 품질 등에 대한 자체관리기준 및 유지관리방안에 관한 사항

③ 지리적 표시 부분을 제외한 표장의 나머지 부분을 삭제하는 내용의 상표 보정은 요지변경에 해당하지 않는 것으로 본다.

④ **수정정관의 제출**(제43조 제1항)

단체표장등록을 출원한 출원인은 제36조 제3항에 따른 정관을 수정한 경우에는 제40조 제1항 각 호 또는 제41조 제1항 각 호에서 정한 기간 내에 특허청장에게 수정된 정관을 제출하여야 한다.

⑤ 지리적 표시 단체표장은 다른 표장으로 변경출원이 불가하다.

(4) 실질적 가입 불허[거절이유 : 제54조 제5호]

그 소속 단체원의 가입에 관하여 정관에 의해 단체의 가입을 금지하거나 정관에 충족하기 어려운 가입조 건을 규정하는 등 단체의 가입을 실질적으로 허용하지 아니한 경우

(5) 관련 문제

① 제33조 제3항

제1항 제3호(산지로 한정한다) 또는 제4호에 해당하는 표장이라도 그 표장이 특정 상품에 대한 지리 적 표시인 경우에는 그 지리적 표시를 사용한 상품을 지정상품으로 하여 지리적 표시 단체표장등록을 받을 수 있다.

② 제34조 제1항 제8호, 제10호, 제14호, 제34조 제3항 괄호

제34조 제1항 제8호, 제10호, 제14호의 '타인'이란 특정 지역 또는 특정 지역의 업자들로 이해하여야 한다.

③ 제35조 제5항

동일하지 아니한 상품에 대하여 동일·유사한 표장으로 둘 이상의 지리적 표시 단체표장등록출원 또는 지리적 표시 단체표장등록출원과 상표등록출원이 있는 경우, 제35조 제1항, 제2항을 적용하지 아니한다.

④ 제34조 제1항 제16호, 제18호, 제19호

㉠ 제16호의 경우, 정당한 권리자는 등록이 가능하다.

㉡ 제18호, 제19호의 경우, 타인에 해당하지 않으면 등록이 가능하다.

4 효 력

(1) 적극적 효력

지리적 표시 단체표장권자 및 구성원은 사용권리를 독점한다.

(2) 소극적 효력

침해의 경우 법인만이 권리를 행사할 수 있으며 동일하다고 인정되는 상품에 대하여만 인정된다(제108조 제2항).

(3) 효력의 제한

① 제90조 제2항 제1호, 제2호

산지, 현저한 지리적 명칭에도 그 효력이 미친다.

② 제90조 제2항 제3호 전단(정당업자)

지리적 표시 단체표장은 지역단위로 독점권을 부여하고자 하는 것이므로 당해 지역의 다른 업자의 사용에는 효력이 제한되지 않는다.

③ 제90조 제2항 제3호 후단(동음이의어)

표시하는 지역이 다르므로 별개의 권리로 취급하여 효력이 제한된다.

④ 제90조 제2항 제4호(선출원 등록상표)

지리적 표시 단체표장은 지리적 표시 부분에 대하여도 식별력을 주장할 수 있으므로 상표권과의 저촉을 방지하기 위함이다. 상표권자에게는 제89조 정당권원이 인정되므로 선언적 규정에 불과하다.

5 지리적 표시 단체표장권의 침해 요건

권리가 유효하게 존속 중이어야 하고, 지리적 출처 표지로서의 사용이어야 하며, 동일·유사한 표장을 그 지정상품과 동일하다고 인정되는 상품에 정당권원 없이 사용하고, 효력 제한사유가 없어야 한다.

6 특유의 취소사유(제119조 제1항 제8호)

등록상표가 지리적 표시 단체표장과 관련하여 다음의 어느 하나에 해당하는 경우에는 그 상표등록의 취소심판을 청구할 수 있다.

(1) 지리적 표시 단체표장등록출원의 경우에 그 소속 단체원의 가입에 관하여 정관에 의하여 단체의 가입을 금지하거나 정관에 충족하기 어려운 가입조건을 규정하는 등 단체의 가입을 실질적으로 허용하지 아니하거나 그 지리적 표시를 사용할 수 없는 자에게 단체의 가입을 허용한 경우

(2) 지리적 표시 단체표장권자나 그 소속 단체원이 제223조를 위반하여 단체표장을 사용함으로써 수요자에게 상품의 품질을 오인하게 하거나 지리적 출처에 대한 혼동을 불러일으키게 한 경우

7 동음이의어 지리적 표시의 취급

(1) 의의(제2조 제1항 제5호)

타인의 지리적 표시와 발음은 동일하지만 해당 지역이 다른 표시로서 각각의 자유로운 사용을 보장할 필요가 있으므로 몇 가지 예외 규정을 두고 있다.

(2) 등록금지효의 배제

① 제34조 제4항

동음이의어 지리적 표시 간 제34조 제1항 제8호, 제10호 규정은 미적용되지만, 제14호 규정은 적용될 수 있다.

② 제35조 제5항 제2호

서로 동음이의어 지리적 표시에 해당하는 표장으로 둘 이상의 지리적 표시 단체표장등록출원이 있는 경우, 제35조 제1항, 제2항을 적용하지 아니한다.

(3) 사용금지효의 배제

① 제90조 제2항 제3호

동음이의어 지리적 표시 상호 간에는 권리의 효력이 제한된다.

② 제108조 제2항 제1호

동음이의어 지리적 표시는 상호 간 침해를 구성하지 않는다.

(4) 혼동방지표시의무(제223조) 위반[취소사유 : 제119조 제1항 제8호 나목]

① 둘 이상의 지리적 표시 등록단체표장이 서로 동음이의어 지리적 표시에 해당하는 경우 각 단체표장권자와 그 소속 단체원은 지리적 출처에 대하여 수요자가 혼동하지 아니하도록 하는 표시를 등록단체표장과 함께 사용하여야 한다.

② 등록상표가 지리적 표시 단체표장과 관련하여 지리적 표시 단체표장권자나 그 소속 단체원이 제223조를 위반하여 단체표장을 사용함으로써 수요자에게 상품의 품질을 오인하게 하거나 지리적 출처에 대한 혼동을 불러일으키게 한 경우에는 그 상표등록의 취소심판을 청구할 수 있다.

---

11   지리적 표시 증명표장

제2조(정의) ① 이 법에서 사용하는 용어의 뜻은 다음과 같다.
  8. "지리적 표시 증명표장"이란 지리적 표시를 증명하는 것을 업으로 하는 자가 타인의 상품에 대하여 그 상품이 정해진 지리적 특성을 충족한다는 것을 증명하는 데 사용하는 표장을 말한다.
④ 지리적 표시 증명표장에 관하여는 이 법에서 특별히 규정한 것을 제외하고는 지리적 표시 단체표장에 관한 규정을 적용한다.

제3조(상표등록을 받을 수 있는 자) ③ 상품의 품질, 원산지, 생산방법 또는 그 밖의 특성을 증명하고 관리하는 것을 업으로 할 수 있는 자는 타인의 상품에 대하여 그 상품이 정해진 품질, 원산지, 생산방법 또는 그 밖의 특성을 충족하는 것을 증명하는 데 사용하기 위해서만 증명표장을 등록받을 수 있다. 다만, 자기의 영업에 관한 상품에 사용하려는 경우에는 증명표장의 등록을 받을 수 없다.

제36조(상표등록출원) ④ 증명표장등록을 받으려는 자는 제1항 각 호의 사항 외에 대통령령으로 정하는 증명표장의 사용에 관한 사항을 정한 서류(법인인 경우에는 정관을 말하고, 법인이 아닌 경우에는 규약을 말하며, 이하 "정관 또는 규약"이라 한다)와 증명하려는 상품의 품질, 원산지, 생산방법이나 그 밖의 특성을 증명하고 관리할 수 있음을 증명하는 서류를 증명표장등록출원서에 첨부하여야 한다.
⑤ 지리적 표시 단체표장등록이나 지리적 표시 증명표장등록을 받으려는 자는 제3항 또는 제4항의 서류 외에 대통령령으로 정하는 바에 따라 지리적 표시의 정의에 일치함을 증명할 수 있는 서류를 지리적 표시 단체표장등록출원서 또는 지리적 표시 증명표장등록출원서에 첨부하여야 한다.

제119조(상표등록의 취소심판) ① 등록상표가 다음 각 호의 어느 하나에 해당하는 경우에는 그 상표등록의 취소심판을 청구할 수 있다.
  9. 증명표장과 관련하여 다음 각 목의 어느 하나에 해당하는 경우
    가. 증명표장권자가 제36조 제4항에 따라 제출된 정관 또는 규약을 위반하여 증명표장의 사용을 허락한 경우
    나. 증명표장권자가 제3조 제3항 단서를 위반하여 증명표장을 자기의 상품에 대하여 사용하는 경우

다. 증명표장의 사용허락을 받은 자가 정관 또는 규약을 위반하여 타인에게 사용하게 한 경우 또는 사용을 허락받은 자가 정관 또는 규약을 위반하여 증명표장을 사용함으로써 수요자에게 상품의 품질, 원산지, 생산방법이나 그 밖의 특성에 관하여 혼동을 불러일으키게 한 경우. 다만, 증명표장권자가 사용을 허락받은 자에 대한 감독에 상당한 주의를 한 경우는 제외한다.

라. 증명표장권자가 증명표장의 사용허락을 받지 아니한 제3자가 증명표장을 사용하여 수요자에게 상품의 품질, 원산지, 생산방법이나 그 밖의 상품의 특성에 관한 혼동을 불러일으키게 하였음을 알면서도 적절한 조치를 하지 아니한 경우

마. 증명표장권자가 그 증명표장을 사용할 수 있는 자에 대하여 정당한 사유 없이 정관 또는 규약으로 사용을 허락하지 아니하거나 정관 또는 규약에 충족하기 어려운 사용조건을 규정하는 등 실질적으로 사용을 허락하지 아니한 경우

1 서 설

지리적 표시를 증명하는 것을 업으로 하는 자가 타인의 상품에 대하여 그 상품이 정해진 지리적 특성을 충족한다는 것을 증명하는 데 사용하는 표장을 말한다.

2 성립요건 및 거절이유

(1) 정의 규정(제2조 제1항 제4호, 제8호 및 제4항) 위반[거절이유 : 제54조 제1호]

"지리적 표시 증명표장"이란 지리적 표시를 증명하는 것을 업으로 하는 자가 타인의 상품에 대하여 그 상품이 정해진 지리적 특성을 충족한다는 것을 증명하는 데 사용하는 표장을 말한다. 지리적 표시 증명표장에 관하여는 이 법에서 특별히 규정한 것을 제외하고는 지리적 표시 단체표장에 관한 규정을 적용한다.

(2) 주체적 요건(제3조 제3항 및 제4항) 위반[거절이유 : 제54조 제4호]

① 상품의 품질, 원산지, 생산방법 또는 그 밖의 특성을 증명하고 관리하는 것을 업으로 할 수 있는 자는 타인의 상품에 대하여 그 상품이 정해진 품질, 원산지, 생산방법 또는 그 밖의 특성을 충족하는 것을 증명하는 데 사용하기 위해서만 증명표장을 등록받을 수 있다. 다만, 자기의 영업에 관한 상품에 사용하려는 경우에는 증명표장의 등록을 받을 수 없다.

② 그럼에도 불구하고 상표·단체표장 또는 업무표장을 출원(出願)하거나 등록을 받은 자는 그 상표 등과 동일·유사한 표장을 증명표장으로 등록받을 수 없다.

(3) 특유 출원 절차(제36조 제4항 및 제5항) 위반[거절이유 : 제54조 제6호]

지정상품은 '협의의 상품'에 한하며, '증명의 대상'과 '증명의 내용'이 함께 기재되어야 한다.

3 효 력

(1) 적극적 효력

사용주체는 지리적 표시 증명표장권자가 아닌 요건을 충족하는 타인이다.

(2) 소극적 효력

증명표장권자가 권리주체이므로 사용허락을 받은 자는 침해금지청구 또는 손해배상청구를 할 수 없다.

4 | 특유의 취소사유(제119조 제1항 제4호 및 제9호)

등록상표가 다음의 어느 하나에 해당하는 경우에는 그 상표등록의 취소심판을 청구할 수 있다.

(1) 제93조 제1항 후단, 같은 조 제2항 및 같은 조 제4항부터 제7항까지의 규정에 위반된 경우

(2) 증명표장과 관련하여 다음의 어느 하나에 해당하는 경우

① 증명표장권자가 제36조 제4항에 따라 제출된 정관 또는 규약을 위반하여 증명표장의 사용을 허락한 경우

② 증명표장권자가 제3조 제3항 단서를 위반하여 증명표장을 자기의 상품에 대하여 사용하는 경우

③ 증명표장의 사용허락을 받은 자가 정관 또는 규약을 위반하여 타인에게 사용하게 한 경우 또는 사용을 허락받은 자가 정관 또는 규약을 위반하여 증명표장을 사용함으로써 수요자에게 상품의 품질, 원산지, 생산방법이나 그 밖의 특성에 관하여 혼동을 불러일으키게 한 경우. 다만, 증명표장권자가 사용을 허락받은 자에 대한 감독에 상당한 주의를 한 경우는 제외한다.

④ 증명표장권자가 증명표장의 사용허락을 받지 아니한 제3자가 증명표장을 사용하여 수요자에게 상품의 품질, 원산지, 생산방법이나 그 밖의 상품의 특성에 관한 혼동을 불러일으키게 하였음을 알면서도 적절한 조치를 하지 아니한 경우

⑤ 증명표장권자가 그 증명표장을 사용할 수 있는 자에 대하여 정당한 사유 없이 정관 또는 규약으로 사용을 허락하지 아니하거나 정관 또는 규약에 충족하기 어려운 사용조건을 규정하는 등 실질적으로 사용을 허락하지 아니한 경우

09 | 기타 논점

---

01 도메인 이름의 사용, 키워드 광고

1 문제의 소재

도메인 이름은 컴퓨터의 IP주소이나, 전자상거래의 발달로 도메인 이름이 출처표시 기능을 발휘하는 경우가 생기는 바, 상표와 충돌 문제가 있다.

2 타인의 도메인 이름과 동일·유사한 표장을 출원한 경우

타인의 도메인 이름이 상표로서도 주지·저명한 경우, 제34조 제1항 제9호, 제11호 내지 제13호에 해당하나, 이외의 사정이 없다면 등록 가능하다.

3 타인의 등록상표와 동일·유사한 표장을 도메인 이름으로 사용한 경우

(1) 판례의 태도(2010도7088)

도메인 이름의 사용이 상표의 사용에 해당하기 위해서는 도메인 이름의 사용태양 및 도메인 이름으로 연결되는 웹사이트 화면 표시내용 등을 전체적으로 고려하여 볼 때 거래통념상 상품의 출처표시로 기능하고 있어야 한다.

(2) 웹사이트에서 취급하는 제품에 독자적인 상표를 부착한 경우(2002다13782)

취급하는 제품에 독자적인 상표를 부착, 사용하고 있는 경우에는 특단의 사정이 없는 한 그 도메인 이름이 일반인들을 그 도메인 이름으로 운영하는 웹사이트로 유인하는 역할을 한다고 하더라도, 도메인 이름 자체가 곧바로 상품의 출처표시로서 기능한다고 할 수는 없다.

(3) 한글 도메인 이름의 경우(2007다31174, 2006다51577)

한글 도메인 이름의 사용 역시 '상표의 사용'으로 인정되기 위해서는, 사회통념상 수요자에게 상품의 출처를 표시하고 자기의 업무에 관계된 상품과 타인의 업무에 관계된 상품을 구별하는 식별 표지로 기능하고 있어야 한다.

4 키워드 광고

(1) 키워드 광고의 의미

이용자가 특정 검색어를 입력하면 검색 결과가 나오는 화면에 키워드 구입자의 홈페이지나 관련 광고 등이 노출되도록 하는 광고기법을 의미한다.

(2) 키워드 광고를 상표적 사용으로 볼 수 있는지 여부

① 검색결과 화면에 표장이 나타나는 경우(2010후3073)

검색결과 화면에 나타난 표장이 자타상품의 출처표시를 위하여 사용된 것으로 볼 수 있다면 이는 상표권의 권리범위확인심판의 전제가 되는 '상표로서의 사용'에 해당한다. 그리고 상표로서의 사용의 일종인 상품의 광고에는 신문, 잡지 등 뿐 아니라 인터넷 검색결과 화면을 통하여 일반 소비자에게 상품에 관한 정보를 시각적으로 알리는 것도 포함된다.

② 검색결과 화면에 표장이 나타나지 않는 경우(2016허5439)

검색결과 화면에 상표권자 등의 홈페이지나 인터넷 사이트로 이동할 수 있는 홈페이지 주소 등이 나타나도록 하는 광고의 경우, ㉠ 검색어가 등록상표와 동일성이 인정되고, ㉡ 검색결과 화면에 나타나는 홈페이지 주소 등에 의해 연결되는 사이트가 지정상품을 판매, 제공하거나 이를 광고하기 위한 것이라면, 이러한 검색광고 행위는 특별한 사정이 없는 한 제119조 제1항 제3호의 '등록상표의 사용'에 해당한다.

---

02 창작물 수록상품의 제호 문제

1 창작물 수록상품을 지정상품으로 하는 상표등록출원의 등록 적격성(90후1321)

(1) 제33조 제1항 제3호 해당 여부

창작물이 수록되는 상품을 지정상품으로 하는 상표는 그 상표가 지정상품에 수록된 내용을 단순히 암시하거나 강조하는 정도를 넘어 일반 수요자로 하여금 그 상표가 지정상품에 수록된 내용을 보통으로 사용하는 방법으로 표시한 것으로 인식하게 할 정도에 이르러야만 본 호에 해당한다.

(2) 제34조 제1항 제12호 전단 해당 여부

상표가 지정상품의 용도나 효능 등을 보통으로 사용하는 방법으로 표시한 표장만으로 된 상표에 해당하지 않는 이상, 상표의 사용으로 수요자들이 상품의 품질을 오인할 염려가 있다고 볼 수도 없다.

2 창작물 수록상품의 제명의 상표법상 취급

(1) 상표로서의 출처표시 기능이 발휘되는 사용으로 볼 수 있는지 여부

① 원칙(2000후3395)

책의 제목은 책의 내용을 표시할 뿐 출판사 등 그 출처를 표시하는 것은 아니어서 원칙적으로 그 상품을 다른 사람의 상품과 식별되도록 하기 위하여 사용하는 표장이 아니다.

② 시리즈물 등의 제명으로 사용한 경우(2005다67223)

음반의 제명은 상품의 출처를 표시하는 기능을 하기 어려운 경우가 대부분이나, 음반의 종류 및 성격, 음반의 제명이 저작물의 내용 등을 직접적으로 표시하는지 여부 및 실제 사용태양, 동일 제명이 사용된 후속 시리즈 음반의 출시 여부, 광고, 판매 실적 및 기간 등 구체적, 개별적 사정 여하에 따라 음반의 제명이 일반 수요자에게 상품의 출처를 표시하고 자타상품 식별 표지로 인식되는 때에는, 단순히 창작물의 내용을 표시하는 명칭에 머무르지 않고 자타상품의 식별 표지로서 기능한다.

(2) 제90조 제1항에 따른 효력 제한이 인정되는지 여부

① 원칙(95다3381)

서적류의 제호로서 사용되는 경우에는 그것은 당연히 해당 저작물의 창작물로서의 명칭 내지 그 내용을 나타내는 것이며, 품질을 나타내는 보통명칭 또는 관용상표와 같은 성격을 가지는 것이므로, 제호로서의 사용에 대하여는 상표권의 효력이 미치지 않는다.

② 시리즈물 등의 제명으로 사용한 경우(2005다22770)

타인의 등록상표를 정기간행물이나 시리즈물의 제호로 사용하는 등 특별한 경우에는 사용태양, 사용자의 의도, 사용 경위 등 구체적인 사정에 따라 실제 거래계에서 제호의 사용이 서적의 출처를 표시하는 식별 표지로서 인식될 수도 있으므로, 그러한 경우에까지 상표권의 효력이 미치지 않는 것으로 볼 수는 없다.

(3) 출처표시 기능의 신용귀속 주체(2005다67223)

자타상품의 식별 표지로서 기능하는 음반의 제명에 화체된 업무상의 신용이나 고객흡인력 등은 음반의 제작, 판매자가 투여한 자본과 노력 등에 의하여 획득되는 것이므로, 음반에 수록된 저작물의 저작자가 아니라 음반의 제작·판매자에게 귀속된다.

---

03 | 저작권과 저촉 문제

1 | 타인의 저작물(캐릭터 등)을 모방한 경우

(1) 등록 적격성

① 제34조 제1항 제4호 해당 여부

㉠ 일반론

특허법원 판례는 심사단계에서 저작권 저촉 여부의 심사가 현실적으로 곤란하고, 상표법 제92조에서 상표권과 저작권의 저촉관계를 별도로 규정한 점에 비추어, 타인의 저작물을 상표로서 등록하는 것은 본 호에 해당하지 않는다고 판시하였다.

㉡ 유명 캐릭터 명칭 등의 모방(2003허2027)

저작물의 제호나 캐릭터의 명칭은 그 자체만으로는 사상 또는 감정의 표현이라고 보기 어려워 저작권법상 저작물이라고 할 수 없고, 특단의 사정이 없는 한 누구나 이를 자유롭게 사용할 수 있는 것이므로, 저명한 저작물의 제호 또는 그 캐릭터의 명칭을 모방한 표장을 사용한다는 사실만으로 저작물에 내재된 재산적 가치를 직접적으로 침해하는 행위로서 제34조 제1항 제4호에 해당한다고 할 수 없다.

② 제34조 제1항 제9호, 제11호 및 제13호 해당 여부
  ㉠ 판례는 '저작물이 널리 알려져 있다 하더라도 그러한 사정만으로 곧바로 상표로서 널리 인식되었다고 볼 수 없고, 상품화 사업 등을 통해 상품의 식별 표지로 인식되어야 한다.'고 판시하였다(96도1727).
  ㉡ 심사기준은 '제34조 제1항 제13호 판단 시, 저명한 캐릭터나 캐릭터 명칭을 모방하여 출원한 것으로 보이는 경우 등에 있어서 출원상표와 선사용상표의 지정상품 간 견련관계를 넓게 보고 부정한 목적 유무를 판단할 수 있다.'고 하였다.
③ 제34조 제1항 제12호 해당 여부
  저명한 캐릭터나 캐릭터 명칭 등과 동일 또는 유사한 상표를 출원하여 수요자를 기만할 염려가 있는 경우 본 호에 해당하는 것으로 본다. 이 경우 지정상품은 거래실정상 상품화 가능성이 높은 상품까지 포함하여 수요자 기만이 일어날 염려가 있는지를 판단한다.

(2) 등록 후 효력

① **적극적 효력 제한**(제92조 제1항)
  상표권자·전용사용권자 또는 통상사용권자는 그 등록상표를 사용할 경우에 그 사용상태에 따라 그 상표등록출원일 전에 발생한 타인의 저작권과 저촉되는 경우에는 지정상품 중 저촉되는 지정상품에 대한 상표의 사용은 저작권자의 동의를 받지 아니하고는 그 등록상표를 사용할 수 없다.
② **제119조 제1항 제3호의 '정당한 사용'인지 여부**
  저작권자 동의 없는 사용을 정당한 사용과 관련시키는 것은 상표의 사용촉진이라는 제119조 제1항 제3호의 취지에 반하거나, 불사용 취소를 면하기 위한 형식적 사용으로 보기도 어렵다는 점에서 그 사용 자체가 정당한 사용이 아니라고 할 수 없다.
③ **소극적 효력의 제한 여부**(2006마232)
  제92조 제1항에서 등록상표가 그 등록출원 전에 발생한 저작권과 저촉되는 경우에 저작권자의 동의 없이 그 등록상표를 사용할 수 없다고 한 것은 저작권자에 대한 관계에서 등록상표의 사용이 제한됨을 의미하는 것이므로, 저작권자 외 관계없는 제3자가 등록상표를 무단으로 사용하는 경우에는 상표권자는 그 사용금지를 청구할 수 있다.

2 저작물이 출처표시로 사용되는 경우(2012다76829)

저작물과 상표는 배타적, 택일적 관계에 있지 아니하므로, 상표법상 상표를 구성할 수 있는 도형 등이라도 저작권법에 의해 보호되는 저작물의 요건을 갖춘 경우에는 저작물로 보호받을 수 있고, 그것이 상품의 출처 표시를 위해 사용되고 있거나 사용될 수 있다는 사정이 있다고 하여 저작권법에 의한 보호 여부가 달라진다고 할 수는 없다.

3 저명한 인물의 캐리커처를 모방한 경우

(1) 제34조 제1항 제4호 해당 여부

'저명한 인물의 캐리커처 등을 무단으로 사용하여 출원한 상표'는 본 호에 해당한다.

(2) 제34조 제1항 제6호 해당 여부

저명한 연예인 이름, 연예인 그룹 명칭, 스포츠선수 이름, 기타 국내외 유명인사 등의 이름이나 이들의 약칭, 캐리커처 등을 포함하는 상표는 본 호에 해당하는 것으로 본다.

---

04 연예인, 방송프로그램 명칭의 도용에 관한 심사기준

1 제3조 제1항 본문

출원인이 연예인·방송프로그램·유명 캐릭터 등의 명칭을 2개 이상의 비유사 상품을 지정하여 출원하는 경우나, 특정 또는 다수의 상표를 다수의 비유사 상품에 출원하는 경우에는 이에 해당하는 것으로 본다(상표 선점이나 타인의 상표등록을 배제할 목적 등으로 출원하는 것이라고 의심이 드는 경우에 해당).

2 제33조 제1항 제7호

방송이나 인터넷을 포함한 정보통신매체 등을 통하여 출처표시로 인식되지 않을 정도로 널리 알려져 일반인들이 유행어처럼 사용하게 된 방송프로그램 명칭이나 영화, 노래의 제목 등도 본 호에 해당하는 것으로 본다.

3 제34조 제1항 제6호

저명한 연예인 이름, 연예인 그룹 명칭, 스포츠선수 이름, 기타 국내외 유명인사 등의 이름이나 이들의 약칭, 캐리커처 등을 포함하는 상표는 본 호에 해당하는 것으로 본다.

4 제34조 제1항 제11호

유명한 방송프로그램 명칭, 영화나 노래 제목 등과 동일 또는 유사하거나, 유사하지는 않더라도 이들을 용이하게 연상시키는 상표를 출원하여 해당 방송프로그램 등과의 관계에서 영업상 혼동을 일으키게 하거나, 식별력이나 명성을 손상시킬 염려가 있는 경우에는 본 호에 해당하는 것으로 본다.

5 제34조 제1항 제12호

널리 알려진 방송프로그램 명칭, 영화나 노래 제목, 저명한 캐릭터나 캐릭터 명칭 등과 동일 또는 유사한 상표를 출원하여 수요자를 기만할 염려가 있는 경우 본 호에 해당하는 것으로 본다. 이 경우 지정상품은 방송, 영화, 음악 등과 직·간접적으로 경제적 견련관계가 있다고 인정되는 상품뿐만 아니라, 후원관계나 거래실정상 상품화 가능성이 높은 상품까지 포함하여 수요자 기만이 일어날 염려가 있는지를 판단하도록 한다.

많이 보고 많이 겪고 많이 공부하는 것은 배움의 세 기둥이다.

- 벤자민 디즈라엘리 -

제2편

판례편

※ 판례편에서 등장하는 판례 사건별 상표법과 부정경쟁방지 및 영업비밀보호에 관한 법률은 수험생의 편의를 고려하여 시험 일정에 맞춘 최신 개정 법령을 반영하였습니다. 판결이 내려졌던 당시 상표법과 부정경쟁방지 및 영업비밀보호에 관한 법률의 각 조항에 대해 좀 더 자세히 살펴보고 싶으시다면, 병기된 판례사건 번호와 대법원 판례검색(glaw.scourt.go.kr) 또는 케이스노트(casenote.kr)를 참고하시기 바랍니다.

※ 일부 판례에서는 개정 시점기준 및 판결 당시 반영된 (구) 상표법이 주요 논점인 경우가 있어 이를 그대로 표기하고 주석을 달아 현행 또는 최신 개정 법령을 설명하였습니다.

[개정 법령 연혁]
상표법[시행 2024. 5. 1.]
시행령[시행 2024. 4. 1.]
시행규칙[시행 2023. 2. 4.]
부정경쟁방지 및 영업비밀보호에 관한 법률[시행 2023. 9. 29.]
시행령[시행 2023. 12. 12.]

01 │ 총 칙

01 SONY 사건 (2005도1637)

판시사항

(1) 공산품인 상품의 내부 부품에만 표시된 표장으로서 그 상품을 분해하여야만 일반수요자들이 인식할 수 있는 표장을 그 상품의 상표라고 할 수 있는지 여부(소극)

(2) 타인의 등록상표와 유사한 표장을 상품의 기능설명이나 상품의 기능이 적용되는 기종을 밝히기 위하여 사용한 경우, 상표권 침해로 볼 수 있는지 여부(소극)

(3) 피고인이 판매한 원격조정기(리모콘)의 내부회로기판 위에 표기된 "SONY" 표장을 상표로서 사용된 상표라고 할 수 없고, 나아가 피고인이 위 원격조정기의 표면에 '만능eZ 소니전용'이라는 표장을 표기한 것을 등록상표 "SONY"와 동일한 상표를 사용한 것으로 볼 수는 없다고 한 사례

판결요지

(1) 상표는 특정한 영업주체의 상품을 표창하는 것으로서 그 출처의 동일성을 식별하게 함으로써 그 상품의 품위 및 성질을 보증하는 작용을 하며, 상표법은 이와 같은 상표의 출처 식별 및 품질 보증의 기능을 보호함으로써 당해 상표의 사용에 의하여 축조된 상표권자의 기업신뢰이익을 보호하고 유통질서를 유지하며 수요자의 이익도 보호하는 것이므로, 공산품인 상품의 내부에 조립되어 기능하는 부품에 표시된 표장으로서 그 상품의 유통이나 통상적인 사용 혹은 유지행위에 있어서는 그 존재조차 알 수 없고, 오로지 그 상품을 분해하여야만 거래자나 일반 수요자들이 인식할 수 있는 표장은 그 상품에 있어서 상표로서의 기능을 다할 수 없을 것이므로 이를 가리켜 상표법에서 말하는 상표라고 할 수 없다.

(2) 타인의 등록상표와 유사한 표장을 이용한 경우라고 하더라도 그것이 상표의 본질적인 기능이라고 할 수 있는 출처표시를 위한 것이 아니라 상품의 기능을 설명하거나 상품의 기능이 적용되는 기종을 밝히기 위한 것으로서 상표의 사용으로 인식될 수 없는 경우에는 등록상표의 상표권을 침해한 것이라고 할 수 없다.

(3) 피고인이 판매한 원격조정기(리모콘)의 내부회로기판 위에 표기된 "SONY" 표장을 상표로서 사용된 상표라고 할 수 없고, 나아가 피고인이 위 원격조정기의 표면에 '만능eZ 소니전용'이라는 표장을 표기한 것은 '여러 가지 기기에 손쉽게 사용될 수 있는 원격조정기로서 소니에서 나온 기기에 사용하기에 적합한 것'이라는 정도의 의미로 받아들여질 수 있어 위 원격조정기의 용도를 표시하는 것으로 보일 수 있을 뿐, 등록상표 "SONY"와 동일한 상표를 사용한 것으로 볼 수는 없다고 한 사례이다.

제3편

(1) 원심의 판단

원심판결 이유에 의하면, 원심은 타인의 등록상표를 그 지정상품과 동일 또는 유사한 상품에 사용하면 타인의 상표권을 침해하는 행위가 된다고 할 것이나, 타인의 등록상표를 이용한 경우라고 하더라도 그것이 상표의 본질적인 기능이라고 할 수 있는 출처표시를 위한 것이 아니어서 상표의 사용으로 인식될 수 없는 경우에는 등록상표의 상표권을 침해한 행위로 볼 수 없고, 그것이 상표로서 사용되고 있는지 여부는, 상품과의 관계, 당해 표장의 사용 태양(즉, 상품 등에 표시된 위치, 크기 등), 등록상표의 주지저명성 그리고 사용자의 의도와 사용경위 등을 종합하여 실제 거래계에서 그 표시된 표장이 상품의 식별 표지로서 사용되고 있는지 여부를 종합하여 판단하여야 한다고 전제한 후, 제1심 판결이 적법하게 조사하여 채택한 증거들에 의하여 인정되는 다음의 각 사정, 즉 피고인이 판매한 본건 원격조종기는 다른 출처표시가 없이 제품의 하단 중앙부분에 '만능eZ 소니전용'이라고만 쓰여 있는데, 등록상표인 "SONY"는 본건 제품과 같은 이른바 가전제품 분야에서 주지저명성을 가진 상표인 점, 통상 원격조정기의 경우 본건 제품과 같은 하단 부위에 그 상표가 표시되는 점, 본건 제품 내부기판에는 등록상표와 동일한 'SONY' 문구가 기재되어 있어 당초 본건 제품을 제조하여 피고인에게 판매한 사람은 위 등록상표의 주지저명성에 편승하고자 했던 것으로 보이는 점 등 지정상품과 본건 제품의 관계, 위 표장의 사용 태양, 등록상표의 주지저명성 및 본건 제품 제조자의 의도 등을 종합해 보면, 본건 제품을 사용하는 일반인은 본건 제품이 소니사의 제품이거나 또는 소니사와 관련된 제품이라고 오인할 우려가 충분히 있어, 본건 제품의 위와 같은 표장은 본건 제품의 상표로서 사용되는 경우에 해당한다고 봄이 상당하다는 이유로 피고인에 대한 이 사건 공소사실을 유죄로 인정한 제1심 판결을 그대로 유지하였다.

(2) 대법원의 판단

① 상표는 특정한 영업주체의 상품을 표창하는 것으로서 그 출처의 동일성을 식별하게 함으로써 그 상품의 품위 및 성질을 보증하는 작용을 하며, 상표법은 이와 같은 상표의 출처 식별 및 품질 보증의 기능을 보호함으로써 당해 상표의 사용에 의하여 축조된 상표권자의 기업신뢰이익을 보호하고 유통질서를 유지하며 수요자의 이익도 보호하는 것이므로, 공산품인 상품의 내부에 조립되어 기능하는 부품에 표시된 표장으로서 그 상품의 유통이나 통상적인 사용 혹은 유지행위에 있어서는 그 존재조차 알 수 없고, 오로지 그 상품을 분해하여야만 거래자나 일반 수요자들이 인식할 수 있는 표장은 그 상품에 있어서 상표로서의 기능을 다할 수 없을 것이므로 이를 가리켜 상표법에서 말하는 상표라고 할 수 없을 것이다.

② 그리고 타인의 등록상표와 유사한 표장을 이용한 경우라고 하더라도 그것이 상표의 본질적인 기능이라고 할 수 있는 출처표시를 위한 것이 아니라 상품의 기능을 설명하거나 상품의 기능이 적용되는 기종을 밝히기 위한 것으로서 상표의 사용으로 인식될 수 없는 경우에는 등록상표의 상표권을 침해한 것이라고 할 수 없을 것이다.

③ 이러한 법리와 기록에 비추어 살펴보면, 피고인이 판매한 원격조정기(리모콘)의 내부에 조립되어 기능하는 부품의 일종으로서 원격조정기의 유통이나 통상적인 사용 혹은 유지행위에 있어서는 그 존재조차 알 수 없고, 오로지 위 원격조정기를 분해하

여야만 거래자나 일반 수요자들이 인식할 수 있는 내부회로기판 위에 표기된 위 'SONY' 표장을 가리켜 이를 상표로서 사용된 상표라고 할 수 없을 것이며, 나아가 위와 같이 내부회로기판에 위 표장을 표기하였다는 사정에 더하여, 통상 원격조정기 (리모콘)의 경우 하단 부위에 그 상표가 표시되는 경우가 많음에도 피고인이 판매한 제품에는 제조자의 표시가 분명하지 않았다는 사정과 제5860호 등록상표 "SONY"가 우리나라에서 널리 알려진 상표라는 사정이 있다고 하더라도, 피고인이 판매한 원격 조정기의 표면에 '만능eZ 소니전용'이라는 표장을 표기한 것은 '여러 가지 기기에 손쉽게 사용될 수 있는 원격조정기로서 소니에서 나온 기기에 사용하기에 적합한 것'이라는 정도의 의미로 받아들여질 수 있어 위 원격조정기의 용도를 표시하는 것 으로 보일 수 있을 뿐, 제5860호 등록상표 "SONY"와 동일한 상표를 사용한 것으로 볼 수는 없을 것이므로, 원심판결에는 상표의 사용에 관한 법리를 오해함으로써 판 결에 영향을 미친 위법이 있다.

02　Manhaton passage 사건 (2002후2020)

판시사항

(1) 국내의 수입업자가 외국에서 상표가 부착된 상품을 수입하여 국내에 유통한 것이 외국 에서 상표를 부착한 상표권자의 국내에서의 상표 사용으로 인정되는지 여부(한정 적극)

(2) 국내의 수입업자가 외국에서 등록상표 "Manhaton passage"가 부착된 가방을 수입하여 국내에 유통 한 것이 외국에서 위 등록상표를 부착한 상표권자의 국내에서의 상표 사용으로 인정된 다고 한 사례

판결요지

(1) 상표권자가 외국에서 자신의 등록상표를 상품에 표시하였을 뿐 우리나라에서 직접 또는 대리인을 통하여 등록상표를 표시한 상품을 양도하거나 상품에 관한 광고에 상표를 표 시하는 등의 행위를 한 바 없다고 하더라도, 그 상품이 제3자에 의하여 우리나라로 수입 되어 상표권자가 등록상표를 표시한 그대로 국내의 정상적인 거래에서 양도, 전시되는 등의 방법으로 유통됨에 따라 사회통념상 국내의 거래나 수요자에게 그 상표가 그 상표를 표시한 상표권자의 업무에 관련된 상품을 표시하는 것으로 인식되는 경우에는 특단의 사정이 없는 한 그 상표를 표시한 상표권자가 국내에서 상표를 사용한 것으로 보아야 한다.

(2) 국내의 수입업자가 외국에서 등록상표 "Manhaton passage"가 부착된 가방을 수입하여 국내에 유통 한 것이 외국에서 위 등록상표를 부착한 상표권자의 국내에서의 상표 사용으로 인정된 다고 한 사례이다.

(1) 원심의 판단

원심은, "![Mannach Passage]"로 구성된 이 사건 등록상표의 상표권자인 원고가 일본 국내에서 이 사건 등록상표를 표시한 가방을 제작하여 2001. 7. 10. 경 대한민국에 있는 '트레비엥' 사를 운영하는 소외인에게 넛신 항공화물 코포레이션을 통하여 항공편으로 그 가방 제품 등을 수출하여 판매한 사실을 인정한 다음, 원고가 이 사건 등록상표의 지정상품의 하나인 가방에 이 사건 등록상표를 표시한 행위 및 이 사건 등록상표를 표시한 가방에 관한 권리를 타인에게 이전하거나, 그 상품에 대한 지배를 현실적으로 이전한 행위는 모두 일본 국내에서 이루어진 것이므로 이를 들어 원고가 국내에서 상품 또는 상품의 포장에 이 사건 등록상표를 표시하였다거나 상품 또는 상품의 포장에 이 사건 등록상표를 표시한 것을 양도 또는 인도하였다고 볼 수 없고, 위 상품의 수입행위의 주체는 원고가 아니라 소외인인데, 소외인이 이 사건 등록상표의 전용사용권자나 통상사용권자임을 인정할 증거는 없으며, 원고와 소외인 사이에 소외인에 의한 이 사건 등록상표의 사용의 법적 효과를 그대로 상표권자인 원고에게 귀속시킬 만한 관계가 있음을 인정할 증거도 없어, 소외인이 설령 국내의 다른 업자에게 위 가방을 정상적인 거래 형태로 판매하였다고 하더라도, 그와 같은 소외인의 수입 및 판매행위에 의한 이 사건 등록상표의 사용의 법적 효과를 원고에게 귀속시킬 수 없으므로, 원고가 일본국에서 이 사건 등록상표를 표시한 가방을 대한민국 내 소외인에게 판매한 행위는 어느 모로 보나 상표법 제119조 제1항 제3호에서 말하는 상표권자 등이 국내에서 이 사건 등록상표를 사용한 것이라고 볼 수 없다는 취지로 판단하였다.

(2) 이 법원의 판단

그러나 원심의 위와 같은 판단은 수긍하기 어렵다.

① 상표권자가 외국에서 자신의 등록상표를 상품에 표시하였을 뿐 우리나라에서 직접 또는 대리인을 통하여 등록상표를 표시한 상품을 양도하거나 상품에 관한 광고에 상표를 표시하는 등의 행위를 한 바 없다고 하더라도, 그 상품이 제3자에 의하여 우리나라로 수입되어 상표권자가 등록상표를 표시한 그대로 국내의 정상적인 거래에서 양도, 전시되는 등의 방법으로 유통됨에 따라 사회통념상 국내의 거래나 수요자에게 그 상표가 그 상표를 표시한 상표권자의 업무에 관련된 상품을 표시하는 것으로 인식되는 경우에는 특단의 사정이 없는 한 그 상표를 표시한 상표권자가 국내에서 상표를 사용한 것으로 보아야 한다.

② 위 법리와 기록에 의하면, 소외인이 원고에 의하여 이 사건 등록상표가 표시된 가방을 원고로부터 직접 수입하여 그 상표가 표시된 그대로 국내의 다른 판매업자에게 양도한 것은 정상적인 거래행위에 해당하고, 이와 같은 상품의 수입, 양도행위가 불사용을 이유로 하는 상표등록취소를 회피하기 위하여 형식적으로 이루어진 것이라고 보기는 어려우므로, 일본국에서 이 사건 등록상표를 표시한 원고는 국내에서도 이 사건 등록상표의 지정상품에 이 사건 등록상표를 정당하게 사용한 것이라고 봄이 상당하다. 그럼에도 불구하고 원심이, 이와 달리 원고의 국내에서의 상표 사용을 인정하지 아니한 것에는 상표의 사용에 관한 법리를 오해하여 판결 결과에 영향을 미친 위법이 있다.

03 HS HI-BOX 사건 (2012후3718)

판시사항

(1) 상표법 제2조 제1항 제11호 다목의 '광고'에 등록상표가 표시되어 있다고 하더라도 등록상표가 거래사회의 통념상 지정상품과 관련하여 표시된 것이라고 볼 수 없는 경우 위 다목의 상표사용행위가 있다고 할 수 있는지 여부(소극)

(2) 甲 주식회사가 등록상표 'HS HI-BOX'의 등록권리자 乙을 상대로 등록상표가 상표법 제119조 제1항 제3호에 해당한다는 이유로 등록취소심판을 청구하였고 특허심판원이 甲 회사의 심판청구를 인용하는 심결을 한 사안에서, 위 법 제2조 제1항 제11호 다목의 상표사용행위가 있다고 할 수 없음에도 이와 달리 본 원심판결에 법리오해의 위법이 있다고 한 사례

판결요지

(1) 상표법 제2조 제1항 제11호 다목은 '상품에 관한 광고·정가표·거래서류, 그 밖의 수단에 상표를 표시하고 전시하거나 널리 알리는 행위'를 상표사용행위의 하나로 규정하고 있는바, 비록 위 다목의 '광고'에 등록상표가 표시되어 있다고 하더라도, 그 등록상표가 거래사회의 통념상 지정상품과 관련하여 표시된 것이라고 볼 수 없는 경우에는 위 다목에서 말하는 상표사용행위가 있다고 할 수 없다.

(2) 甲 주식회사가 등록상표 'HS HI-BOX'의 등록권리자 乙을 상대로 등록상표가 상표법 제119조 제1항 제3호에 해당한다는 이유로 등록취소심판을 청구하였고 특허심판원이 甲 회사의

[상표가 표시된 형태]

심판청구를 인용하는 심결을 한 사안에서, 乙로부터 등록상표의 사용을 묵시적으로 허락받은 丙 주식회사가 발행한 카탈로그의 뒤표지 중간에 그 지정상품을 '배전함' 등으로 하는 등록상표가 오른쪽 그림과 같은 형태로 표시되어 있다 하더라도, 등록상표는 丙 회사가 사용하고 있는 여러 상표 중 하나로서 단순히 나열된 것으로 보이고 거래사회의 통념상 등록상표의 지정상품 중 하나인 '배전함'과 관련하여 표시된 것이라고 볼 수 없다 할 것이어서, 상표법 제2조 제1항 제11호 다목에서 말하는 상표사용행위가 있다고 할 수 없음에도 이와 달리 본 원심판결에 법리오해의 위법이 있다고 한 사례이다.

논점의 정리

(1) 상고이유 제1점에 관하여

상표법 제2조 제1항 제11호 다목은 '상품에 관한 광고·정가표·거래서류, 그 밖의 수단에 상표를 표시하고 전시하거나 널리 알리는 행위'를 상표사용행위의 하나로 규정하고 있는 바, 비록 위 다목의 '광고'에 등록상표가 표시되어 있다고 하더라도, 그 등록상표가 거래사회의 통념상 지정상품과 관련하여 표시된 것이라고 볼 수 없는 경우에는 위 다목에서 말하는 상표사용행위가 있다고 할 수 없다.

위 법리와 기록에 비추어 살펴보면, 주식회사 화신이 2009년 2월과 7월, 2010년 3월, 2011년 9월에 각 발행한 카탈로그(이하 '이 사건 카탈로그들'이라고 한다)의 뒤표지 중간에

[상표가 표시된 형태]

그 지정상품을 '배전함' 등으로 하는 이 사건 등록상표 'HS HI-BOX'가 위의 그림과 같은

형태로 표시되어 있다 하더라도, 이 사건 카탈로그들 앞표지의 제목은 '**HSBOX**'로 되어 있고, 약 60여 페이지로 구성된 이 사건 카탈로그들의 본문에는 이 사건 등록상표의 지정상품 중 하나인 '배전함'과 동일한 '분전함'에 관한 내용이 모두 '**HSBOX**'라는 원고의 또 다른 등록상표 아래 기재되어 있으며, 이 사건 카탈로그들의 뒤표지 중간에 나열된 상표 중에는 이 사건 카탈로그들 본문에 실린 상품들과 전혀 관련이 없는 상품들을 지정상품으로 하는 등록상표 '**Hi·BOX**/**하이박스**'와 영문자 부분이 동일한 '**Hi-Box**' 표장도 포함되어 있으므로, 이 사건 등록상표는 주식회사 화신이 사용하고 있는 여러 상표 중 하나로서 단순히 나열된 것으로 보이고 거래사회의 통념상 이 사건 등록상표의 지정상품 중 하나인 '배전함'과 관련하여 표시된 것이라고 볼 수 없다 할 것이어서, 위 다목에서 말하는 상표사용행위가 있다고 할 수 없다.

(2) 그럼에도 원심은 주식회사 화신의 위와 같은 행위가 위 다목의 '상품에 관한 광고에 상표를 표시하고 전시하는 행위'에 해당하여 이 사건 등록상표가 통상사용권자에 의하여 정당하게 사용되었다고 판단하였으니, 원심판결에는 상표의 사용에 관한 법리를 오해함으로써 판결 결과에 영향을 미친 위법이 있다. 이를 지적하는 상고이유 주장은 이유 있다.

04 　VSP 사건 (2010후3073)

(1) 인터넷 검색결과 화면에 스폰서링크 등으로 나타난 표장이 자타상품의 출처표시를 위해 사용된 것으로 볼 수 있다면 상표법 제2조 제1항 제11호 다목 '상표로서의 사용'에 해당하는지 여부(적극) 및 '상표로서의 사용'의 일종인 상품의 '광고'에 인터넷 검색결과 화면을 통해 상품 정보를 알리는 것도 포함되는지 여부(적극)

(2) 인터넷 검색결과 화면에 스폰서링크로 표시되는 확인대상표장 "VSP 엔티씨"가 甲 주식회사의 등록상표 "VSP"의 권리범위에 속하지 아니한다는 이유로 사용자 乙이 소극적 권리범위확인심판을 청구한 사안에서, 위 표장은 자타상품의 출처를 표시하는 상표로 사용되었다고 할 것인데도 이와 달리 본 원심판결에 법리오해의 위법이 있다고 한 사례

(3) 확인대상표장 "VSP 엔티씨"가 甲 주식회사의 등록상표 "VSP"의 권리범위에 속하지 아니한다는 이유로 사용자 乙이 소극적 권리범위확인심판을 청구한 사안에서, 위 표장은 등록상표와 유사하지 않아 그 권리범위에 속하지 아니한다고 본 원심판단을 수긍한 사례

(1) 인터넷 포털사이트 운영자로부터 특정 단어나 문구(이하 '키워드'라 한다)의 이용권을 구입하여 일반 인터넷 사용자가 단어나 문구를 검색창에 입력하면 검색결과 화면에 키워드 구입자의 홈페이지로 이동할 수 있는 스폰서링크나 홈페이지 주소 등이 나타나는 경우에, 검색결과 화면에 나타난 표장이 자타상품의 출처표시를 위하여 사용된 것으로 볼 수 있다면 이는 상표권의 권리범위확인심판의 전제가 되는 '상표로서의 사용'에 해당한다 할 것이다. 그리고 상표로서의 사용의 일종인 상품의 '광고'에는 신문, 잡지, 카탈로그, 간판, TV뿐 아니라 인터넷 검색결과 화면을 통하여 일반 소비자에게 상품에 관한 정보를 시각적으로 알리는 것도 포함된다.

(2) 인터넷 검색결과 화면에 스폰서링크로 표시되는 확인대상표장 "VSP 엔티씨"가 甲 주식회사의 등록상표 "VSP"의 권리범위에 속하지 아니한다는 이유로 확인대상표장 사용자 乙이 소극적 권리범위확인심판을 청구한 사안에서, 위 표장이 표시된 인터넷 키워드 검색결과 화면의 내용과 乙이 운영하는 회사 홈페이지로 연결되는 전체적인 화면 구조 등을 살펴보면, 인터넷 키워드 검색결과 화면은 위 표장을 붙여 상품에 관한 정보를 일반 소비자에게 시각적으로 알림으로써 광고한 것으로 보기에 충분하므로, 乙이 인터넷 키워드 검색결과 화면에 위 표장을 표시하여 한 광고행위는 상표법 제2조 제1항 제11호 다목이 정한 '상품에 관한 광고에 상표를 표시하고 전시하는 행위'에 해당하고, 위 표장은 자타상품의 출처를 표시하는 상표로 사용되었다고 할 것인데도, 위 표장이 인터넷 사용자들을 회사 홈페이지로 유인하는 일반적인 '스폰서링크'로서 기능할 뿐 자타상품의 출처를 표시하는 상표로 사용된 것은 아니라고 보아 등록상표의 권리범위에 속하지 않는다고 본 원심판결에 법리오해의 위법이 있다고 한 사례이다.

(3) 확인대상표장 "VSP 엔티씨"가 甲 주식회사의 등록상표 "VSP"의 권리범위에 속하지 아니한다는 이유로 확인대상표장 사용자 乙이 소극적 권리범위확인심판을 청구한 사안에서, "VSP"는 관련 상품들의 거래계에서 '순간정전보상장치(Voltage Sag Protector)'의 영문 약어로 통용되고 있음을 알 수 있으므로, 위 표장의 "VSP" 부분은 사용상품들과의 관계에서 그 효능이나 용도를 표시하는 것으로서 식별력이 미약하여 요부가 될 수 없고, 식별력이 있어 그 요부를 이루는 "엔티씨" 부분은 등록상표 "VSP"와 외관, 호칭 및 관념에서 뚜렷한 차이가 있어 등록상표와 위 표장을 동일·유사한 상품에 사용하더라도 일반 수요자나 거래자로 하여금 상품 출처에 관하여 오인·혼동을 일으키게 할 염려가 없으므로, 위 표장은 등록상표와 유사하지 않아 그 권리범위에 속하지 아니한다고 본 원심판단을 수긍한 사례이다.

(1) 상고이유 제1점에 대하여

① 인터넷 포털사이트 운영자로부터 특정 단어나 문구(이하 '키워드'라 한다)의 이용권을 구입하여 일반 인터넷 사용자가 그 단어나 문구를 검색창에 입력하면 검색결과 화면에 그 키워드 구입자의 홈페이지로 이동할 수 있는 스폰서링크나 홈페이지 주소 등이 나타나는 경우에, 그 검색결과 화면에 나타난 표장이 자타상품의 출처표시를 위하여 사용된 것으로 볼 수 있다면, 이는 상표권의 권리범위확인심판의 전제가 되는 '상표로서의 사용'에 해당한다 할 것이다. 그리고 상표로서의 사용의 일종인 상품의 '광고'에는 신문, 잡지, 카탈로그, 간판, TV 등 뿐 아니라 인터넷 검색결과 화면을

통하여 일반 소비자에게 상품에 관한 정보를 시각적으로 알리는 것도 포함된다고 할 것이다.

② 원심판결 이유에 의하면, 피고는 인터넷 포털사이트인 '다음(daum)'(그 도메인 이름은 www.daum.net이다)으로부터 "VSP"라는 키워드를 구입하여, 인터넷 사용자가 그 포털사이트의 검색창에 "VSP"를 입력하면 검색결과 화면에 '스폰서링크'로서 "VSP 엔티씨"라는 표제가 나타나고 그 아래 줄에 "서지보호기, 순간정전보상기, 뇌보호시스템"이라는 상품의 종류가 표시되며[서지보호기는 급격한 과전압, 즉 서지(surge)가 생긴 경우 전류 변화를 억제하는 기계를 말하고, 순간정전보상기(Voltage Sag Protector) 및 뇌(雷)보호시스템은 낙뢰 등에 의한 순간 정전으로부터 피해를 방지하기 위한 장치이다], 그 다음 줄에 피고가 운영하는 회사(이하 '피고 회사')의 홈페이지 주소인 "http://www.dipfree.com"이 나타나고, 그 검색결과 화면에서 다시 "VSP 엔티씨"나 홈페이지 주소 부분을 클릭하면 피고 회사의 홈페이지로 이동하는 방식으로 되어 있는 인터넷 키워드 검색광고를 한 사실, 그런데 원고는 지정상품을 "전압급승압 방지기, 전압안정장치, 차단기" 등으로 하여 상표권 등록을 한 이 사건 등록상표 "VSP"(등록번호 제737132호)의 상표권자인 사실을 알 수 있는 바, 이 사건에서 피고는 위와 같은 방식의 인터넷 키워드 검색광고 중 그 검색결과 화면에 표시되는 "VSP 엔티씨"(이하 '이 사건 표장'이라 한다)가 원고의 위 등록상표에 의한 상표권의 권리범위에 속하지 않는다는 확인을 구하였다.

앞에서 본 법리에 비추어 이 사건 표장이 표시된 인터넷 키워드 검색결과 화면의 내용과 피고 회사 홈페이지로 연결되는 전체적인 화면 구조 등을 살펴보면, 위 인터넷 키워드 검색결과 화면은 이 사건 표장을 붙여 상품에 관한 정보를 일반 소비자에게 시각적으로 알림으로써 광고한 것으로 보기에 충분하다 할 것이다. 따라서 피고가 위와 같이 인터넷 키워드 검색결과 화면에서 이 사건 표장을 표시하여 한 광고행위는 상표법 제2조 제1항 제11호 다목이 정한 '상품에 관한 광고에 상표를 표시하고 전시하는 행위'에 해당한다 할 것이니, 이 사건 표장은 자타상품의 출처를 표시하는 상표로 사용되었다고 할 것이다.

③ 한편 원심판결 이유에 의하면, 인터넷 사용자가 검색결과 화면에서 다시 이 사건 표장이나 홈페이지 주소 부분을 클릭하면 이동하게 되는 피고 회사의 홈페이지에는 피고 등이 등록한 "논트립(Nontrip)", "딥프리(dipfree)", "새그프리(Sag Free)" 등의 상표가 사용된 제품만 표시되어 있고 이 사건 표장이 붙은 상품은 표시된 것이 없음을 알 수 있다. 그러나 이는 위에서 본 바와 같이 이 사건 표장이 키워드 검색결과 화면 자체에서 이미 상표로 사용된 이후의 사정일 뿐이므로, 이와 같은 사정을 들어 이 사건 표장이 상표로 사용되지 않았다고 볼 수는 없다.

따라서 원심이, 이 사건 표장은 인터넷 사용자들을 피고 회사의 홈페이지로 유인하는 일반적인 '스폰서링크'로서 기능할 뿐 자타상품의 출처를 표시하는 상표로 사용된 것은 아니라고 보아, 이 사건 등록상표의 권리범위에 속하지 않는다고 판단한 데에는 상표 사용에 관한 법리를 오해한 위법이 있다. 그러나 아래 제2항의 상고이유 주장에 관한 판단에서 보는 바와 같이 이 사건 표장은 이 사건 등록상표와 표장이 유사하지 아니하여 그 권리범위에 속하지 않는다고 한 원심판단의 결론은 정당하므로, 이 부분 원심판결에 판결 결과에 영향을 미친 위법은 없다.

(2) 상고이유 제2점 및 제3점에 대하여

① 상표의 유사 여부는 그 상품의 거래에서 일반적인 수요자나 거래자가 상표에 대하여 느끼는 직관적 인식을 기준으로 상품의 출처에 대하여 오인·혼동의 우려가 있는지 여부에 따라 판단하여야 하므로 두 상표 사이에 유사한 부분이 있다고 하더라도 그 요부를 이루는 부분이 서로 달라 전체적으로 관찰할 때 명확히 출처의 혼동을 피할 수 있는 경우에는 유사상표라고 할 수 없다. 그리고 상표의 구성 중 식별력이 없거나 미약한 부분은 그 부분만으로는 요부가 된다고 할 수 없고, 이는 그 부분이 다른 문자 등과 결합되어 있는 경우라도 마찬가지이다.

② 위 법리와 기록에 비추어 살펴보면, "VSP"는 관련 상품들의 거래계에서 '순간정전보 상장치(Voltage Sag Protector)'의 영문 약어로 통용되고 있음을 알 수 있으므로, 이 사건 표장의 "VSP" 부분은 사용상품들과의 관계에서 그 효능이나 용도를 표시하는 것으로서 식별력이 미약하여 요부가 될 수 없고, 식별력이 있어 그 요부를 이루는 "엔티씨" 부분은 이 사건 등록상표 "VSP"와 외관, 호칭 및 관념에서 뚜렷한 차이가 있다. 따라서 이 사건 등록상표와 이 사건 표장을 동일·유사한 상품에 사용하더라 도 일반 수요자나 거래자로 하여금 상품 출처에 관하여 오인·혼동을 일으키게 할 염려가 없으므로, 이 사건 표장은 이 사건 등록상표와 유사하지 않아 그 권리범위에 속하지 아니한다.

같은 취지의 원심판단은 정당하고, 거기에 상표의 유사 여부 판단에 관한 법리를 오해하거나 논리와 경험의 법칙에 반하여 자유심증주의의 한계를 벗어난 위법이 없다.

---

05 아가타 사건 (2011다18802)

판시사항

(1) 타인의 등록상표와 동일 또는 유사한 표장을 순전히 디자인적으로만 사용하여 상표의 사용으로 인식될 수 없는 경우 상표권 침해로 볼 수 있는지 여부(소극) 및 그것이 상표로 서 사용되고 있는지 판단하는 기준

(2) 지정상품을 귀금속제 목걸이 등으로 하는 등록상표 "🐕"의 상표권자인 甲 외국법인이 "🐩" 형상을 사용하여 목걸이용 펜던트를 판매하는 乙 주식회사를 상대로 상표권 침해 중지 등을 구한 사안에서, 甲 법인의 등록상표와 乙 회사 제품의 형상은 전체적으로 상품 출처의 오인·혼동을 피할 수 있는 것이어서 유사하지 않고, 乙 회사 제품의 형상 은 디자인으로만 사용된 것일 뿐 상품의 식별 표지로 사용된 것이라고 볼 수 없다고 한 사례

(1) 타인의 등록상표와 동일 또는 유사한 표장을 그 지정상품과 동일 또는 유사한 상품에 사용하면 타인의 상표권을 침해하는 행위가 되나, 타인의 등록상표와 동일 또는 유사한 표장을 이용한 경우라고 하더라도 그것이 상표의 본질적인 기능이라고 할 수 있는 출처 표시를 위한 것이 아니라 순전히 디자인적으로만 사용되는 등으로 상표의 사용으로 인식될 수 없는 경우에는 등록상표의 상표권을 침해한 행위로 볼 수 없고, 그것이 상표로서 사용되고 있는지를 판단하기 위하여는, 상품과의 관계, 당해 표장의 사용 태양, 등록상표의 주지저명성 그리고 사용자의 의도와 사용경위 등을 종합하여 실제 거래계에서 그 표시된 표장이 상품의 식별 표지로서 사용되고 있는지를 종합하여 판단하여야 한다.

(2) 지정상품을 귀금속제 목걸이 등으로 하는 등록상표 "🐕"의 상표권자인 甲 외국법인이 "🐰" 형상을 사용하여 목걸이용 펜던트를 판매하는 乙 주식회사를 상대로 상표권 침해 중지 등을 구한 사안에서, 甲 법인의 등록상표와 乙 회사 제품의 형상은 모두 강아지를 형상화한 도형으로서 '강아지'로 관념되고 '강아지 표'로 호칭될 수 있으나, 위 등록상표의 지정상품과 동일·유사한 상품에 관하여 강아지를 주제로 한 다양한 모양의 도형상표가 다수 등록되어 있는데, 수많은 종류의 유사 또는 상이한 형상을 통칭하는 용어에 의하여 호칭되고 관념되는 도형상표의 경우에 그 외관의 유사에 관계없이 호칭과 관념이 유사하다는 이유만으로 대비되는 양 상표가 전체적으로 유사한 상표라고 한다면 상표의 유사 범위가 지나치게 확대되어 제3자의 상표선택의 자유를 부당하게 제한하는 불합리한 결과를 가져오는 점 등에 비추어 볼 때, 통칭적인 호칭 및 관념이 유사하다는 점만으로 서로 유사하다고 단정할 수는 없으므로, 甲 법인의 등록상표와 乙 회사 제품의 형상은 전체적으로 상품 출처의 오인·혼동을 피할 수 있는 것이어서 유사하지 않고, 한편 목걸이용 펜던트의 특성 및 위 상품을 둘러싼 거래실정, 甲 법인의 등록상표와 乙 회사 등록상표의 주지저명의 정도, 乙 회사의 의도와 乙 회사 제품의 제조·판매 형태 및 경위 등을 종합하여 살펴보면, 乙 회사 제품의 형상은 디자인으로만 사용된 것일 뿐 상품의 식별 표지로 사용된 것이라고는 볼 수 없다고 한 사례이다.

(1) 상표의 유사 판단에 관한 법리오해의 점 등에 관하여

① 기록에 비추어 살펴보면, 지정상품을 귀금속제 목걸이 등으로 하는 원고의 등록상표 "🐕"와 원심 판시 피고 제품의 형상 "🐰"은 모두 강아지 또는 개(이하 '강아지'라고만 한다)를 형상화한 것으로 머리 부분이 몸통에 비하여 비교적 크게 표현되어 있고, 강아지의 눈, 코, 입, 털 등 구체적인 모습을 생략하고 그 외형을 머리, 몸통, 다리, 꼬리로만 단순화하였으며, 좌우 귀 부분이 서로 포개어진 형태라는 점에서 서로 유사한 특징이 있으나, 원고 등록상표는 2차원의 평면 형태인 반면 피고 제품의 형상은 크리스털을 커팅하여 제작된 제품의 특성으로 인하여 3차원의 입체감을 주는 형태인 점, 원고 등록상표의 강아지 양발은 지면에 부착되어 가만히 서 있는 모습인 반면 피고 제품 형상의 강아지 양발은 서로 벌어져 뛰고 있는 모습인 점, 원고 등록상표의 강아지에는 목줄이 있고 그 목줄의 색상이 몸통의 색상과 구별되는 반면 피고 제품 형상의 강아지에는 목줄이 없는 점에서 차이가 있고, 그 밖에 강아지의 꼬리, 눈썹(이마), 귀, 엉덩이 부위의 형태도 세부적인 점에서 차이가 있어, 원고의 등록상표와 피고 제품의 형상은 그 외관에 있어서 유사하다고 할 수 없다.

② 다음 호칭 및 관념을 보면, 원고의 등록상표와 피고 제품의 형상은 모두 강아지를 형상화한 도형으로서 '강아지'로 관념되고 '강아지 표'로 호칭될 수 있다. 그러나 원고 등록상표의 지정상품과 동일·유사한 상품에 관하여 강아지를 주제로 한 다양한 모양의 도형상표가 다수 등록되어 있는데, 수많은 종류의 유사 또는 상이한 형상을 통칭하는 용어에 의하여 호칭되고 관념되는 도형상표의 경우에 그 외관의 유사에 관계없이 호칭과 관념이 유사하다는 이유만으로 대비되는 양 상표가 전체적으로 유사한 상표라고 한다면 상표의 유사 범위가 지나치게 확대되어 제3자의 상표선택의 자유를 부당하게 제한하는 불합리한 결과를 가져오는 점 등에 비추어 볼 때, 비록 양자가 모두 '강아지'로 관념되고 '강아지 표'로 호칭될 수 있다 하더라도, 그와 같이 통칭적인 호칭 및 관념이 유사하다는 점만으로 서로 유사하다고 단정할 수는 없을 뿐만 아니라 외관도 차이가 있으므로, 결국 원고의 등록상표와 피고 제품의 형상은 전체적으로 상품 출처의 오인·혼동을 피할 수 있는 것이어서 유사하지 아니하다고 할 것이다.

따라서 같은 취지의 원심판단은 정당하고, 거기에 상고이유의 주장과 같은 상표의 유사 판단에 관한 법리오해 등의 위법이 없다.

(2) 상표적 사용에 관한 법리오해의 점 등에 관하여

① 타인의 등록상표와 동일 또는 유사한 표장을 그 지정상품과 동일 또는 유사한 상품에 사용하면 타인의 상표권을 침해하는 행위가 되나, 타인의 등록상표와 동일 또는 유사한 표장을 이용한 경우라고 하더라도 그것이 상표의 본질적인 기능이라고 할 수 있는 출처표시를 위한 것이 아니라 순전히 디자인적으로만 사용되는 등으로 상표의 사용으로 인식될 수 없는 경우에는 등록상표의 상표권을 침해한 행위로 볼 수 없고, 그것이 상표로서 사용되고 있는지의 여부를 판단하기 위하여는, 상품과의 관계, 당해 표장의 사용 태양, 등록상표의 주지저명성 그리고 사용자의 의도와 사용경위 등을 종합하여 실제 거래계에서 그 표시된 표장이 상품의 식별 표지로서 사용되고 있는지 여부를 종합하여 판단하여야 한다.

② 기록에 비추어 살펴보면, 피고 제품과 같은 목걸이용 펜던트(pendant)에 있어 그 펜던트의 형상은 주로 시각적, 심미적 효과를 통해 소비자의 구매 욕구를 자극하는 요소이고, 펜던트의 형상 자체가 당해 상품의 출처를 표시하기 위한 목적으로 사용되는 것이 일반적이라고 보기 어려운 점, 피고 제품은 피고가 판매하는 미니 펜던트 시리즈 제품군 중 한 종류로서, 피고는 원고 등록상표의 출원 이전부터 강아지를 비롯한 다양한 동물을 형상화한 크리스털 재질의 펜던트 등을 제조·판매하여 왔으며, 피고 이외의 장신구업체들도 강아지 형상을 이용한 목걸이 펜던트 등을 널리 제조·판매하여 오고 있는 점, 원고의 등록상표가 국내 일반 수요자들에게 어느 정도 알려진 것으로 보이기는 하나, 피고의 등록상표 역시 국내 일반 수요자들에게 상당히 알려진 것으로 보이는데, 피고 제품의 이면은 물론 피고 제품의 포장 및 보증서에 피고의 등록상표가 표시되어 있고, 피고의 주요 매장은 모두 피고의 상품들만을 판매하는 점포로서 그 간판 등에 피고의 등록상표를 표시하고 있으며, 인터넷 사이트에서도 피고 제품을 비롯한 피고의 상품 판매 시 피고의 등록상표를 표시하고 있는 점 등을 알 수 있다.

③ 앞서 본 법리에 따라 위와 같은 사실관계에 나타난 목걸이용 펜던트의 특성 및 위 상품을 둘러싼 거래실정, 원고 등록상표와 피고 등록상표의 주지저명의 정도, 피고의 의도와 피고 제품의 제조·판매 형태 및 경위 등을 종합하여 살펴보면, 피고 제품의 형상은 디자인으로만 사용된 것일 뿐 상품의 식별 표지로 사용된 것이라고는 볼 수 없다 할 것이다.

원심이 같은 취지에서 피고 제품의 형상은 상표로서 사용된 것이라고 할 수 없어 이 점에서도 원고 등록상표의 상표권을 침해한 행위로 볼 수 없다고 판단한 것은 정당하고, 거기에 상고이유의 주장과 같은 상표 사용에 관한 법리오해 등의 위법이 없다.

06 버버리 사건 (2011도13441)

판시사항

(1) 디자인이 될 수 있는 형상이나 모양이 상표로서 사용된 것으로 볼 수 있는 경우

(2) 피고인 甲 주식회사의 대표이사인 피고인 乙이 피해자인 영국 丙 회사의 등록상표와 유사한 격자무늬가 사용된 상품을 판매목적으로 중국에서 수입하였다고 하여 상표법 위반으로 기소된 사안에서, 제반 사정에 비추어 피고인 甲 회사가 수입한 상품의 격자무늬는 상품의 출처를 표시하기 위하여 상표로서 사용되었다고 보아야 하는데도, 이와 달리 보아 피고인들에게 무죄를 인정한 원심판결에 법리오해의 위법이 있다고 한 사례

판결요지

(1) 디자인과 상표는 배타적·선택적 관계에 있지 아니하므로, 디자인이 될 수 있는 형상이나 모양이라고 하더라도 그것이 상표의 본질적 기능인 자타상품의 출처표시로서 기능하는 경우에는 상표로서 사용된 것으로 보아야 한다.

(2) 피고인 甲 주식회사의 대표이사인 피고인 乙이 피해자인 영국 丙 회사의 등록상표와 유사한 격자무늬가 사용된 남방셔츠를 판매목적으로 중국에서 수입하였다고 하여 상표법 위반으로 기소된 사안에서, 丙 회사의 등록상표는 의류 등의 상품에 관하여 丙 회사의 출처표시로서 널리 알려져 있는 점, 丙 회사의 등록상표는 격자무늬를 형성하는 선들의 색상 및 개수·배열순서 등에 의하여 독특한 디자인적 특징을 가지고 있고 주로 의류 등 상품의 표면 또는 이면의 상당 부분에 표시되는 형태로 사용되어 그 상품을 장식함과 동시에 丙 회사의 출처도 함께 표시하는 기능을 수행하여 오고 있는 점 등 제반 사정에 비추어 볼 때 피고인 甲 회사가 수입한 남방셔츠의 격자무늬는 상품의 출처를 표시하기 위하여 상표로서 사용되었다고 보아야 하고, 남방셔츠에 별도의 표장이 표시되어 있기는 하나, 하나의 상품에 둘 이상의 상표가 표시될 수 있는 점 등을 고려할 때 남방셔츠의 격자무늬가 디자인적으로만 사용되었다고 볼 수 없는데도, 이와 달리 보아 피고인들에게 무죄를 인정한 원심판결에 상표의 사용에 관한 법리 등을 오해한 위법이 있다고 한 사례이다.

(1) 타인의 등록상표와 동일 또는 유사한 표장을 그 등록상표의 지정상품과 동일 또는 유사한 상품에 상표로서 사용하면 타인의 상표권을 침해하는 행위가 되고, 한편 타인의 등록상표와 동일 또는 유사한 표장을 이용하더라도 그것이 상품의 출처표시를 위한 것이 아니어서 상표의 사용으로 인식될 수 없는 경우에는 타인의 상표권을 침해한 것으로 볼 수 없다. 이때 그 표장이 상표로서 사용되었는지는 표장과 상품의 관계, 상품 등에 표시된 위치나 크기 등 당해 표장의 사용 태양, 등록상표의 주지저명성 및 사용자의 의도와 사용 경위 등을 종합하여 실제 거래계에서 그 표시된 표장이 상품의 식별 표지로서 사용되고 있는지를 기준으로 판단하여야 한다.

또한 디자인과 상표는 배타적·선택적 관계에 있지 아니하므로, 디자인이 될 수 있는 형상이나 모양이라고 하더라도 그것이 상표의 본질적 기능인 자타상품의 출처표시로서 기능하는 경우에는 상표로서 사용된 것으로 보아야 한다.

(2) 원심이 적법하게 채택하여 조사한 증거에 의하면, 피해자 영국의 버버리 리미티드(이하 '피해자 회사'라고 한다)의 이 사건 등록상표는 캐주얼셔츠, 넥타이, 원피스, 스카프와 같은 의류 등의 상품에 관하여 피해자 회사의 출처표시로서 널리 알려져 있는 점, 이 사건 등록상표는 격자무늬를 형성하는 선들의 색상 및 개수·배열순서 등에 의하여 수요자의 감각에 강하게 호소하는 독특한 디자인적 특징을 가지고 있고 주로 의류 등 상품의 표면 또는 이면의 상당 부분에 표시되는 형태로 사용되어 그 상품을 장식함과 동시에 피해자 회사의 출처도 함께 표시하는 기능을 수행하여 오고 있는 점, 피고인 1이 대표이사로 있는 피고인 2 주식회사가 중국에서 수입한 원심 판시 이 사건 남방셔츠는 이 사건 등록상표의 지정상품과 동일한 상품으로서, 이 사건 남방셔츠의 격자무늬는 이 사건 등록상표에 비하여 세로선의 폭이 가로선의 폭보다 약간 좁고 바탕색도 약간 옅지만 격자무늬를 형성하는 선들의 색상 및 개수·배열순서가 동일하여 전체적으로 보아 이 사건 등록상표와 매우 유사하고, 그 사용형태도 위에서 본 이 사건 등록상표의 주된 사용형태와 별로 다르지 아니한 점, 피고인 1은 이 사건 등록상표가 피해자 회사의 상품 출처표시로 사용되고 있음을 알면서도 위와 같이 이 사건 등록상표와 매우 유사한 격자무늬가 사용된 이 사건 남방셔츠를 판매목적으로 수입한 점 등을 알 수 있다.

(3) 이러한 사정을 앞서 본 법리에 비추어 보면 이 사건 남방셔츠의 격자무늬는 상품의 출처를 표시하기 위하여 상표로서 사용되었다고 보아야 할 것이다. 한편 이 사건 남방셔츠에 'SYMBIOSE'라는 표장이 별도로 표시되어 있기는 하나, 하나의 상품에 둘 이상의 상표가 표시될 수 있는 점, 그리고 그 'SYMBIOSE' 표장의 표시 위치 및 크기 등을 고려할 때 그러한 사정만으로 이 사건 남방셔츠의 격자무늬가 디자인적으로만 사용되었다고 볼 수 없다.

그럼에도 원심은 이 사건 남방셔츠의 격자무늬가 상품의 출처표시를 위하여서가 아니라 심미적 효과를 위하여 디자인적으로 사용된 것에 불과하다고 보아 피고인들에게 무죄를 선고한 제1심 판결을 그대로 유지하였다. 이러한 원심의 조치에는 상표의 사용에 관한 법리 등을 오해함으로써 판결에 영향을 미친 위법이 있다.

판시사항

(1) 둘 이상의 문자 또는 도형의 조합으로 이루어진 결합상표의 유사 여부를 판단하는 방법

(2) 상표에서 요부가 존재하는 경우 그 부분이 분리관찰이 되는지 따질 필요 없이 요부만 대비함으로써 상표의 유사 여부를 판단할 수 있는지 여부(적극) 및 상표의 구성 부분이 요부인지 판단하는 방법 / 이러한 법리가 상표에도 마찬가지로 적용되는지 여부(적극)

(3) 선등록상표 "**자 생**", "**자생한의원**", "**자생한방병원**" 등의 상표권자 甲이 '한방의료법, 성형외과업' 등을 지정서비스로 하는 등록상표 "**자생초**"의 상표권자 乙을 상대로 등록상표가 상표법 제34조 제1항 제12호 및 제13호의 등록무효사유에 해당한다며 등록무효심판을 청구한 사안에서, 선등록상표 등과 등록상표는 요부인 '자생'을 기준으로 대비하면 호칭과 관념이 동일하여 유사한 상표에 해당함에도 이와 달리 본 원심판결에 상표의 유사에 관한 법리를 오해하여 심리를 다하지 않은 잘못이 있다고 한 사례

판결요지

(1) 둘 이상의 문자 또는 도형의 조합으로 이루어진 결합상표는 그 구성 부분 전체의 외관, 호칭, 관념을 기준으로 상표의 유사 여부를 판단하는 것이 원칙이나, 상표 중에서 일반 수요자에게 그 상표에 관한 인상을 심어주거나 기억·연상을 하게 함으로써 그 부분만으로 독립하여 상품의 출처표시 기능을 수행하는 부분, 즉 요부가 있는 경우 적절한 전체관찰의 결론을 유도하기 위해서는 요부를 가지고 상표의 유사 여부를 대비·판단하는 것이 필요하다.

(2) 상표에서 요부는 다른 구성 부분과 상관없이 그 부분만으로 일반 수요자에게 두드러지게 인식되는 독자적인 식별력 때문에 다른 상표와 유사 여부를 판단할 때 대비의 대상이 되는 것이므로, 상표에서 요부가 존재하는 경우에는 그 부분이 분리관찰이 되는지를 따질 필요 없이 요부만으로 대비함으로써 상표의 유사 여부를 판단할 수 있다.
그리고 상표의 구성 부분이 요부인지는 그 부분이 주지·저명하거나 일반 수요자에게 강한 인상을 주는 부분인지, 전체 상표에서 높은 비중을 차지하는 부분인지 등의 요소를 따져 보되, 여기에 다른 구성 부분과 비교한 상대적인 식별력 수준이나 그와의 결합상태와 정도, 지정상품과의 관계, 거래실정 등까지 종합적으로 고려하여 판단하여야 한다. 이러한 법리는 상표에 대하여도 마찬가지로 적용된다.

(3) 지정서비스가 한의원업 또는 한방병원업 등인 선등록상표 "**자 생**", "**자생한의원**", "**자생한방병원**" 등의 상표권자 甲이 '한방의료업, 성형외과업' 등을 지정서비스로 하는 등록상표 "**자생초**"의 상표권자 乙을 상대로 등록상표가 상표법 제34조 제1항 제12호 및 제13호의 등록무효사유에 해당한다며 등록무효심판을 청구한 사안에서, 선등록상표 등과 등록상표는 모두 요부가 '자생'이므로, '자생'이 분리관찰이 되는지를 따질 필요 없이 위 상표들을 '자생'을 기준으로 대비하면 호칭과 관념이 동일하여 유사한 상표에 해당함에도 이와 달리 본 원심판결에 상표의 유사에 관한 법리를 오해하여 심리를 다하지 않은 잘못이 있다고 한 사례이다.

상고이유(상고이유서 제출기간이 지난 후에 제출된 상고이유보충서의 기재는 상고이유를 보충하는 범위 내에서)를 판단한다.

(1) 둘 이상의 문자 또는 도형의 조합으로 이루어진 결합상표는 그 구성 부분 전체의 외관, 호칭, 관념을 기준으로 상표의 유사 여부를 판단하는 것이 원칙이나, 상표 중에서 일반 수요자에게 그 상표에 관한 인상을 심어주거나 기억·연상을 하게 함으로써 그 부분만으로 독립하여 상품의 출처표시 기능을 수행하는 부분, 즉 요부가 있는 경우 적절한 전체관찰의 결론을 유도하기 위해서는 그 요부를 가지고 상표의 유사 여부를 대비·판단하는 것이 필요하다.

상표에서 요부는 다른 구성 부분과 상관없이 그 부분만으로 일반 수요자에게 두드러지게 인식되는 독자적인 식별력 때문에 다른 상표와 유사 여부를 판단할 때 대비의 대상이 되는 것이므로, 상표에서 요부가 존재하는 경우에는 그 부분이 분리관찰이 되는지를 따질 필요 없이 요부만으로 대비함으로써 상표의 유사 여부를 판단할 수 있다고 보아야 한다. 그리고 상표의 구성 부분이 요부인지 여부는 그 부분이 주지·저명하거나 일반 수요자에게 강한 인상을 주는 부분인지, 전체 상표에서 높은 비중을 차지하는 부분인지 등의 요소를 따져 보되, 여기에 다른 구성 부분과 비교한 상대적인 식별력 수준이나 그와의 결합상태와 정도, 지정상품과의 관계, 거래실정 등까지 종합적으로 고려하여 판단하여야 한다. 이러한 법리는 상표에 대하여도 마찬가지로 적용된다.

(2) 위 법리와 기록에 비추어 살펴본다.

① 원심 판시 이 사건 등록상표는 '한방의료업, 성형외과업' 등을 지정서비스로 하여 오른쪽과 같이 구성되어 있다. 원심 판시 이 사건 선등록상표 1과 2는 각 '한의원업' 등을 지정서비스로 하여, 선등록상표 3은 '한방병원업' 등을 지정서비스로 하여 각 오른쪽과 같이 구성되어 있고, 원심 판시 이 사건 선사용상표는 '한의원업' 등의 서비스에 사용되고 오른쪽과 같이 구성되어 있다.

자생초
[이 사건 등록상표]
자 생
[선등록상표 1]
자 생 한 의 원
[선등록상표 2]
자 생 한 방 병 원
[선등록상표 3]
자생한방병원
[선사용상표]

문자로 이루어진 이 사건 선등록상표들과 선사용상표(이하, '이 사건 선등록상표 등'이라고 한다)가 공통으로 가지고 있는 '자생' 부분은 '자기 자신의 힘으로 살아감', '저절로 나서 자람' 등의 의미를 가진 단어로서 지정서비스나 사용서비스와의 관계에서 본질적인 식별력이 있는 반면, 이 사건 선등록상표 2, 3 및 선사용상표의 '한의원'이나 '한방병원' 부분은 그 지정서비스나 사용서비스를 나타내는 부분으로서 식별력이 없다. 나아가 기록에 의하여 알 수 있는 '자생한의원'이나 '자생한방병원'이라는 상표가 '한방의료업' 등에 사용된 기간, 언론에 소개된 횟수와 내용, 그 홍보의 정도 등에 비추어 볼 때 위 상표들에서 식별력이 있는 '자생' 부분은 이 사건 등록상표의 지정서비스와 동일·유사하거나 최소한 경제적 견련성이 있는 '한방의료업' 등과 관련하여 일반 수요자들에게 널리 인식되어 그 식별력이 더욱 강해졌다고 할 수 있다. 이러한 점 등을 종합하여 보면 이 사건 선등록상표 등에서 '자생'은 독립적인 식별 표지 기능을 발휘하는 요부에 해당한다.

② 한편 이 사건 등록상표의 문자 부분 중 '자생' 부분은 이 사건 선등록상표 등의 요부와 동일하여 마찬가지로 강한 식별력을 가지는 반면에 '초' 부분은 약초(藥草)나 건초(乾草) 등과 같이 '풀'을 의미하는 한자어로 많이 사용되어 그 지정서비스와 관련하여 약의 재료나 원료 등을 연상시킨다는 점에서 식별력이 높지 않다고 보일 뿐만 아니라, 강한 식별력을 가지는 '자생' 부분과 비교하여 볼 때 상대적인 식별력도 미약하다. 나아가 '자생초'가 '스스로 자라나는 풀' 등의 의미를 가진다고 하더라도 이는 사전에 등재되어 있지 아니한 단어로서 '자생'과 '초' 각각의 의미를 결합한 것 이상의 새로운 의미가 형성되는 것도 아니라는 점 등까지 보태어 보면, 이 사건 등록상표의 문자 부분 중 '자생'이 '초'와 결합한 일체로서만 식별 표지 기능을 발휘한다고 보기는 어렵다. 또한 이 사건 등록상표 중 네모 도형은 별다른 특징이 없는 부분으로서 문자 부분과의 결합상태와 정도 등에 비추어 위와 같은 판단에 아무런 영향을 줄 수 없다. 이러한 사정 등을 종합하여 보면 이 사건 등록상표에서는 '자생' 부분이 독립적인 식별 표지 기능을 발휘하는 요부라고 할 수 있다.

③ 그렇다면 이 사건 선등록상표 등과 이 사건 등록상표는 모두 요부가 '자생'이라고 할 것이므로, '자생'이 분리관찰이 되는지를 따질 필요 없이 위 상표들을 '자생'을 기준으로 대비하면 그 호칭과 관념이 동일하여 유사한 상표에 해당한다고 할 것이다. 그럼에도 원심은 이 사건 선등록상표 등과 이 사건 등록상표는 호칭과 관념 등이 유사하지 않아 그 표장이 유사하지 않다고 판단하였으니, 이러한 원심판결에는 상표의 유사에 관한 법리를 오해하여 필요한 심리를 다하지 아니하는 등으로 판결에 영향을 미친 잘못이 있다.

08 몬스터 사건 (2015후932)

판시사항

(1) 상표 중에서 요부가 있는 경우, 요부를 가지고 상표의 유사 여부를 대비·판단하는 것이 필요한지 여부(적극) 및 상표의 구성 부분 중 식별력이 없거나 미약한 부분이 요부가 될 수 있는지 여부(소극)

(2) 결합상표 중 일부 구성 부분이 요부로 기능할 수 있는 식별력이 없거나 미약한지 판단하는 방법

(3) 선등록·사용상표 "MONSTERENERGY" 및 선사용상표 "Ⅲ"의 권리자 및 사용자인 甲이 등록상표 "몬스터"는 선등록·사용상표 및 선사용상표를 모방하여 부정한 목적으로 출원·등록된 상표이므로 상표법 제34조 제1항 제7호, 제12호, 제13호에 해당한다며 등록무효심판을 청구한 사안에서, 등록상표와 선등록·사용상표 및 선사용상표에서 '몬스터'나 'MONSTER'가 독립하여 상품의 출처표시 기능을 수행하는 요부에 해당한다고 볼 수 없고, 등록상표와 선등록·사용상표 및 선사용상표는 전체적으로 관찰하면 외관·호칭 및 관념에서 서로 차이가 있어 유사하지 않다고 본 원심판단을 정당하다고 한 사례

(1) 둘 이상의 문자 또는 도형의 조합으로 이루어진 결합상표는 구성 부분 전체의 외관, 호칭, 관념을 기준으로 상표의 유사 여부를 판단하는 것이 원칙이나, 상표 중에서 일반 수요자에게 그 상표에 관한 인상을 심어주거나 기억·연상을 하게 함으로써 그 부분만으로 독립하여 상품의 출처표시 기능을 수행하는 부분, 즉 요부가 있는 경우 적절한 전체관찰의 결론을 유도하기 위해서는 요부를 가지고 상표의 유사 여부를 대비·판단하는 것이 필요하다. 그리고 상표에서 요부는 다른 구성 부분과 상관없이 그 부분만으로 일반 수요자에게 두드러지게 인식되는 독자적인 식별력 때문에 다른 상표와 유사 여부를 판단할 때 대비의 대상이 되는 것이므로, 상표의 구성 부분 중 식별력이 없거나 미약한 부분은 요부가 된다고 할 수 없다.

(2) 결합상표 중 일부 구성 부분이 요부로 기능할 수 있는 식별력이 없거나 미약한지 여부를 판단할 때는 해당 구성 부분을 포함하는 상표가 그 지정상품과 동일·유사한 상품에 관하여 다수 등록되어 있거나 출원공고되어 있는 사정도 고려할 수 있으므로, 등록 또는 출원공고된 상표의 수나 출원인 또는 상표권자의 수, 해당 구성 부분의 본질적인 식별력의 정도 및 지정상품과의 관계, 공익상 특정인에게 독점시키는 것이 적당하지 않다고 보이는 사정의 유무 등을 종합적으로 고려하여 판단하여야 한다.

(3) 선등록·사용상표 "MONSTERENERGY" 및 선사용상표 "🎽"의 권리자 및 사용자인 甲이 등록상표 "롯데 몬스터"는 선등록·사용상표 및 선사용상표를 모방하여 부정한 목적으로 출원·등록된 상표이므로 상표법 제34조 제1항 제7호, 제12호, 제13호에 해당한다며 등록무효심판을 청구한 사안에서, 등록상표와 선등록·사용상표 및 선사용상표는 모두 '몬스터' 또는 'MONSTER'라는 부분을 포함하고 있지만, 등록상표의 출원일 이전에 지정상품과 동일·유사한 상품에 관하여 '몬스터' 또는 'MONSTER'를 포함하는 다수의 상표들이 등록되어 있는 사정을 고려하면 식별력을 인정하기 곤란하거나 이를 공익상 특정인에게 독점시키는 것이 적당하지 않으므로 등록상표와 선등록·사용상표 및 선사용상표에서 '몬스터'나 'MONSTER'가 독립하여 상품의 출처표시 기능을 수행하는 요부에 해당한다고 볼 수 없고, 등록상표와 선등록·사용상표 및 선사용상표는 전체적으로 관찰하면 외관·호칭 및 관념에서 서로 차이가 있어 유사하지 않다고 본 원심판단을 정당하다고 한 사례이다.

(1) 둘 이상의 문자 또는 도형의 조합으로 이루어진 결합상표는 그 구성 부분 전체의 외관, 호칭, 관념을 기준으로 상표의 유사 여부를 판단하는 것이 원칙이나, 상표 중에서 일반 수요자에게 그 상표에 관한 인상을 심어주거나 기억·연상을 하게 함으로써 그 부분만으로 독립하여 상품의 출처표시 기능을 수행하는 부분, 즉 요부가 있는 경우 적절한 전체관찰의 결론을 유도하기 위해서는 그 요부를 가지고 상표의 유사 여부를 대비·판단하는 것이 필요하다. 그리고 상표에서 요부는 다른 구성 부분과 상관없이 그 부분만으로 일반 수요자에게 두드러지게 인식되는 독자적인 식별력 때문에 다른 상표와 유사 여부를 판단할 때 대비의 대상이 되는 것이므로, 상표의 구성 부분 중 식별력이 없거나 미약한 부분은 요부가 된다고 할 수 없다.

한편 결합상표 중 일부 구성 부분이 요부로 기능할 수 있는 식별력이 없거나 미약한지 여부를 판단할 때는 해당 구성 부분을 포함하는 상표가 그 지정상품과 동일·유사한 상품에 관하여 다수 등록되어 있거나 출원공고되어 있는 사정도 고려할 수 있으므로, 등록 또는 출원공고된 상표의 수나 출원인 또는 상표권자의 수, 해당 구성 부분의 본질적인 식별력의 정도 및 지정상품과의 관계, 공익상 특정인에게 독점시키는 것이 적당하지 않다고 보이는 사정의 유무 등을 종합적으로 고려하여 판단하여야 한다.

(2) 원심판결 이유에 의하면, 원심은 '건과자, 롤리팝' 등을 지정상품으로 하고 오른쪽과 같이 구성된 이 사건 등록상표나 '사이다, 탄산수' 등을 지정상품으로 하고 오른쪽과 같이 구성된 원심 판시 선등록·사용상표 및 '탄산 소프트음료, 에너지 및 스포츠 음료' 등을 사용상품으로 하고 오른쪽과 같이 구성된 원심 판시 선사용상표는 모두 '몬스터' 또는 'MONSTER'라는 부분을 포함하고 있지만, 이 사건 등록상표의 출원일 이전에 그 지정상품과 동일·유사한 상품에 관하여 '몬스터' 또는 'MONSTER'를 포함하는 다수의 상표들이 등록되어 있는 사정

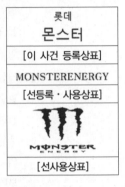

을 고려하면 그 식별력을 인정하기 곤란하거나 이를 공익상 특정인에게 독점시키는 것이 적당하지 않으므로, 이 사건 등록상표와 선등록·사용상표 및 선사용상표에서 '몬스터'나 'MONSTER'가 독립하여 상품의 출처표시 기능을 수행하는 요부에 해당한다고 볼 수 없고, 이 사건 등록상표와 선등록·사용상표 및 선사용상표는 전체적으로 관찰하면 그 외관·호칭 및 관념에서 서로 차이가 있어 유사하지 않다고 판단하였다.

앞서 본 법리와 기록에 비추어 살펴보면, 원심의 위와 같은 판단은 정당하고, 거기에 상고이유 주장과 같이 상표의 유사 여부 판단에 관한 법리를 오해하고 필요한 심리를 다하지 아니하는 등의 잘못이 없다.

09 글리아타민 사건 (2017후2208)

판시사항

(1) 결합상표 중 일부 구성 부분이 식별력을 인정하기 곤란하거나 공익상으로 보아 특정인에게 독점시키는 것이 적당하지 않다고 인정되는 경우 독립하여 요부가 될 수 있는지 여부(소극) 및 상표의 구성 부분 전부가 식별력이 없거나 미약한 경우 상표의 유사 여부를 판단하는 방법

(2) 甲 외국회사가 '노인성 기억감퇴증 치료제' 등 전문의약품 등을 지정상품으로 하는 등록상표 "**GLIATAMIN**"의 상표권자 乙 주식회사를 상대로 등록상표가 선등록상표들인 "**GLIATILIN 글리아티린**" 및 "**GLIATILIN**"과 각 표장 및 지정상품이 유사하여 상표법 제34조 제1항 제7호 등에 해당한다는 이유로 등록무효심판을 청구한 사안에서, 등록상표와 선등록상표들의 표장이 서로 동일 또는 유사하다고 볼 수 없다고 한 사례

(1) 둘 이상의 문자 또는 도형의 조합으로 이루어진 결합상표 중 어느 부분이 사회통념상 자타상품의 식별력을 인정하기 곤란하거나 공익상으로 보아 특정인에게 독점시키는 것이 적당하지 않다고 인정되는 경우에는 독립하여 상품의 출처표시 기능을 수행하는 요부에 해당한다고 볼 수 없다. 만일 상표의 구성 부분 전부가 식별력이 없거나 미약한 경우에는 그중 일부만이 요부가 된다고 할 수 없으므로 상표 전체를 기준으로 유사 여부를 판단하여야 한다.

(2) 甲 외국회사가 '노인성 기억감퇴증 치료제' 등 전문의약품 등을 지정상품으로 하는 등록 상표 "**GLIATAMIN**"의 상표권자 乙 주식회사를 상대로 등록상표가 선등록상표들인 "**글리아티린**" 및 "**GLIATILIN**"과 각 표장 및 지정상품이 유사하여 상표법 제34조 제1항 제7호 등에 해당한다는 이유로 등록무효심판을 청구한 사안에서, '신경교(neuroglia)' 또는 '신경교세포(glia cell)'를 뜻하는 'GLIA(글리아)'의 의미 및 사용실태, 의사, 약사 등이 실제 판매 및 거래관계에 개입하고 있는 의약품에 관한 거래실정을 고려하면, 등록상표와 선등록상표들 중 'GLIA(글리아)' 부분은 지정상품인 의약품과의 관계에서 뇌신경질환 관련 치료제로 수요자에게 인식되어 식별력이 없거나 미약할 뿐만 아니라 공익상으로 보아 특정인에게 독점시키는 것이 적당하지 않으므로 요부가 될 수 없고, 'TAMIN'과 'TILIN(티린)'은 조어이기는 하나 의약품 작명 시 다른 용어에 붙어 접사와 같이 사용되고 있어 독립하여 요부가 될 수 없으므로, 위 상표들의 전체를 기준으로 유사 여부를 판단하면, 'GLIA(글리아)' 부분이 공통되기는 하지만 'TAMIN'과 'TILIN(티린)'의 외관과 호칭의 차이로 혼동을 피할 수 있으므로 등록상표와 선등록상표들의 표장이 서로 동일 또는 유사하다고 볼 수 없는데도, 이와 달리 본 원심판단에 법리오해의 잘못이 있다고 한 사례이다.

상고이유를 판단한다.

(1) 둘 이상의 문자 또는 도형의 조합으로 이루어진 결합상표 중 어느 부분이 사회통념상 자타상품의 식별력을 인정하기 곤란하거나 공익상으로 보아 특정인에게 독점시키는 것이 적당하지 않다고 인정되는 경우에는 독립하여 상품의 출처표시 기능을 수행하는 요부에 해당한다고 볼 수 없다. 만일 상표의 구성 부분 전부가 식별력이 없거나 미약한 경우에는 그중 일부만이 요부가 된다고 할 수 없으므로 상표 전체를 기준으로 유사 여부를 판단하여야 한다.

(2) 원심판결 이유와 기록에 의하면, 다음과 같은 사정을 알 수 있다.

① 이 사건 등록상표인 "**GLIATAMIN**"과 이 사건 선등록상표인 "**글리아티린**", "**GLIATILIN**"은, 그 한글 음역이 5음절의 '글리아타민'과 '글리아티린(또는 글리아틸린)'으로, 앞의 3음절에 해당하는 'GLIA(글리아)' 부분이 공통되고, 뒤의 2음절에 해당하는 'TAMIN'과 'TILIN(티린)' 부분에 차이가 있다.

② 양 표장 중 앞부분의 'GLIA(글리아)' 부분은 '신경교(神經膠, neuroglia)' 또는 '신경교세포(glia cell)'를 의미하고, 뒷부분의 'TAMIN'과 'TILIN(티린)'은 조어로서 의약품 작명 시 다른 용어에 붙어 접사와 유사하게 사용되고 있다.

③ '신경교(neuroglia)' 또는 '신경교세포(glia cell)'는 백과사전 및 과학용어사전 등에 '중추 신경계의 조직을 지지하는 세포로 뇌와 척수의 내부에서 신경세포에 필요한 물질을 공급하고 신경세포의 활동에 적합한 화학적 환경을 조성하는 기능을 하는 세포를 일컫는 용어'라고 설명되어 있다.

④ 의학 및 약학 교재인 '신경해부생리학', '인체해부학', '인체생리학', '신경학' 등에 'GLIA(신경교 또는 신경교세포)'에 대한 설명이 기재되어 있다. 그리고 의학 및 약학 관련 신문 등에는 'GLIA(글리아)' 연구를 통해 치매, 파킨슨씨병, 간질, 불면증, 우울증, 자폐증 등 뇌질환을 치료할 수 있다는 내용의 기사가 다수 게재되어 있다.

⑤ 의약품은 오용·남용될 우려가 적고 의사의 처방 없이 사용하더라도 안전성 및 유효성을 기대할 수 있는 것으로 식품의약품안전처장이 지정한 '일반의약품'과 일반의약품이 아닌 '전문의약품'으로 구분된다(약사법 제2조 제9, 10호). 이 사건 등록상표의 지정상품에는 '노인성 기억감퇴증 치료제, 외상퇴행성 대뇌증후군 치료제, 원발퇴행성 대뇌증후군 치료제, 혈관퇴행성 대뇌증후군 치료제, 우울증 치료제' 등과 같은 전문의약품과 '소염제' 등과 같은 일반의약품이 있고, 전문의약품과 일반의약품이 모두 포함될 수 있는 '약제, 약제용 연고, 약제용 정제' 등이 있다.

⑥ 전문의약품의 경우는 의사가 환자의 증상에 따라 의약품을 처방하면 약사가 처방에 따른 조제를 하므로 사실상 일반 소비자가 의약품의 선택에 개입할 여지가 없다. 그리고 전문의약품은 광고가 원칙적으로 금지되고 있어 의사, 약사 등 전문가가 아닌 일반 소비자가 이에 대한 정보를 알기도 쉽지 않다.

일반의약품의 경우는 일반 소비자가 약국에서 직접 필요한 의약품을 구매하지만, 이 경우에도 대부분 환자가 증상을 설명하면 약사가 그에 맞는 의약품을 골라주는 것이 거래실정이다. 그리고 약사는 구매자가 필요한 의약품을 선택할 수 있도록 복약지도를 할 의무가 있으므로(약사법 제2조 제12호, 제24조 제4항), 대개는 약사의 개입 하에 구매가 이루어진다.

(3) 위와 같은 사실관계 또는 사정을 앞에서 본 법리에 비추어 살펴본다.

① 'GLIA(글리아)'의 의미 및 사용실태, 의약품에 관한 거래실정을 고려하면, 이 사건 등록상표와 선등록상표들 중 'GLIA(글리아)' 부분은 그 지정상품인 의약품과의 관계에서 뇌신경질환 관련 치료제로 수요자에게 인식되어 식별력이 없거나 미약할 뿐만 아니라 공익상으로 보아 특정인에게 독점시키는 것이 적당하지 않으므로 요부가 될 수 없다. 그리고 위 상표들 중 뒷부분에 위치한 'TAMIN'과 'TILIN(티린)'은 조어이기는 하나 의약품 작명 시 다른 용어에 붙어 접사와 같이 사용되고 있으므로 독립하여 요부가 될 수 없다. 따라서 위 상표들의 전체를 기준으로 유사 여부를 판단하여야 한다.

② 비록 이 사건 등록상표와 선등록상표들 중 'GLIA(글리아)' 부분이 공통되기는 하지만, 수요자는 뒤의 두 음절인 'TAMIN'과 'TILIN(티린)'의 외관과 호칭의 차이로 혼동을 피할 수 있을 것으로 보인다. 따라서 이 사건 등록상표와 선등록상표들의 표장은 서로 동일 또는 유사하다고 볼 수 없다.

그런데도 원심은, 이 사건 등록상표와 선등록상표들 중 각 일부인 'GLIA(글리아)' 부분은 식별력이 없거나 미약하다고 볼 수 없고, 위 상표들은 호칭이 유사하여 전체적으로 볼 때 표장이 서로 유사하다고 판단하였다. 이러한 원심판단에는 상표의 유사 판단에 관한 법리를 오해함으로써 판결에 영향을 미친 잘못이 있다. 이 점을 지적하는 상고이유 주장은 이유 있다.

10 제일모직 사건 (2015후1348)

판시사항

(1) 상표가 유사한지 판단하는 기준 및 도형상표에서 상표가 유사한지 판단하는 기준 / 상표가 유사한지 판단하는 방법

(2) 특허청 심사관이 가방 등을 지정상품으로 하는 甲 주식회사의 출원상표 "🏠"에 대하여 서류가방 등을 지정상품으로 하는 선등록상표 "🅱"와 표장 및 지정상품이 유사하다는 등의 이유로 거절결정을 하자, 甲 회사가 특허심판원에 불복심판을 청구하였으나 특허심판원이 기각하는 심결을 한 사안에서, 두 표장은 외관이 주는 지배적인 인상이 유사하여 동일·유사한 상품에 다 같이 사용하는 경우 일반 수요자에게 출처에 관하여 오인·혼동을 일으킬 염려가 있으므로 서로 유사하다고 한 사례

판결요지

(1) 상표의 유사 여부는 대비되는 상표를 외관, 호칭, 관념의 세 측면에서 객관적, 전체적, 이격적으로 관찰하여 거래상 오인·혼동의 염려가 있는지에 따라 판단하여야 한다. 특히 도형상표들에서는 외관이 주는 지배적 인상이 동일·유사하여 두 상표를 동일·유사한 상품에 다 같이 사용하는 경우 일반 수요자에게 상품의 출처에 관하여 오인·혼동을 일으킬 염려가 있다면 두 상표는 유사하다고 보아야 한다. 또한 상표의 유사 여부의 판단은 두 개의 상표 자체를 나란히 놓고 대비하는 것이 아니라 때와 장소를 달리하여 두 개의 상표를 대하는 일반 수요자에게 상품 출처에 관하여 오인·혼동을 일으킬 우려가 있는지의 관점에서 이루어져야 하고, 두 개의 상표가 외관, 호칭, 관념 등에 의하여 일반 수요자에게 주는 인상, 기억, 연상 등을 전체적으로 종합할 때 상품의 출처에 관하여 오인·혼동을 일으킬 우려가 있는 경우에는 두 개의 상표는 서로 유사하다고 보아야 한다.

(2) 특허청 심사관이 가방 등을 지정상품으로 하는 甲 주식회사의 출원상표 "🏠"에 대하여 서류가방 등을 지정상품으로 하는 선등록상표 "🅱"와 표장 및 지정상품이 유사하다는 등의 이유로 거절결정을 하자, 甲 회사가 특허심판원에 불복심판을 청구하였으나 특허심판원이 기각하는 심결을 한 사안에서, 일반 수요자의 직관적 인식을 기준으로 두 상표의 외관을 이격적으로 관찰하면, 두 표장은 모두 검은색 도형 내부에 옆으로 누운 아치형의 도형 2개가 상하로 배치되어 있는 점, 검은색 도형의 왼쪽 부분이 오른쪽

부분보다 2배 정도 두꺼운 점 등에서 공통되고, 알파벳 'B'를 이용하여 도안화한 것으로 보이는 점에서 모티브가 동일하여 전체적인 구성과 거기에서 주는 지배적 인상이 유사하며, 출원상표는 검은색 도형이 오각형이어서 상부가 뾰족한 형상을 이루는 반면 선등록상표는 검은색 도형이 사각형이어서 상부가 평평한 형상인 점 등에서 차이가 있으나 이는 이격적 관찰로는 쉽게 파악하기 어려운 정도의 차이에 불과하여, 두 표장은 외관이 주는 지배적인 인상이 유사하여 동일·유사한 상품에 다 같이 사용하는 경우 일반 수요자에게 출처에 관하여 오인·혼동을 일으킬 염려가 있으므로 서로 유사하다고 한 사례이다.

논점의 정리

(1) 상표의 유사 여부는 대비되는 상표를 외관, 호칭, 관념의 세 측면에서 객관적, 전체적, 이격적으로 관찰하여 거래상 오인·혼동의 염려가 있는지에 따라 판단하여야 한다. 특히 도형상표들에 있어서는 그 외관이 주는 지배적 인상이 동일·유사하여 두 상표를 동일·유사한 상품에 다 같이 사용하는 경우 일반 수요자에게 상품의 출처에 관하여 오인·혼동을 일으킬 염려가 있다면 두 상표는 유사하다고 보아야 한다. 또한 상표의 유사 여부의 판단은 두 개의 상표 자체를 나란히 놓고 대비하는 것이 아니라 때와 장소를 달리하여 두 개의 상표를 대하는 일반 수요자에게 상품 출처에 관하여 오인·혼동을 일으킬 우려가 있는지의 관점에서 이루어져야 하고, 두 개의 상표가 그 외관, 호칭, 관념 등에 의하여 일반 수요자에게 주는 인상, 기억, 연상 등을 전체적으로 종합할 때 상품의 출처에 관하여 오인·혼동을 일으킬 우려가 있는 경우에는 두 개의 상표는 서로 유사하다고 보아야 한다.

(2) 이러한 법리에 비추어 '가방' 등을 지정상품으로 하고 오른쪽 위와 같이 구성된 이 사건 출원상표와 '서류가방' 등을 지정상품으로 하고 오른쪽 아래와 같이 구성된 이 사건 선등록상표가 유사한지 살펴본다.

① 일반 수요자의 직관적 인식을 기준으로 두 상표의 외관을 이격적으로 관찰하면, 두 표장은 모두 검은색 도형 내부에 옆으로 누운 아치형의 도형 2개가 상하로 배치되어 있는 점, 검은색 도형의 왼쪽 부분이 오른쪽 부분보다 2배 정도 두꺼운 점 등에서 공통되고, 알파벳 'B'를 이용하여 도안화한 것으로 보이는 점에서 모티브가 동일하여 전체적인 구성과 거기에서 주는 지배적 인상이 유사하다.

② 다만 이 사건 출원상표는 검은색 도형이 오각형이어서 상부가 뾰족한 형상을 이루는 반면 이 사건 선등록상표는 검은색 도형이 사각형이어서 상부가 평평한 형상인 점, 이 사건 출원상표는 검은색 도형 내부에 있는 2개의 아치형 도형의 크기 차이가 있음이 비교적 분명히 드러나는 반면 이 사건 선등록상표는 2개의 아치형 도형의 크기가 거의 같은 점 등에서 차이가 있으나, 이는 이격적 관찰로는 쉽게 파악하기 어려운 정도의 차이에 불과하다고 보인다.

(3) 이와 같이 두 표장은 그 외관이 주는 지배적인 인상이 유사하여 동일·유사한 상품에
다 같이 사용하는 경우 일반 수요자에게 그 출처에 관하여 오인·혼동을 일으킬 염려가
있으므로 서로 유사하다고 할 것이다.

그럼에도 원심은 이 사건 출원상표와 이 사건 선등록상표는 그 지배적인 외관이 확연히
다르다는 이유 등으로 서로 유사하다고 보기 어렵다고 판단하였으니, 원심판결에는 상
표의 유사 여부 판단에 관한 법리를 오해하여 판결에 영향을 미친 위법이 있다. 이 점을
지적하는 상고이유의 주장은 이유 있다.

---

11 자연의 벗 사건 (2019후11121)

판시사항

(1) 상표의 유사 여부를 판단하는 기준

(2) 화장품 등을 지정상품으로 하고 "Nature's Friend"로 구성된 등록상표가 "자연의벗"으로
구성된 선등록상표와 유사한지 문제된 사안에서, 양 표장은 관념이 동일·유사하더라
도 외관과 호칭의 확연한 차이로 전체로서 뚜렷이 구별되어 유사한 상품·서비스에 함
께 사용되더라도 일반 수요자나 거래자가 명확하게 상품 출처에 관하여 오인·혼동을
피할 수 있으므로, 등록상표와 선등록상표가 서로 유사하다고 보기 어렵다고 한 사례

(3) 상품 출처의 오인·혼동을 일으킬 우려가 있는지 판단하는 기준(보통의 주의력을 가진
우리나라의 일반 수요자나 거래자)

논점의 정리

상고이유를 판단한다.

(1) **상고이유 제1점에 관한 판단**

상표의 유사 여부는 상표의 외관·호칭·관념을 일반 수요자나 거래자의 입장에서 전
체적, 객관적, 이격적으로 관찰하여 상품의 출처에 관하여 오인·혼동을 일으킬 우려가
있는지 여부에 의하여 판단하여야 한다. 외관·호칭·관념 중 서로 다른 부분이 있더라
도 어느 하나가 유사하여 일반 수요자나 거래자가 오인·혼동하기 쉬운 경우에는 유사
상표라고 보아야 할 것이나, 어느 하나가 유사하다 하더라도 전체로서의 상표가 일반
수요자나 거래자가 상표에 대하여 느끼는 직관적 인식을 기준으로 하여 명확히 출처의
오인·혼동을 피할 수 있는 경우에는 유사한 것이라고 할 수 없다.

위 법리를 기록에 비추어 살펴보면, 'Nature's Friend'로 구성된 이 사건 등록상표(지정
상품 화장품 등)와 '자연의벗'으로 구성된 선등록상표(지정서비스 화장품 소매업 등)는
모두 '자연의 친구'라는 의미로 인식될 수 있어 관념이 동일·유사하나, 이 사건 등록상
표는 '네이쳐스 프렌드'로, 선등록상표는 '자연의벗'으로 호칭될 것이어서 호칭이 상이
하고, 도형 부분의 유무 및 영문과 한글의 차이 등으로 외관에서도 차이가 있다. 지정상
품의 거래에서 상표의 외관과 호칭이 가지는 중요성을 고려하면, 양 표장은 관념이 유사

하더라도 외관과 호칭의 확연한 차이로 전체로서 뚜렷이 구별되므로 유사한 상품・서비스업에 함께 사용되더라도 일반 수요자나 거래자가 명확하게 상품 출처에 관하여 오인・혼동을 피할 수 있다. 따라서 이 사건 등록상표와 선등록상표는 서로 유사하다고 보기 어렵다.

같은 취지의 원심 판단에 상고이유와 같이 상표의 유사 판단에 관한 법리를 오해한 위법이 없다.

(2) 상고이유 제2점에 관한 판단

상표의 유사 여부 판단에 있어서 상품 출처의 오인・혼동을 일으킬 우려가 있는지 여부는 보통의 주의력을 가진 우리나라의 일반 수요자나 거래자를 기준으로 판단하여야 한다.

원심판결 이유를 위 법리와 기록에 비추어 살펴보면, 원심 판단에 상고이유와 같이 상품 출처의 오인・혼동의 주체에 관한 법리를 오해한 위법이 없다.

(3) 결 론

그러므로 상고를 기각하고, 상고비용은 패소자가 부담하도록 하여 관여 대법관의 일치된 의견으로 주문과 같이 판결한다.

12 롤렉스 사건 (95후1821)

판시사항

(1) 상표법상 상표 보호의 취지

(2) 2개의 상표가 유사해 보이더라도 일반적인 거래실정을 종합하여 수요자들이 상품 품질이나 출처에 관한 오인・혼동의 염려가 없을 경우에 그 등록이 무효인지 여부(소극)

(3) 유사한 두 상표 "Rolens"와 "ROLEX"가 오인・혼동될 염려가 없어 상표법 제34조 제1항 제7호 등의 적용이 없다고 본 사례

판결요지

(1) 상표는 특정한 영업주체의 상품을 표창하는 것으로서 그 출처의 동일성을 식별하게 함으로써 그 상품의 품위 및 성질을 보증하는 작용을 하며, 상표법은 이와 같은 상표의 출처 식별 및 품질보증의 기능을 보호함으로써 당해 상표의 사용에 의하여 축조된 상표권자의 기업신뢰이익을 보호하고 유통질서를 유지하며 수요자로 하여금 상품의 출처의 동일성을 식별하게 하여 수요자가 요구하는 일정한 품질의 상품 구입을 가능하게 함으로써 수요자의 이익을 보호하려고 한다.

(2) 비록 2개의 상표가 상표 자체의 외관・칭호・관념에서 서로 유사하여 일반적・추상적・정형적으로는 양 상표가 서로 유사해 보인다 하더라도 당해 상품을 둘러싼 일반적인 거래실정, 즉 시장의 성질, 고객층의 재력이나 지식 정도, 전문가인지 여부, 연령, 성별, 당해 상품의 속성과 거래방법, 거래장소, 고장수리 등 사후관리 여부, 상표의 현존 및 사용상황, 상표의 주지 정도 및 당해 상품과의 관계, 수요자의 일상 언어생활 등을 종합적・전체적으로 고려하여, 거래사회에서 수요자들이 구체적・개별적으로는 상품의 품

질이나 출처에 관하여 오인·혼동할 염려가 없을 경우에는 양 상표가 공존하더라도 당해 상표권자나 수요자 및 거래자들의 보호에 아무런 지장이 없으므로, 그러한 상표의 등록을 금지하거나 등록된 상표를 무효라고 할 수 없다.

(3) 등록상표 "Rolens"와 선출원된 인용상표를 비교하면 등록상표는 그 출원 당시에는 시계류의 국내 일반 거래계에서 수요자간에 널리 알려져 있었고, 다른 한편 등록상표의 상품들은 중저가의 상품이어서 거래자 및 일반 수요자는 일반적인 보통 수준의 사람들인데 반하여, 인용상표의 상품들은 세계적으로 유명한 고가, 고품질의 시계로서 그 주요 거래자는 재력이 있는 소수의 수요자에 불과하며, 양 상표의 지정상품들은 외형과 품위에 있어서 현저한 차이가 있고, 기록상 국내에 인용상표의 지정상품들을 판매하는 대리점이 있다는 자료도 없거니와 이들 상품들을 정식으로 수입하여 판매된 자료도 나타나 있지 아니하는 등 인용상표의 지정상품은 국내에서는 공항 등의 보세구역 면세점에서 극히 소량 거래되고 있을 뿐이고 외국 여행객을 통하여 극소수 반입되는 정도에 불과한 바, 위와 같은 사정과 거래실정에 비추어 보면, 양 상표가 동일한 지정상품에 다 같이 사용될 경우라도 거래자나 일반 수요자에게 상품의 품질이나 출처에 대하여 오인·혼동을 일으키게 할 염려는 없고, 이와 같이 등록상표가 상품의 품질이나 출처에 대하여 오인·혼동을 일으킬 염려가 없는 상표에 해당한다면 상표법 제34조 제1항 제7호, 제9호, 제11호, 제12호가 적용될 여지가 없다고 본 사례이다.

논점의 정리

(1) 상표는 특정한 영업주체의 상품을 표창하는 것으로서 그 출처의 동일성을 식별하게 함으로써 그 상품의 품위 및 성질을 보증하는 작용을 하며, 상표법은 이와 같은 상표의 출처 식별 및 품질보증의 기능을 보호함으로써 당해 상표의 사용에 의하여 축조된 상표권자의 기업신뢰이익을 보호하고 유통질서를 유지하며 수요자로 하여금 상품의 출처의 동일성을 식별하게 하여 수요자가 요구하는 일정한 품질의 상품 구입을 가능하게 함으로써 수요자의 이익을 보호하려고 하는 바, 비록 2개의 상표가 상표 자체의 외관·칭호·관념에서 서로 유사하여 일반적·추상적·정형적으로는 양 상표가 서로 유사해 보인다 하더라도 당해 상품을 둘러싼 일반적인 거래실정, 즉 시장의 성질, 고객층의 재력이나 지식 정도, 전문가인지 여부, 연령, 성별, 당해 상품의 속성과 거래방법, 거래장소, 고장수리 등 사후관리 여부, 상표의 현존 및 사용 상황, 상표의 주지 정도 및 당해 상품과의 관계, 수요자의 일상 언어생활 등을 종합적·전체적으로 고려하여, 거래사회에서 수요자들이 구체적·개별적으로는 상품의 품질이나 출처에 관하여 오인·혼동할 염려가 없을 경우에는 양 상표가 공존하더라도 당해 상표권자나 수요자 및 거래자들의 보호에 아무런 지장이 없다 할 것이어서, 그러한 상표의 등록을 금지하거나 등록된 상표를 무효라고 할 수는 없다 할 것이다.

(2) 기록에 의하여 살피건대, 이 사건 등록상표 "Rolens"보다 선출원하여 등록된 인용상표는 고급시계에 관하여 국내외 수요자 간에 현저하게 인식되어 있는 주지 또는 저명한 상표로서 도형과 영문자의 결합상표인데, 그 결합으로 인하여 새로운 관념을 형성하는 것도 아니고, 분리관찰하면 부자연스러울 정도로 일체 불가분적으로 결합되어 있는 것

도 아니어서 위 문자 부분과 도형 부분은 분리관찰될 수 있고, 그 중 문자 부분만으로 관찰될 경우 이 사건 등록상표와는 외관과 칭호에 있어서 극히 유사하여 전체적으로 서로 유사하다고 할 것이다.

원심이 양 상표가 서로 외형이나 칭호에서조차 유사하지 아니하여 서로 유사하지 아니하다고 판단한 것은 상표의 유사성에 관한 법리를 오해한 것이라 할 것이다.

(3) 그러나 나아가 보건대, 피심판청구인 회사는 1975. 10. 16. 길양실업 주식회사로 설립되었다가 1981. 10. 10. 로렌스시계공업 주식회사로 상호가 변경되었는데, 회사설립 시부터 "ROLENS"라는 상표의 시계를 제조·판매하기 시작하였으며, 1976. 6. 25. "ROLENS, 루렌스"라는 상표를 출원하여 1978. 1. 31. 제53956호로 등록을 받았고(이 사건 심판청구인은 위 상표에 대하여 이 사건 심판청구와 비슷한 사유로 등록무효심판과 등록취소심판을 각 청구하였으나 모두 기각되어 확정된 바 있다. 위 상표는 존속기간 만료로 소멸하였다), 또한 1982. 8. 3. "ROLENS, 로렌스"라는 상표를 출원하여 1983. 3. 19. 제89452호로 등록을 받았다가 1992. 11. 11. 존속기간 갱신등록을 받았으며, 1991. 7. 6. 위 상표에 대한 연합상표로 이 사건 등록상표를 출원하여 1992. 8. 19. 제247350호로 등록을 받은 바 있고, 한편 피심판청구인 회사의 이 사건 등록상표와 그 연합상표들의 지정상품에 관한 영업규모는 1987년에는 내수판매 57억 원, 수출 27억 원 상당을, 1988년에는 내수판매 63억 원, 수출 48억 원 상당을, 1989년에는 내수판매 73억 원, 수출 39억 원 상당을, 1990년에는 내수판매 86억 원, 수출 25억 원 상당을, 1991년에는 내수판매 82억 원, 수출 29억 원 상당을 생산·판매하는 등 1975. 10. 설립된 이래 줄곧 시계만을 생산·판매해 왔으며, 1989년부터 그 출원일인 1991. 7. 6.까지 사이에 텔레비전과 라디오에 1,751회에 걸쳐 광고 선전을 해왔고, 동아일보와 한국경제신문 등에 145회에 걸쳐 광고를 하였으며, 텔레비전 방송사의 스포츠 중계 시에 157회에 걸쳐 광고 선전을 하는 등 1987년부터 1991년까지 5년 동안만도 25억 원 이상의 광고비를 투입하는 등 매년 정기적으로 광고·선전을 해왔을 뿐만 아니라, 수출진흥을 통하여 국가산업발전에 기여한 공로로 1989. 11. 30. 5백만 불 수출의 탑과 대통령표창을 받았으며, 우량 중소기업체로 지정을 받기도 하였고, 상공부 제3-216호로 수출품 생산 지정업체로 지정된 사실을 알 수 있어, 이 사건 등록상표는 그 출원 당시에는 시계류의 국내 일반 거래계에서 수요자 간에 널리 알려져 있었다고 할 것이고, 다른 한편 이 사건 등록상표의 상품들은 중저가의 상품이어서 거래자 및 일반 수요자는 일반적인 보통 수준의 사람들인데 반하여, 인용상표의 상품들은 세계적으로 유명한 고가, 고품질의 시계로서 그 주요 거래자는 재력이 있는 소수의 수요자에 불과하며, 양 상표의 지정상품들은 외형과 품위에 있어서 현저한 차이가 있고, 기록상 국내에 인용상표의 지정상품들을 판매하는 대리점이 있다는 자료도 없거니와 이들 상품들을 정식으로 수입하여 판매된 자료도 나타나 있지 아니하는 등 인용상표의 지정상품은 국내에서는 공항 등의 보세구역 면세점에서 극히 소량 거래되고 있을 뿐이고 외국 여행객을 통하여 극소수 반입되는 정도에 불과한 바, 위와 같은 사정과 거래실정에 비추어 보면, 양 상표가 동일한 지정상품에 다 같이 사용될 경우라도, 거래자나 일반 수요자에게 상품의 품질이나 출처에 대하여 오인·혼동을 일으키게 할 염려는 없다고 할 것이고, 이와 같이 이 사건 등록상표가 상품의 품질이나 출처에 대하여 오인·혼동을 일으킬 염려가 없는 상표에

해당하는 것이라면 상표법 제34조 제1항 제7호, 제9호, 제11호, 제12호가 적용될 여지는 없다 할 것이다.

(4) 따라서, 원심이 양 상표가 서로 유사하지 아니하다고 판단한 점이나 상표법 제34조 제1항 제9호, 제11호 내지 제12호에 해당하지 아니하는 이유에 대하여 상세히 설시하지 아니한 점은 잘못이라 할 것이나, 앞에서 살펴본 바와 같은 이유로, 이 사건 등록상표가 상표법 제34조 제1항 제7호, 제9호, 제11호, 제12호에 해당되지 아니하므로 그 등록이 무효로 될 수는 없다고 할 것이고, 따라서 심판청구인의 청구를 배척한 원심심결은 결과적으로는 정당하다 할 것이다.

13 동부주택 브리앙뜨 사건 (2010다20778)

판시사항

(1) 대비되는 상표 사이에 유사한 부분이 있더라도 일반적인 거래실정 등을 종합적으로 고려하여 그 부분만으로 분리 인식될 가능성이 희박하거나 전체적으로 관찰할 때 명확히 출처의 혼동을 피할 수 있는 경우, 상표사용금지를 청구할 수 있는지 여부(소극) 및 상표, 부정경쟁방지 및 영업비밀보호에 관한 법률 제2조 제1호 가목, 나목에서 정한 상품표지, 영업표지에도 동일한 법리가 적용되는지 여부(적극)

(2) 甲 주식회사가 乙 주식회사를 상대로 상표권침해금지 등을 구한 사안에서, 乙 회사의 사용표지인 '동부주택 브리앙뜨'가 甲 회사의 등록상표인 "**동부**" 및 상품표지·영업표지인 '동부', '동부 센트레빌'과 유사하지 않다고 한 사례

판결요지

(1) 상표의 유사 여부는 외관·호칭 및 관념을 객관적·전체적·이격적으로 관찰하여 지정상품 거래에서 일반 수요자나 거래자가 상표에 대하여 느끼는 직관적 인식을 기준으로 하여 상품 출처에 관하여 오인·혼동을 일으키게 할 우려가 있는지에 따라 판단하여야 하므로, 대비되는 상표 사이에 유사한 부분이 있다고 하더라도 당해 상품을 둘러싼 일반적인 거래실정, 즉 시장의 성질, 수요자의 재력이나 지식, 주의 정도, 전문가인지 여부, 연령, 성별, 당해 상품의 속성과 거래방법, 거래장소, 사후관리 여부, 상표의 현존 및 사용상황, 상표의 주지 정도 및 당해 상품과의 관계, 수요자의 일상 언어생활 등을 종합적·전체적으로 고려하여 그 부분만으로 분리 인식될 가능성이 희박하거나 전체적으로 관찰할 때 명확히 출처의 혼동을 피할 수 있는 경우에는 유사상표라고 할 수 없어 그러한 상표 사용의 금지를 청구할 수 없다. 그리고 이러한 법리는 상표 및 부정경쟁방지 및 영업비밀보호에 관한 법률 제2조 제1호 가목, 나목에서 정한 상품표지, 영업표지에도 마찬가지로 적용된다.

(2) 甲 주식회사가 乙 주식회사를 상대로 상표권침해금지 등을 구한 사안에서, 乙 회사 표지가 사용된 아파트는 고가의 물건이어서 일반 수요자나 거래자들이 충분한 주의를 기울여 이를 거래하게 될 것으로 보이는데, 乙 회사 표지가 사용된 아파트 건축 및 분양 등을 둘러싼 일반적인 거래실정과 乙 회사 표지의 사용상황 등을 종합적·전체적으로 고려하여 볼 때, 乙 회사의 사용표지인 '동부주택 브리앙뜨'는 일반 수요자나 거래자

간에 甲 회사의 등록상표인 "**동부**", 甲 회사의 상품표지·영업표지인 '동부'와 공통되는 '동부'나 '동부주택' 부분만으로 분리 인식될 가능성은 희박하고, 표지 전체인 '동부주택 브리앙뜨' 또는 구성 부분 중 표지 전체에서 차지하는 비중이 더 큰 '브리앙뜨'로 호칭·관념될 가능성이 높다고 할 것이므로, 乙 회사의 사용표지인 '동부주택 브리앙뜨'는 甲 회사의 등록상표 및 상품표지·영업표지와 외관은 물론 호칭·관념도 서로 달라 일반 수요자나 거래자에게 상품 또는 서비스나 영업의 출처에 관하여 오인·혼동을 일으킬 염려가 없고, 甲 회사의 상품표지·영업표지 중 '동부 센트레빌'의 경우에도 마찬가지라고 한 사례이다.

논점의 정리

(1) 상고이유 제1점에 대하여

기록에 비추어 살펴보면, 피고는 2001년부터 '브리앙뜨' 또는 '동부주택 브리앙뜨'라는 표지를 사용하여 아파트를 건축하거나 분양해 왔음을 알 수 있을 뿐이고, 달리 피고가 '동부', '동부주택'이라는 표지를 아파트 건축·분양 등과 관련하여 자타 상품 또는 서비스, 영업 등의 식별표지로서 독립하여 사용하였음을 인정할 만한 증거가 없으며, 한편 거래사회의 통념상 피고가 사용한 '동부주택 브리앙뜨'라는 표지 중 '동부주택' 부분이 표지의 유사 여부 판단에 있어 일반 수요자에게 그 부분만으로 분리 인식될 가능성이 있는지 여부는 별론으로 하고, 이를 들어 '브리앙뜨' 부분과는 분리된 일종의 부(副)상표 등의 역할을 하는 독립된 표지에 해당한다고 할 수도 없다.

같은 취지의 원심판단은 옳고, 거기에 상고이유로 주장하는 바와 같은 대비대상의 특정에 관한 법리오해의 위법이 없다.

(2) 상고이유 제2점에 대하여

① 상표의 유사 여부는 그 외관·호칭 및 관념을 객관적·전체적·이격적으로 관찰하여 그 지정상품의 거래에서 일반 수요자나 거래자가 상표에 대하여 느끼는 직관적 인식을 기준으로 하여 그 상품의 출처에 관하여 오인·혼동을 일으키게 할 우려가 있는지 여부에 따라 판단하여야 하므로, 대비되는 상표 사이에 유사한 부분이 있다고 하더라도 당해 상품을 둘러싼 일반적인 거래실정, 즉, 시장의 성질, 수요자의 재력이나 지식, 주의의 정도, 전문가인지 여부, 연령, 성별, 당해 상품의 속성과 거래방법, 거래장소, 사후관리 여부, 상표의 현존 및 사용상황, 상표의 주지 정도 및 당해 상품과의 관계, 수요자의 일상 언어생활 등을 종합적·전체적으로 고려하여 그 부분만으로 분리 인식될 가능성이 희박하거나 전체적으로 관찰할 때 명확히 출처의 혼동을 피할 수 있는 경우에는 유사상표라고 할 수 없어 그러한 상표 사용의 금지를 청구할 수 없고, 이러한 법리는 상표 및 부정경쟁방지 및 영업비밀보호에 관한 법률(이하 '부정경쟁방지법'이라 한다) 제2조 제1호 가목, 나목에서 정한 상품표지, 영업표지에 있어서도 마찬가지이다.

② 위 법리와 기록에 비추어 살펴보면, 피고의 사용표지 중 '동부주택 브리앙뜨'는 '동부주택'과 '브리앙뜨'가 서로 분리하여 관찰하면 자연스럽지 못할 정도로 불가분적으로 결합되어 있다고 할 수 없으므로 그 구성부분의 일부인 '동부' 또는 '동부주택'만으로 호칭·관념될 여지가 없지 않다.

그러나 기록에 의하면, 피고는 1984. 3. 14. '東部住宅建設 株式會社'(동부주택건설 주식회사)라는 상호로 설립등기를 마치고, 2002. 5. 7. 지정서비스를 건물분양업 등으로 하여 문자부분이 '브리앙뜨', 'BRILLIANTE'와 같이 구성된 상표를 출원하여 2003. 11. 6. 등록번호 제92829호 및 제92830호로 각 상표등록을 받았는데, 원심 변론 종결 당시에는 아파트 분양광고나 아파트 외벽 등에 그 시공사의 상호 또는 그 약칭과 상표를 결합한 표지를 사용하는 것이 관행화되어 있었던 사실, 피고가 건축·분양한 아파트의 광고전단 및 아파트 출입구·외벽 등에는 '동부주택 브리앙뜨'와 같이 '동부주택'과 '브리앙뜨'가 연이어 기재된 형태로 표시되거나, '브리앙뜨'가 크게 기재된 위에 '동부주택'이 작게 기재되어 표시되어 있는 사실 등을 알 수 있다. 더욱이 피고의 표지가 사용된 아파트는 고가의 물건이어서 일반 수요자나 거래자들이 충분한 주의를 기울여 이를 거래하게 될 것으로 보이는 바, 위와 같은 피고의 표지가 사용된 아파트 건축 및 분양 등을 둘러싼 일반적인 거래실정과 피고 표지의 사용상황 등을 종합적·전체적으로 고려하여 볼 때, 피고의 사용표지인 '동부주택 브리앙뜨'는 일반 수요자나 거래자 간에 원고의 이 사건 등록상표 **"동부"**, 원고의 상품표지·영업표지인 '동부'와 공통되는 '동부'나 '동부주택' 부분만으로 분리 인식될 가능성은 희박하고, 표지 전체인 '동부주택 브리앙뜨' 또는 구성 부분 중 표지 전체에서 차지하는 비중이 더 큰 '브리앙뜨'로 호칭·관념될 가능성이 높다고 할 것이다.

③ 그렇다면 피고의 사용표지인 '동부주택 브리앙뜨'는 원고의 이 사건 등록상표 및 상품표지·영업표지와 외관은 물론 호칭·관념에 있어서도 서로 달라 일반 수요자나 거래자에게 상품 또는 서비스나 영업의 출처에 관하여 오인·혼동을 일으킬 염려가 없다고 할 것이고, 이는 원고의 상품표지·영업표지 중 '동부 센트레빌'의 경우에 있어서도 마찬가지이다.

따라서 같은 취지의 원심판단은 정당하고, 거기에 상고이유의 주장과 같은 표지의 유사 여부 판단에 관한 법리오해 등의 위법이 없다.

(3) 상고이유 제3점에 대하여

부정경쟁방지법 제2조 제1호 다목에서 규정하는 부정경쟁행위에 해당하기 위해서는 '국내에 널리 인식된 타인의 성명·상호·상표·상품의 용기·포장 그 밖에 타인의 상품 또는 영업임을 표시한 표지와 동일하거나 유사한 것을 사용하거나 이러한 것을 사용한 상품을 판매·반포 또는 수입·수출하여 타인의 표지의 식별력이나 명성을 손상하는 행위'가 있어야 하는데, 위에서 본 바와 같이 피고가 사용한 표지는 원고의 상품표지·영업표지인 '동부' 또는 '동부 센트레빌'과 동일·유사하지 않다는 원심의 판단이 정당한 이상, 원심 변론 종결 당시 원고의 위 상품표지·영업표지가 아파트 건축·분양업과 관련하여 주지의 정도를 넘어 저명한 정도에 이르렀다고 보기에 부족하다는 원심의 부가적 판단은 판결 결과에 영향을 미친 바 없으므로, 그에 관한 상고이유는 더 나아가 살펴볼 필요 없이 받아들일 수 없다.

판시사항

(1) 상표권의 침해행위인 유사상표 사용행위에 해당하는지 판단하는 기준 및 이러한 법리가 상표의 경우에도 마찬가지로 적용되는지 여부(적극)

(2) 甲 등이 乙 주식회사의 등록상표인 "**다이소**", "**DAISO**"의 지정서비스와 동일·유사한 서비스인 생활용품 등 판매점을 운영하면서 "**DASASO**", "**DASASO**", "**다사소**"를 상표로 사용하자, 乙 회사가 甲 등을 상대로 상표권 침해금지 등을 구한 사안에서, 甲 등이 상표를 생활용품 등 판매점 운영을 위하여 사용한 행위는 乙 회사의 등록상표권에 대한 침해행위가 된다고 한 사례

판결요지

(1) 타인의 등록상표와 동일 또는 유사한 상표를 지정상품과 동일 또는 유사한 상품에 사용하는 행위는 상표권에 대한 침해행위가 된다. 여기서 유사상표의 사용행위에 해당하는지에 대한 판단은 두 상표가 해당 상품에 관한 거래실정을 바탕으로 외관, 호칭, 관념 등에 의하여 거래자나 일반 수요자에게 주는 인상, 기억, 연상 등을 전체적으로 종합할 때, 두 상표를 때와 장소를 달리하여 대하는 거래자나 일반 수요자가 상품 출처에 관하여 오인·혼동할 우려가 있는지의 관점에서 이루어져야 한다.

(2) 甲 등이 乙 주식회사의 등록상표인 "**다이소**", "**DAISO**"의 지정서비스와 동일·유사한 서비스인 생활용품 등 판매점을 운영하면서 "**DASASO**", "**DASASO**", "**다사소**"를 상표로 사용하자, 乙 회사가 甲 등을 상대로 상표권 침해금지 등을 구한 사안에서, 등록상표인 "**다이소**", "**DAISO**"의 주지성을 고려할 때 甲 등의 상표는 차이가 나는 중간 음절은 부각되지 않은 채 첫째 음절과 셋째 음절만으로도 일반 수요자에게 등록상표를 연상시킬 수 있는 점, 乙 회사의 등록상표와 甲 등의 상표가 사용된 서비스가 생활용품 등 판매점으로 일치하고, 취급하는 상품의 품목과 전시 및 판매 방식 등까지 흡사하여 일반 수요자가 양자를 혼동할 가능성은 더욱 높아지는 점 등에 비추어, 甲 등이 상표를 생활용품 등 판매점 운영을 위하여 사용한 행위는 거래자나 일반 수요자에게 서비스의 출처에 대하여 오인·혼동하게 할 우려가 있어 유사상표를 동일한 서비스에 사용한 행위에 해당하므로 乙 회사의 등록상표권에 대한 침해행위가 된다고 한 사례이다.

논점의 정리

(1) 타인의 등록상표와 동일 또는 유사한 상표를 그 지정상품과 동일 또는 유사한 상품에 사용하는 행위는 그 상표권에 대한 침해행위가 된다. 여기서 유사상표의 사용행위에 해당하는지에 대한 판단은 두 상표가 해당 상품에 관한 거래실정을 바탕으로 그 외관, 호칭, 관념 등에 의하여 거래자나 일반 수요자에게 주는 인상, 기억, 연상 등을 전체적으로 종합할 때, 두 상표를 때와 장소를 달리하여 대하는 거래자나 일반 수요자가 상품 출처에 관하여 오인·혼동할 우려가 있는지 여부의 관점에서 이루어져야 한다.

(2) 위 법리와 기록에 비추어 살펴본다.

① 원심판결 이유와 기록에 의하면 다음의 각 사정을 알 수 있다.

㉠ 원고는 2003. 3. 13. 지정서비스를 문구판매대행업, 주방용품판매대행업 등으로 하여 상표 등록번호 제84516호 및 상표 등록번호 제7124호로 각각 등록된 등록 상표인 "**다이소**", "**DAISO**"(이하 '이 사건 각 등록상표'라 한다)의 상표권자이다.

㉡ 피고들은 2013년을 전후로 하여 "**DASASO**", "**DASASO**", "**다사소**"(이하 '피고들 각 상표'라 한다)를 생활용품 등 판매점의 운영을 위하여 사용하였다.

㉢ 피고들 각 상표 중 "**DASASO**"는 독립하여 자타 서비스를 식별할 수 있는 구성 부분인 "**DASASO**", "**다사소**" 부분만으로도 호칭·관념될 수 있다.

㉣ 이 사건 각 등록상표인 "**다이소**", "**DAISO**"와 피고들 각 상표 중 "**다사소**", "**DASASO**"를 대비하면, 한글 표장의 경우 첫째 음절과 셋째 음절의 글자가 동일 한 세 글자의 문자로 구성되어 있고, 영문 표장의 경우 앞뒤 부분의 각 두 글자씩 네 글자가 공통된다.

㉤ 원고는 2001년경부터 '다이소'라는 상호로 생활용품 등 소매점 가맹사업을 영위 하기 시작하여 2013년 기준 900여 개에 이르는 국내 가맹점을 보유하고 있고, 2013년도의 연간 매출액은 약 8,580억 원에 이르는 점을 비롯하여, 그 밖에 이 사건 각 등록상표에 관한 언론보도, 광고, 수상내역 등에 비추어 보면, 이 사건 각 등록상표는 국내에 널리 인식된 상표라고 할 수 있다.

㉥ 위와 같은 이 사건 각 등록상표의 주지성을 고려할 때 피고들 각 상표는 차이가 나는 중간 음절은 부각되지 않은 채 첫째 음절과 셋째 음절만으로도 일반 수요자 에게 이 사건 각 등록상표를 연상시킬 수 있다.

㉦ 원고와 피고들의 각 상표가 사용된 서비스가 생활용품 등 판매점으로 일치하고, 취급하는 상품의 품목과 그 전시 및 판매 방식 등까지 흡사하여 일반 수요자가 양자를 혼동할 가능성은 더욱 높아진다.

② 앞서 본 법리에 비추어 이러한 사정들을 전체적으로 종합하여 보면, 피고들이 피고 들 각 상표를 생활용품 등 판매점 운영을 위하여 사용한 행위는 거래자나 일반 수요 자로 하여금 위 서비스의 출처에 대하여 오인·혼동하게 할 우려가 있어 유사상표를 동일한 서비스에 사용한 행위에 해당하므로 이 사건 각 등록상표권에 대한 침해행위 가 된다.

같은 취지의 원심의 판단은 정당하고, 거기에 상고이유 주장과 같이 상표권 침해의 판단기준에 관한 법리를 오해하는 등의 위법이 없다.

한편, 부정경쟁행위에 해당한다는 이 사건 청구원인은 상표권 침해에 관한 청구원인 과 선택적인 관계에 있으므로, 상표권 침해에 해당한다는 원심의 판단이 정당한 이 상 부정경쟁행위에 관한 상고이유의 주장에 대하여는 나아가 판단하지 아니한다.

(1) 상표권의 권리범위확인심판에서 등록상표와 확인대상표장의 유사 여부를 판단하는 기준 및 당해 상품에 대한 표장의 사용사실이 인정되는 경우 고려하여야 할 사항

(2) 상표 중에서 요부가 있는 경우 상표의 유사 여부를 판단하는 방법 및 결합상표 중 일부 구성 부분이 요부로 기능할 수 있는 식별력이 없거나 미약한지 판단하는 방법

(3) '인체용 비누'를 사용상품으로 하는 확인대상표장 "🌸 sobía"의 사용자 甲이 '인체용 비누' 등을 지정상품으로 하는 등록상표 "🌸 Saboo"의 상표권자 乙을 상대로 확인대상표장이 등록상표와 동일·유사하지 아니하여 등록상표의 권리범위에 속하지 않는다고 주장하면서 소극적 권리범위확인심판을 청구한 사안에서, 등록상표의 요부인 'Saboo' 부분과 확인대상표장의 'sobía' 부분은 외관뿐만 아니라 호칭도 차이가 있으므로 유사하지 않은데도, 이와 달리 본 원심판단에 법리오해의 잘못이 있다고 한 사례

(1) 상표권의 권리범위확인심판에서 등록상표와 확인대상표장의 유사 여부는 외관, 호칭 및 관념을 객관적, 전체적, 이격적으로 관찰하여 지정상품의 거래에서 일반 수요자들이 상표에 대하여 느끼는 직관적 인식을 기준으로 상품의 출처에 관하여 오인·혼동을 일으키게 할 우려가 있는지에 따라 판단하여야 한다. 이러한 판단에 있어서 당해 상품에 대한 표장의 사용사실이 인정되는 경우 표장의 주지 정도 및 당해 상품과의 관계, 표장에 대한 수요자들의 호칭 및 인식 등 당해 상품을 둘러싼 거래실정을 종합적·전체적으로 고려하여야 한다.

(2) 상표 중에서 일반 수요자에게 그 상표에 관한 인상을 심어주거나 기억·연상을 하게 함으로써 그 부분만으로 독립하여 상품의 출처표시 기능을 수행하는 부분, 즉 요부가 있는 경우 적절한 전체관찰의 결론을 유도하기 위해서는 요부를 가지고 상표의 유사 여부를 대비·판단하는 것이 필요하다. 한편 결합상표 중 일부 구성 부분이 요부로 기능할 수 있는 식별력이 없거나 미약한지 여부를 판단할 때는 해당 구성 부분을 포함하는 상표가 지정상품과 동일·유사한 상품에 관하여 다수 등록되어 있거나 출원공고되어 있는 사정도 고려할 수 있으므로, 등록 또는 출원공고된 상표의 수나 출원인 또는 상표권자의 수, 해당 구성 부분의 본질적인 식별력의 정도 및 지정상품과의 관계, 공익상 특정인에게 독점시키는 것이 적당하지 않다고 보이는 사정의 유무 등을 종합적으로 고려하여 판단하여야 한다.

(3) '인체용 비누'를 사용상품으로 하는 확인대상표장 "🌸 sobía"의 사용자 甲이 '인체용 비누' 등을 지정상품으로 하는 등록상표 "🌸 Saboo"의 상표권자 乙을 상대로 확인대상표장이 등록상표와 동일·유사하지 아니하여 등록상표의 권리범위에 속하지 않는다고 주장하면서 소극적 권리범위확인심판을 청구한 사안에서, 양 표장 중 도형 부분은 꽃 모양으로 서로 동일·유사하나, 위 도형 부분이 주지·저명하거나 수요자들에게 강한 인상을 주는 부분이라고 볼 수 없고, 식별력을 인정하기 곤란하거나 이를 공익상 특정인에게 독점시키는 것이 적당하지 않은 반면, 등록상표 중 'Saboo' 부분은, 조어로서 지정상품과

의 관계에서 도형 부분에 비하여 상대적으로 식별력이 높고, 수요자들도 등록상표를 영문자 부분인 '사부'로 호칭해 온 사실이 인정되므로 요부라고 할 것인데, 등록상표의 '*Saboo*' 부분과 확인대상표장의 'sobia' 부분은 외관뿐만 아니라 호칭도 각각 '사부'와 '소비아'로 서로 차이가 있으므로 유사하지 않은데도, 거래실정을 고려한 양 표장의 외관 및 호칭의 차이에도 불구하고, 나아가 상품의 구체적인 형상과 모양 및 포장의 구체적인 형태 등과 같이 상품에서 쉽게 변경이 가능한 특수하고 한정적인 거래실정을 비중 있게 고려하여 양 표장이 유사하다고 본 원심판단에 법리오해의 잘못이 있다고 한 사례이다.

논점의 정리

(1) ① 상표권의 권리범위확인심판에서 등록상표와 확인대상표장의 유사 여부는 그 외관, 호칭 및 관념을 객관적, 전체적, 이격적으로 관찰하여 그 지정상품의 거래에서 일반 수요자들이 상표에 대하여 느끼는 직관적 인식을 기준으로 그 상품의 출처에 관하여 오인·혼동을 일으키게 할 우려가 있는지에 따라 판단하여야 한다. 이러한 판단에 있어서 당해 상품에 대한 표장의 사용사실이 인정되는 경우 표장의 주지 정도 및 당해 상품과의 관계, 표장에 대한 수요자들의 호칭 및 인식 등 당해 상품을 둘러싼 거래실정을 종합적·전체적으로 고려하여야 한다.

② 상표 중에서 일반 수요자에게 그 상표에 관한 인상을 심어주거나 기억·연상을 하게 함으로써 그 부분만으로 독립하여 상품의 출처표시 기능을 수행하는 부분, 즉 요부가 있는 경우 적절한 전체관찰의 결론을 유도하기 위해서는 그 요부를 가지고 상표의 유사 여부를 대비·판단하는 것이 필요하다. 한편 결합상표 중 일부 구성 부분이 요부로 기능할 수 있는 식별력이 없거나 미약한지 여부를 판단할 때는 해당 구성 부분을 포함하는 상표가 그 지정상품과 동일·유사한 상품에 관하여 다수 등록되어 있거나 출원공고되어 있는 사정도 고려할 수 있으므로, 등록 또는 출원공고된 상표의 수나 출원인 또는 상표권자의 수, 해당 구성 부분의 본질적인 식별력의 정도 및 지정상품과의 관계, 공익상 특정인에게 독점시키는 것이 적당하지 않다고 보이는 사정의 유무 등을 종합적으로 고려하여 판단하여야 한다.

(2) 위 법리와 기록에 비추어 살펴본다.

① 이 사건 등록상표인 ""는 꽃 모양의 도형과 영문자가 이단으로 구성된 표장으로, 위 영문자 부분은 대문자 'S'와 필기체인 'aboo'가 일부 도안화되어 있고, 그 지정상품은 '인체용 비누' 등이다. 그리고 확인대상표장인 ""는 꽃 모양의 도형과 일부 도안화된 영문자 'sobia'가 일렬로 구성된 표장으로, 그 사용상품은 '인체용 비누'이다.

② 양 표장 중 도형 부분은 꽃 모양으로 서로 동일·유사하나, 위 도형 부분이 주지·저명하거나 수요자들에게 강한 인상을 주는 부분이라고 볼 수 없다. 오히려 꽃향기가 나는 비누로 인식되어 그 지정상품 또는 사용상품과 관련하여 품질이나 효능 등을 연상시키고, 이 사건 심결 이전에 비누 상품과 관련하여 위와 유사한 모양의 도형을 포함한 다수의 상표들이 등록되어 있었으므로, 그 식별력을 인정하기 곤란하거나 이를 공익상 특정인에게 독점시키는 것이 적당하지 않다.

③ 반면, 이 사건 등록상표 중 '*Saboo*' 부분은, 조어로서 그 지정상품과의 관계에서 도형 부분에 비하여 상대적으로 식별력이 높다고 할 것이고, 수요자들도 이 사건 등록상표를 영문자 부분인 '사부'로 호칭해 온 사실이 인정되므로, 요부라고 할 것이다.

④ 위 인정사실을 앞서 본 법리에 비추어 보면, 이 사건 등록상표의 '*Saboo*' 부분과 확인대상표장의 'sobia' 부분은 외관뿐만 아니라 호칭도 각각 '사부'와 '소비아'로 서로 차이가 있으므로 유사하지 않다.

⑤ 그럼에도 원심은 양 표장의 문자 부분과 도형 부분 그리고 아래 표와 같이 그 사용된 상품의 구체적인 형상과 모양 및 그 포장의 구체적인 형태 등이 유사하거나 공통된다는 이유로 양 표장이 서로 유사하다고 판단하였다.

이 사건 등록상표가 사용된 상품	확인대상표장이 사용된 상품

이러한 원심의 판단에는 앞서 본 거래실정을 고려한 양 표장의 외관 및 호칭의 차이에도 불구하고, 나아가 상품의 구체적인 형상과 모양 및 그 포장의 구체적인 형태 등과 같이 그 상품에서 쉽게 변경이 가능한 특수하고 한정적인 거래실정을 비중 있게 고려하여 양 표장이 유사하다고 판단함으로써 상표의 유사 여부 판단에 관한 법리를 오해하여 판결에 영향을 미친 잘못이 있다. 이를 지적하는 상고이유 주장은 이유 있다.

16 트라움 사건 (2004후1304)

판시사항

(1) 상품과 서비스 사이의 동종·유사성의 판단 기준

(2) 등록상표 "LG TRAUM"의 지정상품인 건축자재와 선등록상표 "**트라움하우스**" 의 지정서비스인 건축업이 서로 동종·유사하다고 볼 수 있는지 여부(소극)

(3) 상표법 제34조 제1항 제12호에서 규정하고 있는 '수요자를 기만할 염려가 있는 상표'에 해당하는지 여부의 판단 기준 및 판단 기준 시점(상표의 등록결정 시)

판결요지

(1) 상표는 상품 그 자체를, 상표는 서비스의 출처를 식별시키기 위한 표장으로서 각자 수행하는 기능이 다르므로 상품과 서비스 사이의 동종·유사성을 지나치게 광범위하게 인정하여서는 아니 되고, 따라서 상품과 서비스 사이의 동종·유사성은 서비스와 상품 간의 밀접한 관계 유무, 상품의 제조·판매와 서비스의 제공이 동일 사업자에 의하여 이루어지는 것이 일반적인가, 그리고 일반인이 그와 같이 생각하는 것이 당연하다고 인정되는가, 상품과 서비스의 용도가 일치하는가, 상품의 판매장소와 서비스의 제공장소가 일치하는가, 수요자의 범위가 일치하는가, 유사한 표장을 사용할 경우 출처의 혼동을 초래할 우려가 있는가 하는 점 등을 따져 보아 거래사회의 통념에 따라 이를 인정하여야 한다.

(2) 등록상표 "LG TRAUM"의 지정상품인 건축자재의 제조·판매와 선등록상표 "**트라움하우스 TRAUM HAUS**"의 지정서비스인 건축업의 제공이 일반적으로 동일한 사업자에 의하여 이루어진다고 볼 수 없고, 등록상표 지정상품의 판매장소와 선등록상표 지정서비스의 제공장소, 수요자 등 거래실정이 서로 다르므로, 등록상표의 지정상품과 선등록상표의 지정서비스는 서로 동종·유사하다고 볼 수 없다.

(3) 등록무효심판 청구의 대상이 된 등록상표가 상표법 제34조 제1항 제12호에서 규정하고 있는 수요자를 기만할 염려가 있는 상표에 해당하려면, 그 등록상표나 지정상품과 대비되는 다른 상표나 그 사용상품·서비스가 반드시 저명하여야 하는 것은 아니지만 적어도 국내의 일반거래에 있어서 수요자나 거래자에게 그 상표 또는 상품·서비스라고 하면 곧 특정인의 상표나 상품·서비스라고 인식될 수 있을 정도로는 알려져 있어야 하고, 그 판단은 등록상표의 등록결정 시를 기준으로 판단하여야 한다.

논점의 정리

(1) 상고이유 제1점에 관하여

① 상표는 상품 그 자체를, 상표는 서비스의 출처를 식별시키기 위한 표장으로서 각자 수행하는 기능이 다르므로 상품과 서비스 사이의 동종·유사성을 지나치게 광범위하게 인정하여서는 아니 된다 할 것이고, 따라서 상품과 서비스 사이의 동종·유사성은 서비스와 상품 간의 밀접한 관계 유무, 상품의 제조·판매와 서비스의 제공이 동일 사업자에 의하여 이루어지는 것이 일반적인가, 그리고 일반인이 그와 같이 생각하는 것이 당연하다고 인정되는가, 상품과 서비스의 용도가 일치하는가, 상품의 판매장소와 서비스의 제공장소가 일치하는가, 수요자의 범위가 일치하는가, 유사한 표장을 사용할 경우 출처의 혼동을 초래할 우려가 있는가 하는 점 등을 따져 보아 거래사회의 통념에 따라 이를 인정하여야 할 것이다.

② 위와 같은 법리 및 기록에 비추어 볼 때 원심이 그 판시와 같은 이유로 "LG TRAUM"으로 구성된 이 사건 등록상표의 지정상품인 '인조석재, 비금속제 마루판자, 비금속제 창문틀, 비금속제 도어, 비금속제 바닥재, 비금속제 천정판, 비금속제 벽판자, 비금속제 천장 장식물, 비금속제 창호시스템 유니트, 플라스틱 타일' 등 건축자재의 제조·판매와 "**트라움하우스 TRAUM HAUS**"로 구성된 선등록상표의 지정서비스인 '콘도미니엄건축업, 오피스텔건축업, 사무용 건물 건축업, 상업용 건물 건축업, 건설엔지니어링업, 주택건축업, 연립주택건축업, 아파트건축업, 아게이트 건축업' 등 건축업의 제공이

일반적으로 동일한 사업자에 의하여 이루어진다고 볼 수 없고, 이 사건 등록상표의 지정상품의 판매장소와 선등록상표의 지정서비스의 제공장소, 수요자 등 거래실정이 서로 달라 이 사건 등록상표의 지정상품과 선등록상표의 지정서비스가 서로 동종·유사하다고 볼 수 없다고 판단하였음은 정당한 것으로 수긍이 가고, 거기에 상고이유의 주장과 같은 법리오해, 사실오인, 심리미진 등의 위법이 있다고 할 수 없다.

(2) 상고이유 제2점에 관하여

① 등록무효심판 청구의 대상이 된 등록상표가 상표법 제34조 제1항 제12호에서 규정하고 있는 수요자를 기만할 염려가 있는 상표에 해당하려면, 그 등록상표나 지정상품과 대비되는 다른 상표나 그 사용상품·서비스가 반드시 저명하여야 하는 것은 아니지만 적어도 국내의 일반거래에 있어서 수요자나 거래자에게 그 상표 또는 상품·서비스라고 하면 곧 특정인의 상표나 상품·서비스라고 인식될 수 있을 정도로는 알려져 있어야 하고, 그 판단은 등록상표의 등록결정 시를 기준으로 판단하여야 한다.

② 위 법리와 기록에 비추어 볼 때 원심이 그 판시와 같은 이유로 선등록상표가 이 사건 등록상표의 등록결정일 당시 국내의 일반 수요자들에게 건축업과 관련하여 특정인의 표장으로 인식될 수 있을 정도로 널리 알려진 상표라고 볼 수 없다고 판단하였음은 정당한 것으로 수긍이 가고, 거기에 상고이유에서 주장하는 바와 같은 법리오해, 심리미진 등의 위법이 있다고 볼 수 없다.

02 │ 출원 및 등록요건

01 WINK 사건 (98후58)

판시사항

상표법 제2조 제1항 제11호 각 목 소정의 '상표'의 의미 및 이른바 '광고매체가 되는 물품'에 상표를 표시한 것이 상표의 사용에 해당하는지 여부(한정 소극)

판결요지

상표법상 '상표의 사용'이라고 함은 상품 또는 상품의 포장에 상표를 표시하는 행위 등을 의미하고(상표법 제2조 제1항 제11호 각 목 참조), 여기에서 말하는 '상품'은 그 자체가 교환가치를 가지고 독립된 상거래의 목적물이 되는 물품을 의미한다 할 것이므로, 상품의 선전광고나 판매촉진 또는 고객에 대한 서비스 제공 등의 목적으로 그 상품과 함께 또는 이와 별도로 고객에게 무상으로 배부되어 거래시장에서 유통될 가능성이 없는 이른바 '광고매체가 되는 물품'은 비록 그 물품에 상표가 표시되어 있다고 하더라도, 물품에 표시된 상표 이외의 다른 문자나 도형 등에 의하여 광고하고자 하는 상품의 출처표시로 사용된 것으로 인식할 수 있는 등의 특별한 사정이 없는 한, 그 자체가 교환가치를 가지고 독립된 상거래의 목적물이 되는 물품이라고 볼 수 없고, 따라서 이러한 물품에 상표를 표시한 것은 상표의 사용이라고 할 수 없다.

논점의 정리

상고이유를 판단한다.

(1) 원심심결 이유에 의하면 원심은, 피심판청구인 제출의 을 제3, 6호증은 피심판청구인이 1993. 12. 10. 발행한 "WINK"라는 잡지의 사본과 원본으로서, 위 증거들에 의하면 이 사건 등록상표가 이건 등록취소심판청구일인 1995. 1. 26. 전에 그 지정상품 중의 하나 인 월간잡지 내지 서적에 사용되었음이 명백하고, 이 사건 등록상표가 사용된 위 잡지가 피심판청구인이 발행한 또 다른 잡지인 을 제2, 4호증의 "ROADSHOW"라는 잡지의 부록으로 발행되어 유통된 것이라고 하여 이 사건 등록상표의 사용사실을 배척할 것은 아니므로, 이 사건 등록상표는 이건 심판청구일 전 3년 이내에 그 지정상품에 사용되지 아니한 것이어서 상표법 제119조 제1항 제3호의 규정에 의하여 그 등록이 취소되어야 한다는 심판청구인의 청구는 이유 없다고 판단하였다.

(2) 그러나 상표법상 '상표의 사용'이라고 함은 상품 또는 상품의 포장에 상표를 표시하는 행위 등을 의미하고(상표법 제2조 제1항 제11호 각 목 참조), 여기에서 말하는 '상품'은 그 자체가 교환가치를 가지고 독립된 상거래의 목적물이 되는 물품을 의미한다 할 것이므로, 상품 의 선전광고나 판매촉진 또는 고객에 대한 서비스 제공 등의 목적으로 그 상품과 함께 또는 이와 별도로 고객에게 무상으로 배부되어 거래시장에서 유통될 가능성이 없는 이

른바 '광고매체가 되는 물품'은, 비록 그 물품에 상표가 표시되어 있다고 하더라도, 물품에 표시된 상표 이외의 다른 문자나 도형 등에 의하여 광고하고자 하는 상품의 출처표시로 사용된 것으로 인식할 수 있는 등의 특별한 사정이 없는 한, 그 자체가 교환가치를 가지고 독립된 상거래의 목적물이 되는 물품이라고 볼 수 없고, 따라서 이러한 물품에 상표를 표시한 것은 상표의 사용이라고 할 수 없다고 할 것이다.

(3) 기록에 의하여 살펴보면, 피심판청구인은 종전부터 자신이 발행하여 오던, 영화·음악·연예인 등에 관한 정보를 담은 "ROADSHOW, 로드쇼"라는 월간잡지(을 제2, 4호증)의 독자들에게 보답하고 그 구매욕을 촉진시키기 위하여 사은품으로 1993. 12. 10. 경 외국의 유명한 영화배우들의 사진을 모아 이 사건 등록상표인 "WINK"라는 제호의 책자(을 제3, 6호증)를 발행하여 독자들에게 제공하였음을 알 수 있으므로, 위 "WINK"라는 제호의 책자는 그 자체가 교환가치를 가지고 거래시장에서 유통될 가능성이 있는 독립된 상거래의 목적물이 될 수 없어 '광고매체가 되는 물품'에 해당된다고 할 것이고, 따라서 위 책자에 이 사건 등록상표가 제호로 사용된 것은 이 사건 등록상표의 사용이라고 할 수 없다고 보아야 할 것인데도 불구하고, 원심이 그 판시와 같이 위 책자에 이 사건 등록상표가 표시된 것을 이 사건 등록상표의 사용이라고 한 것은 상표법상의 상품의 개념을 오해한 나머지 상표의 사용에 관한 법리를 위배함으로써 심결 결과에 영향을 미친 위법을 저지른 것이라 할 것이다.

02 METROCITY(상표의 사용) 사건 (2012후1415)

판시사항

(1) 상표법 제2조 제1항 제11호에서 정한 '상표의 사용' 및 '상품'의 의미

(2) 甲이 등록상표 ""의 상표권자 乙 주식회사를 상대로 등록상표가 상표법 제119조 제1항 제3호에 해당한다는 이유로 상표등록 취소심판을 청구하였는데, 특허심판원이 이를 인용한 사안에서, 乙 회사가 주문·제작한 향수를 상품으로 보고, 乙 회사가 위 향수의 포장 등에 실사용상표 ""를 표시하고 乙 회사의 대리점들에 위 향수를 양도한 것을 등록상표의 사용이라고 본 원심판단을 정당하다고 한 사례

논점의 정리

상고이유를 판단한다.

(1) 상표법 제2조 제1항 제11호에 의하면 '상표의 사용'이란 상품 또는 상품의 포장에 상표를 표시하는 행위, 상품 또는 상품의 포장에 상표를 표시한 것을 양도 또는 인도하거나 그 목적으로 전시·수출 또는 수입하는 행위, 상품에 관한 광고·정가표·거래서류, 그 밖의 수단에 상표를 표시하고 전시하거나 널리 알리는 행위 중 어느 하나에 해당하는 행위를 말하며, 여기에서 말하는 '상품'은 그 자체가 교환가치를 가지고 독립된 상거래의 목적물이 되는 물품을 의미한다.

[등록상표]

[실사용상표]

(2) 원심판결 이유 및 기록에 의하면, ① 원고가 2010. 7. 26. 자신의 주된 판매상품인 핸드백 등의 우수고객들에게 마일리지 차감방식으로 제공하기 위하여 향수 500개(규격 30㎖)를 1개당 10,000원에 주문·제작하였는데, 그 향수의 용기 및 포장 박스에 이 사건 등록상표와 동일한 원심 판시 실사용상표를 표시한 점, ② 원고가 2010. 7. 26. 위 향수 중 80개를 자신의 대리점들에게 1개당 10,000원 내지 12,800원을 받고 판매한 점, ③ 원고 및 원고의 대리점들은 주로 위 향수를 우수고객들에게 마일리지 차감방식으로 제공하였는데, 일부 고객들에게는 1개당 20,000원에 판매하기도 한 점, ④ 위 향수는 일반 거래시장에서 유통되는 향수 제품과 규격, 용기, 포장 박스 등이 유사한 점, ⑤ 핸드백 등을 생산·판매하는 회사가 향수 제품을 함께 생산하거나 판매하기도 하는 점 등을 알 수 있다.

위와 같은 향수의 거래 현황, 그 규격·포장 형태 등을 앞서 본 법리에 비추어 살펴보면, 위 향수는 그 자체가 교환가치를 가지고 독립된 상거래의 목적물이 되는 물품에 해당한다고 할 것이므로, 위 향수의 포장 등에 실사용상표를 표시하거나 이러한 향수를 양도하는 것은 상표의 사용이라고 할 것이다.

따라서 위 향수를 상품으로 보아 원고가 위 향수의 포장 등에 실사용상표를 표시하고 이러한 향수를 원고의 대리점들에게 양도한 것을 이 사건 등록상표의 사용이라고 판단한 원심은 정당한 것으로 수긍할 수 있고, 거기에 상표의 사용에 관한 법리오해 등의 잘못이 없다.

03 수건 사건 (2021도2180)

판시사항

(1) 상표법상 '상표의 사용' 및 '상품'의 의미

(2) 甲이 상표권자의 허락 없이 상표를 임의로 표시한 수건을 주문·제작하여 그중 일부를 거래처에 판매하고 일부를 다른 거래처에 사은품 내지 판촉용으로 제공하였으며, 乙은 위 수건이 상표권자의 허락 없이 임의로 제작된 것임을 알면서도 그중 일부를 거래처에 제공하여 상표법 위반으로 기소된 사안에서, 수건의 외관·품질 및 거래 현황 등에 비추어 위 수건은 '상품'에 해당하고, 그중 일부가 사은품 또는 판촉물로서 무상으로 제공되었더라도 위 수건에 상표를 표시하거나 상표가 표시된 수건을 양도하는 행위는 상표법상 '상표의 사용'에 해당한다고 한 사례

판결요지

(1) 상표법상 '상표의 사용'이란 상품 또는 상품의 포장에 상표를 표시하는 행위, 상품 또는 상품의 포장에 상표를 표시한 것을 양도 또는 인도하거나 그 목적으로 전시·수출 또는 수입하는 행위 등을 의미하고, 여기에서 말하는 '상품'은 그 자체가 교환가치를 가지고 독립된 상거래의 목적물이 되는 물품을 의미한다.

(2) 甲은 상표권자의 허락 없이 상표를 임의로 표시한 수건 1,000개를 주문·제작하여 그중 200개 상당을 거래처에 판매하고 100개 상당을 다른 거래처에 사은품 내지 판촉용으로 제공하였으며, 乙은 위 수건이 상표권자의 허락 없이 임의로 제작된 것임을 알면서도 그중 290개 상당을 거래처에 제공하여 상표법 위반으로 기소된 사안에서, 수건의 외관 ·품질 및 거래 현황 등에 비추어 위 수건은 그 자체가 교환가치를 가지고 독립된 상거래의 목적물이 되는 물품으로 '상품'에 해당하고, 그중 일부가 사은품 또는 판촉물로서 무상으로 제공되었더라도 무상으로 제공된 부분만을 분리하여 상품성을 부정할 것은 아니므로, 위 수건에 상표를 표시하거나 상표가 표시된 수건을 양도하는 행위는 상표법상 '상표의 사용'에 해당한다고 한 사례

04 WCO 사건 (2012후3077)

판시사항

구 상표법 제1조 제2항 제2호[1]에서 정한 '서비스업' 영위의 의미 및 상거래의 대상이 되지 않는 용역을 일정한 목적 아래 계속적·반복적으로 제공한 경우 구 상표법상 서비스업을 영위한 것으로 볼 수 있는지 여부(소극)

판결요지

구 상표법상 '서비스표'라 함은 서비스업을 영위하는 자가 자기의 서비스업을 타인의 서비스업과 식별되도록 하기 위하여 사용하는 표장을 말하는데(구 상표법 제2조 제1항 제2호), 여기서 '서비스업'을 영위한다고 함은 독립하여 상거래의 대상이 되는 서비스를 타인의 이익을 위하여 제공하는 것을 업으로 영위한다는 의미이므로, 아무런 대가를 받지 아니하는 자원봉사나 단순한 호의에 의한 노무 또는 편익의 제공 등과 같이 상거래의 대상이 되지 아니하는 용역을 일정한 목적 아래 계속적·반복적으로 제공하였다고 하더라도 구 상표법상의 서비스업을 영위하였다고 할 수 없다.

논점의 정리

상고이유(상고이유서 제출기간 경과 후에 제출된 상고이유보충서, 참고서면의 기재는 상고이유를 보충하는 범위 내에서)를 판단한다.

(1) 구 상표법상 '서비스표'라 함은 서비스업을 영위하는 자가 자기의 서비스업을 타인의 서비스업과 식별되도록 하기 위하여 사용하는 표장을 말하는데(구 상표법 제2조 제1항 제2호), 여기서 '서비스업'을 영위한다고 함은 독립하여 상거래의 대상이 되는 서비스를 타인의 이익을 위하여 제공하는 것을 업으로 영위한다는 의미이므로, 아무런 대가를 받지 아니하는 자원봉사나 단순한 호의에 의한 노무 또는 편익의 제공 등과 같이 상거래의 대상이 되지 아니하는 용역을 일정한 목적 아래 계속적·반복적으로 제공하였다고 하더라도 구 상표법상의 서비스업을 영위하였다고 할 수 없다.

---

1) 2016. 9. 1. 시행 개정법에서 서비스업을 '서비스'로 표현을 변경하면서, 서비스표 및 상표를 '상표'로 일원화하였다(이하 이 사건에서 같다).

(2) 원심은, '교육지도업, 문화적 및 교육적 목적의 전시회조직업, 회의준비 및 진행업' 등을 지정서비스로 하고 '**WCO**✿(색채상표)'와 같이 구성된 이 사건 등록상표가 '서울 WCO 오픈센터'의 운영 및 'WCO 북경대회' 개최와 관련하여 '회의준비 및 진행, 문화적 및 교육적 목적의 전시회 조직, 교육지도' 등의 활동에 피고 주장과 같이 사용되었다고 하더라도, 피고는 미국 메릴랜드 주(州) 법에 따라 설립된 법인으로서 그 정관에 비영리기구임이 명시되어 있을 뿐만 아니라 위와 같은 활동에 대하여 아무런 대가도 지급되지 아니한 이상, 피고의 이러한 활동은 상거래의 대상이 되는 서비스의 제공을 업으로 영위한 것에 해당한다고 볼 수 없으므로, 그러한 사용을 들어 이 사건 등록상표가 구 상표법상 '서비스업'에 사용되었다고 할 수 없다는 취지로 판단하였다.

위 법리와 기록에 비추어 살펴보면, 원심의 위와 같은 판단은 정당하고, 거기에 상고이유의 주장과 같은 서비스업의 개념 및 서비스표 사용에 관한 법리오해 등의 위법이 없다.

05 APM 사건 (2016후1376)

판시사항

(1) 지정서비스가 유사한지 판단하는 기준과 방법

(2) 선등록상표 1 "**DETAX mall** 디택스몰 by-apa A.P.M", 선등록상표 2 "**storage** 스토리지 by-apa A.P.M", 선등록상표 3 "apmluxe"의 상표권자 甲 주식회사가 등록상표 "**APM24**"의 상표권자 乙 주식회사를 상대로 등록상표가 선등록상표들과 표장이 동일하고 지정서비스가 동일·유사하다는 등의 이유로 상표등록 무효심판을 청구한 사안에서, 양 서비스에 동일 또는 유사한 상표를 사용할 경우 일반 거래의 통념상 동일한 영업주체에 의하여 제공되는 서비스로 오인될 우려가 있음에도, 이와 달리 본 원심판결에 법리를 오해하여 필요한 심리를 다하지 않은 잘못이 있다고 한 사례

판결요지

(1) 지정서비스의 유사 여부는 동일 또는 유사한 상표를 사용하였을 때 동일한 영업주체가 제공하는 서비스로 오인될 우려가 있는지 여부를 기준으로 하여 판단하되, 제공되는 서비스의 성질이나 내용, 제공 방법과 장소, 서비스의 제공자, 수요자의 범위 및 서비스 제공에 관련된 물품이 일치하는지 여부 등 거래의 실정을 종합적으로 고려하여 일반 거래의 통념에 따라 판단하여야 한다.

(2) 의류, 우산, 신발, 모자, 장신용품, 패션잡화, 화장품류 등을 판매대행하거나 판매 알선하는 서비스 등을 제공하는 선등록상표 1 "**DETAX mall** 디택스몰 by-apa A.P.M", 선등록상표 2 "**storage** 스토리지 by-apa A.P.M", 의류, 신발, 모자, 양말, 스타킹 등 패션 관련 상품을 판매대행하거나 도·소매하는 서비스를 제공하는 선등록상표 3 "apmluxe"의 상표권자 甲 주식회사가 지정서비스를 '백화점업, 대형할인마트업, 슈퍼마켓업, 편의점업'으로 하는 등록상표 "**APM24**"의 상표권

자 乙 주식회사를 상대로 등록상표가 선등록상표들과 표장이 동일하고 지정서비스가 동일·유사하다는 등의 이유로 상표등록 무효심판을 청구한 사안에서, 등록상표의 지정서비스와 선등록상표 1, 2의 지정서비스 중 판매대행·알선업 및 선등록상표 3의 지정서비스 중 판매대행업과 소매업은 의류 및 패션잡화 등을 수요자들을 상대로 직접 판매하는 서비스를 제공한다는 점에서 서비스의 성질, 내용, 제공 방법이 유사하고, 서비스 제공에 관련된 물품과 수요자도 공통되며, 등록상표의 지정서비스는 일정한 장소에서 다양한 제품을 판매한다는 점에서 선등록상표들의 지정서비스와 차이가 있으나 등록상표의 등록결정 당시 거래의 실정을 보면 의류를 비롯하여 신발, 모자 등의 패션잡화 등을 하나의 점포나 건물 또는 인접한 장소에서 진열하여 판매하거나, 동일한 영업주체가 백화점업, 대형할인마트업과 함께 슈퍼마켓업, 편의점업을 영위하는 경향이 있었던 점 등에 비추어 보면, 양 서비스에 동일 또는 유사한 상표를 사용할 경우 일반 거래의 통념상 동일한 영업주체에 의하여 제공되는 서비스로 오인될 우려가 있음에도, 등록상표와 선등록상표들의 지정서비스가 유사하지 않다는 등의 이유로 등록상표가 상표법 제34조 제1항 제7호에 해당하지 않는다고 본 원심판결에 법리를 오해하여 필요한 심리를 다하지 않은 잘못이 있다고 한 사례이다.

논점의 정리 상고이유(상고이유서 제출기간이 지난 후에 제출된 참고서면은 상고이유를 보충하는 범위에서)를 판단한다.

(1) 지정서비스의 유사 여부에 관한 상고이유에 대하여

① 지정서비스의 유사 여부는 동일 또는 유사한 상표를 사용하였을 때 동일한 영업주체가 제공하는 서비스로 오인될 우려가 있는지 여부를 기준으로 하여 판단하되, 제공되는 서비스의 성질이나 내용, 제공 방법과 장소, 서비스의 제공자, 수요자의 범위 및 서비스 제공에 관련된 물품이 일치하는지 여부 등 거래의 실정을 종합적으로 고려하여 일반 거래의 통념에 따라 판단하여야 한다.

② 위 법리와 원심에서 적법하게 채택한 증거들에 비추어 살펴본다.

㉠ 피고의 이 사건 등록상표(**APM24**, 이하 '이 사건 등록상표'라고 한다)는 지정서비스를 '백화점업, 대형할인마트업, 슈퍼마켓업, 편의점업'으로 한다. 이는 일정한 장소에서 다양한 상품을 모아놓고 수요자들을 상대로 직접 판매하는 서비스를 제공하는 것이다. 한편 원고의 선등록상표 1(**DĒTAX mall** 디텍스몰 **A.P.M**)과 선등록상표 2(**storage** 스토리지 **A.P.M**)는 의류, 우산, 신발, 모자, 장신용품, 패션잡화, 화장품류 등을 판매대행하거나 판매알선하는 서비스를 제공하는 것이고, 선등록상표 3(**apmluxe**)은 의류, 신발, 모자, 양말, 스타킹 등 패션 관련 상품을 판매대행하거나 도·소매하는 서비스를 제공하는 것이다.

㉡ 이 사건 등록상표의 지정서비스와 선등록상표 1, 2의 지정서비스 중 판매대행·알선업 및 선등록상표 3의 지정서비스 중 판매대행업과 소매업은 의류 및 패션잡화 등을 수요자들을 상대로 직접 판매하는 서비스를 제공한다는 점에서 서비스의 성질, 내용, 제공방법이 유사하고, 서비스 제공에 관련된 물품과 수요자도 공통된다.

ⓒ 이 사건 등록상표의 지정서비스는 일정한 장소에서 다양한 제품을 판매한다는 점에서 선등록상표들의 지정서비스와 차이가 있다. 그러나 다음과 같은 사정에 비추어 보면, 양 서비스에 동일 또는 유사한 상표를 사용할 경우 일반 거래의 통념상 동일한 영업주체에 의하여 제공되는 서비스로 오인될 우려가 있다.

- 이 사건 등록상표의 등록결정 당시 거래의 실정을 보면 의류를 비롯하여 신발, 모자 등의 패션잡화 등을 하나의 점포나 건물 또는 인접한 장소에서 진열하여 판매하거나, 동일한 영업주체가 백화점업, 대형할인마트업과 함께 슈퍼마켓업, 편의점업을 영위하는 경향이 있었다.
- 특히 백화점에서 의류와 패션잡화 등이 차지하는 비중이 높다는 거래의 실정을 감안하면 백화점업과 선등록상표들의 지정서비스가 취급하는 제품들은 상당 부분 중복된다.
- 원고가 선등록상표들을 출원할 당시 백화점업, 대형할인마트업, 슈퍼마켓업 등의 '포괄명칭'을 서비스 명칭으로 지정할 수 없었기 때문에 그와 같은 포괄명칭의 지정서비스를 영위하고자 하는 경우에는 취급할 상품들에 대한 판매대행, 도·소매 서비스를 하나하나 열거하여 서비스로 지정할 수밖에 없었다.
- 백화점이나 대형할인마트 내부의 점포들은 제조업체로부터 물품을 공급받아 수요자들에게 직접 판매하고, 백화점이나 대형할인마트의 영업주체에게 임대료나 수수료를 지급하는 것이 대부분이어서 일반적인 의류, 잡화 소매점들과 운영방식이 유사하다.
- 이 사건 등록상표의 심사 당시 적용되던 특허청의 유사상품, 서비스 심사기준에는 이 사건 등록상표의 지정서비스인 포괄서비스 명칭과 유사한 예로 화장품·가방·신발·속옷판매대행·알선업 등이 기재되어 있다.

ⓓ 그럼에도 원심은, 이 사건 등록상표와 선등록상표들의 지정서비스가 유사하지 않다는 등의 이유로, 이 사건 등록상표가 상표법 제34조 제1항 제7호에 해당하지 않는다고 판단하였다. 이러한 원심의 판단에는 서비스의 유사에 관한 법리를 오해하여 필요한 심리를 다하지 아니함으로써 판결에 영향을 미친 잘못이 있다.

판시사항

(1) "나홀로"로 구성된 등록상표가 변호사업 등 그 지정서비스와 관련하여 전문직 종사자에게 업무를 위임하지 아니하고도 스스로 행할 수 있도록 도와주는 방식, 즉 지정서비스의 서비스 제공의 하나의 방식을 보통으로 표시하는 표장만으로 된 상표로서 상표법 제6조 제1항 제3호[2]의 등록무효사유가 있다고 한 원심의 판단을 수긍한 사례

(2) 상표법 제7조 제1항 제4호[3]에서 규정한 '공공의 질서 또는 선량한 풍속을 문란하게 할 염려가 있는' 상표의 의미

(3) 서비스의 제공에 특정한 자격을 필요로 하는 서비스에 대하여 그러한 자격을 갖추지 못한 자가 상표를 출원, 등록하는 것이 상표법 제7조 제1항 제4호에서 규정하는 공공의 질서 또는 선량한 풍속을 문란하게 할 염려가 있는 경우에 해당하지 않는다고 한 사례

판결요지

(1) "나홀로"로 구성된 등록상표가 변호사업 등 그 지정서비스와 관련하여 전문직 종사자에게 업무를 위임하지 아니하고도 스스로 행할 수 있도록 도와주는 방식, 즉 지정서비스의 서비스 제공의 하나의 방식을 보통으로 표시하는 표장만으로 된 상표로서 상표법 제6조 제1항 제3호의 등록무효사유가 있다고 한 원심의 판단을 수긍한 사례이다.

(2) 상표법 제7조 제1항 제4호에서 규정한 '공공의 질서 또는 선량한 풍속을 문란하게 할 염려가 있는' 상표라 함은 상표의 구성 자체 또는 그 상표가 지정서비스에 사용되는 경우 일반 수요자에게 주는 의미나 내용이 사회공공의 질서에 위반하거나 사회 일반인의 통상적인 도덕관념인 선량한 풍속에 반하는 경우 또는 고의로 저명한 타인의 상표 상호 등의 명성에 편승하기 위하여 무단으로 타인의 표장을 모방한 상표를 등록 사용하는 것처럼 그 상표를 등록하여 사용하는 행위가 공정한 상품유통질서나 국제적 신의와 상도덕 등 선량한 풍속에 위배되는 경우를 말한다.

(3) 서비스의 제공에 특정한 자격을 필요로 하는 서비스에 대하여 그러한 자격을 갖추지 못한 자가 상표를 출원, 등록하는 것이 상표법 제7조 제1항 제4호에서 규정하는 공공의 질서 또는 선량한 풍속을 문란하게 할 염려가 있는 경우에 해당하지 않는다고 한 사례이다.

논점의 정리

(1) **상고이유 제1, 2, 3점에 대하여**

원심은, "나홀로"로 구성된 원고의 이 사건 등록상표의 지정서비스인 '공인노무사업, 법률연구조사업, 법무사업, 변리사업, 변호사업, 저작권관리업, 지적소유권라이선싱업, 지적소유권상담업, 특허이용업, 행정사업'은 모두 특정 전문분야의 전문적인 지식이나 경험을 갖추고 이러한 전문지식이나 경험이 없는 일반 국민을 상대로 하여 자신의 전문지식과 경험을 활용하여 특정 전문분야의 문제를 해결하도록 하여 그 수요를 충족하여 주는 서비스로서, 위 서비스의 업무수행 방식은 단지 의뢰인으로부터 특정 전문분

---

2) 상표법 제33조 제1항 제3호(이하 이 사건에서 같다)
3) 상표법 제34조 제1항 제4호(이하 이 사건에서 같다)

야의 업무를 의뢰받아 대리하거나 대행하는 것에 한정되는 것이 아니라 특정 전문분야에 관하여 전문지식이나 경험을 토대로 하여 상담에 응하거나, 조언을 함으로써 의뢰인으로 하여금 스스로 특정 업무를 직접 수행할 수 있도록 도와주는 방식을 포함하는 것이고, 더욱이 최근에는 전문직 종사자에게 위임하거나 직접적인 면담을 통한 조언 없이 스스로 법률업무 등의 특정 영역의 업무를 처리할 수 있도록 도와주는 방식이 전문직역의 하나의 서비스 방식으로 정착되고 있는 바, 이 사건 등록상표는 그 구성이 일인칭 대명사 '나'와 부사 '홀로'를 합성하여 만든 조어로서 국어사전에도 수록되지 아니한 단어라 할지라도 위 각 구성단어가 합쳐져 본래의 의미를 잃어버리고 새로운 관념을 형성한다고는 보이지 아니하므로 일반 수요자나 거래자들은 이 사건 등록상표를 '자기 혼자서' 또는 '나 혼자서' 나아가 '나 혼자의 힘으로'라는 의미로 관념할 것으로 보이고, '법률연구조사사업, 저작권관리업' 등의 지정서비스들이 비록 일정한 자격을 가진 사람들만 제공할 수 있는 서비스는 아니라고 하더라도 그 업무의 성격상 상당한 전문적인 지식이나 경험을 가진 사람들이 더 나은 수준의 서비스를 제공할 수 있는 서비스업이며, 의뢰인 혼자 스스로 문제를 해결하도록 도와주는 것이 이 사건 등록상표의 지정서비스의 서비스 제공 방식 모두를 아우르는 것이 아니라고 할지라도 적어도 하나의 중요한 방식을 나타내는 것이므로, 이 사건 등록상표는 그 지정서비스와 관련하여 전문직 종사자에게 업무를 위임하지 아니하고도 스스로 행할 수 있도록 도와주는 방식, 즉 위 지정서비스의 서비스 제공의 하나의 방식을 보통으로 표시하는 표장만으로 된 상표라는 취지로 판단하였다.

기록에 비추어 살펴보면, 원심의 사실인정과 판단은 모두 정당하고, 거기에 상고이유로 주장하는 것처럼 상표법 제6조 제1항 제3호에 대한 법리오해나 채증법칙 위배, 판단누락 등의 위법이 없다.

(2) 상고이유 제4, 5점에 대하여

기록에 의하면 피고가 원심법원에 2003. 10. 9. 제출한 답변서에서, "'나홀로'는 기술적 표장에 해당되므로 상표로 등록될 수 없다."라는 주장만을 하였을 뿐, "나홀로"가 법률 서비스에 대하여 식별력이 있다거나 이 사건 등록상표의 지정서비스 중 일정한 자격을 필요로 하지 않는 서비스에 대하여 "나홀로"가 기술적 표장이 아니라고 주장한 바는 없으므로, 원심이 위에서 본 바와 같이 이 사건 등록상표의 지정서비스 전부에 대하여 상표법 제6조 제1항 제3호 소정의 등록무효사유가 있다고 판단한 것은 정당하고 거기에 상고이유로 주장하는 것처럼 금반언의 원칙 내지 변론주의에 위배되고, 심결취소소송의 심리범위를 벗어난 위법이 없다.

(3) 상고이유 제6점에 대하여

상고이유에 대한 판단에 앞서 직권으로 보건대, 이 사건 등록상표는 2000. 6. 19. 출원된 것으로서, 2001. 2. 3. 법률 제6414호로 개정된 상표법(이하 '개정 상표법'이라고 한다)의 부칙 제4항에 의하여 그 등록무효심판에 관하여는 위 개정 전의 상표법(이하 '구 상표법'이라고 한다)이 적용되어야 하고, 구 상표법은 개정 상표법 제23조 제1항[4] 제4호의 '제2조 제1항 제1호 내지 제4호의 규정에 의한 표장의 정의에 합치하지 아니하

---

4) 상표법 제54조 제1호(이하 이 사건에서 같다)

는 경우'를 등록무효사유로 삼고 있지 아니하였으므로, 원심이 이 사건 등록상표의 지정 서비스 중 '변호사업, 공인노무사업, 행정사업, 법무사업'에 개정 상표법을 적용하여 개정 상표법 제23조 제1항 제4호가 정한 등록무효사유가 있다고 판단한 것은 잘못이지만, 위 지정서비스에 대하여 상표법 제6조 제1항 제3호 소정의 등록무효사유가 있음이 앞서 본 바와 같은 이상 원심의 위와 같은 잘못은 판결의 결론에 영향이 없다.

(4) 상고이유 제7점에 대하여

① 원심은 변리사의 자격만을 갖춘 원고가 이 사건 등록상표의 출원 당시부터 그 지정 서비스 중 '변호사업, 공인노무사업, 행정사업, 법무사업'을 제공할 자격을 가진 자에게 전용사용권이나 통상사용권을 설정할 의사를 가지고 있었다고 하더라도, 본래 서비스 제공을 통한 상표의 사용이 법에 의하여 금지되어 있는 자가 상표를 출원, 등록 후 서비스 제공의 자격을 갖춘 자에게 전용사용권이나 통상사용권을 설정하여 주기 위한 것만을 목적으로 상표를 출원, 등록받아 이를 보유하도록 허용한다면, 이는 상표가 자신과 타인의 서비스의 출처를 구별하게 하는 식별 표지로서의 역할을 하여 공정한 경쟁을 유도하도록 하려는 상표법의 취지와는 달리, 오히려 자격 없는 자의 식별 표지 독점을 조장하여 이로 말미암아 적법한 서비스 제공자로 하여금 적당한 식별 표지를 사용하지 못하게 하여 서비스 제공에 불편을 초래할 뿐이라고 할 것이므로 이러한 상표 출원행위는 등록주의를 남용하는 것으로서 권리남용에 해당하여, 이 사건 등록상표는 그 지정서비스 중 '변호사업, 공인노무사업, 행정사업, 법무사업'에 관하여 상표법 제7조 제1항 제4호의 무효사유를 가진다는 취지로 판단하였다.

② 상표법 제7조 제1항 제4호에서 규정한 '공공의 질서 또는 선량한 풍속을 문란하게 할 염려가 있는' 상표라 함은 상표의 구성 자체 또는 그 상표가 지정서비스에 사용되는 경우 일반 수요자에게 주는 의미나 내용이 사회공공의 질서에 위반하거나 사회 일반인의 통상적인 도덕관념인 선량한 풍속에 반하는 경우 또는 고의로 저명한 타인의 상표나 상호 등의 명성에 편승하기 위하여 무단으로 타인의 표장을 모방한 상표를 등록 사용하는 것처럼 그 상표를 등록하여 사용하는 행위가 공정한 상품유통질서나 국제적 신의와 상도덕 등 선량한 풍속에 위배되는 경우를 말하는 점, 원고가 '변호사업, 공인노무사업, 행정사업, 법무사업'에 필요한 자격을 취득하는 것이 금지되어 있는 것도 아니고, 제3자에게 전용사용권이나 통상사용권을 설정하는 방식으로만 이 사건 등록상표를 사용하기 위해서 이 사건 등록상표를 출원, 등록받았다고 볼 만한 자료도 없는 점을 종합하면, 원고가 이 사건 등록상표를 출원, 등록하는 것이 공공의 질서 또는 선량한 풍속을 문란하게 할 염려가 있는 경우에 해당한다고 할 수는 없다.

그럼에도 불구하고, 이와 달리 판단한 원심에는 상표법 제7조 제1항 제4호에 관한 법리를 오해한 위법이 있으나, 위 지정서비스들에 대하여도 상표법 제6조 제1항 제3호 소정의 등록무효사유가 있음이 앞서 본 바와 같은 이상 원심의 위와 같은 잘못은 판결의 결론에 아무런 영향이 없다.

판시사항

(1) 기술적 문자상표의 도형화된 정도가 일반인의 특별한 주의를 끌 정도에 이르러 문자인 식력을 압도할 경우, 상표법 제33조 제1항 제3호 소정의 '보통으로 사용하는 방법으로 표시하는' 표장에 해당하는지 여부(소극)

(2) 출원상표 "ORIGINAL + Jazz + CLASSIC"의 구성 중 필기체로 표기된 "Jazz" 부분의 도안화 정도가 문자의 기술적 또는 설명적인 의미를 직감할 수 없을 만큼 문자인식력을 압도하여 일반인의 특별한 주의를 끌 정도이므로 출원상표는 전체적으로 '지정상품의 품질・효능을 보통으로 사용하는 방법으로 표시하는' 표장이라고 단정할 수 없다고 한 사례

판결요지

(1) 기술적 문자상표가 도형화(도안화)되어 있어 일반인이 보통의 주의력을 가지고 있는 경우 전체적으로 보아 그 도형화된 정도가 일반인의 특별한 주의를 끌 정도에 이르러 문자의 기술적 또는 설명적인 의미를 직감할 수 없을 만큼 문자인식력을 압도할 경우에 는 특별한 식별력을 가진 것으로 보아야 하므로 이러한 경우에는 상표법 제33조 제1항 제3호에서 정하는 '보통으로 사용하는 방법으로 표시하는' 표장이라고 볼 수 없다.

(2) 출원상표 "ORIGINAL + Jazz + CLASSIC"의 구성 중 필기체로 표기된 "Jazz" 부분의 도안화 정도가 문자의 기술적 또는 설명적인 의미를 직감할 수 없을 만큼 문자인식력을 압도하여 일반인의 특별한 주의를 끌 정도이므로 출원상표는 전체적으로 '지정상품의 품질・효능을 보통으로 사용하는 방법으로 표시하는' 표장이라고 단정할 수 없다고 한 사례이다.

논점의 정리

상고이유를 본다.

(1) 원심은, 이 사건 출원상표 ""가 검은색 바탕의 직사각형과 그 내부에 있는 4줄의 흰색 수평선으로 구성된 도형 부분 및 그 직사각형 도형 내부의 문자 부분, 즉 영문자 'ORIGINAL'을 고딕체로 표기한 상단 부분, 영문자 'JAZZ'를 필기체로 표기한 중간 부 분, 영문자 'CLASSICS'를 고딕체로 표기한 하단 부분으로 이루어진 결합상표이고, 위 문자 부분의 중간부가 어느 정도 도안화되어 있기는 하지만, 일반 수요자는 지정상품에 표시된 이 사건 출원상표의 위 부분이 영문자 'JAZZ'를 표기한 것으로 직감하리라고 봄이 상당하며 그 변형의 정도에 있어서도 일반적인 문자의 의미 이외에 별도의 식별력 을 인정할 정도로 독특한 방법으로 표시되었다고 볼 수 없고, 영문자 'JAZZ'를 표기한 부분을 포함한 문자 부분 'ORIGINAL JAZZ CLASSICS'의 의미는 '베끼거나 고친 것이 아닌, 즉 원본(原本)인 재즈 명곡들' 또는 '원본(原本)인, 재즈음악, 서양 고전음악들'로 직감되어 그 지정상품인 '음악이 녹음된 디스크, 테이프(musical sound recordings)'에 사용될 경우 '지정상품의 품질・효능 등을 보통으로 사용하는 방법으로 표시한 표장'에 해당되는 한편, 이 사건 출원상표에서 검은색 바탕의 직사각형과 그 내부에 있는 4줄의 흰색 수평선으로 구성된 도형 부분은 간단하고 흔한 표장으로서 위 문자 부분과의 결합

정도, 표시 방법, 구도 등을 고려할 때 특별한 식별력을 가진 표장이라고 할 수 없다는 이유로, 이 사건 출원상표가 전체적으로 볼 때 상표법 제33조 제1항 제3호에 의하여 등록을 받을 수 없는 상표에 해당한다는 취지로 판단하였다.

(2) 기술적 문자상표가 도형화(도안화)되어 있어 일반인이 보통의 주의력을 가지고 있는 경우 전체적으로 보아 그 도형화된 정도가 일반인의 특별한 주의를 끌 정도에 이르러 문자의 기술적 또는 설명적인 의미를 직감할 수 없을 만큼 문자인식력을 압도할 경우에는 특별한 식별력을 가진 것으로 보아야 하므로 이러한 경우에는 상표법 제33조 제1항 제3호에서 정하는 '보통으로 사용하는 방법으로 표시하는' 표장이라고 볼 수 없다.

기록에 비추어 살펴보면, 이 사건 출원상표의 구성 중 "*Jazz*" 부분을 제외한 나머지 부분은 지정상품의 품질·효능 등을 보통으로 사용하는 방법으로 표시한 표장 또는 간단하고 흔한 표장에 해당함은 원심이 인정한 바와 같으나, "*Jazz*" 부분은 'Jazz'라는 영어단어를 필기체로 표기함에 있어 첫 글자는 필기체 알파벳 'J'의 윗부분만을 남겨 놓은 모양이고, 마지막 글자 또한 'z'의 필기체인 'z'의 아랫부분이 생략된 모양으로서 일반인들이 보통의 주의력을 가지고 보는 경우에는 첫 글자는 언뜻 숫자 '7'로 보이거나 그 아래에 그어져 있는 흰 선과 결합하여 알파벳 'Z'나 숫자 '2'로 보이고, 마지막 글자는 숫자 '3'으로 보일 정도로 변형되어 있는 것이므로 일반 수요자가 이 문자부분을 전체로 'Jazz'라는 영어단어의 필기체 표기라고는 도저히 직감할 수 없는 것이어서 "*Jazz*" 부분의 도안화 정도는 문자의 기술적 또는 설명적인 의미를 직감할 수 없을 만큼 문자인식력을 압도하여 일반인의 특별한 주의를 끌 정도이다.

(3) 따라서 이 사건 출원상표는 전체적으로 '지정상품의 품질·효능을 보통으로 사용하는 방법으로 표시하는' 표장이라고 단정할 수는 없는 것임에도 불구하고 원심이 그 판시와 같은 이유만으로 이 사건 출원상표가 '지정상품의 품질·효능 등을 보통으로 사용하는 방법으로 표시한 표장'에 해당하므로 그 등록이 거절되어야 한다고 판단한 것은 상표법 제33조 제1항 제3호에 대한 법리를 오해한 위법이 있다 할 것이고 이 점을 지적하는 상고이유의 주장은 이유 있다.

08 PNEUMOSHIELD 사건 (2000후2170)

판시사항   지정상품이 인체용 폐렴구균 공역백신 등인 출원상표 "PNEUMOSHIELD"가 상표법 제33조 제1항 제3호의 기술적(記述的) 표장에 해당하는지 여부(적극)

"PNEUMOSHIELD"와 같이 구성되고 지정상품을 '인체용 백신, 백신, 인체용 폐렴구균 공역 백신'으로 하는 출원상표는 'PNEUMO'와 'SHIELD'를 간격 없이 연속적으로 표기하여 구성 한 표장으로서, 우리나라에서 흔히 사용하는 영한사전에 'PNEUMO'는 '폐, 호흡, 폐렴'의 뜻을 가진 결합사로, 'SHIELD'는 '방패, 보호물' 등의 뜻을 가진 단어로 해설되고 있고, 출원 상표의 지정상품들은 생물학제제로서 그 성질상 약사법 제2조 제13항 소정의 전문의약품에 속한다고 볼 수 있어서 그 주 거래자는 의사, 약사 등 특별히 자격을 갖춘 전문가라고 할 수 있으므로, 그들의 영어교육수준에 비추어 보면 출원상표가 위와 같은 뜻을 가진 'PNEUMO'와 'SHIELD'의 두 단어가 결합됨으로써 그 지정상품과 관련하여 '폐렴예방백신' 등의 의미를 직감할 수 있게 된다고 할 것이어서, 출원상표는 그 지정상품의 효능·용도 등을 직접으로 표시하는 표장만으로 된 상표에 해당하여 상표법 제33조 제1항 제3호에 의하 여 등록될 수 없다.

상고이유를 본다.

원심은, "PNEUMOSHIELD"와 같이 구성되고 지정상품을 '인체용 백신, 백신, 인체용 폐렴 구균 공역백신'으로 하는 이 사건 출원상표는 'PNEUMO'와 'SHIELD'를 간격 없이 연속적으 로 표기하여 구성한 표장으로서, 우리나라에서 흔히 사용하는 영한사전에 'PNEUMO'는 '폐, 호흡, 폐렴'의 뜻을 가진 결합사로, 'SHIELD'는 '방패, 보호물' 등의 뜻을 가진 단어로 해설 되고 있고, 이 사건 출원상표의 지정상품들은 생물학제제로서 그 성질상 약사법 제2조 제13 항 소정의 전문의약품에 속한다고 볼 수 있어서 그 주 거래자는 의사, 약사 등 특별히 자격을 갖춘 전문가라고 할 수 있으므로, 그들의 영어교육수준에 비추어 보면 이 사건 출원상표가 위와 같은 뜻을 가진 'PNEUMO'와 'SHIELD'의 두 단어가 결합됨으로써 그 지정상품과 관련 하여 '폐렴예방백신' 등의 의미를 직감할 수 있게 된다고 할 것이어서, 이 사건 출원상표는 그 지정상품의 효능·용도 등을 직접으로 표시하는 표장만으로 된 상표에 해당하여 상표법 제33조 제1항 제3호에 의하여 등록될 수 없다고 판단하였다.

기록과 관련 법령의 규정에 비추어 살펴보면, 원심의 위와 같은 인정과 판단은 정당하고, 거기에 상고이유로 지적하는 바와 같은 심리미진이나 법리오해의 위법이 있다고 할 수 없다. 상고이유에서 들고 있는 판례들은 이 사건과는 사안을 달리하는 것들이어서 이 사건에 원용 하기에 적절하지 아니하다.

09 PARADENT HEALTH 사건 (97후396)

(1) 기술적 상표 해당 여부를 판단함에 있어 상표의 의미 내용의 고려 기준

(2) 지정상품이 의약품인 상표의 기술적 상표 해당 여부를 판단함에 있어 의약품의 수요자 층을 의사·약사 등 전문가에 한정할 것인지 여부(소극)

(3) 치육염 및 치조농루 치료용 약제를 지정상품으로 한 상표 "PARADENT HEALTH"가 기술적 상표가 아니라고 한 사례

판결요지

(1) 어떤 상표가 상표법 제33조 제1항 제3호 소정의 상품의 품질·효능·용도 등을 보통으로 사용하는 방법으로 표시한 표장만으로 된 상표인가의 여부는 그 상표가 가지는 관념, 당해 지정상품이 일반적으로 갖는 공통된 품질·효능·용도·거래사회의 실정 등을 감안하여 객관적으로 판단하되, 상표의 의미 내용은 일반 수요자가 그 상표를 보고 직관적으로 깨달을 수 있는 것이어야 하고 심사숙고하거나 사전을 찾아보고서 비로소 그 뜻을 알 수 있는 것은 고려의 대상이 되지 않는다.

(2) 의약품이 지정상품인 상표에 있어, 현재 우리나라에서 모든 의약품이 반드시 의사나 약사 등 전문가에 의하여서만 수요되거나 거래된다고 할 수 없고 많은 의약품들이 일반인들에 의하여도 직접 수요되거나 거래되고 있는 실정이라 하겠으며 특수한 몇몇 의약품만이 의사, 약사 등 전문가들에 의하여 수요되고 거래된다 할 것이므로, 위와 같은 특수한 의약품이 아닌 한 의사나 약사 등이 아닌 일반 수요자를 기준으로 상표법 제33조 제1항 제3호 해당 여부를 판단하여야 한다.

(3) 치육염 및 치조농루 치료용 약제를 지정상품으로 한 상표 "PARADENT HEALTH"가 기술적 상표가 아니라고 한 사례이다.

논점의 정리

상고이유를 판단한다.

(1) 원심심결 이유에 의하면 원심은, 이 사건 출원상표 "PARADENT HEALTH"(이하 '본원상표'라 한다) 중 "HEALTH"는 "건강"의 의미를 가진 단어이고, "PARADENT"는 영한사전에는 나오지 않는다 하더라도 영한의학대사전에 수록된 바에 따르면 "PARADENT"는 "치주염의, 치아주의의" 등의 뜻을, "PARADENTITIS"는 "치주염" 등의 뜻을 가지고 있고, 또한 영한사전에 의하면 "PARA"는 "근처, 양쪽" 등의 뜻을, "DENT"는 "이, 움푹 파인 곳, 자국" 등의 뜻을 가지고 있어, 이러한 의미를 종합해 보면 "PARADENT"는 "치아 주변이 움푹 파인, 치주염" 등으로 관념될 수 있고 "HEALTH"는 "건강" 등의 의미를 가지고 있으므로, 본원상표의 전체적 관념은 "치주를 건강하게 하는, 치주염이 없는" 등으로 인식할 수 있다 하겠으며, 특히 본원상표의 지정상품인 치육염 및 치조농루 치료용 약제의 직접적인 수요자라고 할 수 있는 치과의사나 약사는 그 의미를 쉽게 인식할 수 있다 할 것이므로, 본원상표는 그 지정상품과 관련해 볼 때 상품의 용도·효능 등 성질을 표시한 표장만으로 된 상표로서, 상표법 제33조 제1항 제3호의 규정에 의하여 본원상표의 등록을 거절한 원사정은 정당하다고 판단하였다.

(2) 어떤 상표가 상표법 제33조 제1항 제3호 소정의 상품의 품질·효능·용도 등을 보통으로 사용하는 방법으로 표시한 표장만으로 된 상표인가의 여부는 그 상표가 가지는 관념, 당해 지정상품이 일반적으로 갖는 공통된 품질·효능·용도·거래사회의 실정 등을 감안하여 객관적으로 판단하되, 상표의 의미 내용은 일반 수요자가 그 상표를 보고 직관적으로 깨달을 수 있는 것이어야 하고 심사숙고하거나 사전을 찾아보고서 비로소 그 뜻을 알 수 있는 것은 고려의 대상이 되지 않는다 할 것이다.

또한, 당해 지정상품이 의약품인 경우, 현재 우리나라에서 모든 의약품이 반드시 의사나 약사 등 전문가에 의하여서만 수요되거나 거래된다고 할 수 없고 많은 의약품들이 일반인들에 의하여도 직접 수요되거나 거래되고 있는 실정이라 하겠으며 특수한 몇몇 의약품만이 의사, 약사 등 전문가들에 의하여 수요되고 거래된다 할 것이므로, 위와 같은 특수한 의약품이 아닌 한 의사나 약사 등이 아닌 일반 수요자를 기준으로 상표법 제33조 제1항 제3호 해당 여부를 판단하여야 할 것이다.

(3) 기록에 의하여 살펴건대, 먼저 본원상표의 지정상품의 수요자에 관하여 보면, 본원상표의 지정상품인 치육염 및 치조농루 치료용 약제가 위와 같은 특수한 의약품에 해당한다고 볼 자료가 없고, 나아가 본원상표의 의미 내용에 관하여 보면, 본원상표 중 "HEALTH"는 건강을 의미하는 단어로서 널리 쓰이고 있으나, "PARADENT" 부분은 영한사전에도 나오지 않는 조어이고, 이를 분리하여 "PARA"와 "DENT" 부분으로 나누어 보더라도, 전자는 독립적인 단어가 아닌 접두사로서 "측(側), 이상(以上), 치환체(置換體, [화학]), 의사(擬似, [의학])" 등을 뜻하거나 방호물이라는 뜻의 연결형으로 쓰이고, 후자는 "움푹 들어간 곳, 약화시키는 효과, (빗, 톱니바퀴 따위의) 이" 등을 뜻하므로, 일반 수요자들이 본원상표를 보고 직감적으로 "치주를 건강하게 하여 주는" 등의 뜻으로 이해한다고 보기는 어렵다 하겠다.

그렇다면, 본원상표 중 "PARADENT" 부분은 일체 불가분적으로 결합된 조어로서, 본원 상표를 그 전체적인 구성으로 볼 때 일반 수요자들이 치육염 및 치조농루 치료용 약제의 단순한 용도·효능 등을 표시하는 것으로 인식할 수 없다 할 것이니, 본원상표의 지정상품의 직접적인 수요자가 치과의사나 약사임을 전제로 본원상표가 지정상품의 용도·효능 등을 표시한 표장만으로 된 상표라고 본 원심심결에는 상표법 제33조 제1항 제3호에 관한 법리를 오해한 위법이 있다 할 것이고, 이 점을 지적하는 상고이유의 주장은 이유 있다.

10 　알바천국 사건 (2015후1911)

판시사항

(1) 상표법 제33조 제1항 제3호의 규정 이유 및 어느 상표가 이에 해당하는지 판단하는 기준 / 이 법리가 상표에 대하여 마찬가지로 적용되는지 여부(적극)

(2) 특허청 심사관이 직업소개업 등을 지정서비스로 하는 甲 주식회사의 출원상표 "알바천국"이 '부업을 소개하거나 제공하는 곳'의 의미로 인식되는 성질 표시에 해당한 다는 이유로 등록거절결정을 하였고, 이에 불복한 甲 회사의 심판청구를 특허심판원이 기각한 사안에서, 출원상표가 상표법 제33조 제1항 제3호에서 정한 기술적 표장에 해당하지 않는다고 한 사례

논점의 정리

상고이유를 판단한다.

(1) 상표법 제33조 제1항 제3호가 상품의 산지, 품질, 효능, 용도 등을 보통으로 사용하는 방법으로 표시한 표장만으로 된 상표를 등록받을 수 없도록 한 것은 그와 같은 기술적 상표는 통상 상품의 유통과정에서 필요한 표시여서 누구라도 이를 사용할 필요가 있고 그 사용을 원하기 때문에 이를 특정인에게 독점배타적으로 사용하게 할 수 없다는 공익

상의 요청과 이와 같은 상표를 허용할 경우에는 타인의 동종 상품과의 관계에서 식별이 어렵다는 점에 그 이유가 있는 것이다. 따라서 어느 상표가 이에 해당하는지는 그 상표가 지니고 있는 관념, 지정상품과의 관계 및 거래사회의 실정 등을 감안하여 객관적으로 판단하여야 하고, 그 상표가 지정상품의 품질, 효능, 용도를 암시 또는 강조하는 것으로 보인다고 하더라도 전체적인 상표의 구성으로 볼 때 일반 수요자가 지정상품의 단순한 품질, 효능, 용도 등을 표시하는 것으로 인식할 수 없는 것은 이에 해당하지 아니한다.

(2) 위 법리와 기록에 비추어 살펴보면 다음과 같다.

원고의 이 사건 출원상표는 '직업소개업, 직업알선업, 취업정보제공업'을 지정서비스로 하고 '알바천국'으로 구성된 것이다. 이 사건 출원상표는 '알바'와 '천국'이라는 두 개의 단어가 결합하여 '근무 여건이나 환경이 이상세계(理想世界)처럼 편하여 아르바이트를 하기에 좋은 곳'이라는 관념을 지니는 것으로서, 위 지정서비스와 관련하여 볼 때 위와 같이 '아르바이트를 하기에 좋은 곳'을 소개·알선하거나 이와 관련된 정보를 제공한다는 암시를 줄 수 있기는 하나, 이를 넘어서 일반 수요자에게 '아르바이트를 소개·알선하거나 이와 관련이 있는 정보를 제공하는 장소' 등과 같이 위 지정서비스의 성질을 직접적으로 표시하는 것으로 인식된다고 할 수 없다. 또한 거래사회의 실정 등을 감안하더라도, '천국'이라는 단어가 포함된 이 사건 출원상표를 특정인에게 독점배타적으로 사용하게 하는 것이 공익상 부당하다는 등 위와 달리 볼 만한 사정이 발견되지 않는다. 따라서 이 사건 출원상표는 상표법 제33조 제1항 제3호가 정한 기술적 표장에 해당하지 않는다.

같은 취지의 원심판단은 정당하고, 거기에 상고이유 주장과 같이 기술적 표장에 관한 법리를 오해하여 필요한 심리를 다하지 아니하는 등의 위법이 없다.

11 Royal Bee 사건 (2022후10128)

판시사항

(1) 상표법 제33조 제1항 제3호의 규정 취지 및 어떤 상표가 위 규정에서 정한 기술적 표장에 해당하는지 판단하는 기준 / 두 개 이상의 구성부분이 결합하여 이루어진 이른바 결합상표가 식별력이 있는지 판단하는 기준

(2) 화장품 등을 지정상품으로 하고 "로알비 ROYAL BEE"로 구성된 등록상표가 상표법 제33조 제1항 제3호의 '상품의 원재료를 보통으로 사용하는 방법으로 표시한 표장만으로 된 상표'에 해당하는지 문제 된 사안에서, 제반 사정에 비추어 위 등록상표가 지정상품의 원재료에 '로열젤리'나 '꿀'을 사용하고 있음을 직감케 하여 원재료 등을 보통으로 사용하는 방법으로 표시한 표장만으로 된 상표라고 보기 어렵다고 한 사례

(1) 상표법 제33조 제1항 제3호는 '상품의 산지·품질·원재료·효능·용도·수량·형상(포장의 형상을 포함한다)·가격·생산방법·가공방법·사용방법 또는 시기를 보통으로 사용하는 방법으로 표시한 표장만으로 된 상표는 상표등록을 받을 수 없다.'고 규정하고 있다. 위 규정의 취지는 그와 같은 표장은 상품의 특성을 기술하기 위하여 표시되어 있는 기술적 표장으로서 자타 상품을 식별하는 기능을 상실하는 경우가 많을 뿐만 아니라, 설령 상품 식별의 기능이 있는 경우라 하더라도 상품 거래상 누구에게나 필요한 표시이므로 어느 특정인에게만 독점적으로 사용하게 하는 것은 공익상으로 타당하지 아니하다는 데에 있다. 어떤 상표가 위 규정에서 정한 기술적 표장에 해당하는지는 상표가 지니고 있는 관념, 지정상품과의 관계, 거래사회의 실정 등을 감안하여 객관적으로 판단하여야 한다. 상표가 지정상품의 산지·품질·원재료·효능·용도 등을 암시하거나 강조하는 것으로 보인다고 하더라도, 상표의 전체적인 구성으로 볼 때 일반수요자나 거래자가 단순히 지정상품의 산지·품질·원재료·효능·용도 등을 표시한 것으로 인식할 수 없는 것은 기술적 표장에 해당하지 않는다. 또한 두 개 이상의 구성부분이 결합하여 이루어진 이른바 결합상표에 있어서는 구성부분 전체를 하나로 보아서 식별력이 있는지 여부를 판단하여야 한다.

(2) 화장품 등을 지정상품으로 하고 "ROYAL BEE^{로얄비}"로 구성된 등록상표가 상표법 제33조 제1항 제3호의 '상품의 원재료를 보통으로 사용하는 방법으로 표시한 표장만으로 된 상표'에 해당하는지 문제 된 사안에서, 'ROYAL BEE'는 'ROYAL'과 'BEE'를 결합하여 만든 조어로서 거래사회에서 일반적으로 사용되는 표현은 아닌 점, '로열젤리'와 '꿀'은 위 등록상표의 지정상품인 화장품 등의 원료 성분으로 흔히 사용되고 있고, '로열젤리'나 '꿀'을 원재료로 사용한 화장품 제품 중 '로열'이나 'ROYAL'을 포함하는 표장이 사용된 것이 다수 존재하지만 '로열젤리'나 '꿀'을 원재료로 사용하지 않으면서도 '로열'이나 'ROYAL'을 포함하는 표장이 사용된 상품도 다수 존재하는 점, 위와 같은 사정과 '로열'이나 'ROYAL'의 사전적 의미나 거래상의 관념 등에 비추어 보면, 위 등록상표가 지정상품의 원재료에 '로열젤리'나 '꿀'이 사용되었음을 암시하고 있다고 볼 수 있으나 직감시키는 상표라고 단정하기는 어려운 점, 위 등록상표는 고유한 의미를 내포한 두 개의 단어가 결합된 조어로서, 다른 사람들이 상품의 원재료에 '로열젤리'나 '꿀'을 사용하고 있음을 통상적인 방법으로 자유롭게 표시하는 데에 관하여 어떠한 영향을 미칠 수 없고, 위 등록상표가 화장품 유통과정에서 누구에게나 필요한 표시라고 볼 수도 없으므로 이를 어느 특정인에게 독점적으로 사용하게 하는 것이 공익상으로 타당하지 않다고 보기 어려운 점에 비추어, 위 등록상표가 지정상품의 원재료에 '로열젤리'나 '꿀'을 사용하고 있음을 직감케 하여 원재료 등을 보통으로 사용하는 방법으로 표시한 표장만으로 된 상표라고 보기 어려운데도, 이와 달리 본 원심판단에 법리오해의 잘못이 있다고 한 사례

판시사항

(1) 상표법 제33조 제1항 제3호 소정의 기술적(記述的) 상표인지 여부에 대한 판단 기준

(2) 등록상표 "데코시트"는 지정상품 중 장식재인 상품에 사용될 경우에는 상표법 제33조 제1항 제3호의 기술적(記述的) 상표에 해당하고, 지정상품 중 장식재로 직접 사용되지 아니하는 상품에 사용될 경우에는 상표법 제34조 제1항 제12호의 품질오인적 상표에 해당한다고 한 사례

판결요지

(1) 어떤 상표가 상표법 제33조 제1항 제3호에서 정한 상품의 품질·효능·용도 등을 보통으로 사용하는 방법으로 표시한 표장만으로 된 상표인가의 여부는 그 상표가 가지는 관념, 당해 지정상품이 일반적으로 갖는 공통된 품질·효능·용도·거래사회의 실정 등을 감안하여 객관적으로 판단하되, 상표의 의미 내용은 일반 수요자가 그 상표를 보고 직관적으로 깨달을 수 있는 것이어야 하고 심사숙고하거나 사전을 찾아보고서 비로소 그 뜻을 알 수 있는 것은 고려의 대상이 되지 않는다.

(2) 등록상표 "데코시트"는 지정상품 중 장식재인 상품에 사용될 경우에는 전체적으로 볼 때 상품의 성질(용도와 형상)을 나타내는 상표로 인식되어 상표법 제33조 제1항 제3호의 기술적 상표에 해당하고, 위 등록상표가 장식재로 직접 사용되지 아니하는 지정상품에 사용되는 경우에는 수요자들로 하여금 위 지정상품들이 일반적인 단순한 시트가 아니고 장식적인 효과를 나타내는 장식용 시트를 만드는데 사용되는 상품 또는 그러한 장식용 시트를 함유하는 상품으로 그 품질을 오인·혼동하게 할 우려가 있어 상표법 제34조 제1항 제12호에서 정하는 품질오인상표에 해당한다고 한 사례이다.

논점의 정리

상고이유를 판단한다.

(1) 원심판결 이유에 의하면, 원심은 이 사건 등록상표는 '데코시트'라는 국문자 4자가 붙여 쓰여진 상표이고, 을 제31호증의 1, 2의 기재에 의하면 장식의 뜻을 가진 영문자 'decoration', 장식용의 뜻을 가진 영문자 'decorated'와 'decorative'가 있고, 장식의 뜻을 가진 불문자 'decor'가 있는 사실을 인정할 수 있으나, 우리나라의 불문자 보급수준에 비추어 위 불문자 'decor'가 흔한 문자라거나 쉽게 인식할 수 있는 문자라고는 보이지 아니하므로, 이 사건 등록상표의 지정상품과 관련된 일반 수요자나 거래자로서는 '데코'라는 국문자를 보고 장식용이라는 뜻을 쉽게 직감적으로 인식할 수는 없다 할 것이고, 따라서 이 사건 등록상표는 그 지정상품의 단순한 품질이나 효능만을 직접적으로 표시하는 것으로 인식할 수 없어 상표법 제33조 제1항 제3호에서 정한 상표에 해당한다고 할 수 없고, 오히려 전체적인 상표의 구성으로 볼 때 분리관찰하면 자연스럽지 못할 정도로 일련 불가분적으로 결합된 조어상표라고 봄이 상당하며, 이와 같이 이 사건 등록상표가 '장식용 시트'를 지칭하는 법 제33조 제1항 제3호에서 정한 상표에 해당되지 아니하는 이상 이 사건 등록상표가 장식용 시트가 아닌 지정상품에 사용되는 경우에도 수요자로 하여금 '장식용 시트'로 그 품질을 오인·혼동하게 할 우려가 없으므로 법 제34조 제1항 제12호에도 해당하지 아니한다고 판단하였다.

그러나 어떤 상표가 법 제33조 제1항 제3호에서 정한 상품의 품질·효능·용도 등을 보통으로 사용하는 방법으로 표시한 표장만으로 된 상표인가의 여부는 그 상표가 가지는 관념, 당해 지정상품이 일반적으로 갖는 공통된 품질·효능·용도·거래사회의 실정 등을 감안하여 객관적으로 판단하되, 상표의 의미 내용은 일반 수요자가 그 상표를 보고 직관적으로 깨달을 수 있는 것이어야 하고 심사숙고하거나 사전을 찾아보고서 비로소 그 뜻을 알 수 있는 것은 고려의 대상이 되지 않는다 할 것이다.

(2) 기록에 의하면, 이 사건 등록상표 "데코시트"가 그 지정상품인 비닐시트, 플라스틱시트, 리놀륨시트 등 장식재인 상품에 사용될 경우 일반 수요자나 거래자는 이 사건 등록상표의 구성 중 '시트'는 얇은 판, 플레이트 등을 의미하는 영어 단어 'sheet'를 한글로 표기한 것으로 인식할 것이어서 이 부분은 지정상품의 형상을 직접적으로 나타내는 기술적 표장이라고 할 것이고, 한편 영한사전에는 ① 장식의 뜻을 가진 'decoration', ② 장식용의 뜻을 가진 'decorated'와 'decorative' 외에 ③ 불어에서 유래된 단어로서 '장식'이라는 의미가 있는 'decor'가 나와 있는데, 그 중 위 'decor'는 흔히 사용되는 단어가 아니고 또 그 발음도 '데코'가 아닌 '데이코어', '데이코'이며 또 우리나라의 불어 보급수준을 감안하여 볼 때 거래자나 일반 수요자들이 이 사건 등록상표의 '데코'를 보고 위 'decor'를 한글로 표기한 것으로 직감하리라고는 볼 수 없는 점은 원심의 판단과 같다고 할 것이나, 나머지 단어인 'decoration' 등은 우리나라의 영어 보급수준에 비추어 비교적 쉬운 단어이고, 또 이 사건에 있어서의 수요자는, 이 사건 등록상표의 지정상품들이 최종완제품이 아닌 반제품인 점에 비추어 볼 때, 완제품의 최종소비자가 아니고 반제품인 위 지정상품들을 매수하는 등 당해 거래업계에 종사하는 자라고 보아야 하는 바 그 중 특히 장식재 업계에 종사하는 자는 누구보다도 위 영어 단어를 익히 알 수 있을 것이며, 피고 스스로도 1988년, 1989년경 이미 Super Decorative PVC Sheet를 줄여서 SUPER-DECO SHEET라고 사용하고 있었던 사정 등을 종합하여 보면, 거래자는 비록 위 'decor'라는 불어 단어는 알지 못하나, 이 사건 등록상표의 '데코'가 '장식'의 의미가 있는 'decoration'의 앞부분인 'deco'를 한글로 표기한 것으로 직감할 것이므로, 이 사건 등록상표의 '데코'는, 그 지정상품 중 장식재로 사용되는 비닐시트, 플라스틱시트, 리놀륨시트와 관련하여, 위 지정상품들이 장식용 시트임을 일반 거래자들이 누구나 직감할 수 있는 정도로 상품의 용도를 직접적으로 표시한 것이라고 할 것이고, 따라서 이 사건 등록상표는 전체적으로 볼 때 상품의 성질(용도와 형상)을 나타내는 상표로 인식된다고 할 것이다.

(3) 또한 이와 같은 '장식용 시트'를 직접적으로 나타내는 이 사건 등록상표가 장식재로 직접 사용되지 아니하는 지정상품인 폴리염화비닐수지, 요소수지, 플라스틱호오스, 필름생지, 플라스틱관, 플라스틱봉, 플라스틱판에 사용되는 경우에는 수요자들로 하여금 위 지정상품들이 일반적인 단순한 시트가 아니고 장식적인 효과를 나타내는 장식용 시트를 만드는데 사용되는 상품(폴리염화비닐수지, 요소수지, 필름생지의 경우) 또는 그러한 장식용 시트를 함유하는 상품(플라스틱호오스, 필름생지, 플라스틱관, 플라스틱봉, 플라스틱판의 경우)으로 그 품질을 오인·혼동하게 할 우려가 있어 이 사건 등록상표는 법 제34조 제1항 제12호에서 정하는 품질오인상표에도 해당된다고

할 것이므로, 결국 이 사건 등록상표는 그 등록이 지정상품 전부에 대하여 무효라고
보아야 할 것이다.

그럼에도 불구하고 원심이 이 사건 등록상표의 지정상품과 관련된 일반 수요자나 거래
자로서는 '데코'라는 국문자를 보고 장식용이라는 뜻을 쉽게 직감적으로 인식할 수는
없다는 점을 들어 이 사건 등록상표는 기술적 상표는 물론 품질오인상표에도 해당되지
아니한다고 판단한 것은 법 제33조 제1항 제3호 및 제34조 제1항 제12호에 관한 법리를
오해한 위법을 저지른 것이라고 할 것이므로, 이 점을 지적하는 원고의 상고 논지는
이유가 있다.

13 조지아 사건 (2011후958)

판시사항

(1) 상표법 제33조 제1항 제4호의 규정 취지와 현저한 지리적 명칭 등이 기술적 표장 등과
결합되어 있는 경우 그 사정만으로 위 법조항의 적용이 배제되는지 여부(원칙적 소극)
및 위 규정에서 말하는 '현저한 지리적 명칭'의 의미

(2) 甲 외국회사가 출원상표 " GEORGIA "를 출원하였으나 특허청이 출원상표가 상표법 제33
조 제1항 제4호 등에 해당한다는 이유로 등록거절결정을 한 사안에서, 위 출원상표는
현저한 지리적 명칭인 'GEORGIA'로 인식될 것이어서 상표법 제33조 제1항 제4호에
해당된다고 한 사례

판결요지

(1) 상표법 제33조 제1항 제4호는 현저한 지리적 명칭·그 약어 또는 지도만으로 된 상표
는 등록을 받을 수 없다고 규정하고 있다. 이와 같은 상표는 그 현저성과 주지성 때문
에 상표의 식별력을 인정할 수 없어 어느 특정 개인에게만 독점사용권을 부여하지 않
으려는 데 그 규정의 취지가 있다. 이에 비추어 보면, 상표법 제33조 제1항 제4호의
규정은 현저한 지리적 명칭, 그 약어 또는 지도만으로 된 표장에만 적용되는 것이 아니
고, 현저한 지리적 명칭 등이 식별력 없는 기술적 표장 등과 결합되어 있는 경우라고
하더라도 그 결합에 의하여 본래의 현저한 지리적 명칭이나 기술적 의미 등을 떠나 새
로운 관념을 낳는다거나 새로운 식별력을 형성하는 것이 아니라면 지리적 명칭 등과
기술적 표장 등이 결합된 표장이라는 사정만으로 위 법조항의 적용이 배제된다고 할
수 없다. 한편 위 규정에서 말하는 현저한 지리적 명칭이란 단순히 지리적, 지역적 명
칭을 말하는 것일 뿐 특정 상품과 지리적 명칭을 연관하여 그 지방 특산물의 산지표시
로서의 지리적 명칭임을 요하는 것은 아니라 할 것이다. 따라서 그 지리적 명칭이 현저
하기만 하면 여기에 해당하고, 지정상품과 사이에 특수한 관계가 있음을 인식할 수 있
어야만 하는 것은 아니다.

(2) 甲 외국회사가 출원상표 " GEORGIA "를 출원하였으나 특허청이 출원상표가 상표법 제33
조 제1항 제4호 등에 해당한다는 이유로 등록거절결정을 한 사안에서, 위 표장 중 문자
부분 'GEORGIA'는 아시아 북서부에 있는 국가인 그루지야의 영문 명칭 또는 미국 남동
부 주의 명칭으로서 일반 수요자들에게 널리 알려져 있으므로 현저한 지리적 명칭에
해당하고, 커피 원두 도형은 커피 원두의 형상과 모양을 그대로 표시한 것에 불과하며,
찻잔 도형은 다소 도안화가 되어 있으나 찻잔 형상의 기본적인 형태를 유지하고 있어
일반 수요자들이 이를 출원상표의 지정상품 중 커피의 원두와 그 음용의 용도에 쓰이는
찻잔의 형상으로 직감할 수 있으므로 이들 도형 부분은 커피와 관련하여 볼 때 식별력이
없고, 위 문자 부분과 도형 부분의 결합에 의하여 출원상표가 본래의 현저한 지리적
명칭이나 기술적 의미를 떠나 새로운 관념을 낳는다거나 새로운 식별력을 형성하는 것
도 아니므로, 위 출원상표는 전체적으로 보아 일반 수요자들 사이에 주로 현저한 지리적
명칭인 'GEORGIA'로 인식될 것이어서 상표법 제33조 제1항 제4호가 규정하는 현저한
지리적 명칭만으로 된 표장에 해당된다고 한 사례이다.

논점의 정리

상고이유를 판단한다.

(1) 상표법 제33조 제1항 제4호는 현저한 지리적 명칭·그 약어 또는 지도만으로 된 상표는
등록을 받을 수 없다고 규정하고 있다. 이와 같은 상표는 그 현저성과 주지성 때문에
상표의 식별력을 인정할 수 없어 어느 특정 개인에게만 독점사용권을 부여하지 않으려
는 데 그 규정의 취지가 있다. 이에 비추어 보면, 상표법 제33조 제1항 제4호의 규정은
현저한 지리적 명칭·그 약어 또는 지도만으로 된 표장에만 적용되는 것이 아니고, 현저
한 지리적 명칭 등이 식별력 없는 기술적 표장 등과 결합되어 있는 경우라고 하더라도
그 결합에 의하여 본래의 현저한 지리적 명칭이나 기술적 의미 등을 떠나 새로운 관념을
낳는다거나 새로운 식별력을 형성하는 것이 아니라면 지리적 명칭 등과 기술적 표장
등이 결합된 표장이라는 사정만으로 위 법조항의 적용이 배제된다고 할 수 없다. 한편
위 규정에서 말하는 현저한 지리적 명칭이란 단순히 지리적, 지역적 명칭을 말하는 것일
뿐 특정 상품과 지리적 명칭을 연관하여 그 지방의 특산물의 산지 표시로서의 지리적
명칭임을 요하는 것은 아니라 할 것이다. 따라서 그 지리적 명칭이 현저하기만 하면
여기에 해당하고, 지정상품과 사이에 특수한 관계가 있음을 인식할 수 있어야만 하는
것은 아니다.

(2) 위 법리와 기록에 비추어 살펴본다.

① 이 사건 출원상표 " GEORGIA "는 커피 원두를 도안화한 도형이 음영으로 여러 개 그려
진 검은색 바탕의 직사각형 내부에 찻잔을 도안화한 도형과 영문자 'GEORGIA'를
노란색으로 상하 2단으로 배치하여 구성한 표장이다. 그런데 그 중 문자부분
'GEORGIA'는 아시아 북서부에 있는 국가인 그루지야의 영문 명칭 또는 미국 남동부
의 주의 명칭으로서 일반 수요자들에게 널리 알려져 있으므로 현저한 지리적 명칭에
해당한다. 그리고 커피 원두 도형은 커피 원두의 형상과 모양을 그대로 표시한 것에
불과하고, 찻잔 도형은 다소 도안화가 되어 있으나 찻잔 형상의 기본적인 형태를

유지하고 있어, 일반 수요자들이 이를 이 사건 출원상표의 지정상품 중 커피의 원두와 그 음용의 용도에 쓰이는 찻잔의 형상으로 직감할 수 있으므로, 이들 도형 부분은 커피와 관련하여 볼 때 식별력이 없다. 그렇다면 위 문자 부분과 도형 부분의 결합에 의하여 이 사건 출원상표가 본래의 현저한 지리적 명칭이나 기술적 의미를 떠나 새로운 관념을 낳는다거나 새로운 식별력을 형성하는 것도 아니므로 이 사건 출원상표는 전체적으로 보아 일반 수요자들 사이에 주로 현저한 지리적 명칭인 'GEORGIA'로 인식될 것이어서 상표법 제33조 제1항 제4호가 규정하는 현저한 지리적 명칭만으로 된 표장에 해당된다고 할 것이다.

② 한편 상표의 등록적격성의 유무는 지정상품과의 관계에서 개별적으로 판단되어야 하고, 다른 상표의 등록례는 특정 상표가 등록되어야 할 근거가 될 수 없으며, 더욱이 출원상표의 등록 가부는 우리 상표법에 의하여 그 지정상품과 관련하여 독립적으로 판단할 것이지 법제나 언어습관이 다른 외국의 등록례에 구애받을 것도 아니다. 따라서 커피 등의 지정상품에 찻잔 형상의 도형과 결합된 표장이 국내에 다수 등록되어 있다거나 일본에서 이 사건 출원상표가 등록되었다는 점만으로는 이 사건 출원상표가 커피 등과의 관계에서 식별력이 인정되어야 한다고 볼 수 없다.

③ 같은 취지의 원심판단은 정당하고, 거기에 상고이유로 주장하는 바와 같은 상표법 제33조 제1항 제4호에 관한 법리오해 등의 위법은 없다. 나아가 상표등록출원이 상표법 제33조 제1항 제3호, 제4호, 제7호의 규정에 따라 상표등록을 할 수 없는 경우에 해당한다는 거절이유는 선택적인 관계에 있으므로, 이 사건 출원상표에 상표법 제33조 제1항 제4호의 거절이유가 있다는 원심의 판단이 정당한 이상 나머지 거절이유에 관한 상고이유의 주장에 대하여는 판단할 필요가 없어 그 판단을 생략한다.

14 사리원(무효) 사건 (2017후1342)

판시사항

(1) 현저한 지리적 명칭이나 그 약어 또는 지도만으로 된 상표의 등록을 불허하는 상표법 제33조 제1항 제4호의 규정 취지 / 이때 '현저한 지리적 명칭'의 의미 및 그 판단의 기준 시점 / 지리적 명칭이 현저한 것으로 볼 수 있는지 판단하는 방법 및 이러한 법리가 상표의 경우에도 마찬가지로 적용되는지 여부(적극)

(2) 甲이 등록상표 "**사리원면옥**"의 상표권자 乙을 상대로 등록상표가 상표법 제33조 제1항 제4호의 현저한 지리적 명칭만으로 된 상표에 해당한다며 등록상표에 대한 등록무효심판을 청구한 사안에서, 등록상표 중 '사리원' 부분은 등록상표의 등록결정일 당시를 기준으로 일반 수요자에게 널리 알려져 있는 현저한 지리적 명칭이라고 볼 여지가 있음에도 이와 달리 본 원심판결에 법리를 오해한 잘못이 있다고 한 사례

(1) 상표법은 현저한 지리적 명칭이나 그 약어 또는 지도만으로 된 상표는 상표등록을 받을 수 없다고 규정하고 있다. 이러한 상표는 그 현저성과 주지성으로 말미암아 상표의 식별력을 인정할 수 없으므로 어느 특정 개인에게만 독점사용권을 주지 않으려는 데에 입법 취지가 있다. 여기서 '현저한 지리적 명칭'이란 일반 수요자에게 널리 알려져 있는 것을 뜻하고, 그 판단의 기준 시점은 원칙적으로 출원상표에 대하여 등록 여부를 결정하는 결정 시이다. 지리적 명칭이 현저한 것으로 볼 수 있는지는 위와 같은 시점을 기준으로 교과서, 언론 보도, 설문조사 등을 비롯하여 일반 수요자의 인식에 영향을 미칠 수 있는 여러 사정을 종합적으로 고려하여 합리적으로 판단하여야 한다. 이러한 법리는 상표의 경우에도 마찬가지로 적용된다.

(2) 甲이 등록상표 "**사리원면옥**"의 상표권자 乙을 상대로 등록상표 중 '사리원' 부분이 북한 지역에 위치한 도시의 명칭으로서 전국적으로 알려졌다는 등의 이유로 등록상표가 상표법 제33조 제1항 제4호의 현저한 지리적 명칭만으로 된 상표에 해당한다며 등록상표에 대한 등록무효심판을 청구한 사안에서, 사리원이 조선 시대부터 유서 깊은 곳으로 널리 알려져 있었을 뿐만 아니라, 일제 강점기를 거쳐 그 후에도 여전히 북한의 대표적인 도시 중 하나로 알려져 있는 사정에 비추어 보면, 등록상표 중 '사리원' 부분은 등록상표의 등록결정일인 1996. 6. 26. 당시를 기준으로 일반 수요자에게 널리 알려져 있는 현저한 지리적 명칭이라고 볼 여지가 있음에도, 이와 달리 본 원심판결에 법리를 오해한 잘못이 있다고 한 사례이다.

상고이유(상고이유서 제출기간이 지난 다음 제출된 상고이유보충서 등은 상고이유를 보충하는 범위에서)를 판단한다.

(1) 이 사건 등록상표와 쟁점

이 사건 등록상표(등록번호 생략)는 냉면전문식당업을 지정서비스로 하고, "**사리원면옥**"으로 구성되었으며, 1996. 6. 26. 등록 결정되었다.

이 사건의 쟁점은 이 사건 등록상표를 구성하는 중요한 부분인 '사리원'이 현저한 지리적 명칭에 해당하여 이 사건 등록상표가 등록을 받을 수 없는지 여부이다.

(2) 상표법은 현저한 지리적 명칭이나 그 약어 또는 지도만으로 된 상표는 상표등록을 받을 수 없다고 규정하고 있다(이 사건에 적용되는 법률 조항은 구 상표법 제6조 제1항 제4호[5]이나, 현행 상표법 제33조 제1항 제4호도 같은 취지로 규정하고 있다). 이러한 상표는 그 현저성과 주지성으로 말미암아 상표의 식별력을 인정할 수 없으므로 어느 특정 개인에게만 독점사용권을 주지 않으려는 데에 입법 취지가 있다. 여기서 '현저한 지리적 명칭'이란 일반 수요자에게 널리 알려져 있는 것을 뜻하고, 그 판단의 기준 시점은 원칙적으로 출원상표에 대하여 등록 여부를 결정하는 결정 시이다. 지리적 명칭이 현저한 것으로 볼 수 있는지는 위와 같은 시점을 기준으로 교과서, 언론 보도, 설문조사 등을 비롯하여 일반 수요자의 인식에 영향을 미칠 수 있는 여러 사정을 종합적으로 고려하여 합리적으로 판단하여야 한다. 이러한 법리는 상표의 경우에도 마찬가지로 적용된다.

---

5) 2016. 2. 29. 법률 제14033호로 전부 개정되기 전의 것

(3) 원심판결 이유와 기록에 따르면 다음의 사실을 알 수 있다.

① 사리원은 북한 황해도에 위치한 지역의 명칭이다.

② 사리원은 조선 시대에는 조치원, 이태원, 장호원, 퇴계원 등과 함께 '원(院)'이 설치되어 있던 교통의 요지였고, 일제 강점기 무렵부터는 경의선과 황해선을 가르는 철도 교통의 중심지로 알려졌다. 사리원은 1947년에 시로 승격되었고, 1954년에 황해도가 황해북도와 황해남도로 나뉘면서 황해북도의 도청 소재지가 되었다. 이 사건 등록상표의 등록 결정 당시인 1996년경 북한의 행정구역은 9도 1특별시 2직할시 등으로 구분되어 있었는데, 사리원은 그 당시는 물론 현재까지도 황해북도의 도청 소재지로 되어 있다.

③ 1960년대부터 2010년대까지 발행된 국내 초·중·고등학교 사회 과목의 교과서와 사회과부도에도 사리원이 황해북도의 도청 소재지이고 교통의 요지라는 등의 내용이 지속적으로 서술되거나 지도에 표기되어 있다.

④ 인터넷 포털사이트를 통하여 검색하면, 사리원 관련 신문기사는 주로 1920년대부터 1940년대 초반까지 집중되어 있지만, 그 이후에도 남북 경제협력 등 북한 관련 기사나 날씨 관련 기사 등에서 사리원은 북한의 대표적인 도시 중 하나로 언급되고 있다.

⑤ 한편 이 사건 등록상표가 등록될 무렵인 1996년 7월경에 "**사리원**"으로 구성된 상표가 현저한 지리적 명칭만으로 된 것이라는 이유로 등록 거절되기도 하였다.

(4) 위와 같이 사리원이 조선 시대부터 유서 깊은 곳으로 널리 알려져 있었을 뿐만 아니라, 일제 강점기를 거쳐 그 후에도 여전히 북한의 대표적인 도시 중 하나로 알려져 있는 사정에 비추어 보면, 이 사건 등록상표 중 '사리원' 부분은 이 사건 등록상표의 등록결정일인 1996. 6. 26. 당시를 기준으로 일반 수요자에게 널리 알려져 있는 현저한 지리적 명칭이라고 볼 여지가 있다.

원심은 1996. 6. 26. 당시 '사리원'이 국내 일반 수요자에게 널리 알려져 있는 현저한 지리적 명칭에 해당한다고 할 수 없다고 판단하면서, 2016년에 실시된 수요자 인식조사 결과를 주된 근거로 들고 있다. 그러나 이러한 수요자 인식조사는 이 사건 등록상표의 등록결정일부터 20년이나 지난 후에 이루어진 것으로 그 등록결정일 당시를 기준으로 일반 수요자의 인식이 어떠했는지를 반영하고 있다고 보기 어렵다.

따라서 원심판결에는 현저한 지리적 명칭에 관한 법리를 오해하는 등으로 판결에 영향을 미친 잘못이 있다. 이 점을 지적하는 상고이유 주장은 정당하다.

판시사항

(1) 현저한 지리적 명칭으로 된 상표의 상표권 효력을 부정하는 상표법 제90조 제1항 제4호의 규정 취지 / 이때 '현저한 지리적 명칭'의 의미 및 지리적 명칭이 현저한 것으로 볼 수 있는지 판단하는 방법 / 이러한 법리가 상표의 경우에도 마찬가지로 적용되는지 여부(적극)

(2) 확인대상표장 "사리원"의 사용자 甲이 등록상표 "**사리원면옥**"의 등록권리자 乙을 상대로 확인대상표장 중 '사리원' 부분이 현저한 지리적 명칭에 해당하는 것이어서 상표법 제90조 제1항 제4호에 따라 확인대상표장에는 등록상표권의 효력이 미치지 않는다며 소극적 권리범위확인심판을 청구한 사안에서, 확인대상표장 중 '사리원' 부분은 심결 당시 일반 수요자에게 널리 알려져 있는 현저한 지리적 명칭이라고 볼 여지가 있음에도 이와 달리 본 원심판결에 법리를 오해한 잘못이 있다고 한 사례

논점의 정리

상고이유(상고이유서 제출기간이 지난 다음 제출된 상고이유보충서 등은 상고이유를 보충하는 범위에서)를 판단한다.

(1) 원심의 판단

원심판결 이유에 의하면, 원심은 확인대상표장(이하 '이 사건 확인대상상표'라 한다)을 구성하는 '사리원' 부분이 현저한 지리적 명칭에 해당하지 않으므로 이 사건 확인대상상표에 등록상표권의 효력이 미치지 않을 사유가 없다고 보아 이 사건 확인대상상표가 이 사건 등록상표(등록번호 생략)의 권리범위에 속한다고 판단하였다.

구 분	이 사건 등록상표	이 사건 확인대상상표
구 성	**사리원면옥**	사리원
지정(사용)서비스업	서비스업류 구분 제43류의 냉면전문식당업	한식 전문식당업

(2) 대법원의 판단

① 현저한 지리적 명칭으로 된 상표에는 상표권의 효력이 미치지 않는다. 이러한 상표는 그 현저성과 주지성으로 말미암아 상표의 식별력을 인정할 수 없으므로 누구에게나 자유로운 사용을 허용하고 어느 특정 개인에게만 독점사용권을 주지 않으려는 데에 입법 취지가 있다. 여기서 '현저한 지리적 명칭'이란 일반 수요자에게 널리 알려져 있는 것을 뜻한다. 지리적 명칭이 현저한 것으로 볼 수 있는지는 교과서, 언론보도, 설문조사 등을 비롯하여 일반 수요자의 인식에 영향을 미칠 수 있는 여러 사정을 종합적으로 고려하여 합리적으로 판단하여야 한다. 이러한 법리는 상표의 경우에도 마찬가지로 적용된다.

② 원심판결 이유와 기록에 따르면 다음의 사실을 알 수 있다.

  ㉠ 사리원은 북한 황해도에 위치한 지역의 명칭이다.

  ㉡ 사리원은 조선 시대에는 조치원, 이태원, 장호원, 퇴계원 등과 함께 '원(院)'이

설치되어 있던 교통의 요지였고, 일제 강점기 무렵부터는 경의선과 황해선을 가르는 철도 교통의 중심지로 알려졌다. 사리원은 1947년에 시로 승격되었고, 1954년에 황해도가 황해북도와 황해남도로 나뉘면서 황해북도의 도청 소재지가 되었다. 이 사건 등록상표의 등록 결정 당시인 1996년경 북한의 행정구역은 9도 1특별시 2직할시 등으로 구분되어 있었는데, 사리원은 그 당시는 물론 현재까지도 황해북도의 도청 소재지로 되어 있다.

ⓒ 1960년대부터 2010년대까지 발행된 국내 초·중·고등학교 사회 과목의 교과서와 사회과부도에도 사리원이 황해북도의 도청 소재지이고 교통의 요지라는 등의 내용이 지속적으로 서술되거나 지도에 표기되어 있다.

ⓓ 인터넷 포털사이트를 통하여 검색하면, 사리원 관련 신문기사는 주로 1920년대부터 1940년대 초반까지 집중되어 있지만, 그 이후에도 남북 경제협력 등 북한 관련 기사나 날씨 관련 기사 등에서 사리원은 북한의 대표적인 도시 중 하나로 언급되고 있다.

ⓔ 한편 이 사건 등록상표가 등록될 무렵인 1996년 7월경에 "**사리원**"으로 구성된 상표가 현저한 지리적 명칭만으로 된 것이라는 이유로 등록 거절되기도 하였다.

③ 위와 같이 사리원이 조선 시대부터 유서 깊은 곳으로 널리 알려져 있었을 뿐만 아니라, 일제 강점기를 거쳐 그 후에도 여전히 북한의 대표적인 도시 중 하나로 알려져 있는 사정에 비추어 보면, 이 사건 확인대상상표 중 '사리원' 부분은 이 사건 심결 당시를 기준으로 일반 수요자에게 널리 알려져 있는 현저한 지리적 명칭이라고 볼 여지가 있다.

그런데도 원심은 이 사건 확인대상상표 중 '사리원' 부분이 현저한 지리적 명칭에 해당한다고 할 수 없다고 판단하였다. 이러한 원심판결에는 현저한 지리적 명칭에 관한 법리를 오해하는 등으로 판결에 영향을 미친 잘못이 있다. 이 점을 지적하는 상고이유 주장은 정당하다.

---

16 AMERICAN UNIVERSITY 사건 (2015후1454)

판시사항

(1) 현저한 지리적 명칭과 대학교라는 단어의 결합으로 본래의 현저한 지리적 명칭을 떠나 새로운 관념을 낳거나 새로운 식별력을 형성한 경우 상표등록을 할 수 있는지 여부(적극) 및 이 경우 현저한 지리적 명칭과 대학교라는 단어의 결합만으로 무조건 새로운 관념이나 식별력이 생긴다고 볼 수 있는지 여부(소극)

(2) 상표권의 성립, 유·무효 또는 취소 등을 구하는 소가 등록국 또는 등록이 청구된 국가 법원의 전속관할에 속하는지 여부(적극) 및 그에 관한 준거법(등록국 또는 등록이 청구된 국가의 법)

(3) 미국 워싱턴 디시(Washington D.C.)에 위치한 종합대학교 'AMERICAN UNIVERSITY'를 운영하는 甲이 지정서비스를 '대학교육업, 교수업' 등으로 하여 **"AMERICAN UNIVERSITY"**로 구성된 상표를 등록 출원하였는데, 특허청 심사관이 출원상표가 상표법 제33조 제1항 제4호, 제7호에 해당한다는 이유로 상표등록을 거절하는 결정을 한 사안에서, 출원상표가 현저한 지리적 명칭인 'AMERICAN'과 기술적 표장인 'UNIVERSITY'가 결합하여 전체로서 새로운 관념을 형성하고 있고 나아가 지정서비스인 대학교육업 등과 관련하여 새로운 식별력을 형성하고 있으므로, 상표법 제33조 제1항 제4호, 제7호에 해당하지 않는다고 한 사례

판결요지

(1) ① 다수의견

현저한 지리적 명칭·그 약어 또는 지도만으로 된 상표는 등록을 받을 수 없다. 이러한 상표는 그 현저성과 주지성 때문에 상표의 식별력을 인정할 수 없어 특정 개인에게 독점사용권을 부여하지 않으려는 데 입법 취지가 있다. 이에 비추어 보면, 위 규정은 현저한 지리적 명칭 등이 다른 식별력 없는 표장과 결합되어 있는 상표에도 적용될 수 있다. 그러나 그러한 결합으로 본래의 현저한 지리적 명칭 등을 떠나 새로운 관념을 낳거나 새로운 식별력을 형성하는 경우에는 상표로 등록할 수 있다. 현저한 지리적 명칭과 표장이 결합한 상표에 새로운 관념이나 새로운 식별력이 생기는 경우는 다종다양하므로, 구체적인 사안에서 개별적으로 새로운 관념이나 식별력이 생겼는지를 판단하여야 한다.

현저한 지리적 명칭이 대학교를 의미하는 단어와 결합되어 있는 상표에 대해서도 같은 법리가 적용된다. 따라서 이러한 상표가 현저한 지리적 명칭과 대학교라는 단어의 결합으로 본래의 현저한 지리적 명칭을 떠나 새로운 관념을 낳거나 새로운 식별력을 형성한 경우에는 상표등록을 할 수 있다. 이 경우에 현저한 지리적 명칭과 대학교라는 단어의 결합만으로 무조건 새로운 관념이나 식별력이 생긴다고 볼 수는 없다.

② 대법관 고영한, 대법관 김창석, 대법관 김신, 대법관 조재연의 별개의견

현저한 지리적 명칭과 대학교를 의미하는 단어의 결합에 의하여 그 구성 자체만으로 본래의 현저한 지리적 명칭을 떠나 '본질적인 식별력'을 형성한다면, 상표법 제33조 제2항에 의하여 예외적으로 상표등록이 허용되는 경우와는 달리, 더 이상 '상표등록 출원 전부터 그 상표를 사용한 결과 수요자 간에 특정인의 상품에 관한 출처를 표시하는 것으로 식별할 수 있게 된 경우'에 해당하는지를 살펴볼 필요가 없으며, 지정상품의 범위에 제한을 받지 아니하고 상표등록을 받을 수 있다.

지리적 명칭과 대학교를 의미하는 단어가 결합된 표장을 대하는 수요자들은 설령 그 표장을 교명으로 하는 대학교를 구체적·개별적으로 알지는 못한다고 하더라도, 그 표장의 구성 자체만으로도 단순히 어느 지역에 있는 대학교를 나타내는 것이 아니라 특정 대학교를 나타내는 것이라고 인식하는 경향이 강하다. 따라서 지리적 명칭과 대학교를 의미하는 단어가 결합된 표장은 그 결합에 의하여, 즉 표장의 구성 자체에 의하여 '본질적인 식별력'을 갖는다고 할 수 있다.

또한 지리적 명칭과 대학교를 의미하는 단어가 결합된 표장이 대학교 명칭을 구성하는 경우 그 대학교의 운영주체 이외의 다른 사람이 그 대학교 명칭을 사용해야 할 필요성은 거의 없고, 달리 그 대학교의 운영주체에게 그 대학교 명칭을 독점적으로 사용하게 하는 것이 공익상 부당하다거나 폐해가 발생한다고 볼 만한 사정도 발견되지 아니한다. 따라서 이러한 표장에 대하여 상표등록을 허용하더라도 상표법 제33조 제1항 제4호의 규정 취지에 반한다고 볼 수 없고, 오히려 실질적으로 부합한다고 할 수 있다.

결국 지리적 명칭과 대학교를 의미하는 단어가 결합된 표장이 실제 특정 대학교의 명칭으로 사용되고, 해당 대학교의 운영주체가 그 명칭에 대하여 상표등록을 출원하는 경우에는 지리적 명칭과 대학교를 의미하는 단어가 결합하여 전체로서 새로운 관념을 낳거나 새로운 식별력을 형성한다고 볼 수 있으므로, 상표법 제33조 제1항 제4호에 해당하지 않는다고 보아야 한다.

③ 대법관 조희대의 별개의견

현저한 지리적 명칭과 대학교를 의미하는 단어가 결합된 표장이 대학교의 고유 업무인 대학교육업, 교수업 등과 관련하여 등록출원된 것이라면, 이러한 표장은 그 자체로 상표등록을 받기에 충분한 본질적인 식별력을 갖춘 것으로 볼 수 있으므로, 상표법 제33조 제1항 제4호에 해당하지 않는다고 보아야 한다.

현저한 지리적 명칭과 대학교를 의미하는 단어가 결합된 표장이 대학교의 고유 업무와 무관한 분야와 관련하여 등록출원된 것이라면, 그 자체로는 여전히 본래의 지리적 의미 등이 남아 있어 식별력을 인정하기 어렵고, 그 표장이 수요자들에게 구체적으로 알려져 특정인의 상품 출처표시로 인식되기에 이른 경우에만 예외적으로 상표등록이 가능하다고 보아야 한다.

이렇듯 대학교 명칭은 지정상품의 종류나 사용 분야에 따라 식별력의 인정 요건이나 근거가 달라진다고 보아야 하므로, 현저한 지리적 명칭과 대학교를 의미하는 단어가 결합된 표장에 대하여 지정상품의 종류나 사용 분야를 묻지 않고 그 구성 자체로 본질적인 식별력이 인정된다고 할 수는 없다.

(2) 상표권은 등록국법에 의하여 발생하는 권리로서 등록이 필요한 상표권의 성립이나 유·무효 또는 취소 등을 구하는 소는 일반적으로 등록국 또는 등록이 청구된 국가 법원의 전속관할에 속하고, 그에 관한 준거법 역시 등록국 또는 등록이 청구된 국가의 법으로 보아야 한다.

(3) 미국 워싱턴 디시(Washington D.C.)에 위치한 종합대학교 'AMERICAN UNIVERSITY'를 운영하는 甲이 지정서비스를 '대학교육업, 교수업' 등으로 하여 "**AMERICAN UNIVERSITY**"로 구성된 상표를 등록 출원하였는데, 특허청 심사관이 출원상표가 상표법 제33조 제1항 제4호, 제7호에 해당한다는 이유로 상표등록을 거절하는 결정을 한 사안에서, 대학교의 연혁, 학생 수, 대학시설, 국내외에서 알려진 정도, 포털사이트에서 검색되는 'AMERICAN UNIVERSITY'의 실제 사용내역 등에 비추어 볼 때, 출원상표는 지정서비스인 대학교육업 등과 관련하여 미국 유학준비생 등 수요자에게 甲이 운영하는 대학교의 명칭으로서 상당한 정도로 알려져 있다고 볼 수 있고, 따라서 출원상표가 현저한

지리적 명칭인 'AMERICAN'과 기술적 표장인 'UNIVERSITY'가 결합하여 전체로서 새로운 관념을 형성하고 있으며 나아가 지정서비스인 대학교육업 등과 관련하여 새로운 식별력을 형성하고 있으므로, 상표법 제33조 제1항 제4호, 제7호에 해당하지 않는다고 한 사례이다.

논점의 정리   상고이유(상고이유서 제출기간이 지난 후에 제출된 상고이유보충서는 상고이유를 보충하는 범위에서)를 판단한다.

(1) ① 현저한 지리적 명칭·그 약어 또는 지도만으로 된 상표는 등록을 받을 수 없다. 이러한 상표는 그 현저성과 주지성 때문에 상표의 식별력을 인정할 수 없어 특정 개인에게 독점사용권을 부여하지 않으려는 데 입법 취지가 있다. 이에 비추어 보면, 위 규정은 현저한 지리적 명칭 등이 다른 식별력 없는 표장과 결합되어 있는 상표에도 적용될 수 있다. 그러나 그러한 결합으로 본래의 현저한 지리적 명칭 등을 떠나 새로운 관념을 낳거나 새로운 식별력을 형성하는 경우에는 상표로 등록할 수 있다. 현저한 지리적 명칭과 표장이 결합한 상표에 새로운 관념이나 새로운 식별력이 생기는 경우는 다종다양하므로, 구체적인 사안에서 개별적으로 새로운 관념이나 식별력이 생겼는지를 판단하여야 한다.

현저한 지리적 명칭이 대학교를 의미하는 단어와 결합되어 있는 상표에 대해서도 같은 법리가 적용된다. 따라서 이러한 상표가 현저한 지리적 명칭과 대학교라는 단어의 결합으로 본래의 현저한 지리적 명칭을 떠나 새로운 관념을 낳거나 새로운 식별력을 형성한 경우에는 상표등록을 할 수 있다. 이 경우에 현저한 지리적 명칭과 대학교라는 단어의 결합만으로 무조건 새로운 관념이나 식별력이 생긴다고 볼 수는 없다.

② 대법원은 종래 이러한 태도를 취하고 있었다고 볼 수 있다. 대법원 2014후2283 판결은 위 법리를 기초로 "**서 울 대 학 교**"라는 상표가 상표법 제33조 제1항 제4호에 해당하지 않는다고 판단한 원심판결을 유지하였다. 원심은 그 이유의 하나로 위 상표는 현저한 지리적 명칭인 '서울'과 '대학교'가 결합하여 단순히 '서울에 있는 대학교'라는 의미가 아니라 '서울특별시 관악구 등에 소재하고 있는 국립종합대학교'라는 새로운 관념을 형성하고 있다는 점을 들고 있다. 대법원 판결은 원심판결 이유를 인용하면서 위 조항에 관한 법리를 오해하지 않았다고 판단하고 있는데, 위에서 본 법리에 배치된다고 볼 수 없어 이를 변경할 이유가 없다.

③ 상표권은 등록국법에 의하여 발생하는 권리로서 등록이 필요한 상표권의 성립이나 유·무효 또는 취소 등을 구하는 소는 일반적으로 등록국 또는 등록이 청구된 국가 법원의 전속관할에 속하고, 그에 관한 준거법 역시 등록국 또는 등록이 청구된 국가의 법으로 보아야 한다. 따라서 원고가 미국 법인이라고 하더라도 우리나라에서 상표를 등록받아 사용하기 위하여 우리나라에 등록출원을 한 이상 그 등록출원의 적법 여부에 관한 준거법은 우리나라 상표법이다.

(2) ① 위 법리와 기록에 비추어 살펴본다.

    ㉠ 원고의 이 사건 출원상표는 지정서비스를 '대학교육업, 교수업' 등으로 하여 "**AMERICAN UNIVERSITY**"라고 구성되어 있다. 그중 'AMERICAN' 부분은 '미국의'

등의 뜻이 있어 수요자에게 미국을 직감하게 하는 현저한 지리적 명칭에 해당하고, 'UNIVERSITY' 부분은 '대학' 또는 '대학교'라는 뜻이 있어 이 사건 출원상표의 지정서비스인 '대학교육업, 교수업'과의 관계에서 기술적 표장에 해당한다.

ⓛ 이 사건 출원상표는 원고가 운영하는 대학교(이하 '이 사건 대학교'라 한다)의 명칭이기도 하다. 이 사건 대학교는 미국 워싱턴 디시(Washington D.C.)에 위치한 종합대학교로서 1893년 설립된 이래 120년 이상 'AMERICAN UNIVERSITY'를 교명으로 사용하고 있다.

ⓒ 이 사건 대학교는 50개 이상의 학사학위·석사학위와 10개 이상의 박사학위 과정 등을 개설·운영하고 있고, 도서관, 박물관, 미술관, 방송국, 아시아학센터, 세계평화센터 등의 부속시설을 운영하고 있다. 이 사건 대학교의 재학생 수는 1만여 명에 이르고, 한국 학생도 2008~2009년에 123명이 입학한 것을 비롯하여 매년 꾸준히 입학하고 있다. 이 사건 대학교는 이화여자대학교, 서강대학교, 연세대학교와 해외연수프로그램을 운영하고, 숙명여자대학교, 고려대학교와 공동으로 복수학위과정을 운영하고 있다.

ⓔ 이 사건 대학교는 2003년부터 2012년까지 매년 미화 18,150,000달러 이상을 광고비로 지출하였고, 이 사건 대학교의 웹사이트(www.american.edu) 방문 횟수는 2012년도에 8,500,000회 정도 된다. 이 사건 대학교는 2013년 '유에스 뉴스 앤드 월드 리포트'(U.S. News & World Report)가 발표한 미국 대학 순위에서 77위에 올랐고, 특히 국제업무 분야가 유명하여 여러 매체로부터 상위권으로 평가받고 있다.

ⓜ 인터넷 포털사이트인 네이버(www.naver.com)에서 'AMERICAN UNIVERSITY'를 검색하면, 2013. 6. 17. 기준으로 59,761건의 블로그 검색결과, 22,770건의 카페 검색결과, 5,876건의 지식인 검색결과가 나타난다. 그 대부분은 이 사건 대학교와 관련된 내용으로서 해외유학 등에 관심이 있는 사람들이 이 사건 대학교에 관한 정보 등을 얻기 위하여 'AMERICAN UNIVERSITY'를 빈번하게 검색하고 있음을 알 수 있다.

ⓗ 이 사건 대학교의 연혁, 학생 수, 대학시설, 국내외에서 알려진 정도, 포털사이트에서 검색되는 'AMERICAN UNIVERSITY'의 실제 사용내역 등에 비추어 볼 때, 이 사건 출원상표는 지정서비스인 대학교육업 등과 관련하여 미국 유학준비생 등 수요자에게 원고가 운영하는 이 사건 대학교의 명칭으로서 상당한 정도로 알려져 있다고 볼 수 있다.

ⓢ 따라서 이 사건 출원상표는 현저한 지리적 명칭인 'AMERICAN'과 기술적 표장인 'UNIVERSITY'가 결합하여 전체로서 새로운 관념을 형성하고 있고 나아가 지정서비스인 대학교육업 등과 관련하여 새로운 식별력을 형성하고 있으므로, 상표법 제33조 제1항 제4호, 제7호에 해당하지 않는다.

② 원심의 판결이유에 부적절한 점이 있으나, 이 사건 출원상표가 그 지정서비스와 관련하여 상표로 등록될 수 있다고 본 결론은 옳다. 원심의 판단에 상고이유 주장과 같이 상표법 제33조 제1항 제4호, 제7호에 관한 법리를 오해하는 등으로 판결 결과에 영향을 미친 잘못이 없다.

(3) 그러므로 상고를 기각하고 상고비용은 패소자가 부담하도록 하여, 주문과 같이 판결한다. 이 판결에는 대법관 고영한, 대법관 김창석, 대법관 김신, 대법관 조재연의 별개의견과 대법관 조희대의 별개의견이 있는 외에는 관여 법관의 의견이 일치되었고, 다수의견에 대한 대법관 김소영, 대법관 박상옥, 대법관 김재형, 대법관 박정화의 보충의견과 대법관 고영한, 대법관 김창석, 대법관 김신, 대법관 조재연의 별개의견에 대한 대법관 김창석의 보충의견이 있다.

(4) 대법관 고영한, 대법관 김창석, 대법관 김신, 대법관 조재연의 별개의견

① ㉠ 상표법 제33조 제1항 제4호는 현저한 지리적 명칭만으로 된 상표는 등록을 받을 수 없다고 규정하고 있다. 따라서 현저한 지리적 명칭과 식별력이 없는 다른 표장이 결합되어 있는 상표는 등록을 받을 수 없다는 결론이 상표법 제33조 제1항 제4호의 문언으로부터 당연히 도출되는 것은 아니다.

확립된 판례에 의하면, 현저한 지리적 명칭에 식별력이 없는 다른 표장이 결합되어 있는 경우 상표등록을 받을 수 없는 것이 원칙이다. 그러나 예외적으로 현저한 지리적 명칭에 식별력이 없는 다른 표장이 결합되어 그러한 결합에 의하여 본래의 현저한 지리적 명칭을 떠나 새로운 관념을 낳거나 새로운 식별력을 형성하는 경우에는 상표등록을 받을 수 있다.

그러므로 현저한 지리적 명칭에 대학교를 의미하는 단어가 결합된 표장이 상표로 등록을 받을 수 있는지 여부는 그러한 결합에 의하여 본래의 현저한 지리적 명칭을 떠나 새로운 관념을 낳거나 새로운 식별력을 형성한다고 볼 수 있느냐에 달려있다.

㉡ 그런데 앞서 본 바와 같이 다수의견은 이러한 판단기준을 전제하면서도, 현저한 지리적 명칭에 대학교를 의미하는 단어가 결합된 표장이 상표로 등록을 받을 수 있는 지 여부에 관한 구체적 검토에 이르러서는 그러한 결합에 의하여 본래의 현저한 지리적 명칭을 떠나 새로운 관념을 낳거나 새로운 식별력을 형성한다고 볼 수 있느냐 하는 점에 관하여 살펴보지 아니한다. 오히려 이 사건 출원상표가 그 지정서비스인 대학교육업 등과 관련하여 수요자들에게 원고가 운영하는 이 사건 대학교의 명칭으로서 상당한 정도로 알려져 있다고 볼 수 있느냐 하는 점에 관하여 살펴보고, 이를 근거로 상표법 제33조 제1항 제4호의 적용이 배제된다는 결론을 내린다.

그러나 상표법 제33조 제1항 제4호의 적용이 배제되는 판단기준으로서의 식별력은, 현저한 지리적 명칭에 식별력 없는 다른 표장이 결합되어 표장의 구성 자체에 의하여 새로운 식별력이 형성되었느냐 하는 점을 의미하는 것이지, 상표를 사용한 결과 특정인의 상품에 관한 출처를 표시하는 것으로 수요자들이 인식하게 되었느냐 하는 점을 의미하는 것이 아니다. 상표법 제33조 제1항 제4호 해당 여부의 판단기준이 되는 표장의 구성에 의한 식별력은 표장 그 자체의 '본질적인 식별력'으로서 같은 조 제2항이 규정하고 있는 '사용에 의한 식별력'과 명확히 구분된다. 다수의견은 이 점을 혼동하고 있다.

㉢ 상표법 제33조 제2항은 "제1항 제4호에 해당하는 상표라도, 상표등록출원 전부터 그 상표를 사용한 결과 수요자 간에 특정인의 상품에 관한 출처를 표시하는

것으로 식별할 수 있게 된 경우에는 그 상표를 사용한 상품에 한정하여 상표등록을 받을 수 있다."라고 규정함으로써 '사용에 의한 식별력'을 인정하여 상표등록을 허용하고 있다. 다수의견의 주장과 같이 이 사건 출원상표가 지정서비스와 관련하여 수요자들에게 원고가 운영하는 대학교의 명칭으로 상당한 정도 알려짐으로써 식별력을 갖게 되었다면, 이는 상표법 제33조 제2항이 규정한 '사용에 의한 식별력'을 갖게 되었다는 것을 의미한다. 따라서 '그 상표를 사용한 상품에 한정하여' 상표등록을 받을 수 있다는 점도 그 당연한 결과이다.

이처럼 다수의견은 상표법 제33조 제2항이 규정하는 요건의 충족을 전제로 같은 조항이 규정한 법적 효과를 인정하고 있을 뿐임에도, 같은 요건의 충족을 전제로 상표법 제33조 제1항 제4호의 적용이 배제된다고 주장한다. 상표법 제33조 제2항이 제1항 제4호의 적용 배제요건을 정하고 있는 것이 아니고 별개의 등록요건을 정하고 있는 것인 이상, 이는 설명하기 어려운 모순이라고 할 수밖에 없다. 다수의견은, 판단기준으로서 표장의 구성 자체에 의한 '본질적인 식별력'이 문제되는 영역에 '사용에 의한 식별력'이라는 판단기준을 혼합함으로써 적용 영역과 법적 효과가 다른 두 규정의 구별을 불가능하게 한다. 그리고 이러한 해석은 사용에 의한 식별력이 인정되는 경우 상표법 제33조 제2항에 의해서 상표등록을 받을 수 있는 한편, 제1항에 의해서도 상표등록을 받을 수 있다는 결과를 초래한다. 이는 상표법 제33조 제1항과 제2항의 문언에 명백히 어긋나는 것으로 도저히 받아들일 수 없는 해석이다. 또한, 다수의견과 같이 '사용에 의한 식별력'이라는 판단기준을 적용하는 한 현저한 지리적 명칭과 대학교를 의미하는 단어의 결합에 의하여 '본질적인 식별력'을 가질 수 있다는 다수의견이 전제하는 판단기준은 실제로 아무런 역할도 하지 못하게 된다.

ⓔ 상표법 제33조 제1항 제4호는 '본질적인 식별력'에 관한 것으로서 그 식별력의 유무는 표장의 구성 자체에 의하여 객관적으로 판단하여야 하고, 표장의 사용 상황이나 그에 따른 수요자들의 인식 정도는 같은 조 제2항의 '사용에 의한 식별력' 취득 여부에서 고려하는 것이 조문체계에 부합한다. 즉, 상표법 제33조는 표장의 구성 자체에 의하여 '본질적인 식별력'이 인정된다면 제1항 제4호의 적용이 배제되어 상표등록이 허용되고, '본질적인 식별력'이 인정되지 아니하여 제1항 제4호에 해당하더라도 그 상표가 사용의 과정을 거쳐 수요자들 사이에 특정인의 상품 출처표시로 인식되기에 이르렀다면 제2항에 의하여 예외적으로 상표등록이 허용된다는 것으로 이해하여야 한다.

그러므로 현저한 지리적 명칭과 대학교를 의미하는 단어의 결합에 의하여 그 구성 자체만으로 본래의 현저한 지리적 명칭을 떠나 '본질적인 식별력'을 형성한다면, 상표법 제33조 제2항에 의하여 예외적으로 상표등록이 허용되는 경우와는 달리, 더 이상 '상표등록출원 전부터 그 상표를 사용한 결과 수요자 간에 특정인의 상품에 관한 출처를 표시하는 것으로 식별할 수 있게 된 경우'에 해당하는지를 살펴볼 필요가 없으며, 지정상품의 범위에 제한을 받지 아니하고 상표등록을 받을 수 있다.

ⓜ 나아가 현저한 지리적 명칭에 식별력이 없는 '대학교'라는 표장이 결합되면 본래의 현저한 지리적 명칭을 떠나 새로운 식별력을 형성하는지 살펴본다.

예컨대, "제주대학교"라는 명칭은 "제주대학교"가 실재하고 있는 한, 법령의 제한으로 인해 같은 명칭을 사용하는 다른 대학교가 존재할 수 없고 장래에도 존재할 수 없다. 그 결과 '제주'라는 현저한 지리적 명칭과 '대학교'라는 식별력 없는 표장이 결합되어 특정 대학교를 표상하는 명칭이 되고, 수요자들도 당연히 다른 대학교들로부터 그 특정 대학교를 구별하는 명칭으로 인식하게 된다.

또한 지리적 명칭과 대학교를 의미하는 단어가 결합하여 대학교 명칭을 구성하는 사례가 국내외에 걸쳐 흔히 존재하므로, 지리적 명칭과 대학교를 의미하는 단어가 결합된 표장에 대해서는 수요자들이 그것을 지리적 의미로 인식한다기보다는 그 구성 부분이 불가분적으로 결합된 전체로서 특정 대학교의 명칭으로 인식하거나 특정인의 상품출처표시로 직감할 가능성이 매우 높다.

다시 말해 지리적 명칭과 대학교를 의미하는 단어가 결합된 표장을 대하는 수요자들은 설령 그 표장을 교명으로 하는 대학교를 구체적·개별적으로 알지는 못한다고 하더라도, 그 표장의 구성 자체만으로도 단순히 어느 지역에 있는 대학교를 나타내는 것이 아니라 특정 대학교를 나타내는 것이라고 인식하는 경향이 강하다.

결국 지리적 명칭과 대학교를 의미하는 단어가 결합된 표장은 그 결합에 의하여, 즉 표장의 구성 자체에 의하여 '본질적인 식별력'을 갖는다고 할 수 있다.

② 상표법 제33조 제1항 제4호는 현저한 지리적 명칭·그 약어 또는 지도만으로 된 상표는 등록을 받을 수 없다고 규정하고 있다. 이와 같은 상표는 그 현저성과 주지성 때문에 상표의 식별력을 인정할 수 없어 어느 특정 개인에게만 독점사용권을 부여하지 않으려는 데 그 규정의 취지가 있다.

따라서 현저한 지리적 명칭이 포함된 표장이라고 하더라도 특정 개인에게 독점을 허용하여도 무방할 만큼 독점적응성이 매우 높고, 경쟁업자의 자유로운 사용을 보장할 필요가 거의 없는 경우라면, 그러한 표장에 대하여 상표법 제33조 제1항 제4호에 해당하지 않는다고 해석하더라도 위 규정의 취지에 반하지 않는다.

대학교를 설립하기 위해서는 시설·설비 등 일정한 설립기준을 갖추어 교육부장관의 인가를 받아야 하는 등 그 설립·운영 등에 관한 엄격한 법령의 제한이 있고, 이러한 제한으로 인해 사실상 동일한 명칭을 가진 대학교가 존재하거나 새로 설립될 수 없다.

그러므로 지리적 명칭과 대학교를 의미하는 단어가 결합된 표장이 대학교 명칭을 구성하는 경우 그 대학교의 운영주체 이외의 다른 사람이 그 대학교 명칭을 사용해야 할 필요성은 거의 없고, 달리 그 대학교의 운영주체에게 그 대학교 명칭을 독점적으로 사용하게 하는 것이 공익상 부당하다거나 폐해가 발생한다고 볼 만한 사정도 발견되지 아니한다. 따라서 이러한 표장에 대하여 상표등록을 허용하더라도 상표법 제33조 제1항 제4호의 규정 취지에 반한다고 볼 수 없고, 오히려 실질적으로 부합한다고 할 수 있다.

③ ㉠ 다수의견은, 지리적 명칭과 대학교를 의미하는 단어가 결합된 표장에 대하여 그 표장을 교명으로 하는 특정 대학교가 수요자들에게 상당한 정도로 알려져 있는지를 기준으로 상표등록 여부를 판단하고 있다.

그런데 그러한 판단기준에 따를 경우 특정 대학교의 알려진 정도에 따라 상표등록 여부가 달라져 부당한 결과를 초래할 수 있고, 외국에서 널리 알려진 대학교라고 하더라도 국내의 수요자들에게 알려지지 않았다는 이유로 상표등록을 거절하게 될 경우 국내외 대학교 간의 형평에도 반하는 문제가 발생할 수 있다.

더욱이 국내 대학교 사이에서도 교명에 지리적 명칭이 포함된 대학교와 그렇지 않은 대학교 사이에 상표등록과 관련하여 현저한 차별이 있게 된다. 즉, 지리적 명칭이 포함되지 않은 교명에 대해서는 다른 거절사유가 없는 한 곧바로 상표등록이 허용되는 반면, 지리적 명칭이 포함된 교명에 대해서는 그 교명이 지정상품과 관련하여 실제로 사용되어 수요자들에게 상당한 정도로 알려지기 전까지는 상표등록이 허용되지 않는다. 또한, 상표등록이 허용되는 상품의 범위에 있어서도 지리적 명칭이 포함되지 않은 교명에 대해서는 별다른 제한 없이 상표등록이 허용되는 반면, 지리적 명칭이 포함된 교명은 실제로 사용되어 식별력을 얻은 분야의 상품에 대해서만 상표등록이 허용된다.

교명에 지리적 명칭이 포함된 대학교와 그렇지 않은 대학교 사이에 존재하는 위와 같은 차별적 취급은 단순히 부당하다는 차원을 넘어서 평등원칙을 위반할 여지가 있다. 헌법 제11조 제1항의 평등원칙은 본질적으로 같은 것을 자의적으로 다르게 취급함을 금지하는 것으로서, 법을 적용할 때에도 합리적인 근거가 없는 차별을 하여서는 아니 된다는 것을 뜻한다.

대학교 명칭에 지리적 명칭이 포함된 것과 그렇지 않은 것 사이에는 상표의 기본적 기능인 출처표시 기능이나 자타상품 식별력의 측면에서 본질적인 차이가 있다고 보기 어렵다. 그런데 다수의견의 논리대로라면 앞서 본 바와 같이 대학교 명칭에 지리적 명칭이 포함된 것과 그렇지 않은 것 사이에 상표등록의 허용 여부 및 상표등록이 허용되는 상품의 범위 등과 관련하여 현저한 차별이 있게 되는데, 그와 같은 차별을 정당화할 만한 합리적 근거나 이유가 있다고 보기 어려우므로, 이는 평등원칙을 위반하는 해석이다.

㉡ 또한, 지리적 명칭과 대학교를 의미하는 단어가 결합된 표장에 대하여 상표법 제33조 제1항 제4호를 이유로 등록을 거절하는 것은, 직업수행의 자유를 규정한 헌법 제15조와 재산권 보장을 규정한 헌법 제23조를 위반할 여지도 있다.

상품의 생산·판매자가 원하는 상표를 등록받아 이를 상품에 표시하여 판매하는 것은 직업을 수행하는 하나의 방법이고, 등록된 상표에 대한 독점적 사용권으로서의 상표권은 헌법상 보호되는 재산권에 속한다.

상표법 제33조 제1항 제4호의 입법 목적은, 현저한 지리적 명칭만으로 된 상표는 그 현저성과 주지성 때문에 상표의 식별력을 인정할 수 없어 어느 특정 개인에게만 독점사용권을 부여하지 않으려는 데 있다. 그런데 앞서 본 바와 같이 지리적 명칭과 대학교를 의미하는 단어가 결합된 표장이 대학교 명칭을 구성하는 경우 그 대학교의 운영주체 이외의 다른 사람이 그 대학교 명칭을 사용해야 할 필요성은 거의 없고, 달리 그 대학교 명칭을 그 대학교의 운영주체에게 독점적으로 사용하게 하는 것이 공익상 부당하다고 볼 만한 사정도 발견되지 아니하므로, 대학교 명칭에 대하여 등록을 허용하더라도 상표법 제33조 제1항 제4호의 입법 목적에 반한다고 보기 어렵다.

따라서 지리적 명칭과 대학교를 의미하는 단어가 결합된 표장에 대하여 상표법 제33조 제1항 제4호를 이유로 등록을 거절하는 것은, 현저한 지리적 명칭만으로 된 상표에 대한 특정인의 독점사용을 방지하고자 하는 상표법 제33조 제1항 제4호의 입법 목적에 기여하는 바는 거의 없는 반면, 상표출원인의 직업수행의 자유와 재산권을 합리적 이유 없이 침해하는 것이라고 볼 수 있다.

ⓒ 어떤 법률규정의 개념이 다의적이고 그 어의의 테두리 안에서 여러 가지 해석이 가능할 때, 헌법을 최고법규로 하는 통일적인 법질서의 형성을 위하여 헌법에 합치되는 해석을 택하여야 하며, 이를 통해 위헌적인 결과가 될 해석은 배제하면서 합헌적이고 긍정적인 면은 살려야 한다.

다수의견의 논리와 같이 지리적 명칭과 대학교를 의미하는 단어가 결합된 표장에 대하여도 원칙적으로 상표법 제33조 제1항 제4호에 해당하는 것으로 보되, 그 표장을 교명으로 하는 특정 대학교가 수요자들에게 상당한 정도로 알려져 있는 경우에만 예외를 인정하여 상표법 제33조 제1항 제4호에 해당하지 않는 것으로 해석하게 되면, 앞서 본 바와 같이 헌법상 평등원칙을 위반하거나 직업수행의 자유와 재산권을 침해할 수 있다.

반면에 지리적 명칭과 대학교를 의미하는 단어가 결합된 표장에 대하여 그 구성 자체로 새로운 관념이나 새로운 식별력이 형성되었다고 보아 상표법 제33조 제1항 제4호에 해당하지 않는 것으로 해석하게 되면, 다수의견의 논리로부터 비롯되는 위헌적인 결과를 회피할 수 있으므로, 합헌적 법률해석의 원칙에 부합한다고 할 수 있다. 법률해석의 목표는 합헌적 해석의 한계 내에서 입법 취지를 실현하는 것이다. 다수의견은 이 점을 놓치고 있는 것으로 보인다.

ⓔ 오늘날 대학교는 학문의 전당으로서의 전통적인 역할에 머무르지 않고 산학협력의 활성화 등을 통해 다양한 수익사업을 영위하고 있는데, 대학교의 운영주체로서는 이러한 대학교의 고유 업무 외의 영역과 관련하여 상표등록을 받아야 할 필요성이 오히려 더 크다고 볼 수 있고, 이러한 이유로 대학교 명칭에 대한 상표출원도 늘어나고 있다.

그런데도 상표법 제33조 제1항 제4호의 규정을 기계적·형식적으로 적용하는 해석을 함으로써 앞서 본 것처럼 합리적인 근거도 없이 현저한 지리적 명칭을 사용하는 대학교와 그렇지 않은 대학교에 대한 평등한 법적 보호를 거부하는 한편, 상표출원인의 직업수행의 자유와 재산권을 침해하는 상황을 그대로 방치하는 것은 현실적인 시대적 요구에 부합하지 아니하며, 타당한 해석이라고 할 수 없다.

④ ㉠ 현저한 지리적 명칭에 대하여 상표등록을 허용하지 않고 있는 나라는 우리나라와 중국 외에는 거의 찾아보기 어렵다는 점에서 상표법 제33조 제1항 제4호는 비교법적으로 볼 때 매우 특이한 입법례에 속한다.

전 세계 거의 모든 국가에서는 표장에 현저한 지리적 명칭이 포함되어 있다는 이유만으로 상표등록이 거절되지는 않고, 실제 이 사건 출원상표의 표장은 쿠웨이트, 베트남, 일본, 브라질, 우루과이, 유럽, 영국 등 다수의 국가에서 상표로 등록이 받아들여졌다. 더욱이 우리나라와 마찬가지로 현저한 지리적 명칭으로 된 상표등록을 허용하지 않는 중국에서조차 이 사건 출원상표의 등록이 받아들여졌다.

상표의 등록적격성의 유무는 각국의 법률제도 등에 따라 달리 판단될 수 있는 문제이기는 하나, 법률해석을 통해 다른 나라들과 균형을 맞출 수 있다면 적극적으로 그와 같이 해석할 필요가 있다. 다른 나라에서는 모두 등록이 허용됨에도 우리나라에서만 등록이 허용되지 않는 방향으로 상표법 제33조 제1항 제4호를 기계적·형식적으로 운용하는 것은 국제적인 기준이나 상표법제의 세계적 통일화 흐름에도 동떨어진 것이어서 바람직하지 않다.

ⓒ 현저한 지리적 명칭만으로 된 상표를 식별력 없는 상표의 하나로 규정한 상표법 제33조 제1항 제4호에 대하여는 입법론적으로 이를 삭제하는 것이 바람직하다는 견해가 유력하게 제기되어 왔다.

그런데 우리나라는 예전부터 지리적 명칭을 상표의 구성으로 사용하는 사례가 많았고, 누구나 자유롭게 현저한 지리적 명칭을 사용하도록 보장할 필요가 있는 영역들이 여전히 많이 존재하는 것도 부인할 수 없다.

이러한 사정을 고려하면, 상표법 제33조 제1항 제4호를 전면적으로 폐지하기보다는, 위 규정이 입법 목적에 부합하는 방향으로 운용될 수 있도록 대학교 명칭 등과 같이 독점적응성이 매우 강한 표장에 대해서는 위 규정에 해당하지 않는 것으로 해석하면서 위 규정 자체는 존치하는 것이 합리적인 대안이 될 수 있다.

ⓒ 이에 대해서는 대학교 명칭 외에도 신문사, 방송사, 은행 등의 명칭에까지 그 논리가 무한정 확장될 가능성이 있다는 지적이 있을 수 있다.

그러나 현저한 지리적 명칭이 사용된 표장이 상표법 제33조 제1항 제4호에 해당하지 않는다고 인정하기 위해서는, 법령상의 제한 등으로 인하여 사실상 특정인에게 독점적 사용을 허용해도 무방한 것인지, 각 구성 부분이 불가분적으로 결합되어 특정인의 상품출처표시로 인식되는 경향이 강한지 등을 종합적으로 고려하여 그 표장이 새로운 관념을 낳거나 새로운 식별력을 형성하는 정도에 이르렀는지를 개별적으로 살펴보아야 한다.

이와 같이 판단할 경우 대학교 명칭과 같은 논리에 근거하여 상표법 제33조 제1항 제4호에 해당하지 않게 되는 사례가 크게 확장되어 실무상 혼란을 가져오는 문제점은 염려하지 않아도 좋을 것이다.

⑤ 한편 상표법 제33조 제1항 제4호의 규정 취지 등을 고려할 때 실제 존재하는 대학교의 운영주체에게만 그 대학교 명칭에 대한 독점적인 사용권을 인정할 수 있으므로, 지리적 명칭과 대학교를 의미하는 단어가 결합된 표장에 대해서는 그 표장이 표상하는 대학교가 실제 존재하고 있어야 하고, 그 대학교의 운영주체에 의하여 상표등록출원이 이루어진 경우에 한하여 상표등록이 허용된다고 봄이 타당하다.

결국 지리적 명칭과 대학교를 의미하는 단어가 결합된 표장이 실제 특정 대학교의 명칭으로 사용되고, 해당 대학교의 운영주체가 그 명칭에 대하여 상표등록을 출원하는 경우에는 지리적 명칭과 대학교를 의미하는 단어가 결합하여 전체로서 새로운 관념을 낳거나 새로운 식별력을 형성한다고 볼 수 있으므로, 상표법 제33조 제1항 제4호에 해당하지 않는다고 보아야 한다.

⑥ 이러한 법리와 기록에 비추어 살펴본다.

이 사건 출원상표는 원고가 운영하는 이 사건 대학교의 명칭이기도 한데, 이 사건 대학교는 미국 워싱턴 디시(Washington D.C.)에 위치한 종합대학으로서 1893년 설립된 이래 120년 이상 'AMERICAN UNIVERSITY'를 교명으로 계속 사용하고 있다. 따라서 이 사건 대학교를 운영하는 원고에 의하여 출원된 이 사건 출원상표는 현저한 지리적 명칭인 'AMERICAN'과 대학교를 의미하는 단어인 'UNIVERSITY'가 결합하여 전체로서 새로운 관념을 낳거나 새로운 식별력을 형성하고 있으므로, 상표법 제33조 제1항 제4호, 제7호에 해당하지 아니한다.

결국, 원심의 이유 설시에 부적절한 점이 있으나, 이 사건 출원상표의 등록이 허용되어야 한다고 본 결론은 정당하고, 거기에 상고이유 주장과 같이 상표법 제33조 제1항 제4호, 제7호에 관한 법리를 오해하는 등으로 판결 결과에 영향을 미친 잘못이 없다.

⑦ 이상과 같은 이유로, 상고를 기각하여야 한다는 결론에서는 다수의견과 의견을 같이 하지만 그 구체적인 이유는 달리하므로, 별개의견으로 이를 밝혀 둔다.

(5) 대법관 조희대의 별개의견

① 대학교가 고유의 업무인 대학교육업, 교수업 등과 관련하여 대학교 명칭을 상표로 사용하는 경우 수요자들은 대학교 명칭이 특정 대학교를 표상하는 것이라고 인식하는 것이 일반적이고, 이러한 경우 대학교 명칭에 대하여 상표등록을 허용하더라도 공익상 부당하다거나 폐해가 발생한다고 보기 어렵다. 이는 대학교 명칭에 현저한 지리적 명칭이 포함되어 있다고 하여 달리 볼 것이 아니다. 따라서 현저한 지리적 명칭과 대학교를 의미하는 단어가 결합된 표장이 대학교의 고유 업무인 대학교육업, 교수업 등과 관련하여 등록출원된 것이라면, 이러한 표장은 그 자체로 상표등록을 받기에 충분한 본질적인 식별력을 갖춘 것으로 볼 수 있으므로, 상표법 제33조 제1항 제4호에 해당하지 않는다고 보아야 한다.

한편, 오늘날 대학교는 학문의 전당으로서의 전통적인 역할에 머무르지 않고 다양한 수익사업을 하고 있는데, 대학교의 운영주체로서는 대학교의 고유 업무 외의 영역과 관련하여서도 상표등록을 받는 것이 필요할 수 있다. 이러한 영역과 관련하여서는 대학교 명칭이 그 자체로 수요자들 사이에서 특정인의 상품 출처표시로 인식된다고 볼 근거가 없다. 대학교는 이러한 영역에서는 일반적인 상표출원인과 동등한 지위에 있게 되므로, 상표등록을 받을 수 있는 자격에서 우선적 지위를 누릴 수 없다. 따라서 현저한 지리적 명칭과 대학교를 의미하는 단어가 결합된 표장이 대학교의 고유 업무와 무관한 분야와 관련하여 등록출원된 것이라면, 그 자체로는 여전히 본래의 지리적 의미 등이 남아 있어 식별력을 인정하기 어렵고, 그 표장이 수요자들에게 구체적으로 알려져 특정인의 상품 출처표시로 인식되기에 이른 경우에만 예외적으로 상표등록이 가능하다고 보아야 한다.

이렇듯 대학교 명칭은 지정상품의 종류나 사용 분야에 따라 식별력의 인정 요건이나 근거가 달라진다고 보아야 하므로, 현저한 지리적 명칭과 대학교를 의미하는 단어가 결합된 표장에 대하여 지정상품의 종류나 사용 분야를 묻지 않고 그 구성 자체로 본질적인 식별력이 인정된다고 할 수는 없다.

② 상표법 제34조 제1항 제3호는 제3자가 '국가·공공단체 또는 이들의 기관과 공익법인의 영리를 목적으로 하지 아니하는 업무 또는 영리를 목적으로 하지 아니하는 공익사업을 표시하는 표장으로서 저명한 것과 동일 또는 유사한 상표'에 관하여 상표등록을 받을 수 없다고 규정하면서, 해당 국가 등이 등록을 출원한 때에는 예외로 한다고 규정하고 있다. 이처럼 상표등록출원의 주체가 누구인지에 따라 등록 여부를 달리 규정하고 있는데, 같은 항 제1호 다목, 라목, 마목 등에서도 마찬가지로 규정하고 있다.

위 규정들을 살펴보면 모두 공익상 견지에서 일정한 등록권자 외에는 상표등록을 허용하지 않는 것들로서 상표법에서 한정적으로 명문화한 것이다. 따라서 이러한 명문의 규정도 없이 대학교 명칭에 관하여 제3자는 상표등록을 받을 수 없게 하고 대학교의 운영주체는 지정상품의 종류 등과 관계없이 상표등록을 받을 수 있게 하는 것은 전체 상표법 체계와 맞지 않는 것이어서 받아들일 수 없다.

③ 현저한 지리적 명칭과 대학교를 의미하는 단어가 결합된 이 사건 출원상표는 그 지정서비스를 대학교육업, 교수업 등으로 하여 등록출원된 것이므로, 이 사건 출원상표가 그 지정서비스와 관련하여 상표로 등록될 수 있다고 본 원심의 결론은 타당하다.

(6) 다수의견에 대한 대법관 김소영, 대법관 박상옥, 대법관 김재형, 대법관 박정화의 보충의견

① 대법관 고영한, 대법관 김창석, 대법관 김신, 대법관 조재연의 별개의견(이하 '제1별개의견'이라 한다)은 상표법 제33조 제1항 제4호의 입법 취지를 고려할 때 대학교 명칭의 경우에는 독점적응성을 인정할 필요가 있다는 이유로, 지리적 명칭과 대학교를 의미하는 단어가 결합된 표장이 실제 특정 대학교의 명칭으로 사용되고 그 대학교의 운영주체가 그 명칭에 대하여 상표등록을 출원하는 경우에 한하여, 상표법 제33조 제1항 제4호에 해당하지 않는다고 보아 그 등록이 가능하다는 것이다.

그러나 이러한 해석은 상표법 제33조 제1항 제4호의 입법 취지만을 과도하게 강조한 나머지 법률에 사용된 문언의 통상적인 의미를 벗어나 현저한 지리적 명칭과 결합된 대학교 명칭에 대해서는 일률적으로 상표법 제33조 제1항 제4호에 해당하지 않는다고 해석하여 위 규정의 적용 범위를 지나치게 한정하고, 전체 상표법과의 균형을 무너뜨리는 것으로서 동의할 수 없다. 그 구체적인 이유는 다음과 같다.

㉠ 상표법 제33조 제1항 제4호는 현저한 지리적 명칭만으로 된 표장에 대하여 상표등록을 받을 수 없다고 명확히 규정하고 있다. 또한, 대법원은 위 규정이 현저한 지리적 명칭만으로 된 표장에만 적용되는 것이 아니고, 현저한 지리적 명칭이 식별력 없는 기술적 표장 등과 결합되어 있는 경우라고 하더라도 그 결합으로 본래의 현저한 지리적 명칭이나 업종 표시 또는 기술적 의미 등을 떠나 새로운 관념을 낳는다거나 새로운 식별력을 형성하는 것이 아니라면 여전히 위 규정이

적용된다고 일관되게 해석해 왔다. 즉, 현저한 지리적 명칭과 다른 식별력 없는 부분이 결합된 표장이 상표법 제33조 제1항 제4호에 해당하는지는 결국 각 구성 부분의 결합에 의하여 새로운 관념을 낳거나 새로운 식별력을 형성하고 있는지에 따라 결정될 수밖에 없고, 이러한 새로운 관념이나 새로운 식별력의 형성 여부는 표장에 대한 수요자들의 개별적·구체적인 인식을 떠나서는 좀처럼 생각하기 어렵다. 따라서 지리적 명칭과 대학교를 의미하는 단어가 결합된 표장도 그 구성 자체만으로 특정인의 출처표시로 인식되는 것이 아니라, 그 구성 자체로는 본래의 지리적 의미와 기술적 표장으로 식별력이 없으나, 표장에 대한 수요자들의 개별적·구체적인 인식 여하에 따라 새로운 출처가 형성될 수 있는 것으로 보는 것이 합리적이다.

제1 별개의견은 현저한 지리적 명칭에 대학교를 의미하는 단어가 결합된 경우에는 일반 수요자의 인식을 떠나 그 구성 자체만으로 새로운 관념이나 식별력이 생긴다고 주장하면서 본질적인 식별력이란 표현을 쓰고 있으나, 일반 수요자의 인식을 전제하지 않고 표장 그 자체에서 어떠한 새로운 관념이나 새로운 식별력이 형성된다는 것인지 선뜻 이해하기 어렵다.

만약 제1 별개의견이 그러한 표장을 보고 직감적으로 그 의미를 알 수 있는 것을 본질적인 식별력이라고 한다면 현저한 지리적 명칭과 흔히 있는 업종이나 기술적 표장이 결합된 상표에서는 대학교 명칭뿐만 아니라 거의 모든 경우에 본질적인 식별력을 취득하였다고 보아야 할 것이다. 이를테면 '단양 학원'이나 '영월 박물관'도 현저한 지리적 명칭의 본래 의미나 기술적 표장인 고유 업종으로 인식되지 않고, 이들이 결합되어 하나의 식별력을 형성하므로, 구체적인 수요자의 인식을 떠나 그 자체로 상표등록이 가능하여야 할 것이다. 그렇지만 이러한 결론이 현저한 지리적 명칭에 대한 상표등록을 허용하지 않는 상표법 제33조 제1항 제4호의 규정 취지에 맞는지에 대해서는 근본적인 의문을 제기하지 않을 수 없다.

ⓛ 제1 별개의견은, 상표법 제33조 제1항 제4호의 입법 목적이 특정 개인에게만 현저한 지리적 명칭에 대한 독점사용권을 부여하지 않으려는 데 있음을 고려하면, 그러한 독점으로 인한 폐해가 거의 발생하지 않고 독점적응성이 매우 높은 대학교 명칭에 대하여 그 등록을 허용하더라도 상표법 제33조 제1항 제4호의 입법 목적에 반하지 않고, 오히려 이러한 입법 목적에 실질적으로 부합하는 해석이라고 한다. 그러나 상표법 제33조 제1항 제4호를 해석함에 있어 독점적응성이 하나의 고려 요소는 될 수 있을지언정 유일한 기준이 될 수는 없다. 독점적응성만을 기준으로 판단할 경우 현저한 지리적 명칭과 결합된 신문사, 방송사, 비영리단체 등 독점적응성이 비교적 큰 업종 표시가 결합된 경우에까지 무한정 확장될 수 있어 실무상 큰 혼란이 초래될 수 있다.

나아가 대학교의 경우 대학교의 설립·운영 등에 관한 법령에 따라 대학교의 명칭이 정해지고, 각 대학교의 운영주체는 그와 같이 정해진 명칭으로 대학교를 운영하므로, 사실상 동일한 명칭을 가진 대학교가 존재하거나 새로 설립되기 어려운 사정이 있기는 하다. 그러나 이는 대학교의 설립·운영 등에 관한 법령에서 규제되는 것으로, 상표법상 상표등록의 허용 여부와 그 궤를 같이하는 것이 아니다. 대학교의 운영주체가 그 고유 업무와 관련하여 반드시 상표등록을 하여야 하는 것은 아니고, 상표등록을 하지 않았다고 하여 대학교를 운영하는 데 어떠한 지장이 있다고 할 수 없다.

따라서 대학교의 운영주체가 그 필요성에 따라 상표등록을 하고자 할 경우에는 일반 상표권자와 동등한 지위에 있다고 보아야 한다. 상표법 영역에서 현저한 지리적 명칭과 결합된 식별력 없는 표장에 대하여 대학교의 명칭이라는 이유만으로 등록을 허용한다면 일반 상표권자들과의 형평성을 저해하게 된다.

ⓒ 제1 별개의견이 지적하는 바와 같이 지리적 명칭과 대학교를 의미하는 단어가 결합된 표장에 대하여 그 표장을 교명으로 하는 특정 대학교가 수요자들에게 어느 정도로 알려져 있는지를 기준으로 상표등록 여부를 판단하게 되면 상표법 제33조 제2항과의 경계가 다소 모호해질 수 있고, 경우에 따라서는 다소 부적절한 결론이 도출될 가능성이 있음은 부인하기 어렵다. 그러나 이는 근본적으로 현저한 지리적 명칭에 대하여 상표등록을 받을 수 없다고 규정한 상표법 제33조 제1항 제4호로부터 비롯되는 것으로서, 입법으로 해결하지 않는 이상 해석론으로는 어느 정도 불가피한 측면이 있다. 이러한 불합리를 피하기 위하여 개개의 업종이나 기술적 표장이 결합된 사안마다 해석을 달리하기보다는, 오히려 동일한 기준을 유지하면서도 새로운 관념 또는 새로운 식별력 형성에 요구되는 수요자들의 인식 정도를 탄력적이고 유연하게 판단함으로써 구체적인 타당성을 도모하고자 하는 다수의견이 위 규정의 입법 취지에 더 맞는 해석이라고 할 것이다.

ⓓ 제1 별개의견은 지리적 명칭과 대학교를 의미하는 단어가 결합된 표장에 대해서는 그 표장을 사용하는 대학교가 실제 존재하고, 그 대학교의 운영주체에 의해 상표등록출원이 이루어진 경우에 한하여, 상표법 제33조 제1항 제4호에 해당하지 않는다고 보아 그 상표등록이 허용된다고 한다.

그런데 상표법 제33조 제1항 각 호의 식별력 유무는 표장이 지니고 있는 관념이나 지정상품과의 관계 등을 고려하여 객관적으로 판단하는 것이 일반적이고, 그 출원자가 누구인지에 따라 새로운 관념이나 새로운 식별력 형성 여부가 달라진다고 볼 수 없다. 제1 별개의견에 따르면 '춘천 대학교'는 그 구성 자체만으로는 새로운 관념이나 새로운 식별력을 형성했으나 대학교가 존재하지 않고 출원자가 운영주체가 아니어서 등록이 허용될 수 없다는 것인지, 아니면 그와 같은 이유로 새로운 관념이나 새로운 식별력이 형성되었다고 볼 수 없다는 것인지 불분명하다. 전자라면 출원자를 한정하고 있지 않은 상표법 제33조 제1항 제4호에 명백히 반하고(특정한 표장에 대하여 특정 출원자만이 출원이 가능하다고 규정한 상표법 제34조 제1항 제3호 등과 같이 상표법에는 출원자를 한정하는 규정이 따로 존재한다), 후자라면 표장의 식별력 유무가 출원자에 따라 달라진다는 것이 되어 논리의 일관성이 없다.

② 이 사건 출원상표는 "**AMERICAN UNIVERSITY**"와 같이 영문으로만 구성된 표장이므로, 그 구성 자체로만 볼 때 '미국의'라는 지리적 의미와 '대학교'라는 기술적 표장의 결합으로서 일반적으로 '미국의 대학교' 또는 '미국에 있는 대학교'라는 의미로 인식할

수 있다. 우리나라 수요자들이 이 사건 대학교와 같은 특정한 대학교를 인식하고 있지 않다면, 이 사건 출원상표를 대하는 우리나라의 수요자들이 이를 반드시 특정한 대학교의 명칭이나 특정인의 출처표시로 직감할 것이라고 단정할 근거가 없다. 특히 이 사건 출원상표는 지리적 명칭 중에서도 특정 주(state)나 도시(city)명 등이 아닌 국가명을 사용한 것으로서 지리적으로 매우 광범위한 영역을 포괄하고 있으므로, 수요자들이 이를 '미국의 대학교' 등과 같이 지리적 의미로 인식할 가능성이 높고, 이와 같이 인식된다면 독점적응성의 측면에서 보더라도 제3자의 자유로운 사용을 보장할 필요성이 그만큼 높다고 볼 수 있다.

따라서 이 사건 출원상표가 본래의 지리적 의미가 아니라 이 사건 대학교와 같은 특정한 대학교를 의미하는 것으로 인식되기 위해서는, 우리나라 수요자들의 인식을 기초로 특정 대학교로서의 새로운 관념이나 새로운 식별력을 형성한 것으로 이해하는 다수의견이 보다 합리적인 접근 방식이라고 할 수 있다.

이상과 같이 다수의견에 대한 보충의견을 밝힌다.

(7) 대법관 고영한, 대법관 김창석, 대법관 김신, 대법관 조재연의 별개의견에 대한 대법관 김창석의 보충의견

다수의견에 대한 보충의견이 내세우고 있는 주장 중 위 별개의견에서 언급되지 않은 두 가지 주장에 대하여 살펴본다.

① 상표법 제34조 제1항 제3호는 제3자가 '국가·공공단체 또는 이들의 기관과 공익법인의 영리를 목적으로 하지 아니하는 업무 또는 영리를 목적으로 하지 아니하는 공익사업을 표시하는 표장으로서 저명한 것과 동일 또는 유사한 상표'에 관하여 상표등록을 받을 수 없다고 규정하면서, 해당 국가 등이 등록을 출원한 때에는 예외로 한다고 규정하고 있다. 이처럼 상표등록출원의 주체가 누구인지에 따라 등록 여부를 달리 규정하고 있고, 그 밖에 같은 항 제1호 다목, 라목, 마목 등에서도 마찬가지로 규정하고 있다.

이와 같이 상표법 제34조 제1항 제3호 등은 표장 자체가 특정 단체 등을 표상함으로써 '본질적인 식별력'을 갖춘 경우 제3자가 상표로서 등록을 하는 것은 허용하지 않는 반면에, 그 특정 단체 등이 상표로서 등록을 하는 것은 허용하고 있다. 결과적으로 현저한 지리적 명칭에 대학교를 의미하는 단어가 결합되어 특정 대학교를 표상하는 경우에 표장 그 자체에 '본질적인 식별력'을 인정하여 그 대학교를 운영하는 주체에게만 상표등록을 허용할 수 있다는 위 별개의견과 일치한다. 이는 위 별개의견이 타당함을 뒷받침하는 근거가 될 수 있다. 상표법을 지배하는 근본정신은 상표법 제33조 제1항과 제34조 제1항에서 다르지 않기 때문이다.

② 'AMERICAN UNIVERSITY'라는 표장이 특정 대학교를 표상하는 상표로 사용된 것인지, 아니면 '미국의 대학교'라는 의미에서, 또는 상표 외적으로 사용된 것인지는 그 사용된 상황과 태양 등에 비추어 어렵지 않게 판단할 수 있다.

특정 대학교를 표상하는 상표로 사용된 것이라면 그 표장이 '본질적인 식별력'을 갖는다는 점은 앞서 본 바와 같다. 그 경우 이 사건 대학교의 운영주체인 원고 이외의 제3자가 'AMERICAN UNIVERSITY'라는 표장을 상표로 자유롭게 사용해야 할 필요가 있다고 볼 수 없다. 오히려 원고 이외의 제3자가 'AMERICAN UNIVERSITY'라는 표장을 상표로 자유롭게 사용한다면 위 표장으로 제공되는 상품 등의 출처에 관하여 수요자들의 혼동을 초래하는 등의 문제가 발생할 것이다.

이와 달리 제3자가 '미국의 대학교'라는 의미에서, 또는 상표 외적으로 사용하는 것이라면 이는 상표로 사용하는 것이 아니므로, 이 사건 표장의 권리범위에 속하지 않음은 당연하다. 따라서 그러한 사용에 어떤 문제가 생긴다고 볼 여지가 없다.

이상과 같이 다수의견에 대한 보충의견이 내세우고 있는 주장이 타당하지 않다는 점을 지적하고자 한다.

17 눈사랑 사건 (2013후372)

판시사항

甲 등이 '안경사업경영업' 등을 지정서비스로 하고 "**눈 사 랑**"으로 구성되어 있는 등록상표의 권리자 乙을 상대로 등록상표가 상표법 제6조 제1항 제3호, 제7호[6])에 해당한다는 이유로 등록무효심판청구를 하였으나 특허심판원이 甲 등의 심판청구를 기각한 사안에서, 2001. 2. 3. 법률 제6414호로 개정된 상표법이 시행되기 전인 1996. 9. 19.에 출원된 등록상표에 대하여는 상표법 제71조 제1항 제5호[7])가 적용되지 아니하므로 이 규정에 의해 등록을 무효로 할 수 없을 뿐만 아니라, 등록상표는 등록일 이후에 '안경사업경영업'에 관하여 식별력을 상실하였다고 보기는 어렵고, 오히려 활발한 영업 및 광고활동 등에 의하여 식별력이 강해진 것으로 보일 뿐인데도, 등록상표가 등록일 이후에 '안경사업경영업'에 관하여는 상표법 제6조 제1항 제3호 및 제7호에 해당하게 되었다는 이유를 들어 상표법 제71조 제1항 제5호에 의하여 등록이 무효로 되어야 한다고 본 원심판결에 법리오해의 위법이 있다고 한 사례

논점의 정리

상고이유(상고이유서 제출기간 경과 후에 제출된 상고이유보충서들의 기재는 상고이유를 보충하는 범위 내에서)를 판단한다.

(1) 원심판결 이유에 의하면, 원심은 아래와 같이 판단하였다.

① '안경사업경영업' 등을 지정서비스로 하고 "**눈 사 랑**"으로 구성되어 있는 이 사건 등록상표(출원일은 Q이고, 등록번호는 P이다)는 그 등록일인 R 당시 '(신체의 일부인) 눈을 사랑한다'는 의미 등을 가지는 것으로서 일반 수요자나 거래자에게 그 지정서비스의 품질 등을 표시하는 것으로 인식되었다고 볼 수 없고, 공익상 특정인에게 독점시키는 것이 부적당하다고 볼 수도 없으므로, 상표법 제6조 제1항 제3호 또는 제7호에 해당한다고 할 수 없다.

② 그런데 원심 판시 사정들에 의하면 이 사건 등록상표의 등록일 이후 많은 사람들이 상품 또는 서비스의 대상(객체) 등과 관련된 단어에 '사랑'이 결합된 표장을 사용해 옴으로써 일반 수요자나 거래자는 그러한 표장을 대체로 '상품 또는 서비스의 대상 (객체) 등에 대하여 사랑하는 마음으로 최선을 다한다.'는 의미로 인식하게 되었고,

---

6) 상표법 제33조 제1항 제3호, 제7호(이하 이 사건에서 같다)[시행기준 2022. 4. 20., 법률 제18502호]
7) 상표법 제117조 제1항 제6호(이하 이 사건에서 같다)[시행기준 2022. 4. 20., 법률 제18502호]

이에 따라 이 사건 등록상표 역시 그 지정서비스 중 '안경사업경영업'에 관하여는 '고객의 눈을 사랑하는 마음으로 최선을 다하여 안경을 제조·판매한다.'는 서비스의 품질을 나타내는 용어로서 다수의 동종업계 종사자들이 사용하고 싶어 하는 표장이 되었다.

③ 따라서 이 사건 등록상표는 그 지정서비스 중 '안경사업경영업'에 관하여는 그 등록이 된 후에 상표법 제6조 제1항 제3호 및 제7호에 해당하게 되었으므로, 상표법 제71조 제1항 제5호에 의하여 그 등록이 무효로 되어야 한다.

(2) 그러나 이 사건 등록상표가 그 지정서비스 중 '안경사업경영업'에 관하여는 상표법 제71조 제1항 제5호에 의하여 그 등록이 무효로 되어야 한다는 원심의 판단은 아래와 같은 이유로 수긍할 수 없다.

① 먼저, 이 사건 등록상표에 대해 상표법 제71조 제1항 제5호를 적용하여 그 등록을 무효로 할 수 있는지 여부를 살펴본다.

이 규정은 2001. 2. 3. 법률 제6414호로 개정되어 2001. 7. 1.부터 시행된 상표법에 신설된 규정인데, 위 개정 상표법 부칙 제4항에 의하면 그 시행 전에 상표등록출원 등이 된 등록상표의 심판 및 소송 등에 대하여는 종전의 규정을 적용하여야 한다고 정하고 있고, 이는 위 개정 상표법 제2조 제3항에 의하여 상표의 경우에도 마찬가지로 적용된다. 따라서 위 개정 상표법 시행 전인 Q에 출원된 이 사건 등록상표에 대하여는 상표법 제71조 제1항 제5호가 적용되지 아니하므로 이 규정에 의해 그 등록을 무효로 할 수 없다.

② 다음으로, 이 사건 등록상표가 그 지정서비스 중 '안경사업경영업'에 관하여 그 등록이 된 후에 상표법 제6조 제1항 제3호 및 제7호에 해당하게 되었는지 여부를 살펴본다.

㉠ 어떤 상표가 상표법 제6조 제1항 제3호에서 정하는 '상품의 품질·효능·용도 등을 보통으로 사용하는 방법으로 표시한 표장만으로 된 상표'에 해당하는지는 그 상표가 지니고 있는 관념, 지정상품과의 관계 일반 수요자나 거래자의 그 상표에 대한 이해력과 인식의 정도, 거래사회의 실정 등을 감안하여 객관적으로 판단하여야 하고, 그 상표가 지정상품의 품질·효능·용도 등을 암시하는 정도에 그치는 경우에는 그에 해당하지 아니한다. 그리고 상표법 제6조 제1항 제7호가 규정한 '제1호 내지 제6호 외에 수요자가 누구의 업무에 관련된 상품을 표시하는 것인가를 식별할 수 없는 상표'라 함은 같은 조항의 제1호 내지 제6호에 해당하지 아니하는 상표라도 자기의 상품과 타인의 상품 사이의 출처를 식별할 수 없는 상표는 등록을 받을 수 없다는 의미인데, 어떤 상표가 식별력이 있는 상표인지 여부는 그 상표가 지니고 있는 관념, 지정상품과의 관계 및 거래사회의 실정 등을 감안하여 객관적으로 결정하여야 한다.

㉡ 이 사건 기록에 의하면, 이 사건 등록상표 "**눈 사 랑**"은 '(신체의 일부인) 눈을 사랑한다'는 관념을 가져 그 지정서비스 중 '안경사업경영업'과 관련하여 일반 수요자나 거래자에게 그 품질·효능·용도 등을 직접적으로 표시한다기보다는 간접적으로 암시하는 정도에 그치는 것으로 보인다. 더욱이, 이 사건 등록상표의 경우 그 사용에 의하여 2002년부터 2007년까지 매년 30억 원 이상의 수입을

달성해 왔고, 2002년부터 2007년까지 약 17억 5,000만 원의 광고비를 지출하여 TV · 신문 등 각종 언론매체에 광고해 왔으며, 이 사건 등록상표를 사용하는 안경점은 1997년에 부산 서면점이 개설된 이래 2012년경까지 전국에 27개에 이르렀음을 알 수 있다.

한편 원심 판시와 같이 이 사건 등록상표의 등록일 이후에 서비스의 대상 등을 뜻하는 단어에 '사랑'이라는 단어가 결합된 표장의 식별력을 부정한 등록거절결정 및 심결례가 있기는 하나, 상표의 식별력 여부는 그 지정서비스와의 관계에서 개별적 · 상대적으로 판단되어야 한다. 그리고 기록에 의하더라도, '안경사업경영업'과 관련하여 '고객의 눈을 소중하게 생각한다'는 등의 문구는 많이 사용되고 있으나, '눈사랑'이라는 용어 자체가 사용된 예는 원고 A와 소외 S가 안경점 상호의 일부로 이를 사용한 것과 안경사 등을 회원으로 하는 '눈사랑회'라는 명칭의 인터넷 카페가 개설된 것 이외에는 찾아 볼 수가 없다.

앞서 본 법리에 따라 이와 같은 사정들을 종합적으로 고려해 보면, 이 사건 등록상표는 그 등록일 이후에 '안경사업경영업'에 관하여 식별력을 상실하였다고 보기는 어렵고, 오히려 활발한 영업 및 광고활동 등에 의하여 그 식별력이 강해진 것으로 보일 뿐이다.

③ 그런데도 원심은 그 판시와 같은 사정만으로 이 사건 등록상표가 그 등록일 이후에 '안경사업경영업'에 관하여는 상표법 제6조 제1항 제3호 및 제7호에 해당하게 되었다는 이유를 들어 상표법 제71조 제1항 제5호에 의하여 그 등록이 무효로 되어야 한다고 판단하였다. 이러한 원심의 판단에는 상표법 제71조 제1항 제5호의 적용범위 및 상표의 식별력 판단에 관한 법리를 오해하여 판결에 영향을 마친 위법이 있다. 이 점을 지적하는 상고이유 주장은 이유 있다.

18 몬테소리 사건 (2012후2951)

판시사항

(1) 상표법 제33조 제1항 제7호에서 정한 "제1호 내지 제6호 외에 수요자가 누구의 업무에 관련된 상품을 표시하는 것인가를 식별할 수 없는 상표"의 의미와 어떤 상표가 식별력 없는 상표에 해당하는지를 결정하는 기준 및 위 법리가 상표에도 적용되는지 여부(적극)

(2) 상표법 제33조 제1항 제7호의 '기타 식별력 없는 상표'가 등록결정 또는 지정상품추가등록결정 당시 사용에 의한 식별력을 구비하였는지를 판단하는 기준이 되는 상표사용실적

판결요지

(1) 상표법 제33조 제1항은 상표등록을 받을 수 없는 경우의 하나로 제7호에서 "제1호 내지 제6호 외에 수요자가 누구의 업무에 관련된 상품을 표시하는 것인가를 식별할 수 없는 상표"를 규정하고 있는데, 이는 같은 조항의 제1호 내지 제6호에 해당하지 아니하는 상표라도 자기의 상품과 타인의 상품 사이의 출처를 식별할 수 없는 상표는 등록을 받을 수 없다는 의미이다. 어떤 상표가 식별력 없는 상표에 해당하는지는 그 상표가 지니고

있는 관념, 지정상품과의 관계 및 거래사회의 실정 등을 감안하여 객관적으로 결정하여야 하는데, 사회통념상 자타상품의 식별력을 인정하기 곤란하거나 공익상 특정인에게 그 상표를 독점시키는 것이 적당하지 않다고 인정되는 경우에 그 상표는 식별력이 없다고 할 것이다. 이러한 법리는 상표법 제2조 제3항에 의하여 상표의 경우에도 마찬가지로 적용된다.

(2) 상표법 제33조 제1항 제7호 소정의 '기타 식별력 없는 상표'에 해당하여 상표등록을 받을 수 없는 상표가 그 상표등록결정 또는 지정상품추가등록결정 전에 해당 지정상품에 관하여 수요자 사이에서 누구의 업무에 관련된 상품을 표시하는 것으로 현저하게 인식된 경우에 그 효과는 실제 사용자에게 귀속되는 것이므로, 그러한 상표가 해당 지정상품에 관하여 등록결정 또는 지정상품추가등록결정 당시 사용에 의한 식별력을 구비하였는지는 원칙적으로 출원인의 상표사용실적을 기준으로 판단하여야 한다. 다만 경우에 따라서는 출원인이 출원 전에 실제 사용자로부터 그 상표에 관한 권리를 양수할 수도 있는데, 그러한 경우에는 출원인 이외에 실제 사용자의 상표사용실적도 고려하여 출원상표가 사용에 의한 식별력을 구비하였는지를 판단할 수 있다.

논점의 정리 상고이유(상고이유서 제출기간이 경과한 후에 제출된 상고이유보충서의 기재는 상고이유를 보충하는 범위 내에서)를 판단한다.

(1) 상고이유 제1점에 관하여

상표법 제33조 제1항은 상표등록을 받을 수 없는 경우의 하나로 제7호에서 "제1호 내지 제6호 외에 수요자가 누구의 업무에 관련된 상품을 표시하는 것인가를 식별할 수 없는 상표"를 규정하고 있는데, 이는 같은 조항의 제1호 내지 제6호에 해당하지 아니하는 상표라도 자기의 상품과 타인의 상품 사이의 출처를 식별할 수 없는 상표는 등록을 받을 수 없다는 의미이다. 어떤 상표가 식별력 없는 상표에 해당하는지는 그 상표가 지니고 있는 관념, 지정상품과의 관계 및 거래사회의 실정 등을 감안하여 객관적으로 결정하여야 하는데, 사회통념상 자타상품의 식별력을 인정하기 곤란하거나 공익상 특정인에게 그 상표를 독점시키는 것이 적당하지 않다고 인정되는 경우에 그 상표는 식별력이 없다고 할 것이다.

기록에 의하면 '몬테소리' 및 'MONTESSORI'라는 단어가 유아교육 관련 업계 종사자 및 거래자는 물론 일반 수요자들 사이에서도 특정 유아교육법 이론 내지 그 이론을 적용한 학습교재·교구를 지칭하는 것으로 널리 인식·사용되고 있음을 알 수 있다. 한편 이 사건 등록상표 "**몬테소리**"의 원심 판시 이 사건 지정서비스는 모두 유아교육이나 유아교육 교재·교구와 밀접한 관련이 있는 업종이다.

이러한 사정을 위에서 본 법리에 비추어 살펴보면, 특별히 도안화되지 아니한 한글 "**몬테소리**"로만 구성된 이 사건 등록상표는 이 사건 지정서비스와 관련하여 자타서비스의 출처표시로서 식별력이 있다고 볼 수 없을 뿐만 아니라 특정인에게 독점시키는 것이 적당하지도 아니하므로, 이 사건 등록상표는 상표법 제33조 제1항 제7호 소정의 '수요자가 누구의 업무에 관련된 서비스를 표시하는 것인가를 식별할 수 없는 상표'에 해당한다. 따라서 원심이 같은 취지로 판단한 것은 정당하고, 거기에 상고이유의 주장과 같이 상표법 제33조 제1항 제7호에 관한 법리를 오해하는 등의 위법이 없다.

(2) 상고이유 제2점에 관하여

① 상표법 제33조 제1항 제7호는 같은 조 제1항 제1호 내지 제6호에 해당하지 아니하는 상표라도 자기의 상품과 타인의 상품 사이의 출처를 식별할 수 없는 것은 등록을 받을 수 없다는 것을 의미할 뿐이므로, 어떤 표장이 그 사용 상태를 고려하지 아니하고 그 자체의 관념이나 지정상품과의 관계 등만을 객관적으로 살펴볼 때에는 식별력이 없는 것으로 보이더라도, 출원인이 그 표장을 사용한 결과 수요자나 거래자 사이에 그 표장이 누구의 업무에 관련된 상품을 표시하는 것으로 현저하게 인식되기에 이른 경우에는 특별한 사정이 없는 한 그 표장은 상표법 제33조 제1항 제7호의 식별력이 없는 상표에 해당하지 아니하게 되고, 그 결과 상표등록을 받는 데 아무런 지장이 없다. 이는 같은 조 제2항에 같은 조 제1항 제7호가 포함되어 있지 아니하다는 사정만으로 달리 볼 것은 아니다. 그런데 상표법 제33조 제2항에서 상표등록출원 전에 상표를 사용한 결과 수요자 사이에서 그 상표가 누구의 업무에 관련된 상품을 표시하는 것인가 현저하게 인식되어 있을 경우 같은 조 제1항 제3, 5, 6호의 규정에도 불구하고 상표등록을 받을 수 있도록 규정한 취지는 원래 특정인에게 독점 사용시킬 수 없는 표장에 대세적·독점적 권리를 부여하는 것이므로 그 기준을 엄격하게 해석·적용하여야 한다. 따라서 그 상표가 어느 정도 선전·광고된 사실이 있다거나 또는 외국에서 등록된 사실이 있다는 사정만으로는 그 상표가 수요자 사이에서 누구의 업무에 관련된 상품을 표시하는 것으로 현저하게 인식되었다고 볼 수 없고, 그 상표 자체가 수요자 사이에서 누구의 업무에 관련된 상품을 표시하는 것으로 현저하게 인식되어 있다는 것을 증거에 의하여 알 수 있어야 하며, 이와 같은 사용에 의한 식별력의 구비 여부는 등록결정 시를 기준으로 하여 판단하여야 한다.

한편 상표법 제33조 제1항 제7호 소정의 '기타 식별력 없는 상표'에 해당하여 상표등록을 받을 수 없는 상표가 그 상표등록결정 또는 지정상품추가등록결정 전에 해당 지정상품에 관하여 수요자 사이에서 누구의 업무에 관련된 상품을 표시하는 것으로 현저하게 인식된 경우에 그 효과는 실제 사용자에게 귀속되는 것이므로, 그러한 상표가 해당 지정상품에 관하여 등록결정 또는 지정상품추가등록결정 당시 사용에 의한 식별력을 구비하였는지는 원칙적으로 출원인의 상표사용실적을 기준으로 판단하여야 한다. 다만 경우에 따라서는 출원인이 출원 전에 실제 사용자로부터 그 상표에 관한 권리를 양수할 수도 있는데, 그러한 경우에는 출원인 이외에 실제 사용자의 상표사용실적도 고려하여 출원상표가 사용에 의한 식별력을 구비하였는지를 판단할 수 있다.

② 피고 명의로 등록된 이 사건 등록상표의 사용에 의한 식별력 취득 여부를 판단할 때 주식회사 한국몬테소리(이하 '소외 회사'라고 한다)의 이 사건 등록상표 사용실적을 고려할 수 있는지에 관하여 본다.

㉠ 원심판결 이유 및 기록에 의하면 다음과 같은 사정을 알 수 있다. 소외 회사는 1992년경 설립된 이후 '한국몬테소리', '몬테소리', 'MONTESSORI' 등의 표장이나 이러한 문자 부분이 다른 문자나 도형들과 결합되어 있는 표장을 사용하여 유아교육 관련 서적의 출판·판매업 및 홈스쿨교수업 등을 영위하여 왔고, 피고는 그의 가족들과 함께 소외 회사의 발행주식 전부를 보유한 채 실질적으로 소외

회사를 경영하여 왔을 뿐 소외 회사 설립 이후 자기 명의로 직접 사업을 영위하지 아니하였다. 한편 피고는 1998. 10. 30. 그의 명의로 "편집업, 출판업" 등을 지정 서비스로 하는 이 사건 등록상표 "**몬테소리**"의 등록결정을 받아 1998. 12. 31. 등록하였을 뿐만 아니라 2009. 4. 21. 원심 판시 지정서비스 2인 "개인교수업, 홈스쿨교수업, 보육원업, 교육연구업, 교육정보제공업" 등에 관하여 지정상품추 가등록결정을 받아 2009. 5. 18. 등록하였으며, 2008. 11. 28. 최초등록결정 당 시 지정서비스업이던 "편집업, 출판업"을 원심 판시 지정서비스 1인 "서적출판 업, 서적편집업, DVD 편집업" 등으로 상품분류 전환등록을 하였다.

이러한 사정을 위 법리에 비추어 살펴보면, 이 사건 등록상표의 등록결정 또는 지정상품추가등록결정 이전에 이미 소외 회사가 이 사건 등록상표를 해당 지정 서비스에 상당 기간 사용하여 왔더라도, 그로 인한 효과는 실제 사용자인 소외 회사에 귀속된다. 다만 위에서 본 바와 같은 피고와 소외 회사의 관계 등에 비추 어 피고가 출원 전에 이 사건 등록상표에 관한 권리를 소외 회사로부터 양수하였 을 가능성을 배제할 수 없는 이상, 원심이 피고 명의로 이 사건 등록상표가 출원·
등록되거나 지정서비스가 추가등록된 경위에 관하여 심리하지도 아니한 채, 소 외 회사의 이 사건 등록상표 사용실적을 사용에 의한 식별력 취득의 자료로 사용 할 수 없다고 단정한 데에는 필요한 심리를 다하지 아니한 잘못이 있다.

ⓛ 한편 기록에 의하면, 소외 회사는 이 사건 등록상표에 관하여 원심 판시 지정서비스 2의 추가등록결정일 이전부터 개인교수업 내지 홈스쿨교수업에 사용되는 교재·교 구·서적 등의 일부와 그 광고 등에 이 사건 등록상표나 우측의 표장들(이하 '실사용표 장들'이라 한다)을 계속 사용하여 왔음을 알 수 있다.

베이비 **몬테소리** I	베이비 **몬테소리** II
[표장 1]	[표장 2]
베이비 몬테소리	리틀 몬테소리
[표장 3]	[표장 4]
빅몬테소리	비 몬테소리
[표장 5]	[표장 6]
영어만세	영어만세2
[표장 7]	[표장 8]
몬테소리 쓰기만세	몬테소리 홈 리틀수학
[표장 9]	[표장 10]

그런데 소외 회사의 실사용표장들은 이 사 건 등록상표와 동일성이 인정되는 '몬테소 리'라는 문자 부분이 독립성을 유지한 채 다른 문자 부분 등과 결합되어 있는 것인 데, 그와 같이 결합된 다른 문자 부분은 피 교습자의 나이나 교습내용을 표시하기 위해 흔히 쓰이는 표지에 불과하므로 그 러한 결합으로 인하여 '몬테소리'라는 표장이 사용되었다고 볼 수 없을 정도의 새로운 관념이 형성되는 것도 아니어서, 실사용표장들은 그 구성 중 '몬테소리'라 는 부분만으로 분리되어 인식될 수 있다. 따라서 소외 회사가 위와 같이 실사용 표장들을 사용한 것은 이 사건 등록상표와 실질적으로 동일한 '몬테소리'라는 표 장을 개인교수업 내지 홈스쿨교수업에 사용한 것으로도 볼 수 있으므로, 개인교 수업 및 홈스쿨교수업을 지정서비스로 추가등록결정할 당시 이 사건 등록상표가 개인교수업 및 홈스쿨교수업에 관하여 사용에 의한 식별력을 취득하였는지를 판 단할 때 소외 회사의 실사용표장들에 관한 사용실적을 판단자료로 삼을 수 있다.

그럼에도 원심이, 이 사건 등록상표 사용과 관련하여 피고가 제출한 증거들 중 상당수는 '몬테소리'라는 구성 외에 다른 구성이 결합된 표장들로서 이 사건 등록상표와 동일하지 아니하므로 이를 근거로 피고 명의로 등록된 이 사건 등록상표가 사용에 의한 식별력을 취득하였다고 볼 수 없다고 판단한 데에는 상표의 사용에 관한 법리 등을 오해하여 필요한 심리를 다하지 아니한 잘못이 있다.

ⓒ 그러나 아래에서 보는 바와 같이 이 사건 등록상표가 최초등록결정 시는 물론 지정상품추가등록결정 시에도 소외 회사의 사용으로 인하여 사용에 의한 식별력을 구비하였다고 볼 수 없어, 같은 취지의 원심판단은 결과적으로 정당하므로, 거기에 판결에 영향을 미친 위법은 없다.

- 원심 판시 지정서비스 1(서적편집업, DVD 편집업, 서적출판업)에 관하여 본다.

기록에 의하면, 소외 회사는 '한국몬테소리', "🏷한국몬테소리 MONTESSORI KOREA", '몬테소리' 또는 'MONTESSORI' 등의 표장을 사용하여 영유아 학습교재·교구 등을 출판·제작·판매하면서 이 사건 등록상표의 최초등록결정일인 1998. 10. 30.경까지 어느 정도의 광고·선전비를 지출하고, 상당한 매출을 올린 점을 알 수 있다. 반면 이 사건 등록상표의 최초등록결정 당시 몬테소리 교재·교구 시장에서는 소외 회사 이외에 다른 업체들도 '몬테소리' 또는 'MONTESSORI'라는 문자부분이 포함된 표장을 사용하고 있었던 점도 알 수 있다. 이러한 사정을 위에서 본 법리에 비추어 보면, 피고가 주장하는 이 사건 등록상표 최초등록결정 당시까지 소외 회사의 광고실적 및 매출실적 등을 모두 고려하더라도 그것만으로는 특별히 도안화되지 아니한 한글 "**몬테소리**"로만 구성된 이 사건 등록상표가 최초등록결정 당시 지정서비스 1에 관하여 수요자 사이에서 누구의 업무에 관련된 서비스를 표시하는 것으로 현저하게 인식되었다고 할 수 없다.

- 원심 판시 지정서비스 2 중 교육연구업, 교육정보제공업, 보육원업에 관하여 본다.

기록에 의하면 피고는 물론 소외 회사가 이 사건 등록상표를 교육연구업, 교육정보제공업, 보육원업에 사용하였다고 볼 만한 자료가 없다. 따라서 이 사건 등록상표는 위 각 지정서비스에 관하여 그 지정서비스 추가등록결정일인 2009. 4. 21.경 수요자 사이에서 누구의 업무에 관련된 서비스를 표시하는 것으로 현저하게 인식되었다고 볼 수 없다.

- 원심 판시 지정서비스 2 중 개인교수업, 홈스쿨교수업에 관하여 본다.

기록을 위에서 본 법리에 비추어 살펴보면, "🏷한국몬테소리 MONTESSORI KOREA" 또는 '한국몬테소리' 등의 표장이 원래 식별력 있는 표장이거나 사용에 의한 식별력을 취득하였는지는 별론으로 하고, '몬테소리' 또는 'MONTESSORI'라는 단어가 유아교육 관련 업계 종사자 및 거래자는 물론 일반 수요자들 사이에서도 특정 유아교육법 이론 내지 그 이론을 적용한 학습교재·교구를 지칭하는 것으로 널리 인식·사용되고 있는 이상, 다음과 같은 이유에서 개인교수업 및 홈스쿨교수업의 지정상품추가등록결정 당시 특별히 도안화되지 아니한 한글 "**몬테소리**"로만 구성된 이 사건 등록상표가 일반 수요자나 거래당사자들에게 특정 유아교육법 이론 내지 그 이론을 적용한 학습교재·교구를 지칭하는 의미를 넘어서 누구의 업무에 관련된 서비스를 표시하는 것으로 현저하게 인식되었다고 단정하기 어렵다. 즉 소외 회사는 1993년경부터 2009년경까지 16년간 약 304억 원 상당의 광고선전비를 지출하였고, 홈스쿨 교재 및 홈스쿨교수업 등과 관련하여 약 1,892억 원 상당의 매출을 올렸으며, 2004년, 2006년, 2008년 유아교육 부분에서 대한민국 교육브랜드 대상을 수상하는 등 이 사건 등록상표는 지정서비스 2의 추가등록결정 당시 개인교수업 내지 홈스쿨교수업에 관하여 상당한 사용실적이 있었다. 그러나 이 사건 등록상표의 최초등록결정 당시는 물론 개인교수업 및 홈스쿨교수업의 지정서비스 추가등록결정 당시까지도 유아용 교재·교구 시장에서 '몬테소리' 또는 'MONTESSORI'라는 문자를 포함하는 표장을 사용하는 업체가 여럿 있었고, 다수의 어린이집이나 유치원 및 영유아교육 관련 단체도 '몬테소리'라는 문자를 그 명칭에 포함시켜 사용하고 있었던 점, 소외 회사가 개인교수업 내지 홈스쿨교수업과 관련하여 이 사건 등록상표를 사용한 것도 주로 영유아 교육 부분인 점, 피고가 제출한 설문조사 결과는 설문의 내용 등이 부적절하여 이 사건 등록상표의 사용에 의한 식별력 취득의 자료로 삼기 어려운 점 등 기록에서 알 수 있는 제반사정을 고려하면, 이 사건 등록상표가 개인교수업 내지 홈스쿨교수업에 관하여 위에서 본 바와 같은 상당한 사용실적이 있었다는 점만으로는 이 사건 등록상표가 개인교수업 및 홈스쿨교수업의 지정상품추가등록결정 당시 수요자 사이에서 누구의 업무에 관련된 서비스를 표시하는 것으로 현저하게 인식되었다고 할 수 없다.

19 SPEED 011 사건 (2005후339)

판시사항

(1) 상표의 등록적격성 유무의 판단 방법 및 다른 상표의 등록례가 특정 상표의 등록 근거가 될 수 있는지 여부(소극)

(2) 'SPEED' 부분과 '011' 부분이 결합하여 구성된 등록상표 "SPEED 011"이 그 지정서비스 중 '무선호출 서비스업, 전보통신업, 텔렉스통신업, 팩시밀리통신업, 원격화면통신업, 컴퓨터통신업, 통신사업, 공중기업통신망 서비스업' 등과의 관계에서 식별력이 인정되지 않는다고 한 원심의 판단을 수긍한 사례

(3) 특별현저성이 없는 것으로 보이는 표장이 사용에 의하여 식별력을 취득한 경우, 상표등록을 받을 수 있는 지정서비스의 범위

(4) 상표법 제33조 제1항 제7호와 같은 조 제2항의 관계

(5) 등록상표 "SPEED 011"이 그 구성 자체로는 식별력이 인정되지 아니하지만, 그 지정서비스 중 '전화통신업, 무선통신업'과의 관계에서 사용에 의한 식별력 취득이 인정된다고 한 원심의 판단을 수긍한 사례

(6) 등록상표 "SPEED 011"이 그 지정서비스 중 '전화통신업, 무선통신업'과의 관계에서 사용에 의한 식별력 취득이 인정된다고 하더라도, 'SPEED' 부분과 '011' 부분이 결합된 상태의 등록상표 전체에 관하여 일체로서 식별력 취득이 인정된다는 것일 뿐, 그 구성요소인 'SPEED' 부분과 '011' 부분이 독립하여 사용에 의한 식별력 취득이 인정된다는 것은 아니므로, 통신망 식별번호인 '011' 부분에 대해서까지 등록상표권자에게 독점적인 권리를 인정하고 타인의 자유로운 사용을 금지하는 결과를 낳게 되는 것이라고 볼 수 없다고 한 사례

(7) 등록상표 "SPEED 011"이 그 지정서비스 중 '전화통신업, 무선통신업'에 사용되는 경우 국가의 공공기관이 사용하는 감독용이나 증명용 인장 또는 기호에 해당한다고 할 수 없고, 위 등록상표의 출원·등록·사용이 공공의 질서 또는 선량한 풍속을 문란하게 할 염려가 있다거나, 통신망 식별번호가 특정인의 사유재산인 것처럼 인식되도록 수요자를 기만하여 지정서비스에 관한 품질을 오인하게 할 염려가 있다고 볼 수 없다고 한 원심의 판단을 수긍한 사례

판결요지

(1) 상표의 등록적격성의 유무는 지정서비스와의 관계에서 개별적으로 판단되어야 하고, 다른 상표의 등록례는 특정 상표가 등록되어야 할 근거가 될 수 없다.

(2) 'SPEED' 부분과 '011' 부분이 결합하여 구성된 등록상표 "SPEED 011"이 그 지정서비스 중 '무선호출 서비스업, 전보통신업, 텔렉스통신업, 팩시밀리통신업, 원격화면통신업, 컴퓨터통신업, 통신사업, 공중기업통신망 서비스업' 등과의 관계에서 식별력이 인정되지 않는다고 한 원심의 판단을 수긍한 사례이다.

(3) 특별현저성이 없는 것으로 보이는 표장이 사용된 결과 수요자나 거래자 사이에 서비스의 출처를 표시하는 식별 표지로 현저하게 인식되어 식별력을 가지게 되더라도, 사용에 의하여 식별력을 취득하는 것은 실제로 그 상표가 사용된 서비스에 한하므로 그 상표는 당해 서비스에 대해서만 등록을 받을 수 있고 그와 유사한 서비스에 대하여는 등록을 받을 수 없다.

(4) 상표법 제33조 제1항 제7호는 같은 조 제1항 제1호 내지 제6호에 해당하지 아니하는 상표라도 특별현저성이 없는 상표는 등록받을 수 없다는 것을 의미할 뿐이므로, 어떤 표장이 그 사용상태를 고려하지 않고 그 자체의 관념이나 지정서비스의 관계 등만을 객관적으로 살펴볼 때에는 특별현저성이 없는 것으로 보이더라도, 출원인이 그 표장을 사용한 결과 수요자나 거래자 사이에 그 표장이 누구의 업무에 관련된 서비스를 표시하는 것으로 현저하게 인식되기에 이른 경우에는 특별한 사정이 없는 한 그 표장은 상표법 제33조 제1항 제7호의 특별현저성이 없는 상표에 해당하지 않게 되고, 그 결과 상표등록을 받는 데 아무런 지장이 없으며, 같은 조 제2항에 같은 조 제1항 제7호가 포함되어 있지 않다는 사정만으로 이를 달리 볼 것은 아니다.

(5) 등록상표 "SPEED 011"이 그 구성 자체로는 식별력이 인정되지 아니하지만, 그 지정서비스 중 '전화통신업, 무선통신업'과의 관계에서 사용에 의한 식별력 취득이 인정된다고 한 원심의 판단을 수긍한 사례이다.

(6) 등록상표 "SPEED 011"이 그 지정서비스 중 '전화통신업, 무선통신업'과의 관계에서 사용에 의한 식별력 취득이 인정된다고 하더라도, 'SPEED' 부분과 '011' 부분이 결합된 상태의 등록상표 전체에 관하여 일체로서 식별력 취득이 인정된다는 것일 뿐, 그 구성요소인 'SPEED' 부분과 '011' 부분이 독립하여 사용에 의한 식별력 취득이 인정된다는 것은 아니므로, 통신망 식별번호인 '011' 부분에 대해서까지 등록상표권자에게 독점적인 권리를 인정하고 타인의 자유로운 사용을 금지하는 결과를 낳게 되는 것이라고 볼 수 없다고 한 사례이다.

(7) 등록상표 "SPEED 011"이 그 지정서비스 중 '전화통신업, 무선통신업'에 사용되는 경우 국가의 공공기관이 사용하는 감독용이나 증명용 인장 또는 기호에 해당한다고 할 수 없고, 위 등록상표의 출원·등록·사용이 공공의 질서 또는 선량한 풍속을 문란하게 할 염려가 있다거나, 통신망 식별번호가 특정인의 사유재산인 것처럼 인식되도록 수요자를 기만하여 지정서비스에 관한 품질을 오인하게 할 염려가 있다고 볼 수 없다고 한 원심의 판단을 수긍한 사례이다.

논점의 정리

상고이유를 본다.

(1) 원고의 상고이유에 대한 판단

① 이 사건 등록상표의 식별력에 관하여

㉠ 원심판결 이유에 의하면, 원심은 "SPEED 011"로 구성된 이 사건 등록상표는 그 지정서비스 중 '무선호출 서비스업, 전보통신업, 텔렉스통신업, 팩시밀리통신업, 원격화면통신업, 컴퓨터통신업, 통신사업, 공중기업통신망 서비스업'(이하 '무선호출 서비스업 등'이라 한다)과 관련하여, 'SPEED' 부분은 통신의 전송속도 및 접속속도의 측면에서 서비스의 속성 및 품질을 의미하므로 식별력이 없고, '011' 부분도 일반 수요자들에게는 통신서비스의 통신망 식별번호로 인식될 뿐 서비스를 식별하는 표장으로 인식된다고 보기 어려우며, 또한 위 식별력 없는 부분들이 결합되어 새로운 관념을 형성한다고 볼 수 없어 식별력을 인정받을 수 없다고 판단하였다.

㉡ 기록에 비추어 살펴보면, 이 사건 등록상표 중 'SPEED' 부분은 무선호출 서비스업 등과의 관계에서 품질이나 효능의 우수성을 직접적으로 표시한 기술적 표장에 해당하므로 식별력이 인정될 수 없고, '011' 부분 역시 그 구성이 일상생활에서 흔히 사용하거나 대하게 되는 이동전화의 통신망 식별번호와 동일하여 일반수요자로서는 이를 통신망 식별번호 정도로 인식할 것이어서 자타 서비스의 식별력이 인정된다고 보기 어려울 뿐만 아니라, 이 사건 등록상표의 등록결정 당시 시행되고 있던 구 전기통신사업법(1998. 9. 17. 법률 제5564호로 개정되기 전의 것) 제1조, 제36조, 구 전기통신번호관리세칙(정보통신부고시 제1998-105호) 제1조, 제8조, 제19조 내지 제22조 등의 관련 규정에 비추어 보면, 통신망 식별번호는 국가의 소유·관리에 속하는 유한한 자원으로서 이를 부여받은 이동전화사업자는 그 통신망 식별번호에 대하여 독점적이고 배타적인 권리를 취득하는 것이 아니라 위 관련 법규의 목적 달성을 위하여 필요한 경우에는 부여받은 통신망

식별번호를 회수·변경 당할 수 있게 되어 있어, 이러한 통신망 식별번호를 특정 이동전화사업자의 등록상표로 허용하여 독점시킨다는 것은 공익상 적절하지 아니하며, 또한 위 'SPEED' 부분과 위 '011' 부분이 결합하여 새로운 관념을 도출하거나 새로운 식별력을 형성한다고 볼 수도 없으므로, 이 사건 등록상표는 무선호출 서비스업 등과의 관계에서 특별현저성을 인정하기 어렵다.

ⓒ 그리고 상표의 등록적격성의 유무는 지정서비스와의 관계에서 개별적으로 판단되어야 하고, 다른 상표의 등록례는 특정 상표가 등록되어야 할 근거가 될 수 없으므로, 통신망 식별번호 등으로 구성된 상표들이 국내외에 다수 등록되어 있다는 점만으로는 이 사건 등록상표가 무선호출 서비스업 등과의 관계에서 식별력이 인정되어야 한다고 볼 수 없다.

따라서 원심이 이 사건 등록상표가 무선호출 서비스업 등과의 관계에서 식별력이 인정되지 아니한다고 판단하였음은 정당한 것으로 옳고, 거기에 상고이유로 주장하는 바와 같은 상표의 식별력에 관한 법리오해, 채증법칙 위반, 심리미진 및 판단누락 등의 위법이 없다.

② 이 사건 등록상표의 사용에 의한 식별력 취득에 관하여

특별현저성이 없는 것으로 보이는 표장이 사용된 결과 수요자나 거래자 사이에 서비스의 출처를 표시하는 식별 표지로 현저하게 인식되어 식별력을 가지게 되더라도, 사용에 의하여 식별력을 취득하는 것은 실제로 그 상표가 사용된 서비스에 한하므로 그 상표는 당해 서비스에 대해서만 등록을 받을 수 있고 그와 유사한 서비스에 대하여는 등록을 받을 수 없다.

원심판결의 이유를 위 법리와 기록에 비추어 살펴보면, 원심이 이 사건 등록상표는 무선호출 서비스업 등과의 관계에서 일반 수요자 간에 원고의 서비스의 출처를 나타내는 식별 표지로 인식하게 되었다고 볼 수 없다고 판단한 것은 정당하고, 거기에 상고이유의 주장과 같은 상표의 사용에 의한 식별력 취득에 관한 법리오해, 채증법칙 위반 및 심리미진 등의 위법이 없다.

(2) 피고의 상고이유에 대한 판단

① 이 사건 등록상표의 사용에 의한 식별력 취득에 관하여

㉠ 상표법 제33조 제1항 제7호는 같은 조 제1항 제1호 내지 제6호에 해당하지 아니하는 상표라도 특별현저성이 없는 상표는 등록받을 수 없다는 것을 의미할 뿐이므로, 어떤 표장이 그 사용상태를 고려하지 않고 그 자체의 관념이나 지정서비스의 관계 등만을 객관적으로 살펴볼 때에는 특별현저성이 없는 것으로 보이더라도, 출원인이 그 표장을 사용한 결과 수요자나 거래자 사이에 그 표장이 누구의 업무에 관련된 서비스를 표시하는 것으로 현저하게 인식되기에 이른 경우에는 특별한 사정이 없는 한 그 표장은 상표법 제33조 제1항 제7호의 특별현저성이 없는 상표에 해당하지 않게 되고, 그 결과 상표등록을 받는 데 아무런 지장이 없으며, 같은 조 제2항에 같은 조 제1항 제7호가 포함되어 있지 않다는 사정만으로 이를 달리 볼 것은 아니다.

㉡ 원심판결 이유를 위 법리와 기록에 비추어 살펴보면, 원심이 그 채용 증거들에 의하여 그 판시와 같은 사실을 인정한 다음, 이 사건 등록상표는 그 구성 자체로

는 식별력이 인정되지는 아니하지만, 그 지정서비스 중 '전화통신업, 무선통신업'(이하 '전화통신업 등'이라 한다)과의 관계에서 원고의 사용에 의하여 일반 수요자가 원고의 서비스의 출처를 나타내는 식별 표지로 현저하게 인식하게 됨으로써 식별력을 취득하였다고 판단하였음은 정당하고, 거기에 상고이유로 주장하는 바와 같이 상표의 사용에 의한 식별력 취득에 관한 법리오해, 채증법칙 위반 및 심리미진 등의 위법이 없다.

ⓒ 한편, 이 사건 등록상표가 전화통신업 등과의 관계에서 사용에 의한 식별력 취득이 인정된다고 하더라도, 이는 영어 문자 'SPEED' 부분과 아라비아 숫자 '011' 부분이 결합된 상태의 이 사건 등록상표 전체에 관하여 일체로서 식별력 취득이 인정된다는 것일 뿐, 그 구성요소인 'SPEED' 부분이나 '011' 부분에 대해서까지 독립하여 사용에 의한 식별력 취득이 인정된다는 것은 아니므로, 위와 같이 사용에 의한 식별력 취득을 인정하는 것에 의하여 통신망 식별번호인 '011' 부분에 대해서까지 원고에게 독점적인 권리를 인정하고 타인의 자유로운 사용을 금지하는 결과를 낳게 되는 것이라고 볼 수 없다. 이 점에 관한 상고논지는 이유 없다.

② 상표법 제34조 제1항 제1호, 제4호, 제12호에 관하여

원심은 이 사건 등록상표가 전화통신업 등에 사용되는 경우 국가의 공공기관이 사용하는 감독용이나 증명용 인장 또는 기호에 해당한다고 할 수 없을 뿐만 아니라, 이 사건 등록상표의 출원·등록·사용이 국가정책과 정보통신질서를 무력화시켜 공공의 질서 또는 선량한 풍속을 문란하게 할 염려가 있다거나, 통신망 식별번호가 특정인의 사유재산인 것처럼 인식되도록 수요자를 기만하여 지정서비스에 관한 품질을 오인하게 할 염려가 있다고 볼 수 없다는 취지로 판단하였는 바, 관계 법령과 기록에 비추어 살펴보면, 원심의 위와 같은 판단은 정당한 것으로 수긍할 수 있고, 거기에 상고이유로 주장하는 바와 같은 상표법 제34조 제1항 제1호, 제4호, 제12호에 관한 법리오해 등의 위법이 없다.

20 우리은행 사건 (2007후3301)

판시사항

(1) 상표등록의 무효심판을 청구할 수 있는 이해관계인의 의미 및 이에 해당하는지 여부의 판단 기준 시기(심결 시)

(2) 특허심판절차에서 받은 불리한 심결이 유효하게 존속하고 있고 재판 중에 등록상표를 사용할 의사가 없다고 명시적·반복적으로 진술한 사안에서, 그런 사정이 있더라도 심결의 취소를 구할 소의 이익이 있다고 한 사례

(3) 등록상표 "우리은행"은 상표법 제33조 제1항 제7호의 '수요자가 누구의 업무에 관련된 서비스를 표시하는 것인가를 식별할 수 없는 상표'에 해당한다고 한 사례

(4) 상표법 제34조 제1항 제4호의 '공공의 질서 또는 선량한 풍속을 문란하게 할 염려가 있는 상표'[8]의 의미

(5) 등록상표 "**우리은행**"은 상표법 제34조 제1항 제4호에서 정한 '공공의 질서 또는 선량한 풍속을 문란하게 할 염려가 있는 상표'에 해당하여 등록을 받을 수 없는 상표라고 한 사례

판결요지

(1) 상표등록의 무효심판을 청구할 수 있는 이해관계인이라 함은 그 등록상표와 동일 또는 유사한 상표를 동일 또는 유사한 지정서비스에 사용한 바 있거나 현재 사용하고 있는 자 또는 등록된 상표의 지정서비스와 동종의 서비스를 영위하고 있음으로써 등록상표의 소멸에 직접적인 이해관계가 있는 자를 말하고, 이해관계인에 해당하는지 여부는 심결시를 기준으로 판단하여야 한다.

(2) 특허심판절차에서 받은 불리한 심결이 유효하게 존속하고 있고 재판 중에 등록상표를 사용할 의사가 없다고 명시적·반복적으로 진술한 것만으로는, 당사자 간에 소송에 관한 합의가 이루어졌다고 볼 수 없어서 심결 이후의 사정에 의하여 심결을 취소할 법률상 이익이 소멸되었다고 보기 어려우므로, 심결의 취소를 구할 소의 이익이 있다고 한 사례이다.

(3) 식별력이 없는 '우리'와 '은행'이 결합된 등록상표 "**우리은행**"은 그 결합에 의하여 새로운 관념을 도출하거나 새로운 식별력을 형성하는 것도 아니므로, 상표법 제33조 제1항 제7호의 '수요자가 누구의 업무에 관련된 서비스를 표시하는 것인가를 식별할 수 없는 상표'에 해당한다고 한 사례이다.

(4) 상표법 제34조 제1항 제4호는 '공공의 질서 또는 선량한 풍속을 문란하게 할 염려가 있는 상표'는 상표등록을 받을 수 없다고 규정하고 있다. 여기서 '공공의 질서 또는 선량한 풍속을 문란하게 할 염려가 있는 상표'라고 함은 상표의 구성 자체 또는 그 상표가 지정상품에 사용되는 경우 일반 수요자에게 주는 의미나 내용이 사회 공공의 질서에 위반하거나 사회 일반인의 통상적인 도덕관념인 선량한 풍속에 반하는 경우뿐만 아니라, 그 상표를 등록하여 사용하는 행위가 공정한 상품유통질서나 국제적 신의와 상도덕 등 선량한 풍속에 위배되는 경우도 포함되며, 또한 그 상표의 사용이 사회 공공의 이익을 침해하는 것이라면 이는 공공의 질서에 위반되는 것으로서 허용될 수 없다고 보아야 한다.

(5) 등록상표 "**우리은행**"의 등록을 허용한다면 '우리'라는 단어에 대한 일반인의 자유로운 사용을 방해함으로써 사회 일반의 공익을 해하여 공공의 질서를 위반하고, '우리'라는 용어에 대한 이익을 그 등록권자에게 독점시키거나 특별한 혜택을 줌으로써 공정한 서비스의 유통질서에도 반하므로, 위 등록상표는 상표법 제34조 제1항 제4호에서 정한

---

8) (판결 당시) 상표법(2007. 1. 3. 법률 제8190호로 개정되기 전의 것) 제7조 제1항 제4호
공공의 질서 또는 선량한 풍속을 문란하게 할 염려가 있는 상표
상표법(시행기준 2022. 4. 20. 법률 제18502호) 제34조 제1항 제4호
상표 그 자체 또는 상표가 상품에 사용되는 경우 수요자에게 주는 의미와 내용 등이 일반인의 통상적인 도덕관념인 선량한 풍속에 어긋나는 등 공공의 질서를 해칠 우려가 있는 상표
(이하 이 사건에서 같다)

'공공의 질서 또는 선량한 풍속을 문란하게 할 염려가 있는 상표'에 해당하여 등록을 받을 수 없는 상표에 해당한다고 한 사례이다.

논점의 정리

(1) 피고의 상고이유에 대한 판단

① 등록무효심판의 이해관계인 해당 여부

상표등록의 무효심판을 청구할 수 있는 이해관계인이라 함은 그 등록상표와 동일 또는 유사한 상표를 동일 또는 유사한 지정서비스에 사용한 바 있거나 현재 사용하고 있는 자, 또는 등록된 상표의 지정서비스와 동종의 서비스를 영위하고 있음으로써 등록상표의 소멸에 직접적인 이해관계가 있는 자를 말하고, 이해관계인에 해당하는지 여부는 심결 시를 기준으로 판단하여야 한다.

위 법리와 기록에 비추어 살펴보면, 피고와 동종의 서비스를 영위하고 있는 원고들은 이 사건 등록상표에 대하여 등록무효심판을 청구할 수 있는 이해관계인에 해당하고, 피고가 상고이유에서 주장하는 심결 이후의 사정은 고려할 수 없으므로, 원고들이 이 사건 등록상표에 대하여 등록무효심판을 청구할 수 있는 이해관계인에 해당한다고 본 원심은 정당하며, 거기에 피고가 상고이유에서 주장하는 바와 같은 위법이 없다.

② 심결취소소송의 소의 이익 유무

특허심판절차에서 불리한 심결을 받은 당사자는 그 심결이 유효하게 존속하고 있는 이상, 그 심결 이후의 사정에 의하여 심결을 취소할 법률상 이익이 소멸되는 등의 특별한 사정이 없는 한 그 심결의 취소를 구할 소의 이익이 있다.

위 법리와 기록에 비추어 살펴보면, 원고들이 특허심판절차에서 받은 불리한 심결이 유효하게 존속하고 있고, 원고들이 원심단계에서 이 사건 등록상표를 사용할 의사가 없다고 명시적 · 반복적으로 진술한 것만으로는 당사자 간에 소송에 관한 합의가 이루어졌다고 볼 수도 없어서 심결 이후의 사정에 의하여 심결을 취소할 법률상 이익이 소멸되었다고 보기도 어려우므로, 원고들은 이 사건 심결의 취소를 구할 소의 이익이 있다. 따라서 같은 취지로 판단한 원심은 정당하고, 거기에 피고가 상고이유에서 주장하는 바와 같은 위법이 없다.

③ 이 사건 등록상표의 기타 식별력 없는 상표 해당 여부

기록에 비추어 살펴보면, 이 사건 등록상표는 한글 '우리'와 '은행'이 결합된 상표인바, '우리'는 '말하는 이가 자기와 듣는 이, 또는 자기와 듣는 이를 포함한 여러 사람을 가리키는 일인칭 대명사', '말하는 이가 자기보다 높지 아니한 사람을 상대하여 자기를 포함한 여러 사람을 가리키는 일인칭 대명사', '말하는 이가 자기보다 높지 아니한 사람을 상대하여 어떤 대상이 자기와 친밀한 관계임을 나타낼 때 쓰는 말' 등으로 누구나 흔히 사용하는 말이어서 표장으로서의 식별력을 인정하기 어렵고, '은행'은 그 지정서비스의 표시이어서 식별력이 없으며, 그 결합에 의하여 '우리'와 '은행'이 결합한 것 이상의 새로운 관념을 도출하거나 새로운 식별력을 형성하는 것도 아니므로, 이 사건 등록상표는 상표법 제33조 제1항 제7호의 수요자가 누구의 업무에 관련된 서비스를 표시하는 것인가를 식별할 수 없는 상표에 해당한다. 따라서 같은 취지로 판단한 원심은 정당하고, 거기에 피고가 상고이유에서 주장하는 바와 같은 위법이 없다.

④ 이 사건 등록상표의 일부 지정서비스에 대한 사용에 의한 식별력 취득 여부

상표법 제33조 제1항 제7호의 수요자가 누구의 업무에 관련된 서비스를 표시하는 것인가를 식별할 수 없는 상표를 사용한 결과 수요자 사이에 그 상표가 누구의 업무에 관련된 서비스를 표시하는 것으로 현저하게 인식되었는지 여부는 등록결정 시 또는 거절결정 시를 기준으로 하여 판단되어야 한다.

위 법리와 기록에 비추어 살펴보면, 원심이 이 사건 등록상표가 그 지정서비스 중 '은행업, 국제금융업, 대부업, 대여금고업, 데빗카드발행업, 리스금융업, 보증업, 신용카드발행업, 신용카드서비스업, 신탁업, 어음교환업, 여행자수표발행업, 저축은행업, 전자식자금대체업, 증권업, 증권중개업, 투자금융업, 팩토링서비스업, 할부판매금융업, 환전업, 귀중품예탁업, 복권발행업, 보험, 금융, 부동산의 재무평가업, 재무평가업, 부동산임대업, 채권매수업, 회사재무정산업'에 관하여 이 사건 등록상표의 등록결정 시 또는 추가등록결정 시까지 사용되었음을 인정할 증거가 없어서 그 사용의 결과 등록결정 시 또는 추가등록결정 시에 수요자 사이에 누구의 업무에 관련된 서비스를 표시하는 것으로 현저하게 인식되었다고 볼 수 없다는 취지로 판단한 것은 정당하고, 피고의 상고이유에서의 주장은 독자적인 견해에서 원심을 비난하는 것이거나, 원심의 적법한 사실인정을 비난하는 것 등이어서 받아들일 수 없다.

(2) 원고들의 상고이유에 대한 판단

① 상표법 제34조 제1항 제4호는 '공공의 질서 또는 선량한 풍속을 문란하게 할 염려가 있는 상표'는 상표등록을 받을 수 없다고 규정하고 있는 바, 여기서 '공공의 질서 또는 선량한 풍속을 문란하게 할 염려가 있는 상표'라고 함은 상표의 구성 자체 또는 그 상표가 지정상품에 사용되는 경우 일반 수요자에게 주는 의미나 내용이 사회 공공의 질서에 위반하거나 사회 일반인의 통상적인 도덕관념인 선량한 풍속에 반하는 경우뿐만 아니라, 그 상표를 등록하여 사용하는 행위가 공정한 상품유통질서나 국제적 신의와 상도덕 등 선량한 풍속에 위배되는 경우도 포함되며, 또한 그 상표의 사용이 사회 공공의 이익을 침해하는 것이라면 이는 공공의 질서에 위반되는 것으로서 허용될 수 없다고 보아야 할 것이다.

② 위 법리와 기록에 비추어 살펴보면, 이 사건 등록상표의 일부를 구성하고 있는 '우리'라는 단어의 사전적 의미는 피고의 상고이유에 대한 판단에서 이미 본 바 있거니와, 이 단어는 '우리 회사', '우리 동네' 등과 같이 그 뒤에 오는 다른 명사를 수식하여 소유관계나 소속 기타 자신과의 일정한 관련성을 표시하는 의미로 일반인의 일상생활에서 지극히 빈번하고 광범위하게 사용되는 용어이고('나'를 지칭하는 경우에도 '우리'라는 용어가 흔히 쓰이고 있을 정도이다), 한정된 특정 영역에서만 사용되는 것이 아니라 주제, 장소, 분야, 이념 등을 가리지 않고 어느 영역에서도 사용되는 우리 언어에 있어 가장 보편적이고 기본적인 인칭대명사로서, 만일 이 단어의 사용이 제한되거나 그 뜻에 혼란이 일어난다면 보편적, 일상적 생활에 지장을 받을 정도

로 일반인에게 필수불가결한 단어이다. 따라서 이 단어는 어느 누구든지 아무 제약 없이 자유로이 사용할 수 있어야 할 뿐 아니라 위에서 본 바와 같은 위 단어의 일상생활에서의 기능과 비중에 비추어 이를 아무 제약 없이 자유롭고 혼란 없이 사용할 수 있어야 한다는 요구는 단순한 개인적 차원이나 특정된 부분적 영역을 넘는 일반 공공의 이익에 속하는 것이라고 봄이 상당하다.

③ 그런데 이 사건 등록상표인 '우리은행'(이하 '상표 은행'이라 한다)은 자신과 관련이 있는 은행을 나타내는 일상적인 용어인 '우리 은행'(이하 '일상용어 은행'이라 한다)과 외관이 거의 동일하여 그 자체만으로는 구별이 어렵고 그 용법 또한 유사한 상황에서 사용되는 경우가 많아, 위 두 용어가 혼용될 경우 그 언급되고 있는 용어가 상표 은행과 일상용어 은행 중 어느 쪽을 의미하는 것인지에 관한 혼란을 피할 수 없고, 그러한 혼란을 주지 않으려면 별도의 부가적인 설명을 덧붙이거나 '우리'라는 용어를 대체할 수 있는 적절한 단어를 찾아 사용하는 번거로움을 겪어야 할 것이며, 특히 동일한 업종에 종사하는 사람에게는 그러한 불편과 제약이 가중되어 그 업무수행에도 상당한 지장을 받게 될 것으로 보인다. 이러한 결과는 '우리'라는 단어에 대한 일반인의 자유로운 사용을 방해하는 것이어서 위에서 본 사회 일반의 공익을 해하여 공공의 질서를 위반하는 것이라 하겠고, 나아가 위 상표 은행의 등록을 허용한다면 지정된 업종에 관련된 사람이 모두 누려야 할 '우리'라는 용어에 대한 이익을 그 등록권자에게 독점시키거나 특별한 혜택을 줌으로써 공정한 서비스의 유통질서에도 반하는 것으로 판단된다. 따라서 이 사건 등록상표는 상표법 제34조 제1항 제4호에 해당하는 것으로서 등록을 받을 수 없는 상표에 해당한다고 보아야 할 것이다.

④ 그럼에도 불구하고, 이 사건 등록상표가 상표법 제34조 제1항 제4호에 해당하지 않는다고 보아 이 사건 등록상표의 지정서비스 중 '재무관리업, 재무분석업, 재무상담업, 재무정보제공업, 임차구매금융업, 저당금융업, 보험대리업, 증권투자상담업, 홈뱅킹업'에 대한 원고들의 청구를 기각한 원심에는 상표법 제34조 제1항 제4호에 대한 법리를 오해하여 판결에 영향을 미친 잘못이 있고, 이를 지적하는 원고들의 상고이유에서의 주장은 이유 있다.

판시사항

(1) 등록상표의 구성 중 오랜 기간 사용으로 식별력을 취득한 부분을 포함함으로써 그 이외 구성 부분과의 결합으로 이미 취득한 식별력이 감쇄되지 않는 경우 등록상표의 식별력 유무(적극) 및 위 법리가 상표의 경우에도 적용되는지 여부(적극)

(2) 甲 대학교산학협력단이 등록상표 "경남대학교 KYUNGNAM UNIVERSITY. 慶南大學校"의 등록권리자 乙 학교법인을 상대로 등록상표가 상표법 제33조 제1항 제4호, 제7호 등에 해당한다는 이유로 등록무효심판청구를 한 사안에서, 등록상표는 전체적으로 볼 때 지정서비스에 대해 자타서비스의 식별력이 없다고 할 수 없다는 이유로, 이와 달리 본 원심판결에 법리오해의 위법이 있다고 한 사례

판결요지

(1) 등록상표의 구성 중 식별력이 없거나 미약한 부분과 동일한 표장이 거래사회에서 오랜 기간 사용된 결과 상표의 등록 전부터 수요자 간에 누구의 업무에 관련된 상품을 표시하는 것인가 현저하게 인식되어 있는 경우에는 그 부분은 사용된 상품에 관하여 식별력을 가지게 되므로, 위와 같이 식별력을 취득한 부분을 그대로 포함함으로써 그 이외의 구성 부분과의 결합으로 인하여 이미 취득한 식별력이 감쇄되지 않는 경우에는 그 등록상표는 전체적으로 볼 때에도 그 사용된 상품에 관하여는 자타상품의 식별력이 없다고 할 수 없고, 이러한 법리는 상표법 제2조 제3항에 의하여 상표의 경우에도 마찬가지로 적용된다고 할 것이다.

(2) 甲 대학교산학협력단이 등록상표 "경남대학교 KYUNGNAM UNIVERSITY 慶南大學校"의 등록권리자 乙 학교법인을 상대로 등록무효심판청구를 한 사안에서, 등록상표의 구성 중 '경남대학교' 부분은 그 자체로는 현저한 지리적 명칭인 '경상남도'의 약어인 '경남'과 보통명칭인 '대학교'를 표시한 것에 지나지 않아 식별력이 있다고 할 수 없으나, 오랜 기간 지정서비스에 사용된 결과 등록결정일 무렵에는 수요자 사이에 그 표장이 乙 학교법인의 업무에 관련된 서비스를 표시하는 것으로 현저하게 인식되기에 이르렀으므로 그 표장이 사용된 지정서비스에 관하여 식별력을 가지게 되었고, 위와 같이 식별력을 취득한 '경남대학교' 부분을 그대로 포함한 등록상표는 영문자 부분인 'KYUNGNAM UNIVERSITY' 및 한자 부분인 '慶南大學校'와의 결합으로 이미 취득한 식별력이 감쇄된다고 볼 수 없어 전체적으로 볼 때에도 지정서비스에 대해서 자타서비스의 식별력이 없다고 할 수 없다는 이유로, 이와 달리 본 원심판결에 법리오해의 위법이 있다고 한 사례이다.

논점의 정리

상고이유(상고이유서 제출기간 경과 후에 제출된 각 상고이유보충서의 기재는 상고이유를 보충하는 범위 내에서)를 판단한다.

(1) 등록무효심판의 이해관계인 해당 여부에 관하여

기록에 비추어 살펴보면, 피고는 원고를 상대로 원고의 등록상표 "경남국립대학교"에 대하여 이 사건 등록상표와 동일·유사하다는 이유로 등록무효심판을 청구하였는데 이 사건 심결 당시 원고의 위 등록상표의 등록무효 여부가 다투어지고 있어서, 원고는 이 사건 등록상표의 소멸에 직접적인 이해관계가 있다고 할 것이다.

따라서 원고는 이 사건 등록상표에 대한 등록무효심판을 청구할 수 있는 이해관계인에 해당하므로, 거기에 상고이유로 주장하는 바와 같은 등록무효심판의 이해관계인에 관한 법리오해 등의 위법이 없다.

(2) 이 사건 등록상표의 사용에 의한 식별력 취득 여부에 관하여

등록상표의 구성 중 식별력이 없거나 미약한 부분과 동일한 표장이 거래사회에서 오랜 기간 사용된 결과 상표의 등록 전부터 수요자 간에 누구의 업무에 관련된 상품을 표시하는 것인가 현저하게 인식되어 있는 경우에는 그 부분은 사용된 상품에 관하여 식별력을 가지게 되므로, 위와 같이 식별력을 취득한 부분을 그대로 포함함으로써 그 이외의 구성부분과의 결합으로 인하여 이미 취득한 식별력이 감쇄되지 않는 경우에는 그 등록상표는 전체적으로 볼 때에도 그 사용된 상품에 관하여는 자타상품의 식별력이 없다고 할 수 없다.

위 법리와 기록에 비추어 살펴보면, 이 사건 등록상표 "경남대학교 KYUNGNAM UNIVERSITY 慶南大學校"의 구성 중 '경남대학교' 부분은 그 자체로는 현저한 지리적 명칭인 '경상남도'의 약어인 '경남'과 보통명칭인 '대학교'를 표시한 것에 지나지 않아 식별력이 있다고 할 수 없으나, 오랜 기간 이 사건 지정서비스에 사용된 결과 이 사건 등록결정일인 2005. 1. 7.경에는 수요자 사이에 그 표장이 피고의 업무에 관련된 서비스를 표시하는 것으로 현저하게 인식되기에 이르렀으므로 그 표장이 사용된 이 사건 지정서비스에 관하여 식별력을 가지게 되었다. 따라서 위와 같이 식별력을 취득한 '경남대학교' 부분을 그대로 포함한 이 사건 등록상표는 영문자 부분인 'KYUNGNAM UNIVERSITY' 및 한자 부분인 '慶南大學校'와의 결합으로 인하여 이미 취득한 식별력이 감쇄된다고 볼 수 없으므로 전체적으로 볼 때에도 그 지정서비스에 대해서 자타서비스의 식별력이 없다고 할 수 없다.

그런데 원심은 이 사건 등록결정일인 2005. 1. 7.경 "경남대학교" 등의 표장이 일반 수요자들에게 널리 알려져 있었음을 인정하면서도, 이 사건 등록상표는 실제 사용된 상표들과 동일한 상표라고 할 수 없다는 이유로 식별력이 없는 표장에 해당한다고 판단하였으니, 이러한 원심판단에는 상표의 식별력 판단에 관한 법리를 오해하여 판결에 영향을 미친 위법이 있고, 이를 지적하는 상고이유는 이유 있다.

판시사항

(1) 원래 식별력 없는 표장이 상표법 제33조 제2항에 의해 상표등록을 받을 수 있는 요건인 '사용에 의한 식별력'을 취득하였는지 여부의 판단 기준

(2) 동일성이 인정되는 상표의 장기간 사용이 상표법 제33조 제2항의 '사용에 의한 식별력' 취득에 영향을 미치는지 여부(적극)

(3) '**K2**' 상표와 동일성이 인정되는 "K2, **K2**, K2" 등의 상표들을 장기간 사용하고 그 후 '**K2**' 상표를 계속적·중점적으로 사용한 경우, '**K2**' 상표가 사용에 의한 식별력을 취득하였다고 한 사례

판결요지

(1) 상표법 제33조 제2항이 상표를 등록출원 전에 사용한 결과 수요자 사이에 그 상표가 누구의 상품을 표시하는 상표인가가 현저하게 인식되어 있는 것은, 같은 법 제33조 제1항 제3호 내지 제6호의 규정에 불구하고 상표등록을 받을 수 있도록 규정한 것은, 원래 식별력이 없는 표장이어서 특정인에게 독점 사용하도록 하는 것이 적당하지 않은 표장에 대하여 대세적 권리를 부여하는 것이므로 그 기준은 엄격하게 해석·적용되어야 할 것이지만, 상표의 사용기간, 사용횟수 및 사용의 계속성, 그 상표가 부착된 상품의 생산·판매량 및 시장점유율, 광고·선전의 방법, 횟수, 내용, 기간 및 그 액수, 상품품질의 우수성, 상표사용자의 명성과 신용, 상표의 경합적 사용의 정도 및 태양 등을 종합적으로 고려할 때, 당해 상표가 사용된 상품에 대한 거래자 및 수요자 대다수에게 특정인의 상품을 표시하는 것으로 인식되기에 이르렀다면 사용에 의한 식별력의 취득을 인정할 수 있다.

(2) 사용에 의한 식별력을 취득하는 상표는 실제로 사용한 상표 그 자체에 한하고 그와 유사한 상표에 대하여까지 식별력 취득을 인정할 수는 없지만, 그와 동일성이 인정되는 상표의 장기간의 사용은 위 식별력 취득에 도움이 되는 요소이다.

(3) '**K2**' 상표와 동일성이 인정되는 "K2, **K2**, K2" 등의 상표들을 장기간 사용하고 그 후 '**K2**' 상표를 계속적·중점적으로 사용한 경우, '**K2**' 상표가 사용에 의한 식별력을 취득하였다고 한 사례이다.

논점의 정리

상고이유(기간이 지난 후 제출된 보충이유는 이를 보충하는 범위에서)를 본다.

(1) 제1 내지 3점에 관하여

① 상표법 제33조 제2항이 상표를 등록출원 전에 사용한 결과 수요자 사이에 그 상표가 누구의 상품을 표시하는 상표인가 현저하게 인식되어 있는 것은 제33조 제1항 제3호 내지 제6호의 규정에 불구하고, 상표등록을 받을 수 있도록 규정한 것은, 원래 식별력 없는 표장이어서 특정인에게 독점 사용토록 하는 것이 적당하지 않은 표장에 대하여 대세적 권리를 부여하는 것이므로 그 기준은 엄격하게 해석·적용되어야 할 것이지만, 상표의 사용기간, 사용횟수 및 사용의 계속성, 그 상표가 부착된 상품의 생산·판매량 및 시장점유율, 광고·선전의 방법, 횟수, 내용, 기간 및 그 액수, 상

품품질의 우수성, 상표사용자의 명성과 신용, 상표의 경합적 사용의 정도 및 태양 등을 종합적으로 고려할 때 당해 상표가 사용된 상품에 관한 거래자 및 수요자의 대다수에게 특정인의 상품을 표시하는 것으로 인식되기에 이르렀다면 사용에 의한 식별력의 취득을 인정할 수 있다. 그리고 사용에 의한 식별력을 취득하는 상표는 실제로 사용한 상표 그 자체에 한하고 그와 유사한 상표에 대하여까지 식별력 취득을 인정할 수는 없지만, 그와 동일성이 인정되는 상표의 장기간의 사용은 위 식별력 취득에 도움이 되는 요소라 할 것이다.

② 원심판결 이유에 의하면, 원심은 그 채택 증거를 종합하여 판시와 같은 사실을 인정한 다음, K2를 도안화한 다수의 상표가 등록되어 사용되고 있고, 원고 회사는 도안화된 K2 관련 상표를 주로 사용하다가 2004년 무렵에 이르러 "K2" 상표만을 사용하기 시작하였으므로 사용에 의한 식별력 취득과 관련한 "K2" 상표의 의미 있는 사용은 6개월 남짓에 불과하다는 점을 주된 이유로 하여 '**K2**' 상표의 사용에 의한 식별력 취득을 부정하였다.

그러나 원심의 위와 같은 판단은 다음과 같은 이유로 수긍이 되지 않는다.

㉠ 기록에 의하면, 원고 케이투코리아 주식회사(이하 '원고 회사'라고 한다)의 전신(前身)인 정동남 경영의 케이투 상사와 원고 회사는 2000년경까지 "K2, **K2**, K2" 등 '**K2**' 상표와 동일성 범위 내에 있는 상표들을 20여 년 동안 등산화 등의 상품과 그에 대한 광고에 사용하여 왔고, 등산화에 쌓인 원고 회사 제품의 명성과 신용을 바탕으로 1995년경부터 등산 레저용 자켓, 점퍼, 바지 등 등산용 의류와 안전화, 배낭 등을 제조·판매하는 것으로 사업을 확장하였으며, 2001년경부터 "K2" 상표를 전면에 내세운 텔레비전 광고를 전국적으로 방송한 것을 비롯하여 라디오, 지하철역 광고판 및 버스 외벽 등의 다양한 광고수단을 이용하여 "K2" 상표를 중점적으로 광고하였고 2002년부터는 고딕화된 형태의 '**K2**' 상표를 본격적으로 사용하기 시작한 점, 1997년부터 2000년까지 동안 원고 회사의 매출액 합계가 400억 원 상당, 광고비 합계가 15억 원 상당이었는데, 2001년 이후 그 매출액이 2001년 약 257억 원, 2002년 약 330억 원, 2003년 534억 원, 2004년 743억 원 등 지속적으로 가파르게 증대하였으며, 광고비도 2001년 약 9억 3천만 원, 2002년 약 6억 3천만 원, 2003년 약 11억 2천만 원, 2004년 40억 2천만 원 등 상당액을 지출한 점, 그 결과 2003년 4월경 이미 원고 회사의 제품은 국내 등산화 시장의 약 40%, 국내 안전화 시장의 약 80%의 점유율을 차지하게 되었고, 그 무렵 각종 언론매체 등에서 "K2"를 원고 회사 또는 원고 회사의 제품을 지칭하는 것으로 사용하는 등 원고 회사의 등산화 등 등산 관련 제품의 품질에 대한 언론기관의 호의적인 보도가 잇따른 점 등을 알 수 있다.

㉡ 반면에 이 사건 등록상표를 포함한 K2 관련 표장을 등록사용하고 있던 박해영과 주식회사 케이투스포츠의 경우 그 생산·판매량과 광고량이 미미하고 주로 상표사용권설정계약을 통하여 수익을 올리고 있으며, 주식회사 케이투스포츠 등과 상표사용권설정계약을 체결한 상표사용자들은 그 등록상표를 그대로 사용하지 아니하고 '**K2**' 상표만을 부각시켜 사용하는 등 형식적으로 등록상표를 사용한 점 등을 알 수 있다.

ⓒ 그렇다면 원고 회사는 "K2"와 동일성이 인정되는 상표들을 장기간에 걸쳐 사용하였을 뿐만 아니라 2002년경부터 이 사건 등록상표의 등록결정일까지 'K2' 상표를 3년 6개월간 계속적·중점적으로 사용함으로써 이 사건 등록상표의 등록결정일인 2004. 10. 16. 무렵 등산화, 안전화 및 기타 등산용품에 관한 거래자 및 수요자의 대다수에게 'K2' 상표는 원고 회사의 상표로 인식되기에 이르렀다고 할 것이어서, 사용에 의한 식별력을 취득하였다고 할 것이다.

③ 그럼에도 불구하고, 원심은 이 사건 등록상표의 등록결정일 당시까지 수요자들 사이에 'K2' 상표가 원고 회사의 상표로 식별력을 취득하였다고 보기 어렵다고 판단하였으니, 이러한 원심의 판단에는 상표의 식별력 판단에 대한 법리오해, 채증법칙 위배 등 판결에 영향을 미친 위법이 있고, 이를 지적하는 상고이유는 이유 있다.

23 단박대출 사건 (2015후2174)

판시사항

(1) 식별력 없는 표장이 상표법 제33조 제2항에 따라 상표등록을 받을 수 있는 요건인 사용에 의한 식별력을 취득하였는지 판단하는 기준 및 이러한 법리가 상표의 경우에도 마찬가지로 적용되는지 여부(적극)

(2) 甲 주식회사가 대부업을 지정서비스로 하여 출원상표 **"단박대출"**을 출원하였으나 특허청이 상표법 제33조 제1항 제3호 및 제7호에 해당한다는 등의 이유로 등록을 거절하는 결정을 한 사안에서, 실사용표장들에 출원상표가 단독으로 표시되어 있지 않으나, 제반 사정을 종합해 보면 출원상표가 상표법 제33조 제2항이 규정하는 사용에 의한 식별력을 취득하였다고 한 사례

판결요지

(1) 상표법 제33조 제2항은 '상표를 등록출원 전에 사용한 결과 수요자 사이에 그 상표가 누구의 상품을 표시하는 상표인지 현저하게 인식되어 있는 것은 제33조 제1항 제3호 내지 제6호의 규정에 불구하고, 상표등록을 받을 수 있다'는 취지로 규정하고 있다. 위 규정은 원래 식별력이 없는 표장이어서 특정인에게 독점 사용토록 하는 것이 적당하지 않은 표장에 대하여 대세적 권리를 부여하는 것이므로 그 기준은 엄격하게 해석·적용되어야 하지만, 상표의 사용기간, 사용횟수 및 사용의 계속성, 그 상표가 부착된 상품의 생산·판매량 및 시장점유율, 광고·선전의 방법, 횟수, 내용, 기간 및 그 액수, 상품품질의 우수성, 상표사용자의 명성과 신용, 상표의 경합적 사용의 정도 및 태양 등을 종합적으로 고려할 때 당해 상표가 사용된 상품에 관한 수요자의 대다수에게 특정인의 상품을 표시하는 것으로 인식되기에 이르렀다면 사용에 의한 식별력의 취득을 인정할 수 있다.

(2) 甲 주식회사가 대부업을 지정서비스로 하여 출원상표 **"단박대출"**을 출원하였으나 특허청이 상표법 제33조 제1항 제3호 및 제7호에 해당한다는 등의 이유로 등록을 거절하는

결정을 한 사안에서, 甲 회사가 출원상표를 출원하기 약 2년 전부터 중개업체를 통하지 않고 스스로의 마케팅에 의하여 유입된 고객에게 대출을 해주는 영업(이하 '직접대출방식'이라 한다)과 관련하여 출원상표와 동일한 '단박대출'이라는 표장을 사용한 점, 甲 회사는 출원상표가 포함되어 있는 실사용표장들을 사용하여 방송이나 신문 등을 통하여 반복적으로 직접대출방식에 관한 광고를 하였는데, 실사용표장들에는 출원상표가 단독으로 표시되어 있지는 않으나, 출원상표와 동일성이 인정되는 부분과 함께 사용된 문자 부분은 甲 회사를 나타내는 것으로 인식되거나 대부업에서 흔히 쓰이는 표지에 불과한 반면, 출원상표와 동일성이 인정되는 부분은 나머지 부분과 글자체나 글자 크기, 글자의 색상, 글자 부분의 배경 색상 등을 달리하여 독립성을 유지하면서 분리 인식될 수 있도록 구성되어 있고, 실사용표장들에서 공통적으로 반복됨으로써 수요자들에게 강조되어 인식되도록 사용되고 있는 점, 출원상표와 관련된 직접대출방식의 대출 규모, 신문·방송 등을 통한 광고 횟수와 기간, 甲 회사가 대부업체로서 알려진 정도 등을 종합하면, 출원상표가 상표법 제33조 제2항이 규정하는 사용에 의한 식별력을 취득하였다고 한 사례이다.

논점의 정리

상고이유를 판단한다.

(1) 상표법 제33조 제2항은 '상표를 등록출원 전에 사용한 결과 수요자 사이에 그 상표가 누구의 상품을 표시하는 상표인지 현저하게 인식되어 있는 것은 제33조 제1항 제3호 내지 제6호의 규정에 불구하고, 상표등록을 받을 수 있다'는 취지로 규정하고 있다. 위 규정은 원래 식별력이 없는 표장이어서 특정인에게 독점 사용토록 하는 것이 적당하지 않은 표장에 대하여 대세적 권리를 부여하는 것이므로 그 기준은 엄격하게 해석·적용되어야 하지만, 상표의 사용기간, 사용횟수 및 사용의 계속성, 그 상표가 부착된 상품의 생산·판매량 및 시장점유율, 광고·선전의 방법, 횟수, 내용, 기간 및 그 액수, 상품품질의 우수성, 상표사용자의 명성과 신용, 상표의 경합적 사용의 정도 및 태양 등을 종합적으로 고려할 때 당해 상표가 사용된 상품에 관한 수요자의 대다수에게 특정인의 상품을 표시하는 것으로 인식되기에 이르렀다면 사용에 의한 식별력의 취득을 인정할 수 있다.

(2) ① 원심판결 이유와 기록에 의하면 다음과 같은 사정을 알 수 있다.

ㄱ 원고는 2002. 10.경 '소비자 금융업' 등을 목적으로 설립된 회사로서, 2013. 11. 29. '상품류 구분 제36류의 대부업'을 지정서비스로 하여 이 사건 출원상표 **"단박대출"**을 출원하였다. 원고는 이 사건 심결일인 2015. 3. 31. 무렵까지 수년간 자산과 대부 잔액 등의 규모 면에서 대부업계 3위로 평가되고 있었다.

ㄴ 원고는 이 사건 출원상표를 출원하기 몇 년 전인 2011년경부터 중개업체를 통하지 않고 스스로의 마케팅에 의하여 유입된 고객에게 대출을 해주는 영업(이하 '직접대출방식'이라 한다)과 관련하여 이 사건 출원상표와 동일한 '단박대출'이라는 표장을 사용하였다.

ㄷ 또한 원고는 2011년경부터 이 사건 심결일 이전까지 이 사건 출원상표가 포함되어 있는 원심 판시 실사용표장들 1, 2를 사용하여 방송이나 신문 등을 통하여 반복적으로 직접대출방식에 관한 광고를 하였다.

- 실사용표장들 1, 2는 반복적으로 이루어진 광고에서 이 사건 출원상표와 함께 사용된 일련의 표장들 중 일부인데, 이 사건 출원상표를 중심으로 하여 이를 강조하는 내용으로 구성되어 있다.
- 실사용표장들 1, 2에는 이 사건 출원상표가 단독으로 표시되어 있지는 않으나, 이 사건 출원상표와 동일성이 인정되는 부분과 함께 사용된 문자 부분은 운영주체인 원고를 나타내는 것으로 인식되는 '웰컴론'이나 대출을 신청하는 방법에 해당하는 '전화', '인터넷', '한통화', '모바일' 또는 대출대상을 나타내는 '100% 여성전용' 등으로 대부업에서 흔히 쓰이는 표지에 불과하다.
- 실사용표장들 1, 2 중 상당수에서 이 사건 출원상표와 동일성이 인정되는 부분은 나머지 부분과 글자체나 글자 크기, 글자의 색상, 글자 부분의 배경 색상 등을 달리하여 독립성을 유지하면서 분리 인식될 수 있도록 구성되어 있고, 실사용표장들 1, 2에서 공통적으로 반복됨으로써 수요자들에게 강조되어 인식되도록 사용되고 있다.
② 이러한 사정들에다 원심판결 이유에 나타난 이 사건 출원상표와 관련된 직접대출방식의 대출 규모, 신문·방송 등을 통한 광고 횟수와 기간, 원고가 대부업체로서 알려진 정도 등을 종합하여 앞서 본 법리에 비추어 살펴보면, 이 사건 출원상표가 상표법 제33조 제2항이 규정하는 사용에 의한 식별력을 취득한 것으로 보인다.
③ 원심판결이 실사용표장들 1, 2가 그 자체로 이 사건 출원상표와 동일성이 인정되는 것처럼 설시한 것은 다소 부적절하다고 보이지만, 상고이유 주장과 같이 상표법 제33조 제2항에 관한 법리를 오해하거나 필요한 심리를 다하지 아니하는 등의 잘못으로 판결에 영향을 미쳤다고 보기는 어렵다.

24 　알파 사건 (2005후2977)

논점의 정리

상고이유를 본다.
(1) 문자와 문자 또는 문자와 도형 등이 결합된 상표는 상표를 구성하는 전체에 의해 생기는 외관, 호칭, 관념 등에 의해 상표의 유사 여부를 판단하는 것이 원칙이고, 경우에 따라서는 상표의 구성 중 '독립하여 자타상품의 식별 기능을 하는 부분(요부)'에 의해 생기는 외관, 호칭, 관념 등을 종합하여 상표의 유사 여부를 판단할 수 있다. 여기에서 상표의 일부 구성 부분이 독립하여 자타상품의 식별 기능을 할 수 있는 부분에 해당하는지 여부는 그 부분이 지니고 있는 관념, 지정상품과의 관계, 거래사회의 실정 등을 감안하여 객관적으로 결정하여야 하는 바, 상표의 구성 중 식별력이 없거나 미약한 부분은 그 부분만으로 요부가 된다고 할 수 없고, 이는 그 부분이 다른 문자나 도형 등과 결합하여 있는 경우라도 마찬가지이다.

다만, 상표의 구성 중 식별력이 없거나 미약한 부분과 동일한 표장이 거래사회에서 오랜 기간 사용된 결과 상표의 등록 또는 지정상품 추가등록 전부터 수요자 간에 누구의 업무에 관련된 상품을 표시하는 것인가 현저하게 인식되어 있는 경우에는 그 부분은 사용된 상품에 관하여 식별력 있는 요부로 보아 상표의 유사 여부를 판단할 수 있으나, 그렇다고 하더라도 그 부분이 사용되지 아니한 상품에 대해서까지 당연히 식별력 있는 요부가 됨을 전제로 하여 상표의 유사 여부를 판단할 수 없다.

(2) ① 원심은 채용증거를 종합하여 그 판시와 같은 사실을 인정한 다음, 지정상품을 "그림물감" 등으로 하고 "[이미지]"로 구성된 원고의 이 사건 등록상표와 대상상품을 "그림물감, 수채물감, 유화물감, 아크릭물감, 포스터칼라, 염색물감, 그림물감통, 목탄연필, 미술용 수채화 접시, 칼라점토, 색종이, 색연필, 만년필, 볼펜, 사인펜" 등으로 하고 "[이미지] Alpha 알파 [이미지]"로 구성된 피고의 확인대상표장을 대비하여, "@", "ALPHA", "알파"는 그 자체로는 간단하고 흔히 있는 표장에 해당하나 적어도 그림물감에 관련하여서는 늦어도 이 사건 등록상표의 지정상품으로 그림물감 등이 추가로 등록된 1996. 9. 4.경에는 원고가 생산·판매하는 상품임을 표시하는 표지로서 수요자들 사이에 현저하게 인식되어 있으므로 양 상표의 구성 중 "@", "ALPHA", "알파"는 양 상표의 유사 여부를 판단함에 있어 독립하여 자타상품을 식별할 수 있는 부분에 해당한다고 본 다음, 이를 전제로 하여 양 상표의 표장은 위 부분으로 분리 약칭되는 경우 그 호칭이 동일하여 전체적으로 유사하고, 확인대상표장의 사용상품은 미술용품을 비롯한 문구류로서 이 사건 등록상표의 지정상품 중 "그림물감"과 동일·유사하므로, 확인대상표장은 이 사건 등록상표의 권리범위에 속한다는 취지로 판단하였다.

② 앞에서 본 법리와 기록에 비추어 살펴보면, "@", "ALPHA" 또는 "알파"는 간단하고 흔히 있는 표장이나 "그림물감"에 관하여 오랜 기간 사용된 결과 이 사건 등록상표의 지정상품으로 그림물감 등이 추가로 등록되기 이전부터 이미 수요자들 사이에 특정인의 업무에 관련된 상품을 표시하는 것으로 현저하게 인식되어 왔다고 할 것이므로, "@", "ALPHA" 또는 "알파"는 '그림물감'과 이와 거래사회의 통념상 동일하게 볼 수 있는 '수채물감, 유화물감, 아크릴물감, 포스터칼라, 염색물감'에 관하여는 독립하여 자타상품의 식별 기능을 할 수 있는 부분에 해당한다고 보아야 하고, 이를 전제로 하여 이 사건 등록상표와 확인대상표장을 대비하여 보면, 확인대상표장은 그 사용상품 중 "그림물감, 수채물감, 유화물감, 아크릴물감, 포스터칼라, 염색물감"에 관하여 이 사건 등록상표와 그 표장 및 상품이 동일·유사하여 이 사건 등록상표의 권리범위에 속한다고 할 것이므로, 원심판결은 위 범위 내에서 정당한 것으로 수긍이 가고, 거기에 상고이유에서 주장하는 바와 같은 위법이 없다.

③ 그러나 원심이 확정한 바에 의하더라도 "@", "ALPHA" 또는 "알파"는 간단하고 흔히 있는 표장에 해당하나 그림물감에 관하여 오랜 기간 사용에 의하여 수요자들 사이에 특정인의 업무에 관련된 상품을 표시하는 것으로 현저하게 인식되어 있다는 것이므로, 이러한 사정만으로는 "@", "ALPHA" 또는 "알파"가 "그림물감, 수채물감, 유화물감, 아크릴물감, 포스터칼라, 염색물감"을 제외한 다른 상품에 대해서까지 곧바로 자타상품의 식별 기능을 할 수 있는 부분에 해당한다거나 확인대상표장에 "ALPHA" 또는 "알파" 부분이 포함되어 있다고 하여 곧바로 양 상표가 유사하다고 단정하기는 어렵다.

④ 그럼에도 원심은 "@", "ALPHA" 또는 "알파"는 그림물감에 관하여 수요자들 사이에 특정인의 업무에 관련된 상품을 표시하는 것으로 현저하게 인식되어 있다는 사정만으로 "그림물감, 수채물감, 유화물감, 아크릴물감, 포스터칼라, 염색물감"을 제외한 다른 상품에 관해서도 "ALPHA", "알파" 부분이 자타상품의 식별 기능을 할 수 있는 부분에 해당한다고 잘못 단정하고, 이를 전제로 하여 확인대상표장이 "그림물감, 수채물감, 유화물감, 아크릴물감, 포스터칼라, 염색물감"을 제외한 다른 상품에 관하여서도 이 사건 등록상표와 유사하다고 판단하고 말았으니, 원심판결은 위 범위 내에서 상표의 식별력 및 상표의 유사 여부에 관한 법리를 오해함으로써 판결에 영향을 미친 위법이 있고, 이 점을 지적하는 상고이유의 주장은 이유 있다.

25 SUPERIOR 사건 (2011후774)

판시사항

(1) 상표의 구성 중 식별력이 없거나 미약한 부분과 동일한 표장이 거래사회에서 오랜 기간 사용되어 상표의 등록 또는 지정상품 추가등록 전부터 수요자 간에 누구의 업무에 관련된 상품을 표시하는 것인가 현저하게 인식되어 있는 경우 그 부분을 식별력 있는 요부로 보아 상표의 유사 여부를 판단할 수 있는지 여부(적극) 및 그 부분이 상표법 제90조 제1항 제2호에 의한 상표권 효력의 제한을 받는지 여부(소극)

(2) 甲 등이 등록상표 "■■■"의 상표권자 乙 주식회사를 상대로 '골프화'를 사용상품의 하나로 한 확인대상표장 "SUPERIOR"가 등록상표의 권리범위에 속하지 않는다는 이유로 소극적 권리범위확인심판청구를 한 사안에서, 등록상표의 구성 중 "**SUPERIOR**" 문자 부분은 '골프화'에 관해서 '독립하여 자타상품의 식별 기능을 하는 부분'이 될 수 있으므로, '골프화'와 동일·유사한 상품에 "**SUPERIOR**" 문자 부분과 동일·유사한 표장을 사용하는 것은 등록상표의 권리범위에 속한다는 이유로, 이와 달리 본 원심판결에 사용에 의한 식별력 취득에 관한 법리오해 등의 위법이 있다고 한 사례

판결요지

(1) 상표의 구성 중 식별력이 없거나 미약한 부분과 동일한 표장이 거래사회에서 오랜 기간 사용된 결과 상표의 등록 또는 지정상품 추가등록 전부터 수요자 간에 누구의 업무에 관련된 상품을 표시하는 것인가 현저하게 인식되어 있는 경우에는 그 부분은 사용된 상품에 관하여 식별력 있는 요부로 보아 상표의 유사 여부를 판단할 수 있고, 그러한 부분은 상표법 제90조 제1항 제2호에 의한 상표권 효력의 제한을 받지 않는다.

(2) 甲 등이 등록상표 "■■■"의 상표권자 乙 주식회사를 상대로 '골프화'를 사용상품의 하나로 한 확인대상표장 "SUPERIOR"가 등록상표의 권리범위에 속하지 않는다는 이유로 소극적 권리범위확인심판청구를 한 사안에서, 乙 회사는 '골프화'가 등록상표의 지정상품으로 추가등록될 때까지 오랜 기간 "SUPERIOR"라는 영문자로만 구성된 상표(이하 "SUPERIOR 문자상표"라 한다)와 월계관 도형과 "SUPERIOR" 문자가 결합된 상표(이

하 "SUPERIOR 결합상표"라 한다) 및 등록상표를 각종 골프 관련 상품의 표장으로 사용하여 왔고, SUPERIOR 결합상표는 등록상표 구성 중 "**SUPERIOR**" 문자 부분과 동일성이 인정되는 "SUPERIOR" 문자 부분을 포함하고 있으며, SUPERIOR 결합상표 및 등록상표 모두 "SUPERIOR"라는 문자 부분에 의해 호칭됨으로써, SUPERIOR 결합상표 및 등록상표의 사용은 등록상표의 구성 중 "**SUPERIOR**" 문자 부분이 사용에 의한 식별력을 취득하는 데 도움이 되었을 것으로 보이는 점 등을 종합하면, 등록상표의 구성 중 "**SUPERIOR**" 문자 부분은 이미 '골프화'에 관해서 국내 수요자나 거래자에게 누구의 업무에 관련된 상품을 표시하는 것으로 '현저하게' 인식되어 있어 지정상품으로 추가등록된 '골프화'에 관해서는 '독립하여 자타상품의 식별 기능을 하는 부분' 즉 요부가 될 수 있고, 이 경우 위 문자 부분은 상표법 제90조 제1항 제2호에 의한 상표권 효력의 제한을 받지 않으므로, '골프화'와 동일·유사한 상품에 "**SUPERIOR**" 문자 부분과 동일·유사한 표장을 사용하는 것은 등록상표의 권리범위에 속한다는 이유로, 이와 달리 본 원심판결에 사용에 의한 식별력 취득에 관한 법리오해 등의 위법이 있다고 한 사례이다.

논점의 정리 상고이유(상고이유서 제출기간이 경과한 후에 제출된 상고이유보충서의 기재는 상고이유를 보충하는 범위 내에서)를 판단한다.

(1) 상표의 구성 중 식별력이 없거나 미약한 부분과 동일한 표장이 거래사회에서 오랜 기간 사용된 결과 상표의 등록 또는 지정상품 추가등록 전부터 수요자 간에 누구의 업무에 관련된 상품을 표시하는 것인가 현저하게 인식되어 있는 경우에는 그 부분은 사용된 상품에 관하여 식별력 있는 요부로 보아 상표의 유사 여부를 판단할 수 있고, 그러한 부분은 상표법 제90조 제1항 제2호에 의한 상표권 효력의 제한을 받지 않는다.

(2) 기록에 의하면, 원고는 1983년경부터 "골프화"가 이 사건 등록상표 "**SGF SUPERIOR**"의 지정상품으로 추가등록 결정된 2010. 10. 27.까지 약 27년간 "SUPERIOR"라는 영문자로만 구성된 상표(이하 "SUPERIOR 문자상표"라 한다)와 "**SUPERIOR**", "**SUPERIOR**", "**SUPERIOR**"와 같이 월계관 도형과 "SUPERIOR" 문자가 결합된 결합상표(이하 "SUPERIOR 결합상표"라 한다) 및 이 사건 등록상표를 골프의류, 골프가방, 골프화 등 원고가 생산·판매하는 각종 골프 관련 상품의 표장으로 사용하여 온 점, 원고가 하나의 카탈로그나 하나의 골프용품에 SUPERIOR 문자상표 및 SUPERIOR 결합상표를 자주 혼용함으로써 일반 수요자들은 SUPERIOR 문자상표와 SUPERIOR 결합상표의 출처가 동일하다고 인식하였을 것으로 보이는 점, 원고가 1995년부터 2000년까지 5회에 걸쳐 방송사 후원 아래 "SUPERIOR OPEN" 골프대회를 주최하였으며, 1996년 4월경 기간을 3년으로 정하여 프로 골프선수 소외인과 후원계약을 체결하고, 이후 두 차례 계약을 갱신하여 2004년 4월경까지 그 후원계약을 유지하였는데, 소외인이 2002년 미국 PGA 골프대회에서 한국인 최초로 우승을 하기도 함으로써 2002년경부터 2006년경까지 국내 각종 신문에 SUPERIOR 문자상표가 부착된 모자를 착용한 소외인의 사진이 상당수 게재되기도 한 점, SUPERIOR 결합상표 및 이 사건 등록상표와 SUPERIOR 문자상표를 사용한 원고 회사 상품의 매출액이 1983년경부터 2008년경까지 연간 적게는 11억여 원에서 많게는 859억여 원에 이

르는 등 위 기간 합계 8,652억여 원에 이르고, 같은 기간 광고비도 적게는 연간 1억 2,000여만 원에서 많게는 55억여 원 정도를 지출하여 위 기간 합계 약 543억여 원 상당의 광고비를 지출하였으며, 그에 따라 SUPERIOR 결합상표 중 "⌾ SUPERIOR" 상표는 1998년 국내 골프의류시장에서 5대 상표 중 하나로 자리 잡게 된 점, 원고의 매장이 2008년경 전국 각지의 126개 백화점과 22개의 골프장에 입점하여 있는 점, SUPERIOR 결합상표 및 이 사건 등록상표는 모두 "SUPERIOR"라는 문자 부분에 의해 호칭되어 온 점 등을 알 수 있다. 이러한 사정, 특히 원고가 SUPERIOR 결합상표뿐만 아니라 SUPERIOR 문자상표도 장기간 사용하여 왔던 점과 SUPERIOR 결합상표는 이 사건 등록상표의 구성 중 "SUPERIOR" 문자 부분과 동일성이 인정되는 "SUPERIOR" 문자 부분을 포함하고 있을 뿐만 아니라 그러한 문자 부분에 의해 호칭되어 왔으므로 SUPERIOR 결합상표 및 이 사건 등록상표의 사용은 이 사건 등록상표의 구성 중 "SUPERIOR" 문자 부분이 사용에 의한 식별력을 취득하는 데 도움이 되었을 것으로 보이는 점 등을 앞서 본 법리에 비추어 종합적으로 고려하면, 이 사건 등록상표의 구성 중 "SUPERIOR" 문자 부분은 "골프화"가 이 사건 등록상표의 지정상품으로 추가등록 결정된 2010. 10. 27.경 이미 골프의류, 골프가방뿐만 아니라 골프화에 관해서도 국내 수요자나 거래자에게 누구의 업무에 관련된 상품을 표시하는 것으로 '현저하게' 인식되어 있었다고 보아야 할 것이다. 따라서 이 사건 등록상표의 구성 중 "SUPERIOR" 문자 부분은 지정상품으로 추가등록된 "골프화"에 관해서는 '독립하여 자타상품의 식별 기능을 하는 부분', 즉 요부가 될 수 있다.

(3) 또한 앞서 본 법리에 비추어 보면 이 사건 등록상표의 구성 중 "SUPERIOR" 문자 부분이 골프화에 관하여 사용에 의한 식별력을 취득한 이상 그 이후에 지정상품으로 추가등록된 "골프화"와 관련하여서는 위 문자 부분이 상표법 제90조 제1항 제2호에 의한 상표권 효력의 제한을 받지 아니하므로, "골프화"와 동일·유사한 상품에 "SUPERIOR" 문자 부분과 동일·유사한 표장을 사용하는 것은 이 사건 등록상표의 권리범위에 속한다고 할 것이다.

따라서 이 사건 등록상표의 구성 중 "SUPERIOR" 문자 부분이 지정상품추가등록 출원일인 2010. 6. 24.경 사용에 의한 식별력을 취득하지 못하였음을 전제로 확인대상표장이 이 사건 등록상표의 권리범위에 속하지 아니한다고 판단한 원심판결에는 사용에 의한 식별력의 취득에 관한 법리 및 상표법 제90조 제1항 제2호에 의한 상표권 효력의 제한에 관한 법리를 오해하여 필요한 심리를 다하지 아니함으로써 판결에 영향을 미친 위법이 있다. 이를 지적하는 원고의 상고이유 주장은 이유 있다.

판시사항

(1) 상표등록 당시 식별력이 없던 부분이 그 후 사용에 의한 식별력을 취득한 경우, 식별력 있는 요부가 될 수 있는지 여부(소극)

(2) 색채상표인 등록상표 " A6 "의 구성 중 "A6" 부분은 알파벳 'A'와 숫자 '6'을 단순 결합한 간단하고 흔히 있는 표장에 지나지 않아 중심적 식별력을 갖지 못하므로 동일한 구성을 갖는 확인대상상표 " A6 "와 유사하지 않다고 본 사례

판결요지

(1) 상표법 제82조 제1항에서는 "상표권은 설정등록에 의하여 발생한다."라고 규정하여 일정한 요건과 절차를 거쳐서 특허청에 등록된 상표만을 보호하고 있고, 상표법 제91조 제1항에서는 "등록상표의 보호범위는 상표등록출원서에 기재된 상표에 의하여 정하여진다."라고 규정하여 등록상표의 보호범위를 정할 때 상표가 실제 사용되고 있는 태양은 고려하지 않고 있으므로, 등록상표의 구성 중 일부분이 등록결정 당시 식별력이 없었다면 그 부분은 상표법이 정한 일정한 요건과 절차를 거쳐 등록된 것이 아니어서 그 부분만을 분리하여 보호할 수 없고, 그 등록상표의 등록결정 이후 그 부분만을 분리하여 사용한 실태를 고려할 수 있는 것도 아니어서, 식별력이 없던 부분은 등록상표의 등록결정 이후 사용에 의한 식별력을 취득하였더라도 등록상표에서 중심적 식별력을 가지는 부분이 될 수 없다.

(2) 색채상표인 등록상표 " A6 "의 구성 중 "A6" 부분은 알파벳 'A'와 숫자 '6'을 단순 결합한 간단하고 흔히 있는 표장에 지나지 않아 중심적 식별력을 갖지 못하므로 동일한 구성을 갖는 확인대상상표 " A6 "와 유사하지 않다고 본 사례이다.

논점의 정리

상고이유를 판단한다.

(1) 상표법 제82조 제1항에서는 "상표권은 설정등록에 의하여 발생한다."라고 규정하여 일정한 요건과 절차를 거쳐서 특허청에 등록된 상표만을 보호하고 있고, 상표법 제91조 제1항에서는 "등록상표의 보호범위는 상표등록출원서에 기재된 상표에 의하여 정하여진다."라고 규정하여 등록상표의 보호범위를 정함에 있어서 상표가 실제로 사용되고 있는 태양은 고려하지 않고 있으므로, 등록상표의 구성 중 일부분이 등록결정 당시 식별력이 없었다면 그 부분은 상표법이 정한 일정한 요건과 절차를 거쳐 등록된 것이 아니어서 그 부분만을 분리하여 보호할 수 없고, 그 등록상표의 등록결정 이후 그 부분만을 분리하여 사용한 실태를 고려할 수 있는 것도 아니어서, 그 부분이 등록상표의 등록결정 이후에 사용에 의한 식별력을 취득한 경우 그 부분을 부정경쟁방지 및 영업비밀보호에 관한 법률 소정의 주지 표지로 보호하는 것은 별론으로 하고 식별력이 없던 부분이 등록 상표에서 중심적 식별력을 가지는 부분으로 될 수 있는 것은 아니다.

(2) 위 법리와 기록에 비추어 살펴보면, " A6 "와 같이 이루어져 있는 색채상표인 이 사건 등록상표의 구성 중 "A6" 부분은 알파벳 첫 글자 'A'와 아라비아숫자 '6'을 단순

결합한 간단하고 흔히 있는 표장에 지나지 않아 중심적 식별력을 가진다고 보기 어려워서 "**A6**"와 같이 이루어져 있는 확인대상상표가 이와 동일한 구성을 가지고 있다고 하여 양 상표가 유사하다고 보기 어려운 반면에, 확인대상상표는 색채상표인 이 사건 등록상표의 색채를 가지고 있지 않고 그 도형의 모양에서도 많은 차이가 있어서 이 사건 등록상표와 전체적으로 유사하지 않다고 할 것이다. 그럼에도 불구하고, 이 사건 심결일 당시 "A6" 부분이 사용에 의한 식별력을 취득하였다는 이유로 이 사건 등록상표의 구성 중 "A6" 부분의 중심적 식별력을 인정하여 확인대상상표가 이 사건 등록상표의 권리범위에 속한다고 판단한 원심에는 등록상표의 권리범위에 대한 법리를 오해하여 판결에 영향을 미친 잘못이 있고, 이 점을 지적하는 상고이유에서의 주장은 이유 있다.

27 뉴발란스 사건 (2011후3698)

판시사항

(1) 등록상표와 확인대상상장의 유사 여부를 판단하기 위한 요소가 되는 등록상표의 식별력 판단 기준 시(심결 시)

(2) 확인대상상장 ""의 사용자 甲 주식회사가 乙 미국회사를 상대로 확인대상상장이 乙 회사의 등록상표 ""의 권리범위에 속하지 않는다면서 소극적 권리범위확인심판을 청구하였는데 특허심판원이 이를 받아들이는 심결을 한 사안에서, 등록상표의 전부 또는 일부 구성이 등록결정 당시에는 식별력이 없거나 미약하였으나, 심결 당시에는 등록상표와 확인대상상장이 유사한 상표라고 한 사례

판결요지

(1) ① 다수의견

상표의 유사 여부는 외관, 호칭 및 관념을 객관적, 전체적, 이격적으로 관찰하여 지정상품의 거래에서 일반 수요자들이 상표에 대하여 느끼는 직관적 인식을 기준으로 상품의 출처에 관하여 오인·혼동을 일으키게 할 우려가 있는지에 따라 판단하여야 한다. 그리고 그 판단에서는 자타상품을 구별할 수 있게 하는 식별력의 유무와 강약이 주요한 고려요소가 된다 할 것인데, 상표의 식별력은 상표가 가지고 있는 관념, 상품과의 관계, 당해 상품이 거래되는 시장의 성질, 거래 실태 및 거래 방법,

상품의 속성, 수요자의 구성, 상표 사용의 정도 등에 따라 달라질 수 있는 상대적·유동적인 것이므로, 이는 상표의 유사 여부와 동일한 시점을 기준으로 그 유무와 강약을 판단하여야 한다.

따라서 상표권의 권리범위확인심판 및 그 심결취소청구 사건에서 등록상표와 확인대상표장의 유사 여부를 판단하기 위한 요소가 되는 등록상표의 식별력은 상표의 유사 여부를 판단하는 기준 시인 심결 시를 기준으로 판단하여야 한다. 그러므로 등록상표의 전부 또는 일부 구성이 등록결정 당시에는 식별력이 없거나 미약하였다고 하더라도 등록상표를 전체로서 또는 일부 구성 부분을 분리하여 사용함으로써 권리범위확인심판의 심결 시점에 이르러서는 수요자 사이에 누구의 상품을 표시하는 것인지 현저하게 인식될 정도가 되어 중심적 식별력을 가지게 된 경우에는, 이를 기초로 상표의 유사 여부를 판단하여야 한다.

② 대법관 신영철, 대법관 민일영의 반대의견

상표등록이 무효로 될 것임이 명백함에도 권리범위확인심판을 허용하는 것은 상표권에 관한 분쟁을 실효적으로 해결하는 데 도움이 되지 아니하고 당사자로 하여금 아무런 이익이 되지 않는 심판절차에 시간과 비용을 낭비하도록 하는 결과를 초래하며, 상표사용자의 업무상의 신용유지를 도모하여 산업발전에 이바지함과 아울러 수요자의 이익을 보호하려는 상표법의 목적을 달성하기 위하여 권리범위확인심판 제도를 마련한 취지에 부합하지 않는다.

권리범위확인심판이 상표등록이 유효함을 전제로 하여서만 의미를 가질 수 있는 절차이므로 심판절차에서는 등록상표의 무효사유가 있는지를 선결문제로서 심리한 다음 무효사유가 부정되는 경우에 한하여 등록상표의 권리범위에 관하여 나아가 심리·판단하도록 심판구조를 바꿀 필요가 있다.

이러한 사정들을 종합적으로 고려하면, 등록상표에 대한 등록무효심결이 확정되기 전이라고 하더라도 상표등록이 무효심판에 의하여 무효로 될 것임이 명백한 경우라면 그러한 상표등록을 근거로 하여 적극적 또는 소극적 권리범위확인심판을 청구할 이익이 없다고 보아야 하고, 그러한 청구는 부적법하여 각하하여야 한다.

(2) 확인대상표장 "𝒩"의 사용자 甲 주식회사가 乙 미국회사를 상대로 확인대상표장이 乙 회사의 등록상표 "🖼️"의 권리범위에 속하지 않는다면서 소극적 권리범위확인심판을 청구하였는데 특허심판원이 이를 받아들이는 심결을 한 사안에서, 등록상표의 전부 또는 일부 구성이 등록결정 당시에는 식별력이 없거나 미약하였으나, 등록상표의 구성 중 "🖼️" 부분은 심결 당시에는 수요자 사이에 상품의 출처를 인식할 수 있게 하는 중심적 식별력을 가진 것으로 보아야 할 것이고, 확인대상표장에서도 "🖼️" 부분과 동일성이 인정되는 "𝒩" 부분이 수요자의 주의를 끄는 중심적 식별력을 가지는 부분이 되므로, 양 표장은 유사한 상표라고 한 사례이다.

논점의 정리 상고이유(상고이유서 제출기간이 경과한 후에 제출된 각 상고이유보충서의 기재는 상고이유를 보충하는 범위 내에서)를 판단한다.

(1) 확인대상표장의 특정(상고이유 제1점)에 관하여

상표권의 권리범위확인심판에서 심판청구의 대상이 되는 확인대상표장은 그 표장의 구성과 그 표장이 사용된 상품을 등록상표와 대비할 수 있을 정도로 특정하면 충분하고, 나아가 확인대상표장의 구체적 사용 실태나 확인대상표장을 부착하여 사용하는 상품의 형태까지 특정하여야 하는 것은 아니다. 같은 취지에서 원심이, 사용상품을 '운동화'로 하고 오른쪽 윗부분과 같이 구성된 확인대상표장은 지정상품을 '우산, 지팡

[확인대상표장]

[이 사건 등록상표]

이, 부채, 운동화'로 하고 그 아랫부분과 같이 구성된 이 사건 등록상표와 대비할 수 있으므로 적법하게 특정되었다고 판단한 것은 정당하고, 거기에 상고이유 주장과 같은 확인대상표장의 특정에 관한 법리오해 등의 위법은 없다.

(2) 상표의 식별력 판단 기준 등(상고이유 제2점)에 관하여

① 상표의 유사 여부는 그 외관, 호칭 및 관념을 객관적, 전체적, 이격적으로 관찰하여 그 지정상품의 거래에서 일반 수요자들이 상표에 대하여 느끼는 직관적 인식을 기준으로 그 상품의 출처에 관하여 오인·혼동을 일으키게 할 우려가 있는지에 따라 판단하여야 한다. 그리고 그 판단에서는 자타상품을 구별할 수 있게 하는 식별력의 유무와 강약이 주요한 고려요소가 된다 할 것인데, 상표의 식별력은 그 상표가 가지고 있는 관념, 상품과의 관계, 당해 상품이 거래되는 시장의 성질, 거래 실태 및 거래 방법, 상품의 속성, 수요자의 구성, 상표 사용의 정도 등에 따라 달라질 수 있는 상대적·유동적인 것이므로, 이는 상표의 유사 여부와 동일한 시점을 기준으로 그 유무와 강약을 판단하여야 한다.

따라서 상표권의 권리범위확인심판 및 그 심결취소청구 사건에서 등록상표와 확인대상표장의 유사 여부를 판단하기 위한 요소가 되는 등록상표의 식별력은 상표의 유사 여부를 판단하는 기준 시인 심결 시를 기준으로 판단하여야 한다. 그러므로 등록상표의 전부 또는 일부 구성이 등록결정 당시에는 식별력이 없거나 미약하였다고 하더라도 그 등록상표를 전체로서 또는 일부 구성 부분을 분리하여 사용함으로써 권리범위확인심판의 심결 시점에 이르러서는 수요자 사이에 누구의 상품을 표시하는 것인지 현저하게 인식될 정도가 되어 중심적 식별력을 가지게 된 경우에는, 이를 기초로 상표의 유사 여부를 판단하여야 한다.

이와 달리 권리범위확인심판에서 상표의 유사 여부를 판단하면서 등록상표의 구성 중 등록결정 당시 식별력이 없던 부분은 심결 당시 사용에 의한 식별력을 취득하였다고 하더라도 등록상표에서 중심적 식별력을 가지는 부분이 될 수 없다는 취지로 판시한 대법원 2005후728 판결은 이 판결의 견해에 배치되는 범위에서 이를 변경하기로 한다.

② 기록에 의하면 다음과 같은 사정을 알 수 있다.

원고는 1981. 5. 28. 지정상품을 '우산, 지팡이, 부채, 운동화'로 하는 이 사건 등록상표를 출원하여 1984. 9. 15. 등록결정을 받아 1984. 9. 21. 상표등록을 마쳤고, 2004. 7. 13. 2차 존속기간 갱신등록까지 마쳤다. 원고는 1975년경부터 세계 각국에

서 이 사건 등록상표의 형상과 같이 각종 운동화에 원고 회사 약칭(New Balance)의 첫 글자에서 따온 ''이라는 상표(이하 '실사용상표'라고 한다)를 부착하여 판매하였으며, 운동화 및 스포츠 의류 등의 국내 매출액이 2009년 약 344억 원, 2010년 약 1,619억 원 등 2004년부터 2010년까지 합계 약 2,820억 원에 달하였다. 또한, 원고 회사의 'New Balance' 상표가 어패럴뉴스사가 선정한 2009년 스포츠 부분 '베스트 브랜드' 및 '올해의 브랜드'로 각각 선정되기도 하였다.

③ 이러한 사정과 앞서 본 법리에 비추어, 사용상품을 '운동화'로 하는 확인대상표장이 지정상품이 '운동화'인 이 사건 등록상표와 유사한지를 살펴본다.

㉠ 이 사건 등록상표의 등록결정 당시 이 사건 등록상표의 구성 중 구성 1과 같은 운동화 형상 부분은 지정상품인 '운동화'와 관련하여 그 형상을 보통으로 사용하는 방법으로 표시한 것이어서 식별력이 없고, 구성 2와 같은 패치 부분은 간단하고 흔한 표장인 영문자 'N'을 평범한 서체로 사다리꼴 모양의 패치에 음각한 것에 지나지 아니하여 식별력이 미약하였다. 그런데 위에서 본 사정

[구성 1]

[구성 2]

들에 비추어 보면, 원고의 실사용상표 ''은 '운동화' 상품에 관하여 적어도 2009년경부터는 수요자 사이에서 누구의 상품을 표시하는 것인지 현저하게 인식될 수 있을 정도가 되었다고 보이고, 이 사건 등록상표에서 실사용상표와 동일한 '' 부분이 다른 구성들과 결합되어 있더라도 그 구성들은 지정상품인 '운동화'의 형상을 보통으로 사용하는 방법으로 표시한 것이거나 ''을 부각하는 배경에 불과하여 그 때문에 '' 부분의 식별력이 감쇄되지는 아니할 것으로 보인다. 따라서 이 사건 등록상표의 구성 중 '' 부분은 적어도 이 사건 심결 당시에는 수요자 사이에 상품의 출처를 인식할 수 있게 하는 중심적 식별력을 가진 것으로 보아야 할 것이다.

㉡ 한편 확인대상표장은 알파벳 'N'을 보통의 서체로 약간 비스듬히 쓴 '' 부분 하단에 보통의 서체로 작게 쓴 'UNISTAR'라는 문자 부분을 부가한 것에 불과하여 시각적으로 'UNISTAR' 부분보다 '' 부분이 훨씬 두드러져 보일 뿐만 아니라, 위에서 본 바와 같이 이 사건 등록상표의 구성 중 '' 부분이 '운동화' 상품에 관하여 수요자 사이에 누구의 상품을 표시하는 것인지 현저하게 인식되게 되었으므로, '운동화'를 사용상품으로 하는 확인대상표장에서도 위 '' 부분과 동일성이 인정되는 '' 부분이 수요자의 주의를 끄는 중심적 식별력을 가지는 부분이 된다고 할 것이다.

따라서 이 사건 등록상표와 확인대상표장이 다 같이 '운동화' 상품에 사용될 경우 각각 중심적 식별력을 가지는 '' 부분과 '' 부분으로 호칭·관념될 수 있고, 그러한 경우 이들은 호칭·관념이 동일하여 일반 수요자로 하여금 '운동화' 상품의 출처에 관하여 오인·혼동을 일으키게 할 염려가 있으므로, 양 표장은 유사한 상표라고 할 것이다.

이와 달리 판단한 원심판결에는 권리범위확인심판에서 등록상표의 식별력 및 상표의 유사 여부 판단에 관한 법리를 오해하여 판결에 영향을 미친 위법이 있다. 이 점을 지적하는 상고이유 주장은 이유 있다.

(3) 결 론

그러므로 원심판결을 파기하고, 사건을 다시 심리·판단하도록 원심법원에 환송하기로 하여 주문과 같이 판결한다. 이 판결에는 이 사건 심판청구가 적법한지에 대하여 대법관 신영철, 대법관 민일영의 반대의견 및 대법관 박병대의 다수의견에 대한 보충의견, 대법관 신영철의 반대의견에 대한 보충의견이 있는 외에는 관여 법관의 의견이 일치되었다.

(4) 대법관 신영철, 대법관 민일영의 반대의견

① 다수의견은 이 사건 심판청구가 적법함을 전제로 하여 확인대상표장이 이 사건 등록상표의 권리범위에 속하는지를 판단하고 있다. 그러나 이러한 다수의견에는 다음과 같은 이유로 찬성할 수 없다.

② ㉠ 상표권의 권리범위확인심판은 상표등록이 유효함을 전제로 하여 등록상표의 권리범위를 확인하는 심판절차이다. 상표권의 권리범위 확인에 관한 청구는 현존하는 상표권의 범위를 확정하려는 데 그 목적이 있으므로 등록상표에 등록무효사유가 있어 상표법이 정한 상표등록의 무효심판절차를 거쳐 그 등록이 무효로 된 경우에는 그에 관한 권리범위확인심판을 청구할 이익이 소멸한다. 이러한 법리는, 상표는 일단 등록된 이상 비록 등록무효사유가 있다고 하더라도 상표등록의 무효심판절차에서 상표등록을 무효로 한다는 심결이 확정되지 않는 한 대세적(對世的)으로 무효로 되지 아니한다는 법리를 전제로 하고 있는 것으로 이해될 수 있고, 그 결과 등록무효의 심결이 확정되기 전에는 권리범위확인심판을 청구할 이익이 인정되는 것처럼 보인다.

그런데 상표등록에 관하여 상표법이 정한 요건을 충족하지 못하여 등록을 받을 수 없는 상표에 대하여 잘못하여 상표등록이 이루어지는 경우가 있다. 그러한 상표는 등록상표의 외양을 하고 있을 뿐 등록무효사유가 있어 상표법에 의한 보호를 받을 자격이 없고 그 실체가 인정될 여지도 없어 애당초 그 상표권의 권리범위를 상정할 수가 없다. 그러한 상표에 대하여 상표등록의 무효심판절차를 거쳐 그 등록이 무효로 되지 아니하였다는 사정만으로 별다른 제한 없이 권리범위확인심판을 허용하게 되면, 상표등록이 형식적으로 유지되고 있다는 사정만으로 실체 없는 상표권을 마치 온전한 상표권인 양 그 권리범위를 확인해 주는 것이 되어 부당하다. 권리범위는 인정할 수 있지만 정작 그 권리는 부정된다고 하는 결론이 나오더라도 이를 수용하여야 한다고 하는 것은 건전한 상식과 법감정이 납득할 수 있는 한계를 벗어난다.

㉡ 대법원은 등록상표에 대한 등록무효심결이 확정되기 전이라고 하더라도 그 상표등록이 무효심판에 의하여 무효로 될 것임이 명백한 경우에는 그 상표권에 기초한 침해금지 또는 손해배상 등의 청구가 권리남용에 해당하여 허용되지 아니한다는 법리를 선언한 바 있다. 상표등록이 무효심판에 의하여 무효로 될 것임이

명백한 경우라면 상표권의 침해가 인정될 수 없다는 것이 위 전원합의체 판결의 취지이고, 이러한 논리를 상표권의 권리범위확인심판에 대하여 적용하면 상표권의 침해 여부를 판단하기 위한 선결문제로서의 의미를 갖는 권리범위의 확인을 청구할 이익도 부정된다고 보아야 한다. 상표등록이 무효로 될 것임이 명백하여 상표권 침해가 인정될 여지가 없음에도 이를 도외시한 채 상표권의 권리범위에 관하여 심판하는 것은 무효임이 명백한 상표권의 행사를 허용하는 것이나 다름 없기 때문이다. 상표등록이 무효로 될 것임이 명백한 경우에는 그 상표권의 행사가 허용되지 아니한다는 법리가 침해금지 또는 손해배상 등의 청구에서만 존중되어야 하고 권리범위확인심판에서는 그럴 필요가 없다고 볼 납득할 만한 이유를 찾을 수 없다.

이와 같이 상표등록이 무효로 될 것임이 명백함에도 권리범위확인심판을 허용하는 것은 상표권에 관한 분쟁을 실효적으로 해결하는 데 도움이 되지 아니하고 당사자로 하여금 아무런 이익이 되지 않는 심판절차에 시간과 비용을 낭비하도록 하는 결과를 초래하며, 상표사용자의 업무상의 신용유지를 도모하여 산업발전에 이바지함과 아울러 수요자의 이익을 보호하려는 상표법의 목적을 달성하기 위하여 권리범위확인심판제도를 마련한 취지에도 부합하지 않는다. 등록상표에 대한 무효심판이나 권리범위확인심판은 모두 특허심판원이 담당하므로 권리범위확인심판 절차에서 등록상표의 무효사유에 관하여 판단하는 것은 그 판단 주체의 면에서 보아 문제될 것이 없다. 오히려 권리범위확인심판에서 상표등록이 무효로 될 것임이 명백하다는 이유로 상표권의 권리범위 확인을 거절하게 되면, 권리범위확인심판에서는 확인대상표장이 등록상표의 권리범위에 속한다는 심결을 하여 확인대상표장이 상표권을 침해한다는 듯한 판단을 하면서 등록무효심판에서는 상표등록이 무효라는 심결을 하여 확인대상표장의 상표권 침해를 부정하는 듯한 판단을 함으로써 상호 모순되는 심결을 한 것과 같은 외관이 작출되는 불합리를 방지할 수 있다. 보다 근본적으로는 권리범위확인심판이 상표등록이 유효함을 전제로 하여서만 의미를 가질 수 있는 절차이므로 그 심판절차에서는 등록상표의 무효사유가 있는지를 선결문제로서 심리한 다음 그 무효사유가 부정되는 경우에 한하여 등록상표의 권리범위에 관하여 나아가 심리·판단하도록 그 심판구조를 바꿀 필요가 있다.

ⓒ 이러한 사정들을 종합적으로 고려하면, 등록상표에 대한 등록무효심결이 확정되기 전이라고 하더라도 적어도 그 상표등록이 무효심판에 의하여 무효로 될 것임이 명백한 경우라면 그러한 상표등록을 근거로 하여 적극적 또는 소극적 권리범위확인심판을 청구할 이익이 없다고 보아야 하고, 그러한 청구는 부적법하여 각하하여야 한다.

③ 위와 같은 법리를 토대로 하여 이 사건 등록상표에 관하여 권리범위확인심판을 청구할 이익이 인정되는지에 관하여 살펴본다.

상표법 제33조 제2항은 상표를 출원 전에 사용한 결과 수요자 사이에 그 상표가 누구의 상표인가가 현저하게 인식되어 있을 경우 같은 조 제1항 제3, 5, 6호의 규정에 불구하고 등록을 받을 수 있도록 규정하고 있다. 이와 같은 사용에 의한 식별력을 취득하였는지 여부는 등록결정 시를 기준으로 하여 판단하여야 하고, 등록결정 시에 식별력이 없어 등록을 받을 수 없었음에도 불구하고 잘못하여 상표등록이 이루어진 경우에는 비록 그 등록 후의 사용에 의하여 식별력을 취득하였더라도 등록무효의 하자가 치유되지 아니한다.

이 사건 등록상표는 구성 1과 같은 운동화 형상에 구성 2와 같은 사다리꼴 패치 도형이 결합된 상표인데, 그 등록결정 당시 구성 1은 이 사건 등록상표의 지정상품 중 운동화에 관하여는 지정상품의 형상을 보통으로 사용하는 방법으로 표시한 것이어서 식별력이 없고, 구성 2는 간단하고 흔한 표장인 영문자 'N'을 평범한 서체로 사다리꼴 모양의 패치에 음각한 것에 지나지 아니하여 식별력이 없다고 보아야 한다. 원심도 이와 같은 취지로 판단하였고, 다수의견도 이 사건 등록상표의 등록결정 당시 이 사건 등록상표에 식별력이 없었다는 점은 부인하지 않고 있다.

따라서 이 사건 등록상표는 지정상품 중 운동화에 관하여는 상표법 제33조 제1항 제7호[9])를 위반하여 등록된 것으로서 무효심판에 의하여 그 등록이 무효로 될 것이 명백하다고 볼 여지가 충분하고, 비록 등록결정 이후의 사용에 의하여 식별력을 취득하였다 하더라도 이와 달리 볼 수는 없으므로, 원심으로서는 이 사건 등록상표의 등록결정 당시를 기준으로 등록무효사유가 있는지 여부를 좀 더 심리하여 보고, 그 상표등록이 무효심판에 의하여 무효로 될 것임이 명백하다면 이를 근거로 하여 이 사건 권리범위확인심판을 청구할 이익이 없다는 이유로 이 사건 심결을 취소하여야 했다.

그럼에도 원심은, 이 사건 심결을 취소하지 아니한 채 확인대상표장이 이 사건 등록상표의 권리범위에 속하지 아니한다는 이유로 이 사건 심결이 적법하다고 판단하였는 바, 이는 권리범위확인심판에서 심판청구의 이익에 관한 법리를 오해하여 판결 결과에 영향을 미친 것이다. 따라서 원심판결은 파기되어야 한다.

④ 이러한 의견은 원심판결이 파기되어야 한다는 점에서는 다수의견과 차이가 없으나, 사건을 환송받은 법원이 판결로써 이 사건 심결을 취소할 경우 그 취소의 기본이 된 이유에 기속되는 특허심판원으로서는 이 사건 권리범위확인심판청구를 각하하여야 한다는 최종적인 결론에 있어서는 다수의견과 입장을 달리한다.

이상의 이유로 다수의견에 찬성할 수 없음을 밝힌다.

(5) 다수의견에 대한 대법관 박병대의 보충의견

① 상표법은 등록상표의 효력에 관한 쟁송방법으로 상표등록의 효력 자체를 근원적으로 소멸시키기 위한 등록무효심판제도를 두고서도 이와 별도로 어떤 표장이 등록상표의 권리범위에 속한다거나 속하지 아니한다는 확인을 구하는 권리범위확인심판제도를 두고 있다. 그중 권리범위확인심판은 등록상표와 확인대상표장을 대비하여 상품 출처의 오인·혼동을 초래할 만한 동일·유사성이 있는지 여부 또는 상표법 제90조 제1항 각 호의 상표권의 효력 제한 사유의 유무 등을 심리하여 확인대상표장이 등록상표의 상표권의 효력이 미치는 객관적인 범위에 속하는지 여부를 확인해 주는 절차로서, 그 심결이 확정되면 누구든지 같은 사실 및 증거에 의하여 다시 심판을

---

9) 구 상표법 제8조 제1항 제7호(이하 이 사건에서 같다)[1990. 1. 13.; 법률 제4210호로 전문 개정되기 전의 것]

청구할 수 없는 일사부재리의 효력이 생긴다. 그러나 이는 그 확인대상표장이 당해 등록상표에 관한 상표권의 효력이 미치는 객관적 범위에 속하는지 여부만을 확정하는 것일 뿐 거기에서 나아가 그 등록상표가 유효한지 여부 또는 상표권의 침해를 둘러싼 분쟁 당사자 사이의 권리관계를 확정하는 의미를 가지는 것은 아니다. 또한 권리범위확인심판에서의 판단은 상표권침해소송이나 등록무효심판에 기속력을 미치지도 않는다. 결국 상표법은 권리범위확인심판제도를 별도로 두고 있기는 하지만 이는 등록상표의 권리범위를 확인해 주는 한정적 기능을 수행할 뿐이고, 등록상표의 등록무효 여부에 대한 최종적인 확정은 등록무효심판 절차에서, 상표권침해를 둘러싼 개별 당사자 사이의 권리관계에 관한 최종적인 판단은 상표권침해소송에서 각각 다루어지도록 한 것이 상표법의 기본 구도라고 할 수 있다.

그러므로 등록상표에 등록무효사유가 존재한다고 하더라도 등록무효심결이 확정되지 아니한 이상 등록상표로서의 효력은 여전히 유지된다고 보아야 한다. 판례가, 등록무효사유가 있는 등록상표라 하더라도 등록무효심결이 확정되기 전까지는 선등록상표의 등록무효를 주장하거나 선등록상표로서의 지위를 부인하여 그와 유사한 상표의 등록을 허용할 수는 없다고 한 것은 그 당연한 논리적 귀결이고, 이러한 법리는 권리범위확인심판 절차에서도 마찬가지로 관철되어야 일관성이 있다. 따라서 권리범위확인심판 절차에서는 등록무효심결이 확정되기까지는 등록상표에 등록무효사유가 존재하는지 여부를 고려할 필요 없이 단지 확인대상표장이 그 등록상표의 권리범위에 속하는지 여부에 관해서만 심리·판단하는 것이 맞다. 반대의견처럼 권리범위확인심판 절차에서 권리범위에 속하는지 여부의 본안 판단을 하기에 앞서 등록무효사유의 존부를 선결문제로 심리하도록 하는 것은 등록무효심판제도와 권리범위확인심판제도를 목적과 기능을 달리하는 별개의 절차로 병치시켜 둔 상표법의 기본 구조 및 확립된 판례의 흐름에 배치된다.

② 한편 대법원은 등록상표의 상표권에 근거하여 타인이 사용하고 있는 표장의 사용금지나 그 사용으로 인한 손해의 배상을 구하는 상표권침해소송에서, 등록상표에 대한 등록무효심결이 확정되기 전이라고 하더라도 상표등록이 무효심판에 의하여 무효로 될 것임이 명백한 경우에는 특별한 사정이 없는 한 그 상표권에 기초한 침해금지 등의 청구는 권리남용에 해당하여 허용되지 아니한다고 함으로써, 등록무효심판 절차가 아닌 절차에서도 등록무효사유의 존부를 판단할 수 있는 길을 열어 두었다. 그러나 위와 같이 상표권침해소송에서 명백한 등록무효사유가 존재한다고 인정되어 권리남용의 항변이 받아들여지더라도, 이는 권리의 부존재나 무효를 확인하거나 확정하는 것이 아니다. 단지 그 사건의 분쟁 당사자 사이에 권리행사의 제한사유가 존재한다는 것을 인정하는 의미를 가질 뿐이고, 그 판결의 효력도 그 소송 당사자 사이에서만 미치므로, 다른 제3자는 그 상표등록에 명백한 무효사유가 존재하지 아니한다고 주장하여 다투는 것이 불가능하지 않다. 반면 권리범위확인심판은 그 심결이 확정되면 심판의 당사자뿐만 아니라 제3자에게도 일사부재리의 효력이 미치는 대세적 효력을 가진다는 점에서 결정적 차이가 있다.

결국 상표권침해소송에서는 권리남용의 항변으로 등록무효사유의 주장을 인정하더라도 이는 그 당사자 사이에 상대적 효력만을 가질 뿐이어서, 등록상표의 대세적 효력은 등록무효심판에 의해서만 부정할 수 있도록 한 상표법의 기본 구조와 상충되는 바가 없다. 그러나 심결에 대세적 효력이 있는 권리범위확인심판에서 상표등록의 무효사유 주장을 인정하게 되면 이는 위와 같은 상표법의 근본 구도를 깨트리는 것이 되므로 상표권침해소송과는 법적 성격과 차원을 달리하는 것이다. 이렇게 보면, 등록무효사유가 존재하는 동일한 등록상표에 근거한 권리 주장에 대하여, 권리범위확인심판에서는 권리범위를 확인하면서도 상표권침해소송에서는 그 상표권의 행사가 권리남용에 해당하여 허용될 수 없다고 함으로써 마치 상반되는 듯한 결론이 내려지는 경우가 있다고 하더라도, 이는 각 제도의 본래 목적과 기능에 따른 것으로서 상호 모순된다고 할 수 없다.

또한 권리범위확인심판은 권리의 범위를 심판하는 것일 뿐 권리의 존재 자체를 확정 짓는 것이 아니므로, 권리범위확인심판에서 확인대상표장이 등록상표의 권리범위에 속한다고 판단했다고 해서 그 후 등록무효심판에서 그 등록상표의 상표등록이 무효라고 판단하는 것이 반대의견에서 지적하는 것처럼 서로 모순된다고 할 것도 물론 아니다.

③ 권리범위확인심판청구의 이익이 있는지는 직권조사사항이다. 따라서 반대의견과 같이 등록상표가 무효로 될 것임이 명백한 경우에 그에 관한 권리범위확인심판청구의 이익이 없다고 본다면, 등록상표에 등록무효사유가 존재하는지 여부는 당사자의 주장이 없더라도 직권으로 먼저 심리하여야 한다. 그러나 이는 권리범위확인심판 사건의 심리에 과도한 부담을 주게 될 뿐 아니라 당사자의 권리구제 측면에서도 반드시 바람직하다고 할 수 없다. 즉, 반대의견처럼 권리범위확인심판에서 등록무효 여부를 판단할 수 있도록 하더라도 그 판단이 등록무효심판이나 상표권침해소송에 어떠한 기속력도 가지지 못하는 이상 그 판단에 불복하는 당사자는 위와 같은 별도의 절차를 통하여 계속 다툴 수 있으므로, 결국 그 당사자들은 궁극적인 분쟁해결에 도움도 되지 아니하는 절차에 시간과 노력을 낭비하게 될 수 있다. 등록상표에 등록무효사유가 있다고 다투어지는 경우, 그 권리가 유효하다고 주장하는 당사자로서는 적극적 권리범위확인심판을 구하기보다는 차라리 상표권 침해금지의 소를 제기하는 것이 확인대상표장의 계속 사용을 직접적으로 저지할 수 있는 실효적 수단이 될 것이고, 반대로 등록상표의 효력을 부정하는 당사자로서는 소극적 권리범위확인심판을 구하느니 곧바로 등록무효심판을 제기하는 것이 효과적이다. 이러한 점들에 비추어 볼 때 권리범위확인심판제도는 그 제도의 본래 목적 범위에 한정하여 심리범위를 제한하는 것이 옳고, 반대의견처럼 거기에서 심리할 대상을 등록무효사유의 존부에까지 확장하는 것은 법리적 근거도 없고 현실적 필요도 없다.

④ 위와 같은 점들을 종합하여 보면, 반대의견과 같이 등록상표가 무효로 될 것임이 명백한 경우라도 그에 관한 권리범위확인심판청구가 심판청구의 이익이 없어 부적법하다고 볼 수는 없다.

이상과 같이 다수의견에 대한 보충의견을 밝힌다.

(6) 반대의견에 대한 대법관 신영철의 보충의견

① 다수의견에 대한 보충의견이 지적하는 것처럼 상표법은 상표등록의 효력을 소멸시키기 위한 등록무효심판제도를 두고 있으므로, 등록상표에 등록무효사유가 있더라

도 등록무효심결이 확정되지 않는 한 상표등록이 무효로 되는 것이 아니다. 그렇다고 하여 그 등록상표에 대하여 예외 없이 등록무효사유가 없는 등록상표와 동일한 법적 지위나 효력을 부여하여야 하는 것은 아니다. 상표등록이 무효심판에 의하여 무효로 될 것임이 명백한 경우에는 그 상표권에 기초한 침해금지 등의 청구가 권리남용에 해당하여 허용되지 아니한다고 판시한 대법원 2010다103000 전원합의체 판결이 바로 그러한 예외가 인정될 수 있음을 보여주는 예이다. 위 전원합의체 판결은 권리남용의 법리를 적용하여 상표권에 기초한 침해금지 등의 청구를 배척함으로써 마치 상표등록이 무효로 된 것이나 다름없는 효과를 내고 있다. 마찬가지로 권리범위확인심판에서도 상표등록이 무효심판에 의하여 무효로 될 것임이 명백한 경우에는 그 상표권의 효력이 미치는 범위에 관한 확인을 거부하여 위 전원합의체 판결이 추구하는 소송경제와 효율성을 권리범위확인심판에도 보완적용하자는 것이 반대의견의 기본 취지이다.

상표권의 권리범위확인심판은 권리범위 확인의 대상이 되는 상표권이 존재함을 당연한 논리적 전제로 하고 있다. 상표법이 권리범위확인심판제도와는 별개로 등록무효심판제도를 두고 있다고 하여 이러한 논리적 전제가 부정될 수는 없다. 이를 무시하면서까지 실체가 없는 상표권에 관하여도 형식적이나마 권리범위확인심판을 허용하는 것이 두 제도를 병치시켜 둔 상표법의 취지라고 볼 수는 없다.

등록상표에 등록무효사유가 있음이 명백함에도 이러한 사정을 등록무효심판 절차에 미루어 둔 채 확인대상표장이 그 등록상표의 권리범위에 속하는지 여부에 관한 심결을 하게 되면, 심판의 당사자는 물론 제3자조차 등록무효로 되어야 할 상표에 일정한 권리범위가 존재한다거나 상표법의 보호를 받을 수 있다는 그릇된 인식을 하고 이를 토대로 새로운 법률관계를 형성할 수 있어 바람직하지 아니하다. 또한 권리범위확인심판은 심판의 당사자 이외의 제3자에게 일사부재리의 효력이 미치므로, 등록상표에 무효사유가 있음이 명백한지를 심리한 후에 그 권리확정에 나아감이 타당하다. 그렇지 아니하면 심판의 당사자는 물론 제3자조차 일사부재리의 효력이 미치는 범위 내에서 권리범위확인심판청구를 봉쇄당하게 되어 일반 제3자의 이익을 해치게 된다.

② 다수의견에 대한 보충의견은, 상표권의 권리범위확인심판에서 상표등록이 무효로 될 것이 명백한지를 살펴야 한다면 특허심판원이나 법원에 과도한 심리의 부담을 주게 되고 당사자의 권리구제 측면에서도 바람직하지 않다고 주장한다. 그러나 심판청구의 이익의 유무는 직권조사사항이므로, 권리범위확인심판 사건에서 특허심판원이나 법원은 당사자의 주장 여부와 관계없이 언제나 등록상표에 무효사유가 있음이 명백한지를 심리・판단하여야 한다. 심판청구의 이익이 있는지를 심리하는 데 부담이 따른다고 하여 그 심리를 생략한 채 아무런 이익도 없는 심판청구를 허용할 수는 없으므로, 그러한 부담을 우려하여 권리범위확인심판에서는 등록무효사유에 관한 심리를 하는 것이 부적절하다고 하는 것은 본말이 전도되었다는 비판을 면할 수 없다. 오히려 등록무효심판과 권리범위확인심판을 준별하여 권리범위확인심판 절차에서는 상표등록의 등록무효 여부를 판단할 수 없도록 하는 것이야말로 단일한 분쟁을 여러 개의 소송사건으로 만들 수 있도록 허용하는 것으로서, 그 자체로 시간

과 비용의 낭비와 당사자의 불편을 초래하고 특허심판원이나 법원의 부담을 가중시키는 것이 된다.

대법원은 상표가 사용에 의한 식별력을 취득하였는지 여부는 등록결정 시를 기준으로 판단하여야 한다는 입장을 취하고 있고, 상표법 제117조 제1항 제1호의 규정도 같은 논리를 전제하고 있는 것으로 보인다. 그렇다면 등록결정 당시를 기준으로 식별력이 없던 상표가 등록 이후의 왕성한 사용에 의하여 식별력을 취득하였다고 하여 등록무효사유가 치유되는 것은 아니므로, 그와 같은 상표등록을 받은 사람은 불편을 감수하고서라도 다시 동일한 상표를 출원하여 등록을 받아야 하고, 그 이후에나 상표권의 권리범위확인심판을 받든가 유사한 표장에 대하여 침해금지 등을 청구할 수 있다. 이것이 우리 상표법이 취하고 있는 기본 입장이라고 보아야 한다.

28   제임스딘 사건 (96후2173)

판시사항

(1) 상표 "JAMES DEAN"이 저명한 고인과의 관계를 허위로 표시한 상표에 해당하는지 여부(소극)

(2) 저명한 고인의 이름을 사용한 상표가 공공의 질서 또는 선량한 풍속을 문란하게 할 염려가 있다거나 수요자를 기만할 염려가 있는 상표가 아니라고 한 사례

판결요지

(1) 출원상표 "JAMES DEAN"은 단순히 고인의 성명 그 자체를 상표로 사용한 것에 지나지 아니할 뿐 동인과의 관련성에 관한 아무런 표시가 없어 이를 가리켜 상표법 제34조 제1항 제2호 소정의 고인과의 관계를 허위로 표시한 상표에 해당하지 않는다.

(2) 출원상표 "JAMES DEAN" 자체의 의미에서 선량한 도덕관념이나 국제신의에 반하는 내용이 도출될 수는 없으며, 출원상표와 같은 표장을 사용한 상품이 국내에서 유통됨으로써 국내의 일반 수요자들에게 어느 정도라도 인식되었음을 인정할 자료가 없는 이상 국내의 일반거래에 있어서 수요자나 거래자들이 출원상표를 타인의 상품 표장으로서 인식할 가능성은 없으므로, 위 상표를 상표법 제34조 제1항 제4호 소정의 공공의 질서 또는 선량한 풍속을 문란하게 할 염려가 있는 상표라거나 상표법 제34조 제1항 제12호 소정의 수요자를 기만할 염려가 있는 상표라고도 볼 수 없다고 한 사례이다.

논점의 정리

상고이유를 본다.

원심심결 이유에 의하면, 원심은, 이 사건 출원상표(1994. 1. 20. 출원, 이하 '본원상표'라고 한다) "JAMES DEAN"은 1955. 9. 30. 사망한 세계적으로 유명한 미국의 영화배우 제임스 딘(JAMES DEAN)의 영문성명으로 구성된 것으로 제임스 딘과 특정한 관계가 없음에도 관계가 있는 것처럼 제임스 딘의 성명을 허위로 표시한 상표에 해당하고, 또한 저명한 고인의 성명을 정당한 권한 없이 등록, 사용하여 고인의 명성에 편승하고자 하는 것으로 공정하고

신용 있는 거래질서를 문란케 할 염려가 있을 뿐만 아니라 국제적 선린관계 및 신뢰관계를 저해할 우려가 있으며, 일반 수요자로 하여금 위 고인의 성명 등의 상표화 등 상업적 사용권한을 가진 자와 특정한 관계에 있는 것으로 상품의 출처의 오인·혼동을 유발할 우려가 있다는 이유로 상표법 제34조 제1항 제2호, 제4호 및 제12호에 의하여 본원상표의 등록을 거절한 원사정을 유지하였다.

그런데, 기록과 관련 법규에 의하여 살펴보면, 본원상표는 단순히 고인의 성명 그 자체를 상표로 사용한 것에 지나지 아니할 뿐 동인과의 관련성에 관한 아무런 표시가 없어 이를 가리켜 상표법 제34조 제1항 제2호 소정의 고인과의 관계를 허위로 표시한 상표에 해당한다고 볼 수 없고, 또한 본원상표 자체의 의미에서 선량한 도덕관념이나 국제신의에 반하는 내용이 도출될 수는 없으며, 본원상표와 같은 표장을 사용한 상품이 국내에서 유통됨으로써 국내의 일반 수요자들에게 어느 정도라도 인식되었음을 인정할 자료가 없는 이상 국내의 일반거래에 있어서 수요자나 거래자들이 본원상표를 타인의 상품 표장으로서 인식할 가능성은 없으므로, 본원상표를 상표법 제34조 제1항 제4호 소정의 공공의 질서 또는 선량한 풍속을 문란하게 할 염려가 있는 상표라거나 상표법 제34조 제1항 제12호 소정의 수요자를 기만할 염려가 있는 상표라고도 볼 수 없다.

그럼에도 원심이 위와 다른 견해에서 본원상표를 상표법 제34조 제1항 제2호, 제4호 및 제12호에 해당하는 것으로 보아 등록을 거절하였음은 동 조항에 관한 법리를 그르쳐 심결결과에 영향을 미친 위법이 있다고 할 것이므로 이 점을 지적하는 논지는 이유 있다.

29 허준 사건 (2011허7560)

판시사항

양천 허씨 대종회가 특허심판원에 甲 주식회사를 상대로 등록상표 "허준本家"는 상표법 제34조 제1항 제2호, 제4호 등에 해당된다는 이유로 등록무효심판을 청구하였고 특허심판원이 이를 인용하는 심결을 하자, 甲 회사가 위 심결의 취소를 구하는 청구를 한 사안에서, 등록상표는 상표법 제34조 제1항 제2호, 제4호에 해당하여 무효라고 한 사례

판결요지

양천 허씨 대종회가 특허심판원에 甲 주식회사를 상대로 등록상표 "허준本家"(이하 '이 사건 등록상표'라 한다)는 상표법 제34조 제1항 제2호, 제4호 등에 해당된다는 이유로 등록무효심판을 청구하였고 특허심판원이 이를 인용하는 심결을 하자, 甲 회사가 위 심결의 취소를 구하는 청구를 한 사안에서, 甲 회사는 '허준'의 본가와 관련이 없으므로 허준의 본가를 의미하는 이 사건 등록상표는 '저명한 고인과 관계를 허위로 표시한 상표'로서 상표법 제34조 제1항 제2호에 해당하고, 허준의 문중 종친들과 관련 없는 자가 밀접한 관련이 있는 것으로 인식되는 이 사건 등록상표를 독점적으로 사용할 의도로 무단으로 출원·등록하여 사용하는 것은 허준의 명예를 훼손할 우려가 있는 행위에 해당하고 지정상품도 한의학과 상당한 관련이 있어서 이는 수요자의 구매를 불공정하게 흡인하고자 하는 것으로서 공정하고 신용 있는

상품의 유통질서나 상도덕 등 선량한 풍속을 문란하게 할 염려가 있는 것이므로 상표법 제34조 제1항 제4호에 해당한다는 이유로, 이 사건 등록상표는 무효라고 한 사례이다.

논점의 정리

(1) 기초 사실

① 이 사건 등록상표

ㄱ 등록번호 / 출원일 / 등록일 : 상표등록 제827203호 / 2009. 7. 10. / 2010. 6. 21.

ㄴ 구성 : **허준本家**

ㄷ 지정상품 : 상품류 구분 제30류의 쌀, 녹차가 함유된 쌀, 동충하초가 함유된 쌀, 차(茶)

② 이 사건 심결의 경위

피고가 2010. 8. 19. 특허심판원에 원고를 상대로 이 사건 등록상표는 상표법 제34조 제1항 제2호, 제4호, 제6호, 제12호에 각 해당된다는 이유로 등록무효심판을 청구하였고, 특허심판원은 이를 2010당2112호로 심리 후 2011. 7. 1. 이 사건 등록상표는 상표법 제34조 제1항 제2호, 제6호, 제12호에는 각 해당되지 않으나 상표법 제34조 제1항 제4호에 해당한다는 이유로 피고의 청구를 인용하는 이 사건 심결을 하였다.

③ 인정 근거 : 갑 제1, 2호증, 변론의 전 취지

(2) 당사자들의 주장

① 원고 주장의 요지

ㄱ 이 사건 등록상표의 지정상품은 '쌀, 녹차가 함유된 쌀, 동충하초가 함유된 쌀, 차(茶)'로 허준의 한의학과는 전혀 관련이 없으므로 이러한 상품에 이 사건 등록상표를 사용하더라도 수요자의 구매를 불공정하게 흡인하는 것이 아니어서 공정하고 신용 있는 상품의 유통질서를 침해할 우려가 없다.

ㄴ 이 사건 등록상표는 구성 자체에 고인과의 관련성에 관한 아무런 표시가 없으므로 저명한 고인과의 관계를 허위로 표시하거나 이를 비방 또는 모욕하거나 고인으로 하여금 나쁜 평판을 받게 할 우려가 있다고 볼 수 없다.

ㄷ '허준'은 400년 전에 고인이 된 한의학 명의로 현존하는 타인의 성명이 아닐 뿐만 아니라 상품의 품질을 오인하게 하거나 수요자를 기만할 염려가 있는 상표가 아니므로, 이 사건 등록상표는 상표법 제34조 제1항 제2호, 제4호, 제12호에 해당하지 않는다.

② 피고 주장의 요지

ㄱ 이 사건 등록상표는 저명한 고인인 '허준'의 계보를 이어온 집이라는 관념이 도출되도록 '本家'를 결합하여 저명한 고인과의 관계를 허위 표시하였으므로, 상표법 제34조 제1항 제2호에 해당한다.

ㄴ 이 사건 등록상표의 지정상품은 '쌀, 녹차가 함유된 쌀, 동충하초가 함유된 쌀, 차(茶)'로 한의학이 확대 적용된 제품이므로 '허준'의 한의학과 밀접한 관계가 있고, 원고는 자신의 창업 브로슈어에서 "한의학의 자랑스러운 아이콘 '허준' 허

준본가는 국민을 생각하고 건강을 생각하는 허준의 정신을 이어갑니다.”라고 기
재하는 등 '허준'의 명성을 통해 수요자의 구매를 불공정하게 흡인하려는 의도가
명백히 보이므로, 이 사건 등록상표는 상표법 제34조 제1항 제4호에 해당한다.
ⓒ 이 사건 등록상표가 사용될 경우 일반 수요자들로 하여금 '허준'의 계보를 잇는
집안 또는 단체에서 허준의 한의학을 바탕으로 한 식품을 생산, 판매한다고 오인·
혼동케 할 우려가 있고, 여기서 생산된 제품은 타인의 제품과의 관계에서 제품의
우월성이 있다고 여겨질 것이어서 상품 품질의 오인·혼동이 발생될 염려가 있
으므로, 이 사건 등록상표는 상표법 제34조 제1항 제12호에 해당한다.

(3) 상표법 제34조 제1항 제2호 해당 여부

이 사건 등록상표 "허준本家"는 한글 '허준'과 한문 '本家'가 결합되어 이루어진 표장
인데, '허준'은 원고도 인정하고 있듯 조선시대 한의학의 최고 권위자이자 한의서 동
의보감의 저자로서 저명한 고인인 '허준'을 의미하고, '本家'는 '호적법상 가제도(家制
度)에서 가족원이 소속해 있던 가에서 분가(分家)하여 1가(一家)를 창립한 경우, 그 본
래의 가'를 의미하며(네이버 백과사전 참조), 국어사전에는 '① 따로 세간을 나기 이전의
집, ② 본래 살던 집, 잠시 따로 나와 사는 사람이, 가족들이 사는 중심이 되는 집을
가리키는 말, ③ 여자의 친정집' 등으로 정의되어 있다(네이버 국어사전 참조).
따라서 '허준'과 '本家'가 결합된 이 사건 등록상표는 저명한 고인인 '허준'의 본가를
의미하는 것으로 인식된다 할 것인데, 이 사건 등록상표의 등록권리자인 원고는 '허준'
의 본가와 관련이 없으므로, 이 사건 등록상표는 저명한 고인과의 관계를 허위로 표시한
상표로서 상표법 제34조 제1항 제2호에 해당한다.

(4) 상표법 제34조 제1항 제4호 해당 여부

이 사건 등록상표 "허준本家"의 '허준'은 앞서 본 바와 같이 조선시대 한의학의 최고
권위자이자 한의서 동의보감의 저자인 저명한 고인으로서 양천 허씨 20세손인데, 현재
까지 그 후손들이 허준의 위덕과 업적을 기리기 위하여 제사를 봉행해 오고 있고, 양천
허씨 종중이나 허준기념사업회 등 문중 종친들과 단체들이 그의 사상과 정신을 이어받
아 한의학 발전 등에도 노력하면서 다양한 활동을 전개해오고 있음에도, 허준의 문중
종친들과 관련이 없는 자가 허준의 문중 종친들과 밀접한 관련이 있는 것으로 인식되는
"허준本家" 상표를 독점적으로 사용할 의도로 무단으로 출원·등록하여 사용하는 것은
저명한 고인인 허준의 명성을 떨어뜨려 그의 명예를 훼손할 우려가 있어 일반인의 통상
적인 도덕관념인 선량한 풍속에 반할 뿐만 아니라, 이 사건 등록상표의 지정상품인 '쌀,
녹차가 함유된 쌀, 동충하초가 함유된 쌀, 차(茶)'도 한의학과 적지 않은 관련이 있어
이 사건 등록상표는 허준의 명성에 편승하여 수요자의 구매를 불공정하게 흡인하고자
하는 것으로서 공정하고 신용 있는 상품의 유통질서나 상도덕 등 선량한 풍속을 문란하
게 할 염려가 있다 할 것이므로, 이 사건 등록상표는 상표법 제34조 제1항 제4호에 해당
한다.

(5) 결 론

따라서 이 사건 등록상표는 상표법 제34조 제1항 제2호 및 같은 항 제4호의 규정에
각 해당하여 나머지 점에 관하여 나아가 판단할 필요 없이 그 등록이 무효로 되어야

하는 바, 이 사건 심결은 이와 결론을 같이 하여 적법하고, 그 취소를 구하는 원고의 청구는 이유 없으므로 이를 기각하기로 하여 주문과 같이 판결한다.

30 축협 사건 (97후1320)

판시사항

(1) 상표법 제34조 제1항 제3호의 규정 취지

(2) 축산업협동조합중앙회의 업무표장과 유사하다는 이유로 상표등록을 거절한 사례

(3) 상표법 제34조 제1항 제3호가 적용되기 위하여는 출원상표의 지정상품과 인용 업무표장으로 표시되는 업무가 유사하거나 견련관계가 있어야 하는지 여부(소극)

판결요지

(1) 상표법 제34조 제1항 제3호는 "국가·공공단체 또는 이들의 기관과 공익법인의 비영리 업무나 공익사업을 표시하는 표장으로서 저명한 것과 동일·유사한 상표"는 상표등록을 받을 수 없다고 규정하고 있는 바, 위 규정의 취지는 저명한 업무표장을 가진 공익단체의 업무상의 신용과 권위를 보호함과 동시에 그것이 상품에 사용되면 일반 수요자나 거래자에게 상품의 출처에 관한 혼동을 일으키게 할 염려가 있으므로 일반 공중을 보호하는 데에 있다.

(2) 축산업협동조합중앙회의 업무표장과 유사하다는 이유로 상표등록을 거절한 사례이다.

(3) 출원상표의 지정상품과 인용 업무표장에 의하여 표시되는 업무가 유사하지 아니하거나 견련관계가 없다고 하더라도 그러한 사정만으로 상표법 제34조 제1항 제3호 규정의 적용이 배제된다고 볼 것은 아니다.

논점의 정리

상고이유를 판단한다.

상표법 제34조 제1항 제3호는 "국가·공공단체 또는 이들의 기관과 공익법인의 비영리 업무나 공익사업을 표시하는 표장으로서 저명한 것과 동일·유사한 상표"는 상표등록을 받을 수 없다고 규정하고 있는 바, 위 규정의 취지는 저명한 업무표장을 가진 공익단체의 업무상의 신용과 권위를 보호함과 동시에 그것이 상품에 사용되면 일반 수요자나 거래자에게 상품의 출처에 관한 혼동을 일으키게 할 염려가 있으므로 일반 공중을 보호하는 데에 있다고 할 것이다.

원심심결 이유에 의하면 원심은, 축산업협동조합중앙회는 축산업협동조합법 제33조 제2항에 의하여 영리를 목적으로 하는 업무를 하여서는 아니 되는 공공단체로서, 그 업무표장 "🐄"(이하 '인용 업무표장'이라 한다)은 1985. 11. 7. 등록이 된 이래 계속 사용되어 일반인들에게 축산업협동조합중앙회를 표시하는 표장으로 널리 알려져 있는 바, 이 사건 출원상표 "🐄"(이하 '본원상표'라고 한다)는 인용 업무표장과 그 외관이 유사하여 본원상표가 그 지정상품에 사용될 경우에 일반 수요자 및 거래자에게 그 상품이 축산업협동조합중앙회

나 그와 밀접한 관계가 있는 회사에 의하여 생산된 상품으로 인식됨으로써 상품출처의 오인·혼동의 우려가 있고, 본원상표가 효성그룹의 심벌마크(symbol mark)로서 인용 업무표장보다 훨씬 이전부터 그 지정상품에 사용되어 인용 업무표장과의 사이에 상품의 출처에 관하여 혼동을 일으키지 아니하고 구별이 가능할 정도로 일반 수요자에게 널리 인식되었다고 볼 만한 증거도 없다는 이유로 상표법 제34조 제1항 제3호에 의하여 본원상표의 등록을 거절한 원사정은 정당하다고 판단하였는 바, 기록에 비추어 살펴보면, 원심의 위와 같은 조치는 옳다고 여겨지고, 거기에 상표법 제34조 제1항 제3호에 관한 법리를 오해하였거나 양 표장의 유사 여부에 관한 심리를 다하지 아니한 위법이 있다고 할 수 없다. 그리고 본원상표의 지정상품과 인용 업무표장에 의하여 표시되는 업무가 유사하지 아니하거나 견련관계가 없다고 하더라도 그러한 사정만으로 위 규정의 적용이 배제된다고 볼 것은 아니므로, 원심이 그러한 지정상품과 업무 상호 간의 유사 여부 내지 견련관계 여부에 대하여 별도로 판단하지 아니하였다고 하더라도 위 규정의 적용에 있어서 심리를 다하지 아니한 잘못이 있다고 할 것은 아니다. 상고이유의 주장은 모두 받아들일 수 없다.

31 백남준 미술관 사건 (2010후456)

판시사항

(1) 상표등록요건에 관한 상표법의 규정이 개정되면서 그 부칙에서 개정 규정과 관련하여 별도의 경과 규정을 두지 아니하는 경우에 적용하는 규정(종전 규정)

(2) 백남준의 처 등이 별도로 '백남준 미술관'의 건립을 고려하자, 백남준 성명의 명성에 편승하여 백남준 성명이 포함된 상표 등을 독점적으로 사용할 의도로 무단으로 등록상표인 "백남준 미술관"을 출원·등록한 사안에서, 위 등록상표는 구 상표법 제7조 제1항 제4호에 해당하여 그 등록이 무효라고 본 원심판단을 수긍한 사례

판결요지

(1) 상표등록요건에 관한 상표법의 규정이 개정되면서 그 부칙에서 개정 규정과 관련하여 별도의 경과 규정을 두지 아니하는 경우에는 특별한 사정이 없는 한 그 개정 전에 출원하여 등록된 상표에 대한 심판 및 소송에 대하여는 종전의 규정에 의하여 형성된 상표법 질서의 안정을 손상시키지 않도록 하기 위하여 원칙적으로 종전의 규정이 적용되어야 하고, 구 상표법(2007. 1. 3., 법률 제8190호로 개정되기 전의 것. 이하 이 사건에서 같다) 제7조 제1항 제4호[10])에 관한 2007. 1. 3. 법률 제8190호의 상표법 개정은 그 규정 내용과 적용 범위를 종전의 규정에 비하여 구체적이고 명확하게 한정하고자 하는 취지에서 이루어진 것이기는 하지만, 위 제4호의 개정으로 인하여 달성하고자 하는 공익적 목적이 종전의 규정에 의하여 형성된 상표법 질서의 존속에 대한 제3자의 신뢰의 파괴를 정당화할 수 있는 특별한 사정도 없다. 그러므로 개정 상표법 시행일 전인 1999.

---

10) 상표법 제34조 제1항 제4호(이하 이 사건에서 같다)[시행기준 2022. 4. 20., 법률 제18502호]

12. 10. 출원하여 등록된 등록상표의 심판 및 소송에 대하여는 종전의 규정인 구 상표법 제7조 제1항 제4호가 적용된다고 봄이 상당하다.

(2) 백남준의 처 등이 별도로 '백남준 미술관'의 건립을 고려하자, 백남준 성명의 명성에 편승하여 백남준 성명이 포함된 상표 등을 독점적으로 사용할 의도로 무단으로 등록상 표인 "백남준 미술관"을 출원·등록한 사안에서, 이러한 행위는 저명한 비디오 아트 예술가 로서의 백남준의 명성을 떨어뜨려 그의 명예를 훼손시킬 우려가 있어 사회 일반인의 도덕관념인 선량한 풍속에 반할 뿐만 아니라, 저명한 백남준 성명의 명성에 편승하여 수요자의 구매를 불공정하게 흡인하고자 하는 것으로서 공정한 상품유통질서나 상도덕 등 선량한 풍속을 문란하게 할 염려가 있으므로, 위 등록상표는 구 상표법 제7조 제1항 제4호에 해당하여 그 등록이 무효라고 한 사례이다.

논점의 정리

상고이유를 본다.

(1) 상고이유 제1점에 관하여

구 상표법 제7조 제1항 제4호는 '공공의 질서 또는 선량한 풍속을 문란하게 할 염려가 있는 상표'를 상표등록을 받을 수 없는 상표로 규정하고 있었는데, 개정 상표법은 위 규정을 '상표 그 자체 또는 상표가 상품에 사용되는 경우 수요자에게 주는 의미와 내용 등이 일반인의 통상적인 도덕관념인 선량한 풍속에 어긋나거나 공공의 질서를 해칠 우 려가 있는 상표'라고 개정하면서, 그 부칙에서 위 개정 규정에 관하여 별도의 경과규정 을 두고 있지 아니하다.

그런데 상표등록요건에 관한 상표법의 규정이 개정되면서 그 부칙에서 개정 규정과 관 련하여 별도의 경과 규정을 두지 아니하는 경우에는 특별한 사정이 없는 한 그 개정 전에 출원하여 등록된 상표에 대한 심판 및 소송에 대하여는 종전의 규정에 의하여 형성 된 상표법 질서의 안정을 손상시키지 않도록 하기 위하여 원칙적으로 종전의 규정이 적용되어야 하고, 제7조 제1항 제4호에 관한 위와 같은 개정은 그 규정 내용과 적용 범위를 종전의 규정에 비하여 구체적이고 명확하게 한정하고자 하는 취지에서 이루어진 것이기는 하지만, 위 제4호의 개정으로 인하여 달성하고자 하는 공익적 목적이 종전의 규정에 의하여 형성된 상표법 질서의 존속에 대한 제3자의 신뢰의 파괴를 정당화할 수 있는 특별한 사정도 없다. 그러므로 개정 상표법 시행일 전인 1999. 12. 10. 출원하여 등록된 이 사건 등록상표의 심판 및 소송에 대하여는 종전의 규정인 구 상표법 제7조 제1항 제4호가 적용된다고 봄이 상당하다.

따라서 같은 취지의 원심의 판단은 정당하고, 상고이유에서 주장하는 바와 같은 구 상표 법 제7조 제1항 제4호의 개정과 그 적용범위에 관한 법리오해 등의 위법이 없다. 상고이 유에서 들고 있는 대법원 판례는 사안을 달리하여 이 사건에 원용하기에 적절하지 아니 하다.

(2) 상고이유 제2, 3, 4점에 관하여

구 상표법 제7조 제1항 제4호에서 '공공의 질서 또는 선량한 풍속을 문란하게 할 염려가 있는 상표'라고 함은 상표의 구성 자체 또는 그 상표가 지정상품에 사용되는 경우 일반 수요자에게 주는 의미나 내용이 사회 공공의 질서에 위반하거나 사회 일반인의 통상적인 도덕관념인 선량한 풍속에 반하는 경우뿐만 아니라, 그 상표를 등록하여 사용하는 행위가 공정한 상품유통질서나 국제적 신의와 상도덕 등 선량한 풍속에 위배되는 경우도 포함된다. 또한 구 상표법 제7조 제1항 제4호에 해당하는지 여부는 상표등록결정시를 기준으로 하여 판단하여야 한다.

기록에 비추어 살펴보면, 피고는 1999. 4.경 대구 지역에서 '백남준 미술관'을 건립한다는 명분으로 '백남준 미술관 건립 추진위원회'를 조직하여 1999. 9.경부터 그 기금을 마련하기 위한 전시회를 준비하는 과정에서, 백남준의 처인 구보타 시게코가 피고가 자금을 모집하여 '백남준 미술관'을 건립하는 것을 반대하고 현대갤러리 등도 피고와 별도로 '백남준 미술관'의 건립을 고려하자, 백남준 성명의 명성에 편승하여 자신만이 백남준 성명이 포함된 상표를 독점적으로 사용할 의도로, 1999. 12. 10. 지정상품·서비스를 '미술관경영업' 등으로 하는 이 사건 등록상표인 '백남준 미술관'을 무단으로 출원하여 등록받았음을 알 수 있고, 한편 이 사건 등록상표의 등록결정일인 2000. 11. 29. 당시 백남준은 우리나라 일반 수요자들에게 저명한 비디오 아트 예술가의 성명으로 알려져 있었다.

이러한 이 사건 등록상표의 출원 경위 및 백남준 성명의 저명성 등에 비추어 보면, 피고가 고의로 저명한 백남준 성명의 명성에 편승하기 위하여 무단으로 이 사건 등록상표를 출원·등록하여 사용하는 행위는 저명한 비디오 아트 예술가로서의 백남준의 명성을 떨어뜨려 그의 명예를 훼손시킬 우려가 있어 사회 일반인의 도덕관념인 선량한 풍속에 반할 뿐만 아니라, 저명한 백남준 성명의 명성에 편승하여 수요자의 구매를 불공정하게 흡인하고자 하는 것으로서 공정한 상품유통질서나 상도덕 등 선량한 풍속을 문란하게 할 염려가 있으므로, 이 사건 등록상표는 구 상표법 제7조 제1항 제4호에 해당하여 그 등록이 무효라고 봄이 상당하다.

따라서 같은 취지의 원심의 사실인정과 판단은 정당하고, 상고이유에서 주장하는 바와 같은 위 법조항에 대한 법리오해나 심리미진, 채증법칙 위반 등의 위법이 없다.

32 우리은행 사건 (2007후3325)

판시사항

(1) 상표등록의 무효심판을 청구할 수 있는 이해관계인의 의미 및 이에 해당하는지 여부의 판단 기준 시기(심결 시)

(2) 특허심판절차에서 받은 불리한 심결이 유효하게 존속하고 있고, 재판 중에 등록상표를 사용할 의사가 없다고 명시적·반복적으로 진술한 것만으로는 당사자 간에 소송에 관한 합의가 이루어졌다고 볼 수 없어서 심결 이후의 사정에 의하여 심결을 취소할 법률상 이익이 소멸되었다고 보기 어려우므로, 심결의 취소를 구할 소의 이익이 있다고 한 사례

(3) 등록상표 "●우리은행"은 상표법 제33조 제1항 제7호의 '수요자가 누구의 업무에 관련된 서비스를 표시하는 것인가를 식별할 수 없는 상표'에 해당한다고 한 사례

(4) 상표법 제34조 제1항 제4호의 '공공의 질서 또는 선량한 풍속을 문란하게 할 염려가 있는 상표[11])의 의미

(5) 등록상표 "●우리은행"은 상표법 제34조 제1항 제4호에서 정한 '공공의 질서 또는 선량한 풍속을 문란하게 할 염려가 있는 상표'에 해당하여 등록을 받을 수 없는 상표에 해당한다고 한 사례

논점의 정리

(1) 피고의 상고이유에 대한 판단

① 등록무효심판의 이해관계인 해당 여부

상표등록의 무효심판을 청구할 수 있는 이해관계인이라 함은 그 등록상표와 동일 또는 유사한 상표를 동일 또는 유사한 지정서비스에 사용한 바 있거나 현재 사용하고 있는 자, 또는 등록된 상표의 지정서비스와 동종의 서비스를 영위하고 있음으로써 등록상표의 소멸에 직접적인 이해관계가 있는 자를 말하고, 이해관계인에 해당하는지 여부는 심결 시를 기준으로 판단하여야 한다.

위 법리와 기록에 비추어 살펴보면, 피고와 동종의 서비스를 영위하고 있는 원고들은 이 사건 등록상표에 대하여 등록무효심판을 청구할 수 있는 이해관계인에 해당하고, 피고가 상고이유에서 주장하는 심결 이후의 사정은 고려할 수 없으므로, 원고들이 이 이 사건 등록상표에 대하여 등록무효심판을 청구할 수 있는 이해관계인에 해당한다고 본 원심은 정당하며, 거기에 피고가 상고이유에서 주장하는 바와 같은 위법이 없다.

② 심결취소소송의 소의 이익 유무

특허심판절차에서 불리한 심결을 받은 당사자는 그 심결이 유효하게 존속하고 있는 이상, 그 심결 이후의 사정에 의하여 심결을 취소할 법률상 이익이 소멸되는 등의 특별한 사정이 없는 한 그 심결의 취소를 구할 소의 이익이 있다.

위 법리와 기록에 비추어 살펴보면, 원고들이 특허심판절차에서 받은 불리한 심결이 유효하게 존속하고 있고, 원고들이 원심단계에서 이 사건 등록상표를 사용할 의사가 없다고 명시적·반복적으로 진술한 것만으로는 당사자 간에 소송에 관한 합의가 이루어졌다고 볼 수도 없어서 심결 이후의 사정에 의하여 심결을 취소할 법률상 이익이 소멸되었다고 보기도 어려우므로, 원고들은 이 사건 심결의 취소를 구할 소의 이익이 있다. 따라서 같은 취지로 판단한 원심은 정당하고, 거기에 피고가 상고이유에서 주장하는 바와 같은 위법이 없다.

---

11) (판결 당시) 상표법(2007. 1. 3. 법률 제8190호로 개정되기 전의 것) 제7조 제1항 제4호
공공의 질서 또는 선량한 풍속을 문란하게 할 염려가 있는 상표
상표법(시행기준 2024. 5. 1. 법률 제18502호) **제34조 제1항 제4호**
상표 그 자체 또는 상표가 상품에 사용되는 경우 수요자에게 주는 의미와 내용 등이 일반인의 통상적인 도덕관념인 선량한 풍속에 어긋나는 등 공공의 질서를 해칠 우려가 있는 상표
(이하 이 사건에서 같다)

③ 이 사건 등록상표의 기타 식별력 없는 상표 해당 여부 기록에 비추어 살
펴보면, 이 사건 등록상표는 우측 도형과 한글 '우리은행'이 좌, 우로 결
합된 상표인 바, 그 중 '우리은행'의 '우리'는 '말하는 이가 자기와 듣는
이, 또는 자기와 듣는 이를 포함한 여러 사람을 가리키는 일인칭 대명사',

[도형]

'말하는 이가 자기보다 높지 아니한 사람을 상대하여 자기를 포함한 여러 사람을
가리키는 일인칭 대명사', '말하는 이가 자기보다 높지 아니한 사람을 상대하여 어떤
대상이 자기와 친밀한 관계임을 나타낼 때 쓰는 말' 등으로 누구나 흔히 사용하는
말이어서 표장으로서의 식별력을 인정하기 어렵고, '은행'은 그 지정서비스의 표시
이어서 식별력이 없으며, 그 결합에 의하여 '우리'와 '은행'이 결합한 것 이상의 새로
운 관념을 도출하거나 새로운 식별력을 형성하는 것도 아니어서 그 문자 부분의 식
별력을 인정하기 어렵다.

그러나 위 도형은 파란색 원 바탕에 가운데의 흰색 부분 상단이 하단과 달리 위쪽으
로 갈수록 반원 형상으로 퍼져나가면서 파란색으로 짙어지는 형태를 띠고 있어서
전체적으로 색채와 농도의 조절을 통하여 해가 솟아오르면서 빛이 퍼져나가는 듯한
입체감을 주고 있고, 그 도형 부분이 간단하고 흔히 있는 형태도 아니어서 문자 부분
과는 구별되는 독자적인 식별력을 가진다고 할 것이므로, 이 사건 등록상표는 그
도형 부분의 식별력으로 인하여 상표법 제33조 제1항 제7호의 수요자가 누구의 업무
에 관련된 서비스를 표시하는 것인가를 식별할 수 없는 상표에 해당하지 않는다.
그럼에도 불구하고 이 사건 등록상표가 기타 식별력 없는 상표에 해당한다고 보아
이 사건 등록상표의 지정서비스 중 '대부업, 리스금융업, 보증업, 어음교환업, 여행자
수표발행업, 저축은행업, 전자식자금대체업, 팩토링서비스업, 할부판매금융업, 귀
중품예탁업, 복권발행업, 보험 · 금융 · 부동산의 재무평가업, 세무대리업, 세무상담
업, 재무평가업, 부동산임대업, 채권매수업, 회사재무정산업'에 대한 심결을 취소한
원심에는 기타 식별력 없는 상표에 관한 법리를 오해한 잘못이 있다 하겠으나, 아래
원고들의 상고이유에 대한 판단에서 보는 바와 같이 '우리은행'을 포함하는 이 사건
등록상표는 상표법 제34조 제1항 제4호에 해당하여 상표등록을 받을 수 없는 것이므
로 결국 위 지정서비스에 관한 이 사건 등록상표의 등록이 무효라고 판단한 원심의
결론은 정당하여 위와 같은 잘못은 이 사건 판결 결과에 영향을 미치지 않는다.

(2) 원고들의 상고이유에 대한 판단

① 상표법 제34조 제1항 제4호는 '공공의 질서 또는 선량한 풍속을 문란하게 할 염려가
있는 상표'는 상표등록을 받을 수 없다고 규정하고 있는 바, 여기서 '공공의 질서
또는 선량한 풍속을 문란하게 할 염려가 있는 상표'라고 함은 상표의 구성 자체 또는
그 상표가 지정상품에 사용되는 경우 일반 수요자에게 주는 의미나 내용이 사회 공
공의 질서에 위반하거나 사회 일반인의 통상적인 도덕관념인 선량한 풍속에 반하는
경우뿐만 아니라, 그 상표를 등록하여 사용하는 행위가 공정한 상품유통질서나 국제
적 신의와 상도덕 등 선량한 풍속에 위배되는 경우도 포함되며, 또한 그 상표의 사용
이 사회 공공의 이익을 침해하는 것이라면 이는 공공의 질서에 위반되는 것으로서
허용될 수 없다고 보아야 할 것이다.

② 위 법리와 기록에 비추어 살펴보면, 이 사건 등록상표의 일부를 구성하고 있는 '우리'라는 단어의 사전적 의미는 피고의 상고이유에 대한 판단에서 이미 본 바 있거니와, 이 단어는 '우리 회사', '우리 동네' 등과 같이 그 뒤에 오는 다른 명사를 수식하여 소유관계나 소속 기타 자신과의 일정한 관련성을 표시하는 의미로 일반인의 일상생활에서 지극히 빈번하고 광범위하게 사용되는 용어이고('나'를 지칭하는 경우에도 '우리'라는 용어가 흔히 쓰이고 있을 정도이다), 한정된 특정 영역에서만 사용되는 것이 아니라 주제, 장소, 분야, 이념 등을 가리지 않고 어느 영역에서도 사용되는 우리 언어에 있어 가장 보편적이고 기본적인 인칭대명사로서, 만일 이 단어의 사용이 제한되거나 그 뜻에 혼란이 일어난다면 보편적·일상적 생활에 지장을 받을 정도로 일반인에게 필수불가결한 단어이다. 따라서 이 단어는 어느 누구든지 아무 제약 없이 자유로이 사용할 수 있어야 할 뿐 아니라 위에서 본 바와 같은 위 단어의 일상생활에서의 기능과 비중에 비추어 이를 아무 제약 없이 자유롭고 혼란 없이 사용할 수 있어야 한다는 요구는 단순한 개인적 차원이나 특정된 부분적 영역을 넘는 일반 공공의 이익에 속하는 것이라고 봄이 상당하다.

③ 그런데 이 사건 등록상표의 문자 부분인 '우리은행'(이하 '상표 은행'이라 한다)은 자신과 관련이 있는 은행을 나타내는 일상적인 용어인 '우리 은행'(이하 '일상용어 은행'이라 한다)과 외관이 거의 동일하여 그 자체만으로는 구별이 어렵고 그 용법 또한 유사한 상황에서 사용되는 경우가 많아, 위 두 용어가 혼용될 경우 그 언급되고 있는 용어가 상표 은행과 일상용어 은행 중 어느 쪽을 의미하는 것인지에 관한 혼란을 피할 수 없고, 그러한 혼란을 주지 않으려면 별도의 부가적인·설명을 덧붙이거나 '우리'라는 용어를 대체할 수 있는 적절한 단어를 찾아 사용하는 번거로움을 겪어야 할 것이며, 특히 동일한 업종에 종사하는 사람에게는 그러한 불편과 제약이 가중되어 그 업무수행에도 상당한 지장을 받게 될 것으로 보인다. 이러한 결과는 '우리'라는 단어에 대한 일반인의 자유로운 사용을 방해하는 것이어서 '우리은행'을 포함하는 이 사건 등록상표의 사용은 위에서 본 사회 일반의 공익을 해하여 공공의 질서를 위반하는 것이라 하겠고, 나아가 그와 같은 상표의 등록을 허용한다면 지정된 업종에 관련된 사람이 모두 누려야 할 '우리'라는 용어에 대한 이익을 그 등록권자에게 독점시키거나 특별한 혜택을 줌으로써 공정한 서비스의 유통질서에도 반하는 것으로 판단된다. 따라서 이 사건 등록상표는 상표법 제34조 제1항 제4호에 해당하는 것으로서 등록을 받을 수 없는 상표에 해당한다고 보아야 할 것이다.

그럼에도 불구하고 이 사건 등록상표가 상표법 제34조 제1항 제4호에 해당하지 않는다고 보아 이 사건 등록상표의 지정서비스 중 '은행업, 국제금융업, 대여금고업, 데빗카드발행업, 신용카드발행업, 신용카드서비스업, 신탁업, 증권업, 증권중개업, 투자금융업, 환전업, 재무관리업, 재무분석업, 재무상담업, 재무정보제공업, 임차구매금융업, 저당금융업, 보험대리업, 증권투자상담업, 홈뱅킹업'에 대한 원고들의 청구를 기각한 원심에는 상표법 제34조 제1항 제4호에 대한 법리를 오해하여 판결에 영향을 미친 잘못이 있고, 이를 지적하는 원고들의 상고이유에서의 주장은 이유 있다.

판시사항

(1) 선사용상표의 사용상품이 등록상표의 지정상품 중 특정의 재료 또는 용도 등의 것에 한정되는 경우, 상표법 제34조 제1항 제12호에서 정한 '수요자를 기만할 염려가 있는 상표'에 해당하는지 판단하는 기준

(2) 선사용상표 "**송석**"의 사용자 甲 주식회사가 등록상표 "**송석**"의 등록권리자 乙 주식회사를 상대로 등록상표가 상표법 제34조 제1항 제12호 등에 해당한다는 이유로 등록무효심판을 청구한 사안에서, 등록상표는 수요자를 기만할 염려가 있는 상표에 해당하지 않는다고 본 원심판단을 수긍한 사례

(3) 상표법 제34조 제1항 제4호에서 정한 '상표 그 자체 또는 상표가 상품에 사용되는 경우 수요자에게 주는 의미와 내용 등이 일반인의 통상적인 도덕관념인 선량한 풍속에 어긋나는 등 공공의 질서를 해칠 우려가 있는 상표'의 의미

판결요지

(1) 등록상표가 상표법 제34조 제1항 제12호에서 규정하고 있는 수요자를 기만할 염려가 있는 상표에 해당하려면, 등록상표나 지정상품과 대비되는 선사용상표나 사용상품이 등록상표에 대한 등록결정 당시에 적어도 국내의 일반거래에서 수요자나 거래자에게 그 상표나 상품이라고 하면 곧 특정인의 상표나 상품이라고 인식될 수 있을 정도로는 알려져 있어야 한다. 여기에서 선사용상표나 사용상품이 국내의 일반거래에서 수요자나 거래자에게 어느 정도로 알려져 있는지에 관한 사항은 일반 수요자를 표준으로 하여 거래의 실정에 따라 인정하여야 하는 객관적인 상태를 말하는 것이고, 선사용상표가 사용된 상품이 등록상표의 지정상품 중 특정의 재료 또는 용도 등의 것에 한정되는 경우라면 그와 같은 한정이 없는 지정상품과의 관계를 충분히 고려하여 선사용상표가 그러한 한정이 없는 지정상품 전체의 상표등록을 배제할 수 있을 정도로 수요자나 거래자에게 특정인의 상표나 상품으로 인식되어 있는지 판단하여야 한다.

(2) 선사용상표 "**송석**"의 사용자 甲 주식회사가 등록상표 "**송석**"의 등록권리자 乙 주식회사를 상대로 등록상표가 상표법 제34조 제1항 제12호 등에 해당한다는 이유로 등록무효심판을 청구한 사안에서, 등록상표의 지정상품인 '건축용 비금속제 타일, 벽돌(시멘트제는 제외), 비금속제 타일, 콘크리트타일' 등은 일반적으로 널리 쓰이는 건축자재들이므로, 이와 대비되는 선사용상표나 사용상품이 등록상표의 등록결정 당시 특정인의 상표나 상품으로 인식될 수 있을 정도로 알려져 있었는지를 판단하기 위해 선사용상표의 사용상품이 전체 시장에서 차지하는 비중을 참작할 때에는 등록상표의 지정상품 또는 그와 유사한 상품의 거래시장을 기준으로 할 것이지, 그 중 '화산석 송이로 제조되는 벽돌이나 타일'과 같이 좁게 한정된 특정 재료의 상품만의 거래시장을 기준으로 할 것은 아니라는 전제에서, 선사용상표를 사용한 상품의 판매 기간 및 방법, 매출액, 선사용상표의 사용상품이 전체 지정상품 등의 시장에서 차지하는 비중, 광고의 방법 및 횟수 등에 비추어 보면, 甲 회사의 선사용상표가 등록상표의 등록결정 당시 국내 수요자나 거래자에게 특정인의 상표나 상품으로 인식될 수 있는 정도로 알려져 있었다고 단정할

수 없으므로, 등록상표는 상표법 제34조 제1항 제12호의 수요자를 기만할 염려가 있는 상표에 해당하지 않는다고 본 원심판단을 수긍한 사례이다.

(3) 상표법 제34조 제1항 제4호는 '상표 그 자체 또는 상표가 상품에 사용되는 경우 수요자에게 주는 의미와 내용 등이 일반인의 통상적인 도덕관념인 선량한 풍속에 어긋나는 등 공공의 질서를 해칠 우려가 있는 상표'는 상표등록을 받을 수 없도록 규정하고 있다. 위 규정은 본래 상표를 구성하는 표장 그 자체가 선량한 풍속 또는 공공의 질서에 반하는 경우 그와 같은 상표에 대하여 등록상표로서의 권리를 부여하지 않을 것을 목적으로 마련된 규정인 점, 상표를 등록하여 사용하는 행위가 상표사용자의 업무상 신용유지와 수요자의 이익보호라는 상표제도의 목적이나 기능을 일탈하여 공정한 상품유통질서나 국제적 신의와 상도덕 등 선량한 풍속에 위배되는 경우에 대하여는 상표법 제34조 제1항의 다른 호에 개별적으로 부등록사유가 규정되어 있는 점, 상표법이 상표선택의 자유를 전제로 하여 선출원인에게 등록을 인정하는 선출원주의의 원칙을 채택하고 있는 점 등을 고려하여 보면, 상표의 구성 자체가 선량한 풍속 또는 공공의 질서에 반하는 경우가 아닌 상표의 출원·등록이 위 규정에 해당하기 위해서는 상표의 출원·등록과정에 사회적 타당성이 현저히 결여되어 그 등록을 인정하는 것이 상표법의 질서에 반하는 것으로서 도저히 용인할 수 없다고 보이는 경우에 한하고, 타인의 상표나 상호 등의 신용이나 명성에 편승하기 위하여 무단으로 타인의 표장을 모방한 상표를 출원하여 등록받았다거나, 또는 상표를 등록하여 사용하는 행위가 특정 당사자 사이에 이루어진 계약을 위반하거나 특정인에 대한 관계에서 신의성실의 원칙에 위배된 것으로 보인다는 등의 사정만을 들어 곧바로 위 규정에 해당한다고 할 수 없다.

논점의 정리   상고이유(상고이유서 제출기간 경과 후에 제출된 상고이유보충서의 기재는 상고이유를 보충하는 범위 내에서)에 대하여 판단한다.

(1) **상표법 제34조 제1항 제12호에 관한 상고이유에 대하여**

등록상표가 상표법 제34조 제1항 제12호에서 규정하고 있는 수요자를 기만할 염려가 있는 상표에 해당하려면, 그 등록상표나 지정상품과 대비되는 선사용상표나 그 사용상품이 등록상표에 대한 등록결정 당시에 적어도 국내의 일반거래에서 수요자나 거래자에게 그 상표나 상품이라고 하면 곧 특정인의 상표나 상품이라고 인식될 수 있을 정도로는 알려져 있어야 한다. 여기에서 선사용상표나 그 사용상품이 국내의 일반거래에서 수요자나 거래자에게 어느 정도로 알려져 있는지에 관한 사항은 일반 수요자를 표준으로 하여 거래의 실정에 따라 인정하여야 하는 객관적인 상태를 말하는 것이고, 선사용상표가 사용된 상품이 등록상표의 지정상품 중 특정의 재료 또는 용도 등의 것에 한정되는 경우라면 그와 같은 한정이 없는 지정상품과의 관계를 충분히 고려하여 그 선사용상표가 그러한 한정이 없는 지정상품 전체의 상표등록을 배제할 수 있을 정도로 수요자나 거래자에게 특정인의 상표나 상품으로 인식되어 있는지를 판단하여야 한다.

원심판결 이유에 의하면, 원심은 채용 증거들을 종합하여 그 판시와 같은 사실을 인정한 다음, 이 사건 등록상표 "송석"의 지정상품인 '건축용 비금속제 타일, 벽돌(시멘트제는 제외), 비금속제 타일, 콘크리트타일' 등은 일반적으로 널리 쓰이는 건축자재들이므로,

이와 대비되는 선사용상표 "**송석**"이나 그 사용상품이 이 사건 등록상표의 등록결정 당시 특정인의 상표나 상품으로 인식될 수 있을 정도로 알려져 있었는지 여부를 판단하기 위해 선사용상표의 사용상품이 전체 시장에서 차지하는 비중을 참작함에 있어서는 이 사건 등록상표의 지정상품 또는 그와 유사한 상품의 거래시장을 기준으로 할 것이지, 그 중 '화산석 송이로 제조되는 벽돌이나 타일'과 같이 좁게 한정된 특정 재료의 상품만의 거래시장을 기준으로 할 것은 아니라고 판단하였다. 그와 같은 전제에서 원심은 선사용상표를 사용한 상품의 판매 기간 및 방법, 매출액, 선사용상표의 사용상품이 전체 지정상품 등의 시장에서 차지하는 비중, 광고의 방법 및 횟수 등에 비추어 보면, 원고의 선사용상표가 이 사건 등록상표의 등록결정 당시 국내 수요자나 거래자에게 특정인의 상표나 상품으로 인식될 수 있는 정도로 알려져 있었다고 단정할 수 없으므로, 이 사건 등록상표는 상표법 제34조 제1항 제12호의 수요자를 기만할 염려가 있는 상표에 해당하지 않는다고 판단하였다.

위 법리와 기록에 비추어 살펴보면, 원심의 위와 같은 사실인정과 판단은 정당하고, 거기에 상고이유의 주장과 같은 상표법 제34조 제1항 제12호에 관한 법리오해 등의 위법이 없다.

(2) 상표법 제34조 제1항 제9호, 제13호에 관한 상고이유에 대하여

등록상표가 상표법 제34조 제1항 제9호에 해당하려면 등록상표와 대비되는 선사용상표가 국내 수요자 간에 주지되어 있어야 하고, 같은 항 제13호에 해당하기 위해서는 선사용상표가 국내 또는 외국의 수요자 간에 특정인의 상품을 표시하는 것이라고 인식되어 있어야 하며, 여기에 해당하는지 여부는 그 등록상표의 출원 당시를 기준으로 판단하여야 한다.

원심판결 이유를 위 법리와 기록에 비추어 살펴보면, 원심이 선사용상표가 이 사건 등록상표의 등록결정 당시 국내 수요자나 거래자에게 특정인의 상표로 인식되어 있지 아니한 이상, 그보다 앞선 이 사건 등록상표의 출원일 무렵 국내 수요자나 거래자에게 주지되어 있다거나 특정인의 상표로 인식되어 있을 여지는 없으므로, 이 사건 등록상표는 상표법 제34조 제1항 제9호, 제13호에 해당하지 않는다고 판단한 것은 정당하고, 거기에 상고이유의 주장과 같은 상표법 제34조 제1항 제9호, 제13호에 관한 법리오해 등의 위법이 없다.

(3) 상표법 제34조 제1항 제4호, 민법 제103조에 관한 상고이유에 대하여

① 상표법 제34조 제1항 제4호는 '상표 그 자체 또는 상표가 상품에 사용되는 경우 수요자에게 주는 의미와 내용 등이 일반인의 통상적인 도덕관념인 선량한 풍속에 어긋나는 등 공공의 질서를 해칠 우려가 있는 상표'는 상표등록을 받을 수 없도록 규정하고 있다. 위 규정은 본래 상표를 구성하는 표장 그 자체가 선량한 풍속 또는 공공의 질서에 반하는 경우 그와 같은 상표에 대하여 등록상표로서의 권리를 부여하지 않을 것을 목적으로 마련된 규정인 점, 상표를 등록하여 사용하는 행위가 상표사용자의 업무상 신용유지와 수요자의 이익보호라는 상표제도의 목적이나 기능을 일탈하여 공정한 상품유통질서나 국제적 신의와 상도덕 등 선량한 풍속에 위배되는 경우에 대하여는 상표법 제34조 제1항의 다른 호에 개별적으로 부등록사유가 규정되어 있

는 점, 상표법이 상표선택의 자유를 전제로 하여 선출원인에게 등록을 인정하는 선출원주의의 원칙을 채택하고 있는 점 등을 고려하여 보면, 상표의 구성 자체가 선량한 풍속 또는 공공의 질서에 반하는 경우가 아닌 상표의 출원·등록이 위 규정에 해당하기 위해서는 상표의 출원·등록과정에 사회적 타당성이 현저히 결여되어 그 등록을 인정하는 것이 상표법의 질서에 반하는 것으로서 도저히 용인할 수 없다고 보이는 경우에 한하고, 타인의 상표나 상호 등의 신용이나 명성에 편승하기 위하여 무단으로 타인의 표장을 모방한 상표를 출원하여 등록받았다거나, 또는 상표를 등록하여 사용하는 행위가 특정 당사자 사이에 이루어진 계약을 위반하거나 특정인에 대한 관계에서 신의성실의 원칙에 위배된 것으로 보인다는 등의 사정만을 들어 곧바로 위 규정에 해당한다고 할 수 없다.

앞서 본 법리와 기록에 비추어 살펴보면, 이 사건 등록상표는 '송석'이라는 한글로만 구성된 상표로서 그 구성 자체 또는 상표가 상품에 사용되는 경우 수요자에게 주는 의미와 내용 등이 선량한 풍속에 어긋나거나 공공의 질서를 해칠 우려가 있는 것이라고 볼 수 없으므로, 비록 선사용상표는 1994. 9. 26. 소외 1에 의하여 선등록되었다가 2004. 9. 27. 존속기간의 만료로 소멸등록되었는데, 그로부터 3년 7개월여가 지난 2008. 5. 14. 피고가 선사용상표와 그 표장 및 지정상품이 동일·유사한 이 사건 등록상표를 출원하여 등록한 후, 소외 1로부터 소외 2를 거쳐 선사용상표에 대한 권리를 양수한 원고를 상대로 상표권침해 혐의로 고소를 제기한 바 있다 하더라도, 그러한 사정만으로는 이 사건 등록상표가 상표법 제34조 제1항 제4호에 해당한다고 할 수 없다. 이 부분 원심판단은 그 이유 설시가 다소 부적절하나 이 사건 등록상표가 상표법 제34조 제1항 제4호에 해당한다고 할 수 없다는 결론은 정당하므로, 거기에 상고이유의 주장과 같이 판결에 영향을 미친 상표법 제34조 제1항 제4호에 관한 법리오해 등의 위법이 없다.

② 그리고 상표등록무효사유는 상표법에 법정되어 있어서 상고이유의 주장과 같이 이 사건 등록상표의 출원·등록 및 사용행위가 원고에 대한 관계에서 민법 제103조에 위배된다는 사정만으로 이 사건 등록상표가 등록무효로 될 수 있는 것은 아니므로, 이 사건 등록상표에 민법 제103조에 반하는 등록무효사유가 있다는 상고이유의 주장 역시 받아들일 수 없다.

판시사항

(1) 법원이 상표등록출원 후에 작성된 문건들에 기초하여 어떤 상표가 상표등록출원 시에 구 상표법 제7조 제1항 제6호[12]에서 정한 상표에 해당하는지를 인정할 수 있는지 여부 (적극)

(2) 구 상표법 제7조 제1항 제6호에서 정한 타인의 명칭 등이 저명한지 판단하는 기준

(3) 甲 외국회사의 출원상표 "**2NE1**"에 대하여 구 상표법 제7조 제1항 제6호에 해당한다는 이유로 특허청장이 거절결정을 한 사안에서, 출원상표는 출원일 무렵에 저명한 타인의 명칭에 해당한다고 본 원심판단을 정당하다고 한 사례

(4) 거절결정에 대한 심판의 심결취소소송에 민사소송법상 보조참가에 관한 규정이 준용되는지 여부(적극)

판결요지

(1) 구 상표법 제7조 제2항이 정한 '제1항 제6호의 규정에 해당하는 상표라도 상표등록출원 시에 이에 해당하지 아니하는 것에 대하여는 당해 규정은 적용하지 아니한다.'[13]에서 '상표등록출원 시'의 의미는 구 상표법 제7조 제1항 제6호에 해당하는지 여부의 판단 기준 시점이 상표등록출원 시라는 의미이지 상표등록출원 시에 위 규정에서 정한 상표에 해당함을 인정하기 위한 증거가 상표등록출원 전에 작성된 것을 의미하는 것은 아니므로, 법원은 상표등록출원 후에 작성된 문건들에 기초하여 어떤 상표가 상표등록출원 시에 위 규정에서 정한 상표에 해당하는지를 인정할 수 있다.

(2) 구 상표법 제7조 제1항 제6호는 저명한 타인의 성명·명칭 또는 상호·초상·서명·인장·아호·예명·필명 또는 이들의 약칭을 포함하는 상표는 등록을 받을 수 없다고 규정하고 있다. 여기서 타인의 명칭 등이 저명한지는 그 사용기간, 방법, 태양, 사용량 및 거래의 범위와 상품거래의 실정 등을 고려하여 사회통념상 또는 지정상품과 관련한 거래사회에서 타인의 명칭 등이 널리 인식될 수 있는 정도에 이르렀는지 여부에 따라 판단해야 한다.

(3) 지정상품을 '눈썹용 연필, 립스틱, 매니큐어, 아이섀도, 마스카라' 등으로 하는 甲 외국회사의 출원상표 "**2NE1**"에 대하여 구 상표법 제7조 제1항 제6호에 해당한다는 이유로 특허청장이 거절결정을 한 사안에서, 출원상표인 "2NE1"은 음반업계에서 유명한 연예기획사인 乙 주식회사 소속 여성 아이돌 그룹 가수의 명칭으로, 그와 동일한 표장을 갖는 출원상표의 등록을 허용할 경우에는 지정상품과 관련하여 그 수요자나 거래자들이 위 여성 그룹 가수와 관련 있는 것으로 오인·혼동할 우려가 상당하여 타인의 인격권을

---

12) 상표법 제34조 제1항 제6호(이하 이 사건에서 같다)

13) **상표법 제34조(상표등록을 받을 수 없는 상표) 제2항**
제1항 및 상표등록출원인(이하 "출원인"이라 한다)이 해당 규정의 타인에 해당하는지는 다음 각 호의 어느 하나에 해당하는 결정(이하 "상표등록여부결정"이라 한다)을 할 때를 기준으로 하여 결정한다. 다만, 제1항 제11호·제13호·제14호·제20호 및 제21호의 경우는 상표등록출원을 한 때를 기준으로 하여 결정한다.
1. 제54조에 따른 상표등록거절결정
2. 제68조에 따른 상표등록결정
(이하 이 사건에서 같다)

침해할 염려가 있는 점 등의 사정을 종합해 보면, 출원상표는 출원일 무렵에 저명한 타인의 명칭에 해당하고, 여러 사정에 비추어 위 여성 그룹 가수는 국내의 유명한 여성 4인조 아이돌 그룹으로서 출원상표의 출원일 무렵 국내의 수요자 사이에 널리 알려져 저명성을 획득하였다고 본 원심판단을 정당하다고 한 사례이다.

(4) 심판은 특허심판원에서의 행정절차이고 심결은 행정처분에 해당하며, 그에 대한 불복 소송인 심결취소소송은 행정소송에 해당한다. 행정소송법 제8조에 의하여 준용되는 민사소송법 제71조는 보조참가에 관하여 소송결과에 이해관계가 있는 자는 한쪽 당사자를 돕기 위하여 법원에 계속 중인 소송에 참가할 수 있다고 규정하고 있으므로, 거절결정에 대한 심판의 심결취소소송에도 민사소송법상의 위 보조참가에 관한 규정이 준용된다.

논점의 정리

상고이유(상고이유서 제출기간 경과 후에 제출된 상고이유보충서의 기재는 상고이유를 보충하는 범위 내에서)를 판단한다.

(1) 상고이유 제1점에 대하여

구 상표법 제7조 제2항이 정한 '제1항 제6호의 규정에 해당하는 상표라도 상표등록출원 시에 이에 해당하지 아니하는 것에 대하여는 당해 규정은 적용하지 아니한다.'에서 '상표등록출원 시'의 의미는 구 상표법 제7조 제1항 제6호에 해당하는지 여부의 판단 기준 시점이 상표등록출원 시라는 의미이지 상표등록출원 시에 위 규정에서 정한 상표에 해당함을 인정하기 위한 증거가 상표등록출원 전에 작성된 것을 의미하는 것은 아니므로, 법원은 상표등록출원 후에 작성된 문건들에 기초하여 어떤 상표가 상표등록출원 시에 위 규정에서 정한 상표에 해당하는지를 인정할 수 있다.

기록에 비추어 살펴보면, 원심이 타인의 명칭인 '2NE1'이 지정상품을 '눈썹용 연필, 립스틱, 매니큐어, 아이섀도, 마스카라' 등으로 하는 이 사건 출원상표 "2NE1"이 출원된 2009. 5. 25. 당시에 저명하였는지를 판단하면서 이 사건 출원상표의 상표등록출원 전에 작성된 을 제5호증의 1 등의 증거들 외에도 상표등록출원 후에 작성된 을 제11호증의 1 등의 증거들과 그 작성일자가 명확하지 않은 을 제4호증의 3 등의 증거들을 증거로 채용한 것은 위 법리에 따른 것으로서, 거기에 상고이유 주장과 같이 논리와 경험의 법칙에 반하여 자유심증주의의 한계를 벗어나는 등의 위법이 없다.

(2) 상고이유 제2점에 대하여

구 상표법 제7조 제1항 제6호는 저명한 타인의 성명·명칭 또는 상호·초상·서명·인장·아호·예명·필명 또는 이들의 약칭을 포함하는 상표는 등록을 받을 수 없다고 규정하고 있다. 여기서 타인의 명칭 등이 저명한지는 그 사용기간, 방법, 태양, 사용량 및 거래의 범위와 상품거래의 실정 등을 고려하여 사회통념상 또는 지정상품과 관련한 거래사회에서 타인의 명칭 등이 널리 인식될 수 있는 정도에 이르렀는지 여부에 따라 판단하여야 한다.

원심은 판시와 같은 사실들을 인정한 다음, ① 이 사건 출원상표인 "2NE1"은 음반업계에서 유명한 연예기획사인 피고 보조참가인 소속 여성 아이돌 그룹 가수(이하 '이 사건 여성 그룹 가수'라 한다)의 명칭으로, 그와 동일한 표장을 갖는 이 사건 출원상표의 등록을 허용할 경우에는 지정상품과 관련하여 그 수요자나 거래자들이 이 사건 여성 그룹

가수와 관련 있는 것으로 오인·혼동할 우려가 상당하여 타인의 인격권을 침해할 염려가 있는 점 등의 판시 사정을 종합하여 보면, 이 사건 출원상표는 그 출원일 무렵에 저명한 타인의 명칭에 해당한다고 판단하고, ② 또한 오늘날 생활수준의 향상과 함께 음악이나 영상물 등 문화예술 분야에 대한 일반인의 관심이 높아지고 있고 음악은 단순히 듣고 감상하는 것뿐만 아니라 휴대전화의 벨 소리로 사용되는 등 일상생활에서 그 활용도가 다양해지고 있으며, 특히 인터넷의 광범위한 보급과 함께 음악 및 동영상의 재생기능을 갖춘 전자기기의 급격한 보급 등으로 인해 선명한 화질과 음향을 재생할 수 있고 손쉽고 빠르게 음원에 접근할 수 있어 대중음악에 대한 수요가 빠르게 확대되는 추세에 있을 뿐 아니라, 이 사건 출원상표의 출원일 무렵 유명한 남성 및 여성 아이돌 그룹이 음악계의 주류를 이루고 있었고, 'K-POP'의 확산과 '한류 열풍'으로 그 수요자 층도 나이에 제한 없이 기호에 따라 다양하게 형성되고 있었던 사정 등에 비추어 보면, 비록 이 사건 여성 그룹 가수가 대중매체에 모습을 드러낸 때부터 이 사건 출원상표의 출원일까지 약 2개월여에 불과하다고 하더라도 이 사건 여성 그룹 가수는 국내의 유명한 여성 4인조 아이돌 그룹으로서 이 사건 출원상표의 출원일 무렵 국내의 수요자 사이에 널리 알려져 있어 저명성을 획득하였다고 판단하여, 그 저명성을 다투는 원고의 주장을 받아들이지 아니하였다.

앞서 본 법리와 적법하게 채택된 증거들에 비추어 살펴보면, 원심의 위와 같은 판단에 상고이유 주장과 같이 구 상표법 제7조 제1항 제6호의 '저명성'에 관한 법리를 오해하는 등의 사유로 판결에 영향을 미친 위법이 없다.

(3) 상고이유 제3점에 대하여

심판은 특허심판원에서의 행정절차이고 심결은 행정처분에 해당하며, 그에 대한 불복의 소송인 심결취소소송은 행정소송에 해당한다. 행정소송법 제8조에 의하여 준용되는 민사소송법 제71조는 보조참가에 관하여 소송결과에 이해관계가 있는 자는 한쪽 당사자를 돕기 위하여 법원에 계속 중인 소송에 참가할 수 있다고 규정하고 있으므로, 거절결정에 대한 심판의 심결취소소송에도 민사소송법상의 위 보조참가에 관한 규정이 준용된다. 원심이 참가인의 보조참가를 허용한 것은 이러한 법리에 기초한 것으로서, 거기에 상고이유 주장과 같이 보조참가에 관한 법리를 오해하는 등의 위법이 없다.

판시사항

특허청 심사관이 甲 주식회사가 지정상품을 핸드백 등으로 하여 출원한 상표 "**TIARA**"에 대하여 저명한 걸그룹의 명칭인 'T-ara'를 포함하여 상표법 제34조 제1항 제6호에 해당한다는 이유로 등록거절을 하였고, 甲 회사가 거절결정에 대한 심판을 청구하였으나 특허심판원이 기각하는 심결을 한 사안에서, 출원상표는 위 조항에 해당하지 않으므로 심결이 위법하다고 한 사례

판결요지

특허청 심사관이 甲 주식회사가 지정상품을 핸드백 등으로 하여 출원한 상표 "**TIARA**"에 대하여 저명한 걸그룹의 명칭인 'T-ara'를 포함하여 상표법 제34조 제1항 제6호에 해당한다는 이유로 등록거절을 하였고, 甲 회사가 거절결정에 대한 심판을 청구하였으나 특허심판원이 기각하는 심결을 한 사안에서, 상표법 제34조 제1항 제6호는 상품이나 서비스의 출처의 오인·혼동을 방지하기 위한 것이 아니라 타인의 인격권을 보호하기 위한 취지의 규정으로, 저명한 타인의 명칭 등을 '포함'하는 상표로 규정하고 있을 뿐, 같은 항 제9호와 같이 특정 상표 등과의 동일 또는 유사한 상표 등의 형식으로 규정하고 있지 않고, 같은 항 제11호, 제12호와 같이 수요자 사이의 상품 등 출처에 대한 오인 또는 혼동의 염려 등을 적용요건으로 하지 않는 점 등을 고려하면, 출원상표는 甲 회사가 종전부터 등록·사용해 왔던 도형상표 "👑"(작은 왕관)을 의미하는 영어 단어를 표시하는 것으로 볼 여지가 있고, 저명한 걸그룹의 영문 명칭 'T-ara'를 '포함'한다고 단정할 수 없어 상표법 제34조 제1항 제6호에 해당하지 않으므로, 심결이 위법하다고 한 사례이다.

논점의 정리

(1) 기초 사실

① 원고의 이 사건 출원상표

㉠ 출원일 / 출원번호 : 2013. 11. 11. / (출원번호 생략)

㉡ 구성 : **TIARA** (일반상표)

㉢ 지정상품 : 상품류 구분 제18류의 핸드백, 가방, 스포츠용 가방, 지갑, 작은 지갑, 숄더백, 명함지갑(명함케이스), 보스턴백, 여행가방, 핸드백 프레임, 힙색, 휴대용 화장품 가방(내용물이 없는 것)

② 이 사건 심결의 경위

㉠ 원고는 2013. 11. 11. 이 사건 출원상표를 출원하였고, 특허청 심사관은 2014. 11. 12. 이 사건 출원상표가 저명한 걸그룹의 명칭인 'T-ara'를 포함하여 상표법 제34조 제1항 제6호에 해당하므로 등록받을 수 없다며 상표법 제54조 제1항 제1호에 의하여 이 사건 출원상표에 대한 등록을 거절하였다.

㉡ 원고는 2015. 1. 12. 위 거절결정에 대한 심판을 청구하였고, 이에 특허심판원은 위 심판청구를 2015원97호로 심리한 후 2015. 9. 22. 이 사건 출원상표가 저명한 타인의 명칭을 포함하여 상표법 제34조 제1항 제6호에 해당하여 등록받을 수 없다며 원고의 심판청구를 기각하는 이 사건 심결을 하였다.

ⓒ 인정 근거 : 다툼 없는 사실, 갑 제11호증의 1 내지 4의 각 기재, 변론 전체의
취지

(2) 원고 주장의 요지

'TIARA'는 여성 아이돌 그룹 '티아라'가 데뷔한 2009년 이전부터 현재까지 여러 산업
분야에서 상표의 표장으로 사용되고 있고, 이 사건 출원상표는 일반 수요자들 사이에
걸그룹의 명칭 '티아라(T-ara)'가 아닌 'TIARA' 단어 본래의 의미로 출원되고 인식될
것이어서 상표법 제34조 제1항 제6호에 해당하지 않아 그 등록이 거절되어서는 아니
됨에도, 이와 달리 판단한 이 사건 심결은 위법하다.

(3) 이 사건 출원상표가 상표법 제34조 제1항 제6호에 해당되는지 여부

① 관련 법리

상표법 제34조 제1항 제6호는 저명한 타인의 성명·명칭 또는 상호·초상·서명·
인장·아호·예명·필명 또는 이들의 약칭을 포함하는 상표는 등록을 받을 수 없다
고 규정하고 있다. 여기서 타인의 명칭 등이 저명한지는 그 사용기간, 방법, 태양,
사용량 및 거래의 범위와 상품거래의 실정 등을 고려하여 사회통념상 또는 지정상품
과 관련한 거래사회에서 타인의 명칭 등이 널리 인식될 수 있는 정도에 이르렀는지
여부에 따라 판단해야 한다.

상표법 제34조 제1항 제6호 단서에 의하면 타인의 승낙을 얻은 경우 저명한 타인의
성명 등을 포함하는 상표도 등록받을 수 있는 점, 상표법 제34조 제1항 제11호 이외
에 상표법 제34조 제1항 제6호가 별도로 규정되어 있는 점 등에 비추어, 상표법 제34
조 제1항 제6호의 규정 취지는 상품이나 서비스의 출처의 오인·혼동을 방지하기
위한 규정이 아니라 타인의 인격권을 보호하기 위한 규정으로 보아야 한다.

② 티아라(T-ara)의 저명성 여부

앞서 든 증거와 을 제1 내지 4호증의 각 기재에 의하여 인정할 수 있는 아래의 사실과
사정을 종합하면, 이 사건 출원상표의 출원일인 2013. 11. 11. 무렵 '티아라(T-ara)'
는 저명한 타인의 명칭에 해당된다.

㉠ 국내의 여성 그룹 '티아라(T-ara)'는 '소외 1, 소외 2, 소외 3, 소외 4' 등으로
구성된 6인조(또는 7인조) 걸그룹으로, 2009년 4월에 데뷔한 이래, '거짓말', '너
때문에 미쳐' 등 인기곡을 발표하였고, '아이리버', 화장품 등의 광고모델로 활동
하였다.

㉡ '티아라(T-ara)'는 2009년 제24회 골든디스크 시상식 신인상, 2010년 제2회 멜
론 뮤직 어워드 TOP 10, 2010년 제4회 Mnet 20s Choice 가장 영향력 있는 스타
20인, 2011년 MTN 방송광고 페스티벌 CF모델 여자 부문 특별상, 2011년 제3회,
2012년 제4회 멜론 뮤직 어워드 뮤직 비디오상, 2011년 제3회 아시아 주얼리
어워드 가수 부문 다이아몬드상, 2011년 케이블TV 방송대상 스타상, 2012년 빌
보드 재팬 뮤직 어워드 2011 톱 팝 아티스트, 2012년 제20회 대한민국문화연예
대상 아이돌 최우수가수상, 2013년 제27회 골든디스크 어워즈 디지털 부문 본상
등 여러 차례에 걸쳐 다양한 상을 받았다.

    ⓒ 오늘날 인터넷이 광범위하게 보급되고 티브이 등 대중매체뿐만 아니라 소셜 네트워크 서비스(SNS)를 통한 정보의 공유가 활발히 이루어짐으로써, 정보의 전달이 신속히 이루어지고, 음악이나 영상물에 대한 대중적 관심이나 영향력이 광범위하게 확대되고 있다.

③ 이 사건 출원상표가 여성 그룹 명칭 '티아라(T-ara)'를 포함하고 있는지 여부

    ㉠ 앞서 든 증거와 갑 제2, 3, 5 내지 7, 9호증(각 가지번호 포함), 을 제3, 4호증의 각 기재에 변론 전체의 취지를 더하여 보면 다음의 사실을 인정할 수 있다.

- 2007년 '티아라(Tiara)'라는 명칭의 별개의 걸그룹이 데뷔하였는데, 소외 5, 소외 6, 소외 7 3인으로 이루어졌고, 싱글 앨범 "Tiara of Dancing Queen"을 발매하였다.
- 그런데 걸그룹 '티아라(T-ara)'는 2009년 데뷔하면서 가요계의 여왕이 되어 왕관을 쓰겠다는 의미로 그 명칭을 티아라로 정하였고, 앞선 걸그룹 명칭과 중복·혼동을 피하기 위하여 영문명을 'T-ara'로 표기하였다.
- 한편 원고는 2003년경부터 20여 개 이상의 작은 왕관 모양의 " 👑 " 상표를 출원하여 등록받고, 위 상표를 표시한 가방, 보석류, 시계 등 제품을 제작, 판매하였는데, 위 제품들이 인터넷에서 '티아라'로 검색된다.
- 그 외에 '티아라', 'TIARA', 'tiara' 또는 'Tiara'를 포함한 상표가 걸그룹 '티아라(T-ara)'가 데뷔한 2009년 이전에도 37건이, 2009년 이후에도 37건이 등록되었다.

    ㉡ 위 법리 및 인정 사실, 아래의 사정들을 종합적으로 고려하면, 이 사건 출원상표 " **TIARA** "는 원고가 종전부터 등록·사용해 왔던 도형상표인 " 👑 "(작은 왕관)을 의미하는 영어 단어를 표시하는 것으로 볼 여지가 있고, 반면에 거기에 저명한 걸그룹의 영문 명칭 'T-ara'를 '포함'한다고 단정할 수 없다.

- 상표법 제34조 제1항 제6호는 상품이나 서비스의 출처의 오인·혼동을 방지하기 위한 것이 아니라 타인의 인격권을 보호하기 위한 취지의 규정으로, 저명한 타인의 명칭 등을 '포함'하는 상표로 규정하고 있을 뿐, 특정 상표 등과의 동일 또는 유사한 상표 등(예컨대 제9호)의 형식으로 규정하고 있지 않으며, 또 수요자 사이의 상품 등 출처에 대한 오인 또는 혼동의 염려 등(예컨대 제11호, 제12호)을 적용 요건으로 하지도 않는다.
- 원고는 이미 2003년경부터 작은 왕관 모양의 " 👑 " 상표를 20개 이상 출원· 등록한 후 이를 상품에 부착하여 사용하여 왔다.
- 반면에 걸그룹 '티아라(T-ara)'는, 다른 걸그룹 '티아라(Tiara)'와 그 명칭의 중복·혼동을 피하기 위하여 의도적으로 영문 명칭을 'T-ara'로 표기하여 사용하였다.
- 원고는 위 규정에 따라 타인의 승낙을 받아 저명한 타인의 명칭 등을 포함하는 상표도 등록받을 수 있을 것인데, 특히 이 사건에서 필요한 경우에 원고가 '티아라(T-ara)'로부터 승낙을 받아야 하는 명칭과 내용 등이 분명하지 않을 여지가 있다.

④ 상표법 제34조 제1항 제6호에 해당하는지 여부

따라서 이 사건 출원상표는 저명한 타인의 명칭을 포함하지 아니하여 상표법 제34조 제1항 제6호에 해당하지 않아 그 등록이 거절되어서는 아니 되므로, 이 사건 심결은 이와 결론을 달리하여 위법하다.

36 현대 사건 (2012후3657)

판시사항

(1) 상표법 제34조 제1항 제11호의 규정 목적과 선사용표장 권리자의 범위 / 경제적·조직적으로 밀접한 관계가 있는 계열사들로 이루어진 기업그룹이 분리된 경우 선사용표장의 권리자

(2) 상표법 제34조 제1항 제11호에 의하여 상표등록을 받을 수 없는지를 판단하는 기준 시(상표등록출원 시)와 위 규정의 타인에 해당하는지를 판단하는 기준 시(상표등록결정 시) 및 상품의 출처 등에 관한 일반 수요자의 오인·혼동이 있는지를 판단하는 기준

(3) 甲 주식회사 등이 '컴퓨터주변기기' 등을 지정상품으로 하고 "현   대"와 같이 구성된 등록상표의 등록권자 乙 주식회사를 상대로 추가등록 지정상품이 선사용표장 '현대' 등과 관계에서 상표법 제34조 제1항 제11호 등에 해당한다는 이유로 등록무효심판을 청구하였으나 특허심판원이 기각한 사안에서, 乙 회사는 일반 수요자들 사이에 선사용표장에 화체된 신용의 주체로 인식된다거나 선사용표장을 승계하였다고 볼 수 없어 선사용표장의 권리자가 될 수 없고, 위 지정상품 추가등록은 출처에 혼동을 일으키게 할 염려가 있으므로 등록무효가 되어야 한다고 한 사례

판결요지

(1) 상표법 제34조 제1항 제11호에서 수요자 간에 현저하게 인식되어 있는 타인의 상품이나 영업과 혼동을 일으키게 할 염려가 있는 상표의 상표등록을 받을 수 없게 하는 것은 일반 수요자에게 저명한 상품이나 영업과 출처에 오인·혼동이 일어나는 것을 방지하려는 데 목적이 있으므로, 위 규정에 따라 상표등록을 받을 수 없는 상표와 대비되는 저명한 상표(이하 '선사용표장'이라고 한다)의 권리자는 상표등록 출원인 이외의 타인이어야 한다. 여기서 선사용표장의 권리자는 개인이나 개별 기업뿐만 아니라 그들의 집합체인 사회적 실체도 될 수 있다. 그리고 경제적·조직적으로 밀접한 관계가 있는 계열사들로 이루어진 기업그룹이 분리된 경우에는, 기업그룹의 선사용표장을 채택하여 등록·사용하는데 중심적인 역할을 담당함으로써 일반 수요자들 사이에 선사용표장에 화체된 신용의 주체로 인식됨과 아울러 선사용표장을 승계하였다고 인정되는 계열사들을 선사용표장의 권리자로 보아야 한다.

(2) 상표법 제34조 제1항 제11호에 의하여 상표등록을 받을 수 없는지 여부를 판단하는 기준 시는 상표의 등록출원 시이고, 위 규정의 타인에 해당하는지 여부는 등록결정 시를 기준으로 판단하여야 한다.

나아가 상품의 출처 등에 관한 일반 수요자의 오인·혼동이 있는지 여부는 타인의 상표등록을 받을 수 없는 상표와 대비되는 저명한 상표(이하 '선사용표장'이라고 한다)의 저명 정도, 등록상표와 타인의 선사용표장의 각 구성, 상품 혹은 영업의 유사성 또는 밀접성 정도, 선사용표장 권리자의 사업다각화 정도, 이들 수요자 층의 중복 정도 등을 비교·종합하여 판단하여야 한다.

(3) 甲 주식회사 등이 '컴퓨터주변기기' 등을 지정상품으로 하고 "현   []"와 같이 구성된 등록상표의 등록권자 乙 주식회사를 상대로 등록상표의 지정상품 중 제1, 2차 추가등록 지정상품(가이거계산기, 감열식 프린터 등)이 선사용표장 '현대' 등과 관계에서 상표법 제34조 제1항 제11호 등에 해당한다는 이유로 등록무효심판을 청구하였으나 특허심판원이 기각한 사안에서, 지정상품 추가등록 출원 당시 甲 회사 등이 자신들의 계열사와 함께 형성한 개별그룹들은 상표등록을 받을 수 없는 상표와 대비되는 저명한 상표(이하 '선사용표장'이라고 한다)의 채택과 등록 및 사용에 중심적인 역할을 담당함으로써 일반 수요자들 사이에 선사용표장에 화체된 신용의 주체로 인식됨과 아울러 선사용표장을 승계하였다고 인정되므로 선사용표장의 권리자라고 할 것이나, 乙 회사는 일반 수요자들 사이에 선사용표장에 화체된 신용의 주체로 인식된다거나 선사용표장을 승계하였다고 인정된다고 볼 수 없어 선사용표장의 권리자가 될 수 없고, 위 지정상품 추가등록은 일반 수요자로 하여금 추가 지정상품의 출처에 혼동을 일으키게 할 염려가 있으므로, 등록이 무효로 되어야 한다고 본 원심판단이 정당하다고 한 사례이다.

논점의 정리 상고이유(상고이유서 제출기간이 지난 후에 제출된 상고이유보충서 등의 기재는 상고이유를 보충하는 범위 내에서)를 판단한다.

(1) 상표법 제34조 제1항 제11호에서 수요자 간에 현저하게 인식되어 있는 타인의 상품이나 영업과 혼동을 일으키게 할 염려가 있는 상표의 상표등록을 받을 수 없게 하는 것은 일반 수요자에게 저명한 상품이나 영업과 출처에 오인·혼동이 일어나는 것을 방지하려는데 그 목적이 있으므로, 위 규정에 따라 상표등록을 받을 수 없는 상표와 대비되는 저명한 상표(이하 '선사용표장'이라고 한다)의 권리자는 상표등록 출원인 이외의 타인이어야 한다. 여기서 선사용표장의 권리자는 개인이나 개별 기업뿐만 아니라 그들의 집합체인 사회적 실체도 될 수 있다. 그리고 경제적·조직적으로 밀접한 관계가 있는 계열사들로 이루어진 기업그룹이 분리된 경우에는, 그 기업그룹의 선사용표장을 채택하여 등록·사용하는데 중심적인 역할을 담당함으로써 일반 수요자들 사이에 그 선사용표장에 화체된 신용의 주체로 인식됨과 아울러 그 선사용표장을 승계하였다고 인정되는 계열사들을 선사용표장의 권리자로 보아야 한다.

한편, 상표법 제34조 제1항 제11호에 의하여 상표등록을 받을 수 없는지 여부를 판단하는 기준 시는 그 상표의 등록출원 시이고, 위 규정의 타인에 해당하는지 여부는 등록결정 시를 기준으로 판단하여야 한다(상표법 제34조 제2항 참조).

나아가 상품의 출처 등에 관한 일반 수요자의 오인·혼동이 있는지 여부는 타인의 선사용표장의 저명 정도, 등록상표와 타인의 선사용표장의 각 구성, 상품 혹은 영업의 유사성 또는 밀접성 정도, 선사용표장 권리자의 사업다각화 정도, 이들 수요자 층의 중복 정도 등을 비교·종합하여 판단하여야 한다.

(2) 위 법리와 기록에 따라 살펴본다.

① 원심 판시 선사용표장 '현대'는 1998년부터 2002년까지 대규모로 계열분리가 이루어지기 이전에는 국내의 대표적인 기업그룹이었던 구(舊) 현대그룹 및 그 계열사들이 상표 등으로 사용해 온 저명한 표장이었다.

그런데 구 현대그룹의 대규모 계열분리 이후 '컴퓨터주변기기, 워드프로세서, 전자계산기' 등을 지정상품으로 하고 '현   대'와 같이 구성된 이 사건 등록상표의 권리자인 피고가 위 등록상표에 대하여 원심 판시 제1차 지정상품 추가등록을 출원한 2003. 10. 14.(추가 지정상품 : 가이거계산기, 광디스크, 광학식 문자판독장치 등) 및 제2차 지정상품 추가등록을 출원한 2008. 9. 5.(추가 지정상품 : 감열식 프린터, 개인용 컴퓨터, 광스캐너 등) 당시에는 이미 구 현대그룹의 주요 계열사이던 원고 현대중공업 주식회사, 현대자동차 주식회사, 주식회사 현대백화점, 현대산업개발 주식회사 등이 자신들의 계열사와 함께 현대중공업그룹, 현대자동차그룹, 현대백화점그룹, 현대산업개발그룹 등의 개별그룹들을 형성하고 있었고, 그 이후 이들 개별그룹들은 이른바 '범 현대그룹'을 이루고 있다. 이들 개별그룹들은 그 자산규모가 상당한 정도에 이르러 국내 기업순위에서 상당히 상위권에 들고, 해당 각 사업분야를 장기간 선도해 온 대기업들을 중심으로 다수의 계열사를 보유하면서 각자의 상표 등으로 선사용표장을 계속 사용해 오고 있다.

반면, 피고는 2000. 5.경 상호를 '현대이미지퀘스트 주식회사'로 하여 구 현대그룹의 계열사이던 현대전자산업 주식회사의 자회사로 설립되었는데, 2001. 3.경 '이미지퀘스트 주식회사'로 상호를 변경하였고, 상호를 '주식회사 하이닉스 반도체'로 변경한 현대전자산업 주식회사와 함께 2001. 7.경 구 현대그룹으로부터 계열분리되었다. 피고는 이 사건 제1, 2차 지정상품 추가등록결정일 당시 범 현대그룹을 이루는 개별그룹들과는 경제적·조직적으로 아무런 관계도 맺고 있지 않다.

위와 같은 사정들에 비추어 보면, 범 현대그룹을 이루는 개별그룹들은 구 현대그룹의 주요 계열사들을 중심으로 형성된 기업그룹으로서 선사용표장의 채택과 등록 및 사용에 중심적인 역할을 담당함으로써 일반 수요자들 사이에 그 선사용표장에 화체된 신용의 주체로 인식됨과 아울러 그 선사용표장을 승계하였다고 인정되므로, 이들 개별그룹들은 선사용표장의 권리자라고 할 것이다. 반면, 이 사건 제1, 2차 지정상품 추가등록결정일 당시 구 현대그룹은 계열분리되어 사회적 실체가 없게 되었고, 구 현대그룹의 계열사이던 피고는 선사용표장의 채택과 등록 및 사용에 중심적인 역할을 담당하지 못하였을 뿐만 아니라 '현대'라는 명칭이 포함되지 않은 상호로 변경한 적도 있는 점을 고려할 때, 일반 수요자들 사이에 피고가 그 선사용표장에 화체된 신용의 주체로 인식된다거나 그 선사용표장을 승계하였다고 인정된다고 볼 수 없으므로, 피고는 이 사건 선사용표장의 권리자가 될 수 없다.

② 나아가, 선사용표장은 이 사건 제1, 2차 지정상품 추가등록출원일 당시 우리나라의 대표적인 기업그룹들을 나타내는 저명한 상표로서 이 사건 등록상표 '현   대'와

그 외관, 호칭, 관념이 동일하거나 유사하고, 범 현대그룹을 이루는 개별그룹들은 수많은 계열사를 거느리고 그 사업영역이 자동차, 건설, 조선, 백화점 등 다양한 분야에 걸쳐 다각화되어 있으며, 실제로 일부 계열사가 이 사건 제1, 2차 추가등록 지정상품들과 밀접한 경제적 견련성을 가지고 있는 IT 관련 사업을 운영하고 있는 점 등에 비추어 보면, 이 사건 제1, 2차 지정상품 추가등록은 일반 수요자로 하여금 그 추가 지정상품이 범 현대그룹을 이루는 개별그룹들이나 그와 특수한 관계에 있는 자에 의하여 생산 또는 판매되는 것으로 그 출처에 혼동을 일으키게 할 염려가 있다.

③ 따라서 이 사건 제1, 2차 지정상품 추가등록은 상표법 제34조 제1항 제11호에 해당하여 그 등록이 무효로 되어야 하므로, 같은 취지의 원심판단은 정당하고, 거기에 논리와 경험의 법칙을 위반하여 자유심증주의의 한계를 벗어난 위법이나 상표법 제34조 제1항 제11호에 관한 법리오해, 이유모순 등의 위법이 없다.

37 샤넬 사건 (2006후664)

판시사항

(1) 상표법 제34조 제1항 제11호에 정한 저명상표에 저촉되는 상표의 판단 기준

(2) 출원상표 "*Channel* 샤넬...성형외과"는 그 지정서비스의 수요자로 하여금 화장품 등에 사용되는 저명상표 "CHANEL"을 쉽게 연상하게 하여 상표부등록 사유에 해당한다고 한 사례

논점의 정리

상고이유를 본다.

(1) 상표법 제34조 제1항 제11호에서 규정하는 부등록사유란, 타인의 선사용상표의 저명 정도, 출원상표와 타인의 선사용상표의 각 구성, 사용상품 혹은 영업의 유사 내지 밀접성 정도, 선사용상표권자의 사업다각화의 정도, 양 상표의 수요자 층의 중복 정도 등을 비교·종합한 결과, 출원상표의 수요자가 그 상표로부터 타인의 저명상표나 상품 등을 쉽게 연상하여 혼동을 일으키게 되는 경우를 의미한다고 할 것이다.

(2) 위 법리와 기록에 비추어 살펴보면, 지정서비스를 성형외과업, 미용성형외과업, 피부과업, 의료업으로 하고, "*Channel* 샤넬...성형외과"로 구성된 원고의 이 사건 출원상표는 그 중심적 식별력을 가지는 '샤넬, Channel' 부분의 호칭이 화장품 등에 사용되는 원심 판시의 저명상표 "CHANEL"과 동일하여 전체적으로 위 저명상표와 유사할 뿐만 아니라, 위 저명상표는 화장품류와 관련하여 널리 알려진 상표인 점, 그 저명상표권자는 화장품류 외 여성의류, 잡화 등 관련 사업을 점차 확장해 온 세계적인 기업인 점, 이 사건 출원상표의 지정서비스는 미용에 관심이 많은 여성이 주된 수요자 층으로서 위 저명상표의 사용상품의 수요자 층과 상당부분 중복되는 점, 이 사건 출원상표의 출원 당시에는 미용 목적의 진료가 주로 행해지는 일부 피부과 의원 등에서 그 진료에 부수하여 치료용 화장품의 제조·판매업을 겸하기도 하였던 점 등에 비추어 보면, 이 사건 출원상표는 그 지정서비

스의 수요자로 하여금 위 저명상표를 쉽게 연상하게 하여 타인의 영업과 혼동을 불러일
으킨 경우에 해당한다고 할 것이므로, 여기에는 상표법 제34조 제1항 제11호의 부등록
사유가 존재한다고 할 것이다.

같은 취지에서 이 사건 출원상표에 관한 등록거절결정을 유지한 원심의 판단은 정당하
다. 원심판결에는 상고이유의 주장과 같이 판결 결과에 영향을 미친 법리오해 등의 위법
이 없다.

38 NECTAR 사건 (94후623)

판시사항

(1) 상표법 제34조 제1항 제12호 소정의 "상품의 품질을 오인하게 할 염려가 있는 상표"의
의미 및 그 판단기준

(2) 화장품류를 지정상품으로 하는 상표 "NECTAR"가 상표법 제34조 제1항 제12호에 해당
하는지 여부

판결요지

(1) 상표법 제34조 제1항 제12호에서 정하고 있는 "상품의 품질을 오인하게 할 염려가 있는
상표"라 함은 그 상표의 구성 자체가 그 지정상품이 본래 가지고 있는 성질과 다른 성질
을 갖는 것으로 수요자를 오인하게 할 염려가 있는 상표를 말하고, 특정의 상표가 품질
오인을 일으킬 염려가 있다고 보기 위하여는, 당해 상표에 의하여 일반인이 인식하는
상품과 현실로 그 상표가 사용되는 상품과의 사이에 일정한 경제적인 견련관계 내지
부실관계, 예컨대 양자가 동일 계통에 속하는 상품이거나 재료, 용도, 외관, 제법, 판매
등의 점에서 계통을 공통히 함으로써 그 상품의 특성에 관하여 거래상 오인을 일으킬
정도의 관계가 인정되어야 하고, 지정상품과 아무런 관계가 없는 의미의 상표로서 상품
자체의 오인·혼동을 일으킬 염려가 있다는 사유만을 가지고는 일반적으로 품질오인의
우려가 있다고는 할 수 없는 것이며, 그 염려가 있는지 여부는 일반수요자를 표준으로
하여 거래통념에 따라 판정하여야 한다.

(2) 출원상표의 "NECTAR"라는 영문단어 자체는 그리이스 신화에 나오는 "신주(신주)"에서
유래한 것이나, 오늘날 일반수요자의 입장에서 출원상표에 의하여 인식하는 상품은 "감
미로운 음료, 감로, 과즙" 정도라 할 것인데, 출원상표의 지정상품들인 화장품류(향수,
향유, 로션 등)와는 동일 계통에 속하는 상품이라거나 재료, 용도, 외관, 제법, 판매
등의 점에서 계통을 공통히 하는 관계에 있다 할 수 없고, 양자가 같은 액체 형상을
하고 있어 캔이나 병 등의 용기에 담아 거래된다고 하는 경우에도 음료류와 화장품류는
그 용기에 있어서나 판매처에 있어서 확연히 구별되므로 거래통념상 화장품류의 일반
수요자들 사이에서 출원상표로 인하여 상품 자체나 그 품질을 오인할 염려는 없는 것으
로 보아야 한다.

논점의 정리

상고이유를 판단한다.

(1) 원심결의 이유에 의하면 원심은, 본원 상표 "NECTAR"는 "달콤한 음료, 과즙" 등의 뜻이 있는 영문자만으로 구성된 상표로서 우리나라 일반 수요자들이 "과즙 음료"등을 지칭하는 용어로 흔히 사용하고 있음은 경험칙에 의하여 알 수 있는 것이고, 본원 상표의 지정상품이 향수, 스킨로우션 등 화장품류로서 "과즙 음료"와 같이 액체 형상을 하고 있고, 캔이나 병 등의 용기에 담아 거래되는 실태를 감안하여 볼 때 본원 상표의 지정상품을 음료의 일종으로 오인·혼동할 우려가 있다고 보여진다는 이유로 본원 상표는 그 지정상품과 관련하여 볼 때 상품 자체의 오인·혼동을 일으킬 우려가 있다 하여 상표법 제34조 제1항 제12호를 적용하여 본원 상표의 출원을 거절한 원사정을 유지하고 있다.

(2) 그러나 상표법 제34조 제1항 제12호에서 정하고 있는 "상품의 품질을 오인하게 할 염려가 있는 상표"라 함은 그 상표의 구성 자체가 그 지정상품이 본래 가지고 있는 성질과 다른 성질을 갖는 것으로 수요자를 오인하게 할 염려가 있는 상표를 말하고, 특정의 상표가 품질오인을 일으킬 염려가 있다고 보기 위하여는, 당해 상표에 의하여 일반인이 인식하는 상품과 현실로 그 상표가 사용되는 상품과의 사이에 일정한 경제적인 견련관계 내지 부실(不實)관계, 예컨대 양자가 동일계통에 속하는 상품이거나 재료, 용도, 외관, 제법, 판매 등의 점에서 계통을 공통히 함으로써 그 상품의 특성에 관하여 거래상 오인을 일으킬 정도의 관계가 인정되어야 하고, 지정상품과 아무런 관계가 없는 의미의 상표로서 상품 자체의 오인·혼동을 일으킬 염려가 있다는 사유만을 가지고는 일반적으로 품질오인의 우려가 있다고는 할 수 없는 것이며, 그 염려가 있는지 여부는 일반 수요자를 표준으로 하여 거래통념에 따라 판정하여야 할 것이다.

(3) 그런데 기록에 비추어 보면, 본원 상표의 "NECTAR"라는 영문 단어 자체는 그리이스 신화에 나오는 "신주(神酒)"에서 유래한 것이나, 오늘날 일반 수요자의 입장에서 본원 상표에 의하여 인식하는 상품은 "감미로운 음료, 감로, 과즙" 정도라 할 것인데, 본원 상표의 지정상품들인 화장품류(향수, 향유, 로우션 등)와는 동일계통에 속하는 상품이라거나 재료, 용도, 외관, 제법, 판매 등의 점에서 계통을 공통히 하는 관계에 있다 할 수 없고, 양자가 같은 액체 형상을 하고 있어 캔이나 병 등의 용기에 담아 거래된다고 하는 경우에도 음료류와 화장품류는 그 용기에 있어서나 판매처에 있어서 확연히 구별되므로 거래통념상 화장품류의 일반수요자들 사이에서 본원 상표로 인하여 상품 자체나 그 품질을 오인할 염려는 없는 것으로 보아야 할 것이다.

따라서 본원 상표는 그 지정상품과의 관계에 있어서 상표법 제34조 제1항 제12호의 "상품의 품질을 오인하게 할 염려가 있는 상표"에는 해당하지 않는 것으로 보아야 함에도 불구하고, 원심은 이에 해당한다고 판단하였으니, 원심결에는 위 상표법 규정의 법리를 오해하거나 심리를 다하지 아니함으로써 심결에 영향을 미친 위법이 있다 할 것이므로, 이 점을 지적하는 논지는 이유가 있다.

39 황금당 사건 (92후2274)

판시사항

2 이상의 상품을 지정상품으로 하여 등록되어 있는 상표의 지정상품 중 일부에만 무효원인이 있는 경우 무효원인이 있는 지정상품에 한하여 등록무효의 심판을 할 수 있는지 여부

판결요지

상표법 제117조 제1항[14])의 규정 취지는 특정의 지정상품에 관한 부분에 대하여만 무효사유가 있는데도 적법하게 상표등록을 받을 수 있는 나머지 지정상품에 대하여까지 전부 무효로 하는 것은 불필요하고 가혹하며 불합리하므로 이러한 과잉조치를 피하게 하고자 하는 것인바, 어느 상표가 2 이상의 상품을 지정상품으로 하여 등록이 되어 있는 경우에 심판청구인이 상표등록 전부의 무효심판을 청구하는 경우라도 지정상품 중 일부에만 무효원인이 있고 다른 지정상품에는 무효사유가 없음이 명백한 때에는 무효원인이 있는 지정상품에 한하여 등록무효의 심판을 하여 그 부분만 말소하게 함이 상당할 것이고, 이러한 해석은 구 상표법[15]) 하에서도 같이 하여야 하며, 이와 같은 이치는 3 이상의 상품을 지정상품으로 하여 등록된 경우 2 이상의 지정상품에 관하여 무효심판을 청구하는 경우에도 같다.

논점의 정리

상고이유를 본다.

(1) 제1점에 대하여

① 상표법 제33조 제2항이 상표를 출원 전에 사용한 결과 수요자 간에 그 상표가 누구의 상표인가를 현저하게 인식되어 있는 것은 그 제1항 제3, 5, 6호의 규정에 불구하고 등록받을 수 있도록 규정한 것은, 원래 특정인에게 독점 사용시킬 수 없는 표장에 대세적인 권리를 부여하는 것이므로 그 기준은 엄격하게 해석 적용되어야 할 것이고, 상표는 일단 등록이 되면 우리나라 전역에 그 효력이 미치는 것이므로 현저하게 인식되어 있는 범위는 전국적으로 걸쳐 있어야 할 것이고 특정 지역에서 장기간에 걸쳐 영업활동을 해 왔고 그 지역방송 또는 신문 등에 선전광고를 해 왔다거나, 그 상표와 유사한 다른 상표에 대한 장기간의 선전광고가 있었다는 것만으로는, 그 상표가 같은 법 제33조 제2항에 해당하는 상표라고 보기는 어렵다고 할 것이다.

② 원심결 이유에 의하면, 원심이 이 사건 상표가 출원 전에 30여 년간 사용한 결과 수요자에게 현저하게 인식된 것이어서 식별력이 있는 표장이라는 피심판청구인의 주장에 대하여 명시적인 판단을 하지 아니한 것은 사실이나, 기록을 살펴보면 소론의 증거만으로는 이 사건 상표가 전국적 범위에 걸쳐 수요자 간에 피심판청구인의 상표라고 현저하게 인식되어 있었다고 인정하기는 어렵고, 원심은 이를 전제로 하여 이 사건 상표가 식별력이 있는 표장이 아니라고 판단한 것이므로, 이와 같은 원심의 판단결과는 옳고, 원심이 위의 점에 관하여 심리 판단을 하지 아니한 것이 잘못이라고 본다고 하여도 이는 이 사건 결과에 영향이 없는 것이다. 따라서 논지는 이유 없다.

---

14) (판결 당시) 상표법 제71조 제1항(이하 이 사건에서 같다)[1990. 1. 13., 법률 제4210호로 전문 개정된 후의 것]
15) 1990. 1. 13., 법률 제4210호로 전문 개정되기 전의 것(이하 이 사건에서 같다)

(2) 제2점에 대하여

① 원심결 이유에 의하면 원심은, 이 사건 상표의 지정상품은 등록 당시에는 보석, 귀금 속류와 그들의 모조품 등 상품구분 제44류에 명시된 상품 전부였는데, 이 사건 상표 는 금 또는 금도금제품과 관련지어 볼 때 상표법 제33조 제1항 제3호 소정의 원재료 나 품질을 보통으로 사용하는 방법으로 표시한 표장에 해당하고, 이 사건 심판계속 중 무효사유가 있는 일부 지정상품의 포기등록만으로는 상표등록의 무효사유가 해 소된 것이라고 할 수 없다고 판단하고, 나아가 어느 상표가 2 이상의 상품을 지정상 품으로 하여 등록되어 있는 경우에는 등록 전부의 무효심판을 청구하는 경우라 하더 라도 지정상품 중 일부에만 무효원인이 있으면 그 무효원인이 있는 지정상품에 한하 여 등록무효의 심판을 하여야 한다는 피심판청구인의 주장에 대하여는, 같은 법 제 117조의 취지는 상표등록 전부 또는 추가등록 전부를 무효로 하여야 한다는 취지라 는 이유로 배척하고, 이 사건 상표는 같은 법 제33조 제1항 제3호(금 관련제품), 제34조 제1항 제12호(그 외의 지정상품)의 규정에 위반되어 등록된 것이어서 전부 무효로 되어야 한다고 판단한 초심결은 정당하다고 판단하였다.

② 같은 법에서 상표등록이 그 각 호 소정의 무효사유에 해당할 경우에는 그 소멸의 전후를 불문하고 심판에 의하여 그 등록을 무효로 하여야 한다고 규정하고 있는 바, 피심판청구인이 이 사건 심판계속 중 지정상품 중 일부에 대한 상표권을 포기하여 그 말소등록이 되었다고 하여도 그 상표권 포기의 효력은 그 등록의 말소가 있을 때에 발생하고 소급효가 있는 것은 아니므로, 상표권을 포기한 이들 상품에 대한 상표등록의 무효 여부도 심판의 대상이 된다고 할 것이고, 따라서 이들 상품에 대한 상표등록을 무효라고 판시한 원심의 조처가 잘못이라고 할 수 없다.

③ 어떠한 상표가 같은 법 제34조 제1항 제12호 소정의 상품의 품질을 오인케 하거나 수요자를 기만할 염려가 있다고 하기 위하여는 일반인이 그 상표에 의하여 통상 인 식하는 상품과 현실로 그 상표를 사용하는 상품과의 사이에 그 상품의 특성에 관하 여 거래상 오인이나 혼동을 불러일으키고 수요자를 기만할 정도의 관계가 인정되어 야 하고, 상표가 가지고 있는 의미가 지정상품과 아무런 관계가 없는 것일 경우에는 이것 때문에 품질오인이나 수요자 기만의 염려는 없다 할 것이고, 그 판단은 일반 수요자를 기준으로 하여 거래의 통념에 따라 하여야 할 것이다.

살피건대, "황금"이라는 문자가 들어 있는 이 사건 상표가 그 지정상품 중 귀금속류 에 속하는 금 또는 금도금 관련제품에 사용될 경우에는 황금이라는 지정상품의 원재 료나 품질을 표시한 것이라고 할 수 있을 것이므로, 같은 법 제33조 제1항 제3호에 해당한다는 원심의 판단은 옳다고 할 것이고, 황금과 백금은 금으로 통칭되는 경우 가 있고 금, 은, 백금은 모두 금속으로서 합금될 수 있거나 합금될 수 있는 것으로 인식될 수 있고, 또 이들은 혼합되거나 혼용되어 거래되고 있는 실정에 비추어 볼 때, "황금"이라는 표장을 은, 백금 등 다른 귀금속류에 사용하는 것은 거기에 황금이 포함되어 있는 것으로 품질을 오인케 하거나 수요자를 기만할 염려가 있을 수 있어 같은 법 제34조 제1항 제12호에 해당한다고 볼 것이므로, 이 범위의 원심판단도 잘 못이라고 할 수 없다.

그러나 이것이 이러한 귀금속류(금, 은, 백금 관련제품)가 아닌 다른 지정상품(보석 및 그 모조품)에 사용되었을 경우에는 비록 이들이 상표법 시행규칙상의 상품류 별표상으로는 같은 제44류에 속하기는 하여도, 그 제2군에 속하는 금, 은, 백금 등의 금속류와 그 제1군에 속하는 다이아몬드, 산호, 진주, 마노, 수정, 황옥 등의 보석류는 일반적으로 쉽게 구별하여 인식함이 가능한 것이므로, 보석류 등 금, 은, 백금과 무관한 제품에 "황금당"이라는 이 사건 상표를 사용하였다 하여 사회통념상 황금이 포함된 것으로 오인 또는 혼동을 불러일으키고 수요자를 기만할 염려는 없다고 할 것이다.

따라서 이 사건 상표가 보석류 및 그 모조품에 관하여도 같은 법 제34조 제1항 제12호의 규정에 위반된다고 판단한 원심의 조처는 위법하다고 아니할 수 없다.

④ 상표법 제117조 제1항은 상표등록 또는 지정상품의 추가등록이 그 각 호의 1에 해당하는 경우에는 무효심판을 청구할 수 있고, 이 경우 지정상품이 2 이상 있는 경우에는 지정상품마다 무효심판청구를 할 수 있다고 규정하고 있는 바, 이는 특정의 지정상품에 관한 부분에 대하여만 무효사유가 있는데도 적법하게 상표등록을 받을 수 있는 나머지 지정상품에 대하여까지 전부 무효로 하는 것은 불필요하고 가혹하며 불합리하므로, 이러한 과잉조치(過剩措置)를 피하게 하고자 함에 있다고 할 것이다.

그러므로 어느 상표가 2 이상의 상품을 지정상품으로 하여 등록이 되어 있는 경우에 심판청구인이 상표등록 전부의 무효심판을 청구하는 경우라도 지정상품 중 일부에만 무효원인이 있고 다른 지정상품에는 무효사유가 없음이 명백한 때에는 출원사정의 경우와는 달리 그 무효원인이 있는 지정상품에 한하여 등록무효의 심판을 하여 그 부분만 말소하게 함이 상당할 것이고, 이러한 해석은 구 상표법 하에서도 같이 하여야 할 것이다. 이에 저촉되는 당원 1983. 3. 22. 선고 81후17 판결의 견해는 변경하기로 한다. 이와 같은 이치는 3 이상의 상품을 지정상품으로 하여 등록된 경우 2 이상의 지정상품에 관하여 무효심판을 청구하는 경우에도 같다고 할 것이다.

⑤ 그러므로 원심으로서는 귀금속류가 아닌 지정상품에 대하여 이 사건 상표의 등록을 받을 수 있는 것인지, 이들 상품에 대한 상표등록에 다른 무효사유가 있는지 여부를 살펴보아야 할 것이다.

원심결에는 상표법 제34조 제1항 제12호와 상표등록의 일부무효에 관한 법리를 오해하여 심리를 미진한 위법이 있다고 할 것이고, 논지는 이 범위 안에서 이유 있다.

그러므로 원심결 중 이 사건 등록상표의 지정상품 중 귀금속류(금조제품, 금지금, 금대금지금, 금도금, 금합금도금, 금박, 알미늄금, 은조제품, 은지금, 은합금지금, 은의 주물은박, 은대금의 주물은박, 니켈은, 백금조제품, 백금지금, 백금합금지금, 백금의 주물, 백금합금의 주물, 백금박)를 제외한 나머지 지정상품에 관한 피심판청구인 패소부분을 파기하고 이 부분 사건을 다시 심리하게 하기 위하여 특허청 항고심판소에 환송하기로 하고, 귀금속류에 관한 피심판청구인의 상고를 기각하고 이 부분 상고비용은 피심판청구인의 부담으로 하여, 관여 법관의 일치된 의견으로 주문과 같이 판결한다.

판시사항

(1) 상표법 제33조 제1항 제3호의 기술적(記述的) 표장에 해당하는지 여부의 판단 기준

(2) 상표법 제34조 제1항 제12호의 '상품의 품질을 오인하게 할 염려가 있는 상표'의 의미

(3) 등록상표 "COLOR CON"은 지정상품 중 '유채색'의 콘크리트타일, 투수콘크리트, 투수 콘크리트타일에 사용될 경우에는 상표법 제33조 제1항 제3호의 기술적(記述的) 상표에 해당하고, 지정상품 중 '무채색'의 콘크리트타일, 투수콘크리트, 투수콘크리트타일 및 모르타르, 아스팔트, 아스팔트펠트, 아스팔트타일에 사용될 경우에는 상표법 제34조 제1항 제12호의 품질오인 상표에 해당한다고 한 사례

논점의 정리

상고이유를 판단한다.

(1) 상표법 제33조 제1항 제3호의 '그 상품의 산지·품질·원재료·효능·용도·수량·형상·가격·생산방법·가공방법·사용방법 또는 시기를 보통으로 사용하는 방법으로 표시한 표장만으로 된 상표'에 해당하는지 여부는 그 상표가 지니고 있는 관념, 지정상품과의 관계 및 거래사회의 실정 등을 감안하여 객관적으로 판단하여야 하는 바, 수요자가 지정상품을 고려하여서 그 품질, 효능, 형상 등의 성질을 표시하고 있는 것으로 직감할 수 있으면 기술적 표장이라 할 수 있다. 또한, 상표법 제34조 제1항 제12호의 '상품의 품질을 오인하게 할 염려가 있는 상표'라 함은 그 상표의 구성 자체가 그 지정상품이 본래 가지고 있는 성질과 다른 성질을 갖는 것으로 수요자를 오인하게 할 염려가 있는 상표를 말한다.

(2) 원심이 인정한 사실과 기록에 의하면, 지정상품을 '모르타르, 아스팔트, 아스팔트펠트, 보도판, 아스팔트타일, 콘크리트타일, 바닥재, 투수콘크리트, 투수콘크리트타일'로 하고 "COLOR CON"으로 구성된 이 사건 등록상표의 등록결정일인 1996. 6. 10.경에는 콘크리트 업계 또는 건축 관련 업계에서 레미콘(Ready Mixed Concrete의 약칭), 아스콘(Asphalt Concrete의 약칭), 투수콘(透水 Concrete의 약칭)이라는 용어가 광범위하게 사용되고 있어 '콘'이라 함은 콘크리트의 약칭으로 인식되고 있었던 점, 늦어도 1991년경부터 기존의 흑색, 회색 등 무채색 계열의 콘크리트와 색채에 있어 크게 다른 녹색, 적색 등을 포함한 유채색 계열의 콘크리트·아스팔트 콘크리트가 생산되기 시작하여 콘크리트 업계 또는 건축 관련 업계에서는 이를 기존의 무채색 계열의 콘크리트·아스팔트 콘크리트에 대칭되는 개념으로 각각 칼라 콘크리트 및 칼라 아스콘이라고 부르고 있었던 점을 알 수 있는 바, 이러한 사정에 비추어 볼 때, 콘크리트 제품의 수요자들은 "COLOR CON"을 기존의 무채색 콘크리트에 대칭되는 개념으로서 '유채색의 콘크리트'를 의미하는 것으로 직감할 것으로 보이므로, 이 사건 등록상표가 지정상품 중 '유채색'의 콘크리트타일, 투수콘크리트, 투수콘크리트타일에 대하여 사용될 경우에는 상품의 성질을 나타낸 것으로 식별력이 없고, '무채색'의 콘크리트타일, 투수콘크리트, 투수콘크리트타일에 대하여 사용될 경우에는 이를 유채색의 콘크리트 제품으로 상품의 성질을 오인할 수 있으며, 모르타르, 아스팔트, 아스팔트펠트, 아스팔트타일에 사용될 경우에

는 이를 유채색의 콘크리트 제품으로 상품의 성질과 상품 자체 모두를 오인할 우려가 있다.

따라서 이 사건 등록상표는 위 지정상품들에 대하여 그 성질을 보통으로 사용하는 방법으로 표시한 표장만으로 구성된 기술적 상표이거나 상품의 품질을 오인하게 할 염려가 있는 상표에 해당한다.

(3) 그럼에도 칼라가 특정한 색상을 의미하는 것은 아니고, 일반적으로 종전의 콘크리트나 아스팔트는 무채색이 주류를 이루고 있어 칼라가 그 공통되는 성질을 직접적으로 표시한다고 할 수 없으며, 콘에는 콘크리트의 약칭 이외에도 다양한 의미가 있음을 이유로 이 사건 등록상표가 위 지정상품들에 대하여 기술적 상표 또는 품질오인 상표에 해당하지 아니한다고 판단한 원심판결은 상표법 제33조 제1항 제3호 및 제34조 제1항 제12호의 법리를 오해하여 판결 결과에 영향을 미친 위법이 있다 할 것이다.

41 함박웃음 사건 (2013후2675)

판시사항

(1) 등록상표가 상표법 제34조 제1항 제12호에서 정하고 있는 수요자를 기만할 염려가 있는 상표에 해당하기 위한 요건

(2) 甲 주식회사가 乙을 상대로 등록상표 " 함박웃음 "이 상표법 제34조 제1항 제12호 등에 해당한다는 이유로 상표등록 무효심판을 청구한 사안에서, 선사용상표들인 " **함박웃음** ", " **함박웃음** ☺ "이 지정상품을 '김치'로 하는 등록상표의 등록결정일 무렵 국내의 일반 수요자나 거래자에게 적어도 특정인의 상표로 인식될 수 있을 정도로는 알려져 있었다고 봄이 상당함에도 이와 달리 본 원심판결에 법리오해의 위법이 있다고 한 사례

논점의 정리

상고이유를 판단한다.

(1) 등록무효 심판청구의 대상이 된 등록상표가 상표법 제34조 제1항 제12호에서 규정하고 있는 수요자를 기만할 염려가 있는 상표에 해당하려면, 그 등록상표나 지정상품과 대비되는 선사용상표나 그 사용상품이 반드시 저명하여야 하는 것은 아니지만 적어도 국내의 일반거래에 있어서 수요자나 거래자에게 그 상표나 상품이라고 하면 곧 특정인의 상표나 상품이라고 인식

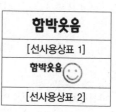

될 수 있을 정도로는 알려져 있어야 하고, 여기서 말하는 특정인의 상표나 상품이라고 인식된다고 하는 것은 선사용상표에 관한 권리자의 명칭이 구체적으로 알려져야 하는 것은 아니며, 누구인지 알 수 없다고 하더라도 동일하고 일관된 출처로 인식될 수 있으면 충분하다.

(2) 원심판결 이유와 원심이 적법하게 채택한 증거들에 의하여 알 수 있는 원심 판시 선사용상표 1, 2의 사용 기간과 대상 상품, 원고의 점포 수, 선사용상표들에 대한 언론 보도

내역과 전단지를 통한 홍보 정도, 2007년 한 해 동안 선사용상표들이 부착되어 판매된 제품의 매출액이 전체 상품으로 보면 1,012억 원, 식품류로 한정하여 보더라도 868억 원을 초과하고, 그 판매수량은 전체 상품으로 보면 3,550만 개, 식품류로 한정하여 보더라도 2,662만 개가 넘는 사정 등을 앞서 본 법리에 비추어 살펴보면, 선사용상표들은 지정상품을 '김치'로 하는 이 사건 등록상표 ' 함박웃음 '의 등록결정일인 2008. 1. 2. 무렵 국내의 일반 수요자나 거래자에게 적어도 특정인의 상표로 인식될 수 있을 정도로는 알려져 있었다고 봄이 상당하다.

(3) 그런데도 원심은 선사용상표들의 표장에 원고 또는 원고가 속한 대기업집단인 GS그룹과의 관련성을 인정할 만한 표시 등이 없어 일반 수요자나 거래자가 선사용상표들을 원고 또는 GS그룹과 관련시켜 떠올린다고 보기는 어려운 점 등을 근거로, 선사용상표들이 이 사건 등록상표의 등록결정일 무렵 일반 수요자나 거래자에게 원고의 상표나 상품을 표시하는 것으로 인식될 정도로 알려졌다고 보기는 어렵다는 전제 아래, 이 사건 등록상표는 선사용상표들과의 관계에서 상표법 제34조 제1항 제12호에 해당하지 아니한다고 판단하였으니, 이러한 원심의 판단에는 상표법 제34조 제1항 제12호에 규정된 '수요자를 기만할 염려가 있는 상표'에 관한 법리를 오해하여 필요한 심리를 다하지 아니함으로써 판결에 영향을 미친 위법이 있다. 이 점을 지적하는 상고이유의 주장은 이유 있다.

42 SODA 사건 (2011후1159)

판시사항

(1) 출원상표가 상표법 제34조 제1항 제12호 후단의 '수요자를 기만할 염려가 있는 상표'에 해당한다고 하려면 출원상표와 대비되는 선사용상표의 권리자는 출원인 이외의 타인이어야 하는지 여부(적극) 및 선사용상표의 권리자가 누구인지 판단하는 기준

(2) 특허청 심사관이 " ΒΟΟΑ "로 구성된 甲 주식회사의 상표출원에 대하여, 출원상표가 상표법 제34조 제1항 제12호에 해당한다는 이유로 거절결정을 한 사안에서, 출원상표는 선사용상표의 권리자에 의하여 출원된 것이어서 상표법 제34조 제1항 제12호의 '수요자를 기만할 염려가 있는 상표'에 해당한다고 할 수 없음에도, 이와 달리 본 원심판결에 법리를 오해한 위법이 있다고 한 사례

판결요지

(1) 상표등록을 받을 수 없는 상표를 규정하고 있는 상표법 제34조 제1항 제12호 후단의 취지는 이미 특정인의 상표로 인식된 선사용상표를 사용하는 상품의 출처 등에 관한 일반 수요자의 오인·혼동을 방지하여 이에 대한 신뢰를 보호하려는 것이므로, 어떤 출원상표가 위 규정의 '수요자를 기만할 염려가 있는 상표'에 해당한다고 하기 위하여는 출원상표와 대비되는 선사용상표의 권리자는 출원인 이외의 타인이어야 한다. 여기서 선사용상표의 권리자가 누구인지는 선사용상표의 선택과 사용을 둘러싼 관련 당사자 사이의 구체적인 내부관계 등을 종합적으로 살펴 판단하여야 하고, 선사용상표의 사용자 외에 사용허락계약 등을 통하여 선사용상표 사용자의 상표사용을 통제하거나 선사용

상표를 사용하는 상품의 성질이나 품질을 관리하여 온 자가 따로 있는 경우에는 그를 선사용상표의 권리자로 보아야 하며 선사용상표 사용자를 권리자로 볼 것은 아니다.

(2) 특허청 심사관이 지정상품을 '팔목시계' 등으로 하고 "ᄋODA"로 구성된 甲 주식회사의 상표출원에 대하여, 출원상표가 지정상품 중 '시계류 및 시계부속품'에 사용되는 경우 甲 회사와 상표사용계약을 체결하고 선사용상표 "ᄋODA"를 사용하여 온 乙 주식회사에 의하여 사용된 것으로 오인·혼동을 일으키게 하여 수요자를 기만할 염려가 있어 상표법 제34조 제1항 제12호에 해당한다는 이유로 거절결정을 한 사안에서, 선사용상표의 권리자는 선사용상표를 선택하고 상표사용계약을 통하여 乙 회사의 상표 사용을 통제하고 선사용상표를 사용하는 상품의 성질이나 품질을 관리하는 권한을 가진 甲 회사라고 할 것이고 선사용상표 사용자인 乙 회사를 권리자로 볼 것은 아니므로 출원상표는 선사용상표의 권리자에 의하여 출원된 것이어서 상표법 제34조 제1항 제12호의 '수요자를 기만할 염려가 있는 상표'에 해당한다고 할 수 없음에도, 선사용상표의 사용자인 乙 회사를 권리자로 보아 출원상표가 '수요자를 기만할 염려가 있는 상표'에 해당한다고 본 원심판결에 법리를 오해한 위법이 있다고 한 사례이다.

논점의 정리

상고이유를 판단한다.

(1) 상표등록을 받을 수 없는 상표를 규정하고 있는 상표법 제34조 제1항 제12호 후단의 취지는 이미 특정인의 상표로 인식된 선사용상표를 사용하는 상품의 출처 등에 관한 일반 수요자의 오인·혼동을 방지하여 이에 대한 신뢰를 보호하려는 것이므로, 어떤 출원상표가 위 규정의 '수요자를 기만할 염려가 있는 상표'에 해당한다고 하기 위하여는 출원상표와 대비되는 선사용상표의 권리자는 출원인 이외의 타인이어야 한다. 여기서 선사용상표의 권리자가 누구인지는 선사용상표의 선택과 사용을 둘러싼 관련 당사자 사이의 구체적인 내부관계 등을 종합적으로 살펴 판단하여야 하고, 선사용상표의 사용자 외에 사용허락계약 등을 통하여 선사용상표 사용자의 상표사용을 통제하거나 선사용상표를 사용하는 상품의 성질이나 품질을 관리하여 온 자가 따로 있는 경우에는 그를 선사용상표의 권리자로 보아야 하며 선사용상표 사용자를 권리자로 볼 것은 아니다.

(2) 원심판결 이유와 원심이 적법하게 채택한 증거들에 의하면, ① 원고는 2000년을 기준으로 "**SODA**쇼 다" 또는 "ᄋODA" 상표(지정상품을 '단화, 가죽신' 등으로 하여 1993. 6. 22. 상품등록하였다)를 여성 및 남성용 신발과 의류에 20여 년간 사용하여 왔고, "ᄋODA" 상표는 1999년 제화업계의 최고의 브랜드, 고객서비스 우수브랜드로 선정되기도 한 사실, ② 그 지정상품을 '팔목시계' 등으로 하는 이 사건 출원상표 "ᄋODA"에 대비되는 원심 판시 선사용상표 "ᄋODA"(이하 '선사용상표'라 한다)는 원고가 당초 신발에 사용하여 오던 것을 2001. 7. 6. 그 지정상품을 '팔목시계' 등으로 하여 출원하고 2002. 12. 17. 상표등록한 것인 사실, ③ 한편 주식회사 좋은시계(이하 '좋은시계'라 한다)는 1997. 6.경 설립되어 시계제조업 등을 영위하여 온 회사로서, 늦어도 2001. 2.경 선사용상표를 '시계'라는 잡지의 2001년 2월호에 광고하고, 2002년경에는 선사용상표를 시계제품에 부착한 제품을 제조·판매하였으며, 2003. 4.경에는 서면으로 원고

와 사이에서 선사용상표에 대하여 계약기간을 2002. 12. 31.부터로 하는 상표사용계약을 체결하고, 선사용상표를 계속 사용하여 온 사실, ④ 위 상표사용계약에서 좋은시계는 선사용상표를 사용하여 제조·판매하는 모든 상품을 원고와 사전에 합의한 품질기준에 따라 제조하고, 원고가 제품의 검사, 제조 공정에 관한 품질준수 여부 등을 확인하기 위하여 공장을 방문하는 것을 허가하며, 선사용상표를 사용하는 대가로 제1차년도(2003. 1. 1.부터 2004. 12. 31.까지)에는 무상으로 사용하되 제2차년도(2005. 1. 1.부터 2007. 12. 31.까지)부터는 매년 1,000만 원을 해당 연도 전 12. 31.까지 각 지불한다는 등으로 약정한 사실, ⑤ 한편 좋은시계가 선사용상표를 부착하여 생산한 'SODA' 시계는 2002년과 2003년에 산업자원부장관으로부터 우수산업디자인상품(굿디자인상)으로 선정되었고, 이들 'SODA' 시계는 2004. 11.경 롯데마트, 이마트, 홈플러스, 까르푸, 세이브존, 뉴코아 아울렛 등 대형 할인매장과 수원 그랜드 백화점, 코엑스몰 등에서 판매되어 온 사실, ⑥ 좋은시계는 2005. 3.경 지하철 4호선에 선사용상표를 부착한 시계 광고를 하였고, 1999. 1.과 1999. 5. 'Timepieces' 잡지, 2004. 10.과 2004. 11. 스포츠서울 신문, 2004. 6.과 2004. 7. 굿데이 신문, 2004. 11. 굿모닝서울에 각 광고하였고 그 중 일부는 전면광고를 하였으며, TV 프로그램인 '웃찾사' 등에 각 'SODA' 시계 제품을 협찬 광고한 사실, ⑦ 월간 시계 WATCH AND JEWELRY 잡지, 스포츠서울 및 굿데이 신문 등에 2001년부터 좋은시계의 'SODA' 시계에 관한 소개 기사가 수차례에 걸쳐 실렸고, 'MonBi'라는 잡지 2007년 1월호에는 인터파크에서 2006. 12. 13. 기준으로 선호순위 조사 결과 SODA 시계가 국내 패션시계 1위로 선정되었다는 기사가 게재되기도 한 사실, ⑧ 다른 한편 좋은시계가 사용료지급채무를 이행하지 아니한다는 등의 이유로 원고가 2005. 4.경 위 상표사용계약의 해지를 통고하고 그 무렵 선사용상표의 사용금지 등을 구하는 소를 제기하였음에도, 좋은시계는 해지의 효력을 다투면서 선사용상표를 계속 사용하여 온 사실, ⑨ 선사용상표에 대한 원고의 상표등록(2002. 12. 17.자 상표등록)은 2008. 7. 24. 선사용상표가 상표법 제34조 제1항 제8호에 해당한다는 것을 이유로 한 등록무효심결이 확정됨으로써 무효로 된 사실 등을 알 수 있다.

(3) 이러한 사실관계를 앞서 본 법리에 비추어 살펴보면, 선사용상표는 원고가 선택한 상표로서 원고가 오랫동안 신발 등에 사용하여 일반 수요자에게 널리 알려진 상표와 그 표장이 동일한 상표이고, 좋은시계는 늦어도 2001년경부터 선사용상표를 시계에 사용하기 시작하여 오다가 2003. 4.경에는 원고로부터 원고의 관리감독에 따르기로 약정하고 선사용상표에 관하여 통상사용권을 설정 받았으며, 원고가 2005. 4.경 통상사용권 설정계약을 해지하였음에도 그 해지의 효력을 다투면서 선사용상표를 계속 사용하여 옴으로써 그 과정에서 선사용상표가 일반 수요자에게 특정인의 상표라고 인식될 수 있을 정도로 알려지게 되었다고 할 것이므로, 선사용상표의 권리자는 선사용상표를 선택하고 상표사용계약을 통하여 좋은시계의 상표 사용을 통제하고 선사용상표를 사용하는 상품의 성질이나 품질을 관리하는 권한을 가진 원고라고 할 것이고, 선사용상표 사용자인 좋은시계를 권리자로 볼 것은 아니다.

그렇다면 이 사건 출원상표는 선사용상표의 권리자에 의하여 출원된 것이어서 상표법 제34조 제1항 제12호의 '수요자를 기만할 염려가 있는 상표'에 해당한다고 할 수 없다. 그럼에도 원심은 선사용상표 사용자인 좋은시계를 선사용상표의 권리자로 보아 이 사건 출원상표가 위 규정의 '수요자를 기만할 염려가 있는 상표'에 해당한다고 판단하고 말았으니, 원심판결에는 상표법 제34조 제1항 제12호 후단의 '수요자를 기만할 염려가 있는 상표'에 대한 법리를 오해함으로써 판결 결과에 영향을 미친 위법이 있다. 이 점을 지적하는 상고이유의 주장은 이유 있다.

43 무코타 사건 (2012후3619)

판시사항

선사용상표가 표시된 상품을 수입판매하는 판매대리인 등이 선사용상표를 사용함으로써 국내에서 그 상표가 외국회사의 업무와 관련된 상품을 표창하는 것으로 알려진 경우, 선사용상표의 권리자인 외국회사가 나중에 국내에 상표등록출원 시 이를 상표법 제34조 제1항 제12호가 정한 '수요자를 기만할 염려가 있는 상표'의 등록을 출원한 것이라고 할 수 있는지 여부 (소극)

논점의 정리

상고이유를 판단한다.

(1) 상표는 특정한 영업주체의 상품을 표창하는 것으로서 그 출처의 동일성을 식별하게 함으로써 그 상품의 품질을 보증하는 작용을 하는 것이다. 상표법 제34조 제1항 제12호가 '수요자를 기만할 염려가 있는 상표'를 상표등록을 받을 수 없는 상표로 규정한 것도 이미 특정인의 상표로 인식된 상표(이하 '선사용상표'라 한다)를 다른 사람이 등록하여 사용할 수 있게 하는 것은 상품의 출처 및 품질에 대한 일반 수요자의 오인·혼동을 초래할 수 있으므로 그에 대한 신뢰를 보호하고자 하는 것이다. 여기서 위 규정에 의한 상표등록 거부의 전제가 되는 선사용상표는 일반 수요자에게 특정인의 상표로 인식될 수 있을 정도로 알려져 있어야 할 것인데, 이는 그 선사용상표의 권리자가 직접 그 상표를 사용하거나 그 권리자로부터 직접 그 상표의 사용에 관한 허락을 받은 사용권자의 사용 등으로 알려진 경우는 물론 상표 자체의 사용권과는 직접 관계가 없는 제3자의 사용에 의하여 알려진 경우라도 상관이 없다. 따라서 외국회사에 의해 선사용상표가 표시된 상품을 수입판매하는 판매대리인이나 국내대리점 총판을 하는 영업자가 선사용상표를 그 외국회사의 상품으로 인식시키는 방법으로 광고를 하는 등으로 사용함으로써 국내에서도 그 상표가 외국회사의 업무와 관련된 상품을 표창하는 것으로 알려진 경우에는 비록 그렇게 알려진 것이 국내 영업자의 사용 등으로 인한 것이라 하더라도 이는 외국회사의 상표로 알려진 것일 뿐 국내 영업자의 상표로 알려진 것이라고 볼 것은 아니다. 그러므로 그 선사용상표의 권리자인 외국회사가 나중에 국내에 상표등록을 출원하였다고 해도 이를 '수요자를 기만할 염려가 있는 상표'의 등록을 출원한 것이라고 할 수는 없다.

(2) 원심판결 이유와 기록에 의하면, ① 원고는 2002. 2. 20. 설립된 회사로서 그 무렵부터 문자상표 'MUCOTA'가 표시된 업소용 헤어케어 제품을 수입하여 국내 미용실에 판매하

기 시작하였고, 2004년경 이후에는 이 사건 등록상표 "🔣"와 그 표장이 동일한 원심

판시 선사용상표 2 "🔣" 또는 원심 판시 선사용상표 1 "🔣"(이하 위 두 개의 선사용상표를 합쳐서 '이 사건 선사용상표들'이라 한다)이 표시된 업소용 헤어케어 제품(이하 '무코타 제품'이라 한다)을 수입하여 국내 미용실 등에 판매하여 온 사실, ② 선사용상표 2는 '사람과 사람의 연결을 테마로 고객이 손에 손을 잡고 미를 창조한다는 이미지를 MUCOTA의 M을 변형하여 표현한 것'으로 피고가 2003년경 일본에서 가부시키가이샤 노무라코우게이에 의뢰하여 제작한 표장인 사실, ③ 피고는 가부시키가이샤 노무라코우게이가 제시하는 계획안 중에서 우리나라에서 무코타 제품이 연예인들에게 인기가 높다는 점 등을 참작하여 선사용상표 2, 'MUCOTA' 및 'Beauty & Celebrity'가 3단으

로 병기된 선사용상표 1(🔣)을 피고의 브랜드로 선택한 사실, ④ 무코타 제품은 피고의 주문에 의해 일본의 화장품 제조업체인 가부시키가이샤 아스타비유가 이 사건 선사용상표들을 부착하여 제조한 제품들이고, 원고는 적어도 2009. 2.경까지 피고로부터 무코타 제품을 수입하여 온 사실, ⑤ 이와 같이 수입된 무코타 제품의 용기 뒷면에는 'MADE IN JAPAN'과 함께 '발매원 피고', '제조판매원 가부시키가이샤 아스타비유' 등의 문구가 일본어로 표시되어 있는 사실, ⑥ 원고는 수입한 무코타 제품의 용기 뒷면 일부분에 '제조원 ASTER BIYOU CO., LTD', '수입판매원 원고' 등의 문구가 표시된 사용설명서를 부착하여 국내 미용실 등에 공급한 사실 등을 알 수 있다.

(3) 이러한 사실관계를 앞서 본 법리에 비추어 살펴보면, 이 사건 선사용상표들은 2003년부터 피고가 회사의 브랜드로 사용한 상표들이고, 피고는 가부시키가이샤 아스타비유로부터 이 사건 선사용상표들을 부착한 무코타 제품을 납품받아 이를 원고에게 수출하였으며, 원고는 수입판매상으로서 수입한 무코타 제품을 국내 미용실 등에 공급하여 왔고, 그 과정에서 이 사건 선사용상표들이 국내의 일반 수요자들에게도 일본에서 수입한 무코타 제품을 표창한 상표라고 인식될 정도로 알려지게 되었다고 할 것이다. 이와 같이 피고가 이 사건 선사용상표들을 처음 만들어 사용하고 이를 부착한 제품의 품질을 관리해 온 이상 그 권리자는 피고라 할 것이고, 국내에서 이 사건 선사용상표들이 특정인의 상표로 인식될 수 있을 정도로 일반 수요자에게 알린 것은 무코타 제품을 수입판매한 원고라 해도 이는 선사용상표의 권리자인 피고의 상표로서 알린 것일 뿐 원고의 상표로서 알린 것이라고 할 수는 없다.

그렇다면 이 사건 등록상표는 이 사건 선사용상표들의 권리자에 의하여 출원된 것이어서 상표법 제34조 제1항 제12호의 '수요자를 기만할 염려가 있는 상표'에 해당한다고 할 수 없다. 같은 취지의 원심판결은 비록 그 이유 설시에 다소 부적절한 점이 있기는 하나 원고의 청구를 배척한 결론에서는 정당하고, 거기에 상고이유의 주장과 같이 관련 법리를 오해하거나 필요한 심리를 다하지 아니한 위법이 있다고 할 것은 없다.

(1) 상표법 제34조 제1항 제12호에서 규정하고 있는 '수요자를 기만할 염려가 있는 상표'에 해당하는지 여부의 판단 기준

(2) 선사용상표 "A|S|K", "ask", "ASK JEANS"는 등록상표 "ASK"의 등록결정일에 국내의 수요 자나 거래자에게 최소한 특정인의 상표로 인식될 정도로 알려져 있었고 두 상표들의 표장이 그 외관·호칭 및 관념이 동일 또는 유사하여 전체적으로 유사한 상표이어서 등록상표가 '팔목시계' 상품에 사용된다면 선사용상표권자에 의하여 사용되는 것이라고 오인할 소지가 있으므로, 등록상표는 선사용상표들과 출처의 오인·혼동을 불러 일으 켜 수요자를 기만할 염려가 있다고 한 사례

상고이유를 본다.

(1) 등록상표가 상표법 제34조 제1항 제12호에서 규정하고 있는 '수요자를 기만할 염려가 있는 상표'에 해당하려면, 그 등록상표나 지정상품과 대비되는 선사용상표나 그 사용상 품이 반드시 저명하여야 할 필요까지는 없고, 국내 수요자나 거래자에게 그 상표나 상품 이라고 하면 곧 특정인의 상표나 상품이라고 인식될 수 있을 정도로 알려져 있으면 되 며, 이러한 경우 그 선사용상표와 동일·유사한 상표가 그 사용상품과 동일·유사한 상품에 사용되고 있거나, 또는 어떤 상표가 선사용상표와 동일·유사하고, 선사용상표 의 구체적인 사용실태나 양 상표가 사용되는 상품 사이의 경제적인 견련의 정도 기타 일반적인 거래실정 등에 비추어, 그 상표가 선사용상표의 사용상품과 동일·유사한 상 품에 사용된 경우에 못지않을 정도로 선사용상표의 권리자에 의하여 사용되고 있다고 오인될 만한 특별한 사정이 있으면 수요자로 하여금 출처의 오인·혼동을 일으켜 수요 자를 기만할 염려가 있다고 보아야 한다.

(2) 원심이 채택한 증거들 및 기록에 의하면, "A|S|K", "ask"로 이루어진 선사용상표들 은 2002년경 상표등록출원된 이래 2003년 가을경부터 원고 회사가 제조·판매하는 재 킷과 청바지, 티셔츠 등의 캐쥬얼 의류에 부착되어 사용되어 왔고, "ASK JEANS"로 이루어진 선사용상표는 2004. 10. 7. 추가로 상표등록출원되어 "A|S|K", "ask"로 이루어진 위 선사용상표들과 함께 원고 회사의 의류 제품에 사용되어 온 사실, 선사용상표들을 부착한 제품은 2004년 상반기에 전년 대비 25% 증가한 약 237억 원의 매출을 올리는 등 전국 주요상권에 위치한 83개 매장에서의 2004년 연간 매출액이 약 700억 원으로 추산되고, 그 매출액 및 매장 수는 지속적인 신장세를 보이면서 2005년 1월 기준으로 백화점 45곳을 비롯하여 전국적으로 분포된 98개 매장에서 월 매출액만 약 85억 원에 이르렀으며 그 중 백화점 32곳에서는 캐쥬얼 의류 부문 매출실적 1위를 차지한 사실, 원고 회사는 2004. 5. 30.경 유명한 축구 국가대표 선수와 3개월간 5,000만 원의 광고 모델 계약을 체결하는 등 선사용상표들에 관한 광고선전 활동을 계속하였고, "ASK"로 이루어진 피고의 이 사건 등록상표의 등록결정일인 2006. 9. 26. 이전에 국제섬유신문, 한국섬유경제, TIN 뉴스, 텍스헤럴드, 패션인사이트, 패션비즈 등의 섬유 및 패션 관련

신문·잡지에 원고 회사의 캐쥬얼 의류 시장에서의 매출액 신장세 및 인지도에 관한 기사가 여러 차례에 걸쳐 게재되었으며, 원고 회사의 선사용상표들은 어패럴뉴스사가 선정하는 "2005년 올해의 브랜드상"을 수상한 사실 등을 알 수 있다.

위와 같은 선사용상표들이 부착된 상품을 판매하는 매장의 개수와 분포, 매출액의 크기와 증가 추이, 광고선전 활동의 내용, 선사용상표나 그 상품의 주된 수요자는 상품의 종류와 특성에 비추어 상표 정보에 대한 인식력과 전파력이 높은 젊은 여성 및 청소년층으로 보이는 점 등의 여러 사정을 종합하여 보면, 원고 회사의 선사용상표들은 이 사건 등록상표의 등록결정일에는 국내의 수요자나 거래자에게 최소한 특정인의 상표로 인식될 수 있을 정도로 알려져 있었다고 봄이 상당하다.

(3) 또한, 이 사건 등록상표와 선사용상표들의 표장은 그 외관·호칭 및 관념이 동일 또는 유사하여 전체적으로 유사한 상표라고 할 것인데, 이 사건 등록상표의 지정상품인 '괘종시계, 마스터클락, 스톱워치, 시계무브먼트, 시계문자반, 시계바늘, 시계스프링, 시계용 앵커, 시계유리, 시계줄, 시계추, 시계케이스, 시계태엽장치, 시계태엽통, 원자시계, 자동차용 시계, 자명종, 전기시계, 전자시계, 제어용시계, 크로노그래프, 크로노미터, 크로노스코프, 탁상시계, 팔목시계, 해시계, 회중시계' 가운데 '팔목시계'는 선사용상표들의 사용상품인 의류와 상품류 구분이 다르기는 하나 그 수요자가 공통될 뿐만 아니라, 이 사건 등록상표의 등록결정일 당시 이미 거래사회에서는 어떤 기업이 특정 브랜드를 전문화시키고 이 브랜드를 적극 사용하여 의류, 팔목시계, 기타 잡화류 등을 생산하거나 이들 제품을 한 점포에서 함께 진열, 판매하는 이른바 토털패션의 경향이 일반화되어 있어, 이 사건 등록상표가 '팔목시계' 상품에 사용된다면 의류와 유사한 상품에 사용된 경우에 못지않을 정도로 그것이 선사용상표권자에 의하여 사용되는 것이라고 오인될 소지가 있으므로, 이 사건 등록상표는 선사용상표들과 출처의 오인·혼동을 불러 일으켜 수요자를 기만할 염려가 있다고 보아야 할 것이다.

그럼에도 선사용상표들이 특정인의 상표로 알려져 있지 아니하고 양 상품 간의 경제적 견련성이 없다는 이유로 이 사건 등록상표는 수요자를 기만할 염려가 있는 상표에 해당되지 않는다고 판단한 원심판결에는 상표법 제34조 제1항 제12호 후단의 규정에 관한 법리를 오해하여 판결 결과에 영향을 미친 위법이 있다. 이 점을 지적하는 상고이유의 주장은 이유 있다.

(1) 선사용상표가 사용상품에 대한 관계거래자 외에 일반 공중 대부분에까지 널리 알려지게 됨으로써 저명성을 획득한 경우, 어떤 상표가 선사용상표의 사용상품과 다른 상품에 사용되더라도 수요자에게 상품의 출처를 오인·혼동하게 하여 수요자를 기만할 염려가 있는지 여부(적극) 및 선사용상표가 저명상표인지 판단하는 기준 / 이러한 법리가 상표에 대해서도 마찬가지로 적용되는지 여부(적극)

(2) 선사용상표 "소녀시대"와 선사용상표 "소녀시대"를 사용한 甲 주식회사가 등록상표 "소녀시대"의 등록권리자 乙을 상대로 등록상표가 상표법 제34조 제1항 제12호에 해당한다는 이유로 등록무효심판을 청구하였는데 특허심판원이 인용하는 심결을 한 사안에서, 선사용상표가 저명성을 획득하였으므로 그와 유사한 등록상표가 선사용상표의 사용상품·서비스와 다른 지정상품이나 지정서비스에 사용되더라도 상품·서비스의 출처를 오인·혼동하게 하여 수요자를 기만할 염려가 있다고 한 사례

(1) 선사용상표가 사용상품에 대한 관계거래자 이외에 일반 공중의 대부분에까지 널리 알려지게 됨으로써 저명성을 획득하게 되면, 그 상표를 주지시킨 상품 또는 그와 유사한 상품뿐만 아니라 이와 다른 종류의 상품이라고 할지라도 상품의 용도 및 판매거래의 상황 등에 따라 저명상표권자나 그와 특수한 관계에 있는 자에 의하여 생산 또는 판매되는 것으로 인식될 수 있고 그 경우에는 어떤 상표가 선사용상표의 사용상품과 다른 상품에 사용되더라도 수요자로 하여금 상품의 출처를 오인·혼동하게 하여 수요자를 기만할 염려가 있다. 여기서 선사용상표가 저명상표인가는 상표의 사용, 공급, 영업활동의 기간·방법·태양 및 거래범위 등을 고려하여 거래실정 또는 사회통념상 객관적으로 널리 알려졌느냐를 기준으로 판단하여야 한다. 이러한 법리는 상표에 대하여도 마찬가지로 적용된다.

(2) 선사용상표 "소녀시대"와 선사용상표 "소녀시대"를 사용한 甲 주식회사가 등록상표 "소녀시대"의 등록권리자 乙을 상대로 등록상표가 상표법 제34조 제1항 제12호에 해당한다는 이유로 등록무효심판을 청구하였는데 특허심판원이 인용하는 심결을 한 사안에서, 甲 회사 소속 9인조 여성그룹 가수의 명칭 '소녀시대'와 같은 구성의 선사용상표는 甲 회사의 '음반, 음원' 등의 사용상품 및 '가수공연업, 음악공연업, 방송출연업, 광고모델업' 등의 사용서비스에 대하여 관계거래자 이외에 일반 공중의 대부분에까지 널리 알려지게 됨으로써 저명성을 획득하였으므로, 그와 유사한 등록상표가 위 사용상품·서비스와 다른 '면제 코트' 등의 지정상품이나 '화장서비스업' 등의 지정서비스에 사용되더라도 그러한 상품이나 서비스가 甲 회사나 그와 특수한 관계에 있는 자에 의하여 생산·판매되거나 제공되는 것으로 인식됨으로써 상품·서비스의 출처를 오인·혼동하게 하여 수요자를 기만할 염려가 있는데도 등록상표가 수요자를 기만할 염려가 있는 상품·상표에 해당하지 않는다고 한 원심판결에 법리오해의 잘못이 있다고 한 사례이다.

상고이유(상고이유서 제출기한 경과 후에 제출된 상고이유보충서의 기재는 상고이유를 보충하는 범위 내에서)를 판단한다.

(1) 등록상표가 상표법 제34조 제1항 제12호에서 규정하고 있는 수요자를 기만할 염려가 있는 상표에 해당하려면, 그 등록상표나 지정상품과 대비되는 선사용상표나 그 사용상품이 적어도 국내 수요자나 거래자에게 그 상표나 상품이라고 하면 곧 특정인의 상표나 상품이라고 인식될 수 있을 정도로 알려져 있어야 하고, 이러한 경우 그 선사용상표와 동일·유사한 상표가 그 사용상품과 동일·유사한 상품에 사용되고 있거나, 또는 어떤 상표가 선사용상표와 동일·유사하고, 선사용상표의 구체적인 사용실태나 양 상표가 사용되는 상품 사이의 경제적인 견련의 정도 기타 일반적인 거래실정 등에 비추어, 그 상표가 선사용상표의 사용상품과 동일·유사한 상품에 사용된 경우에 못지않을 정도로 선사용상표의 권리자에 의하여 사용되고 있다고 오인될 만한 특별한 사정이 있으면 수요자로 하여금 출처의 오인·혼동을 일으켜 수요자를 기만할 염려가 있다고 할 것이다. 한편 선사용상표가 그 사용상품에 대한 관계거래자 이외에 일반 공중의 대부분에까지 널리 알려지게 됨으로써 저명성을 획득하게 되면, 그 상표를 주지시킨 상품 또는 그와 유사한 상품뿐만 아니라 이와 다른 종류의 상품이라고 할지라도 그 상품의 용도 및 판매거래의 상황 등에 따라 저명상표권자나 그와 특수한 관계에 있는 자에 의하여 생산 또는 판매되는 것으로 인식될 수 있고 그 경우에는 어떤 상표가 선사용상표의 사용상품과 다른 상품에 사용되더라도 수요자로 하여금 상품의 출처를 오인·혼동하게 하여 수요자를 기만할 염려가 있다고 보아야 한다. 여기서 선사용상표가 저명상표인가의 여부는 그 상표의 사용, 공급, 영업활동의 기간·방법·태양 및 거래범위 등을 고려하여 거래실정 또는 사회통념상 객관적으로 널리 알려졌느냐의 여부를 기준으로 판단하여야 한다. 이러한 법리는 상표에 대하여도 마찬가지로 적용된다.

(2) 원심은 그 판시와 같은 사실을 인정한 다음, 원심 판시 선사용상표 1(소녀시대)과 선사용상표(소녀시대)가 이 사건 등록상표 "**소녀시대**"의 등록결정일(2009. 2. 9.) 당시 '음반, 음원' 등의 사용상품 및 이와 연계된 '가수공연업, 음악공연업, 방송출연업, 광고모델업' 등의 사용서비스와 관련하여 피고의 상품·서비스를 표시하는 식별 표지로 인식되었다고 할 것이나, 특정인의 상표로 알려진 정도를 넘어서 저명한 정도에까지 이르렀다고 볼 수 없으므로, 위 사용상품 및 사용서비스와 유사하거나 경제적 견련관계가 밀접하지 아니한 이종의 이 사건 등록상표의 지정상품·서비스에 대해서까지 출처의 오인·혼동을 일으켜 수요자를 기만할 염려가 있다고 볼 수 없다는 취지로 판단하였다.

(3) 그러나 원심의 위와 같은 판단은 아래와 같은 이유로 수긍하기 어렵다.
① 원심이 확정한 사실관계에 의하면 다음 각 사실을 알 수 있다.
ㄱ) 국내에서 유명한 연예기획사인 피고는 피고에 소속된 남성그룹 가수인 '○○○○○'의 성공을 계기로 그와 같은 여성그룹 가수도 기획하기로 하고, 2007년 7월경 '소녀시대'라는 명칭의 피고 소속 9인조 여성그룹 가수(이하 '이 사건 그룹가수'라고 한다)의 각 구성원을 인터넷에 공개한 다음, 같은 해 8월부터 피고가 제작한 이 사건 그룹가수의 첫 번째 음반인 '다시 만난 세계'를 판매하기 시작하였는데, 위 음반에 수록된 '다시 만난 세계'라는 곡은 위 음반 발매 직후 방송집계에서 1위를 차지하거나 음악방송 인기순위에서 1위를 차지하였다.

ⓛ 피고는 또 2007년 11월 이 사건 그룹가수의 음반 '소녀시대'를 제작·판매하였는데, 그 주제곡 '소녀시대'는 텔레비전 방송에서 인기가요로 선정되었고, 후속곡 'Kissing You'도 각종 음악방송 인기순위 1위를 차지하였다. 피고는 또 2008년 3월 이 사건 그룹가수의 음반 'Baby Baby'를 제작·판매하였고, 이 사건 그룹가수가 활동을 시작한 지 1년 만에 위 음반 '소녀시대' 및 'Baby Baby'의 판매량이 합계 12만 장 이상을 기록하였다. 피고는 또 2009년 1월 이 사건 그룹가수의 음반 'Gee'를 제작·판매하였는데, 그 주제곡인 'Gee'는 공개 후 2일 만에 각종 음원 순위에서 1위를 차지하면서 벨 소리와 통화연결음으로 120만 건 이상 판매되고 총 1,500회 이상 방송되었으며, 위 음반 'Gee'는 연간 판매순위 1위를 차지하였다. 한편 위 '다시 만난 세계', '소녀시대', 'Baby Baby' 및 'Gee' 등 총 4장의 음반들 전면에는 모두 '소녀시대' 또는 그 영문 표기인 'Girls' Generation'이라는 제목이 표시되어 있다.

ⓒ 이 사건 그룹가수는 피고의 전체적인 기획·관리에 따라 2009년 2월경까지, 위 음반들과 관련하여 다양한 음악공연 활동을 하면서 MTV, Mnet 및 MBC 등의 다수 방송프로그램에 출연하였고, 위와 같은 음악공연·방송출연 활동에서 얻은 높은 인지도를 바탕으로 의류, 식품, 디지털 가전, 게임 등 다양한 상품의 광고모델로 활동하였으며, 같은 기간 이 사건 그룹가수와 관련된 기사가 다양한 매체에 여러 차례 보도되었다. 한편 이 사건 그룹가수는 2007년 골든디스크 시상식 신인상 및 2008년 대한민국연예예술상 그룹가수상 등 다수의 상을 받았다.

② 위와 같은 사실관계에 의하면, ⓐ 비록 이 사건 그룹가수가 활동을 시작한 때로부터 이 사건 등록상표의 등록결정일까지의 기간이 약 1년 6개월에 불과하지만, 같은 기간 일반 공중에 대한 전파력이 높은 대중매체를 통한 가수공연·음악공연·방송출연·광고모델 등의 활동과 음반·음원의 판매가 집중적으로 이루어졌던 점, ⓑ 이 사건 그룹가수의 명칭 '소녀시대'는 피고의 전체적인 기획·관리에 따라, 이 사건 그룹가수 음반들에서 각 음반 저작물의 내용 등을 직접적으로 표시하는 것이 아니라 음반이라는 상품의 식별 표지로 사용되었을 뿐만 아니라, 이 사건 그룹가수의 가수공연·음악공연·방송출연·광고모델 등의 활동에서 지속적이고 일관되게 사용되었던 점, ⓒ 그리고 위 명칭은 이 사건 그룹가수 음반들의 판매량과 그에 수록된 곡들의 방송횟수 및 인기순위를 비롯하여 이 사건 그룹가수의 관련 기사보도, 수상경력 및 다양한 상품의 광고모델 활동 등에서 보는 것처럼, 통상의 연예활동에서 예상되는 것보다 상당히 높은 수준의 인지도를 가지게 된 점 등을 알 수 있다.

③ 이러한 사정들을 앞서 본 법리에 비추어 보면, 이 사건 그룹가수의 명칭과 같은 구성의 선사용상표 1 및 선사용상표는 피고의 '음반, 음원' 등의 사용상품 및 '가수공연업, 음악공연업, 방송출연업, 광고모델업' 등의 사용서비스에 대하여 관계거래자 이외에 일반 공중의 대부분에까지 널리 알려지게 됨으로써 저명성을 획득하였다고 보아야 하고, 사정이 이러한 이상 그와 유사한 이 사건 등록상표가 위 사용상품·서비스와 다른 '면제 코트' 등의 지정상품이나 '화장서비스업' 등의 지정서비스에 사용되더라도 그러한 상품이나 서비스가 피고나 그와 특수한 관계에 있는 자에 의하여 생산·판매되거나 제공되는 것으로 인식됨으로써 그 상품·서비스의 출처를 오인·

혼동하게 하여 수요자를 기만할 염려가 있다고 할 것이다.

④ 그런데도 원심은 그 판시와 같은 이유만으로 앞서 본 바와 같이 선사용상표 1 및 선사용상표가 특정인의 상표로 알려진 정도를 넘어서 저명한 정도에까지 이르렀다고 볼 수 없다면서 이를 전제로 이 사건 등록상표가 수요자를 기만할 염려가 있는 상표에 해당하지 않는다고 판단하고 말았으니, 이러한 원심판결에는 저명상표 및 수요자 기만 상표의 해당 여부 판단에 관한 법리를 오해하여 필요한 심리를 다하지 아니함으로써 판결에 영향을 미친 잘못이 있다. 이 점을 지적하는 상고이유 주장은 이유 있다.

46 웨딩쿨 사건 (2019후11688)

판시사항

(1) 등록무효심판청구의 대상이 된 등록상표가 상표법 제34조 제1항 제12호에서 정한 수요자를 기만할 염려가 있는 상표에 해당하는지 판단하는 기준 및 그 판단 시기(등록상표의 등록결정 시) / 이때 '특정인의 상표나 상품이라고 인식'되었다고 판단하는 기준

(2) 甲 주식회사의 사용표장 "**웨딩쿨**", " ", "**Wedding CooL**"이 乙의 등록상표 "Wedding CooL 웨딩 쿨"과의 관계에서 상표법 제34조 제1항 제12호에 해당하는지 문제된 사안에서, 甲 회사의 선사용표장들은 위 등록상표의 등록결정일 무렵 국내의 일반거래에 있어서 수요자나 거래자에게 적어도 특정인의 상표로 인식될 수 있을 정도로는 알려져 있었다고 봄이 타당하다고 한 사례

판결요지

(1) 등록무효심판청구의 대상이 된 등록상표가 상표법 제34조 제1항 제12호에서 규정하고 있는 수요자를 기만할 염려가 있는 상표에 해당하려면, 그 등록상표나 지정상품과 대비되는 다른 상표(이하 '선사용상표'라고 한다)나 그 사용상품이 반드시 저명하여야 하는 것은 아니지만 적어도 국내의 일반거래에서 수요자나 거래자에게 그 상표나 상품이라고 하면 곧 특정인의 상표나 상품이라고 인식될 수 있을 정도로는 알려져 있어야 하고, 그 판단은 등록상표의 등록결정 시를 기준으로 하여야 한다. 여기서 '특정인의 상표나 상품이라고 인식'되었다고 하기 위하여는 선사용상표가 반드시 국내 전역에 걸쳐 수요자나 거래자에게 알려져야만 하는 것은 아니고, 특정인의 상표 등으로 인식되었는지 여부는 그 상표의 사용기간, 방법, 태양 및 이용범위 등과 거래실정 등에 비추어 볼 때 사회통념상 객관적으로 상당한 정도로 알려졌는지를 기준으로 판단하여야 한다.

(2) 甲 주식회사의 사용표장 "**웨딩쿨**", " ", "**Wedding CooL**"이 乙의 등록상표 "Wedding CooL 웨딩 쿨"과의 관계에서 상표법 제34조 제1항 제12호에 해당하는지 문제된 사안에서, 위 선사용표장들의 사용기간과 방법 및 태양, 선사용표장들에 대한 광고·홍보의 정도와 언론 보도 내역, 매출액의 증감 추이, 동종 업계의 인식 등 여러 사정을 살펴보면,

甲 회사의 선사용표장들은 위 등록상표의 등록결정일 무렵 국내의 일반거래에 있어서 수요자나 거래자에게 적어도 특정인의 상표로 인식될 수 있을 정도로는 알려져 있었다고 봄이 타당하다고 한 사례이다.

논점의 정리

상고이유를 판단한다.

(1) 등록무효심판청구의 대상이 된 등록상표가 상표법 제34조 제1항 제12호에서 규정하고 있는 수요자를 기만할 염려가 있는 상표에 해당하려면, 그 등록상표나 지정상품과 대비되는 다른 상표(이하 '선사용상표'라고 한다)나 그 사용상품이 반드시 저명하여야 하는 것은 아니지만 적어도 국내의 일반거래에서 수요자나 거래자에게 그 상표나 상품이라고 하면 곧 특정인의 상표나 상품이라고 인식될 수 있을 정도로는 알려져 있어야 하고, 그 판단은 등록상표의 등록결정 시를 기준으로 하여야 한다. 여기서 '특정인의 상표나 상품이라고 인식'되었다고 하기 위하여는 선사용상표가 반드시 국내 전역에 걸쳐 수요자나 거래자에게 알려져야만 하는 것은 아니고, 특정인의 상표 등으로 인식되었는지 여부는 그 상표의 사용기간, 방법, 태양 및 이용범위 등과 거래실정 등에 비추어 볼 때 사회통념상 객관적으로 상당한 정도로 알려졌는지를 기준으로 판단하여야 한다.

(2) ① 원심판결 이유와 원심이 적법하게 채택한 증거에 의하면 다음과 같은 사정을 알 수 있다.

㉠ 피고의 사내이사 소외 1은 피고 설립 전인 2001. 9. 20. 상호를 '웨딩쿨'로 하여 '온라인정보제공업'에 관한 사업자등록을 하였고, 소외 1의 배우자이자 피고의 대표이사인 소외 2는 2005. 7.경부터 같은 상호로 웨딩 컨설팅업과 웨딩드레스 대여업 등을 본격적으로 영위하기 시작하였으며, "**웨딩쿨**", "**Wedding CooL**", "**Wedding CooL**"로 이루어진 선사용표장들은 그 무렵부터 위 서비스의 출처를 표시하는 표장으로 사용되어 왔다.

㉡ 소외 2가 운영하던 '웨딩쿨' 개인사업체(이하 '피고 측'이라고 한다)는 2005. 7.경부터 "**Wedding CooL 웨딩 쿨**"로 이루어진 원고의 이 사건 등록상표의 등록결정일인 2012. 1. 19.까지 약 6년 6개월 동안 대구지역에서 총 23회에 걸쳐 결혼, 웨딩패션, 혼수 등을 주제로 한 대규모 박람회를 주최하였다. 위 박람회의 명칭에는 대부분 '웨딩쿨'이라는 문구가 포함되어 있었고, 행사 진행 중 사용된 안내문과 현수막 등에도 위 박람회를 개최한 주체가 '웨딩쿨'로 표시되었으며, 위 박람회와 관련된 글과 사진도 '웨딩쿨'이라는 표시와 함께 인터넷에 다수 게시되었다.

㉢ 피고 측은 2010년경부터 2011년경까지 대구 MBC TV와 라디오를 통하여 위 박람회 등을 홍보하는 내용의 광고를 하였고, 위 광고에는 한글 '웨딩쿨' 또는 영문 'Wedding Cool'로 구성된 표장이 사용되었다. 그 중 TV 광고는 대구·경북지역을 중심으로 2010년에는 121일, 2011년에는 51일에 걸쳐 매일 3회씩 매회 20초 내지 30초 분량으로 송출되었고, 전체 광고비로 77,000,000원이 지출되었다. 이와 더불어 위 박람회 행사를 알리면서 피고 측을 대구·경북지역의 웨딩컨설팅업체로 소개하는 내용의 인터넷 기사들도 그 무렵 인터넷에 여러 건 게재되었다.

㉣ 2006년부터 2011년까지 대구·경북지역에서 혼인한 사람들 중 상당수가 피고 측과 혼인상담을 하거나 웨딩계약을 하는 등으로 피고 측의 서비스를 이용하였고, 같은 기간 피고 측 매출액은 2006년 176,519,512원, 2007년 255,392,402원, 2008년 277,572,595원, 2009년 426,653,096원, 2010년 539,733,823원, 2011년 598,591,347원 등으로 매년 꾸준히 증가해 왔다.

㉤ 피고 측은 2009. 12.경 대경대학과 산학협력약정을, 2011. 10. 18. 한국건강관리협회 대구지부와 대구지역의 각종 건강 관련 사업을 협력하여 진행하기로 하는 내용의 업무협약을, 2011. 12.경 대구예술대학교와 산학협력약정을 각 체결하는 등 각종 사회활동도 활발히 진행하여 왔다.

㉥ 대구·경북지역의 동종 업계 종사자들 다수는 선사용표장들이 이 사건 등록상표의 등록결정일 무렵 대구·경북지역에서 피고 측의 출처표시로 상당한 정도로 알려져 있었다는 취지로 진술하고 있다.

㉦ 인터넷 포털사이트에서 '웨딩쿨'을 키워드로 설정하여 검색하면, 선사용표장들이 사용되기 시작한 때부터 이 사건 등록상표의 등록결정일 무렵까지 수천 건의 블로그 글과 카페 글이 게시되어 있음이 확인되고, 그 중 대부분은 피고 측 직원이 피고 측의 사업 또는 박람회 개최를 홍보하는 내용이거나, 피고 측의 서비스를 이용하고 박람회를 다녀온 사람들이 소감과 후기를 밝힌 내용이다.

② 위와 같은 선사용표장들의 사용기간과 방법 및 태양, 선사용표장들에 대한 광고·홍보의 정도와 언론 보도 내역, 매출액의 증감 추이, 동종 업계의 인식 등 여러 사정을 앞서 본 법리에 비추어 살펴보면, 피고 측의 선사용표장들은 이 사건 등록상표의 등록결정일 무렵 국내의 일반거래에 있어서 수요자나 거래자에게 적어도 특정인의 상표로 인식될 수 있을 정도로는 알려져 있었다고 봄이 타당하다.

③ 그럼에도 원심은, 선사용상표가 국내 전역에서 등록상표의 지정상품의 수요자나 거래자에게 특정인의 상표나 상품으로 인식될 정도로 알려진 것이어야 하고, 선사용상표의 사용이 국내 일부 지역으로 한정된 경우라도 선사용상표가 등록상표의 지정상품의 국내 수요자 및 거래자 전체를 기준으로 보았을 때 특정인의 상표나 상품으로 인식될 정도로 알려진 것으로 볼 수 있어야 한다고 전제한 다음, 선사용표장들은 이 사건 등록상표의 등록결정일 무렵 그 사용업종에 관하여 국내 수요자와 거래자에게 특정인의 영업의 출처표시로 인식되었다고 보기 어렵다는 이유로, 이 사건 등록상표가 선사용표장들과의 관계에서 상표법 제34조 제1항 제12호에 해당하지 않는다고 판단하였다. 이러한 원심의 판단에는 상표법 제34조 제1항 제12호의 '수요자를 기만할 염려가 있는 상표'에 관한 법리를 오해하여 판결에 영향을 미친 잘못이 있다. 이 점을 지적하는 상고이유 주장은 이유 있다.

판시사항

甲 독일회사가 등록상표 "JUNKERS"의 상표권자 乙 주식회사를 상대로 등록상표가 상표법 제34조 제1항 제13호에 해당한다는 이유로 상표등록 무효심판을 청구한 사안에서, 선사용상 표들인 "JUNKERS", "▽"가 등록상표의 출원일 무렵에는 독일 내의 수요자 사이에 특정인의 상표로 인식되어 있었음에도 이와 달리 본 원심판결에 법리오해의 위법이 있다고 한 사례

판결요지

甲 독일회사가 등록상표 "JUNKERS"의 상표권자 乙 주식회사를 상대로 등록상표가 상표법 제34조 제1항 제13호에 해당한다는 이유로 상표등록 무효심판을 청구한 사안에서, 선사용상 표들인 "JUNKERS", "▽"의 사용 경위와 기간, 선사용상표들과 그 상표를 사용한 제품의 연관관계, 선사용상표들을 사용한 제품의 판매·공급처 및 주위의 평가 등을 종합하여 볼 때, 선사용상표들은 그 지정상품을 '팔목시계, 전자시계, 크로노미터' 등으로 한 등록상표의 출원일 무렵에는 적어도 독일 내의 수요자 사이에 특정인의 상표로 인식되어 있었음에도 이와 달리 본 원심판결에 법리오해의 위법이 있다고 한 사례이다.

논점의 정리

상고이유(상고이유서 제출기간 경과 후에 제출된 상고이유보충서의 기재는 상고이유서를 보충하는 범위 내에서)를 판단한다.

(1) 등록상표가 상표법 제34조 제1항 제13호에 해당하려면 그 출원 당시에 등록상표와 대 비되는 선사용상표가 국내 또는 외국의 수요자 사이에 특정인의 상표로 인식되어 있어 야 하고, 등록상표의 출원인이 선사용상표와 동일 또는 유사한 상표를 부정한 목적을 가지고 사용하여야 한다. 여기서 선사용상표가 국내 또는 외국의 수요자 사이에 특정 인의 상표로 인식되어 있는지는 그 상표의 사용기간, 방법, 태양 및 이용범위 등과 거 래실정 또는 사회통념상 객관적으로 상당한 정도로 알려졌는지 등을 기준으로 판단하 여야 한다.

(2) 위 법리와 기록에 비추어 살펴본다.

① 원심판결 이유와 기록에 의하면, 오른쪽과 같은 원심 판시 선사용상표들은 1930~1950년대 독일뿐만 아니라 세계적으 로 유명하였던 항공엔지니어 후고 융커스(Hugo Junkers) 의 이름을 딴 상표로서 1997년경부터 역사적인 항공기 관 련 디자인과 최첨단의 작동장치(movements)를 결합한 원 고의 고품질 손목시계에 사용되기 시작하였고, 그 시계제 품은 2002년부터 독일 내에서 항공기의 전통과 역사 및

[선사용상표 1]

[선사용상표 2]

고품질의 정확성을 선호하는 사람들로부터 큰 인기를 얻은 점, 이러한 성공에 힘입 어 선사용상표들이 사용된 제품은 2004년부터 2010년까지 독일 항공사 루프트한자 (Lufthansa)의 기내면세점 'WorldShop'에서 면세품으로 판매되게 되었고, 원고는 독일 국군(Bundeswehr)의 손목시계 공급자로 지정되기도 한 점, 또한 선사용상표 들을 사용한 제품들은 일본 잡지 '시계(時計) Begin'의 2006년 여름호와 대만 잡지

'세계완표연감(世界腕錶年鑑)'의 2005 · 2006년호에서 '걸작기의 명성을 잇는 파일럿의 시계'로서 최강 독일 시계 중 하나라거나 손목시계에 관한 세계 100대 유명상표(知名品牌) 중 하나로 소개되기도 한 점, 선사용상표들을 사용한 새 제품에 대한 테스트결과가 독일의 시계전문잡지인 'UHREN'에 실리기도 하였고, 독일 내에서 선사용상표들을 사용한 제품의 매장 수는 738개에 이르며, 원고의 연간 매출액은 2007년 3,093,391유로, 2008년 3,329,346유로, 2009년 3,897,987유로에 달하는 점을 알 수 있다.

② 따라서 비록 원고의 2007년부터 2009년까지 연간매출액 중 선사용상표들이 사용된 제품의 매출액이 정확히 얼마인지 특정되지 않았고 독일에서 선사용상표들이 사용된 시계 제품의 시장점유율이나 광고비 등을 정확히 확인할 수 있는 자료가 없다고 하더라도, 위와 같은 선사용상표들의 사용 경위와 기간, 선사용상표들과 그 상표를 사용한 제품의 연관관계, 선사용상표들을 사용한 제품의 판매·공급처 및 주위의 평가 등을 종합하여 볼 때, 선사용상표들은 그 지정상품을 '팔목시계, 전자시계, 크로노미터' 등으로 한 이 사건 등록상표 'JUNKERS'의 출원일인 2010. 4. 25. 무렵에는 적어도 독일 내의 수요자 사이에 특정인의 상표로 인식되어 있었다고 할 것이다. 그럼에도 원심은, 선사용상표들이 이 사건 등록상표의 출원일 무렵에 독일 등 외국 수요자 간에 특정인의 상표로 인식되어 있었다고 볼 수 없다는 전제 아래 그 나머지 요건에 관하여 나아가 살펴볼 필요 없이 이 사건 등록상표가 상표법 제34조 제1항 제13호에 해당하지 않는다고 판단하였으니, 이러한 원심판결에는 상표법 제34조 제1항 제13호에서 말하는 '국내 또는 외국의 수요자들에게 특정인의 상품을 표시하는 것이라고 인식되어 있는 상표'에 관한 법리를 오해하여 필요한 심리를 다하지 아니함으로써 판결에 영향을 미친 위법이 있다. 이 점을 지적하는 상고이유 주장은 이유 있다.

48 썬우드 사건 (2011후3896)

판시사항

(1) 등록상표가 상표법 제34조 제1항 제13호에 해당하기 위한 요건 및 판단 기준 시기(등록상표 출원 시)

(2) 등록상표의 출원일 당시에 모방대상상표가 실제 상표로 사용되고 있지 아니하거나 모방대상상표의 권리자가 이를 상표로 계속 사용하려고 하는 의사가 명백하지 아니한 경우 곧바로 상표법 제34조 제1항 제13호의 적용이 배제되는지 여부(소극)

판결요지

(1) 상표법 제34조 제1항 제13호는 국내 또는 외국의 수요자 사이에 특정인의 상품을 표시하는 것이라고 인식되어 있는 상표(이하 '모방대상상표'라고 한다)가 국내에 등록되어 있지 않음을 기화로 제3자가 이를 모방한 상표를 등록하여 사용함으로써, 모방대상상표에 체화된 영업상 신용 등에 편승하여 부당한 이익을 얻으려 하거나, 모방대상상표의

가치에 손상을 주거나 모방대상상표 권리자의 국내 영업을 방해하는 등의 방법으로 모방대상상표의 권리자에게 손해를 끼치려는 목적으로 사용하는 상표는 등록을 허용하지 않는다는 취지이다. 따라서 등록상표가 이 규정에 해당하려면 모방대상상표가 국내 또는 외국의 수요자에게 특정인의 상표로 인식되어 있어야 하고, 등록상표의 출원인이 모방대상상표와 동일 또는 유사한 상표를 부정한 목적을 가지고 사용하여야 하는데, ① 모방대상상표가 국내 또는 외국의 수요자 사이에 특정인의 상표로 인식되어 있는지는 그 상표의 사용기간, 방법, 태양 및 이용범위 등과 거래실정 또는 사회통념상 객관적으로 상당한 정도로 알려졌는지 등을 기준으로 판단하여야 하고, ② 부정한 목적이 있는지를 판단할 때는 모방대상상표의 인지도 또는 창작의 정도, 등록상표와 모방대상상표의 동일·유사 정도, 등록상표의 출원인과 모방대상상표의 권리자 사이에 상표를 둘러싼 교섭의 유무, 교섭의 내용, 기타 양 당사자의 관계, 등록상표의 출원인이 등록상표를 이용한 사업을 구체적으로 준비하였는지 여부, 등록상표와 모방대상상표의 지정상품 간의 동일·유사 내지 경제적 견련성의 유무, 거래실정 등을 종합적으로 고려하여야 하며, ③ 위와 같은 판단은 등록상표의 출원 시를 기준으로 하여야 한다.

(2) 등록상표의 출원인이 그 출원 시를 기준으로 국내 또는 외국의 수요자 사이에 특정인의 상표로 인식되어 있는 모방대상상표와 동일 또는 유사한 상표를 부정한 목적을 가지고 사용하면 상표법 제34조 제1항 제13호에 해당하는 것이므로, 등록상표의 출원일 당시에 모방대상상표가 실제 상표로 사용되고 있지 아니하거나 모방대상상표의 권리자가 이를 상표로 계속 사용하려고 하는 의사가 명백하지 아니다고 하여 곧바로 위 규정의 적용이 배제되는 것은 아니다. 즉 등록상표의 출원일 당시에 모방대상상표가 실제 상표로 사용되고 있지 아니하거나 모방대상상표의 권리자가 이를 상표로 계속 사용하려고 하는 의사가 명백하지 아니한 경우에도, 모방대상상표가 과거의 사용실적 등으로 인하여 여전히 국내 또는 외국의 수요자 사이에 특정인의 상표로 인식되어 있고, 등록상표의 출원인이 모방대상상표에 체화된 영업상 신용 등에 편승하여 부당한 이익을 얻으려 하거나, 모방대상상표의 가치에 손상을 주거나 모방대상상표의 권리자가 이후 다시 위 상표를 사용하려고 하는 것을 방해하는 등의 방법으로 모방대상상표의 권리자에게 손해를 끼치려는 목적을 가지고 모방대상상표와 동일·유사한 상표를 사용하는 경우에는 위 규정에 해당한다고 할 수 있고, 모방대상상표가 상표로 사용되고 있는지 여부, 모방대상상표의 권리자가 이를 상표로 계속 사용하려고 하는 의사가 있는지 여부는 모방대상상표가 특정인의 상표로 인식되어 있는지 여부와 등록상표 출원인의 부정한 목적 여부 등 위 규정에서 정한 요건의 충족 여부를 판단하기 위한 고려요소 중 하나가 되는 것에 불과하다.

논점의 정리

상고이유(상고이유서 제출기간 경과 후에 제출된 상고이유보충서의 기재는 상고이유를 보충하는 범위 내에서)를 판단한다.

(1) 상표법 제34조 제1항 제13호는 국내 또는 외국의 수요자 사이에 특정인의 상품을 표시하는 것이라고 인식되어 있는 상표(이하 '모방대상상표'라고 한다)가 국내에 등록되어 있지 않음을 기화로 제3자가 이를 모방한 상표를 등록하여 사용함으로써, 모방대상상표

에 체화된 영업상 신용 등에 편승하여 부당한 이익을 얻으려 하거나, 모방대상상표의 가치에 손상을 주거나 모방대상상표 권리자의 국내 영업을 방해하는 등의 방법으로 모방대상상표의 권리자에게 손해를 끼치려는 목적으로 사용하는 상표는 등록을 허용하지 않는다는 취지이다. 따라서 등록상표가 이 규정에 해당하려면 모방대상상표가 국내 또는 외국의 수요자에게 특정인의 상표로 인식되어 있어야 하고, 등록상표의 출원인이 모방대상상표와 동일 또는 유사한 상표를 부정한 목적을 가지고 사용하여야 하는데, ① 모방대상상표가 국내 또는 외국의 수요자 사이에 특정인의 상표로 인식되어 있는지는 그 상표의 사용기간, 방법, 태양 및 이용범위 등과 거래실정 또는 사회통념상 객관적으로 상당한 정도로 알려졌는지 등을 기준으로 판단하여야 하고, ② 부정한 목적이 있는지를 판단할 때는 모방대상상표의 인지도 또는 창작의 정도, 등록상표와 모방대상상표의 동일·유사 정도, 등록상표의 출원인과 모방대상상표의 권리자 사이에 상표를 둘러싼 교섭의 유무, 교섭의 내용, 기타 양 당사자의 관계, 등록상표의 출원인이 등록상표를 이용한 사업을 구체적으로 준비하였는지 여부, 등록상표와 모방대상상표의 지정상품 간의 동일·유사 내지 경제적 견련성의 유무, 거래실정 등을 종합적으로 고려하여야 하며, ③ 위와 같은 판단은 등록상표의 출원 시를 기준으로 하여야 한다.

(2) 이와 같이 등록상표의 출원인이 그 출원 시를 기준으로 국내 또는 외국의 수요자 사이에 특정인의 상표로 인식되어 있는 모방대상상표와 동일 또는 유사한 상표를 부정한 목적을 가지고 사용하면 상표법 제34조 제1항 제13호에 해당하는 것이므로, 등록상표의 출원일 당시에 모방대상상표가 실제 상표로 사용되고 있지 아니하거나 모방대상상표의 권리자가 이를 상표로 계속 사용하려고 하는 의사가 명백하지 아니하다고 하여 곧바로 위 규정의 적용이 배제되는 것은 아니다. 즉 등록상표의 출원일 당시에 모방대상상표가 실제 상표로 사용되고 있지 아니하거나 모방대상상표의 권리자가 이를 상표로 계속 사용하려고 하는 의사가 명백하지 아니한 경우에도, 모방대상상표가 과거의 사용실적 등으로 인하여 여전히 국내 또는 외국의 수요자 사이에 특정인의 상표로 인식되어 있고, 등록상표의 출원인이 모방대상상표에 체화된 영업상 신용 등에 편승하여 부당한 이익을 얻으려 하거나, 모방대상상표의 가치에 손상을 주거나 모방대상상표의 권리자가 이후 다시 위 상표를 사용하려고 하는 것을 방해하는 등의 방법으로 모방대상상표의 권리자에게 손해를 끼치려는 목적을 가지고 모방대상상표와 동일·유사한 상표를 사용하는 경우에는 위 규정에 해당한다고 할 수 있는 것이고, 모방대상상표가 상표로 사용되고 있는지 여부, 모방대상상표의 권리자가 이를 상표로 계속 사용하려고 하는 의사가 있는지 여부는 모방대상상표가 특정인의 상표로 인식되어 있는지 여부와 등록상표 출원인의 부정한 목적 여부 등 위 규정에서 정한 요건의 충족 여부를 판단하기 위한 고려요소 중 하나가 되는 것에 불과하다.

그런데도 원심은 등록상표의 출원 당시 특정인이 모방대상상표를 사용하고 있거나 적어도 상표로 계속 사용하려고 하는 경우에만 상표법 제34조 제1항 제13호가 적용된다고 본 나머지, 그 요건의 충족 여부를 살피지도 아니한 채 원심 판시 선사용상표들은 이 사건 등록상표의 출원일 당시 특정인이 상표로서 사용하거나 사용하려고 하지 않았다는 이유만으로 이 사건 등록상표가 위 규정에 해당하지 아니한다고 판단하였으니, 이러한 원심의 판단에는 상표법 제34조 제1항 제13호에 관한 법리를 오해하여 필요한 심리를 다하지 아니함으로써 판결에 영향을 미친 위법이 있다. 이 점을 지적하는 상고이유의 주장은 이유 있다.

(3) 한편 원심판결 이유와 기록에 의하면, 선창산업 주식회사와 이로부터 분할된 원고는 선사용상표들을 부착한 가구 신제품의 생산을 중단한 1991. 3. 이후에도 2005. 1.경까지 '선퍼니처의 명성 그대로 선우드가구 sunWooD' 등의 문구를 사용하여 광고를 하였고, 그 일부 대리점들도 이 사건 등록상표의 출원일 전후에 걸쳐 여전히 '선퍼니처'라는 문구를 병기하거나 "선퍼니처의 차세대가구 선우드는 21세기 밀레니엄시대를 대비하는 기업입니다"라는 문구를 사용하는 등의 방법으로 대리점을 홍보하고 있는 점, 선사용상표 3은 한 차례 존속기간갱신등록을 거쳐 2006. 8.경까지도 등록상표로 유지된 점, 선사용상표들이 표시된 중고가구들이 이 사건 등록상표의 출원일 무렵까지도 여전히 중고 시장에서 거래되고 있는 점 등을 알 수 있다. 이러한 사정들을 종합적으로 고려하면, 선창산업 주식회사와 원고는 선사용상표들을 부착한 가구 신제품의 생산을 중단한 이후에도 계속하여 선사용상표들에 체화된 영업상의 신용이나 고객흡인력을 이용해왔다고 봄이 상당하여, 이 사건 등록상표의 출원 당시 원고에게 선사용상표들을 더 이상 상표로서 사용하려는 의사가 없었다고 섣불리 단정해서는 아니 된다는 점도 함께 지적해 둔다.

49 노단주 사건 (2020후11431)

판시사항

(1) 등록상표가 상표법 제34조 제1항 제13호에 해당하기 위한 요건 / 여기서 선사용상표가 특정인의 상품을 표시하는 것이라고 인식되어 있다는 것의 의미 및 인식의 정도 / 선사용상표의 사용기간 중 상표에 관한 권리의 귀속 주체가 변경되었더라도 변경 전의 사용실적을 고려하여 위 규정이 적용될 수 있는 경우

(2) 甲 등의 등록상표 "老坛酒"가 사용상품을 '백주 등 주류'로 하는 乙 외국회사의 선사용상표 "老坛子"와의 관계에서 상표법 제34조 제1항 제13호에 해당하는지 문제 된 사안에서, 제반 사정에 비추어 선사용상표는 사용기간 동안 상표에 관한 권리의 귀속 주체가 변경되었음을 감안하더라도 등록상표의 출원일 당시 그 사용상품에 관하여 중국의 수요자들에게 특정인의 상품을 표시하는 것으로 인식되었다고 볼 여지가 있는데도, 이와 달리 본 원심판단에 법리오해 등의 잘못이 있다고 한 사례

판결요지

(1) 등록상표가 상표법 제34조 제1항 제13호에 해당하려면 출원 당시에 등록상표와 대비되는 선사용상표가 국내 또는 외국의 수요자들에게 특정인의 상품을 표시하는 것이라고 인식되어 있어야 하고, 등록상표의 출원인이 선사용상표와 동일 또는 유사한 상표를 부정한 목적을 가지고 사용하여야 한다. 여기서 선사용상표가 특정인의 상품을 표시하는 것이라고 인식되어 있다는 것은 일반 수요자를 표준으로 하여 거래의 실정에 따라

인정되는 객관적인 상태를 말하는 것이다. 이때 선사용상표에 관한 권리자의 명칭이 구체적으로 알려지는 것까지 필요한 것은 아니고, 권리자가 누구인지 알 수 없더라도 동일하고 일관된 출처로 인식될 수 있으면 충분하다. 따라서 선사용상표의 사용기간 중에 상표에 관한 권리의 귀속 주체가 변경되었다고 하여 곧바로 위 규정의 적용이 배제되어야 한다거나 변경 전의 사용실적이 고려될 수 없는 것은 아니다. 이와 같은 변경에도 불구하고 선사용상표가 수요자들에게 여전히 동일하고 일관된 출처로서 인식되어 있거나 변경 전의 사용만으로도 특정인의 상품을 표시하는 것이라고 인식되어 있는 등의 경우에는 그 변경 전의 사용실적을 고려하여 위 규정이 적용될 수 있다.

(2) 甲 등의 등록상표 "**老坛酒**"가 사용상품을 '백주 등 주류'로 하는 乙 외국회사의 선사용상표 "**老坛子**"와의 관계에서 상표법 제34조 제1항 제13호에 해당하는지 문제 된 사안에서, 선사용상표에 관한 권리가 丙 외국회사로부터 乙 회사에 순차 양도되었으나, 선사용상표의 사용기간과 방법 및 태양, 선사용상표가 사용된 상품의 거래실정, 선사용상표 및 그 사용상품에 대한 인식과 평가 등에 비추어, 선사용상표는 사용기간 동안 상표에 관한 권리의 귀속 주체가 변경되었음을 감안하더라도 등록상표의 출원일 당시 그 사용상품에 관하여 중국의 수요자들에게 특정인의 상품을 표시하는 것으로 인식되었다고 볼 여지가 있다.

50 마스미 사건(2022후10289)

판시사항

(1) 상표법 제150조에서 정한 일사부재리의 효력이 미치는 범위

(2) 상표법 제34조 제1항 제20호의 규정 취지 / 선사용상표에 관한 권리자가 외국에서 선사용상표를 상품에 표시하였을 뿐 국내에서 직접 또는 대리인을 통해 선사용상표의 사용행위를 한 바 없더라도 국내에 유통될 것을 전제로 상품을 수출하여 선사용상표를 표시한 그대로 국내에서 유통되게 한 경우, 이를 수입하여 유통시킨 제3자와의 관계에서 선사용상표가 상표법 제34조 제1항 제20호의 '타인이 사용한 상표'에 해당하는지 여부 (적극)

(3) 甲 외국회사로부터 선사용상표 "**masmi** NATURAL COTTON"가 포장지에 표기된 상품을 수입하여 국내에서 판매하여 오던 乙 주식회사가 상표 "**masmi**"를 위 상품과 동일·유사한 상품에 출원하여 등록을 받았다가, 甲 회사가 제기한 등록무효심판청구에서 상표등록을 무효로 한다는 심결이 내려지자 乙 회사가 심결취소를 구한 사안에서, 위 등록상표는 상표법 제34조 제1항 제20호에 해당하여 등록이 무효로 되어야 한다고 한 사례

(1) 상표법 제150조에서 정한 일사부재리의 효력은 확정심결과 동일 사실 및 동일 증거에 의하여 다시 심판청구를 하는 경우에 미치므로, 심판의 종류나 청구취지가 다른 경우에는 일사부재리의 효력이 미치지 아니한다.

(2) 상표법 제34조 제1항 제20호는 동업·고용 등 계약관계나 업무상 거래관계 또는 그 밖의 관계를 통하여 타인이 사용하거나 사용을 준비 중인 상표임을 알면서 그 상표와 동일·유사한 상표를 동일·유사한 상품에 등록출원한 상표에 대해서는 상표등록을 받을 수 없다고 규정하고 있다. 위 규정의 취지는 타인과의 계약관계 등을 통해 타인이 사용하거나 사용을 준비 중인 상표(이하 '선사용상표'라고 한다)임을 알게 되었을 뿐 그 상표등록을 받을 수 있는 권리자가 아닌 사람이 타인에 대한 관계에서 신의성실의 원칙에 위반하여 선사용상표와 동일·유사한 상표를 동일·유사한 상품에 등록출원한 경우 그 상표등록을 허용하지 않는다는 데에 있다.

이때 선사용상표는 원칙적으로 국내에서 사용 또는 사용 준비 중인 상표여야 하는데, 선사용상표에 관한 권리자가 외국에서 선사용상표를 상품에 표시하였을 뿐 국내에서 직접 또는 대리인을 통하여 상표법 제2조 제1항 제11호에서 정한 상표의 사용행위를 한 바 없다고 하더라도, 국내에 유통될 것을 전제로 상품을 수출하여 그 상품을 선사용 상표를 표시한 그대로 국내의 정상적인 거래에서 양도, 전시되는 등의 방법으로 유통되게 하였다면 이를 수입하여 유통시킨 제3자와의 관계에서 선사용상표는 상표법 제34조 제1항 제20호의 '타인이 사용한 상표'에 해당한다.

(3) 甲 외국회사로부터 선사용상표 "masmi NATURAL COTTON"가 포장지에 표기된 상품을 수입하여 국내에서 판매하여 오던 乙 주식회사가 상표 "masmi"를 위 상품과 동일·유사한 상품에 출원하여 등록을 받았다가, 甲 회사가 제기한 등록무효심판청구에서 상표등록을 무효로 한다는 심결이 내려지자 乙 회사가 심결취소를 구한 사안에서, 乙 회사가 상표 출원 전 甲 회사와 업무상 거래관계에 있었던 점, 甲 회사는 국내에 유통될 것을 전제로 외국에서 선사용상표를 표시한 사용상품을 수출하였고 선사용상표를 표시한 그대로 수입업자인 을 회사를 통해 국내의 정상적인 거래에서 양도, 전시되는 등의 방법으로 사용상품을 유통되게 하였던 점을 종합하면, 乙 회사는 업무상 거래관계 등을 통해 선사용상표가 甲 회사에 의하여 국내에서 사용되는 상표임을 알면서도 신의성실의 원칙을 위반하여 그와 동일·유사한 상표를 동일·유사한 상품에 출원하여 등록받았다고 봄이 타당하므로, 위 등록상표는 상표법 제34조 제1항 제20호에 해당하여 등록이 무효로 되어야 한다.

03 │ 심 사

01   Abbi 사건 (2011후1289)

판시사항

(1) 구 상표법 제23조 제1항 제3호[16])에서 정한 '대리인이나 대표자'의 의의 및 상표등록을 한 자와 대리점 등 계약의 명의자가 서로 다른 경우에도 그것이 위 규정의 적용을 회피하기 위한 편의적, 형식적인 것에 불과하다고 인정되는 경우, 그 상표등록 명의자를 위 규정의 '대리인이나 대표자'에 해당한다고 볼 수 있는지 여부(적극)

(2) 특허심판원이 등록상표 "**abbi**"가 구 상표법 제23조 제1항 제3호 본문에 해당된다는 등의 이유로 등록취소의 청구를 인용하는 심결을 한 사안에서, 甲이 대표로 있는 乙 법인이 생산한 비교대상상표 "**abbi**"가 부착된 가방 등에 관하여 독점판매계약을 체결한 丙 주식회사의 대표이사 丁이 개인 명의로 등록상표 "**abbi**"를 출원하여 등록받은 것은 위 상표법 규정의 적용을 회피하기 위한 편의적, 형식적인 것에 불과하므로, 丁은 등록상표출원 당시 甲에 대한 관계에서 위 규정에서 말하는 대리인에 해당한다고 한 사례

논점의 정리

(1) 피고 제이에스제이 벤쳐스 인코퍼레이티드에 대한 상고를 직권으로 판단한다.

기록에 의하면, 원심은 특허심판원의 2010. 2. 16.자 2009당1014 심결의 취소를 구하는 원고의 청구 중 피고 1에 대한 부분만을 기각하고 피고 제이에스제이 벤쳐스 인코퍼레이티드(이하 '피고 제이에스제이'라고 한다)에 대한 부분은 그대로 받아들였는데, 원고는 피고 제이에스제이에 대하여도 상고를 제기하였음을 알 수 있다. 따라서 이 부분 상고는 전부 승소한 판결에 대한 것으로 그 이익이 없어 부적법하다.

(2) 피고 1에 대한 상고이유를 판단한다.

① 구 상표법 제23조 제1항 제3호 본문의 '대리인 또는 대표자'의 해석적용에 관한 상고 이유에 대하여

㉠ 구 상표법 제73조 제1항 제7호[17]), 제23조 제1항 제3호 본문에 의하면, '조약당사국에 등록된 상표 또는 이와 유사한 상표로서 그 상표에 관한 권리를 가진 자의 대리인이나 대표자 또는 상표등록출원일 전 1년 이내에 대리인이나 대표자이었던 자가 상표에 관한 권리를 가진 자의 동의를 받지 아니하는 등 정당한 이유 없이 그 상표의 지정상품과 동일하거나 이와 유사한 상품을 지정상품으로 상표등록출원을 하여 등록된 상표는 '그 상표에 관한 권리를 가진 자'가 당해 상표등

---

16) 현행 상표법[시행기준 2022. 4. 20., 법률 제18502호]에 대응되는 조항 없음(이하 이 사건에서 같다)

17) 상표법 제119조 제1항 제6호(이하 이 사건에서 같다)[시행기준 2022. 4. 20., 법률 제18502호]

록일부터 5년 이내에 취소심판을 청구한 경우 상표등록이 취소되어야 하고, 위 규정의 입법 취지에 비추어 볼 때 여기서 말하는 '대리인이나 대표자'라 함은 대리점, 특약점, 위탁판매업자, 총대리점 등 널리 해외에 있는 수입선인 상표소유권자의 상품을 수입하여 판매, 광고하는 자를 가리킨다고 보아야 할 것이다. 그리고 계약에 의하여 대리점 등으로 된 자와 상표등록을 한 자가 서로 다른 경우에도 양자의 관계 및 영업형태, 대리점 등 계약의 체결 경위 및 이후의 경과, 등록상표의 등록경위 등 제반 사정에 비추어 상표등록 명의자를 대리점 등 계약의 명의자와 달리한 것이 위 상표법 규정의 적용을 회피하기 위한 편의적·형식적인 것에 불과하다고 인정되는 때에는 위 규정을 적용함에 있어 양자는 실질적으로 동일인으로 보아야 하므로, 그 상표등록 명의자 역시 위 규정에서 말하는 '대리인이나 대표자'에 해당한다고 할 것이다.

ⓛ 기록과 원심판결 이유에 의하면, 원고가 그 주식의 37% 가량을 소유하며 대표이사로서 운영하고 있는 주식회사 컴앤아이(이하 '컴앤아이'라고 한다)는 2006. 4. 30. 당시 피고 1이 부대표로 있던 피고 제이에스제이와 사이에 피고 제이에스제이가 생산한 비교대상상표 "**abbi**"가 부착된 가방 등에 관하여 24개월간 한국 및 일본에서의 독점판매계약을 체결한 사실, 컴앤아이는 위 계약에 따라 2007. 6. 27. 무렵부터 2008. 4. 30.경 계약이 해지될 때까지 비교대상상표가 부착된 가방 등을 수입하여 국내에서 판매 및 광고한 사실, 위 계약상 원고와 피고 1이 모든 통지, 요청, 동의, 기타 연락의 실질적 수신인(Attention)으로 지정된 사실, 위 계약은 원고와 피고 1의 주도로 체결되었고, 계약서에도 원고와 피고 1이 직접 서명하였으며, 특히 피고 1은 위 계약 당시 피고 제이에스제이의 부대표였으면서도 피고 제이에스제이를 대표하여 서명한 사실, 위 계약 당시부터 현재까지 컴앤아이의 이사로는 원고 외에는 원고의 아내인 소외인뿐인 사실, 비교대상상표가 부착된 가방과 관련된 거래계약서 일부의 거래당사자 표시가 컴앤아이 외에도 원고가 감사로 있는 주식회사 지에스디인터네셔널(이하 '지에스디'라고 한다)로도 되어 있는데, 지에스디가 거래당사자로 되어 있는 거래계약서 중 일부는 지에스디가 정식으로 설립되기 전에 작성된 사실, 피고 1은 위 계약 체결 후 미국에서 비교대상상표의 권리자로 등록되었고 현재 피고 제이에스제이의 대표인 사실, 원고가 2006. 7. 4. 이 사건 등록상표 "**abbi**"를 출원하여 등록되었으나 원고는 이 사건 등록상표를 컴앤아이의 영업이 아닌 독자적 용도로 사용하지는 아니한 사실 등을 알 수 있다.

ⓒ 앞서 본 법리에 비추어 위와 같은 사실 등에 나타나는 원고와 컴앤아이, 지에스디의 관계 및 영업형태, 피고 1과 피고 제이에스제이의 관계, 위 독점판매계약의 체결 경위 및 그 뒤의 경과, 이 사건 등록상표의 등록경위 등 위 독점판매계약과 관련된 모든 사정을 종합하여 보면, 컴앤아이의 대표이사인 원고가 개인 명의로 이 사건 등록상표를 출원하여 등록받은 것은 위 상표법 규정의 적용을 회피하기 위한 편의적, 형식적인 것에 불과하다고 인정되므로, 위 규정을 적용함에 있어 양자는 실질적으로 동일인으로 보아야 한다. 따라서 원고 역시 이 사건 등록상표의 출원 당시 비교대상상표의 권리를 가진 피고 1에 대한 관계에서는 컴앤아이와

마찬가지로 위 규정에서 말하는 대리인에 해당한다고 할 것이다.

같은 취지의 원심판단은 정당하고, 거기에 상고이유의 주장과 같은 구 상표법 제23조 제1항 제3호 본문의 '대리인 또는 대표자'의 해석적용에 관한 법리오해 등의 위법이 없다.

② 출원에 대한 동의 여부에 관한 상고이유에 대하여

원고의 이 부분 상고이유 주장의 요지는, 원고는 이 사건 등록상표의 출원 시에 피고 1의 동의를 받은 바 있음에도 이와 달리 본 원심의 판단은 위법하다는 것이나, 이는 결국 사실심인 원심의 전권사항에 속하는 증거의 취사선택이나 사실인정을 탓하는 것이므로 적법한 상고이유로 보기 어렵고, 나아가 원심의 판단을 기록에 비추어 살펴보더라도 논리와 경험의 법칙에 위배하고 자유심증주의의 한계를 벗어나 사실을 잘못 인정함으로써 판단을 그르친 위법이 없으므로, 이 부분 상고이유도 받아들일 수 없다.

04 | 상표권

01 루이비통 사건 (2010도15512)

판시사항

(1) 상표의 유사 여부를 판단하는 기준과 방법

(2) 피고인이, 피해자 甲이 등록출원한 도형상표와 유사한 문양의 표장이 부착된 상품을 판매하거나 판매 목적으로 전시함으로써 甲의 상표권을 침해하였다는 내용으로 기소된 사안에서, 피고인의 처(妻)가 피고인 사용표장인 문양에 대해 디자인등록을 받은 사정은 피고인 사용표장의 사용이 '상표의 사용'에 해당하여 상표권 침해로 되는 데 장애가 되지 못한다고 한 사례

(3) 타인의 상품임을 표시한 표지와 동일 또는 유사한 디자인을 사용하여 일반 수요자로 하여금 타인의 상품과 혼동을 일으키게 하여 이익을 얻을 목적으로 형식상 디자인권을 취득하는 경우, 부정경쟁방지 및 영업비밀보호에 관한 법률 제15조 제1항에 따라 같은 법 제2조의 적용이 배제되는지 여부(소극)

(4) 피고인이, 피해자 甲이 등록출원한 도형상표와 유사한 문양의 표장이 부착된 상품을 판매함으로써 甲의 상품과 혼동하게 하거나 甲 등록상표의 식별력이나 명성을 손상하는 행위를 하였다고 하여 부정경쟁방지 및 영업비밀보호에 관한 법률 위반으로 기소된 사안에서, 피고인과 그의 처(妻)가 피고인 사용표장을 구성하는 개별 도형들에 대해 상표등록을 받은 사정은 피고인 사용표장 전체 형태의 사용으로 인하여 甲 등록상표에 대한 부정경쟁행위가 성립하는 데 장애가 되지 못한다고 한 사례

판결요지

(1) 상표의 유사 여부는 대비되는 상표를 외관, 호칭, 관념의 세 측면에서 객관적 · 전체적 · 이격적으로 관찰하여 거래상 오인 · 혼동의 염려가 있는지에 의하여 판단하여야 하는데, 특히 도형상표들에 있어서는 그 외관이 지배적인 인상을 남긴다 할 것이므로 외관이 동일 · 유사하여 두 상표를 다 같이 동종 상품에 사용하는 경우 일반 수요자로 하여금 상품의 출처에 관하여 오인 · 혼동을 일으킬 염려가 있다면 두 상표는 유사하다고 보아야 한다. 또한 상표의 유사 여부의 판단은 두 개의 상표 자체를 나란히 놓고 대비하는 것이 아니라 때와 장소를 달리하여 두 개의 상표를 대하는 거래자나 일반 수요자가 상품 출처에 관하여 오인 · 혼동을 일으킬 우려가 있는지의 관점에서 이루어져야 하고, 두 개의 상표가 그 외관, 호칭, 관념 등에 의하여 거래자나 일반 수요자에게 주는 인상, 기억, 연상 등을 전체적으로 종합할 때 상품의 출처에 관하여 오인 · 혼동을 일으킬 우려가 있는 경우에는 두 개의 상표는 서로 유사하다.

(2) 피고인이, 피해자 甲이 등록출원한 도형상표 "▨"와 유사한 "◆" 문양의 피고인 사용표장이 부착된 가방과 지갑을 판매하거나 판매 목적으로 전시함으로써 甲의 상표권을 침해하였다는 내용으로 기소된 사안에서, 甲 등록상표의 고객흡인력 등에 편승하기 위한 의도로 사용된 피고인 사용표장은 실제 거래계에서 자타상품의 출처를 표시하기 위하여 상표로서 사용되었고, 피고인 사용표장의 사용에 관하여 그 상표권자인 甲의 허락이 있었다거나 디자인보호법 제123조의 통상실시권 허락의 심판[18]이 있었다는 사정이 없는 이상, 피고인의 처(妻)가 피고인 사용표장인 문양에 대해 디자인등록을 받아 피고인이 위 디자인권의 실시허락을 받고서 피고인 사용표장을 사용하였다고 볼 여지가 있다는 점은 피고인의 처의 디자인등록출원일 전에 출원된 甲 등록상표와의 관계에서 피고인 사용표장의 사용이 상표로서의 사용에 해당하여 상표권침해로 되는 데 장애가 되지 못한다고 한 사례이다.

(3) 부정경쟁방지 및 영업비밀보호에 관한 법률(이하 '부정경쟁방지법'이라 한다) 제15조 제1항은 디자인보호법 등 다른 법률에 부정경쟁방지법 제2조 등과 다른 규정이 있는 경우에는 부정경쟁방지법의 규정을 적용하지 아니하고 다른 법률의 규정을 적용하도록 규정하고 있으나, 디자인보호법상 디자인은 물품의 형상·모양·색채 또는 이들을 결합한 것으로서 시각을 통하여 미감을 일으키게 하는 것이고(디자인보호법 제2조 제1호 참조), 디자인보호법의 입법 목적은 이러한 디자인의 보호 및 이용을 도모함으로써 디자인의 창작을 장려하여 산업발전에 이바지함에 있으므로(디자인보호법 제1조 참조), 디자인의 등록이 대상물품에 미감을 불러일으키는 자신의 디자인의 보호를 위한 것이 아니고, 국내에서 널리 인식되어 사용되고 있는 타인의 상품임을 표시한 표지와 동일 또는 유사한 디자인을 사용하여 일반 수요자로 하여금 타인의 상품과 혼동을 일으키게 하여 이익을 얻을 목적으로 형식상 디자인권을 취득하는 것이라면, 그 디자인의 등록출원 자체가 부정경쟁행위를 목적으로 하는 것으로서, 설령 권리행사의 외형을 갖추었다 하더라도 이는 디자인보호법을 악용하거나 남용한 것이 되어 디자인보호법에 의한 적법한 권리의 행사라고 인정할 수 없으니, 이러한 경우에는 부정경쟁방지법 제15조 제1항에 따라 같은 법 제2조의 적용이 배제된다고 할 수 없다.

(4) 피고인이, 피해자 甲이 등록출원한 도형상표 "▨"와 유사한 "◆" 문양의 표장이 부착된 가방과 지갑을 판매함으로써 甲의 상품과 혼동하게 하거나 甲 등록상표의 식별력이나 명성을 손상하는 행위를 하였다고 하여 부정경쟁방지 및 영업비밀보호에 관한 법률 위반으로 기소된 사안에서, 피고인 사용표장을 구성하는 개별 도형 각각의 상표권에 기초한 상표 사용권은 위 개별 도형들이 조합된 피고인 사용표장 전체 형태의 피고인 사용표장에는 미치지 아니하므로, 피고인과 그의 처(妻)가 피고인 사용표장을 구성하는 개별 도형들에 대해 각각 나누어 상표등록을 받아 피고인이 피고인 사용표장을 구성하는 개별 도형들 중 일부에 대하여는 상표권을 보유하고 있고, 나머지 부분에 대하여는 그 상표권의 사용허락을 받고서 피고인 사용표장을 사용하였다는 사정은 피고인 사용표

---

18) 구 디자인보호법 제70조 통상실시권 허여의 심판(이하 이 사건에서 같다)[2013. 5. 28., 법률 제11848호로 전부 개정되기 전의 것]

장 전체 형태의 사용으로 인하여 甲 등록상표에 대한 부정경쟁행위가 성립하는 데 장애가 되지 못한다고 한 사례이다.

논점의 정리

(1) 상고이유 제1점에 대한 판단

상표의 유사 여부는 대비되는 상표를 외관, 호칭, 관념의 세 측면에서 객관적, 전체적, 이격적으로 관찰하여 거래상 오인·혼동의 염려가 있는지의 여부에 의하여 판단하여야 하는 바, 특히 도형상표들에 있어서는 그 외관이 지배적인 인상을 남긴다 할 것이므로 외관이 동일·유사하여 양 상표를 다 같이 동종 상품에 사용하는 경우 일반 수요자로 하여금 상품의 출처에 관하여 오인·혼동을 일으킬 염려가 있다면 양 상표는 유사하다고 보아야 할 것이다. 또한 상표의 유사 여부의 판단은 두 개의 상표 자체를 나란히 놓고 대비하는 것이 아니라 때와 장소를 달리하여 두 개의 상표를 대하는 거래자나 일반 수요자가 상품 출처에 관하여 오인·혼동을 일으킬 우려가 있는지 여부의 관점에서 이루어져야 하고, 두 개의 상표가 그 외관, 호칭, 관념 등에 의하여 거래자나 일반 수요자에게 주는 인상, 기억, 연상 등을 전체적으로 종합할 때 상품의 출처에 관하여 오인·혼동을 일으킬 우려가 있는 경우에는 두 개의 상표는 서로 유사하다.

원심판결 이유에 의하면 원심은, "◆"와 같은 피고인의 원심 판시 2문양의 도형상표 (이하 '피고인 사용표장'이라 한다)를 구성하는 각 도형은 "▓"와 같은 피해자의 원심 판시 1문양의 도형상표(이하 '이 사건 등록상표'라 한다)를 구성하는 각 도형들과 유사한 도형들을 모티브(motive)로 하고 있고, 그 도형들의 전체적 구성, 배열 형태 및 표현방법 등이 매우 유사하여, 피고인 사용표장과 이 사건 등록상표는 일반 수요자에게 오인·혼동을 일으킬 우려가 있고 유사하다는 취지로 판단하였다.

앞서 본 법리에 비추어 살펴보면, 원심의 위와 같은 판단은 정당하고, 거기에 상고이유에서 주장하는 바와 같은 상표의 유사 여부 등에 관한 법리오해 등의 위법이 없다. 그리고 상고이유에서 들고 있는 대법원 판례들은 이 사건과는 사안을 달리하는 것이어서 이 사건에 원용하기에 적절하지 아니하다. 이 부분 상고이유 주장은 이유 없다.

(2) 상고이유 제2점, 제3점 및 제4점에 대한 판단

① 피고인 사용표장에 대한 디자인등록과 이 사건 상표법 위반, 부정경쟁방지 및 영업비밀보호에 관한 법률 위반의 관계에 관한 상고이유에 대하여

㉠ 상표법 위반과의 관계에 대하여

• 디자인과 상표는 배타적, 선택적인 관계에 있는 것이 아니므로 디자인이 될 수 있는 형상이나 모양이라고 하더라도 그것이 상표의 본질적인 기능이라고 할 수 있는 자타상품의 출처표시를 위하여 사용되는 것으로 볼 수 있는 경우에는 위 사용은 상표로서의 사용이라고 보아야 하고, 그것이 상표로서 사용되고 있는지의 여부를 판단하기 위하여는, 상품과의 관계, 당해 표장의 사용 태양 (즉, 상품 등에 표시된 위치, 크기 등), 등록상표의 주지저명성, 그리고 사용자의 의도와 사용경위 등을 종합하여 실제 거래계에서 그 표시된 표장이 상품의 식별 표지로서 사용되고 있는지 여부를 종합하여 판단하여야 한다.

그런데 원심판결 이유 및 원심이 적법하게 채택한 증거에 의하면, ⅰ) 일반적으로 가방이나 지갑 제조업체는 일반 수요자가 외관상 눈에 잘 띄는 부분을 보고 그 상품의 출처를 식별하는 관행을 감안하여 상표가 제품의 외관과 조화를 이루면서 융화될 수 있도록 그 표시 위치와 크기를 결정하여 제품에 상표를 표시한다고 할 것인데, 피고인은 이 사건 등록상표의 개별 구성요소를 조금씩 변형한 도형들을 이 사건 등록상표의 전체적 구성, 배열 형태, 표현방법과 같은 방식으로 조합한 피고인 사용표장의 형태로 피고인 사용표장을 사용하는 가방이나 지갑 제품 외부의 대부분에 표시하고 있는 점, ⅱ) 피고인과 그의 처 공소외 1은 이 사건 이전에도 이 사건 등록상표와 유사한 다른 표장을 가방 등의 제품 외부의 대부분에 표시하는 방법으로 사용하였다는 이유로 상표권침해금지판결을 받아 확정된 바 있는데, 위 침해금지 1심판결을 받은 이후인 2008. 11. 10. 공소외 1이 피고인 사용표장인 문양에 대해 '가방지'를 대상물품으로 디자인무심사등록출원을 하여 2009. 4. 28. 무심사에 의한 디자인등록을 받은 다음, 피고인이 2009. 5. 초순경부터 같은 해 10. 23.경까지 피고인 사용표장을 사용한 것인 점, ⅲ) 이 사건 등록상표는 여행용 가방, 핸드백 등을 지정상품으로 하여 1994. 7. 1. 출원되어 1995. 12. 26. 등록되고, 2005. 8. 23. 존속기간 갱신등록출원되어, 같은 해 10. 12. 존속기간 갱신등록된 상표로서, 이미 공소외 1이 피고인 사용표장에 대하여 디자인무심사등록출원을 하기 전부터 국내에서 피해자의 상품 출처를 표시하는 표지로 널리 인식되어 있는 주지저명상표인 점 등을 알 수 있다.

• 이를 앞서 본 법리에 비추어 살펴보면, 피고인은 이 사건 등록상표의 고객흡인력 등에 편승하기 위한 의도로 피고인 사용표장을 사용한 것으로 보이고, 피고인이 그와 같이 사용한 위 표장은 실제 거래계에서 자타상품의 출처를 표시하기 위하여 사용되었다고 할 것이므로, 피고인 사용표장은 상표로서 사용되었다. 또한 디자인보호법 제95조 제1항[19]은 '디자인권자·전용실시권자 또는 통상실시권자는 등록디자인이 그 디자인등록출원일 전에 출원된 타인의 등록상표를 이용하거나 디자인권이 그 디자인권의 디자인등록출원일 전에 출원된 타인의 상표권과 저촉되는 경우에는 그 상표권자의 허락을 얻지 아니하거나 제123조의 통상실시권 허락의 심판에 의하지 아니하고는 자기의 등록디자인을 업으로서 실시할 수 없다'고 규정하고 있으므로, 피고인 사용표장의 사용에 관하여 이 사건 등록상표의 상표권자인 피해자의 허락이 있었다거나 디자인보호법 제123조의 통상실시권 허락의 심판이 있었다는 사정이 없는 이 사건에서, 공소외 1이 피고인 사용표장인 문양에 대해 위와 같이 디자인등록을 받아 피고인이 위 디자인권의 실시허락을 받고서 피고인 사용표장을 사용하였다고 볼 여지가 있다고 하더라도 이 점은 공소외 1의 디자인등록출원일 전에 출원된 피해자의 이 사건 등록상표와의 관계에서 피고인 사용표장의 사용이 상표로서의 사용에 해당하여 상표권침해로 되는 데에 장애가 되지 못한다.

---

19) 구 디자인보호법 제45조(타인의 등록디자인 등과의 관계) 제1항(이하 이 사건에서 같다)[2013. 5. 28., 법률 제11848호로 전부 개정되기 전의 것]

ⓛ 부정경쟁방지법위반과의 관계에 대하여

- 부정경쟁방지법 제15조 제1항은 디자인보호법 등 다른 법률에 부정경쟁방지법 제2조 등과 다른 규정이 있는 경우에는 부정경쟁방지법의 규정을 적용하지 아니하고 다른 법률의 규정을 적용하도록 규정하고 있으나, 디자인보호법상 디자인은 물품의 형상·모양·색채 또는 이들을 결합한 것으로서 시각을 통하여 미감을 일으키게 하는 것이고(디자인보호법 제2조 제1호 참조), 디자인보호법의 입법목적은 이러한 디자인의 보호 및 이용을 도모함으로써 디자인의 창작을 장려하여 산업발전에 이바지함에 있는 것이므로(디자인보호법 제1조 참조), 디자인의 등록이 대상물품에 미감을 불러일으키는 자신의 디자인의 보호를 위한 것이 아니고, 국내에서 널리 인식되어 사용되고 있는 타인의 상품임을 표시한 표지와 동일 또는 유사한 디자인을 사용하여 일반 수요자로 하여금 타인의 상품과 혼동을 일으키게 하여 이익을 얻을 목적으로 형식상 디자인권을 취득하는 것이라면, 그 디자인의 등록출원 자체가 부정경쟁행위를 목적으로 하는 것으로서, 가사 권리행사의 외형을 갖추었다 하더라도 이는 디자인보호법을 악용하거나 남용한 것이 되어 디자인보호법에 의한 적법한 권리의 행사라고 인정할 수 없으니, 이러한 경우에는 부정경쟁방지법 제15조 제1항에 따라 같은 법 제2조의 적용이 배제된다고 할 수 없다.

- 그런데 앞서 본 바와 같이 피고인 사용표장은 상표로서 사용되었고, 여기에 피고인 사용표장과 이 사건 등록상표의 유사성, 이 사건 등록상표의 주지저명성, 공소외 1이 피고인 사용표장인 문양에 대해 디자인등록을 받은 경위 등을 종합하여 보면, 공소외 1이 피고인 사용표장인 문양에 대하여 디자인등록을 받은 것은 그 대상물품에 미감을 불러일으키는 자신의 디자인의 보호를 위한 것이라기보다는 일반 수요자로 하여금 위 문양이 사용된 상품을 피해자의 상품과 혼동을 일으키게 하여 이익을 얻을 목적으로 형식상 디자인권을 취득한 경우에 해당하여, 그 디자인의 등록출원 자체가 부정경쟁행위를 목적으로 한 것이라고 봄이 상당하다.

  따라서 비록 피고인이 위 디자인권의 실시허락을 받고서 피고인 사용표장을 사용하였다고 볼 여지가 있다고 하더라도 이는 디자인보호법을 악용하거나 남용한 것이 되어 디자인보호법에 의한 적법한 권리의 행사라고 인정할 수 없으니, 그러한 사정은 피고인 사용표장의 사용으로 인하여 부정경쟁방지법상 부정경쟁행위가 성립하는 데 장애가 되지 못한다.

② 피고인 사용표장을 구성하는 개별 도형들에 대한 상표등록과 이 사건 상표법 위반, 부정경쟁방지법 위반의 관계에 관한 상고이유에 대하여

기록에 비추어 살펴보면, 피고인과 공소외 1은 이 사건 범죄사실 이전에 핸드백 등을 지정상품으로 하여 피고인 사용표장 " ◆ "을 구성하는 개별 도형들 및 이를 다소 변형한 도형들인 " ✿ ", " ✛ ", " ✦ ", " ○ ", " ✗ "에 대하여 각각 나누어 상표등록을 받은 사정을 알 수 있는데, 피고인 사용표장은 위 개별 도형들이 일정한 간격을 두고 규칙적으로 배열되어 결합함으로써 이루어진 것이다.

그런데 앞서 본 바와 같이 피고인은 가방이나 지갑에서 일반 수요자가 그 상품의 출처를 식별하는 관행을 감안하여 위 개별 도형들을 일정한 간격을 두고 규칙적 · 반복적으로 배열한 피고인 사용표장의 형태로 피고인 사용표장을 사용하는 가방이나 지갑 제품 외부의 대부분에 표시하고 있고, 이와 같은 경우 위 개별 도형들이 조합된 피고인 사용표장 전체 형태는 자타상품의 출처를 표시하는 별도의 식별력을 가지게 된다고 할 것이다. 또한 이 사건에서는 피고인 사용표장을 구성하는 개별 도형들의 사용이 아니라 위 개별 도형들이 조합된 피고인 사용표장 전체 형태의 사용에 대하여 상표권침해와 부정경쟁행위의 책임을 묻고 있는 것인데, 위 개별 도형 각각의 상표권에 기초한 상표 사용권은 위와 같은 전체 형태의 피고인 사용표장에는 미치지 아니한다고 할 것이므로, 비록 피고인과 공소외 1이 피고인 사용표장을 구성하는 개별 도형들에 대해 위와 같이 각각 나누어 상표등록을 받아 피고인이 피고인 사용표장을 구성하는 개별 도형들 중 일부에 대하여는 상표권을 보유하고 있고, 나머지 부분에 대하여는 그 상표권의 사용허락을 받고서 피고인 사용표장을 사용하였다고 볼 여지가 있다고 하더라도, 그러한 사정은 피고인 사용표장 전체 형태의 사용으로 인하여 이 사건 등록상표에 대한 상표권침해 및 부정경쟁행위가 성립하는 데 장애가 되지 못한다.

원심의 이 부분에 관한 이유 설시에서 다소 부적절한 점은 있으나, 위 개별 도형들에 대한 별도 상표권의 존재가 이 사건 등록상표에 대한 상표권침해 및 부정경쟁행위 성립에 장애가 되지 못한다는 결론에 있어서는 정당하다.

③ 고의와 위법성 인식에 관한 상고이유에 대하여

㉠ 먼저, 앞서 본 바와 같이 피고인이, 공소외 1이 디자인등록을 받은 피고인 사용표장의 문양을 이 사건 등록상표의 고객흡입력 등에 편승하기 위한 의도로 사용한 것으로 보이는 점, 또한 피고인이 그와 공소외 1의 등록상표들을 피고인 사용표장의 형태로 조합하여 별개의 식별표지로서 사용하고 있는 점 등에 비추어 보면, 공소외 1이 피고인 사용표장인 문양에 대하여 디자인등록을 받았고, 피고인과 공소외 1이 피고인 사용표장을 구성하는 개별 도형들에 대하여 각각 나누어 상표등록을 받았다는 사정은 피고인에게 상표법 위반행위 및 부정경쟁방지법 위반행위에 대한 고의가 없었다거나, 피고인이 자신의 행위가 상표법 위반행위 및 부정경쟁방지법 위반행위에 해당하지 아니한다고 믿은 데에 정당한 이유가 있다고 볼 만한 사유가 되지 못한다.

㉡ 그리고 피고인 주장과 같이 피고인이 피고인 사용표장이 사용된 제품에 피고인 사용표장을 사용하는 외에 이 사건 등록상표와 유사하지 않은 다른 등록상표를 상품 태그에 표시하여 부착하였다고 하더라도, 앞서 본 바와 같이 피고인 사용표장이 사용된 제품 외부의 대부분에 이 사건 등록상표와 유사한 피고인 사용표장이 표시된 점에 비추어 보면, 상품 태그의 형태로 다른 등록상표를 함께 부착하였다고 하는 피고인 주장의 사정도 피고인에게 상표법 위반행위 및 부정경쟁방지법 위반행위에 대한 고의가 없었다거나, 피고인이 자신의 행위가 상표법 위반행위 및 부정경쟁방지법 위반행위에 해당하지 아니한다고 믿은 데에 정당한 이유가 있다고 볼 만한 사유가 되지 못한다.

ⓒ 또한 기록에 의하면, 피고인으로부터 가방을 납품받아 판매하였다고 하는 공소
외인들의 상표법 위반, 부정경쟁방지법 위반 혐의에 대하여 이들의 고의를 인정
하기에 증거가 부족하다는 등의 취지로 검사의 혐의 없음(증거불충분) 처분이
내려진 사실은 알 수 있으나, 이러한 사정 역시 피고인 자신의 피고인 사용표장
의 사용행위에 관한 이 사건에서 피고인에게 상표법 위반행위 및 부정경쟁방지
법 위반행위에 대한 고의가 없었다거나, 피고인이 자신의 행위가 상표법 위반행
위 및 부정경쟁방지법 위반행위에 해당하지 아니한다고 믿은 데에 정당한 이유
가 있다고 볼 만한 사유가 되지 못한다.

④ 소결론

결국 원심판결에 상고이유에서 주장하는 바와 같은 디자인등록 및 상표등록과 상
법 위반 및 부정경쟁방지법 위반의 관계, 고의와 위법성 인식 등에 관한 법리오해
등의 위법이 없다. 이 부분 상고이유 주장도 이유 없다.

(3) 직권에 의한 판단

원심은 판시 상표법 위반죄와 판시 각 부정경쟁방지법 위반죄를 모두 유죄로 인정하고
이들 각 죄가 형법 제37조 전단의 경합범관계에 있는 것으로 보았다.

그러나 위 각 범죄 사실은, '피고인이 2009. 5. 초순경부터 2009. 10. 23.경까지 피해자
의 이 사건 등록상표와 유사한 피고인 사용표장이 부착된 가방과 지갑을 판매하고, 판매
목적으로 전시하여 피해자의 상표권을 침해하였다'는 취지의 상표법 위반 부분, '위와
같이 가방과 지갑을 판매하여 피해자의 상품과 혼동하게 하거나 이 사건 등록상표의
식별력이나 명성을 손상하는 행위를 하였다'는 취지의 부정경쟁방지법 위반 부분으로
이루어져 있는데, 이 가운데 먼저 부정경쟁방지법 위반 부분은 '피해자의 상품과 혼동하
게 한 행위' 또는 '이 사건 등록상표의 식별력이나 명성을 손상하는 행위'로 택일적 공소
가 제기되었다고 볼 여지가 있으므로 이 점을 명확하게 할 필요가 있고, 다음 위 각
죄가 모두 성립한다고 보더라도 이는 1개의 행위가 수개의 죄에 해당하는 형법 제40조
소정의 상상적 경합의 관계에 있다고 봄이 상당하므로, 이와 결론을 달리한 원심판결에
는 법령을 잘못 해석·적용한 위법이 있다고 하지 않을 수 없다.

02 데이터 팩토리 사건 (2018다253444)

판시사항

상표권자가 상표등록출원일 전에 출원·등록된 타인의 선출원 등록상표와 동일·유사한 상
표를 등록받아 선출원 등록상표권자의 동의 없이 이를 선출원 등록상표의 지정상품과 동일·
유사한 상품에 사용한 경우, 후출원 등록상표에 대한 등록무효 심결의 확정 여부와 상관없이
선출원 등록상표권에 대한 침해가 성립하는지 여부(적극) / 특허권과 실용신안권, 디자인권
의 경우에도 같은 법리가 그대로 적용되는지 여부(적극)

(1) 상표법은 저촉되는 지식재산권 상호 간에 선출원 또는 선발생 권리가 우선함을 기본원리로 하고 있음을 알 수 있고, 이는 상표권 사이의 저촉관계에도 그대로 적용된다고 봄이 타당하다. 따라서 상표권자가 상표등록출원일 전에 출원·등록된 타인의 선출원 등록상표와 동일·유사한 상표를 등록받아(이하 '후출원 등록상표'라고 한다) 선출원 등록상표권자의 동의 없이 이를 선출원 등록상표의 지정상품과 동일·유사한 상품에 사용하였다면 후출원 등록상표의 적극적 효력이 제한되어 후출원 등록상표에 대한 등록무효 심결의 확정 여부와 상관없이 선출원 등록상표권에 대한 침해가 성립한다.

① 상표권자는 지정상품에 관하여 그 등록상표를 사용할 권리를 독점하는 한편(상표법 제89조), 제3자가 등록상표와 동일·유사한 상표를 그 지정상품과 동일·유사한 상품에 사용할 경우 이러한 행위의 금지 또는 예방을 청구할 수 있다(상표법 제107조, 제108조 제1항).

② 상표법은 동일·유사한 상품에 사용할 동일·유사한 상표에 대하여 다른 날에 둘 이상의 상표등록출원이 있는 경우에는 먼저 출원한 자만이 그 상표를 등록받을 수 있도록 하고 있고(상표법 제35조 제1항), '선출원에 의한 타인의 등록상표(등록된 지리적 표시 단체표장은 제외한다)와 동일·유사한 상표로서 그 지정상품과 동일·유사한 상품에 사용하는 상표'를 상표등록을 받을 수 없는 사유로 규정하고 있다(상표법 제34조 제1항 제7호). 이와 같이 상표법은 출원일을 기준으로 저촉되는 상표 사이의 우선순위가 결정됨을 명확히 하고 있고, 이에 위반하여 등록된 상표는 등록무효심판의 대상이 된다(상표법 제117조 제1항 제1호).

③ 상표권자·전용사용권자 또는 통상사용권자는 그 등록상표를 사용할 경우에 그 사용 상태에 따라 그 상표등록출원일 전에 출원된 타인의 특허권·실용신안권·디자인권 또는 그 상표등록출원일 전에 발생한 타인의 저작권(이하 '선특허권 등'이라 한다)과 저촉되는 경우에는 선특허권 등의 권리자의 동의를 받지 아니하고는 지정상품 중 저촉되는 지정상품에 대하여 그 등록상표를 사용할 수 없다(상표법 제92조). 즉, 선특허권 등과 후출원 등록상표권이 저촉되는 경우에, 선특허권 등의 권리자는 후출원 상표권자의 동의가 없더라도 자신의 권리를 자유롭게 실시할 수 있지만, 후출원 상표권자가 선특허권 등의 권리자의 동의를 받지 않고 그 등록상표를 지정상품에 사용하면 선특허권 등에 대한 침해가 성립한다.

(2) 특허권과 실용신안권, 디자인권의 경우 선발명, 선창작을 통해 산업에 기여한 대가로 이를 보호·장려하고자 하는 제도라는 점에서 상표권과 보호 취지는 달리하나, 모두 등록된 지식재산권으로서 상표권과 유사하게 취급·보호되고 있고, 각 법률의 규정, 체계, 취지로부터 상표법과 같이 저촉되는 지식재산권 상호 간에 선출원 또는 선발생 권리가 우선한다는 기본원리가 도출된다는 점에서 위와 같은 법리가 그대로 적용된다.

상고이유를 판단한다.

(1) **사건의 개요**

① 원고는 2014. 9. 5. " " 표장에 관하여 지정상품 및 지정서비스를 상품류 구분 제9류 컴퓨터 소프트웨어 등, 상품류 구분 제42류 컴퓨터 프로그램 개발업 등으로

하여 상표등록출원을 하였고, 2014. 12. 18. 상표등록을 받았다(이하 '이 사건 등록 상표'라고 한다).

② 피고는 2015. 12. 18. 설립되어 컴퓨터 데이터 복구 및 메모리 복구업, 컴퓨터 수리 및 판매업 등을 하면서 "데이터팩토리 **DATA FACTORY**, 데이터팩토리"와 같은 형태의 표장을 사용하였다(이하 '피고 사용표장'이라고 한다).

③ 원고는 2016. 6. 13. 피고를 상대로 '데이터팩토리', 'DATA FACTORY' 표장의 사용 금지 등과 손해배상을 구하는 이 사건 소를 제기하였다.

④ 피고는 이 사건 소송 계속 중이던 2016. 8. 10. "데이터팩토리" 표장에 관하여 지정상품 및 지정서비스를 상품류 구분 제9류 이미지 및 문서 스캔용 컴퓨터 소프트웨어, 상품류 구분 제42류 컴퓨터 소프트웨어 설계 및 개발업 등으로 하여 상표등록출원을 하였고, 2017. 8. 8. 상표등록을 받았다(이하 '피고 등록상표'라고 한다).

(2) 쟁 점

원고는 피고 사용표장이 이 사건 등록상표권 침해라고 주장하며 그 사용의 금지 및 손해 배상을 구하고, 이에 대하여 피고는 피고 사용표장은 이 사건 등록상표와 그 표장 및 서비스가 유사하지 않고, 최소한 피고 등록상표의 등록일 이후에는 등록상표권의 정당한 사용에 해당하므로 이 사건 등록상표권에 대한 침해가 인정되지 않는다는 취지로 주장한다.

이 사건의 쟁점은, 피고 등록상표의 등록 이후 피고 사용표장의 사용이 후출원 등록상표의 사용으로서 이 사건 등록상표권에 대한 침해가 부정되는지 여부이다.

(3) 피고의 상고이유에 대한 판단

① 다음과 같은 상표권의 효력과 선출원주의, 타인의 권리와의 관계 등에 관한 상표법의 규정 내용과 취지에 비추어 보면, 상표법은 저촉되는 지식재산권 상호 간에 선출원 또는 선발생 권리가 우선함을 기본원리로 하고 있음을 알 수 있고, 이는 상표권 사이의 저촉관계에도 그대로 적용된다고 봄이 타당하다. 따라서, 상표권자가 상표 등록출원일 전에 출원·등록된 타인의 선출원 등록상표와 동일·유사한 상표를 등록받아(이하 '후출원 등록상표'라고 한다) 선출원 등록상표권자의 동의 없이 이를 선출원 등록상표의 지정상품과 동일·유사한 상품에 사용하였다면 후출원 등록상표의 적극적 효력이 제한되어 후출원 등록상표에 대한 등록무효 심결의 확정 여부와 상관없이 선출원 등록상표권에 대한 침해가 성립한다.

㉠ 상표권자는 지정상품에 관하여 그 등록상표를 사용할 권리를 독점하는 한편(상표법 제89조), 제3자가 등록상표와 동일·유사한 상표를 그 지정상품과 동일·유사한 상품에 사용할 경우 이러한 행위의 금지 또는 예방을 청구할 수 있다(상표법 제107조, 제108조 제1항).

㉡ 상표법은 동일·유사한 상품에 사용할 동일·유사한 상표에 대하여 다른 날에 둘 이상의 상표등록출원이 있는 경우에는 먼저 출원한 자만이 그 상표를 등록받을 수 있도록 하고 있고(상표법 제35조 제1항), '선출원에 의한 타인의 등록상표(등록된 지리적 표시 단체표장은 제외한다)와 동일·유사한 상표로서 그 지정상품과 동일·유사한 상품에 사용하는 상표'를 상표등록을 받을 수 없는 사유로 규정하

고 있다(상표법 제34조 제1항 제7호). 이와 같이 상표법은 출원일을 기준으로 저촉되는
상표 사이의 우선순위가 결정됨을 명확히 하고 있고, 이에 위반하여 등록된 상표
는 등록무효심판의 대상이 된다(상표법 제117조 제1항 제1호).

   ⓒ 또한, 상표권자·전용사용권자 또는 통상사용권자는 그 등록상표를 사용할 경우
에 그 사용 상태에 따라 그 상표등록출원일 전에 출원된 타인의 특허권·실용신
안권·디자인권 또는 그 상표등록출원일 전에 발생한 타인의 저작권(이하 '선특
허권 등'이라 한다)과 저촉되는 경우에는 선특허권 등의 권리자의 동의를 받지
아니하고는 지정상품 중 저촉되는 지정상품에 대하여 그 등록상표를 사용할 수
없다(상표법 제92조). 즉, 선특허권 등과 후출원 등록상표권이 저촉되는 경우에, 선
특허권 등의 권리자는 후출원 상표권자의 동의가 없더라도 자신의 권리를 자유
롭게 실시할 수 있지만, 후출원 상표권자가 선특허권 등의 권리자의 동의를 받지
않고 그 등록상표를 지정상품에 사용하면 선특허권 등에 대한 침해가 성립한다.

② 특허권과 실용신안권, 디자인권의 경우 선발명, 선창작을 통해 산업에 기여한 대가
로 이를 보호·장려하고자 하는 제도라는 점에서 상표권과 보호 취지는 달리하나,
모두 등록된 지식재산권으로서 상표권과 유사하게 취급·보호되고 있고, 각 법률의
규정, 체계, 취지로부터 상표법과 같이 저촉되는 지식재산권 상호 간에 선출원 또는
선발생 권리가 우선한다는 기본원리가 도출된다는 점에서 위와 같은 법리가 그대로
적용된다.

③ 이와 달리 후출원 등록상표를 무효로 하는 심결이 확정될 때까지는 후출원 등록상표
권자가 자신의 상표권 실시행위로서 선출원 등록상표와 동일 또는 유사한 상표를
그 지정상품과 동일 또는 유사한 상표에 사용하는 것은 선출원 등록상표권에 대한
침해가 되지 않는다는 취지로 판시한 대법원 86도277 판결, 대법원 98다54434,
54441(병합) 판결은 이 판결의 견해에 배치되는 범위에서 이를 변경하기로 한다.

④ 원심은 판시와 같은 이유로 이 사건 등록상표와 피고 사용표장은 그 표장 및 서비스
가 모두 유사하다고 보고, 피고 등록상표가 등록된 2017. 8. 8.부터는 피고도 이
사건 등록상표와 유사한 피고 등록상표의 정당한 권리자로서 침해가 성립하지 않는
다는 취지의 피고 주장을 배척하여 이 사건 등록상표권에 대한 침해를 인정한 제1심
판결을 유지하였다.

⑤ 앞서 본 법리와 기록에 비추어 살펴보면, 이러한 원심판결에 표장 유사 판단에서의
요부 및 보통명칭의 판단, 서비스의 유사 여부, 후출원 등록상표 사용의 선출원 등록
상표권에 대한 침해 성립에 관한 법리 등을 오해하거나 필요한 심리를 다하지 아니
하고 자유심증주의의 한계를 벗어나는 등으로 판결에 영향을 미친 잘못이 없다.

(4) 금원 지급 청구 부분에 관한 직권판단

① 기록 및 원심판결에 의하면 다음과 같은 사실을 알 수 있다.

   ㉠ 원고는 제1심에서 2016. 1. 1.부터 2016. 12. 31.까지의 손해배상으로 107,767,000원
및 이에 대한 지연손해금을 구하였고, 제1심은 손해액을 10,000,000원으로 산정하
여 원고 청구를 일부 인용하였다.

   ㉡ 원고는 원심 2018. 5. 30.자 준비서면에 '피고의 상표권 침해행위가 계속되고
있으므로 명시적 일부청구로서 2017. 12. 31.까지의 손해배상을 구한다.'는 의사

를 기재하였고, 위 준비서면이 원심 제1회 변론기일에서 진술되었다. 그러나 원고는 2017년도 손해배상청구액을 특정하여 그에 따라 청구취지를 확장하는 취지의 서면을 제출하지는 않았다.

ⓒ 원심은 판결이유에서는 2016. 1. 1.부터 2017. 12. 31.까지의 손해발생 사실과 위 기간 동안 손해액 총 20,000,000원이 인정된다는 취지로 설시하면서, 2016. 1. 1.부터 2016. 12. 31.까지의 손해액을 10,000,000원으로 인정한 제1심 판결 중 원고 패소 부분에 대한 원고 항소의 일부를 인용하여 손해액 10,000,000원을 추가로 인용하고, 피고 패소 부분에 대한 피고 항소를 기각하였다.

② 이러한 사실관계에 의하면, 원고가 제1심에서 판단을 구한 2016년도 손해배상에 더하여 2017년도에도 피고의 상표권 침해행위가 계속되고 있음을 원인으로 이 기간 동안의 손해배상을 추가로 구하고자 하는 의사를 명백히 한 반면 2017년도 부분의 청구금액을 특정하고 그에 따라 청구취지를 확장하는 절차를 취하지 않았으므로, 원심으로서는 석명권을 적절히 행사하여 원고로 하여금 적법한 청구의 변경 절차를 밟아 청구금액을 명확히 특정하도록 하였어야 한다. 한편 항소심에서 청구가 확장된 경우 항소심은 확장된 청구에 대하여는 실질상 제1심으로서 재판하여야 하므로, 확장된 청구에 대한 원고 주장의 당부를 심리·판단하여 원고 항소에 대한 판단과는 별개로 주문 표시를 하여야 한다. 그런데 원심은 항소심에서 적법한 청구의 확장 절차가 없었던 2017년도 손해배상청구 부분에 대하여 판결이유에서는 이를 인용하는 취지의 판단을 하는 한편, 판결주문에서는 그에 대한 판단을 표시하지 않은 채 원고와 피고의 쌍방의 항소에 대하여만 주문 표시를 하였다.

이러한 원심판결에 따르면, 2016. 1. 1.부터 2016. 12. 31.까지 기간에 대하여 원심이 인정한 손해액이 얼마인지 알 수 없고, 원고의 나머지 항소와 피고의 항소를 기각한 취지가 무엇인지도 알 수 없게 된다.

③ 결국, 금원 지급 청구에 관한 원심판결에는 청구의 특정에 관한 법리오해, 석명권 불행사, 이유불비 또는 이유모순 등의 잘못이 있으므로 직권으로 이를 파기한다. 이 부분에 관한 원고와 피고의 상고이유는 나아가 판단하지 아니한다.

(5) 결 론

그러므로 원심판결 중 금원 지급 청구에 관한 부분을 파기하고, 이 부분 사건을 다시 심리·판단하게 하기 위하여 원심법원에 환송하며, 피고의 나머지 상고를 기각하기로 하여, 관여 법관의 일치된 의견으로 주문과 같이 판결한다. 이 판결에는 대법관 이기택, 대법관 노태악의 보충의견이 있다.

(6) 대법관 이기택, 대법관 노태악의 보충의견

① 상표권에 관한 위와 같은 법리가 특허권과 실용신안권, 디자인권에도 그대로 적용될 수 있다는 점에 관하여 좀 더 구체적으로 살펴보기로 한다.

㉠ 먼저 특허법과 실용신안법에 관하여 본다.

- 특허법과 실용신안법은 출원 전에 공지되었거나 공연히 실시된 발명과 고안 등에 대해 특허를 받을 수 없다고 규정하고 있고(특허법 제29조 제1항, 실용신안법 제4조 제1항), 선출원주의를 택하여 동일한 발명 또는 고안에 대하여 먼저 출원한 자만

이 등록을 받도록 함으로써(특허법 제36조, 실용신안법 제7조), 출원일을 기준으로 저촉되는 특허권 또는 실용신안권 사이의 우선순위가 결정됨을 명확히 하고 있다. 이에 위반하여 등록된 특허 또는 실용신안은 등록무효심판의 대상이 된다(특허법 제133조 제1항, 실용신안법 제31조 제1항).

- 종래 구 특허법 제45조 제3항은 "특허권자, 전용실시권자 또는 통상실시권자(이하 '특허권자 등'이라고 한다)는 특허발명이 그 출원한 날 이전에 출원된 타인의 특허발명 등록실용신안 또는 등록의장을 이용하거나 이들과 저촉되는 경우 그 특허권자·실용신안권자·의장권자의 동의를 얻거나 제59조 제1항의 규정에 의하지 아니하고는 자기의 특허발명을 업으로써 실시할 수 없다."라고 하여 특허권과 특허권 또는 이와 동종의 권리인 실용신안권의 저촉관계에 관하여도 선출원 권리자의 동의가 없으면 침해가 성립함을 규정하고 있었다. 그런데 1986. 12. 31. 개정에서 후출원 특허권과 선출원 특허권 또는 실용신안권 상호간의 저촉관계는 무효심판에 의해 해결하는 것이 타당하다는 비판 등을 수용하여 이 부분이 삭제되었다. 이후 조문 번호가 변경되고, 선출원 권리로 상표권이 추가되는 등의 개정 과정을 거쳐 현행 특허법 제98조는 "특허권자 등은 특허발명이 그 특허발명의 특허출원일 전에 출원된 타인의 특허발명·등록실용신안 또는 등록디자인이나 그 디자인과 유사한 디자인을 이용하거나 특허권이 그 특허발명의 특허출원일 전에 출원된 타인의 디자인권 또는 상표권과 저촉되는 경우에는 그 특허권자·실용신안권자·디자인권자 또는 상표권자의 허락을 받지 아니하고는 자기의 특허발명을 업으로서 실시할 수 없다."라고 규정하고 있다.

위와 같은 개정을 통해 후출원 특허와 선출원 특허 또는 실용신안의 저촉관계에 관한 규정이 삭제되긴 하였으나, 특허법은 후출원 특허권이 타인의 동종 또는 이종의 선출원 등록권리와 이용관계에 있거나 타인의 이종의 선출원 등록권리와 저촉관계에 있는 경우에 선출원 권리가 우선하고 후출원 특허권자 등의 권리가 제한될 수 있음을 여전히 명확히 규정하고 있다. 위와 같은 특허법 개정을 후출원 특허와 선출원 특허 또는 실용신안의 저촉관계의 경우에는 선출원 권리자의 동의를 받지 않더라도 정당한 권리의 실시에 해당하는 것으로 보겠다는 반성적 고려에 의한 것으로는 볼 수 없다. 오히려 다른 이용·저촉관계와의 형평상 선출원 특허권자 또는 실용신안권자의 동의를 받지 않은 후출원 특허권자의 권리 행사 역시 침해로 보는 것이 타당하고, 이는 특허법 제98조에 대응되는 규정을 가지고 있는 실용신안권(실용신안법 제25조)에도 그대로 적용된다.

- 특허법은 자기의 특허발명이 무효사유에 해당하는 것을 알지 못하고 국가로부터 부여받은 특허권을 신뢰하여 실시사업을 하거나 실시 준비 중인 자를 보호하기 위하여 제104조에서, 동일한 발명에 대하여 둘 이상의 특허 또는 특허와 실용신안이 등록된 경우 특허권자 또는 실용신안권자가 특허 또는 실용신안등록에 대한 무효심판청구의 등록 전에 자신의 특허발명 또는 등록실용신안이 무효사유에 해당하는 것을 알지 못하고 국내에서 그 발명 또는 고안의 실시사업을 하거나 이를 준비하고 있었다면, 그 특허권에 대하여 통상실시권을 가지

거나 특허나 실용신안등록이 무효로 된 당시에 존재하는 특허권의 전용실시권에 대하여 통상실시권을 가진다고 규정하고 있다. 실용신안법 제26조도 고안에 관하여 같은 취지의 규정을 두고 있다.

위 규정에 따른 법정 통상실시권 성립의 주장은 청구원인인 특허권 침해의 성립을 전제로 한 항변에 해당한다. 그 항변의 성립 요건인 '특허에 관한 무효심결의 확정, 무효심판청구의 등록 전 그 발명 또는 고안의 실시사업 또는 준비, 선의'라는 점이 주장·증명된 경우에 한하여 유상의 통상실시권이 인정되는 것이고, 청구원인인 특허권 침해 성립은 일관되게 유지된다는 점에서, 후출원 특허권 또는 실용신안권의 실시가 선출원 특허권 또는 실용신안권과 저촉될 경우 침해가 성립하는 것과 논리 모순되지 않는다.

ⓛ 다음으로 디자인보호법에 관하여 본다.

- 디자인보호법 역시 출원 전에 공지되었거나 공연히 실시된 디자인 등에 대해 디자인등록을 받을 수 없다고 규정하고 있고(디자인보호법 제33조 제1항), 선출원주의를 택하여(디자인보호법 제46조), 출원일을 기준으로 저촉되는 디자인권 사이에 우선순위가 결정됨을 명확히 하고 있으며, 이에 위반하여 등록된 디자인권은 등록무효심판의 대상이 된다(디자인보호법 제121조 제1항).

- 디자인보호법 제95조 제1항은 "디자인권자·전용실시권자 또는 통상실시권자(이하 '디자인권자 등'이라고 한다)는 등록디자인이 그 디자인등록출원일 전에 출원된 타인의 등록디자인 또는 이와 유사한 디자인·특허발명·등록실용신안 또는 등록상표를 이용하거나 디자인권이 그 디자인권의 디자인등록출원일 전에 출원된 타인의 특허권·실용신안권 또는 상표권과 저촉되는 경우에는 그 디자인권자·특허권자·실용신안권자 또는 상표권자의 허락을 받지 아니하거나 제123조에 따르지 아니하고는 자기의 등록디자인을 업으로서 실시할 수 없다."라고 하여, 후출원 디자인권과 동일한 디자인의 실시가 타인의 동종 또는 이종의 선출원 등록권리와 이용관계에 있거나 타인의 이종의 선출원 등록권리와 저촉관계에 있는 경우에 선출원 등록권리가 우선하고 후출원 디자인권자 등의 권리가 제한될 수 있음을 규정하고 있다. 또한, 같은 조 제2항은 "디자인권자 등은 그 등록디자인과 유사한 디자인이 그 디자인등록출원일 전에 출원된 타인의 등록디자인 또는 이와 유사한 디자인·특허발명·등록실용신안 또는 등록상표를 이용하거나 그 디자인권의 등록디자인과 유사한 디자인이 디자인등록출원일 전에 출원된 타인의 디자인권·특허권·실용신안권 또는 상표권과 저촉되는 경우에는 그 디자인권자·특허권자·실용신안권자 또는 상표권자의 허락을 받지 아니하거나 제123조에 따르지 아니하고는 자기의 등록디자인과 유사한 디자인을 업으로서 실시할 수 없다."라고 하여, 후출원 등록디자인과 유사한 디자인의 경우에는 선출원 디자인권과 이용관계의 경우뿐만 아니라 저촉관계의 경우에도 선출원 디자인권이 우선하고 후출원 디자인권자 등의 권리가 제한될 수 있음을 명시적으로 규정하고 있다.

- 이와 같은 규정의 내용과 취지, 등록된 디자인과 유사한 디자인이 선출원 디자인권과 저촉되는 경우와의 형평 등을 고려하면, 후출원 디자인권자 등이 선출원

디자인권자의 동의를 받지 않고 후출원 등록디자인과 동일한 디자인을 실시한 경우에도 선출원 디자인권에 대하여 침해가 성립된다고 하는 것이 타당하다.

ⓒ 이와 같이 지식재산권법은 전체적으로 시간적 순서에 따라 선원이 우선함을 근 간으로 하여 구축되어 왔다. 독일, 미국 등의 주요 국가들 역시 서로 저촉하는 지식재산권 사이에서 선원이 우선한다는 선원우위의 원칙을 전제로 후출원 권리 의 행사가 선출원 권리와 저촉될 경우 선출원 권리에 대한 침해가 성립하는 것으 로 보고 있다. 이러한 입장이 지식재산권법의 기본 원칙에 충실하고 국제적 입법 례와 실무에서의 보편적 현상이라고 할 수 있다.

② 서로 저촉하는 지식재산권 사이에서 선원이 우선한다는 법리를 채택하는 것은 다음 과 같은 점에서 논리가 일관되고 명쾌하며 법적 안정성을 가져온다는 장점도 있다. 이 판결과 달리 후출원 등록권리자의 등록권리 실시 또는 사용을 침해로 보지 않으 면, 동일한 실시 또는 사용 행위에 대하여 등록 전·후를 기준으로 침해 성립 여부에 관한 법률적 평가가 달라지는 불합리한 결과가 발생한다. 후출원 등록권리자의 등록 권리 실시 또는 사용 주장을 권리남용으로 보아 최종적으로 침해 책임을 부담시킨다 고 하더라도 위와 같은 불합리함은 여전히 남게 된다. 예를 들어 동일한 상표 사용 의사에 따라 계속되고 있는 후출원 등록상표권자의 일련의 상표 사용 행위에 대하여 상표등록 전에는 침해가 성립하였다가, 상표등록 후에는 원칙적으로 침해가 성립하 지 않으나 선출원 등록상표권자의 권리남용 재항변이 있는 경우 그 인용 여부에 따 라 침해 책임 부담 여부가 결정되게 되는 것이다. 형사 사건의 경우에는 문제가 더 복잡하다. 후출원 등록상표권자의 계속된 동일한 상표 사용 행위에 대하여 고의가 인정될 경우 상표등록 전에는 침해죄가 성립하는데, 상표등록 후에는 침해죄의 성립 이 부정된다. 상표등록무효 심결이 확정될 경우에는 다시 침해죄가 성립하는데, 이 러한 경우라도 등록 후 등록무효 확정 전 행위에 대하여까지 등록무효 심결 확정의 소급효를 들어 침해죄의 성립을 인정하는 것은 행위 당시 처벌되지 않던 것을 소급 하여 처벌하게 되는 문제가 있어 이를 허용하기도 어렵다.

03 주몽 사건 (2010다20044)

판시사항

(1) 타인의 등록상표를 이용하였으나 출처표시를 위한 것이 아닌 경우 상표권 침해행위로 볼 수 있는지 여부(소극) 및 표시된 표장이 상표로서 사용되고 있는지에 관한 판단 기준

(2) 甲 주식회사로부터 국내에서 "HELLO KITTY" 캐릭터를 상품화할 수 있는 독점권을 부여받은 乙 주식회사가 자신이 운영하는 홈페이지에 "HELLO KITTY" 캐릭터가 부착 또는 표시된 상품의 이미지 바로 아래에 있는 상품 이름 앞에 "대장금", "장금", "주몽"이 라는 표장을 표시한 행위가 등록상표 "대장금", "주 몽", "주몽"의 상표권자인 丙 방송 사 등의 상표권을 침해하는 행위에 해당하는지 문제된 사안에서, 위 표장이 상표로서 사용되었다고 볼 수 없다고 한 사례

(3) 캐릭터가 상품화되어 부정경쟁방지 및 영업비밀보호에 관한 법률 제2조 제1호 가목에 규정된 '국내에 널리 인식된 타인의 상품임을 표시한 표지'가 되기 위한 요건

(4) 상품형태가 부정경쟁방지 및 영업비밀보호에 관한 법률 제2조 제1호 가목에 규정된 '국내에 널리 인식된 타인의 상품임을 표시한 표지'로서 보호받기 위한 요건

(5) 부정경쟁방지 및 영업비밀보호에 관한 법률 제2조 제1호 자목에서 정한 '모방'의 의미 및 그 판단 기준

(6) 경쟁자가 상당한 노력과 투자에 의하여 구축한 성과물을 자신의 영업을 위하여 무단으로 이용함으로써 부당하게 이익을 얻고 경쟁자의 법률상 보호할 가치가 있는 이익을 침해한 경우, 민법상 불법행위에 해당하는지 여부(적극)

(7) 甲 주식회사가 자신이 운영하는 홈페이지에서 한국방송공사와 乙 방송사가 방영한 "겨울연가", "황진이", "대장금", "주몽" 등 제호 하에 위 드라마가 연상되는 의상, 소품, 모습, 배경 등으로 꾸민 "HELLO KITTY" 제품을 제조·판매한 사안에서, 甲 회사의 제조·판매 행위는 부정한 경쟁행위로서 민법상 불법행위에 해당한다고 한 사례

판결요지

(1) 타인의 등록상표를 그 지정상품과 동일 또는 유사한 상품에 사용하면 타인의 상표권을 침해하는 행위가 되나, 타인의 등록상표를 이용한 경우라고 하더라도 그것이 상표의 본질적인 기능이라고 할 수 있는 출처표시를 위한 것이 아니어서 상표의 사용으로 인식될 수 없는 경우에는 등록상표의 상표권을 침해한 행위로 볼 수 없고, 그것이 상표로서 사용되고 있는지는 상품과 관계, 당해 표장의 사용 태양(즉 상품 등에 표시된 위치, 크기 등), 등록상표의 주지저명성 그리고 사용자의 의도와 사용 경위 등을 종합하여 실제 거래계에서 표시된 표장이 상품의 식별 표지로서 사용되고 있는지에 의하여 판단하여야 한다.

(2) 甲 주식회사로부터 국내에서 "HELLO KITTY" 캐릭터를 상품화할 수 있는 독점권을 부여받은 乙 주식회사가 자신이 운영하는 홈페이지에 "HELLO KITTY" 캐릭터가 부착 또는 표시된 상품의 이미지 바로 아래에 있는 상품 이름 앞에 "대장금", "장금", "주몽"이라는 표장을 표시한 행위가 등록상표 "大長今", "주 몽", "주몽"의 상표권자인 丙 방송사 등의 상표권을 침해하는 행위에 해당하는지 문제된 사안에서, 위 표장의 사용 태양, 위 등록상표와 "HELLO KITTY" 표장의 주지저명의 정도, 乙 회사의 의도와 위 표장의 사용 경위 등을 종합하면 전체적으로 乙 회사가 홈페이지에서 광고·판매한 위 상품들의 출처가 甲 회사 또는 동일 상품화 사업을 영위하는 집단인 것으로 명확히 인식되고, "대장금" 등 표장은 상품에 부착 또는 표시된 "HELLO KITTY" 캐릭터가 丙 방송사가 제작·방영한 드라마의 캐릭터로 알려진 '대장금', '주몽'을 형상화한 것임을 안내·설명하기 위한 것일 뿐 상품의 식별 표지로서 사용되었다고는 볼 수 없으므로, "대장금" 등 표장이 상표로서 사용되었다고 볼 수 없다고 한 사례이다.

(3) 캐릭터가 상품화되어 부정경쟁방지 및 영업비밀보호에 관한 법률 제2조 제1호 가목에 규정된 '국내에 널리 인식된 타인의 상품임을 표시한 표지'가 되기 위해서는 캐릭터 자체가 국내에 널리 알려진 것만으로는 부족하고, 캐릭터에 대한 상품화 사업이 이루어지

고 이에 대한 지속적인 선전, 광고 및 품질관리 등으로 캐릭터가 이를 상품화할 수 있는 권리를 가진 자의 상품 표지이거나 상품화권자와 그로부터 상품화 계약에 따라 캐릭터 사용허락을 받은 사용권자 및 재사용권자 등 캐릭터에 관한 상품화 사업을 영위하는 집단(group)의 상품 표지로서 수요자들에게 널리 인식되어 있을 것을 요한다.

(4) 어떤 상품의 형태가 출처표시 기능을 가지고 나아가 주지성까지 획득하는 경우에는 부정경쟁방지 및 영업비밀보호에 관한 법률 제2조 제1호 가목에 규정된 '국내에 널리 인식된 타인의 상품임을 표시한 표지'에 해당하여 같은 법에 의한 보호를 받을 수 있는데, 이를 위해서는 상품형태가 다른 유사상품과 비교하여 수요자의 감각에 강하게 호소하는 독특한 디자인적 특징을 가지고 있는 등 일반 수요자가 일견하여 특정 영업주체의 상품이라는 것을 인식할 수 있는 정도의 식별력을 갖추고 있어야 하며, 나아가 당해 상품형태가 장기간에 걸쳐 특정 영업주체의 상품으로 계속적·독점적·배타적으로 사용되거나 또는 단기간이라도 강력한 선전·광고가 이루어짐으로써 상품형태가 갖는 차별적 특징이 거래자 또는 일반 수요자에게 특정 출처의 상품임을 연상시킬 정도로 현저하게 개별화된 정도에 이르러야 한다.

(5) 부정경쟁방지 및 영업비밀보호에 관한 법률 제2조 제1호 자목은 부정경쟁행위의 한 유형으로서 타인이 제작한 상품의 형태를 모방한 상품을 양도·대여 또는 이를 위한 전시를 하거나 수입·수출하는 행위를 규정하고 있는데, 여기에서 '모방'이란 타인의 상품형태에 의거하여 이와 실질적으로 동일한 형태의 상품을 만들어 내는 것을 말하며, 형태에 변경이 있는 경우 실질적으로 동일한 형태의 상품에 해당하는지는 당해 변경의 내용·정도, 착상의 난이도, 변경에 의한 형태적 효과 등을 종합적으로 고려하여 판단하여야 한다.

(6) 경쟁자가 상당한 노력과 투자에 의하여 구축한 성과물을 상도덕이나 공정한 경쟁질서에 반하여 자신의 영업을 위하여 무단으로 이용함으로써 경쟁자의 노력과 투자에 편승하여 부당하게 이익을 얻고 경쟁자의 법률상 보호할 가치가 있는 이익을 침해하는 행위는 부정한 경쟁행위로서 민법상 불법행위에 해당한다.

(7) 甲 주식회사가 자신이 운영하는 홈페이지에서 한국방송공사와 乙 방송사가 방영한 "겨울연가", "황진이", "대장금", "주몽" 등 제호 하에 위 드라마가 연상되는 의상, 소품, 모습, 배경 등으로 꾸민 "HELLO KITTY" 제품을 제조·판매한 사안에서, 제반 사정에 비추어 甲 회사가 드라마를 이용한 상품화 사업 분야에서 경쟁자 관계에 있는 한국방송공사 등의 상당한 노력과 투자에 편승하여 각 드라마의 명성과 고객흡인력을 자신의 영업을 위하여 무단으로 이용하여 법률상 보호할 가치가 있는 한국방송공사 등의 해당 드라마에 관한 상품화 사업을 통한 영업상 이익을 침해하였다고 보아, 甲 회사의 제조·판매 행위는 부정한 경쟁행위로서 민법상 불법행위에 해당한다고 한 사례이다.

논점의 정리 원고들과 피고 주식회사 데카리오(이하 '데카리오'라고 한다)의 상고이유(상고이유서 제출기간 경과 후에 제출된 각 상고이유보충서의 기재는 상고이유를 보충하는 범위 내에서)를 함께 판단한다.

(1) 원고 주식회사 문화방송(이하 '문화방송'이라고 한다), 주식회사 올리브나인(이하 '올리브나인'이라고 한다)의 상표권 침해에 관한 각 상고이유에 대하여

① 피고 데카리오의 홈페이지에서 상품을 광고·판매한 부분에 대하여

㉠ 타인의 등록상표를 그 지정상품과 동일 또는 유사한 상품에 사용하면 타인의 상표권을 침해하는 행위가 되나, 타인의 등록상표를 이용한 경우라고 하더라도 그것이 상표의 본질적인 기능이라고 할 수 있는 출처표시를 위한 것이 아니어서 상표의 사용으로 인식될 수 없는 경우에는 등록상표의 상표권을 침해한 행위로 볼 수 없고, 그것이 상표로서 사용되고 있는지 여부는 상품과의 관계, 당해 표장의 사용 태양(즉 상품 등에 표시된 위치, 크기 등), 등록상표의 주지저명성 그리고 사용자의 의도와 사용 경위 등을 종합하여 실제 거래계에서 그 표시된 표장이 상품의 식별 표지로서 사용되고 있는지 여부에 의하여 판단하여야 한다.

㉡ 기록에 비추어 살펴보면, 아래와 같은 사실들을 알 수 있다.

원고 문화방송은 등록상표 "　"(이하 '대장금상표'라고 한다), 원고 올리브나인은 등록상표 "주　몽"(이하 '주몽상표'라고 한다) 및 "　"(이하 '삼족오상표'라고 한다)의 각 상표권자이다. 피고 데카리오는 2007. 8.경부터 2007. 10.경까지 그가 운영하는 홈페이지에 조선 시대 의녀의 복장을 하고 신선로를 들고 있는 HELLO KITTY 캐릭터가 부착 또는 표시된 휴대전화기 줄·손수건 등의 상품, 갑옷을 입고 이마에 띠를 두른 다음 한 손에 칼을 들고 있거나 흰색 바탕에 분홍색의 점무늬가 섞여 있고 손목 부위에 분홍색 띠가 있는 옷을 입고 있는 HELLO KITTY 캐릭터가 부착된 볼펜·볼 매듭 등의 상품(이하 일괄하여 '피고 제품'이라 한다)의 이미지 바로 아래에 있는 상품 이름 앞에 "대장금", "장금", "주몽"이라는 표장(이하 '이 사건 각 표장'이라고 한다)을 표시하였다. 그런데 위 원고들의 등록상표는 그 무렵 주지의 상표는 아니었던 반면에, HELLO KITTY는 일본국 법인인 가부시키가이샤 산리오가 1974. 10.경 고양이 얼굴을 의인화하여 창작한 캐릭터로, 일본은 물론 국내에서도 1979. 2. 14.경부터 그에 관한 상표등록 및 상품화 사업이 이루어진 결과, 2000년경 이미 국내외적으로 저명한 상품 표지이었다. 피고 데카리오는 가부시키가이샤 산리오의 국내 법인인 피고 주식회사 산리오코리아(이하 '산리오코리아'라고 한다)로부터 2006년경부터 국내에서 HELLO KITTY 캐릭터를 상품화할 수 있는 독점권을 부여받아 HELLO KITTY 캐릭터에 다양한 의상을 입히거나 소품을 이용해 변형을 가하여 인형, 손수건, 열쇠고리, 볼펜 등을 제조·판매하고 있고, 이 사건 각 표장의 사용 당시 그 홈페이지 왼쪽 상단에는 "데카리오 쇼핑몰", "HELLO KITTY", "ⓒ 1976, 2007 SANRIO CO., LTD."라는 문구가 기재되어 있었으며, 위 각 상품 이미지 중 일부에는 이 사건 각 표장과 함께 그보다 작은 글씨의 "DECCario", "Licensed by Sanrio CO., LTD", "(주) 데카리오"라는 문구가 상품 이미지 오른쪽 아래에 표시되어 있었다. 한편 원고 문화방송은 '대장금', '주몽'을 주인공으로 하는 같은 제호의 드라마를 제작·방영하여 큰 호응을 얻었고, 위 드라마들은 해외에도 수출된 바 있다.

ⓒ 앞서 본 법리에 따라 위와 같은 사실관계에 나타난 이 사건 각 표장의 사용 태양, 대장금상표 또는 주몽상표·삼족오상표와 HELLO KITTY 표장의 주지저명의 정도, 피고 데카리오의 의도와 이 사건 각 표장의 사용 경위 등을 종합하여 살펴보면, 전체적으로 피고 데카리오가 그 홈페이지에서 광고·판매한 위 휴대전화기줄 등과 같은 상품들의 출처가 가부시키가이샤 산리오 또는 동일 상품화 사업을 영위하는 집단인 것으로 명확히 인식된다고 할 것이다. 또한 이 사건 각 표장은 위와 같은 상품들에 부착 또는 표시된 HELLO KITTY 캐릭터가 원고 문화방송이 제작·방영한 드라마의 캐릭터로 알려진 '대장금', '주몽'을 형상화한 것임을 안내·설명하기 위한 것일 뿐 상품의 식별 표지로서 사용된 것이라고는 볼 수 없다. 이는 위 홈페이지 왼쪽 화면 상단에 "대장금"이라는 메뉴 창이 표시되어 있다거나, 일부 상품 이미지와 관련하여서는 이 사건 각 표장 이외에 아무것도 표시되어 있지 않다고 하여 달리 볼 것은 아니다.

원심이 같은 취지에서 이 사건 각 표장은 상표로서 사용된 것이라고 할 수 없다고 판단한 것은 정당하고, 거기에 각 상고이유의 주장과 같은 상표 사용에 관한 법리오해 등의 위법이 없다.

② 그 이외의 부분에 대하여

원심은 롯데면세점 잠실점('본점'이라고 한 것은 오기로 보인다)과 제주 신라면세점에서 판매된 원심 판시 피고 제품의 진열장 혹은 그 제품포장의 일부에 "大長今"이라는 표시가 되어 있었으나 피고 데카리오가 위 표시를 하였음을 인정할 증거가 없고, 피고 데카리오가 원고 주식회사 유성글로벌(이하 '유성글로벌'이라고 한다)에게 송부한 주문서(갑 제21호증의 1)에 기재된 "대장금", "주몽" 표장은 상품의 출처표시라고 할 수 없으며, 피고 제품을 판매한 소매상이 소비자에게 작성하여 준 전표(갑 제21호증의 2) 위의 "대장금 키티폰줄"이라는 수기 부분은 피고 데카리오가 이를 기재하였음을 인정할 증거가 없으므로, 이로써 피고 데카리오가 원고 문화방송의 대장금상표, 원고 올리브나인의 주몽상표 또는 삼족오상표에 관한 각 상표권을 침해하였다고 볼 수 없다는 취지로 판단하였다. 원심판결 이유를 기록에 비추어 살펴보면 원심의 위와 같은 판단은 정당하고, 거기에 논리와 경험의 법칙에 반하여 자유심증주의의 한계를 벗어나거나 필요한 심리를 다하지 아니하는 등의 위법은 없다. 그 밖에 세관에 제출하는 수입신고서 위에 표시된 "대장금", "주몽" 표장이 원고 문화방송, 올리브나인의 위 각 상표권을 침해하였다는 주장은 상고심에서 처음으로 하는 것으로서 적법한 상고이유가 될 수 없다[위 수입신고서는 상표법 제2조 제1항 제11호 다목의 거래서류에 해당하지도 아니한다].

(2) 원고들의 부정경쟁방지 및 영업비밀보호에 관한 법률(이하 '부정경쟁방지법'이라고 한다) 제2조 제1호 가목에 관한 각 상고이유에 대하여

캐릭터가 상품화되어 부정경쟁방지법 제2조 제1호 가목에 규정된 '국내에 널리 인식된 타인의 상품임을 표시한 표지'가 되기 위해서는 캐릭터 자체가 국내에 널리 알려져 있는 것만으로는 부족하고, 그 캐릭터에 대한 상품화 사업이 이루어지고 이에 대한 지속적인 선전, 광고 및 품질관리 등으로 그 캐릭터가 이를 상품화할 수 있는 권리를 가진

자의 상품 표지이거나 위 상품화권자와 그로부터 상품화 계약에 따라 캐릭터 사용허락을 받은 사용권자 및 재사용권자 등 그 캐릭터에 관한 상품화 사업을 영위하는 집단(group)의 상품 표지로서 수요자들에게 널리 인식되어 있을 것을 요한다. 그리고 어떤 상품의 형태가 출처표시 기능을 가지고 나아가 주지성까지 획득하는 경우에는 부정경쟁방지법 제2조 제1호 가목에 규정된 '국내에 널리 인식된 타인의 상품임을 표시한 표지'에 해당하여 같은 법에 의한 보호를 받을 수 있는데, 이를 위해서는 상품의 형태가 다른 유사상품과 비교하여, 수요자의 감각에 강하게 호소하는 독특한 디자인적 특징을 가지고 있는 등 일반 수요자가 일견하여 특정의 영업주체의 상품이라는 것을 인식할 수 있는 정도의 식별력을 갖추고 있어야 하며, 나아가 당해 상품의 형태가 장기간에 걸쳐 특정의 영업주체의 상품으로 계속적·독점적·배타적으로 사용되거나, 또는 단기간이라도 강력한 선전·광고가 이루어짐으로써 그 상품형태가 갖는 차별적 특징이 거래자 또는 일반 수요자에게 특정 출처의 상품임을 연상시킬 정도로 현저하게 개별화된 정도에 이르러야 한다.

위 법리와 기록에 비추어 살펴보면, 원심이 드라마 '겨울연가', '황진이', '대장금', '주몽'(이하 '이 사건 각 드라마'라고 한다)의 캐릭터가 그 상품화 사업에 대한 지속적인 선전, 광고 및 품질관리 등으로 이를 상품화할 수 있는 권리를 가진 자 또는 그 캐릭터에 관한 상품화 사업을 영위하는 집단의 상품 표지로서 국내 수요자들에게 널리 인식되어 있다고 보기 어렵고, 또한 이 사건 각 드라마의 의상, 소품, 배경 등을 상품화한 원고들 상품의 형태도 그 상품형태가 갖는 차별적 특징이 거래자 또는 일반 수요자에게 특정 출처의 상품임을 연상시킬 정도로 현저하게 개별화된 정도에 이르렀다고 보기 어렵다고 하는 이유로, 피고 데카리오의 원심 판시 피고 제품의 판매행위가 부정경쟁방지법 제2조 제1호 가목에 해당하지 않는다는 취지로 판단한 것은 정당하고, 거기에 각 상고이유의 주장과 같은 법리오해 등의 위법이 없다.

(3) 원고들의 부정경쟁방지법 제2조 제1호 자목에 관한 각 상고이유에 대하여

부정경쟁방지법 제2조 제1호 자목은 부정경쟁행위의 한 유형으로서 타인이 제작한 상품의 형태를 모방한 상품을 양도·대여 또는 이를 위한 전시를 하거나 수입·수출하는 행위를 규정하고 있는데, 여기에서 "모방"이라 함은 타인의 상품의 형태에 의거하여 이와 실질적으로 동일한 형태의 상품을 만들어 내는 것을 말하며, 형태에 변경이 있는 경우 실질적으로 동일한 형태의 상품에 해당하는지 여부는 당해 변경의 내용·정도, 그 착상의 난이도, 변경에 의한 형태적 효과 등을 종합적으로 고려하여 판단하여야 한다.

위 법리와 기록에 비추어 살펴보면, 원심이 그 판시와 같은 사정을 들어 피고 제품이 원고들 상품과 실질적으로 동일한 형태라고 할 수 없으므로 부정경쟁방지법 제2조 제1호 자목에 해당하지 않는다는 취지로 판단한 것은 정당하다. 거기에 각 상고이유의 주장과 같은 법리오해 등의 위법은 없다.

(4) 원고 한국방송공사, 문화방송의 복제권, 2차적 저작물 작성권 침해에 관한 각 상고
이유에 대하여

① 캐릭터 저작물에 관한 각 상고이유에 대하여

원심판결 이유를 기록에 비추어 살펴보면, 원심이 이 사건 각 드라마에 등장하는
인물들의 이름, 복장, 소품만으로는 이 사건 각 드라마와 별개로 저작권법에 의하여
보호받을 수 있는 캐릭터 저작물이 된다고 할 수 없다는 취지로 판단한 것은 정당하
고, 거기에 각 상고이유로 주장하는 바와 같은 캐릭터의 저작물성에 관한 법리오해
등의 위법이 없다.

그 밖에 피고 제품이 만화영화 "장금이의 꿈"에 등장하는 장금이 캐릭터에 관한 저작
권을 침해하였다는 원고 주식회사 희원엔터테인먼트(이하 '희원'이라고 한다)의 주
장은 상고심에서 처음으로 주장된 것으로서 적법한 상고이유가 될 수 없다.

② 사진저작물, 영상저작물에 관한 각 상고이유에 대하여

원심판결 이유를 기록에 비추어 살펴보면, 원심이 그 판시와 같은 사정을 들어 피고
제품은 이 사건 각 드라마에 관한 사진저작물, 영상저작물과 실질적 유사성이 없다
고 판단한 것은 정당하고, 거기에 각 상고이유로 주장하는 바와 같은 저작물의 실질
적 유사성 판단에 관한 법리오해 등의 위법이 없다.

③ 응용미술저작물에 관한 각 상고이유에 대하여

원심판결 이유를 기록에 비추어 살펴보면, 원심이 그 판시와 같은 사정을 들어, 드라
마 '겨울연가' 남녀 주인공의 코트와 목도리, 드라마 '대장금'의 의녀 복장과 드라마
'주몽'의 소서노 의상은 각 저작물로서 보호받기 위해 필요한 창작성이 있다고 할
수 없고, 드라마 '황진이'에서 황진이가 입었던 한복은 그에 관한 저작권이 원고 한
국방송공사에게 있음을 인정하기가 어려우며, 드라마 '주몽'에서 주몽이 입었던 갑
옷의 경우는 그 실질적 유사성이 없다고 보아, 피고 제품이 원고 한국방송공사, 문화
방송의 이에 관한 각 복제권 또는 2차적 저작물 작성권을 침해한 것으로 볼 수 없다
고 판단한 것은 정당하고, 거기에 각 상고이유의 주장과 같은 법리오해 등의 위법이
없다.

(5) 원고 유성글로벌의 저작권 침해에 관한 상고이유에 대하여

기록에 의하면, 원고 유성글로벌이 2009. 6. 1.자 준비서면에서 피고 제품은 원고 유성
글로벌이 드라마 '황진이', '대장금' 및 '주몽'에 관하여 상품화 사업계약을 체결하고 제
작한 인형, 볼펜, 가방고리, 열쇠고리, 키홀더 등의 물품에 이용된 응용미술저작물에
관한 저작권을 침해하였다는 주장을 하였음에도, 원심이 이 점에 관하여 아무런 판단을
하지 아니하였음은 상고이유의 주장과 같다. 그러나 기록에 비추어 살펴보면, 원고 유
성글로벌이 응용미술저작물에 해당한다고 주장하는 것들과 피고 제품을 창작적인 표현
형식에 해당하는 것만을 가지고 대비할 때 얼굴 모습, 색채와 무늬, 제품 형태 등 구체적
인 디자인에서 큰 차이가 있어 이들 사이에 실질적인 유사성이 있다고 할 수 없으므로,
피고 제품이 원고 유성글로벌의 위 저작권을 침해하였다고 볼 수 없다.

그렇다면 결국 원고 유성글로벌의 위 주장은 이유가 없어 배척될 경우임이 명백하고,
당사자의 주장에 대한 판단누락의 위법이 있다 하더라도 그 주장이 배척될 경우임이

명백한 때에는 판결 결과에 영향이 없으므로, 원심의 이 부분 판단누락에 관한 원고 유성글로벌의 상고이유 주장은 받아들일 수 없다.

(6) 불법행위에 관한 원고들 및 피고 데카리오의 각 상고이유에 대하여

① 원고 한국방송공사, 문화방송에 대하여 불법행위가 성립하지 않는다는 피고 데카리오의 상고이유에 대하여

㉠ 경쟁자가 상당한 노력과 투자에 의하여 구축한 성과물을 상도덕이나 공정한 경쟁질서에 반하여 자신의 영업을 위하여 무단으로 이용함으로써 경쟁자의 노력과 투자에 편승하여 부당하게 이익을 얻고 경쟁자의 법률상 보호할 가치가 있는 이익을 침해하는 행위는 부정한 경쟁행위로서 민법상 불법행위에 해당한다.

㉡ 위 법리와 기록에 비추어 살펴본다.

• 원고 한국방송공사가 방영한 드라마 '겨울연가'와 '황진이' 및 원고 문화방송이 방영한 드라마 '대장금'과 '주몽'은 이들 방송사가 상당한 노력과 투자에 의하여 구축한 성과물로서, 이들 방송사는 각 해당 드라마의 명성과 고객흡인력을 이용하여 그에 관한 상품화 사업을 수행할 수 있는 권한을 타인에게 부여하고 대가를 받는 방식 등으로 영업해 오고 있음을 알 수 있는데, 이러한 영업을 통하여 원고 한국방송공사, 문화방송이 얻는 이익은 법률상 보호할 가치가 있는 이익에 해당한다.

그리고 이 사건 각 드라마가 국내뿐 아니라 해외에서도 인기를 얻어 국내 수요자나 해외 관광객들 사이에서 이와 관련한 상품에 대한 수요가 커지자, 피고 데카리오는 이 사건 각 드라마를 구축한 원고 한국방송공사, 문화방송으로부터 허락도 받지 아니한 채, 피고 제품을 접한 수요자들로 하여금 이 사건 각 드라마를 직접적으로 연상하도록 하고 그러한 연상으로부터 생겨나는 수요자들의 제품 구매 욕구에 편승하여 피고 제품을 제조·판매하였음이 아래와 같은 사정들에 의하여 넉넉히 인정된다.

• 먼저 피고 데카리오는 이 사건 각 드라마가 인기를 끌기 전까지는 피고 제품을 제조·판매한 적이 없었고, 또한 자신의 홈페이지에 "한류 열풍의 주역인 겨울연가, 대장금, 주몽 등 특별한 캐릭터들을 상품화시켜 이미지 변신을 꾀하고 있는데, 이런 멋진 상품들을 파는 매장들은 면세점이나 관광특구 지역에서 판매되고 있는데 남대문의 직영매장을 비롯한 명동, 인사동, 동대문에 가면 만날 수가 있습니다."라고 게시하여 피고 제품이 이 사건 각 드라마를 상품화한 것임을 명백히 하였다. 그리고 드라마 '겨울연가'와 관련하여 그 남녀 주인공들과 유사한 자세 및 그들이 착용하였던 것과 유사한 색깔, 스타일의 옷과 목도리, 겨울을 나타내는 눈과 앙상한 가지 등으로 꾸민 헬로키티 제품, 드라마 '황진이'와 관련하여 붉은색의 치마와 꽃무늬 저고리를 입고 어여머리를 올린 헬로키티 제품, 드라마 '대장금'과 관련하여 조선 시대 의녀의 복장을 하고 신선로를 들고 있는 헬로키티 제품, 드라마 '주몽'과 관련하여 갑옷을 입고 이마에 띠를 두른 다음 한 손에 칼을 들고 있거나 흰색 바탕에 분홍색의 점무늬가 섞여 있고 손목 부위에 분홍색 띠가 있는 옷을 입고 있는 헬로키티 제품 등 그 수요자들로 하여금 이 사건 각 드라마를 떠올리도록 하기에 충분한 의상과 소품, 모습, 배

경 등으로 꾸민 피고 제품을 제조·판매하였다. 또한 피고 데카리오는 자신의 홈페이지에 게시한 피고 제품의 이름 앞에 '겨울연가', '황진이', '대장금', '주몽' 등 이 사건 각 드라마의 제호를 직접 기재하기까지 하였다.

• 그런데 드라마 관련 상품화 사업을 추진하기 위해서는 그에 관한 권리자로부터 허락을 받는 것이 그 거래사회에서 일반적인 관행인 점 등을 고려할 때, 원고 한국방송공사와 원고 문화방송으로부터 허락을 받지 아니한 피고 데카리오의 위와 같은 행위는 상도덕이나 공정한 경쟁질서에 반하는 것이다. 그리고 이러한 행위는 드라마를 이용한 상품화 사업 분야에서 서로 경쟁자의 관계에 있는 위 원고들의 상당한 노력과 투자에 편승하여 이 사건 각 드라마의 명성과 고객 흡인력을 자신의 영업을 위하여 무단으로 이용하여, 앞서 본 바와 같이 법률상 보호할 가치가 있는 위 원고들의 각 해당 드라마에 관한 상품화 사업을 통한 영업상의 이익을 침해하는 것이기도 하다.

따라서 피고 데카리오의 위와 같은 피고 제품의 제조·판매 행위는 부정한 경쟁행위로서 민법상 불법행위에 해당한다.

ⓒ 소 결

이와 같은 취지에서 피고 데카리오의 불법행위가 성립한다고 한 원심판단은 정당하고, 거기에 피고 데카리오가 상고이유로 주장하는 바와 같은 불법행위에 관한 법리오해 등의 위법이 없다.

② 불법행위 성립에 관한 원고 희원, 올리브나인, 유성글로벌의 각 상고이유에 대하여

기록에 비추어 살펴보면, 원심이 피고 데카리오의 피고 제품 제조·판매행위는 원고 올리브나인, 희원, 유성글로벌에 대한 관계에서 불법행위에 해당하지 아니한다고 판단한 것은 정당하고, 거기에 각 상고이유의 주장과 같은 법리오해 등의 위법이 없다.

③ 손해배상액 산정에 관한 원고 한국방송공사, 문화방송의 상고이유에 대하여

원심판결 이유에 의하면, 원심은 이 사건 각 드라마 관련 피고 제품의 판매수량과 소매가 합계, 원고 한국방송공사, 문화방송이 직접 상품화 사업을 하지는 아니한 점, 피고 데카리오가 위 원고들과 각 상품화 사업 계약을 체결하였다면 지급하였을 사용료 및 이 경우 상품화 권리를 부여받은 다른 업체들의 판매 감소로 인해 결과적으로 감소하였을 위 원고들의 사용료 수입, 통상적인 상품화 사업 계약에서 소매가 대비 출고가의 비율과 사용료 요율 등을 참작하여, 피고 데카리오의 원고 한국방송공사에 대한 손해배상액을 10,000,000원으로, 원고 문화방송에 대한 손해배상액을 20,000,000원으로 각 정하였다.

기록에 비추어 살펴보면, 원심의 위와 같은 판단에 상고이유의 주장과 같은 손해배상액의 산정에 관한 법리오해 등의 위법이 있다고 할 것은 아니다.

(7) 피고 산리오코리아에 관한 원고들의 각 상고이유에 대하여

기록에 비추어 살펴보면, 원심이 피고 산리오코리아는 피고 데카리오의 피고 제품 제조·판매행위에 가담 또는 방조함으로써 공동으로 불법행위를 하였거나, 독자적으로 불법행위를 하였음을 인정하기 어렵다고 판단한 것은 정당하고, 거기에 각 상고이유의 주장과 같은 법리오해 등의 위법이 없다.

판시사항

(1) 상표권이 부적법하게 소멸등록된 경우 상표권의 존속기간이 그대로 진행되는지 여부 (적극) 및 이때 상표권자가 특허권 등의 등록령 제27조의 절차에 따라 그 회복을 신청할 수 있는지 여부(적극) / 이러한 회복등록이 상표권의 존속기간에 영향을 미치는지 여부 (소극)

(2) 甲이 등록상표 "^{씨트리}C-TRI"의 상표권자 乙 주식회사가 아닌 제3자를 상대로 상표등록취소 심판을 제기하였는데 특허심판원이 이를 간과한 채 상표등록을 취소하는 심결을 하였고, 특허청장은 위 상표권의 소멸등록을 하였는데, 이후 취소심결의 문제를 깨달은 주심 심판관의 부적절한 제안으로 인하여 乙 회사가 위 상표권의 존속기간갱신등록 신청기한이 경과한 후에 상표권의 회복등록과 존속기간갱신등록을 신청하자, 특허청장이 상표권의 회복등록을 한 다음 다시 존속기간 만료를 이유로 상표권의 소멸등록을 하고 상표권의 존속기간갱신등록을 거부한 사안에서, 위 상표권은 이미 존속기간 만료로 소멸한 이상 회복등록을 하였더라도 이미 소멸한 상표권이 다시 살아나는 것은 아니며, 제반 사정에 비추어 위 처분이 신의칙에 반하지 않는다고 본 원심판단을 수긍한 사례

판결요지

(1) 상표권 등록은 상표권 발생의 요건이지만 존속요건은 아니다. 따라서 상표권이 부적법하게 소멸등록되었다 하더라도 상표권의 효력에는 아무런 영향이 없고, 상표권의 존속기간도 그대로 진행한다. 상표권이 부적법하게 소멸등록된 때에는 상표권자는 특허권 등의 등록령 제27조의 절차에 따라 그 회복을 신청할 수 있다. 이러한 회복등록은 부적법하게 말소된 등록을 회복하여 처음부터 그러한 말소가 없었던 것과 같은 효력을 보유하게 하는 등록에 불과하므로, 회복등록이 되었다고 해도 상표권의 존속기간에 영향이 있다고 볼 수 없다.

(2) 甲이 등록상표 "^{씨트리}C-TRI"의 상표권자 乙 주식회사가 아닌 제3자를 상대로 상표등록취소 심판을 제기하였는데 특허심판원이 이를 간과한 채 상표등록을 취소하는 심결을 하였고, 특허청장은 위 상표권의 소멸등록을 하였는데, 이후 취소심결의 문제를 깨달은 주심 심판관의 부적절한 제안으로 인하여 乙 회사가 위 상표권의 존속기간갱신등록 신청기한이 경과한 후에 상표권의 회복등록과 존속기간갱신등록을 신청하자, 특허청장이 상표권의 회복등록을 한 다음 다시 존속기간 만료를 이유로 상표권의 소멸등록을 하고 상표권의 존속기간갱신등록을 거부한 사안에서, 취소심결의 효력은 당사자가 아닌 乙 회사에게는 미치지 않으므로 을 회사의 상표권은 소멸되지 아니한 채 그대로 존속하고 존속기간도 계속 진행한다고 보아야 하고, 그 존속기간갱신등록 신청기한까지 존속기간갱신등록 신청이 없었으므로 위 상표권은 존속기간 만료로 소멸하였으며, 이미 존속기간 만료로 소멸한 이상 회복등록을 하였더라도 이미 소멸한 상표권이 다시 살아나는 것은 아니며, 상표권에는 다수의 이해관계가 복잡하게 얽힐 수 있으므로 상표권의 존속기간 만료 및 갱신 여부는 상표법의 규정에 따라 획일적으로 정해져야 하고, 위 심판관의 부적절한 제안은 특허청장의 공적인 견해표명으로 보기 어려워, 이를 이유로 상표권

의 존속기간 및 존속기간갱신등록 신청기간이 달라진다고 할 수는 없다는 등의 이유로 위 처분이 신의칙에 반하지 않는다고 본 원심판단을 수긍한 사례이다.

논점의 정리

(1) 상고이유 제2, 3점에 관하여

① 상표권 등록은 상표권 발생의 요건이지만 존속요건은 아니다. 따라서 상표권이 부적법하게 소멸등록되었다 하더라도 상표권의 효력에는 아무런 영향이 없고, 상표권의 존속기간도 그대로 진행한다. 상표권이 부적법하게 소멸등록된 때에는 상표권자는 특허권 등의 등록령 제27조의 절차에 따라 그 회복을 신청할 수 있다. 이러한 회복등록은 부적법하게 말소된 등록을 회복하여 처음부터 그러한 말소가 없었던 것과 같은 효력을 보유하게 하는 등록에 불과하므로, 회복등록이 되었다고 해도 상표권의 존속기간에 영향이 있다고 볼 수 없다.

② 원심판결의 이유와 기록에 의하면 다음과 같은 사정을 알 수 있다.

㉠ 원고의 상표 '씨트리 C-TRI'(이하 '이 사건 소멸 상표 또는 상표권'이라고 한다)는 2000. 9. 27. 출원되어 2002. 2. 28. 등록된 상표로서 그 존속기간은 2012. 2. 29.까지이다. 상표법 제84조 제2항에 의하면 그 존속기간갱신등록 신청기한은 상표권의 존속기간이 끝난 후 6개월이다.

㉡ 소외 1은 2007. 1. 12. 이 사건 소멸 상표에 대하여 상표권자 원고가 아닌 피고 보조참가인을 상대로 등록취소심판을 청구하였다. 특허심판원은 이를 간과한 채 위 상표에 대한 등록을 취소하는 심결(이하 '이 사건 취소심결'이라고 한다)을 하여 그 심결이 확정되었고, 피고는 2007. 11. 20. 이 사건 소멸 상표권의 소멸등록을 하였다.

㉢ 소외 1은 이 사건 취소심결 후인 2007. 11. 1. "C-TRI"(이하 '상표 2 또는 상표권 2'라고 한다)와 "SEA TREE"(이하 '상표 3 또는 상표권 3'이라고 한다)를 출원하여 2008. 8. 28. 상표등록을 받았다. 이 사건 소멸상표와 상표 2, 3의 지정상품은 화장 관련 상품으로 서로 유사하다. 상표 3은 2008. 12. 18. 소외 1에서 피고 보조참가인에게 이전등록되었다.

㉣ 이 사건 취소심결의 주심 심판관이었던 소외 2는 이 사건 취소심결에 문제가 있음을 뒤늦게 깨닫고, 2009. 4.경 원고를 방문하여 그 해결방안으로 이 사건 취소심결에 대해 재심을 청구하는 방안, 소외 1로부터 상표 2를 양수하는 방안을 제시하였다. 그러나 소외 2는 원고에게 상표 2 외에 상표 3도 상표권 등록되어 있다는 사실은 알리지 않았다. 원고는 위 두 번째 방안을 받아들여 2009. 4. 14. 소외 1로부터 상표 2의 등록을 이전받았다.

㉤ 원고는 이 사건 소멸 상표권의 존속기간갱신등록 신청기한이 경과한 후인 2012. 9.경 상표 3의 존재를 알게 되었다. 원고는 2013. 4. 22. 이 사건 취소심결의 취소를 구하는 소송을 제기하였으나, '원고는 이 사건 취소심결의 당사자 등이 아니어서 그 취소를 구하는 소송을 제기할 당사자적격을 갖지 못하므로 원고의 소는 부적법하다'는 이유로 소 각하 판결이 확정되었다. 다만 위 대법원 판결에는 '상표권자가 아닌 제3자를 상대로 하여 제기된 상표등록취소심판에서 이를 인용

하는 심결이 내려지더라도, 이러한 심결은 상표권자에게 효력이 미치지 아니하
므로, 특허청장은 이러한 심결을 이유로 상표권의 소멸등록을 하여서는 아니 되
고, 설령 이에 위배되어 소멸등록이 이루어졌다고 하더라도 상표권자는 특허권
등의 등록령 제27조의 절차에 따라 그 회복을 신청할 수 있다'는 설시도 포함되어
있다.

ⓑ 원고가 2014. 1. 28. 이 사건 소멸 상표권의 회복등록과 존속기간갱신등록을 신
청하자, 피고는 2014. 1. 28. 상표권의 회복등록을 한 다음 다시 존속기간 만료를
이유로 상표권의 소멸등록을 하고, 2014. 6. 10. 이 사건 소멸 상표권의 존속기간
갱신등록을 거부하였다(이하 '이 사건 처분'이라고 한다).

③ 원심은, 이 사건 취소심결의 효력은 당사자가 아닌 원고에게는 미치지 않으므로 원
고의 이 사건 소멸 상표권은 소멸되지 아니한 채 그대로 존속하고 존속기간도 계속
진행한다고 보아야 하고, 그렇게 보면 이 사건 소멸 상표권의 존속기간은 2012. 2.
29. 만료하게 되는데 그로부터 6개월이 경과할 때까지 존속기간갱신등록 신청이 없
었으므로 위 상표권은 존속기간 만료로 소멸하였으며, 이미 존속기간 만료로 소멸한
이상 회복등록을 하였다고 해서 이미 소멸한 상표권이 다시 살아나는 것은 아니라고
판단하였다.

이러한 원심의 판단은 앞서 본 법리에 따른 것으로 거기에 원고의 상고이유 주장과
같이 상표권의 존속기간갱신등록이나 회복등록에 관한 법리를 오해하는 등의 잘못
이 없다.

(2) 상고이유 제1점에 관하여

원심은 다음과 같은 이유로 이 사건 처분이 신의칙에 반하지 않는다고 판단하였다.

① 상표권에는 다수의 이해관계가 복잡하게 얽힐 수 있으므로 상표권의 존속기간 만료
및 그 갱신 여부는 상표법의 규정에 따라 획일적으로 정해져야 한다.

② 소외 2의 부적절한 제안은 피고의 공적인 견해표명으로 보기 어렵고, 그로 인하여
원고가 이 사건 소멸 상표권의 소멸등록에 대해 즉시 회복등록을 신청하는 등 적절
한 대응을 하지 못하게 되었다고 하더라도 이를 이유로 손해배상을 청구할 수 있는
지 여부는 별론으로 하고 상표권의 존속기간 및 존속기간갱신등록 신청기간이 달라
진다고 할 수는 없다.

③ 원고는 소외 2의 제안과 무관하게 법률전문가의 조언을 얻어 이 사건 소멸 상표권의
회복등록을 신청하고 나아가 존속기간갱신등록을 신청할 수 있었는데 스스로 소외
2의 제안을 받아들여 위와 같은 방법을 취하지 않았다.

관련 법리에 비추어 기록을 살펴보면, 원심의 위와 같은 판단에 상고이유 주장과
같이 신의성실의 원칙에 관한 법리를 오해하는 등의 잘못이 없다.

상표권에 관하여 사용권을 설정 받은 자가 등록상표를 직접 사용하지 않고 사용권이 없는
제3자가 사용한 경우, 사용권자 또는 제3자가 상표권 침해의 책임을 지지 않는 경우

판결요지 타인의 등록상표와 동일 또는 유사한 표장을 그 지정상품과 동일 또는 유사한 상품에 사용하
면 타인의 상표권을 침해하는 행위가 되나, 그 상표권에 관하여 사용권을 설정 받은 자는
그 설정행위로 정한 범위 내에서 지정상품에 관하여 등록상표를 사용할 권리를 가지므로,
그 범위 내에서는 상표권자는 사용권자에 대하여 상표권 침해를 주장할 수 없다. 한편 사용
권자가 등록상표를 직접 사용하지 않고 사용권이 없는 제3자가 사용하는 때에는, 제3자가
사용권자와 주종관계를 맺고 사용권자의 영업이익을 위하여 사용권자의 실질적인 통제 아래
등록상표를 사용하는 것과 같이 거래 사회의 통념상 제3자가 아닌 사용권자가 등록상표를
사용하고 있다고 볼 수 있는 경우에 한하여, 사용권자는 물론 제3자도 상표권 침해의 책임을
지지 않는다.

논점의 정리 **(1) 상고이유 제1점에 관하여**

원심은, 지정상품을 '김, 미역, 튀각'으로 하는 이 사건 등록상표 '삼부자'의 공동상표
권자인 원고, 소외 1과 주식회사 광진식품(당시 대표자는 망 소외 2) 사이에 2005. 8.
8. 사용지역 등이 제한된 원심 판시 통상사용권 설정계약이 체결되었음은 인정되나,
그 판시와 같은 이유를 들어 그와 같은 사정만으로는 망 소외 2가 2004. 4. 14. 설정
받아 그의 사망으로 소외 3에게 상속된 통상사용권(이는 사용지역 등의 제한이 없다)의
사용지역 등이 제한되는 것으로 변경되었다고 볼 수 없다고 판단하였다.

기록에 비추어 살펴보면, 원심의 위와 같은 판단은 정당한 것으로 수긍할 수 있고, 거기
에 상고이유 주장과 같이 논리와 경험의 법칙을 위반하고 자유심증주의 한계를 벗어나
거나 필요한 심리를 다하지 아니한 위법이 없다.

(2) 상고이유 제2점에 관하여

타인의 등록상표와 동일 또는 유사한 표장을 그 지정상품과 동일 또는 유사한 상품에
사용하면 타인의 상표권을 침해하는 행위가 되나, 그 상표권에 관하여 사용권을 설정
받은 자는 그 설정행위로 정한 범위 내에서 지정상품에 관하여 등록상표를 사용할 권리
를 가지므로, 그 범위 내에서는 상표권자는 사용권자에 대하여 상표권 침해를 주장할
수 없다. 한편, 사용권자가 등록상표를 직접 사용하지 않고 사용권이 없는 제3자가 사용
하는 때에는, 제3자가 사용권자와 주종관계를 맺고 사용권자의 영업이익을 위하여 사용
권자의 실질적인 통제 아래 등록상표를 사용하는 것과 같이 거래 사회의 통념상 제3자
가 아닌 사용권자가 등록상표를 사용하고 있다고 볼 수 있는 경우에 한하여, 사용권자는
물론 제3자도 상표권 침해의 책임을 지지 않는다.

그런데도 원심은 이 사건 등록상표의 구체적인 사용관계에 관하여 심리하지도 아니한
채, 피고 2가 이 사건 등록상표의 통상사용권자인 소외 3과 동업관계를 맺고 원심 판시

피고들 표장 ''를 사용하였고, 피고 선일물산 주식회사 역시 소외 3 및 피고 2로부터 피고들 표장이 사용된 조미 김의 생산을 하청 받아 납품하였다는 이유만으로, 피고 2, 선일물산 주식회사가 이 사건 등록상표에 관한 상표권을 침해한 것이라고 볼 수 없다고 판단하였으니, 이러한 원심의 판단에는 상표권 침해에 관한 법리를 오해하여 필요한 심리를 다하지 아니함으로써 판결 결과에 영향을 미친 위법이 있다. 이 점을 지적하는 취지의 상고이유 주장은 이유 있다.

06 옥류관 사건 (2000후3807)

판시사항

(1) 상표법 제90조 제1항 제1호 본문의 규정 취지와 '상호를 상거래 관행에 따라 사용하는 상표'에 해당하는지 여부의 판단 기준 및 그 기준이 상표의 경우에도 적용되는지 여부 (적극)

(2) "직사각형 도형 안에 물에 비친 집의 그림 + (주)평양 옥류관"으로 구성된 (가)호 표장이 자기의 상호를 보통으로 사용하는 방법으로 표시한 경우에 해당하지 않는다고 한 사례

판결요지

(1) 상표법 제90조 제1항 제1호 본문은 자기의 성명, 명칭, 상호 등을 상거래 관행에 따라 사용하는 상표에 대하여는 등록상표의 효력이 미치지 않는다고 규정하고 있는 바, 위 규정은 자기의 상호 등은 자기의 인격과 동일성을 표시하기 위한 수단이기 때문에 상호 등이 상품에 관하여 사용되는 방법이 거래사회의 통념상 자기의 상호 등을 나타내기 위하여 필요한 범위 내에 있는 한 그 상호 등과 동일·유사한 타인의 등록상표권의 효력이 위와 같이 사용된 상호 등에 미치지 않고, 이와 달리 상호 등의 표시방법으로 보아 타인의 상품과 식별되도록 하기 위한 표장으로 사용되었다고 볼 수밖에 없는 경우에는 그 표장에 타인의 등록상표권의 효력이 미친다는 취지라고 봄이 상당하고, 또한 사용된 상호 등의 표장이 외관상 일반인의 주의를 끌만한 특이한 서체나 도안으로 된 경우에는 자기의 상호 등을 상거래 관행에 따라 사용하는 것에 해당하지 않을 가능성이 많기는 하지만, 그러한 사정만으로 단정할 것은 아니고 사용된 표장의 위치, 배열, 크기, 다른 문구와의 연결관계, 도형과 결합되어 사용되었는지 여부 등 실제 사용태양을 종합하여 거래통념상 자기의 상호 등을 상거래 관행에 따라 사용한 경우에 해당하는지 여부를 판단하여야 할 것이며, 이러한 법리는 상표의 경우에도 동일하게 적용된다.

(2) ""과 같이 구성된 등록상표와 ""과 같이 구성된 (가)호 표장은 유사하고 등록상표의 지정서비스와 (가)호 표장이 사용된 북한냉면 음식점업도 유사하며, (가)호 표장의 문자 부분은 그 글자체가 일반인의 주의를 끌만큼 특이하게 도안화된 것은 아니지만, 붓글씨체의 문자 부분 중 '(주)평양'과 '옥류관'의 글자 크기를 다르게 함으로써 "옥류관"이 돋보이는 형태로 되어 있고, 평양옥류관은 광고전단지에 '유명한 랭면 드디어 대청역에 개점', '은 … 「랭면 전문 음식점」입

니다.'라는 형태로 (가)호 표장을 사용하여 왔을 뿐 아니라 평양옥류관과 체인점 계약을 체결한 전국의 12개 북한냉면 음식점이 (가)호 표장 외에 다른 표장을 북한냉면 음식점 업의 식별 표지로 사용하지 않고 있는 점, (가)호 표장이 있는 광고전단지에 '이제는 랭면의 맛도 상표를 확인하고 먹는 시대입니다.'라는 문구가 사용되기도 한 점, 음식점 업과 같은 서비스에 있어서 광고나 간판 등에 상호만을 사용하는 경우에는 일반 수요자 에게 그 상호가 곧바로 상표로 인식되기 쉬운 점 등을 종합하여 (가)호 표장은 상표법 제90조 제1항 제1호 본문의 거래통념상 자기의 상호를 상거래 관행에 따라 사용한 경우 에 해당하지 아니한다고 본 사례이다.

07 현풍할매집 사건 (99도3997)

판시사항

(1) 상호를 상표로 사용하는 경우, 상표권의 효력이 미치는 범위

(2) 상표법 제90조 제1항 제1호, 제3항 소정의 '부정경쟁의 목적'의 의미 및 판단 기준

(3) 상호 "합자회사 현풍할매집", "주식회사 현풍할매집곰탕"과 등록상표 "元 玄風할매곰탕 집", 등록상표 "원조 현풍박소선할매집곰탕"이 동일·유사하다고 본 사례

판결요지

(1) 자기의 상호를 서비스에 사용하는 경우 자타서비스의 출처를 표시하는 태양으로서의 상표로 사용될 수도 있고, 그 경우 거래사회에서 보통 행하여지는 방법으로 이를 사용하 는 경우에는 상표법 제90조 제1항 제1호, 제3항 소정의 '상거래 관행에 따라 사용하는 상표'에 해당하여 등록상표권의 효력이 미치지 아니하지만, 그와 같은 상표라고 하더라 도 상표권의 설정등록이 있은 후에 부정경쟁의 목적으로 이를 사용하는 경우에는 상표 권의 효력이 미친다고 보아야 한다.

(2) 상표법 제90조 제1항 제1호, 제3항에서 말하는 부정경쟁의 목적이란 등록된 상표권자의 신용을 이용하여 부당한 이익을 얻을 목적을 말하고 단지 등록된 상표라는 것을 알고 있었다는 사실만으로 그와 같은 목적이 있다고 보기에는 부족하며, 상표권 등 침해자 측의 상표 등 선정의 동기, 피침해상표 등을 알고 있었는지 여부 등 주관적 사정과 상표 의 유사성과 피침해상표의 신용상태, 영업목적의 유사성 및 영업활동의 지역적 인접성, 상표권 침해자 측의 현실의 사용상태 등의 객관적 사정을 고려하여 판단하여야 한다.

(3) 상호 "합자회사 현풍할매집" 및 "주식회사 현풍할매집곰탕"은 등록상표인 "元 玄風할매 곰탕집"과 전체적으로 동일 또는 유사하고, 또 등록상표인 "원조 현풍박소선할매집곰 탕"과는, 위 상호들을 사용할 당시 이미 일반 수요자들 사이에 위 "박소선" 할머니가 현풍할매집이라는 곰탕집을 경영하여 왔다는 사실이 현저하게 알려져 있었고, 또 각 상호의 "현풍할매집"이라는 문자로 말미암아 그 상호들로부터 용이하게 위 "박소선" 할 머니가 경영하는 현풍할매집이 연상되어 이들 상호와 상표가 다 같이 동일 또는 유사한

서비스에 사용될 경우 일반 수요자들로 하여금 그 서비스의 출처에 관하여 오인·혼동을 일으키게 할 염려가 있다고 보여지므로, 역시 동일 또는 유사하다고 본 사례이다.

논점의 정리

상고이유를 판단한다.

(1) 자기의 상호를 서비스에 사용하는 경우 자타서비스의 출처를 표시하는 태양으로서의 상표로 사용될 수도 있고, 그 경우 거래사회에서 보통 행하여지는 방법으로 이를 사용하는 경우에는 상표법 제90조 제1항 제1호, 제3항 소정의 '상거래 관행에 따라 사용하는 상표'에 해당하여 등록상표권의 효력이 미치지 아니하지만, 그와 같은 상표라고 하더라도 상표권의 설정등록이 있은 후에 부정경쟁의 목적으로 이를 사용하는 경우에는 상표권의 효력이 미친다고 보아야 할 것이고, 한편 여기에서 말하는 부정경쟁의 목적이란 등록된 상표권자의 신용을 이용하여 부당한 이익을 얻을 목적을 말하고 단지 등록된 상표라는 것을 알고 있었다는 사실만으로 그와 같은 목적이 있다고 보기에는 부족하며, 상표권 등 침해자 측의 상표 등 선정의 동기, 피침해상표 등을 알고 있었는지 여부 등 주관적 사정과 상표의 유사성과 피침해상표의 신용상태, 영업목적의 유사성 및 영업활동의 지역적 인접성, 상표권 침해자 측의 현실의 사용상태 등의 객관적 사정을 고려하여 판단하여야 한다.

(2) 원심은, 제1심 채택 증거들을 인용하여, 피고인이 1996. 3. 13.경부터 1998. 6.경까지 구미시 송정동에서, 피해자 차준용이 1988. 7. 28. 상표등록한 "元 玄風할매곰탕집", 1996. 6. 1. 상표등록한 "원조 현풍박소선할매집곰탕"과 유사한, "합자회사 현풍할매집"이라는 상호(1996. 3. 13.부터 1997. 4. 3.까지) 또는 "주식회사 현풍할매집곰탕"이라는 상호(1997. 4. 4.부터 1998. 6.경까지)로 "현풍할매집곰탕"과 "현풍할매집꼬리곰탕"으로 표기한 간판과 상호 표시물 등을 설치하여 곰탕 등을 제조·판매하고, 1997. 9.경부터 1998. 2. 중순경까지 매일신문과 영남일보에 "(주)현풍할매집곰탕, (주)현풍박소선할매집곰탕"이라는 상호를 사용하여 체인점을 모집한다는 내용의 광고를 게재함으로써, 피해자 차준용의 위 상표권을 침해하였다고 판단하였는 바, 이와 같은 원심의 사실인정과 판단은 앞서 본 법리에 따른 것으로서 정당하고, 거기에 논지가 지적하는 바와 같은 채증법칙 위배로 인한 사실오인 또는 상표법 제90조 제1항 제1호, 제3항에 관한 법리오해의 위법 등이 있다고 할 수 없다.

그리고 피고인의 상호인 "합자회사 현풍할매집" 및 "주식회사 현풍할매집곰탕"은 피해자 차준용의 등록상표인 "元 玄風할매곰탕집"과 전체적으로 동일 또는 유사하고, 또 피해자의 등록상표인 "원조 현풍박소선할매집곰탕"과는, 피고인이 위 상호들을 사용할 당시 이미 일반 수요자들 사이에 위 "박소선" 할머니가 현풍할매집이라는 곰탕집을 경영하여 왔다는 사실이 현저하게 알려져 있었고, 또 피고인의 각 상호의 "현풍할매집"이라는 문자로 말미암아 그 상호들로부터 용이하게 위 "박소선" 할머니가 경영하는 현풍할매집이 연상되어 이들 상호와 상표가 다 같이 동일 또는 유사한 서비스에 사용될 경우 일반 수요자들로 하여금 그 서비스의 출처에 관하여 오인·혼동을 일으키게 할 염려가 있다고 보여지므로, 역시 동일 또는 유사하다고 보아야 할 것이다. 논지는 모두 이유가 없다.

판시사항

(1) 등록상표 "메 디 팜"의 지정상품인 '감각기관용 약제, 대사성 약제' 등의 '완제의약품'과 확인대상표장 "미래메디팜 주식회사"의 사용상품인 '원료의약품(의약품 원재료)'은 거래통념상 동일·유사한 표장을 상품들에 사용할 경우 출처의 오인·혼동을 일으킬 염려가 있는 유사한 상품에 속한다고 본 원심판단을 수긍한 사례

(2) 상표법 제90조 제3항에 규정된 '부정경쟁의 목적'의 의미 및 판단 기준

(3) 등록된 상표가 지정상품에 대하여 주지성을 얻어야만 상표법 제90조 제3항에 규정된 '부정경쟁의 목적'이 인정되는지 여부(소극)

(4) 확인대상표장 "미래메디팜 주식회사"의 사용자인 甲 주식회사가 등록상표 "메 디 팜"의 상표권자인 乙 주식회사를 상대로 확인대상표장은 자신의 상호를 보통으로 사용하는 방법으로 표시하는 상표로서 상표법 제90조 제1항 제1호에 해당한다는 등의 이유로 소극적 권리범위확인심판을 청구한 사안에서, 甲 회사가 등록상표의 설정등록 후에 乙 회사의 신용 내지 명성을 이용하여 부당한 이익을 얻을 부정경쟁의 목적으로 확인대상표장을 사용하고 있다고 본 원심판단을 수긍한 사례

판결요지

(1) 등록상표 "메 디 팜"의 지정상품인 '감각기관용 약제, 대사성 약제' 등의 '완제의약품'과 확인대상표장 "미래메디팜 주식회사"의 사용상품인 '원료의약품(의약품 원재료)'은 품질과 용도, 생산 및 판매 부분, 거래자 및 수요자 범위 등을 종합적으로 고려하면, 거래통념상 동일·유사한 표장을 상품들에 사용할 경우 출처의 오인·혼동을 일으킬 염려가 있는 유사한 상품에 속한다고 본 원심판단을 수긍한 사례이다.

(2) 상표법 제90조 제3항에 규정된 '부정경쟁의 목적'이란 등록된 상표권자의 신용을 이용하여 부당한 이익을 얻을 목적을 말하고 단지 등록된 상표라는 것을 알고 있었다는 사실만으로 그와 같은 목적이 있다고 보기에는 부족하며, 상표권 침해자 측의 상표 선정의 동기, 피침해상표를 알고 있었는지 등 주관적 사정과 상표의 유사성과 피침해상표의 신용상태, 영업목적의 유사성 및 영업활동의 지역적 인접성, 상표권 침해자 측의 현실적인 사용상태 등의 객관적 사정을 고려하여 판단하여야 한다.

(3) 상표법 제90조 제3항 규정은 어떤 명칭이나 상호 등의 신용 내지 명성에 편승하려는 등 목적으로 이를 모방한 명칭이나 상호 등을 표장으로 사용하는 것을 금지시키는 데 그 취지가 있으므로, 등록된 상표가 신용을 얻게 된 경위는 문제되지 않으며 지정상품에 대하여 주지성을 얻어야만 부정경쟁의 목적이 인정되는 것도 아니다.

(4) 확인대상표장 "미래메디팜 주식회사"의 사용자인 甲 주식회사가 등록상표 "메 디 팜"의 상표권자인 乙 주식회사를 상대로, 확인대상표장은 자신의 상호를 보통으로 사용하는 방법으로 표시하는 상표로서 상표법 제90조 제1항 제1호에 해당한다는 등의 이유로 소극적 권리범위확인심판을 청구한 사안에서, 등록상표표장은 甲 회사가 확인대상표장으로 상호를 변경할 당시 지정상품에 대하여 주지성을 얻을 정도에 이르지 못하였다고 하더라도 국내 의약품 관련 업계에서 乙 회사 상호 또는 상표로서 이미 널리 알려져 있었고,

甲 회사도 의약품 제조·판매업을 하는 자로서 이를 잘 알고 있었던 것으로 보이는 점, 그럼에도 甲 회사가 등록상표등록 이후에 등록상표표장이 포함된 '미래메디팜 주식회사'로 상호를 변경한 점, 등록상표와 확인대상표장은 조어로서 식별력이 있는 '메디팜' 부분만으로 호칭될 수 있어서 전체적으로 유사한 점 등을 종합할 때, 甲 회사가 등록상표 설정등록 후에 乙 회사의 신용 내지 명성을 이용하여 부당한 이익을 얻을 '부정경쟁의 목적'으로 확인대상표장을 사용하고 있다고 본 원심판단을 수긍한 사례이다.

논점의 정리

상고이유를 판단한다.

(1) 상품의 유사 여부의 점에 관하여

상품의 유사 여부는 대비되는 상품에 동일 또는 유사한 상표를 사용할 경우 동일 업체에 의하여 제조 또는 판매되는 상품으로 오인될 우려가 있는가 여부를 기준으로 하여 판단하되, 상품 자체의 속성인 품질, 형상, 용도와 생산 부문, 판매 부문, 수요자의 범위 등 거래의 실정을 종합적으로 고려하여 일반 거래의 통념에 따라 판단하여야 한다. 위 법리와 기록에 비추어 살펴보면, 이 사건 등록상표의 지정상품인 '감각기관용 약제, 대사성 약제' 등의 '완제의약품'과 확인대상표장의 사용상품인 '원료의약품(의약품 원재료)'은 사람이나 동물의 질병을 진단·치료·경감·처치 또는 예방할 목적으로 사용하는 의약품이라는 점에서 그 품질 및 용도에서 차이가 없고, 제약회사가 이를 함께 제조·판매하는 경우가 많아 생산자와 판매자가 상당 부분 일치하며, 의약품 도매상을 통하여 판매되는 등 유통경로가 겹치고, 병원 또는 약사가 수요자 또는 거래자가 되기도 하므로, 이 사건 등록상표의 지정상품과 확인대상표장의 사용상품은 그 품질과 용도, 생산 및 판매 부분, 거래자 및 수요자의 범위 등을 종합적으로 고려하면, 거래통념상 동일·유사한 표장을 위 상품들에 사용할 경우에 그 출처의 오인·혼동을 일으킬 염려가 있는 유사한 상품에 속한다고 할 것이다. 같은 취지의 원심의 판단은 정당하고, 거기에 상고이유의 주장과 같은 상품의 유사 여부에 관한 법리오해 등의 위법이 없다.

(2) 주지성과 부정경쟁의 목적 여부의 점에 관하여

상표법 제90조 제3항에 규정된 '부정경쟁의 목적'이란 등록된 상표권자의 신용을 이용하여 부당한 이익을 얻을 목적을 말하고 단지 등록된 상표라는 것을 알고 있었다는 사실만으로 그와 같은 목적이 있다고 보기에는 부족하며, 상표권 침해자 측의 상표 선정의 동기, 피침해상표를 알고 있었는지 여부 등 주관적 사정과 상표의 유사성과 피침해상표의 신용상태, 영업목적의 유사성 및 영업활동의 지역적 인접성, 상표권 침해자 측의 현실의 사용상태 등의 객관적 사정을 고려하여 판단하여야 한다. 그리고 위 단서 규정은 어떤 명칭이나 상호 등의 신용 내지 명성에 편승하려는 등의 목적으로 이를 모방한 명칭이나 상호 등을 표장으로 사용하는 것을 금지시키는 데 그 취지가 있으므로, 등록된 상표가 신용을 얻게 된 경위는 문제로 되지 않으며 그 지정상품에 대하여 주지성을 얻어야만 부정경쟁의 목적이 인정되는 것도 아니다.

위 법리와 기록에 비추어 살펴보면, 이 사건 등록상표의 표장인 "메디팜"은 피고가 확인대상표장인 "미래메디팜 주식회사"로 상호를 변경할 당시 그 지정상품에 대하여는 주지성을 얻을 정도에 이르지 못하였다고 하더라도 국내 의약품 관련 업계에서 원고의 상호 또는 상표로서는 이미 널리 알려져 있었고, 피고도 의약품의 제조·판매업을 하는 자로서 이를 잘 알고 있었던 것으로 보이는 점, 그럼에도 피고는 이 사건 등록상표의 등록 이후에 원래 사용하던 '동호약품 주식회사'에서 이 사건 등록상표의 표장이 포함된 '미래메디팜 주식회사'로 상호를 변경한 점, 이 사건 등록상표와 확인대상표장은 조어로서 식별력이 있는 '메디팜' 부분만으로 호칭될 수 있어서 전체적으로 서로 유사한 점, 원고와 피고는 의약품의 제조·판매업을 하는 자로서 그 영업에 상당한 관련성이 있는 점 등을 종합할 때, 피고는 이 사건 등록상표의 설정등록이 있은 후에 그 상표권자인 원고의 신용 내지 명성을 이용하여 부당한 이익을 얻을 부정경쟁의 목적으로 확인대상표장을 사용하고 있다고 봄이 상당하다. 같은 취지의 원심의 판단은 정당하고, 거기에 상고이유의 주장과 같은 등록상표의 주지성이나 상표법 제90조 제3항 소정의 부정경쟁의 목적 여부에 관한 법리오해 등의 위법이 없다.

09 거북이약품 사건 (92후1844)

판시사항

(1) 의약품도매업 및 그 부대사업이 상표법상 서비스에 해당하는지 여부

(2) 상호로 구성된 표장 "(주)거북이약품"을 단순히 상호적으로만 사용한 것이 아니라 상표적으로 사용한 것으로 본 사례

(3) 등록상표 "TORTOISE"의 지정상품과 위 (2)항 표장을 사용하여 거북표를 영위하는 서비스는 유사성 내지 동종성이 인정된다고 본 사례

(4) 상표법 제90조 제3항 소정의 "부정경쟁의 목적"이 인정되는 경우

판결요지

(1) 의약품도매업 및 그 부대사업은 의약품제조판매업과는 별도로 의약품의 유통, 판매전략 등에 관련된 독립된 서비스를 제공하는 서비스로 볼 것이므로 상표법상 상표를 사용할 수 있는 서비스에 해당한다.

(2) 상호로 구성된 표장 "(주)거북이약품"을 단순히 상호적으로만 사용한 것이 아니라 상표적으로 사용한 것으로 본 사례이다.

(3) 등록상표 "TORTOISE"의 지정상품과 위 (2)항 표장을 사용하여 영위하는 서비스는 유사성 내지 동종성이 인정된다고 본 사례이다.

(4) 상표법 제90조 제3항에서 규정한 "부정경쟁의 목적"이란 등록된 상표권자의 신용을 이용하여 부당한 이익을 얻을 목적을 말하며, 여기서의 "등록된 상표권자의 신용"은 반드시 등록된 상표가 동일성을 유지하면서 그대로 사용되어 국내에 널리 인식되었을 때에만 형성되는 것으로 보아야 할 것은 아니고, 상표등록이 등록상표의 미사용을 이유로 취소되지 않는 한 등록에 의한 상표권은 여전히 보장되어야 하므로 등록상표의 구성부분 중 일부의 사용이 등록상표의 부정사용에 해당하는 등 특단의 사유가 없는 한 일부의 사용으로써도 부정경쟁자와의 관계에 있어서는 등록상표 자체의 주지성이 획득되어 부정경쟁방지의 보호대상이 되는 것으로 보아야 하며, 그와 같이 부정경쟁방지의 보호

대상이 된 등록상표상 권리자의 신용을 이용하여 부당한 이득을 얻을 목적으로 자기의 상호 등에서 유래한 상표를 사용한 경우에는 부정경쟁의 목적으로 사용하는 것으로 인정하여야 한다.

논점의 정리 상고이유를 본다.

(1) 제2점에 대하여

① 기록에 비추어 살펴보면, 피청구인이 영위하는 의약품도매업 및 그 부대사업은 의약품제조판매업과는 별도로 의약품의 유통, 판매전략 등에 관련된 독립된 서비스를 제공하는 서비스로 볼 것이므로 상표법상 상표를 사용할 수 있는 서비스에 해당한다 하겠고, 또한 피청구인이 자신의 서비스를 영위함에 있어서 자기의 상호를 상거래 관행에 따라 사용한 것이더라도 자기의 상호로 구성된 이 사건 (가)호 표장 "(주)거북이약품"을 자신의 거래명세서, 거래장 등에 나타낸 이상 자신의 서비스와 타인의 서비스를 구별하기 위한 표장으로서 사용한 것이라 할 것이므로 피청구인은 (가)호 표장을 단순히 상호로서만 사용한 것이 아니라 상표적으로 사용한 것으로 보아야 할 것이다.

나아가 청구인이 등록한 이 사건 상표 "TORTOISE"(이하 "이 사건 등록상표"라고 한다)의 지정상품과 피청구인이 (가)호 표장을 사용하여 영위하는 서비스를 대비하여 보면, 이 사건 등록상표의 지정상품은 "중추신경계용 약제, 말초신경계용 약제, 순환기관용 약제, 소화기관용 약제, 비타민제, 자양강장변질제, 증류수, 접착제, 사향"이고, 피청구인의 서비스는 의약품도매업 및 그 부대사업인 바, 양자가 동일하지는 않다 하겠으나 의약품에 관련된 피청구인의 위 서비스는 그 대상 서비스가 청구인의 위 지정상품 등을 포함한 의약품에 관한 유통, 판매전략 등에 관련된 것들이므로 취급품목이 동종의 상품에 속하는 것으로서 밀접한 관련이 있다고 할 것이고, 오늘날 의약품의 제조업과 유통업 및 판매전략산업 등 서비스는 연관을 갖고 동일한 업자에 의하여 이루어지는 경우가 많으며, 또한 일반 수요자들도 그와 같이 생각하는 경향이 있는 점 등 거래사회의 실정 등을 고려하여 보면, 피청구인이 위 서비스 등을 영위함에 있어 (가)호 표장을 상표로서 사용하는 경우 일반 수요자로 하여금 위 서비스가 이 사건 등록상표권자의 영업인 것으로 오인·혼동시킬 우려가 있어 (가)호 표장을 사용하는 위 대상 서비스는 이 사건 등록상표의 지정상품과 유사성 내지 동종성이 인정된다고 하여야 할 것이다.

② 원심이 (가)호 표장을 사용하는 피청구인의 의약품판매업 및 그 부대사업을 상표법상 상표를 사용할 수 있는 서비스라 할 수 없다고 한 점은 잘못된 것이지만, (가)호 표장을 단순히 상호로서만 사용한 것이 아니라 상표적으로 사용한 것이고, 또한 (가)호 표장을 사용하는 대상이 상품이 되었든 혹은 서비스가 되었든 간에 이 사건 등록상표의 지정상품과의 사이에 유사성 내지 동종성이 인정된다고 판단한 결론은 정당하므로 여기에 소론이 지적하는 상호의 상표적 사용에 관한 법리나 지정상품과 대상 서비스 사이의 유사성 내지 동종성에 관한 법리를 오해한 위법이 있다고 할 수 없다. 논지는 이유 없다.

(2) 제1점에 대하여

① 상표법 제90조 제3항에서 규정한 "부정경쟁의 목적"이란 등록된 상표권자의 신용을 이용하여 부당한 이익을 얻을 목적을 말하는 것이며, 여기서의 "등록된 상표권자의 신용"은 반드시 등록된 상표가 동일성을 유지하면서 그대로 사용되어 국내에 널리 인식되었을 때에만 형성되는 것으로 보아야 할 것은 아니고, 상표등록이 등록상표의 미사용을 이유로 취소되지 않는 한 등록에 의한 상표권은 여전히 보장되어야 하는 것이므로 등록상표의 구성 부분 중 일부의 사용이 등록상표의 부정사용에 해당하는 등 특단의 사유가 없는 한 일부의 사용으로써도 부정경쟁자와의 관계에 있어서는 등록상표 자체의 주지성이 획득되어 부정경쟁방지의 보호대상이 되는 것으로 보아야 하며, 그와 같이 부정경쟁방지의 보호대상이 된 등록상표상 권리자의 신용을 이용하여 부당한 이득을 얻을 목적으로 자기의 상호 등에서 유래한 상표를 사용한 경우에는 상표법 제90조 제3항에서 규정한 부정경쟁의 목적으로 사용하는 것으로 인정하여야 할 것이다.

② 원심결의 이유에 의하면 원심은, (가)호 표장을 상표법 제90조 제1항 제1호[20]에서 규정한 바대로 피청구인이 자기의 상호를 상거래 관행에 따라 사용하는 상표로 표시한 표장에 해당한다 하더라도, 이 사건 등록상표는 피청구인이 1989. 1. 23. (가)호 표장에 대한 상호등기를 필하고 1989. 2. 13. 사업을 개시하기 훨씬 이전인 1983. 1. 11. 출원, 1984. 3. 24. 등록되었고, 실제 사용은 이보다 약 10년 전인 1973년부터 이었으며, 1979년부터 1988년까지의 제품 생산실적, 간행물을 통한 광고선전 실적 등에 비추어, 비록 청구인이 이 사건 등록상표를 등록된 그대로 사용하지 않고 등록상표 중 한글 부분인 "거북표"로만 사용하였다 하더라도, 실제 사용된 상표와 이 사건 등록상표는 관념이 동일한 것이어서 거래관념상 동일성의 범주에 속하는 것으로 봄이 상당하므로, 결국 이 사건 등록상표는 피청구인이 (가)호 표장을 상호로서 등기하여 사용하기 이전에 이미 업계에 널리 알려진 것이고, 따라서 피청구인의 (가)호 표장은 상표법 제90조 제3항에서 정하고 있는 바와 같이 상표권 설정등록이 있은 후에 부정경쟁의 목적으로 사용된 것이므로 이 사건 등록상표의 상표권의 효력은 (가)호 표장에 미친다 하여 (가)호 표장은 이 사건 등록상표의 권리범위에 속한다고 판단하였다.

③ 따라서 원심이 등록된 상표권자의 신용은 등록된 상표가 동일성을 유지하면서 그대로 사용되어 국내에 널리 인식되었을 때에만 형성되는 것임을 전제로, 영문자 "TORTOISE"와 한글 "거북표"로 구성된 결합상표인 이 사건 등록상표 중 한글로 된 "거북표" 부분만을 사용하였다고 하더라도 거래관념상 동일성을 유지하면서 사용된 것이라고 판단한 부분은 잘못이라 할 것이나, 등록상표 중 일부분인 한글 상표 부분만을 사용하였더라도 거래사회 관념상 부정경쟁방지의 보호대상인 등록된 상표권자의 신용은 형성된 것으로 보아야 할 것이므로, 피청구인이 이를 이용하여 부당한 이득을 얻을 목적으로 (가)호 표장을 사용한 이상, 상표법 제90조 제3항에서 규정한 부정경쟁의 목적으로 (가)호 표장을 사용한 경우에 해당한다 하여 이 사건 등록상표

---

20) 구 상표법 제26조 제1호[1990. 1. 13., 법률 제4210호로서 개정되기 전의 것]
자기의 성명·명칭 또는 상호·초상·서명·인장 또는 저명한 아호·예명·필명과 이들의 저명한 약칭을 보통으로 사용하는 방법으로 표시하는 상표.

의 상표권이 (가)호 표장에도 미친다고 한 원심판단의 결론 부분은 정당하고, 또한 기록에 비추어 보면 그 나머지 점에 관한 원심의 사실인정과 판단은 모두 정당한 것으로 수긍이 가므로, 여기에 소론과 같은 상표법 제90조 제3항에 관한 법리오해나 심리미진의 위법이 있다고 할 수 없다. 소론이 들고 있는 당원의 판례는 이 사건에 원용하기에 적절한 것이라고 할 수 없다. 논지도 이유 없다.

10 홍삼정 사건 (2013후3289)

판시사항

(1) 상표법 제90조 제1항 제2호의 '상품의 보통명칭을 보통으로 사용하는 방법으로 표시하는 상표'의 의미 / 같은 호의 '상품의 품질·효능·용도 등을 보통으로 사용하는 방법으로 표시하는 상표'에 해당하는지를 판단하는 기준

(2) 甲 주식회사가 乙 주식회사를 상대로 사용상품을 '홍삼정(홍삼을 원료로 하여 용매로써 추출하여 제조한 제품)'으로 하는 확인대상표장 " "이 지정상품을 '홍삼을 주원료로 하는 건강기능식품, 홍삼, 가공된 홍삼, 홍삼가공식품' 등으로 하는 등록상표 "**홍삼정 G.class**"의 권리범위에 속하지 않는다며 소극적 권리범위확인심판을 청구한 사안에서, 확인대상표장이 상표법 제90조 제1항 제2호의 상표에 해당하여 등록상표와의 동일·유사 여부를 대비할 필요도 없이 권리범위에 속하지 아니한다고 본 원심판단을 정당하다고 한 사례

논점의 정리

상고이유(상고이유서 제출기간이 지난 후에 제출된 상고이유보충서 기재는 상고이유를 보충하는 범위 내에서)를 판단한다.

(1) 상표법 제90조 제1항 제2호의 '상품의 보통명칭을 보통으로 사용하는 방법으로 표시하는 상표'는 그 동업자들만이 아니라 실제 거래상 일반 소비자들까지도 특정 상품의 보통명칭으로서 그와 같은 명칭을 보통의 방법으로 사용하고 있는 것을 말하고, 같은 호의 '상품의 품질·효능·용도 등을 보통으로 사용하는 방법으로 표시하는 상표'는 일반 수요자가 그 사용상품을 고려하였을 때 품질·효능·용도 등을 표시하고 있다고 직감할 수 있는 것으로서, 이에 해당하는지 여부는 그 상표가 지니고 있는 관념, 사용상품과의 관계 및 거래사회의 실정 등을 감안하여 객관적으로 판단하여야 한다. 그리고 이러한 상표가 도안화되어 있더라도 전체적으로 볼 때 그 도안화의 정도가 일반 수요자의 특별한 주의를 끌어 문자의 관념을 상쇄, 흡수하는 등으로 새로운 식별력을 가질 정도에는 이르지 못한다면 여전히 상표법 제90조 제1항 제2호에 규정된 위 각 상표에 해당한다고 보아야 한다.

(2) 원심판결 이유에 의하면, 사용상품을 '홍삼정(홍삼을 원료로 하여 용매로써 추출하여 제조한 제품)'으로 하는 확인대상표장은 오른쪽과 같이 검은색 바탕의 사각형 도형 안에 흰색의 문자가 기재된 형태로 되어 있는 표장으로서, 구체적으로 보면 '홍삼정 G'라는 문자가 붓글씨체로 세로 방향으

로 기재되어 있고, 맨 아래쪽에 그에 비하여 현저히 작은 크기로 '프리미엄'이라는 문자와 알파벳 G의 한글음역에 대괄호를 씌운 '[지]'라는 문자가 위 'G' 문자의 왼쪽과 오른쪽에 각각 기재되어 있는 표장임을 알 수 있다.

그런데 기록에 비추어 살펴보면, '홍삼정'은 사용상품의 보통명칭에 해당하고, '프리미엄'은 '아주 높은, 고급의' 등의 뜻을 가지는 영어 단어의 한글음역으로서 일반 수요자가 사용상품의 품질·효능·용도 등을 표시하고 있다고 직감할 수 있는 기술적 표장에 해당하며, 여기에 알파벳 한 글자에 불과한 간단하고 흔한 표장으로서 별다른 식별력이 없는 'G'와 그 한글음역으로 인식되는 '[지]'를 부가한 것만으로는 새로운 식별력이 생기지 아니하고, 나아가 확인대상표장의 전체적인 구성이나 문자의 서체 등도 일반인의 특별한 주의를 끌어 문자 부분의 관념을 상쇄, 흡수하는 등으로 새로운 식별력을 가질 정도로 도안화되었다고 할 수가 없다.

따라서 확인대상표장은 상표법 제90조 제1항 제2호에 규정된 상표에 해당하여, 지정상품을 '홍삼을 주원료로 하는 건강기능식품, 홍삼, 가공된 홍삼, 홍삼가공식품' 등으로 하는 이 사건 등록상표 '**홍삼정 G.class**'와의 동일·유사 여부를 대비할 필요도 없이 그 권리범위에 속하지 아니한다.

같은 취지의 원심판단은 정당하고, 거기에 상고이유 주장과 같이 상표법 제90조 제1항 제2호에 관한 법리를 오해한 위법이 없다.

11 참맑은 사건 (2009후3572)

판시사항

(1) 상표법 제90조 제1항 제2호의 '상품의 품질·효능·용도 등을 보통으로 사용하는 방법으로 표시하는 상표' 해당 여부의 판단 기준

(2) 확인대상표장 "📷"은 상표법 제90조 제1항 제2호의 '사용상품의 품질 등을 보통으로 사용하는 방법으로 표시하는 상표'에 해당하므로, 등록상표 "📷"와의 동일·유사 여부를 대비할 필요 없이 그 권리범위에 속하지 아니한다고 한 사례

판결요지

(1) 상표법 제90조 제1항 제2호의 '상품의 품질·효능·용도 등을 보통으로 사용하는 방법으로 표시하는 상표'에 해당하는지는 상표가 지니고 있는 관념, 사용상품과의 관계 및 거래사회의 실정 등을 감안하여 객관적으로 판단하여야 하고, 상표가 도안화되어 있더라도 전체적으로 볼 때 그 도안화의 정도가 일반인의 특별한 주의를 끌어 문자의 기술적 또는 설명적인 의미를 직감할 수 없는 등 새로운 식별력을 가질 정도에 이르지 못하여 일반 수요자나 거래자들이 사용상품을 고려하였을 때 품질·효능·용도 등을 표시하고 있는 것으로 직감할 수 있으면 상표법 제90조 제1항 제2호의 상표에 해당한다.

(2) 확인대상표장 "📷"은 우리나라의 국어교육 수준을 참작할 때 '춤'은 '참'의 고어로 일반인들에게 어렵지 않게 인식될 것으로 보이고, 전체적으로 볼 때 위와 같은 도안화의

정도만으로는 일반인의 특별한 주의를 끌어 문자의 기술적 또는 설명적인 의미를 직감할 수 없는 등 새로운 식별력을 가질 정도에 이르렀다고 할 수는 없으므로 일반 수요자나 거래자들에게 '참 맑은'이라는 문자로서 인식된다고 할 것이고, '참 맑은'은 확인대상표장의 사용상품인 '녹차(캔음료), 우롱차(캔음료), 둥글레차(캔음료), 홍차(캔음료), 옥수수수염차(캔음료), 배 및 복숭아 과실음료(캔음료), 식혜(캔음료)' 등에 사용될 경우에 일반 수요자나 거래자들에게 '매우 깨끗한, 잡스럽거나 더러운 것이 전혀 섞이지 않은'과 같이 사용상품의 품질 등을 나타내는 의미로 직감될 것으로 보이므로 위 확인대상표장은 상표법 제90조 제1항 제2호의 상표에 해당하여 지정상품을 '과일주스, 비알콜성 음료, 유장(乳漿)음료' 등으로 하는 등록상표 "솔"와의 동일·유사 여부를 대비할 필요도 없이 그 권리범위에 속하지 아니한다고 한 사례이다.

논점의 정리 상고이유에 대하여 판단한다.

(1) 상표법 제90조 제1항 제2호의 '상품의 품질·효능·용도 등을 보통으로 사용하는 방법으로 표시하는 상표'에 해당하는지 여부는 그 상표가 지니고 있는 관념, 사용상품과의 관계 및 거래사회의 실정 등을 감안하여 객관적으로 판단하여야 하는 바, 상표가 도안화되어 있더라도 전체적으로 볼 때 그 도안화의 정도가 일반인의 특별한 주의를 끌어 문자의 기술적 또는 설명적인 의미를 직감할 수 없는 등 새로운 식별력을 가질 정도에는 이르지 못하여 일반 수요자나 거래자들이 사용상품을 고려하였을 때 품질·효능·용도 등을 표시하고 있는 것으로 직감할 수 있으면 위 제90조 제1항 제2호의 상표에 해당한다.

(2) 위 법리와 기록에 비추어 살펴본다.

확인대상표장 "참맑은"은 오돌토돌한 형태의 네모난 테두리 안에, '참'이라는 문자를 큰 글씨체로 하여 왼쪽에, '맑은'이라는 문자를 작은 글씨체로 하여 오른쪽에 세로로 각 배치하고, 이들 도형 및 문자를 모두 붉은 색으로 하여 구성한 표장이다. 그런데 우리나라의 국어교육 수준을 참작할 때 '참'은 '참'의 고어로 일반인들에게 어렵지 않게 인식될 것으로 보이고, 전체적으로 볼 때 위와 같은 도안화의 정도만으로는 일반인의 특별한 주의를 끌어 문자의 기술적 또는 설명적인 의미를 직감할 수 없는 등 새로운 식별력을 가질 정도에 이르렀다고 할 수는 없으므로, 확인대상표장은 일반 수요자나 거래자들에게 '참 맑은'이라는 문자로서 인식된다고 할 것이고, 확인대상표장의 실제 사용태양을 고려하더라도 이와 달리 볼 수 없다. 그리고 '참 맑은'은 확인대상표장의 사용상품인 "녹차(캔음료), 우롱차(캔음료), 둥글레차(캔음료), 홍차(캔음료), 옥수수수염차(캔음료), 배 및 복숭아 과실음료(캔음료), 식혜(캔음료)" 등에 사용될 경우에 일반 수요자나 거래자들에게 '매우 깨끗한, 잡스럽거나 더러운 것이 전혀 섞이지 않은'과 같이 사용상품의 품질 등을 나타내는 의미로 직감될 것으로 보인다.

따라서 확인대상표장은 사용상품의 품질 등을 보통으로 사용하는 방법으로 표시하는 상표법 제90조 제1항 제2호 소정의 상표에 해당하므로, 지정상품을 "과일주스, 비알콜성 음료, 유장(乳漿)음료" 등으로 하는 이 사건 등록상표 "솔"와의 동일·유사 여부를 대비할 필요도 없이 그 권리범위에 속하지 아니한다.

같은 취지의 원심판단은 정당한 것으로 수긍이 가고, 거기에 상고이유로 주장하는 바와 같은 상표법 제90조 제1항 제2호에 관한 법리오해 등의 위법이 없다.

12 INTARSIA 사건 (2006후1131)

판시사항

확인대상표장 "▨"의 전체적인 구성을 고려하여 'INTARSIA' 부분이 양말의 품질 등을 가리키는 기술적 표장이라고 한 사례

논점의 정리

상고이유(기간이 지난 후에 제출된 보충이유는 이를 보충하는 범위에서)를 본다.

기록에 비추어 살펴보면, '▨'와 같이 이루어져 있는 원심 판시 확인대상표장의 'INTARSIA' 부분을 보고 수요자가 양말에 나타나 있는 기하학적 무늬, 패턴 및 문양 등의 의미를 직감한다고 보기는 어려우나, 확인대상표장의 전체적인 구성을 보면 맨 아래쪽에 굵은 글씨로 뚜렷하게 기재된 'BASIC ELLE' 부분이 표장으로 인식되고, 'INTARSIA' 부분은 위 'BASIC ELLE' 부분과 구분되어 양말의 수요자를 나타내는 '신사', 양말이 발목 부분 아래까지만 편성되었음을 나타내는 'SNEAKERS', 양말의 원자재를 나타내는 '이태리 고급기종사용' 등의 양말의 품질 등을 나타내는 문구와 함께 사용되어 있어서 수요자가 'INTARSIA' 부분의 구체적인 의미를 직감하지는 못한다고 하더라도 그 사용태양에 비추어 이 부분이 양말의 품질 등을 가리키는 것으로 사용되었음을 직감할 수는 있다. 한편, 권리범위확인심판은 심판청구인이 표장과 사용상품을 특정하여 대상물로 정한 확인대상표장에 등록상표의 효력이 미치는지 여부를 확정하는 것이어서 확인대상표장을 실제로 사용한 제품이 무엇인가는 고려할 바가 아니다.

따라서 확인대상표장의 'INTARSIA' 부분은 양말의 품질 등을 가리키는 기술적 표장이어서, 확인대상표장이 이 사건 등록상표와 동일한 'INTARSIA' 부분을 가지고 있다고 하더라도 이 사건 등록상표의 권리범위에 속하지 않는다고 본 원심은 정당하고, 거기에 상고이유에서 주장하는 바와 같은 기술적 표장 여부 판단에 관한 법리오해, 이유모순, 심리미진 및 판단누락 등의 위법이 없다.

코리아리서치센터 사건 (98후1518)

판시사항

(1) 등록상표와 동일·유사한 다른 상표가 상표법 제90조 제1항 제4호[21]에 해당하는 경우, 등록상표의 효력이 그 유사 상표에 미치는지 여부(소극)

(2) 현저한 지리적 명칭 등이 식별력이 없는 관용표장이나 업종 표시 또는 기술적(記述的) 표장 등과 결합되어 있는 경우, 상표법 제90조 제1항 제4호의 적용이 배제되는지 여부 (한정 소극)

(3) 등록된 상표와 유사한 상표가 현저한 지리적 명칭과 관용표장을 보통으로 사용하는 방법과 달리 도안되거나 다른 문자 또는 도형과 결합된 경우, 그 유사상표에 대하여 등록 상표의 효력이 미치는지 여부(한정 소극)

(4) 등록상표 "(주)코리아리서치 KOREA RESEARCH CO., LTD"의 효력이 (가)호 상표 "코리아리서치센터 Korea Research Center Ltd. + KRC"에 미치는지 여부(소극)

판결요지

(1) 상표법 제90조 제1항 제4호에서 등록상표의 지정상품과 동일·유사한 상품에 대하여 관용하는 상표와 현저한 지리적 명칭 등으로 된 상표에 대하여는 등록상표권의 효력이 미치지 아니한다고 규정한 취지는, 특별현저성 내지 식별력이 없는 관용표장이나 현저한 지리적 명칭 등으로 된 표장은 일반의 자유로운 사용을 보장하고자 하는 것으로서 상표 부등록 사유에 관한 규정인 같은 법 제33조 제1항 제2호, 제4호[22]와 그 입법 취지가 일맥상통한다 할 것이나, 같은 법 제90조는 상표권의 효력의 범위가 제한될 등록상표의 요건에 관한 규정이 아니라 등록상표권의 금지적 효력을 받지 않고 자유로이 사용할 수 있는 유사상표의 요건에 관한 규정이라 할 것이고, 등록상표와 동일·유사한 다른 상표가 같은 법 제90조 제1항 제4호에 해당하는 경우에는 등록상표의 등록 경위나 등록 무효사유의 존부 또는 무효심결의 확정 여부에 관계없이 등록상표의 효력이 그 유사 상표에 미치지 아니한다.

(2) 상표법 제90조 제1항 제4호의 규정은 현저한 지리적 명칭, 그 약어 또는 지도만으로 된 표장 또는 관용표장만으로 된 표장에만 적용되는 것이 아니고, 현저한 지리적 명칭 등이 식별력 없는 관용표장이나 업종 표시 또는 기술적(記述的) 표장 등과 결합되어 있는 경우라 하더라도 그 결합에 의하여 표장을 구성하고 있는 단어가 본래의 현저한 지리적 명칭이나 관용표장이나 업종 표시 또는 기술적 의미를 떠나 새로운 관념을 낳는다거나 전혀 새로운 조어가 된 경우가 아니면, 지리적 명칭 등과 관용표장 등이 결합된 표장이라는 사정만으로 새로운 식별력이 부여된다고 볼 수 없어 같은 법 제90조 제1항 제4호의 규정의 적용이 배제된다고 볼 수 없다.

---

21) 구 상표법 제26조 제3호(이하 이 사건에서 같다)[1990. 1. 13., 법률 제4210호로 개정되기 전의 것]
22) 구 상표법 제8조 제1항 제2호, 제4호(이하 이 사건에서 같다)[시행기준 1990. 1. 13., 법률 제4210호로 개정되기 전의 것]

(3) 상표법 제90조 제1항 제4호에서는 같은 법 제90조 제1항 제1호, 제2호[23]와는 달리 관용표장이나 현저한 지리적 명칭 등이 보통으로 사용하는 방법으로 표시된 표장으로 한정하지 아니하고 있으므로, 등록상표와 유사한 상표가 현저한 지리적 명칭과 관용표장을 보통으로 사용하는 방법과 달리 도안되거나 다른 문자 또는 도형과 결합된 것이라 하더라도, 그 도안된 부분이나 추가적으로 결합된 문자나 도형 부분이 특히 일반의 주의를 끌만한 것이 아니어서 전체적, 객관적, 종합적으로 보아 지리적 명칭이나 관용표장 또는 그 결합표장에 흡수되어 불가분의 일체를 구성하고 있다면, 그 유사상표는 상표법 제90조 제1항 제4호에서 정한 상표에 해당한다 할 것이므로 이에 대하여는 등록상표의 효력이 미치지 아니한다.

(4) (가)호 상표 "코리아리서치센터 Korea Research Center Ltd. + KRC"는 등록상표인 "(주)코리아리서치 KOREA RESEARCH CO., LTD"와 호칭 및 관념이 유사한 상표이긴 하나, (가)호 상표의 구성 중 '코리아' 내지 'KOREA'는 현저한 지리적 명칭에 해당하고, '리서치' 내지 'RESEARCH'는 등록상표의 지정서비스인 시장조사위탁업이나 시장조사업 등 당 업계에서 관용하는 표장에 불과하며, 일반적인 회사 상호나 상표에 널리 관용되는 표장에 불과한 '센터' 내지 'CENTER', 주식회사의 영문 약자 표기인 'Ltd' 부분은 식별력이 없고, 다소 도안된 'KRC'라는 문자와 그 주위의 사각형이 결합되어 있으나, 'KRC'는 식별력이 없는 'Korea Research Center'와 함께 사용되는 한 그 약자임을 쉽게 알 수 있어 식별력이 있다 할 수 없고, 주의의 사각형의 도형과 결합되어 있으나 일반의 주위를 끌만한 특수한 도안이나 태양으로 표시되어 있지 아니하므로, (가)호 상표는 전체적, 객관적, 종합적으로 보아 외관에 있어 현저한 지리적 명칭인 '코리아' 내지 'KOREA'와 등록상표의 지정서비스와 동일·유사한 서비스에 대하여 관용하는 표장인 '리서치' 내지 'Research'가 결합된 상표에 불과하다 할 것이고, 그 결합에 의하여 '코리아(KOREA)' 및 '리서치(Research)'란 단어가 본래의 의미를 떠나 새로운 관념을 낳는다거나 전혀 새로운 조어가 된 경우라고 할 수 없으므로, (가)호 상표는 상표법 제90조 제1항 제4호의 등록상표의 지정서비스와 동일·유사한 서비스에 대하여 관용하는 표장과 현저한 지리적 명칭으로 된 상표에 해당하여 등록상표의 효력은 (가)호 표장에 미치지 아니한다.

논점의 정리

상고이유를 본다.

(1) 상표법 제90조 제1항 제4호에서 등록상표의 지정상품과 동일·유사한 상품에 대하여 관용하는 상표와 현저한 지리적 명칭 등으로 된 상표에 대하여는 등록상표권의 효력이 미치지 아니한다고 규정한 취지는, 특별현저성 내지 식별력이 없는 관용표장이나 현저한 지리적 명칭 등으로 된 표장은 일반의 자유로운 사용을 보장하고자 하는 것으로서 상표 부등록 사유에 관한 규정인 상표법 제33조 제1항 제2호, 제4호[24]와 그 입법 취지가 일맥상통한다 할 것이나, 상표법 제90조는 상표권의 효력의 범위가 제한될 등록상표

---

23) 구 상표법 제26조 제1호, 제2호(이하 이 사건에서 같다)[시행기준 1990. 1. 13., 법률 제4210호로 개정되기 전의 것]

24) 구 상표법 제8조 제1항 제2호, 제4호(이하 이 사건에서 같다)[시행기준 1990. 1. 13., 법률 제4210호로 개정되기 전의 것]

의 요건에 관한 규정이 아니라 등록상표권의 금지적 효력을 받지 않고 자유로이 사용할 수 있는 유사 상표의 요건에 관한 규정이라 할 것이고, 등록상표와 동일·유사한 다른 상표가 상표법 제90조 제1항 제4호에 해당하는 경우에는 등록상표의 등록 경위나 등록 무효사유의 존부 또는 무효심결의 확정 여부에 관계없이 등록상표의 효력이 그 유사 상표에 미치지 아니한다 할 것이다.

그러므로 이 사건 등록상표의 논지가 지적하는 특허청의 상표심사기준에 따라 등록되었다거나 대법원이 이 사건 등록상표에 대한 등록무효심판청구사건에 관한 판결에서 그 등록을 무효라 할 수 없다는 판시를 한 바 있다는 사정 등은 이 사건 (가)호 표장에 대하여 등록상표권의 효력이 미치는지 여부에 관한 판단에서 고려할 사항이 아니므로, 이에 관한 상고이유의 각 주장은 더 나아가 살펴볼 필요 없이 이유 없다(더구나 논지가 내세운 대법원의 1991. 12. 10. 선고 91후318 판결의 취지는 이 사건 등록상표는 피고의 기본상표인 "한국리서치 HANKOOK RESEARCH"의 연합상표로 등록된 것으로서 비록 피고의 상호와 호칭이 다르다 하더라도 그것만으로 곧 이 사건 등록상표가 공공의 질서를 문란하게 하고, 출처의 오인·혼동을 초래하여 수요자를 기만할 우려가 있다고 할 수 없고, 그 등록무효를 주장하려면 이 사건 등록상표와 유사한 선등록상표나 주지·저명한 상표 등을 증거로 제출하여야 한다는 것일 뿐 이 사건 등록상표의 특별현저성의 존부 내지 이 사건 (가)호 표장에 관한 사용금지적 효력의 존부에 관하여 판단한 것이 아니므로 이 사건에 원용하기에 적절하지 아니하다). 논지는 이유가 없다.

(2) ① 어느 표장이 특별현저성이 있는지 여부를 판단하려면 그 표장을 구성하고 있는 각 구성 부분을 하나하나 떼어서 볼 것이 아니라 그 구성 부분 전체를 하나로 보아 판단하여야 하고 출원표장이 현저한 지리적 명칭 그 자체가 아닌 이상 칭호, 외관 및 관념 등을 종합하여 특별현저성이 있는지 여부를 가려야 함은 논지가 지적한 바와 같으나, 상표법 제90조 제1항 제4호의 규정은 현저한 지리적 명칭, 그 약어 또는 지도만으로 된 표장 또는 관용표장만으로 된 표장에만 적용되는 것이 아니고, 현저한 지리적 명칭 등이 식별력 없는 관용표장이나 업종 표시 또는 기술적(記述的) 표장 등과 결합되어 있는 경우라 하더라도 그 결합에 의하여 표장을 구성하고 있는 단어가 본래의 현저한 지리적 명칭이나 관용표장이나 업종 표시 또는 기술적 의미를 떠나 새로운 관념을 낳는다거나 전혀 새로운 조어가 된 경우가 아니면, 지리적 명칭 등과 관용표장 등이 결합된 표장이라는 사정만으로 새로운 식별력이 부여된다고 볼 수 없어 상표법 제90조 제1항 제4호의 규정의 적용이 배제된다고 볼 수 없고, 또한 상표법 제90조 제1항 제4호에서는 제90조 제1항 제1호, 제2호와는 달리 관용표장이나 현저한 지리적 명칭 등이 보통으로 사용하는 방법으로 표시된 표장으로 한정하지 아니하고 있으므로, 등록상표와 유사한 상표가 현저한 지리적 명칭과 관용표장을 보통으로 사용하는 방법과 달리 도안되거나 다른 문자 또는 도형과 결합된 것이라 하더라도, 그 도안된 부분이나 추가적으로 결합된 문자나 도형 부분이 특히 일반의 주의를 끌만한 것이 아니어서 전체적, 객관적, 종합적으로 보아 지리적 명칭이나 관용표장 또는 그 결합표장에 흡수되어 불가분의 일체를 구성하고 있다면, 그 유사 상표는 상표법 제90조 제1항 제4호에서 정한 상표에 해당한다 할 것이므로 이에 대하여는 등록상표의 효력이 미치지 아니한다 할 것이다.

② 원심은, 이 사건 (가)호 상표 ""는 이 사건 등록상표인 "(주) 코리아리서치 KOREA RESEARCH CO., LTD"와 호칭 및 관념이 유사한 상표이긴 하나, (가)호 상표의 구성 중 '코리아' 내지 'KOREA'는 현저한 지리적 명칭에 해당하고, '리서치' 내지 'RESEARCH'는 등록상표의 지정서비스인 시장조사위탁업이나 시장조사업 등 당 업계에서 관용하는 표장에 불과하며, 일반적인 회사 상호나 상표에 널리 관용되는 표장에 불과한 '센터' 내지 'CENTER', 주식회사의 영문 약자 표기인 'Ltd' 부분은 식별력이 없고, 다소 도안된 'KRC'라는 문자와 그 주위의 사각형이 결합되어 있으나, 'KRC'는 식별력이 없는 'Korea Research Center'와 함께 사용되는 한 그 약자임을 쉽게 알 수 있어 식별력이 있다 할 수 없고, 주의의 사각형의 도형과 결합되어 있으나 일반의 주의를 끌만한 특수한 도안이나 태양으로 표시되어 있지 아니하므로, (가)호 상표는 전체적, 객관적, 종합적으로 보아 외관에 있어 현저한 지리적 명칭인 '코리아' 내지 'KOREA'와 등록상표의 지정서비스와 동일·유사한 서비스에 대하여 관용하는 표장인 '리서치' 내지 'Research'가 결합된 상표에 불과하다 할 것이고, 그 결합에 의하여 '코리아(KOREA)' 및 '리서치(Research)'란 단어가 본래의 의미를 떠나 새로운 관념을 낳는다거나 전혀 새로운 조어가 된 경우라고 할 수 없으므로, (가)호 상표는 상표법 제90조 제1항 제4호의 등록상표의 지정서비스와 동일·유사한 서비스에 대하여 관용하는 표장과 현저한 지리적 명칭으로 된 상표에 해당한다 하여 등록상표의 효력은 (가)호 표장에 미치지 아니한다고 판단하였는 바, 기록과 앞서 본 법리에 비추어 원심의 위와 같은 인정과 판단은 정당하다 할 것이고, 거기에 논하는 바와 같이 상표법 제90조 제1항 제4호의 적용범위나 상표권의 효력이 미치지 아니하는 범위에 관한 법리오해 등의 위법이 있다고 볼 수 없다. 논지도 이유가 없다.

14 매직블럭 사건 (2013후2446)

(1) 상표권의 권리범위확인심판청구에서 확인대상표장이 둘 이상의 문자·도형 등의 조합으로 이루어진 결합표장인 경우, 확인대상표장이 등록상표의 권리범위에 속하는지 판단하는 기준 및 상표법 제90조 제1항 제4호에서 정한 '상품에 대하여 관용하는 상표'의 의미와 상표권의 권리범위확인심판에서 확인대상표장의 전체 또는 일부가 이에 해당하는지 판단하는 기준 시점(심결 시)

(2) 확인대상표장 ""이 등록상표 "매직블럭"의 권리범위에 속하는지가 문제된 사안에서, 확인대상표장 중 '매직블럭' 부분은 상표법 제90조 제1항 제4호의 관용표장에 해당하므로, 확인대상표장은 등록상표의 권리범위에 속하지 아니한다고 본 원심판단을 수긍한 사례

(1) 상표권의 권리범위확인심판청구에서 심판청구인이 심판의 대상으로 삼은 확인대상표장이 둘 이상의 문자·도형 등의 조합으로 이루어진 결합표장인 경우, 그 전체뿐만 아니라 그중 분리 인식될 수 있는 일부만이 상표법 제90조 제1항 각 호에 해당하더라도 거기에 상표권의 효력은 미치지 아니하는 것이고, 이처럼 상표권의 효력이 미치지 아니하는 부분이 확인대상표장에 포함되어 있다면 확인대상표장 중 그 부분을 제외한 나머지 부분에 의하여 등록상표와 사이에 상품 출처에 관하여 오인·혼동을 일으키게 할 염려가 있는지를 기준으로 하여 확인대상표장이 등록상표의 권리범위에 속하는지 여부를 판단해야 한다. 그리고 상표법 제90조 제1항 제4호가 규정하고 있는 '상품에 대하여 관용하는 상표'라고 함은 특정 종류의 상품을 취급하는 거래사회에서 그 상품의 명칭 등으로 일반적으로 사용한 결과 누구의 업무에 관련된 상품을 표시하는 것이 아니라 그 상품 자체를 가리키는 것으로 인식되는 표장을 말하는 것으로서, 상표권의 권리범위확인심판에서 확인대상표장의 전체 또는 일부가 이에 해당하는지 여부의 판단 시점은 심결 시라고 보아야 한다.

(2) 甲이 특허심판원에 확인대상표장 "매직블럭 매직폼"이 등록상표 "매직블럭"의 권리범위에 속한다는 적극적 권리범위확인심판을 청구하였고 특허심판원이 이를 받아들이는 심결을 한 사안에서, 확인대상표장 중 '매직블럭' 부분은 심결 당시 사용상품인 '세척용 스펀지'에 관하여 상표법 제90조 제1항 제4호에 규정된 관용표장에 해당하므로, '기름때를 제거하는 연마스펀지[멜라민 레진 폼(Melamin Resin Foam)으로 만들어진 것]' 등을 지정상품으로 하는 등록상표에 관한 상표권의 효력이 미치지 아니하여, 확인대상표장은 등록상표의 권리범위에 속하지 아니한다고 본 원심판단을 수긍한 사례이다.

상고이유(상고이유서 제출기간이 지난 후에 제출된 상고이유보충서는 상고이유를 보충하는 범위 내에서)를 판단한다.

(1) 상표권의 권리범위확인심판청구에서 심판청구인이 심판의 대상으로 삼은 확인대상표장이 둘 이상의 문자·도형 등의 조합으로 이루어진 결합표장인 경우, 그 전체뿐만 아니라 그중 분리 인식될 수 있는 일부만이 상표법 제90조 제1항 각 호에 해당하더라도 거기에 상표권의 효력은 미치지 아니하는 것이고, 이처럼 상표권의 효력이 미치지 아니하는 부분이 확인대상표장에 포함되어 있다면 확인대상표장 중 그 부분을 제외한 나머지 부분에 의하여 등록상표와 사이에 상품 출처에 관하여 오인·혼동을 일으키게 할 염려가 있는지를 기준으로 하여 확인대상표장이 등록상표의 권리범위에 속하는지 여부를 판단해야 한다. 그리고 상표법 제90조 제1항 제4호가 규정하고 있는 '상품에 대하여 관용하는 상표'라고 함은 특정 종류의 상품을 취급하는 거래사회에서 그 상품의 명칭 등으로 일반적으로 사용한 결과 누구의 업무에 관련된 상품을 표시하는 것이 아니라 그 상품 자체를 가리키는 것으로 인식되는 표장을 말하는 것으로서, 상표권의 권리범위확인심판에서 확인대상표장의 전체 또는 일부가 이에 해당하는지 여부의 판단 시점은 심결 시라고 보아야 한다.

(2) 원심은, ① '매직블럭'이 장기간 동안 다수의 인터넷 쇼핑사이트에서 '청소용(세척용) 스펀지'를 지칭하는 명칭으로 사용되어 왔고, ② 피고도 '매직블럭'을 품목 명칭으로

하여 품질보증지정서를 교부받았으며, ③ 일반 수요자들이 '청소용(세척용) 스펀지'를 '매직블럭'이라고 지칭한 다수의 인터넷 게시물이 존재하는 사정 등에 비추어 보면, 확인대상표장 ' 매직블럭 매직품 ' 중 ' 매직블럭 ' 부분은 이 사건 심결 당시 그 사용상품인 '세척용 스펀지'에 관하여 상표법 제90조 제1항 제4호에 규정된 관용표장에 해당하게 되었다고 할 것이므로, 이 부분에는 '기름때를 제거하는 연마스펀지[멜라민 레진 폼(Melamin Resin Foam)으로 만들어진 것]' 등을 지정상품으로 하고 '매직블럭'으로 구성된 이 사건 등록상표에 관한 상표권의 효력이 미치지 아니하고, 따라서 확인대상표장은 이 사건 등록상표의 권리범위에 속하지 아니한다고 판단하였다.

원심판결 이유를 위 법리 및 적법하게 채택된 증거들에 비추어 살펴보면, 위와 같은 원심의 판단에 상고이유 주장과 같이 관용표장에 관한 법리를 오해하거나 필요한 심리를 다하지 아니하여 판결에 영향을 미친 위법이 있다고 할 수 없다.

15 진한 커피 사건 (2005다67223)

판시사항

(1) 음반의 제명(題名)이 자타상품의 식별 표지로서 인정되는 경우

(2) 자타상품의 식별 표지로서 기능하는 음반의 제명(題名)에 화체된 업무상의 신용이나 고객흡인력의 귀속 주체(음반의 제작·판매자)

(3) 등록상표권자의 상표권의 행사가 권리남용에 해당하기 위한 요건

(4) 시리즈 편집음반의 " BLACK COFFEE 진한커피 "라는 제명이 거래자나 일반 수요자 사이에 특정인의 상품을 표시하는 식별 표지로서 인식되고 있고, 그 제명에 음반제작·판매자의 신용과 고객흡인력이 화체되어 있다고 본 사례

(5) 시리즈 편집음반의 " BLACK COFFEE 진한커피 "라는 제명이 자타상품의 식별 표지로서 기능하고 있음에도 불구하고 " BLACK COFFEE 진한커피 "와 같이 구성된 등록상표를 출원·등록하여 위 제명의 선사용자의 음반 제작·판매 금지를 구하는 것은 등록상표에 관한 권리를 남용하는 것으로서 허용될 수 없다고 본 사례

판결요지

(1) 음반의 제명(題名)은 특별한 사정이 없는 한 그 음반에 수록된 해당 저작물의 창작물로서의 명칭 내지는 그 내용을 함축적으로 나타내는 것이어서 상품의 출처를 표시하는 기능을 하기 어려운 경우가 대부분이나, 음반은 일반 유체물과 마찬가지로 독립된 거래의 대상이 되는 '상품'이므로, 음반의 종류 및 성격, 음반의 제명이 저작물의 내용 등을 직접적으로 표시하는지 여부 및 실제 사용 태양, 동일 제명이 사용된 후속 시리즈 음반의 출시 여부, 광고·판매 실적 및 기간 등 구체적·개별적 사정 여하에 따라 음반의 제명이 일반 수요자에게 상품의 출처를 표시하고 자기의 업무에 관계된 상품과 타인의 업무에 관계된 상품을 구별하는 표지로서 인식되는 때에는, 그 음반의 제명은 단순히 창작물의 내용을 표시하는 명칭에 머무르지 않고 자타상품의 식별 표지로서 기능한다.

(2) 자타상품의 식별 표지로서 기능하는 음반의 제명에 화체된 업무상의 신용이나 고객흡인력 등은 음반의 제작·판매자가 투여한 자본과 노력 등에 의하여 획득되는 것이므로, 이러한 무형의 가치는 특별한 사정이 없는 한 음반에 수록된 저작물의 저작자가 아니라 음반의 제작·판매자에게 귀속된다.

(3) 상표권자가 당해 상표를 출원·등록하게 된 목적과 경위, 상표권을 행사하기에 이른 구체적·개별적 사정 등에 비추어, 상대방에 대한 상표권의 행사가 상표사용자의 업무상의 신용유지와 수요자의 이익보호를 목적으로 하는 상표제도의 목적이나 기능을 일탈하여 공정한 경쟁질서와 상거래 질서를 어지럽히고 수요자 사이에 혼동을 초래하거나 상대방에 대한 관계에서 신의성실의 원칙에 위배되는 등 법적으로 보호받을 만한 가치가 없다고 인정되는 경우에는, 그 상표권의 행사는 비록 권리행사의 외형을 갖추었다 하더라도 등록상표에 관한 권리를 남용하는 것으로서 허용될 수 없고, 상표권의 행사를 제한하는 위와 같은 근거에 비추어 볼 때 상표권 행사의 목적이 오직 상대방에게 고통을 주고 손해를 입히려는 데 있을 뿐 이를 행사하는 사람에게는 아무런 이익이 없어야 한다는 주관적 요건을 반드시 필요로 하는 것은 아니다.

(4) 기존의 국내 가요들 중에서 일부를 선곡하여 수록한 진한커피 시리즈 편집음반은 특정 저작자의 창작물이라기보다는 그 음반 제작·판매자의 기획 상품이라는 성격이 짙고, 각 편집음반의 전면 상단에 일정한 도형과 색채를 가미하고 영문자를 부기하여 동일한 형태로 계속 사용된 "BLACK COFFEE 진한커피"라는 제명 역시 각 편집음반의 내용 등을 직접적으로 표시하는 것이 아니며, 위 진한커피 시리즈 편집음반의 판매기간 및 판매실적 등에 비추어, 위 "진한커피"라는 제명은 이미 '편집음반' 상품과 관련하여서는 단순히 창작물의 내용을 표시하는 명칭에 머무르지 않고 거래자나 일반 수요자 사이에 특정인의 상품을 표시하는 식별 표지로서 인식되기에 이르렀고, 그 "진한커피" 제명에는 음반제작·판매자의 신용과 고객흡인력이 화체되어 있다고 본 사례이다.

(5) 시리즈 편집음반의 "BLACK COFFEE 진한커피"라는 제명이 자타상품의 식별 표지로서 기능하고 있음에도 불구하고 위 제명의 선사용자인 음반제작·판매자의 동의나 허락 없이 "BLACK COFFEE 진한커피"와 같이 구성된 등록상표를 출원·등록한 다음 그 상표권에 기하여 위 음반제작·판매자가 '진한커피' 제명을 사용하여 출시한 음반의 제작·판매 금지 등을 구하는 것은 신청인이 위 음반제작·판매자의 자본과 노력 등에 의하여 획득되어 '진한커피' 제명에 화체된 신용 등에 편승하여 이익을 얻을 목적으로 위 등록상표를 출원·등록한 것을 기화로 오히려 그 신용 등의 정당한 귀속 주체인 위 음반제작·판매자로부터 그 신용 등을 빼앗아 자신의 독점 하에 두려는 행위이므로, 이러한 상표권 행사는 상표제도의 목적이나 기능을 일탈하고 법적으로 보호받을 만한 가치가 없고, 비록 상표권의 행사라는 외형을 갖추었다 하더라도 등록상표에 관한 권리를 남용하는 것으로서 허용될 수 없다고 본 사례이다.

상고이유를 판단한다.

(1) 음반의 제명(題名)은 특별한 사정이 없는 한 그 음반에 수록된 해당 저작물의 창작물로서의 명칭 내지는 그 내용을 함축적으로 나타내는 것이어서 상품의 출처를 표시하는 기능을 하기 어려운 경우가 대부분이나, 음반은 일반 유체물과 마찬가지로 독립된 거래의 대상이 되는 '상품'이므로, 음반의 종류 및 성격, 음반의 제명이 저작물의 내용 등을 직접적으로 표시하는지 여부 및 실제 사용 태양, 동일 제명이 사용된 후속 시리즈 음반의 출시 여부, 광고·판매 실적 및 기간 등 구체적·개별적 사정 여하에 따라 음반의 제명이 일반 수요자에게 상품의 출처를 표시하고 자기의 업무에 관계된 상품과 타인의 업무에 관계된 상품을 구별하는 표지로서 인식되는 때에는, 그 음반의 제명은 단순히 창작물의 내용을 표시하는 명칭에 머무르지 않고 자타상품의 식별 표지로서 기능한다고 봄이 상당하다. 그리고 자타상품의 식별 표지로서 기능하는 음반의 제명에 화체된 업무상의 신용이나 고객흡인력 등은 음반의 제작·판매자가 투여한 자본과 노력 등에 의하여 획득되는 것이므로, 이러한 무형의 가치는 특별한 사정이 없는 한 음반에 수록된 저작물의 저작자가 아니라 음반의 제작·판매자에게 귀속된다.

한편, 상표권자가 당해 상표를 출원·등록하게 된 목적과 경위, 상표권을 행사하기에 이른 구체적·개별적 사정 등에 비추어, 상대방에 대한 상표권의 행사가 상표사용자의 업무상의 신용유지와 수요자의 이익보호를 목적으로 하는 상표제도의 목적이나 기능을 일탈하여 공정한 경쟁질서와 상거래 질서를 어지럽히고 수요자 사이에 혼동을 초래하거나 상대방에 대한 관계에서 신의성실의 원칙에 위배되는 등 법적으로 보호받을 만한 가치가 없다고 인정되는 경우에는, 그 상표권의 행사는 가사 권리행사의 외형을 갖추었다 하더라도 등록상표에 관한 권리를 남용하는 것으로서 허용될 수 없고, 상표권의 행사를 제한하는 위와 같은 근거에 비추어 볼 때 상표권 행사의 목적이 오직 상대방에게 고통을 주고 손해를 입히려는 데 있을 뿐 이를 행사하는 사람에게는 아무런 이익이 없어야 한다는 주관적 요건을 반드시 필요로 하는 것은 아니다.

(2) 원심판결 이유 및 기록에 의하면, 아래와 같은 사실을 알 수 있다.

① 피신청인은 음반, 카세트테이프 등의 제조 및 판매업을 목적으로 하는 회사로서 1999. 10.경 '진한커피'(이하 편의상 '진한커피 제1집'이라고 한다) 음반을, 2000. 12.경 '진한커피 제2집' 음반을, 2002. 12.경 '진한커피 제3집' 음반을, 2004. 11.경 '진한커피 제4집' 음반을, 2005. 4.경 '진한커피 제5집' 음반을 각 제작·홍보·판매하였는데, 위 각 음반은 국내 가요 중 발라드풍의 곡들만을 선곡하여 수록한 편집음반으로서 그 음반 전면 상단에 "BLACK COFFEE 진한커피"와 같이 구성된 제명을 사용하고 그 바로 밑에는 위 제1집부터 제5집에 이르기까지 순차 '...그리고, 첫사랑', '...그리고, 슬픈 인연', '...그리고, 슬픈 고백', '...그리고, 기다림', '...그리고, 첫사랑'이라는 부제(副題)를 달고 있다.

② 피신청인의 신문, 잡지 및 라디오 등을 통한 선전·광고활동과 시중 음반매장 등에서의 판촉활동 결과 진한커피 제1, 2집 음반은 1999.경부터 2002. 5.경까지 총 60만 장 정도가 판매되었고, 특히 진한커피 제2집 음반은 2000. 12.경 '주식회사 스포츠서울21'로부터 2000년도 음반 부문 히트상품으로 선정되었으며, 진한커피 제1, 2,

3집은 1999. 경부터 2003. 8.경까지 총 80만 장 이상이 판매되었는데, 진한커피 제4집 음반이 2004. 11.경 발매될 무렵에는 일간신문 등 여러 매체에서 '1999년 첫사랑을 주제로 한 1집부터 슬픈 인연에 관한 2집, 슬픈 고백을 모티브로 한 3집 등 주제별로 발표된 진한커피 시리즈는 그 동안 100만 장 가까이 발매되었다.'는 내용과 함께 진한커피 제4집 음반 발매를 소개하는 기사를 게재하였다.

③ 신청인은 피신청인이 진한커피 제1, 2집을 기획·제작함에 있어서 수록될 곡의 선택·배열 등 편집과정에 상당 정도 관여한 관계로 '진한커피' 편집음반 시리즈의 제작·판매와 그 상업적 성공에 관한 사정을 잘 알고 있었음에도 불구하고, '진한커피' 명칭의 선사용자인 피신청인의 동의나 허락을 받지 않은 채 2002. 5. 15. 지정상품을 '음악이 녹음된 콤팩트 디스크, 음악이 녹음된 테이프' 등으로 하고 `BLACK COFFEE 진한커피`와 같이 구성된 이 사건 등록상표(등록번호 제557510호)를 출원하여 2003. 8. 13. 상표등록결정을 받고, 2002. 9. 13. 음반기획 및 제작업 등을 목적으로 하는 주식회사 진한커피를 설립하였다.

④ 신청인은 이 사건 등록상표의 출원 후 등록 전인 2002. 11.경 스스로 저작권자 내지 저작인접권자로부터 편집음반 제작과 관련한 이용허락을 받은 다음, 주식회사 진한커피 명의로 피신청인과 '진한커피 제3집'에 관하여 음반제조판매계약을 체결하면서 피신청인으로부터 마스터 테이프 제작에 필요한 비용 1억 원과 아울러 피신청인의 음반판매량에 따른 사용료를 지급받기로 약정하였는데, 그 과정에서 이 사건 등록상표의 출원사실을 피신청인에게 알리지 아니하였고, '진한커피 제3집' 음반은 그 후면 우측에 피신청인의 상호의 약칭인 '신나라뮤직', '(주)진한커피' 및 'Maeil' 등이 기재됨과 아울러 음반의 제조·배포자가 피신청인임을 표시하는 영문이 기재된 상태로 출시되었다.

⑤ 신청인은 이 사건 등록상표의 등록 후인 2004. 8.경 주식회사 도레미미디어(이하 '도레미미디어'라고 한다)와 음반제조판매계약을 체결하였는데, 도레미미디어는 음반 명을 '진한커피 4집'으로 하고 「'진한커피」 4집 발매!', '역사상 최고의 편집앨범 – 전작 1 + 2 + 3집 [910,000장] 최고 판매, 편집앨범 역사상 깨지지 않고 있는 최저 반품율 [1.2%]', '「진한커피」의 깊은 감동이 다시 한 번 재현된다!' 등의 문구가 기재된 신보안내서를 시중 음반판매점 등에 배포하였다가, 피신청인이 주식회사 진한커피 및 도레미미디어를 상대로 '진한커피'라는 명칭은 피신청인의 편집음반 상품 명칭으로 널리 알려져 있으므로 그 사용을 중단하라는 취지의 통지를 보내자, 그 편집음반의 제명을 '이별후애'로 변경하고, 부제를 '…그리고, 미련'으로 달아 출시하였다.

(3) 앞에서 본 법리와 위 사실관계에 비추어 살펴보면 다음과 같다.

① 기존의 수많은 국내 가요들 중에서 일부를 선곡하여 수록한 피신청인의 진한커피 시리즈 편집음반은 특정 저작자의 창작물이라기보다는 그 음반제작·판매자의 기획상품이라는 성격이 짙고, 위 각 편집음반의 전면 상단에 일정한 도형과 색채를 가미하고 영문자를 부기하여 동일한 형태로 계속 사용된 '진한커피'라는 제명 역시 위각 편집음반의 내용 등을 직접적으로 표시하는 것이 아니며, 나아가 진한커피 시리

즈 편집음반의 판매기간 및 판매실적, 진한커피 제2집 음반의 2000년도 음반 부문 히트상품 선정 경력, 경쟁 음반제작사의 '진한커피 시리즈 편집음반'의 인지도에 편승하려는 광고 및 피신청인으로부터 '진한커피' 명칭의 사용중단 요구를 받은 후의 중단 조치, '진한커피 4집'에 대한 언론매체들의 관심과 보도 등 기록에 나타난 여러 사정들을 아울러 고려하여 보면, 피신청인의 진한커피 시리즈 편집음반에 사용된 '진한커피'라는 제명은, 신청인의 이 사건 등록상표의 출원·등록 당시 이미 '편집음반' 상품과 관련하여서는 단순히 창작물의 내용을 표시하는 명칭에 머무르지 않고 거래자나 일반 수요자 사이에 특정인의 상품을 표시하는 식별 표지로서 인식되기에 이르렀고, 그 '진한커피' 제명에는 피신청인의 신용과 고객흡인력이 화체되어 있다고 봄이 상당하다.

② 그런데 신청인은 피신청인의 진한커피 제1, 2, 3집의 제작과정에 상당 정도 관여한 자로서 자타상품의 식별 표지로서 기능하는 '진한커피' 제명의 선사용자가 누구인지 및 그 '진한커피' 제명에 화체된 신용과 고객흡인력이 어느 정도 가치가 있는지 등에 관하여 잘 알고 있음에도 불구하고, 피신청인의 동의나 허락 없이 이 사건 등록상표를 출원·등록한 다음 그 상표권에 기하여 피신청인이 '진한커피' 제명을 사용하여 출시한 '진한커피 제4집' 및 '진한커피 제5집' 음반의 제작·판매 금지 등을 구하고 있는바, 이는 신청인이 피신청인의 자본과 노력 등에 의하여 획득되어 '진한커피' 제명에 화체된 신용 등에 편승하여 이익을 얻을 목적으로 이 사건 등록상표를 출원·등록한 것을 기화로 오히려 그 신용 등의 정당한 귀속 주체인 피신청인으로부터 그 신용 등을 빼앗아 자신의 독점 하에 두려는 행위에 다름 아니어서, 신청인의 이러한 상표권의 행사는 상표제도의 목적이나 기능을 일탈하고 법적으로 보호받을 만한 가치가 없다고 인정되므로, 비록 상표권의 행사라는 외형을 갖추었다 하더라도 이 사건 등록상표에 관한 권리를 남용하는 것으로서 허용될 수 없다.

그럼에도 불구하고, 원심은 그 판시와 같은 사정을 들어 신청인이 이 사건 등록상표의 권리자로서 상표권을 행사하는 것이 권리남용 등에 해당하는 것으로 볼 수 없으므로 피신청인을 상대로 '진한커피' 제명을 사용한 '진한커피 제4집' 및 '진한커피 제5집' 음반의 제작·판매 금지 등을 구할 수 있다고 단정하고 말았으니, 원심판결에는 상표권 행사의 권리남용에 관한 법리를 오해한 나머지 필요한 심리를 제대로 하지 아니함으로써 판결 결과에 영향을 미친 위법이 있다. 이 점을 지적하는 상고이유의 주장은 이유 있다.

KGB 사건 (2004마101)

상표권자의 상표권침해금지 가처분신청이 상표권을 남용한 권리의 행사로서 허용될 수 없다고 한 원심의 판단을 수긍한 사례

논점의 정리

(1) 재항고이유 제1점에 대하여

기록에 의하면, 원심이 그 판시사실을 인정한 다음, "KGB"로 구성된 이 사건 등록상표는 신청외 1이 채무자의 대표이사로 재직하면서 신청외 인디펜던트리쿼 리미티드로부터 수입·판매하던 제품(이하 'KGB 제품'이라고 한다)에 사용된 상표(이하 '채무자 사용상표'라 한다)를 모방한 것으로, 이 사건 등록상표의 출원이 그 상표를 이용한 제품을 판매·생산함으로써 자신의 상품과 다른 업자의 상품의 식별력을 가지게 하기 위한 것이 아니라 KGB 제품의 독점적 수입판매권을 부여받는 내용의 계약을 강제하거나 그러한 계약을 맺는 과정에서 유리한 입지를 확보하여 부당한 이익을 얻기 위한 부정한 의도하에 출원한 것으로 보이고, 또한 신청외 1로서는 신청외 2에게 채무자 사용상표가 붙은 KGB 제품에 관한 독점수입판매권과 함께 영업을 양도하였으므로 적어도 신청외 회사와 맺은 계약기간 동안에는 위 제품에 대한 독점적인 수입판매권이 유지·보장될 수 있도록 협력하고 이를 방해하여서는 아니 되며, 채무자에 대하여 영업양도인으로서 일정한 기간 동안 동종영업에 관한 경업금지의무를 부담한다고 할 것인데, 위와 같은 의도로 채무자 사용상표와 동일·유사한 이 사건 등록상표를 출원·등록하는 것은 비록 그것이 부정경쟁방지 및 영업비밀보호에 관한 법률상의 부정경쟁행위에는 해당하지 않는다고 하더라도 신의칙 내지 사회질서에 반하는 것으로서, 그러한 상표권의 행사는 채무자에게 손해를 가하거나 고통을 주기 위한 권리의 행사에 해당하고, 채권자도 신청외 1의 위와 같은 부정한 의도에 공동으로 가담한 것으로 보이므로, 채권자의 채무자에 대한 이 사건 가처분 신청은 사회질서에 반하는 것으로서 상표권을 남용한 권리의 행사로서 허용될 수 없다는 취지로 판단한 것은 정당하고, 거기에 재항고이유로 주장하는 바와 같이 상표권 남용에 관한 법리를 오해하는 등의 위법이 없다.

(2) 재항고이유 제2, 3점에 대하여

이 사건 가처분신청의 피보전권리가 존재하지 아니한다는 원심의 판단이 정당함은 위에서 본 바와 같고, 피보전권리가 존재하지 아니하는 이상 보전의 필요성에 관한 원심의 판단에 잘못이 있는지 여부에 관계없이 이 사건 신청을 기각한 원심의 결론은 정당하므로, 이 사건 가처분신청의 보전의 필요성에 대한 원심의 판단을 탓하는 재항고이유 제2, 3점에 대하여는 나아가 판단할 필요가 없다.

(3) 그러므로 재항고를 기각하기로 관여 대법관의 의견이 일치되어 주문과 같이 결정한다.

판시사항

(1) 등록상표 "ACM π WATER", "(π)", "에이씨엠파이워터"와 "www.acmbnb.com"이라는 도메인 이름이 서로 유사하지 않으므로, 위 도메인 이름의 사용이 위 등록상표권을 침해한다고 볼 수 없다고 한 사례

(2) 등록상표권자의 상표권 행사가 권리남용에 해당하기 위한 요건

(3) 등록상표권자의 상표권 행사가 공정한 경쟁질서와 상거래 질서를 어지럽히고 상대방에 대한 관계에서 신의성실의 원칙에 위배되는 행위로서 허용될 수 없다고 본 사례

논점의 정리

상고이유를 판단한다.

(1) 도메인 이름의 등록말소청구에 대하여

기록에 비추어 살펴보면, 이 사건 등록상표들(등록상표 1 : ACM π WATER, 등록상표 2 : (π), 등록상표 3 : 에이씨엠파이워터)은 그 구성 중 "π WATER" 또는 "파이워터"는 "인간뿐만 아니라 모든 생물들에게 존재하고 있는 생체수로서 건강을 유지할 수 있도록 도와주는 신비한 물" 등의 의미로 일반 수요자에게 인식될 것이므로 지정상품인 가정용 정수기 등과 관련하여 식별력이 미약해 이 사건 등록상표들의 요부는 'ACM' 또는 '에이씨엠'이라 할 것이고, 이 사건 도메인 이름은 "www.acmbnb.com" 중 'www'나 '.com'은 일반적으로 사용되는 최상위 도메인이나 2단계 도메인을 나타내는 표시로서 식별력이 미약하므로 그 요부는 'acmbnb'라 할 것인 바('acmbnb'는 일련 불가분적으로 연결되어 있고 'acm'이 특별한 관념을 형성하거나 주지·저명한 표장이라고 보기도 어려워 위 문자가 'acm'과 'bnb'로 분리 관찰된다고 보기 어렵다), 이 사건 등록상표가 'ACM' 또는 '에이씨엠'으로 요부 관찰되고, 이 사건 도메인 이름이 'acmbnb'로 요부 관찰될 경우 양 표장은 외관, 호칭이 서로 다르고 관념에 있어 서로 대비되지 아니하므로 전체적으로 유사하다고 보기 어렵다.

원심이 이 사건 등록상표들과 이 사건 도메인 이름이 서로 유사하지 않아 이 사건 도메인 이름의 사용이 이 사건 등록상표권을 침해한다고 볼 수 없다는 취지로 판단한 것은 정당하고, 상고이유로 주장하는 바와 같은 판결 결과에 영향을 미친 상표의 유사 판단에 관한 법리오해 등의 위법이 없다.

(2) 사용금지청구에 대하여

① 상표권자가 당해 상표를 출원·등록하게 된 목적과 경위, 상표권을 행사하기에 이른 구체적·개별적 사정 등에 비추어, 상대방에 대한 상표권의 행사가 상표사용자의 업무상의 신용유지와 수요자의 이익보호를 목적으로 하는 상표제도의 목적이나 기능을 일탈하여 공정한 경쟁질서와 상거래 질서를 어지럽히고 수요자 사이에 혼동을 초래하거나 상대방에 대한 관계에서 신의성실의 원칙에 위배되는 등 법적으로 보호받을 만한 가치가 없다고 인정되는 경우에는, 그 상표권의 행사는 설령 권리행사의 외형을 갖추었다 하더라도 등록상표에 관한 권리를 남용하는 것으로서 허용될 수

없고, 상표권의 행사를 제한하는 위와 같은 근거에 비추어 볼 때 상표권 행사의 목적이 오직 상대방에게 고통을 주고 손해를 입히려는 데 있을 뿐 이를 행사하는 사람에게는 아무런 이익이 없어야 한다는 주관적 요건을 반드시 필요로 하는 것은 아니다.

② 원심이 확정한 사실관계 및 기록에 의하면, 원고는 상호 변경 전 'ACM'이라는 상표를 부착한 정수기 등을 판매하는 일본국 법인인 소외 ACM사의 국내 총판대리점 관계에 있었는데, 그 총판대리점 관계에 있던 기간 중 이 사건 등록상표들을 출원·등록한 사실, 원고는 위 ACM사와의 총판대리점계약이 종료된 후 최근 2, 3년 동안은 이 사건 등록상표들을 사용하여 정수기 등을 제조·판매한 적은 없는 사실, 피고는 정수기 등을 제조·판매하기 위하여 위 ACM사가 출자하여 국내에 설립한 법인인 사실을 알 수 있다.

위 사실관계에 의하면 원고는 위 ACM사의 국내 총판대리점 관계에 있던 회사로서 위 ACM사가 국내에 상표등록을 하고 있지 않음을 기화로 이 사건 등록상표들을 출원·등록해 놓았다가, 위 ACM사와의 총판대리점관계가 종료된 후, 이 사건 등록상표들을 실제 상품에 사용하지도 아니하면서 위 ACM사의 국내 출자 법인인 피고를 상대로 이 사건 등록상표권을 행사하여 그동안 피고가 정당하게 사용해 오던 'ACM'이나 이를 포함한 표장을 피고의 인터넷 도메인 이름 또는 전자우편주소로 사용하거나 피고의 인터넷 홈페이지에서 사용하는 것을 금지해달라고 청구하는 것임을 알수 있는 바, 이는 상표사용자의 업무상의 신용유지와 수요자의 이익보호를 목적으로 하는 상표제도의 목적이나 기능을 일탈하여 공정한 경쟁질서와 상거래 질서를 어지럽히고 상대방에 대한 관계에서 신의성실의 원칙에 위배되는 행위이어서 법적으로 보호받을 만한 가치가 없다고 인정되므로, 비록 원고의 이 사건 상표권 행사가 권리행사라는 외형을 갖추었다 하더라도 이 사건 등록상표권을 남용하는 것으로서 허용될 수 없다.

같은 취지에서 원심이 원고의 이 사건 등록상표권 행사가 상표권 남용으로서 허용될 수 없다고 보아 원고의 'ACM' 또는 'ACM B&B', '에이씨엠'이란 문자의 사용금지청구를 기각한 조치는 정당하고, 상고이유로 주장하는 바와 같은 판결 결과에 영향을 미친 상표권 남용에 관한 법리오해 등의 위법은 없다.

판시사항

(1) 등록상표에 대한 등록무효심결이 확정되기 전이라도 상표등록 등이 무효심판에 의하여 무효로 될 것임이 명백한 경우, 상표권 등에 기초한 침해금지 또는 손해배상 등의 청구가 권리남용에 해당하는지 여부(원칙적 적극) 및 이때 상표권 침해소송을 담당하는 법원이 상표등록 등의 무효 여부에 대하여 심리·판단할 수 있는지 여부(적극)

(2) 어떤 상표가 상표법 제33조 제1항 제3호에서 정한 '상품의 품질·효능·용도 등을 보통으로 사용하는 방법으로 표시한 표장만으로 된 상표'에 해당하는지를 판단하는 기준 및 상표법 제34조 제1항 제12호에서 정한 '상품의 품질을 오인하게 할 염려가 있는 상표'의 의미와 그 판단 기준

(3) "HIWOOD", "HIWOOD", "하이우드"와 같이 구성된 등록상표의 상표권자인 甲 주식회사가 乙 주식회사를 상대로 상표권 등 침해금지 및 손해배상 등을 구한 사안에서, 위 상표는 상표법 제33조 제1항 제3호의 기술적 표장 또는 상표법 제34조 제1항 제12호 전단의 품질오인표장에 해당하여 등록이 무효로 될 것임이 명백하므로, 위 상표권 등에 기초한 甲 회사의 침해금지, 침해제품의 폐기 및 손해배상 청구는 권리남용에 해당하여 허용되지 않는다고 한 사례

판결요지

(1) 상표법은 등록상표가 일정한 사유에 해당하는 경우 별도로 마련한 상표등록의 무효심판 절차를 거쳐 등록을 무효로 할 수 있도록 규정하고 있으므로, 상표는 일단 등록된 이상 비록 등록무효사유가 있다고 하더라도 이와 같은 심판에 의하여 무효로 한다는 심결이 확정되지 않는 한 대세적(對世的)으로 무효로 되는 것은 아니다. 그런데 상표등록에 관한 상표법의 제반 규정을 만족하지 못하여 등록을 받을 수 없는 상표에 대해 잘못하여 상표등록이 이루어져 있거나 상표등록이 된 후에 상표법이 규정하고 있는 등록무효사유가 발생하였으나 상표등록만은 형식적으로 유지되고 있을 뿐임에도 그에 관한 상표권을 별다른 제한 없이 독점·배타적으로 행사할 수 있도록 하는 것은 상표의 사용과 관련된 공공의 이익을 부당하게 훼손할 뿐만 아니라 상표를 보호함으로써 상표사용자의 업무상 신용유지를 도모하여 산업발전에 이바지함과 아울러 수요자의 이익을 보호하고자 하는 상표법의 목적에도 배치되는 것이다. 또한 상표권도 사적 재산권의 하나인 이상 그 실질적 가치에 부응하여 정의와 공평의 이념에 맞게 행사되어야 할 것인데, 상표등록이 무효로 될 것임이 명백하여 법적으로 보호받을 만한 가치가 없음에도 형식적으로 상표등록이 되어 있음을 기화로 그 상표를 사용하는 자를 상대로 침해금지 또는 손해배상 등을 청구할 수 있도록 용인하는 것은 상표권자에게 부당한 이익을 주고 그 상표를 사용하는 자에게는 불합리한 고통이나 손해를 줄 뿐이므로 실질적 정의와 당사자들 사이의 형평에도 어긋난다. 이러한 점들에 비추어 보면, 등록상표에 대한 등록무효심결이 확정되기 전이라고 하더라도 상표등록이 무효심판에 의하여 무효로 될 것임이 명백한 경우에는 상표권에 기초한 침해금지 또는 손해배상 등의 청구는 특별한 사정이 없는 한 권리남용에 해당하여 허용되지 아니한다고 보아야 하고, 상표권침해소송을 담당하는 법원으로서도 상표권자의 그러한 청구가 권리남용에 해당한다는 항변이 있는 경우 그 당부를

살피기 위한 전제로서 상표등록의 무효 여부에 대하여 심리·판단할 수 있다고 할 것이며, 이러한 법리는 상표권의 경우에도 마찬가지로 적용된다.

(2) 어떤 상표가 상표법 제33조 제1항 제3호에서 정하는 '상품의 품질·효능·용도 등을 보통으로 사용하는 방법으로 표시한 표장만으로 된 상표'에 해당하는지는 그 상표가 지니고 있는 관념, 지정상품과의 관계 및 거래사회의 실정 등을 고려하여 객관적으로 판단하여야 한다. 또한 상표법 제34조 제1항 제12호 전단의 '상품의 품질을 오인하게 할 염려가 있는 상표'라 함은 그 상표의 구성 자체가 그 지정상품이 본래 가지고 있는 성질과 다른 성질을 갖는 것으로 수요자를 오인하게 할 염려가 있는 상표를 말하고, 어느 상표가 품질오인을 생기게 할 염려가 있는지는 일반 수요자를 표준으로 하여 거래통념에 따라 판단하여야 한다.

(3) "HI WOOD", "HI WOOD", "하이우드"와 같이 구성된 등록상표의 상표권자인 甲 주식회사가 乙 주식회사를 상대로 상표권 등 침해금지 및 손해배상 등을 구한 사안에서, 위 상표가 일반 수요자나 거래자들에게 '고급 목재, 좋은 목재' 등의 의미로 직감되므로, 그 지정상품 또는 지정서비스 중 '목재'로 되어 있는 상품 또는 이러한 상품의 판매대행업, 판매알선업에 사용될 경우에는 지정상품 또는 지정서비스의 품질·효능·용도 등을 보통으로 사용하는 방법으로 표시한 표장만으로 된 상표법 제33조 제1항 제3호의 기술적 표장에 해당하고, '목재'로 되어 있지 아니한 상품 또는 이러한 상품의 판매대행업, 판매알선업에 사용될 경우에는 지정상품이 '목재'로 되어 있거나 지정서비스가 그러한 상품의 판매대행업, 판매알선업인 것으로 수요자를 오인하게 할 염려가 있는 상표법 제34조 제1항 제12호 전단의 품질오인표장에 해당하여 그 등록이 무효로 될 것임이 명백하므로, 위 상표권 등에 기초한 甲 회사의 침해금지, 침해제품의 폐기 및 손해배상 청구는 권리남용에 해당하여 허용되지 않는다고 한 사례이다.

논점의 정리 상고이유(상고이유서 제출기간 경과 후에 제출된 상고이유보충서의 기재는 상고이유를 보충하는 범위 내에서)를 판단한다.

(1) ① 상표법은 등록상표가 일정한 사유에 해당하는 경우에 별도로 마련한 상표등록의 무효심판절차를 거쳐 그 등록을 무효로 할 수 있도록 규정하고 있으므로, 상표는 일단 등록된 이상 비록 등록무효사유가 있다고 하더라도 이와 같은 심판에 의하여 무효로 한다는 심결이 확정되지 않는 한 대세적(對世的)으로 무효로 되는 것은 아니다.

② 그런데 상표등록에 관한 상표법의 제반 규정을 만족하지 못하여 등록을 받을 수 없는 상표에 대해 잘못하여 상표등록이 이루어져 있거나 상표등록이 된 후에 상표법이 규정하고 있는 등록무효사유가 발생하였으나 그 상표등록만은 형식적으로 유지되고 있을 뿐임에도 그에 관한 상표권을 별다른 제한 없이 독점·배타적으로 행사할 수 있도록 하는 것은 그 상표의 사용과 관련된 공공의 이익을 부당하게 훼손할 뿐만 아니라 상표를 보호함으로써 상표사용자의 업무상 신용유지를 도모하여 산업발전에 이바지함과 아울러 수요자의 이익을 보호하고자 하는 상표법의 목적에도 배치되는 것이다. 또한 상표권도 사적 재산권의 하나인 이상 그 실질적 가치에 부응하여 정의와 공평의 이념에 맞게 행사되어야 할 것인데, 상표등록이 무효로 될 것임이 명백하

여 법적으로 보호받을 만한 가치가 없음에도 형식적으로 상표등록이 되어 있음을 기화로 그 상표를 사용하는 자를 상대로 침해금지 또는 손해배상 등을 청구할 수 있도록 용인하는 것은 상표권자에게 부당한 이익을 주고 그 상표를 사용하는 자에게 는 불합리한 고통이나 손해를 줄 뿐이므로 실질적 정의와 당사자들 사이의 형평에도 어긋난다.

이러한 점들에 비추어 보면, 등록상표에 대한 등록무효심결이 확정되기 전이라고 하더라도 그 상표등록이 무효심판에 의하여 무효로 될 것임이 명백한 경우에는 그 상표권에 기초한 침해금지 또는 손해배상 등의 청구는 특별한 사정이 없는 한 권리 남용에 해당하여 허용되지 아니한다고 보아야 하고, 상표권침해소송을 담당하는 법 원으로서도 상표권자의 그러한 청구가 권리남용에 해당한다는 항변이 있는 경우 그 당부를 살피기 위한 전제로서 상표등록의 무효 여부에 대하여 심리·판단할 수 있다 고 할 것이며, 이러한 법리는 상표권의 경우에도 마찬가지로 적용된다.

③ 이와 달리 상표등록을 무효로 한다는 심결이 확정되기 전에는 법원이 상표권침해소 송 등에서 등록상표의 권리범위를 부정할 수는 없다는 취지로 판시한 대법원 90마 851 결정, 대법원 94도3052 판결 및 대법원 95도702 판결은 이 판결의 견해에 배치 되는 범위에서 이를 변경하기로 한다.

(2) 위 법리에 따라서, 원심 판시 원고 상표들 및 원고 상표의 등록이 무효로 될 것임이 명백하여, 이에 관한 각 상표권에 기초한 원고의 이 사건 침해금지, 침해제품의 폐기 및 손해배상 청구가 권리남용에 해당하는지를 관련 법리와 기록에 비추어 살펴본다.

① 어떤 상표가 상표법 제33조 제1항 제3호에서 정하는 '상품의 품질·효능·용도 등을 보통으로 사용하는 방법으로 표시한 표장만으로 된 상표'에 해당하는지는 그 상표가 지니고 있는 관념, 지정상품과의 관계 및 거래사회의 실정 등을 고려하여 객관적으 로 판단하여야 한다. 또한 상표법 제34조 제1항 제12호 전단의 '상품의 품질을 오인 하게 할 염려가 있는 상표'라 함은 그 상표의 구성 자체가 그 지정상품이 본래 가지고 있는 성질과 다른 성질을 갖는 것으로 수요자를 오인하게 할 염려가 있는 상표를 말하고, 어느 상표가 품질오인을 생기게 할 염려가 있는지는 일반 수요자를 표준으 로 하여 거래통념에 따라 판단하여야 한다.

② 원심판결 이유에 의하면, 원심 판시 원고 제1상표 및 원고 상표는 "HIWOOD"와 같이, 원심 판시 원고 제3상표는 "HI WOOD"와 같이, 원심 판시 원고 제4상표는 "하이우드"와 같이 각 구성되어 있고, 원고 상표들은 각각 "건축용 비금속제 몰딩, 건축용 비금속 제 표면마감재, 건축용 비금속제 벽면라이닝, 건축용 비금속제 보강재료, 건축용 비금속제 계단, 건축용 비금속제 난간손잡이, 건축용 비금속제 문틀, 건축용 비금속 제 창틀, 건축용 비금속제 천정판, 건축용 비금속제 바닥판"을 지정상품으로 하고 있으며, 원고 상표는 "건축용 몰딩 판매대행업, 건축용 몰딩 판매알선업, 건축용 표 면마감재 판매대행업, 건축용 표면마감재 판매알선업, 건축용 문틀 판매대행업, 건 축용 문틀 판매알선업, 건축용 창틀 판매대행업, 건축용 창틀 판매알선업, 건축용 보강재료 판매대행업, 건축용 보강재료 판매알선업"을 지정서비스로 하고 있음을 알 수 있다.

③ 그런데 원고 상표들을 구성하고 있는 'HI WOOD'나 '하이우드' 중 'HI' 또는 '하이'는 '고급의, 상등의, 높은' 등의 뜻을 가진 영어 단어 'high'의 줄임말 또는 그 한글발음이고, 'WOOD' 또는 '우드'는 '나무, 목재' 등의 뜻을 가진 영어 단어 또는 그 한글발음이며, 한편 원고 제1상표 및 제3상표와 원고 상표에 부가된 도형은 이들 상표의 부수적 또는 보조적 부분에 불과하여 그 문자 부분의 의미를 상쇄, 흡수할 만한 새로운 식별력을 가진다고 볼 수 없으므로, 원고 상표들은 일반 수요자나 거래자들에게 '고급 목재, 좋은 목재' 등의 의미로 직감된다고 할 것이다. 따라서 원고 상표들은 그 지정상품 또는 지정서비스 중 '목재'로 되어 있는 상품 또는 이러한 상품의 판매대행업, 판매알선업에 사용될 경우에는 지정상품 또는 지정서비스의 품질·효능·용도 등을 보통으로 사용하는 방법으로 표시한 표장만으로 된 상표법 제33조 제1항 제3호의 기술적 표장에 해당하고, '목재'로 되어 있지 아니한 상품 또는 이러한 상품의 판매대행업, 판매알선업에 사용될 경우에는 그 지정상품이 '목재'로 되어 있거나 그 지정서비스가 그러한 상품의 판매대행업, 판매알선업인 것으로 수요자를 오인하게 할 염려가 있는 상표법 제34조 제1항 제12호 전단의 품질오인표장에 해당하여, 각 그 등록이 무효로 될 것이 명백하다. 그러므로 원고 상표들에 관한 각 상표권에 기초한 원고의 이 사건 침해금지, 침해제품의 폐기 및 손해배상청구는 권리남용에 해당하여 허용되지 아니한다.

같은 취지의 원심판단은 정당하고, 거기에 상고이유로 주장하는 바와 같이 상표권 침해소송을 담당하는 법원이 상표 등록의 무효 여부에 대하여 심리·판단할 수 있는지 및 기술적 표장과 품질오인표장에 관한 법리를 오해하는 등의 위법이 없다.

---

19 KATANA(권리남용) 사건 (2012다6059)

판시사항

(1) 등록상표권자의 상표권 행사가 권리남용에 해당하는지 판단하는 기준 / 어떤 상표가 정당하게 출원·등록된 후 등록상표와 동일·유사한 상표를 정당한 이유 없이 사용한 결과 사용상표가 주지성을 취득하였다는 이유로 상표 사용자를 상대로 한 상표권침해금지 또는 손해배상 등의 청구가 권리남용에 해당하는지 여부(소극)

(2) 선행 등록상표와 표장 및 지정상품이 동일·유사한 후행 등록상표가, 선행 등록상표의 등록 이후부터 사용되어 후행 등록상표의 등록결정 당시 특정인의 상표로 인식된 타인의 상표와의 관계에서 상표법 제34조 제1항 제12호 후단의 '수요자를 기만할 염려가 있는 상표'에 해당하여 등록이 무효로 된 경우, 위 타인의 상표 사용이 선행 등록상표에 대한 관계에서 정당하게 되거나 선행 등록상표의 상표권에 대한 침해를 면하게 되는지 여부(소극)

(3) 지정상품을 '골프채' 등으로 하는 등록상표 ' '의 상표권자인 甲 외국법인이 ' '와 ' ' 등의 상표를 사용하여 골프채 등을 수입·판매하는 乙 주식회사를 상대로 상표사용금지 등을 구한 사안에서, 甲 법인의 상표권 행사가 권리남용에 해당하지 않고, 甲 법인의 후행 등록상표인 'KATANA' 등이 乙 회사가 사용하는 ' ' 상표 등과의 관계에서 등록이 무효로 되었더라도 乙 회사 사용상표의 사용이 甲 법인의 상표권에 대한 침해를 면하지 않는다고 한 사례

(4) 국내의 등록상표와 동일·유사한 상표가 부착된 지정상품과 동일·유사한 상품을 수입하는 행위가 등록상표권의 침해 등을 구성하지 않는다고 하기 위한 요건

판결요지

(1) 상표권의 행사가 등록상표에 관한 권리를 남용하는 것으로서 허용될 수 없다고 하기 위해서는, 상표권자가 당해 상표를 출원·등록하게 된 목적과 경위, 상표권을 행사하기에 이른 구체적·개별적 사정 등에 비추어, 상대방에 대한 상표권의 행사가 상표사용자의 업무상의 신용유지와 수요자의 이익보호를 목적으로 하는 상표제도의 목적이나 기능을 일탈하여 공정한 경쟁질서와 상거래 질서를 어지럽히고 수요자 사이에 혼동을 초래하거나 상대방에 대한 관계에서 신의성실의 원칙에 위배되는 등 법적으로 보호받을 만한 가치가 없다고 인정되어야 한다.
그리고 어떤 상표가 정당하게 출원·등록된 이후에 등록상표와 동일·유사한 상표를 그 지정상품과 동일·유사한 상품에 정당한 이유 없이 사용한 결과 그 사용상표가 국내의 일반 수요자들에게 알려지게 되었다고 하더라도, 사용상표와 관련하여 얻은 신용과 고객흡인력은 등록상표의 상표권을 침해하는 행위에 의한 것으로서 보호받을 만한 가치가 없고 그러한 상표의 사용을 용인한다면 우리 상표법이 취하고 있는 등록주의 원칙의 근간을 훼손하게 되므로, 위와 같은 상표 사용으로 시장에서 형성된 일반 수요자들의 인식만을 근거로 하여 상표 사용자를 상대로 한 등록상표의 상표권에 기초한 침해금지 또는 손해배상 등의 청구가 권리남용에 해당한다고 볼 수는 없다.

(2) 선행 등록상표의 등록 이후에 등록결정이 된 후행 등록상표가 선행 등록상표와 표장 및 지정상품이 동일·유사하고, 또한 후행 등록상표의 등록결정 당시 특정인의 상표라고 인식된 타인의 상표가 선행 등록상표의 등록 이후부터 사용되어 온 것이라고 하더라도, 이러한 타인의 사용상표(이하 '후발 선사용상표'라고 한다)와의 관계에서 후행 등록상표가 상표법 제34조 제1항 제12호 후단에서 규정하고 있는 '수요자를 기만할 염려가 있는 상표'에 해당하여 등록이 무효로 될 수 있고, 그 결과 후발 선사용상표가 사실상 보호받는 것처럼 보일 수는 있다. 그러나 위 규정의 취지가 후발 선사용상표를 보호하려는 데 있는 것이 아니라 이미 특정인의 상표라고 인식된 상표를 사용하는 상품의 출처 등에 관한 일반 수요자들의 오인·혼동을 방지하여 이에 대한 신뢰를 보호하려는 데 있음을 고려할 때, 그러한 결과는 일반 수요자들의 이익을 보호함에 따른 간접적·반사적인 효과에 지나지 아니하므로, 그러한 사정을 들어 후발 선사용상표의 사용이 선행 등록상표에 대한 관계에서 정당하게 된다거나 선행 등록상표의 상표권에 대한 침해를 면하게 된다고 볼 수는 없다.

(3) 지정상품을 '골프채' 등으로 하는 등록상표 ' '의 상표권자인 甲 외국법인이 ' '와 ' ' 등의 상표를 사용하여 골프채 등을 수입·판매하는 乙 주식회사를 상대로 상표사용금지 등을 구한 사안에서, 甲 법인이 등록상표를 정당한 목적으로 출원·등록하여 상표권을 취득한 후 乙 회사가 이와 유사한 상표를 정당한 이유 없이 사용해 온 결과 乙 회사 사용상표들이 국내의 일반 수요자들 사이에서 특정인의 상표나 주지상표로 인식되기에 이르렀다고 하더라도 그러한 사정을 들어 乙 회사에 대한 甲 법인의 상표권 행사가 권리남용에 해당한다고 보기 어렵고, 甲 법인의 후행 등록 상표인 ' KATANA ' 등이 乙 회사가 사용하고 있는 ' ' 상표 등과의 관계에서 상표법 제34조 제1항 제12호 후단의 '수요자를 기만할 염려가 있는 상표'에 해당한다는 이유로 등록이 무효로 되었다는 사정을 들어 乙 회사 사용상표들에 앞서 등록된 甲 법인의 상표권에 대한 관계에서 乙 회사 사용상표들의 사용이 정당하게 된다거나 甲 법인의 상표권에 대한 침해를 면하게 된다고 볼 수 없다고 한 사례이다.

(4) 국내에 등록된 상표와 동일·유사한 상표가 부착된 지정상품과 동일·유사한 상품을 수입하는 행위가 등록상표권의 침해 등을 구성하지 않는다고 하기 위해서는, 외국의 상표권자 또는 정당한 사용권자가 수입된 상품에 상표를 부착하였어야 하고, 외국 상표권자와 우리나라의 등록상표권자가 법적 또는 경제적으로 밀접한 관계에 있거나 그 밖의 사정에 의하여 위와 같은 수입상품에 부착된 상표가 우리나라의 등록상표와 동일한 출처를 표시하는 것으로 볼 수 있는 경우이어야 하며, 아울러 수입된 상품과 우리나라의 상표권자가 등록상표를 부착한 상품의 각 품질 사이에 실질적인 차이가 없어야 한다.

논점의 정리

상고이유(상고이유서 제출기간이 지난 후에 제출된 원고의 준비서면 및 피고의 상고이유보충서의 기재는 원고 및 피고의 각 상고이유를 보충하는 범위 내에서)를 판단한다.

(1) 원고 및 원고 보조참가인의 상고이유에 관하여

① 원고의 상고이유 제1점에 관하여

원심은, 피고가 일본의 주식회사 우메다쇼카이(株式會社 梅田商會, 이하 '우메다쇼카이'라고 한다) 및 주식회사 카타나골프(株式會社 カタナゴルフ, 이하 '일본 카타나사'라고 한다)로부터 이들 회사가 생산하는 골프채(이하 '일본 카타나 골프채'라고 한다) 등

 [이 사건등록상표]

을 국내에 수입·판매하면서 ' '라는 상표를 사용함으로써, 지정상품을 '골프채(아이언), 골프공, 골프가방, 골프클럽' 등으로 하고 위와 같이 구성된 이 사건 등록상표에 관한 원고의 상표권(이하 '원고의 이 사건 상표권'이라고 한다)을 침해하였다는 원고의 주장에 대하여, 피고가 ' '와 ' '라는 상표(이하 '피고 사용상표들'이라고 한다) 등과 별도로 원고의 위 주장과 같은 상표를 사용하고 있음을 인정할 증거가 없다면서 원고의 위 주장을 배척하였다.

위와 같은 원심의 판단을 다투는 상고이유 주장은 실질적으로 사실심법원의 자유심증에 속하는 증거의 취사선택과 가치 판단 및 이에 기초한 사실인정을 탓하는 것에 불과하다. 그리고 원심판결 이유를 적법하게 채택된 증거들에 비추어 살펴보아도,

위와 같은 원심의 판단에 논리와 경험의 법칙을 위반하고 자유심증주의의 한계를 벗어난 위법이 없다.

그리고 상고심은 순수한 법률심이어서 당사자는 상고심에서 새로운 주장이나 증거를 제출하여 원심의 사실인정을 다툴 수 없으므로, 원고의 상고이유서에 첨부된 새로운 자료들을 들어 위와 같은 원심의 판단이 위법하다는 주장은 받아들일 수 없다.

② 원고의 상고이유 제2점에 관하여

타인의 등록상표와 유사한 표장을 이용한 경우라고 하더라도 그것이 상표의 본질적인 기능이라고 할 수 있는 출처표시를 위한 것이 아니어서 상표의 사용으로 인식될 수 없는 경우에는 등록상표의 상표권을 침해하였다고 할 수 없다.

원심은, 피고가 '주식회사 카타나'라는 피고의 상호(이하 '이 사건 상호'라고 한다)를 상표적으로 사용하였음을 인정할 증거가 없다고 인정하여, 이 사건 상호를 사용함으로써 원고의 이 사건 상표권을 침해하였다는 원고의 주장을 배척하였다.

이러한 원심의 판단을 다투는 상고이유 주장은 실질적으로 사실심법원의 자유심증에 속하는 증거의 취사선택과 가치 판단 및 이에 기초한 사실인정을 탓하는 것에 불과하고, 원심판결 이유를 적법하게 채택된 증거들에 비추어 살펴보아도 원심의 판단에 자유심증주의의 한계를 벗어난 위법이 없다.

또한 원고는, 피고가 원고의 이 사건 등록상표에 대한 부정경쟁의 목적으로 이 사건 상호를 사용하고 있음에도 원심이 이를 인정하지 아니한 위법이 있다고 주장하나, 이에 관한 원심의 판단은 이 사건 상호를 상표적으로 사용한 것으로 인정할 경우를 가정하여 한 부가적인 판단에 불과하여 그 당부는 판결 결과에 영향을 미칠 수 없으므로, 위 주장은 나아가 살펴볼 필요 없이 받아들일 수 없다.

③ 원고의 상고이유 제3점에 관하여

원심은, 도메인 이름의 말소등록청구는 그 등록사용자를 상대로 제기하여야 하는데 2002. 4. 22.에 등록된 '(도메인 주소 생략)'이라는 도메인 이름의 등록사용자는 피고가 아니라 소외인이므로, 피고를 상대로 한 위 도메인 이름의 등록말소청구는 더 나아가 살펴볼 필요 없이 이유 없다고 판단하였다.

원심판결 이유를 적법하게 채택된 증거들에 비추어 살펴보면, 위와 같은 원심의 판단에 분쟁의 일회적 해결 원칙 위반 등을 비롯한 상고이유의 주장과 같은 위법이 있다고 할 수 없다.

④ 원고 보조참가인의 상고이유에 관하여

원고 보조참가인이 주장하는 사유는 원심이 피고의 권리남용 주장을 배척하면서 판시한 이유 중의 일부 사실을 다투는 것으로서, 그 주장과 같이 원심의 사실인정에 잘못이 있다고 하더라도, 피고의 권리남용 주장을 배척한 원심의 판단은 원고 보조참가인에게 유리한 것일 뿐 아니라 아래에서 보는 것과 같이 그 판단에 위법이 없는 이상 판결에 영향을 미친 위법이 있다고 할 수 없으므로 원심을 파기할 사유가 되지 못한다.

(2) 피고의 상고이유에 관하여

① 상고이유 제1, 2점에 관하여

㉠ 상표권의 행사가 등록상표에 관한 권리를 남용하는 것으로서 허용될 수 없다고 하기 위해서는, 상표권자가 당해 상표를 출원·등록하게 된 목적과 경위, 상표권을 행사하기에 이른 구체적·개별적 사정 등에 비추어, 상대방에 대한 상표권의 행사가 상표사용자의 업무상의 신용유지와 수요자의 이익보호를 목적으로 하는 상표제도의 목적이나 기능을 일탈하여 공정한 경쟁질서와 상거래 질서를 어지럽히고 수요자 사이에 혼동을 초래하거나 상대방에 대한 관계에서 신의성실의 원칙에 위배되는 등 법적으로 보호받을 만한 가치가 없다고 인정되어야 한다.

그리고 어떤 상표가 정당하게 출원·등록된 이후에 그 등록상표와 동일·유사한 상표를 그 지정상품과 동일·유사한 상품에 정당한 이유 없이 사용한 결과 그 사용상표가 국내의 일반 수요자들에게 알려지게 되었다고 하더라도, 그 사용상표와 관련하여 얻은 신용과 고객흡인력은 그 등록상표의 상표권을 침해하는 행위에 의한 것으로서 보호받을 만한 가치가 없고 그러한 상표의 사용을 용인한다면 우리 상표법이 취하고 있는 등록주의 원칙의 근간을 훼손하게 되므로, 위와 같은 상표 사용으로 인하여 시장에서 형성된 일반 수요자들의 인식만을 근거로 하여 그 상표 사용자를 상대로 한 등록상표의 상표권에 기초한 침해금지 또는 손해배상 등의 청구가 권리남용에 해당한다고 볼 수는 없다.

한편 선행 등록상표의 등록 이후에 등록결정이 된 후행 등록상표가 선행 등록상표와 표장 및 지정상품이 동일·유사하고, 또한 후행 등록상표의 등록결정 당시 특정인의 상표라고 인식된 타인의 상표가 선행 등록상표의 등록 이후부터 사용되어 온 것이라고 하더라도, 이러한 타인의 사용상표(이하 '후발 선사용상표'라고 한다)와의 관계에서 후행 등록상표가 상표법 제34조 제1항 제12호 후단에서 규정하고 있는 '수요자를 기만할 염려가 있는 상표'에 해당하여 그 등록이 무효로 될 수 있고, 그 결과 후발 선사용상표가 사실상 보호받는 것처럼 보일 수는 있다. 그러나 위 규정의 취지가 후발 선사용상표를 보호하려는 데 있는 것이 아니라 이미 특정인의 상표라고 인식된 상표를 사용하는 상품의 출처 등에 관한 일반 수요자들의 오인·혼동을 방지하여 이에 대한 신뢰를 보호하려는 데 있음을 고려할 때, 그러한 결과는 일반 수요자들의 이익을 보호함에 따른 간접적·반사적인 효과에 지나지 아니하므로, 그러한 사정을 들어 후발 선사용상표의 사용이 선행 등록상표에 대한 관계에서 정당하게 된다거나 선행 등록상표의 상표권에 대한 침해를 면하게 된다고 볼 수는 없다.

㉡ 원심판결 이유 및 적법하게 채택된 증거들에 의하면 아래와 같은 사정들을 알 수 있다.

• 원고는 1997. 9. 22. 우리나라에서 이 사건 등록상표를 출원하여 1998. 11. 17. 상표등록을 받고, 그 무렵 우메다쇼카이 및 일본 카타나사와 이들 회사가 생산하는 일본 카타나 골프채를 일본 외의 지역에서 판매하기로 하는 내용의 골프채 수출·판매계약(이하 '원고의 기존 수출·판매계약'이라고 한다)을 체결하고 국내에 일본 카타나 골프채를 수입·판매하기 시작하였다.

- 또한 원고는 1997년경부터 싱가포르를 비롯한 중국, 태국 등 여러 나라에서 이 사건 등록상표와 동일·유사한 상표를 출원·등록하고 그 무렵부터 현재까지 싱가포르에서 그 상표를 사용하여 골프채 등을 광고·판매해 오고 있다. 이와 같이 원고가 우리나라와 싱가포르 등에서 이 사건 등록상표 또는 그와 동일·유사한 상표를 출원·등록하여 사용해 오기 시작한 시기는 우메다쇼카이가 일본의 야마하 주식회사(ヤマハ 株式會社)로부터 지정상품을 '골프용구'로 하고 'KATANA カタナ'와 같이 구성된 상표(이하 '일본 카타나 상표'라 한다)의 상표권이전등록을 받은 2000. 8. 18.이나 일본 카타나사(회사 설립일인 1998. 6. 16. 당시의 상호는 '주식회사 골프디자인'이었다)가 그와 같이 상호를 변경한 2000. 3. 15.보다 앞선다.

- 반면, 원심 판시와 같이 이 사건 등록상표와 유사한 것으로 인정되는 피고 사용상표들을 비롯한 원심 판시 피고 제1표장 내지 제5표장은 모두 이 사건 등록상표의 등록일 후인 2000. 5. 31.경부터 피고가 우메다쇼카이 및 일본 카타나사로부터 일본 카타나 골프채 등을 국내에 수입·판매하면서 사용해 온 상표들로서(특히 피고 제1, 2표장에는 일본 카타나 상표에는 없고 이 사건 등록상표에만 있는 [로고] 로고가 포함되어 있다), 이 사건 등록상표의 출원·등록일 이전에는 국내에서는 물론 일본에서도 주지성을 취득하기는커녕 사용되지도 않았다. 게다가 우메다쇼카이 및 일본 카타나사는 2003년경부터는 일본 카타나 골프채의 주된 상표를 'SWORD' 상표로 변경하였고, 우메다쇼카이는 2004. 6. 11.경 원고에게 이 사건 등록상표와 [로고] 로고 등을 매수하겠다는 취지의 의사를 표시하기도 하였으나 원고가 이를 거절하였다. 그럼에도 피고는 현재까지 계속하여 일본 카타나 골프채 등을 국내에 수입·판매하면서 피고 사용상표들을 사용해 오고 있다.

- 원고는 2000년경부터 국내에서 이 사건 등록상표가 부착된 일본 카타나 골프채의 수입·판매를 중단한 적이 있고 원고의 기존 수출·판매계약도 2002~2003년경 완전히 해지되었으나, 2002년경부터 일본의 노오쓰랜드 주식회사(Northland Co. Ltd)로부터 주문자상표부착(OEM) 생산방식으로 이 사건 등록상표가 부착된 골프채 등을 공급받아 싱가포르 등지에서 판매해 왔고, 2004년경부터는 국내에서도 이 사건 등록상표가 부착된 골프채 등을 판매해 오다가, 2009. 5. 25. 일본 후쿠오카에 카타나골프 주식회사(KATANA GOLF 株式會社)가 설립된 이후에는 위 회사로부터 이 사건 등록상표가 부착된 골프채 등을 공급받아 국내에 판매해 오고 있다.

- 그리고 ⅰ) 피고는 원고를 상대로 이 사건 등록상표에 대하여, 2006. 3. 2.과 2009. 2. 12. 두 번에 걸쳐 불사용으로 인한 상표등록취소심판을, 2009. 2. 12. 상표등록무효심판을 각 청구하였으나 모두 기각하는 심결이 확정되었고, 한편 ⅱ) 2009. 2. 12. 둘 다 'KATANA'와 같이 구성되고 '골프화', '골프클럽, 골프백, 골프공 등'이 각각의 지정상품인 원고의 등록상표들(이하 '원고의 후행 등록상표들'이라고 한다)에 대하여 피고가 상표등록무효심판을 청구하여 이들 상표가 그 각 등록결정일인 2006. 6. 14.과 2007. 11. 28. 무렵 피고의 사용에

의해 '골프채' 등에 관하여 특정인의 상표라고 인식된 앞서의 'KATANA' 상표 등과의 관계에서 동일·유사하여 일반 수요자들로 하여금 상품 출처에 대한 오인·혼동을 일으켜 상표법 제34조 제1항 제12호 후단의 '수요자를 기만할 염려가 있는 상표'에 해당한다는 이유로 모두 그 등록을 무효로 하는 심결이 확정되었는데, iii) 이러한 일련의 심판청구에 대해 적극적으로 대응해 오던 원고는 2009. 9. 11. 피고를 상대로 이 사건 소를 제기하였다.

ⓒ 이러한 사정들을 앞서 본 법리에 비추어 살펴보면, 원고가 이 사건 등록상표를 정당한 목적으로 출원·등록하여 상표권을 취득한 후 이를 꾸준히 사용해 오고 있음에도, 피고는 이 사건 등록상표가 등록된 후에서야 이 사건 등록상표와 유사한 피고 사용상표들을 사용하기 시작한 이래로 원고와 상표분쟁을 일으키면서 오랫동안 계속하여 피고 사용상표들을 정당한 이유 없이 사용해 오고 있다고 할 것이므로, 설령 그러한 상표 사용의 결과 피고 사용상표들이 국내의 일반 수요자들 사이에서 특정인의 상표나 주지상표로 인식되기에 이르렀다고 하더라도 그러한 사정을 들어 피고에 대한 원고의 이 사건 상표권 행사가 상표제도의 목적이나 기능을 일탈하여 공정한 경쟁질서와 상거래 질서를 어지럽히거나 신의성실의 원칙에 위배되어 권리남용에 해당한다고 보기는 어렵다.

그리고 앞서 살펴본 사정들을 종합적으로 고려할 때, 설령 원고가 일본으로부터 이 사건 등록상표가 부착된 골프채 등을 수입하는 행위가 우메다쇼카이의 일본 카타나 상표와의 관계에서 불공정무역행위 조사 및 산업피해구제에 관한 법률 제4조를 위반하는 불공정무역행위에 해당할 수 있다거나, 피고가 일본 카타나 골프채 등을 국내에 수입·판매하기 시작한 2000. 5. 31.경부터 9년여가 지난 2009. 9. 11. 이 사건 소가 제기되었다고 하여 위와 달리 볼 수 없다.

한편 앞서 본 것과 같이 원고의 후행 등록상표들이 피고가 사용해 오고 있는 'KATANA' 상표 등과의 관계에서 상표법 제34조 제1항 제12호 후단의 '수요자를 기만할 염려가 있는 상표'에 해당한다는 이유로 그 등록이 모두 무효로 되기는 하였으나, 그러한 사정을 들어 피고 사용상표들에 앞서 등록된 원고의 이 사건 상표권에 대한 관계에서 피고 사용상표들의 사용이 정당하게 된다거나 원고의 이 사건 상표권에 대한 침해를 면하게 된다고 볼 수는 없다.

ⓓ 따라서 이와 같은 취지에서 원고의 이 사건 상표권 행사가 권리남용에 해당하지 않는다고 인정한 원심의 판단에, 상고이유의 주장과 같이 상표권의 남용, 부정경쟁방지법 제2조의 부정경쟁행위 및 주지성, 상표법 제34조 제1항 제12호 후단 및 제122조에 관한 법리를 오해하거나 논리와 경험의 법칙을 위반하고 자유심증주의의 한계를 벗어나는 등의 위법이 있다고 할 수 없다.

② 상고이유 제3점에 관하여

원심은 판시와 같은 이유로, '골프채' 외에도 '골프용품(골프화, 골프공, 골프용 장갑, 골프가방, 골프채 헤드커버, 골프채 그립)'에 대하여 피고 사용상표들의 사용 금지를 구하는 원고의 주장을 받아들여 그 사용 금지를 명하였다. 원심판결 이유를 적법하게 채택된 증거들을 비롯한 기록에 비추어 살펴보면, 비록 원심의 이유 설시에 부족한 부분이 있다고 하더라도 위와 같은 결론에 이른 원심의 판단은 수긍할 수 있고, 거기에 상고이유의 주장과 같이 변론주의를 위반하고 석명권을 과도하게 행사하거나 판결의 이유를 밝히지 아니하여 판결에 영향을 미친 위법이 없다.

③ 상고이유 제4점에 관하여

국내에 등록된 상표와 동일·유사한 상표가 부착된 그 지정상품과 동일·유사한 상품을 수입하는 행위가 그 등록상표권의 침해 등을 구성하지 않는다고 하기 위해서는, 외국의 상표권자 또는 정당한 사용권자가 그 수입된 상품에 상표를 부착하였어야 하고, 그 외국 상표권자와 우리나라의 등록상표권자가 법적 또는 경제적으로 밀접한 관계에 있거나 그 밖의 사정에 의하여 위와 같은 수입상품에 부착된 상표가 우리나라의 등록상표와 동일한 출처를 표시하는 것으로 볼 수 있는 경우이어야 하며, 아울러 그 수입된 상품과 우리나라의 상표권자가 등록상표를 부착한 상품의 각 품질 사이에 실질적인 차이가 없어야 한다.

원심은, 이 사건 등록상표의 상표권자인 원고와 일본 카타나 골프채에 피고 사용상표들을 부착한 일본 카타나사 또는 일본 카타나 상표의 상표권자인 우메다쇼카이가 법적 또는 경제적으로 밀접한 관계에 있다거나, 그 밖의 사정에 의하여 일본 카타나 골프채에 부착된 피고 사용상표들이 이 사건 등록상표와 동일한 출처를 표시하는 것으로 볼 수는 없다고 판단하여, 피고 사용상표들이 부착된 일본 카타나 골프채를 피고가 수입판매하면서 그 광고에 피고 사용상표들을 사용하는 행위가 원고의 이 사건 상표권을 침해하지 않는 행위로서 허용되어야 한다는 피고의 주장을 받아들이지 아니하였다.

원심판결 이유를 적법하게 채택된 증거들에 비추어 살펴보면, 위와 같은 원심의 판단은 앞서 본 법리에 기초한 것으로서, 거기에 병행수입에 관한 법리를 오해한 위법이 없다.

20 KATANA(제34조 제1항 제12호) 사건 (2012다6035)

판시사항

(1) 등록상표권자의 상표권 행사가 권리남용에 해당하는지 판단하는 기준 / 어떤 상표가 정당하게 출원·등록된 후 등록상표와 동일·유사한 상표를 정당한 이유 없이 사용한 결과 사용상표가 주지성을 취득하였다는 이유로 상표 사용자를 상대로 한 상표권침해금지 또는 손해배상 등의 청구가 권리남용에 해당하는지 여부(소극)

(2) 선행 등록상표와 표장 및 지정상품이 동일·유사한 후행 등록상표가, 선행 등록상표의 등록 이후부터 사용되어 후행 등록상표의 등록결정 당시 특정인의 상표로 인식된 타인의 상표와의 관계에서 상표법 제34조 제1항 제12호 후단의 '수요자를 기만할 염려가 있는 상표'에 해당하여 등록이 무효로 된 경우, 위 타인의 상표 사용이 선행 등록상표에 대한 관계에서 정당하게 되거나 선행 등록상표의 상표권에 대한 침해를 면하게 되는지 여부(소극)

(3) 지정상품을 '골프채' 등으로 하는 등록상표 ' '의 상표권자인 甲 외국법인이
'🗡KATANA' 등의 상표를 사용하여 골프채 등을 수입·판매하는 乙 주식회사 등을 상대
로 상표권 침해를 이유로 손해배상을 구한 사안에서, 甲 법인의 상표권 행사가 권리남용
에 해당하지 않고, 甲 법인의 후행 등록상표인 ' KATANA ' 등이 乙 회사가 사용하는
'🗡KATANA' 상표 등과의 관계에서 등록이 무효로 되었더라도 乙 회사 사용상표의 사용
이 甲 법인의 상표권에 대한 침해를 면하지 않는다고 한 사례

(4) 국내의 등록상표와 동일·유사한 상표가 부착된 지정상품과 동일·유사한 상품을 수입
하는 행위가 등록상표권의 침해 등을 구성하지 않는다고 하기 위한 요건

(5) 불법행위가 계속적으로 행하여지는 결과 손해도 계속적으로 발생하는 경우, 불법행위
로 인한 손해배상청구권의 소멸시효가 각 손해를 안 때부터 각 별로 진행되는지 여부(원
칙적 적극)

논점의 정리　상고이유(상고이유서 제출기간이 지난 후에 제출된 원고의 준비서면 및 피고들의 상고이유
보충서의 기재는 원고 및 피고들의 각 상고이유를 보충하는 범위 내에서)를 판단한다.

(1) 원고의 상고이유에 관하여

① 상고이유 제1점에 관하여

원심은, 피고 주식회사 카타나골프(이하 '피고 회사'라고 한다)
가 일본의 주식회사 우메다쇼카이(株式會社 梅田商會, 이하
'우메다쇼카이'라고 한다) 및 주식회사 카타나골프(株式會社
カタナゴルフ, 이하 '일본 카타나사'라고 한다)로부터 수입한 골프채(이하 '일본 카
타나 골프채'라고 한다) 등을 판매하고 있는 인터넷쇼핑몰 홈페이지(그 도메인 이름
은 'www.swordgolf.kr'이다)가 2002. 4. 22. 소외인 앞으로 등록된 'katana.co.kr'
이라는 도메인 이름(이하 '이 사건 도메인 이름'이라고 한다)에 의하여 자동으로 연
결되도록 하는 방식을 사용함으로써, 지정상품을 '골프채(아이언), 골프공, 골프가
방, 골프클럽' 등으로 하고 오른쪽과 같이 구성된 이 사건 등록상표에 관한 원고의
상표권(이하 '원고의 이 사건 상표권'이라고 한다)을 침해하였다는 원고의 주장에
대하여, 그 판시와 같은 사정만으로는 피고 회사가 이 사건 도메인 이름을 사용하여
원고의 이 사건 상표권을 침해하여 왔음을 인정하기 어렵고 달리 증거가 없음을 이
유로, 원고의 위 주장을 받아들이지 아니하였다.

위와 같은 원심의 판단을 다투는 상고이유의 주장은 실질적으로 사실심법원의 자유
심증에 속하는 증거의 취사선택과 가치 판단 및 이에 기초한 사실인정을 탓하는 것
에 불과하고, 원심판결 이유를 적법하게 채택된 증거들에 비추어 살펴보아도 원심의
판단에 자유심증주의의 한계를 벗어난 위법이 없다.

또한 원고는, 피고 회사가 이 사건 도메인 이름을 상표로서 사용하고 있고 그 등록·
사용에 정당한 이익이 없음에도 원심이 이와 다르게 판단한 위법이 있다고 주장하
나, 이에 관한 원심의 판단은 피고 회사가 이 사건 도메인 이름을 사용하고 있는
것으로 인정할 경우를 가정하여 한 부가적인 판단에 불과하여 그 당부는 판결 결과

에 영향을 미칠 수 없으므로, 위 상고이유의 주장은 나아가 살펴볼 필요 없이 받아들일 수 없다.

② 상고이유 제2점에 관하여

원심은, 판시와 같은 피고 회사의 매출액과 수입액의 규모, 원고도 피고 회사의 광고·선전에 따라 일본 카타나 골프채의 국내 인지도가 높아지자 본격적으로 이 사건 등록상표를 사용하기 시작한 사정, 피고들이 원심 판시 피고 제1표장 내지 피고 제5표장을 오랫동안 사용하여 왔음에도 원고는 이에 대해 이 사건 소송 전까지는 별다른 제재조치를 취하지 아니한 채 그 사용을 방치함으로써 손해의 확대에 기여한 사정 등 변론에 나타난 모든 사정들을 참작하면, 피고 회사가 2006. 12. 8. 이후 원심 변론종결일인 2011. 11. 9.까지 원고의 이 사건 상표권을 침해함으로써 원고가 입은 손해액은 5,000만 원으로 봄이 타당하다고 판단하였다.

원심판결 이유를 적법하게 채택된 증거들에 비추어 살펴보면, 위와 같은 원심의 판단에 상고이유의 주장과 같이 손해배상액 산정에 관한 법리를 오해하거나 자유심증주의의 한계를 벗어난 위법이 없다.

(2) 피고들의 상고이유에 관하여

① 상고이유 제1, 2, 3점에 관하여

㉠ 상표권의 행사가 등록상표에 관한 권리를 남용하는 것으로서 허용될 수 없다고 하기 위해서는, 상표권자가 당해 상표를 출원·등록하게 된 목적과 경위, 상표권을 행사하기에 이른 구체적·개별적 사정 등에 비추어, 상대방에 대한 상표권의 행사가 상표사용자의 업무상의 신용유지와 수요자의 이익보호를 목적으로 하는 상표제도의 목적이나 기능을 일탈하여 공정한 경쟁질서와 상거래 질서를 어지럽히고 수요자 사이에 혼동을 초래하거나 상대방에 대한 관계에서 신의성실의 원칙에 위배되는 등 법적으로 보호받을 만한 가치가 없다고 인정되어야 한다.

그리고 어떤 상표가 정당하게 출원·등록된 이후에 그 등록상표와 동일·유사한 상표를 그 지정상품과 동일·유사한 상품에 정당한 이유 없이 사용한 결과 그 사용상표가 국내의 일반 수요자들에게 알려지게 되었다고 하더라도, 그 사용상표와 관련하여 얻은 신용과 고객흡인력은 등록상표의 상표권을 침해하는 행위에 의한 것으로서 보호받을 만한 가치가 없고 그러한 상표의 사용을 용인한다면 우리 상표법이 취하고 있는 등록주의 원칙의 근간을 훼손하게 되므로, 위와 같은 상표 사용으로 인하여 시장에서 형성된 일반 수요자들의 인식만을 근거로 하여 그 상표 사용자를 상대로 한 등록상표의 상표권에 기초한 침해금지 또는 손해배상 등의 청구가 권리남용에 해당한다고 볼 수는 없다.

한편 선행 등록상표의 등록 이후에 등록결정이 된 후행 등록상표가 선행 등록상표와 표장 및 지정상품이 동일·유사하고, 또한 후행 등록상표의 등록결정 당시 특정인의 상표라고 인식된 타인의 상표가 선행 등록상표의 등록 이후부터 사용되어 온 것이라고 하더라도, 이러한 타인의 사용상표(이하 '후발 선사용상표'라고 한다)와의 관계에서 후행 등록상표가 상표법 제34조 제1항 제12호 후단에서 규정하고 있는 '수요자를 기만할 염려가 있는 상표'에 해당하여 그 등록이 무효로 될 수 있고, 그 결과 후발 선사용상표가 사실상 보호받는 것처럼 보일 수는 있다.

그러나 위 규정의 취지가 후발 선사용상표를 보호하려는 데 있는 것이 아니라 이미 특정인의 상표라고 인식된 상표를 사용하는 상품의 출처 등에 관한 일반 수요자들의 오인·혼동을 방지하여 이에 대한 신뢰를 보호하려는 데 있음을 고려할 때, 그러한 결과는 일반 수요자들의 이익을 보호함에 따른 간접적·반사적 효과에 지나지 아니하므로, 그러한 사정을 들어 후발 선사용상표의 사용이 선행 등록상표에 대한 관계에서 정당하게 된다거나 선행 등록상표의 상표권에 대한 침해를 면하게 된다고 볼 수는 없다.

ⓒ 원심판결 이유 및 적법하게 채택된 증거들에 의하면 아래와 같은 사정들을 알 수 있다.

• 원고는 1997. 9. 22. 우리나라에서 이 사건 등록상표를 출원하여 1998. 11. 17. 상표등록을 받고, 그 무렵 우메다쇼카이 및 일본 카타나사와 이들 회사가 생산하는 일본 카타나 골프채를 일본 외의 지역에서 판매하기로 하는 내용의 골프채 수출·판매계약(이하 '원고의 기존 수출·판매계약'이라고 한다)을 체결하고 국내에 일본 카타나 골프채를 수입·판매하기 시작하였다.

또한 원고는 1997년경부터 싱가포르를 비롯한 중국, 태국 등 여러 나라에서 이 사건 등록상표와 동일·유사한 상표를 출원·등록하고 그 무렵부터 현재까지 싱가포르에서 그 상표를 사용하여 골프채 등을 광고·판매해 오고 있다.

• 이와 같이 원고가 우리나라와 싱가포르 등에서 이 사건 등록상표 또는 그와 동일·유사한 상표를 출원·등록하여 사용해 오기 시작한 시기는 우메다쇼카이가 일본의 야마하 주식회사(ヤマハ 株式會社)로부터 지정상품을 '골프용구'로 하고 '**KATANA カタナ**'와 같이 구성된 상표(이하 '일본 카타나 상표'라 한다)의 상표권 이전등록을 받은 2000. 8. 18.이나 일본 카타나사(회사 설립일인 1998. 6. 16. 당시의 상호는 '주식회사 골프디자인'이었다)가 그와 같이 상호를 변경한 2000. 3. 15.보다 앞선다.

반면, 원심 판시와 같이 이 사건 등록상표와 동일하거나 유사한 것으로 인정되는 원심 판시 피고 제1표장 내지 제5표장은 모두 이 사건 등록상표의 등록일 후인 2000. 5. 31.경부터 피고 회사가 우메다쇼카이 및 일본 카타나사로부터 일본 카타나 골프채 등을 국내에 수입·판매하면서 사용해 온 상표들로서(특히 피고 제1, 2표장에는 일본 카타나 상표에는 없고 이 사건 등록상표에만 있는 ▨▨ 로고가 포함되어 있다), 이 사건 등록상표의 출원·등록일 이전에는 국내에서는 물론 일본에서도 주지성을 취득하기는커녕 사용되지도 않았다. 게다가 우메다쇼카이 및 일본 카타나사는 2003년경부터는 일본 카타나 골프채의 주된 상표를 'SWORD' 상표로 변경하였고, 우메다쇼카이는 2004. 6. 11.경 원고에게 이 사건 등록상표와 ▨▨ 로고 등을 매수하겠다는 취지의 의사를 표시하기도 하였으나 원고가 이를 거절하였다. 그럼에도 피고 회사는 현재까지 계속하여 일본 카타나 골프채 등을 국내에 수입·판매하면서 피고 제3, 4, 5표장을 사용해 오고 있다.

• 원고는 2000년경부터 국내에서 이 사건 등록상표가 부착된 일본 카타나 골프채의 수입·판매를 중단한 적이 있고 원고의 기존 수출·판매계약도 2002~2003년경 완전히 해지되었으나, 2002년경부터 일본의 노오쓰랜드 주식회사(Northland Co. Ltd)로부터 주문자상표부착(OEM) 생산방식으로 이 사건 등록상표가 부착된 골프채 등을 공급받아 싱가포르 등지에서 판매해 왔고, 2004년경부터는 국내에서도 이 사건 등록상표가 부착된 골프채 등을 판매해 오다가, 2009. 5. 25. 일본 후쿠오카에 카타나골프 주식회사(KATANA GOLF 株式會社)가 설립된 이후에는 위 회사로부터 이 사건 등록상표가 부착된 골프채 등을 공급받아 국내에 판매해 오고 있다.

• 그리고 ⅰ) 피고 회사는 원고를 상대로 이 사건 등록상표에 대하여, 2006. 3. 2.과 2009. 2. 12. 두 번에 걸쳐 불사용으로 인한 상표등록취소심판을, 2009. 2. 12. 상표등록무효심판을 각 청구하였으나 모두 기각하는 심결이 확정되었고, 한편 ⅱ) 2009. 2. 12. 둘 다 'KATANA'와 같이 구성되고 '골프화', '골프클럽, 골프백, 골프공 등'이 각각의 지정상품인 원고의 등록상표들(이하 '원고의 후행 등록상표들'이라고 한다)에 대하여 상표등록무효심판을 청구하여 이들 상표가 그 각 등록결정일인 2006. 6. 14.과 2007. 11. 28. 무렵 피고 회사의 사용에 의해 '골프채' 등에 관하여 특정인의 상표라고 인식된 피고 제2, 3, 5표장과의 관계에서 동일·유사하여 일반 수요자들로 하여금 상품 출처에 대한 오인·혼동을 일으켜 상표법 제34조 제1항 제12호 후단의 '수요자를 기만할 염려가 있는 상표'에 해당한다는 이유로 모두 그 등록을 무효로 하는 심결이 확정되었는데, ⅲ) 이러한 일련의 심판청구에 대해 적극적으로 대응해 오던 원고는 2009. 12. 8. 피고들을 상대로 이 사건 소를 제기하였다.

ⓒ 이러한 사정들을 앞서 본 법리에 비추어 살펴보면, 원고가 이 사건 등록상표를 정당한 목적으로 출원·등록하여 상표권을 취득한 후 이를 꾸준히 사용해 오고 있음에도, 피고 회사는 이 사건 등록상표가 등록된 후에서야 이 사건 등록상표와 동일하거나 유사한 피고 제1표장 내지 제5표장을 사용하기 시작한 이래로 원고와 상표분쟁을 일으키면서 오랫동안 계속하여 이들 상표를 정당한 이유 없이 사용해 오고 있다고 할 것이므로, 설령 그러한 상표 사용의 결과 이들 상표가 국내의 일반 수요자들 사이에서 특정인의 상표나 주지상표로 인식되기에 이르렀다고 하더라도 그러한 사정을 들어 피고들에 대한 원고의 이 사건 상표권 행사가 상표제도의 목적이나 기능을 일탈하여 공정한 경쟁질서와 상거래 질서를 어지럽히거나 신의성실의 원칙에 위배되어 권리남용에 해당한다고 보기는 어렵다.
그리고 앞서 살펴본 사정들을 종합적으로 고려할 때, 설령 원고가 일본으로부터 이 사건 등록상표가 부착된 골프채 등을 수입하는 행위가 우메다쇼카이의 일본 카타나 상표와의 관계에서 「불공정무역행위 조사 및 산업피해구제에 관한 법률」 제4조를 위반하는 불공정무역행위에 해당할 수 있다거나, 피고 회사가 일본 카타나 골프채 등을 국내에 수입·판매하기 시작한 2000. 5. 31.경부터 9년여가 지난 2009. 12. 8.에 이 사건 소가 제기되었다고 하여 위와 달리 볼 수 없다. 한편 앞서 본 것과 같이 원고의 후행 등록상표들이 피고 제2, 3, 5표장과의 관계

에서 상표법 제34조 제1항 제12호 후단의 '수요자를 기만할 염려가 있는 상표'에 해당한다는 이유로 그 등록이 모두 무효로 되기는 하였으나, 그러한 사정을 들어 피고 제2, 3, 5표장에 앞서 등록된 원고의 이 사건 상표권에 대한 관계에서 피고 회사의 앞서 본 것과 같은 상표 사용이 정당하게 된다거나 원고의 이 사건 상표권에 대한 침해를 면하게 된다고 볼 수는 없다.

ㄹ 따라서 이와 같은 취지에서 원고의 이 사건 상표권 행사가 권리남용에 해당하지 않는다고 인정한 원심의 판단에 상고이유의 주장과 같이 상표권의 남용, 부정경쟁방지법 제2조의 부정경쟁행위 및 주지성, 상표법 제34조 제1항 제12호 후단 및 제117조 제1항에 관한 법리를 오해하고 변론주의를 위반하거나 논리와 경험의 법칙을 위반하고 자유심증주의의 한계를 벗어나는 등의 위법이 있다고 할 수 없다.

② 상고이유 제4점에 관하여

국내에 등록된 상표와 동일·유사한 상표가 부착된 그 지정상품과 동일·유사한 상품을 수입하는 행위가 그 등록상표권의 침해 등을 구성하지 않는다고 하기 위해서는, 외국의 상표권자 또는 정당한 사용권자가 그 수입된 상품에 상표를 부착하였어야 하고, 그 외국 상표권자와 우리나라의 등록상표권자가 법적 또는 경제적으로 밀접한 관계에 있거나 그 밖의 사정에 의하여 위와 같은 수입상품에 부착된 상표가 우리나라의 등록상표와 동일한 출처를 표시하는 것으로 볼 수 있는 경우이어야 하며, 아울러 그 수입된 상품과 우리나라의 상표권자가 등록상표를 부착한 상품의 각 품질 사이에 실질적인 차이가 없어야 한다.

원심은, 이 사건 등록상표의 상표권자인 원고와 일본 카타나 골프채에 피고 제3, 4, 5표장을 부착한 일본 카타나사 또는 일본 카타나 상표의 상표권자인 우메다쇼카이가 법적 또는 경제적으로 밀접한 관계에 있다거나, 그 밖의 사정에 의하여 일본 카타나 골프채에 부착된 피고 제3, 4, 5표장이 이 사건 등록상표와 동일한 출처를 표시하는 것으로 볼 수는 없으므로, 원고의 기존 수출·판매계약이 해지된 후인 2004년경부터 피고 제3, 4, 5표장이 부착된 일본 카타나 골프채를 피고 회사가 수입·판매하거나 그 광고에 위 표장들을 사용하는 행위가 원고의 이 사건 상표권의 침해에 해당한다고 판단하였다.

원심판결 이유를 적법하게 채택된 증거들에 비추어 살펴보면, 위와 같은 원심의 판단은 앞서 본 법리에 기초한 것으로서, 거기에 병행수입에 관한 법리를 오해한 위법이 없다.

③ 상고이유 제5점에 관하여

㉠ 앞서 본 것과 같이, 피고 회사가 2006. 12. 8. 이후 원심 변론종결일인 2011. 11. 9.까지 원고의 이 사건 상표권을 침해함으로써 원고가 입은 손해액은 5,000만 원으로 봄이 타당하다고 한 원심의 판단에 손해배상에 관한 법리를 오해하거나 논리와 경험의 법칙을 위반하고 자유심증주의의 한계를 벗어난 위법이 없다.

㉡ 불법행위가 계속적으로 행하여지는 결과 손해도 역시 계속적으로 발생하는 경우에는 특별한 사정이 없는 한 그 손해는 날마다 새로운 불법행위에 기하여 발생하는 손해이므로, 민법 제766조 제1항에서 정한 불법행위로 인한 손해배상청구권

의 소멸시효는 그 각 손해를 안 때부터 각별로 진행된다고 보아야 한다.

원심은 판시와 같은 이유로, 이 사건 소가 2009. 12. 8. 제기되었으므로 그로부터 3년 전에 발생된 상표권 침해로 인한 원고의 손해배상청구권은 3년의 소멸시효 경과로 소멸한다고 보는 한편, 그 후에 발생된 상표권 침해로 인한 원고의 손해배상청구권은 소멸시효에 의하여 소멸되지 아니하므로 피고들은 이를 배상할 책임이 있다는 취지로 판단하였다.

이러한 원심의 판단은 위와 같은 법리에 기초한 것으로 보이고, 거기에 상표권 침해로 인한 손해배상채무의 소멸시효 기간 및 그 기산점에 관한 법리를 오해하거나 변론주의를 위반한 위법이 없다.

21 사임당 사건 (92도2054)

판시사항

(1) 부정경쟁방지법(1991. 12. 31., 법률 제4478호로 개정되기 전의 것) 제9조[25])의 규정 취지와 상표법 등 다른 법률에 의하여 보호되는 권리라도 그 법에 저촉되지 아니하는 범위 안에서는 부정경쟁방지법을 적용할 수 있는지 여부(적극)

(2) 상표의 등록출원이나 상표권의 양수 자체가 권리행사의 외형을 갖추었으나 부정경쟁행위를 목적으로 하는 경우 위 부정경쟁방지법 제9조에 해당하여 같은 법 제2조의 적용이 배제되는지 여부(소극)

판결요지

(1) 부정경쟁방지법(1991. 12. 31., 법률 제4478호로 개정되기 전의 것) 제9조의 규정은 위 법률이 시행되기 전의 구 부정경쟁방지법(1986. 12. 31. 법률 제3897호로 개정되기 전의 것) 제7조가 상표법 등에 의하여 권리를 행사하는 행위에 대하여는 부정경쟁방지법의 규정을 적용하지 아니한다고 규정하던 것과는 달리, 상표법, 상법 중 상호에 관한 규정 등에 부정경쟁방지법의 규정과 다른 규정이 있는 경우에는 그 법에 의하도록 한 것에 지나지 아니하므로, 상표법 등 다른 법률에 의하여 보호되는 권리일지라도 그 법에 저촉되지 아니하는 범위 안에서는 부정경쟁방지법을 적용할 수 있다.

(2) 상표의 등록이나 상표권의 양수가 자기의 상품을 타업자의 상품과 식별시킬 목적으로 한 것이 아니고, 국내에 널리 인식되어 사용되고 있는 타인의 상표가 상표등록이 되어 있지 아니함을 알고, 그와 동일 또는 유사한 상표나 상호, 표지 등을 사용하여 일반 수요자로 하여금 타인의 상품과 혼동을 일으키게 하거나 타인의 영업상의 시설이나 활동과 혼동을 일으키게 하여 이익을 얻을 목적으로 형식상 상표권을 취득하는 경우에는 상표의 등록출원이나 상표권의 양수 자체가 부정경쟁행위를 목적으로 하는 것으로서, 가사 권리행사의 외형을 갖추었다 하더라도 이는 상표법을 악용하거나 남용한 것이 되

---

25) 부정경쟁방지법 제15조(이하 이 사건에서 같다)

어 상표법에 의한 적법한 권리의 행사라고 인정할 수 없으므로, 위 부정경쟁방지법 제9조에 해당하여 같은 법 제2조의 적용이 배제된다고 할 수 없다.

논점의 정리

상고이유를 본다.

(1) 부정경쟁방지법 위반의 점에 대하여

① 원심이 인정한 사실에 의하면, 가구업체인 주식회사 원신의 사임당가구가 1982. 10.경부터 독특한 목상감기법으로 전통공예 가구류를 개발하여 오면서 국내에 상당한 판매량을 확보하고 1984. 5.경 서울 국제가구전시회에서 최우수상을 획득하여 1985.경부터 해외에 수출까지 하여 오면서 국내에 13개의 점포와 해외에 3개의 점포를 두는 등으로 활발히 활동하고 있으나 상표등록이 되어 있지 않았는데, 인쇄업자인 공소외 1이 이것을 알아내고 사임당가구라는 상표권을 먼저 취득할 의도 하에 1988. 12. 19. 특허청에 그 상표를 등록출원하여 1990. 7. 16. 등록한 다음, 평소 알고 지내던 피고인 1에게 위 상표권을 양수할 것을 제의하였고, 피고인 1은 위 상표권에 대하여 주식회사 원신으로부터 등록무효심판이 청구되어 계류 중인 등 분쟁이 야기될 사정이 있는 것을 잘 알면서도 위 상표권을 획득하여 금전적 이익을 취할 의도로, 1990. 11. 20.경 공소외 1로부터 위 사임당가구 상표권을 금20,000,000원에 양수하여 같은 해 12. 27. 그의 처인 공소외 2 명의로 이전등록한 후, 피고인 2와 함께 1991. 2. 7. 주식회사 사임당가구(이하 '위 회사'라고 한다)를 설립하여 위 상표권을 같은 해 3. 25.자로 위 회사 명의로 이전등록을 마친 다음, 피고인들은 공모하여 1991. 3. 3. 공소외 남경우에게 위 사임당상표 및 사임당가구라는 상호를 그 점포와 상품에 사용하게 하면서 그 대가로 보증금 명목의 금3,000,000원 및 상품판매액의 10%에 해당하는 금액을 지급받기로 하는 대리점계약을 체결한 것을 비롯하여, 같은 해 10월 중순경까지 사이에 7개 가구점업체와 같은 방법으로 대리점계약을 체결한 후 대리점영업을 하게 함에 있어, 위 대리점으로 하여금 입간판과 네온사인에 주식회사 원신의 사임당가구판매장 입간판 및 네온사인의 상호명인 "사임당가구"와 유사한 "전통공예 사임당가구"라는 상호를 사용하게 하면서 그 글씨체의 모양과 색상배열에 있어서도 똑같게 하여 일반인이 보기에는 위 회사의 대리점들이 주식회사 원신의 매장과 혼동을 일으키게 하는 한편, 대리점 등의 상품에도 "전통공예 사임당가구"라는 이름(라벨)을 붙여 이를 판매하게 함으로써, 국내에 널리 인식된 주식회사 원신의 사임당가구 상품 및 그 영업상의 시설 또는 활동과 혼동을 일으키게 하는 행위를 하였다는 것이다.

② 사실이 원심이 인정한 바와 같고, 피고인들이 판시와 같은 사정을 잘 알면서도 형식상 상표권을 획득하여 금전적 이익을 취할 의도로 판시와 같은 행위를 하였다면, 이는 형식적으로는 상표권을 양수하여 타인에게 사용하게 하고 또는 그의 상호를 사용하게 하여 그 대가를 취득한 것이 되나, 이는 행위의 외형이 그렇다는 것일 뿐이고, 그 실질은 부정경쟁행위를 한 것으로서 부정경쟁방지법(1991. 12. 31., 법률 제4478호로 개정되기 전의 것, 이하 '위의 법률'이라고 한다) 제2조 제1호 소정의 "국내에 널리 인식된 타인의 상호, 상표 등 타인의 상품임을 표시한 표지와 동일 또는

유사한 것을 사용하거나 이러한 것을 사용한 상품을 판매하여 타인의 상품과 혼동을 일으키게 하는 행위", 그리고 그 제2호 소정의 "국내에 널리 인식된 타인의 상호 표장 기타 타인의 영업임을 표시하는 표지와 동일 또는 유사한 것을 사용하여 타인의 영업상의 시설 또는 활동과 혼동을 일으키게 하는 행위"에 해당하여, 위의 법률 제11조 제1호 소정의 "제2조의 규정에 의한 부정경쟁행위를 한 자"로서 처벌의 대상이 된다고 보아야 할 것이다.

③ 논지는, 피고인들이 양수하여 사용한 상표는 등록상표이므로 위의 법률 제9조에 의하여 상표법이 우선 적용되어야 하고 위의 법률 제2조나 제11조의 적용은 배제되어야 한다는 것이나, 위의 법률 제9조의 규정은 위의 법률이 시행되기 전의 부정경쟁방지법(1961. 12. 30. 법률 제911호) 제7조가 상표법 등에 의하여 권리를 행사하는 행위에 대하여는 부정경쟁방지법의 규정을 적용하지 아니한다고 규정하던 것과는 달리, 상표법, 상법 중 상호에 관한 규정 등에 부정경쟁방지법의 규정과 다른 규정이 있는 경우에는 그 법에 의하도록 한 것에 지나지 아니하므로, 상표법 등 다른 법률에 의하여 보호되는 권리일지라도 그 법에 저촉되지 아니하는 범위 안에서는 위의 법률을 적용할 수 있다고 볼 것인데, 피고인들의 판시와 같은 행위에 대하여 위의 법률을 적용하는 것이 상표법이나 상법 중 상호에 관한 규정 등에 저촉된다고 할 수 없다. 물론 상표권자는 지정상품에 대하여 그 등록상표를 사용할 권리를 독점하는 것이고, 일단 등록된 상표는 심판에 의하여 무효로 확정되기까지는 유효한 것임은 소론과 같고, 그러므로 일반적으로는 상표법에 의한 상표권자의 상표권 행사가 국내에 널리 알려진 타인의 상표와 동일 또는 유사한 것을 사용하거나 이러한 것을 사용한 상품을 판매 반포하여 타인의 상품과 혼동을 일으키게 하는 행위에 해당하는 경우에도 위의 법률의 적용대상이 되지 않는다고 보는 것이 옳을 것이다. 그러나 상표의 등록이나 상표권의 양수가 자기의 상품을 타업자의 상품과 식별시킬 목적으로 한 것이 아니고, 국내에 널리 인식되어 사용되고 있는 타인의 상표가 상표 등록이 되어 있지 아니함을 알고, 그와 동일 또는 유사한 상표나 상호 표지 등을 사용하여 일반 수요자로 하여금 타인의 상품과 혼동을 일으키게 하거나 타인의 영업상의 시설이나 활동과 혼동을 일으키게 하여 이익을 얻을 목적으로 형식상 상표권을 취득하는 경우에는 그 상표의 등록출원이나 상표권의 양수 자체가 부정경쟁행위를 목적으로 하는 것으로서, 가사 권리행사의 외형을 갖추었다 하더라도 이는 상표법을 악용하거나 남용한 것이 되어 상표법에 의한 적법한 권리의 행사라고 인정할 수 없으므로, 위의 법률 제9조에 해당한다고 할 수 없다.

④ 검사 작성의 피고인 1에 대한 피의자신문조서의 기재에 의하면, 피고인 1이 위 상표권을 매수할 당시에 사임당가구는 가구업계나 국내 소비자에게 꽤 알려져 있었는데 공소외 이흥업이 수년간에 걸쳐 사임당이라는 상호로 가구를 제조·판매하여 온 사실과 처음 상표권을 취득한 공소외 1과 위 이흥업이 경영하는 주식회사 원신 사이에 등록무효심판청구가 제기되는 등 분쟁이 있음을 알고 있었고, 같은 피고인은 특별히 가구를 제조할 능력이나 계획도 없이 이 사건 상표권을 매수하여 독자적으로 가구점을 운영하는 7곳의 가구업자들에게 사용료 금3,000,000원씩을 받고 대리점설치계약을 체결하고 상표사용권을 설정하여 줌으로써 그들이 독자적으로 제조하거나 다

른 제조업자로 부터 매수한 가구 등에 사임당가구라는 상표를 붙여 판매하도록 하고 사임당가구라는 간판을 부착하도록 하였으며, 위 대리점설치계약은 피고인 2와 논의하여 하였는데 같은 피고인은 위 회사의 주식 10,000주 중 2,000주를 소유하면서 주로 대리점계약체결 등의 대리점 개설에 주력하였고 주식회사 원신의 기존대리점을 찾아 다니면서 사임당가구의 상표를 사용하지 못하도록 하였다는 것이므로, 원심이 피고인들이 공모하여 판시와 같은 범행을 하였다고 인정한 조처도 정당하고, 피고인 1이 위 상표권을 매수할 때까지는 피고인 2가 관여하지 아니하였다고 하여 피고인 2를 부정경쟁방지법 위반의 공동정범으로 인정하는데 장애가 된다고 할 수 없고, 원심이 인정한 범죄사실은 위의 법률 제2조 제1호 및 제2호의 구성요건에 해당하는 사실의 적시로서 부족함이 없다고 할 것이다. 따라서 논지는 이유가 없다.

22 후지카메라 사건 (2002도3445)

판시사항

(1) 상표적 사용의 의미와 사용 여부에 대한 판단 기준

(2) 피고인이 후지필름의 등록상표가 각인된 1회용 카메라의 빈 용기를 수집하여 다시 필름을 장전하고 일부 포장을 새롭게 하여 제조·판매한 행위가 후지필름의 등록상표를 침해하고 혼동을 야기하였다고 본 사례

(3) 상표권의 소진과 소진의 제한범위 및 그 판단 기준

판결요지

(1) 타인의 등록상표를 그 지정상품과 동일 또는 유사한 상품에 사용하면 타인의 상표권을 침해하는 행위가 된다고 할 것이나, 타인의 등록상표를 이용한 경우라고 하더라도 그것이 상표의 본질적인 기능이라고 할 수 있는 출처표시를 위한 것이 아니어서 상표의 사용으로 인식될 수 없는 경우에는 등록상표의 상표권을 침해한 행위로 볼 수 없다고 할 것이고, 그것이 상표로서 사용되고 있는지의 여부를 판단하기 위하여는, 상품과의 관계, 당해 표장의 사용태양(즉, 상품 등에 표시된 위치, 크기 등), 등록상표의 주지저명성 그리고 사용자의 의도와 사용경위 등을 종합하여 실제 거래계에서 그 표시된 표장이 상품의 식별 표지로서 사용되고 있는지 여부를 종합하여 판단하여야 한다.

(2) 피고인이 후지필름의 등록상표가 각인된 1회용 카메라의 빈 용기를 수집하여 다시 필름을 장전하고 일부 포장을 새롭게 하여 제조·판매한 행위가 후지필름의 등록상표를 침해하고 혼동을 야기하였다고 본 사례이다.

(3) 특별한 사정이 없는 한 상표권자 등이 국내에서 등록상표가 표시된 상품을 양도한 경우에는 당해 상품에 대한 상표권은 그 목적을 달성한 것으로서 소진되고, 그로써 상표권의 효력은 당해 상품을 사용, 양도 또는 대여한 행위 등에는 미치지 않는다고 할 것이나, 원래의 상품과의 동일성을 해할 정도의 가공이나 수선을 하는 경우에는 실질적으로 생산행위를 하는 것과 마찬가지이므로 이러한 경우에는 상표권자의 권리를 침해하는 것으

04 상표권 **491**

로 보아야 할 것이고, 동일성을 해할 정도의 가공이나 수선으로서 생산행위에 해당하는가의 여부는 당해 상품의 객관적인 성질, 이용형태 및 상표법의 규정취지와 상표의 기능 등을 종합하여 판단하여야 한다.

논점의 정리

(1) 원심의 판단

원심판결 이유에 의하면, 원심은, 피고인은 1회용 카메라의 제조 및 판매업에 종사하는 자인 바, ① 1999. 12.경부터 2000. 10. 17.까지 사이에 서울 송파구 석촌동에 있는 공장에서 피해자 후지필름 주식회사가 생산한 위 회사의 등록된 상표인 후지필름 (FUJIFILM)이 각인된 후지 슈퍼 800 등 1회용 카메라의 빈 용기를 수집하여 위 용기에 다시 필름을 장전하고 일부 포장을 새롭게 하여 제조·판매하는 방법으로 월평균 3만여 개, 위 기간 동안 30만여 개 시가 약 24억 원 상당을 제조·판매한 사실, ② 공소외인과 공모하여, 2000. 10. 18.경부터 2001. 4. 12.경까지 사이에 위 공장에서 전항 기재와 같은 방법으로 1회용 카메라를 제조·판매하는 방법으로 월평균 3만여 개, 위 기간 동안 18만여 개 시가 약 14억 4천만 원 상당을 제조·판매하여 각 위 등록된 상표권을 침해하고, 국내에 널리 알려진 위 후지필름의 상표가 각인된 위 용기를 사용하여 미라클이라는 상표로 카메라를 생산, 판매하여 후지필름의 1회용 카메라와 혼동을 일으키게 하였다고 인정한 다음, 후지필름 주식회사가 생산하였다가 사용 후 회수된 1회용 카메라를 매입한 후 이를 재활용하여 'Miracle'이라는 피고인의 상표를 표기하여 시중에 유통시키는 과정에서 이미 각인된 'FUJIFILM' 상표 중 미세한 부분을 미처 지우지 못한 과실이 있을 뿐, 결코 후지필름 주식회사의 등록상표인 'FUJIFILM'으로 오인시켜 유통시키려고 한 것이 아니므로 상표권 침해의 고의가 없었고, 이 사건 재활용 카메라의 포장용기 및 몸체의 종이옷에는 'Miracle' 상표가 선명하고 확연하게 표시되어 있어 위 재활용 카메라가 후지필름 주식회사가 생산한 것이라고 오인시켜 상품의 출처에 대한 오인·혼동을 일으킬 염려가 전혀 없다는 피고인의 주장에 대하여, 피고인의 상표권 침해의 범의를 포함한 이 사건 상표법 위반 및 부정경쟁방지 및 영업비밀보호에 관한 법률 위반의 범죄사실을 충분히 인정할 수 있다는 이유로 이를 받아들이지 아니하였다.

(2) 대법원의 판단

① 원심판결 이유에 의하면, 원심은 그 채택 증거를 종합하여 피고인에 대한 상표권 침해의 범의를 포함한 이 사건 공소사실을 유죄로 인정하였는 바, 기록과 대조하여 살펴보면 원심의 판단은 정당하고 거기에 상고이유에서 주장하는 바와 같은 채증법칙 위배로 인한 사실오인 등의 위법이 있다고 할 수 없다. 이 부분 상고이유는 받아들일 수 없다.

② 타인의 등록상표를 그 지정상품과 동일 또는 유사한 상품에 사용하면 타인의 상표권을 침해하는 행위가 된다고 할 것이나, 타인의 등록상표를 이용한 경우라고 하더라도 그것이 상표의 본질적인 기능이라고 할 수 있는 출처표시를 위한 것이 아니어서 상표의 사용으로 인식될 수 없는 경우에는 등록상표의 상표권을 침해한 행위로 볼 수 없다고 할 것이고, 그것이 상표로서 사용되고 있는지의 여부를 판단하기 위하여는, 상품과의 관계, 당해 표장의 사용태양(즉, 상품 등에 표시된 위치, 크기 등),

등록상표의 주지저명성 그리고 사용자의 의도와 사용경위 등을 종합하여 실제 거래 계에서 그 표시된 표장이 상품의 식별 표지로서 사용되고 있는지 여부를 종합하여 판단하여야 할 것이다.

기록에 비추어 살펴보면, 일본국 후지사진필름 주식회사(이하 '후지필름'이라 한다) 는 우리 나라 특허청에 필름, 렌즈, 프로세서 카메라 등을 지정상품으로 하여 'FUJIFILM'이라는 상표를 등록한 사실, 후지필름은 1988.경 필름업계 최초로 1회용 카메라 "퀵스냅"을 개발하였고, 1989. 4.경 이를 국내에 도입하여 판매하였으며, 이 후 대대적인 광고를 통하여 "퀵스냅"이 1회용 카메라의 고유명사가 될 정도로 소비자 인지도가 높은 상황이었고, 1990.부터는 타사 상품이 나오기는 하였으나 1993.까지 1회용 카메라 시장의 70%이상을 점유한 사실, 후지필름에서 'Quick Snap Super' 또는 'Quick Snap Superia'라는 명칭으로 생산된 1회용 카메라의 몸체에는 렌즈의 좌측에 가로 20㎜, 세로 3㎜ 정도의 비교적 큰 글씨로 1번, 렌즈의 둘레에 가로 8㎜, 세로 1㎜ 정도의 작은 글씨로 3번, 플래쉬 부분에 가로 10㎜, 세로 2㎜ 정도의 작은 글씨로 1번, 잔여 필름 표시 부분에 작은 글씨로 1번 각 'FUJUFILM' 이라는 상표가 새겨져 있고, 그 외에 상품명을 표시하는 'Quick Snap Super', 'Quick Snap SUPERIA'의 표시가 종이상자에 여러 군데 기재되어 있는 사실, 피고인은 후지필름 에서 생산되었다가 사용 후 회수된 1회용 카메라 몸체의 렌즈 둘레와 플래쉬 부분에 위와 같이 'FUJIFILM'이라는 상표가 새겨져 있음을 알면서도 이를 제거하거나 가리 지 아니한 상태에서(일부 제품에는 렌즈 좌측 부분의 상표만을 가림) 그 몸체 부분을 'Miracle'이라는 상표가 기재된 포장지로 감싼 후 새로운 1회용 카메라를 생산하여 이를 판매한 사실, "miracle"라는 의미는 "기적, 불가사의한(놀랄 만한) 사물(사람)" 을 나타내는 말로 그 자체로 상품의 출처를 나타내는 기능은 없고, 그것이 주지 저명 한 것도 아니어서 피고인의 상품임을 나타낸다고 볼 수도 없는 사실을 인정할 수 있는 바, 사정이 이와 같다면, 비록 'Miracle'이라는 상표를 별도로 표시하였다거나 'FUJIFILM'이라는 상표가 'Miracle'이라는 상표보다 작거나 색상면에서 식별이 용 이하지 아니하다고 할지라도 피고인은 그가 제작·판매하는 이 사건 1회용 카메라 에 후지필름의 이 사건 등록상표를 상표로서 사용하였다고 보아야 할 것이고, 또한, 이 사건 1회용 카메라는 후지필름에서 생산되는 'Quicksnap'과 마찬가지로 후지필 름에서 생산되는 상품의 일종인 'Miracle'이라고 혼동할 염려가 있고 이는 상품주체 의 혼동을 야기하는 행위라고 할 것이므로, 같은 취지에서 피고인이 이 사건 등록상 표를 침해하고 혼동을 일으키게 하였다고 본 원심의 판단은 그 이유 설시에 있어서 다소 미흡한 점은 있으나 결론에 있어서 정당한 것으로 수긍이 가고, 거기에 상표의 사용이나 부정경쟁방지 및 영업비밀보호에 관한 법률에서의 혼동에 관한 법리오해 등의 위법이 있다고 할 수 없다. 이 부분 상고이유도 받아들일 수 없다.

③ 특별한 사정이 없는 한 상표권자 등이 국내에서 등록상표가 표시된 상품을 양도한 경우에는 당해 상품에 대한 상표권은 그 목적을 달성한 것으로서 소진되고, 그로써 상표권의 효력은 당해 상품을 사용, 양도 또는 대여한 행위 등에는 미치지 않는다고 할 것이나, 원래의 상품과의 동일성을 해할 정도의 가공이나 수선을 하는 경우에는 실질적으로 생산행위를 하는 것과 마찬가지이므로 이러한 경우에는 상표권자의 권

리를 침해하는 것으로 보아야 할 것이다. 그리고 동일성을 해할 정도의 가공이나 수선으로서 생산행위에 해당하는가의 여부는 당해 상품의 객관적인 성질, 이용형태 및 상표법의 규정취지와 상표의 기능 등을 종합하여 판단하여야 할 것이다.

기록에 비추어 살펴보면, 후지필름이 제조한 1회용 카메라는 1회 사용을 전제로 하여 촬영이 끝난 후 현상소에 맡겨져 카메라의 봉인을 뜯고 이미 사용한 필름을 제거하여 이를 현상함으로써 그 수명을 다하게 되며, 이에 따라 그 카메라 포장지에도 현상 후 그 몸체는 반환되지 아니한다고 기재되어 있는 사실, 피고인이 이미 수명이 다하여 더 이상 상품으로서 아무런 가치가 남아 있지 아니한 카메라 몸체를 이용하여 1회용 카메라의 성능이나 품질면에서 중요하고도 본질적인 부분인 새로운 필름(후지필름이 아닌 타회사 제품) 등을 갈아 끼우고 새로운 포장을 한 사실을 인정할 수 있는 바, 피고인의 이러한 행위는 단순한 가공이나 수리의 범위를 넘어 상품의 동일성을 해할 정도로 본래의 품질이나 형상에 변경을 가한 경우에 해당된다 할 것이고 이는 실질적으로 새로운 생산행위에 해당한다고 할 것이므로, 이 사건 등록상표의 상표권자인 후지필름은 여전히 상표권을 행사할 수 있다고 보아야 할 것이다. 후지필름이 이 사건 등록상표의 상표권을 행사할 수 있음을 전제로 한 원심의 판단은 그 이유 설시에 있어서 다소 미흡한 점은 있으나 결론에 있어서 정당한 것으로 수긍이 가고, 거기에 상표권의 소진 또는 소모이론에 관한 법리오해 등의 위법이 있다고 할 수 없다. 이 부분 상고이유 역시 받아들일 수 없다.

23 사기도박카드 사건 (2009도3929)

판시사항

(1) 등록상표가 표시된 상품의 양수인 등이 원래의 상품과의 동일성을 해할 정도의 가공이나 수선을 하여 상표권자의 권리를 침해하였는지 여부의 판단 기준

(2) 타인의 등록상표가 인쇄된 트럼프 카드의 뒷면에 특수염료로 무늬와 숫자를 인쇄하여 색약보정용 콘택트렌즈를 착용하면 식별할 수 있는 카드를 제조·판매한 사안에서, 상표법 위반죄의 성립을 부정한 사례

판결요지

(1) 상표권자 등이 국내에서 등록상표가 표시된 상품을 양도한 경우에는 특별한 사정이 없는 한 당해 상품에 대한 상표권은 그 목적을 달성하여 소진되므로, 양수인 등이 당해 상품을 사용·양도 또는 대여하는 행위 등에는 상표권의 효력이 미치지 않는다. 다만, 양수인 등이 원래의 상품과의 동일성을 해할 정도의 가공이나 수선을 하는 때에는 실질적으로는 생산행위를 하는 것과 마찬가지이어서 새로 생성된 제품에 종전 상품에 표시된 상표를 그대로 유지하게 되면 상품의 출처표시 기능이나 품질보증 기능을 해치게 되므로 이러한 경우에는 상표권자의 권리가 침해된다고 보아야 하는 바, 동일성을 해할 정도의 가공이나 수선에 해당하는지 여부는 당해 상품의 객관적인 성질, 이용형태 및 상표법의 규정 취지와 상표의 기능 등을 종합하여 판단하여야 한다.

(2) 타인의 등록상표가 인쇄된 트럼프 카드를 구입한 후 그 카드의 뒷면에 특수염료로 무늬와 숫자를 인쇄하여 색약보정용 콘택트렌즈 또는 적외선 필터를 사용하면 식별할 수 있지만 육안으로는 식별이 불가능한 카드를 제조·판매한 사안에서, 그 제조·판매 행위가 원래의 상품과의 동일성을 해할 정도의 가공·수선이라고 하거나 상표의 출처표시 기능이나 품질보증 기능을 침해하였다고 볼 수 없다는 이유로 상표법 위반죄의 성립을 부정한 사례이다.

논점의 정리

(1) 피고인 2의 상고이유에 관한 판단 및 피고인 1에 대한 직권판단

① 상표권자 등이 국내에서 등록상표가 표시된 상품을 양도한 경우에는 특별한 사정이 없는 한 당해 상품에 대한 상표권은 그 목적을 달성하여 소진되므로, 양수인 등이 당해 상품을 사용·양도 또는 대여하는 행위 등에는 상표권의 효력이 미치지 않는다. 다만, 양수인 등이 원래의 상품과의 동일성을 해할 정도의 가공이나 수선을 하는 때에는 실질적으로는 생산행위를 하는 것과 마찬가지이어서 새로 생성된 제품에 종전 상품에 표시된 상표를 그대로 유지하게 되면 상품의 출처표시 기능이나 품질보증 기능을 해치게 되므로 이러한 경우에는 상표권자의 권리가 침해된다고 보아야 하는바, 동일성을 해할 정도의 가공이나 수선에 해당하는지 여부는 당해 상품의 객관적인 성질, 이용형태 및 상표법의 규정취지와 상표의 기능 등을 종합하여 판단하여야 한다.

② 그런데 피고인 2에 대한 공소사실 및 피고인 1에 대한 상표법 위반 부분 공소사실의 요지는, 피고인들이 타인의 등록상표가 인쇄된 트럼프 카드의 뒷면에 특수염료로 무늬와 숫자를 인쇄하여 색약보정용 콘택트렌즈를 착용하면 식별할 수 있는 이 사건 카드를 제조·판매함으로써 상표권자의 상표권을 각 침해하였다는 것이고, 원심판결 이유와 기록에 의하면, 이 사건 카드의 제조에 사용된 트럼프 카드는 모두 그 상표권자 등으로부터 적법하게 구입한 것인 사실, 이 사건 카드의 뒷면에 특수염료로 인쇄된 무늬와 숫자는 적외선 카메라 필터로만 식별이 가능할 뿐 육안으로는 식별이 불가능한 사실을 알 수 있다.

이를 앞서 본 법리에 비추어 살펴보면, 피고인들의 이 사건 카드 제조·판매행위가 원래의 상품과의 동일성을 해할 정도의 가공이나 수선이라고 평가되지 않는 한 원래의 트럼프 카드에 사용된 상표권은 상표권자 등이 위와 같이 카드를 양도함으로써 소진되었다 할 것인데, 비록 피고인들이 카드의 뒷면에 특수염료로 무늬와 숫자를 인쇄하였다 하더라도 육안으로는 그 무늬와 숫자를 식별하기 불가능하여 이를 특수한 목적을 가진 사람이 특수한 방법으로 사용하지 않는 이상 여전히 그 본래의 용도대로 사용될 수 있고, 이 사건 카드를 다시 사용·양도 또는 판매하는 경우에도 이를 알고서 취득하는 수요자로서는 그 원래 상품의 출처를 혼동할 염려가 없으며 이를 모르고 취득하는 수요자들로서도 상표권자가 제조한 그대로의 상품을 취득한 것으로 인식하여 그 본래의 기능에 따라 사용하게 될 것이므로, 피고인들의 위와 같은 이 사건 카드 제조·판매행위를 가리켜 원래의 상품과의 동일성을 해할 정도의 가공·수선이라고 하거나 상표의 출처표시 기능이나 품질보증 기능을 침해하였다고 하기 어렵다.

그럼에도 원심은, 그 판시와 같은 가공행위만으로 피고인들이 원래의 카드와 동일성이 없는 새로운 카드를 생산하였다고 단정하여 피고인 2의 공소사실과 피고인 1의 상표법 위반 부분 공소사실을 모두 유죄로 판단하였는 바, 이와 같은 원심의 판단에는 상표권의 침해에 관한 법리를 오해한 위법이 있고, 이는 판결결과에 영향을 미쳤음이 분명하다. 이 점을 지적하는 피고인 2의 상고이유는 이유 있고, 피고인 1의 상표법 위반 부분에 대하여도 법률의 적용에 관한 공통되는 위법이 있어 그와 형법 제37조 전단의 경합범 관계에 있는 피고인 1의 의료기기법 위반 부분과 함께 파기하기로 한다.

24 메트로시티(권리소진) 사건 (2018도14446)

(1) 상표권자 또는 그의 동의를 얻은 자가 국내에서 등록상표가 표시된 상품을 양도한 경우, 해당 상품에 대한 상표권이 소진되는지 여부(적극) / 통상사용권계약상 통상사용권의 범위를 넘는 통상사용권자의 상표 사용행위는 상표권자의 동의를 받지 않은 것으로 볼 수 있는지 여부(적극) 및 통상사용권자가 계약상 부수적인 조건을 위반하여 상품을 양도한 경우, 상표권의 소진 여부 및 상표권이 침해되었는지 판단하는 기준

(2) 온라인몰 시계판매업체의 실질적 대표자인 피고인이, 상표권자인 甲 주식회사가 乙 주식회사에 甲 회사와 합의된 매장에서 판매하는 경우에는 상표를 사용할 수 있는 조건으로 통상사용권을 부여한 'M'자 문양의 브랜드가 부착된 시계를 위 약정에 위반하여 乙 회사로부터 납품받아 甲 회사와 합의되지 않은 온라인몰이나 오픈마켓 등에서 판매함으로써 甲 회사의 상표권을 침해하였다는 내용으로 기소된 사안에서, 乙 회사가 피고인에게 상품을 공급함으로써 해당 상품에 대한 상표권은 그 목적을 달성한 것으로서 소진되고, 그로써 상표권의 효력은 해당 상품을 사용, 양도 또는 대여한 행위 등에는 미치지 않는다고 한 사례

(1) 상표권자 또는 그의 동의를 얻은 자가 국내에서 등록상표가 표시된 상품을 양도한 경우에는 해당 상품에 대한 상표권은 그 목적을 달성한 것으로서 소진되고, 그로써 상표권의 효력은 해당 상품을 사용, 양도 또는 대여한 행위 등에는 미치지 않는다. 한편 지정상품, 존속기간, 지역 등 통상사용권의 범위는 통상사용권계약에 따라 부여되는 것이므로 이를 넘는 통상사용권자의 상표 사용행위는 상표권자의 동의를 받지 않은 것으로 볼 수 있다. 하지만 통상사용권자가 계약상 부수적인 조건을 위반하여 상품을 양도한 경우까지 일률적으로 상표권자의 동의를 받지 않은 양도행위로서 권리소진의 원칙이 배제된다고 볼 수는 없고, 계약의 구체적인 내용, 상표의 주된 기능인 상표의 상품 출처표시 및 품질보증 기능의 훼손 여부, 상표권자가 상품 판매로 보상을 받았음에도 추가적인 유통을 금지할 이익과 상품을 구입한 수요자 보호의 필요성 등을 종합하여 상표권의 소진 여부 및 상표권이 침해되었는지 여부를 판단하여야 한다.

(2) 온라인몰 시계판매업체의 실질적 대표자인 피고인이, 상표권자인 甲 주식회사가 乙 주식회사에 甲 회사와 합의된 매장에서 판매하는 경우에는 상표를 사용할 수 있는 조건으로 통상사용권을 부여한 'M'자 문양의 브랜드가 부착된 시계를 위 약정에 위반하여 乙 회사로부터 납품받아 甲 회사와 합의되지 않은 온라인몰이나 오픈마켓 등에서 판매함으로써 甲 회사의 상표권을 침해하였다는 내용으로 기소된 사안에서, 피고인이 판매한 시계는 甲 회사의 허락을 받아 乙 회사가 적법하게 상표를 부착하여 생산한 진정상품으로서, 판매장소 제한 약정을 위반하여 피고인의 인터넷 쇼핑몰에서 상품을 유통시킨 것만으로는 상표의 출처표시 기능이나 품질보증 기능이 침해되었다고 보기 어려운 점, 상표권사용계약상 乙 회사에 시계 상품에 대한 제조·판매 권한이 부여되어 있고, 판매를 전면 금지한 재래시장과는 달리 할인매장과 인터넷 쇼핑몰에서의 판매는 상표권자의 동의 하에 가능하여 유통이 원천적으로 금지되지도 않은 점, 피고인의 인터넷 쇼핑몰이 판매가 허용된 다른 인터넷 쇼핑몰과 근본적인 차이가 없고, 인터넷 쇼핑몰에서 판매된다는 것만으로 바로 甲 회사 상표의 명성이나 그동안 甲 회사가 구축한 상표권에 대한 이미지가 손상된다고 보기도 어려운 점, 甲 회사는 상표권사용계약에 따라 乙 회사로부터 상표권 사용료를 지급받기로 하였고, 乙 회사는 피고인으로부터 대가를 받고 상품을 공급한 것이므로, 상품이 판매됨으로써 상표권자에게 금전적 보상이 이루어졌다고 볼 수 있고, 상표권자가 추가적인 유통을 금지할 이익이 크다고 보기 어려운 반면 거래를 통해 상품을 구입한 수요자 보호의 필요성은 인정되는 점을 종합하면, 결국 乙 회사가 피고인에게 상품을 공급함으로써 해당 상품에 대한 상표권은 그 목적을 달성한 것으로서 소진되고, 그로써 상표권의 효력은 해당 상품을 사용, 양도 또는 대여한 행위 등에는 미치지 않는다는 이유로, 이와 달리 본 원심판단에 상표권의 소진에 관한 법리를 오해한 잘못이 있다고 한 사례이다.

논점의 정리

상고이유를 판단한다.

(1) 이 사건 공소사실의 요지

피고인은 온라인몰 시계판매업체인 (상호 생략)(영문 상호 생략)의 실질적 대표자이다. 피고인은 2012. 9.경부터 2016. 4. 8.까지 상표권자인 피해자 공소외 1 주식회사(이하 '피해자 회사'라 한다)가 공소외 2 주식회사(이하 '공소외 2 회사'라 한다)에게 피해자 회사와 합의된 매장에서 판매하는 경우에는 상표를 사용할 수 있는 조건으로 통상사용권을 부여한 'M'자 문양의 ○○○○○ 브랜드가 부착된 시계를 위 약정에 위반하여 공소외 2 회사로부터 납품받아 피해자 회사와 합의되지 않은 온라인몰이나 오픈마켓 등에서 판매함으로써 피해자의 상표권을 침해하였다.

(2) 상표권의 소진에 관한 판단

① 상표권자 또는 그의 동의를 얻은 자가 국내에서 등록상표가 표시된 상품을 양도한 경우에는 해당 상품에 대한 상표권은 그 목적을 달성한 것으로서 소진되고, 그로써 상표권의 효력은 해당 상품을 사용, 양도 또는 대여한 행위 등에는 미치지 않는다. 한편, 지정상품, 존속기간, 지역 등 통상사용권의 범위는 통상사용권계약에 따라 부여되는 것이므로 이를 넘는 통상사용권자의 상표 사용행위는 상표권자의 동의를

받지 않은 것으로 볼 수 있다. 하지만 통상사용권자가 계약상 부수적인 조건을 위반하여 상품을 양도한 경우까지 일률적으로 상표권자의 동의를 받지 않은 양도행위로서 권리소진의 원칙이 배제된다고 볼 수는 없고, 계약의 구체적인 내용, 상표의 주된 기능인 상표의 상품 출처표시 및 품질보증 기능의 훼손 여부, 상표권자가 상품 판매로 보상을 받았음에도 추가적인 유통을 금지할 이익과 상품을 구입한 수요자 보호의 필요성 등을 종합하여 상표권의 소진 여부 및 상표권이 침해되었는지 여부를 판단하여야 한다.

② 원심판결 이유와 기록에 의하면 다음의 사실을 알 수 있다.

㉠ 피해자 회사는 'Ⓜ' 상표 등의 상표권자로서 '○○○○○' 브랜드를 운영하고 있다.

㉡ 피해자 회사는 2010. 7. 1. 상표사용료를 받는 조건으로 공소외 2 회사에게 위 등록상표의 지정상품인 팔목시계 등 상품을 개발, 판매할 권한을 2015. 6. 30.까지 수여하는 내용의 상표권사용계약을 체결하였다. 위 계약서에는 "공소외 2 회사는 피해자 회사와 합의된 고품격의 전문점과 백화점, 면세점 등에서 제품을 판매하여야 하며 할인매장과 인터넷 쇼핑몰에서 판매하고자 할 경우, 반드시 피해자 회사의 사전 동의를 득하여야 하며, 재래시장에서는 상품을 판매할 수 없다."라는 판매장소 제한 약정이 기재되어 있다.

㉢ 위 계약 종료를 앞둔 2015. 6. 30. 피해자 회사는 공소외 2 회사와 협의서를 작성하면서 공소외 2 회사가 2015. 12. 31.까지 잔여 재고를 처리할 수 있게 하는 대신 그 기간의 상표사용료를 지급받기로 약정하였는데, 기존의 판매장소 외에 피해자 회사가 지정한 아울렛 매장, 인터넷 쇼핑몰 중 피해자 회사의 직영몰과 백화점 쇼핑몰 6곳에서의 판매도 허용하되, 그 외의 곳에서 판매하는 경우 계약을 무효로 하고 손해배상을 하는 내용이 추가되었다.

㉣ 피고인은 (상호 생략)(영문 상호 생략)의 운영자로서 공소사실 기재와 같이 공소외 2 회사로부터 납품받은 시계를 온라인으로 판매해 왔다.

③ 위 인정 사실 및 관련 법리에 비추어 살펴본다.

㉠ 피고인이 판매한 시계는 상표권자인 피해자 회사의 허락을 받아 공소외 2 회사가 적법하게 상표를 부착하여 생산한 소위 진정상품으로서, 판매장소 제한 약정을 위반하여 피고인의 인터넷 쇼핑몰에서 상품을 유통시킨 것만으로는 상표의 출처표시 기능이나 품질보증 기능이 침해되었다고 보기 어렵다.

㉡ 또한 상표권사용계약상 공소외 2 회사에게 시계 상품에 대한 제조·판매 권한이 부여되어 있고, 판매를 전면 금지한 재래시장과는 달리 할인매장과 인터넷 쇼핑몰에서의 판매는 상표권자의 동의 하에 가능하여 유통이 원천적으로 금지되지도 않았으며, 실제로 재고품 처리를 위한 협약서에는 피해자 회사의 직영몰, 백화점 쇼핑몰 등 일부 인터넷 쇼핑몰에서의 판매가 허용되기도 하였다.

㉢ 이 사건에서 피고인의 인터넷 쇼핑몰이 판매가 허용된 다른 인터넷 쇼핑몰과 근본적인 차이가 있다고 보이지 않고, 인터넷 쇼핑몰에서 판매된다는 것만으로 바로 피해자 회사 상표의 명성이나 그동안 피해자 회사가 구축한 상표권에 대한 이미지가 손상된다고 보기도 어렵다.

㉣ 피해자 회사는 상표권사용계약에 따라 공소외 2 회사로부터 상표권 사용료를 지

급받기로 하였고, 공소외 2 회사는 피고인으로부터 대가를 받고 상품을 공급한 것이므로, 상품이 판매됨으로써 상표권자에게 금전적 보상이 이루어졌다고 볼 수 있다. 이 사건에서 상표권자가 추가적인 유통을 금지할 이익이 크다고 보기는 어려운 반면, 거래를 통해 상품을 구입한 수요자 보호의 필요성은 인정된다.

ⓜ 결국 공소외 2 회사가 피고인에게 상품을 공급함으로써 해당 상품에 대한 상표권은 그 목적을 달성한 것으로서 소진되고, 그로써 상표권의 효력은 해당 상품을 사용, 양도 또는 대여한 행위 등에는 미치지 않는다.

④ 그런데도 원심은, 공소외 2 회사가 상표권자와의 판매장소 제한 약정을 위반하여 시계를 피고인에게 판매한 행위는 상표권 침해에 해당하고, 피고인에게 상표권 소진 이론이 적용될 여지가 없다고 판단하였다. 이러한 원심의 판단에는 상표권의 소진에 관한 법리를 오해하여 판결에 영향을 미친 잘못이 있다. 이를 지적하는 피고인의 상고이유 주장은 정당하다.

(3) 피고인의 고의에 관한 판단

① 형사재판에서 유죄의 인정은 법관으로 하여금 합리적인 의심을 할 여지가 없을 정도로 공소사실이 진실한 것이라는 확신을 가지게 하는 증명력을 가진 증거에 의하여야 한다. 검사의 증명이 이러한 확신을 가지게 하는 정도에 충분히 이르지 못한 경우에는 설령 유죄의 의심이 든다고 하더라도 피고인의 이익으로 판단하여야 한다. 이 사건에서 피고인에게 상표권 침해죄의 죄책을 묻기 위해서는 피해자 회사와 공소외 2 회사 사이의 계약조건에 위반되어 상품이 공급된 것을 피고인이 인식하였어야 하는데, 기록에 의하여 알 수 있는 다음과 같은 사정들에 비추어 보면, 검사가 제출한 증거들만으로는 피고인이 이를 인식하였음이 합리적인 의심을 할 여지가 없을 정도로 증명되었다고 볼 수 없다.

㉠ 피고인은 일관하여 상표권 침해 사실을 부인하면서 판매장소 제한 약정을 알지 못하였다는 취지로 주장하여 왔고, 공소외 2 회사 또는 피해자 회사가 사전에 피고인에게 판매장소 제한 약정을 알려주었다는 증거가 없다.

㉡ 피해자 회사의 고소장에는 2012. 9. 11.경 피고인에게 경고문을 발송했다는 취지가 기재되어 있으나 피고인은 이를 받지 못했다고 다투고 있을 뿐만 아니라, 위 경고문에는 판매장소 제한 약정을 위반했다는 내용도 나타나지 않는다.

㉢ 오히려 피고인이 제출한 증거에 의하면 공소외 2 회사는 2015. 1. 5. '○○○○ ○ 손목시계 정품 확인서' 및 2016. 3. 2. '○○○○○ 손목시계 생산 확인서'를 피고인에게 작성해 주었는데, 여기에는 "피고인에게 납품한 제품은, 공소외 2 회사가 정식 라이센스를 받아 제조한 정품으로서 정식유통이 가능하고, 위조상품 및 상표위반 상품인 경우 손해배상을 하겠다."는 내용이 기재되어 있다.

② 그런데도 원심은 피고인의 시계판매업 경력, 상표권에 대한 경험과 지식 등에 비추어 볼 때, 피고인에게는 적어도 이 사건 상표권 침해행위에 대한 미필적 고의가 인정된다고 보아 공소사실을 유죄로 판단하였다. 이러한 원심의 판단에는 필요한 심리를 다하지 않은 채 논리와 경험의 법칙을 위반하여 자유심증주의의 한계를 벗어나거나 상표법 위반죄의 고의에 관한 법리를 오해하여 판결에 영향을 미친 잘못이 있다. 이를 지적하는 피고인의 상고이유 주장은 정당하다.

판시사항

국내의 등록상표와 동일·유사한 상표가 부착된 지정상품과 동일·유사한 상품을 수입하는 행위가 그 등록상표권의 침해 등을 구성하지 않는다고 하기 위한 요건

판결요지

국내에 등록된 상표와 동일·유사한 상표가 부착된 지정상품과 동일·유사한 상품을 수입하는 행위가 그 등록상표권의 침해 등을 구성하지 않는다고 하기 위해서는, 외국의 상표권자 내지 정당한 사용권자가 그 수입된 상품에 상표를 부착하였어야 하고, 그 외국 상표권자와 우리나라의 등록상표권자가 법적 또는 경제적으로 밀접한 관계에 있거나 그 밖의 사정에 의하여 위와 같은 수입상품에 부착된 상표가 우리나라의 등록상표와 동일한 출처를 표시하는 것으로 볼 수 있는 경우이어야 한다. 아울러 그 수입된 상품과 우리나라의 상표권자가 등록상표를 부착한 상품 사이에 품질에 있어 실질적인 차이가 없어야 하고, 여기에서 품질의 차이란 제품 자체의 성능, 내구성 등의 차이를 의미하는 것이지 그에 부수되는 서비스로서의 고객지원, 무상수리, 부품교체 등의 유무에 따른 차이를 말하는 것이 아니다.

논점의 정리

상고이유를 본다.

(1) 상고이유 제1점, 제2점에 관하여

① 국내에 등록된 상표와 동일·유사한 상표가 부착된 그 지정상품과 동일·유사한 상품을 수입하는 행위가 그 등록상표권의 침해 등을 구성하지 않는다고 하기 위해서는, 외국의 상표권자 내지 정당한 사용권자가 그 수입된 상품에 상표를 부착하였어야 하고, 그 외국 상표권자와 우리나라의 등록상표권자가 법적 또는 경제적으로 밀접한 관계에 있거나 그 밖의 사정에 의하여 위와 같은 수입상품에 부착된 상표가 우리나라의 등록상표와 동일한 출처를 표시하는 것으로 볼 수 있는 경우이어야 하며, 아울러 그 수입된 상품과 우리나라의 상표권자가 등록상표를 부착한 상품 사이에 품질에 있어 실질적인 차이가 없어야 할 것이고, 여기에서 품질의 차이란 제품 자체의 성능, 내구성 등의 차이를 의미하는 것이지 그에 부수되는 서비스로서의 고객지원, 무상수리, 부품교체 등의 유무에 따른 차이를 말하는 것이 아니다.

② 위 법리와 기록에 비추어 살펴보면, 이 사건 수입제품은 이 사건 "STARCRAFT" 상표의 미국 내 상표권자인 블리자드 사(Blizzard Entertainment, Inc.)가 적법하게 상표를 부착하여 미국에서 판매한 소위 진정상품으로서, 미국 상표권자와 국내의 등록상표권자가 위 블리자드 사로 동일하고, 이 사건 "STARCRAFT" 상표와 관련하여 그 전용사용권자인 원고가 국내에서 독자적인 영업상 신용을 쌓아옴으로써 국내의 일반 수요자들 사이에 국내 등록상표의 출처를 이 사건 상표권자인 블리자드 사가 아닌 원고로 인식하기에 이르렀다고 볼 수 없으므로, 이 사건 수입제품에 부착된 상표가 국내의 등록상표와 동일한 출처를 표시하는 것으로 볼 수 있고, 네트워크를 통한 오락용 컴퓨터 소프트웨어 시디(CD)인 이 사건 수입제품은 디지털화된 정보를 담고 있는 매개체로서 생산자나 판매국에 따라 부수적인 정보에 있어서 다소간의 차이가 있을지언정 그 주된 내용인 게임의 실행과정에 있어서는 동일한 내용을 담고

있을 수밖에 없다는 특성에 비추어 볼 때 국내 등록상표품인 원고의 제품과 이 사건 수입제품 사이에 품질에 있어 차이가 있다고 할 수 없고, 이는 국내 상품이 이 사건 수입제품에 비해 시디 키(CD key)의 사후적 관리가 이루어지는 등 그 부수적 서비스에 차이가 있다고 하더라도 달라지지 않는다는 원심의 사실인정과 판단은 정당하고, 거기에 상고이유로 주장하는 바와 같은 법리오해, 채증법칙 위배 등의 위법은 없다.

(2) 상고이유 제3점에 관하여

원심은 그 판결에서 채용하고 있는 증거를 종합하여 그 판시와 같은 사실을 인정한 후, 그 인정 사실만으로는 피고 고병국이 이 사건 제품을 수입하였다고 보기 어렵다고 판단하고 있는 바, 기록에 비추어 살펴보면 원심의 판단은 수긍이 가고, 거기에 상고이유로 주장하는 채증법칙 위배의 위법은 없다.

26 K-SWISS 사건 (2010도790)

판시사항

(1) 국내의 등록상표와 동일·유사한 상표가 부착된 지정상품과 동일·유사한 상품을 수입하는 행위가 그 등록상표권의 침해 등을 구성하지 않는다고 하기 위한 요건

(2) 국내에 등록된 상표 "K·SWISS"가 표시된 슬리퍼를 수입하여 상표법 위반으로 기소된 사안에서, 상표권자인 외국 회사와 국내 전용사용권자가 어떠한 법적·경제적인 관계가 있다거나 그 밖의 다른 사정에 의하여 위 수입상품의 출처가 실질적으로 동일하다고 볼 수 없어, 이는 국내 전용사용권자의 전용사용권을 침해하는 행위라고 본 원심판단을 수긍한 사례

논점의 정리

상고이유를 판단한다.

(1) 국내에 등록된 상표와 동일·유사한 상표가 부착된 그 지정상품과 동일·유사한 상품을 수입하는 행위가 그 등록상표권의 침해 등을 구성하지 않는다고 하기 위해서는, 외국의 상표권자 내지 정당한 사용권자가 그 수입된 상품에 상표를 부착하였어야 하고, 그 외국 상표권자와 우리나라의 등록상표권자가 법적 또는 경제적으로 밀접한 관계에 있거나 그 밖의 사정에 의하여 위와 같은 수입상품에 부착된 상표가 우리나라의 등록상표와 동일한 출처를 표시하는 것으로 볼 수 있는 경우이어야 하며, 아울러 그 수입된 상품과 우리나라의 상표권자가 등록상표를 부착한 상품 사이에 품질에 있어 실질적인 차이가 없어야 할 것이다.

원심판결 이유와 제1심 및 원심이 적법하게 조사한 증거에 의하면, 'K·SWISS'는 케이스위스 인크가 우리나라 특허청에 지정상품을 샌달 등으로 하여 등록한 상표인데(이하 '이 사건 상표'라고 한다) 주식회사 화승(이하 '화승'이라고 한다)이 이 사건 상표에 관하여 2005. 1. 1.부터 2009. 12. 31.까지 대한민국 전역을 범위로 전용사용권 설정등록한

사실, 화승은 케이 스위스 인크와 상표사용계약을 체결하여 2005. 1. 1.경부터 부산 소재 우성산업으로 하여금 이 사건 상표가 표시된 슬리퍼를 제작하게 하여 화승이 이를 판매하고 있는 사실, 화승은 자체 디자인팀에서 이 사건 상표가 표시될 상품에 대한 디자인을 만든 뒤 미국 본사와 협의를 거쳐 상품을 생산하고 있으며, 화승은 주로 신문 (메트로 등 잡지)을 통해 국내에서 판매되는 이 사건 상표 표시 상품에 대한 종합적인 광고를 하고 있는 사실, 피고인은 제1심 공동피고인 2, 제1심 공동피고인 3과 공모하여 공소외인이 대표이사로 있는 K.B.M CO.,LTD의 신용장을 빌려 태국 소재 MIN TRADING으로부터 이 사건 슬리퍼를 수입하였는데, 이 사건 슬리퍼를 미국의 케이 스위스 인크 본사에 보내 감정한 결과 진정상품으로 감정된 사실을 알 수 있다.

(2) 앞서 본 법리에 위와 같은 사실관계를 비추어 보면, 이 사건 슬리퍼에 표시된 이 사건 상표가 외국의 상표권자 내지 정당한 사용권자가 부착한 것이라고 하더라도, 화승은 케이 스위스 인크와 별도로 자체 디자인팀에서 이 사건 상표가 표시될 상품에 대한 디자인을 만든 뒤 우성산업으로 하여금 이 사건 상표를 표시한 상품을 제작하여 이를 판매하면서 그 제품에 대한 선전·광고를 하는 등 그 자신을 상품의 출처로 삼는 행위를 하고 있다고 할 것이므로, 이 사건 상표의 상표권자인 케이 스위스 인크와 국내 전용사용권자인 화승 사이에 어떠한 법적, 경제적인 관계가 있다거나 그 밖의 다른 사정에 의하여 피고인이 수입한 이 사건 슬리퍼의 출처가 국내의 전용사용권자와 실질적으로 동일하다고 볼 수 있는 사정이 있다고 할 수 없다.

따라서 피고인이 이 사건 슬리퍼를 수입하는 행위는 화승의 전용사용권을 침해하는 행위라고 할 것이므로, 원심의 판단은 그 이유 설시에서 다소 적절하지 않은 부분이 있으나, 그 결론은 옳은 것으로 수긍할 수 있다.

그리고 '지적재산권 보호를 위한 수출입통관 사무처리(2008. 2. 26. 전부 개정된 관세청고시 제2008-10호)'는 행정청 나름의 기준을 설정한 것으로서 상표권 등 지적재산권 침해 여부나 병행수입의 허용 여부에 관한 법원의 사법적 판단을 기속한다고 볼 수는 없고, 다만 지적재산권 침해 여부에 관한 실체법적인 판단 기준을 설정함에 있어서 참고할 수 있는 사항일 뿐이라고 할 것인데, 위 관세청고시에 의하더라도 화승이 앞서 본 바와 같이 이 사건 상표가 표시된 상품을 제작·판매하는 경우라면 피고인이 이 사건 슬리퍼를 수입하는 행위는 화승의 전용사용권을 침해하는 행위라고 할 것이다. 따라서 원심의 판단이 위 고시에 위반하였다는 취지의 상고이유 주장은 받아들일 수 없다.

또한 기록에 의하면, 원심이 판시와 같은 사정을 들어 위법성 인식이 없었다는 피고인의 주장을 배척한 것은 정당한 것으로 수긍이 되고, 거기에 상고이유로 주장하는 법리오해 등의 위법이 없다.

그러므로 상고를 기각하기로 하여 관여 대법관의 일치된 의견으로 주문과 같이 판결한다.

판시사항

상표권자 등에 의해 등록상표가 표시된 상품을 양수 또는 수입한 자가 임의로 상품을 소량으로 나누어 새로운 용기에 담는 방식으로 포장한 후 등록상표를 표시하거나 위와 같이 등록상표를 표시한 것을 양도한 경우, 상표권 내지 전용사용권을 침해하는 행위에 해당하는지 여부 (원칙적 적극)

판결요지

상표권자 내지 정당한 사용권자(이하 '상표권자 등'이라고 한다)에 의해 등록상표가 표시된 상품을 양수 또는 수입한 자가 임의로 상품을 소량으로 나누어 새로운 용기에 담는 방식으로 포장한 후 등록상표를 표시하거나 위와 같이 등록상표를 표시한 것을 양도하였다면, 비록 그 내용물이 상표권자 등의 제품이라 하더라도 상품의 출처표시 기능이나 품질보증 기능을 해칠 염려가 있으므로, 이러한 행위는 특별한 사정이 없는 한 상표권 내지 전용사용권을 침해하는 행위에 해당한다.

논점의 정리

상고이유를 판단한다.

상표권자 내지 정당한 사용권자(이하 '상표권자 등'이라고 한다)에 의해 등록상표가 표시된 상품을 양수 또는 수입한 자가 임의로 그 상품을 소량으로 나누어 새로운 용기에 담는 방식으로 포장한 후 그 등록상표를 표시하거나 위와 같이 등록상표를 표시한 것을 양도하였다면, 비록 그 내용물이 상표권자 등의 제품이라 하더라도 상품의 출처표시 기능이나 품질보증 기능을 해칠 염려가 있으므로, 이러한 행위는 특별한 사정이 없는 한 상표권 내지 전용사용권을 침해하는 행위에 해당한다.

원심판결 이유에 의하면, 뉴질랜드국의 파인아트 서프라이즈 리미티드 회사(이하 '피해회사'라고 한다)는 국내에 'SUPER TEMPERA'에 관하여 지정상품을 그림물감으로 하여 상표등록을 하였고, 위 상표에 관한 전용사용권이 공소외인 명의로 2010. 1. 18. 등록된 사실, 피고인이 2009. 12.경 호주국에 있는 MODERN TEACHING AIDS PTY LTD.로부터 피해회사의 지정상품인 그림물감 'FAS SUPER TEMPERA PAINT-CLASSIC SET 8 × 2LT'를 수입하여 위 물감을 250㎖ 내지 500㎖ 용기에 나누어 담으면서 임의로 제작한 'SUPER TEMPERA' 표장을 위 물감을 담은 용기에 부착한 사실, 피고인은 적어도 공소외인이 'SUPER TEMPERA' 상표에 관하여 전용사용권을 설정등록한 뒤인 2010. 3.경까지 인터넷 홈페이지를 통하여 위와 같이 'SUPER TEMPERA' 표장을 부착한 제품을 판매한 사실 등을 알 수 있다.

이를 위 법리에 비추어 살펴보면, 상표권자 등이 아닌 피고인이 위 물감을 보다 작은 용량의 용기에 재병입하면서 그 용기에 임의로 제작한 위 등록상표를 표시한 것은 상표권자의 권리를 침해한 것이라고 할 것이다.

같은 취지에서 원심이 피고인에게 유죄를 인정한 제1심 판결을 유지한 것은 정당하고, 거기에 상고이유 주장과 같은 상표법에 관한 법리오해나 채증법칙 위배 등의 위법이 없다.

판시사항

(1) 상표법상 병행수입업자가 상표권자의 상표를 사용할 수 있는 범위

(2) 병행수입업자가 상표권자의 상표를 사용하는 것이 영업표지로서의 기능을 갖는 경우, 부정경쟁방지 및 영업비밀보호에 관한 법률상의 영업주체 혼동행위에 해당되어 허용될 수 없는지 여부(적극)

판결요지

(1) 병행수입 그 자체는 위법성이 없는 정당한 행위로서 상표권 침해 등을 구성하지 아니하므로 병행수입업자가 상표권자의 상표가 부착된 상태에서 상품을 판매하는 행위는 당연히 허용될 것인 바, 상표제도는 상표를 보호함으로써 상표 사용자의 업무상의 신용유지를 도모하여 산업발전에 이바지함과 아울러 수요자의 이익을 보호함을 목적으로 하고(상표법 제1조 참조), 상표는 기본적으로 당해 상표가 부착된 상품의 출처가 특정한 영업주체임을 나타내는 상품 출처표시 기능과 이에 수반되는 품질보증 기능이 주된 기능이라는 점 등에 비추어 볼 때, 병행수입업자가 위와 같이 소극적으로 상표를 사용하는 것에 그치지 아니하고 나아가 적극적으로 상표권자의 상표를 사용하여 광고·선전행위를 하더라도 그로 인하여 위와 같은 상표의 기능을 훼손할 우려가 없고 국내 일반 수요자들에게 상품의 출처나 품질에 관하여 오인·혼동을 불러일으킬 가능성도 없다면, 이러한 행위는 실질적으로 상표권 침해의 위법성이 있다고 볼 수 없을 것이므로, 상표권자는 상표권에 기하여 그 침해의 금지나 침해행위를 조성한 물건의 폐기 등을 청구할 수 없다고 봄이 상당하다.

(2) 병행수입업자가 적극적으로 상표권자의 상표를 사용하여 광고·선전행위를 한 것이 실질적으로 상표권 침해의 위법성이 있다고 볼 수 없어 상표권 침해가 성립하지 아니한다고 하더라도, 그 사용태양 등에 비추어 영업표지로서의 기능을 갖는 경우에는 일반 수요자들로 하여금 병행수입업자가 외국 본사의 국내 공인 대리점 등으로 오인하게 할 우려가 있으므로, 이러한 사용행위는 부정경쟁방지 및 영업비밀보호에 관한 법률 제2조 제1호 나목 소정의 영업주체 혼동행위에 해당되어 허용될 수 없다.

논점의 정리

상고이유(상고이유서 제출기간 도과 후 제출된 원고들 및 피고의 각 상고이유보충서는 상고이유를 보충하는 범위 내에서)를 판단한다.

(1) 원심의 판단

원심판결 이유에 의하면, 원심은 그 채용 증거에 의하여 영국 법인인 원고 버버리 리미티드(이하 '원고 버버리'라 한다)의 성장과정과 "BURBERRYS"의 문자상표를 비롯한 원심판결 별지 목록 표시 각 표장(이하 '이 사건 표장'이라 한다) 등을 국내외에서 등록하고 사용하여 온 현황, 원고 유로통상 주식회사(이하 '원고 유로통상'이라 한다)가 원고 버버리와 독점적인 수입·판매대리점 계약을 체결한 경위, 국내 영업 및 광고활동, 그에 따른 원고 버버리 제품의 고급 브랜드의 이미지 형성, 그리고 피고가 원고 버버리가 생산한 제품(이른바 진정상품)을 수입(병행수입)하여 국내 수요자들에게 공급하게 된

경위, 피고 및 피고와 대리점 등 계약한 자들이 원고 버버리의 제품을 판매하는 것에 그치지 않고, 각자의 영업소나 매장 전면 간판에 이 사건 표장 중 원심판결 별지 목록 표시 1 내지 6 표장과 거의 동일한 표장을 부착 또는 표시하여 사용하고 있으며, 매장 내부의 벽에도 위와 같은 표장을 붙이거나 그러한 표장이 사용된 포스터 및 선전광고물 을 부착하고, 포장지나 쇼핑백, 직원들의 명함에까지 위 표장을 표시하여 사용하는 한 편, 의류잡지에 위 표장이 포함된 선전광고를 게재하기도 하는 등 판시 사실을 인정한 다음, 병행수입 그 자체는 위법성이 없는 정당한 행위로서 상표권 침해 등을 구성하지 아니한다고 전제하고 나서, 병행수입업자의 상표 사용의 한계에 대하여 병행수입을 허 용하는 취지를 살리는 차원에서 병행수입업자의 진정상품 판매와 밀접 불가분의 관계가 있는 경우 영업상 최소한도로 필요한 범위 내에서 상표의 사용을 허용하되, 그 범위를 넘어서 상표권자의 신용과 고객흡인력을 희석화하거나 국내 독점판매대리점과의 관계 에서 영업주체의 혼동을 초래할 우려가 있는 상표의 사용은 금지하는 것이 병행수입을 둘러싼 이해관계인 사이에 합리적인 이익의 조화를 꾀할 수 있다고 본 다음, 아래와 같이 판단하였다.

① 원고들의 청구권원

이 사건 표장은 원고 버버리의 상표이자 그 공인대리점의 영업표지로서 국내에 널리 인식되었다고 할 것인 바, 피고가 앞서 설시한 정당한 범위를 넘어 표장을 간판, 광고 등에 사용할 경우, 원고 버버리에 대해서는 상표권 침해를 구성하고[이 사건 표장은 원고 버버리의 영업표지로 기능하기도 하므로 부정경쟁방지법 위반의 점도 문제되나, 위와 같이 이 사건에서 상표법 위반이 인정되는 이상 부정경쟁방지 및 영업비밀보호에 관한 법률(이하 '부정경쟁방지법'이라 한다) 제15조 제1항에 의하여 동법은 적용되지 아니한다], 원고 유로통상에 대해서는 영업주체 혼동으로 인한 부 정경쟁행위에 해당한다고 보아야 한다.

② 원고들이 금지를 구할 수 있는 구체적 범위

㉠ 우선, 상표권자의 상표와 똑같은 표지를 크게 부각시켜 제작한 간판을 매장 입구 또는 외부에 설치하거나 매장의 전면 외벽에 이러한 표식을 부착하는 행위는 병 행수입업자에게 허용되는 선전광고의 범위를 벗어나 독립한 "영업표지"로 표장 을 이용한 것임에 분명하고, 나아가 고객으로 하여금 병행수입업자의 매장을 외 국 본사의 공인대리점 등으로 오인케 할 우려가 있으므로 이는 금지되어야 한다.

㉡ 또한, 피고의 대표자 또는 직원들의 명함에 이 사건 표장과 동일한 도안을 넣는 행위 역시 단순한 상품표지가 아닌, 영업표지의 한 태양으로 상표를 사용한 것으 로 판단되고, 명함을 교부받는 제3자의 입장에서 명함의 소지자를 외국 본사 또 는 그 대리점의 구성원으로 오인할 여지가 있으므로 역시 금지되어야 한다.

㉢ 반면, 매장 내의 내부 간판이나 표식은 외부 간판과 달리 독립적인 영업표지로서 의 기능이 희박하고, 오히려 고객으로 하여금 업자가 전시한 상품의 위치를 쉽게 발견하게 하며 상품의 판매를 촉진하는 차원에서 표장을 사용한 것으로 볼 수 있으므로, 이는 특별한 사정이 없는 한 병행수입업자의 진정상품 판매에 수반되 는 행위로서 허용된다.

ⓐ 또한, 포장지 및 쇼핑백은 진정상품의 판매에 부수되어 무상으로 제공되는 물품으로서 여기에 등록상표와 동일·유사한 표지를 도안으로 넣었다고 하여 이를 병행수입업자의 영업표지라 단정하기 어렵고, 고객의 입장에서도 이로 인하여 영업주체에 혼동을 가져올 우려는 없으므로, 이들을 매장에서 사용하는 행위 역시 병행수입업자에게 허용되는 판매에 필연적으로 수반되는 행위로서 위법성이 없다.

ⓜ 끝으로 매장의 벽에 부착되거나 각종 잡지에 게재되는 선전광고물은, 오늘날 상품의 판매에 필연적으로 수반되는 촉진수단이 광고라는 점을 감안할 때 진정상품을 판매하는 업자가 이를 광고하는 것 자체는 허용하여야 하고, 또 광고물에 진정상품의 표지인 상표를 기재하는 것은 어떤 상품이 판매되는가를 명백히 함으로써 상품명을 쉽게 부각시킬 수 있는 효과적 광고방법이며, 나아가 피고의 선전광고물에 병행수입업자의 매장이 마치 대리점인 것처럼 오인하게 할 수 있는 방식의 상표 기재가 있었다고 보기 어렵다.

③ 결국, 피고는 이 사건 표장을 사무소, 영업소, 매장의 외부 간판 및 명함에 사용하여서는 아니 되고, 이 사건 표장이 사용된 외부 간판 및 명함을 폐기할 의무가 있다.

(2) 대법원의 판단

① 원고 버버리의 상고이유 제1점 및 피고의 상고이유 제2점(원고 버버리에 대하여)에 대한 판단

㉠ 병행수입 그 자체는 위법성이 없는 정당한 행위로서 상표권 침해 등을 구성하지 아니함은 원심의 판단과 같으므로 병행수입업자가 상표권자의 상표가 부착된 상태에서 상품을 판매하는 행위는 당연히 허용될 것인 바, 상표제도는 상표를 보호함으로써 상표 사용자의 업무상의 신용유지를 도모하여 산업발전에 이바지함과 아울러 수요자의 이익을 보호함을 목적으로 하고(상표법 제1조 참조), 상표는 기본적으로 당해 상표가 부착된 상품의 출처가 특정한 영업주체임을 나타내는 상품 출처표시 기능과 이에 수반되는 품질보증 기능이 주된 기능이라는 점 등에 비추어 볼 때, 병행수입업자가 위와 같이 소극적으로 상표를 사용하는 것에 그치지 아니하고 나아가 적극적으로 상표권자의 상표를 사용하여 광고·선전행위를 하더라도 그로 인하여 위와 같은 상표의 기능을 훼손할 우려가 없고 국내 일반 수요자들에게 상품의 출처나 품질에 관하여 오인·혼동을 불러일으킬 가능성도 없다면, 이러한 행위는 실질적으로 상표권 침해의 위법성이 있다고 볼 수 없을 것이므로, 상표권자는 상표권에 기하여 그 침해의 금지나 침해행위를 조성한 물건의 폐기 등을 청구할 수 없다고 봄이 상당하다고 할 것이다.

㉡ 이 사건의 경우를 보건대, 병행수입업자인 피고가 문제된 선전광고물, 명함, 포장지, 쇼핑백, 내·외부 간판에 부착 또는 표시하여 사용한 이 사건 표장(구체적으로 보면, 이 사건 표장의 각 해당 표장과 전혀 동일하거나 그 해당 표장이라고 볼 수 있을 정도로 거의 동일하므로 피고가 사용한 표장이 이 사건 표장과 동일한 것으로 봄이 상당하다)은 원고 버버리의 등록상표들과 동일하거나 극히 유사하여 상품 출처에 오인 혼동이 생길 염려가 없고 또 피고가 수입한 상품이 원고 버버리에 의하여 생산된 진정상품인 이상 국내 독점적인 수입·판매대리점인 원

고 유로통상이 원고 버버리로부터 수입하여 판매하는 상품과 품질에 있어 차이가 있다고 보기도 어려우므로, 결국 상표제도의 목적이나 상표의 기능 등에 비추어 피고가 위 선전광고물이나 명함 및 외부 간판 등에 그러한 표장을 사용한 행위는 실질적으로 위법하다고 할 수 없어 원고 버버리의 상표권을 침해한 것으로 보기 어렵다고 할 것이다.

ⓒ 그렇다면 원심이 피고가 사용한 것 중 선전광고물, 포장지, 쇼핑백, 내부 간판 부분이 원고 버버리의 상표권을 침해하지 아니한다고 본 것은 정당하나, 그 나머지 외부 간판 및 명함 부분이 위 원고의 상표권을 침해한다고 본 것은 상표법 및 병행수입에 관한 법리를 오해한 위법이 있다고 할 것이므로, 피고의 상고이유 제2점 중 이 점을 지적하는 취지부분은 이유 있고, 원고 버버리의 상고이유 제1점은 이유 없다.

ⓔ 결국 원심이 외부 간판 및 명함 부분이 원고 버버리의 상표권을 침해한다고 본 조치는 위법하므로, 이 부분은 파기를 면치 못한다고 할 것이다.

② 원고 유로통상의 상고이유 및 피고의 상고이유 제1, 2점(원고 유로통상에 대하여)에 대한 판단

앞서 살핀 바와 같이 병행수입업자가 적극적으로 상표권자의 상표를 사용하여 광고·선전행위를 한 것이 실질적으로 상표권 침해의 위법성이 있다고 볼 수 없어 상표권 침해가 성립하지 아니한다고 하더라도, 그 사용태양 등에 비추어 영업표지로서의 기능을 갖는 경우에는 일반 수요자들로 하여금 병행수입업자가 외국 본사의 국내 공인 대리점 등으로 오인하게 할 우려가 있으므로, 이러한 사용행위는 부정경쟁방지법 제2조 제1호 나목 소정의 영업주체 혼동행위에 해당되어 허용될 수 없다고 볼 것이다.

원심의 이유 설시에 다소 미흡한 점은 있으나, 매장 내부 간판, 포장지 및 쇼핑백, 선전광고물은 영업표지로 볼 수 없거나 병행수입업자의 매장이 마치 대리점인 것처럼 오인하게 할 염려가 없다고 보아 이 사건 표장의 사용이 허용되는 반면에, 사무소, 영업소, 매장의 외부 간판 및 명함은 영업표지로 사용한 것이어서 이 사건 표장의 사용이 허용될 수 없다고 판단하고 이들 외부 간판 및 명함에 대해서 이 사건 표장의 사용금지 및 그 폐기를 명한 원심의 조치는 위 법리에 비추어 정당하고, 거기에 각 상고이유에서 지적하는 것과 같은 법리오해나 이유모순 등의 위법이 있다고 할 수 없다. 원고 유로통상의 상고이유와 피고의 상고이유 제1점 및 제2점 중 각 이 부분 주장은 모두 받아들일 수 없다.

판시사항

(1) 임시의 지위를 정하기 위한 가처분의 필요성에 대한 판단 기준 및 상표권 침해금지를 구하는 가처분신청에 있어서 장래 그 상표권이 무효로 될 개연성이 높다고 인정되는 등의 특별한 사정이 있는 경우 보전의 필요성 유무(소극)

(2) 표장을 '영어공부 절대로 하지 마라!'로 하고 그 지정상품을 '정기간행물, 학습지, 서적, 연감' 등으로 하는 등록상표는 주지성이 인정되는 피신청인의 선사용상표와 그 표장이 같고, 지정상품 중 가처분신청과 관련된 '정기간행물, 학습지, 서적, 연감'이 피신청인의 선사용상표의 사용상품인 '서적'과 같거나 유사하여 상표법 제34조 제1항 제9호에 의하여 등록무효 될 개연성이 높다고 보이므로, 위 등록상표의 침해금지를 구하는 가처분신청은 보전의 필요성이 없다고 한 사례

논점의 정리

상고이유를 판단한다.

민사집행법 제300조 제2항의 임시의 지위를 정하기 위한 가처분이 필요한지 여부는 당해 가처분신청의 인용 여부에 따른 당사자 쌍방의 이해득실관계, 본안소송에 있어서의 장래의 승패의 예상, 기타의 제반 사정을 고려하여 법원의 재량에 따라 합목적적으로 결정하여야 할 것이고, 더구나 가처분채무자에 대하여 본안판결에서 명하는 것과 같은 내용의 상표권 침해의 금지라는 부작위의무를 부담시키는 이른바 만족적 가처분일 경우에 있어서는, 그에 대한 보전의 필요성 유무를 판단함에 있어서 위에서 본 바와 같은 제반 사정을 참작하여 보다 더욱 신중하게 결정하여야 할 것이므로, 장래 그 상표권이 무효로 될 개연성이 높다고 인정되는 등의 특별한 사정이 있는 경우에는 당사자 간의 형평을 고려하여 그 가처분신청은 보전의 필요성이 없는 것으로 보아야 한다.

위 법리와 기록에 비추어 살펴보면, 표장을 '영어공부 절대로 하지 마라!'로 하고 그 지정상품을 '정기간행물, 학습지, 서적, 연감' 등으로 하는 이 사건 등록상표는, 이 사건 등록상표의 출원일 이전에 피신청인이 시리즈물로 출판한 '서적'에 사용되어 일반 수요자에게 널리 알려짐으로써 그 상표성과 주지성이 인정되는 선사용상표와 그 표장이 같고, '서적'이라는 상품에 사용된 상표가 가지는 출처표시 기능은 저자가 아니라 출판업자를 위한 것이라고 보아야 하므로, 이 사건 등록상표의 지정상품 중 이 사건 가처분신청과 관련된 '정기간행물, 학습지, 서적, 연감'은 피신청인의 선사용상표의 사용상품인 '서적'과 같거나 유사하여 상표법 제34조 제1항 제9호에 의하여 등록무효 될 개연성이 높다고 보인다.

따라서 이 사건 가처분신청은 보전의 필요성이 없다고 할 것임에도, 이와 달리 판단한 원심에는 가처분의 보전의 필요성 유무에 대한 법리를 오해하여 판결에 영향을 미친 잘못이 있고, 이 점을 지적하는 상고이유의 주장은 이유 있다.

(1) 상표법 제110조 제4항의 규정에 따라 상표권 등 침해로 인한 손해배상을 청구하는 경우 손해 발생에 관한 주장·증명의 정도 및 상표권자가 침해자와 동종의 영업을 하고 있는 것을 증명한 경우 영업상의 손해를 입었음이 사실상 추정되는지 여부(원칙적 적극)

(2) 타인의 상표권을 침해한 자는 침해행위에 대하여 과실이 있는 것으로 추정되는지 여부 (적극) 및 추정을 벗어나기 위하여 주장·증명하여야 할 사항

(3) 상표법 제110조 제4항에 따라 상표권 침해로 인한 손해액을 산정하는 경우에도 피해자의 과실을 참작하여야 하는지 여부(적극)

(1) 상표법 제110조 제4항은 상표권자 등이 상표권 등의 침해로 인하여 입은 손해의 배상을 청구하는 경우에 손해에 관한 상표권자 등의 주장·증명책임을 경감하는 취지의 규정이고, 손해의 발생이 없는 것이 분명한 경우까지 침해자에게 손해배상의무를 인정하는 취지는 아니라고 할 것이나, 그 규정 취지에 비추어 보면, 손해의 발생에 관한 주장·증명의 정도는 손해 발생의 염려 내지 개연성의 존재를 주장·증명하는 것으로 족하다고 보아야 하고, 따라서 상표권자가 침해자와 동종의 영업을 하고 있는 것을 증명한 경우라면 특별한 사정이 없는 한 상표권 침해에 의하여 영업상의 손해를 입었음이 사실상 추정된다.

(2) 상표권의 존재 및 그 내용은 상표공보 또는 상표등록원부 등에 의하여 공시되어 일반 공중도 통상의 주의를 기울이면 이를 알 수 있고, 업으로서 상표를 사용하는 사업자에게 해당 사업 분야에서 상표권의 침해에 대한 주의의무를 부과하는 것이 부당하다고 할 수 없으며, 또한 타인의 특허권, 실용신안권, 디자인권을 침해한 자는 그 침해행위에 대하여 과실이 있는 것으로 추정되는데도 상표권을 침해한 자에 대하여만 이와 달리 보아야 할 합리적인 이유가 없으므로, 타인의 상표권을 침해한 자는 그 침해행위에 대하여 과실이 있는 것으로 추정되고, 그럼에도 타인의 상표권을 침해한 자에게 과실이 없다고 하기 위하여는 상표권의 존재를 알지 못하였다는 점을 정당화할 수 있는 사정이 있다거나 자신이 사용하는 상표가 등록상표의 권리범위에 속하지 아니한다고 믿은 점을 정당화할 수 있는 사정이 있다는 것을 주장·증명하여야 한다.

(3) 불법행위로 인한 손해의 발생 또는 확대에 관하여 피해자에게도 과실이 있는 때에는 가해자의 손해배상의 범위를 정하면서 당연히 이를 참작하여야 하고, 양자의 과실비율을 교량함에 있어서는 손해의 공평부담이라는 제도의 취지에 비추어 불법행위에 관련된 제반 상황을 충분히 고려하여야 하며, 과실상계사유에 관한 사실인정이나 그 비율을 정하는 것이 사실심의 전권사항이라고 하더라도 그것이 형평의 원칙에 비추어 현저히 불합리하여서는 아니 되고, 이러한 법리는 상표법 제110조 제4항에 따라 상표권 침해로 인한 손해액을 산정하는 경우에도 마찬가지로 적용된다.

상고이유를 판단한다.

(1) 상표의 혼동 가능성에 관한 상고이유에 대하여

원심판결 이유를 기록에 비추어 살펴보면, 원심이 '금속제 문, 금속제 창문용 손잡이, 금속제 창문틀' 등을 지정상품으로 하고 '[남선알미늄]'과 같이 구성된 원고의 등록상표(등록번호 생략. 이하 '이 사건 등록상표'라 한다)와 '알루미늄 등 금속제 창호 관련 제품'에 사용된 원심 판시 피고상표 '남성알미늄(NAMSUNG ALUMINUM)'은 그 호칭이 유사하여 일반 수요자나 거래자로 하여금 상품 출처에 관하여 오인·혼동을 일으키게 할 염려가 있으므로 서로 유사하다는 취지로 판단한 것은 정당하고, 거기에 상고이유의 주장과 같은 상표의 혼동 가능성에 관한 법리오해 등의 위법이 없다.

(2) 손해발생에 관한 상고이유에 대하여

상표법 제110조 제4항은 상표권자 등이 상표권 등의 침해로 인하여 입은 손해의 배상을 청구하는 경우에 손해에 관한 상표권자 등의 주장·증명책임을 경감하는 취지의 규정이고, 손해의 발생이 없는 것이 분명한 경우까지 침해자에게 손해배상의무를 인정하는 취지는 아니라고 할 것이나, 그 규정 취지에 비추어 보면, 손해의 발생에 관한 주장·증명의 정도는 손해 발생의 염려 내지 개연성의 존재를 주장·증명하는 것으로 족하다고 보아야 하고, 따라서 상표권자가 침해자와 동종의 영업을 하고 있는 것을 증명한 경우라면 특별한 사정이 없는 한 상표권 침해에 의하여 영업상의 손해를 입었음이 사실상 추정된다고 볼 것이다.

원심판결 이유에 의하면, 원심은 원고가 이 사건 등록상표를 사용하여 '알루미늄 등 금속제 창호 관련 제품'을 제작·판매해 오고 있는데, 피고가 이 사건 등록상표와 유사한 피고상표를 사용하여 원고와 같은 제품을 제작·판매함으로써 원고의 이 사건 등록상표에 관한 상표권을 침해하였으므로, 피고는 그로 인하여 원고가 입은 손해를 배상할 책임이 있다는 취지로 판단하였다.

앞서 본 법리에 비추어 기록을 살펴보면, 원심의 위와 같은 판단은 정당하여 수긍할 수 있고, 거기에 상고이유의 주장과 같은 상표권 침해로 인한 손해 발생에 관한 법리오해, 채증법칙 위반 등의 위법이 없다.

(3) 피고의 과실에 관한 상고이유에 대하여

상표권의 존재 및 그 내용은 상표공보 또는 상표등록원부 등에 의하여 공시되어 일반 공중도 통상의 주의를 기울이면 이를 알 수 있고, 업으로서 상표를 사용하는 사업자에게 해당 사업 분야에서 상표권의 침해에 대한 주의의무를 부과하는 것이 부당하다고 할 수 없으며, 또한 타인의 특허권, 실용신안권, 디자인권을 침해한 자는 그 침해행위에 대하여 과실이 있는 것으로 추정되는데도 상표권을 침해한 자에 대하여만 이와 달리 보아야 할 합리적인 이유가 없으므로, 타인의 상표권을 침해한 자는 그 침해행위에 대하여 과실이 있는 것으로 추정된다고 할 것이고, 그럼에도 타인의 상표권을 침해한 자에게 과실이 없다고 하기 위하여는 상표권의 존재를 알지 못하였다는 점을 정당화할 수 있는 사정이 있다거나 자신이 사용하는 상표가 등록상표의 권리범위에 속하지 아니한다고 믿은 점을 정당화할 수 있는 사정이 있다는 것을 주장·증명하여야 한다.

원심판결 이유에 의하면, 원심은 원고의 이 사건 등록상표에 관한 상표권을 침해한 피고에게는 그 침해행위에 대하여 과실이 있는 것으로 보아야 한다고 하는 한편, 지정상품을 '알루미늄 새시, 금속제 창문, 금속제 창호시스템 유닛' 등으로 하는 피고상표가 2004. 10. 23. 등록되었다고 하더라도, 원고가 2005. 12. 26. 피고상표에 대한 등록무효심판을 청구하여 그 등록을 무효로 하는 심결이 확정된 이상 피고상표에 관한 상표권은 처음부터 없었던 것으로 보게 되었고(상표법 제117조 제3항 본문), 피고가 상표권 침해 당시 자신의 상표권에 기하여 피고상표를 사용하는 것이라고 믿었더라도 그러한 사유만으로는 원고의 이 사건 등록상표에 관한 상표권의 효력이 피고상표에 미치지 아니한다고 믿었던 점을 정당화할 수 있는 사정에 해당한다고 할 수 없다는 이유로, 피고상표가 등록되어 있었음을 내세워 상표권 침해행위에 대하여 과실이 없다고 하는 피고의 주장을 배척하였다.

앞서 본 법리에 비추어 기록을 살펴보면 원심의 위와 같은 판단은 정당하여 수긍할 수 있고, 거기에 상고이유의 주장과 같은 상표권 침해자의 과실 판단에 관한 법리오해, 채증법칙 위반 등의 위법이 없다.

(4) 과실상계에 관한 상고이유에 대하여

불법행위로 인한 손해의 발생 또는 확대에 관하여 피해자에게도 과실이 있는 때에는 가해자의 손해배상의 범위를 정함에 있어 당연히 이를 참작하여야 하고, 양자의 과실비율을 교량함에 있어서는 손해의 공평부담이라는 제도의 취지에 비추어 불법행위에 관련된 제반 상황을 충분히 고려하여야 하며, 과실상계사유에 관한 사실인정이나 그 비율을 정하는 것이 사실심의 전권사항이라고 하더라도 그것이 형평의 원칙에 비추어 현저히 불합리하여서는 아니 되고, 이러한 법리는 상표법 제110조 제4항에 따라 상표권 침해로 인한 손해액을 산정하는 경우에도 마찬가지로 적용된다.

따라서 원심이 상표법 제110조 제4항에 따라 상표권 침해로 인한 손해액을 산정함에 있어서는 과실상계를 할 수 없다고 본 것은 잘못이라 할 것이다.

그러나 기록에 의하면, 원고는 피고상표가 등록되어 사용되기 시작한 2004. 10. 23.경부터 1년 2개월 남짓밖에 지나지 아니한 2005. 12. 26. 피고상표에 대한 등록무효심판을 청구하였고, 그에 따라 2007. 10. 30. 그 등록무효심결이 내려져 그대로 확정된 때부터 얼마 지나지 아니한 2008. 5. 8. 이 사건 소를 제기하였음을 알 수 있으며, 피고의 상표권 침해행위에 대한 원고의 이와 같은 대응 및 권리행사의 정도 등에 비추어 볼 때 원고에게 피고상표 사용을 묵인 내지 방조하는 등의 과실이 있다고 할 수 없으므로, 원심이 피고의 과실상계 항변을 배척한 것은 결론에 있어 정당하고, 따라서 이러한 원심판단에 판결에 영향을 미친 위법이 있다고 할 수 없다.

판시사항

(1) 상표법 제110조에 따라 손해배상을 청구하는 경우, 상표권자가 권리침해 사실과 통상 받을 수 있는 사용료 외에 손해의 발생 사실을 구체적으로 주장·증명하여야 하는지 여부(소극) 및 이때 침해자가 상표권자에게 손해의 발생이 있을 수 없다는 점을 주장·증명하여 손해배상책임을 면할 수 있는지 여부(적극) / 상표권자가 상표를 등록만 해 두고 실제 사용하지는 않았다는 등 손해 발생을 부정할 수 있는 사정을 침해자가 증명한 경우, 손해배상책임을 인정할 수 있는지 여부(소극) 및 이러한 법리가 상표의 경우에도 동일하게 적용되는지 여부(적극)

(2) 상표법 제90조 제1항 제1호에서 정한 '자기의 성명, 명칭, 상호 등을 상거래 관행에 따라 사용한다.'는 것의 의미와 판단 기준 및 이러한 법리가 상표의 경우에도 같은지 여부(적극)

(3) 상표권자가 상표법 제111조 제1항에 따른 손해배상을 청구하기 위한 요건 및 이러한 법리가 상표의 경우에도 동일하게 적용되는지 여부(적극)

판결요지

(1) 상표법 제110조에 의하면, 상표권자는 자기의 상표권을 고의 또는 과실로 침해한 자에 대하여 통상 받을 수 있는 상표권 사용료 상당액을 손해액으로 주장하여 배상을 청구할 수 있다. 이 규정은 손해에 관한 피해자의 주장·증명책임을 경감해 주고자 하는 것이므로, 상표권자는 권리침해 사실과 통상 받을 수 있는 사용료를 주장·증명하면 되고 손해의 발생 사실을 구체적으로 주장·증명할 필요는 없다. 그러나 위 규정이 상표권의 침해 사실만으로 손해의 발생에 대한 법률상의 추정을 하거나 손해의 발생이 없는 것이 분명한 경우까지 손해배상의무를 인정하려는 취지는 아니므로, 침해자는 상표권자에게 손해의 발생이 있을 수 없다는 점을 주장·증명하여 손해배상책임을 면할 수 있다. 한편 상표권은 특허권 등과 달리 등록되어 있는 상표를 타인이 사용하였다는 것만으로 당연히 통상 받을 수 있는 상표권 사용료 상당액이 손해로 인정되는 것은 아니고, 상표권자가 상표를 영업 등에 실제 사용하고 있었음에도 상표권 침해행위가 있었다는 등 구체적 피해 발생이 전제되어야 인정될 수 있다. 따라서 상표권자가 상표를 등록만 해 두고 실제 사용하지는 않았다는 등 손해 발생을 부정할 수 있는 사정을 침해자가 증명한 경우에는 손해배상책임을 인정할 수 없고, 이러한 법리는 상표의 경우에도 동일하게 적용된다.

(2) 상표법 제90조 제1항 제1호는 자기의 성명, 명칭, 상호 등(이하 '상호 등'이라고만 한다)을 상거래 관행에 따라 사용하는 상표에 대하여는 등록상표의 효력이 미치지 않는다고 규정하고 있다. 여기에서 '상호 등을 상거래 관행에 따라 사용한다.'는 것은 상호 등을 독특한 글씨체나 색채, 도안화된 문자 등 특수한 태양으로 표시하는 등으로 특별한 식별력을 갖도록 함이 없이 일반 수요자가 표장을 보고 상호 등으로 인식할 수 있도록 표시하는 것을 의미하므로, 이는 표장 자체가 특별한 식별력을 갖도록 표시되었는지 뿐만 아니라 사용된 표장의 위치, 배열, 크기, 다른 문구와의 연결 관계, 도형과 결합되어 사용되었는지 여부 등 실제 사용 태양을 종합하여 거래통념에 의하여 판단하여야 하고, 이러한 법리는 상표의 경우에도 같다.

(3) 상표법 제111조 제1항은, '상표권자는 자기가 사용하고 있는 등록상표와 같거나 동일성이 있는 상표를 그 지정상품과 같거나 동일성이 있는 상품에 사용하여 자기의 상표권을 고의나 과실로 침해한 자에 대하여 손해배상의 청구에 관한 제109조[26]에 따른 손해배상을 청구하는 대신 1억원(고의적으로 침해한 경우에는 3억원) 이하[27]의 범위에서 상당한 금액을 손해액으로 하여 배상을 청구할 수 있고, 이 경우 법원은 변론전체의 취지와 증거조사의 결과를 고려하여 상당한 손해액을 인정할 수 있다.'는 취지로 규정하고 있다. 이는 위조상표의 사용 등으로 인한 상표권 침해행위가 있을 경우에 손해 액수의 증명이 곤란하더라도 일정한 한도의 법정금액을 배상받을 수 있도록 함으로써 피해자가 쉽게 권리구제를 받을 수 있도록 하는 예외적 규정이므로, 그 적용요건은 법문에 규정된 대로 엄격하게 해석하여야 한다. 따라서 상표권자가 이 규정에 따른 손해배상을 청구하려면, 상표권 침해 당시 등록상표를 상표권자가 실제 사용하고 있었어야 하고, 침해자가 사용한 상표가 상표권자의 등록상표와 같거나 동일성이 있어야 하며, 동일성 요건을 갖추지 못한 경우에는 통상의 방법으로 손해를 증명하여 배상을 청구하여야지 위 규정에서 정한 법정손해배상을 청구할 수는 없고, 이러한 법리는 상표의 경우에도 동일하게 적용된다.

논점의 정리

상고이유를 판단한다.

(1) 원고승계참가인의 상고이유에 관한 판단

① 상고이유 제1, 2, 4점에 관하여

상표법 제110조에 의하면, 상표권자는 자기의 상표권을 고의 또는 과실로 침해한 자에 대하여 통상 받을 수 있는 상표권 사용료 상당액을 손해액으로 주장하여 배상을 청구할 수 있다. 이 규정은 손해에 관한 피해자의 주장·증명책임을 경감해 주고자 하는 것이므로, 상표권자는 권리침해의 사실과 통상 받을 수 있는 사용료를 주장·증명하면 되고 손해의 발생 사실을 구체적으로 주장·증명할 필요는 없다. 그러나 위 규정이 상표권의 침해 사실만으로 손해의 발생에 대한 법률상의 추정을 하거나 손해의 발생이 없는 것이 분명한 경우까지 손해배상의무를 인정하려는 취지는 아니므로, 침해자는 상표권자에게 손해의 발생이 있을 수 없다는 점을 주장·증명하여 손해배상책임을 면할 수 있다고 보아야 한다. 한편 상표권은 특허권 등과 달리 등록되어 있는 상표를 타인이 사용하였다는 것만으로 당연히 통상 받을 수 있는 상표권 사용료 상당액이 손해로 인정되는 것은 아니고, 상표권자가 그 상표를 영업 등에 실제 사용하고 있었음에도 불구하고 상표권 침해행위가 있었다는 등 구체적 피해 발생이 전제되어야 인정될 수 있다. 따라서 상표권자가 해당 상표를 등록만 해 두고 실제 사용하지는 않았다는 등 손해 발생을 부정할 수 있는 사정을 침해자가 증명한 경우에는 손해배상책임을 인정할 수 없고, 이러한 법리는 상표의 경우에도 동일하게 적용된다.

---

26) (판결 당시) 상표법 제67조(손해액의 추정 등)(이하 이 사건에서 같다)[2014. 6. 11., 법률 제12751호로 개정되기 전의 것]

27) (판결 당시) 상표법(2014. 6. 11., 법률 제12751호로 개정되기 전의 것) 기준 5천만 원(이하 이 사건에서 같다)

원심은, 원고승계참가인(이하 '승계참가인'이라고 한다)이 원고로부터 원심 판시 원고의 상표(이하 '이 사건 상표'라고 한다)를 이전등록받았으나 원고나 승계참가인 스스로는 그 상표를 사용하여 유전자검사 영업을 하지 않았으니, 피고 주식회사 크라운진(이하 '피고 크라운진'이라고 한다)의 이 사건 상표에 대한 상표권 침해로 인하여 원고나 승계참가인에게 손해가 발생한 것으로 볼 수 없다는 취지로 판단하였다. 나아가 설령 승계참가인의 주장과 같이 승계참가인이 자회사인 '주식회사 친자확인'을 통해 이 사건 상표를 사용하여 유전자검사 영업을 한 것으로 본다고 하더라도, 제출된 증거만으로는 승계참가인이 이 사건 상표에 대한 이전등록을 마친 이후에도 여전히 피고 크라운진이 이 사건 상표와 유사한 원심 판시 1, 2, 3번 표장을 사용하여 유전자검사 영업을 하였다고 인정하기 부족하다고 보아 승계참가인의 손해배상청구를 배척하였다.

원심판결의 이유를 앞서 본 법리와 기록에 비추어 살펴보면, 원심의 위와 같은 판단은 정당하고, 거기에 상고이유 제1, 2, 4점 주장과 같이 위 상표법 제110조 제4항에 관한 법리를 오해하거나 판시가 이유모순이라는 등의 잘못이 없다.

② 상고이유 제3, 4점에 관하여

상표법 제90조 제1항 제1호는 자기의 성명, 명칭, 상호 등(이하 '상호 등'이라고만 한다)을 상거래 관행에 따라 사용하는 상표에 대하여는 등록상표의 효력이 미치지 않는다고 규정하고 있다. 여기에서 '상호 등을 상거래 관행에 따라 사용한다.'는 것은 상호 등을 독특한 글씨체나 색채, 도안화된 문자 등 특수한 태양으로 표시하는 등으로 특별한 식별력을 갖도록 함이 없이 일반 수요자가 그 표장을 보고 상호 등으로 인식할 수 있도록 표시하는 것을 의미한다고 할 것이므로, 이는 표장 자체가 특별한 식별력을 갖도록 표시되었는지 뿐만 아니라 사용된 표장의 위치, 배열, 크기, 다른 문구와의 연결 관계, 도형과 결합되어 사용되었는지 여부 등 실제 사용 태양을 종합하여 거래통념에 의하여 판단하여야 하고, 이러한 법리는 상표의 경우에도 같다.

원심은, 피고 크라운진이 사용한 원심 판시 4번 표장은 도형 부분과 문자가 결합된 표장으로서 이 사건 상표와 외관이나 호칭의 면에서 동일·유사한 '크라운진' 부분을 포함하고 있기는 하지만 이 부분은 독특한 글씨체나 색채, 도안화된 문자 등 특수한 태양으로 표시되지 않아 문자로서의 식별력 외에 특별한 식별력을 갖고 있지 않은 점, 주식회사를 의미하는 '(주)'와 '크라운진'이 결합하여 일반 수요자는 이를 크라운진의 상호를 의미하는 것으로 인식할 것으로 보이는 점, '(주)크라운진' 부분은 영문자 'MS Gene' 부분 밑에 상대적으로 매우 작은 글씨로 표시되어 있는 점 등을 종합하여 원심 판시 4번 표장은 피고 크라운진의 상호를 보통으로 사용하는 방법으로 표시한 것으로서 이 사건 상표권의 효력이 미치지 않는다고 판단하였다.

앞서 본 법리에 비추어 살펴보면 원심의 위와 같은 판단은 정당하고, 거기에 상고이유 제3, 4점 주장과 같은 법리오해나 이유모순 등의 잘못이 없다.

③ 상고이유 제5점에 관하여

상표법 제111조 제1항은, '상표권자는 자기가 사용하고 있는 등록상표와 같거나 동일성이 있는 상표를 그 지정상품과 같거나 동일성이 있는 상품에 사용하여 자기의 상표권을 고의나 과실로 침해한 자에 대하여 손해배상의 청구에 관한 제109조에 따른 손해배상을 청구하는 대신 1억원(고의적으로 침해한 경우에는 3억원) 이하의 범위에서 상당한 금액을 손해액으로 하여 배상을 청구할 수 있고, 이 경우 법원은 변론전체의 취지와 증거조사의 결과를 고려하여 상당한 손해액을 인정할 수 있다.'는 취지로 규정하고 있다. 이는 위조상의 사용 등으로 인한 상표권 침해행위가 있을 경우에 손해 액수의 증명이 곤란하더라도 일정한 한도의 법정금액을 배상받을 수 있도록 함으로써 피해자가 쉽게 권리구제를 받을 수 있도록 하는 예외적 규정이므로, 그 적용요건은 법문에 규정된 대로 엄격하게 해석하여야 한다. 따라서 상표권자가 이 규정에 의한 손해배상을 청구하려면, 상표권 침해 당시 해당 등록상표를 상표권자가 실제 사용하고 있었어야 하고, 침해자가 사용한 상표가 상표권자의 등록상표와 같거나 동일성이 있어야 하며, 동일성 요건을 갖추지 못한 경우에는 통상의 방법으로 손해를 증명하여 배상을 청구하여야지 위 규정에서 정한 법정손해배상을 청구할 수는 없고, 이러한 법리는 상표의 경우에도 동일하게 적용된다.

승계참가인이 예비적 청구원인으로 피고 크라운진과 피고 3을 상대로 위 상표법 제111조에 따른 법정손해배상책임을 주장한 데 대하여 원심은, 피고 크라운진이 원심 판시 1, 2, 3번 표장을 사용하여 유전자검사 영업을 하는 동안에 원고 또는 승계참가인이 이 사건 상표를 사용하였다고 인정할 만한 자료가 없고, 피고 크라운진이 사용한 1, 2, 3번 표장은 이 사건 상표와 유사하기는 하지만 그와 동일성이 있는 상표에 해당한다고 단정할 수도 없다는 이유로 원고의 위 상표법 제111조에 따른 법정손해배상책임 청구를 배척하였다.

원심판결 이유를 앞서 본 법리에 비추어 살펴보면, 원심의 위와 같은 판단은 정당하고, 거기에 상고이유 제5점과 같이 관련 법리를 오해하는 등의 잘못이 없다.

(2) 피고 주식회사 크라운진의 상고이유에 관한 판단

원심은 그 판시와 같은 사실을 인정한 다음 원고로부터 이 사건 상표권을 양수한 승계참가인의 상표권 행사가 피고 크라운진에 대한 관계에서 수요자에게 혼동을 가져오거나 신의성실의 원칙에 위배되는 등 법적으로 보호받을 만한 가치가 없고 권리남용에 해당한다고 볼 수 없다고 판단하여 피고 크라운진의 권리남용 주장을 배척하였다.

판시사항

(1) 상품에 관한 광고에 타인의 등록상표를 표시하고 전시하는 행위를 고의범인 상표권 침해죄로 처벌하기 위한 범죄구성요건의 주관적 요소의 내용 및 행위자에게 이와 같은 주관적 요소가 있었는지 판단하는 방법

(2) 피고인이 자신이 운영하는 甲 주식회사 인터넷 홈페이지에 乙 명의의 등록상표가 부착된 특정 상품을 판매하기 위하여 사진과 함께 상표등록증 등을 게재하여 광고함으로써 乙의 상표권을 침해하였다는 내용으로 기소된 사안에서, 제반 사정을 종합할 때 피고인에게 乙의 등록상표를 사용하려는 내심의 의사가 있었다고 단정하기 어렵다는 이유로, 같은 취지에서 무죄를 인정한 원심판단을 수긍한 사례

판결요지

(1) 상표법 제2조 제1항 제11호는 다목에서 "상품에 관한 광고·정가표·거래서류, 그 밖의 수단에 상표를 표시하고 전시하거나 널리 알리는 행위"를 '상표의 사용'에 해당하는 행위의 하나로 규정하고 있다. 상품에 관한 광고에 타인의 등록상표를 표시하고 전시하는 행위를 한 자를 고의범인 상표법 제230조에서 정한 상표권 침해죄로 처벌하기 위해서는 범죄구성요건의 주관적 요소로서 적어도 미필적 고의가 필요하므로, 그 행위가 상표법 제2조 제1항 제11호 다목에서 정한 상품에 관한 광고행위에 해당한다는 사실에 대한 인식이 있음은 물론 나아가 이를 용인하려는 내심의 의사가 있어야 한다. 그리고 행위자가 이와 같은 광고행위를 용인하고 있었는지는 외부에 나타난 행위 형태와 행위 상황 등 구체적인 사정을 기초로 하여 일반인이라면 이를 어떻게 평가할 것인지를 고려하면서 행위자 입장에서 그 심리상태를 추인하여야 한다.

(2) 피고인이 자신이 운영하는 甲 주식회사 인터넷 홈페이지에 乙 명의의 등록상표 "　" 가 부착된 공기정화장치인 삼림욕기를 판매하기 위하여 사진과 함께 각 부의 명칭 및 기능, 시험성적서, 상표등록증 등을 게재하여 광고함으로써 乙의 상표권을 침해하였다는 내용으로 기소된 사안에서, 위와 같은 행위는 삼림욕기와 관련하여 행하여진 광고행위로서 '상표의 사용'에는 해당하나, 피고인이 인터넷 홈페이지를 丙에게 위탁 관리하던 중 乙 등으로부터 삼림욕기의 판매 중지를 요구하는 내용증명을 받는 등 이를 이용한 사업을 계속 추진하기 어려운 상황에 처하자 丙에게 홈페이지에서 삼림욕기를 삭제하여 달라고 요청하였음에도 丙이 위와 같은 작업을 하지 않는 바람에 삼림욕기의 사진 등이 삭제되지 않고 그대로 남게 된 사정 등을 종합할 때, 피고인에게 乙의 등록상표를 삼림욕기와 관련하여 광고함으로써 이를 사용하려는 내심의 의사가 있었다고 단정하기 어렵다는 이유로, 같은 취지에서 무죄를 인정한 원심판단을 수긍한 사례이다.

논점의 정리

상고이유를 판단한다.

(1) 상표법 제2조 제1항 제11호는 다목에서 "상품에 관한 광고·정가표·거래서류, 그 밖의 수단에 상표를 표시하고 전시하거나 널리 알리는 행위"를 '상표의 사용'에 해당하는 행위의 하나로 규정하고 있다. 상품에 관한 광고에 타인의 등록상표를 표시하고 전시하는

행위를 한 자를 고의범인 상표법 제230조 소정의 상표권 침해죄로 처벌하기 위해서는 범죄구성요건의 주관적 요소로서 적어도 미필적 고의가 필요하므로, 그 행위가 상표법 제2조 제1항 제11호 다목에서 정한 상품에 관한 광고행위에 해당한다는 사실에 대한 인식이 있음은 물론 나아가 이를 용인하려는 내심의 의사가 있어야 한다. 그리고 그 행위자가 이와 같은 광고행위를 용인하고 있었는지의 여부는 외부에 나타난 행위의 형태와 행위의 상황 등 구체적인 사정을 기초로 하여 일반인이라면 이를 어떻게 평가할 것인지를 고려하면서 행위자의 입장에서 그 심리상태를 추인하여야 한다.

(2) 기록에 의하여 알 수 있는 사실들을 위 법리에 비추어 살펴보면, ① 이 부분 공소사실과 같이 2007. 11.경부터 2008. 4.경까지 피고인이 운영하는 공소외 1 주식회사의 인터넷 홈페이지에 피해자 공소외 2 명의의 이 사건 등록상표 ""가 부착된 공기정화장치인 그린 미스트(이하 '이 사건 삼림욕기'라고 한다)의 사진과 함께 그 하단에 각 부의 명칭 및 기능, 시험성적서, 상표등록증 등이 게재되어 있었으므로, 위와 같은 행위는 이 사건 삼림욕기와 관련하여 행하여진 광고행위로서 이 사건 등록상표의 사용에는 해당한다고 할 것이나, ② 한편 피고인은 위 인터넷 홈페이지를 공소외 3에게 위탁하여 관리하고 있던 중 2007. 8. 2.경 공소외 2 및 그녀의 남편인 공소외 4로부터 이 사건 삼림욕기의 판매를 중지할 것을 요구하는 내용증명을 받는 등 이를 이용한 사업을 계속 추진하기 어려운 상황에 처하게 되자, 같은 해 11월경 공소외 3에게 위 인터넷 홈페이지에서 이 사건 삼림욕기를 삭제하여 줄 것을 요청한 사실, 그런데 공소외 3이 그에 대한 보수 등을 지급받지 못하였다는 이유로 위와 같은 작업을 하지 않는 바람에 위 홈페이지에 이 사건 삼림욕기의 사진 등이 삭제되지 않고 그대로 남게 된 사실, 그뿐 아니라 2007. 11.경 이후 피고인이 이 사건 삼림욕기를 보관 또는 판매하였음을 인정할 만한 아무런 자료도 없는 등 그 무렵 피고인은 사실상 이 사건 삼림욕기의 판매 사업을 중단한 것으로 보이는 사실 등을 종합하여 보면, 2007. 11.경 이후에는 피고인에게 이 사건 등록상표를 이 사건 삼림욕기와 관련하여 광고함으로써 이를 사용하려는 내심의 의사가 있었다고 단정하기 어렵다.

그렇다면 원심이 제1심 판시 사정들과 아울러 이 사건 삼림욕기에 대한 피고인의 판매의 사가 없었다는 사정을 들어 피고인에게 이 사건 등록상표를 이 사건 삼림욕기와 관련하여 광고함으로써 사용하려는 내심의 의사 내지 그 상표권 침해의 고의를 인정하기 어렵다는 취지에서, 같은 이유로 이 부분 공소사실에 대하여 범죄의 증명이 없다고 판단한 제1심 판결을 유지한 것은 수긍할 수 있고, 위와 같은 원심의 판단에 상고이유의 주장과 같이 상표권 침해죄에서의 상표 사용에 관한 법리를 오해하거나 논리와 경험칙을 위반하여 자유심증주의의 한계를 벗어나 부작위에 의한 상표권 침해행위 및 미필적 인식에 관한 평가를 그르침으로써 판결 결과에 영향을 미친 위법이 없다.

05 | 심판 및 소송

01 경주빵 사건 (2008후4691)

판시사항

(1) 등록상표 " **경주빵** KYOUNGJU BREAD "은 현저한 지리적 명칭인 '경주'와 보통명칭인 '빵'을 표시한 것에 지나지 않아 자타상품의 식별력이 있다고 할 수 없으나, 등록상표를 특정인이 독점적으로 사용하도록 하는 것이 부적절하다고 단정할 수 없으므로, 상표법 제33조 제1항 제7호에서 정한 '수요자가 누구의 업무에 관련된 상품을 표시하는 것인가를 식별할 수 없는 상표'에 해당한다고 볼 수 없다고 한 사례

(2) 제척기간의 적용을 받지 않는 무효사유에 의해 무효심판을 청구한 후 그 심판 및 심결취소소송 절차에서 제척기간의 적용을 받는 무효사유를 새로 주장하는 것이 허용되는지 여부(소극)

논점의 정리

상고이유를 판단한다.

(1) 상고이유 제1점에 대하여

기록에 비추어 살펴보면, " **경주빵** "으로 구성된 이 사건 등록상표 중 문자 부분인 " **경주빵** KYOUNGJU BREAD "은 현저한 지리적 명칭인 '경주'와 보통명칭인 '빵'을 표시한 것에 지나지 않아 자타상품의 식별력이 있다고 할 수 없으나, 도형 부분인 " 🦌 "은 '얼굴무늬수막새'를 독특하게 도안화하고 구름 형상과 같은 전통 문양을 배치한 것으로서 전체적으로 식별력을 부정하기 어렵고, 나아가 경주 지역에서 출토된 유물인 '얼굴무늬수막새' 자체 내지 이를 다소 도안화한 도형들이 이 사건 등록상표의 등록결정 시 경주시 일원에서 여러 상점이나 국립경주박물관의 안내간판에 상당수 사용되고 경주세계문화엑스포의 공식표장으로 채택되어 있었다는 등의 원심이 인정한 사실만으로는 이 사건 등록상표를 특정인이 독점적으로 사용하도록 하는 것이 부적절하다고 단정할 수 없으므로, 이 사건 등록상표는 상표법 제33조 제1항 제7호 소정의 수요자가 누구의 업무에 관련된 상품을 표시하는 것인가를 식별할 수 없는 상표에 해당한다고 볼 수 없다.

같은 취지의 원심 판단은 정당한 것으로 수긍할 수 있고, 거기에 상고이유로 주장하는 바와 같은 상표의 식별력에 관한 법리오해의 위법이 있다고 할 수 없다.

(2) 상고이유 제2점에 대하여

원심은, 경주세계문화엑스포에서 사용된 원심 판시 공식표장들이 저명하다고 볼 증거가 부족하다는 이유로 이 사건 등록상표는 상표법 제34조 제1항 제3호에 해당한다고 볼 수 없다고 판단하였는 바, 기록에 비추어 보면 원심의 이러한 사실인정과 판단은 정당하고, 거기에 상고이유로 주장하는 바와 같은 상표의 저명성 판단에 관한 법리오해 등의 위법이 있다고 할 수 없다.

(3) 상고이유 제3점에 대하여

상표법 제122조 제1항은 제34조 제1항 제7호 등에 해당하는 것을 사유로 하는 상표등록의 무효심판은 상표등록일부터 5년이 경과한 후에는 이를 청구할 수 없도록 규정하고 있는 바, 이는 제척기간이 경과한 후에는 무효심판을 청구할 수 없음은 물론 제척기간의 적용을 받지 않는 무효사유에 의하여 무효심판을 청구한 후 그 심판 및 심결취소소송 절차에서 제척기간의 적용을 받는 무효사유를 새로 주장하는 것은 허용되지 않는다는 취지이다.

그런데 기록에 의하면, 원고는 이 사건 등록상표가 상표법 제33조 제1항 제4호, 제7호에 해당한다고 주장하면서 이 사건 등록상표의 무효심판을 청구한 후, 심결취소소송 단계에 이르러 이 사건 등록상표의 상표등록일인 2000. 8. 4.부터 5년이 경과하였음이 역수상 분명한 2008. 8. 2.자 준비서면에서, 이 사건 등록상표는 "　"로 구성된 선등록상표들에 대한 관계에서 상표법 제34조 제1항 제7호에 해당한다고 새로 주장하고 있는 바, 원고의 위 주장은 제척기간이 경과한 후에 제출된 것으로서 허용될 수 없다. 원심은 이 사건 등록상표가 선등록상표들과 유사한지 여부에 대하여 나아가 판단한 잘못은 있으나, 이 사건 등록상표가 같은 법 제34조 제1항 제7호에 해당하지 않는다고 한 결론에서는 정당하고, 거기에 상고이유로 주장하는 바와 같이 판결에 영향을 미친 상표의 유사 여부 판단에 관한 법리오해 등의 위법이 있다고 할 수 없다.

---

02 **장원급제 사건** (2011후2275)

판시사항

(1) 甲 주식회사가 乙을 상대로 등록상표 "　"가 선등록상표 "장원급제"와 관계에서 상표법 제34조 제1항 제7호에 해당한다는 이유로 등록무효심판을 청구한 사안에서, 양 상표는 유사하지 않다고 본 원심판단을 수긍한 사례

(2) 상표법 제122조 제1항에서 정한 제척기간 경과 전에 특정한 선등록상표에 근거하여 등록무효심판을 청구한 경우, 제척기간 경과 후에 새로운 선등록상표에 근거하여 등록무효 주장을 하는 것이 허용되는지 여부(소극)

(1) 甲 주식회사가 乙을 상대로 등록상표 "🥄"가 선등록상표 "**장원급제**"와 관계에서 상표법 제34조 제1항 제7호에 해당한다는 이유로 등록무효심판을 청구한 사안에서, '녹차' 등을 지정상품으로 하는 등록상표와 '사과주스' 등을 지정상품으로 하는 선등록상표는 외관이 다르고, 등록상표는 '장원'으로 호칭될 것이나 선등록상표는 '장원급제' 전체로 호칭될 것이어서 호칭도 다르며, 등록상표는 '베푸는 동산' 정도의 의미를 가지는 반면 선등록상표는 '과거에서 갑과의 첫째로 뽑히는 일' 등을 뜻하여 관념 역시 차이가 있으므로, 양 상표는 유사하지 않다고 본 원심판단을 수긍한 사례이다.

(2) 상표법 제122조 제1항은 상표법 제34조 제1항 제7호에 해당하는 것을 사유로 하는 상표등록의 무효심판은 상표등록일로부터 5년이 경과한 후에는 이를 청구할 수 없다고 규정하고 있는데, 그 취지는 제척기간을 설정하여 등록상표권을 둘러싼 법률관계를 조속히 확정시킴으로써 안정을 도모하기 위한 것이다. 이러한 취지에 비추어 보면 제척기간 경과 전에 특정한 선등록상표 또는 상표(이하 '선등록상표'라고만 한다)에 근거하여 등록무효심판을 청구한 경우라도 제척기간 경과 후에 그 심판 및 심결취소소송 절차에서 새로운 선등록상표에 근거하여 등록무효 주장을 하는 것은, 비록 새로운 선등록상표가 새로운 무효사유가 아닌 동일한 무효사유에 대한 새로운 증거에 해당한다고 하더라도 실질적으로는 제척기간 경과 후에 새로운 등록무효심판청구를 하는 것과 마찬가지이므로 허용되지 아니한다.

상고이유를 판단한다.

(1) 상표의 유사 여부에 관한 법리오해의 점에 대하여

원심은, '녹차' 등을 지정상품으로 하는 이 사건 등록상표 "🥄"와 '사과주스' 등을 지정상품으로 하는 선등록상표 "**장원급제**"는 그 외관이 서로 다르고, 이 사건 등록상표는 도형 부분으로부터는 특별한 호칭이 연상된다고 보기 어려워 문자 부분에 의해 '장원'으로 호칭될 것이나, 선등록상표는 4음절에 불과하고 '장원급제' 전체가 일반 수요자에게 흔히 사용되는 단어이며 '장원급제'의 '장원'이 '급제'에 비하여 식별력이 강해 '장원'만이 요부로 된다고 보기도 어려운 점 등에 비추어 '장원급제' 전체로 호칭될 것이어서 호칭도 서로 다르며, 이 사건 등록상표는 '베풀 장'의 한자 정자와 '동산 원'의 중국식 간자로 이루어진 문자 부분에 의해 '베푸는 동산' 정도의 의미를 가지는 반면에, 선등록상표는 '과거에서 갑과의 첫째로 뽑히는 일' 등을 뜻하여 관념 역시 차이가 있으므로, 양 상표는 서로 유사하지 않다고 판단하였다.

원심의 위와 같은 판단은 정당하고, 거기에 상고이유로 주장하는 바와 같은 상표의 유사 여부에 관한 법리오해 등의 위법이 없다.

(2) 등록무효심판청구의 제척기간에 관한 법리오해의 점에 대하여

상표법 제122조 제1항은 상표법 제34조 제1항 제7호에 해당하는 것을 사유로 하는 상표등록의 무효심판은 상표등록일로부터 5년이 경과한 후에는 이를 청구할 수 없다고 규정하고 있는 바, 그 취지는 제척기간을 설정하여 등록상표권을 둘러싼 법률관계를 조속히 확정시킴으로써 그 안정을 도모하기 위한 것이다. 위와 같은 취지에 비추어 보면 그 제척기간 경과 전에 특정한 선등록상표 또는 상표(이하 '선등록상표'라고만 한다)에 근거하여 등록무효심판을 청구한 경우라도 제척기간 경과 후에 그 심판 및 심결취소소송 절차에서 새로운 선등록상표에 근거하여 등록무효 주장을 하는 것은, 비록 그 새로운 선등록상표가 새로운 무효사유가 아닌 동일한 무효사유에 대한 새로운 증거에 해당한다고 하더라도, 실질적으로는 제척기간 경과 후에 새로운 등록무효심판청구를 하는 것과 마찬가지이므로 허용되지 아니한다고 봄이 상당하다.

기록에 비추어 살펴보면, 원고가 당초에는 위 선등록상표에 근거하여 이 사건 등록상표가 상표법 제34조 제1항 제7호에 해당한다고 주장하면서 제척기간 경과 전에 등록무효심판을 청구하였다가, 이 사건 심결취소소송 계속 중 상표등록일인 2004. 12. 4.로부터 5년이 경과한 후임이 역수상 분명한 2011. 7. 8.자 변론기일에 이르러 비로소 '부동산 관리업' 등을 지정서비스로 하는 새로운 선등록상표 "장원산업 주식회사"에 근거하여 이 사건 등록상표가 상표법 제34조 제1항 제7호에 해당한다는 주장을 추가하였음을 알 수 있다. 그런데 이러한 사실관계를 위 법리에 비추어 살펴보면, 제척기간 경과 후에 새로이 제출한 선등록상표에 근거하여 이 사건 등록상표가 상표법 제34조 제1항 제7호에 해당한다고 주장하는 것은 제척기간을 둔 취지에 반하므로 허용되지 아니한다.

같은 취지의 원심의 판단은 정당하고, 거기에 상고이유에서 주장하는 바와 같은 등록무효심판청구의 제척기간에 관한 법리오해 등의 위법이 없다.

03 샤넬 사건 (98후423)

판시사항

(1) 상표법 제119조 제1항 제1호의 규정 취지

(2) 상표권자가 의도적으로 자신의 등록상표를 변형이 용이하도록 제작·부착하고 그 상표가 부착된 상품의 판매자나 수요자에게 상표의 변형 방법을 주지시켜 실제로 등록상표가 인용상표와 동일·유사하게 변형되어 사용된 경우, 상표법 제119조 제1항 제1호 소정의 상표등록 취소사유에 해당하는지 여부(적극)

(3) 상표권자가 자신의 등록상표를 주지·저명 상표와 동일·유사하게 변형하여 사용한 경우, 상표 부정사용 고의의 추정 여부(적극)

(4) 상표법 제119조 제1항 제1호 소정의 상표등록 취소사유는 오인·혼동의 염려가 객관적으로 존재하면 족한지 여부(적극)

판결요지

(1) 상표법 제119조 제1항 제1호 규정의 취지는 상표법에 의한 등록상표권자는 그 등록상표를 지정상품에 독점적으로 사용할 권리를 가지나, 그 등록상표를 동일성을 잃지 않는 범위 내에서 성실히 사용할 의무가 있으므로 상표권자로 하여금 등록상표를 상표 제도의 본래의 목적에 반하여 자신의 등록상표의 사용권의 범위를 넘어 부정하게 사용하지

못하도록 규제함으로써 상품 거래의 안전을 도모하고, 타인의 상표의 신용이나 명성에 편승하려는 부정경쟁행위를 방지하여 거래자와 수요자의 이익보호는 물론 다른 상표권자의 영업상의 신용과 권익을 아울러 보호하려는 데 그 목적이 있다.

(2) 상표권자가 자신의 등록상표가 타인의 상표와 동일·유사하게 변형 사용되는 것을 적극적으로 희망하여 의도적으로 그 변형이 용이하도록 상표를 제작·부착하고, 그 상표가 부착된 상품의 판매자나 수요자에게 그 상표의 변형 방법을 주지시키고, 이로 말미암아 실제로 등록상표가 상표권자의 의도대로 상품의 판매자나 수요자들에 의하여 인용상표들과 동일·유사하게 변형되어 유통·사용되었다면, 이는 상표권자가 직접 등록상표에 변형을 가한 경우와 마찬가지로 타인의 상표의 신용이나 명성에 편승하려는 부정경쟁의 목적으로 등록상표의 사용권의 범위를 넘어 등록상표를 부정하게 사용한 경우로서 상표법 제119조 제1항 제1호 소정의 상표권자가 고의로 지정상품에 등록상표와 유사한 상표를 사용함으로써 수요자로 하여금 상품의 품질의 오인 또는 타인의 업무에 관련된 상품과의 혼동을 생기게 한 경우에 해당한다고 봄이 상당하다.

(3) 상표권자가 오인·혼동을 일으킬 만한 대상상표의 존재를 알면서 그 대상상표와 동일·유사한 실사용상표를 사용하는 한 상표 부정사용의 고의가 있다 할 것이고, 특히 그 대상상표가 주지·저명 상표인 경우에는 그 대상상표나 그 표장상품의 존재를 인식하지 못하는 등의 특단의 사정이 없는 한 고의의 존재가 추정된다.

(4) 상표법 제119조 제1항 제1호에서 말하는 상품의 품질의 오인이나 타인의 업무에 관계되는 상품과의 혼동은 현실적으로 그러한 오인·혼동이 생긴 경우뿐만 아니라 오인·혼동이 생길 염려가 객관적으로 존재하면 족하다.

논점의 정리	상고이유를 본다.

(1) ① 상표법 제119조 제1항 제1호 규정의 취지는 상표법에 의한 등록상표권자는 그 등록상표를 지정상품에 독점적으로 사용할 권리를 가지나, 그 등록상표를 동일성을 잃지 않는 범위 내에서 성실히 사용할 의무가 있으므로 상표권자로 하여금 등록상표를 상표 제도의 본래의 목적에 반하여 자신의 등록상표의 사용권의 범위를 넘어 부정하게 사용하지 못하도록 규제함으로써 상품 거래의 안전을 도모하고, 타인의 상표의 신용이나 명성에 편승하려는 부정경쟁행위를 방지하여 거래자와 수요자의 이익보호는 물론 다른 상표권자의 영업상의 신용과 권익을 아울러 보호하려는 데 그 목적이 있다 할 것인 바, 이에 비추어 상표권자가 자신의 등록상표가 타인의 상표와 동일·유사하게 변형 사용되는 것을 적극적으로 희망하여 의도적으로 그 변형이 용이하도록 상표를 제작·부착하고, 그 상표가 부착된 상품의 판매자나 수요자에게 그 상표의 변형 방법을 주지시키고, 이로 말미암아 실제로 등록상표가 상표권자의 의도대로 상품의 판매자나 수요자들에 의하여 인용상표들과 동일·유사하게 변형되어 유통·사용되었다면, 이는 상표권자가 직접 등록상표에 변형을 가한 경우와 마찬가지로 타인의 상표의 신용이나 명성에 편승하려는 부정경쟁의 목적으로 등록상표의 사용권의 범위를 넘어 등록상표를 부정하게 사용한 경우로서 상표법 제119조 제1항 제1호 소정의 상표권자가 고의로 지정상품에 등록상표와 유사한 상표를 사용함으로써

수요자로 하여금 상품의 품질의 오인 또는 타인의 업무에 관련된 상품과의 혼동을 생기게 한 경우에 해당한다고 봄이 상당하다.

그리고 상표권자가 오인·혼동을 일으킬 만한 대상상표의 존재를 알면서 그 대상상표와 동일·유사한 실사용상표를 사용하는 한 상표 부정사용의 고의가 있다 할 것이고, 특히 그 대상상표가 주지·저명 상표인 경우에는 그 대상상표나 그 표장상품의 존재를 인식하지 못하는 등의 특단의 사정이 없는 한 고의의 존재가 추정된다 할 것이다.

② 원심심결 이유에 의하면, 원심은 그 채택 증거에 의하여 피심판청구인이 이 사건 등록상표를 저명상표인 인용상표들과 동일·유사하게 변형 사용되도록 할 의도로 등록상표의 일부분을 쉽게 제거할 수 있도록 실사용상표를 제작·부착하고, 판매상들에게 그 변형 방법을 주지시키기도 하고, 상품의 꼬리표에 상표 변형 방법을 기재하였으며, 실제로 피심판청구인이 제작·부착한 실사용상표가 피심판청구인의 의도대로 인용상표들과 동일하거나 극히 유사하게 변형되어 유통되거나 소비되고, 이와 같이 변형 가능한 실사용상표가 부착된 상품이 거래자나 수요자 사이에 인용상표품과 같은 이름으로 호칭되기도 하는 사실을 인정한 다음, 이는 상표법 제119조 제1항 제1호 소정의 상표등록 취소사유에 해당한다고 판단하였는 바, 기록과 앞서 본 법리에 비추어 살펴보면, 원심의 위와 같은 인정·판단은 정당하고, 거기에 상고이유의 주장과 같은 채증법칙 위배로 인한 사실오인, 위 법 규정에 관한 법리오해 등의 위법이 있다고 할 수 없다. 논지는 이유가 없다.

(2) 상표법 제119조 제1항 제1호에서 말하는 상품의 품질의 오인이나, 타인의 업무에 관계되는 상품과의 혼동은 현실적으로 그러한 오인·혼동이 생긴 경우뿐만 아니라 오인·혼동이 생길 염려가 객관적으로 존재하면 족하다 할 것인 바, 설사 상고이유의 주장과 같이 도형상표인 실사용상표가 문자상표인 "JINCHANELPLUS" 부분이 부기된 상태로 사용되었다 하더라도 이 사건 등록상표의 변형된 부분이 저명상표인 인용상표들과 동일하거나 극히 유사한 이상 실사용상표는 문자 부분인 "JINCHANELPLUS" 부분과는 분리관찰되어 결국 인용상표들과 동일·유사한 도형 부분만에 의하여 인식될 가능성이 매우 높고, 또한 상품의 꼬리표 등에 인용상표들에 대한 상표권자가 아닌 피심판청구인의 상호가 표시되어 있다 하더라도 수요자나 거래자로서는 이를 인용상표들의 사용권자이거나 인용상표권자와 업무상 관계가 있는 자 등의 상호로 인식할 가능성이 있을 뿐이어서 피심판청구인의 실사용상표가 사용된 상품은 인용상표들에 대한 상표권자의 업무와 관련된 상품으로 혼동될 가능성이 충분히 인정된다 할 것이므로 피심판청구인의 실사용상표와 인용상표들 사이에 오인·혼동 가능성이 없다는 점을 전제로 한 논지도 이유가 없다.

판시사항

(1) 상표법 제119조 제1항 제1호[28]의 취지 / 복수의 유사상표를 사용하다가 그중 일부만 등록한 상표권자가 미등록의 사용상표를 계속 사용하여 등록상표만 사용한 경우에 비하여 수요자가 상품 출처를 오인·혼동할 우려가 더 커지게 된 경우, 상표법 제119조 제1항 제1호에 규정된 등록상표와 유사한 상표의 사용으로 볼 수 있는지 여부(적극) 및 위 조항에서 정한 상표등록 취소사유에 해당하기 위하여 등록상표가 혼동의 대상이 되는 타인의 상표와 유사할 필요가 있는지 여부(소극)

(2) 대상상표들 "Discovery", "Discovery", "Discovery"를 사용하고 있는 甲 외국회사가 등록상표 "Dicovery"의 등록권리자인 乙을 상대로 등록상표가 상표법 제119조 제1항 제1호에 해당한다며 등록취소심판을 청구하자 특허심판원이 심판청구를 인용하는 심결을 한 사안에서, 乙이 등록상표와 실사용상표들 "DICOVERY", "DICOVERY", "Di DICOVERY"를 사용함으로써 대상상표들과의 관계에서 등록상표만 사용한 경우에 비하여 수요자가 상품 출처를 오인·혼동할 우려가 더 커지게 되었으므로 등록상표에는 위 조항의 등록취소사유가 있다고 한 사례

판결요지

(1) 상표법 제119조 제1항 제1호는 상표권자가 고의로 지정상품에 등록상표와 유사한 상표를 사용하거나 지정상품과 유사한 상품에 등록상표 또는 이와 유사한 상표를 사용함으로써 수요자로 하여금 상품의 품질의 오인 또는 타인의 업무에 관련된 상품과의 혼동을 생기게 한 경우에 상표등록의 취소를 구할 수 있도록 규정하고 있다. 이는 상표권자가 상표제도의 본래 목적에 반하여 자신의 등록상표를 사용권의 범위를 넘어 부정하게 사용하지 못하도록 규제함으로써 상품 거래의 안전을 도모하고 타인의 상표의 신용이나 명성에 편승하는 행위를 방지하기 위한 것으로서, 수요자의 이익은 물론 다른 상표를 사용하는 사람의 영업상의 신용과 권익도 아울러 보호하려는 데에 취지가 있다.

이와 같은 위 조항의 문언과 취지에 비추어 보면, 복수의 유사 상표를 사용하다가 그중 일부만 등록한 상표권자가 미등록의 사용상표를 계속 사용하는 경우에도, 그로 인하여 타인의 상표와의 관계에서 등록상표만 사용한 경우에 비하여 수요자가 상품 출처를 오인·혼동할 우려가 더 커지게 되었다면, 이러한 사용도 위 조항에 규정된 등록상표와 유사한 상표의 사용으로 볼 수 있다. 또한 위 조항에서 정한 상표등록 취소사유에 해당하기 위하여 등록상표가 혼동의 대상이 되는 타인의 상표와 반드시 유사할 필요는 없다.

(2) 대상상표들 "Discovery", "Discovery", "Discovery"를 사용하고 있는 甲 외국회사가 등록상표(이하 '등록상표'라 한다) "Dicovery"의 등록권리자인 乙을 상대로 등록상표가 상표법 제119조 제1항 제1호에 해당한다며 등록취소심판을 청구하자 특허심판원이 심판청구를 인용하는 심결을 한 사안에서, 甲 회사는 2012. 7.경부터 의류 제품 등에 대상상표들을 사용하고 있었고, 乙은 2013. 1.경부터 의류 제품 등에 등록상표와 실사용상표들 "DICOVERY", "DICOVERY", "Di DICOVERY"를 함께 사용해 오다가 2013. 3. 27. 그중 대상상표

---

28) 구 상표법 제73조 제1항 제2호(이하 이 사건에서 같다)[2016. 2. 29., 법률 제14033호로 전부 개정되기 전의 것]

들과 비교적 덜 유사한 등록상표를 출원하여 2014. 10. 15. 상표등록을 받았으며, 대상 상표들은 등록상표가 등록된 당시 국내에 널리 인식되어 있었고, 乙은 대상상표들의 존재를 알면서 등록상표의 등록 이후에도 실사용상표들을 계속 사용하였는데, 乙이 등록상표와 실사용상표들을 사용함으로써 대상상표들과의 관계에서 등록상표만 사용한 경우에 비하여 수요자가 상품 출처를 오인·혼동할 우려가 더 커지게 되었고, 이러한 사용도 상표법 제119조 제1항 제1호에 규정된 등록상표와 유사한 상표의 사용으로 보아야 하므로, 등록상표에는 상표법 제119조 제1항 제1호의 등록취소사유가 있다고 한 원심판단이 정당하다고 한 사례이다.

논점의 정리

상고이유에 대하여 판단한다.

(1) 상표법 제119조 제1항 제1호는 상표권자가 고의로 지정상품에 등록상표와 유사한 상표를 사용하거나 지정상품과 유사한 상품에 등록상표 또는 이와 유사한 상표를 사용함으로써 수요자로 하여금 상품의 품질의 오인 또는 타인의 업무에 관련된 상품과의 혼동을 생기게 한 경우에 그 상표등록의 취소를 구할 수 있도록 규정하고 있다. 이는 상표권자가 상표제도의 본래 목적에 반하여 자신의 등록상표를 그 사용권의 범위를 넘어 부정하게 사용하지 못하도록 규제함으로써 상품 거래의 안전을 도모하고 타인의 상표의 신용이나 명성에 편승하는 행위를 방지하기 위한 것으로서, 수요자의 이익은 물론 다른 상표를 사용하는 사람의 영업상의 신용과 권익도 아울러 보호하려는 데에 그 취지가 있다. 이와 같은 위 조항의 문언과 취지에 비추어 보면, 복수의 유사상표를 사용하다가 그 중 일부만 등록한 상표권자가 미등록의 사용상표를 계속 사용하는 경우에도, 그로 인하여 타인의 상표와의 관계에서 등록상표만을 사용한 경우에 비하여 수요자가 상품 출처를 오인·혼동할 우려가 더 커지게 되었다면, 이러한 사용도 위 조항에 규정된 등록상표와 유사한 상표의 사용으로 볼 수 있다. 또한 위 조항에서 정한 상표등록 취소사유에 해당하기 위하여 등록상표가 혼동의 대상이 되는 타인의 상표와 반드시 유사할 필요는 없다고 할 것이다.

(2) 원심판결 이유와 기록에 의하면 다음의 사정을 알 수 있다.

① 피고는 2012. 7.경부터 의류 제품 등에 대상상표들("Discovery EXPEDITION", "DISCOVERY", "Discovery")을 사용하고 있다.

② 원고는 2013. 1.경부터 의류 제품 등에 이 사건 등록상표('DICOVERY', 이하 '이 사건 등록상표'라 한다)와 실사용상표들("DICOVERY", "DICOVERY", "Di DICOVERY")을 함께 사용해 오다가 2013. 3. 27. 그 중 대상상표들과 비교적 덜 유사한 이 사건 등록상표를 출원하여 2014. 10. 15. 상표등록을 받았다.

③ 대상상표들은 이 사건 등록상표가 등록된 당시 국내에 널리 인식되어 있었고, 원고는 대상상표들의 존재를 알면서 이 사건 등록상표의 등록 이후에도 실사용상표들을 계속 사용하였다.

(3) 그렇다면 원고가 이 사건 등록상표와 실사용상표들을 사용함으로써 대상상표들과의 관계에서 이 사건 등록상표만을 사용한 경우에 비하여 수요자가 상품 출처를 오인·혼동할 우려가 더 커지게 되었다고 할 것이어서, 앞서 본 법리에 비추어 보면 이러한 사용도

상표법 제119조 제1항 제1호에 규정된 등록상표와 유사한 상표의 사용으로 보아야 하고, 이 사건 등록상표와 대상상표들의 유사 여부는 위 조항에서 정한 부정사용을 이유로 한 상표등록취소 해당 여부와 관계가 없으므로, 이 사건 등록상표에는 상표법 제119조 제1항 제1호의 등록취소사유가 있다고 할 것이다.

같은 취지의 원심판단은 정당하고, 거기에 상고이유 주장과 같이 상표법 제119조 제1항 제1호의 해석·적용에 관한 법리를 오해한 위법이 없다.

05 MU SPORTS 사건 (2012후1521)

판시사항

실사용상표가 등록상표를 대상상표와 동일 또는 유사하게 보이도록 변형한 것이어서 그 사용으로 인하여 대상상표와의 관계에서 등록상표를 그대로 사용한 경우보다 수요자가 상품 출처를 오인·혼동할 우려가 더 커지게 된 경우, 상표법 제119조 제1항 제1호에서 정한 부정 사용을 이유로 한 상표등록취소심판에서는 실사용상표의 사용을 등록상표와 유사한 상표의 사용으로 볼 수 있는지 여부(적극) 및 이때 대상상표가 주지·저명한 것임을 요하는지 여부 (소극)

판결요지

상표법 제119조 제1항 제1호에서 상표권자가 고의로 지정상품에 등록상표와 유사한 상표를 사용하거나 지정상품과 유사한 상품에 등록상표 또는 이와 유사한 상표를 사용함으로써 수요자로 하여금 상품 품질의 오인 또는 타인의 업무에 관련된 상품과의 혼동을 생기게 한 경우에 그 상표등록을 취소할 수 있도록 한 것은 상표권자가 상표제도의 본래 목적에 반하여 자신의 등록상표를 그 사용권 범위를 넘어 부정하게 사용하지 못하도록 규제함으로써 상품 거래의 안전을 도모하고, 타인의 상표의 신용이나 명성에 편승하려는 행위를 방지하여 거래자와 수요자의 이익보호는 물론 다른 상표를 사용하는 사람의 영업상 신용과 권익도 아울러 보호하려는 데 그 취지가 있다. 반면 상표법 제119조 제1항 제3호에서 상표권자 또는 전용사용권자 등이 정당한 이유 없이 국내에서 등록된 상표를 지정상품에 사용하지 아니한 경우에 그 상표등록을 취소할 수 있도록 한 것은 등록상표의 사용을 촉진함과 동시에 그 불사용에 대한 제재를 가하려는 데 그 취지가 있다. 따라서 상표법 제119조 제1항 제1호에서 정한 부정사용을 이유로 하는 상표등록취소심판에서 상표권자가 등록상표를 사용한 것인지 아니면 그와 유사한 상표를 사용한 것인지는 상표법 제119조 제1항 제3호에서 정한 불사용을 이유로 하는 상표등록취소심판에서의 상표 동일성 판단기준과 관계없이 상표법 제119조 제1항 제1호의 앞서 본 바와 같은 입법 취지에 따라 독자적으로 판단하여야 한다. 즉, 실제 사용된 상표(이하 '실사용상표'라 한다)가 등록상표를 타인의 상표(이하 '대상상표'라 한다)와 동일 또는 유사하게 보이도록 변형한 것이어서 그 사용으로 인하여 대상상표와의 관계에서 등록상표를 그대로 사용한 경우보다 수요자가 상품 출처를 오인·혼동할 우려가 더 커지게 되었다면 상표법 제119조 제1항 제1호에서 정한 부정사용을 이유로 한 상표등록취소심판에서는 그 실사용상표의 사용을 등록상표와 유사한 상표의 사용으로 볼 수 있다고 할 것이며, 이때 그 대상상표가 주지·저명한 것임을 요하지는 아니한다.

논점의 정리 상고이유를 판단한다.

(1) 상표법 제119조 제1항 제1호에서 상표권자가 고의로 지정상품에 등록상표와 유사한 상표를 사용하거나 지정상품과 유사한 상품에 등록상표 또는 이와 유사한 상표를 사용함으로써 수요자로 하여금 상품 품질의 오인 또는 타인의 업무에 관련된 상품과의 혼동을 생기게 한 경우에 그 상표등록을 취소할 수 있도록 한 것은 상표권자가 상표제도의 본래 목적에 반하여 자신의 등록상표를 그 사용권 범위를 넘어 부정하게 사용하지 못하도록 규제함으로써 상품 거래의 안전을 도모하고, 타인의 상표의 신용이나 명성에 편승하려는 행위를 방지하여 거래자와 수요자의 이익보호는 물론 다른 상표를 사용하는 사람의 영업상 신용과 권익도 아울러 보호하려는 데 그 취지가 있다. 반면 상표법 제119조 제1항 제3호에서 상표권자 또는 전용사용권자 등이 정당한 이유 없이 국내에서 등록된 상표를 지정상품에 사용하지 아니한 경우에 그 상표등록을 취소할 수 있도록 한 것은 등록상표의 사용을 촉진함과 동시에 그 불사용에 대한 제재를 가하려는 데 그 취지가 있다.
따라서 상표법 제119조 제1항 제1호에서 정한 부정사용을 이유로 하는 상표등록취소심판에서 상표권자가 등록상표를 사용한 것인지 아니면 그와 유사한 상표를 사용한 것인지는 상표법 제119조 제1항 제3호에서 정한 불사용을 이유로 하는 상표등록취소심판에서의 상표 동일성 판단기준과 관계없이 상표법 제119조 제1항 제1호의 앞서 본 바와 같은 입법 취지에 따라 독자적으로 판단하여야 한다.
즉 실제 사용된 상표(이하 '실사용상표'라 한다)가 등록상표를 타인의 상표(이하 '대상상표'라 한다)와 동일 또는 유사하게 보이도록 변형한 것이어서 그 사용으로 인하여 대상상표와의 관계에서 등록상표를 그대로 사용한 경우보다 수요자가 상품 출처를 오인·혼동할 우려가 더 커지게 되었다면 상표법 제119조 제1항 제1호에서 정한 부정사용을 이유로 한 상표등록취소심판에서는 그 실사용상표의 사용을 등록상표와 유사한 상표의 사용으로 볼 수 있다고 할 것이며, 이때 그 대상상표가 주지·저명한 것임을 요하지는 아니한다.

(2) 원심은 판시와 같은 이유를 들어, ① 피고가 사용한 별지 실사용상표 2, 3, 4는 피고의 별지 이 사건 등록상표에서 도형 부분을 생략하고, 글자 일부의 크기를 줄이고 글자체도 특이한 모양으로 바꾸며, 글자를 세로 또는 가로로 지그재그 모양으로 불규칙하게 배치하는 방식으로 변형하여 사용된 것인데, 이는 원고가 사용한 별지 대상상표 3과 동일한 형태에 가까운 방향으로 변형된 것으로서 그 변형의 정도에 비추어 상표법 제119조 제1항 제1호가 정한 등록상표와 유사한 상표의 사용에 해당하고, ② 위 실사용상표들이 위 대상상표와 비교하여 그 외관이 근사하고 그 호칭이나 관념은 이러한 외관 유사를 극복할 수 있을 정도로 현저하게 다르지 않고, 이 사건 심판청구 당시 위 대상상표가 일반 수요자들에게 특정인의 상품 출처 표지로서 어느 정도 알려져 있었으므로, 피고가 이 사건 등록상표를 위 실사용상표들과 같이 변경하여 원고가 위 대상상표를 사용한 캐디백, 보스톤백에 사용함에 따라 수요자들이 상품 출처를 혼동할 우려가 있음이 인정

되며, ③ 원심 판시 원고와 피고와의 관계, 피고가 이 사건 등록상표 내지 위 실사용상표들을 사용하게 된 경위 등에 의하면 피고는 위와 같은 우려가 있음을 인식하였던 것으로 보이므로, ④ 결국 피고는 고의로 이 사건 등록상표와 유사한 위 실사용상표들을 그 지정상품인 캐디백, 보스톤백에 사용함으로써 수요자로 하여금 원고의 업무에 관련된 상품과의 혼동을 생기게 하였고, 이는 상표법 제119조 제1항 제1호의 상표등록 취소사유에 해당한다고 판단하였다.

원심판결 이유를 위 법리와 적법하게 채택된 증거들에 비추어 살펴보면, 위와 같은 원심의 판단에 상고이유 주장과 같이 상표의 동일성 및 유사성에 관한 판단, 상표법 제119조 제1항 제1호에서 정한 상표등록 취소사유에 관한 법리 등을 오해하거나 필요한 심리를 다하지 아니하고 논리와 경험의 법칙에 반하여 자유심증주의의 한계를 벗어나는 등의 사유로 판결에 영향을 미친 위법이 있다고 할 수 없다.

06 소녀시대 사건 (2013후1214)

판시사항

대상상표 " **GIRLS'·GENERATION** "의 사용자 甲 주식회사가 실사용상표 " **GIRLS'·GENERATION** "을 사용한 등록상표 " **소녀시대** "의 등록권리자 乙을 상대로 등록상표가 상표법 제119조 제1항 제1호에 해당한다는 이유로 등록취소심판을 청구하였는데 특허심판원이 인용하는 심결을 한 사안에서, 乙의 실사용상표 사용으로 甲 회사의 대상상표의 사용상품·서비스 출처의 오인·혼동이 야기될 우려가 객관적으로 존재한다고 한 사례

논점의 정리

상고이유(상고이유서 제출기한 경과 후에 제출된 상고이유보충서의 기재는 상고이유를 보충하는 범위 내에서)를 판단한다.

(1) 상표법 제119조 제1항 제1호에서 정한 상표등록 취소사유의 하나인, 상표권자가 실제로 사용하는 상표와 혼동의 대상이 되는 타인의 상표 사이의 혼동 유무를 판단함에 있어서는, 각 상표의 외관, 호칭, 관념 등을 객관적·전체적으로 관찰하되, 그 궁극적 판단 기준은 실제로 사용된 상표가 등록상표로부터 변형된 정도 및 타인의 상표와 근사한 정도, 실제로 사용된 상표와 타인의 상표가 상품에 사용되는 형태 및 사용상품 간의 관련성, 각 상표의 사용기간과 실적 및 일반 수요자에게 알려진 정도 등에 비추어, 당해 상표의 사용으로 타인 상표의 상품과 사이에 상품 출처의 오인·혼동이 야기될 우려가 객관적으로 존재하는가에 두어야 할 것이다.

(2) 원심은 그 판시와 같은 사실을 인정한 다음, 이 사건 등록상표 " **소녀시대** "의 상표권자인 원고가 2011년 12월경 실제로 " **GIRLS'·GENERATION** "이라는 구성의 상표(이하 '실사용상표'라고 한다)를 '의류, 가방, 신발, 액세서리' 등의 상품에 사용할 당시, "C"라는 구성의 원심 판시 대상표장(이하 '대상상표'라고 한다)이 '음반, 음원' 등의 사용상품 및 이와 연계된 '가수공연업, 음악공연업, 방송출연업, 광고모델업' 등의 사용서비스와 관련하여 피고의 상품·서비스를 표시하는 식별 표지로 인식되었다고 할 것이나, 특정인의 상표로

알려진 정도를 넘어서 저명한 정도에까지 이르렀다고 볼 수 없으므로, 비록 실사용상표가 대상상표와 표장이 유사하다고 하더라도 대상상표의 사용상품 및 사용서비스와 유사하거나 경제적 견련관계가 밀접하지 아니한 상품에 관한 실사용상표의 사용으로 인하여 수요자로 하여금 피고의 대상상표에 관한 상품·서비스와 출처의 오인·혼동을 일으키게 할 염려가 객관적으로 존재한다고 볼 수 없다는 취지로 판단하였다.

(3) 그러나 원심의 위와 같은 판단은 아래와 같은 이유로 수긍하기 어렵다.

① 원심이 확정한 사실관계에 의하면 다음 각 사실을 알 수 있다.

㉠ 국내에서 유명한 연예기획사인 피고는 피고에 소속된 남성그룹 가수인 'D'의 성공을 계기로 그와 같은 여성그룹 가수도 기획하기로 하고, 2007년 7월경 'C'라는 영문 명칭의 피고 소속 9인조 여성그룹 가수(이하 '이 사건 그룹가수'라고 한다)의 각 구성원을 인터넷에 공개한 다음, 같은 해 8월부터 피고가 제작한 이 사건 그룹가수의 첫 번째 음반인 'E'를 판매하기 시작하였는데, 위 음반에 수록된 'E'라는 곡은 위 음반 발매 직후 방송집계에서 1위를 차지하거나 음악방송 인기순위에서 1위를 차지하였다.

㉡ 피고는 또 2007년 11월 이 사건 그룹가수의 음반 'F'를 제작·판매하였는데, 그 주제곡 'F'는 텔레비전 방송에서 인기가요로 선정되었고, 후속곡 'G'도 각종 음악방송 인기순위 1위를 차지하였다. 피고는 또 2008년 3월 이 사건 그룹가수의 음반 'H'를 제작·판매하였고, 이 사건 그룹가수가 활동을 시작한 지 1년 만에 위 음반 'F' 및 'H'의 판매량이 합계 12만 장 이상을 기록하였다. 피고는 또 2009년 1월 이 사건 그룹가수의 음반 'I'를 제작·판매하였는데, 그 주제곡인 'I'는 공개 후 2일 만에 각종 음원 순위에서 1위를 차지하면서 벨 소리와 통화연결음으로 120만 건 이상 판매되고 총 1,500회 이상 방송되었으며, 특히 2009년 3월 음악방송 인기순위에서 9주 연속 1위를 차지하였고, 위 음반 'I'는 2개월 동안 10만 장 이상 판매되면서 연간 판매순위 1위를 차지하였다.

㉢ 피고는 또 2009년 6월 이 사건 그룹가수의 음반 'J'를 제작·판매하였는데 그 주제곡은 공개된 지 4일 만에 각종 음원 순위에서 1위를 차지하였다. 그 후 피고가 제작·판매한 이 사건 그룹가수의 음반들도 위와 마찬가지로 KBS, SBS, Mnet 등 각종 음악방송 인기순위에서 1위를 차지하였는데, 2010년 1월 제작·판매된 음반 'K'를 비롯하여 2010년 10월 제작·판매된 음반 'L', 2011년 10월 제작·판매된 음반 'M' 등에 수록된 주제곡들이 그것이다. 한편 위 'E', 'F', 'H', 'I', 'J', 'K', 'L', 'M' 등의 음반들 전면에는 모두 'C' 또는 그 국문인 'F'라는 제목이 표시되어 있다.

㉣ 이 사건 그룹가수는 피고의 전체적인 기획·관리에 따라 원고의 실사용상표 사용 당시까지, 위 음반들과 관련하여 다양한 음악공연 활동을 하면서 MTV, Mnet 및 MBC 등의 다수 방송프로그램에 출연하였고, 위와 같은 음악공연·방송출연 활동에서 얻은 높은 인지도를 바탕으로 의류, 식품, 디지털 가전, 게임 등 다양한 상품의 광고모델로 활동하였으며, 같은 기간 이 사건 그룹가수와 관련된 기사가 다양한 매체에 여러 차례 보도되었다. 한편 이 사건 그룹가수는 2007년 N 시상식 신인상 및 2008년 O 그룹가수상 등 다수의 상을 받았다.

② 위와 같은 사실관계에 의하면, ㉠ 이 사건 그룹가수가 활동을 시작한 때로부터 원고가 실사용상표를 사용할 무렵까지 약 4년 5개월의 기간에 걸쳐, 일반 공중에 대한 전파력이 높은 대중매체를 통한 가수공연·음악공연·방송출연·광고모델 등의 활동과 음반·음원의 판매가 집중적으로 이루어졌던 점, ㉡ 이 사건 그룹가수의 명칭 'C'은 피고의 전체적인 기획·관리에 따라, 이 사건 그룹가수 음반들에서 각 음반 저작물의 내용 등을 직접적으로 표시하는 것이 아니라 음반이라는 상품의 식별 표지로 사용되었을 뿐만 아니라, 이 사건 그룹가수의 가수공연·음악공연·방송출연·광고모델 등의 활동에서 지속적이고 일관되게 사용되었던 점, ㉢ 그리고 위 명칭은 이 사건 그룹가수 음반들의 판매량과 그에 수록된 곡들의 방송횟수 및 인기순위를 비롯하여 이 사건 그룹 가수의 관련 기사보도, 수상경력 및 다양한 상품의 광고모델 활동 등에서 보는 것처럼, 통상의 연예활동에서 예상되는 것보다 상당히 높은 수준의 인지도를 가지게 된 점 등을 알 수 있다.

그렇다면 이 사건 그룹가수의 명칭과 같은 구성의 대상상표는 피고의 '음반, 음원' 등의 사용상품 및 '가수공연업, 음악공연업, 방송출연업, 광고모델업' 등의 사용서비스에 대하여 관계거래자 이외에 일반 공중의 대부분에까지 널리 알려지게 됨으로써 저명성을 획득하였다고 보아야 한다.

③ 이상과 같이 대상상표는 실사용상표의 사용 당시 이미 국내에서 저명성을 획득하였던 것에 비하여 기록에 의하여 알 수 있는 이 사건 등록상표에 대한 인식 정도는 그에 훨씬 미달하였던 점, 실사용상표는 이 사건 등록상표로부터 상당한 변형이 가해진 것으로서 구성 문자가 2단으로 배열되고 일부 도안화되어 있기는 하나 동일한 문자로 구성된 대상상표와 그 전체적인 표장이 매우 유사한 점, 실사용상표의 사용상품인 '의류, 가방, 신발, 액세서리' 등과 대상상표의 사용서비스인 '가수공연업, 음악공연업, 방송출연업, 광고모델업' 등은 경제적으로 밀접한 관련성이 있는 점 등을 모두 고려하면, 원고의 실사용상표 사용으로 피고의 대상상표의 사용상품·서비스와 사이에 그 출처의 오인·혼동이 야기될 우려가 객관적으로 존재한다고 할 것이다.

④ 그런데도 원심은 그 판시와 같은 이유만으로 앞서 본 바와 같이 대상상표가 특정인의 상표로 알려진 정도를 넘어서 저명한 정도에까지 이르렀다고 볼 수 없다면서 이를 전제로 실사용상표의 사용행위가 대상상표의 사용상품·서비스와의 혼동을 생기게 할 염려가 없다고 판단하고 말았으니, 이러한 원심판결에는 저명상표 및 상표법 제119조 제1항 제1호에서 정한 '타인의 업무에 관련된 상품과의 혼동을 생기게 한 경우'에 관한 법리를 오해하여 필요한 심리를 다하지 아니함으로써 판결에 영향을 미친 잘못이 있다. 이 점을 지적하는 상고이유 주장은 이유 있다.

판시사항

(1) 상표법 제119조 제1항 제1호의 규정 취지

(2) 상표법 제119조 제1항 제1호에 정한 오인·혼동의 판단 대상이 되는 타인의 상표의 범위

(3) 대상상표 "ROOTS"가 국내에서 상표등록을 받지 아니한 상표로서 등록상표 "ROOT"의 권리범위에 속한다고 볼 여지가 있다고 하더라도, 상표법 제119조 제1항 제1호 규정을 적용함에 있어서 상표권자가 실제로 사용하는 상표와의 혼동의 대상이 되는 상표로 삼을 수 있다고 한 원심의 판단을 수긍한 사례

판결요지

(1) 상표법 제119조 제1항 제1호는 상표권자가 상표제도의 본래의 목적에 반하여 자신의 등록상표를 그 사용권의 범위를 넘어 부정하게 사용하지 못하도록 규제함으로써 상품 거래의 안전을 도모하고, 타인의 상표의 신용이나 명성에 편승하려는 행위를 방지하여 거래자와 수요자의 이익보호는 물론 다른 상표를 사용하는 사람의 영업상의 신용과 권익도 아울러 보호하려는 데 그 취지가 있다.

(2) 상표법 제119조 제1항 제1호에 정한 실사용상표와 타인의 상표 사이의 혼동 유무는 당해 실사용상표의 사용으로 인하여 수요자로 하여금 그 타인의 상표의 상품과의 사이에 상품 출처의 혼동을 생기게 할 우려가 객관적으로 존재하는가의 여부에 따라 결정하면 충분하므로, 그 타인의 상표가 당해 등록상표의 권리범위에 속하거나 상표법상의 등록상표가 아니라고 하더라도 그 혼동의 대상이 되는 상표로 삼을 수 있다.

(3) 대상상표 "ROOTS"가 국내에서 상표등록을 받지 아니한 상표로서 등록상표 "ROOT"의 권리범위에 속한다고 볼 여지가 있다고 하더라도, 상표법 제119조 제1항 제1호 규정을 적용함에 있어서 상표권자가 실제로 사용하는 상표와의 혼동의 대상이 되는 상표로 삼을 수 있다고 한 원심의 판단을 수긍한 사례이다.

논점의 정리

(1) **상고이유 제1점에 대하여**

① 상표법 제119조 제1항 제1호는 상표권자가 상표제도의 본래의 목적에 반하여 자신의 등록상표를 그 사용권의 범위를 넘어 부정하게 사용하지 못하도록 규제함으로써 상품 거래의 안전을 도모하고, 타인의 상표의 신용이나 명성에 편승하려는 행위를 방지하여 거래자와 수요자의 이익보호는 물론 다른 상표를 사용하는 사람의 영업상의 신용과 권익도 아울러 보호하려는 데 그 취지가 있는 것으로, 누구든지 그 규정에 의한 취소심판을 청구할 수 있는 공익적 규정이며(같은 조 제5항 본문), 위 제119조 제1항 제1호는 '수요자로 하여금 상품의 품질의 오인 또는 타인의 업무에 관련된 상품과의 혼동을 생기게 한 경우'라고 규정하고 있을 뿐, 상표권자가 실제로 사용하는 상표(이하 '실사용상표'라 한다)와의 혼동의 대상이 되는 타인의 상표를 특별히 한정하고 있지도 아니하다. 이러한 점에 비추어 보면, 위 규정 소정의 실사용상표와 타인의 상표 사이의 혼동 유무는 당해 실사용상표의 사용으로 인하여 수요자로 하여금 그 타인의 상표의 상품과의 사이에 상품 출처의 혼동을 생기게 할 우려가 객관적으로

존재하는가의 여부에 따라 결정하면 충분하므로, 그 타인의 상표가 당해 등록상표의 권리범위에 속하거나 상표법상의 등록상표가 아니라고 하더라도 그 혼동의 대상이 되는 상표로 삼을 수 있다.

② 이와 달리 상표법 제119조 제1항 제1호에 정한 오인·혼동 판단의 대상상표인지 여부가 문제된 타인의 상표가 등록상표의 권리범위에 속하는 것으로서 미등록 또는 등록상표보다 후에 등록된 것이라거나, 이미 그 상표등록무효 심결이 확정된 것이라면, 그 사정만으로 위의 오인·혼동 판단의 대상상표로 삼을 수 없다는 취지로 판시한 대법원 87후87, 88 판결과 97후68 판결은 이와 저촉되는 범위 내에서 변경하기로 한다.

③ 원심은 피고 등이 사용하는 "ROOTS" 상표(이하 '이 사건 대상상표'라 한다)가 국내에서 상표등록을 받지 아니한 상표로서 이 사건 등록상표 "ROOT"의 권리범위에 속한다고 볼 여지가 있다고 하더라도, 위 규정을 적용함에 있어서 상표권자가 실제로 사용하는 상표와의 혼동의 대상이 되는 상표로 삼을 수 있다는 취지로 판단하였는 바, 앞서 본 법리에 비추어 볼 때 원심의 이러한 판단은 정당하고 거기에 상고이유에서 주장하는 바와 같은 상표법 제119조 제1항 제1호의 규정에 관한 법리오해의 위법이 있다고 볼 수 없다.

(2) 상고이유 제2점에 대하여

원심은 이 사건 등록상표의 종전 상표권자인 주식회사 한서엔터프라이즈가 실제로 사용한 상표인 "ROOT&PORT"(이하 '이 사건 실사용상표'라 한다)와 이 사건 대상상표 사이의 혼동 여부에 관하여, 수요자들이 이 사건 실사용상표를 보고 'ROOTS'와 'SPORT'가 축약된 것이라는 인식을 가지기 매우 쉬운 점과 이 사건 실사용상표를 사용할 당시 국내에서 이 사건 대상상표가 알려진 정도에 비하여 이 사건 등록상표에 대한 인식은 미미하였던 점 등을 고려하면, 이 사건 실사용상표가 사용됨으로써 수요자로 하여금 이 사건 대상상표의 사용상품과의 사이에 상품 출처의 혼동을 일으키게 할 우려가 있었다는 취지로 판단하였는 바, 원심판결 이유를 기록에 비추어 살펴보면, 원심의 판단은 정당하고, 거기에 상고이유에서 주장하는 바와 같은 상표법 제119조 제1항 제1호의 규정에 관한 법리를 오해하였거나 심리를 다하지 아니한 위법이 없다.

(3) 상고이유 제3점에 대하여

원심은 그 채택 증거에 의하여, 이 사건 대상상표의 개발과정과 국제적인 지명도, 국내외에서의 사용기간, 그 표장을 부착한 상품의 종류와 국내에서의 판매실적 및 상품 광고 정도 등에 관하여 판시와 같은 사실을 인정한 다음, 그 표장은 주식회사 한서엔터프라이즈가 이 사건 등록상표권을 취득하여 이 사건 실사용상표를 사용할 당시 국내에서 이미 상품 표지로서 널리 알려지게 되었거나 적어도 일정 범위의 수요자들 사이에서 특정 출처의 상표로 인식되어 있었다는 취지로 판단하였는 바, 원심판결 이유를 기록에 비추어 살펴보면, 원심의 사실인정 및 판단은 정당하고, 거기에 상고이유에서 주장하는 바와 같은 채증법칙 위반으로 인한 사실오인, 심리미진, 상표법 제119조 제1항 제1호에 관한 법리오해 등의 위법이 있다고 할 수 없다.

판시사항

甲 주식회사가 상표권자인 乙로부터 등록상표 "**예 랑**" 등의 전용사용권을 설정 받아 식기 및 도자기 제품의 카탈로그 등에 실사용상표인 "**YELANG CERAMIC**"을 사용하였는데, 丙 주식회사가 乙을 상대로 등록상표가 丁 주식회사가 사용하고 있는 대상상표 "**YELANG & CO**"와의 관계에서 상표법 제119조 제1항 제2호에 해당한다는 이유로 상표등록취소를 구한 사안에서, '**YELANG**'이 요부인 실사용상표가 등록상표와 호칭이 동일하여 전체적으로 유사하므로 등록상표의 전용사용권자인 甲 회사가 실사용상표를 사용한 것은 위 조항에 규정한 '등록상표와 유사한 상표를 사용'한 것으로 보아야 하고, 실사용상표가 등록상표의 변형이라고 볼 수 있는데도, 이와 달리 본 원심판단에 법리오해의 잘못이 있다고 한 사례

논점의 정리

상고이유를 판단한다.

(1) 원고의 상고이유에 관하여

① 원심판결 이유와 기록에 의하면 다음의 사정을 알 수 있다.

㉠ 주식회사 예랑세라믹(이하 '예랑세라믹'이라 한다)은 2016. 8. 10. 상표권자인 피고로부터 이 사건 등록상표 1("**YELANG**")과 이 사건 등록상표 2("**예 랑**")의 전용사용권을 설정 받아 식기 및 도자기 제품의 카탈로그 등에 "**YELANG CERAMIC**"(이하 '실사용상표'라 한다)을 사용하였다.

㉡ 주식회사 예랑앤코(이하 '예랑앤코'라 한다)는 2007년경부터 식기 및 도자기 제품 등에 "**YELANG & CO**"(이하 '대상상표'라 한다)를 사용하여 실사용상표가 사용될 당시 대상상표가 수요자들에게 특정인의 업무에 관련된 상품을 표시하는 것으로 어느 정도 알려졌다.

② 그렇다면 '**YELANG**'이 요부인 실사용상표는 이 사건 등록상표 2와 호칭이 동일하여 전체적으로 유사하므로, 이 사건 등록상표 2의 전용사용권자인 예랑세라믹이 실사용상표를 사용한 것은 상표법 제119조 제1항 제2호에 규정된 '등록상표와 유사한 상표를 사용'한 것으로 보아야 한다. 그리고 위 조항이 등록상표를 변형하였을 것을 요건으로 규정한 것은 아니므로, 위와 같이 보는 데에 반드시 등록상표를 변형하여야만 하는 것은 아닐 뿐만 아니라 실사용상표도 이 사건 등록상표 2의 변형이라고 볼 수 있다.

③ 그런데도 원심은 실사용상표가 이 사건 등록상표 1만을 변형한 것으로 보이고 이 사건 등록상표 2를 대상상표와 유사하게 보이도록 변형한 것으로까지 보기는 어렵다는 이유로 이 사건 등록상표 2는 실사용상표와 유사하지 아니하여 상표법 제119조 제1항 제2호에 해당하지 아니한다고 판단하였다. 이러한 원심판단에는 상표법 제119조 제1항 제2호의 해석·적용에 관한 법리를 오해하여 판결에 영향을 미친 잘못이 있다. 이 점을 지적하는 상고이유 주장은 이유 있다.

(2) 피고의 상고이유에 관하여

원심은 피고가 대상상표의 사용자인 예랑앤코의 실질적 경영자라고 단정하기는 어려울 뿐만 아니라, 예랑앤코가 피고 및 예랑세라믹과는 별개의 법인격체로서 피고나 예랑세라믹이 대상상표에 관한 예랑앤코의 권리를 승계하였음을 인정할 증거가 부족하여 대상상표는 실사용상표와의 관계에서 타인의 상표에 해당하므로, 이 사건 등록상표 1은 상표법 제119조 제1항 제2호에 해당한다고 판단하였다.

원심판결 이유를 관련 법리와 기록에 비추어 살펴보면, 원심의 위와 같은 판단에 상고이유의 주장과 같이 상표법 제119조 제1항 제2호의 해석·적용에 관한 법리 등을 오해하여 판결에 영향을 미친 잘못이 없다.

---

09 크로커다일 사건 (2010후3462)

판시사항

(1) 甲 주식회사가 등록상표 " "의 통상사용권자들이 실사용상표 " , "를 사용하는 행위가 수요자들로 하여금 대상상표 " "와 상품의 출처에 관하여 혼동을 생기게 하는 것이어서 상표법 제119조 제1항 제2호에 따라 등록상표의 등록이 취소되어야 한다는 상표등록취소심판을 청구한 사안에서, 실사용상표는 등록상표와 동일성이 있다고 할 수 없고 유사한 상표라고 한 사례

(2) 상표법 제119조 제1항 제2호에서 정한 상표등록취소 요건인 실사용상표와 대상상표 혼동 유무의 판단 기준

(3) 甲 주식회사가 등록상표 " "의 통상사용권자들이 실사용상표 " , "를 사용하는 행위가 수요자들로 하여금 대상상표 " "와 상품의 출처에 관하여 혼동을 생기게 하는 것이어서 상표법 제119조 제1항 제2호에 따라 등록상표의 등록이 취소되어야 한다는 상표등록취소심판을 청구한 사안에서, 실사용상표가 수요자로 하여금 대상상표의 사용상품과 상품 출처의 혼동을 일으키게 할 우려가 객관적으로 존재한다고 한 사례

논점의 정리

상고이유(제출기한 후에 제출된 피고 보조참가인들의 각 보충이유는 이를 보충하는 범위에서)를 판단한다.

(1) 제1, 2점에 대하여

피고가 등록권리자인 이 사건 등록상표 " "의 통상사용권자들은 " , "와 같은 상표(이하 '이 사건 실사용상표'라고 한다)를 사용하였는데, 이 사건 실사용상표는 악어 도형 부분이 옷감의 색상과 다른 연두색이나 초록색 등으로, 문자 부분이 옷감의 색상과 동일하거나 매우 유사한 색으로 자수(刺繡)가 되어 있는 등 그 색채에서 이 사건 등록상표와 차이가 있고, 그로 인하여 이 사건 실사용상표는 이 사건 등록상표와는 달리 전체적으로 악어 도형 부분만을 선명하게 보이도록 한 점 등을 고려

할 때, 이 사건 실사용상표는 이 사건 등록상표와 동일성이 있다고 할 수 없고 유사한 상표라고 봄이 상당하다.

같은 취지의 원심의 판단은 정당하고, 거기에 상고이유 제2점으로 주장하는 바와 같은 상표법 제119조 제1항 제2호에서의 상표의 동일·유사에 관한 법리오해 등의 위법은 없다. 그리고 상고이유 제1점은 이 사건 등록상표와 이 사건 실사용상표가 동일성 범위 내의 상표임을 전제로 한 주장이어서 위 양 상표가 동일성이 없다고 본 원심의 결론에 아무런 영향을 미칠 수 없으므로, 나아가 살필 필요 없이 그 이유가 없다.

(2) 제4점에 대하여

상표법 제119조 제1항 제2호에서 규정하는 상표등록취소에 관한 요건의 하나인, 실사용상표와 혼동의 대상이 되는 타인의 상표(이하 '대상상표'라고 한다) 사이의 혼동 유무를 판단함에 있어서는 각 상표의 외관, 호칭, 관념 등을 객관적·전체적으로 관찰하되, 그 궁극적 판단 기준은 결국 당해 실사용상표의 사용으로 대상상표의 상품과의 사이에 상품 출처의 오인·혼동이 야기될 우려가 객관적으로 존재하는지 여부에 두어야 할 것이다.

위 법리와 기록에 비추어 살펴보면, 이 사건 실사용상표와 원고의 이 사건 대상상표 "   "는 그 외관에서 차이가 있으나 호칭 및 관념이 동일한 점, 이 사건 실사용상표와 이 사건 대상상표는 사용된 상품과 그 부착위치가 티셔츠의 왼쪽 가슴으로 동일한 점, 이 사건 대상상표는 이 사건 실사용상표를 사용할 당시 적어도 국내의 일반 수요자에게 특정인의 상표라고 인식될 정도로 알려져 있었던 점, 실제 거래계에서 일부 수요자들이 이 사건 실사용상표와 이 사건 대상상표를 혼동하고 있는 점 등을 종합하면, 이 사건 실사용상표가 사용됨으로써 수요자로 하여금 이 사건 대상상표의 사용상품과의 사이에 상품 출처의 혼동을 일으키게 할 우려가 객관적으로 존재한다고 할 것이다. 같은 취지의 원심의 판단은 정당하고, 거기에 상고이유로 주장하는 바와 같은 상표의 부정사용에 관한 법리오해, 심리미진 등의 위법이 없다.

(3) 제5점에 대하여

상표권자가 등록상표에 대한 전용사용권자 또는 통상사용권자의 부정사용행위에 대하여 상당한 주의를 하였다고 하기 위해서는 전용사용권자 또는 통상사용권자에게 오인·혼동행위를 하지 말라는 주의나 경고를 한 정도로는 부족하고, 사용실태를 정기적으로 감독하는 등의 방법으로 상표 사용에 관하여 전용사용권자 또는 통상사용권자를 실질적으로 그 지배 하에 두고 있다고 평가할 수 있을 정도가 되어야 하며, 그에 대한 증명책임은 상표권자에게 있다.

이 사건에 있어 피고가 통상사용권자들에게 브랜드 매뉴얼을 교부하고 그 준수 여부를 검사하여 시정을 요청하였다는 사정만으로는 상표 사용에 관하여 그들을 실질적으로 지배 하에 두고 감독하고 있었다고 보기 어렵다고 할 것이므로, 같은 취지의 원심의 판단은 환송판결의 취지에도 부합하는 것으로서 정당하고, 거기에 상고이유로 주장하는 바와 같은 상표법 제119조 제1항 제2호 소정의 상표권자의 상당한 주의의무에 대한 법리오해 등의 위법이 없다.

(4) 제3점에 대하여

이 사건 등록상표의 통상사용권자들이 이 사건 등록상표에서 문자 부분이 빠져 있는 피고가 별도로 등록한 도형상표 " ![도형]" 에 대한 통상사용권자라는 사정만으로는 이 사건 실사용상표와 이 사건 대상상표 사이에 출처 혼동이 없다고 보거나 피고의 사용감독의무 이행 여부를 판단하는 데 고려할 요소가 된다고 볼 수 없어서 이 사건 등록상표는 상표법 제119조 제1항 제2호에 해당한다고 할 것이므로, 같은 취지의 원심의 판단은 정당하고, 거기에 상고이유로 주장하는 바와 같은 상표법 제119조 제1항 제2호에 대한 법리오해 등의 위법은 없다.

10 시세이도 사건 (2012후177)

판시사항

선글라스 수입판매업을 영위하는 甲이 선글라스 등을 지정상품으로 하는 등록상표 "*SHISEIDO*"의 통상사용권자 乙 주식회사로부터 등록상표가 부착된 선글라스 제품을 수입하여 등록상표를 표시한 그대로 유통시킨 사안에서, 등록상표는 통상사용권자인 乙 회사에 의하여 국내에서 지정상품 중 하나인 '선글라스'에 정당하게 사용되었다고 한 사례

논점의 정리

상고이유를 판단한다.

(1) 상표권자가 외국에서 자신의 등록상표를 상품에 표시하였을 뿐 우리나라에서 직접 또는 대리인을 통하여 등록상표를 표시한 상품을 양도하거나 상품에 관한 광고에 상표를 표시하는 등의 행위를 한 바 없다고 하더라도, 그 상품이 제3자에 의하여 우리나라로 수입되어 상표권자가 등록상표를 표시한 그대로 국내의 정상적인 거래에서 양도, 전시되는 등의 방법으로 유통되고, 그에 따라 국내의 거래자나 수요자에게 그 상표가 그 상표를 표시한 상표권자의 업무에 관련된 상품을 표시하는 것으로 사회통념상 인식되는 경우에는 특단의 사정이 없는 한 그 상표를 표시한 상표권자가 국내에서 상표를 사용한 것으로 보아야 하는 바, 이러한 법리는 외국에서 상표사용권자가 등록상표를 상품에 표시하고 그 상품이 우리나라로 수입되어 유통되는 경우에도 마찬가지로 적용된다. 한편 상표법상 통상사용권은 전용사용권과는 달리 단순히 상표권자와 사용자간의 합의만에 의하여 발생하기는 하나, 상표법 제97조 제1항에 의하면 통상사용권은 상표권자 혹은 상표권자의 동의를 얻은 전용사용권자만이 설정하여 줄 수 있을 뿐이고 통상사용권자가 다시 이를 설정하여 줄 수는 없다.

(2) 원심판결 이유에 의하면, ① 씨앤씨엔터프라이즈라는 상호로 선글라스 수입판매업을 영위하던 소외인은 2007. 4. 21.경 및 2008. 3. 12.경 일본국 회사인 아오야마안경 주식회사(이하 '아오야마안경'이라 한다)로부터 지정상품을 '선글라스' 등으로 하는 피고의 이 사건 등록상표 "*SHISEIDO*"가 부착된 선글라스를 수입한 후 2007. 10. 5.경 '아이비전'이라는 안경 소매업체 등에 이를 그대로 판매한 사실, ② 아오야마안경이 독일, 한국,

미국, 중국 등에 이 사건 등록상표가 부착된 선글라스, 안경제품 등을 판매하는 것에 대하여 피고가 아무런 문제제기를 하지 않고 있는 사실, ③ 피고의 자회사인 주식회사 시세이도 아메니티 굿즈도 '아오야마안경이 이 사건 등록상표가 부착된 선글라스 제품에 관한 라이선스를 가지고 있으며 일본을 제외한 35개국에 판매할 권한이 있다'고 확인하여 준 사실, ④ 아오야마안경이 위 회사에게 '한국에서의 SHISEIDO 2009년분 안경·선글라스 등에 관한 판매보고서'를 송부한 사실 등을 알 수 있다.

위와 같은 사실관계를 앞서 본 법리에 비추어 살펴보면, 아오야마안경은 이 사건 등록상표가 부착된 선글라스 제품 등의 한국 내 판매와 관련하여 정당한 통상사용권자에 해당한다 할 것이고, 피고와 아오야마안경 사이에 '아오야마안경이 이 사건 등록상표를 부착한 안경테, 선글라스, 안경집, 안경닦이 수건을 제조하여 시세이도쇼파즈 주식회사에게 전량 매도한다.'라는 내용의 거래기본계약이 체결된 바 있다고 하여 이를 달리 볼 것은 아니다.

그렇다면 소외인이 아오야마안경으로부터 이 사건 등록상표가 부착된 선글라스 제품을 수입하여 등록상표를 표시한 그대로 국내의 안경 소매업체에게 양도하는 방법으로 이를 유통시킴으로써 국내의 거래자나 수요자에게는 이 사건 등록상표가 그 상표를 표시한 통상사용권자인 아오야마안경의 업무에 관련된 상품을 표시하는 것으로 사회통념상 인식되었다고 할 것이므로, 이 사건 등록상표는 그 상표를 표시한 통상사용권자인 아오야마안경에 의하여 국내에서 그 지정상품 중 하나인 '선글라스'에 정당하게 사용되었다고 보아야 한다.

원심이 소외인이 통상사용권자인 아오야마안경으로부터 상표사용권을 설정 받았으므로 통상사용권자에 해당하고 이 사건 등록상표가 통상사용권자인 소외인에 의해 사용되었다고 판단한 부분은 잘못이지만, 위에서 본 바와 같이 이 사건 등록상표가 그 통상사용권자인 아오야마안경에 의하여 사용되었다고 보는 이상, 원심의 위 잘못은 판결 결과에 영향이 없으므로, 이 점에 관한 상고이유는 받아들이지 아니한다.

11 게스 사건 (2004후1588)

판시사항

(1) 상표법 제119조 제1항 제3호에 정한 '등록상표의 사용'의 의미

(2) "GUESS BY MAURICE MARCIANO"로 구성된 등록상표 중 'MAURICE'가 생략된 표장인 "^{GUESS}_{BY MARCIANO}"를 사용한 것이 등록상표와 동일한 상표의 사용으로 볼 수 없다고 한 사례

판결요지

(1) 상표법 제119조 제1항 제3호에서 규정하는 '등록상표의 사용'이라 함은 등록상표와 동일한 상표를 사용한 경우를 말하고, 동일한 상표라고 함은 등록상표 그 자체뿐만 아니라, 거래 사회통념상 등록상표와 동일하게 볼 수 있는 형태의 상표를 포함하나 유사상표를 사용한 경우는 포함하지 않으며, 등록상표가 결합상표이고 결합상표를 이루는 기호나

문자 또는 도형들이 각기 상표의 요부를 구성하고 있는 경우에는 그 중 어느 한 부분만을 상표로 사용하였다 하더라도 이를 들어 등록상표를 정당하게 사용한 것이라고는 할 수 없다.

(2) "GUESS BY MAURICE MARCIANO"로 구성된 등록상표는 그 구성 중 'MAURICE MARCIANO' 또는 'MAURICE'와 'MARCIANO' 각각이 'GUESS'와 동등하게 그 요부를 구성한다고 보아야 하므로, 그 구성 중 하나의 요부에 해당하는 'MAURICE'가 생략된 표장인 "GUESS BY MARCIANO"를 사용한 것이 등록상표와 동일한 상표를 그 지정상품에 정당하게 사용한 것으로 볼 수 없다고 한 사례이다.

논점의 정리

(1) 원심은 "GUESS BY MAURICE MARCIANO"로 구성된 이 사건 등록상표가 이 사건 취소심판청구일 3년 이전에 사용된 사실을 입증하기 위하여 제출된 증거에 이 사건 등록상표의 지정상품인 재킷, 청바지, 블라우스 등을 입고 있는 모델의 사진과 함께 "GUESS BY MARCIANO"라는 상표가 표기되어 있는 사실을 인정한 다음, 이 사건 등록상표 "GUESS BY MAURICE MARCIANO"는 전체적으로 '모리스 마르시아노에 의한(의하여 생산된) 게스'라는 의미로서 '상품 + 제작자'의 관계로 이루어져 있고, 'BY MAURICE MARCIANO'는 앞의 'GUESS'를 수식하는 관계에 있다 할 것이어서, 이 사건 등록상표에서 핵심적인 요부는 앞의 'GUESS'라 할 것이고, 한편 실제 사용상표인 "GUESS BY MARCIANO" 또한 '마르시아노에 의한(의하여 생산된) 게스'라는 의미로서 '상품 + 제작자'의 관계로 이루어져 있고, 이 사건 상표의 핵심 요부인 'GUESS'를 포함하고 있어, 위 사용상표는 이 사건 등록상표와 동일하게 볼 수 있는 형태의 상표에 해당하므로, 이 사건 등록상표는 그 상표권자에 의하여 이 사건 취소심판청구일 이전 3년 이내의 기간 내에 그 지정상품에 정당하게 사용되었다는 취지로 판단하였다.

(2) 그러나 원심의 위와 같은 판단은 수긍할 수 없다.

① 상표법 제119조 제1항 제3호에서 규정하는 '등록상표의 사용'이라 함은 등록상표와 동일한 상표를 사용한 경우를 말하고, 동일한 상표라고 함은 등록상표 그 자체뿐만 아니라, 거래 사회통념상 등록상표와 동일하게 볼 수 있는 형태의 상표를 포함하나 유사상표를 사용한 경우는 포함하지 않으며, 등록상표가 결합상표이고 결합상표를 이루는 기호나 문자 또는 도형들이 각기 상표의 요부를 구성하고 있는 경우에는 그 중 어느 한 부분만을 상표로 사용하였다 하더라도 이를 들어 등록상표를 정당하게 사용한 것이라고는 할 수 없다.

② 위 법리와 기록에 의하면, 이 사건 등록상표는 'GUESS'와 'MAURICE MARCIANO'가 'BY'라는 영어 단어를 사이에 두고 결합한 형태로 구성된 상표로서, 이 중 'GUESS'는 '추측하다, 추정하다'는 의미를 가진 영어단어일 뿐 그 자체가 특정한 상품을 지칭하는 것은 아니고, 'MAURICE MARCIANO'는 외국인의 이름과 성의 결합으로 추측될 뿐 그 의미를 전혀 알 수 없는 단어로서 이 사건 등록상표의 지정상품과 관련하여 그 식별력을 부인할 수는 없고, 이 사건 등록상표의 구성 형태에 의하여 'MAURICE MARCIANO'가 그 앞의 'GUESS'를 수식하는 것으로 인식될 수 있다는 사정만으로 위 부분이 'GUESS'의 부기적 부분으로 인식되거나 일반 수요자가

'MAURICE MARCIANO'를 별도의 상품 표지로 인식하지 아니한다고 볼 수도 없으므로, 이 사건 등록상표는 그 구성 중 'MAURICE MARCIANO' 또는 'MAURICE'와 'MARCIANO' 각각이 'GUESS'와 동등하게 그 요부를 구성한다고 보아야 하고, 따라서 피고가 광고에 사용한 "GUESS BY MARCIANO"로 구성된 표장은 이 사건 등록상표의 구성 중 하나의 요부에 해당하는 'MAURICE'가 생략된 것이어서 이 사건 등록상표와 동일성이 있는 상표라고 할 수 없음에도 불구하고, 원심이 이 사건 등록상표의 구성 중 'GUESS'만을 핵심적 요부로 인정하여 이 사건 등록상표와 위 사용상표의 동일성을 인정하였음은 상표의 동일성에 관한 법리를 오해한 위법이 있고 이를 지적하는 상고이유 제2점은 그 이유가 있다.

12 콘티넨탈 사건 (2012후2463)

판시사항

(1) 상표법 제119조 제1항 제3호, 제3항에서 '등록상표를 사용'한다는 의미와 '동일한 상표'의 인정 범위

(2) 영문자와 이를 단순히 음역한 한글이 결합된 등록상표 중에서 영문자 부분 또는 한글 음역 부분만으로 구성된 상표를 사용하는 것이 거래통념상 등록상표와 동일하게 볼 수 있는 형태의 상표를 사용하는 것에 해당하는지 여부(한정 적극)

판결요지

(1) 일정한 요건만 구비하면 사용 여부와 관계없이 상표를 등록받을 수 있도록 하는 등록주의를 채택함으로써 발생할 수 있는 폐해를 시정하고 타인의 상표 선택의 기회를 확대하기 위하여, 상표법 제119조 제1항 제3호, 제3항은 상표권자 또는 사용권자에게 등록상표를 지정상품에 사용할 의무를 부과하고 일정기간 상표를 사용하지 않은 경우 그에 대한 제재로 상표등록을 취소할 수 있도록 규정하고 있다. 위와 같은 불사용으로 인한 상표등록취소 제도의 취지에 비추어 볼 때, 여기서 '등록상표를 사용'한다고 함은 등록상표와 동일한 상표를 사용한 경우를 말하고 유사상표를 사용한 경우는 포함되지 않으나, '동일한 상표'에는 등록상표 그 자체뿐만 아니라 거래통념상 등록상표와 동일하게 볼 수 있는 형태의 상표도 포함된다.

(2) 영문자와 이를 단순히 음역한 한글이 결합된 등록상표에서, 그 영문 단어 자체의 의미로부터 인식되는 관념 외에 그 결합으로 말미암아 새로운 관념이 생겨나지 않고, 영문자 부분과 한글 음역 부분 중 어느 한 부분이 생략된 채 사용된다고 하더라도 일반 수요자나 거래자에게 통상적으로 등록상표 그 자체와 동일하게 호칭될 것으로 보이는 한, 그 등록상표 중에서 영문자 부분 또는 한글 음역 부분만으로 구성된 상표를 사용하는 것은 거래통념상 등록상표와 동일하게 볼 수 있는 형태의 상표를 사용하는 것에 해당하며, 이를 두고 등록상표 취소사유인 등록상표를 사용하지 않은 것이라고 볼 수 없다.

상고이유를 판단한다.

(1) ① 일정한 요건만 구비하면 사용 여부에 관계없이 상표를 등록받을 수 있도록 하는 등록주의를 채택함으로써 발생할 수 있는 폐해를 시정하고 타인의 상표 선택의 기회를 확대하기 위하여, 상표법 제119조 제1항 제3호, 제3항은 상표권자 또는 사용권자에게 등록상표를 지정상품에 사용할 의무를 부과하고 일정기간 상표를 사용하지 아니한 경우 그에 대한 제재로 상표등록을 취소할 수 있도록 규정하고 있다. 위와 같은 불사용으로 인한 상표등록취소 제도의 취지에 비추어 볼 때, 여기서 '등록상표를 사용'한다고 함은 등록상표와 동일한 상표를 사용한 경우를 말하고 유사상표를 사용한 경우는 포함되지 아니하나, '동일한 상표'에는 등록상표 그 자체뿐만 아니라 거래통념상 등록상표와 동일하게 볼 수 있는 형태의 상표도 포함된다고 할 것이다.

그런데 상품의 특성, 상품이 판매되는 시장, 시대의 변화 등에 따라 등록상표를 다소 변형하여 사용하기도 하는 것이 거래의 현실이어서, 영문자와 아울러 그에 대한 한글 발음을 옮긴 음역(音譯)이 결합된 상표를 등록한 후 영문자나 그 한글 음역 중 어느 한 부분을 생략한 채 사용하는 경우도 흔히 발생한다.

그리고 우리나라의 현재 영어 보급수준을 고려하면, 위와 같은 등록상표에서 그 한글 부분은 영문자의 발음을 그대로 표시한 것임을 일반 수요자나 거래자가 쉽게 알 수 있고, 호칭 내지 발음이 표시하는 그 영문 단어 자체의 의미로부터 인식되는 관념 외에 한글 음역의 결합으로 인하여 새로운 관념은 생겨나지 않는 경우가 있을 수 있다.

이러한 경우에는 상표권자 또는 사용권자가 위 등록상표에서 영문자나 그 한글 음역 중 어느 한 부분이 생략된 형태의 상표를 사용하더라도, 일반 수요자나 거래자에게는 위 등록상표와 동일하게 호칭·관념되는 같은 상표가 사용된다고 인식되어 그에 대한 신뢰가 형성될 것이므로, 그 상표들 사이의 동일성을 부정한다면 일반 수요자나 거래자의 신뢰를 깨뜨리는 결과가 초래된다.

② 앞서 본 법리와 이와 같은 여러 사정들에 비추어 보면, 영문자와 이를 단순히 음역한 한글이 결합된 등록상표에서, 그 영문 단어 자체의 의미로부터 인식되는 관념 외에 그 결합으로 인하여 새로운 관념이 생겨나지 않고, 영문자 부분과 한글 음역 부분 중 어느 한 부분이 생략된 채 사용된다고 하더라도 일반 수요자나 거래자에게 통상적으로 등록상표 그 자체와 동일하게 호칭될 것으로 보이는 한, 그 등록상표 중에서 영문자 부분 또는 한글 음역 부분만으로 구성된 상표를 사용하는 것은 거래통념상 등록상표와 동일하게 볼 수 있는 형태의 상표를 사용하는 것에 해당하며, 이를 두고 등록상표 취소사유인 등록상표를 사용하지 아니한 것이라고 볼 수 없다.

이와 달리 영문자와 이를 단순히 음역한 한글이 결합된 등록상표의 불사용으로 인한 상표등록취소심판에서 영문자나 그 한글 음역 중 어느 한 부분이 생략된 채 사용되는 경우 거래통념상 등록상표와 동일하게 볼 수 있는 형태의 상표 사용이 아니라는 취지로 판시한 대법원 판결들은 이 판결의 견해에 배치되는 범위 내에서 이를 모두 변경하기로 한다.

(2) 위 법리와 기록에 비추어 살펴본다.

지정상품을 '고무브이벨트'로 하는 이 사건 등록상표는 오른쪽 위와 같이 영문자 'CONTINENTAL'과 이를 단순히 음역한 한글 '콘티넨탈'이 이단으로 병기되어 있는 형태로 이루어져 있고, 원고가 '고무브이벨트'에 사용하고 있다고 하는 상표(이하 '실사용상표'라고 한다)는 오른쪽 아래와 같이 이 사건 등록상표 중 상단의 영문자 부분만이 표시된 형태로 되어 있다.

[이 사건 등록상표]

[실사용상표]

그런데 우리나라의 현재 영어 보급수준을 고려하면, 이 사건 등록상표의 상단 영문자 부분과 하단 한글 음역 부분은 모두 일반 수요자나 거래자에게 '대륙(풍)의'라는 의미로 관념될 뿐 그 결합으로 인하여 새로운 관념이 생겨나지는 아니한다고 할 것이고, 또 영문자 부분 'CONTINENTAL'은 그 한글 음역 부분 '콘티넨탈'의 병기 없이도 '콘티넨탈'로 동일하게 호칭될 것으로 보이므로, 이 사건 등록상표 중 상단의 영문자 부분만으로 된 실사용상표는 일반 수요자나 거래자에게 이 사건 등록상표 그 자체와 동일한 호칭과 관념을 일으킨다고 할 것이다. 그렇다면 실사용상표의 사용은 거래통념상 이 사건 등록상표와 동일하게 볼 수 있는 형태의 상표 사용에 해당한다고 봄이 타당하다.

그런데도 원심은 이 사건 등록상표 중 상단 영문자 부분만으로 된 실사용상표의 사용은 이 사건 등록상표와 유사한 상표의 사용에 해당함은 별론으로 하고, 거래통념상 이 사건 등록상표와 동일하게 볼 수 있는 형태의 상표 사용에 해당한다고 볼 수 없다고 판단하였으니, 이러한 원심의 판단에는 불사용으로 인한 상표등록취소심판에서 상표의 동일성 판단에 관한 법리를 오해하여 필요한 심리를 다하지 아니함으로써 판결에 영향을 미친 위법이 있다. 이 점을 지적하는 상고이유 주장은 이유 있다.

13 몬테소리(취소) 사건 (2012후2685)

판시사항

(1) 상표법 제119조 제1항 제3호, 제3항에서 정하는 '등록상표의 사용'의 의미 및 등록상표에 다른 문자나 도형 부분 등을 결합하여 상표로 사용한 경우에도 등록상표의 사용에 해당할 수 있는지 여부(한정 적극)

(2) 甲 주식회사가 등록상표 "**몬테소리**"의 상표권자 乙을 상대로 등록상표가 상표법 제119조 제1항 제3호에 해당한다는 이유로 상표등록취소심판을 청구한 사안에서, 등록상표의 통상사용권자인 丙 주식회사가 실사용상표 "**베이비 몬테소리**", "**베이비 몬테소리**"를 사용함으로써 등록상표를 사용하였음에도, 이와 달리 본 원심판결에 법리오해의 위법이 있다고 한 사례

(1) 상표법 제119조 제1항 제3호, 제3항에서 규정하는 '등록상표의 사용'에는 등록된 상표와 동일한 상표를 사용하는 경우는 물론 거래사회 통념상 식별 표지로서 상표의 동일성을 해치지 않을 정도로 변형하여 사용하는 경우도 포함된다 할 것이고, 이 경우 등록상표가 반드시 독자적으로만 사용되어야 할 이유는 없으므로 상표권자 등이 등록상표에 다른 문자나 도형 부분 등을 결합하여 상표로 사용한 경우라 하더라도 등록상표가 상표로서의 동일성과 독립성을 유지하고 있는 한 이를 들어 등록상표의 사용이 아니라고 할 수 없다.

(2) 甲 주식회사가 등록상표 "몬테소리"의 상표권자 乙을 상대로 등록상표가 상표법 제119조 제1항 제3호에 해당한다는 이유로 상표등록취소심판을 청구한 사안에서, 등록상표의 통상사용권자인 丙 주식회사가 실제로 사용한 실사용상표 "베이비 몬테소리", "베이비 몬테소리"에는 '몬테소리' 부분이 '베이비' 부분과는 구별되어 동일성과 독립성을 유지한 채 그대로 사용되고 있어, 위 실사용상표들은 거래사회 통념상 등록상표와 동일성 있는 상표에 포함되므로, 丙 회사는 실사용상표들을 사용함으로써 등록상표를 사용하였고, 등록상표가 애당초 식별력 없는 상표인지 여부는 상표법 제119조 제1항 제3호, 제3항에서 규정하는 '등록상표의 사용' 여부 판단을 좌우할 사유가 되지 못하며, 乙이 실사용상표들과 동일한 형태의 "베이비 몬테소리"를 등록상표와는 별개의 독립된 상표로 등록하여 통상사용권자인 丙 회사가 사용하고 있다 하더라도, 위 실사용상표들에 등록상표가 동일성과 독립성을 유지한 채 그대로 사용되고 있어 위 실사용표장들이 일반 수요자나 거래자에게 등록상표와 구별되는 별개의 독립된 상표로만 인식된다고 볼 수 없는 이상, 그와 같은 사정 역시 위와 같은 판단에 장애사유가 되지 아니함에도 이와 달리 본 원심판결에 법리오해의 위법이 있다고 한 사례이다.

상고이유(상고이유서 제출기한 경과 후에 제출된 상고이유보충서의 기재는 상고이유를 보충하는 범위 내에서)를 판단한다.

(1) 상표법 제119조 제1항 제3호, 제3항에서 규정하는 '등록상표의 사용'에는 등록된 상표와 동일한 상표를 사용하는 경우는 물론 거래사회 통념상 식별 표지로서 상표의 동일성을 해치지 않을 정도로 변형하여 사용하는 경우도 포함된다 할 것이고, 이 경우 등록상표가 반드시 독자적으로만 사용되어야 할 이유는 없으므로 상표권자 등이 등록상표에 다른 문자나 도형 부분 등을 결합하여 상표로 사용한 경우라 하더라도 등록상표가 상표로서의 동일성과 독립성을 유지하고 있는 한 이를 들어 등록상표의 사용이 아니라고 할 수 없다.

(2) ① 위 법리와 기록에 비추어 살펴보면, 피고의 이 사건 등록상표 "몬테소리"의 통상사용권자인 주식회사 한국몬테소리(이하 '소외 회사'라 한다)가 그 지정상품 중 세트완구에 실제로 사용한 원심 판시 실사용상표 1, 8은 "베이비 몬테소리", "베이비 몬테소리"와 같이 '몬테소리'의 좌측이나 상단에 '베이비' 부분이 결합된 것이다. 그런데 '베이비' 부분은 지정상품인 세트완구에 흔히 쓰이는 표지일 뿐만 아니라 '몬테소리' 부분과는 바탕색을 달리 하는 사각형 내에 배치되어 있어, '몬테소리' 부분은 위 '베이비' 부분과

일체 불가분적으로 결합되어 있다고 할 수 없고 그 결합으로 인하여 새로운 관념을 형성하는 것도 아니어서 그 부분만으로 분리 인식될 수 있다. 또한 이 사건 등록상표와 실사용상표 1, 8에서의 '몬테소리' 부분은 그 글자체에 약간 차이가 있으나 이는 거래사회 통념상 서로 동일하게 볼 수 있는 정도이다. 결국 실사용상표 1, 8에는 이 사건 등록상표인 '몬테소리'에 '베이비' 부분이 결합되어 있지만, '몬테소리' 부분은 '베이비' 부분과는 구별되어 그 동일성과 독립성을 유지한 채 그대로 사용되고 있으므로, 위 실사용상표들은 거래사회 통념상 이 사건 등록상표와 동일성 있는 상표에 포함된다고 할 것이다.

그렇다면 통상사용권자인 소외 회사는 실사용상표 1, 8을 사용함으로써 이 사건 등록상표를 사용하였다고 할 것이다.

② 한편 이 사건 등록상표가 애당초 식별력 없는 상표인지 여부는 상표법 제119조 제1항 제3호, 제3항에서 규정하는 '등록상표의 사용' 여부 판단을 좌우할 사유가 되지 못한다. 또한 비록 피고가 실사용상표 1, 8과 역시 동일하게 볼 수 있는 형태의 "**베이비 몬테소리**"를 이 사건 등록상표와는 별개의 독립된 상표로 등록하여 그에 관하여도 통상사용권을 설정 받은 소외 회사가 이를 사용하고 있다 하더라도, 실사용상표 1, 8에 이 사건 등록상표가 그 동일성과 독립성을 유지한 채 그대로 사용되고 있어 위 실사용표장들이 일반 수요자나 거래자에게 이 사건 등록상표와 구별되는 별개의 독립된 상표로만 인식된다고 볼 수 없는 이상, 그와 같은 사정 역시 위와 같은 판단에 장애사유가 되지 아니한다.

그럼에도 원심은 이 사건 등록상표는 식별력이 없는 상표이고 피고가 실사용상표 1, 8과 동일한 상표를 이 사건 등록상표와는 별개의 독립된 상표로 등록하여 소외 회사가 이를 사용하고 있는 사정 등에 비추어 위 실사용상표들이 일반 수요자나 거래자에게 이 사건 등록상표와 구별되는 별개의 독립된 표장으로 인식된다는 이유로 위 실사용상표들의 사용은 거래사회의 통념상 이 사건 등록상표와 동일하게 볼 수 있는 형태의 상표의 사용에 해당하지 않는다고 판단하였으니, 이러한 원심의 판단에는 상표의 동일성에 관한 법리를 오해하여 판결에 영향을 미친 위법이 있다. 이 점을 지적하는 상고이유는 이유 있다.

14 포카칩 사건 (2005후2939)

판시사항

(1) 상표법 제119조 제1항 제3호, 제3항에서 규정하는 '등록상표의 사용'의 의미 및 상표권자 등이 등록상표에 다른 부분을 결합하여 상표로 사용한 경우, 그 결합된 부분이 단순히 식별력이 없거나 미약하다고 하여 실사용상표가 거래사회의 통념상 등록상표와 동일하게 볼 수 있는 형태의 표장이라고 단정할 수 있는지 여부(소극)

(2) 실사용상표 "POCACHIP" 및 "포카칩 Photo"의 사용이 등록상표 "POCA"와 동일한 형태의 표장의 사용인지 여부(소극)

(1) 상표법 제119조 제1항 제3호, 제3항에서 규정한 '등록상표의 사용'은 등록상표와 동일한 상표를 사용한 경우를 말하고, 여기서 '동일한 상표'는 등록상표 그 자체뿐만 아니라 거래사회의 통념상 등록상표와 동일하게 볼 수 있는 형태의 상표를 포함하는 것인 바, 상표권자 등이 등록상표에 식별력이 없거나 미약한 부분을 결합하여 상표로 사용한 경우, 그 결합된 부분이 실제 사용된 상표에서 차지하는 비중, 등록상표와 결합되어 있는 정도, 위치 및 형태와 실사용상표의 전체적인 구성, 형태, 음절수, 문법적 결합 및 그에 따른 일반 수요자나 거래자의 인식이나 언어습관 등 여러 사정에 의하여 거래사회의 통념상 그 결합 전의 등록상표와 동일하다고 볼 수 없는 외관·호칭·관념이 실사용상표에 형성될 수 있으므로, 그 결합된 부분이 단순히 식별력이 없거나 미약하다고 하여 실사용상표가 거래사회의 통념상 등록상표와 동일하게 볼 수 있는 형태의 표장이라고 단정할 수 없다.

(2) 지정상품을 '건과자, 비스킷' 등으로 하고, "POCA"로 구성된 등록상표와 '감자스낵' 제품에 실제로 사용된 실사용상표 "POCACHIP" 및 "포카칩 Photo"을 대비하면, 실사용상표들의 'CHIP' 부분은 그 자체만으로는 일반 수요자나 거래자의 주의를 끌기 어렵지만 실사용 상표들의 'POCA' 부분과 아무런 간격 없이 동일한 크기와 형태로 일체 불가분적으로 결합되어 사용하고 있고, 그 결합으로 인한 음절수도 비교적 짧은 3음절에 불과하여 실사용상표들은 일반 수요자나 거래자에 의하여 '포카'와 '칩' 부분으로 분리 호칭·관념되기보다는 '포카칩' 전체로 호칭·관념되어, 실사용상표들은 'CHIP' 부분의 결합으로 거래사회의 통념상 "POCA"로 구성된 등록상표와 동일하다고 볼 수 없는 외관·호칭·관념을 형성하고 있으므로, 실사용상표들을 등록상표의 지정상품에 사용한 사실이 있다 하더라도 등록상표와 동일한 형태의 표장의 사용이라고 할 수 없다.

상고이유를 판단한다.

(1) 상표법 제119조 제1항 제3호, 제3항에서 규정하는 '등록상표의 사용'이라 함은 등록상표와 동일한 상표를 사용한 경우를 말하고, 여기서 '동일한 상표'라고 함은 등록상표 그 자체뿐만 아니라 거래사회의 통념상 등록상표와 동일하게 볼 수 있는 형태의 상표를 포함한다고 할 것인 바, 상표권자 등이 등록상표에 식별력이 없거나 미약한 부분을 결합하여 상표로 사용한 경우, 그 결합된 부분이 실제 사용된 상표(이하 '실사용상표'라고 한다)에서 차지하는 비중, 등록상표와 결합되어 있는 정도, 위치 및 형태와 실사용상표의 전체적인 구성, 형태, 음절수, 문법적 결합 및 그에 따른 일반 수요자나 거래자의 인식이나 언어습관 등 여러 사정에 의하여, 거래사회의 통념상 그 결합 전의 등록상표와 동일하다고 볼 수 없는 외관·호칭·관념이 실사용상표에 형성될 수 있으므로, 그 결합된 부분이 단순히 식별력이 없거나 미약하다는 사정만으로는 실사용상표가 거래사회의 통념상 등록상표와 동일하게 볼 수 있는 형태의 표장이라고 단정할 수 없다.

(2) 위 법리와 기록에 비추어 지정상품을 '건과자, 비스킷' 등으로 하고, "POCA"로 구성된 이 사건 등록상표와 '감자스낵' 제품에 실제로 사용된 실사용상표 "POCACHIP" 및 "포카칩 Photo"을 대비하여 보면, 실사용상표들의 'CHIP' 부분은 '잘게 썰어서 기름에 튀긴 요리'라는 뜻을 가지고 있어 그 자체만을 놓고 볼 때 그와 같은 과자류에 대한 관계에서

일반 수요자나 거래자의 주의를 끌기 어려운 면이 있으나, 실사용상표들의 'POCA' 부분과 아무런 간격 없이 동일한 크기와 형태로 일체 불가분적으로 결합되어 사용되고 있고, 그 결합으로 인한 음절수도 비교적 짧은 3음절에 불과하여 실사용상표들은 일반 수요자나 거래자에 의하여 '포카'와 '칩' 부분으로 분리 호칭·관념되기보다는 '포카칩' 전체로 호칭·관념될 것으로 보이며, 피고 스스로도 실사용상표 "POCACHIP" 내지 "포카칩 Photo POCACHIP PHOTO" 중 'POCACHIP' 부분의 한글음역에 해당하는 "포카칩"을 이 사건 등록상표와는 별개의 독립된 상표로 등록하여 사용하여 오고 있는 점 등을 종합하여 볼 때, 실사용상표들은 'CHIP' 부분의 결합으로 인하여 거래사회의 통념상 이 사건 등록상표와 동일하다고 볼 수 없는 외관·호칭·관념을 형성하고 있다고 할 것이다. 따라서 피고가 실사용상표들을 이 사건 등록상표의 지정상품에 사용한 사실이 있다 하더라도 이를 가리켜 이 사건 등록상표와 동일한 형태의 표장의 사용이라고 할 수 없다.

같은 취지의 원심의 판단은 정당하고, 거기에 상고이유의 주장과 같은 상표의 사용에 관한 법리오해 및 심리미진 등의 위법이 있다고 할 수 없다. 상고이유에서 들고 있는 대법원 판례들은 이 사건과 사안을 달리하는 것들로서 이 사건에 원용하기에 적절하지 않다.

15 ESSIE 사건 (2012후1071)

판시사항

(1) 상표권자 또는 그 사용권자가 타인의 상품 또는 서비스의 출처를 표시하기 위하여 상표를 사용한 경우, 불사용을 이유로 한 상표 등록의 취소를 면하기 위한 상표의 사용에 해당하는지 여부(소극)

(2) 등록상표 "ESSIE"가 지정서비스에 대하여 정당한 이유 없이 취소심판청구일 전 계속하여 3년 이상 국내에서 사용되지 않았다는 이유로 甲이 등록상표에 대한 취소심판을 청구한 사안에서, 등록상표 통상사용권자의 네일숍 매장 내부에 표시된 'essie' 표장은 일반 거래통념상 통상사용권자가 자기 서비스의 출처를 표시하기 위하여 사용한 것으로 보기 어렵다고 한 사례

판결요지

(1) 상표법상 '상표'란 자기의 상품과 타인의 상품을 식별하기 위하여 사용하는 표장을 말하므로(상표법 제2조 제1항 제1호), 상표의 불사용을 이유로 한 상표등록취소심판에서 상표의 사용이 인정되려면 상표권자 또는 그 사용권자가 상표를 자기 서비스의 출처를 표시하기 위하여 사용하여야 하고, 타인의 상품 또는 서비스의 출처를 표시하기 위하여 사용한 경우는 불사용을 이유로 한 상표등록의 취소를 면하기 위한 상표의 사용에 해당한다고 할 수 없다.

(2) 등록상표 "ESSIE"가 지정서비스에 대하여 정당한 이유 없이 취소심판청구일 전 계속하여 3년 이상 국내에서 사용되지 않았다는 이유로 甲이 등록상표에 대한 취소심판을 청구한 사안에서, 등록상표 통상사용권자의 네일숍 매장 입구에 'C Nail'이라는 '미용업'

등의 출처표시가 별도로 되어 있고, 'essie' 표장은 매장 내부의 네일 폴리쉬 제품이 진열된 진열대 위에 표시되어 있으며, 'essie' 표장이 네일 폴리쉬 제품의 상표로서 국내에서도 어느 정도 알려진 점, 등록상표는 알파벳 대문자로만 구성된 'ESSIE'라는 표장인 데 반하여 'essie' 표장은 알파벳 소문자로만 구성된 표장으로서 'essie' 네일 케어 제품에 사용된 표장과 동일한 점 등을 고려하면, 위 네일숍 매장 내부에 표시된 'essie' 표장은 일반 거래통념상 통상사용권자가 등록상표권자 등이 수입·판매하는 'essie' 제품을 광고하거나 위 네일숍에서 'essie' 제품을 사용 또는 판매한다는 점을 알리기 위하여 사용한 것으로 보일 뿐 자기 서비스의 출처를 표시하기 위하여 사용한 것이라고 보기는 어렵다고 한 사례이다.

논점의 정리

상고이유(상고이유서 제출기간이 경과한 후에 제출된 상고이유보충서의 기재는 상고이유를 보충하는 범위 내에서)를 판단한다.

(1) 원심판결 이유에 의하면, 원심은 피고가 운영하는 주식회사 암코에스(이하 '암코에스'라 한다)의 'C Nail' 네일숍 매장 내부 네일 폴리쉬 제품 진열대 상단에 'essie' 표장(이하 '이 사건 표장'이라 한다)이 표시된 점 및 2010년 9월 이전에 발간된 잡지에 게재된 위 네일숍 광고에도 그러한 사진이 포함된 점 등을 들어, 위 광고를 보거나 위 네일숍을 방문하는 수요자들은 매장 내부 정면에 표시된 이 사건 표장을 암코에스가 영위하는 '미용업' 등의 출처표시로 인식할 것이라는 이유로, 이 사건 등록상표 "ESSIE"는 통상사용권자인 암코에스에 의하여 그 지정서비스 중 '미용업', '미용상담업' 또는 '화장상담업'에 관하여 이 사건 심판청구일 전 3년 이내에 국내에서 정당하게 사용되었다고 판단하였다.

(2) 그러나 원심의 위와 같은 판단은 다음과 같은 이유에서 수긍하기 어렵다.

① 상표법상 '상표'란 자기의 상품과 타인의 상품을 식별하기 위하여 사용하는 표장을 말하므로(상표법 제2조 제1항 제1호), 상표의 불사용을 이유로 한 상표등록취소심판에서 상표의 사용이 인정되려면 상표권자 또는 그 사용권자가 상표를 자기 서비스의 출처를 표시하기 위하여 사용하여야 하고, 타인의 상품 또는 서비스의 출처를 표시하기 위하여 사용한 경우는 불사용을 이유로 한 상표등록의 취소를 면하기 위한 상표의 사용에 해당한다고 할 수 없다.

② 원심판결 이유와 기록에 의하면 다음과 같은 사정을 알 수 있다.

㉠ 'essie'는 미국의 에씨 코스메틱사(Essie Cosmetics Limited. 2010년경 원고 회사에 인수되었다)에 의하여 1981년에 미국에서 처음 출시된 네일 폴리쉬 등 네일 케어 제품의 전문 브랜드로서, 전 세계 95개 이상 국가에 있는 25만여 개 이상의 네일 케어 살롱 등에서 'essie' 제품을 사용하고 있다.

㉡ 피고도 그가 운영하는 'ㅇㅇㅇㅇㅇ'라는 개인사업체와 암코에스(이하 피고와 암코에스를 통칭하여 '피고 등'이라 한다)를 통하여 1996년경부터 'essie' 네일 케어 제품을 국내에 수입·판매하고 있을 뿐만 아니라 그 광고 등에 이 사건 표장을 사용하여 왔는데, 위 광고에서는 'essie'가 해외 유명 네일·뷰티 브랜드 중 하나로서 네일 폴리쉬 제품의 대명사로 불린다고 소개되기도 하였다. 피고 등의 이러

한 광고 및 판매 활동으로 이 사건 표장은 국내 일반 소비자들 사이에서도 네일 폴리쉬 제품 등의 상표로 어느 정도 알려져 있다.

ⓒ 암코에스는 'C Nail'이라는 브랜드로 네일숍을 운영하고 있는데, 그 네일숍 매장 입구의 상부와 측면에는 'C Nail'이라는 표장이 크게 표시되어 있고, 암코에스는 잡지 등을 통해서 'C Nail'이라는 브랜드의 네일숍을 운영한다고 광고도 하였다.

ⓔ 미용실 등의 경우에는 상호나 상표와는 별도로 매장에서 미용 서비스를 제공할 때 사용하거나 판매하는 미용제품의 상표를 매장 내의 제품 진열대 위나 벽면에 표시하는 경우가 많다.

③ 이처럼 암코에스의 네일숍 매장 입구에 'C Nail'이라는 '미용업' 등의 출처표시가 별도로 되어 있고, 이 사건 표장은 매장 내부의 네일 폴리쉬 제품이 진열된 진열대 위에 표시되어 있으며, 더욱이 이 사건 표장이 네일 폴리쉬 제품의 상표로서 국내에서도 어느 정도 알려진 점, 이 사건 등록상표는 알파벳 대문자로만 구성된 "ESSIE"라는 표장인 데 반하여 이 사건 표장은 알파벳 소문자로만 구성된 'essie'라는 표장으로서 'essie' 네일 케어 제품에 사용된 표장과 동일한 점 등을 고려하면, 위 네일숍 매장 내부에 표시된 이 사건 표장은 일반 거래통념상 암코에스가 피고 등이 수입·판매하는 'essie' 제품을 광고하거나 위 네일숍에서 'essie' 제품을 사용 또는 판매한다는 점을 알리기 위하여 사용한 것으로 보일 뿐 자기 서비스의 출처를 표시하기 위하여 사용한 것이라고 보기는 어렵다.

따라서 앞서 본 법리에 비추어 보면, 위 네일숍 내부에 위와 같이 이 사건 표장이 표시되었거나 그러한 사진이 위 네일숍의 광고에 포함되어 있더라도 이를 불사용을 이유로 한 상표등록의 취소를 면하기 위한 이 사건 등록상표의 사용에 해당한다고 할 수 없다.

(3) 그럼에도 원심은 위에서 본 바와 같이 이 사건 등록상표가 그 통상사용권자에 의하여 지정서비스 중 '미용업', '미용상담업' 또는 '화장상담업'에 관하여 이 사건 심판청구일 전 3년 이내에 국내에서 정당하게 사용되었다고 판단하였으니, 이러한 원심판결에는 불사용을 이유로 한 상표등록취소심판에서의 상표 사용에 관한 법리를 오해하여 판결에 영향을 미친 위법이 있다. 이를 지적하는 상고이유의 주장은 이유 있다.

16 COSJEL OIL 사건 (2019후12100)

판시사항

(1) 상표법 제119조 제1항 제3호에서 규정하는 불사용으로 인한 등록취소심판 사건에서 '지정상품'을 해석·판단하는 기준

(2) 상표법 제119조 제1항 제3호에서 정한 '등록상표를 그 지정상품에 사용하고 있지 않은 경우'의 의미 및 지정상품과 유사한 상품에 사용한 것만으로 등록상표를 지정상품에 사용한 것으로 볼 수 있는지 여부(소극) / 이때 '거래사회의 통념상 동일성 있는 상품'인지 판단하는 기준

상고이유를 판단한다.

(1) 지정상품에 관한 상고이유에 대하여

상표법 제119조 제1항 제3호에서 규정하는 불사용으로 인한 등록취소심판 사건에서 지정상품은 그 상품의 기능, 용도, 재료, 구체적 거래실정 등을 기초로 거래사회의 통념에 따라 해석·판단하여야 한다.

원심은, 그 판시와 같은 이유로 원고가 제3류로 분류하여 등록한 지정상품인 '스킨케어용 화장품'은 '완제품으로서의 화장품'을 의미하는 것으로 해석하였다.

위 법리와 기록에 비추어 살펴보면, 원심의 판단에 필요한 심리를 다하지 않은 채 논리와 경험의 법칙에 반하여 자유심증주의의 한계를 벗어나거나 지정상품의 해석에 관한 법리를 오해한 잘못이 없다.

(2) 지정상품과 사용상품의 동일성에 관한 상고이유에 대하여

상표법 제119조 제1항 제3호, 제3항에 의하면, 상표권자·전용사용권자 또는 통상사용권자 중 어느 누구도 정당한 이유 없이 등록상표를 그 지정상품에 대하여 취소심판청구일 전 계속하여 3년 이상 국내에서 사용하지 않았을 때에는 심판에 의하여 그 상표등록을 취소하도록 규정하고 있다. 여기에서 등록상표를 그 지정상품에 사용하고 있지 않은 경우라 함은 등록상표를 지정상품 그 자체 또는 거래사회의 통념상 이와 동일하게 볼 수 있는 상품에 현실로 사용하지 않은 때를 말하고, 지정상품과 유사한 상품에 사용한 것만으로는 등록상표를 지정상품에 사용하였다고 볼 수 없다. 한편, 거래사회의 통념상 동일성 있는 상품이란 양 상품의 품질·용도·형상·사용방법·유통경로 및 공급자와 수요자 등 상품의 속성과 거래의 실정을 종합적으로 고려하여 객관적으로 판단하여야 한다.

원심은, 원고가 이 사건 등록상표를 사용한 상품은 완제품으로서의 화장품이 아니라 화장품의 원료 제품이고, 원고의 사용상품과 이 사건 등록상표의 지정상품 중 '스킨케어용 화장품'은 원재료와 완성품의 관계로서 품질·형상·용도·사용방법·유통경로 및 공급자와 수요자 등에 차이가 있어서 거래사회의 통념상 동일성이 있는 상품으로 보기 어렵다고 판단하였다.

위 법리와 기록에 비추어 살펴보면, 원심의 판단에 필요한 심리를 다하지 않은 채 논리와 경험의 법칙에 반하여 자유심증주의의 한계를 벗어나거나 지정상품과 사용상품의 동일성에 관한 법리를 오해한 잘못이 없다.

17 법랑냄비 사건 (2012후3206)

상표법 제119조 제1항 제3호, 제3항에서 규정하는 '등록상표의 사용' 여부의 판단방법과 상표권의 권리범위확인심판에서 확인대상표장이 상표로서 사용된 것인지 판단하는 방법의 차이 불사용으로 인한 상표등록취소심판제도는 등록상표의 사용을 촉진하는 한편 그 불사용에 대한 제재를 가하려는 데에 목적이 있으므로, 상표법 제119조 제1항 제3호, 제3항에서 규정하는 '등록상표의 사용' 여부 판단에서는 상표권자 또는 사용권자가 자타상품의 식별 표지로서 사용하려는 의사에 터 잡아 등록상표를 사용한 것으로 볼 수 있는지가 문제될 뿐 일반 수요자나 거래자가 이를 상품의 출처표시로서 인식할 수 있는지는 등록상표의 사용 여부 판단을 좌우할 사유가 되지 못한다. 반면에 상표권의 권리범위확인심판에서는 확인대상표장에 대하여 그 표장과 동일 또는 유사한 등록상표의 상표권의 효력이 미치는가를 거래상 상품 출처의 오인·혼동의 염려가 있는지에 의하여 확정하는 것이므로, 애당초 일반 수요자나 거래자가 확인대상표장을 장식용 디자인으로 인식할 뿐 상품의 출처표시로서 인식하기 어렵다면 확인대상표장이 상표로서 사용된 것이라고 볼 수 없다.

상고이유를 판단한다.

(1) 원심은 그 판시의 법랑냄비에 표시된 확인대상표장은 일반 수요자나 거래자가 이를 보고 장식용 디자인으로 인식할 뿐 상품의 출처를 표시하는 것으로 인식하기 어려워 피고가 이를 상표로서 사용한 것이라고 할 수 없으므로, 확인대상표장은 이 사건 등록상표의 권리범위에 속하지 않는다고 판단하였다.

    기록에 비추어 살펴보면, 이러한 원심의 판단은 정당한 것으로 수긍할 수 있고, 거기에 상고이유의 주장과 같이 상표권의 권리범위 판단에 관한 법리를 오해하여 필요한 심리를 다하지 아니한 위법이 없다.

(2) 한편 상고이유에서 원심판결이 이에 상반되는 판결을 하였다고 지적한 대법원 2011후4004 판결은 불사용으로 인한 상표등록취소심판 사건에 관한 것인 바, 불사용으로 인한 상표등록취소심판제도는 등록상표의 사용을 촉진하는 한편 그 불사용에 대한 제재를 가하려는 데에 그 목적이 있으므로, 상표법 제119조 제1항 제3호, 제3항에서 규정하는 '등록상표의 사용' 여부 판단에 있어서는 상표권자 또는 그 사용권자가 자타상품의 식별 표지로서 사용하려는 의사에 기하여 등록상표를 사용한 것으로 볼 수 있는지 여부가 문제될 뿐 일반 수요자나 거래자가 이를 상품의 출처표시로서 인식할 수 있는지 여부는 등록상표의 사용 여부 판단을 좌우할 사유가 되지 못한다. 반면에 상표권의 권리범위확인심판에서는 확인대상표장에 대하여 그 표장과 동일 또는 유사한 등록상표의 상표권의 효력이 미치는가 여부를 거래상 상품 출처의 오인·혼동의 염려가 있는지 여부에 의하여 확정하는 것이므로, 애당초 일반 수요자나 거래자가 확인대상표장을 장식용 디자인으로 인식할 뿐 상품의 출처표시로서 인식하기 어렵다면 확인대상표장이 상표로서 사용된 것이라고 볼 수 없다. 따라서 불사용으로 인한 상표등록취소심판 사건에 관한 위 대법원 판결은 이와 같이 상표 사용 여부의 판단방법을 달리하는 상표권의 권리범위확인심판에 관한 이 사건에 원용하기에 적절하지 아니하므로, 원심판결이 대법원 판례에 상반되는 판결을 하였다고 할 수 없다.

판시사항

(1) 상표권의 적극적 권리범위확인심판에서 구 상표법[29] 제57조의3[30]에서 정한 '선사용에 따른 상표를 계속 사용할 권리'의 존부에 대해서까지 심리·판단할 수 있는지 여부(소극)

(2) 등록상표 "sangmoosa"의 상표권자 甲이, 乙이 사용하고 있는 확인대상표장 "sang moo sa"가 등록상표와 외관, 호칭이 동일·유사하고 지정상품도 동일하여 등록상표의 권리범위에 속한다며 적극적 권리범위확인심판을 청구한 사안에서, 乙이 '선사용에 따른 상표를 계속 사용할 권리'를 가지고 있다는 이유를 들어 확인대상표장이 등록상표의 권리범위에 속하지 않는다고 본 원심판결에 법리를 오해한 위법이 있다고 한 사례

판결요지

(1) 상표권의 적극적 권리범위확인심판은 심판청구인이 그 청구에서 심판의 대상으로 삼은 확인대상표장에 대하여 상표권의 효력이 미치는지를 확인하는 권리확정을 목적으로 한 것으로 심결이 확정된 경우 심판의 당사자뿐만 아니라 제3자에게도 일사부재리의 효력이 미친다. 그런데 적극적 권리범위확인심판청구의 상대방이 확인대상표장에 관하여 구 상표법 제57조의3의 '선사용에 따른 상표를 계속 사용할 권리'(이하 '선사용권'이라고 한다)를 가지고 있다는 것은 대인적(對人的)인 상표권 행사의 제한사유일 뿐이어서 상표권의 효력이 미치는 범위에 관한 권리확정과는 무관하므로, 상표권 침해소송이 아닌 적극적 권리범위확인심판에서 선사용권의 존부에 대해서까지 심리·판단하는 것은 허용되지 않는다.

(2) 등록상표 "sangmoosa"의 상표권자 甲이, 乙이 사용하고 있는 확인대상표장 "sang moo sa"가 등록상표와 외관, 호칭이 동일·유사하고 지정상품도 동일하여 등록상표의 권리범위에 속한다며 적극적 권리범위확인심판을 청구한 사안에서, 적극적 권리범위확인심판에서는 구 상표법 제57조의3의 '선사용에 따른 상표를 계속 사용할 권리'(이하 '선사용권'이라고 한다)의 존부까지 심리·판단할 수 없을 뿐 아니라 2007. 7. 1. 전에 출원·등록된 등록상표에 대해서는 위 규정이 적용되지 않는데도, 乙이 선사용권을 가지고 있다는 이유를 들어 '태권도복'에 사용한 확인대상표장이 '검도복, 유도복, 체조복, 태권도복' 등을 지정상품으로 한 등록상표의 권리범위에 속하지 않는다고 본 원심판결에 법리를 오해한 위법이 있다고 한 사례이다.

논점의 정리

상표권의 적극적 권리범위확인심판은 심판청구인이 그 청구에서 심판의 대상으로 삼은 확인대상표장에 대하여 상표권의 효력이 미치는가 여부를 확인하는 권리확정을 목적으로 한 것으로 그 심결이 확정된 경우 심판의 당사자뿐만 아니라 제3자에게도 일사부재리의 효력이 미친다. 그런데 적극적 권리범위확인심판청구의 상대방이 확인대상표장에 관하여 구 상표법 제57조의3의 '선사용에 따른 상표를 계속 사용할 권리'(이하 '선사용권'이라고 한다)를 가지고 있다는 것은 대인적(對人的)인 상표권 행사의 제한사유일 뿐이어서 상표권의 효력이

---

29) 2016. 2. 29., 법률 제14033호로 전부 개정되기 전의 것(이하 이 사건에서 같다)
30) 상표법 제99조(이하 이 사건에서 같다)[시행기준 2022. 4. 20., 법률 제18502호]

미치는 범위에 관한 권리확정과는 무관하므로, 상표권 침해소송이 아닌 적극적 권리범위확인심판에서 선사용권의 존부에 대해서까지 심리·판단하는 것은 허용되지 아니한다.

원심판결 이유에 의하면, 원심은 피고의 선사용권이 있음을 이유로 들어 '태권도복'에 사용한 확인대상표장 "SANG MOO SA"가 '검도복, 유도복, 체조복, 태권도복' 등을 지정상품으로 한 이 사건 등록상표 "SANGMOOSA"의 권리범위에 속하지 아니한다고 판단하였다.

앞서 본 법리에 비추어 살펴보면, 이러한 원심의 판단에는 권리범위확인심판에 관한 법리를 오해하여 판결에 영향을 미친 위법이 있다. 나아가, 상표법은 2007. 1. 3. 법률 제8190호로 개정될 때 선사용권에 관한 제57조의3 규정이 신설되었고, 그 부칙 제7조는 "제57조의3의 개정규정은 2007. 7. 1. 이후 최초로 타인이 상표등록출원을 하여 등록되는 상표에 대하여 선사용자가 동 개정규정의 요건을 갖춘 경우부터 적용한다."라고 정하고 있어, 2007. 7. 1. 전에 출원되어 등록된 이 사건 등록상표에 대하여는 위 규정이 적용되지 아니하므로, 위와 같은 원심의 판단에는 구 상표법 제57조의3의 적용시기에 관한 법리를 오해하여 판결에 영향을 미친 위법이 있다. 이 점을 지적하는 상고이유의 주장은 이유 있다.

19 송석(권리범위확인심판) 사건 (2012후1101)

판시사항

소극적 권리범위확인심판의 청구인이 확인대상표장과 피심판청구인의 등록상표가 표장 및 사용(지정)상품이 동일하거나 유사하다는 점은 다투지 않은 채, 대인적(對人的)인 상표권 행사의 제한사유를 주장하면서 확인대상표장이 등록상표의 권리범위에 속하지 않는다는 확인을 구하는 경우, 확인의 이익이 있는지 여부(소극) 및 권리범위확인심판에서 확인의 이익 유무가 직권조사사항인지 여부(적극)

판결요지

상표권의 권리범위확인심판은 심판청구인이 그 청구에서 심판의 대상으로 삼은 표장(이하 '확인대상표장'이라 한다)에 대하여 상표권의 효력이 미치는가를 확인하는 권리확정을 목적으로 한 것으로 심결이 확정된 경우 각하심결이 아닌 한 심판의 당사자뿐 아니라 제3자에게도 일사부재리의 효력이 미친다. 따라서 소극적 권리범위확인심판의 청구인이 확인대상표장과 피심판청구인의 등록상표가 표장 및 사용(지정)상품이 동일하거나 유사하다는 점은 다투지 않은 채, 다만 자신은 상표법 제99조의 '선사용에 따른 상표를 계속 사용할 권리'(이하 '선사용권'이라고 한다)를 가지고 있다거나, 피심판청구인의 상표등록출원 행위가 심판청구인에 대한 관계에서 사회질서에 위반된 것이라는 등의 대인적(對人的)인 상표권 행사의 제한사유를 주장하면서 확인대상표장이 등록상표의 권리범위에 속하지 않는다는 확인을 구하는 것은 상표권의 효력이 미치는 범위에 관한 권리확정과는 무관하므로 확인의 이익이 없어 부적법하다. 한편 권리범위확인심판에서 확인의 이익의 유무는 직권조사사항이므로 당사자의 주장 여부에 관계없이 특허심판원이나 법원이 직권으로 판단하여야 한다.

직권으로 판단한다.

(1) 상표권의 권리범위확인심판은 심판청구인이 그 청구에서 심판의 대상으로 삼은 표장(이하 '확인대상표장'이라 한다)에 대하여 상표권의 효력이 미치는가 여부를 확인하는 권리확정을 목적으로 한 것으로 그 심결이 확정된 경우 각하심결이 아닌 한 심판의 당사자뿐 아니라 제3자에게도 일사부재리의 효력이 미친다. 따라서 소극적 권리범위확인심판의 청구인이 확인대상표장과 피심판청구인의 등록상표가 표장 및 그 사용(지정)상품이 동일하거나 유사하다는 점은 다투지 아니한 채, 다만 자신은 상표법 제99조의 '선사용에 따른 상표를 계속 사용할 권리'(이하 '선사용권'이라고 한다)를 가지고 있다거나, 피심판청구인의 상표등록출원 행위가 심판청구인에 대한 관계에서 사회질서에 위반된 것이라는 등의 대인적(對人的)인 상표권 행사의 제한사유를 주장하면서 확인대상표장이 등록상표의 권리범위에 속하지 아니한다는 확인을 구하는 것은 상표권의 효력이 미치는 범위에 관한 권리확정과는 무관하므로 그 확인의 이익이 없어 부적법하다고 할 것이다. 한편 권리범위확인심판에서 확인의 이익의 유무는 직권조사사항이므로 당사자의 주장 여부에 관계없이 특허심판원이나 법원이 직권으로 판단하여야 한다.

(2) 기록에 의하면, 원고는 사용상품을 송석타일 등으로 하고 "**송석**"과 같이 구성된 확인대상표장이 지정상품을 건축용 비금속제 타일 등으로 하고 "**송석**"과 같이 구성된 이 사건 등록상표와 표장 및 그 사용(지정)상품이 동일·유사하다는 점은 다투지 아니한 채, 다만 자신에게 선사용권이 있음을 이유로 확인대상표장이 이 사건 등록상표의 권리범위에 속하지 아니한다는 소극적 권리범위확인심판을 청구하였음을 알 수 있다.

앞서 본 법리에 비추어 살펴보면, 위와 같은 사유는 대인적인 상표권 행사의 제한사유에 불과할 뿐 상표권의 효력이 미치는 범위에 관한 권리확정과는 무관하므로, 이 사건 권리범위확인심판청구는 그 확인의 이익이 없어 부적법하다고 할 것이다. 그렇다면 특허심판원으로서는 당사자의 명시적인 주장이 없더라도 확인의 이익 유무를 직권으로 조사하여 이 사건 심판청구를 각하하였어야 마땅한데도 본안으로 나아가 이 사건 심판청구를 기각하는 심결에 이른 잘못이 있고, 원심 역시 이를 간과한 채 본안에 관하여 판단하였으니, 원심판결에는 소극적 권리범위확인심판에서의 확인의 이익에 관한 법리를 오해하여 판결 결과에 영향을 미친 잘못이 있다. 한편 원고는 당심에 이르러 확인대상표장이 이 사건 등록상표의 권리범위에 속하지 아니하는 사유 중의 하나로 피고의 이 사건 등록상표에 대한 등록출원행위가 원고에 대한 관계에서 사회질서에 위반된 것이라는 주장을 추가하였으나, 위와 같은 사유에 기한 권리범위확인심판청구 역시 확인의 이익이 없어 부적법함은 마찬가지이다.

20 화미미정 사건 (2013후2316)

판시사항

등록상표 ''의 상표권자인 甲 주식회사가 등록상표 '**미정**'의 상표권자인 乙 주식회사를 상대로 乙 회사의 확인대상표장 '**화미미정**'이 甲 회사의 등록상표의 권리범위에 속한다는 이유로 적극적 권리범위확인심판을 청구하였고 특허심판원이 이를 인용한 사안에서, 확인대상표장은 상표로서의 동일성과 독립성을 유지하고 있는 乙 회사의 등록상표에 '화미'라는 부분이 단순히 부가된 것이므로, 확인대상표장은 乙 회사의 등록상표와 동일성 있는 상표에 해당한다고 한 사례

논점의 정리

상고이유(상고이유서 제출기한 경과 후에 제출된 상고이유보충서의 기재는 상고이유를 보충하는 범위 내에서)를 판단한다.

(1) 원심판결 이유에 의하면, 원심은 '요리용 맛술'을 사용상품으로 하는 원고의 확인대상표장을 '소스' 등을 지정상품으로 하는 원고의 등록상표와 대비하면, 이들 상표는 모두 '미정'으로 호칭될 수 있으나, 바탕색의 유무와 글자색, 글자 수 및 글자 내용 등의 차이로 외관이 현저히 다르므로 확인대상표장은 거래의 통념상 원고의 등록상표와 동일하게 볼 수 있는 형태의 상표에 해당한다고 보기 어렵다는 이유로, 확인대상표장의 사용이 원고의 등록상표를 적법하게 사용한 것에 해당한다는 원고의 주장을 배척한 후, 확인대상표장이 '그레이비' 등을 지정상품으로 하는 피고의 이 사건 등록상표의 권리범위에 속한다고 판단하였다.

[원고의 확인대상표장]

미 정

[원고의 등록상표]

미 정

[피고의 이 사건 등록상표]

(2) 그러나 원심의 위와 같은 판단은 다음과 같은 이유에서 수긍하기 어렵다.

① 상표권의 권리범위확인심판은 등록된 상표를 중심으로 미등록상표인 확인대상표장이 적극적으로 등록상표의 권리범위에 속한다거나 소극적으로 이에 속하지 아니함을 확인하는 것이므로, 다른 사람의 '등록상표인 확인대상표장'에 관한 적극적 권리범위확인심판은 확인대상표장이 심판청구인의 등록상표와 동일 또는 유사하다고 하더라도 등록무효절차 이외에서 등록된 권리의 효력을 부인하는 결과가 되어 부적법하다고 할 것이다. 이때 '등록상표인 확인대상표장'에는 등록된 상표와 동일한 상표는 물론 거래의 통념상 식별 표지로서 상표의 동일성을 해치지 않을 정도로 변형된 경우도 포함된다고 할 것이므로, 확인대상표장이 등록상표에 다른 문자나 도형 등을 부가한 형태로 되어 있다고 하더라도 등록상표가 상표로서의 동일성과 독립성을 유지하고 있는 한 이는 등록상표와 동일성이 인정되는 상표라고 할 것이다.

② 기록에 의하면, 원고는 확인대상표장 사용상품에 별지와 같은 라벨을 부착하였는데, 그 라벨에는 원고의 상호 '화미제당 주식회사' 중 중심적 식별력이 있는 '화미'를 영문자로 표기한 'Hwami'라는 표장, 'Hwami'와 원고 상호의 약칭인 '화미제당(株)'를 이단으로 병기한 표장, '식자재 대표브랜드 화미'라는 문구 등이 포함되어 있고, 확인대상표장은 위 라벨 중앙의 문자 부분을 발췌한 것인 점 등을 알 수 있다.

제1편

제2편

제3편

이러한 사정과 함께, 확인대상표장은 '화미' 부분과 '미정' 부분의 글자색이 달라 일반 수요자나 거래자는 확인대상표장이 원고의 상호 중 중심적 식별력을 가지는 '화미'와 '미정'이라는 문자가 결합한 것임을 쉽게 알 수 있는 점, 그러한 결합으로 확인대상표장 전체에 어떤 새로운 관념이 형성되는 것도 아닌 점, 확인대상표장에서 '미정' 부분은 원고의 등록상표 '**미정**'과 글자체와 바탕색의 유무에서 차이가 있으나 그러한 차이는 거래의 통념상 원고의 등록상표와 동일하게 볼 수 있는 정도의 변형에 불과한 점 등을 고려하면, 확인대상표장은 상표로서의 동일성과 독립성을 유지하고 있는 원고의 등록상표 '**미정**'에 '화미'라는 부분이 단순히 부가된 것이므로, 위에서 본 법리에 비추어 보면 확인대상표장은 원고의 등록상표와 동일성 있는 상표에 해당한다고 할 것이다.

③ 그럼에도, 원심이 확인대상표장이 원고의 등록상표와 표장이 동일하지 아니하다고 보아, 확인대상표장은 원고의 등록상표를 사용한 것이라는 원고의 주장을 배척한 데에는 상표의 동일성 판단에 관한 법리를 오해하여 판결에 영향을 미친 위법이 있다. 이 점을 지적하는 상고이유 주장은 이유 있다.

21 리바이네스 사건 (2018후11698)

판시사항

(1) 다른 사람의 '등록상표인 확인대상표장'에 대한 적극적 권리범위확인심판이 적법한지 여부(소극) 및 이때 '등록상표인 확인대상표장'에 거래의 통념상 식별 표지로서 상표의 동일성을 해치지 않을 정도로 변형된 경우도 포함되는지 여부(적극) / 확인대상표장이 영문자와 이를 단순히 음역한 한글이 결합된 등록상표 부분 중 어느 한 부분을 생략하였으나 영문 단어와 한글의 결합으로 새로운 관념이 생겨나지 않고, 일반 수요자 등에게 등록상표와 동일하게 호칭되는 경우, 등록상표와 동일성이 인정되는지 여부(적극)

(2) 지정상품을 '상품류 구분 제3류의 주사기에 담긴 미용관리과정에 사용되는 화장용 겔'로 하는 등록상표 "**REVANESSE**"의 상표권자 甲 외국회사가 확인대상표장 "*Reviness*"의 사용권자 乙 주식회사를 상대로 확인대상표장이 자신의 등록상표와 동일·유사하여 자신의 등록상표의 권리범위에 속한다며 적극적 권리범위확인심판을 청구한 사안에서, 확인대상표장이 乙 회사의 등록상표 "*Reviness*리바이네스"와 동일하므로 위 심판청구는 乙 회사의 등록상표가 甲 회사의 등록상표의 권리범위에 속한다는 확인을 구하는 적극적 권리범위확인심판으로서 부적법하다고 한 사례

판결요지

(1) 상표권의 권리범위확인심판은 등록된 상표를 중심으로 미등록상표인 확인대상표장이 적극적으로 등록상표의 권리범위에 속한다거나 소극적으로 이에 속하지 아니함을 확인하는 것이므로, 다른 사람의 '등록상표인 확인대상표장'에 대한 적극적 권리범위확인심판은 확인대상표장이 심판청구인의 등록상표와 동일 또는 유사하다고 하더라도 등록무효절차 이외에서 등록된 권리의 효력을 부인하는 결과가 되어 부적법하다. 이때 '등록상표인 확인대상표장'에는 등록된 상표와 동일한 상표는 물론 거래의 통념상 식별 표지로서 상표의 동일성을 해치지 않을 정도로 변형된 경우도 포함된다. 확인대상표장이 영문자와 이를 단순히 음역한 한글이 결합된 등록상표에서 영문자 부분과 한글 음역 부분 중 어느 한 부분을 생략한 형태로 되어 있더라도, 영문 단어 자체의 의미로부터 인식되는 관념 외에 한글의 결합으로 새로운 관념이 생겨나지 않고, 일반 수요자나 거래자에게 통상적으로 등록상표 자체와 동일하게 호칭되는 한 이는 등록상표와 동일성이 인정되는 상표이다.

(2) 지정상품을 '상품류 구분 제3류의 주사기에 담긴 미용관리과정에 사용되는 화장용 겔'로 하는 등록상표 **"REVANESSE"**의 상표권자 甲 외국회사가 확인대상표장 *"Reviness"*의 사용권자 乙 주식회사를 상대로 확인대상표장이 자신의 등록상표와 동일·유사하여 자신의 등록상표의 권리범위에 속한다며 적극적 권리범위확인심판을 청구한 사안에서, 확인대상표장은 乙 회사의 등록상표 *"Reviness* 리바이네스*"* 중 한글 음역 부분을 생략한 형태로 되어 있으나 한글 '리바이네스'의 결합으로 새로운 관념이 생겨나지 않고, 일반 수요자나 거래자에게 통상적으로 '리바이네스'로 동일하게 호칭될 것으로 보여 거래통념상 乙 회사의 등록상표와 동일성 있는 상표에 해당하고, 확인대상표장의 사용상품인 '히알루론산을 성분으로 하는 주름개선제, 보습제, 피부탄력제'는 乙 회사의 등록상표의 지정상품 중 '의료용 필러, 피부과용 필러'와 거래통념상 동일성 있는 상품에 해당하여, 결국 확인대상표장이 乙 회사의 등록상표와 동일하므로, 위 심판청구는 乙 회사의 등록상표가 甲 회사의 등록상표의 권리범위에 속한다는 확인을 구하는 적극적 권리범위확인심판으로서 부적법함에도, 이와 달리 본안으로 나아가 확인대상표장이 甲 회사의 등록상표의 권리범위에 속한다고 본 원심판결에 법리를 오해한 잘못이 있다고 한 사례이다.

논점의 정리

상고이유를 판단한다.

(1) 상표권의 권리범위확인심판은 등록된 상표를 중심으로 미등록상표인 확인대상표장이 적극적으로 등록상표의 권리범위에 속한다거나 소극적으로 이에 속하지 아니함을 확인하는 것이므로, 다른 사람의 '등록상표인 확인대상표장'에 관한 적극적 권리범위확인심판은 확인대상표장이 심판청구인의 등록상표와 동일 또는 유사하다고 하더라도 등록무효절차 이외에서 등록된 권리의 효력을 부인하는 결과가 되어 부적법하다. 이때 '등록상표인 확인대상표장'에는 등록된 상표와 동일한 상표는 물론 거래의 통념상 식별 표지로서 상표의 동일성을 해치지 않을 정도로 변형된 경우도 포함된다. 확인대상표장이 영문자와 이를 단순히 음역한 한글이 결합된 등록상표에서 영문자 부분과 한글 음역 부분 중 어느 한 부분을 생략한 형태로 되어 있다고 하더라도, 그 영문 단어 자체의 의미로부터 인식되는 관념 외에 한글의 결합으로 인하여 새로운 관념이 생겨나지 않고, 일반

수요자나 거래자에게 통상적으로 등록상표 그 자체와 동일하게 호칭될 것으로 보이는 한 이는 등록상표와 동일성이 인정되는 상표라고 할 것이다.

(2) 위 법리와 기록에 비추어 살펴본다.

① 피고의 확인대상표장은 '*Reviness*'이고 그 사용상품은 '히알루론산을 성분으로 하는 주름개선제, 보습제, 피부탄력제'이다. 피고의 등록상표는 2016. 7. 12. 출원되어 2017. 4. 24.에 등록된 *Reviness* 리바이네스'이고, 그 지정상품은 '제10류 의료용 필러, 의료용 필러기기, 의료용 필러주입기, 피부과용 필러'이다.

② 확인대상표장은 영문자 'Reviness'로 구성되어 있고, 피고의 등록상표는 확인대상표장과 동일한 형태의 영문자 'Reviness'와 이를 단순히 음역한 한글 '리바이네스'가 이단으로 병기되어 있다. 확인대상표장은 피고의 등록상표 중 한글 음역 부분을 생략한 형태로 되어 있으나 한글 '리바이네스'의 결합으로 인하여 새로운 관념이 생겨나지 않고, 일반 수요자나 거래자에게 통상적으로 '리바이네스'로 동일하게 호칭될 것으로 보이므로, 거래통념상 피고의 등록상표와 동일성 있는 상표에 해당한다.

③ 기록에 의하여 알 수 있는 다음과 같은 사정에 비추어 보면, 확인대상표장의 사용상품인 '히알루론산을 성분으로 하는 주름개선제, 보습제, 피부탄력제'는 피고의 등록상표의 지정상품 중 '의료용 필러, 피부과용 필러'와 거래통념상 동일성 있는 상품에 해당한다.

㉠ 의료용 또는 피부과용 필러(filler)는 주름이나 패인 흉터 등에 주사하거나 삽입하는 충전제로서, 현재 전체 필러 시장의 90%를 히알루론산 성분의 필러가 차지하고 있다.

㉡ 피고는 확인대상표장의 사용상품인 '히알루론산 성분의 주름개선제, 보습제, 피부탄력제'를 피부에 주사하는 필러 형태로 사용하고 있다.

㉢ 피고의 등록상표의 지정상품 중 '의료용 필러, 피부과용 필러'는 2017. 1. 1. 시행된 니스(NICE) 상품분류 제11판에 처음으로 수록되었고, 그 이전에는 위와 같은 필러 제품은 지정상품을 상품분류 제3류 또는 제5류의 '주사기에 담긴 미용관리 과정에 사용되는 화장용 겔', '히알루론산이 포함된 주름개선용 화장품 또는 약제' 등으로 하여 상표 등록된 바 있다.

㉣ 양 상품은 그 품질·용도·형상·사용방법·유통경로 및 공급자와 수요자 등 상품의 속성과 거래의 실정이 서로 공통된다.

④ 그렇다면 확인대상표장은 피고의 등록상표와 동일하므로, 이 사건 심판청구는 피고의 등록상표가 이 사건 등록상표의 권리범위에 속한다는 확인을 구하는 적극적 권리범위확인심판으로서 부적법하다.

⑤ 그런데도 이 사건 심판청구를 각하하지 않고 본안으로 나아가 이를 기각한 특허심판원의 심결에는 잘못이 있고, 원심 역시 이를 간과하고 본안으로 나아가 확인대상표장이 이 사건 등록상표의 권리범위에 속한다고 판단하였으므로, 원심판결에는 권리범위확인심판의 적법요건에 관한 법리를 오해하여 판결에 영향을 미친 잘못이 있다.

판시사항

거절결정불복심판청구 기각 심결의 취소소송절차에서 특허청장이 심사나 심판 단계에서 의견서 제출의 기회를 부여한 사유 및 이와 주요한 취지가 부합하는 사유를 심결의 결론을 정당하게 하는 사유로 주장할 수 있는지 여부(적극) 및 심결취소소송의 법원이 이를 심리·판단하여 심결의 당부를 판단하는 근거로 삼을 수 있는지 여부(적극) / 상표등록이의신청서에 기재되어 출원인에게 송달됨으로써 답변서 제출의 기회가 주어진 사유는 의견서 제출의 기회가 부여된 사유로 볼 수 있는지 여부(적극)

논점의 정리

상고이유를 판단한다.

(1) 상고이유 제1, 2점에 대하여

① 거절결정불복심판청구 기각 심결의 취소소송절차에서 특허청장은 거절결정의 이유 외에도 심사나 심판 단계에서 의견서 제출의 기회를 부여한 사유 및 이와 주요한 취지가 부합하는 사유를 해당 심결의 결론을 정당하게 하는 사유로 주장할 수 있고, 심결취소소송의 법원은 이를 심리·판단하여 심결의 당부를 판단하는 근거로 삼을 수 있다. 그리고 상표법 제60조, 제66조에 따라 상표등록이의신청서에 기재되어 출원인에게 송달됨으로써 답변서 제출의 기회가 주어진 사유는 의견서 제출의 기회가 부여된 사유로 볼 수 있다.

② 원심은 판시와 같은 이유로, 피고 보조참가인 주식회사 아이에스이커머스가 원심에서 '이 사건 출원상표가 선사용상표 1과의 관계에서 상표법 제34조 제1항 제12호에 해당한다.'고 주장하고 있고, 이는 위 피고 보조참가인이 상표등록이의신청서에서 주장한 사유와 주요한 취지가 부합하므로 원고에게 실질적으로 의견서 제출의 기회를 준 것으로 볼 수 있어, 이를 근거로 이 사건 심결의 당부를 판단할 수 있다는 취지로 판단하였다.

③ 원심판결 이유를 적법하게 채택된 증거들에 비추어 살펴보면, 원심의 판단은 위 법리에 기초한 것으로서, 거기에 상고이유 주장과 같이 심결 취소소송의 심리범위 및 의견서 제출의 기회 부여에 관한 법리를 오해하거나 필요한 심리를 다하지 아니하는 등의 위법이 없다.

상고이유로 들고 있는 대법원 판결은 이 사건과 사안이 다르므로 이 사건에 원용하기에 적절하지 아니하다.

(2) 상고이유 제3, 4점에 대하여

① 법원은 변론 전체의 취지와 증거조사의 결과를 참작하여 사회정의와 형평의 이념에 입각하여 논리와 경험의 법칙에 따라 자유로운 심증으로 사실주장을 판단하므로, 자유심증주의의 한계를 벗어나지 아니하는 한 증거의 가치 판단 및 사실인정은 사실심 법원의 재량에 속하고, 사실심 법원이 적법하게 확정한 사실은 상고법원을 기속한다.

② 원심은 판시와 같은 이유로, ㉠ 선사용상표 1은 이 사건 심결 시인 2015. 2. 3. 무렵 특정인의 의류판매업이라고 인식될 정도로 알려져 있었다고 인정한 다음, ㉡ 이 사건 출원상표의 지정서비스인 원단소매업과 선사용상표 1의 사용서비스인 의류판매업은 경제적으로 밀접한 견련성이 있어서 이 사건 출원상표가 원단소매업에 사용된다면 선사용상표 1의 의류판매업과 동일·유사한 서비스에 사용된 경우에 못지않을 정도로 선사용상표 1의 권리자에 의하여 사용되고 있다고 오인될 수 있다고 인정하여, ㉢ 이 사건 출원상표는 상표법 제34조 제1항 제12호에 해당한다고 판단하였다.

③ 선사용상표 1의 인지도에 관한 원심의 판단을 다투는 상고이유 주장은 실질적으로 사실심 법원의 자유심증에 속하는 증거의 취사 선택과 증거가치의 판단 및 이에 기초한 사실인정을 탓하는 것에 불과하다. 그리고 원심판결 이유를 위 법리와 원심 판시 관련 법리 및 적법하게 채택된 증거들에 비추어 살펴보아도, 원심의 판단에 상고이유 주장과 같이 상표법 제34조 제1항 제12호의 적용과 관련하여 '특정인의 상표나 서비스라고 인식될 수 있는 정도로 알려져 있는지'에 대한 판단 기준, 서비스의 경제적 견련성 및 출처의 오인·혼동 가능성 등에 관한 법리를 오해하고 필요한 심리를 다하지 아니하거나 논리와 경험의 법칙을 위반하여 자유심증주의의 한계를 벗어난 위법이 없다.

06 | 부정경쟁방지법

01 비비안웨스트우드 사건 (2011도6797)

판시사항

상품의 판매 당시 구매자는 그 출처를 혼동하지 않았으나 구매자로부터 상품을 양수하거나 구매자가 지니고 있는 상품을 본 제3자 등 일반 수요자의 관점에서 혼동할 우려가 있는 경우, 그러한 상품 표지를 사용하거나 상품 표지를 사용한 상품을 판매하는 등의 행위가 부정경쟁 방지 및 영업비밀보호에 관한 법률 제2조 제1호 가목에서 정한 '타인의 상품과 혼동하게 하는 행위'에 해당하는지 여부(적극)

판결요지

상품의 품질과 가격, 판매장소, 판매방법이나 광고 등 판매 당시의 구체적 사정 때문에 그 당시 구매자는 상품의 출처를 혼동하지 아니하였더라도, 구매자로부터 상품을 양수하거나 구매자가 지니고 있는 상품을 본 제3자가 상품에 부착된 상품 표지 때문에 상품의 출처를 혼동할 우려가 있는 등 일반 수요자의 관점에서 상품의 출처에 관한 혼동의 우려가 있다면 그러한 상품 표지를 사용하거나 상품 표지를 사용한 상품을 판매하는 등의 행위는 부정경쟁 방지 및 영업비밀보호에 관한 법률 제2조 제1호 가목, 제18조 제3항 제1호에서 정한 '타인의 상품과 혼동하게 하는 행위'에 해당한다.

논점의 정리

상고이유를 판단한다.

(1) 부정경쟁방지 및 영업비밀보호에 관한 법률(이하 '부정경쟁방지법'이라 한다) 제2조 제1 호 가목 소정의 '타인의 상품과 혼동하게 하는 행위'에는 현실적으로 상품의 출처에 관 한 혼동을 초래하는 행위뿐만 아니라 혼동을 초래할 우려가 있는 행위도 포함되며, 그에 해당하는지 여부는 상품 표지의 주지성과 식별력의 정도, 표지의 유사 정도, 사용 태양, 상품의 유사 및 고객층의 중복 등으로 인한 경업・경합관계의 존부, 그리고 모방자의 악의(사용의도) 유무 등을 종합하여 판단하여야 한다. 따라서 비록 상품의 품질과 가격, 판매장소, 판매방법이나 광고 등 판매 당시의 구체적 사정 때문에 그 당시 구매자는 상품의 출처를 혼동하지 아니하였다고 하더라도, 구매자로부터 상품을 양수하거나 구 매자가 지니고 있는 상품을 본 제3자가 그 상품에 부착된 상품 표지 때문에 상품의 출처 를 혼동할 우려가 있는 등 일반 수요자의 관점에서 상품의 출처에 관한 혼동의 우려가 있다면 그러한 상품 표지를 사용하거나 그 상품 표지를 사용한 상품을 판매하는 등의 행위는 부정경쟁방지법 제2조 제1호 가목 소정의 '타인의 상품과 혼동하게 하는 행위'에 해당한다.

(2) 원심과 제1심이 적법하게 채택하여 조사한 증거들에 의하면, 피고인이 판매한 이 사건

모조품 가방에는 피해자 공소외인의 상품 표지 "⟨⟩"와 거의 동일한 표장이 부착되어 있는 점, 피해자도 위와 같은 상품표지를 가방이나 핸드백 등에 사용하여 온 점, 피고인 스스로 그의 인터넷 쇼핑몰에 "이번에 야심차게 준비한 신상 비비안웨스트우* 디자인의 숄더백이야."라고 상품 설명을 기재하는 등 피고인도 이 사건 모조품 가방이 피해자 상품의 모조품임을 알고 있었던 점 등을 알 수 있다. 이러한 사정을 위와 같은 법리에 비추어 보면, 비록 원심판결에서 설시한 사정 때문에 피고인으로부터 이 사건 모조품 가방을 구매한 구매자들은 그 출처를 혼동할 우려가 없다고 하더라도, 구매자로부터 이 사건 모조품 가방을 양수하거나 구매자가 지니고 있는 이 사건 모조품 가방을 본 제3자가 그 출처를 혼동할 우려가 있는 등 일반 소비자의 관점에서는 그 출처를 혼동할 우려가 있으므로, 피고인이 이 사건 모조품 가방을 판매한 것은 부정경쟁방지법 제2조 제1호 가목 소정의 '타인의 상품과 혼동하게 하는 행위'에 해당한다.

그럼에도 원심이 그 판시와 같은 사정 때문에 구매자가 상품의 출처를 혼동할 우려가 없다는 이유로 피고인에게 무죄를 선고한 제1심 판결을 유지한 조치에는 부정경쟁방지법 제2조 제1호 가목 소정의 '타인의 상품과 혼동하게 하는 행위'에 관한 법리를 오해하여 판결에 영향을 미친 위법이 있다. 이를 지적하는 상고이유의 주장은 이유 있다.

07   다양한 유형의 표장

01   블록쌓기 사건 (2012후3800)

판시사항

(1) 지정상품 또는 그 포장의 입체적 형상으로 된 상표의 경우, 그 입체적 형상이 상표법 제33조 제1항 제3호의 '상품 등의 형상을 보통으로 사용하는 방법으로 표시한 표장만으로 된 상표'에 해당한다고 하기 위한 요건 및 같은 법리가 서비스의 제공에 관한 물건의 입체적 형상으로 된 상표에도 적용되는지 여부(적극)

(2) 특허청 심사관이 '블록쌓기(장난감) 도매업 및 블록쌓기(장난감) 소매업' 등을 지정서비스로 하는 출원상표 " 🧱 "에 대해 상표법 제33조 제1항 제3호에 해당한다는 이유로 등록거절 결정을 하였고, 이에 불복한 甲의 심판청구를 특허심판원이 기각한 사안에서, 위 출원상표가 블록의 형상을 보통으로 사용하는 방법으로 표시한 표장만으로 된 상표에 해당한다고 한 사례

(3) 상표법 제33조 제2항[31])에 의하여 지정상품 또는 그 포장의 입체적 형상으로 된 상표가 사용에 의하여 식별력을 취득하였다고 인정하기 위한 판단 기준 / 지정상품 또는 그 포장에 기호·문자·도형 등으로 된 표장이 함께 부착되는 경우, 지정상품 또는 그 포장의 입체적 형상이 사용에 의한 식별력을 취득하였다고 보기 위한 요건 및 출원된 상표가 사용에 의한 식별력을 취득하였는지를 판단하는 기준 시점

판결요지

(1) 지정상품 또는 그 포장(이하 '상품 등'이라고 한다)의 입체적 형상으로 된 상표의 경우에, 그 입체적 형상이 해당 지정상품이 거래되는 시장에서 그 상품 등의 통상적·기본적인 형태에 해당하거나, 거래사회에서 채용할 수 있는 범위 내에서 이를 변형한 형태에 불과하거나 또는 당해 상품 유형에 일반적으로 잘 알려진 장식적 형태를 단순히 도입하여 이루어진 형상으로서 그 상품의 장식 또는 외장(外裝)으로만 인식되는 데에 그칠 뿐, 이례적이거나 독특한 형태상의 특징을 가지고 있는 등으로 수요자가 상품의 출처표시로 인식할 수 있는 정도의 것이 아니라면, 상표법 제33조 제1항 제3호의 '상품 등의 형상을 보통으로 사용하는 방법으로 표시한 표장만으로 된 상표'에 해당한다고 보아야 한다.

(2) 특허청 심사관이 '블록쌓기(장난감) 도매업 및 블록쌓기(장난감) 소매업' 등을 지정서비스로 하는 출원상표 " 🧱 "에 대해 상표법 제33조 제1항 제3호에 해당한다는 이유로

---

31) 구 상표법 제6조 제2항(이하 이 사건에서 같다)[2014. 6. 11., 법률 제12751호로 개정되기 전의 것]

등록거절 결정을 하였고, 이에 불복한 甲의 심판청구를 특허심판원이 기각한 사안에서, 위 출원상표는 블록쌓기(장난감) 도매업 및 블록쌓기(장난감) 소매업이라는 그 서비스의 제공에 관한 물건인 블록의 형상을 보통으로 사용하는 방법으로 표시한 표장만으로 된 상표로서 상표법 제33조 제1항 제3호에 해당한다고 한 사례이다.

(3) 상표법 제33조 제2항에 의하면, 같은 조 제1항 제3호에 해당하는 상표라도 상표등록출원 전에 상표를 사용한 결과 수요자 사이에 그 상표가 누구의 업무에 관련된 상품을 표시하는 것인지 현저하게 인식되어 있는 것은 상표등록을 받을 수 있다. 그런데 이와 같이 사용에 의한 식별력 취득에 따라 상표등록을 받을 수 있도록 하는 제도는 원래 식별력이 없어 특정인에게 독점 사용하도록 함이 적당하지 않은 표장에 대하여 대세적 권리를 부여하는 것이므로, 지정상품 또는 그 포장(이하 '상품 등'이라고 한다)의 입체적 형상으로 된 상표가 사용에 의하여 식별력을 취득하였다고 인정하기 위해서는, 그 형상의 특징, 사용시기 및 기간, 판매수량 및 시장점유율, 광고·선전이 이루어진 기간 및 규모, 해당 형상과 유사한 다른 상품 등의 경합적 사용의 정도 및 태양, 상표사용자의 명성과 신용 등을 종합적으로 고려하여, 그 형상이 수요자에게 누구의 상품을 표시하는 상표라고 현저하게 인식되어 있는지를 엄격하게 해석·적용하여 판단하여야 한다.

한편 상품 등에는 기호·문자·도형 등으로 된 표장이 함께 부착되는 경우가 흔히 있는데, 그러한 사정만으로 곧바로 상품 등의 입체적 형상 자체에 관하여 사용에 의한 식별력 취득을 부정할 수는 없고, 부착되어 있는 표장의 외관·크기·부착 위치·인지도 등을 고려할 때 그 표장과 별도로 상품 등의 입체적 형상이 그 상품의 출처를 표시하는 기능을 독립적으로 수행하기에 이르렀다면 사용에 의한 식별력 취득을 긍정할 수 있다. 또한 출원된 상표가 상표법 제33조 제2항의 사용에 의한 식별력을 취득하였는지 여부에 관한 판단의 기준 시점은 원칙적으로 등록결정 시 또는 거절결정 시이고 거절결정에 대한 불복심판에 의하여 등록 허부가 결정되는 경우에는 그 심결 시라고 할 것이다.

논점의 정리

(1) 상표법 제33조 제1항 제3호 해당 여부에 관한 상고이유에 대하여

① 상표법 제33조 제1항 제3호에 의하면 지정상품 또는 그 포장(이하 '상품 등'이라고 한다)의 형상을 보통으로 사용하는 방법으로 표시한 표장만으로 된 상표는 그 상표등록을 거절하도록 규정되어 있다. 그 규정의 취지는 위와 같은 표장은 상품의 특성을 기술하기 위하여 표시되어 있는 기술적 표장으로서 자타 상품을 식별하는 기능을 상실하는 경우가 많을 뿐만 아니라, 설령 상품 식별의 기능이 있는 경우라 하더라도 상품 거래상 누구에게나 필요한 표시이므로 어느 특정인에게만 독점적으로 사용시킨다는 것은 공익상으로 타당하지 아니하다는 데에 있다.

이러한 입법 취지에 비추어 볼 때, 상품 등의 입체적 형상으로 된 상표의 경우에, 그 입체적 형상이 해당 지정상품이 거래되는 시장에서 그 상품 등의 통상적·기본적인 형태에 해당하거나, 거래사회에서 채용할 수 있는 범위 내에서 이를 변형한 형태에 불과하거나 또는 당해 상품 유형에 일반적으로 잘 알려진 장식적 형태를 단순히 도입하여 이루어진 형상으로서 그 상품의 장식 또는 외장(外裝)으로만 인식되는 데에 그칠 뿐, 이례적이거나 독특한 형태상의 특징을 가지고 있는 등으로 수요자가 상품의 출처표시로 인식할 수 있는 정도의 것이 아니라면, 위 규정의 '상품 등의 형상을 보통으로 사용하는 방법으로 표시한 표장만으로 된 상표'에 해당한다고 보아야 한다.

또한 출원된 상표가 상표법 제33조 제1항 각 호의 식별력 요건을 갖추고 있는지 여부에 관한 판단의 기준 시점은 원칙적으로 등록결정 시 또는 거절결정 시이고 거절결정에 대한 불복심판에 의하여 등록 허부가 결정되는 경우에는 그 심결 시라고 할 것이다.

그리고 법원은 변론 전체의 취지와 증거조사의 결과를 참작하여 사회정의와 형평의 이념에 입각하여 논리와 경험의 법칙에 따라 자유로운 심증으로 사실주장을 판단하므로, 자유심증주의의 한계를 벗어나지 아니하는 한 증거의 가치 판단 및 사실인정은 사실심 법원의 재량에 속하고, 사실심 법원이 적법하게 확정한 사실은 상고법원을 기속한다.

② 원심은 판시와 같은 이유를 들어, '블록쌓기(장난감) 도매업 및 블록쌓기(장난감) 소매업' 등을 지정서비스로 하고 오른쪽과 같이 구성된 이 사건 출원상표는 이 사건 심결일 당시에 수요자에게 톱니 모양의 홈과 돌기를 이용하여 다른 것과 끼워 맞춤으로써 원하는 사물의 형태를 만들 수 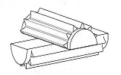 있는 블록의 형상으로 인식될 것이므로, 블록쌓기(장난감) 도매업 및 블록쌓기(장난감) 소매업이라는 그 서비스의 제공에 관한 물건인 블록의 형상을 보통으로 사용하는 방법으로 표시한 표장만으로 된 상표로서 상표법 제33조 제1항 제3호에 해당한다는 취지로 판단하고, 그 밖에 이를 다투는 취지의 원고의 주장들을 모두 받아들이지 아니하였다.

③ 원심판결 이유를 적법하게 채택된 증거들에 비추어 살펴보면, 이러한 원심의 판단은 위 법리에 따른 것으로서, 거기에 상고이유 주장과 같이 상표의 식별력 판단에 관한 법리를 오해하거나, 필요한 심리를 다하지 아니하며, 판단을 누락하는 등의 위법이 없다. 그 밖에 원심의 사실인정을 다투는 취지의 상고이유 주장은 실질적으로 사실심의 자유심증에 속하는 증거의 취사 선택과 가치 판단을 탓하는 것에 불과하므로 받아들일 수 없으며, 원심의 판단에 논리와 경험의 법칙에 반하여 자유심증주의의 한계를 벗어나 판결에 영향을 미친 위법이 있다고 할 수 없다.

(2) 사용에 의한 식별력 취득 여부에 관한 상고이유에 대하여

① 상표법 제33조 제2항에 의하면, 같은 조 제1항 제3호에 해당하는 상표라도 상표등록 출원 전에 상표를 사용한 결과 수요자 사이에 그 상표가 누구의 업무에 관련된 상품을 표시하는 것인지 현저하게 인식되어 있는 것은 상표등록을 받을 수 있다.

그런데 이와 같이 사용에 의한 식별력 취득에 따라 상표등록을 받을 수 있도록 하는 제도는 원래 식별력이 없어 특정인에게 독점 사용하도록 함이 적당하지 않은 표장에 대하여 대세적 권리를 부여하는 것이므로, 상품 등의 입체적 형상으로 된 상표가 사용에 의하여 식별력을 취득하였다고 인정하기 위해서는, 그 형상의 특징, 사용시기 및 기간, 판매수량 및 시장점유율, 광고·선전이 이루어진 기간 및 규모, 해당 형상과 유사한 다른 상품 등의 경합적 사용의 정도 및 태양, 상표사용자의 명성과 신용 등을 종합적으로 고려하여, 그 형상이 수요자에게 누구의 상품을 표시하는 상표라고 현저하게 인식되어 있는지를 엄격하게 해석·적용하여 판단하여야 한다. 한편 상품 등에는 기호·문자·도형 등으로 된 표장이 함께 부착되는 경우가 흔히 있는데, 그러한 사정만으로 곧바로 상품 등의 입체적 형상 자체에 관하여 사용에 의한 식별력 취득을 부정할 수는 없고, 부착되어 있는 표장의 외관·크기·부착 위치·인지도 등을 고려할 때 그 표장과 별도로 상품 등의 입체적 형상이 그 상품의 출처를 표시하는 기능을 독립적으로 수행하기에 이르렀다면 사용에 의한 식별력 취득을 긍정할 수 있다.

또한 출원된 상표가 상표법 제33조 제2항의 사용에 의한 식별력을 취득하였는지 여부에 관한 판단의 기준 시점은 원칙적으로 등록결정 시 또는 거절결정 시이고 거절결정에 대한 불복심판에 의하여 등록 허부가 결정되는 경우에는 그 심결 시라고 할 것이다.

② 원심은 판시와 같은 사실들을 인정한 다음, ㉠ 원고가 이 사건 출원상표와 거의 동일한 형상의 실제 블록 부품인 원심 판시 이 사건 블록 및 이것과 끼워질 수 있는 대응 블록을 비롯하여 톱니 모양의 홈과 돌기를 가진 부분 및 그것이 끼워질 수 있는 부분을 가진 블록 부품으로 구성된 블록 장난감 제품을 'ㅇㅇ'이라는 상표를 사용하여 장기간 판매해오면서 그 블록 장난감 제품에 관한 광고를 하였고, 그러한 블록 장난감 제품 및 그것을 교구로 사용하는 프로그램 등에 관하여 신문기사 등을 통한 보도가 있었던 사정은 알 수 있으나, ㉡ 이 사건 블록이 원고가 판매하는 블록 장난감 제품에서 차지하는 비중, 그 블록 장난감 제품에 대한 광고 및 보도의 내용 등에 비추어 볼 때 이 사건 블록이 원고가 판매하는 블록 장난감 제품이나 그 판매업에 독특한 개성을 부여하는 수단으로 사용되었다고 보기 어려울 뿐만 아니라, 원고가 운영하는 ㅇㅇ코리아 외에 원심 판시 다수의 업체들도 이 사건 블록의 형상을 가지는 블록 부품을 포함한 블록 장난감 제품을 판매하여 온 사정을 고려할 때, ㉢ 이 사건 출원상표가 수요자 대다수에게 특정인의 서비스를 표시하는 것으로 인식되기에 이르렀다고 보기 부족하다는 취지로 판단하여, 이 사건 출원상표가 상표법 제33조 제2항에 따른 사용에 의한 식별력을 취득하였다는 원고의 주장을 받아들이지 아니하였다.

③ 원심판결 이유를 앞서 본 법리와 적법하게 채택된 증거들에 비추어 살펴보면, 원심의 위와 같은 판단에 상고이유 주장과 같이 상표의 사용에 의한 식별력의 취득 및 그 판단에 관한 법리를 오해하거나, 필요한 심리를 다하지 아니하고, 판단을 누락하며, 석명의무를 위반하는 등의 위법이 없다. 그 밖에 원심의 사실인정을 다투는 취지의 상고이유 주장은 실질적으로 사실심의 자유심증에 속하는 증거의 취사 선택과 가치 판단을 탓하는 것에 불과하므로 받아들일 수 없으며, 원심의 판단에 논리와 경험의 법칙에 반하여 자유심증주의의 한계를 벗어나 판결에 영향을 미친 위법이 있다고 할 수 없다.

판시사항

(1) 입체적 형상 자체에는 식별력이 없더라도 식별력이 있는 기호·문자·도형 등과 결합하여 상표가 전체적으로 식별력이 있는 경우, 상표법 제33조 제1항 제3호 등에 해당한다는 이유로 상표등록을 거절할 수 있는지 여부(소극)

(2) 'hip joint balls(인공 고관절용 볼)' 등을 지정상품으로 하는 출원상표 는 전체적으로 식별력이 있어서 상표법 제33조 제1항 제3호에 해당하지 않는다고 한 사례

판결요지

(1) 두 개 이상의 구성부분이 결합하여 이루어진 이른바 결합상표는 상표를 구성하는 전체에 의하여 식별력이 있는지를 판단하여야 한다. 한편 상표법 제33조 제1항 제3호는 상품의 형상을 보통으로 사용하는 방법으로 표시한 표장만으로 된 상표는 상표등록을 받을 수 없도록 규정하고 있을 뿐, 입체적 형상에 다른 식별력이 있는 기호·문자·도형 등이 결합되어 있는 상표에 대하여는 상표등록을 받을 수 없다고 규정하고 있지 않고, 달리 상표에 입체적 형상 부분이 포함되어 있다는 이유로 이와 결합된 기호·문자·도형 등을 무시하고 입체적 형상만을 기준으로 식별력을 판단하여야 한다는 상표법 규정도 없다. 또한 식별력이 없는 입체적 형상 부분을 포함하고 있는 상표가 전체적으로는 식별력이 인정되어 상표등록이 되더라도 식별력이 없는 입체적 형상 부분에는 그 상표권의 효력이 미치지 아니하므로(상표법 제90조 제1항), 그러한 상표의 등록을 허용한다고 하여 식별력이 없는 입체적 형상 부분에까지 상표권의 효력이 확장되어 다른 사람의 사용을 제한하는 부당한 결과가 발생할 우려는 없다.

이러한 점들을 고려하면, 입체적 형상과 기호·문자·도형 등이 결합된 상표라고 하여 식별력의 판단에서 다른 일반적인 결합상표와 달리 보아서는 아니 되므로, 입체적 형상 자체에는 식별력이 없더라도 식별력이 있는 기호·문자·도형 등과 결합하여 전체적으로 식별력이 있는 상표에 대하여 상표법 제33조 제1항 제3호 등에 해당한다는 이유로 상표등록을 거절하여서는 아니 된다.

(2) 'hip joint balls(인공 고관절용 볼)' 등을 지정상품으로 하는 출원상표 에 대하여 둥근 홈이 형성된 반구형상으로 구성되어 있는 입체적 형상 부분은 지정상품의 형상을 보통으로 사용하는 방법으로 표시한 표장이므로 식별력이 없고, 핑크색 부분은 일반적으로 흔히 볼 수 있는 색상으로서 역시 식별력이 없으나, 이와 결합된 '' 부분의 경우 영문자 'BIOLOX delta'는 지정상품과의 관계에서 성질 등을 나타내는 기술적 의미를 가지고 있지 않은 조어 상표로서 식별력이 있으므로, 위 출원상표는 전체적으로 식별력이 있어서 상표법 제33조 제1항 제3호에 해당하지 않는다고 본 원심판단을 정당하다고 한 사례이다.

상고이유를 판단한다.

(1) 두 개 이상의 구성부분이 결합하여 이루어진 이른바 결합상표에 있어서는 그 상표를 구성하는 전체에 의하여 식별력이 있는지 여부를 판단하여야 한다. 한편 상표법 제33조 제1항 제3호는 상품의 형상을 보통으로 사용하는 방법으로 표시한 표장만으로 된 상표는 상표등록을 받을 수 없도록 규정하고 있을 뿐, 입체적 형상에 다른 식별력이 있는 기호·문자·도형 등이 결합되어 있는 상표에 대하여는 상표등록을 받을 수 없다고 규정하고 있지 아니하고, 달리 상표에 입체적 형상 부분이 포함되어 있다는 이유로 이와 결합된 기호·문자·도형 등을 무시하고 입체적 형상만을 기준으로 식별력을 판단하여야 한다는 상표법 규정도 없다. 또한 식별력이 없는 입체적 형상 부분을 포함하고 있는 상표가 전체적으로는 식별력이 인정되어 상표등록이 되더라도 식별력이 없는 입체적 형상 부분에는 그 상표권의 효력이 미치지 아니하므로(상표법 제90조 제1항), 그러한 상표의 등록을 허용한다고 하여 식별력이 없는 입체적 형상 부분에까지 상표권의 효력이 확장되어 다른 사람의 사용을 제한하는 부당한 결과가 발생할 우려는 없다.

이러한 점들을 고려하면, 입체적 형상과 기호·문자·도형 등이 결합된 상표라고 하여 그 식별력의 판단에 있어서 다른 일반적인 결합상표와 달리 보아서는 아니 되므로, 입체적 형상 자체에는 식별력이 없더라도 식별력이 있는 기호·문자·도형 등과 결합하여 전체적으로 식별력이 있는 상표에 대하여 상표법 제33조 제1항 제3호 등에 해당한다는 이유로 상표등록을 거절하여서는 아니 된다.

(2) 원심은, 'hip joint balls(인공 고관절용 볼)' 등을 지정상품으로 하는 오른쪽과 같은 이 사건 출원상표에 대하여 둥근 홈이 형성된 반구형상으로 구성되어 있는 입체적 형상 부분은 그 지정상품의 형상을 보통으로 사용하는 방법으로 표시한 표장이므로 식별력이 없고, 핑크색 부분은 일반적

으로 흔히 볼 수 있는 색상으로서 역시 식별력이 없으나, 이와 결합된 ' ' 부분의 경우 영문자 'BIOLOX delta'는 그 지정상품과의 관계에서 성질 등을 나타내는 기술적 의미를 가지고 있지 않는 조어 상표로서 식별력이 있으므로, 결국 이 사건 출원상표는 전체적으로 식별력이 있어서 상표법 제33조 제1항 제3호에 해당하지 않는다고 판단하였다.

위 법리와 기록에 비추어 살펴보면, 원심의 위와 같은 판단은 정당하고, 거기에 상고이유 주장과 같이 상표의 식별력에 관한 법리를 오해하는 등의 위법이 없다.

판시사항

(1) 상표법 제34조 제1항 제15호의 입법 취지 / 지정상품 또는 그 포장의 입체적 형상으로 된 상표가 상표법 제34조 제1항 제15호에 해당하는지 판단하는 기준

(2) 상표가 유사한지 판단하는 기준과 방법 및 입체적 형상으로 된 상표가 유사한지 판단하는 기준

(3) 심장혈관용 약제, 성기능장애 치료용 약제를 지정상품으로 하고 마름모 도형의 입체적 형상과 푸른색 계열의 색채를 결합하여 구성한 " ⬤ ⬮ ▮ " 표장으로 상표등록을 한 甲 외국법인 등이 " ⬤ ", " ⬤ " 형태의 발기부전 치료용 약제를 생산·판매·광고하고 있는 乙 주식회사를 상대로 상표권 침해금지 등을 구한 사안에서, 등록상표와 乙 회사 제품들의 형태가 서로 동일 또는 유사하다고 볼 수 없다고 한 사례

판결요지

(1) 지정상품 또는 그 포장(이하 '상품 등'이라고 한다)의 기술적(技術的) 기능은 원칙적으로 특허법이 정하는 특허요건 또는 실용신안법이 정하는 실용신안등록 요건을 구비한 때에 한하여 존속기간의 범위 내에서만 특허권 또는 실용신안권으로 보호받을 수 있는데, 그러한 기능을 확보하는 데 불가결한 입체적 형상에 대하여 식별력을 구비하였다는 이유로 상표권으로 보호하게 된다면, 상표권의 존속기간갱신등록을 통하여 입체적 형상에 불가결하게 구현되어 있는 기술적 기능에 대해서까지 영구적인 독점권을 허용하는 결과가 되어 특허제도 또는 실용신안제도(이하 '특허제도 등'이라고 한다)와 충돌하게 될 뿐만 아니라, 해당 상품 등이 가지는 특정한 기능, 효용 등을 발휘하기 위하여 경쟁자가 그러한 입체적 형상을 사용해야만 할 경쟁상의 필요가 있음에도 사용을 금지시킴으로써 자유로운 경쟁을 저해하는 부당한 결과를 초래하게 된다.

이에 상표법은 상표의 한 가지로 입체적 형상으로 된 상표를 도입하면서, 특허제도 등과의 조화를 도모하고 경쟁자들의 자유롭고 효율적인 경쟁을 보장하기 위한 취지에서 제34조 제1항 제15호를 신설하여 상표등록을 받으려는 상품 등의 기능을 확보하는 데 불가결한 입체적 형상만으로 된 상표 등은 제33조의 식별력 요건을 충족하더라도 상표등록을 받을 수 없도록 하였다.

이러한 입법 취지에 비추어 보면, 상품 등의 입체적 형상으로 된 상표가 위 규정에 해당하는지는 그 상품 등이 거래되는 시장에서 유통되고 있거나 이용 가능한 대체적인 형상이 존재하는지, 대체적인 형상으로 상품을 생산하더라도 동등한 정도 또는 그 이하의 비용이 소요되는지, 입체적 형상으로부터 상품 등의 본래적인 기능을 넘어서는 기술적 우위가 발휘되지는 아니하는 것인지 등을 종합적으로 고려하여 판단하여야 한다.

(2) 상표의 유사 여부는 대비되는 상표를 외관, 호칭, 관념의 세 측면에서 객관적, 전체적, 이격적으로 관찰하여 거래상 오인·혼동의 염려가 있는지에 의하여 판단하여야 한다. 또한 상표의 유사 여부에 관한 판단은 두 개의 상표 자체를 나란히 놓고 대비하는 것이 아니라 때와 장소를 달리하여 두 개의 상표를 대하는 수요자가 상품 출처에 관하여 오인·혼동을 일으킬 우려가 있는지의 관점에서 이루어져야 하고, 두 개의 상표가 외관, 호칭,

관념에서 수요자에게 주는 인상, 기억, 연상 등을 전체적으로 종합할 때 상품의 출처에 관하여 오인·혼동을 일으킬 우려가 있는 경우에는 두 개의 상표는 서로 유사하다고 하여야 한다. 특히 입체적 형상으로 된 상표들에서는 외관이 주는 지배적 인상이 동일·유사하여 두 상표를 동일·유사한 상품에 다 같이 사용하는 경우 수요자에게 상품의 출처에 관하여 오인·혼동을 일으킬 우려가 있다면 두 상표는 유사하다고 보아야 하나, 그러한 우려가 인정되지 않는 경우에는 유사하다고 볼 수 없다.

(3) 심장혈관용 약제, 성기능장애 치료용 약제를 지정상품으로 하고 마름모 도형의 입체적 형상과 푸른색 계열의 색채를 결합하여 구성한 " " 표장으로 상표등록을 한 甲 외국법인 등이 " ", " " 형태의 발기부전 치료용 약제를 생산·판매·광고하고 있는 乙 주식회사를 상대로 상표권 침해금지 등을 구한 사안에서, 등록상표와 乙 회사 제품들의 형태에 공통되는 부분이 있기는 하지만, 형태에 차이점도 존재할 뿐만 아니라, 전문의약품으로서 대부분 병원에서 의사의 처방에 따라 약사에 의하여 투약되고 있는 乙 회사의 제품들은 포장과 제품 자체에 기재된 명칭, 乙 회사의 문자상표 및 상호 등에 의하여 등록상표와 구별될 수 있으므로, 등록상표와 乙 회사 제품들의 형태가 수요자에게 오인·혼동을 일으킬 우려가 있다고 하기는 어려워 서로 동일 또는 유사하다고 볼 수 없다고 한 사례이다.

논점의 정리

상고이유(상고이유서 제출기간이 지난 후에 제출된 상고이유보충서들의 기재는 상고이유서를 보충하는 범위 내에서)를 판단한다.

(1) 상표등록에 무효사유가 있음이 명백하여 상표권 행사가 권리남용에 해당한다는 상고이유에 대하여

① 상표법 제33조 제1항 제3호 해당 여부에 관하여

㉠ 등록상표에 대한 등록무효심결이 확정되기 전이라도 그 상표등록이 무효심판에 의하여 무효로 될 것임이 명백한 경우에는 그 상표권에 기초한 침해금지 또는 손해배상 등의 청구는 특별한 사정이 없는 한 권리남용에 해당하여 허용되지 아니한다. 그리고 상표권침해소송을 담당하는 법원은 상표권자의 그러한 청구가 권리남용에 해당한다는 항변이 있는 경우 그 당부를 살피기 위한 전제로서 상표등록의 무효 여부에 대하여 심리·판단할 수 있다. 한편 상표법 제33조 제1항 제3호는 지정상품 또는 그 포장(이하 '상품 등'이라고 한다)의 형상을 보통으로 사용하는 방법으로 표시한 표장만으로 된 상표는 상표등록을 받을 수 없도록 규정하고 있는데, 그 규정의 취지는 위와 같은 표장은 상품의 특성을 기술(記述)하기 위하여 표시되어 있는 기술적 표장으로서 자타 상품을 식별하는 기능이 없는 경우가 많을 뿐만 아니라, 설사 상품 식별의 기능이 있는 경우라 하더라도 상품 거래상 누구에게나 필요한 표시이기에 어느 특정인에게만 독점적으로 사용시킨다는 것은 공익상으로 타당하지 아니하다는 데에 있다. 이러한 취지에 비추어 볼 때, 상품 등의 입체적 형상으로 된 상표의 경우, 그 입체적 형상이 당해 지정상품이 거래되는 시장에서 그 상품 등의 통상적·기본적인 형태에 해당하거나, 거래분야에서 채용할 수 있는 범위 내에서 이를 변형한 형태에 불과하거나 또는

당해 상품 유형에 일반적으로 잘 알려진 장식적 형태를 단순히 도입하여 이루어진 형상으로서 그 상품의 장식 또는 외장으로만 인식되는 데에 그칠 뿐, 이례적이거나 독특한 형태상의 특징을 가지고 있는 등으로 수요자가 상품의 출처표시로 인식할 수 있는 정도의 것이 아니라면, 위 규정의 '상품 등의 형상을 보통으로 사용하는 방법으로 표시한 표장만으로 된 상표'에 해당한다고 보아야 한다.

© 위와 같은 법리와 기록에 따라 살펴보면, 심장혈관용 약제, 성기능장애 치료용 약제를 지정상품으로 하고 오른쪽과 같이 마름모 도형의 입체적 형상과 푸른색 계열의 색채를 결합하여 구성된 이 사건 등록상표는 먼저 그 형상이 지정상품인 약제에 속하는 알약의 일반적인 형태라고 할 수 있고, 이에 결합된 색채를 고려하더라도 수요자에게 거래분야에서 알약의 형태로 채용할 수 있는 범위를 벗어나지 아니한 것으로 인식될 수 있다고 보인다. 따라서 이 사건 등록상표는 상표법 제33조 제1항 제3호에서 정하는 지정상품의 형상을 보통으로 사용하는 방법으로 표시한 것에 불과하여 식별력이 없다고 할 것이다.

그런데도 원심은 이 사건 등록상표가 알약의 일반적 형태라 할 수 없다는 이유로 지정상품의 형상을 보통으로 사용하는 방법으로 표시한 표장만으로 된 상표에 해당하지 아니한다고 판단하였으니, 이러한 원심의 판단에는 상표법 제33조 제1항 제3호에 관한 법리를 오해한 잘못이 있다. 다만, 원심은 이 사건 등록상표가 사용에 의한 식별력을 취득하였다는 판단도 하고 있고 뒤에서 보는 바와 같이 이 부분 원심의 판단이 정당하므로, 상표법 제33조 제1항 제3호에 관한 원심의 위와 같은 잘못은 판결의 결과에 영향이 없다. 한편, 위와 같은 이유로 이 사건 등록상표가 상표법 제33조 제1항 제3호에 해당한다고 판단하는 이상 같은 항 제6호 또는 제7호에 해당하여 식별력이 없는지에 관하여는 더 이상 살펴볼 필요가 없으므로, 이에 관하여는 따로 판단하지 아니한다.

② 사용에 의한 식별력 취득 여부에 관하여

㉠ 상표법 제33조 제2항에 의하면, 제33조 제1항 제3호에 해당하는 상표라도 상표등록출원 전에 상표를 사용한 결과 수요자 간에 그 상표가 누구의 업무에 관련된 상품을 표시하는 것인가 현저하게 인식되어 있는 것은 상표등록을 받을 수 있다. 이와 같이 사용에 의한 식별력 취득에 따라 상표등록을 받을 수 있도록 하는 제도는 원래 식별력이 없어 특정인에게 독점 사용하도록 함이 적당하지 않은 표장에 대하여 대세적 권리를 부여하는 것이므로, 상품 등의 입체적 형상으로 된 상표가 사용에 의하여 식별력을 취득하였는지는 그 형상의 특징, 사용시기 및 기간, 판매수량 및 시장점유율, 광고·선전이 이루어진 기간 및 규모, 당해 형상과 유사한 다른 상품 등의 경합적 사용의 정도 및 태양, 상표사용자의 명성과 신용 등을 종합적으로 고려하여 그 형상이 수요자에게 누구의 상품을 표시하는 상표인가가 현저하게 인식되어 있는지를 엄격하게 해석·적용하여 판단하여야 한다.

㉡ 한편 상품 등에는 기호·문자·도형 등으로 된 표장이 함께 부착되는 경우가 있는데, 그러한 사정만으로 곧바로 상품 등의 입체적 형상 자체에 관하여 사용에 의한 식별력 취득을 부정할 수는 없고, 부착되어 있는 표장의 외관·크기·부착

위치·인지도 등을 고려할 때 그 표장과 별도로 상품 등의 입체적 형상이 그 상품의 출처를 표시하는 기능을 독립적으로 수행하기에 이르렀다면 사용에 의한 식별력 취득을 긍정할 수 있다.

ⓒ 원심은 그 판시와 같은 사실들을 인정한 다음, 이 사건 등록상표와 같은 마름모 도형의 입체적 형상과 푸른색 계열 색채의 결합으로 이루어진 원고들의 '비아그라' 제품들(이하 '원고 제품들'이라 한다)의 판매기간과 판매량, 원고들의 'Viagra' 및 '비아그라' 문자 상품 표지와 별도로 'Blue diamond is forever' 문구·푸른색 다이아몬드 사진·손바닥 위의 푸른색 마름모 도형 그림 등을 활용하여 이루어진 이 사건 등록상표에 대한 지속적인 광고 활동, 이 사건 등록상표가 '푸른색 다이아몬드 모양'·'마름모꼴의 푸른색 알약'·'블루 다이아몬드' 등으로 지칭되면서 언론 보도 등을 통하여 노출된 빈도, 수요자 인식에 관한 설문조사 결과와 원고들의 'Viagra' 및 '비아그라' 문자 상품 표지의 압도적인 주지저명성이 그 상품의 형태인 이 사건 등록상표에도 상당 부분 전이된 것으로 보이는 점 등을 종합하면, 이 사건 등록상표는 그 상표출원 전에 오랜 기간 특정상품에 사용된 결과 수요자 간에 그 상표가 원고들의 업무에 관련된 상품을 표시한 것으로 현저하게 인식되어 사용에 의한 식별력을 취득하였다고 볼 여지가 충분하고, 문자표장이 부기되어 있다는 사정이 이와 같이 보는 데 방해가 되지 아니하므로, 이 사건 등록상표가 식별력이 없다는 사유로 그 상표등록이 무효로 될 것임이 명백하다고 할 수 없다고 판단하였다.

앞서 본 법리와 기록에 의하여 살펴보면, 원심의 위와 같은 인정과 판단은 정당하고, 거기에 상표법 제33조 제2항에 관한 법리를 오해하는 등의 위법이 없다.

③ **상표법 제34조 제1항 제15호 해당 여부에 관하여**

㉠ 상품 등의 기술적(技術的) 기능은 원칙적으로 특허법이 정하는 특허요건 또는 실용신안법이 정하는 실용신안등록 요건을 구비한 때에 한하여 그 존속기간의 범위 내에서만 특허권 또는 실용신안권으로 보호받을 수 있는데, 그러한 기능을 확보하는 데 불가결한 입체적 형상에 대하여 식별력을 구비하였다는 이유로 상표권으로 보호하게 된다면, 상표권의 존속기간갱신등록을 통하여 그 입체적 형상에 불가결하게 구현되어 있는 기술적 기능에 대해서까지 영구적인 독점권을 허용하는 결과가 되어 특허제도 또는 실용신안제도(이하 '특허제도 등'이라 한다)와 충돌하게 될 뿐만 아니라, 해당 상품 등이 가지는 특정한 기능, 효용 등을 발휘하기 위하여 경쟁자가 그러한 입체적 형상을 사용해야만 할 경쟁상의 필요가 있음에도 그 사용을 금지시킴으로써 자유로운 경쟁을 저해하는 부당한 결과를 초래하게 된다. 이에 상표법은 상표의 한 가지로 입체적 형상으로 된 상표를 도입하면서, 특허제도 등과의 조화를 도모하고 경쟁자들의 자유롭고 효율적인 경쟁을 보장하기 위한 취지에서 제34조 제1항 제15호를 신설하여 상표등록을 받으려는 상품 등의 기능을 확보하는 데 불가결한 입체적 형상만으로 된 상표 등은 제33조의 식별력 요건을 충족하더라도 상표등록을 받을 수 없도록 하였다. 이러한 입법취지에 비추어 보면, 상품 등의 입체적 형상으로 된 상표가 위 규정에 해당하는지는 그 상품 등이 거래되는 시장에서 유통되고 있거나 이용 가능한

대체적인 형상이 존재하는지, 대체적인 형상으로 상품을 생산하더라도 동등한 정도 또는 그 이하의 비용이 소요되는지, 그 입체적 형상으로부터 상품 등의 본래적인 기능을 넘어서는 기술적 우위가 발휘되지는 아니하는 것인지 등을 종합적으로 고려하여 판단하여야 한다.

ⓛ 원심판결 이유와 기록에 의하면, 내복용 알약에는 다양한 크기, 형상, 색깔이 존재할 수 있어 이용 가능한 대체적 형상이 다수 존재하고, 이 사건 등록상표의 지정상품인 심장혈관용 약제, 성기능장애 치료용 약제가 실제로 이 사건 등록상표와 같은 마름모 도형의 입체적 형상과 푸른색 계열의 색채가 아닌 다른 색채와 형상으로도 여러 업체에서 생산되어 판매되고 있는 점, 또한 위 형상과 색채의 결합이 알약의 본래적인 기능을 넘어서는 기술적 요소가 발휘된 것이라고 보기는 어려운 점 등을 알 수 있다. 이러한 사정에 비추어 보면, 이 사건 등록상표는 상표등록을 받고자 하는 상품의 기능을 확보하는 데 불가결한 입체적 형상만으로 된 상표에 해당한다는 사유로 그 상표등록이 무효로 될 것임이 명백하다고 할 수는 없다.

같은 취지의 원심 판단은 정당하고, 거기에 상표법 제34조 제1항 제15호에 관한 법리를 오해하는 등의 위법이 없다.

(2) 상표 유사 여부에 관한 상고이유에 대하여

① 상표의 유사 여부는 대비되는 상표를 외관, 호칭, 관념의 세 측면에서 객관적, 전체적, 이격적으로 관찰하여 거래상 오인·혼동의 염려가 있는지에 의하여 판단하여야 한다. 또한 상표의 유사 여부에 관한 판단은 두 개의 상표 자체를 나란히 놓고 대비하는 것이 아니라 때와 장소를 달리하여 두 개의 상표를 대하는 수요자가 상품 출처에 관하여 오인·혼동을 일으킬 우려가 있는지의 관점에서 이루어져야 하고, 두 개의 상표가 그 외관, 호칭, 관념에서 수요자에게 주는 인상, 기억, 연상 등을 전체적으로 종합할 때 상품의 출처에 관하여 오인·혼동을 일으킬 우려가 있는 경우에는 두 개의 상표는 서로 유사하다고 할 것이다. 특히 입체적 형상으로 된 상표들에서는 그 외관이 주는 지배적 인상이 동일·유사하여 두 상표를 동일·유사한 상품에 다 같이 사용하는 경우 수요자로 하여금 상품의 출처에 관하여 오인·혼동을 일으킬 우려가 있다면 두 상표는 유사하다고 보아야 할 것이나, 그러한 우려가 인정되지 않는 경우에는 유사하다고 볼 수 없다.

② 원심판결 이유와 기록에 의하면 다음과 같은 사정들을 알 수 있다.

㉠ 이 사건 등록상표와 원심 판시 피고 제품들은 모두 전체적으로 마름모 도형의 입체적 형상(Tablet Face)을 하고 있고, 마름모 도형의 각 모서리가 둥글게 다듬어진 상태이며, 마름모 도형의 장축과 단축의 비율이 약 1.35 정도이고, 측면에서 보았을 때 기둥 형태 부분(Band)과 위 기둥 형태 부분의 아래·위로 튀어나온 부분(Cup)으로 구성된 유선형의 형상을 하고 있으며, 그 색채가 푸른색이라는 점에서는 공통된다.

㉡ 그러나 ⅰ) 이 사건 등록상표의 경우 마름모 도형의 각 모서리가 완전한 호 모양으로 다듬어진 형태이지만, 피고 제품들은 마름모 도형의 좌·우 모서리를 장축에 수직 방향으로 잘라낸 후 각 모서리가 다시 둥글게 다듬어진 육각형에 유사한

형태이고, ⅱ) 이 사건 등록상표의 경우 기둥 형태 부분(Band)의 길이와 상대적으로 아래·위로 튀어나온 부분(Cup)의 길이 차이가 크지 아니하여 옆에서 볼 때 전체적으로 긴 타원형이나, 피고 제품들은 기둥 형태 부분(Band)의 길이가 아래·위로 튀어나온 부분(Cup)보다 훨씬 길어서 옆에서 볼 때 전체적으로 아래·위로 살짝 부풀어 오른 사각형에 가까운 차이가 있으며, ⅲ) 특히 피고 제품들 중 '팔팔 100㎎'의 경우에는 가운데 부분에 움푹 팬 직선의 홈이 있다.

ⓒ 그리고 피고 제품들은 겉포장 및 속포장으로 이중 포장이 되어 있는데, ⅰ) 겉포장은 검정 바탕에, 'PalPalTab', '팔팔정' 및 피고를 지칭하는 상표인 'Hanmi'가 기재되어 있고, ⅱ) 또한 '팔팔 50㎎'의 속포장은 검정 바탕으로 되어 있고 뒷면에 '팔팔정', 'Hanmi', '한미약품(주)'가 반복적으로 기재되어 있으며, ⅲ) '팔팔 100㎎'의 속포장은, 앞면은 은색 바탕, 뒷면은 검정 바탕으로 되어 있고, 뒷면에 '팔팔정', 'Hanmi', '한미약품(주)'가 반복적으로 기재되어 있다.

ⓓ 또한 피고 제품들 자체에도 피고의 약칭과 용량을 나타내는 'HM 50' 또는 'HM 100'이 음각되어 있다.

ⓔ 게다가 피고 제품들은 환자가 병원을 방문하여 의사로부터 진료를 받은 후 의사가 피고 제품들을 처방하게 되면 의사가 발행한 처방전에 따라 약국에서 위 제품들을 구매하게 되는 전문의약품이고, 의료법 제18조 제2항, 의료법 시행규칙 제12조 제1항 제5호에 따라 '처방전'에서 의약품의 특정은 '처방 의약품의 명칭(일반명칭, 제품명이나 대한약전에서 정한 명칭을 말한다)'에 의하여 이루어진다.

③ 앞서 본 법리에 따라 이러한 사정들을 전체적으로 종합하여 보면, 비록 이 사건 등록상표와 피고 제품들의 형태에 공통되는 부분이 있기는 하지만, 그 형태에 차이점도 존재할 뿐만 아니라, 전문의약품으로서 대부분 병원에서 의사의 처방에 따라 약사에 의하여 투약되고 있는 피고 제품들은 그 포장과 제품 자체에 기재된 명칭과 피고의 문자상표 및 상호 등에 의하여 이 사건 등록상표와 구별될 수 있다고 봄이 타당하다. 따라서 이 사건 등록상표와 피고 제품들의 형태는 수요자에게 오인·혼동을 일으킬 우려가 있다고 하기는 어려워 서로 동일 또는 유사하다고 볼 수 없다.

④ 그런데도 원심은 이 사건 등록상표와 피고 제품들의 형태가 수요자에게 오인·혼동을 일으킬 우려가 있어 유사하다고 판단하였으니, 이러한 원심의 판단에는 상표의 유사성에 관한 법리를 오해하여 판결에 영향을 미친 위법이 있다.

(3) 부정경쟁행위에 관한 상고이유에 대하여

① 원심판결 이유와 기록에 의하면 다음과 같은 사정들을 알 수 있다.

ⓐ 이 사건 등록상표와 마찬가지로 마름모 도형의 입체적 형상과 푸른색 계열의 색채를 결합한 형태인 원고 제품들 역시 환자가 병원을 방문하여 의사로부터 진료를 받은 후 의사가 원고 제품들을 처방하게 되면 의사가 발행한 처방전에 따라 약국에서 위 제품들을 구매하게 되는 전문의약품이다.

ⓑ 원고 제품들의 겉포장은 흰색 바탕으로 되어 있고, 좌측 부분에 남색 띠와 얇은 하늘색 띠가 둘러져 있는 형태로 '비아그라', 'Viagra', 'Pfizer'가 기재되어 있다.

ⓒ 그리고 원고 제품들의 속포장은 은색 바탕으로 되어 있고, 그 뒷면에 '한국화이자 제약(주)', '비아그라', 'Pfizer'라고 기재되어 있다.

ⓔ 또한 원고 제품들 자체에도 'Pfizer'가 음각되어 있다.

② 이러한 사정들과 앞서 본 사정들을 전체적으로 종합하여 보면, 비록 원·피고 제품들의 형태에 공통되는 부분이 있기는 하지만, 그 형태에 차이점도 존재할 뿐만 아니라, 전문의약품으로서 대부분 병원에서 의사의 처방에 따라 약사에 의하여 투약되고 있는 원·피고 제품들은 각각 그 포장에 기재된 명칭과 문자상표 및 상호 등에 의하여 서로 구별될 수 있다고 봄이 타당하다. 따라서 원·피고 제품들의 형태는 수요자에게 오인·혼동을 일으킬 우려가 있다고 하기는 어려우므로, 피고가 피고 제품들을 생산·양도하는 등의 행위는 부정경쟁방지 및 영업비밀보호에 관한 법률 제2조 제1호 가목의 부정경쟁행위에 해당한다고 할 수 없다.

③ 그런데도 원심은, 피고가 피고 제품들을 생산·양도하는 등의 행위는 부정경쟁방지 및 영업비밀보호에 관한 법률 제2조 제1호 가목의 부정경쟁행위에 해당한다고 판단하였으니, 이러한 원심의 판단에는 부정경쟁행위에 관한 법리를 오해하여 판결에 영향을 미친 위법이 있다.

04 아디다스 사건 (2010후2339)

판시사항

(1) 상표법상 '기호·문자·도형 각각 또는 그 결합이 일정한 형상이나 모양을 이루고, 이러한 일정한 형상이나 모양이 지정상품의 특정 위치에 부착되는 것에 의하여 자타상품을 식별하게 되는 표장'이 상표의 한 가지로서 인정될 수 있는지 여부(적극) 및 출원된 표장을 위치상표로 파악하는 판단 기준

(2) 甲 외국회사가 출원상표 " "를 출원하자 특허청 심사관이 출원상표가 상표법[32] 제6조[33] 제1항 제3호, 제7호에 해당한다는 이유로 거절결정을 한 사안에서, 위 출원상표는 세 개의 굵은 선이 지정상품의 특정 위치에 부착되는 것에 의하여 자타상품을 식별하게 되는 위치상표로서, 일점쇄선 부분은 출원상표의 표장 자체의 외형을 이루는 도형이 아니라고 보아야 하는데도 이와 달리 본 원심판결에 법리오해의 위법이 있다고 한 사례

---

32) 2011. 12. 2., 법률 제11113호로 개정되기 전의 것(이하 이 사건에서 같다)
33) 상표법 제33조(이하 이 사건에서 같다)[시행기준 2022. 4. 20., 법률 제18502호]

판결요지

(1) 상표법상 상표의 정의 규정은 1949. 11. 28. 법률 제71호로 제정된 상표법 제1조 제1항 에서부터 이 사건 출원상표에 대하여 적용되는 상표법 제2조 제1항 제1호에 이르기까지 여러 차례 개정되어 왔으나, '자기의 상품을 타인의 상품과 식별되도록 하기 위하여 사용하는 기호·문자·도형 또는 그 결합'을 상표로 보는 취지는 공통적으로 포함되어 있다. 이러한 상표의 정의 규정은 기호·문자·도형 또는 그 결합을 사용하여 시각적으로 인식할 수 있도록 구성하는 모든 형태의 표장을 상표의 범위로 포섭하고 있다고 할 것이다. 따라서 이러한 규정에 따르면, '기호·문자·도형 각각 또는 그 결합이 일정한 형상이나 모양을 이루고, 이러한 일정한 형상이나 모양이 지정상품의 특정 위치에 부착되는 것에 의하여 자타상품을 식별하게 되는 표장'도 상표의 한 가지로서 인정될 수 있다(이러한 표장을 이하 '위치상표'라고 한다). 위치상표에서는 지정상품에 일정한 형상이나 모양 등이 부착되는 특정 위치를 설명하기 위하여 지정상품의 형상을 표시하는 부분을 필요로 하게 된다. 이때 표장의 전체적인 구성, 표장의 각 부분에 사용된 선의 종류, 지정상품의 종류 및 그 특성 등에 비추어 출원인의 의사가 지정상품의 형상을 표시하는 부분에 대하여는 위와 같은 설명의 의미를 부여한 것뿐임을 쉽사리 알 수 있는 한 이 부분은 위치상표의 표장 자체의 외형을 이루는 도형이 아니라고 파악하여야 한다. 그에 있어서는 출원인이 심사과정 중에 특허청 심사관에게 위와 같은 의사를 의견제출 통지에 대한 의견서 제출 등의 방법으로 밝힌 바가 있는지 등의 사정도 고려되어야 할 것이다. 한편 현재 우리나라에서 상표의 출원 및 그 심사의 과정에서 출원인이 위치상표 라는 취지를 별도로 밝히는 상표설명서를 제출하는 절차 또는 위 지정상품의 형상 표시 는 상표권이 행사되지 아니하는 부분임을 미리 밝히는 권리불요구절차 등에 관한 규정 이 마련되어 있지 아니하다는 사유는 위와 같은 위치상표의 인정에 방해가 되지 아니한 다고 할 것이다. 또한 위치상표는 비록 일정한 형상이나 모양 등이 그 자체로는 식별력 을 가지지 아니하더라도 지정상품의 특정 위치에 부착되어 사용됨으로써 당해 상품에 대한 거래자 및 수요자 대다수에게 특정인의 상품을 표시하는 것으로 인식되기에 이르 렀다면, 사용에 의한 식별력을 취득한 것으로 인정받아 상표로서 등록될 수 있다.

(2) 甲 외국회사가 출원상표 ""를 출원하자 특허청 심사관이 출원상표가 상표법 제6 조 제1항 제3호, 제7호에 해당한다는 이유로 거절결정을 한 사안에서, 위 표장의 전체적 인 구성 및 표장의 각 부분에 사용된 선의 종류, 지정상품의 종류 및 특성 등에 비추어 보면, 위 출원상표를 출원한 甲 회사의 의사는 지정상품의 형상을 표시하는 부분에 대하 여는 세 개의 굵은 선이 부착되는 위치를 나타내기 위한 설명의 의미를 부여한 것뿐임을 쉽사리 알 수 있으므로, 위 출원상표는 세 개의 굵은 선이 지정상품의 옆구리에서 허리 까지의 위치에 부착되는 것에 의하여 자타상품을 식별하게 되는 위치상표이고, 위 일점 쇄선 부분은 출원상표의 표장 자체의 외형을 이루는 도형이 아니라고 봄이 상당한데도, 이와 달리 본 원심판결에 법리오해의 위법이 있다고 한 사례이다.

논점의 정리 상고이유(상고이유서 제출기간 경과 후에 제출된 상고이유보충서의 기재는 상고이유를 보충하는 범위 내에서)를 판단한다.

(1) 상표법상 상표의 정의 규정은 1949. 11. 28. 법률 제71호로 제정된 상표법 제1조 제1항에서부터 이 사건 출원상표에 대하여 적용되는 상표법 제2조 제1항 제1호에 이르기까지 여러 차례 개정되어 왔으나, '자기의 상품을 타인의 상품과 식별되도록 하기 위하여 사용하는 기호·문자·도형 또는 그 결합'을 상표로 보는 취지는 공통적으로 포함되어 있다. 이러한 상표의 정의 규정은 기호·문자·도형 또는 그 결합을 사용하여 시각적으로 인식할 수 있도록 구성하는 모든 형태의 표장을 상표의 범위로 포섭하고 있다고 할 것이다. 따라서 이러한 규정에 따르면, '기호·문자·도형 각각 또는 그 결합이 일정한 형상이나 모양을 이루고, 이러한 일정한 형상이나 모양이 지정상품의 특정 위치에 부착되는 것에 의하여 자타상품을 식별하게 되는 표장'도 상표의 한 가지로서 인정될 수 있다(이러한 표장을 이하 '위치상표'라고 한다).

위치상표에서는 지정상품에 일정한 형상이나 모양 등이 부착되는 특정 위치를 설명하기 위하여 지정상품의 형상을 표시하는 부분을 필요로 하게 된다. 이때 표장의 전체적인 구성, 표장의 각 부분에 사용된 선의 종류, 지정상품의 종류 및 그 특성 등에 비추어 출원인의 의사가 지정상품의 형상을 표시하는 부분에 대하여는 위와 같은 설명의 의미를 부여한 것뿐임을 쉽사리 알 수 있는 한 이 부분은 위치상표의 표장 자체의 외형을 이루는 도형이 아니라고 파악하여야 한다. 그에 있어서는 출원인이 심사과정 중에 특허청 심사관에게 위와 같은 의사를 의견제출통지에 대한 의견서 제출 등의 방법으로 밝힌 바가 있는지 등의 사정도 고려되어야 할 것이다. 한편 현재 우리나라에서 상표의 출원 및 그 심사의 과정에서 출원인이 위치상표라는 취지를 별도로 밝히는 상표설명서를 제출하는 절차 또는 위 지정상품의 형상 표시는 상표권이 행사되지 아니하는 부분임을 미리 밝히는 권리불요구절차 등에 관한 규정이 마련되어 있지 아니하다는 사유는 위와 같은 위치상표의 인정에 방해가 되지 아니한다고 할 것이다. 또한 위치상표는 비록 일정한 형상이나 모양 등이 그 자체로는 식별력을 가지지 아니하더라도 지정상품의 특정 위치에 부착되어 사용됨으로써 당해 상품에 대한 거래자 및 수요자 대다수에게 특정인의 상품을 표시하는 것으로 인식되기에 이르렀다면, 사용에 의한 식별력을 취득한 것으로 인정받아 상표로서 등록될 수 있다.

이와 달리 표장에 표시된 지정상품의 형상 부분의 구체적인 의미를 따져보지 아니하고 일률적으로 위 부분이 표장 자체의 외형을 이루는 도형이라고 보고, 이를 포함하는 상표는 그 지정상품의 형상을 보통으로 사용하는 방법으로 표시한 상표에 해당한다는 취지로 판시한 대법원 판결은 이 판결의 견해에 배치되는 범위에서 이를 변경하기로 한다.

(2) 위 법리에 비추어 살펴본다.

① 원심 판시 이 사건 출원상표는 우측의 그림과 같이 실선이 아닌 일점쇄선으로 표시된 상의 형상의 옆구리에서 허리까지의 위치에 실선으로 표시된 세 개의 굵은 선이 부착되어 있는 형태의 표장으로 이루어져 그 표장 중 상의 형상 부분과 세 개의 굵은 선 부분이 서로 확연하게 구분되어 있다. 또한 그 지정상품은 스포츠셔츠, 스포츠재킷, 풀오버로서 모두 상의류에 속하므로 실제 상품들의 옆구

리에서 허리까지의 위치에 위 표장에 도시된 바와 같은 형태로 일정한 형상이나 모양이 부착될 수 있다. 위와 같은 표장의 전체적인 구성 및 표장의 각 부분에 사용된 선의 종류, 지정상품의 종류 및 그 특성 등에 비추어 보면, 이 사건 출원상표를 출원한 원고의 의사는 위와 같이 지정상품의 형상을 표시하는 부분에 대하여는 위 세 개의 굵은 선이 부착되는 위치를 나타내기 위한 설명의 의미를 부여한 것뿐임을 쉽사리 알 수 있다고 할 것이다. 뿐만 아니라 기록에 의하면, 원고는 이 사건 출원상표의 심사과정에 이 사건 출원상표의 표장 중 점선(원고는 일점쇄선을 점선으로 표현하고 있다)으로 표시한 상의 형상은 세 개의 굵은 선이 정확히 어디에 표시되는지를 나타내기 위한 부분이라는 취지를 밝힌 바도 있었던 것으로 보인다. 따라서 이 사건 출원상표는 위 세 개의 굵은 선이 지정상품의 옆구리에서 허리까지의 위치에 부착되는 것에 의하여 자타상품을 식별하게 되는 위치상표이고, 위 일점쇄선 부분은 이 사건 출원상표의 표장 자체의 외형을 이루는 도형이 아니라고 봄이 상당하다.

② 원심은, 이 사건 출원상표는 점선(원심은 일점쇄선을 점선으로 표현하고 있다)으로 표시된 운동복 상의 모양의 형상에 옆구리에서 허리까지 연결된 세 개의 굵은 선이 결합된 도형상표로서, 점선으로 표시된 운동복 상의 모양의 형상은 그 지정상품의 일반적인 형상을 나타낸 것에 지나지 아니하여 자타상품의 식별력이 있다고 할 수 없고 또 '옆구리에서 허리까지 연결된 세 개의 굵은 선' 부분도 독립적인 하나의 식별력 있는 도형이라기보다는 상품을 장식하기 위한 무늬의 하나 정도로 인식될 뿐이어서 식별력이 인정되지 아니하므로, 이 사건 출원상표는 상표법 제6조 제1항 제3호에서 정한 기술적 표장 및 같은 항 제7호에서 정한 기타 식별력 없는 표장에 해당한다는 취지로 판단하였다. 나아가 원심은 이러한 상표의 구성 파악을 바탕으로 하여 이 사건 출원상표가 상표법 제6조 제2항에서 정한 사용에 의한 식별력을 취득하였다고 할 수 없다는 취지로 판단하였다.

이와 같이 원심은 이 사건 출원상표의 일점쇄선으로 표시된 운동복 상의 형상 부분이 표장 자체의 외형을 이루는 도형이라고 보는 잘못된 전제에서 이 사건 출원상표의 식별력 유무 및 사용에 의한 식별력 취득 여부를 판단하였다. 이러한 원심의 조치에는 상표의 식별력 판단에 관한 법리를 오해하여 판결에 영향을 미친 위법이 있다. 이 점을 지적하는 상고이유의 주장은 이유 있다.

---

05 월드비전 사건 (2010후3578)

판시사항

(1) 출원업무표장의 지정업무와 선등록상표의 지정서비스 사이의 유사 여부 판단 기준

(2) "월드비전"으로 구성된 출원업무표장의 지정업무와 "World Vision 월드비전"으로 구성된 선등록상표의 지정서비스는 신앙전도 및 종교교육 등으로 그 성질이나 내용이 동일하고 제공 상대방의 범위도 일치한다는 점 등을 이유로 서로 유사하다고 본 원심판결을 수긍한 사례

(1) 선출원에 의한 타인의 등록상표와 동일 또는 유사한 업무표장으로서 그 지정서비스와 동일 또는 유사한 지정업무에 사용하는 업무표장은 상표법 제2조 제3항, 제34조 제1항 제7호의 취지에 따라 그 등록이 거절되어야 하고 일단 등록이 되었다 하더라도 무효로 된다. 그리고 이러한 경우 지정업무와 지정서비스의 유사 여부는 제공되는 업무와 서비스의 성질이나 내용, 제공 수단, 제공 장소, 그 제공자 및 상대방의 범위 등 제반 사정을 종합적으로 고려하여 당해 업무와 서비스에 동일 또는 유사한 표장을 사용할 경우 그 업무와 서비스가 동일인에 의하여 제공되는 것처럼 출처에 관하여 오인·혼동을 일으킬 우려가 있는지 여부를 기준으로 판단하여야 한다.

(2) **"월드비전"**으로 구성된 출원업무표장의 지정업무인 '전도사업(포교, 구두전도, 문서전도), 종교교육사업(교역자 양성 보조)'과 "으로 구성된 선등록상표의 지정서비스인 '그리스도교 신앙 및 사상의 전도업(서적, 소책자, 강연, 영화필름, 슬라이드필름, 오디오 및/또는 비디오카세트, 테이프와 기타 등 류를 통한), 비종파적인 그리스도교에 관한 교육업(강습, 강연, 개인교수 및 카운슬링과 후원 포함), 고아, 기타 아동 및 기타 원하는 사람을 위한 비종파적 그리스도교에 관한 교육업'은 신앙전도 및 종교교육 등으로 그 성질이나 내용이 동일하고 제공 상대방의 범위도 일치한다는 점 등을 이유로 서로 유사하다고 본 원심판결을 수긍한 사례이다.

상고이유를 판단한다.

(1) 선출원에 의한 타인의 등록상표와 동일 또는 유사한 업무표장으로서 그 지정서비스와 동일 또는 유사한 지정업무에 사용하는 업무표장은 상표법 제2조 제3항, 제34조 제1항 제7호의 취지에 따라 그 등록이 거절되어야 하고 일단 등록이 되었다 하더라도 무효로 된다.

그리고 이러한 경우에 지정업무와 지정서비스의 유사 여부는 제공되는 업무와 서비스의 성질이나 내용, 제공 수단, 제공 장소, 그 제공자 및 상대방의 범위 등 제반 사정을 종합적으로 고려하여 당해 업무와 서비스에 동일 또는 유사한 표장을 사용할 경우 그 업무와 서비스가 동일인에 의하여 제공되는 것처럼 출처에 관하여 오인·혼동을 일으킬 우려가 있는지 여부를 기준으로 판단하여야 한다.

(2) 위 법리와 기록에 비추어 살펴보면, 원심이 **"월드비전"**으로 구성된 이 사건 출원업무표장의 지정업무인 '전도사업(포교, 구두전도, 문서전도), 종교교육사업(교역자 양성 보조)'과 "으로 구성된 선등록상표의 지정서비스인 '그리스도교 신앙 및 사상의 전도업(서적, 소책자, 강연, 영화필름, 슬라이드필름, 오디오 및/또는 비디오카세트, 테이프와 기타 등 류를 통한), 비종파적인 그리스도교에 관한 교육업(강습, 강연, 개인교수 및 카운슬링과 후원 포함), 고아, 기타 아동 및 기타 원하는 사람을 위한 비종파적 그리스도교에 관한 교육업'은 신앙전도 및 종교교육 등으로 그 성질이나 내용이 동일하고 제공 상대방의 범위도 일치한다는 점 등을 이유로 들어 서로 유사하다고 판단한 것은 정당한 것으로 수긍이 가고, 거기에 상고이유로 주장하는 바와 같은 지정업무와 지정서비스 사이의 유사 여부 판단에 관한 법리오해의 잘못이 없다.

08 | 기타 논점

01 마하몰 사건 (2010도7088)

판시사항

(1) 도메인 이름의 사용이 상표법상 '상표의 사용'에 해당하는지를 판단하는 기준 및 '상표의 사용'에도 동일한 법리가 적용되는지 여부(적극)

(2) 피고인이 甲의 등록상표와 유사한 여러 도메인 이름을 사용함으로써 甲의 상표권을 침해하였다고 하며 상표법 위반으로 기소된 사안에서, 각 도메인 이름이 상표법상 상표로 사용되었다고 할 수 없어 甲의 상표권을 침해하였다고 할 수 없다는 이유로, 피고인에게 무죄를 선고한 원심판단을 수긍한 사례

판결요지

(1) 상표권 침해가 인정될 수 있으려면 상표의 사용이 전제되어야 하고, 상표법상 '상표의 사용'이란 상표법 제2조 제1항 제11호 각 목에서 정한 행위를 의미하는데, 도메인 이름의 사용이 여기에 해당하기 위해서는 도메인 이름의 사용태양 및 도메인 이름으로 연결되는 웹사이트 화면 표시 내용 등을 전체적으로 고려하여 볼 때 거래통념상 상품의 출처표시로 기능하고 있어야 하고, 이러한 법리는 상표법 제2조 제3항에 의하여 상표의 경우에도 마찬가지로 적용된다.

(2) 피고인이 甲의 등록상표 " 마 하 " 또는 " 마하몰 MAHAMALL "과 유사한 여러 도메인 이름을 사용함으로써 甲의 상표권을 침해하였다고 하여 상표법 위반으로 기소된 사안에서, 피고인은 'www.mahamall.com', 'www.mahamall.net', '마하몰.kr', '마하몰.com'이라는 도메인 이름과 '마하몰'이라는 한글 인터넷 도메인 이름을 등록하고(이하 이들 도메인 이름을 합쳐 '이 사건 각 도메인 이름'이라고 한다), 인터넷 사용자가 웹브라우저의 주소창에 이를 입력하면 피고인의 불교정보 포털사이트인 '사찰넷'으로 연결되도록 하는 한편, 위 '사찰넷'에는 피고인의 불교용품 판매사이트인 '사찰몰'로 링크(link)를 해 놓았는데, 이 사건 각 도메인 이름은 '사찰넷' 웹사이트에 접속하는 단계에서 웹브라우저의 주소창에 입력하는 순간에만 잠시 나타나 있다가 '사찰넷' 웹사이트로 연결되는 과정에서 사라져버리고, 나아가 '사찰몰' 웹사이트에 접속하기 위해서는 '사찰넷' 홈페이지의 링크 부분을 다시 클릭해야 하며, 이에 따라 '사찰넷'과 '사찰몰' 웹사이트의 주소창에는 각각의 도메인 이름인 'www.sachal.net'과 'www.sachalmall.com'이 표시될 뿐 이 사건 각 도메인 이름은 나타나지 아니하는 반면, 각 웹사이트의 화면 좌측 상단에는 " 사찰넷 "과 " 사찰몰 "로 된 표장이 별도로 표시되어 피고인이 제공하는 불교용품 판매업 등 서비스의 출처를 표시하는 기능을 하고 있으므로 이 사건 각 도메인 이름이 서비스의 출처표시

로 기능하고 있다고 보기 어렵고, 따라서 이 사건 각 도메인 이름은 상표법상 상표로 사용되었다고 할 수 없어 甲의 상표권을 침해하였다고 할 수 없다는 이유로, 같은 취지에서 피고인에게 무죄를 선고한 원심판단을 수긍한 사례이다.

논점의 정리

상고이유를 판단한다.

(1) 상표권 침해가 인정될 수 있으려면 상표의 사용이 전제되어야 할 것인데, 상표법상 '상표의 사용'이라 함은 상표법 제2조 제1항 제11호 각 목 소정의 행위를 의미하는 것인바, 도메인 이름의 사용이 여기에 해당하기 위해서는 도메인 이름의 사용태양 및 그 도메인 이름으로 연결되는 웹사이트 화면의 표시 내용 등을 전체적으로 고려하여 볼 때 거래통념상 상품의 출처표시로 기능하고 있어야 하고, 이러한 법리는 상표법 제2조 제3항에 의하여 상표의 경우에도 마찬가지로 적용된다.

(2) 위 법리와 기록에 비추어 살펴본다.

피고인은 'www.mahamall.com', 'www.mahamall.net', '마하몰.kr', '마하몰.com'이라는 도메인 이름과 '마하몰'이라는 한글 인터넷 도메인 이름을 등록하고(이하 이들 도메인 이름을 합쳐 '이 사건 각 도메인 이름'이라고 한다), 인터넷 사용자가 웹브라우저의 주소창에 이 사건 각 도메인 이름 중 하나를 입력하면 피고인의 불교정보 포털사이트인 '사찰넷'으로 연결되도록 하는 한편, 위 '사찰넷'에는 피고인의 불교용품 판매사이트인 '사찰몰'로 링크(link)를 해 놓았는데, 이 사건 각 도메인 이름은 '사찰넷' 웹사이트에 접속하는 단계에서 웹브라우저의 주소창에 이를 입력하는 순간에만 잠시 나타나 있다가 '사찰넷' 웹사이트로 연결되는 과정에서 사라져버리고, 나아가 '사찰몰' 웹사이트에 접속하기 위해서는 '사찰넷' 홈페이지의 링크 부분을 다시 클릭해야 하며, 이에 따라 '사찰넷'과 '사찰몰' 웹사이트의 주소창에는 각각의 도메인 이름인 'www.sachal.net'과 'www.sachalmall.com'이 표시될 뿐 이 사건 각 도메인 이름은 나타나지 아니하는 반면, 위 각 웹사이트의 화면 좌측 상단에는 각각 " 사찰넷 "과 " 사찰몰 "로 된 표장이 별도로 표시되어 피고인이 제공하는 불교용품 판매업 등 서비스의 출처를 표시하는 기능을 하고 있으므로, 이 사건 각 도메인 이름이 위 각 웹사이트를 통해 제공되는 불교용품 판매업 등 서비스의 출처표시로 기능하고 있다고 보기 어렵다.

따라서 이 사건 각 도메인 이름은 상표법상 상표로 사용되었다고 할 수 없으므로, 이로써 피고인이 지정서비스를 "불교용품 판매대행업, 불교용품 판매알선업" 등으로 하는 등록상표 " 마 하 " 또는 지정서비스를 "컴퓨터 네트워크상의 온라인 불교용 조각 판매대행업, 불교용 조각 판매알선업" 등으로 하는 등록상표 " 마하몰 MAHAMALL "에 관한 상표권을 침해하였다고 할 수 없다.

같은 취지에서 피고인의 상표법 위반의 점에 대하여 무죄를 선고한 원심판단은 정당한 것으로 수긍이 가고, 거기에 상고이유로 주장하는 바와 같은 상표의 사용에 관한 법리오해 등의 위법이 없다.

(1) 부정경쟁방지 및 영업비밀보호에 관한 법률[34] 제4조에 의한 금지청구에 있어서 같은 법 제2조 제1호 가목, 다목에서 정한 상품 표지의 주지성 여부의 판단 시점(사실심 변론 종결 시)

(2) 특정 도메인의 이름으로 웹사이트를 개설하여 제품을 판매하면서 그 웹사이트에서 취급하는 제품에 독자적인 상표를 부착하여 사용하는 경우, 그 도메인의 이름 자체가 상품의 출처표시로서 기능한다고 할 수 있는지 여부(소극)

(3) 부정경쟁방지 및 영업비밀보호에 관한 법률 제2조 제1호 다목에 규정된 '국내에 널리 인식된'이라는 용어와 '식별력의 손상'이라는 용어의 의미 및 저명한 상품 표지가 타인에 의하여 영업 표지로 사용되는 경우에도 '식별력의 손상'이 생기는지 여부(적극)

(4) 저명상표인 'viagra'와 유사한 'viagra.co.kr'이라는 도메인 이름의 사용이 부정경쟁방지 및 영업비밀보호에 관한 법률 제2조 제1호 가목의 부정경쟁행위(상품주체 혼동행위)에는 해당하지 아니하나, 같은 호 다목의 부정경쟁행위(식별력 손상행위)에는 해당한다고 한 사례

(5) 도메인의 이름 일부로 사용된 'viagra' 상표의 보유자는 자신의 명의로 '.kr' 도메인 이름을 등록할 적격이 있는지 여부에 관계없이 그 도메인 이름의 등록말소청구를 할 수 있다고 한 사례

(1) 부정경쟁방지 및 영업비밀보호에 관한 법률 제4조에 의한 금지청구에 있어서 같은 법 제2조 제1호 가목 소정의 타인의 성명·상호·상표·상품의 용기·포장 기타 타인의 상품임을 표시한 표지가 국내에 널리 인식되었는지 여부는 사실심 변론 종결 시를 기준으로 판단하여야 하며, 같은 법 제2조 제1호 다목의 경우에도 마찬가지이다.

(2) 도메인 이름은 원래 인터넷상에 서로 연결되어 존재하는 컴퓨터 및 통신장비가 인식하도록 만들어진 인터넷 프로토콜 주소(IP 주소)를 사람들이 인식·기억하기 쉽도록 숫자·문자·기호 또는 이들을 결합하여 만든 것으로, 상품이나 영업의 표지로서 사용할 목적으로 한 것이 아니었으므로, 특정한 도메인 이름으로 웹사이트를 개설하여 제품을 판매하는 영업을 하면서 그 웹사이트에서 취급하는 제품에 독자적인 상표를 부착·사용하고 있는 경우에는 특단의 사정이 없는 한 그 도메인 이름이 일반인들을 그 도메인 이름으로 운영하는 웹사이트로 유인하는 역할을 한다고 하더라도, 도메인 이름 자체가 곧바로 상품의 출처표시로서 기능한다고 할 수는 없다.

(3) 부정경쟁방지 및 영업비밀보호에 관한 법률 제2조 제1호 다목은 2001. 7. 10. 시행된 (판결 당시) 부정경쟁방지 및 영업비밀보호에 관한 법률에 신설된 규정으로서, "가목 또는 나목의 규정에 의한 혼동을 하게 하는 행위 외에 비상업적 사용 등 대통령령이

---

34) (판결 당시) 부정경쟁방지 및 영업비밀보호에 관한 법률(이하 이 사건에서 같다)[시행기준 2001. 7. 10., 법률 제6421호]

정하는 정당한 사유 없이 국내에 널리 인식된 타인의 성명·상호·상표·상품의 용기·포장 그 밖에 타인의 상품 또는 영업임을 표시한 표지와 동일하거나 이와 유사한 것을 사용하거나 이러한 것을 사용한 상품을 판매·반포 또는 수입·수출하여 타인의 표지의 식별력이나 명성을 손상하게 하는 행위"를 부정경쟁행위로 규정하고 있는 바, 위 규정의 입법 취지와 그 입법 과정에 비추어 볼 때, 위 규정에서 사용하고 있는 '국내에 널리 인식된'이라는 용어는 '주지의 정도를 넘어 저명 정도에 이른 것'을, '식별력의 손상'은 '특정한 표지가 상품 표지나 영업 표지로서의 출처표시 기능이 손상되는 것'을 의미하는 것으로 해석함이 상당하며, 이러한 식별력의 손상은 저명한 상품 표지가 다른 사람에 의하여 영업 표지로 사용되는 경우에도 생긴다.

(4) 저명상표인 'viagra'와 유사한 'viagra.co.kr'이라는 도메인 이름의 사용이 부정경쟁방지 및 영업비밀보호에 관한 법률 제2조 제1호 가목의 부정경쟁행위(상품주체 혼동행위)에는 해당하지 아니하나, 같은 호 다목의 부정경쟁행위(식별력 손상행위)에는 해당한다고 한 사례이다.

(5) 도메인의 이름 일부로 사용된 'viagra' 상표의 보유자는 자신의 명의로 '.kr' 도메인 이름을 등록할 적격이 있는지 여부에 관계없이 그 도메인 이름의 등록말소청구를 할 수 있다고 한 사례이다.

논점의 정리

(1) 상고이유 제4점에 대하여

부정경쟁방지 및 영업비밀보호에 관한 법률(이하 '부정경쟁방지법'이라고만 한다) 제4조에 의한 금지청구에 있어서 같은 법 제2조 제1호 가목 소정의 타인의 성명·상호·상표·상품의 용기·포장 기타 타인의 상품임을 표시한 표지가 국내에 널리 인식되었는지 여부는 사실심 변론 종결 시를 기준으로 판단하여야 하며 제2조 제1호 다목의 경우에도 마찬가지라고 할 것이므로, 이와 같은 취지의 원심의 인정·판단은 정당하고, 이를 다투는 상고이유 제4점은 그 이유가 없다.

(2) 상고이유 제1점에 대하여

그러나 피고들의 행위가 위 법률 제2조 제1호 가목 소정의 이른바 '상품주체 혼동행위'에 해당하기 위해서는 피고들이 이 사건 상표들을 자신의 상품 출처를 표시하는 것으로 사용하여야 하는 바, 이에 관한 원심의 판단은 기록에 나타난 다음과 같은 이유로 수긍하기 어렵다.

① 피고들이 개설한 웹사이트에서 '비아그라 관련 정보'라는 제목 아래 비아그라에 관한 국내 신문기사와 원고 화이자 프로덕츠 인크의 발표내용을 인용하면서 "제작사인 화이저(PFIZER)사에 따르면 비아그라(viagra)는 …"이라는 표현을 사용한 것은, 이 사건 상표들을 원고들이 생산·공급하는 제품을 가리키는 것으로 사용한 것일 뿐, 피고들이 인터넷으로 판매하는 제품의 출처표시로서 사용한 것이 아니다.

② 피고들이 생칡즙, 칡수를 판매한다는 내용을 게재한 웹페이지에 사용한 " Viagra "와 같은 형태의 표장은, 위 표장이 화면 우측 모서리 윗부분에 작은 크기로 위치하고 있고, 위 웹페이지에서 판매하는 제품인 생칡즙, 칡수에는 '산에 산에'라는 독자적인 상표가 부착되어 있으며, 그 웹페이지 아래 부분에는 "'산

에 산에'는 월유봉의 맑은 물을 상징하는 韓一綜合食品(주)의 고유브랜드입니다."
라는 기재가 명확하게 되어 있는 점, 이 사건 상표들로 저명해진 발기기능장애 치료
제는 약국에서 의사의 처방전이 있어야만 구입 가능한 제품인 데다가, 이러한 치료
제를 생산·판매하는 외국의 제약업체가 생칡즙이나 칡수를 생산·판매하리라고는
예상하기 어려운 점 등을 종합하면, "Viagra"가 위와 같은 형태로 사용된 피고들의
웹페이지를 접하는 사람들이 위 표장을 그 웹페이지에서 광고, 판매하고 있는 제품
의 출처표시로 인식한다고 할 수는 없다.

③ 피고들이 'viagra.co.kr'이라는 도메인 이름 아래 생칡즙, 재첩국, 건강보조식품의
판매 영업을 하기는 하였지만, 도메인 이름은 원래 인터넷상에 서로 연결되어 존재
하는 컴퓨터 및 통신장비가 인식하도록 만들어진 인터넷 프로토콜 주소(IP 주소)를
사람들이 인식·기억하기 쉽도록 숫자·문자·기호 또는 이들을 결합하여 만든 것
으로, 상품이나 영업의 표지로서 사용할 목적으로 한 것이 아니었으므로, 특정한
도메인 이름으로 웹사이트를 개설하여 제품을 판매하는 영업을 하면서 그 웹사이트
에서 취급하는 제품에 독자적인 상표를 부착·사용하고 있는 경우에는 특단의 사정
이 없는 한 그 도메인 이름이 일반인들을 그 도메인 이름으로 운영하는 웹사이트로
유인하는 역할을 한다고 하더라도, 도메인 이름 자체가 곧바로 상품의 출처표시로서
기능한다고 할 수는 없는 것인데, 피고들이 이 사건 도메인 이름으로 개설한 웹사이
트에서 판매하고 있는 제품에는 별도의 상품 표지가 부착되어 있고, 그 제품을 판매
하는 웹페이지의 내용에서는 이 사건 도메인 이름이 별도의 상품 표지로서 사용되고
있지 않으며, 달리 이 사건 도메인 이름이 피고들이 판매하는 상품의 출처표시로
인식된다고 볼 만한 사정도 없으므로, 이 사건 도메인 이름이 피고들이 취급하는
상품의 출처표시로서 기능한다고 할 수도 없다.

그럼에도 불구하고, 피고들이 이 사건 상표들을 자신들이 판매하는 상품의 출처표시
로서 사용하였다는 이유로 피고들의 행위가 위 법률 제2조 제1호 가목의 부정경쟁행
위에 해당한다고 판단한 원심에는 위 법조항에 관한 법리를 오해한 위법이 있고,
이를 지적하는 상고이유 제1점은 일응 그 이유가 있다.

(3) 상고이유 제2점에 대하여

부정경쟁방지법 제2조 제1호 다목은 2001. 7. 10. 시행된 (판결 당시) 부정경쟁방지법에
신설된 규정으로서, "가목 또는 나목의 규정에 의한 혼동을 하게 하는 행위 외에 비상업
적 사용 등 대통령령이 정하는 정당한 사유 없이 국내에 널리 인식된 타인의 성명·상호·
상표·상품의 용기·포장 그 밖에 타인의 상품 또는 영업임을 표시한 표지와 동일하거
나 이와 유사한 것을 사용하거나 이러한 것을 사용한 상품을 판매·반포 또는 수입·수
출하여 타인의 표지의 식별력이나 명성을 손상하게 하는 행위"를 부정경쟁행위로 규정
하고 있는 바, 위 규정의 입법 취지와 그 입법 과정에 비추어 볼 때, 위 규정에서 사용하
고 있는 '국내에 널리 인식된'이라는 용어는 '주지의 정도를 넘어 저명 정도에 이른 것'
을, '식별력의 손상'은 '특정한 표지가 상품 표지나 영업 표지로서의 출처표시 기능이
손상되는 것'을 의미하는 것으로 해석함이 상당하며, 이러한 식별력의 손상은 저명한
상품 표지가 다른 사람에 의하여 영업 표지로 사용되는 경우에도 생긴다.

피고들이 이 사건 상표들을 상품 표지로 사용하였다고 볼 수 없음은 앞서 본 바와 같으

므로, 원심이 피고들이 이 사건 상표들을 자신들의 상품 표지로 사용함으로써 이 사건 상표들의 식별력을 손상하였다고 판단한 것은 잘못이나, 기록에 의하면, 피고들이 이 사건 도메인 이름으로 개설한 웹사이트에서 생칡즙, 재첩국, 건강보조식품 등을 인터넷 상으로 판매하는 행위를 한 것은, 원고들의 저명상표와 유사한 표지를 영업 표지로 사용한 것에 해당하고, 이처럼 피고들이 위 상표들을 영업 표지로 사용함에 의하여 위 상표들의 상품 표지로서의 출처표시 기능을 손상하였다고 할 것이며, 원심 또한 피고들이 이 사건 도메인 이름을 사용하여 생칡즙 판매 등의 영업을 한 것을 식별력 손상행위 중의 하나로 들고 있으므로, 피고들의 행위가 위 법률 제2조 제1호 다목의 부정경쟁행위에 해당한다고 본 원심은 그 결론에 있어서 정당하고, 거기에 상고이유 제2점에서 주장하는 바와 같은 위법이 없다.

(4) 상고이유 제3점에 대하여

위 법률 제2조 제1호 다목이 "가목 또는 나목의 규정에 의한 혼동을 하게 하는 행위 외에…"라고 규정하고 있기는 하지만, 위 다목의 입법 과정에 비추어 볼 때 위 법률 제2조 제1호 가목의 혼동행위와 다목의 식별력 손상행위는 상반된 관계에 있는 것이 아니라, 별개의 근거로 위 법률에 규정된 것이므로, 위 규정은 "가목 또는 나목의 규정에 의한 혼동이 발생하지 않더라도"라는 취지로 해석함이 상당하고, 그에 따라 특정한 표지의 사용이 위 법률 제2조 제1호 다목과 같은 호 가목, 나목에 모두 해당할 수도 있으므로, 원심이 피고들의 행위가 위 가목과 다목에 모두 해당하는 것으로 판단한 것에 상고이유 제3점에서 주장하는 바와 같은 이유모순의 위법이 있다고 할 수 없다.

(5) 상고이유 제5점에 대하여

기록에 의하더라도, 원고 한국화이자제약 주식회사가 원고 화이자 프로덕츠 인크의 자회사라고 인정할 자료가 없고(원심이 '자회사'라는 용어를 어떤 법률적 의미로 사용하였는지도 불분명하다), 원고 화이자 프로덕츠 인크가 국내에 주소를 두지 않고 있기 때문에 '.kr' 도메인 이름을 자신 명의로 등록할 수 없기는 하지만, 원고 화이자 프로덕츠 인크는 부정경쟁방지법 제4조 제2항에 따라 "부정경쟁행위를 조성한 물건의 폐기, 부정경쟁행위에 제공된 설비의 제거 기타 부정경쟁행위의 금지 또는 예방을 위하여 필요한 조치"로서 도메인 이름의 등록말소를 구하는 것이고, 피고들이 도메인 이름을 사용한 것이 식별력 손상의 부정경쟁행위에 해당하는 이상, 그 부정경쟁행위의 금지 또는 예방을 위한 유효·적절한 수단은 그 도메인 이름의 등록말소이므로(원심 변론 종결 후인 2004. 1. 20. 법률 제7095호로 개정 공포된 부정경쟁방지 및 영업비밀보호에 관한 법률은 제4조 제2항의 "제거 기타"를 "제거, 부정경쟁행위의 대상이 된 도메인 이름의 등록말소 그 밖에"로 개정함으로써 이러한 취지를 분명하게 하고 있다)[35], 이 사건 도메인

---

35) **부정경쟁방지법 제4조(부정경쟁행위 등의 금지청구권 등)**
② 제1항에 따른 청구를 할 때에는 다음 각 호의 조치를 함께 청구할 수 있다.
1. 부정경쟁행위나 제3조의2 제1항 또는 제2항을 위반하는 행위를 조성한 물건의 폐기
2. 부정경쟁행위나 제3조의2 제1항 또는 제2항을 위반하는 행위에 제공된 설비의 제거
3. 부정경쟁행위나 제3조의2 제1항 또는 제2항을 위반하는 행위의 대상이 된 도메인 이름의 등록말소
4. 그 밖에 부정경쟁행위나 제3조의2 제1항 또는 제2항을 위반하는 행위의 금지 또는 예방을 위하여 필요한 조치

이름의 일부로 사용된 'viagra' 상표의 보유자인 원고 화이자 프로덕츠 인크는 자신 명의로 '.kr' 도메인 이름을 등록할 적격이 있는지 여부에 관계없이 이 사건 도메인 이름의 등록말소청구를 할 수 있다.

따라서 원고 한국화이자제약 주식회사가 원고 화이자 프로덕츠 인크의 자회사라는 전제에서 원고 화이자 프로덕츠 인크가 이 사건 도메인 이름의 말소청구를 할 수 있다고 판단한 원심은 그 이유에서 부적절한 점이 있기는 하지만, 그 결론에 있어서는 정당하고, 이를 탓하는 상고이유 제5점도 이유가 없다.

(6) 상고이유 제7점에 대하여

기록에 의하면, 원심이 2000. 11. 7., 2001. 3. 13. 두 번에 걸쳐 변론을 종결하고 선고기일을 추후로 지정하였다가, (판결 당시) 부정경쟁방지법 시행일 이후에 2001. 8. 21.자 원고들의 변론재개신청을 받아들여 2001. 10. 11. 변론을 재개하여 다시 심리를 한 다음, 2001. 11. 13. 변론을 종결하고, 이 사건에 (판결 당시) 부정경쟁방지법에 신설된 위 법률 제2조 제1호 다목의 규정을 적용하여 앞서 본 바와 같이 판결을 한 사실이 인정되는 바, 법원은 변론을 종결한 후라도 심리에 미진함이 발견되거나 기타 필요하다고 인정할 때에는 종결된 변론을 재개할 수 있는 것이므로(민사소송법 제142조), 이와 같이 기일을 진행한 원심판결에 소송지휘권을 남용한 위법이 있다고 보기는 어려우며, 상고이유에서 들고 있는 대법원 판결은 사안이 달라 이 사건에서 원용하기에 적절하지 아니하므로, 상고이유 제7점도 그 이유가 없다.

---

03 파출박사 사건 (2007다31174)

판시사항

(1) 상표법 제2조 제1항 제11호, 제3항에 정한 '상표의 사용'에 해당하는지 여부의 판단 기준

(2) "파출박사"라는 한글 인터넷 도메인 이름을 등록하고 이를 자신이 개설한 웹사이트(www.pachulpaksa.com)에 연결되도록 하여 직업정보 제공 등의 서비스를 제공한 사안에서, 위 한글 인터넷 도메인 이름이 서비스의 출처표시로 기능하고 있다고 볼 수 없다고 한 사례

판결요지

(1) 상표의 침해가 인정될 수 있으려면 상표의 사용이 전제되어야 할 것인데, 상표법상 '상표의 사용'이라 함은 상표법 제2조 제1항 제11호 각 목 소정의 행위를 의미하는 것인 바, 어떤 표지의 사용이 여기에 해당하기 위해서는 사회통념상 수요자에게 상품의 출처를 표시하고 자기의 업무에 관계된 상품과 타인의 업무에 관계된 상품을 구별하는 식별표지로 기능하고 있어야 하고, 이러한 법리는 상표법 제2조 제3항에 의하여 상표의 경우에도 마찬가지로 적용된다.

(2) "파출박사"라는 한글 인터넷 도메인 이름을 등록하고 이를 자신이 개설한 웹사이트(www.pachulpaksa.com)에 연결되도록 하여 그 웹사이트에서 직업정보 제공 등의 서

비스를 제공한 사안에서, 위 한글 인터넷 도메인 이름이 서비스의 출처표시로 기능하고 있다고 볼 수 없다고 한 사례이다.

논점의 정리

상고이유를 판단한다.

(1) 상표의 침해가 인정될 수 있으려면 상표의 사용이 전제되어야 할 것인데, 상표법상 '상표의 사용'이라 함은 상표법 제2조 제1항 제11호 각 목 소정의 행위를 의미하는 것인바, 어떤 표지의 사용이 여기에 해당하기 위해서는 사회통념상 수요자에게 상품의 출처를 표시하고 자기의 업무에 관계된 상품과 타인의 업무에 관계된 상품을 구별하는 식별표지로 기능하고 있어야 하고, 이러한 법리는 상표법 제2조 제3항에 의하여 상표의 경우에도 마찬가지로 적용된다고 할 것이다.

(2) 원심판결 이유에 의하면 원심은 그 채용 증거를 종합하여, 피고가 2003. 6. 10. 주식회사 넷피아닷컴에 "파출박사"라는 한글 인터넷 도메인 이름(이하 '이 사건 한글 인터넷 도메인 이름'이라 한다)을 등록하고 2006. 4. 6. 이를 피고 개설의 웹사이트(www.pachulpaksa.com)에 연결되도록 하여 그 웹사이트에서 직업정보 제공 등의 서비스를 제공한 사실을 인정한 다음, 피고가 이 사건 한글 인터넷 도메인 이름을 상표적으로 사용하고 있다는 취지로 판단하였다.

그러나 도메인 이름의 사용이 사용태양 등 구체적 사정에 따라 서비스의 출처를 표시하는 상표의 사용에 해당하는 때가 있음을 부정할 수 없다 하더라도, 도메인 이름은 원래 인터넷상에 서로 연결되어 존재하는 컴퓨터 및 통신장비가 인식하도록 만들어진 인터넷 프로토콜 주소(IP)를 사람들이 인식하기 쉽도록 숫자·문자·기호 또는 이들을 결합하여 만들어진 것으로서 상품이나 서비스의 출처표시로 사용할 목적으로 만들어진 것은 아닌 점, 이 사건 한글 인터넷 도메인 이름은 최상위 도메인 이름 등을 입력할 필요 없이 단순히 한글 등의 키워드를 인터넷 주소창에 입력하여 원하는 웹사이트에 접속할 수 있도록 만든 인터넷 주소로서, 인터넷 주소창에 도메인 이름을 입력하여 실행하면 그 웹사이트의 주소창에 도메인 이름이 표시되는 일반적인 도메인 이름과 달리 접속단계에서 피고 개설의 웹사이트에 연결하기 위하여 사용되고 있을 뿐이고 이 사건 한글 인터넷 도메인 이름을 인터넷 주소창에 입력하고 실행하여 연결되는 피고 개설의 웹사이트 화면에는 이 사건 한글 인터넷 도메인 이름이 표시되지 아니하는 점, 피고가 개설한 웹사이트의 화면 좌측 윗부분에는 ""로 된 표장이 별도로 표시되어 피고가 제공하는 직업정보 제공 등 서비스의 출처표시 기능을 하고 있는 점 등 기록에 나타난 여러 사정을 고려하여 볼 때, 원심이 인정한 위와 같은 사실만으로는 이 사건 한글 인터넷 도메인 이름이 서비스의 출처표시로 기능하고 있다고 보기 어렵다.

그럼에도 불구하고 원심은 '상표의 사용'의 의미를 잘못 이해한 나머지 이 사건 한글 인터넷 도메인 이름이 직업정보 제공 등의 서비스의 출처표시로 기능하고 있는지 여부에 관하여 면밀히 살펴보지 아니한 채, 피고가 이 사건 한글 인터넷 도메인 이름을 상표로 사용하고 있다고 단정하고 피고가 원고의 이 사건 등록상표권을 침해하였다고 판단하고 말았으니, 원심판결에는 상표의 사용에 관한 법리를 오해함으로써 판결 결과에 영향을 미친 위법이 있다.

판시사항

(1) 도메인 이름의 등록·사용을 상표법 제108조 제1항 제1호에 정한 상표권 침해방법인 '상표의 사용'으로 인정하기 위한 판단 기준

(2) 상표법 제90조 제1항 제1호에 정한 '상호를 상거래 관행에 따라 사용한다.'는 것의 의미와 판단 기준

(3) 상표권을 침해하는 도메인 이름의 이전등록을 명하는 것이 상표권 침해의 예방에 필요한 조치로서 상표법상 허용되는지 여부(소극)

판결요지

(1) 상표법 제108조 제1항 제1호에 정한 상표권 침해가 인정될 수 있으려면 '상표의 사용'이 전제되어야 할 것인데, 도메인 이름의 등록사용의 경우에는 도메인 이름의 사용태양 및 그 도메인 이름으로 연결되는 웹사이트 화면의 표시 내용 등을 전체적으로 고려하여 거래통념상 상품의 출처를 표시하고 자기의 업무에 관계된 상품과 타인의 업무에 관계된 상품을 구별하는 식별 표지로 기능하고 있을 때에는 '상표의 사용'으로 볼 수 있다.

(2) 상표법 제90조 제1항 제1호 본문에 의하면, 자기의 상호를 상거래 관행에 따라 사용하는 상표에 대하여는 그것이 상표권설정 등록이 있은 후 부정경쟁의 목적으로 사용하는 경우가 아닌 한 등록상표권의 효력이 미치지 아니하는 바, 여기에서 '상호를 상거래 관행에 따라 사용한다.'는 것은 상호를 독특한 글씨체나 색채, 도안화된 문자 등 특수한 태양으로 표시하는 등으로 특별한 식별력을 갖도록 함이 없이 표시하는 것을 의미할 뿐만 아니라, 일반 수요자가 그 표장을 보고 상호임을 인식할 수 있도록 표시하는 것을 전제로 한다. 그러므로 표장 자체가 특별한 식별력을 갖도록 표시되었는지 외에도 사용된 표장의 위치, 배열, 크기, 다른 문구와의 연결 관계, 도형과 결합되어 사용되었는지 여부 등 실제 사용태양을 종합하여 거래통념상 자기의 상호를 상거래 관행에 따라 사용한 경우에 해당하는지 여부를 판단하여야 한다.

(3) 상표법 제107조 제2항의 '침해의 예방에 필요한 조치'에 상표권을 침해하는 도메인 이름의 사용금지 또는 말소등록 등의 범위를 넘어서 도메인 이름의 이전등록까지 포함된다고 볼 수 없다.

논점의 정리

상고이유를 본다.

(1) 상표권 침해로 인한 한글 인터넷 주소 "장수온돌"(이하 '이 사건 한글 인터넷 주소'라 한다)의 사용금지 및 이전등록 청구 부분에 대하여

① 상표법 제108조 제1항 제1호 소정의 상표권 침해가 인정될 수 있으려면 상표의 사용이 전제되어야 할 것인데, 도메인 이름의 경우에는 도메인 이름의 사용태양 및 그 도메인 이름으로 연결되는 웹사이트 화면의 표시 내용 등을 전체적으로 고려하여 거래통념상 상품의 출처를 표시하고 자기의 업무에 관계된 상품과 타인의 업무에 관계된 상품을 구별하는 식별 표지로 기능하고 있을 때에는 상표의 사용으로 볼 수 있다.

한편, 상표법 제90조 제1항 제1호 본문에 의하면, 자기의 상호를 상거래 관행에 따라 사용하는 상표에 대하여는 그것이 상표권설정 등록이 있은 후에 부정경쟁의 목적으로 사용하는 경우가 아닌 한 등록상표권의 효력이 미치지 아니하는 바, 여기에서 '상호를 상거래 관행에 따라 사용한다.'는 것은 상호를 독특한 글씨체나 색채, 도안화된 문자 등 특수한 태양으로 표시하는 등으로 특별한 식별력을 갖도록 함이 없이 표시하는 것을 의미할 뿐만 아니라, 일반 수요자가 그 표장을 보고 상호임을 인식할 수 있도록 표시하는 것을 전제로 한다 할 것이므로, 표장 자체가 특별한 식별력을 갖도록 표시되었는지 이외에도 사용된 표장의 위치, 배열, 크기, 다른 문구와의 연결관계, 도형과 결합되어 사용되었는지 여부 등 실제 사용태양을 종합하여 거래통념상 자기의 상호를 상거래 관행에 따라 사용한 경우에 해당하는지 여부를 판단하여야 한다.

② 위 법리와 기록에 비추어 살펴보면, 피고가 한글 인터넷 주소 서비스를 제공하는 주식회사 넷피아닷컴에 이 사건 한글 인터넷 주소를 등록하고, 인터넷 사용자가 웹 브라우저의 주소창에 이 사건 한글 인터넷 주소를 입력하여 연결되는 피고 개설의 웹사이트(www.jangsuondol.com)에서 전기침대 등 상품에 관한 정보를 제공하고 판매하는 쇼핑몰을 운영하는 행위는 상표의 사용에 해당하므로, 이 사건 한글 인터넷 주소와 이 사건 등록상표의 표장 및 사용상품이 동일·유사한 이상, 이 사건 한글 인터넷 주소의 등록·사용은 상표법 제108조 제1항 제1호 소정의 상표권 침해행위에 해당한다. 나아가 이 사건 한글 인터넷 주소는 영어로 구성된 웹사이트의 도메인 이름 대신 기억하기 쉬운 한글을 사용하는 인터넷 주소로서 그 특성상 숫자·문자·기호 등의 결합으로 구성되면서 계층적 구조를 가지는 일반적인 도메인 이름보다 상품의 출처표시 내지 광고선전 기능이 더 강한 점, 이 사건 한글 인터넷 주소로 연결되는 웹사이트의 좌측 상단에는 "장수온돌"와 같이 이 사건 한글 인터넷 주소와 동일한 문자 부분 "장수온돌"이 다른 문자에 비하여 돋보이는 글자체로 변형되어 빨간색의 큰 글씨로 횡서된 채로 그 왼쪽의 도형과 결합된 일체로서 표시되어 있을 뿐만 아니라, 그 웹사이트 화면의 중앙에는 상품의 명칭으로 "장수온돌침대 Queen, 장수온돌침대Double"이라고 표기되어 있는 점, 상표인 위 도형과 문자 부분 이외에는 상품 자체의 식별 표지로 인식될 만한 다른 표장을 찾아볼 수 없는 점 등의 여러 사정을 종합하여 볼 때, 이 사건 한글 인터넷 주소는 일반 수요자에게 상호라기보다는 주로 상표로서 사용되고 있다고 인식될 것이므로, 이 사건 한글 인터넷 주소는 거래통념상 자기의 상호를 상거래 관행에 따라 사용한 상표에 해당한다고 볼 수 없다.

이와 달리 이 사건 한글 인터넷 주소가 상표적 사용에 해당한다고 하더라도 자기의 상호를 상거래 관행에 따라 사용한 경우에 해당한다고 판단한 원심의 판단에는 상표권의 효력에 관한 법리를 오해하여 판결에 영향을 미친 위법이 있고, 이를 지적하는 상고이유의 주장은 이유 있다. 다만, 상표법 제107조 제2항의 '침해의 예방에 필요한 조치'에는 도메인 이름의 사용금지 또는 말소등록 등의 범위를 넘어서 도메인 이름의 이전등록까지 당연히 포함된다고 볼 수 없으므로, 원심판결 중 이 사건 한글 인터넷 주소의 이전등록 청구를 배척한 부분은 결과적으로 정당하다.

(2) 한글 인터넷 주소 "돌침대"의 사용금지 및 이전등록 청구 부분, 부정경쟁행위로 인한 이 사건 한글 인터넷 주소의 사용금지 및 이전등록 청구 부분에 대하여 원고는 상고이유서에서, 원심판결 중 한글 인터넷 주소 "돌침대"의 사용금지 및 이전등록 청구 부분과 부정경쟁행위로 인한 이 사건 한글 인터넷 주소의 사용금지 및 이전등록 청구 부분에 관하여는 아무런 상고이유 주장을 하지 아니하였고, 상고장에도 상고이유를 기재하지 아니하였다.

---

05 리눅스 내가최고 사건 (2000후3395)

판시사항

(1) 책의 제목으로 사용된 표장에 대하여 그 표장과 동일 또는 유사한 등록상표의 상표권의 효력이 미치는지 여부(소극)

(2) 등록상표인 "Linux"의 상표권의 효력이 책의 제목으로 사용된 "리눅스 + 내가최고"라는 표장에 미치지 아니한다고 한 사례

판결요지

(1) 책의 제목은 그 책의 내용을 표시할 뿐 출판사 등 그 출처를 표시하는 것은 아니어서 원칙적으로 그 상품을 다른 사람의 상품과 식별되도록 하기 위하여 사용하는 표장이 아니므로, 책의 제목으로 사용된 표장에 대하여는 그 표장과 동일 또는 유사한 등록상표의 상표권의 효력이 미치지 아니한다.

(2) "리눅스(Linux)"라는 컴퓨터 운영체제 프로그램의 사용방법 등을 설명하는 내용의 책을 출판하면서 그 책에 사용한 "**리눅스** 내가최고"라는 표장은 그 책의 제목으로만 사용되었고 그 책의 출처를 표시하거나 그 책을 다른 출판사의 책과 식별되도록 하기 위한 표장으로서 사용되지 아니하였으므로, 등록상표인 "Linux"의 상표권의 효력이 책의 제목으로 사용된 위 표장에 미치지 아니한다고 한 사례이다.

논점의 정리

책의 제목은 그 책의 내용을 표시할 뿐 출판사 등 그 출처를 표시하는 것은 아니어서 원칙적으로 그 상품을 다른 사람의 상품과 식별되도록 하기 위하여 사용하는 표장이 아니므로, 책의 제목으로 사용된 표장에 대하여는 그 표장과 동일 또는 유사한 등록상표의 상표권의 효력이 미치지 아니한다.

이 사건에서 피고가 "리눅스(Linux)"라는 컴퓨터 운영체제 프로그램의 사용방법 등을 설명하는 내용의 책을 출판하면서 그 책에 사용한 "**리눅스** 내가최고"라는 표장은 그 책의 제목으로만 사용되었고 그 책의 출처를 표시하거나 그 책을 다른 출판사의 책과 식별되도록 하기 위한 표장으로서 사용되지 아니하였으므로, 원고의 이 사건 등록상표인 "Linux"의 상표권의 효력이 피고가 책의 제목으로 사용한 위 표장에 미치지 아니한다.

원심이 같은 취지로 판단한 것은 옳고, 거기에 상고이유의 주장과 같은 채증법칙 위배, 심리미진, 법리오해, 판단누락 등의 잘못이 없다. 따라서 상고이유는 모두 받아들일 수 없다.

06 플라잉 아이볼 사건 (2006마232)

판시사항

상표법 제92조에 의하여 저작권자의 동의를 얻지 아니하고는 상표권자가 등록상표를 사용할 수 없는 경우, 자신의 등록상표를 무단으로 사용하는 제3자를 상대로 상표 사용의 금지를 청구할 수 있는지 여부(적극)

판결요지

상표법 제92조에서 등록상표가 그 등록출원 전에 발생한 저작권과 저촉되는 경우에 저작권자의 동의 없이 그 등록상표를 사용할 수 없다고 한 것은 저작권자에 대한 관계에서 등록상표의 사용이 제한됨을 의미하는 것이므로, 저작권자와 관계없는 제3자가 등록상표를 무단으로 사용하는 경우에는 상표권자는 그 사용금지를 청구할 수 있다.

논점의 정리

재항고이유를 본다.

(1) 상표권 무단양도를 이유로 한 계약 해지 여부의 점

원심결정 이유에 의하면, 원심은 피신청인 황은주가 이 사건 상표를 무단으로 양도하거나 지정상품 외 상품에 상표를 사용하였다는 점을 소명할 자료가 부족하므로 재항고인이 위 각 사유를 들어 피신청인 황은주에 대하여 한 계약 해지 의사 표시는 효력이 없고, 따라서 위 해지를 전제로 한 재항고인의 이 사건 가처분신청은 이유 없다 하여 이를 기각한 제1심 결정을 유지하고 재항고인의 항고를 기각하였는 바, 기록에 비추어 살펴보면, 원심의 위와 같은 조치는 수긍할 수 있고, 거기에 재항고이유에서 주장하는 바와 같은 심리미진 및 채증법칙 위배에 의한 사실오인이나 상표법 및 계약 해지에 관한 법리오해의 위법 등이 있다고 할 수 없다.

(2) 저작권과의 저촉에 따른 제한 여부의 점

① 원심결정 이유에 의하면, 원심은 상표권자라 하더라도 그 상표등록출원일 전에 발생한 타인의 저작권과 저촉되는 경우에는 지정상품 중 저촉되는 지정상품에 대한 상표의 사용은 저작권자의 동의를 얻지 아니하고는 그 등록상표를 사용할 수 없다 할 것인데(상표법 제92조), 이 사건 상표에 사용된 표장은 1992. 9. 19.경 사망한 미국인 디자이너 망 케네스 로버트 하워드(Kenneth Robert Howard)가 재항고인의 이 사건 상표등록출원 전에 창작한 '플라잉 아이볼(flying eyeball)'에 망인의 예명인 'Von Dutch'를 부가한 것에 불과하여 위 망인의 저작물과 실질적으로 동일한 것임에도 재항고인이 위 망인의 상속인 등 정당한 저작권자로부터 이를 상표로 사용하는 데 대한 동의를 얻은 적이 없으므로, 재항고인은 이 사건 상표를 사용할 권한이 없어 그 침해에 대한 배제를 구할 수도 없다고 함으로써, 이 점에서도 재항고인에게 이 사건 가처분의 피보전권리가 없다는 취지로 판시하고 있다.

② 원심의 위와 같은 판단은 다음과 같은 이유로 수긍할 수 없다.

상표법 제92조에서 등록상표가 그 등록출원 전에 발생한 저작권과 저촉되는 경우에 저작권자의 동의 없이 그 등록상표를 사용할 수 없다고 한 것은 저작권자에 대한 관계에서 등록상표의 사용이 제한됨을 의미하는 것이고, 저작권자와 관계없는 제3

자가 등록된 상표를 무단으로 사용하는 경우에 그 금지를 구할 수 없다는 의미는 아니라 할 것이다. 따라서 이 사건 상표가 위 망인이 창작한 저작물과 실질적으로 동일한 것이라 하더라도 상표권자인 재항고인으로서는 위 저작물에 대한 저작권자가 아닌 이 사건 가처분의 피신청인들에 대하여는 상표권 침해를 주장할 수 있다 할 것이다. 따라서 원심의 위 판단은 상표법 제92조에 대한 법리를 오해한 위법이 있다 할 것이다.

다만, 재항고인의 이 사건 가처분신청은 이 사건 계약이 적법하게 해지되었음을 전제로 한 것이나 앞서 본 바와 같이 그 해지가 인정되지 아니하여 기각될 수밖에 없으므로, 원심이 그와 같은 이유로 이 사건 가처분신청을 기각한 제1심 결정을 유지하고 재항고인의 항고를 기각한 이상, 원심의 위 상표법 제92조에 대한 법리오해의 위법은 재판 결과에 영향을 미치지는 아니하였다 할 것이다.

07 　팍스 헤드 사건 (2012다76829)

판시사항

(1) 상표법상 상표를 구성할 수 있는 도형 등이 저작권법에 의하여 보호되는 저작물의 요건을 갖춘 경우, 저작권법상의 저작물로 보호받을 수 있는지 여부(적극)

(2) 甲 외국회사가 작성한 '🦊', '🦊🦊', '🦊' 등의 도안이 저작권법에 의하여 보호되는 저작물의 요건으로서 창작성을 구비하였고, 위 도안이 상품의 출처표시를 위하여 사용되고 있다는 사정은 저작권법에 의하여 보호하는 데 장애가 되는 사유가 아니라고 한 사례

판결요지

(1) 저작물과 상표는 배타적·택일적인 관계에 있지 아니하므로, 상표법상 상표를 구성할 수 있는 도형 등이라도 저작권법에 의하여 보호되는 저작물의 요건을 갖춘 경우에는 저작권법상의 저작물로 보호받을 수 있고, 그것이 상품의 출처표시를 위하여 사용되고 있거나 사용될 수 있다는 사정이 있다고 하여 저작권법에 의한 보호 여부가 달라진다고 할 수는 없다.

(2) 甲 외국회사가 '🦊', '🦊🦊', '🦊' 등의 도안을 작성하여 甲 회사가 제조·판매하는 모토크로스, 산악자전거 등 물품에 표시하는 한편, 다른 곳에 부착할 수 있는 전사지나 스티커 형태로 제작하여 잠재적 수요자에게 배포하고, 카탈로그 등 홍보물과 인터넷 홈페이지 등에서 물품에 부착되지 않은 도안 자체만의 형태를 게재한 사안에서, 위 도안은 자연계에 존재하는 일반적인 여우의 머리와 구별되는 독특한 여우 머리로 도안화되었거나 이와 같이 도안화된 여우 머리 형상을 포함하고 있어, 여기에는 창작자 나름의 정신적 노력의 소산으로서의 특성이 부여되어 있고 다른 저작자의 기존 작품과 구별될 수 있는 정도이므로, 저작권법에 의하여 보호되는 저작물의 요건으로서 창작성을 구비하였고, 위 도안이 상품의 출처표시를 위하여 사용되고 있다는 사정은 저작권법에 의하여 보호하는 데 장애가 되는 사유가 아니라고 한 사례이다.

상고이유(상고이유서 제출기간 경과 후에 제출된 각 상고이유보충서들의 기재는 상고이유를 보충하는 범위 내에서)를 판단한다.

(1) 상고이유 제1점에 대하여

① 저작권법에 의하여 보호되는 저작물의 요건으로서 창작성이 요구되나, 여기서 말하는 창작성이란 완전한 의미의 독창성을 말하는 것은 아니며 단지 어떠한 작품이 남의 것을 단순히 모방한 것이 아니고 작자 자신의 독자적인 사상 또는 감정의 표현을 담고 있음을 의미할 뿐이어서 이러한 요건을 충족하기 위하여는 단지 저작물에 그 저작자 나름대로의 정신적 노력의 소산으로서의 특성이 부여되어 있고 다른 저작자의 기존의 작품과 구별할 수 있을 정도이면 충분하다.

그리고 저작물과 상표는 배타적 · 택일적인 관계에 있지 아니하므로, 상표법상 상표를 구성할 수 있는 도형 등이라도 저작권법에 의하여 보호되는 저작물의 요건을 갖춘 경우에는 저작권법상의 저작물로 보호받을 수 있고, 그것이 상품의 출처표시를 위하여 사용되고 있거나 사용될 수 있다는 사정이 있다고 하여 저작권법에 의한 보호 여부가 달라진다고 할 수는 없다.

② 위 법리와 기록에 비추어 살펴본다.

㉠ 원고는 1976년경 '🦊', '🦊', '🦊' 도안을, 1990. 6.경 '🦊', '🦊', '🦊', '🦊', '🦊' 도안을 각 작성하여 미국에서 그 명의로 공표하였다. 이 가운데 먼저 '🦊', '🦊' 도안은 '전체적으로 갸름하지만 양 볼이 볼록하게 튀어나온 역삼각형의 두상을 기본으로 하면서 하단의 역삼각형 모양의 주둥이가 얼굴의 하단으로 갈수록 날카롭게 좁아지고, 양 볼의 아래쪽에는 털 갈퀴가 불규칙한 톱니 모양으로 표현되며, 눈과 코는 각각의 눈에서 콧날로 이어지는 격자형 선분으로 간략하게 표시되어 여우 특유의 매섭고 날카로운 인상을 더해주는 여우의 머리 형상'으로 이루어져 있다. 또한 '🦊', '🦊', '🦊' 도안은 위와 같은 특징에 더하여 이를 비스듬한 형태로 변형함으로써 더욱 입체감이 있고 날렵한 특징이 강조되어 있다. 나아가 '🦊', '🦊', '🦊'도안은 영문 'FOX'의 형상 중 알파벳 문자 'O'에 해당하는 부분을 위와 같은 여우 머리 형상으로 대체하여 간략하면서도 강렬한 여우의 머리 형상의 이미지를 부가하고 있다.

㉡ 원고는 위 각 도안(이하 이를 '이 사건 원고 도안'이라 한다) 자체를 작성한 이래로, 이를 원고가 제조 · 판매하는 모토크로스(moto-cross) · 산악자전거(mountain bike) · 일반 자전거용 의류, 스포츠 장비, 신발, 잡화 등 물품에 표시해온 것 외에도, 다른 곳에 부착할 수 있는 전사지나 스티커 형태로 제작하여 잠재적 수요자에게 배포해오는 한편, 원고가 발행한 카탈로그 등 홍보물과 인터넷 홈페이지 등에서 물품에 부착되지 않은 이 사건 원고 도안 자체만의 형태를 게재해왔다. 따라서 이 사건 원고 도안이 저작권법에 의하여 보호되는 저작물의 요건으로서 창작성을 구비하였는지 여부는 도안 그 자체로 일반적인 미술저작물로서 창작성을 구비하였는지 여부에 따라 판단하면 충분하다고 할 것이다. 그런데 이 사건 원고 도안은 모두 자연계에 존재하는 일반적인 여우의 머리와는 구별되는 독특한 여우 머리로 도안화되었거나 이와 같이 도안화된 여우 머리 형상을 포함하고

있어, 여기에는 창작자 나름의 정신적 노력의 소산으로서의 특성이 부여되어 있고 이는 다른 저작자의 기존 작품과 구별될 수 있는 정도라고 보인다. 그러므로 이 사건 원고 도안은 저작권법에 의하여 보호되는 저작물의 요건으로서 창작성을 구비하였다고 할 것이다. 그리고 이 사건 원고 도안이 상품의 출처표시를 위하여 사용되고 있다는 사정은, 이를 저작권법에 의하여 보호하는 데 장애가 되는 사유가 아니다.

같은 취지로 판단한 원심은 정당하고, 거기에 상고이유 주장과 같이 저작권법에 의하여 보호되는 저작물의 요건이나 저작물과 상표의 관계에 관한 법리를 오해하는 등의 위법이 없다.

그리고 상고이유가 들고 있는 대법원 판결들은 사안이 달라 이 사건에 원용하기에 적절하지 아니하다.

(2) 상고이유 제2점에 대하여

원심판결 이유를 기록에 비추어 살펴보면, 원심이, 이 사건 원고 도안은 원고의 기획하에 원고의 업무에 종사하는 사람이 업무상 작성한 원고의 업무상 저작물이라고 판단한 것은 정당하고, 거기에 상고이유 주장과 같이 논리와 경험의 법칙을 위반하고 자유심증주의의 한계를 벗어나거나 업무상 저작물에 관한 법리를 오해하고 필요한 심리를 다하지 아니하는 등의 위법이 없다.

(3) 상고이유 제3점에 대하여

저작권법이 보호하는 복제권이나 2차적 저작물 작성권의 침해가 성립되기 위하여는 대비대상이 되는 저작물이 침해되었다고 주장하는 기존의 저작물에 의거하여 작성되었다는 점이 인정되어야 한다. 이와 같은 의거관계는 기존의 저작물에 대한 접근 가능성, 대상 저작물과 기존의 저작물 사이의 유사성이 인정되면 추정할 수 있고, 특히 대상 저작물과 기존의 저작물이 독립적으로 작성되어 같은 결과에 이르렀을 가능성을 배제할 수 있을 정도의 현저한 유사성이 인정되는 경우에는 그러한 사정만으로도 의거관계를 추정할 수 있다.

위 법리와 기록에 비추어 살펴보면, 원심이, 피고들 제품에 표시된 형상과 원심 판시 이 사건 침해 표장은 이 사건 원고 도안에 의거하여 작성된 것으로 보인다고 판단한 것은 정당하고, 거기에 상고이유 주장과 같이 논리와 경험의 법칙을 위반하고 자유심증주의의 한계를 벗어나거나 저작권 침해의 요건으로서의 의거성에 관한 법리를 오해하고 필요한 심리를 다하지 아니하는 등의 위법이 없다.

(4) 상고이유 제4점에 대하여

원심판결 이유를 기록에 비추어 살펴보면, 원심이, 피고들에게는 이 사건 원고 도안을 사용하지 아니하고, 그 본점, 지점, 영업소, 공장, 창고에 보관하고 있는 이 사건 원고 도안이 표시된 제품, 카탈로그, 간판, 현수막, 홍보물을 폐기할 의무가 있으며, 피고 오미정을 제외한 나머지 피고들에게는 자신의 각 인터넷 사이트에서 이 사건 원고 도안이 표시된 게재물을 삭제할 의무가 있다고 판단한 것은 정당하고, 거기에 상고이유 주장과 같이 저작권 침해를 원인으로 한 폐기청구에 관한 법리를 오해하는 등의 위법이 없다.

제3편

문제편

배우기만 하고 생각하지 않으면 얻는 것이 없고, 생각만 하고 배우지 않으면 위태롭다.

– 공자 –

01 | 2023년 제60회 상표법 기출문제

문제 1

甲은 '디지털데이터팩토리'라는 상호로 국내에서 소프트웨어 및 디지털 이미지 개발 공급업을 하고 있고, 컴퓨터 소프트웨어 등(제9류), 컴퓨터 프로그램개발업 등(제42류)을 지정상품으로 하는 상표 ''를 2019. 9. 5. 출원하여 2019.12. 18. 상표등록을 받은 상표권자이다.

乙은 2020. 12. 18. 설립되어 컴퓨터 데이터 복구 및 메모리 복구업, 컴퓨터 수리 및 판매업 등을 하면서 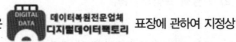 와 같은 형태의 표장들을 사용하였다.

甲은 乙의 표장 사용이 甲의 상표권을 침해한다고 문제를 제기하고, 2021. 6. 15. 乙을 상대로 '디지털데이터팩토리', 'DIGITAL DATA FACTORY'의 표장 사용 금지와 손해배상을 구하는 소를 제기하였다.

그런데 甲의 소 제기 후인 2021. 8. 10. 乙은 ![데이터복원전문업체 디지털데이터팩토리] 표장에 관하여 지정상품 및 지정서비스업을 이미지 및 문서 스캔용 컴퓨터 소프트웨어(제9류), 컴퓨터 소프트웨어 설계 및 개발업 등(제42류)으로 하여 상표등록출원을 하였고, 2022. 8. 8. 상표등록을 받았다. 다음 물음에 답하시오(단, 각 물음은 독립적이다).   [30점]

1 乙은 甲의 등록상표와 乙이 사용한 표장 중에서 '디지털데이터팩토리' 또는 'DIGITAL DATA FACTORY' 부분은 수요자에게 '디지털 데이터 생산소' 또는 '디지털 데이터 관련 서비스를 제공하는 장소'라는 의미로 직감될 수 있으므로 컴퓨터 프로그램 개발업이나 컴퓨터 데이터 복구업 등과 관련하여 사용될 경우 그 상품(서비스업)의 보통명칭 또는 성질을 보통으로 사용하는 방법으로 표시하는 것이라고 주장한다.

또한 乙은 甲의 등록상표와 乙이 사용한 표장의 유사여부를 판단할 때 '디지털데이터팩토리' 또는 'DIGITAL DATA FACTORY' 부분을 제외하고 비교하여야 하고, 그러한 경우 甲의 등록상표와 乙이 사용한 표장은 동일·유사하지 아니하고 나아가 컴퓨터에 저장되어 있는 데이터가 소실될 경우 소실된 데이터를 복구하는 乙의 서비스업과 甲의 등록상표 지정서비스업은 동일·유사하지 아니하므로 상표권 침해에 해당하지 않는다고 주장한다.

乙주장의 타당성을 상표권 침해소송에서의 유사 판단기준과 방법에 대한 법리를 중심으로 논하시오.   [18점]

2 乙은 자신의 등록상표 등록일 이후에는 등록상표권의 정당한 사용에 해당하므로 甲의 선출원 등록상표권에 대한 침해가 인정되지 않는다고 주장한다. 乙주장의 타당성을 논하고, 선등록 상표와 저촉되는 후등록 상표의 사용 시 상표권 침해가 인정되는 경우 손해배상청구 소송에서 고의·과실 입증 책임에 대하여 설명하시오. [12점]

설문 **1** 에 대하여

---

1 논점의 정리

'디지털데이터팩토리'가 식별력이 없어 요부가 될 수 없으므로, 甲의 등록상표와 乙의 사용상표가 비유사한지 여부 및 甲의 지정서비스업과 乙이 사용하는 서비스업이 유사한지 여부가 문제된다.

2 '디지털데이터팩토리'가 식별력이 없는지 여부

(1) 보통명칭의 의의

보통명칭이란 당해 상품을 취급하는 거래계에서 그 상품을 지칭하는 것으로 실제 사용되고 인식되어 있는 명칭을 의미한다.

(2) 기술적 표장의 의의

기술적 표징이란 상품의 성질, 특성 등을 직감시키는 표장을 의미하며 상품의 성질을 암시, 강조하는 것을 넘어 직감할 수 있어야 한다.

(3) 사안의 경우

'디지털데이터팩토리'는 일반 수요자들에게 '디지털 데이터 관련 서비스를 제공하는 장소'와 같이 성질을 암시하는 표장으로 인식될 여지는 있으나, 지정서비스업에 대한 보통명칭 또는 기술적 표장으로 보기는 어렵다. 따라서 '디지털데이터팩토리'는 식별력이 인정된다.

3 상표의 유사 여부

(1) 상표의 유사판단

양 상표의 외관·칭호·관념을 전체적·객관적·이격적으로 관찰하여 수요자에게 상품 출처에 관하여 오인·혼동 우려가 있는지 여부를 판단한다.

(2) 요부관찰

상표 중에서 일반 수요자에게 그 상표에 관한 인상을 심어주거나 기억·연상을 하게 함으로써 그 부분만으로 독립하여 상품의 출처표시 기능을 수행하는 부분, 즉 요부가 있는 경우 적절한 전체관찰의 결론을 유도하기 위해서 요부를 가지고 상표의 유사 여부를 대비·판단하는 것이 필요하다.

(3) 사안의 경우

甲의 등록상표에서 도형 부분은 식별력이 다소 약하고, 'DIGITAL DATA FACTORY'가 상품의 출처표시 기능을 수행하는 요부라고 할 수 있다. 따라서 乙의 상표와 요부가 공통되므로 출처에 오인·혼동을 일으킬 우려가 있어 양 상표는 유사하다.

4 서비스의 유사 여부

(1) 서비스의 유사판단

제공되는 서비스의 성질이나 내용, 제공 방법과 장소, 서비스의 제공자, 수요자의 범위 및 서비스의 제공에 관련된 물품이 일치하는지 여부 등 거래 실정을 종합적으로 고려하여 판단한다.

(2) 사 안

甲의 등록상표의 지정서비스인 '컴퓨터 프로그램 개발업'과 乙이 상표를 사용하고 있는 '컴퓨터 데이터 복구 및 메모리 복구업'은 모두 컴퓨터를 이용하여 제작되거나 컴퓨터에 저장된 프로그램 또는 데이터를 대상으로 하는 서비스업이라는 점에서 공통되고, 수요자도 대부분 일치할 것으로 보이는 바, 양 서비스는 유사하다.

5 결 론

'디지털데이터팩토리'는 식별력이 있고, 양 상표는 유사하고, 양 서비스도 유사하므로, 乙의 주장은 부당하다.

설문 **2** 에 대하여

1 논점의 정리

乙의 상표권이 정당 권원으로 인정되지 않아 침해가 성립하는지 여부 및 손해배상청구 시 고의·과실 책임에 대해 검토한다.

2 乙 주장의 타당성 여부

(1) 상표권 저촉 시 침해의 성립

상표법은 저촉되는 지식재산권 상호 간에 선출원 또는 선발생 권리가 우선함을 기본원리로 하고 있음을 알 수 있고, 이는 상표권 사이의 저촉관계에도 그대로 적용된다고 봄이 타당하다. 따라서 상표권자가 상표등록출원일 전에 출원·등록된 타인의 선출원 등록상표와 동일·유사한 상표를 등록받아(이하 '후출원 등록상표'라고 한다) 선출원 등록상표권자의 동의 없이 이를 선출원 등록상표의 지정상품과 동일·

제1편

제2편

제3편

유사한 상품에 사용하였다면 후출원 등록상표의 적극적 효력이 제한되어 후출원 등록상표에 대한 등록무효 심결의 확정 여부와 상관없이 선출원 등록상표권에 대한 침해가 성립한다.

(2) 사안의 경우

乙이 자신의 상표에 대하여 2022. 8. 8.에 등록을 받았더라고, 선출원 등록상표권자인 甲의 등록상표의 유사범위 내에 사용하는 경우, 乙의 상표권의 적극적 효력이 제한되므로 乙 상표의 무효심결 확정여부와 상관없이 甲의 상표권에 대한 침해가 성립된다. 따라서 乙의 주장은 부당하다.

3 손해배상청구 소송에서의 고의·과실의 입증책임

(1) 고의의 입증책임

① 고의 추정(제112조)

제222조에 따라 등록상표임을 표시한 타인의 상표권을 침해한 자는 그 침해행위에 대하여 그 상표가 이미 등록된 사실을 알았던 것으로 추정한다.

② 사안의 경우

甲이 등록상표임을 표시한 사정이 없고, 또한 제112조는 '침해행위에 대한 고의'를 추정하는 것이 아니므로, 침해에 대한 고의는 상표권자 甲이 입증책임을 진다.

(2) 과실의 입증책임

① 과실의 추정

상표권의 존재 및 내용은 공시되어 일반 공중도 통상의 주의로 알 수 있고, 업으로서 상표를 사용하는 사업자에게 상표권의 침해에 대한 주의의무를 부과하는 것이 부당하지 않고, 특허권 등의 다른 지식재산권을 침해한 자는 침해행위에 대하여 과실이 있는 것으로 추정되는데 상표권만 달리 보아야 할 합리적인 이유가 없으므로, 타인의 상표권을 침해한 자는 그 침해행위에 대하여 과실이 있는 것으로 추정된다.

② 과실의 추정 복멸

타인의 상표권을 침해한 자의 침해행위에 대한 과실을 복멸하기 위해서는, 상표권의 존재를 알지 못하였다는 점을 정당화할 수 있는 사정, 또는 자신이 사용하는 상표가 등록상표의 권리범위에 속하지 아니한다고 믿은 점을 정당화할 수 있는 사정이 있다는 것을 주장·증명해야 한다.

문제 2

甲은 상품류 구분 제5류의 생리대, 위생팬티, 소독제 등을 지정상품으로 하는 '**sodami**'를 2019. 9. 11. 상표출원하였고, 2021. 12. 24. 상표등록을 받았다.

乙은 선사용상표 '**sodami**'를 상품류 구분 제3류의 향수 및 화장품 등, 제5류의 생리대, NATURAL COTTON 생리용팬티, 의료용 흡수솜 등을 지정상품으로 하여 유럽상표청에 출원하였고, 2010. 10. 7. 등록을 받아 이를 기초로 하여 모로코, 터키, 미국 등에서 마드리드 의정서에 의한 국제상표 등록을 받았다. 乙은 독일에 설립된 법인으로 홈페이지를 통해 선사용상표가 부착된 팬티라이너, 생리대 등을 제조하여 외국에서 판매하고 있다. 乙의 홈페이지 및 제품 카탈로그에는 선사용상표가 포장에 표시된 다양한 상품들이 게시되어 있다.

甲은 2018년부터 생리대 등 완제품을 乙로부터 국내로 수입하기 위해 여러 차례 이메일을 주고 받는 등 乙과 교섭을 벌였다. 甲은 2018. 5. 31. 乙에게 식품의약품안전처 수입신고에 필요하다는 이유로 제품의 카탈로그 파일과 소비자 광고 전단 이미지 파일을 요청하였고, 乙은 제품의 브로슈어, 광고 전단과 기술자료 등을 甲에게 보냈다.

甲은 2018. 5. 31. 乙에게 甲의 표장을 상품에 표시하는 유통업체상표(private label) 방식으로 수입하되 선사용상표를 출처표시로서 함께 사용하자는 제안을 하였다. 그러나 乙은 2018. 6. 22. 그 제안을 거절하며, 선사용상표를 그대로 사용한 제품을 판매하되 연간 구매액에 따른 할인을 제공하겠으며, 특히 乙의 선사용상표를 그대로 사용하게 되면 乙이 포장 인쇄를 하므로 甲이 별도로 인쇄비용을 부담할 필요가 없고, 선사용상표가 표기된 제품에 관한 영문 브로슈어나 판촉물 등을 제공받을 수 있는 장점이 있다는 취지로 답하였다.

甲은 2019. 7. 25. 乙에게 대한민국으로 수입 및 판매될 'SODAMI 제품'을 위한 포장재 최종 디자인을 송부하면서, 제조 기간을 단축할 수 있도록 乙이 포장재를 직접 생산하여 제품에 사용할 것을 요청하였다. 甲은 乙로부터 여러 차례에 걸쳐 'SODAMI 생리대', 'SODAMI 팬티라이너' 등을 수입하였다. 乙은 甲에게 송장 및 비용청구서를 발송하였다.

2019. 10. 1. 甲이 乙로부터 수입한 선사용상표가 표시된 '소다미 코튼 울트라 팬티라이너' 상품의 포장에는 '사용설명 및 원산지표기 스티커'가 부착되어 있었는데, 그 스티커에는 '수입자'가 甲, '제조원'이 乙로 기재되어 있었다. 또한 甲은 2019. 11. 1.부터 선사용상표가 포장지에 표시된 생리대 제품 등을 국내의 甲홈페이지에 게시하여 판매하였는데, 甲이 해당 제품의 '공식수입처'임을 표시하였다.

乙은 甲의 등록상표가 상표법 제34조 제1항 제13호 및 제34조 제1항 제20호에 해당한다는 이유로 상표법 제117조 상표등록의 무효심판을 청구하고자 한다. 다음 물음에 답하시오.

[20점]

1 乙이 甲의 등록상표에 대해 무효심판을 청구한 것에 대하여 그 심판청구가 이해관계인에 의한 적법한 청구인지 여부를 설명하시오. [4점]

2 乙의 무효심판 인용가능성을 상표법 제34조 제1항 제13호의 입법취지와 적용요건에 대한 법리를 근거로 논하시오. [4점]

3 乙의 무효심판 인용가능성을 상표법 제34조 제1항 제20호의 입법취지와 적용요건에 대한 법리를 근거로 논하시오. [12점]

1 무효심판의 의의 및 취지

상표등록의 완전성과 공정성을 사후적으로 보장하기 위한 것으로, 이해관계인이 청구인 적격을 가진다.

2 이해관계인에 의한 적법한 청구인지 여부

(1) 이해관계인의 의미

이해관계인이라 함은 그 등록상표와 동일 또는 유사한 상표를 사용한 바 있거나 현재 사용하고 있음으로써 등록상표 소멸에 직접적인 이해관계를 갖는 자를 말한다.

(2) 사안의 경우

乙은 甲의 등록상표와 유사한 상표를 甲의 지정상품과 동일·유사한 생리대 등에 사용하고 있으므로, 甲의 등록상표 소멸에 직접적인 이해관계를 갖는 자로서 무효심판을 청구할 수 있는 이해관계인에 해당한다.

3 결 론

乙이 甲의 등록심판에 대해 청구한 무효심판은 이해관계인에 의한 적법한 청구에 해당한다.

1 제34조 제1항 제13호

(1) 입법취지

속지주의 예외 규정으로서, 모방상표 등록을 방지하고 진정한 상표 사용자를 보호하기 위함이다.

(2) 적용요건

국내외 수요자에게 특정인의 출처로 인식된 상표와 동일·유사한 상표로서, 부정한 목적으로 사용할 것을 요한다.

2 乙의 무효심판 인용가능성

乙의 선사용상표는 국내외 특정인의 출처로 인식되었고, 甲의 등록상표와 乙의 선사용상표는 모두 'SODAMI'를 포함하여 유사하며, 甲에게는 乙의 국내 영업을 방해하려는 등의 부정한 목적이 인정된다. 따라서 甲의 등록상표에는 제34조 제1항 제13호의 무효사유가 존재하고, 무효심판은 인용심결 내려질 것이다.

1 논점의 정리

甲의 등록상표에 제34조 제1항 제20호의 무효사유가 존재하는지 여부와 관련하여, 乙이 국내에서 상표를 사용하였다고 볼 수 있는지가 문제된다.

2 제34조 제1항 제20호의 해당 여부

(1) 입법취지

거래관계에서 준수하여야 할 신의칙에 반하는 상표의 등록을 배제하여, 상표브로커의 악용을 방지하고 건전한 상거래질서를 확립하기 위함이다.

(2) 적용요건

동업·고용 등 계약관계나 업무상 거래관계 또는 그 밖의 관계를 통해, 타인이 사용하거나 사용을 준비 중인 상표임을 알면서, 그 상표와 동일·유사한 상표를 동일·유사한 상품에 출원한 경우 적용된다.

(3) 타인이 사용하거나 사용을 준비 중인 상표

① 제3자가 국내에서 사용한 경우

선사용상표는 원칙적으로 국내에서 사용 또는 사용 준비 중인 상표여야 하는데, 선사용상표에 관한 권리자가 외국에서 선사용상표를 상품에 표시하였을 뿐 국내에서 직접 또는 대리인을 통하여 제2조 제1항 제11호에서 정한 상표의 사용행위를 한 바 없더라도, 국내에서 유통될 것을 전제로 상품을 수출하여 그 상표를 표시한 그대로 국내의 정상적인 거래에서 양도·전시되는 등의 방법으로 유통되게 하였다면 이를 수입하여 유통시킨 제3자와의 관계에서 선사용상표는 '타인이 사용한 상표'에 해당한다.

② 사안의 경우

비록 乙이 국내에서 상표를 직접 사용한 바는 없지만, 乙은 甲을 통하여 국내에서 유통될 것을 전제로 상품을 수출하였고, 乙상표를 표시한 그대로 국내의 정상적인 거래에서 양도·전시되었으므로, 甲과의 관계에서 선사용상표는 타인 乙이 사용한 상표에 해당한다.

(4) 소 결

乙이 선사용상표의 권리자이며, 甲은 업무상 거래관계를 통해 선사용상표가 乙에 의해 국내에서 사용되는 상표임을 알면서도 동일·유사 상표를 동일·유사 상품에 출원하여 등록받았으므로 제34조 제1항 제20호에 해당한다.

3 결 론

乙의 무효심판은 인용심결 내려질 것이다.

甲은 1990년부터 제주도에서 제주도 감귤을 원재료로 하는 주스를 제조하여 판매하고 있었다. 제주도 관광이 활성화되고 전국에서 제주도 방문객이 급증함에 따라 甲의 위 주스는 호평과 함께 인기를 얻게 되었다. 甲은 위 주스에 '제주감귤주스', '제주맛감귤주스', '제주도감귤주스' 라는 상품표장을 다양하게 사용하여 판매하였으나 2022. 1. 1.부터는 '제주감귤주스'만을 상품 표장으로 사용하고 있다.

甲은 2000년 이후에는 지속적으로 방송과 신문, 전국 공항과 기차역에 광고와 협찬 비용으로 매년 30억 원 이상 지출하였고, 이에 따라 '제주감귤주스'는 2010년 이후부터는 전국 매출액이 500억 원이 넘었다. 그리고 음료수 시장에서의 점유율 역시 지속적으로 상승하여 2020년 이후부터는 38%를 상회하고 있다.

甲은 2022. 12. 30. 특허청에 '제주감귤주스'를 상표법상 상품류 구분 제32류의 과실음료를 지정상품으로 하여 상표등록을 출원하였으나, 특허청은 위 '제주감귤주스'가 2022. 1. 1.부터 사용된 것이어서 단기간 사용된 것이고 산지와 원재료만을 보통으로 표시한 표장으로서 식별 력이 없는 상품표장이라는 이유로 상표등절이유를 통지하였다. [30점]

1 甲의 '제주감귤주스'가 사용에 의한 식별력 취득을 이유로 상표등록을 받을 수 있는 요건에 대해서 설명하시오. [12점]

2 위 (1)의 사용에 의한 식별력 취득에 관한 판단 기준에 대해서 설명하시오. [12점]

3 경쟁업자인 乙은 '제주감귤주스'가 비록 상표등록이 되더라도 상표권의 효력이 미치지 아니하는 표장에 해당한다고 주장한다. 乙의 주장과 관련하여 판례의 태도에 대해서 설명 하시오. [6점]

설문 **1** 에 대하여

1 논점의 정리

甲의 '제주감귤주스'는 본질적 식별력이 없으나, 제33조 제2항의 사용에 의한 식별력을 취득하여 상표등록을 받을 수 있는지 검토한다.

2 甲의 '제주감귤주스'의 본질적 식별력 검토

(1) 제33조 제1항 제3호

상품의 산지, 원재료 등을 보통으로 사용하는 방법으로 표시한 표장만으로 된 상표는 자타상품식별력과 독점적응성이 없는 기술적 표장으로 상표 등록을 불허한다.

(2) 사안의 경우

甲의 '제주감귤주스'에서 '제주'는 감귤주스의 산지로 인식되고, '감귤'은 원재료로 인식되므로, 본 호의 기술적 표장에 해당되어 본질적 식별력이 부정된다.

3 甲의 '제주감귤주스'가 사용에 의한 식별력 취득을 이유로 상표등록을 받을 수 있는 요건

(1) 제33조 제2항 의의 및 취지

등록여부결정 시에 제33조 제1항 각 호에 해당하는 표장이더라도 사용에 의해 식별력을 취득한 경우 자타상품 식별력과 독점적응성이 인정되므로 등록을 허여한다.

(2) 판단 기준

제33조 제2항은 원래 특정인에게 독점 사용케 할 수 없는 표장에 대세적인 권리를 부여하는 것이므로 그 기준은 엄격하게 해석·적용되어야 한다.

(3) 적용 요건

상표등록출원 전부터 그 상표를 사용하여, 수요자 간에 그 상표가 특정인의 상품에 관한 출처를 표시하는 것으로 식별할 수 있게 되고, 실제로 사용한 상표를 사용한 상품에 출원할 것을 요한다. 이때 상표의 동일성은 실질적 동일성을 의미한다.

(4) 사안의 경우

甲은 '제주감귤주스'를 출원하기 전인 1990년부터 사용하였고, 이를 사용한 상품인 과실음료를 지정상품으로 하여 출원하였으며, 광고 비용 등을 감안했을 때 특정인에게 출처표시로 인식될 것이라고 보이는 바, 제33조 제2항에 따라 등록받을 수 있을 것이다.

설문 2 에 대하여

1 사용에 의한 식별력 취득에 관한 판단 기준

(1) 주체적 기준

지정상품에 관한 일반거래자나 수요자들을 기준으로 판단한다.

(2) 시기적 기준

출원 전부터 사용하였을 것을 요하고, 등록여부결정 시를 기준으로 식별력 취득 여부를 판단한다.

(3) 판단 요소

상표의 사용기간, 사용횟수, 상품의 생산·판매량, 광고·선전의 기간 및 액수, 상표 사용자의 신용, 사용태양 등을 종합적으로 고려하여 판단한다.

(4) 증명 책임

식별력 취득 여부는 출원인에 의하여 증거에 의하여 명확히 증명되어야 한다.

---

2 사안의 경우

甲은 1990년부터 '제주감귤주스'와 실질적으로 동일성이 인정되는 제주감귤주스', '제주맛감귤주스', '제주도감귤주스'를 사용하였고, 광고 기간의 액수와 판매량 등을 고려하였을 때, '제주감귤주스'는 '과실음료'에

대하여 특정인의 상품에 관한 출처를 표시한 것으로 식별하게 된 표장에 해당한다. 따라서 甲이 이를 주장 및 입증한다면 제33조 제2항이 적용될 수 있을 것이다.

설문 **3** 에 대하여

1 제90조 제1항

(1) 의의 및 취지
기술적 표장 또는 현저한 지리적 명칭의 자유사용을 보정하기 위해 상표권의 효력이 제한된다.

(2) 사안
'제주감귤주스'는 과실음료의 산지 및 원재료를 직감시킬 수 있으므로 상표권의 효력이 제한될 수 있다.

2 乙의 주장의 타당성

(1) 사용에 의한 식별력을 취득한 경우 상표권의 효력제한 여부
상표의 구성 중 식별력이 없거나 미약한 부분과 동일한 표장이 거래사회에서 오랜 기간 사용된 결과 상표의 등록 또는 지정상품 추가등록 전부터 수요자 간에 특정인의 상품에 관한 출처를 표시하는 것으로 식별할 수 있게 된 경우, 그러한 부분은 제90조 제1항 제2호에 의한 상표권 효력의 제한을 받지 않는다.

(2) 사안의 경우
甲의 '제주감귤주스'는 제33조 제2항의 식별력을 취득하였으므로, 제90조 제1항 제2호에 의한 상표권 효력의 제한을 받지 않는다. 따라서 乙의 주장은 부당하다.

문제 4 甲과 乙은 일회용 카메라를 제조하여 판매하는 회사이다.

乙은 렌즈, 필름, 프로세스 카메라 등에 대해서 상표등록을 하였고, 乙의 일회용 카메라 X는 소비자들 사이에서 일회용 카메라의 대명사가 될 정도로 유명하다. X의 포장용기, 몸체에는 乙의 상표가 부착되어 있고 내부 렌즈에는 乙의 상표가 각인되어 있다. X는 시중에서 20,000 원에 소비자에게 판매되고 있다.

甲은 소비자가 X를 사용 완료한 것을 수거하고, 수거된 X에 일회용 카메라의 성능이나 품질에서 본질이라고 할 수 있는 필름을 乙이 아닌 다른 회사 필름으로 새로 갈아 끼우고 甲의 상표를 포장용기와 몸체에 다시 부착하여 일회용 카메라 Y를 제조하여 판매하고 있다. Y에는 6개의 렌즈에 乙의 상표가 각인되어 있다. Y는 시중에서 15,000원에 소비자에게 판매되고 있다.

甲은 X의 렌즈에 있는 乙의 상표를 제거하지 못하였으나 X는 일회용 카메라로서 1회 사용을 한 후에 현상소에서 봉인을 제거하고 이미 사용한 필름을 현상함으로써 그 기능이 다한다는 점, 카메라 X를 반환하지 않는다는 점, Y의 포장용기 및 몸체에는 甲의 상표가 선명하고 확실하게 표시되어 있는 점, 자원의 재활용이 친환경적이라는 점 등 때문에 甲과 乙의 상표는 오인·혼동의 우려가 없다고 판단하고 있다. 다음 물음에 답하시오(단, 각 물음은 독립적이다). [20점]

1 乙이 甲에게 상표권 침해 주장을 하는 경우에 甲이 주장할 수 있는 항변사유를 설명하시오. [11점]

2 위 (1)에서 甲의 항변에 대하여 乙의 상표권 침해 주장을 정당화할 수 있는 사유를 설명하시오. [4점]

3 甲이 乙의 X를 구입하여 포장용기와 몸체에 乙의 상표를 제거·변경하여 판매한 경우에 乙의 상표권 침해 성립 여부에 대해서 설명하시오. [5점]

설문 **1** 에 대하여

1 논점의 정리

상표권자의 침해 주장에 대하여 항변할 수 있는 사유에 대하여 검토한다.

2 甲이 주장할 수 있는 항변사유 1 - 상표적 사용

(1) 상표적 사용

형식적으로 제2조 제1항 제11호에 해당하고, 실질적으로 상표의 기능이 발휘되어야 한다. 상품과의 관계, 사용 태양, 상표의 주지저명성, 사용자의 의도, 사용경위 등을 종합하여 실제 거래계에서 표장이 상품의 식별표지로서 사용되고 있는지 여부를 판단한다.

(2) 사안의 경우

甲은 乙의 등록상표가 카메라 내부 렌즈에 각인되어 수요자들이 인식할 수 없는 반면, 甲의 상표는 잘 보이는 포장 용기와 몸체에 표시한 것을 고려하였을 때, 乙의 등록상표는 식별표지로 사용되지 않아 상표적으로 사용되지 않아 침해가 성립하지 않음을 항변할 수 있다.

3 甲이 주장할 수 있는 항변사유 2 - 권리소진

(1) 권리소진의 의의

상표권자 등이 국내에서 상표, 상품을 양도한 경우에는 상표권은 그 목적을 달성한 것으로 소진되고 이후 당해 상품의 양도, 사용행위에는 더 이상 효력이 미치지 않는다.

(2) 권리소진이 인정되지 않는 경우

원래의 상품과의 동일성을 해할 정도의 가공이나 수선을 하는 때에는 실질적으로 생산행위를 하는 것과 마찬가지이므로 이러한 경우에는 상표권자의 권리를 침해하는 것으로 본다. 동일성을 해할 정도의 가공이나 수선으로서 생산행위에 해당하는가의 여부는 당해 상품의 객관적인 성질, 이용형태 및 상표법의 규정취지와 상표의 기능 등을 종합하여 판단한다.

(3) 사안의 경우

甲이 사용한 乙의 카메라는 이미 적법하게 구매되어 乙의 상표권이 소진된 것이고, 필름을 갈아 끼우는 것은 단순한 부품의 교체일 뿐이고, 카메라의 포장 용기와 몸체에는 甲의 상표가 표시되어 있으므로 출처의 오인 및 혼동 우려가 없는 점을 주장하여, 甲의 행위는 동일성을 해할 정도의 가공이나 수선으로서 생산행위에 해당하지 않아 乙의 상표권이 소진되어 침해가 성립하지 않음을 항변할 수 있다.

설문 **2** 에 대하여

1 상표적 사용의 항변에 대하여

乙의 상표는 주지 저명하여 출처표시로서 인식될 수 있는 점, 하나의 상품에 둘 이상의 상표가 표시될 수 있는 점 등을 고려하였을 때, 乙의 상표가 카메라에 대한 출처표시 기능을 수행할 수 있어 甲은 乙의 상표를 상표적으로 사용하여 침해가 성립함을 주장할 수 있다.

2 권리소진의 항변에 대하여

일회용 카메라에서 필름은 성능이나 품질에서 본질적인 부분이라고 할 수 있는 부분으로, 이를 갈아 끼우고 새로운 포장을 한 것은 가공이나 수리의 범위를 넘어 상품의 동일성을 해할 정도인 실질적인 재생산 행위에 해당하므로, 乙의 상표권이 소진되지 않아 침해가 성립함을 주장할 수 있다.

1 상표 바꿔치기

(1) 의 의

타인의 상표가 표시된 상품을 구매하여 상품에 표시된 타인의 상표를 제거, 변경하거나 별도의 상표를 부착하여 판매하는 행위를 의미한다.

(2) 침해에 해당하는지 여부

상표법은 상표의 기능을 보호하는 것이므로, 상표 바꿔치기는 상표권자의 상표와 상품 간의 견련성을 깨뜨리는 행위로 상표의 기능을 해한다고 보아, 침해에 해당된다고 봄이 타당하다.

2 사안의 경우

甲이 乙의 카메라를 구입하여 乙의 상표를 제거, 변경하는 것은 乙의 상표의 기능을 해하는 것이므로 乙의 상표권에 대한 침해가 성립한다.

02 | 2022년 제59회 상표법 기출문제

문제 1
甲은 2015. 4. 10.(금)부터 'BMKG MAX'라는 상호로 여성 의류업을 영위하면서 상표 'BMKG'를 사용하고 있다. 甲은 2018. 4. 10.(화) 자신의 공장에 있는 모든 여성의류들을 乙에게 양도하는 양도계약을 체결하였는데, 이 계약에서 甲은 자신의 영업을 乙이 계속 유지할 수 있도록 주요 직원들과 거래처를 乙에게 이전하고, 'BMKG'라는 표장에 대한 권한을 乙에게 귀속하는 것을 주요 계약 내용으로 하였다. 甲은 2018. 5. 15.(화) 모든 의류공장을 폐쇄하고 여성 의류업을 폐업하였다.

乙은 2018. 9. 10.(월) 甲으로부터 받은 모든 권리를 丙에게 양도하는 포괄적 양도계약을 체결하였다. 그 후 丙은 상표 'BMKG'를 유명 패션잡지와 인터넷 신문에 광고하여 상표 'BMKG'는 일반 수요자에게 널리 알려지게 되었고, 유명 스포츠 선수들과 여성 연예인들이 丙의 상표가 부착된 의류를 입은 사진들이 인터넷에 게재되면서 丙은 불과 3년이 채 안되어 수백억 원의 매출을 올렸으며, 전국적으로 여성의류매장을 계속 확장해 나가면서 2020년 말에는 약 1,000개가 넘는 매장을 운영하고 있다.

한편 甲은 '의류'를 지정상품으로 하여 'BMKG'라는 상표를 2021. 5. 10.(월) 상표등록출원하여 2022. 4. 11.(월) 상표등록을 받았고, 등록 후에 지정상품에 등록상표를 사용하고 있다. 丁은 'BMKG'라는 상표를 2022. 5. 18.(수)부터 여성의류에 부착하여 인터넷에서 온라인으로 판매를 하고 있다. 다음 물음에 답하시오.   [30점]

1 甲이 자신의 상표권에 기인하여 丙을 상대로 상표권침해금지를 주장하는 경우, 甲의 주장에 대하여 丙이 특허심판원에 청구할 수 있는 심판의 유형 및 그 결과를 포함하여 상표법상 취할 수 있는 조치에 대하여 논하시오.   [16점]

2 甲은 자신의 상표권을 무단 사용하고 있는 丁을 상대로 상표권침해금지 및 손해배상을 청구하는 소송을 제기하였다. 이 소송에서 丁의 대응조치 및 소송의 결과에 대하여 논하시오.   [6점]

3 甲은 2022. 4. 15.(금) 자신의 등록상표 'BMKG'에 대하여 戊와 독점적 통상사용권 사용계약을 체결하였다. 그 후 甲의 등록상표가 이해관계인의 무효심판청구에 의해 무효심결이 확정된 경우에 甲과 戊와의 법률관계 및 戊와 丁과의 법률관계에 대하여 설명하시오.   [8점]

1 논점의 정리

丙이 甲의 등록상표에 무효심판을 청구할 수 있는지 여부 및 甲의 침해주장에 대하여 할 수 있는 조치를 검토한다.

2 丙이 특허심판원에 청구할 수 있는 심판의 유형 – 무효심판

(1) 무효심판 의의 및 취지

상표등록의 완전성과 공정성을 사후적으로 보장하기 위한 것으로, 丙은 甲의 등록상표의 소멸에 이해관계를 가지는 자로서 무효심판의 청구인 적격을 갖는다.

(2) 제34조 제1항 제4호

甲이 BMKG 상표를 출원하여 등록 받은 과정에서 신의칙이 위반되지만, 이러한 사정만으로 제34조 제1항 제4호의 무효사유가 있다고 할 수 없다.

(3) 제34조 제1항 제9호, 제12호, 제13호

① 선사용표장의 권리자 판단기준

선사용상표의 권리자가 누구인지는 선사용상표의 선택과 사용을 둘러싼 관련 당사자 사이의 구체적인 내부관계 등을 종합적으로 살펴 판단하여야 하고, 선사용상표 사용자의 사용을 통제하거나 상품의 성질이나 품질을 관리하여 온 자가 따로 있는 경우에는 그를 선사용상표의 권리자로 보아야 한다.

② 사안의 경우

甲은 BMKG 상표에 대한 권한을 乙에게 양도하였고, 乙은 이를 丙에게 양도하였으므로, BMKG에 대한 권리자는 이를 활발히 사용하고 있는 丙으로 봄이 타당하다. 따라서 甲의 등록상표는 국내에서 널리 알려진 타인 丙의 상표와 동일하고, 지정상품도 동일하며, 甲에게는 丙의 상표의 신용에 편승하여 부당한 이득을 얻고자 하는 부정한 목적이 있으므로, 제34조 제1항 제9호, 제12호, 제13호의 무효사유가 있다.

(4) 제34조 제1항 제20호

甲은 계약을 통해 乙의 지위를 양수한 丙이 해당 상표를 사용하고 있음을 알면서 동일 상표를 동일 상품에 대해 출원한 바, 제34조 제1항 제20호의 무효사유가 있다.

(5) 소 결

丙은 甲의 등록상표에 대하여 제34조 제1항 제9호, 제12호, 제13호 및 제20호를 무효사유로 하여 무효심판을 청구할 수 있다.

3 丙이 甲의 침해주장에 대하여 할 수 있는 조치

(1) 권리남용의 항변

丙은 甲의 등록상표 X가 제34조 제1항 제9호, 제12호, 제13호 및 제20호에 따른 무효사유가 명백하고, 또한 甲의 권리행사는 신의칙에 반하는 것임을 주장하여, 甲의 침해금지청구 등의 권리행사가 권리남용임을 주장할 수 있다.

(2) 선사용권의 항변

① 의의 및 취지

모방상표의 등록으로 인한 기대이익을 차단하고 선사용자를 보호하기 위한 것으로, 상표등록출원 전부터 국내에서 부정경쟁목적 없이 계속 사용하여 출원 시에 특정인의 상품 출처로 인식된 경우 인정된다.

② 사안의 경우

丙은 甲의 상표등록출원 전부터 국내에서 부정경쟁목적 없이 계속 사용하여 특정인의 상품 출처로 인식되어 있음을 주장하여, 제99조 제1항의 선사용권의 항변을 할 수 있다.

설문 **2** 에 대하여

1 논점의 정리

丁은 甲의 등록상표와 동일한 상표를 동일한 상품에 사용하고 있어 침해에 해당하는 바, 丁이 해당 소송에서 권리남용의 항변을 할 수 있는지 검토한다.

2 丁의 대응조치 - 권리남용의 항변

① 무효사유가 명백한 경우

무효등록상표에 대한 등록무효심결이 확정되기 전이라고 하더라도 상표등록이 무효심판에 의하여 무효로 될 것임이 명백한 경우에는 상표권에 기초한 침해금지 또는 손해배상 등의 청구는 특별한 사정이 없는 한 권리남용에 해당하여 허용되지 아니한다.

② 사안의 경우

丁은 甲의 등록상표 X가 제34조 제1항 제9호, 제12호, 제13호 및 제20호에 따른 무효사유가 명백함을 주장하여, 甲의 침해금지청구 등의 권리행사가 권리남용임을 주장할 수 있다.

3 소송의 결과

甲 상표권침해금지 및 손해배상청구는 권리남용에 해당하므로, 기각판결 내려질 것이다.

1 논점의 정리

甲의 등록상표가 무효심판에 의해 소급소멸된 경우, 통상사용권자 戊의 지위가 문제된다.

2 甲과 戊와의 법률관계

(1) 통상사용권 소멸

甲의 상표권이 소멸됨에 따라서 그에 부수하는 권리인 戊의 통상사용권 역시 소멸한다.

(2) 사용료 정산

사용권 설정 계약이 그 계약의 체결 당시부터 원시적으로 이행불능 상태에 있었다고 볼 수는 없고, 무효 심결이 확정된 때부터 이행불능 상태에 빠지게 된다고 보아야 하므로, 甲은 등록상표의 무효심결 확정 전까지 戊으로부터 지급받은 사용료를 부당이득으로 반환할 의무가 없다.

3 戊와 丁과의 법률관계

독점적 통상사용권자는 상표권자가 가지는 침해금지청구권을 대위행사할 수 있다고 봄이 타당하나. 사안의 경우 甲의 상표권이 소멸하여 戊의 통상사용권 역시 소멸하였으므로, 戊은 丁에게 어떠한 권리도 행사할 수 없다.

문제 2

甲은 1960년 초부터 '주방용 기구'에 대하여 표장 'MAUMI'를 전 세계적으로 사용하여 왔고, 해당 표장은 미국, 중국, 독일 등 외국의 수요자들 사이에서 특정인의 상품을 표시하는 것이라고 인식되어 있다. 甲은 2015년 국내에 진출하여 온라인 매체, TV 홈쇼핑 및 오프라인에서 수십만 회의 광고를 통해 2018년 초부터 국내 수요자들 사이에서도 특정인의 상품을 표시하는 것이라고 인식되어 있다. 다음 물음에 답하시오. [20점]

1 乙은 지정서비스업을 '요리업, 조리업'으로 하여 표장 '마우미킹(MAUMI KING)'을 2019. 3. 7.(목) 특허청에 상표등록출원을 하였고, 2019. 12. 16.(월) 상표등록을 받았다. 甲은 乙의 등록상표가 상표법 제34조 제1항 제13호에 해당한다는 이유로 상표법 제117조 상표등록의 무효심판을 청구하였다. 이 심판의 결과에 대하여 논하시오. [8점]

2 甲은 지정상품을 '주방용 기구'로 하여 자신의 표장 'MAUMI'를 2021. 2. 9.(화) 국내에 상표등록출원하였고, 2021. 12. 10.(금) 상표등록을 받았다. 甲은 2022. 1. 25.(화) 丙과 이 등록상표에 대하여 전용사용권을 설정하는 계약을 체결하였다. 한편 丁은 음식 및 조리 분야 벤처창업자로 '주방용 기구'를 지정상품으로 하고, 'MAUMI'를 표장으로 하여 2021. 6. 8.(화) 상표등록출원을 하였고, 2022. 4. 8.(금) 상표등록을 받은 후, 자신의 등록상표가 부착된 지정상품을 제조하여 온라인에서 판매하고 있다. 丙이 丁에 대하여 취할 수 있는 상표법상 조치에 대하여 논하시오. [12점]

설문 1 에 대하여

1 │ 논점의 정리

甲은 乙의 등록상표와 유사한 상표를 사용하고 있는 자로서 무효심판을 청구할 이해관계인에 해당하는 바, 해당 상표에 제34조 제1항 제13호의 무효사유가 있는지 여부를 검토한다.

2 │ 제34조 제1항 제13호 해당 여부

(1) 의의 및 취지

출원 시 기준으로 진정한 상표사용자 보호 및 공정한 거래질서 확립을 위해 국내외 특정인의 출처로 인식된 상표와 표장이 유사하고 부정한 목적이 있는 경우 등록을 불허한다.

(2) 부정한 목적의 판단

① 판단 방법

부정한 목적 여부는 인용상표의 주지·저명성, 창작성의 정도, 상표의 동일·유사성의 정도, 당사자 간 상표를 둘러싼 교섭의 유무와 그 내용, 당사차의 관계, 출원인이 등록상표를 이용한 사업화 여부, 상품의 동일·유사성 내지는 경제적 견련관계 유무, 거래실정 등을 종합 고려하여 판단한다.

② 사안의 경우

甲의 선사용상표는 국내외에서 수요자들에게 신용을 얻었고, MAUMI는 조어로서 창작성이 높으며, MAUMI와 MAUMI KING은 요부가 동일해 서로 유사한 점 등을 고려하였을 때 乙에게는 甲의 상표의 신용에 편승하여 부당한 이익을 얻으려는 등의 부정한 목적이 인정된다.

(3) 소 결

甲의 선사용상표는 국내외에서 특정인의 출처로 인식되었고, 乙의 등록상표는 이와 유사하며, 乙에게는 부정한 목적이 인정되는 바 제34조 제1항 제13호의 무효사유가 존재한다.

3 무효심판의 결과

인용심결 내려질 것이다.

설문 2 에 대하여

1 논점의 정리

丁이 자신의 등록상표를 사용하는 행위가 甲의 상표권에 대한 침해인지 여부를 검토하고, 이 때 전용사용권자 丙이 취할 수 있는 조치를 검토한다.

2 丙이 丁의 등록상표에 대하여 취할 수 있는 조치

(1) 무효심판

丙은 丁의 등록상표와 동일한 선출원등록상표에 대한 사용권자로서, 丁의 등록상표의 소멸에 이해관계를 가지는 자로써 무효심판을 청구할 수 있다.

(2) 제34조 제1항 제7호

丁의 등록상표는 甲의 선출원 등록상표와 동일한 상표를 동일한 지정상품에 출원한 것이므로 제34조 제1항 제7호의 무효사유가 존재한다.

(3) 제34조 제1항 제12호 및 제13호

丁의 등록상표는 국내에서 특정인의 출처로 인식된 甲의 상표와 동일한 상표를 동일한 지정상품에 출원한 것이므로 출처혼동으로 인한 수요자의 기만 염려가 있고 丁의 부정한 목적도 인정되므로 제34조 제1항 제12호 및 제13호의 무효사유가 존재한다.

(4) 소 결

丙이 丁의 등록상표에 대하여 제34조 제1항 제7호, 제12호 및 제13호의 무효사유를 이유로 무효심판을 청구할 수 있다.

3 丙이 丁의 상표의 사용에 대하여 취할 수 있는 조치

(1) 침해의 요건 검토

丁은 甲의 등록상표와 동일한 상표를 동일한 상품에 대하여 사용하고 있으므로, 丁이 정당권원이 있는지 여부가 문제된다.

(2) 자신의 상표권에 기한 정당권원을 주장할 수 있는지 여부

① 대법원 전원합의체 판례

상표권 사이의 저촉이 있는 경우 후출원 상표권자가 선출원 상표권자의 동의 없이 후출원 등록상표를 사용한다면 후출원 등록상표권의 적극적 효력이 제한되어 무효심결 확정 여부와 상관없이 선출원 등록상표권에 대한 침해가 성립된다.

② 사안의 경우

丁은 사용상표에 대하여 상표등록을 받았다 하더라도, 상표권으로 정당권원을 주장할 수 없으므로, 甲의 등록상표에 대한 침해에 해당한다.

(3) 소 결

① 민사상 조치 : 침해금지청구, 손해배상청구, 법정손해배상청구, 신용회복청구, 부당이득반환청구, 가처분/임시조치 등

② 형사상 조치 : 침해죄, 몰수, 양벌규정

③ 경고 등

문제 3

甲은 2010. 3.경 피부에 도포하면 피부세포의 활성이 촉진되어 노화가 방지되는 기능을 갖는 상품(이하 'A상품'이라 한다)을 개발하고 이에 X상표를 부착하여 판매하였다. 甲은 A상품을 지정상품으로 하는 X상표를 2015. 4. 10.(금) 출원하여 2016. 7. 5.(화) 등록받았다. X상표가 부착된 A상품은 노화를 방지하는 효과가 탁월하여 국내의 수요자에게 선풍적인 인기를 끌게 되며 널리 알려지게 되었고, 현재 X상표는 A상품을 지칭하는 것으로 일반 수요자에게 사용되고 인식되어 있다. 한편, 甲의 동종업자이자 경쟁업자인 乙은 2020. 12.경부터 'X + 乙의 등록상표 K'로 구성된 상표(이하 'Y상표'라 한다)를 A상품의 포장에 표시하여 동 상품을 판매하였고, A상품을 지정상품으로 하는 Y상표를 2021. 2. 5.(금) 출원하여 2022. 6. 2.(목) 출원 공고 되었다. [30점]

1 상표의 보통명칭화의 의미 및 이에 대한 판단기준에 대하여 설명하시오. [10점]

2 甲이 乙에 대하여 취할 수 있는 상표법상의 조치에 대하여 논하시오. [10점]

3 위 (2)의 甲의 조치에 대하여 乙이 甲에 대하여 취할 수 있는 상표법상의 대응조치에 대하여 논하시오. [10점]

1 상표의 보통명칭화의 의미

보통명칭이란, 당해 상품을 취급하는 거래계에서 그 상품을 지칭하는 것으로 실제 사용되고 인식되어 있는 명칭을 말한다. 상표의 보통명칭화란, 원래는 식별력 있는 상표가 일반 수요자 및 동종업자들의 반복 사용에 의하여 식별력을 상실하여 보통명칭이 되는 현상을 말한다.

2 보통명칭화의 판단기준

상표가 보통명칭화가 되었는지 여부는 그 나라에 있어서 당해 상품의 거래실정에 따라서 결정하여야 하며, 상표권자의 이익 및 상표에 화체되어 있는 영업상의 신용에 의한 일반수요자의 이익을 희생하면서까지 이를 인정해야 할 만한 예외적인 경우에 해당하는가를 고려하여 신중하게 판단하여야 한다.

1 논점의 정리

甲은 저명한 X상표에 대한 상표권자이므로, 甲이 乙의 Y상표의 사용 및 출원에 대하여 취할 수 있는 조치를 검토한다.

2 乙의 사용에 대한 조치

(1) 침해의 요건 검토

乙은 정당한 권원 없이 甲의 등록상표 X와 유사한 Y상표를 동일한 상품 A에 사용하고 있으므로 乙의 사용은 甲의 상표권에 대한 침해에 해당한다.

(2) 甲의 조치

① 민사상 조치 : 침해금지청구, 손해배상청구, 신용회복청구, 부당이득반환청구, 가처분/임시조치 등
② 형사상 조치 : 침해죄, 몰수, 양벌규정
③ 경고, 권범심 등

3 乙의 출원에 대한 조치

(1) 제34조 제1항 제7호

乙은 甲의 선출원 등록상표 X와 유사한 X+K를 동일한 지정상품 A에 출원하였으므로, 제34조 제1항 제7호의 거절이유가 존재한다.

(2) 제34조 제1항 제9호, 제11호, 제12호 및 제13호

乙은 甲의 저명한 상표 X와 유사한 X+K를 동일한 지정상품 A에 출원하여 수요자에게 출처의 혼동을 초래할 염려가 있고, X의 신용에 편승하여 부당한 이득을 얻으려는 부정한 목적도 인정되므로, 제34조 제1항 제9호, 제11호, 제12호 및 제13호의 거절이유가 존재한다.

(3) 甲의 조치

甲은 해당 거절이유들을 이유로 정보제공 또는 이의신청을 할 수 있다.

설문 3 에 대하여

1 논점의 정리

甲의 X상표는 보통명칭화되었으므로, 乙이 甲에게 할 수 있는 조치를 검토한다.

2 甲의 침해 주장에 대한 조치

(1) 상표 비유사 항변

① 상표의 구성부분이 사회통념상 자타상품식별력을 인정하기 곤란하거나 공익상 독점적응성이 없는 경우에는 요부에 해당한다고 볼 수 없다.

② 乙은 사용 표장 X+K에서 X는 보통명칭화되어 식별력이 없어 요부가 될 수 없으므로, 전체로서 甲의 상표와 비유사함을 주장할 수 있다.

(2) 제90조 제1항 제2호 항변

① 본 호는 보통명칭 등의 자유사용을 보장하는 규정으로, 결합상표에서 분리인식 가능한 일부 구성이 제90조 제1항에 해당하는 경우 그 부분에 대하여 효력제한이 될 수 있다.

② 乙은 사용 표장 X+K에서 X가 분리인식 가능함을 주장하여 X는 상품 A에 대한 보통명칭이므로 甲의 상표권의 효력이 제한됨을 주장할 수 있다.

(3) 권리남용 항변

① 등록상표에 대한 등록무효심결이 확정되기 전이라고 하더라도 상표등록이 무효심판에 의하여 무효로 될 것임이 명백한 경우에는 상표권에 기초한 침해금지 또는 손해배상 등의 청구는 특별한 사정이 없는 한 권리남용에 해당하여 허용되지 아니한다.

② 乙은 甲의 등록상표 X가 보통명칭화로 인한 제117조 제1항 제6호의 무효사유가 명백함을 주장하여, 甲의 침해금지청구 등의 권리행사가 권리남용임을 주장할 수 있다.

3 甲의 상표권에 대한 조치

乙은 甲의 등록상표 X에 제117조 제1항 제6호의 무효사유에 의한 무효심판을 청구할 수 있다.

문제 4 甲은 A서비스업을 지정서비스업으로 하여 X상표를 2019. 4. 3.(수) 출원하였고 이 출원은 2020. 6. 1.(월) 출원공고 되었다. 乙은 등록상표 Y(출원일 : 2017. 4. 19.(수), 등록일 : 2018. 6. 4.(월))의 상표권자이고 해당 등록상표의 지정상품은 B이다.

甲의 상표출원이 출원공고 된 사실을 알게 된 乙은 2020. 7. 1.(수) 이의신청을 하였다. 이의신청에서 乙은 1) X상표가 자신의 선등록상표 Y와 유사하고, X상표의 지정서비스업 A는 선등록상표 Y의 지정상품 B와 동종성이 인정되므로 상표법 제34조 제1항 제7호에 해당하고, 2) X상표는 乙이 2017. 4.경부터 C서비스업에 사용하여 국내 수요자에게 특정인의 상표라고 인식될 수 있을 정도로 알려져 있는 선사용상표 Z와 유사하고, A서비스업과 C서비스업은 경제적 견련성이 있으므로, 상표법 제34조 제1항 제12호에 해당한다고 주장하였다. 심사장은 이의신청에 대하여 甲에게 기간을 정하여 답변서 제출의 기회를 주었다.

심사관은 乙이 이의신청에서 제출한 각종 자료를 종합적으로 판단한 후 Y상표는 B상품과 관련하여 국내 수요자에게 특정인의 상표로 인식될 수 있을 정도로 알려져 있고, X상표와 Y상표는 표장이 유사하며, A서비스업과 B상품은 경제적 견련성이 있다며 甲의 상표출원에 대하여 상표법 제34조 제1항 제12호를 이유로 거절결정 하였는데, 거절결정 전에 甲에게 거절이유에 대한 의견서 제출의 기회를 주지는 않았다.

甲은 특허심판원에 거절결정불복심판을 청구하였으나 특허심판원은 X상표는 국내 수요자에게 특정인의 상표라고 인식될 수 있을 정도로 알려져 있는 Y상표와 표장이 유사하고, A서비스업과 B상품은 경제적 견련성이 있어 상표법 제34조 제1항 제12호에 해당한다며 심판청구를 기각하였다. 그러나 甲은 이에 불복하여 특허법원에 심결취소소송을 제기하였고, 乙은 피고 측에 보조 참가를 하였다.

[20점]

1 심사관이 거절결정 전에 甲에게 거절이유에 대한 의견서 제출의 기회를 부여하지 않은 것에 대한 위법성 여부를 논하시오.

[7점]

2 심결취소소송에서 乙은 "X상표는 국내 수요자에게 특정인의 상표라고 인식될 수 있을 정도로 알려져 있는 선사용상표 Z와 유사하고, A서비스업과 C서비스업은 경제적 견련성이 있어 상표법 제34조 제1항 제12호에 해당한다."고 주장하였다. 심결취소소송의 법원이 乙의 주장을 심리·판단하여 심결의 당부를 판단하는 근거로 삼을 수 있는지 논하시오.

[13점]

1 논점의 정리

이의신청 시 심사의 범위와 이에 따른 거절이유통지 의무를 검토한다.

2 이의신청의 심사의 범위(제63조)

심사관합의체는 이의신청에 대하여 출원인이나 이의신청인이 주장하지 않은 이유에 관하여도 심사할 수 있다. 이 경우 출원인이나 이의신청인에게 기간을 정하여 그 이유에 관하여 의견을 진술할 수 있는 기회를 주어야 한다.

3 사안의 경우

심사관은 甲의 출원상표에 대하여 乙의 선사용상표 Y를 인용상표로 하여 제34조 제1항 제12호를 근거로 거절결정을 하였는 바, 이 경우 甲에게 기간을 정하여 그 이유에 관하여 의견을 진술할 수 있는 기회를 주었어야 했다. 따라서 甲에게 의견진술 기회를 부여하지 않은 것은 부당하다.

1 논점의 정리

심결취소소송의 심리범위에 대하여 검토한다.

2 심결취소소송의 심리범위

(1) 결정계 심판

심결취소소송의 소송물은 심결의 실제적·절차적 위법성 여부라 할 것이므로 당사자는 심결에서 판단되지 않은 처분의 위법사유도 심결취소소송에서 주장·입증할 수 있고 심결취소소송의 법원은 특별한 사정이 없는 한 제한 없이 이를 심리·판단하여 판결의 기초로 삼을 수 있다. 다만 결정계 심판에서는 특허청장이 심결에서 판단되지 않은 것으로서 거절결정의 이유와 다른 새로운 거절이유를 심결취소소송에서 주장·입증하는 것은 허용되지 않는다.

(2) 의견서 제출 기회의 부여 여부

다만, 특허청장은 거절결정이유 외에도 심사나 심판 단계에서 의견서 제출 기회를 부여한 사유 및 이와 주요한 취지가 부합하는 사유를 주장할 수 있고, 법원도 이를 심리·판단하여 심결의 당부를 판단하는 근거로 삼을 수 있다.또한, 상표등록이의신청서에 기재되어 출원인에게 송달됨으로써 답변서 제출의 기회가 주어진 자는 이미 의견서 제출의 기회가 부여된 사유로 볼 수 있다.

(3) 사 안

甲의 출원상표에 대하여 乙의 선사용상표 Z를 인용상표로 하여 제34조 제1항 제12호에 해당된다는 점은 이의신청서에서 주장되어, 甲에게 답변서 제출의 기회가 부여되었다. 따라서 법원은 乙의 주장을 심리·판단하여 심결의 당부를 판단하는 근거로 삼을 수 있다.

03 | 2021년 제58회 상표법 기출문제

문제 1 甲은 서류가방, 핸드백 등을 그 지정상품(상품류 구분 제18류)으로 1970. 7. 29.(화) 상표등록 출원하여 1971. 9. 1.(수)에 상표 '☺'을 등록받아 사용하고 있으며, 화장품 등은 상품류 구분 제3류로 1980. 3. 1.(월) 상표등록 출원하여 1981. 4. 5.(목)에 상표등록을 받아 사용하고 있다. 등록상표는 국내의 소비자들에게 널리 알려져 있다. 그러나 인터넷 환경의 변화로 甲은 새로운 사업을 준비하고 있던 중, 유행성 독감의 대감염이 심각하게 되면서 최근까지 하던 사업의 매출이 급감하게 되었다. 그리하여 甲은 비대면 시대에 적합한 사업을 하려고 한다.

甲은 현재 사용하고 있는 상표 '☺'가 아닌 4차 산업 시대와 비대면 시대에 적합한 '㉐'와 '웹문(WebMoon)'을 사용하고자 한다. 이 경우에 새롭게 사용하려는 상표의 상표적 사용에 관한 사항을 변리사에게 자문을 의뢰하고자 한다(단, 등록받은 상표와 관련하여 동일·유사한 선등록 및 선사용상표는 없는 것을 전제로 하며, 다음 문제 **1**과 문제 **2**는 독립적이다).

[30점]

1 상표적 사용에 관하여 다음 물음에 답하시오.   [20점]

1) 상표법 제2조 제1항 제1호에서의 '사용'과 동법 제3조에서의 '사용'에 대하여 설명하시오. (5점)

2) 상표법상의 '사용'에 관한 규정에 대하여 모두 설명하시오(단, 위 문제 1)의 '사용'은 제외한다). (15점)

2 상기 甲의 새로운 상표는 2015. 2. 3.(화) 등록출원하여 2016. 3. 4.(금) 등록이 되었으나 유행성 독감으로 인하여 도형 '㉐'의 상표는 사용하지 못하고 '웹문(WebMoon)'으로 된 상표만을 사용하였다. 이 경우 동종업계의 제3자인 乙은 甲이 상표로 등록한 '㉐'의 도형을 상표로 사용하려고 한다. 이 경우 乙이 취할 수 있는 조치에 대하여 설명하시오.

[10점]

설문 **1** 에 대하여

---

1 소설문 1)

(1) 제2조 제1항 제1호에서의 '사용'과 제3조에서의 '사용'의 의미

제2조 제1항 제1호에서의 '사용'은 상표를 구성하는 요소들 중 하나에 해당한다.

(2) 제2조와 제3조에서의 '사용'의 차이 – 정의와 등록요건으로서의 사용의 차이

① 의의 및 상표법상 취급

상표법은 등록주의의 보완책으로서 사용의사 없이 상표선점 목적의 출원을 방지하기 위해 12년 개정법에서 사용의사를 등록요건으로 규정하였다. 영업발전조성 기능 및 법 목적에 부합한다.

② 판단 기준

상표를 사용하려는 의사의 유무는 출원인의 주관적, 내면적인 의사를 중심으로 하되, 출원인의 경력, 지정상품의 특성, 출원인이 다수의 상표를 출원·등록한 경우에는 그 지정상품과의 관계 등과 같이 외형적으로 드러나는 사정까지 종합적으로 고려하여 판단하여야 한다.

(3) 소 결

제2조 제1항 제1호의 '사용'은 '상표의 정의'를 구성하는 일 요소이고, 제3조에서의 '사용'은 상표의 '등록요건'을 판단하는 일 요소이다.

---

2 소설문 2)

(1) 등록 또는 심사 관련 규정

제2조, 제33조 제2항, 제34조 제1항 제9호, 제11호 내지 제13호, 제20호, 제47조, 제53조 제2항 제2호 및 시행령 제12조 제1호

(2) 권리 관련 규정

① 상표권자 등의 사용

제89조, 제95조, 제97조, 제119조 제1항 제1호 내지 제3호

② 타인의 사용

제58조, 제77조, 제90조, 제98조, 제99조, 제107조, 제109조, 제111조, 제160조

설문 2 에 대하여

---

1 논점의 정리

甲은 도형과 문자(웹문)가 결합된 상표를 등록받은 상표권자이고, 甲의 상표 중 식별력 있는 도형 부분에 대한 乙의 사용은 침해를 구성한다. 乙이 甲의 상표권에 대하여 취할 수 있는 조치를 검토한다.

2 甲의 상표권에 대한 조치 1 – 취소심판 청구(제119조 제1항 제3호)

(1) 의의 및 취지

등록상표의 사용을 촉진하고 불사용에 대하여 제재를 가하기 위하여 상표권자 등이 정당한 이유 없이 등록상표를 그 지정상품에 대하여 취소심판청구일 전 계속하여 3년 이상 국내에서 사용하고 있지 아니한 경우 취소사유에 해당한다.

(2) 동일성 판단

등록된 상표와 유사한 상표의 사용만으로는 등록상표의 사용으로 볼 수 없으나, 등록상표의 사용에는 동일한 상표를 사용하는 경우는 물론 사회통념상 동일한 상표의 사용도 포함된다.

(3) 정당한 이유의 판단방법

정당한 이유란 질병 기타 천재지변 등의 불가항력에 의해 영업을 할 수 없는 경우뿐 아니라 법률에 의한 규제, 판매금지, 또는 국가의 수입제한조치 등에 의해 부득이 등록상표의 지정상품이 국내에서 일반적, 정상적으로 거래할 수 없는 경우와 같이 상표권자의 귀책사유로 인하지 아니한 불사용의 경우도 포함된다. 또한, 甲이 등록상표 불사용에 대한 정당한 이유가 있다고 할 수 없고, 상표의 등록 이후 3년이 도과하였는 바, 乙은 甲의 등록상표를 본 호를 이유로 취소시킬 수 있다.

(4) 사안의 경우

甲이 등록상표 중 도형 부분을 생략한 채 문자 부분만을 사용하는 경우, 甲의 실사용상표를 등록상표와 사회통념상 동일한 상표로 볼 수 없으므로 甲의 사용은 등록상표에 대한 사용이 아니다.

3 기타 조치

상표권 양수 또는 사용권 설정

4 소 결

乙은 甲의 등록상표를 불사용을 이유로 취소시키거나, 또는 상표권을 양수받거나 사용권을 설정받은 뒤, 해당 도형을 상표로 사용할 수 있다.

문제 2

甲은 1957. 7. 29.부터 서울 남대문 근처에서 가전제품을 판매·수리하면서 '글로벌상회'라는 상호와 상표를 사용하고 있는 업체이다.

乙은 1983. 4. 1.에 '지구전자'라는 법인을 설립하여 가전제품의 제조·판매업을 운영하다가 1990년대 후반부터 급속한 정보통신기술 등의 발전으로 세계가 글로벌화되어 감에 따라, 시대의 변화에 대처하기 위하여 2010년 5월부터 상호 및 상표, 도메인 이름 등을 '글로벌전자'로 변경하여 국내외의 신문 및 TV, 인터넷 매체 등에 대대적으로 홍보(선전광고)를 하고 있다.

이에 甲은 자신이 오래전부터 상호 및 상표 등으로 사용하고 있는 '글로벌'을 乙에게 사용하지 말 것을 요구하였으나, 乙은 자신이 사용하고 있는 '글로벌전자'가 甲의 '글로벌상회'보다 해외는 물론 국내에서도 주지·저명하다고 주장하고 있다. [20점]

1 여기서 乙이 주장하는 주지·저명성에 대하여 설명하시오. [5점]

2 위 문제 **1** 의 주지상표와 저명상표의 기준에 대하여 관련규정과 판례를 들어 설명하시오. [15점]

1 인식도의 의의 및 단계

(1) 인식도란 상표를 사용함에 따라서 수요자 및 거래자 사이에 해당 상표, 상품이 알려진 정도를 의미한다.

(2) 상표의 인식도의 단계는 무명 상태, 가치 있는 점유 상태, 특정인의 출처로 인식된 상태, 주지 상태, 저명 상태로 구분된다.

2 주지성 및 저명성

주지성이란 상표가 사용된 상품에 관한 거래자 및 관련 수요자층 대다수에게 알려진 상태를 말하며, 저명성이란 이종상품, 이종영업에 걸친 일반 수요자층 대다수에게 알려진 상태를 말한다.

1 논점의 정리

주지상표와 저명상표의 관련 규정으로서 제34조 제1항 제9호 및 제34조 제1항 제11호를 검토하고, 판례를 통해 그 판단 방법을 검토한다.

2 제34조 제1항 제9호

(1) 의의 및 취지

등록여부결정 시 기준으로 타인의 주지상표와 상표, 상품이 동일·유사한 경우 출처혼동방지 및 주지상표 사용자 보호를 위해 등록을 불허한다.

(2) 주지성 판단 기준 및 방법

① 주지 여부는 '해당 상품의 거래자 및 수요자의 인식'을 기준으로 판단하며, '상표등록여부결정을 할 때'를 기준으로 '국내' 상품거래실정에 따라 판단한다.

② 주지상표인지 여부는 상표의 사용, 공급, 영업활동의 기간, 방법, 태양 및 거래의 범위 등을 고려하여 거래실정 또는 사회통념상 널리 알려졌느냐의 여부를 기준으로 삼아 판단한다.

3 제34조 제1항 제11호

(1) 의의 및 취지

출원 시 기준으로 부정경쟁방지 및 일반 수요자의 이익을 보호하기 위해 타인의 저명한 상품 또는 영업과 혼동을 일으킬 우려가 있는 경우 등록을 불허한다.

(2) 저명성 판단 방법

저명상표인지 여부는 상표의 사용, 공급, 영업활동의 기간, 방법, 태양과 거래의 범위 등을 고려하여 거리실정 또는 사회통념상 객관적으로 널리 알려졌는지를 기준으로 판단한다.

4 소 결

甲의 '글로벌상회'가 주지·저명한 경우, 甲, 乙 상표 모두 '글로벌'이 포함되고, 사용상품 및 서비스가 유사하므로 乙이 사용 중인 상표를 출원 시 본 호들이 문제될 수 있다.

문제 3 甲은 캐주얼 의류를 제조 및 판매하는 디자이너로서 상표 "*Crocodit*   (이하 '등록상표'라 한다)"의 상표권자이고 이 등록상표의 지정상품은 '의류, 신발, 가방'이다. 甲은 최근 다른 의류 브랜드 개발에 매진함에 따라 등록상표 "*Crocodit*   "가 부착된 제품에 신경을 쓰지 못할 것이 염려되어 이 브랜드의 명성이 공백 없이 이어져 가기를 기대하며 사업 차 알고 지내던 후배 디자이너 乙에게 2015년 1월부터 이 등록상표에 대한 전용사용권을 설정하여 생산과 판매에 대한 총 책임권한을 부여하였다. 甲은 乙에게 '브랜드 사용설명서 및 주의사항'이라는 제목으로 동일한 범위 내에서 정당하게 사용할 것을 당부하는 취지의 지침을 이메일로 보내 이를 준수해줄 것을 당부하였으며 가끔 시간이 날 때마다 乙이 운영하는 공장에 들러 등록상표를 부착한 생산품을 둘러보는 등의 관리를 하였다. 한편, 丙은 '의류, 신발, 가방'을 지정상품으로 하는 "   (이하 '대상상표'라 한다)"의 상표권자이다. 丙의 상표 "   "는 전국적으로 수요자의 연령층을 가리지 않고 주지·저명할 정도는 아니지만 현재를 기준으로 특정인의 상품 출처로서 인식되었다고 볼 정도의 인지도를 가지고 있다. [30점]

1 등록상표의 전용사용권자 乙은 丙의 상표가 존재한다는 사실은 모른 채 2015년 3월부터 '의류, 신발, 가방' 등에 "   (이하 '실사용상표'라 한다)"의 형태로 문자 부분은 의류, 신발, 가방의 색깔과 동일하거나 매우 유사한 색으로 구성하고 악어 도형 부분은 대비되는 색깔로 구성하여 문자 부분에 비하여 두드러지도록 사용을 하다가 최근 문제가 될 여지가 있다는 전문가의 자문을 받고 2020년 6월부터 사용을 중단하였다. 이와 같은 상황에서 丙은 乙이 자신의 상표와 유사하도록 정당하지 못한 형태로 사용한다는 것을 이유로 甲을 상대로 상표법 제119조 제1항 제2호의 상표등록취소심판을 청구하였다. 이 심판의 결과를 논하시오. [20점]

2 甲은 乙에게 등록상표 사용에 대한 총 책임권한을 주긴 했지만 전용사용권을 등록원부에 등록하지 않았기 때문에 그 효력이 발생하지 아니하여 상표법 제119조 제1항 제2호를 이유로 한 상표등록취소심판은 이유가 없다고 주장한다. 현행법을 기준으로 이 주장의 타당성을 논하시오. [5점]

3 丁은 乙과 경쟁관계에 있는 의류업계 종사자로 乙의 위와 같은 사용행위를 근거로 전용사용권의 등록취소심판을 청구하였다. 乙은 이 심판에 보조참가인으로 참가하여 甲이 자신의 상표 사용행위에 대하여 상당한 주의를 하지 않았으며 2020년 6월부터 사용을 중단하였음을 주장하며 기각심결을 구하고 있다. 이 심판의 결과를 논하시오(단, 이 경우에는 乙의 전용사용권이 등록된 것으로 가정한다). [5점]

설문 **1** 에 대하여

1 논점의 정리

제119조 제1항 제2호와 관련하여 대상상표의 적격성, 유사 범위 내 사용인지 여부, 오인·혼동 발생 가능성을 검토한다.

2 제119조 제1항 제2호

(1) 의의 및 취지

사용권자가 등록상표와 동일·유사 범위의 상표를 사용하여 수요자에게 오인·혼동을 유발한 경우, 상표권자가 상당한 주의를 한 경우를 제외하고 상표등록 취소사유에 해당한다. 상표권자에게 감독의무를 부과하고 사용권자에게 정당사용의무를 부과하여 수요자를 보호하기 위함이다.

(2) 사안의 경우

乙의 사용이 본 호에 해당하는 부정한 사용인지가 문제된다. 단, 제119조 제4항에 따라 乙이 사용을 중단한 것은 본 호를 이유로 하는 취소심판에 영향을 주지 않는다.

3 대상상표로서의 적격성

본 호의 대상상표는 오인·혼동의 염려가 있는 한 등록 여부 또는 등록상표보다 선등록되었는지를 묻지 않고 주지·저명할 것을 요구하지 않는다. 따라서 丙 상표가 적어도 국내에서 특정인의 상표나 상품이라고 인식될 수 있을 정도로 알려져 있는 경우 본 호의 대상 상표가 될 수 있다.

4 사용권자의 동일 또는 유사 범위 내 사용인지 여부

(1) 판례의 태도(2012후1521)

실사용상표가 등록상표를 대상상표와 동일 또는 유사하게 보이도록 변형한 것이어서 그 사용으로 인하여 대상상표와의 관계에서 등록상표를 그대로 사용한 경우보다 수요자가 상품 출처를 오인·혼동할 우려가 더 커지게 된 경우, 본 호의 유사한 상표의 사용으로 볼 수 있다.

(2) 사안의 경우

乙의 실사용상표는 상대적으로 악어 도형 부분이 선명하게 보이도록 하여 등록상표를 그대로 사용한 경우보다 丙 상표와의 관계에서 오인·혼동의 염려가 커지게 되었는 바, 등록상표와 유사한 상표라고 봄이 타당하다.

5 대상상표와의 오인·혼동 여부

(1) 판단 방법

각 상표의 외관, 호칭, 관념 등을 객관적·전체적으로 관찰하되, 실사용상표가 등록상표로부터 변형된 정도 및 대상상표와 유사한 정도, 실사용상표와 대상상표가 상품에 사용되는 구체적인 형태, 사용상품 간의 관련성, 각 상표의 사용기간과 실적, 일반 수요자에게 알려진 정도 등에 비추어, 당해 상표의 사용으로 대상상표의 상품과 사이에 상품출처의 오인·혼동이 야기될 우려가 객관적으로 존재하는가를 중점적으로 살펴야 한다.

(2) 사안의 경우

乙의 실사용상표는 丙 상표와 악어 도형을 공통으로 하고, 문자 부분은 옷감의 색상 등과 유사한 색으로 자수되어 있어 이를 통해 상대적으로 악어 도형 부분이 선명하게 보이도록 하여 수요자의 오인·혼동이 야기될 수 있다.

6 상표권자의 상당한 주의

(1) 판단 방법

상표권자가 상당한 주의를 했다고 하기 위해서는 사용권자에게 오인·혼동행위를 하지 말라는 주의나 경고를 한 정도로는 부족하고, 사용실태를 정기적으로 감독하는 등의 방법으로 상표 사용에 관하여 사용권자를 실질적으로 그 지배하에 두고 있다고 평가할 수 있을 정도가 되어야 하며, 그에 대한 증명책임은 상표권자에게 있다.

(2) 사안의 경우

甲이 乙을 상대로 브랜드 사용설명서 등을 송부하여 준수를 당부하고, 乙의 공장에 방문한 사실만으로는 甲이 乙을 실질적으로 지배하에 두고 그 사용실태를 정기적으로 감독하는 정도에 이르렀다고 보기는 어려우므로, 甲의 상당한 주의를 인정하기 어렵다.

7 소 결

乙의 사용은 등록상표와 유사하고 丙의 상표와 오인·혼동 우려가 있으며, 甲의 상당한 주의가 없었으므로, 취소심판은 인용 심결될 것이다.

1 전용사용권 의의 및 취지

설정행위로 정한 범위 내에서 등록상표를 독점적으로 사용할 수 있는 권리를 말한다. 전용사용권은 준물권적 권리이다.

2 등록의 효력(제100조 제1항)

2012년 개정법은 전용사용권을 등록하지 않아도 그 효력이 발생하도록 하였고, 등록을 제3자 대항요건으로 변경하여 사용권자의 보호를 강화하였다.

3 소 결

개정법에 따라 乙 전용사용권의 효력이 발생하였는 바, 이에 대한 甲의 주장은 부당하다.

설문 **3** 에 대하여

1 논점의 정리

丁은 乙의 전용사용권을 취소시키기 위하여 제120조의 취소심판을 청구하였고 이와 관련하여 상당한 주의 및 사용 중단의 효과에 대하여 검토한다. 제120조 취소심판의 피청구인 적격이 문제될 수 있으나, 이는 추후 보정에 의해 치유될 수 있다.

2 乙 주장의 타당성

(1) 상당한 주의

상표권자가 상당한 주의를 하였는지 여부는 제120조 사용권등록취소사유의 예외 요건에 해당하지 않으므로, 이를 근거로 제120조 취소심판의 기각심결을 구하는 것은 부당하다.

(2) 사용 중단의 효과

제120조 제1항을 사유로 하는 사용권등록취소심판은 취소사유에 해당하는 사실이 없어진 날부터 3년이 지난 후에는 청구할 수 없으나, 해당 사안은 제척기간 내에 청구된 심판청구로서 부적법하다고 볼 수 없다.

(3) 사안의 경우

甲의 상당한 주의는 본 취소심판과 무관하고, 乙의 사용 중단은 취소사유에 영향을 미치지 못하는 바, 이에 대한 乙의 주장은 부당하다.

3 소 결

丁이 제기한 취소심판은 인용 심결될 것이다.

문제 4 甲은 화장품을 제조하여 판매하는 자로서 '스킨, 토너, 로션' 등의 화장품을 지정상품으로 하는 상표 A를 2019. 1. 4.(금) 출원하였고, 상표 A는 2020. 1. 3.(금) 등록되었다. 乙은 甲을 전혀 모르는 자로서 甲의 상표 A와 공교롭게도 극히 유사하게 구성된 상표 B를 2019. 4. 2.(화)부터 라벨형태로 인쇄하여 '스킨, 로션'과 '티셔츠'의 포장박스 겉면에 부착하여 유통하고 있다.

甲은 어느 누구에게도 사용권을 설정해준 적이 없음에도 자신의 상표 A와 유사한 상표 B가 부착된 화장품과 의류가 유통되고 있으며 심지어 판매량이 굉장히 많은 것을 발견하였고 최근 별다른 이유가 없는데도 매출액이 크게 감소한 이유가 이 때문이라 생각하여 이를 논의하고자 자신의 상표 A의 출원 대리를 했던 변리사를 찾아간다. [20점]

1 이와 같은 상황에서 甲이 乙에 대하여 취할 수 있는 법적 조치에 대하여 논하시오. [10점]

2 상표 A는 지정상품 '스킨, 토너, 로션'의 성질을 직감케 하는 표장에 해당하여 등록이 쉽지 않았으나 착오로 등록이 되었다. 등록이 된 후 온라인 자사 쇼핑몰을 통해 상품을 판매하여 왔고 그 판매기간이 오래되지 않았지만 최근 유명 크리에이터의 제품 소개 동영상에 노출되면서부터 단기간 급격하게 매출액과 인지도가 상승하기에 이르렀다. 이러한 상황에서 乙은 甲으로부터 당한 위의 법적 조치에 대응하고자 甲을 상대로 상표 A는 등록시점까지 식별력이 없는 상표에 불과하여 그 효력이 제한되는 것을 이유로 상표 B를 확인대상표장으로 하여 상표 A에 대한 소극적 권리범위확인심판을 청구하였다. 이 심판의 결과를 논하시오. [10점]

설문 1 에 대하여

1 논점의 정리

乙의 행위는 甲 상표권의 등록 전후로 존재하였으므로, 이에 대한 손실보상청구권 및 침해금지청구권을 검토한다.

2 甲 상표권 등록(20. 1. 3.) 후 乙 사용에 대한 조치

(1) 침해 여부 판단

① 침해의 요건

甲 상표권이 유효하고, 乙의 정당 권원 및 효력 제한사유가 존재하지 않는다. 乙의 사용상품 중 티셔츠는 甲의 지정상품과 비유사하므로, 스킨, 로션에 대한 사용이 문제된다.

② 사안의 경우

상품을 담는 포장박스에 A 상표와 유사한 B 상표를 표시한 것은 그 내용물의 출처를 나타내기 위한 것이므로, 乙은 스킨, 로션에 대하여 상표를 사용한 것이다. 따라서 스킨, 로션에 대한 乙의 사용은 甲 상표권의 침해이다.

(2) 甲의 조치

① 민사상 조치 : 침해금지청구, 손해배상청구, 신용회복청구, 부당이득반환청구, 가처분/임시조치 등

② 형사상 조치 : 침해죄, 몰수(라벨), 양벌 규정

③ 경고, 권범심 등

(3) 효력 제한 여부

① 사용에 의해 식별력이 취득된 부분에 효력제한 여부

사용에 의한 식별력을 취득한 부분은 제90조 제1항 제2호에 의한 상표권의 효력의 제한을 받지 않으며, 이는 등록 이후 사용에 의한 식별력을 취득한 경우도 마찬가지라고 하였다.

② 사안의 경우

甲의 사용에 의해 A가 사용에 의한 식별력을 취득하였으므로, 이와 극히 유사하게 구성된 B 상표 역시 효력제한이 인정되지 않을 것이다.

설문 2 에 대하여

1 논점의 정리

착오 등록된 이후 사용에 의한 식별력을 취득한 경우 상표법상 취급이 문제된다.

2 권리범위확인심판의 적법성

(1) A 상표의 하자 치유 여부

등록 가능성은 등록여부결정 시를 기준으로 판단하므로 이후 사용에 의한 식별력을 취득하여도 법리상 무효사유가 치유되지 않는다.

(2) 무효사유가 명백한 A 상표에 대한 권리범위확인심판의 청구의 이익

권리범위확인심판의 심결이 확정되어 일사부재리의 효력이 생기더라도 등록상표가 유효한지 여부 또는 상표권의 침해에 있어 당사자 사이의 권리관계를 확정하는 의미를 가지는 것은 아니다. 또한 권리범위확

인심판 청구의 이익이 있는지는 직권조사사항이므로 이는 사건의 심리에 과도한 부담을 주게 될 뿐 아니라 당사자의 권리구제 측면에서도 반드시 바람직하다고 할 수 없다. 따라서 심판청구 이익은 인정하여야 한다.

3 본안 심리

(1) 심리 범위

乙은 B 상표를 상표적으로 사용하였고, 甲의 A 상표의 식별력이 인정되어 양 상표가 유사한지 문제된다.

(2) B 상표가 A 상표의 보호범위 내 속하는지 여부

① A 상표의 식별력 취득 여부

등록상표의 전부 또는 일부 구성이 등록결정 당시에는 식별력이 없거나 미약하였다고 하더라도 권리범위확인심판의 심결 시점에 이르러서는 수요자 사이에 현저하게 인식될 정도가 되어 중심적 식별력을 가지게 된 경우에는, 이를 기초로 상표의 유사 여부를 판단하여야 한다.

② 사안의 경우

A 상표는 화장품에 사용되어 중심적 식별력을 취득하였는 바, 권리범위확인심판의 심결 시, 요부로 본다. 따라서 B 상표가 '스킨, 로션'에 사용되는 경우, 양 상표의 오인·혼동 가능성이 발생한다.

(3) 소 결

乙의 심판은 '티셔츠'에 관하여 일부인용, '스킨, 로션'에 관하여 일부기각 될 것이다.

04 │ 2020년 제57회 상표법 기출문제

문제 1 甲은 "팔목시계" 등을 지정상품으로 하는 상표 "**Ⓜ**"를 2017. 10. 1. 출원하여 2018. 6. 1. 상표등록을 받은 상표권자이다.

甲과 乙은 위 등록상표의 지정상품인 "팔목시계"의 상품을 개발, 판매할 권한을 乙에게 2018. 7. 1.부터 2년간 허락하는 내용의 상표권사용계약을 체결하면서, 위 상품의 판매에 대한 특약 조항으로는 "고품격의 전문점과 백화점, 면세점 등에서 제품을 판매하여야 하며 할인매장과 인터넷 쇼핑몰에서 판매하는 경우, 반드시 甲의 사전 동의를 획득하여야 하며, 재래시장에서 는 상품을 판매할 수 없다."라는 판매장소를 제한하는 약정을 하였다. 그 후 위 상표권사용계약 종료를 앞둔 2019. 12. 31. 甲과 乙은 수정 상표권사용계약을 체결하면서, 甲은 乙이 2020. 6. 30.까지 잔여 재고를 처리할 수 있게 하는 대신 그 기간의 상표 사용료를 지급받기로 약정하 였고, 특히 "기존의 판매장소 외에 甲이 지정한 아울렛 매장, 인터넷 쇼핑몰 중 甲의 직영몰과 백화점 쇼핑몰 6곳에서의 판매도 허용하되, 그 외의 곳에서 판매하는 경우 계약을 무효로 하고 손해배상을 해야 한다."는 내용을 계약에 추가하였다.

한편, 丙은 甲의 등록상표 "**Ⓜ**"가 부착된 상품 "팔목시계"를 乙로부터 적법하게 제공받아서 본인이 운영하는 온라인몰이나 오픈마켓 등에서 판매하였다. 그리고 丙은 위 상품 "팔목시계" 가 甲과 乙의 상표권사용계약에 의하여 판매된다는 사실만을 인지하였으며, 동 판매로 2천만 원의 이익을 얻었다. 이에 대해, 甲은 본인이 직접 상품 "팔목시계"를 판매하지 않았지만, 丙의 판매행위에 의하여 상표가치의 하락으로 1천만원의 손해를 입었다고 판단하였다.

甲은 丙이 "乙과의 상표권사용계약에서 합의하지 않은 온라인몰이나 오픈마켓 등"에서 등록 상표 "**Ⓜ**"가 부착된 상품 "팔목시계"를 판매하였다는 이유로, 丙을 상표법 위반으로 고소하 였다. 또한 甲은 丙을 상대로 손해배상청구소송을 제기하였다.

다음 물음에 답하시오(단, 각 물음은 독립적이다).   [30점]

1 甲과 乙의 상표권 사용계약에 따른 乙의 판매행위로 甲의 상표권이 소진되는지 여부에 대하여 판례를 중심으로 설명하고, 이를 근거로 丙의 상표권 침해 유무를 설명하시오. [12점]

2 丙이 甲의 등록상표가 부착된 상품 "팔목시계"(단, 등록상표임을 표시하지 않음)를 온라인몰 이나 오픈마켓 등에서 판매한 행위에 대하여 고의가 없다는 이유로 상표법 위반이 아니라는 주장을 하려고 하는 경우, 상표법상 丙이 주장하는 논거에 대하여 설명하시오. [8점]

3 丙이 과실로 甲의 상표권을 침해한 경우, 상표법상 甲이 丙에게 청구할 수 있는 손해배상액 및 판결에서 예상되는 손해배상액의 산정기준과 그 쟁점에 대하여 설명하시오. [10점]

1 논점의 정리

통상사용권자인 乙로부터 제품을 제공받은 丙의 판매행위가 침해인지와 관련하여 권리 소진이 문제된다.

2 乙의 판매행위가 권리 소진에 해당하는지 여부

(1) 의의 및 취지

상표권자 등이 국내에서 상표, 상품을 양도한 경우에는 상표권은 그 목적을 달성한 것으로서 소진되고 이후 당해 상품의 양도, 사용행위에는 더 이상 효력이 미치지 않는다. 상표권자의 이중이득을 방지하고 경업질서를 유지하기 위함이다.

(2) 통상 사용권자의 사용과 권리 소진

① 판례의 태도

지정상품, 존속기간, 지역 등 통상사용권의 범위는 통상사용권계약에 따라 부여되는 것이므로 이를 넘는 통상사용권자의 사용행위는 상표권자의 동의를 받지 않은 것으로 볼 수 있다. 다만, 통상사용권자가 계약상 부수적인 조건을 위반하여 상품을 양도한 경우까지 일률적으로 상표권자의 동의를 받지 않은 양도행위로서 권리 소진의 원칙이 배제된다고 볼 수는 없다.

② 판단 기준

계약의 구체적인 내용, 상표의 주된 기능인 상표의 상품 출처표시 및 품질보증 기능의 훼손 여부, 상표권자가 상품 판매로 보상을 받았음에도 추가적인 유통을 금지할 이익과 상품을 구입한 수요자 보호의 필요성 등을 종합하여 상표권의 소진 여부 및 상표권이 침해되었는지 여부를 판단하여야 한다.

③ 사안의 경우

乙이 계약상의 판매장소 제한 약정을 위반하여 상품을 판매하였으나 이는 부수적인 조건을 위반한 것이므로, 권리 소진의 원칙이 배제된다고 볼 수 없다.

3 丙의 상표권 침해 유무

丙이 乙로부터 제공받은 제품에 대하여 甲 상표권은 소진된 것이며, 丙의 판매행위에 따른 상표의 출처표시 및 품질보증 기능은 여전히 甲의 출처로 인식될 것인 바, 丙은 甲의 상표권을 침해한 것이 아니다.

1 　논점의 정리

침해죄와 관련하여 '고의'의 해석이 문제된다.

2 　상표법 위반과 고의

(1) 원 칙

형사재판에서 유죄의 인정은 법관으로 하여금 합리적인 의심을 할 여지가 없을 정도로 공소사실이 진실한 것이라는 확신을 가지게 하는 증명력을 가진 증거에 의하여야 한다. 검사의 증명이 이러한 확신을 가지게 하는 정도에 충분히 이르지 못한 경우에는 설령 유죄의 의심이 든다고 하더라도 피고인의 이익으로 판단하여야 한다.

(2) 고의의 정도

상품에 관한 광고에 타인의 등록상표를 표시하고 전시하는 행위를 한 자를 고의범인 상표법 제230조에서 정한 상표권 침해죄로 처벌하기 위해서는 범죄 구성 요건의 주관적 요소로서 적어도 미필적 고의가 필요하므로, 그 행위가 상품에 관한 광고행위에 해당한다는 사실에 대한 인식이 있음은 물론 나아가 이를 용인하려는 내심의 의사가 있어야 한다.

(3) 사안의 경우

丙은 '팔목시계'가 甲과 乙 사이 사용계약에 의하여 판매되는 사실만을 인지하고 있을 뿐, 고의성이 인정되지 않으므로, 丙은 공소사실이 진실한 것이라는 확신을 가지게 할 특별한 증거가 없음을 주장하여 丙의 행위는 상표법 위반이 아님을 주장할 수 있다.

1 　논점의 정리

甲의 손해액 산정을 위하여 제110조 및 제111조를 검토한다.

2 　상표법 제110조에 의한 손해배상 청구

(1) 의의 및 취지(제3항 및 제4항)

권리를 침해한 자가 그 침해행위에 의하여 이익을 받은 때에는 그 이익의 액을 상표권자 등이 입은 손해의 액으로 추정하거나(제3항), 그 등록상표의 사용에 대하여 합리적으로 받을 수 있는 금액에 상당하는 금액을 상표권자가 받은 손해액으로 하여 그 손해배상을 청구할 수 있다(제4항).

(2) 판례의 태도

① 상표권자의 사용이 없는 경우

상표권은 특허권 등과 달리 등록되어 있는 상표를 타인이 사용하였다는 것만으로 당연히 통상 받을 수 있는 상표권 사용료 상당액이 손해로 인정되는 것은 아니고, 상표권자가 상표를 영업 등에 실제 사용하고 있었음에도 상표권 침해행위가 있었다는 등 구체적 피해 발생이 전제되어야 인정될 수 있다.

② 통상사용권자의 사용이 존재하는 경우

상표권자가 직접 등록상표를 사용하지 않고 통상사용권자에 의해 등록상표를 사용하고 있는 경우라도 사용에 의한 신용은 상표권자에 귀속되므로, 상표권자에게 손해배상이 인정될 수 있다.

(3) 소 결

甲은 丙을 상대로 제110조 제3항에 따라 2,000만원 또는 제110조 제4항에 따라 1,000만원(사용료 상당)의 손해배상을 청구할 수 있다.

3 상표법 제111조에 의한 손해배상 청구

(1) 의의 및 취지

실제 손해가 입증되지 않은 경우에도 법령에서 정한 일정 금액을 청구할 수 있는 제도를 말하며, 상표권자의 권리 보호를 강화하기 위함이다. 한·미 FTA 협정을 반영하여 2012년 개정법에서 도입하였다.

(2) 요 건

① 침해자의 고의나 과실이 존재하고, ② 동일성 인정되는 범위의 상표, 상품을 사용하고, ③ 상표권자 등이 등록상표를 사용하고 있어야 하며, ④ 제109조의 손해배상을 청구하는 대신 1억원 이하의 금액 범위에서 청구 가능하다.

(3) 소 결

甲은 丙이 과실로 동일한 상표를 사용하고 있음을 주장하며 1억원의 손해배상을 청구할 수 있다.

甲은 상품류 구분 제4류의 electrical energy(전기에너지), 제35류의 arranging of contracts for supply of electrical energy(전기에너지 공급계약 알선업) 등을 지정상품 및 지정서비스로 하는 "ChargeNow"를 상표출원하였으나, 특허청장으로부터 동 출원상표는 기술적 표장에 해당하여 상표법 제33조(상표 등록의 요건) 제1항 제3호의 규정에 의하여 거절결정서를 통지받았다. 이에 대해 甲은 거절결정불복심판을 청구하였으나 거절결정서상의 거절결정이유와 같은 취지로 특허심판원의 심결을 받은 후에 특허법원에 거절결정불복심결 취소소송을 제기하였다.

특허법원은 "이 사건 출원상표가 지정상품의 용도, 시기, 제공 내용 등을 암시할 뿐 이를 직접적으로 표시하거나 수요자들에게 직감하게 한다고 볼 수는 없고, 특정인이 독점적으로 사용할 수 없는 상표에도 해당하지 않는다."는 이유로 심결취소 판결을 하였으며, 이에 불복하여 특허청장은 대법원에 상고하였다.

다음 물음에 답하시오. [20점]

1 상표법상 기술적 표장의 제도적 취지 및 그 판단 기준에 대하여 설명하시오. [8점]

2 대법원이 인용 판결(파기환송)을 하기 위한 판단 논리를 판례에 근거하여 설명하시오. [12점]

설문 1 에 대하여

1 제33조 제1항 제3호

(1) 의 의

등록여부결정 시에 일반 수요자 기준으로 지정상품과의 관계에서 기술적 표장으로 직감되는 표장은 자타상품 식별력, 독점적응성이 없어 등록을 불허한다.

(2) 제도적 취지

본 호의 취지는 기술적 표장은 상품의 특성을 기술하기 위하여 표시되어 자타상품을 식별하는 기능을 상실하는 경우가 많을 뿐만 아니라, 설령 상품 식별의 기능이 있는 경우라 하더라도 상품 거래상 누구에게나 필요한 표시이므로 어느 특정인에게만 독점적으로 사용하게 하는 것은 공익상으로 타당하지 아니하다는 데에 있다.

2 판단 기준

(1) 원 칙

기술적 표장이란 상품의 성질, 특성 등을 직감시키는 표장을 말하며, 상품의 성질을 암시·강조하는 것을 넘어 직감할 수 있어야 한다.

(2) 판단 방법

기술적 표장에 해당하는지는, 그 상표가 지니고 있는 관념, 지정상품과의 관계 및 거래계의 실정 등을 고려하여 객관적으로 판단해야 한다.

(3) 외국어 상표

상표의 의미 내용은 일반 수요자가 그 상표를 보고 직관적으로 깨달을 수 있는 것이어야 하고, 심사숙고 하거나 사전을 찾아보고서 비로소 그 뜻을 알 수 있는 것은 고려의 대상이 되지 않는다 할 것이다.

(4) 결합상표

두 개 이상의 구성 부분이 결합하여 이루어진 결합상표는 구성 부분 전체를 하나로 보아서 식별력이 있는지를 판단하여야 한다.

3 소 결

甲의 상표출원이 지정상품 및 지정서비스에 대하여 기술적 표장인지 문제된다.

설문 2 에 대하여

1 논점의 정리

대법원의 파기환송과 관련하여 甲의 상표출원이 제33조 제1항 제3호에 해당하는지 검토한다.

2 인용 판결의 근거

(1) 거래사회 실정

우리나라의 영어 보급수준과 충전용 전자기기가 보편화된 거래사회의 실정을 고려하면 수요자들로서는 甲의 출원상표의 관념을 '지금 충전하라'는 의미로 인식할 수 있다.

(2) 지정상품의 고려

甲의 출원상표가 지정상품인 전기에너지 및 지정서비스인 전기에너지 공급계약 알선업에 사용될 경우 수요자들은 '바로 충전할 수 있는 전기에너지 및 이를 상품으로 하는 영업'으로 지정상품, 서비스의 용도 나 사용방법을 직감하게 된다.

(3) 특정인에게 독점시키는 것이 적당한지 여부

甲의 출원상표의 표시는 전기에너지 충전과 관련한 거래에 있어서 누구에게나 필요한 표시이므로 어느 특정인에게만 독점적으로 사용하게 하는 것은 공익상으로도 타당하지 않다.

(4) 도형의 결합

甲이 플러그 도형을 결합하였으나, 이는 전기에너지와 관련된 거래계에서 식별력과 독점적응성이 없는 것으로, 문자와의 결합으로 인해 새로운 관념이나 새로운 식별력을 형성하지 않는다.

3 소 결

甲의 출원상표는 상기 근거들에 비추어 지정상품, 서비스의 용도나 사용방법을 보통으로 사용하는 방법으로 표시한 표장만으로 된 상표에 해당한다고 보아야 한다. 따라서 이와 달리 본 원심판단에 법리오해 등의 잘못이 있어 대법원은 본 사건을 인용 심결 및 파기환송하여야 한다.

문제 3

甲과 乙은 미국 유학에서 만난 동창생으로, 甲은 일본인이고, 乙은 한국인이다. 甲은 자신이 개발한 Y상품에 X상표를 부착하여 2018. 2. 14.부터 일본에서 판매하기 시작하였고, 乙은 甲과의 판매 계약에 의하여 甲으로부터 Y상품을 일본에서 수입하여 2018. 3. 14.부터 한국에서 판매하였다. 그 후 甲은 Y상품을 지정상품으로 하는 X상표를 2020. 5. 14. 일본에 출원하여 2020. 8. 7. 상표등록을 받았다. 乙은 甲이 X상표를 한국에 출원하지 않은 것을 알고는 甲 몰래 Y상품과 유사한 Y´상품을 지정상품으로 하여 X상표와 유사한 X´상표를 2020. 9. 17. 한국에 출원하였다.

한편, 乙은 甲과의 계약 파기로 인하여 더 이상 甲의 Y상품을 한국에서 판매하지 않게 되었고, 2019. 9. 15.부터 본인이 한국에서 독자적으로 생산한 Y상품에 X상표를 부착하여 판매하고 있는 중이다. 甲은 乙과의 계약이 파기된 후 국내에서 한국인 丙과 Y상품에 관한 판매 계약을 맺었고, 丙은 2019. 10. 5.부터 甲의 Y상품을 일본에서 수입하여 한국에서 판매하고 있는 중이다. 다음 물음에 답하시오(단, 물음 **1** 과 물음 **2** 는 독립적이다). [30점]

1 乙의 상표출원이 등록되었다. [24점]

   1) 丙이 乙의 등록상표에 대하여 취할 수 있는 상표법상의 조치에 대하여 논하시오(단, X상표 및 X´상표의 인식도와 관련된 사항은 논하지 아니한다). (12점)

   2) 乙이 丙을 상대로 상표권 침해금지청구소송을 제기하였을 경우, 丙이 소송에서 주장할 수 있는 사항에 대하여 논하시오(단, X상표 및 X´상표의 인식도와 관련된 사항은 논하지 아니한다). (12점)

2 乙의 상표출원이 계속 중인 경우, 甲이 한국에서 Y상품을 지정상품으로 하여 X상표를 등록받기 위해 취할 수 있는 상표법상의 조치에 대하여 설명하시오(단, X상표 및 X´상표의 인식도와 관련된 사항은 논하지 아니한다). [6점]

설문 **1** 에 대하여

1 논점의 정리

소설문 1)과 관련하여 丙의 조치로서 무효 및 취소심판을 검토하고, 소설문 2)와 관련하여 丙의 항변으로서 진정상품 병행수입 및 권리남용을 검토한다.

2 소설문 1)의 해결

(1) X′ 등록상표에 대한 무효심판 청구

① 제34조 제1항 제4호 및 제7호

X′가 모방상표임을 이유로 제4호의 거절이유는 문제되지 않으며, X상표가 국내에서 등록된 사정이 없는 바, 제7호는 문제되지 않는다.

② 제34조 제1항 제21호

㉠ 의의 및 취지

출원 시를 기준으로 조약당사국 권리자와 계약 관계 등에 있던 자가 동의 없이 동일·유사한 상표, 상품을 출원한 경우 등록을 불허한다. 속지주의 예외로서 조약당사국의 진정한 권리자 보호를 위한 것이다.

㉡ 사안의 경우

乙은 일본 상표권자 甲과 판매 계약을 맺은 자로서, X와 유사한 X′를 출원하였고, 甲은 이에 대해 동의한 바 없으므로 본 호의 무효사유가 존재한다.

(2) X′ 등록상표에 대한 취소심판 청구(제119조 제1항 제1호)

乙이 등록상표와 유사한 X상표를 사용하는 경우 제119조 제1항 제1호의 취소사유가 존재한다.

(3) 소 결

丙은 乙의 상표권에 대하여 제34조 제1항 제21호를 이유로 무효심판 및 제119조 제1항 제1호를 이유로 취소심판을 청구할 수 있다.

3 소설문 2)의 해결

(1) 권리남용

① 의 의

권리의 사회적 기능을 존중하여 사권의 행사와 다른 법익과의 충돌을 조정하고 제한하는 것이다. 상표법은 권리의 사회성으로 인한 권리남용의 문제가 많다.

② 무효사유가 명백한 상표권에 기한 권리 행사

㉠ 무효사유가 명백한 상표등록은 형식적으로 유지되고 있을 뿐임에도 그에 관한 상표권을 별다른 제한 없이 독점·배타적으로 행사할 수 있도록 하는 것은 상표의 사용과 관련된 공공의 이익을 부당하게 훼손할 뿐만 아니라 상표를 보호함으로써 상표사용자의 업무상 신용유지를 도모하여 산업발전에 이바지함과 아울러 수요자의 이익을 보호하고자 하는 상표법의 목적에도 배치되는 것이다.

㉡ 또한 상표권도 사적 재산권의 하나인 이상 그 실질적 가치에 부응하여 정의와 공평의 이념에 맞게 행사되어야 할 것인데, 상표등록이 무효로 될 것임이 명백하여 법적으로 보호받을 만한 가치가 없음에도 형식적으로 상표등록이 되어 있음을 기화로 그 상표를 사용하는 자를 상대로 침해금지 또는 손해배상 등을 청구할 수 있도록 용인하는 것은 상표권자에게 부당한 이익을 주고 그 상표를 사용하는 자에게는 불합리한 고통이나 손해를 줄 뿐이므로 실질적 정의와 당사자들 사이의 형평에도 어긋난다.

ⓒ 이러한 점들에 비추어 보면, 등록상표에 대한 등록무효심결이 확정되기 전이라고 하더라도 상표 등록이 무효심판에 의하여 무효로 될 것임이 명백한 경우에는 상표권에 기초한 침해금지 또는 손해배상 등의 청구는 특별한 사정이 없는 한 권리남용에 해당하여 허용되지 아니한다고 보아야 한다.

③ 신의칙에 반하는 권리 행사

출원·등록 목적과 경위, 상표권 행사에 이른 구체적·개별적 사정에 비추어, 상표제도 목적이나 기능을 일탈하여 공정한 경쟁질서와 상거래 질서를 어지럽히고 수요자에게 혼동을 초래하거나 상대 방에 대한 관계에서 신의성실원칙에 위배되는 등 법적 보호 가치가 없는 경우, 가사 권리행사의 외형 을 갖추었더라도 권리를 남용한 것으로서 허용될 수 없다.

④ 사안의 경우

소설문 1)에서 검토한 바와 같이, 乙의 상표권에 무효사유가 명백한 바 이에 기초한 권리행사는 권리 남용에 해당한다. 또한, 乙 출원·등록 경위, 권리행사에 이르게 된 구체적 사정을 종합적으로 고려 하면 乙의 권리행사는 권리남용에 해당한다.

(2) 소 결

丙은 乙이 제기한 소송에서 진정상품 병행수입 및 권리남용을 항변하여 기각 판결을 받을 수 있다.

설문 **2** 에 대하여

1 논점의 정리

甲 출원 시 乙의 선등록상표와의 관계에서 제34조 제1항 제7호가 문제된다.

2 甲의 조치

(1) 상표관리인 선임(제6조)

외국인인 甲은 국내에서 상표에 관한 절차를 밟기 위하여 제6조에 따른 상표관리인을 선임할 수 있다.

(2) 제34조 제1항 제21호 거절이유 있음을 이유로 정보제공 및 이의 신청

甲은 乙의 상표등록출원에 제34조 제1항 제21호에 따른 거절 이유가 존재함을 이유로 정보제공 및 이의 신청을 하여 乙의 상표등록을 저지할 수 있다. 甲은 정보제공 및 이의신청과 함께 Y상품을 지정상품으로 하여 X상표를 출원할 수 있다. 이 경우, 乙의 상표등록출원이 거절결정되면, 甲의 출원과 관련하여 제34조 제1항 제7호가 문제되지 않는다.

(3) 조약우선권 주장(제46조)

甲은 Y상품을 지정상품으로 한 X 상표등록출원에 대하여 2020년 8월 7일 일본에서 등록받은 상표권을 기초로 하여 2020년 11월 14일 이전에 제46조에 따른 조약우선권 주장을 할 수 있다. 이 경우, 甲 출원의 판단시점이 일본 출원일로 소급하는 바, 제34조 제1항 제7호가 문제되지 않는다.

문제 4 甲은 a, b, c 상품을 지정상품으로 하는 X상표를 변리사를 선임하지 않고 스스로 특허청에 상표출원하였다(단, a, b, c 상품은 각각 다른 상품류에 속함). 그 후, 甲은 심사관으로부터 c 상품이 상표법 제34조(상표등록을 받을 수 없는 상표) 제1항 제7호에 해당하여 등록받을 수 없다는 취지의 의견제출통지서를 받았으나(a, b 상품에 대한 거절 이유는 없음) 의견서 제출기간 내에 의견서를 제출하지 못하였고 또한 절차계속신청 기간도 경과하였다. 마음이 급해진 甲은 변리사를 찾아가 甲 자신의 명의로 a, b, c 상품 모두를 등록받을 수 있는 방안을 문의하였다. 이 때, 변리사로서 고려해 볼 수 있는 상표법상의 조치를 거절결정 전과 거절결정 후(거절결정이 확정되지 않았다고 전제함)로 구분하여 설명하시오.   [20점]

설문에 대하여

1 논점의 정리

등록여부결정 시를 기준으로 선등록상표권자의 보호 및 출처의 오인·혼동 방지를 위하여 선출원에 의한 타인의 등록상표와 상표, 상품이 동일·유사한 출원은 등록받을 수 없는 바, 제34조 제1항 제7호 극복을 위한 조치가 문제된다.

2 거절결정 전 조치

(1) 인용상표에 대한 무효심판 청구

본 호의 판단 시점이 결정 시이므로, 인용상표가 무효심판에 의해 소멸된 경우 인용상표로서의 지위를 상실한다. 따라서 甲은 인용상표를 무효시켜 거절이유를 극복할 수 있다.

(2) 인용상표에 대한 취소심판 청구

본 호의 판단 시점이 결정 시이므로, 인용상표가 취소심판에 의해 소멸된 경우 인용상표로서의 지위를 상실한다. 따라서 甲은 인용상표를 취소시켜 거절이유를 극복할 수 있다.

(3) 심판 청구 시 심사중지신청(제70조)

무효심판 및 취소심판의 인용 심결을 통해 제34조 제1항 제7호의 거절이유를 극복할 수 있으므로, 심결이 확정될 때까지 상표등록출원의 심사절차 중지를 신청할 수 있다.

3 거절결정 후 조치

(1) 거절결정불복심판 청구(제116조)

甲은 거절결정의 등본을 송달받은 날부터 3개월 이내 제116조에 따른 거절결정불복심판을 청구하고, 인용상표에 대하여 무효 또는 취소심판을 청구할 수 있다.

(2) 인용상표에 대한 무효 또는 취소심판 청구 후 심판절차중지신청(제70조)

무효심판 및 취소심판의 인용 심결을 통해 제34조 제1항 제7호의 거절이유를 극복할 수 있으므로, 심결이 확정될 때까지 상표등록출원의 심사절차 중지를 신청할 수 있다.

(3) a, b에 대한 분할출원(제45조)

甲은 등록 가능한 상품 a, b에 대하여 분할출원을 진행하고, c에 대하여 별도의 조치를 진행할 수 있다.

(4) 인용상표 양수 또는 포기 권유

제34조 제2항에 따라 본 호의 '타인'인지 여부는 등록여부결정 시에 판단하므로, 거절결정불복심판이 청구된 경우 심결 시를 기준으로 한다. 따라서 甲은 '심결 시' 이전에 인용상표를 양수하거나 인용상표의 권리자가 권리를 포기하게 하여 본 호의 '타인' 요건을 회피할 수 있다.

05 │ 2019년 제56회 상표법 기출문제

문제 1 미국법인 甲은 국내에서 1991. 12. 2. "UP-N-DOWN ᴮᵁᴿᴳᴱᴿ" 표장을 '햄버거'에 대하여 상표등록출원하여 1993. 10. 4. 등록받았으며 그 후 몇 차례 갱신등록하여 현재에 이르고 있다. 미국 캘리포니아주에서 1948년 처음 판매된 'UP-N-DOWN BURGER'는 당일 배송 받은 신선한 재료만으로 조리하여 한정된 수량만을 판매한다는 원칙을 고수하고 있는 것으로 알려졌으며 2011년 미국의 '컨슈머 리포트'가 실시한 패스트푸드점 평가에서 다른 유명 프랜차이즈 햄버거를 누르고 가장 높은 점수를 받은 이후 국내외 언론매체를 통하여 세계 3대 햄버거로 꼽히고 있다.

甲이 2019. 5. 22. 서울에서 개최한 팝업스토어(홍보를 목적으로 단기간 운영하는 매장) 행사에서도 새벽부터 몰린 인파에 당초 오전 11시부터 오후 2시까지 단 3시간 동안만 진행될 예정이었으나 오전 10시 전에 대기자 번호표 500개가 모두 소진되었다고 한다.

〈팝업스토어 행사 광고지〉

〈팝업스토어 행사 매장 메뉴〉

甲은 2014. 1. 22. 및 2016. 9. 22. 두 차례 이와 유사한 팝업스토어 행사를 성황리에 개최한 바 있으나 그 이외에 국내에서 판매, 광고 및 기타의 영업 활동은 없었으며 향후에도 국내에 정식으로 진출할 계획이 없는 것으로 알려지고 있다.

乙은 2016. 12. 29. '햄버거'를 지정상품으로 "UP-N-DOWN ✂️✂️ 시소표 버거" 표장을 상표로 출원하여 2017. 10. 20. 등록받았으며, 실제 거래에 있어서는 매장의 내부와 외부의 간판, 광고전단과 제품의 포장지 및 기타 거래서류에 'UP-N-DOWN' 영문자와 그 상단 우측에 햄버거 도형을 결합한 "🍔 UP-N-DOWN" 표장을 사용하였다.   [30점]

1 乙의 등록상표에 대하여 甲이 취할 수 있는 상표법상의 조치에 관하여 논하시오(단, 상표권 침해 및 그 구제수단에 관하여는 논하지 아니한다).   [16점]

2 甲의 등록상표에 대하여 乙이 상표법 제119조 제1항 제3호에 의한 상표등록의 취소심판을 청구하는 경우 해당 심판의 결과에 대하여 논하시오.   [14점]

1 논점의 정리

乙의 등록상표에 대한 조치로서 무효 및 취소심판을 검토한다.

2 무효심판 청구

(1) 제34조 제1항 제7호

① 의의 및 취지

등록여부결정 시를 기준으로 선등록상표권자의 보호 및 출처의 오인·혼동 방지를 위하여 선출원에 의한 타인의 등록상표와 상표, 상품이 동일·유사한 출원은 등록받을 수 없다.

② 사안의 경우

양 상표의 도형 부분에 차이가 있으나, '햄버거'에 있어서 요부인 문자 부분('UP-N-DOWN')이 유사하므로 양 상표의 오인·혼동 가능성이 존재한다.

(2) 제34조 제1항 제9호, 제11호 및 제12호

① 의의 및 취지

선사용자의 이익을 보호하고, 수요자의 출처 혼동을 방지하기 위한 모방상표 금지 규정이다.

② 甲 상표의 국내에서의 인식도

판례는 국내에 시판되고 있지 않다고 하더라도 외국의 유명상표 등과 같이 국내 관련 거래업계에 주지되어 있는 경우에는 주지상표로 본다고 판시하였는 바, 甲의 상표는 미국 컨슈머 리포트에서 높은 점수를 받고 언론매체 및 팝업스토어를 통해 수요자에게 알려졌는 바, 국내에서도 주지·저명성을 획득한 것으로 볼 수 있다.

③ 사안의 경우

乙 출원 이전 甲 상표는 주지·저명하고, 양 상표 및 상품이 동일·유사하므로 본 호의 무효사유가 존재한다.

(3) 제34조 제1항 제13호

① 의의 및 취지

출원 시 기준으로 진정한 상표사용자 보호 및 공정한 거래질서 확립을 위해 국내외 특정인의 출처로 인식된 상표와 표장이 유사하고 부정한 목적이 있는 경우 등록을 불허한다. 속지주의 예외 규정으로서 상품 불문한다.

② 사안의 경우

甲의 상표는 국내외 수요자에게 알려져 있으며, 乙은 동일한 상품에 창작성 있는 甲 상표를 모방 출원하여 甲 상표의 신용에 편승하려는 것이므로, 부정한 목적이 있는 것으로 판단된다. 따라서 본 호의 무효사유가 존재한다.

3 취소심판 청구

(1) 제119조 제1항 제1호

① 의의 및 취지

상표권자가 고의로 등록상표와 유사범위의 상표를 사용하여 수요자에게 오인·혼동을 유발한 경우, 상표등록 취소사유에 해당한다. 상표권자에게 정당사용의무를 부과하여 수요자를 보호하기 위함이다.

② 유사범위 사용인지 여부

乙은 등록상표의 문자 부분('UP-N-DOWN')을 유지한 채 시소 도형 및 하단의 문자 부분을 생략하고 햄버거 도형을 추가한 상표를 사용하고 있으며, 乙이 햄버거집을 운영하면서 상표를 표시, 광고한 것은 '햄버거집 운영업'에 대한 사용으로써, 지정상품인 '햄버거'에 대한 사용이 아니다. 따라서 乙의 사용은 유사범위의 사용이다.

③ 수요자의 출처혼동 염려

乙의 실사용상표는 요부인 문자 부분('UP-N-DOWN')을 포함하고 있고, 甲의 상표는 햄버거집 운영업에 대하여 알려져 있는 바, 수요자가 출처의 혼동을 일으킬 염려가 존재한다.

④ 사안의 경우

乙은 등록상표와 유사한 상표를 사용하여 대상상표와의 출처 혼동을 야기하였는 바, 본 호의 취소사유가 존재한다.

(2) 제119조 제1항 제3호

만약 乙 상표건의 등록일로부터 3년이 경과하였으면, 乙이 등록상표의 일부를 생략하여 사용하고 있는 바, 이는 등록상표와 동일성이 인정되는 상표를 사용하는 것이 아니므로 본 호의 취소사유가 존재한다.

4 소 결

甲은 乙의 등록상표에 대하여 제34조 제1항 제7, 9, 11, 12, 13호를 이유로 무효심판을, 제119조 제1항 제1호 및 제3호를 이유로 취소심판을 청구하여 소멸시킬 수 있다.

설문 2 에 대하여

1 논점의 정리

甲의 사용 등이 불사용 취소심판과 관련하여 동일 범위 내 사용인지 및 정당한 사용인지가 문제된다.

2 제119조 제1항 제3호 의의 및 취지

등록상표의 사용을 촉진하고 불사용에 대하여 제재를 가하기 위하여 상표권자 등이 정당한 이유 없이 등록상표를 그 지정상품에 대하여 취소심판청구일 전 계속하여 3년 이상 국내에서 사용하고 있지 아니한 경우 취소사유에 해당한다.

3 甲의 사용이 등록상표를 지정상품에 사용한 것인지 여부

(1) 본 호의 동일성

등록된 상표를 지정상품과 유사한 상품에 사용하는 것만으로는 등록상표를 지정상품에 사용한 것이라고 볼 수 없다.

(2) 사안의 경우

甲의 팝업스토어 행사를 개최하면서 등록상표를 광고지, 메뉴판 등에 사용한 것은 지정상품인 '햄버거'가 아닌 '햄버거전문점 운영업'에 대한 사용이므로 사회통념상 동일 범위의 사용이 아니다.

4 甲의 사용이 등록상표를 정당하게 사용한 것인지 여부

(1) 제119조 제1항 제3호의 사용

형식적으로 제2조 제1항 제11호 각 목에 따른 행위 및 상표사용의 진실한 의사에 기한 적법·정당한 사용이 있어야 한다.

(2) 취소를 면하기 위한 면목상 사용

어느 지정상품과의 관계에서 등록상표가 정당하게 사용되었는지 여부를 결정함에 있어서는 그 지정상품이 교환가치를 가지고 독립된 상거래의 목적물이 될 수 있는 물품으로서의 요건을 구비하고 있는지 여부 및 국내에서 정상적으로 유통되고 있거나 유통될 것을 예정하고 있는지 여부를 기준으로 판단하여야 한다.

(3) 사안의 경우

甲은 국내에서 수년에 한 번씩 팝업스토어를 열면서 등록상표를 표시·광고하고 있으나, 甲은 국내에서 등록상표가 표시된 햄버거를 판매·광고한 바 없고 국내 정식 진출 계획도 없는 바, 이는 취소를 면하기 위한 형식상 사용에 해당한다.

5 소 결

甲의 사용은 등록상표와 유사범위의 사용이고, 취소를 면하기 위한 형식적 사용에 해당하므로, 乙의 취소심판은 인용될 것이다.

문제 2

甲은 상표의 구성을 "SENBLOCK STYLING"으로 2017. 3. 8. 출원하여 2018. 2. 8. 상표등록을 받았다. 甲의 등록상표의 지정상품은 '화장비누, 향수비누, 목욕비누, 유아비누'이다. 乙은 상표의 구성을 "SUN BLOCK"으로 하여 2018. 5. 16. 출원하여 2018. 12. 12. 상표등록을 받았다. 乙의 등록상표의 지정상품은 '선블록로션, 선스크린로션, 선스크린크림, 족욕용 물비누, 세탁용 물비누'이다. 다만, '화장비누, 향수비누, 목욕비누, 유아비누'는 '족욕용 물비누, 세탁용 물비누'와 유사한 상품으로 본다. [20점]

1 "Sun Block(선 블록)"은 "햇볕으로 인한 피부 손상 방지"라는 의미로 일반 수요자에게 인식되는데, 乙의 등록상표에 대하여 식별력이 없다는 것을 이유로 상표등록의 무효심판이 청구된 경우 해당 심판의 결과에 대하여 논하시오. [8점]

2 乙의 등록상표가 甲의 선등록상표와 유사하다는 이유로 상표등록의 무효심판이 청구되었을 경우 해당 심판의 결과에 대하여 논하시오. [12점]

설문의 정리

상표의 지정상품에 대한 식별력 존부와 관련하여 설문 **1** 에서는 제33조 제1항 제3호를, 설문 **2** 에서는 제34조 제1항 제7호를 청구이유로 하는 무효심판을 검토한다.

설문 **1** 에 대하여

1　제33조 제1항 제3호 의의 및 취지

등록여부결정 시에 일반 수요자 기준으로 지정상품과의 관계에서 기술적 표장으로 직감되는 표장은 자타상품 식별력, 독점적응성이 없어 등록을 불허한다.

2　판단 기준 및 방법

(1) 판단 기준

기술적 표장이란 상품의 성질, 특성 등을 직감시키는 표장을 말하며, 상품의 성질을 암시·강조하는 것을 넘어 직감할 수 있어야 한다.

(2) 판단 방법

기술적 표장에 해당하는지는, 그 상표가 지니고 있는 관념, 지정상품과의 관계 및 거래계의 실정 등을 고려하여 객관적으로 판단해야 한다.

(3) 외국어 상표의 경우

상표의 의미 내용은 일반 수요자가 그 상표를 보고 직관적으로 깨달을 수 있는 것이어야 하고, 심사숙고 하거나 사전을 찾아보고서 비로소 그 뜻을 알 수 있는 것은 고려의 대상이 되지 않는다 할 것이다.

3 지정상품별 판단

(1) 乙의 'SUN BLOCK'은 일반 수요자의 영어교육수준에 비추어 '햇빛을 차단하다'는 의미를 가지므로, 지정상품 중 '선블록로션, 선스크린로션, 선스크린크림' 등에 있어서 햇빛을 차단하는 기능을 직감시키는 기술적 표장에 해당한다.

(2) 乙의 지정상품 중 '족욕용 물비누, 세탁용 물비누'는 햇빛을 차단하는 것과 아무런 관련이 없으므로, 본 호에 해당하지 않는다.

4 소 결

설문 **1** 의 무효심판에서 乙의 등록상표는 지정상품 중 '선블록로션, 선스크린로션, 선스크린크림'에 대하여 일부 인용 심결될 것이다.

설문 2 에 대하여

1 제34조 제1항 제7호 의의 및 취지

등록여부결정 시를 기준으로 선등록상표권자의 보호 및 출처의 오인·혼동 방지를 위하여 선출원에 의한 타인의 등록상표와 상표, 상품이 동일·유사한 출원은 등록받을 수 없다.

2 상표의 유사 판단

(1) 유사 판단의 원칙

상표의 유사 여부는 양 상표의 외관, 칭호, 관념 등을 해당 상품에 관한 수요자의 직관적 인식을 기준으로 객관적, 전체적, 이격적으로 관찰하여 거래상 상품의 출처에 관하여 오인·혼동을 초래할 우려가 있는지의 여부에 의하여 판단한다.

(2) 요부 관찰 법리

상표는 요부를 중심으로 유사 여부를 판단하는 방법을 말한다. 전체 관찰이 원칙이나 거래실제에 있어 그 구성 부분 일부 만에 의해 간략하게 호칭, 관념되는 경우 요부 관찰이 허용된다. 요부 관찰은 전체 관찰과 선택적·배타적 관계에 있는 것이 아니고, 올바른 전체 관찰의 결론을 유도하기 위한 수단으로써 필요하다.

(3) 전체가 식별력 없는 경우

두 상표 중 하나가 자타상품식별력이 없다면 대비되는 상표와 외관·칭호·관념 중 일부에 동일·유사한 점이 있다 하더라도 상표 전체로서 수요자들로 하여금 출처 오인·혼동을 피할 수 있게 하는 가능성이 크다.

(4) 지정상품별 판단

① 선블록로션, 선스크린로션 등

SUN BLOCK은 '선블록로션, 선스크린로션, 선스크린크림'과의 관계에서 식별력이 없어 전체로서 식별력이 없어, SENBLOCK에 대하여 출처 오인·혼동을 피할 수 있으므로 양 상표는 비유사하다.

② 족욕용 물비누 등 - 성질 직감시키지 않음

甲 상표에서 STYLING은 지정상품에 대하여 식별력이 미약한 반면, SUN BLOCK 및 SENBLCOK은 모두 요부로 작용하므로, 양 상표의 호칭이 유사하여 출처의 오인·혼동 염려가 있어 양 상표는 유사하다.

3 소 결

설문 **2**의 무효심판에서 乙의 등록상표는 지정상품 중 '족욕용 물비누 등'에 대하여 일부 인용 심결될 것이다.

문제 3 甲은 2016. 7. 12. '의료용 필러, 의료용 필러기기, 의료용 필러주입기, 피부과용 필러'를 지정상품으로 하여 "**Revital Pink**" 표장을 상표등록 출원하였고 2017. 4. 24. 등록받았다.
리바이탈 핑크

의료용 또는 피부과용 필러(filler)는 주름이나 파인 흉터 등에 주사하거나 삽입하는 충전제로서 2017. 1. 1. 시행된 니스(NICE) 상품분류 제11판에 처음으로 수록되었고, 그 이전에는 위와 같은 필러 제품은 지정상품을 상품류 구분 제3류 또는 제5류의 '주사기에 담긴 미용관리 과정에 사용되는 화장용 겔', '히알루론산이 포함된 주름개선용 화장품 또는 약제' 등으로 하여 상표등록된 바 있으며, 현재 전체 필러 시장의 90%를 히알루론산 성분의 필러가 차지하고 있다. 甲은 히알루론산 성분의 '주름개선제, 보습제, 피부탄력제'를 피부에 주사하는 필러 형태로 사용하고 있다.

乙은 "**Revital Pink**" 표장을 '의료용 필러, 피부과용 필러'와 거래 통념상 동일성 있는 상품에 해당하는 '히알루론산을 성분으로 하는 주름개선제, 보습제, 피부탄력제'에 사용하여 왔다.

한편, 연예기획사 X는 2015년 초 결성된 9인조 여성그룹 가수의 명칭을 'Revital Pink'로 하여 동 명칭을 전면에 표기한 4편의 음반을 연속적으로 발표하여 각종 음원차트를 석권하였는데, 'Revital Pink'라는 명칭은 X의 전체적인 기획 관리에 따라 음반이라는 상품의 식별 표지로서 사용되었을 뿐만 아니라 동 음반과 관련한 다양한 음악공연, 방송출연 및 광고모델 활동을 단기간에 집중적이고 지속적으로 전개하여 왔으며, 이들의 이러한 활동이 다양한 매체의 1면 톱기사를 장식하면서 2015년 말에는 통상의 연예활동에서 찾아볼 수 없는 전무후무한 인기와 인지도를 가지게 되었다. [30점]

1 甲이 乙의 상표를 확인대상표장으로 하여 상표법 제121조의 적극적 권리범위확인심판을 제기하는 경우 乙의 상표가 등록된 경우와 등록되지 않은 경우로 나누어 각각의 결과에 대하여 논하시오. [16점]

2 乙이 甲의 등록상표에 대하여 상표법 제117조의 상표등록의 무효심판을 청구하는 경우 주장할 수 있는 무효사유에 관하여 논하시오. [14점]

설문 **1** 에 대하여
⎯⎯⎯⎯∨⎯⎯⎯⎯

1 논점의 정리

乙의 사용상표가 등록 또는 등록되지 않은 각각의 경우, 적극적 권리범위확인심판의 적법성을 검토한다.

2 乙 상표가 등록되지 않은 경우

(1) 무효사유가 명백한 등록상표에 기초한 권리범위확인심판 청구의 이익

① 문제의 소재

설문 **2** 에서 검토하는 바와 같이, 甲의 등록상표에 무효사유가 존재하는데, 무효사유가 명백한 권리에 기초한 심판의 청구의 이익이 문제된다.

② 판례의 태도

권리범위확인심판의 심결이 확정되어 일사부재리의 효력이 생기더라도 등록상표가 유효한지 여부 또는 상표권의 침해에 있어 당사자 사이의 권리관계를 확정하는 의미를 가지는 것은 아니다. 또한 권리범위확인심판 청구의 이익이 있는지는 직권조사사항이므로 이는 사건의 심리에 과도한 부담을 주게 될 뿐 아니라 당사자의 권리구제 측면에서도 반드시 바람직하다고 할 수 없다. 따라서 심판 청구 이익은 인정하여야 한다.

(2) 본안 심리

① 심리 범위

본안 심리에서 ㉠ 상표적 사용인지 여부, ㉡ 상표 및 상품의 유사 여부, ㉢ 제90조에 해당하는지 여부를 판단한다.

② 사안의 경우

甲 상표와 乙 상표는 영문자 부분이 'Revital Pink'로 동일하여 출처 혼동의 염려가 있고, 지정상품 및 사용상품에 동일성이 존재한다. 또한, 'Revital Pink'가 乙의 상호이거나 그 외 효력 제한사유가 없으며, 乙은 이를 상표적으로 사용한 것이므로 甲 상표권의 권리범위에 속한다.

(3) 소 결

乙의 사용은 甲 상표권의 권리범위에 속하므로 인용 심결될 것이다.

3 乙 상표가 등록된 경우

(1) 권리 대 권리 간 적극적 권리범위확인심판

등록상표인 확인대상표장에 관한 적극적 권리범위확인심판은 확인대상표장이 심판 청구인의 등록상표와 동일·유사하다고 하더라도 등록무효절차 이외에서 등록된 권리의 효력을 부인하는 결과가 되어 부적법하다.

(2) 사안의 경우

권리범위확인심판의 심결 시 이전에 乙의 확인대상표장이 등록되는 경우, 권리 대 권리 간 적극적 권리범위확인심판에 해당하므로, 각하 심결될 것이다.

설문 **2** 에 대하여

1 논점의 정리

여성그룹 'Revital Pink'의 저명성을 중심으로 甲 등록상표의 무효사유를 검토한다.

2 제34조 제1항 제4호

모방상표에 본 호의 무효사유는 적용하지 않는다.

3 제34조 제1항 제6호

(1) 의의 및 취지

인격권 훼손 방지를 위해 등록여부결정 시에 저명한 타인의 성명 등을 포함하는 상표는 등록을 불허한다. 지정상품은 무관하며 타인의 승낙을 받은 경우 등록받을 수 있다.

(2) 'Revital Pink'의 인지도

① 연예인 그룹

저명한 연예인 이름, 연예인 그룹, 스포츠 선수 이름 등의 이름이나 이들의 약칭 등을 포함하는 상표는 본 호에 해당한다.

② 사안의 경우

'Revital Pink'는 각종 음원차트를 석권하고 다양한 연예계 활동을 통해 2015년 말에는 저명한 연예인 그룹이 되었으므로, 승낙을 받은 사정이 없는 한 'Revital Pink'를 포함하는 甲의 상표는 본 호의 무효사유가 존재한다.

제34조 제1항 제9호 및 제11호 전단

'Revital Pink'가 '음반, 공연업 등'의 출처표시로 저명하나 '음반, 공연업 등'은 甲의 지정상품과 비유사하므로 본 호의 무효사유가 부존재한다.

5 **제34조 제1항 제11호 후단**

'Revital Pink'가 '음반, 공연업 등'에 저명하고 '음반, 공연업 등'은 甲의 지정상품과 비유사하므로 식별력 손상의 염려가 있어 본 호의 무효사유가 존재한다.

6 **제34조 제1항 제12호**

(1) 의의 및 취지

등록여부결정 시 기준으로 출처 혼동으로부터 일반 수요자의 보호를 위해 수요자를 기만할 염려가 있는 경우 등록을 불허한다.

(2) 상품의 범위

판례는 선사용상표가 그 사용상품에 대한 저명성을 획득하게 되면, 그 상표를 주지시킨 상품 또는 그와 유사한 상품뿐만 아니라 이와 다른 종류의 상품이라고 할지라도 그 상품의 용도 및 판매거래의 상황 등에 따라 저명상표권자나 그와 특수한 관계에 있는 자에 의하여 생산 또는 판매되는 것으로 인식될 수 있고 그 경우에는 수요자를 기만할 염려가 있다고 보아야 한다.

(3) 사안의 경우

'Revital Pink'가 '음반, 공연업 등'에 저명성을 획득하였으므로, 甲의 상표는 X 또는 그와 특수한 관계가 있는 자에 의해 생산·판매되는 것으로 인식될 수 있어, 출처혼동에 의해 수요자를 기만할 염려가 인정 되므로, 본 호의 무효사유가 존재한다.

7 **제34조 제1항 제13호**

저명하고 창작성 있는 'Revital Pink'와 유사한 상표를 출원하였는 바, 타인의 신용에 편승하여 부당한 이익을 얻으려는 부정한 목적이 있어 본 호의 무효사유가 존재한다.

8 **소 결**

甲의 등록상표는 제34조 제1항 제6호, 제11호 후단, 제12호, 제13호의 무효사유 있음을 이유로 인용 심결될 것이다.

06 | 2018년 제55회 상표법 기출문제

문제 1 학교법인 甲은 "의정부대학교"라는 학교명칭에 대하여 "교육업, 상점디자인업, 측량업"을 지정서비스로 하여 상표등록을 받았다. 학교법인 乙은 "의정부 교육대학교"라는 학교명칭에 대하여 "인터넷 교육강좌업, 교육연구업"을 지정서비스로 하여 상표등록을 받았다. 학교법인 丙은 "의정부디지털칼리지 UijeongbuDigitalCollege"와 "의정부디지털칼리지 UJDG"라는 명칭들에 대하여 "온라인을 이용한 언어 교육업"을 지정서비스로 하여 각각 상표등록을 받았다.

甲, 乙 및 丙이 상표등록출원하기 이전부터 "의정부"는 "경기도"에 위치한 '시'의 명칭인 "의정부시"를 나타내는 것이라고 우리나라 국민들에게 현저하게 알려져 있다. "의정부대학교"는 甲이 상표등록출원하기 이전부터 우리나라 국민들이 어떤 대학교인지를 구체적으로 알 수 있을 정도로 유명한 대학교가 되었다. "의정부교육대학교"는 설립된 지 6년 정도 밖에 안되어서 학교명칭 자체만으로는 잘 알려져 있지 않지만, 재학생뿐만 아니라 일반인들에게도 인터넷 교육강좌를 다수 제공하여 해당 학교명칭을 상표등록 출원할 때에 "인터넷 교육강좌업"에 대해서는 이미 국내에서 특정인의 서비스에 관한 출처를 표시하는 것으로 식별될 수 있을 정도에 이르렀다. 丙의 "의정부디지털칼리지"는 설립된 지 4년 정도 밖에 되지 않았고 해당 학교는 현재까지도 일반 수요자들에게 잘 알려져 있지 않다.

한편, 학교법인 丁은 "온라인을 이용한 언어 교육업"에 대하여 "의정부디지털칼리지"를 운영하면서 현재 "의정부디지털칼리지 UDCWB"라는 상표를 丙의 허락 없이 사용하고 있다. 다음 물음에 답하시오(단, "Uijeongbu"는 "의정부"의 한글 발음을 그대로 영문자로 표기한 것이고, "디지털(Digital)"은 온라인으로 교육을 한다는 의미로서 일반 수요자에게 인식되어 있으며, "칼리지(College)"는 "전문대학"이나 "단과대학"을 의미하는 영문명칭으로서 대학명칭과 관련하여 일반적으로 사용되는 명칭임). [30점]

1 丁은 甲, 乙의 등록상표에 대하여 상표법 제33조 제1항 제4호를 무효사유로 하여 각각 상표등록의 무효심판을 청구하였다. 이 경우에 甲, 乙이 항변으로 주장할 수 있는 법적 근거를 고려해서 해당 심판의 결과에 관하여 각각 논하시오. [14점]

2 丁은 丙의 등록상표 중 "의정부디지털칼리지 UijeongbuDigitalCollege"에 대해서만 상표법 제119조 제1항 제3호를 취소사유로 하여 상표등록의 취소심판을 청구하였다. 그런데 해당 심판에서 丙은 심판청구일로부터 1년 전에 "온라인을 이용한 언어 교육업"과 관련하여 "의정부디지털칼리지 – 의정부에 위치한 온라인 교육 전문대학"이라고 표시한 광고자료를 사용 증거로 제출하였다. 이러한 증거만을 가지고 丙이 주장할 수 있는 모든 항변의 타당성을 고려해서 해당 심판의 결과에 관하여 논하시오. [10점]

3 丙은 丁의 사용상표가 자신의 등록상표 중 "의정부디지털칼리지 UJDG"의 권리범위에 속한다는 이유로 권리범위확인심판을 청구하였다. 해당 권리범위확인심판의 결과에 관하여 논하시오. [6점]

1 논점의 정리

제33조 제1항 제4호의 무효사유와 관련하여 현저한 지리적 명칭과 대학교가 결합한 상표의 식별력이 문제된다.

2 甲, 乙에 대한 무효심판

(1) 무효심판 의의 및 취지

상표등록의 완전성·공정성을 사후적으로 보장하기 위한 것으로, 착오로 등록된 부실권리를 정리하고 제3자에 대한 부당한 이익침해를 방지하기 위함이다.

(2) 무효사유

① 제33조 제1항 제4호 의의 및 취지

등록여부결정 시에 일반 수요자 기준으로 현저한 지리적 명칭으로 인식되는 표장은 자타상품 식별력, 독점적응성이 없어 등록을 불허한다. 지정상품은 무관하다.

② 현저한 지리적 명칭과 대학교의 결합상표의 식별력

본 호는 현저한 지리적 명칭 등이 다른 식별력 없는 표장과 결합되어 있는 경우에도 적용될 수 있으나, 그러한 결합에 의하여 새로운 관념을 낳거나 새로운 식별력을 형성하는 경우에는 본 호의 적용이 배제된다.

(3) 사안의 경우

무효심판의 결과에 있어서 甲, 乙의 결합상표가 결합으로 인하여 새로운 관념 또는 식별력이 형성된 것인지 문제된다.

3 甲에 대한 심판의 결과

(1) 甲 상표의 본질적 식별력

甲 상표는 현저한 지리적 명칭인 '의정부'와 '대학교'가 결합한 것으로 국민들이 어떤 대학교인지를 구체적으로 알 수 있을 정도로 유명한 대학교가 되었으므로 그 결합으로 인해 새로운 관념 또는 식별력이 형성되었다. 따라서 甲 상표는 본질적 식별력을 갖는다.

(2) 소 결

甲이 '의정부대학교'가 지정상품을 불문하고 본질적 식별력을 가짐을 항변함으로써 무효심판이 기각 심결될 것이다.

4 乙에 대한 심판의 결과

(1) 乙 상표의 본질적 식별력

乙 상표는 그 결합으로 인하여 새로운 관념 또는 식별력이 형성되지 않았으므로, 제33조 제1항 제4호에 해당한다.

(2) 사용에 의한 식별력(제33조 제2항)

① 의의 및 취지

등록여부결정 시에 제33조 제1항 각 호에 해당하는 표장이더라도 사용에 의해 식별력을 취득한 경우 자타상품 식별력과 독점적응성이 인정되므로 등록을 허여한다.

② 사용에 의한 식별력 획득 판단 방법

사용에 의한 식별력은 상표사용자만이 독점배타적으로 상표를 사용한 결과 상표등록을 허용하는 것이므로 일반인 내지 경업자의 자유사용의 필요성, 상표의 사용기간, 사용방법, 매출액, 광고선전 실적 등을 종합적으로 판단하도록 한다.

③ 사안의 경우

乙의 "의정부교육대학교"는 학교 명칭 자체만으로는 잘 알려져 있지 않지만, 일반인들에게도 인터넷 교육강좌를 다수 제공하여 국내에서 특정인의 서비스에 관한 출처를 표시하는 것으로 식별될 수 있을 정도에 이르렀으므로, '인터넷 교육강좌업'에 대하여 사용에 의한 식별력을 획득하였다. 그러나 '교육연구업'은 '인터넷 교육강좌업'과 동일성 범위의 서비스가 아니므로, 乙의 등록상표는 이에 대해 사용에 의한 식별력을 획득하지 못하였다.

(3) 소 결

乙이 '인터넷 교육강좌업'에 대하여 사용에 의한 식별력을 획득하였음을 항변함으로써, 무효심판은 '인터넷 교육강좌업'에 대하여 일부 기각 심결될 것이다.

설문 2 에 대하여

1 논점의 정리

丙의 항변으로써 불사용취소판단 시 실사용상표와 등록상표의 동일성, 등록상표의 식별력이 없는 경우의 취급을 검토한다.

2 제119조 제1항 제3호

(1) 의의 및 취지

등록상표의 사용을 촉진하고 불사용에 대하여 제재를 가하기 위하여 상표권자 등이 정당한 이유 없이 등록상표를 그 지정상품에 대하여 취소심판청구일 전 계속하여 3년 이상 국내에서 사용하고 있지 아니한 경우 취소사유에 해당한다.

(2) 등록상표와 실사용상표의 동일성

① 영문자 및 한글 음역 중 일부 생략한 경우

영문자와 이를 단순히 음역한 한글이 결합된 등록상표에서, 그 영문 단어 자체의 의미로부터 인식되는 관념 외에 그 결합으로 말미암아 새로운 관념이 생겨나지 않고, 영문자 부분과 한글 음역 부분 중 어느 한 부분이 생략된 채 사용된다 하더라도 일반 수요자나 거래자에게 통상적으로 등록상표 그 자체와 동일하게 호칭될 것으로 보이는 한, 그 등록상표 중에서 영문자 부분 또는 한글 음역 부분만으로 구성된 상표를 사용하는 것은 거래통념상 등록상표와 동일하게 볼 수 있는 형태의 상표를 사용하는 것에 해당한다.

② 사안의 경우

丙은 등록상표 중 영문자 부분을 생략하고 사용한 것이나, 이로 인해 새로운 관념이 생겨나지 않고 등록상표와 동일하게 호칭될 것이므로, 동일 범위의 사용이다.

(3) 등록상표가 식별력 없는 경우의 취급

등록상표가 애당초 식별력 없는 상표인지 여부는 본 호에서 규정하는 등록상표의 사용 여부 판단을 좌우할 사유가 되지 못한다. 따라서 丙의 등록상표가 현저한 지리적 명칭과 업종명의 결합으로 식별력 없음은 문제되지 않는다.

(4) 소 결

丙은 불사용취소심판에서 등록상표의 광고 행위를 사용 사실로 항변하여 기각 심결시킬 수 있다.

설문 3 에 대하여

1 논점의 정리

식별력 없는 구성인 '의정부디지털칼리지' 부분이 양 상표에 공통됨을 중점으로 하여 심결을 예상한다.

2 권리범위확인심판

(1) 심리 범위

상표적 사용인지 여부, 상표 및 상품의 유사 여부, 제90조에 해당하는지 여부를 판단한다.

(2) 유사 판단

① 요부 관찰

상표는 요부를 중심으로 유사 여부를 판단하는 방법을 말한다. 전체 관찰이 원칙이나 거래실제에 있어 그 구성 부분 일부만에 의해 간략하게 호칭, 관념되는 경우 요부 관찰이 허용된다.

② 사안의 경우

'의정부디지털칼리지'가 공통되나 이는 식별력이 없어 요부가 아니고, 요부인 UJDG와 UDCWB는 비유사하므로 출처의 오인·혼동 염려가 없다.

(3) 효력 제한(제90조 제1항 제4호)

丙 상표의 '의정부디지털칼리지' 부분은 현저한 지리적 명칭에 식별력 없는 구성이 결합하여 전체로서 제90조 제1항 제4호의 효력 제한사유에 해당한다.

(4) 소 결

양 상표가 비유사하고, 효력 제한사유가 존재하여 권리범위확인심판은 기각 심결될 것이다.

문제 2 甲은 거래시장에서 "세테리"로 호칭되는 "SETERY"라는 표장을 "테니스복"을 지정상품으로 하여 상표등록을 받은 상표권자이다. 乙은 甲과 "테니스복"에 대해서 등록상표인 "SETERY"의 사용허락계약을 체결하고 甲이 관리하는 품질기준에 따라 해당 등록상표가 표시된 "테니스복"을 생산 및 판매하여 왔으며, 이러한 乙의 판매활동으로 인해 "SETERY"는 "테니스복"에 관하여 2017년 6월경부터 2018년 7월 현재까지 국내에서 특정인의 상품을 표시하는 것이라고 인식되기에 이르렀다.

한편으로 甲 및 乙과 아무런 법적 및 경제적 관계가 없었던 丙은 "테니스화"에 대하여 "SETERY"라는 표장을 2017. 6. 20. 상표등록 출원하여 2018. 1. 18. 상표등록을 받았다. 다음 물음에 답하시오(단, "테니스복"과 "테니스화"는 유사한 상품은 아니지만, 해당 상품들에 관한 판매 장소나 수요자층 등이 동일하여 경제적 견련관계가 있다고 봄). [20점]

1 甲은 丙의 등록상표에 대하여 상표법 제34조 제1항 제12호를 무효사유로 하는 상표등록의 무효심판을 청구하려고 한다. 이 경우에 "SETERY"라는 상표가 해당 규정의 적용을 위한 특정인의 선사용상표로서의 지위를 인정받을 수 있도록 甲이 주장할 수 있는 모든 근거 및 이에 따라 예상되는 해당 심판의 결과에 관하여 논하시오. [15점]

2 甲은 자신과 과거에 동업 관계에 있었던 丁이 "SETERY"를 "구두"에 대하여 2017. 8. 22. 상표등록 출원하여 2018. 4. 12. 상표등록을 받은 것을 알게 되었다. 이 경우에 甲은 丁의 등록상표에 대하여 상표법 제34조 제1항 제20호를 무효사유로 하는 상표등록의 무효심판을 청구하려고 한다. 무효심판에서 甲이 해당 규정이 적용되도록 입증해야 할 사항들에 관하여 기술하시오(단, "테니스복"과 "구두"는 비유사함). [5점]

설문 **1** 에 대하여

1 논점의 정리

제34조 제1항 제12호 판단 시 선사용상표의 권리자가 누구인지, 상품이 비유사한 경우 수요자 기만 염려가 존재하는지 문제된다.

2 무효심판

(1) 의의 및 취지

상표등록의 완전성·공정성을 사후적으로 보장하기 위한 것으로, 착오로 등록된 부실권리를 정리하고 제3자에 대한 부당한 이익침해를 방지하기 위함이다.

(2) 제34조 제1항 제12호

① 의의 및 취지

등록여부결정 시 기준으로 출처혼동으로부터 일반 수요자의 보호를 위해 수요자를 기만할 염려가 있는 경우 등록을 불허한다.

② 사안의 경우

甲의 상표는 乙의 판매활동으로 국내에서 수요자에 알려졌는 바, ㉠ 甲 상표의 권리자가 누구인지, ㉡ 상품이 비유사한 경우 수요자 기만 염려가 있는지 문제된다.

3 甲 자신이 선사용상표의 권리자임을 주장할 것

(1) 판례의 태도

선사용상표의 권리자가 누구인지는 선사용상표의 선택과 사용을 둘러싼 관련 당사자 사이의 구체적인 내부관계 등을 종합적으로 살펴 판단하여야 하고, 선사용상표 사용자의 사용을 통제하거나 상품의 성질이나 품질을 관리하여 온 자가 따로 있는 경우에는 그를 선사용상표의 권리자로 보아야 한다.

(2) 사안의 경우

甲은 乙과 사용허락계약을 체결하고 乙의 품질을 관리하여 왔으므로, 甲이 수요자에게 알려진 상표의 권리자이다.

4 수요자 기만 염려 존재

(1) 판례의 태도

본 호에 해당하려면, 선사용상표와 동일·유사한 상표가 그 사용상품과 동일·유사한 상품에 사용되고 있거나, 또는 선사용상표의 구체적인 사용실태나 양 상표가 사용되는 상품 사이의 경제적인 견련의 정도, 기타 일반적인 거래실정 등에 비추어 선사용상표의 권리자에 의하여 사용되고 있다고 오인될 만한 특별한 사정이 있어야 한다.

(2) 사안의 경우

'테니스복'과 '테니스화'는 판매 장소 및 고객층이 공통되는 바, 丙의 상표가 "테니스화"에 사용되는 경우 수요자 기만 염려가 존재한다.

5　소 결

무효심판에서 甲은 자신이 선사용상표의 권리자이고 양 상표가 유사하며, 丙의 사용은 수요자 기만을 일으킬 염려가 있음을 주장하여 인용 심결을 받을 수 있다.

설문 **2** 에 대하여

1　제34조 제1항 제20호

제34조 제1항 제20호는 출원 시 기준으로 계약 관계 등을 통하여 알게 된 타인의 사용 또는 사용 준비 중인 상표와 동일·유사한 상표, 상품을 출원하는 경우 등록을 불허하는 규정이다. 이는 신의칙에 반하는 상표를 거절하여 건전한 상거래질서를 확립하기 위함이다.

2　사안의 경우

丁은 과거에 甲과 동업관계에 있던 자로써, 甲과의 신의관계가 존재하고, 甲은 국내에서 판매되는 '테니스복'의 품질을 관리하는 등 국내에서 출원상표를 사용 또는 사용 준비 중인 것으로 보이고, 양 상표는 동일하다. 그러나 甲은 '테니스복'에 대하여 상표를 사용 중인 반면, 丁의 지정상품은 '구두'이어서, 양 상품이 비유사하므로 무효심판에서 본 호의 무효사유가 인정되지 않을 것이다. 따라서 위 규정을 적용시키기 위해서 甲은 해당 상표를 테니스복이 아니라 '구두'와 동일·유사한 상품에 사용하고 있었거나 사용 준비 중이었고, 이를 丁이 알았을 것이라는 사실을 입증해야 할 것이다.

문제 3

甲은 "귀금속제 액세서리, 스킨케어용 화장품 소매업, 가방 소매업, 의류 소매업"을 지정상품 및 지정서비스로 하는 상표 " 🐪 "를 2016. 9. 2. 출원하여 2017. 7. 10. 상표등록을 받은 후, 상표등록을 받은 날로부터 적법하게 사용하고 있다.

乙은 "귀금속제 액세서리, 스킨케어용 화장품 소매업, 가방 소매업, 의류 소매업"을 지정상품 및 지정서비스로 하는 상표 " 🐪 "를 2017. 8. 10. 출원하여 2018. 5. 21. 상표등록을 받았다.

그런데 乙의 등록상표가 출원되기 전에 지정서비스와 동일·유사한 서비스들에 관하여 등록상표의 낙타 모양의 도형 부분과 유사한 형상의 도형을 포함하는 다수의 상표가 상표권자를 달리하여 등록되어 있다.

한편, 甲은 丙에게 2018. 5. 25. 통상사용권을 허락하는 계약을 체결하였고, 그날 오후에 丙은 특허청에 통상사용권의 설정등록을 하고 나서 甲의 등록상표를 사용하고 있다. 다음 물음에 답하시오. [30점]

1 甲은 乙의 등록상표가 자신의 등록상표와 유사하여 상표법 제34조 제1항 제7호에 의해 상표등록을 받을 수 없는 상표라고 주장하면서 상표등록의 무효심판을 청구하였다. 甲의 상표등록의 무효심판에 대하여 예상되는 심결의 결과에 관하여 논하시오. [8점]

2 乙은 甲의 상표등록을 취소하는 심판을 청구하려고 한다. 이 경우에 상표등록의 취소심판에서 주장될 수 있는 취소사유를 등록상표의 사용 태양과 관련하여 설명하고, 甲이 乙과 丙에 대하여 취할 수 있는 법적 대응에 관하여 각각 논하시오. [14점]

3 甲은 2018. 6. 20. 丁에게 상표권을 이전하였는데, 丁은 상표권을 이전받기 전부터 이미 甲의 등록상표와 유사하면서 등록받지 않은 복수의 상표를 계속 사용하고 있었고, 상표권을 이전받은 후에도 계속 사용하고 있다. 이에 乙은 자신의 상표와의 관계에서 수요자 사이에 혼동의 우려가 있다는 이유로 상표등록의 취소심판을 청구하려고 한다. 이 경우에 취소사유에 관하여 논하고, 심결의 결과에 따라 예상되는 효과에 관하여 설명하시오. [8점]

설문 1 에 대하여

1 논점의 정리

乙의 등록상표의 도형 부분을 유사 판단 시 요부로 볼 수 있는지를 중심으로 무효사유를 검토한다.

2 제34조 제1항 제7호

(1) 의의 및 취지

등록여부결정 시를 기준으로 선등록상표권자의 보호 및 출처의 오인·혼동 방지를 위하여 선출원에 의한 타인의 등록상표와 상표, 상품이 동일·유사한 출원은 등록받을 수 없다.

(2) 상표의 유사 여부

① 유사 판단

상표의 유사 여부는 양 상표의 외관, 칭호, 관념 등을 해당 상품에 관한 수요자의 직관적 인식을 기준으로 객관적, 전체적, 이격적으로 관찰하여 거래상 상품의 출처에 관하여 오인·혼동을 초래할 우려가 있는지의 여부에 의하여 판단한다.

② 요부 관찰 – PINK 사건(2017후2697)

㉠ 의 미

상표는 요부를 중심으로 유사 여부를 판단하는 방법을 말한다. 전체 관찰이 원칙이나 거래실제에 있어 그 구성 부분 일부만에 의해 간략하게 호칭, 관념되는 경우 요부 관찰이 허용된다. 요부 관찰은 전체 관찰과 선택적·배타적 관계에 있는 것이 아니고, 올바른 전체 관찰의 결론을 유도하기 위한 수단으로써 필요하다.

㉡ 판단 방법

결합상표 중 일부 구성 부분이 요부로 기능할 수 있는지 여부를 판단할 때는 해당 구성 부분이 그 지정상품과 동일·유사한 상품에 관하여 다수 등록되어 있거나 출원공고되어 있는 사정도 고려할 수 있으므로, 등록 또는 출원공고된 상표의 수나 출원인 또는 상표권자의 수, 해당 구성 부분의 본질적인 식별력의 정도 및 지정상품과의 관계, 공익상 특정인에게 독점시키는 것이 적당하지 않다고 보이는 사정의 유무 등을 종합적으로 고려하여 판단하여야 한다.

(3) 지정상품별 판단

① 지정서비스들에 대하여 낙타 도형을 포함하는 다수의 상표가 상표권자를 달리하여 등록되어 있으므로 낙타 도형 부분은 유사 판단 시 요부로 볼 수 없다. 따라서 양 상표의 요부인 문자 부분이 비유사하므로 양 상표는 비유사하다.

② 지정상품들에 대하여 낙타 도형은 수요자들에게 요부로 인식되므로, 이로 인한 출처의 오인·혼동 염려가 있어 양 상표는 유사하다.

(4) 소 결

지정서비스들에 대하여 양 상표는 비유사하므로 일부 기각 심결되고, 지정상품들에 대하여 본 호의 무효 사유가 있어 일부 인용 심결될 것이다.

설문 **2** 에 대하여

1 논점의 정리

丙의 사용이 제119조 제1항 제2호의 부정한 사용에 해당하는 경우 甲 상표권에 대한 취급이 문제된다.

2   乙의 취소심판

(1) 문제의 소재

甲은 등록상표를 적법하게 사용하고 있으므로, 제119조 제1항 제1호 및 제3호의 취소사유가 문제되지 않는다. 다만, 丙의 부정 사용과 관련하여 제119조 제1항 제2호가 문제될 수 있다.

(2) 제119조 제1항 제2호

① 의의 및 취지

사용권자가 등록상표와 동일·유사범위의 상표를 사용하여 수요자에게 오인·혼동을 유발한 경우, 상표권자가 상당한 주의를 한 경우를 제외하고 상표등록 취소사유에 해당한다. 상표권자에게 감독의무를 부과하고 사용권자에게 정당사용의무를 부과하여 수요자를 보호하기 위함이다.

② 사안의 경우

㉠ 본 호는 사용권자가 등록상표와 동일한 상표를 사용하는 경우도 포함하므로, 丙이 등록상표를 사용하는 경우라도 본 호에 해당한다.

㉡ 丙이 등록상표를 지정서비스들에 사용하는 경우, 이는 乙의 상표와 유사하여 수요자의 출처 혼동을 야기할 수 있다. 이때, 乙 상표가 후등록상표인지는 문제되지 않는다.

㉢ 따라서 甲이 丙의 사용에 대하여 상당한 주의를 하였는지가 문제된다.

(3) 상당한 주의

상표권자가 상당한 주의를 하였다고 하기 위해서는 전용사용권자 또는 통상사용권자에게 오인·혼동행위를 하지 말라는 주의나 경고를 한 정도로는 부족하고, 사용실태를 정기적으로 감독하는 등의 방법으로 상표 사용에 관하여 전용사용권자 또는 통상사용권자를 실질적으로 그 지배 하에 두고 있다고 평가할 수 있을 정도가 되어야 하며, 그에 대한 증명책임은 상표권자에게 있다.

(4) 사안의 경우

丙 사용에 대한 甲의 상당한 주의가 없었다면, 甲의 등록상표는 본 호의 취소사유가 존재하여 취소될 수 있다.

3   甲의 乙, 丙에 대한 법적 대응

(1) 乙에 대한 대응

① 乙의 상표권에 대한 조치

설문 **1** 에서 검토한 바와 같이, 乙의 등록상표 중 일부(지정상품들)에 무효사유가 존재하므로, 제34조 제1항 제7호를 이유로 무효심판을 청구할 수 있다. 乙 등록 후 3년이 도과되지 아니하여, 취소심판 청구는 불가하다.

② 乙 사용에 대한 조치

㉠ 乙의 지정서비스들에 대한 사용은 상표가 비유사하여 비침해이다.

㉡ 乙의 등록상표에 대한 무효심결이 확정되기 전이라도 甲의 동의 없이 사용하는 것은 등록상표권의 적극적 효력이 제한되므로, 지정상품들에 대한 사용은 침해를 구성하여, 이에 대한 사용을 금지시킬 수 있다.

(2) 丙에 대한 대응

① 제120조 취소심판

사용권자에게 정당사용의무를 부과하기 위한 규정으로서, 甲은 丙의 사용권을 취소시키는 심판을 청구할 수 있다.

② 혼동방지 청구권

丙의 사용으로 인한 혼동을 방지하기 위하여 丙의 명칭 등을 표시하는 혼동방지 청구를 할 수 있다.

설문 3 에 대하여

1 논점의 정리

丁은 등록상표를 이전받은 뒤에도, 이전부터 사용해오던 등록상표와 유사한 복수의 미등록상표들을 사용하였는 바, 이러한 복수의 미등록상표들에 대한 사용을 제119조 제1항 제1호의 유사한 상표의 사용으로 볼 수 있을 것인지 문제된다.

2 제119조 제1항 제1호

(1) 의의 및 취지

상표권자가 고의로 등록상표와 유사범위의 상표를 사용하여 수요자에게 오인·혼동을 유발한 경우, 상표등록 취소사유에 해당한다. 상표권자에게 정당사용의무를 부과하여 수요자를 보호하기 위함이다.

(2) 丁의 사용상표가 등록상표와 유사한 상표인지 여부

① 판례의 태도

복수의 유사상표를 사용하다가 그 중 일부만 등록한 상표권자가 미등록의 사용상표를 계속 사용하는 경우에도, 그로 인하여 타인의 상표와의 관계에서 등록상표만 사용한 경우에 비하여 수요자가 상품 출처를 오인·혼동할 우려가 더 커지게 되었다면, 본 호에 따른 유사한 상표의 사용으로 볼 수 있다.

② 사안의 경우

丁이 미등록상표를 사용함으로써 등록상표를 그대로 사용하는 경우보다 乙 상표와의 관계에서 출처 혼동의 우려가 더 커지게 되었다면, 丁의 실사용상표는 본 호의 등록상표와 유사한 상표에 해당한다.

(3) 소 결

丁의 실사용상표가 乙의 등록상표와 관계에서 수요자의 출처의 오인·혼동을 유발한다면, 丁의 사용은 본 호의 사용에 해당하는 바, 인용 심결될 것이다.

3 심결의 효과

인용 심결이 확정된 경우, 丁 상표권은 장래를 향해 소멸하고, 丁은 제34조 제3항에 따른 재출원 제한을 받을 것이다.

문제 4

甲은 "팥죽, 수정과, 강정"을 지정상품으로 하는 상표 "KODELLY"를 2016. 10. 10. 출원하여 2017. 11. 10. 상표등록을 받았고, 국내에 소재한 법인 乙과 자신의 등록상표를 지정상품 "팥죽, 수정과, 강정"에 사용하는 것에 대하여 5년 동안 전용사용권을 설정하는 계약을 2017. 11. 20. 체결하였다. 甲은 상표등록을 받고 나서 국내에서는 자신의 등록상표를 사용하고 있지 않고, 일본에서만 사용하고 있다.

丙은 2016. 10. 14.부터 "팥죽, 수정과, 강정" 제품에 상표 "KODELLY"를 계속 사용하면서 해당 상표에 대한 상표등록출원은 하지 않고 있다. 다음 물음에 답하시오. [20점]

1 甲은 丙을 상대로 법원에 상표권 침해를 주장하면서 상표법 제110조 제4항의 "통상 받을 수 있는 금액에 상당하는 금액"을 손해액으로 하는 손해배상청구소송을 제기하였다. 이 소송의 결과에 관하여 논하시오. [12점]

2 乙은 자신이 사용하고 있는 상표들을 광고하기 위해서 발행한 카탈로그의 뒤표지 중간에 "○○법인 乙주식회사"라는 상호의 표시 아래 "KODELLY, KOOKIDIREA, KOKUDATA, KONDUDIA"의 형태로 甲의 등록상표를 乙이 사용하는 다른 상표들과 함께 나열하여 사용하고 있다. 이 경우에 乙은 해당 등록상표가 지정상품인 "팥죽, 수정과, 강정"에 관한 것임을 알 수 있는 표시를 전혀 하지 않고 있다. 乙이 이러한 형태로 계속 해당 등록상표를 사용하려는 행위가 상표법 제119조 제1항 제3호에 의한 상표등록의 취소심판과 관련하여 등록상표의 사용으로 인정될 수 있는지에 관하여 설명하시오. [4점]

3 수입업자 丁은 상표권자 甲의 등록상표가 부착된 상품 "강정"을 일본에서 수입하고 있다. 丁의 수입행위가 상표법 제119조 제1항 제3호에 의한 상표등록의 취소심판과 관련하여 등록상표의 사용으로 인정될 수 있는지에 관하여 설명하시오. [4점]

설문 **1** 에 대하여

1	논점의 정리

(1) 甲의 상표권이 유효하게 존속하고, 丙은 '팥죽' 등에 상표적으로 상표를 사용하였고, 양 상표 'KODELLY' 부분이 동일하여 출처 혼동 염려가 있고, 丙에게 정당권원 및 효력 제한사유가 없는 바, 丙의 사용은 침해를 구성한다.

(2) 이와 관련하여, 甲의 상표권 사용 여부를 검토하여 丙의 손해배상책임을 예상한다.

2	제110조 제4항

(1) 내용 및 성질

상표법 제110조 제4항에 의하면, 상표권자는 자기의 상표권을 고의 또는 과실로 침해한 자에 대하여 통상 받을 수 있는 상표권 사용료 상당액을 손해액으로 주장하여 배상을 청구할 수 있다. 이 규정은

제1편

제2편

제3편

손해에 관한 피해자의 주장·증명책임을 경감해 주고자 하는 것이므로, 상표권자는 권리침해 사실과 통상 받을 수 있는 사용료를 주장·증명하면 되고 손해의 발생 사실을 구체적으로 주장·증명할 필요는 없다.

(2) 손해 발생의 주장·증명

본 규정이 상표권의 침해 사실만으로 손해의 발생에 대한 법률상의 추정을 하거나 손해의 발생이 없는 것이 분명한 경우까지 손해배상의무를 인정하려는 취지는 아니므로, 침해자는 상표권자에게 손해의 발생이 있을 수 없다는 점을 주장·증명하여 손해배상책임을 면할 수 있다.

(3) 사용권자와 사용료 계약을 맺은 경우

甲이 전용사용권자 乙로부터 고정된 사용료를 받기로 계약한 경우에는, 丙의 침해행위로 인해 甲이 입은 손해가 없으므로, 손해배상책임이 인정될 수 없다. 한편 甲이 전용사용권자 乙로부터 판매량에 비례하는 사용료를 받기로 계약한 경우에는, 丙의 침해행위로 인해 乙의 판매량이 감소될 수 있으므로, 사용료 감소분에 상응하는 손해를 배상하도록 할 수 있다.

(4) 상표권자가 등록상표를 사용하지 않는 경우

① 상표권자의 사용이 없는 경우에도 손해 발생이 추정되는지 여부

한편, 상표권은 특허권 등과 달리 등록되어 있는 상표를 타인이 사용하였다는 것만으로 당연히 통상 받을 수 있는 상표권 사용료 상당액이 손해로 인정되는 것은 아니고, 상표권자가 상표를 영업 등에 실제 사용하고 있었음에도 상표권 침해행위가 있었다는 등 구체적 피해 발생이 전제되어야 인정될 수 있다. 따라서 상표권자가 상표를 등록만 해 두고 실제 사용하지는 않았다는 등 손해 발생을 부정할 수 있는 사정을 침해자가 증명한 경우에는 손해배상책임을 인정할 수 없다.

② 사안의 경우

甲은 국내에서 등록상표를 사용하지 않으며, 甲이 乙에게 전용사용권을 설정한 행위는 상표의 사용으로 볼 수 없다. 따라서 丙에게 제110조 제4항에 따른 손해배상책임이 인정되지 않을 것이다.

3 소 결

甲은 사용 사실이 없어 손해가 발생한 바 없으므로 기각 판결될 것이다.

설문 2 에 대하여

1 제119조 제1항 제3호의 사용

형식적으로 제2조 제1항 제11호 각 목에 따른 행위 및 상표사용의 진실한 의사에 기한 적법·정당한 사용이 있어야 한다.

2 등록상표를 여러 상표들과 함께 단순 나열한 경우

상표권자가 발행한 카탈로그에 등록상표가 상표권자가 사용하고 있는 여러 상표 중 하나로서 단순히 나열된 것으로 표시된 경우, 거래사회의 통념상 등록상표의 지정상품과 관련하여 표시된 것이라고 볼 수 없어 상표의 사용으로 볼 수 없다.

3 소 결

乙은 자신의 회사 표시와 함께 상표들을 나열할 뿐, 지정상품과의 관계에서 등록상표의 출처를 나타내는 것이 아니므로, 제2조 제1항 제1호 다호의 광고행위라 볼 수 없어 이는 등록상표의 사용으로 인정될 수 없다.

설문 3 에 대하여

1 상표권자가 아닌 제3자에 의하여 수입·판매되는 경우

상표권자가 외국에서 등록상표를 표시했을 뿐 국내에서 직접 또는 대리인을 통하여 등록상표를 사용한 적이 없다고 하더라도, 그 상품이 제3자에 의해 우리나라로 수입되어 상표권자가 등록상표를 표시한 그대로 국내의 정상적인 거래에서 양도, 전시되는 등의 방법으로 유통되고, 그에 따라 국내 수요자에게 그 상표가 상표권자의 업무에 관련된 상품을 표시하는 것으로 사회통념상 인식되는 경우에는 특단의 사정이 없는 한 상표권자가 국내에서 상표를 사용한 것으로 보아야 한다.

2 소 결

국내 수요자는 丁이 판매하는 '강정'을 甲의 상품(출처)으로 인식하는 경우라면 丁이 강정을 수입해서 판매하는 행위는 불사용취소를 면할 수 있는 등록상표의 사용으로 인정될 수 있다.

07 | 2017년 제54회 상표법 기출문제

문제 1
甲은 가구를 지정상품으로 하여, 1988년 5월 등록되어 1998년 5월 소멸된 선사용상표 1
(**썬퍼니**), 1989년 1월 등록되어 1999년 1월 소멸된 선사용상표 2(**썬퍼니**), 1995년 2월
등록되어 한 차례 갱신을 거쳐 최종적으로 2015년 2월 소멸된 선사용상표 3(**썬퍼니**)의
상표권자였다. 그리고 乙은 선사용상표 3이 소멸된 이후 1년 이상 경과한 2016년 9월
"**SUNFURNI** 썬퍼니"라는 상표를 "선반, 옷장, 탁자, 의자, 책장" 등을 지정상품으로 하여 출원하였고,
2017년 6월 상표등록을 받았다.

이에 甲은 자신의 선사용상표들에 포함된 SUN FURNI와 乙의 등록상표에 포함된 SUNFURNI
가 공통되고, 선사용상표 1, 2, 3은 여전히 국내에서 특정인의 상표로 인식되고 있으며, 乙의
상표는 이들을 모방 출원하여 부정한 목적으로 사용되고 있다고 주장하면서 무효심판을 청구
하였다. 하지만 이에 대해 乙은 "선사용상표들은 자신의 상표 출원일 당시 甲이 상표로서
사용하고 있지 않거나 적어도 상표로 계속 사용하려고 하지 않는 것이어서, 자신의 상표는
부정한 목적으로 사용되는 상표에 해당하지 않는다."고 주장하였다. 다만, 선사용상표들이
"바로 이 순퍼니가 sunWuD 순우드가구로 새롭게 탄생했습니다.", "순퍼니의 명성 그대로
순우드가구 sunWuD", "순퍼니의 차세대 가구 순우드" 등의 문구로 10년 이상 광고 되었다는
점에 대해서는 다툼이 없다. 다음 물음에 답하시오.   [30점]

1 부정한 목적을 가지고 사용하는 상표에 해당하려면 '등록상표의 출원일 당시 특정인이
그의 선사용상표를 사용하고 있거나 적어도 상표로 계속 사용하려고 하는 경우일 것'이라
는 요건이 필요하다는 乙 주장의 타당성에 대하여 논하시오.   [12점]

2 乙의 상표는 선사용상표를 모방 출원하여 부정한 목적으로 사용된 상표라는 甲 주장의
타당성에 대하여 논하시오.   [18점]

설문 **1** 에 대하여

1   논점의 정리

제34조 제1항 제13호의 부정한 목적을 판단함에 있어서 선사용상표가 사용 중 또는 사용예정 중이어야 하는
지와 관련하여 乙 주장의 타당성을 검토한다.

2 부정한 목적이 인정되기 위하여 선사용자가 선사용상표를 사용 중 또는 사용예정 중이어야 하는지 여부

(1) 특허법원의 태도

상표는 자기의 업무에 관련된 상품을 타인의 상품과 식별되도록 하기 위하여 사용하는 표장을 말하므로, 상표권자에 의하여 사용되고 있지 아니한 표장은 상표법상의 상표에 해당된다고 보기 어렵다. 만약 수요자간에 특정인의 상표로 인식되어 있기만 하면 상표로 사용되지 않더라도 제34조 제1항 제13호가 적용될 수 있다고 하면, 이는 정당한 상표사용자의 권익을 보호하기 위한 본 조항의 취지에 어긋나는 것이다.

(2) 대법원의 태도

모방대상상표가 상표로 사용되고 있는지 여부, 권리자가 이를 상표로 계속 사용하려고 하는 의사가 있는지 여부는 모방대상상표가 특정인의 상표로 인식되어 있는지 여부와 등록상표 출원인의 부정한 목적 여부 등 본 호 요건의 충족 여부를 판단하기 위한 고려 요소 중 하나가 되는 것에 불과하다.

(3) 검 토

선사용상표가 과거의 사용실적 등으로 여전히 수요자 사이에 특정인의 상표로 인식되어 있어 모방대상상표의 신용에 편승하여 부당한 이익을 얻으려 하는 등 부정한 목적을 가지고 있다면 공정한 거래질서 확립을 위하여 본 호에 해당한다고 판단한 대법원의 태도가 타당하다.

3 소 결

甲의 불사용 사실 또는 사용 계속 의사가 없다는 것은 제34조 제1항 제13호 판단 시 고려대상일 뿐, 본호의 적용 요건이 아니므로, 이에 대한 乙의 주장은 부당하다.

설문 2 에 대하여

1 논점의 정리

제34조 제1항 제13호의 부정한 목적과 관련하여 甲 주장의 타당성을 검토한다.

2 제34조 제1항 제13호

(1) 의의 및 취지

출원 시 기준으로 진정한 상표사용자 보호 및 공정한 거래질서 확립을 위해 국내·외 특정인의 출처로 인식된 상표와 표장이 유사하고 부정한 목적이 있는 경우 등록을 불허한다. 속지주의 예외 규정으로서 상품 불문한다.

(2) 사안의 경우

본 호의 적용과 관련하여 ① 甲의 모방대상상표가 특정인의 출처로 인식된 것인지, ② 양 상표가 유사한지, ③ 乙에게 부정한 목적이 인정되는지 문제된다.

3 甲의 선사용상표들이 특정인의 출처로 인식되었는지 여부

(1) 판단 방법

상표가 국내 또는 외국의 수요자 사이에 특정인의 상표로 인식되어 있는지는 상표의 사용기간, 방법, 태양 및 이용범위 등과 거래실정 또는 사회통념상 객관적으로 상당한 정도로 알려졌는지 등을 기준으로 판단하여야 한다.

(2) 사안의 경우

甲은 자신의 상표를 20여 년간 사용해왔고, 상표를 변경하고 나서도 '순우드가구'로 변경되었다는 점에 대하여 10년 이상 광고해오고 있었다는 점, '순퍼니'의 명성이 국내 가구 수요자의 상당수에게 이어져 왔다는 점에 비추어 본 호의 인식도를 획득한 것이다.

4 상표의 동일·유사

선사용상표의 '순퍼니'는 乙의 등록상표와 호칭이 유사하여 출처의 혼동 염려가 있는 바, 양 상표는 유사하다.

5 부정한 목적의 존부

(1) 판단 방법

부정한 목적이 있는지를 판단할 때는 다음 사항들을 종합적으로 고려하여야 한다.
① 모방대상상표의 인지도 또는 창작의 정도
② 등록상표와 모방대상상표의 동일·유사 정도
③ 출원인과 권리자 사이에 교섭 유무, 기타 양 당사자의 관계
④ 지정상품 간의 동일·유사 내지 경제적 견련성의 유무
⑤ 거래실정 등

(2) 사안의 경우

甲의 선사용상표들이 사용 중이거나 사용예정 중이지는 않으나, ① 선사용상표는 乙 출원 시 특정인의 출처로 인식되었고, ② 선사용상표의 창작성이 인정되고, ③ 양 상표의 상품이 동일하다는 점 등을 고려할 때, 乙에게 부정한 목적이 인정된다.

6 소 결

乙이 선사용상표에 대한 부정한 목적이 인정되는 바, 甲의 주장은 타당하므로 무효심판은 인용 심결될 것이다.

문제 2

甲(주식회사)은 2014년 4월 자사 소속의 아이돌 그룹의 명칭 X를 '커피' 등을 지정상품으로 하여 상표 출원을 하고, 2015년 4월 상표등록을 받았다. 한편 甲은 상표 출원·등록을 받기 전인 2010년부터 상표 X의 변형인 표장 X'를 사용한 이래 커피 전문점들을 개점하여 전국적인 체인망을 구축하는 한편 2016년 4월까지 30억 원을 투자하여 인터넷, TV, 신문 등에 광고를 하였다. 또한, 위의 커피 전문점들은 그 변형표장 X'가 인쇄된 종이·플라스틱 컵을 사용하였으며 아울러 외부 간판, 카탈로그 및 기타 선전광고물에 이를 표시 또는 부착하여 사용함으로써 주지·저명성을 취득하였다.

이와 같은 상황 하에서, 乙은 2016년 9월 '커피' 등을 지정상품으로 하여 상표 X와는 동일·유사하지 않은 상표 Y를 출원하여 2017년 6월 상표등록을 받았다. 이후 乙은 자신의 커피 전문점을 운영하면서, 甲의 변형표장인 X'가 인쇄된 종이·플라스틱 컵의 공급계약을 甲과 체결하여 공급받아 오다가, 이러한 컵이 자신의 광고 및 커피 이미지와 어울리지 않고 아울러 가격도 다른 제품에 비해 비싸다는 것을 이유로 공급계약을 해지하고, 자신이 직접 제작한 컵에 상표 Y의 변형형태로서 X'와 동일·유사한 Y'를 인쇄하여 사용하고 있다(단, X와 Y', Y와 X'는 서로 동일·유사하지 않음).

이러한 경우 甲이 乙을 상대로 취할 수 있는 상표법상의 조치에 대하여 설명하시오.

[20점]

설문에 대하여

1 논점의 정리

甲이 乙의 상표권 및 사용에 대하여 취할 수 있는 조치를 다각적으로 검토한다.

2 乙의 등록상표(Y)에 대한 무효심판 청구

(1) 甲 상표 X와 X'의 인식도

아이돌 그룹 명칭 X는 상품 또는 서비스의 출처로서 알려지지 않았으며, X'는 커피 전문점에 사용되어 '커피 전문점 운영업'의 출처로서 주지·저명성을 획득하였다.

(2) 제34조 제1항 제6호

아이돌 그룹 명칭 X 자체가 저명한 것이 아니므로, 본 호가 적용되지 않는다.

(3) 제34조 제1항 제7호, 제9호, 제12호 및 제13호

X 및 X'는 乙의 등록상표(Y)와 비유사하므로 본 호들이 적용되지 않는다.

(4) 제34조 제1항 제11호

① 의의 및 취지

출원 시 기준으로 부정경쟁의 방지 및 일반 수요자의 이익을 보호하기 위해 타인의 저명한 상품 또는 영업과 혼동을 일으킬 우려가 있는 경우 등록을 불허한다.

② 비유사한 상표의 경우

　X'와 Y의 구성의 모티브, 아이디어 등을 비교하여 X'가 Y로부터 용이하게 연상되거나 밀접한 관계가 있다면 본 호의 혼동 가능성이 존재한다.

③ 사안의 경우

　X'가 커피 전문점 운영업에 저명성을 획득하였고, 커피 전문점 운영업은 乙의 지정상품인 커피와 밀접한 관련성이 있으므로, X'와 Y 사이에 혼동 가능성이 인정되는 경우 본 호에 해당한다.

(5) 소 결

　甲은 제34조 제1항 제11호의 무효사유가 있음을 이유로 乙 상표에 대한 무효심판 청구를 검토해볼 수 있다.

3　乙의 등록상표(Y)에 대한 취소심판 청구

(1) 乙의 사용 태양

　乙이 컵에 상표 Y'를 사용한 것은 지정상품인 '커피'가 아닌 '커피 전문점 운영업'에 사용한 것이다.

(2) 제119조 제1항 제1호

① 의의 및 취지

　상표권자가 고의로 등록상표와 유사범위의 상표를 사용하여 수요자에게 오인·혼동을 유발한 경우, 상표등록 취소사유에 해당한다. 상표권자에게 정당사용의무를 부과하여 수요자를 보호하기 위함이다.

② 사안의 경우

　乙의 고의가 추정되고, 실사용상표 Y'는 등록상표 Y를 대상상표 X'와 유사하게 보이도록 변형한 것이어서 Y'의 사용으로 인해 대상상표 X'와의 관계에서 등록상표 Y를 그대로 사용한 경우에 비해 수요자가 출처혼동할 우려가 더 커지게 되었으므로 등록상표 Y와 유사한 상표이고, 저명상표 X'와의 관계에서 오인·혼동을 야기하므로 본 호에 따른 취소사유가 존재한다.

(3) 제119조 제1항 제3호

　乙의 상표등록 이후 3년이 도과하지 않았으므로 본 호가 적용되지 않는다.

(4) 소 결

　甲은 제119조 제1항 제1호의 취소심판을 청구하여 乙의 등록상표를 장래를 향해 소멸시킬 수 있다.

4　乙의 사용에 대한 상표법상 조치

(1) 침해의 요건

① 甲의 상표권이 유효하고, 乙은 Y'를 '컵'과 유사한 '커피 전문점 운영업'에 대하여 출처표시로서 사용하는 것이고, 乙의 사용은 효력 제한사유에 해당하지 않는다.

② 그러나 Y 및 Y'는 X와 비유사하므로 침해를 구성하지 않는다.

(2) 소 결

　乙의 사용은 비침해이므로 상표법상 조치가 불가능하다.

문제 3 甲은 지정상품을 '의류' 등으로 하여 2006년 9월 "▽ HONEY WEAR"로 구성된 표장을 대한민국에서 출원하여 2007년 5월 상표등록(그 후 1차 갱신등록 하였음)을 받았으며, 동 상표의 최초 등록 무렵에 乙(미국법인)이 생산하는 '의류' 등을 20년 동안 대한민국으로 수입하여 판매하는 계약을 체결하고 乙의 "HONEY" 상표가 부착된 의류 등을 수입·판매하였다. 甲이 "▽ HONEY WEAR"로 구성된 상표를 출원·등록하여 동 상표를 사용하기 시작한 것은 乙의 미국에서의 "HONEY" 상표권 취득이나 "HONEY"를 포함한 상호로 변경한 시점보다 앞서는 것이었다.

甲은 "▽ HONEY WEAR" 상표와 동일하거나 유사한 것으로 인정되는 상표들을 추가로 등록받았으며, 乙은 "HONEY" 및 그와 동일하거나 유사한 것으로 인정되는 상표들이 부착된 '의류' 등을 2008년부터 2017년 7월 현재에 이르기까지 대한민국으로 수출·판매하면서 이들 표장들을 사용하여 오고 있다. 이에 대응하여 甲은 해외 공장으로부터 주문자상표부착 생산방식(OEM)으로 "▽ HONEY WEAR"가 부착된 '의류' 등을 공급받아 대한민국에서 판매하여 오고 있다. 한편, 甲이 추가로 등록받은 "▽ HONEY WEAR"와 유사한 상표들의 등록출원일인 2016년 10월 및 2017년 3월 무렵에는, 乙의 이들 표장들이 乙의 사용에 의하여 '의류' 등에 관하여 특정인의 상품을 표시하는 것이라고 인식되기에 이르렀다. [30점]

1 甲이 "⟋HONEY" 등의 상표를 사용하여 의류 등을 대한민국으로 수출·판매하는 乙에 대하여 상표권 침해를 이유로 하는 손해배상을 청구하는 경우, 甲의 상표권 행사는 권리남용에 해당하는지 여부에 대하여 논하시오. [7점]

2 乙은, "HONEY"를 요부로 하는 "▽ HONEY WEAR" 등록상표와 동일하거나 유사하다고 인정되는 甲의 후행 등록상표들에 대하여, 등록의 무효를 주장하는 바 그 타당성 여부를 논하시오. [15점]

3 甲의 후행 등록상표인 "HONEY"가 乙이 사용하는 "⟋HONEY" 상표와의 관계에서 등록이 무효로 되었다면, 이와 같은 乙의 상표 사용은 甲의 "▽ HONEY WEAR" 상표권을 침해하는지 여부에 대하여 논하시오. [8점]

설문 **1** 에 대하여

1 논점의 정리

甲은 2007년 경 자신의 상표(선행 등록상표)를 먼저 등록받고 사용하여 왔으며, 乙은 甲의 사용 및 등록 이후 자신의 상표들(후발 선사용상표)을 사용하여 2016년 말 경 수요자 간에 인식되었다. 후발 선사용상표를 사용하여 인식도를 획득한 乙에 대한 甲의 권리행사가 권리남용인지 문제된다.

2 권리남용

(1) 의 의

권리의 사회적 기능을 존중하여 사권의 행사와 다른 법익과의 충돌을 조정하고 제한하는 것이다. 상표법은 권리의 사회성으로 인한 권리남용의 문제가 많다.

(2) 판단 기준

원칙적으로 객관적으로 권리행사가 사회질서에 반하고, 주관적으로 권리행사에 이익이 없으면서 오직 상대방에게 고통·손해를 주는 것을 목적으로 해야 하나, 판례는 이러한 주관적 요건이 반드시 필요한 것은 아니라고 하였다.

(3) 후발 선사용상표가 수요자 간에 인식된 경우, 甲의 선행등록상표에 기초한 권리행사가 권리남용인지 여부

어떤 상표가 정당하게 출원·등록된 이후에 등록상표와 동일·유사한 상표를 그 지정상품과 동일·유사한 상품에 정당한 이유 없이 사용한 결과 그 사용상표가 국내의 일반 수요자들에게 알려지게 되었다고 하더라도, 사용상표와 관련하여 얻은 신용과 고객흡인력은 등록상표의 상표권을 침해하는 행위에 의한 것으로서 보호받을 만한 가치가 없고 그러한 상표의 사용을 용인한다면 우리 상표법이 취하고 있는 등록주의 원칙의 근간을 훼손하게 되므로, 위와 같은 상표 사용으로 시장에서 형성된 일반 수요자들의 인식만을 근거로 하여 상표 사용자를 상대로 한 등록상표의 상표권에 기초한 침해금지 또는 손해배상 등의 청구가 권리남용에 해당한다고 볼 수는 없다.

3 소 결

등록주의 원칙에 근거하여 乙이 인식도를 획득한 것만으로 甲의 권리행사를 권리남용으로 볼 수 없다.

설문 **2** 에 대하여

1 논점의 정리

甲이 2016년 이후 등록받은 선행등록상표와 유사한 상표들(후행 등록상표)에 대하여 乙이 주장할 수 있는 무효사유를 검토한다.

2 후행 등록상표와 후발 선사용상표의 유사 여부

후행 등록상표와 후발 선사용상표는 식별력 있는 문자 부분인 'HONEY'를 공통으로 하므로, 양 상표는 유사하다.

3 **제34조 제1항 제9호 및 제11호**

후발 선사용상표는 특정인의 출처로 알려졌을 뿐, 주지·저명성까지 획득한 것이 아니므로 본 호의 무효사유는 존재하지 않는다.

4 **제34조 제1항 제12호**

(1) 의의 및 취지

등록여부결정 시 기준으로 출처 혼동으로부터 일반 수요자의 보호를 위해 수요자를 기만할 염려가 있는 경우 등록을 불허한다.

(2) 乙의 후발 선사용상표가 후행 등록상표와의 관계에서 인용상표가 될 수 있는지 여부

선행 등록상표의 등록 이후에 등록결정이 된 후행 등록상표가 선행 등록상표와 표장 및 지정상품이 동일·유사하고, 또한 후행 등록상표의 등록결정 당시 특정인의 상표라고 인식된 타인의 상표가 선행 등록상표의 등록 이후부터 사용되어 온 것이라고 하더라도, 이러한 타인의 사용상표(이하 '후발 선사 용상표'라고 한다)와의 관계에서 후행 등록상표가 상표법 제34조 제1항 제12호 후단에서 규정하고 있는 '수요자를 기만할 염려가 있는 상표'에 해당하여 등록이 무효로 될 수 있고, 그 결과 후발 선사용상표가 사실상 보호받는 것처럼 보일 수는 있다.

(3) 사안의 경우

양 상표, 상품이 유사하고, 乙의 후발 선사용상표는 인용상표 지위를 가지므로, 甲의 후행 등록상표에 본 호의 무효사유가 존재한다.

5 **제34조 제1항 제20호 및 제21호**

甲은 乙과 계약 관계에 있으나, 후행 등록상표는 선행 등록상표와 유사한 것으로 기존의 신용을 이용하기 위한 것으로 보이므로 이를 신의칙에 위반한 출원으로 보기 어렵다.

6 **소 결**

甲의 등록상표에 제34조 제1항 제12호의 무효사유가 존재하므로 인용 심결될 것이다.

1 논점의 정리

후발 선사용상표가 후행 등록상표에 대한 인용상표의 지위를 가져 후행 등록상표가 무효가 된 경우, 후발 선사용상표가 선행 등록상표에 대한 침해를 면하게 되는지 검토한다.

2 침의성

甲의 선행 등록상표는 유효하고, 乙은 후발 선사용상표를 상표적으로 사용하고, 양 상표 'HONEY'를 포함하여 유사하고, 乙 사용에 정당 권원 및 효력 제한사유가 없는 바, 乙의 사용이 침해를 구성함에도 불구하고 설문 **2** 의 무효심판 결론이 영향을 미치는지 문제된다.

3 후행 등록상표가 후발 선사용상표에 의해 무효된 경우 침해 성립 여부

(1) 판례의 태도

제34조 제1항 제12호의 취지가 후발 선사용상표를 보호하려는 데 있는 것이 아니라 이미 특정인의 상표라고 인식된 상표를 사용하는 상품의 출처 등에 관한 일반 수요자들의 오인·혼동을 방지하여 이에 대한 신뢰를 보호하려는 데 있음을 고려할 때, 그러한 결과는 일반 수요자들의 이익을 보호함에 따른 간접적·반사적인 효과에 지나지 아니하므로, 그러한 사정을 들어 후발 선사용상표의 사용이 선행 등록상표에 대한 관계에서 정당하게 된다거나 선행 등록상표의 상표권에 대한 침해를 면하게 된다고 볼 수는 없다.

(2) 검 토

후발 선사용상표가 후행 등록상표에 대한 인용상표의 지위를 가져 후행 등록상표가 무효가 된 것은 제34조 제1항 제12호의 취지에 따른 것일 뿐, 침해의 결론에 영향을 미치지 않을 것이다.

4 소 결

乙의 후발 선사용상표는 甲 상표권의 침해이다.

문제 4 목수 甲은 주문받은 사양 그대로만 가구 등을 제조하여 왔으나 최근 자신만의 독창적 기술과 디자인 능력을 확신하고, 자신의 작품이 명품임을 강조하기 위하여 저명한 자동차 브랜드 'MGM-벤츠'의 고급 이미지를 차용하여 의자에는 'MGM-벤치'라는 표장, 편안하다는 점을 강조하기 위하여 침대에는 '자미와-침대'라는 표장을 각각 부착하여 가구를 판매하기 시작하였다. 그런데 얼마 지나지 않아 甲은 MGM 코리아 주식회사로부터 자사 상표권의 침해를 중단할 것과 함께 추후 상표권 침해가 계속되는 경우 민·형사상 모든 법적 조치를 취할 것이라는 경고장을 받고 매우 당황하여 어찌할 바를 모르고 있다. 또한 수면제를 지정상품으로 하는 '자미와'라는 상표의 상표권자인 제약회사로부터도 침해중지 경고장을 수령하였다.

이와 관련하여 甲은 귀하에게 **1** 권리범위확인심판의 현실적 효용 가능성과 한계, **2** 무효사유가 명백한 경우에 권리범위확인심판 청구의 실익이 있는지에 관한 대법원의 입장에 대하여 자문을 구하고 있다. 귀하의 답변을 서술하시오. [20점]

설문에 대하여

1 논점의 정리

甲이 MGM 코리아 및 제약회사의 경고에 대하여 소극적 권리범위확인심판으로 대응하는 경우의 효용성을 중심으로 甲에 대한 자문을 검토한다.

2 권리범위확인심판의 효용성

(1) 소극적 권리범위확인심판 청구 시 결과

① 의의 및 취지

분쟁을 예방하고 침해 시 신속한 구제를 도모하기 위하여 상표권의 효력이 미치는 범위를 공적으로 확인하도록 하는 심판이다.

② 성질 및 심리범위

㉠ 성 질

권리범위확인심판은 단순히 그 상표 자체의 기술적 범위를 확인하는 사실확정을 목적으로 한 것이 아니라 구체적으로 문제가 된 상대방의 사용상표와의 관계에서 등록상표권의 효력이 미치는지 여부를 확인하는 권리확정을 목적으로 하는 것이다.

㉡ 심리범위

ⅰ) 상표적 사용인지 여부, ⅱ) 상표 및 상품의 유사 여부, ⅲ) 제90조에 해당하는지 여부를 판단한다.

③ 사안의 경우

甲은 상표를 지정상품에 상표적으로 사용한 것이나, '자미와'는 '침대'의 성능을 직감시키므로 제90조 제1항 제2호의 효력 제한사유에 해당하고, MGM 코리아의 지정상품으로 추정되는 자동차 및 제약회사의 지정상품인 수면제는 甲의 사용상품인 '의자' 및 '침대'와 비유사하므로 소극적 권리범위확인심판 청구 시 인용 심결될 것이다.

(2) 권리범위확인심판의 효용성

권리범위확인심판은 당사자 사이의 분쟁을 사전에 예방하거나 조속히 종결시키는 데에 이바지한다는 점에서 고유한 기능을 가진다는 점, 특허법에서 권리범위확인심판과 소송절차를 각 절차의 개시 선후나 진행경과 등과 무관하게 별개의 독립된 절차로 인정함을 전제로 규정하고 있는 점에 비추어, 권리범위확인심판 제도의 기능을 존중하여 침해소송과 별개로 청구된 권리범위확인심판의 심판청구의 이익이 부정된다고 볼 수 없다.

(3) 소 결

甲은 소극적 권리범위확인심판을 청구하여 인용 심결을 받음으로써 심리적 불안을 해소할 수 있으나, 이는 침해 여부에 대한 최종적인 판단을 받은 것은 아님을 안내한다. 다만, 권리범위확인심판은 침해소송에서 유력한 증거로 활용되어 유리한 판결을 받는데 실익이 있다. 그러나 이는 침해소송의 판단을 기속하지 않으며, 甲이 사용하는 상표나 상품을 변경한다면 심결의 효력이 미치지 않아 그 효력이 제한적일 수 있음을 안내한다.

3 무효사유가 명백한 경우 권리범위확인심판의 청구 실익 - 뉴발란스 사건(2011후3698)

(1) 문제점

상표권에 무효사유가 명백한 경우, 권리범위확인심판의 심판청구이익이 인정되는지 문제된다.

(2) 부정설

무효사유가 명백한 경우 상표법에 의해 보호받을 자격이 없고 권리범위를 상정할 수 없는 점, 상표등록이 형식적으로 유지되고 있다는 사정만으로 실체 없는 상표권을 마치 온전한 상표권인 양 권리범위를 확인해 주는 것이 되어 부당한 점, 침해금지 또는 손해배상청구에서 권리남용으로 보아 허용하지 않는 판결의 법리가 배제될 합리적인 이유가 없다는 점에서 상표권에 무효사유가 명백한 경우 권리범위확인심판을 청구할 이익이 없다.

(3) 긍정설

권리범위확인심판 제도는 등록상표의 권리범위를 확인하는 것에 불과하여 등록상표의 무효 여부는 무효심판 절차에서 다루어져야 한다는 점, 침해소송의 당사자 사이의 상대적 효력에 비해 권리범위확인심판의 심결은 대세적 효력이 있으므로 이를 인정하게 되면 상표법의 근본 구도를 깨트리는 것이 되어 부당하다는 점, 권리범위확인심판의 청구의 이익은 직권조사사항으로서 등록상표에 무효사유가 존재하는지 여부를 당사자 주장 없이도 심리를 할 수밖에 없어 심리에 과도한 부담을 준다는 점에서 상표권에 무효사유가 명백한 경우도 부적법하다고 볼 수 없다.

(4) 검 토

권리범위확인심판은 등록상표의 권리범위를 확인하는 심판절차로서, 그 제도의 본래 목적에 맞게 심리범위를 제한하는 것이 타당하고, 권리범위확인심판에서 무효사유의 존부를 심리하는 것은 무효심판 제도와 권리범위확인심판 제도를 목적과 기능을 달리하는 별개의 절차로 둔 상표법의 기본 구조에 배치되므로 긍정설이 타당하다.

(5) 소 결

제약회사의 상표가 수면제에 대한 기술적 표장에 해당하여 무효사유가 명백하다고 하더라도 甲이 이에 대한 소극적 권리범위확인심판을 청구할 이익이 인정됨을 안내한다.

우리가 해야 할 일은 끊임없이 호기심을 갖고
새로운 생각을 시험해보고 새로운 인상을 받는 것이다.

– 월터 페이터 –

우리는 삶의 모든 측면에서 항상 '내가 가치있는 사람일까?'
'내가 무슨 가치가 있을까?'라는 질문을 끊임없이 던지곤 합니다.
하지만 저는 우리가 날 때부터 가치있다 생각합니다.

- 오프라 윈프리 -

변리사 2차 상표법 한권으로 끝내기

개정1판1쇄 발행	2024년 02월 05일 (인쇄 2024년 01월 23일)
초 판 발 행	2022년 01월 05일 (인쇄 2021년 11월 26일)
발 행 인	박영일
책 임 편 집	이해욱
저 자	이유정・임세준
편 집 진 행	박종옥
표지디자인	박수영
편집디자인	하한우・차성미
발 행 처	(주)시대고시기획
출 판 등 록	제10-1521호
주 소	서울시 마포구 큰우물로 75 [도화동 538 성지 B/D] 9F
전 화	1600-3600
팩 스	02-701-8823
홈 페 이 지	www.sdedu.co.kr
I S B N	979-11-383-6420-1 (13360)
정 가	40,000원